Vahlens Handbücher
der Wirtschafts- und Sozialwissenschaften

Personalmanagement

Informationsorientierte und verhaltenstheoretische Grundlagen

von

Dr. Christian Scholz

Professor für Betriebswirtschaftslehre,
insbesondere Organisation, Personal- und Informationsmanagement
an der Universität des Saarlandes

5., neubearbeitete und erweiterte Auflage

Verlag Franz Vahlen München

Die Deutsche Bibliothek – CIP-Einheitsaufnahme

Scholz, Christian:
Personalmanagement: informationsorientierte und verhaltenstheoretische Grundlagen / von Christian Scholz.–
5., neubearb. und erw. Aufl. – München: Vahlen, 2000
(Vahlens Handbücher der Wirtschafts- und Sozialwissenschaften)
ISBN 3-8006-2182-7

ISBN 3 8006 2182 7

Satz: orga.uni-sb.de
Gesamtherstellung: Schätzl Druck & Medien, Donauwörth
Gedruckt auf säurefreiem (aus chlorfrei gebleichtem Zellstoff hergestelltem) Papier

Vorwort zur fünften Auflage

Personalmanagement als Erfolgsfaktor? Diese Frage wird inzwischen weitgehend bejaht, wenngleich über die daraus ableitbaren Konsequenzen noch keine Einigkeit existiert. Noch immer gibt es in der Praxis Zweifel an der Bedeutung einer Personalstrategie und an der Notwendigkeit, gerade auch „Personaler" zu professionalisieren. Trotzdem: Der Trend, Personalmanagement als übergreifende Planungs- und Führungsfunktion zu verstehen, setzt sich fort. Denn in der gegenwärtigen Phase des teilweise radikalen Wandels von Organisationen ist vor allem das Personalmanagement gefordert, wobei es aber für einige Fragen noch keine klaren Antworten gibt: Speziell die sinnvolle Integration der Personalfunktion ist noch immer ein offenes Thema. Vor allem aber – und dies zeigt zum Glück ebenfalls die Praxis – kann und muß Personalmanagement mehr sein als simple „Personalkostenreduktion". Hierzu will das vorliegende Handbuch Anregungen geben.

Zielgruppe für ein solches Personalmanagement sind nicht nur Personalleiter: Personalwirtschaftliche Fragestellungen fallen vielmehr auch in allen anderen betrieblichen Funktionsbereichen an, als strategische Personalplanung letztlich auch in der Unternehmensspitze. Hinzu kommt die Funktion der Personalplanung, die alle Führungskräfte betrifft.

Daß das vorliegende Buch auf dem Weg zur fünften Auflage eine längere Pause eingelegt und potentielle Leser mit der „Nicht-Lieferbereitschaft" vielleicht verärgert hat, liegt vor allem am Versuch, den gesamten Text neu zu bearbeiten und auch neu zu gliedern. So wurde in den Abschnitten jeweils die logische Reihenfolge umgetauscht und mit der strategischen (also nicht mehr mit der operativen) Ebene begonnen. Ferner wurde unter Verwendung von Erkenntnissen aus dem *Global Performance Project* eine empirische Basis hinzugefügt, um auf diese Weise Benchmarks aus der Praxis zu liefern.

Die Grundlogik des *Dreidimensionalen Personalmanagements* ist aber unverändert geblieben, nämlich die Differenzierung nach Feldern, Ebenen und Ausrichtungen des Personalmanagements: Sie führt als erste Dimension zu inhaltlich eindeutig definierbaren Personalmanagementfeldern. Sie bilden gleichzeitig auch die primäre Gliederungslogik für das vorliegende Lehrbuch: Personalmanagement ist danach eine funktionsspezifische Konkretisierung des allgemeinen Managementprozesses. Daher muß auch für das betriebliche Personalmanagement die in der Unternehmensführung gängige Unterteilung nach den Managementebenen

- strategisch,
- taktisch und
- operativ

Gültigkeit haben. Diese Differenzierung ergibt die zweite Gliederungsdimension des vorliegenden Lehrbuches (Übersicht I).

Personalmanagementfelder		**Personalmanagementebenen**		
		strategisch	taktisch	operativ
Personalveränderung	Personalbedarfsbestimmung			
	Personalbestandsanalyse			
	Personalbeschaffung			
	Personalentwicklung			
	Personalfreisetzung			
	Personaleinsatz			
	Personalkostenmanagement			
	Personalführung			

Übersicht I: Grundsystematik der Kapitel 4 bis 9

Dem Charakter eines Lehr- und Handbuchs entsprechend beschränkt sich die vorliegende Arbeit nicht ausschließlich auf einen einzigen personalwirtschaftlichen Grundansatz. Vielmehr werden die verschiedenen Ansätze in einen integrativen Zusammenhang gebracht und (als dritte Dimension) vor allem mit informationsorientierten und verhaltensorientierten Grundlagen verbunden.

Der Aufbau des Buches orientiert sich in den Kapiteln 4 bis 9 streng an dieser Systematik aus Feldern und Ebenen: Nach einer kurzen Charakterisierung des jeweiligen Feldes im ersten Unterpunkt werden die feldspezifischen Inhalte der drei Managementebenen diskutiert und die entsprechenden Konsequenzen abgeleitet. Die „Integrationsfelder“, die sukzessive über die verschiedenen Auflagen entstanden, sind in die Dreidimensionalität eingebaut. Gleiches gilt für die internationale Personalarbeit und das Personalinformationsmanagement.

Ein solches Buch setzt viele Helfer voraus. So haben mich seit 1986, dem Beginn der Endphase der 1988 erschienenen ersten Auflage dieses Buches, mehrere „Generationen“ von Mitarbeitern/Mitarbeiterinnen unterstützt, denen an dieser Stelle zu danken ist: Christoph Albers, Heiko Banaszak, Harald Baumann, Marlies Becker, Reinhard Betz, Thomas Bommer, Christiane Braun, Doris Brunner, Michael Bumb, Stephanie Fischer, Tanja Garbers, Stefan Glatzmaier, Volker Hahn, Bernhard Herz, Wolfgang Hofbauer, Frank Jakob, Andreas Johann, Jutta Kennerknecht, Jutta Klasen, Silke Lehnhardt, Alexandra Lindecke, Teresa Messemer, Caroline Maier, Hans Oberschulte, Michael Rohloff, Thomas Schuder, und Gabriele Tippe. Besonderer Dank für die Endfassung der fünfte Auflage gilt Uwe Eisenbeis, Manuela Keller, Mario Leist, Minu Pooria, Sandra Schwarz, Volker Stein und Jutta Astrid Stelletta.

Kritik und Hilfe kam zudem von meinen Studenten der Universität des Saarlandes und im MBA-Programm des Europa-Instituts sowie der Universität Wien, die mit verschiedenen Vorläufen von Ideen konfrontiert wurden. Wichtig waren für mich auch die vielen Praktiker, mit denen ich (beispielsweise im USW-Seminar „Strategisches Personalmanagement" in Erftstadt) diverse Konzepte diskutieren und die Umsetzung in die Praxis miterleben durfte.

Für die aktuellen Fallstudien und Interviews möchte ich mich bedanken bei Dr. Hans Böhm, Sabine Bolte, Andrea Dohse, Martin Ehmann, Heinz Fischer, Leonhard Flesch, Peter Friederichs, Dr. Wolfgang Hallama, Dr. Peter Hartz, Dr. Claus Heinrich, Walter Hell, Harald Kayser, Dr. Hermann Josef Kirch, Dr. Heiko Lange, Jürgen Maasch, Rainer Megerle, Hermann Neher, Dr. Ihno Schneevoigt, Kirsten Schrick, Fritz Schuller, Dr. Roland Schulz, Dr. Matthias Schulze und Reinhold Würth. Darüber hinaus haben – unter anderem bei den Fallstudien der ersten Auflagen – Angela Fauth, Hans-Jürgen Hein, Karl Kellner, Horst Knapek, Peter Maiwald, Jürgen Mataré, Otmar H. Philipp, Ernst-Otto Storck sowie Hans Zähringer mitgewirkt.

Stellvertretend für meine wissenschaftlichen Kollegen möchte ich an dieser Stelle die wichtigen Anregungen von Derek S. Pugh, Detlev Joost, Hans Jürgen Drumm, Randy Schuler und Jürgen Hauschildt hervorheben.

Schließlich ist noch auf den Beginn einer Multimedialisierung des vorliegenden Buches hinzuweisen: Gab es versuchsweise bereits ab der vierten Auflage „online" ein Teacher's Manual, so steht jetzt in erweiterter Form mit http://www.orga.uni-sb.de/pmg ein generelles Forum mit den Abbildungen, Erläuterungen sowie diversen anderen (hoffentlich) nützlichen Informationen bereit.

Saarbrücken, im Oktober 1999 *Christian Scholz*

Inhaltsverzeichnis

1 Aktualität

1.1 Einleitende Thesen

Mitte der 80er Jahre wurde der Ausdruck „**Personalmanagement**" noch mit Stirnrunzeln zur Kenntnis genommen. Inzwischen hat sich dieser terminus technicus durchgesetzt. Dahinter steckt mehr als nur Spiel mit Worten: Im Mittelpunkt stehen nicht länger der Mensch als Produktionsfaktor und die Personalabteilung als seine Verwaltungsinstanz, sondern das Personalmanagement wird vielmehr zu einem aktiven und integrierten Teil des gesamten Managementprozesses.

Dieser Prozeß verlief im englischen Sprachraum in analoger Form, allerdings mit einer in der Übersetzung gefährlichen und zu Verwechslungen führenden Sprachgebung (Übersicht 1.1). So entspricht „Personnel Management" der Personalverwaltung und nicht dem „Personalmanagement" und ist allenfalls ein Teil davon.

	Administrationsaspekt	Managementaspekt
USA/England	Personnel (Management)	Human Resource Management
Deutschland/Österreich/ Schweiz	Personalverwaltung Personalwirtschaft	Personalmanagement

Übersicht 1.1: Begriffswandel in Richtung „Personalmanagement"

Personalmanagement ist zu einem zentralen Bestandteil des betriebswirtschaftlichen Gestaltungsprozesses geworden. Diesem Trend folgend, hat die Zeitschrift Academy of Management Executive vor kurzem ihren Best Article Award einem personalwirtschaftlichen Artikel (*Pfeffer* 1996a) verliehen.

Reflektiert man diese Entwicklung vor dem aktuellen Hintergrund, so führt dies zu folgenden Thesen:

(1) Personalmanagement ist ein arbeitsteiliger und integrativer Prozeß, der die Personalabteilung ebenso betrifft wie die Linienführungskräfte ... auch wenn die Form der Arbeitsteilung und die Optimierung der Schnittstellen noch Probleme aufwerfen.

Als Träger des Personalmanagements kommt nur die Kombination von Personalabteilung und unmittelbarer Führungskraft in Frage. Es gibt allerdings durchaus unterschiedliche Auffassungen über die konkrete Ausgestaltung dieser Arbeitsteilung. Angesichts der Debatte um ein weitreichendes Outsourcing von Aktivitäten der Personalabteilung bis hin zum Negieren ihrer Existenzberechtigung (vgl. *Gentz* 1996) erhält die Thematik der Personalorganisation zusätzliche Brisanz.

(2) Personalmanagement ist und bleibt ein zentraler Erfolgsfaktor ... auch wenn dies (leider) nicht immer anerkannt wird.

Bereits die populärwissenschaftlichen Exzellenzstudien von *Peters* und *Waterman* (1982) sehen die Mitarbeiter als entscheidendes Potential im Unternehmen, als Kraft, aus der Innovation und Engagement entstehen. Gerade in einer Zeit, in der Güter- und Dienstleistungen in ihren wahrnehmbaren Eigenschaften immer ähnlicher und austauschbarer werden, kommt dem Personalmanagement identitätsbildende Funktion nach innen und außen zu. Neben dieser eher plausibilitätsgestützten Argumentation liegen empirische Befunde vor, die einen deutlichen Zusammenhang zwischen Personalmanagementaktivitäten und dem Erfolg von Unternehmen belegen (vgl. *Huselid* 1995).

(3) In Deutschland wird der Mitarbeiter zu oft zum reinen Kostenfaktor reduziert ... und ein erfolgreiches Personalmanagement an der Unauffälligkeit des Personalabbaus gemessen.

Getrieben vom low-cost-Wettbewerb in Asien und Osteuropa, haben sich deutsche Unternehmen massiv in Richtung auf ein extremes Lean Management bewegt. So überrascht es nicht, wenn die Business Week in Deutschland eine neue Generation von Managern sieht, die („lean, mean, German") ihre Unternehmen durch radikale Kostensenkungen zu Lasten der Öffentlichkeit sanieren, aber den Shareholder Value maximieren (vgl. *Miller/Woodruff* 1997).

(4) Die Personalpolitik in den letzten Jahren hat das organisatorische Grundvertrauen erschüttert ... mit fatalen Konsequenzen.

Die Mutation der Mitarbeiter „vom Erfolgsfaktor zum Kostenverursacher" ist kein harmloser Themenwechsel, sondern ein tief in das Selbstverständnis der Mitarbeiter einschneidendes Erlebnis. Ein Wiederherstellen des alten Vertrauenszustandes ist nicht mehr ohne weiteres möglich, da leicht jeder Motivationsversuch, der die Wichtigkeit der Mitarbeiter hervorhebt, in den Augen der Betroffenen wie Hohn klingt

(5) Teilweise beginnt sich ein Horrorszenario einer minimalistischen Personalarbeit abzuzeichnen ... auch wenn es oft nicht als solches wahrgenommen wird.

Wenn Personalarbeit zur simplen Kostensenkung degeneriert, werden Personalverantwortliche in die Rolle des abwickelnden Totengräbers gedrängt. Eingezwängt von einem reduktionistischen Personalcontrolling entwickelt sich die Personalarbeit zum reinen Rückzugsgefecht.

(6) Statt eines vernünftigen Rightsizing der Personalabteilung kommt es zu einem unkontrollierten Downsizing und Outsourcing ... was aber gerne als „fortschrittliches Reengineering" bezeichnet wird.

Einsparungen im Personalbereich und Verkleinerungen von Personalabteilungen waren in vielen Fällen berechtigt. Allzu lange haben sich Verantwortliche aus den Personalabteilungen hinter ihren vermeintlichen Sonderstatus zurückgezogen, Vermittler zwischen „Unternehmen und Mitarbeitern" gespielt, strategische Verantwortung abgelehnt und personalwirtschaftliche Administration forciert. Fatal sind aber die Fälle, wo solide Personalarbeit durch pseudo-fortschrittliche „Reengineeringberater" zerstört wird.

(7) Das gängige Modell der Personalentwicklung war früher „Personalabteilung als ‚bittstellender' Weihnachtsmann", jetzt wird es „Mitarbeiter als freier Unternehmer in der Champions League" ... auch wenn Sozialromantiker dies wegen des damit verbundenen Sozialdarwinismus nicht gerne sehen.

Betrachtet man die klassische Literatur zur Personalentwicklung – früher unbestreitbares Kernstück zeitgemäßer Personalarbeit –, so galt als ungeschriebene Maxime: „Je mehr, desto besser". Viele dieser Ansätze der Personalentwicklung muten mit ihrem bürokratischem Überbau heute fast schon anachronistisch an. Die Zielgröße der Personaler lag in möglichst vielen Entwicklungsaktivitäten für möglichst viele Mitarbeiter. Dieses Bild hat sich drastisch geändert. War zunächst die Personalabteilung verantwortlich für die Personalentwicklung, ging diese Aufgabe über auf die Fachabteilung und ist jetzt dabei, zum ureigensten Interesse des betroffenen Mitarbeiters zu werden. Im extremen Szenario wird jeder Mitarbeiter zum „Unternehmer in eigener Sache", der sich nur durch Weiterentwicklung und wettbewerbsintensive Positionierung seiner Kompetenzen langfristig im Unternehmen etablieren kann (Abbildung 1.1). Die damit einhergehende Tendenz zum Sozialdarwinismus hat allerdings Konsequenzen für Betriebsklima und Unternehmenskultur. Hieraus ergibt sich zwangsläufig die Forderung nach einer normativ-ethisch geprägten Diskussion.

(8) Zukunftsorientiertes Personalmanagement bedeutet Berücksichtigung von Workholder + Shareholder Value ... auch wenn der Zielkonflikt mit dem Company Value eine systemimmanente Problematik darstellt.

Gegenwärtig wird die Diskussion um zeitgemäße Unternehmensführung stark geprägt von der Forderung nach Optimierung des Shareholder

Values. Unabhängig von der „rein“ betriebswirtschaftlichen Sinnhaftigkeit einer derartigen Vorgehensweise stellt sich hier zwangsläufig die Frage nach dem „Workholder Value“ als mitarbeiterbezogenes Konzept. Angesichts von über vier Millionen Arbeitslosen müssen sich Personalverantwortliche in die gesellschaftspolitische Diskussion einbringen. Unternehmen sind erst dann langfristig wettbewerbsfähig, wenn man Shareholder Value und Workholder Value zusammen betrachtet (vgl. *Hartz* 1998). Da steigende Arbeitslosenzahlen mit steigenden Unternehmensgewinnen sozial nicht langfristig kombinierbar sind, ist nach Lösungen zu suchen, die zumindest teilweise im personalwirtschaftlichen Gestaltungsbereich liegen: Arbeitszeitmodelle, Beteiligungsmodelle und neue Führungsstrukturen sind Beispiele für derartige Aktionsparameter. Sie sollen zur besseren Produktivität bei verbesserter Mitarbeiterzufriedenheit führen – als Beitrag zur Verbesserung des Wirtschaftsstandortes Deutschland.

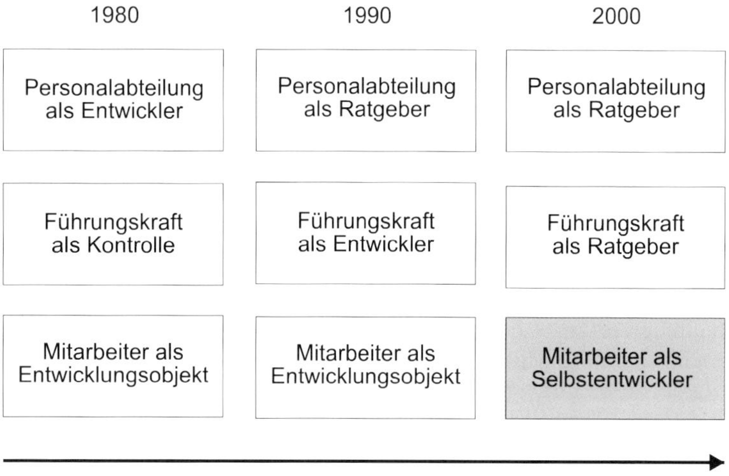

Abbildung 1.1: Personalentwicklung im Wandel der Zeit

Dr. Roland Schulz
Persönlich haftender geschäftsführender Gesellschafter bei der Henkel KGaA

In den letzten Jahren hat sich das Umfeld für die Personalarbeit geändert. Was sind die gravierendsten Veränderungen für Henkel?

Von den 56 000 Mitarbeitern bei Henkel arbeiten heute mehr als 75% außerhalb Deutschlands. Diese weltweiten Aktivitäten führen dazu, daß insbesondere im Führungskräftebereich ein internationales personalpolitisches Konzept notwendig ist, das in den letzten Jahren entwickelt und implementiert wurde.

Die sechs Divisionen bei Henkel, die mittlerweile beachtliche Größenordnungen zwischen 1,5 Mrd. und 4,5 Mrd. erreicht haben, streben verstärkt nach Autonomie, so daß es eine der großen Aufgaben der Personalarbeit ist, ein möglichst einheitliches und zugleich doch differenziertes Vorgehen im personalpolitischen Bereich zu ermöglichen.

Wo sehen Sie in dieser Hinsicht Ihre größten persönlichen Erfolge bzw. Enttäuschungen?

Unser größter Erfolg besteht darin, daß wir bereits Ende der 80er Jahre gesehen haben, daß ein gravierender kultureller Wandel sowie ein Paradigmawechsel im personalpolitischen Bereich notwendig sind. In einer internationalen Projektorganisation haben wir für alle wesentlichen Fragen der Personalpolitik für Führungskräfte ein neues Konzept entwickelt und implementiert. Dabei war es natürlich punktuell enttäuschend, daß der Prozeß langsamer lief, als wir am Beginn gehofft hatten.

Gegenwärtig sehen wir auf der einen Seite Großfusionen (wie Daimler-Chrysler), auf der anderen Seite massives Outsourcing und (wie bei Hoechst) Aufspaltungen in unabhängige Einheiten. Was bedeutet dies für das Personalmanagement?

Soziale Organisationen haben immer mit dem Pendelschlag zwischen Zusammenfassung und Differenzierung zu leben. Zentralisierung und Dezentralisierung sind als Strömungen immer vorhanden, und es ist die Kunst einer guten Geschäftsführung, diese Spannung auszuhalten und auf dem Kontinuum den richtigen Punkt zwischen Zentralisation und Dezentralisation zu finden. Das Personalmanagement muß deutlich machen, was Kompetenz, Synergie und Added Value konkret bedeuten und in welchem Maße die Personalarbeit zur Optimierung des wichtigsten Assets beitragen kann. Zugleich geht es darum, die Bedeutung von Identität und Gemeinschaft deutlich zu machen und allen kurzfristigen und nur an modischen Trends orientierten Handlungen mit gewisser Skepsis zu begegnen.

Viel ist geschrieben worden über den sogenannten Wertewandel. Wie beurteilen Sie dieses Phänomen?

Der Wandel der Werte ist ein permanenter kontinuierlicher Prozeß, der vielfach nur schwer konkret faßbar ist. Man muß deshalb Zeitpunkte miteinander vergleichen, um deutlich zu sehen, wie sich die Erwartungen, die Einstellungen und das Verhalten geändert haben. Für zukunftsorientierte Unternehmen ist es schon sehr entscheidend, daß sie sich insbesondere auf die Werte der jungen Generation einstellen, um deren Erwartungen hinsichtlich Arbeit, Leistung und Attraktivität zu berücksichtigen.

Welche Branchenspezifika schlagen besonders stark auf die Personalarbeit bei Henkel durch?

Henkel hat die große Faszination, daß es in verschiedenen Bereichen aktiv ist. Es sind zwei Divisionen den Markenartikeln zuzurechnen, drei Divisionen bezeichnen wir als Systemgeschäfte, und eine Division ist im Bereich der Grundstoffe tätig. Diese Vielfalt der Märkte stellt hohe Anforderungen an die Personalarbeit, produziert aber zugleich hervorragende Lerneffekte und ermöglicht Know-how-Transfer für alle Geschäfte.

Henkel investiert stark in Produktwerbung unterschiedlichster Art. Reduzieren die Spillover-Effekte, die daraus entstehen, die Notwendigkeit für Personalmarketing – speziell für Personalwerbung?

Die starke Produktwerbung hat natürlich einen sehr guten Effekt für unseren Bekanntheitsgrad, wobei natürlich vielfach nur die Markenartikel gesehen werden und die Systemgeschäfte nicht im Focus der Interessenten sind. Das macht es notwendig, daß wir im Personalmarketing doch noch viele Informationen vermitteln müssen, um den Notwendigkeiten und Zukunftserfordernissen gerecht zu werden.

Welche konkreten Herausforderungen und Aktionsprogramme ergeben sich daraus in den nächsten drei Jahren für Henkel?

Die wichtigsten Herausforderungen und Aktionsprogramme für Henkel lassen sich durch die folgenden Fragen skizzieren:

- Wie läßt sich *Henkelwissen* identifizieren, transferieren und entwickeln?
- Wie läßt sich Angestelltenmentalität in *Unternehmertum* verwandeln?
- Wie läßt sich ein internationales *Netzwerk* schaffen, das reibungslos funktioniert?
- Wie gelingt es, den Menschen soviel *Spaß* bei der Arbeit zu verschaffen, daß Arbeitszeitregelungen fast überflüssig werden?
- Wie gelingt der *Spagat* zwischen Kompetenz, Macht und Ökonomie der Größe und Schnelligkeit, Marktnähe und Flexibilität der kleinen Einheit?
- Wie gelingt es, die „*Besten*" zu bekommen, zu halten, zu entwickeln und effizient einzusetzen?

Wie sehen Sie die Arbeitssituation in Unternehmen in zehn Jahren? Wie wird ein „typisches" Arbeitsverhältnis aussehen?

Natürlich wird sich die Vielfalt der Arbeitssituationen insbesondere durch die Kommunikationstechnologie entscheidend wandeln. Dennoch bin ich in diesem Punkt ehe konservativ und glaube, daß die Unternehmen für die Mitarbeiter wieder eine neue Rolle entwickeln werden müssen, um die „Heimatlosigkeit" vieler Menschen in gewisser Weise zu kompensieren.

1.2 Herausforderungen

Das Personalmanagement operiert in einem dynamischen Spannungsfeld: Vor allem Markt-, Technologie-, Organisations- und Wertedynamik stellen – gemeinsam mit der Globalisierung – treibende Kräfte („driving forces") dar, die auf Personalarbeit wirken, gleichzeitig aber davon beeinflußt werden können (Abbildung 1.2).

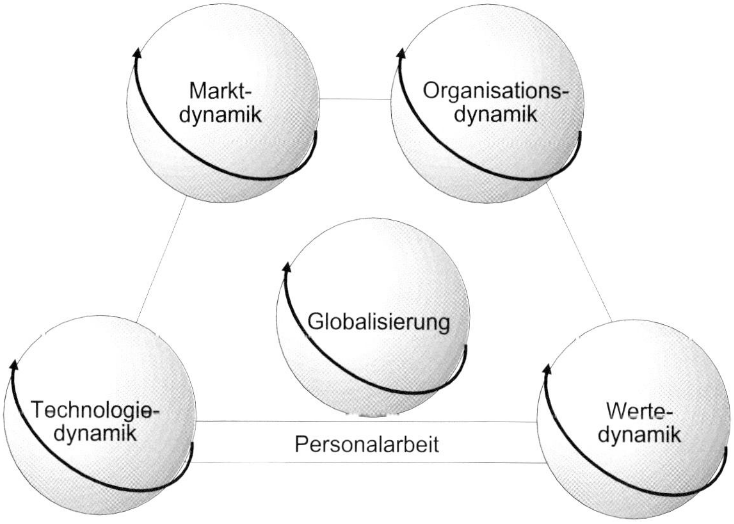

Abbildung 1.2: Einflußfaktoren auf die Personalarbeit

1.2.1 Technologiedynamik

Technologie ist die treibende Kraft für die Veränderung von mittelständischen Unternehmen bis hin zu supranationalen Behörden. Kürzere Produktionszyklen sowie die immer kürzer werdende Halbwertzeit des technologischen Wissens bringen laufend neue Herausforderungen für Unternehmen und Mitarbeiter. Neue Technologien durchziehen alle gesellschaftlichen und wirtschaftlichen Bereiche (vgl. *Tapscott* 1996): So führen interaktive Multimediatechnik und die Bewegungen auf dem Datahighway zu einer völlig neuartigen Vernetzung menschlicher und maschineller Intelligenz, mit Auswirkungen auf den einzelnen Menschen und die gesamte Gesellschaft. Neue Technologien wirken auf alle personalwirtschaftliche Felder, von der Personalbeschaffung über die Personalentwicklung bis hin zur Mitarbeiterführung.

Computernetze mit ihrer explosiven Eigendynamik wurden zu zentralen Nervensystemen der Weltwirtschaft. Das Internet verbindet weltweit unterschiedlichste Computer, die Nutzerzahlen steigen stetig (Abbildung 1.3). Der HTML-Standard stellt sicher, daß multimediale Darstellungen von jedem beliebigen Empfangsgerät richtig interpretiert werden. Ursprünglich galt der Internetgedanke lediglich für die externe Kommunikation, gilt aber jetzt als Intranet auch intraorganisatorisch: Die Möglichkeiten reichen von der Publikation zentraler Dokumente über den Zugang zu Informationsdatenbanken bis zu einem systematischen internen Personalmarketing.

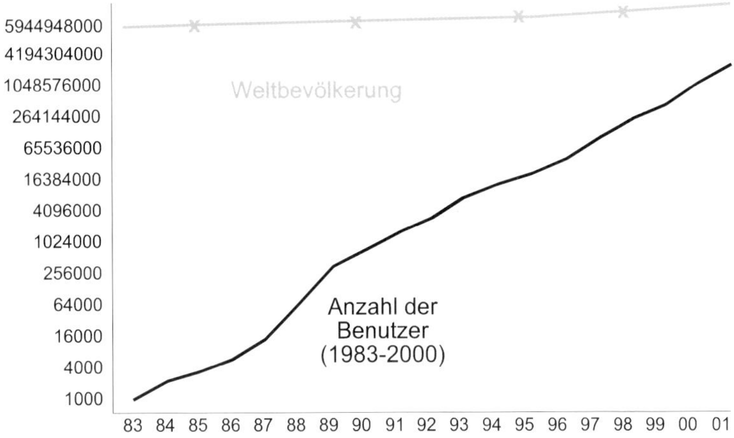

Abbildung 1.3: Geschätzte Anzahl von Internet-Nutzern 1983-2001 (New Paradigm Learning Corporation, zitiert nach *Tapscott* 1996, 36)

Internet und Intranet führen durch die Verbindung von Menschen und Märkten zu einer höheren Spezialisierung von Unternehmen und bieten Chancen auch für kapitalschwächere oder kleinere Unternehmen. Das Ergebnis sind teilweise euphorische Schilderungen der **Chancen**. Exemplarisch zu nennen sind hier:

- *Mobile Nutzbarkeit*: Die externen Zugangsmöglichkeiten verbessern sich, so daß dezentrale Strukturen leichter realisiert werden können. Via Chatting und Videoconferencing eröffnen sie zudem neuartige Kommunikations- und Interaktionsmöglichkeiten.

- *Publikation*: Informationen über das Unternehmen oder spezifische Projekte können leicht und schnell im Internet bereitgestellt werden. Hier ergeben sich neue Möglichkeiten im Bereich des Personalmarketing.
- *Tracking*: Transaktionen im System können von dem Unternehmen verfolgt werden. Auf diese Weise wird auch die (personalwirtschaftliche) Marktforschung hinsichtlich klar differenzierter Zielgruppen unterstützt.
- *Integration*: Über Hypermediasysteme können so verschiedene Applikationen miteinander verknüpft werden, was nicht zuletzt das Entstehen virtueller Unternehmen unterstützt.

Das Internet kann die Menschen produktiver machen und ihnen dadurch bessere Chancen am Arbeitsmarkt bieten – unabhängig von ihrem Wohnort.

Diese Chancen sind aber mit erheblichen **Risiken** verbunden:
- Risiken auf *individueller* Ebene entstehen aus einer potentiellen Entwicklung in eine neu entstehende „Zweiklassengesellschaft". Wer nicht zur Gruppe der Internetfähigen gehört, kann schnell ins Abseits geraten. Langfristig gesehen werden Menschen ohne Internetanschluß ihre Aufgaben teurer erledigen als Internetbenutzer, preiswerte Angebote nicht erhalten, arbeitsrelevante Informationen viel schwerer besorgen können und damit eine niedrigere Arbeitsproduktivität haben. Zusätzlich beginnen die Grenzen zwischen Privatleben und Berufstätigkeit zu verschwimmen, wofür die vierundzwanzigstündige Erreichbarkeit per E-Mail ein drastisches Beispiel darstellt.
- Auf der *Unternehmensebene* ergeben sich bei der Ankopplung ans Netz ebenfalls zahlreiche Risiken. Sie beginnen mit datentechnischen Problemen (beispielsweise dem Zugriff über das Netz auf interne Dateien), erstrecken sich aber auch auf die unkontrollierte Weitergabe von Informationen nach außen. Hinzu kommen Haftungsfragen bei Transaktionen über das Internet.
- Auf *gesellschaftlicher* Ebene beschäftigen sich viele Autoren mit Schreckensbildern über das Internet. So beschreibt beispielsweise *Johnson* (1997) ein extremes Szenario, wonach im wesentlichen einige wenige Großunternehmen das gesamte Netz und alle involvierten Firmen beherrschen. Da diese Großunternehmen nicht an freien Märkten interessiert sind, wird es kontrolliert-strukturierte Märkte geben: Der freie Zugang zu Web-Seiten wird limitiert, Benutzer müssen Kennungen erhalten, um dann zum Objekt der datenspeichernden Begierde zu werden. Aus diesem Grund werden selbst große Nationalstaaten von diesen (wenigen) Riesenunternehmen dominiert werden und verfassungsmäßige Rechte auf ein Minimum schrumpfen.

Das **Personalmanagement** wird von der Technologiedynamik in vielfacher Form betroffen: Die neuen Informationstechnologien unterstützen und vereinfachen organisatorische Abläufe, bringen aber auch neue Anforderungen im Bereich der Personalentwicklung mit sich. Informationstechnologie ist Schlüsseltechnologie, deren Beherrschung und effiziente Verarbeitung den Ausbau von Wettbewerbsvorteilen ermöglichen.

Die neuen Spielregeln im global village

Kommunikations- und Informationswege in Unternehmen verändern sich: Seit einiger Zeit bestimmt nicht mehr das persönliche informelle Gespräch auf dem Gang zwischen den Büros den Führungserfolg. Vielmehr hebeln die Verfügbarkeit und Schnelligkeit der elektronischen Medien diese althergebrachte Kommunikationsform aus.

Den zentralen Einfluß im globalisierten Unternehmen hat nicht mehr der, der die meisten Leute kennt und fleißig Mittagessentermine macht, sondern der, der E-Mail und Intranet für die eigenen Zwecke einsetzen kann: Firmeneigene Netze für elektronische Post sind schnell und weltumspannend; hier können mit einem Mausklick beliebig viele Kollegen an beliebig vielen Orten der Welt gleichzeitig mit Nachrichten versorgt werden.

Auch wird die sich auch in Europa verstärkende Verbreitung von E-Mail die Führung demokratisieren: Wenn jeder in der Firma über einen E-Mail-Anschluß verfügt, ist er für jeden erreichbar – mit minimalem Zeitaufwand, ohne hierarchische Grenzen. Bei Siemens Nixdorf Informationssysteme (SNI) wurden aktuell 25 000 E-Mail-Anschlüsse installiert. Der Konzern wandelt sich zu einem elektronischen Dorf, räumliche Entfernungen werden unbedeutend. Plötzlich haben andere Typen von Führungspersonen das Sagen, wie SNI-Vorstand *Gerhard Schulemeyer* berichtet: „Da erleben Sie Leute, die in einer virtual community eine Rolle spielen, die sie im direkten, persönlichen Kontakt nie spielen würden. Und umgekehrt gibt es Leute, die unheimliche Motivatoren waren und das im Netz überhaupt nicht rüberbringen können."

Aus: *Gloger, Axel*, Manager im global village, in: ManagerSeminare o.J. (30/ 1998), 62-66, 63.

1.2.2 Marktdynamik

Der Wettbewerb auf nahezu allen Märkten verschärft sich drastisch: Errungene Wettbewerbsvorteile werden schnell aufgeholt, neue Konkurrenten mit kreativen Innovationen erscheinen.

Güter- und Dienstleistungsmarkt. Die Globalisierung der Weltwirtschaft, Transformationen in Mittel- und Osteuropa sowie die Liberalisierung des Güter- und Dienstleistungsmarktes innerhalb der Europäischen Union stellen Unternehmen vor eine veränderte Ausgangssituation. Hinzu kommt die abnehmende Bedeutung räumlicher und zeitlicher Distanzen, die Unternehmen einen vereinfachten Zugang zu Absatz- und Beschaffungsmärkten ermöglicht. Gleichzeitig treten Branchenfremde in die angestammten Märkte ein und gefährden sicher geglaubte Besitzstände, wodurch sich die Dynamik der Branche (vgl. *Porter* 1980) zwangsläufig erhöht.

Auch das Verständnis von Produktion und Dienstleistung ändert sich: Produktion umfaßt heute mehr als die reine Fertigung materieller Produkte. Sie integriert Kunden und Lieferanten. Auch Dienstleistungen und integrierte Informationen stellen trotz ihrer Immaterialität gleichermaßen Produkte dar. Generell verlagert sich der Schwerpunkt des Produktwertes im Markt zunehmend von der Fertigung weg hin zu Dienstleistungen und Informationen. Aufgrund engerer Gewinnmargen, immer kürzer werdender Produktlebenszyklen und externen wie internen Kostendrucks treten die Unternehmen bereits jetzt in Wettstreit um die zukünftigen Marktchancen; es kommt zu einem „Wettbewerb um die Zukunft" (vgl. *Zahn* 1997, 3): Das Klima des Wandels wird aggressiver, Unternehmen gehen häufiger auf Konfrontation (Übersicht 1.2).

Merkmale	**Wettbewerb bisher**	**Wettbewerb um die Zukunft**
Dynamik	lineare Veränderungen geschlossener, abschätzbarer Wandel	turbulente Veränderungen offener Wandel
Wettbewerbsklima	eher freundlich	zunehmend feindlich
Art des Wettbewerbs	fairer Nischenwettbewerb	aggressiver Konfrontationswettbewerb
Konkurrenten	bekannt	wechselnd
Arena	strukturiert, stabil	wechselnd
Reichweite	lokal plus international	global
Ort	Markt	Vormarkt und Markt
Ziel	Marktanteile	Chancenanteile
Regeln	bekannt	entstehend
Aktionsparameter	Produkte Dienstleistungen Innovationen	Produkte Dienstleistungen Innovationen Markterweiterungen Branchenerweiterungen

Übersicht 1.2: Wandel der Wettbewerbsbedingungen (nach *Zahn* 1997, 3)

Dies hat Konsequenzen für das **Personalmanagement**, speziell im Hinblick auf den neuen quantitativen und qualitativen Personalbedarf, verbunden mit Veränderungen in der Personalbeschaffung und der Personalentwicklung. Hinzu kommt das Zeitproblem, wenn die zur Verfügung stehende Aktionszeit geringer ist als die Vorwarnzeit.

Kapitalmarkt. Kapital ist aufgrund seiner Fungibilität, der hohen Informationstransparenz und der weltweiten Liberalisierung ein extrem mobiler Produktionsfaktor. Durch internationales Benchmarking entstehende Renditeerwartungen führen zu einem permanenten Rationalisierungsdruck, solange die realisierte Kapitalrendite unter den internationalen Vergleichsrenditen liegt (vgl. *Steger* 1998, 55-60).

Für das **Personalmanagement** ergibt sich neben der strikten Ausrichtung auf die Wertschöpfung auch die Konfrontation mit den sozialen Folgeproblemen des Rationalisierungsdrucks.

Arbeitsmarkt. Von jeher stellt gerade der Arbeitsmarkt eine wichtige Größe in der Personalarbeit dar: Gelingt es einem Unternehmen nicht rechtzeitig, strukturelle Verschiebungen im Arbeitsmarkt zu erkennen und antizipativ zu agieren, führt dies zu Problemen in späteren Planungsphasen. Neben die generellen Probleme einer Arbeitsmarktprognose treten gegenwärtig weitere **Unwägsamkeiten**:

- Die Eingliederung der *neuen Bundesländer* hat zu einem gespaltenen Arbeitsmarkt geführt.
- Der anhaltende Zustrom von Arbeitskräften aus dem *osteuropäischen Raum* verändert das Arbeitskräfteangebot.
- Die fortschreitende *Europäische Integration* führt zu schwer einschätzbaren Verschiebungen am Arbeitsmarkt.

Hinzu kommt die ungewisse *konjunkturelle Entwicklung*. Die Rezession zu Beginn der 90er Jahre hat drastische Konsequenzen auf dem Arbeitsmarkt hinterlassen. 1998 und 1999 ist trotz eines konjunkturellen Aufschwungs und verbesserter Unternehmensgewinne noch keine Entschärfung auf dem Arbeitsmarkt eingetreten. Vielmehr ist auch noch zu Beginn des nächsten Jahrtausends mit einem Stellenabbau in Deutschland zu rechnen. Die Beschäftigungszuwächse in den Technologiebranchen werden diese Entwicklung nicht kompensieren.

Abbildung 1.4 zeigt eine **globale Prognose** des gesamtdeutschen Erwerbspersonenpotentials (vgl. *Dostal* 1997, 17-18). In drei der vier prognostizierten Verläufe führen die Zuwanderungen nach Deutschland von angenommenen 4,6 Millionen Personen im Prognosezeitraum und die Zunahme der Erwerbsbeteiligung insbesondere der Frauen zur Erhöhung des Erwerbspersonenpotentials bis 2010; danach wirken sich die geburtenschwachen Jahrgänge massiv als Potentialrückgang aus, der von 2010 bis 2030 fast 10 Millionen Erwerbspersonen beträgt. Die unterste

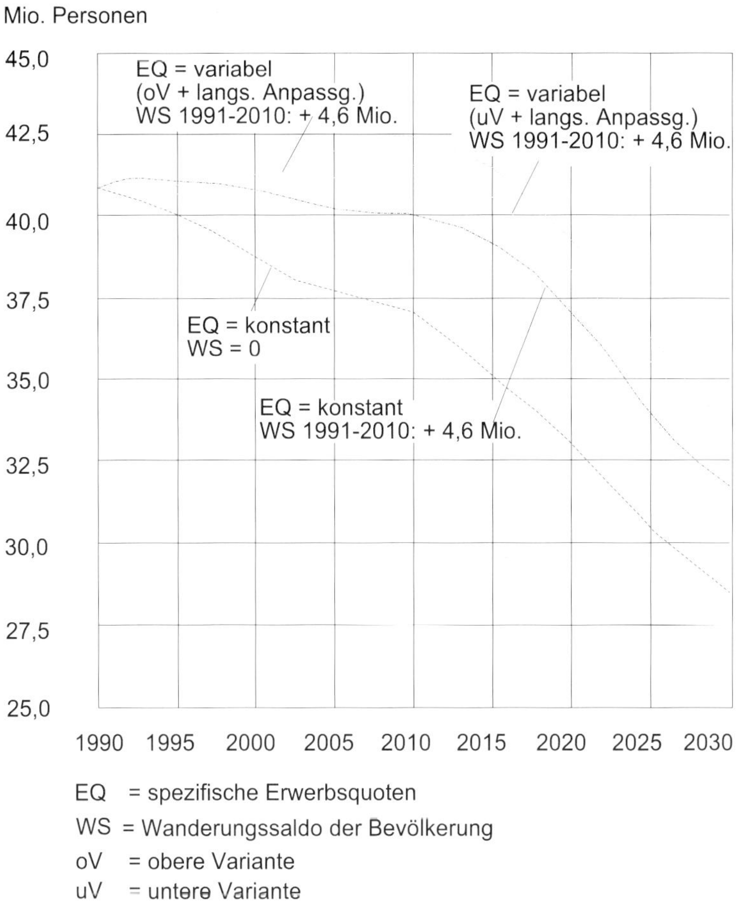

Abbildung 1.4: Gesamtdeutsches Erwerbspersonenpotential 1990-2030: Ergebnisse von Modellrechnungen für Deutschland (*Dostal* 1997, 18)

Kurve unterstellt eine konstante Erwerbsquote sowie einen konstanten Wanderungssaldo, was bereits heute zu einer Abnahme des Potentials führen würde.

Ergänzt werden diese quantitativen Aspekte durch Aspekte der **qualitativen Struktur** des Arbeitsmarktes. Strukturprojektionen aus der Vergangenheit reflektieren den künftig veränderten Qualifikationsbedarf. Neben der Globalisierung hat insbesondere der Trend zum Ausbau des Dienstleistungssektors zu einer erheblichen Umstrukturierung des gesamtwirtschaftlichen Arbeitskräftebedarfs geführt (Abbildung 1.5). So werden im Jahr 2010 lediglich noch etwa 2% aller Erwerbstätigen im

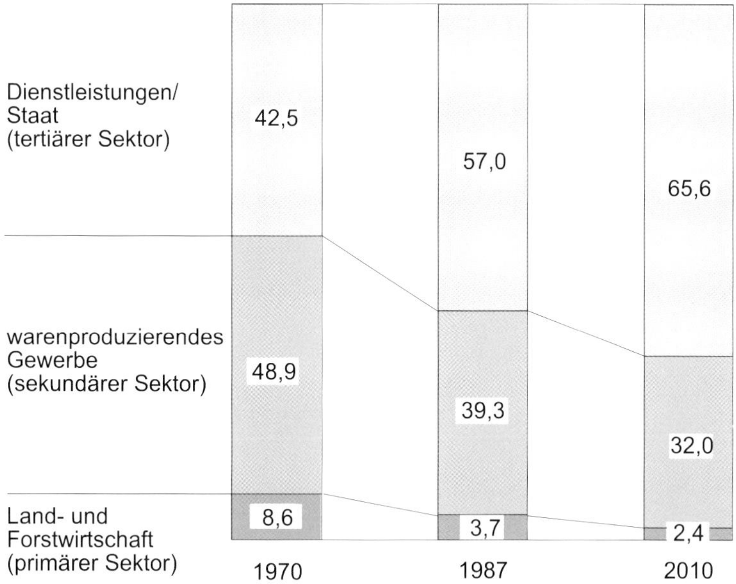

Abbildung 1.5: Tertiarisierung der Wirtschaftssektoren 1970-2010
(Erwerbstätige in %, alte Bundesländer; nach *Buttler/Tessaring* 1994, 316)

primären Sektor (Land- und Forstwirtschaft) tätig sein, während sich der Anteil der Erwerbstätigen im tertiären Sektor (Dienstleistungssektor) auf über 65% belaufen wird (vgl. *Buttler/Tessaring* 1994, 316).

Betriebliche Auswirkungen wird insbesondere auch die Prognose von Qualifikationsgruppen zeigen: Abbildung 1.6 schreibt die Veränderung des Beschäftigungssystems nach Qualifikationsgruppen bis zum Jahr 2010 fort. Es zeigt sich, daß der Bestand an ungelernten Arbeitskräften gegen Null tendieren wird (vgl. *Tessaring* 1994, 12): 2010 werden demnach rund 65% aller Erwerbstätigen eine berufliche Erstausbildung oder eine darauf aufbauende Weiterbildung aufweisen, zwischen 15% und 18% sogar ein Hochschulstudium.

Die Arbeitsmarkt-Problematik wird im **Personalmanagement** insbesondere bei der Frage aufgegriffen, inwieweit Arbeitsaufgaben und Arbeitsformen nach Alter und Qualifikationen des Mitarbeiters differenziert gestaltet werden können. Hierzu zählen auch die Fragen, ob Mütter und Väter den Wunsch nach einer verlängerten Kinderpause realisieren und dennoch dem Unternehmen langfristig erhalten bleiben sollen beziehungsweise können und ob ältere Arbeitnehmer (flexibel) beschäftigt werden. Neben Kostenaspekten und strategischen Aspekten weisen diese Fragen zusätzlich einen engen Bezug zu ethischen Aspekten auf.

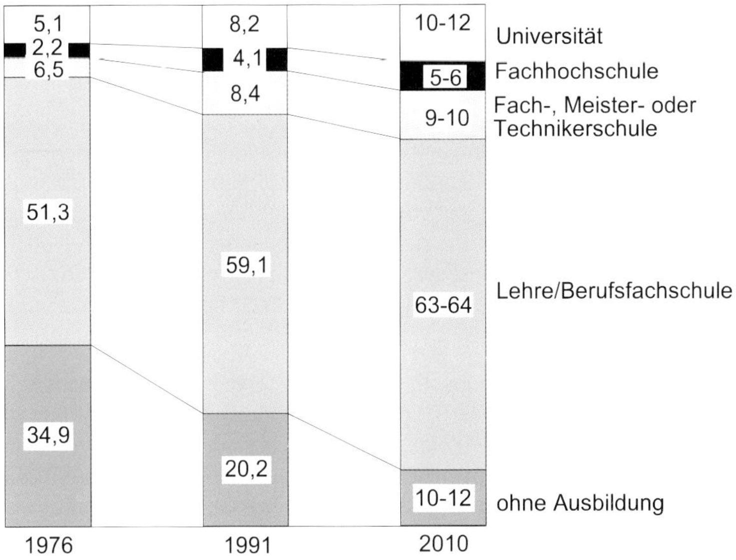

Abbildung 1.6: Qualifikationsstruktur der Erwerbstätigen in den alten Bundesländern im Vergleich 1976 - 2010 (in %-Anteilen; nach *Tessaring* 1994, 12)

1.2.3 Organisationsdynamik

In den 90er Jahren ist organisatorischer Wandel zur Konstanten geworden. Business Reengineering, Lean Management und Downsizing brechen Strukturen in Unternehmen auf, verflachen Hierarchien und ordnen Verantwortlichkeiten neu.

Die Mitarbeiter in den Unternehmen betrachten diese Veränderungen zum Teil mit großer Skepsis und Angst um ihren Arbeitsplatz. Für das betriebliche Personalmanagement stellt sich daher die Aufgabe, den organisatorischen Wandel zu begleiten und Mitarbeiter in Veränderungsprozessen zu betreuen. Hier sind insbesondere zwei Aspekte zu beachten, die den Handlungsraum des Personalmanagements determinieren: Grenzenerosion und Multiperspektivität.

Grenzenerosion. Während Organisationen in der Vergangenheit vorwiegend durch ihre Grenzen definiert wurden, ist die heutige Realität primär durch den Prozeß sich auflösender Grenzen zwischen den Organisationen gekennzeichnet (vgl. *Ohmae* 1990; *Ashkenas et al.* 1995; *Scholz* 1997a): Gab es demnach in der Vergangenheit eher ein Management innerhalb von Grenzen („Constraints Management“), so sind heute

Konzepte für Organisationen bei sich auflösenden Grenzen gefragt, verbunden mit der Suche nach den sich daraus ergebenden Möglichkeiten („Chance Management").

Als zentrales Paradigma des ausgehenden 20. Jahrhunderts zeigt sich die graduell entstehende Grenzenlosigkeit in strukturellen Veränderungen wie dem Wegfall von Hierarchieebenen, dem Aufbau von Netzwerken sowie der zunehmenden marktlichen Abwicklung von Transaktionen, aber auch im personellen Bereich: Immer schneller ändern sich Rollenzuordnungen, Beziehungsnetze erhalten eine größere Relevanz. Die Handelnden sind gefordert, gleichzeitig (polychron) mehrere verschiedene Aufgaben zu bewältigen.

Multiperspektivität. Es geht im Bereich der Unternehmensführung zunehmend um die Denkmuster von Organisationsmitgliedern, da nur auf diese Weise ganzheitliche Effekte generierbar sind. Vor allem die Vielfalt unterschiedlicher Sichtweisen erweist sich als erfolgswirksam. Diese Bewegung hin zu multiperspektivischer Organisationsbehandlung (vgl. *Scholz* 1997a) kann und wird auch auf das Personalmanagement auszudehnen sein:

- Die *strategische* Perspektive beruht auf der Überlegung, daß sich die Sinnhaftigkeit von Strukturen und Prozessen in Organisationen nur vor dem Hintergrund einer Strategie beurteilen läßt. Daraus leiten sich zwei Fragen ab: Was ist die richtige Unternehmensstrategie, und was ist in diesem Zusammenhang die richtige Personalstrategie? Eine wichtige Teilaufgabe besteht dabei darin, die Personalmanagementziele klar zu definieren und sich in der Personalarbeit konkret an ihnen auszurichten.
- Die *mechanische* Perspektive fokussiert auf die physikalische Basis einer Organisation, die letztlich das Funktionieren sicherstellt. Hierzu gehören der Bezugsrahmen einer Organisation ebenso wie die kybernetischen Bewegungszusammenhänge. Hier hat das Personalmanagement ablauforganisatorisch planerische Aufgaben zu übernehmen, beispielsweise das Sicherstellen des Arbeitsablaufes über ein effizientes Personaleinsatzmanagement.
- Die *organische* Perspektive betrachtet die Organisation als eigenständigen Organismus, der individuelle Charakteristika aufweist und dabei Lebensphasen durchläuft. Allerdings vermag ein Personalmanagement, welches sich der Eigendynamik der Organisation und der jeweiligen Lebensphasen bewußt ist, Probleme und Dysfunktionalitäten frühzeitig zu erkennen und möglicherweise in ihren negativen Auswirkungen zu begrenzen.
- Die *kulturelle* Perspektive geht der Frage nach, welche eigene Sicht der Welt bestimmend für die Organisation ist. Diese Organisationskultur stellt das implizite Bewußtsein einer Organisation dar, wel-

ches formales und informales Verhalten der Organisationsmitglieder steuert, sich gleichzeitig aber daraus herleitet. Unternehmerisches Personalmanagement ist hier gleichzeitig Bestandteil wie Mitinitiator dieser Veränderungen.

- Die *intelligente* Perspektive berücksichtigt, daß kaum eine Organisation von vornherein optimal auf ihre Umwelt eingestellt sein kann, was Anpassungsprozesse unvermeidbar macht. Die organisatorische Intelligenz kann sich dann zu einem strategischen Wettbewerbsfaktor entwickeln, wenn das Unternehmen aus den Veränderungsprozessen lernt und diese Erfahrungen als Grundlage für ihr weiteres Vorgehen nutzt. Ein intelligentes Personalmanagement wird in diesem Zusammenhang initiierend und unterstützend tätig sein, insbesondere durch eine gezielte Personalentwicklung, die Lernprozesse beim einzelnen und bei Kleingruppen fördert.
- Die *virtuelle* Organisationsperspektive bemüht sich um die Schaffung neuer logischer Einheiten quer über die sich auflösenden Grenzen. Gerade das Zusammenführen von räumlich, zeitlich und logisch unabhängig operierenden Personen ist eine Aufgabenstellung, die virtuelle Unternehmen ebenso betrifft wie virtuelle Abteilungen und Teams.

Das bewußte Durchdenken aller Perspektiven (Abbildung 1.7) führt allgemein zu einer systematischen Entscheidungsfindung, die es ermöglicht, eine komplexe Aufgabenstellung mit unterschiedlichen Facetten professionell und stimmig zu gestalten.

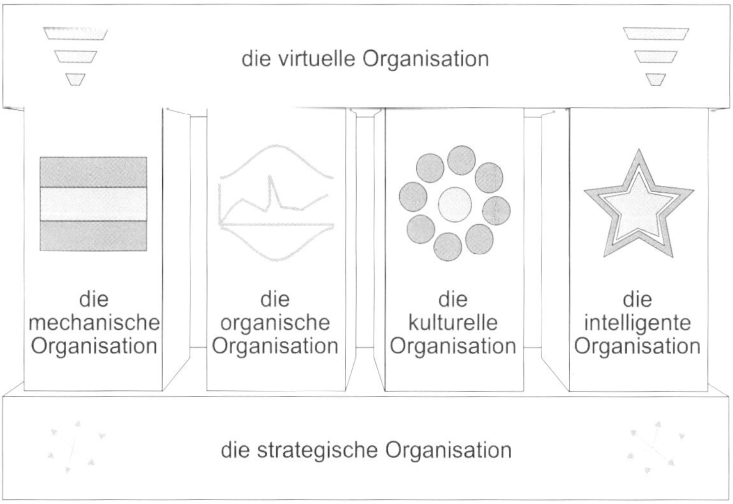

Abbildung 1.7: Organisatorische Multiperspektivität im Überblick (*Scholz* 1997a, 42)

1.2.4 Wertedynamik

In Aufzählungen der aktuellen Herausforderungen für das Personalmanagement stand in den 80er Jahren das Thema „Wertewandel“ meist ganz oben. Es gilt aber auch heute noch immer als ein Phänomen, dessen Berücksichtigung die Erfolgswahrscheinlichkeit betrieblicher Personalarbeit erhöht.

Was sind „Werte“? Trotz methodischer Unterschiede verwenden die meisten Autoren seit längerem eine weitgehend ähnliche **Definition** ihres Untersuchungsobjektes (vgl. Noelle-Neumann 1978; Rosenstiel 1987):

Werte sind danach kognitive Präferenzstrukturen, die als Entscheidungsregeln fungieren und so das Verhalten steuern.

Während Werte sich zunächst ausschließlich auf das Individuum beziehen, interessiert letztlich vor allem die Manifestation von Werten in einer größeren Gruppe bis hin zu den Werten in einer Gesellschaft. Wichtig dabei ist das Überindividuelle, das über den einzelnen und seine Lebenserfahrung hinausreicht (vgl. *Stengel* 1999, 835-836).

Der kollektive Prozeß der Wertebildung führt dazu, daß Wertesysteme Änderungen unterliegen. Bei dieser Werteverschiebung fehlt jedoch eine Automatik, die sicherstellt, daß Beruf und Freizeit immer passende Rahmenbedingungen zum „Ausleben“ des jeweiligen Wertesystems bereitstellen. Deshalb stehen Unternehmen vor der Notwendigkeit, frühzeitig Signale zu beachten, die auf einen Wertewandel hinweisen. „Beachten“ bedeutet nicht, die Arbeitswelt immer den (neuen) Wertesystemen anzupassen. Vielmehr sind auch andere Alternativen denkbar, auf die im Zusammenhang mit einem werteorientierten Personalmanagement eingegangen wird.

Welche Werte „wandeln“ sich? Eine der ersten Arbeiten zum Wertewandel ist von *Noelle-Neumann*, die dessen Entdeckung selbst als puren Zufall bezeichnet (Noelle-Neumann 1995a, 23). Danach wurden 1967 indirekt die Werte der Deutschen erfaßt, indem nach wichtigen Erziehungszielen wie Höflichkeit, Sauberkeit oder Sparsamkeit gefragt wurde. Die Ergebnisse dienten damals lediglich „demoskopischer Chronistenpflicht“, wurden zunächst unbeachtet archiviert und erst 1975 näher betrachtet. Dabei wurde unmittelbar deutlich, wie sehr bisherige bürgerliche Tugenden im Absinken begriffen waren.

Noelle-Neumann und *Strümpel* untersuchen 1985 dezidiert die Einstellung der Deutschen zur Arbeit und Freizeit. Während 1956 noch 59% der Gesamtbevölkerung das „Leben als Aufgabe“ ansahen und nur 28%

das „Leben genießen" wollten, waren es 1982 nur noch 43%, die in erster Linie im Leben etwas erreichen und leisten mochten. Für 36% war damals aber der Genuß des Lebens das Entscheidende! Dieser Trend hat sich auch in den 90er Jahren fortgesetzt. Danach sind nunmehr für fast 70% der unter 30jährigen die Stunden, in denen sie nicht arbeiten, die liebsten (*Noelle-Neumann* 1995b, 194).

Inglehart (1979) betrachtet einerseits materielle Werte wie Versorgung und Sicherheit, andererseits postmaterielle Werte wie Sozialstatus, Solidarität und Selbstverwirklichung. Seine Vergleichsstudie aus zwölf westeuropäischen Staaten sieht einen Wertewandel als Bewegung von materiellen zu postmateriellen Werten: Traditionelle Anreizsysteme (wie Entlohnung) verlieren aufgrund erreichter Sättigung tendenziell an Bedeutung, im Gegenzug kommen Aspekte wie individuelle Selbstbestimmung zum Tragen. Auch wenn – soweit erkennbar – seine Studie seit Mitte der 80er Jahre nicht aktualisiert wurde, stellt sie noch immer eine zentrale Basisquelle für die Werteforschung dar.

Rosenstiel (1987) zeigt, daß individuelle Werte wie Gehorsam, Disziplin, Treue, Unterordnung, Fleiß, Bescheidenheit, Selbstbeherrschung, Enthaltsamkeit und Anpassungsbereitschaft an Bedeutung verlieren. Dagegen gewinnen Freizeitorientierung und insbesondere Werte wie Selbstverwirklichung, Ungebundenheit und Eigenständigkeit an Bedeutung. Dies führt zum „Verfall" konventioneller Normen und Maßstäbe.

Klages (1985) postuliert eine Verschiebung in Richtung auf Selbstentfaltungswerte. Für 1993 diagnostiziert er fünf Wertetypen (vgl. *Gensicke* 1996, 3; *Klages* 1985, 183-186):

- ordnungsliebende Konventionalisten (17%),
- perspektivenlose Resignierte (15%),
- aktive Realisten (13%),
- hedonistische Materialisten (18%) und
- nonkonforme Idealisten (17%).

Die Verteilungswerte in Klammern beziehen sich auf Westdeutschland.

Diese von den verschiedenen Autoren lokalisierten und in Übersicht 1.3 zusammengefaßten Verschiebungen betreffen allerdings nicht immer alle Berufs- und Altersklassen in gleicher Weise. Sie sind somit eher als generelle Trends einzustufen.

Ein spezifischer Aspekt des Wertewandels betrifft Unterschiede zwischen den **alten und neuen Bundesländern** (vgl. *Noelle-Neumann* 1995c): So fühlen sich nur 16% der Bevölkerung in Ostdeutschland gegenüber 54% der Westdeutschen durch das Recht geschützt. Immerhin 21% der Bevölkerung aus Ostdeutschland sind der Auffassung, daß Menschenwürde und Menschenrechte in der ehemaligen DDR besser

Von	Zu	Autor
bürgerlichen Arbeitstugenden	ihrem Verfall	*Noelle-Neumann/ Strümpel* (1985)
materiellen Werten	postmateriellen Werten	*Inglehart* (1979)
Karriereorientierung	freizeitorientierter Schonhaltung beziehungsweise alternativem Engagement	*Rosenstiel* (1987)
Pflichttugenden	Selbstentfaltungswerten	*Klages* (1985)

Übersicht 1.3: Zentrale Wertebewegungen

geschützt wurden als in der heutigen Bundesrepublik. Nicht überraschend ist das wichtigste politische Ziel, das für 69% der Ostdeutschen gegenüber 45% der Westdeutschen „ein starkes Wirtschaftswachstum" darstellt, wobei die meisten Ostdeutschen die Arbeitswelt gegenwärtig als kalt und menschenunfreundlich erleben (vgl. *Köcher* 1995). Insgesamt wurden die aus den unterschiedlichen Wertesystemen resultierenden und seit langem bekannten Probleme (vgl. *Scholz* 1990a) trotz ihrer personalwirtschaftlichen Implikation unterschätzt und sind heute noch nicht als gelöst einzustufen (*Lang/Wagner/Becker* 1996).

Konzentriert man die Diskussion um den Wertewandel auf die wirtschaftliche Situation, so bleibt als noch unberücksichtigter Aspekt der Zusammenhang zwischen Wertewandel und **Arbeitslosigkeit**. Geht man von einem verzögerten Eindringen dieses Phänomens in die tieferen Bewußtseinsschichten aus, so sind in den nächsten Jahren gravierende Verschiebungen zu erwarten, nach der Maxime: Wenn es um die nackte Existenz geht, rückt Selbstentfaltung in den Hintergrund.

Warum ändern sich Wertesysteme? Die Ursachen für Werteänderungen sind umstritten (vgl. *Stengel* 1999, 837-839):

- Nach der *Bildungshypothese* haben Personen mit höherer Bildung eine Präferenz für postmaterialistische, Autonomie betonende Werthaltungen; steigt der Anteil von Personen mit höherer Bildung, so verschiebt sich das allgemeine Wertesystem entsprechend.
- Nach der *Altersstrukturhypothese* gilt Analoges für jüngere Menschen, weshalb bei einer Verjüngung der Bevölkerungsstruktur postmaterialistische Werte in den Vordergrund rücken.
- Nach der *Wohlfahrtshypothese* werden sukzessive erst grundlegende Bedürfnisse (Lebensunterhalt und Sicherheit) befriedigt, bevor ranghöhere Bedürfnisse in den Vordergrund rücken.
- Nach der *Sozialisationshypothese* wird der Mensch durch die Erlebnisse der Kindheit geprägt, was für die unmittelbare Nachkriegsgeneration andere Werte bewirkt als für spätere Generationen.

Werte	Maßnahmen
Selbstentfaltung	Delegation von Verantwortung
Demokratiebewußtsein	Mitsprache der Mitarbeiter, gruppenbezogene Arbeitsformen
Individualisierung	Entkopplung von Arbeitszeit und Betriebszeit
kommunikative Tugend	Projekt- und Teammanagement
Karriereorientierung	Weiterbildung
Selbständigkeit	eigenverantwortliche Personalentwicklung

Übersicht 1.4: Ansatzpunkte zur werteorientierten Personalarbeit

- Nach der *Defizitwahrnehmungshypothese* erkennt man erst im Anschluß an das Erreichen von Zielen (beispielsweise Wohlstand) Defizite bei anderen Zielen (beispielsweise Muße), die dann zu Leitmotiven werden.
- Nach der *Nebenwirkungshypothese* führt das Anstreben von Zielen (wie Wohlstand) zu unerwünschten Nebeneffekten (wie Naturschäden), die nach dem Erreichen von entsprechenden Grenzwerten plötzlich selbst einen hohen Stellenwert bekommen.
- Nach der *Strukturhypothese* wird das Bewußtsein durch die Interaktion mit den Strukturen der Umwelt geprägt, so daß ein Wandel in der Produktionstechnik oder eine Verkürzung der Arbeitszeit auch eine Veränderung der Werte bewirkt.
- Nach der *Multiplikatorhypothese* sind immer bestimmte Personen Träger des Wertewandels, die bei Vorrücken in prägende Positionen besonders starken Einfluß auf das allgemeine Wertesystem haben.

Alle Hypothesen haben ihre Berechtigung, weshalb eine **Kombination** dieser Entwicklungshypothesen realistisch erscheint.

Was sind die Konsequenzen? Aus dem Wertewandel leiten sich Anforderungen an das betriebliche Personalmanagement ab, da Einsatzfreude und Motivation der Mitarbeiter unmittelbar von einer Entsprechung der Personalarbeit und dem Wertesystem abhängen.

Eine solche „werteorientierte Personalpolitik" (Übersicht 1.4) beginnt mit einer sorgfältigen Personalauswahl. Sowohl bei Neueinstellungen als auch bei einer innerbetrieblichen Stellenbesetzung ist es von erheblicher Bedeutung, wie gut der neue Mitarbeiter zum Wertesystem und Sozialgefüge des Unternehmens beziehungsweise der Abteilung paßt. Dabei kann es nicht um eine permanente, unreflektierte Übernahme aktueller gesellschaftlicher Strömungen gehen. Vielmehr ist eine unternehmensspezifische Integration von allgemeinem Wertesystem und Unternehmenskultur anzustreben.

Beispiel. Ein inzwischen schon klassischer Anwendungsfall für eine werteorientierte Personalarbeit begann 1983 im BMW-Werk Regensburg (vgl. *Bihl* 1995): Ausgangspunkt für diesen Prozeß war die Überlegung, daß zunehmend die Orientierung an gesellschaftlich relevanten Werten auch für Unternehmen wichtig wird. Um hier eine nutzbare Basis zu erhalten, wurden die damals in der Forschung thematisierten Aspekte zu Grundwerten komprimiert.

Für diese Grundwerte entwickelte ein Projektteam eine Werteskala und positionierte darauf jeden Wert hinsichtlich der Ausprägung des traditionellen Wertes (T), des „neuen" Wertes (N), des tatsächlichen Ist-Zustandes im Unternehmen (I), des gegenwärtigen Solls der gegenwärtigen Personalpolitik (S_1) und des zukünftigen Solls der zukünftigen Personalpolitik (S_2). Abbildung 1.8 zeigt einen Ausschnitt aus diesem Projekt.

Was ist die aktuelle Entwicklung? Abgesehen von dem in ihren wertebezogenen Implikationen noch nicht umfassend erforschten Einflußfaktor „gesamtwirtschaftliche Lage" ist vor allem die Beziehung zwischen Arbeitszeit und Freizeit interessant Hier diagnostiziert *Opaschowski* (1994, 29-30) **vier Zeitzäsuren**:

- Zunächst *dominierte die Arbeitszeit* (1950). Nach Kriegsende war der Alltag bestimmt von der 6-Tage-Woche und 15 Tagen Urlaub. Im Mittelpunkt stand das Bemühen, eine eigene Existenz aufzubauen. Freizeit war überwiegend reine Erholungszeit.
- Danach *holte die Freizeit auf* (1970). Bei einer 42-Stunden-Woche mit reichlich freien Tagen verlagerte sich der Schwerpunkt der Zeitgestaltung zunehmend in die Freizeit, und so erhielten beispielsweise die Wochenenden Erlebniswert. Wer in der Arbeit viel leistete, konnte sich auch nach der Arbeit viel leisten.
- Schließlich *überholte die Freizeit die Arbeitszeit* (1990). Jetzt hatten die Menschen mehr Stunden zur Verfügung, als sie für den Lebenserwerb aufbrachten. Man arbeitete nicht mehr für die Freizeit, man suchte Spaß in Freizeit und Beruf. Die (verringerte) Arbeitszeit sollte mehr sein als verkaufte Lebenszeit.
- Gegenwärtig beginnt ein *Verwischen der Grenzen* zwischen Freizeit und Arbeitszeit (2010). Die Erwerbsarbeit verliert als zentrale Lebensäußerung des Menschen an Bedeutung, bleibt aber weiterhin Symbol für sinnvolle menschliche Tätigkeit. Ergebnis ist die bewußte Suche nach (freiwilliger) Arbeit, die dann zur sozialen Verpflichtung und damit zur Unfreiwilligkeit wird. Produktivität und Nützlichkeit gilt als oberste Maxime auch für das Freizeitverhalten.

Sicherlich ist der Zustand „Verwischen der Grenzen" noch nicht erreicht. Verstanden als Entwicklungsprozeß hat er aber durch das implizite Paradigma der „Grenzenlosigkeit" – das auch den anderen Herausforderungen zugrundeliegt – ein hohes Maß an Plausibilität.

Wert	Gewichtung 1	2	3	4	5	6	Aktivität
Information und Kommunikation		T	I	S1	N S2		Mitarbeiterinformation Video-Information Einführung und Einarbeitung neuer Mitarbeiter Schulungskurse für Nachwuchsmeister Einsatz von Führungskräften in der Fertigung Informationsecken Arbeits- und Informationskreise aktuelle Informationen
Prinzip von Leistung und Gegenleistung			N	I	T S1 S2		Einstellungspolitik Optimierung des Personalauswahlverfahrens Führungskräftepolitik Frauenförderung und Familienpolitik Kinderbüro Personalbetreuungskonzept neuer Typ Personalsachbearbeiter Leistungsorientierte Entgeltpolitik Leistungs- und Potentialportfolio für Führungskräfte Leistungsbezogener Monatslohn Arbeitsplatzbewertung und Funktionsbilder Erfolgsbeteiligung und Vermögensbildung Identifikations- und Motivationsprogramm
Orientierung des Führungsverhaltens an ethischen Zielen			I	T S1		N S2	Führungskultur Handlungsmaximen Führungskräfteentwicklung Aufwärtsbeurteilung Aufwärtsbeurteilung für Meister Kollegenbeurteilung Ausländerpolitik
Selbstverwirklichung in der Arbeit			I	T	S1	N S2	Organisationsentwicklung/Lernstatt Organisationskultur und Teamentwicklung Arbeitsstrukturen und Arbeitsinhalte flexible und temporäre Organisationsformen neue Qualifikationsstrukturen und Lernformen
Selbständigkeit und Individualität			I	T S1	N S2		Flexibilisierung der Arbeits- und Betriebszeit Schichtmodell Regensburg Arbeitszeitregelung für das Zweigwerk in Wackersdorf Gleitzeitmodell für die Verwaltungsbereiche in Regensburg und Wackersdorf Münchner Arbeitszeitmodell insgesamt 200 flexible Arbeitszeitregelungen Teilzeit-Offensive die Zukunftsvision: von der Zeitorientierung zur Ergebnisorientierung Ausbildungskonzept des Werkes Regensburg Gruppenarbeit in der Ausbildung
Sicherheitsstreben					T N S1 S2	I	Arbeitssicherheitskonzept Gesundheitspolitik Integration der Sicherheitsfunktionen ergonomische Arbeitsplatzgestaltung Flop des Monats

1 weniger wichtig 6 sehr wichtig

Abbildung 1.8: Werteorientierte Personalarbeit bei BMW (nach *Bihl* 1995, 49-50)

1.2.5 Globalisierung

Globalisierung ist ein Begriff mit einer ambivalenten Konnotation: Sie stellt Bestehendes in Frage und ist „Auflöser und Auslöser“ zugleich. Während schnell offenbar wird, was sich durch Globalisierung *auflöst* – die Bedeutung von nationalen Grenzen, die Bedeutung von lokaler Macht, die Bedeutung von Kontinuität –, ist es weniger gut absehbar, was Globalisierung an Chancen und Risiken *auslöst*.

Die Aufkaufwelle rollt ...

Immer mehr Unternehmen begeben sich auf den Weg zum global player. Wo Betätigungsfelder fehlen, wird nicht lange gefackelt: Wer den Markt nicht hat, der kauft ihn eben. Auf diese Weise sollen Stellung und Marktanteil im internationalen Wettbewerb gesichert werden. Führungskräfte in den betroffenen Unternehmen müssen sich darauf einstellen, daß die Karten von einem auf den anderen Tag neu gemischt werden: neuer Eigentümer, neue Tochterfirma, neuer Firmenname, neue Ländergesellschaften. Alles ist möglich, oft innerhalb von Wochen. Auszüge aus den Unternehmensmeldungen von fünf Tagen:

- Der Otto-Versand schickt sich an, den chinesischen Markt aufzurollen. Gründung einer Versandtochter in Shanghai mit lokalem Partner.
- Der Heizungs- und Stahlkonzern Buderus will weiter expandieren. Neue Geschäftsfelder werden durch Zukäufe erschlossen.
- Der Kölner Metro-Konzern kauft die Makro-Gruppe, die Cash & Carry-Märkte unter anderem in Holland, Belgien, Spanien, Portugal und Marokko hält.
- Mit BMW und VW konkurrieren gleich zwei deutsche Autobauer um die britische Nobelmarke Rolls-Royce.
- Nach Branchengerüchten will die Schweizer Rück die amerikanische Employers Re samt dem Versicherer ERC Frankona übernehmen.
- Das Versandhaus Quelle gründet in China die Quelle Mail Order Ltd. Zunächst soll nur in Shanghai vertrieben werden, später im ganzen Land.
- Was als feindlicher Übernahmeversuch begann, wird sich als friedliche Fusion vollziehen: Thyssen und Krupp bilden einen neuen Stahlkonzern.

Aus: *Gloger, Axel*, Manager im global village, in: ManagerSeminare (30/1998), 62-66, 64.

Das spezifische Spannungsfeld der Globalisierung ergibt sich für Unternehmen aus der Befürchtung, einen Einsatz mit ungewissem Resultat zu erbringen. Bei gegebener Risikopräferenz erscheint das Globalisierungsrisiko als überproportional ansteigend. Bei gegebener Ressourcenausstattung muß der Ressourceneinsatz in einer kurz- und langfristig vernünftigen Relation zu den erwarteten Rückflüssen stehen. Statt einer Reaktion auf Marktbewegungen ist zudem die eigene Proaktivität gefordert, die zwar auf den Aufbau interner „organizational capabilities" und marktrelevanter „competitive advantages" setzt, von der jedoch nicht sicher ist, ob sie das Überleben des Unternehmens sichert.

In diesem generellen Spannungsfeld findet das wirtschaftliche Handeln statt, das in hohem Maße davon bestimmt wird, wie das Phänomen der Globalisierung sowohl individuell als auch kollektiv verstanden wird. Die Rezeption der Globalisierung bezieht sich auf die Wahrnehmung und damit auf die Frage, ob spezifische Filter das Entstehen eines angemessenen Bildes der Globalisierung verhindern. Die Interpretation der Globalisierung bezieht den individuellen und unternehmens-kollektiven Erfahrungshintergrund in die Bewertung des Phänomens mit ein. Sie kann dazu führen, daß Globalisierung als Bedrohung oder als Chance angesehen wird.

„Globalisierung" ruft unterschiedlichste Reaktionen hervor. Sie reichen von journalistisch-brillianten Horrorszenarien (z.B. *Martin/Schumann* 1996) über wissenschaftliche Analysen (z.B. *Steger* 1998) bis zu parteipolitischen Manifesten (z.B. *Lafontaine/Müller* 1998).

Die Fakten. Der größte Anteil des Welthandels wird in der Triade (Europa – USA – Japan) getätigt. Doch gerade in den letzten Jahren zeigten sich regionale Konjunktur- (z.B. Japan) und Entwicklungsschwankungen (z.B. Brasilien) mit schnell erfolgenden Auswirkungen auf den gesamten Weltmarkt. Europäische und insbesondere deutsche Unternehmen werden zu den globalisierungsfreudigen und erfolgreichen Unternehmen gezählt: Indikatoren hierfür sind neben den in Abbildung 1.9 dargestellten Exportüberschüssen der nachhaltig positive Handelsbilanzsaldo sowie die Zunahme der Direktinvestitionen.

Aktuelle Besonderheiten. Die Gestaltung von *Euroregionen* beinhaltet auf Grenzregionen konzentrierte Maßnahmen, wie durch Strukturhilfen der Europäischen Union unterstützte Kooperationen auf dem Produktions- und Arbeitsmarkt. Durch die zunehmende grenzüberschreitende Verflechtung von Regionen soll ein System entstehen, das nicht mehr so anfällig ist gegen übergeordnete Bürokratie und nationale Egoistik. Die Einführung des *Euro* als gemeinsame Währung wird die Vorteile grenzüberschreitender Aktivitäten noch intensiver nutzbar machen. Vor allem die Frage der Auszahlung von Gehalt an Mitarbeiter aus verschiedenen Ländern wird entproblematisiert, hat aber klare personalwirtschaftliche Konsequenzen: Diese beginnen bei Fragen der Kontinuität von Arbeits- und Tarifverträgen sowie bei Regelungen von Altersversorgungen und reichen bis zur operativen Bewältigung von Rundungsdifferenzen.

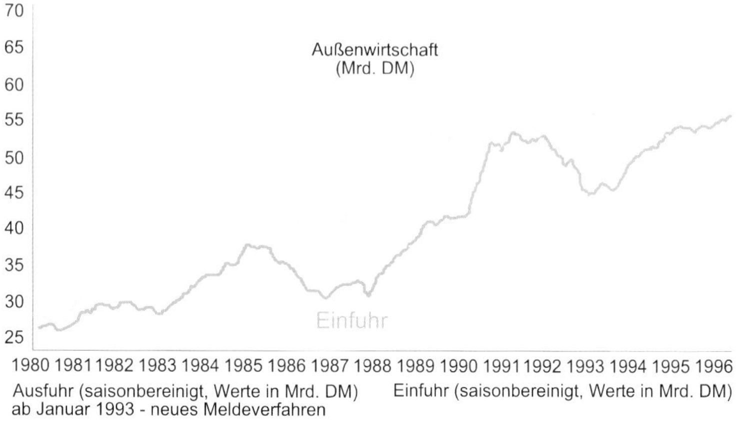

Abbildung 1.9: Die deutsche Außenwirtschaft
(vgl. *Bundesministerium für Wirtschaft* 1997a, 42)

Fehlende Professionalität. Exporterfolge und Auslandsaktivitäten sind noch keine Anzeichen für ein global geprägtes Personalmanagement. Ein Personalmanagement wird nicht „international", indem man heimische Erfolgsrezepte unreflektiert auf das Ausland überträgt. So herrscht in der Literatur Einigkeit, daß deutsche Unternehmen personalwirtschaftlich für die Internationalisierung nicht gerüstet sind; vielmehr sind

- breite Ausbildungsdefizite (vgl. *Floriani* 1992),
- fehlende globale Ausrichtung (vgl. *Macharzina/Wolf* 1998),
- Vernachlässigung des Personals bei Akquisition (vgl. *Gerpott* 1990) und
- mangelnde interkulturelle Schulung (vgl. *Wirth* 1998)

zu konstatieren. Hinzu kommen die gerade für den Personalbereich typischen **Vorlaufzeiten**: Personalplanungssysteme lassen sich nicht ad hoc aus dem Boden stampfen, vor allem dann nicht, wenn sie unternehmensspezifische und landeskulturelle Besonderheiten berücksichtigen sollen.

Die Komplexität der Umwelt. Die Berücksichtigung der Andersartigkeit der Umwelt ist das Kernproblem internationalen (Personal-)Managements. Hierbei spielen **sechs Phänomen-Gruppen** eine besonders wichtige Rolle (vgl. *Dülfer* 1995, 218):

- *Natürliche Gegebenheiten* differieren von Region zu Region. Vor allem klimatische und geographische Verhältnisse beeinflussen maßgeblich die Wirtschaftlichkeit eines Unternehmens.
- *Realitätserkenntnis und Verfahrenstechnik* sind stark von der gesellschaftlichen Aufklärung abhängig. Mit Realitätserkenntnis ist das Verstehen der Ursache-Wirkungs-Zusammenhänge gemeint, worauf entsprechende Umsetzungen in der Verfahrenstechnik folgen.

- *Kulturell bedingte Wertvorstellungen* zählen neben den natürlichen Gegebenheiten zu den nur langfristig änderbaren Phänomenen. Sie sind geprägt durch einen langen Sozialisationsprozeß und äußern sich in ethischen, religiösen sowie ideologischen Überzeugungen.
- *Soziale Beziehungen und Bindungen* haben sich über einen langen Zeitraum hinweg entwickelt. Individuen wollen im Regelfall die Erwartungen ihrer sozialen Gruppe erfüllen und erwarten im Gegenzug die Berücksichtigung ihrer eigenen Wünsche und Vorstellungen.
- *Rechtlich-politische Normen* sind teilweise in völlig gegensätzliche Richtungen gewachsen und vielfach ideologisch, religiös oder machtpolitisch begründet.
- *Externe Interaktionspartner* wie Behörden, Wettbewerber, Lieferanten und Kunden führen je nach Land zu äußerst unterschiedlichen Konstellationen.

Derartige Umweltaspekte haben unmittelbare **Konsequenzen** für das internationale Personalmanagement. Die Auflistung in Übersicht 1.5 kann allerdings angesichts der Vielzahl solcher Beziehungen allenfalls exemplarischen Charakter haben.

Umweltaspekte		**Exemplarische Konsequenzen für das Personalmanagement**
natürliche Gegebenheiten	Klima geographische Lage	Arbeitszeitgestaltung Mitarbeiterpotential (z.B. aus Anrainerstaaten)
ökonomische Rahmenbedingungen	Lohnniveau Arbeitskräftepotential	Anpassung des Entlohnungssystems an nationale Besonderheiten verstärktes Personalmarketing
politische Rahmenbedingungen	Gewerkschaften Ausbildungssystem	Einbindung von Gewerkschaften in personelle Entscheidungsprozesse intensive Mitarbeiterschulung
rechtliche Rahmenbedingungen	Mitbestimmungsgesetze Arbeitnehmerschutzgesetze	Einbindung des Betriebsrats in personelle Entscheidungen nationenspezifische Personalfreisetzung
kulturelle Rahmenbedingungen	Gerechtigkeitsempfinden und Motivationsstruktur Gleichberechtigung der Frau	Orientierung der Gehaltsfindung an kulturspezifischen Wertvorstellungen sowie Entwicklung eines Anreizsystems gemäß unterschiedlicher Präferenzen (Urlaub, Dienstwagen, Weiterbildung) Mitarbeiterentsendung ins Ausland

Übersicht 1.5: Auswirkungen von Umweltaspekten auf das Personalmanagement

Die Komplexität der Aufgabe. Während die Umweltaspekte dazu führen, internationales Personalmanagement mit dem Attribut *„anders"* zu versehen, gilt es zudem die durch die Internationalisierung gewachsene Komplexität zu beherrschen (vgl. *Dowling* 1988):

- Erhöhte Quantität der Aufgaben: Mit der Entsendung von Mitarbeitern ins Ausland wird *internationale Besteuerung* zu einem neuen Aufgabenfeld für die Personalverwaltung. Ferner sind zusätzliche Aktivitäten zu initiieren, die im Zusammenhang mit der *Vorbereitung einer Entsendung* stehen. Entsprechende Trainingsmaßnahmen, Umzugsaktivitäten und sonstige familienbezogene Hilfestellungen, angefangen von der Wohnraumbeschaffung bis hin zum Schulsystem für die Kinder, sind zu berücksichtigen. Hinzu kommen *administrative Unterstützungen* im alltäglichen Arbeitsablauf: beim Umgang mit anderen Wertesystemen und ethischen Standards, bei der Übersetzung fremdsprachlichen Materials und letztlich beim Umgang mit offiziellen Stellen im Gastland.
- Erhöhte Abhängigkeit: Personalabteilungen sind häufig arbeitsteilig aufgebaut und spezialisiert. Dies führt dazu, daß man sich oft primär mit einer spezifischen Fragestellung und/oder mit einer spezifischen Beschäftigtengruppe befaßt. Internationales Personalmanagement zeichnet sich dagegen zwingend durch eine *hochgradige Vernetzung* zwischen den einzelnen Aktivitäten aus, die nach einer simultanen und ganzheitlichen Lösung verlangt. So sind bei gemischt-nationalen Teams die Planungen für den Personaleinsatz eng mit den Aktivitäten im Bereich der Personalbeschaffung und -entwicklung verbunden.
- Stärkerer Einfluß auf die Privatsphäre: Die Entsendung ins Ausland hat oft einen starken Einfluß auf die familiäre Situation des Mitarbeiters. Dies bedeutet zwangsläufig eine größere *Verantwortung* für die Personalabteilung, die nun im Rahmen ihrer Servicefunktion für entsprechende Betreuungs- und Freizeitangebote zu sorgen hat.
- Permanente *Verschiebungen* im Personalmanagement-Mix: Stärker noch als im „nationalen" Personalmanagement kommt es im internationalen Personalmanagement zu einer permanenten Verschiebung der Intensitäten, mit denen die Personalmanagementfelder bearbeitet werden müssen: zunächst sind es primär Personalbeschaffung und -entwicklung, später folgen Aspekte der Führung und des Personaleinsatzes. Am Ende stehen Probleme der Integration von Rückkehrern bis hin zu generellen Fragen der Personalfreisetzung.
- Erhöhtes Risiko: Jeder mißglückte Auslandseinsatz und jede daraus resultierende frühzeitige Rückkehr verursacht erhebliche *direkte* Kosten. Neben den Entsendungskosten zählen hierzu Reintegrationskosten. Hinzu kommen die *indirekten* Kosten durch Imageverlust und Beeinträchtigung der Geschäftsbeziehungen, da sich gerade die Auf-

bauphase im internationalen Bereich durch besondere Sensitivität auszeichnet. Auch das *persönliche* Risiko für den Entsandten kann größer sein als im Stammland.

Fazit. Die Globalisierung der Weltwirtschaft stellt eine große Herausforderung für die Unternehmen und gerade für ein zeitgemäßes Personalmanagement dar. Am Anfang standen dabei eher monoperspektivisch die mechanistisch orientierten Organisationsstrukturen im Vordergrund. Als weitere Perspektive tritt derzeit eine zunehmend kulturell geprägte Diskussion hinzu. Nachdem sich jedoch die Komplexität der Aufgabenstellung nach und nach erschließt, werden auch hier künftig weitere Perspekiven zu berücksichtigen sein, denen einzig ein multiperspektivistischer Ansatz erfolgsversprechend begegnen kann. So verschafft insbesondere die virtuelle Organisation auch kleineren Unternehmen die Möglichkeit, grenzüberschreitende Aktivitäten aufzunehmen.

1.2.6 Zusammenfassung der zentralen Trends

Für die Zusammenfassung obiger Ausführungen zu dominanten Trends bietet sich zunächst *Naisbitt* an, der bereits 1985 zehn **Megatrends** postulierte, die auch heute noch Gültigkeit haben:
- Wandel von einer Industrie- zu einer Informationsgesellschaft,
- verstärktes Kontaktbedürfnis aufgrund forcierter Technologie,
- Entwicklung von einer nationalen Volkswirtschaft zu einer globalen Weltwirtschaft,
- vom kurzfristigen Aktionismus zur langfristigen Perspektive,
- von Zentralisation zur Dezentralisation,
- von institutionalisierter Amtshilfe zur Selbsthilfe,
- von der repräsentativen zur partizipatorischen Demokratie,
- von Hierarchie zu Verbundenheit und Verflechtung,
- von Norden nach Süden und
- vom Entweder/Oder zum multiplen Optimum.

Nach *Naisbitt* bearbeiten Menschen nicht nur Materie, sondern auch Informationen. Demzufolge werden Aufgaben durch Automatisierung überflüssig, wohingegen Phantasie und Kreativität eine wichtigere Rolle als bisher spielen werden.

Auf einer übergeordneten Ebene lassen sich unter Rückgriff auf die Systemtheorie vier **evolutionäre Gigatrends** (vgl. *Lazlo/Scholz/Stein* 1998) als generelle systemische Transformationsprozesse lokalisieren.

(1) Technologische Innovation basiert direkt oder indirekt auf wissenschaftlichem Fortschritt und wirkt ihrerseits auf die Gesellschaft. Dabei ist effektive technologische Innovation generell irreversibel:

Einmal gefundene technische Prozeduren, die zusätzliche Nutzenpotentiale erschließen, werden im Praxiskontext eingesetzt und diffundieren in ihrem Anwendungsbereich; sie werden möglicherweise verändert, aber ihre Existenz wird nicht vergessen (*Technologischer Wandel und Innovation*).

(2) Der Trend der zunehmenden Komplexität zeigt sich ebenfalls in der Erfahrung des täglichen Lebens. Organisationen, Arbeitsbeziehungen, Lebensentwürfe, Staaten und Gemeinschaften werden komplexer: Es steigen die Anzahl der Variablen im System, die Anzahl der möglichen Zustände dieser Variablen, die Anzahl, Qualität und Intensität der Interdependenzen zwischen diesen Variablen sowie die Ausdehnung des zeitlichen Horizonts der Systembetrachtung. Deshalb muß Vereinfachung als logische Gegenbewegung einsetzen: Da ein System nur ein begrenztes Maß an Komplexität erträgt, bevor es seinen internen Zusammenhang verliert, ist eine Disaggregation notwendig, bei denen die Komplexitätsgrenzen nicht überschritten werden (*Komplexität und Vereinfachung*).

(3) Konvergenz ist ein weniger deutlicher Trend, dennoch eine zwingende Systemeigenschaft, insbesondere wenn sich aus der Vereinfachung eine arbeitsteilige Spezialisierung ergibt. Konvergenz ist die fortschreitende Koordination und Synchronisation vormals stärker unabhängiger Systeme mit Systemen auf derselben und auf höheren Systemebenen. In Gesellschaft, Politik und Wirtschaft implizieren diese Konvergenzen nach innen die systemische Koordination und Kontrolle der Systemebenen und nach außen die synergetische Verbindung mit anderen Systemen zur Konstruktion übergeordneter Systeme, in die sich das System dann funktional einordnet (*Konvergenz und Integration*).

(4) Die evolutionäre Entwicklung komplexer Systeme verläuft selten kontinuierlich, sondern folgt der Logik eines deterministischen Chaos: Hiernach sind die einzelnen Systemzustände stark anfangswertsensitiv und nicht vorhersehbar. Für Unternehmen bedeutet dies, daß unternehmensinterne Vorgänge sich langfristig weder in einem stabilen Gleichgewichtszustand noch in einem vorhersagbaren Muster stabilisieren, sondern immer wieder an Gabelungspunkten des Entwicklungsweges (Bifurkationspunkten) angelangen: Sie sind daher einer klassischen mathematischen Analyse nur beschränkt zugänglich. Gleichzeitig lassen sich unvorhersagbare Prozesse nicht umkehren, sind also irreversibel. Dies gilt auch für gesellschaftliche und politische Entwicklungen wie etwa die europäische Einigung, die als irreversibler Prozeß entlang spezifischer Bifurkationspunkte nachgezeichnet werden kann (*Bifurkation und Chaos*).

Anhand dieser evolutionären Gigatrends lassen sich Globalisierungsprozesse analysieren, verstehen und optimieren.

Von allen diesen Entwicklungen sind direkt und indirekt immer Mitarbeiter betroffen. Sie stecken gleichermaßen als Objekte und Subjekte im Spannungsfeld der verschiedenen Trends. Dies zeigt sich deutlich, wenn man Wertewandel und „Modernisierungszwang“ zusammenführt, was zu folgenden **14 Thesen** führt (*Klages* 1997):

- abnehmende Verfügbarkeit sozialstaatlicher Sicherungsnetze,
- wachsender Zwang zu selbstverantworteten Problemlösungen,
- abnehmende Bedeutung des „Lebensberufs“ für die Strukturierung des individuellen Lebenslaufs,
- abnehmende Möglichkeit, das individuelle Selbstbild von der Berufszugehörigkeit her zu entwerfen,
- abnehmende Möglichkeit, sich am Leitbild einer „Karriere“ zu orientieren,
- abnehmende Möglichkeit, sich in Zukunft noch auf die Vorgeklärtheit und die Vorentschiedenheiten des „Arbeitnehmer“-Daseins verlassen zu können,
- schwindende Möglichkeiten, den Lebensunterhalt auf der Grundlage einer einzigen „Erwerbstätigkeit“ zu gewährleisten,
- abnehmende Möglichkeit, von der Erwartung eines kontinuierlichen Erwerbseinkommens auszugehen,
- abnehmende Möglichkeit, den Lebensunterhalt ausschließlich auf der Grundlage der Erwerbsarbeit zu gewährleisten,
- abnehmende Bedeutung der Erwerbsarbeit als Lebensmittelpunkt,
- zunehmende Herausforderung zu „informalen“ Zusammenschlüssen von Personen zu Leistungsgesellschaften auf Gegenseitigkeitsbasis,
- Herausforderung für zunehmend zahlreiche Menschen, Gebende und Nehmende in Gruppen zu sein, in denen nicht-kommerzielle gesellschaftliche Selbsthilfe im weitesten Sinne des Wortes geleistet und „bürgerschaftliches Engagement“ ausgeübt wird,
- Herausforderung zur Durchhaltung der Konformität gegenüber systemdienlichen Normen und Spielregeln,
- Herausforderung zur Durchhaltung perspektivischer Lebenszielsetzungen und zum Aufbau langfristiger verantwortungsvoller Bindungen.

Vor diesem Hintergrund steht das Personalmanagement zweifelsohne vor einer spannenden, aber konfliktreichen Herausforderung!

1.3 Ausgangslage

1.3.1 Personalmanagement in der Praxis

1.3.1.1 Historische Entwicklung

Betrachtet man die historische Entwicklung der Personalarbeit in der Praxis, so lassen sich **sechs Phasen** unterscheiden, die jeweils andere Schwerpunkte in der Personalarbeit setzten:

- In den 50er Jahren stand die reine *Personalverwaltung* im Vordergrund. Dies betraf die Lohn- und Gehaltsabrechnung sowie eine rudimentäre Basis für eine Personaleinsatzplanung. Hinzu kamen Impulse der Gewerkschaften zur Ausgestaltung betrieblicher Personalarbeit, die später in die betriebliche Mitbestimmung eingingen.
- In den 60er Jahren suchte man formale Hilfsmittel für die *Personalarbeit*, die aber mit dem heutigen Verständnis von Personalmanagement noch wenig gemeinsam hatten. So wurden formularmäßig festgelegte Schaubilder und stark strukturierte Kontrollberichte als Voraussetzung für eine Personalplanung angesehen.
- Anfang der 70er Jahre erlebten Führungsmittel wie Stellenbeschreibung und formalisierte Zielvereinbarung ihren Höhepunkt. Hinzu kamen die *Personalentwicklung* und speziell die *Personalbetreuung*, wodurch die Personalabteilung an Bedeutung gewann. Auch die Umsetzung des Betriebsverfassungsgesetzes rückte die Personalabteilung in eine Schlüsselrolle, allerdings in eine eher formal-juristische.
- Anfang der 80er Jahre begann ein gradueller Wandel: Teilweise inspiriert durch amerikanische und japanische Vorbilder, entstanden erste Ansätze einer *Personalstrategie*. Die betriebliche Personalarbeit rückte zum strategischen Wettbewerbsfaktor auf. Diese Bewegung war geprägt durch das hohe Lohnniveau in Deutschland und durch strukturelle Probleme der Beschäftigungslandschaft.
- Die 90er Jahre, geprägt durch Rezession, Lean Management und Business Reengineering, begannen mit der personalseitigen Begleitung teilweise dramatischer Umstrukturierungsprozesse. Eng verbunden damit war die Bewegung zur interfunktionalen Personalarbeit: *Personalinterfunktionalität* bedeutet, Personalaufgaben über das gesamte Spektrum der betrieblichen Funktionsbereiche zu verteilen. Die Konsequenz ist eine Situation, in der jede Führungskraft zu einem gewissen Grade die Rolle des Personalmanagers wahrnimmt.

Offen bleibt an dieser Stelle die Beantwortung der Frage nach den zukünftigen Merkmalen der Personalarbeit: Hier dürfte – wie später noch näher erläutert – vor allem die Virtualisierung der Personalfunktion eine prägende Rolle spielen. Dabei geht es im Kern darum, personalwirtschaftliche Kernkompetenzen, die im Unternehmen verteilt sind, unter eine gemeinsame Klammer integrativ zusammenzuführen. Eine solche *Personalkompetenzintegration* kann dann zu einer Optimierung der personalwirtschaftlichen Wertschöpfungskette führen.

Nicht alle Unternehmen durchliefen und durchlaufen diese Phasen in klarer Sukzessivität. Dies führt dazu, daß gegenwärtig Unternehmen unterschiedliche Aktivitäten entwickeln, also beispielsweise

- mühsam ihre Personalverwaltung (computergestützt) maximieren,
- die aufbauorganisatorische Verankerung der Personalabteilung intensivieren,
- eine verklärte Sozialromantik im Stile der 68er-Jahre propagieren,
- das Defizit der fehlenden Personalstrategie erkennen,
- eine Personalmanagement-Professionalisierung anstreben oder
- Personalkernkompetenzen lokalisieren und integrieren.

Trotzdem läßt sich zumindest tendenziell eine Entwicklungsrichtung in den Personalaktivitäten feststellen, die Übersicht 1.6 zusammenfaßt.

	Entwicklungsphasen	**Exemplarische Schwerpunkte**
bis 1960	Personalverwaltung	Abrechnung, Mitbestimmung
ab 1960	Personalstrukturierung	Institutionalisierung, Identität der Personalabteilung, Personalplanung
ab 1970	Personalentwicklung	Personalaktivierung, Karriereplanung
ab 1980	Personalstrategie	Wertschöpfung durch die Personalarbeit
ab 1990	Personalinterfunktionalität	Verbesserung von Wettbewerbspositionen
ab 2000	Personalkompetenzintegration	Personal-Professionalisierung in allen Bereichen, verteilte Kompetenzen, „Personal-Vision“

Übersicht 1.6: Entwicklungsphasen der Personalarbeit

Eine andere – mehr an der jeweiligen Zielsetzung der Personalfunktion ausgerichtete – Beschreibung der Entwicklungslinien präsentiert *Wunderer* (1992a). Er spricht von fünf Entwicklungsphasen des Personalwesens, die bis zum Intrapreneuring reichen (Übersicht 1.7). Danach hat sich eine Entwicklung von der Verwaltung von Personalakten zu unternehmerischem Mitdenken und Mitverantworten vollzogen.

I. Bürokratisierung: **bis ca. 1960**
Hauptfunktionen: Verwaltung, Durchführung personalpolitischer Entscheidungen
verantwortlich: kaufmännische Leitung
Philosophie: kaufmännische Bestandspflege der Personalkonten

II. Institutionalisierung: **ab ca. 1960**
Hauptfunktionen: Professionalisierung, Zentralisierung, Spezialisierung
verantwortlich: Personalleiter im Groß- und z.T. Mittelbetrieb
Philosophie: Anpassung des Personals an organisatorische Anforderungen

III. Humanisierung: **ab ca. 1970**
Hauptfunktionen: Humanisierung, Partizipation, Mitarbeiterorientierung
verantwortlich: Personalstäbe, Arbeitnehmervertretungen
Philosophie: Anpassung der Organisation an die Mitarbeiter, Effizienz

IV. Ökonomisierung: **ab ca. 1980**
Hauptfunktionen: Flexibilisierung, Rationalisierung, Substitution von Personal durch Kapital
verantwortlich: Personalwesen, Linienmanagement
Philosophie: Anpassung an veränderte Umweltbedingungen, Effektivität

V. Intrapreneuring: **ab ca. 1990**
Hauptfunktionen: unternehmerisches Mitwissen, Mitdenken, Mithandeln und Mitverantworten
verantwortlich: Geschäftsleitung, Linie, Mitarbeiter
Philosophie: Mitarbeiter sind die wertvollste und sensitivste Ressource

Übersicht 1.7: Entwicklung des Personalwesens
(nach *Wunderer* 1992a, 202-203)

Um ein weitergehendes Bild von der aktuellen Personalarbeit in der Praxis zu erhalten, bietet sich die Analyse von publizierten Artikeln an. Hierzu zeigt Übersicht 1.8 eine Gegenüberstellung der Schwerpunktthemen der zwischen 1987 und 1997 publizierten **Artikel** aus der DGFP-Zeitschrift Personalführung:

- Deutlicher Schwerpunkt der praktischen Personalarbeit ist demnach die Personalentwicklung. Die Mehrzahl der Artikel beschäftigt sich mit der Fort-, Aus- und Weiterbildung von Mitarbeitern. Standen dabei in den 80er Jahren primär Themen wie Technologieanpassung und Karrieremanagement im Vordergrund, sind es jetzt Fragen der lernenden und dezentralisierenden Organisation. Zwischen 1992 und 1996 befaßten sich 114 Artikel (20% aller veröffentlichten Artikel) mit der Personalentwicklung. Auch 1997 setzte sich der Trend fort.
- Rang 2 nimmt das Thema Personalführung ein (zwischen 14% und 17%). Hierzu zählen Fragen des Führungsstils ebenso wie die Berücksichtigung der Unternehmenskultur und die Tendenz zu einer erhöhten Mitarbeiterorientierung.

- Beim Personaleinsatz (Rang 3) liegt der Schwerpunkt bei Themen, die sich mit Arbeitszeitflexibilisierung, Gruppenarbeit und seit etwa drei Jahren verstärkt mit Telearbeit beschäftigen. Darüber hinaus nehmen grundsätzliche Fragen zu Arbeitsbedingungen und -beziehungen einen wichtigen Stellenwert ein.
- Internationales Personalmanagement wird wichtiger. Hauptsächliche Themen in diesem Zusammenhang sind neben den Auswirkungen des europäischen Binnen- und Arbeitsmarktes insbesondere die Konsequenzen der Globalisierung. Mit rund 5% hat dieser Themenbereich aber einen eher untergeordneten Stellenwert.
- Artikel zum Personalkostenmanagement behandeln vornehmlich Themen zum Entgeltmanagement. Hier werden Ansätze der Vergütung ebenso diskutiert wie Varianten der Altersversorgung.

Neben Querschnittsfunktionen wie Personalcontrolling und Personalmarketing finden auch Trends zum Total Quality Management und zur betrieblichen Gesundheitsvorsorge vermehrt Berücksichtigung.

	1987 - 1991	1992 - 1996	1997
Personalentwicklung	14%	21%	20%
Personalführung	17%	14%	15%
Personalkosten	10%	6%	12%
EDV im Personalbereich	8%	2%	12%
Personaleinsatz	12%	13%	9%
Personalmarketing	3%	9%	7%
sonstiges	8%	4%	6%
internationales Personalmanagement	5%	9%	5%
Wissensmanagement und TQM	--	8%	4%
Personalorganisation	--	3%	3%
Arbeitsrecht	16%	1%	3%
Personalfreisetzung	1%	4%	1%
Personalbeschaffung	2%	3%	1%
Personalcontrolling	2%	2%	1%
Personalbedarf	2%	1%	1%

Übersicht 1.8: Themenbereiche Zeitschrift „Personalführung“ 1987-1997

1.3.1.2 Die PRISMA-Studie

Ziel einer 1991 in Zusammenarbeit mit dem Manager Magazin durchgeführten Studie war es, einen Überblick über den Stand des Personalmanagements in deutschen Unternehmen zu erhalten (vgl. *PRISMA* 1991): Dazu wurde ein Fragebogen in der April-Ausgabe 1991 des Manager Magazins veröffentlicht und von 53 Unternehmen unterschiedlicher Größenklassen und Branchen beantwortet. Da nach einer prämierbaren Innovationsidee gefragt wurde, ist diese Studie nicht repräsentativ: Sie befaßt sich vielmehr nur mit solchen Unternehmen, die sich selber als fortschrittlich sehen.

Neben einer großen Anzahl detaillierter Ergebnisse zu einzelnen Personalmanagementfeldern wurden wahrgenommene Herausforderungen der Personalarbeit erhoben. Im Vorfeld der Auswertung wurden der Europäische Binnenmarkt 1992, neue Produktionstechnologien oder die Beziehungen zu den Gewerkschaften als besonders wichtig eingestuft. Umso erstaunlicher waren die Befunde (Abbildung 1.10): Motivation, Unternehmenskultur, Unternehmensimage und die Suche nach Nachwuchskräften im Management standen auf den vorderen Plätzen.

Um die zahlreichen Befunde in eine quantitative **Benchmarking-Kenngröße** zu verdichten, wurde mit dem *PRISMA-Index* eine spezielle Maß-

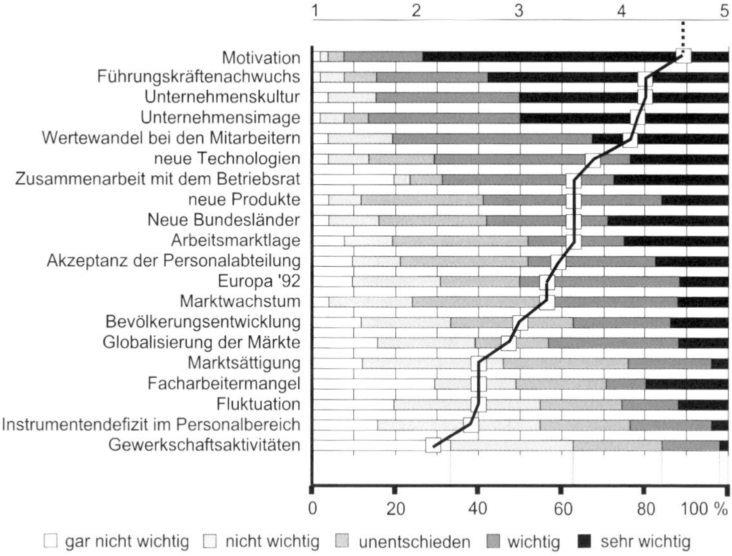

Abbildung 1.10: Herausforderungen der Personalarbeit

größe für den Ausbaustand des betrieblichen Personalmanagements definiert (Abbildung 1.11):

- *Ausgangsbasis* sind für jedes Managementfeld einige zentrale Komponenten, beispielsweise Anforderungsprofile als Teil der Personalbedarfsbestimmung.
- Um realistische Ober- und Untergrenzen zu erhalten, wurde eine Skala definiert, die den geringsten Ausprägungsgrad in der *Datenbasis* mit 0 Punkten, den höchsten mit 100 Punkten bewertet.
- Diese Werte werden *pro Feld* zu einem Gesamtwert aggregiert, der zwischen 0 und 100 liegt.
- Die Addition der Feldkenngrößen ergibt den PRISMA-Index für das jeweilige *Unternehmen*, der zwischen 0 und 1 000 (für insgesamt zehn Komponenten) liegt.

So entsteht ein Index, dessen Höhe sich als Benchmark jeweils aus der zugrundegelegten Datenbasis (hier 53 Unternehmen) ergibt.

Ein Beispiel soll die Berechnungsvorschrift des PRISMA-Indexes verdeutlichen: Schwankt der Wert für den Anteil von Mitarbeitern, für den das Unternehmen mit Anforderungsprofilen arbeitet, zwischen 20% und 60%, so erhalten diese beiden Unternehmen 0 Punkte beziehungsweise 100 Punkte. Ein Unternehmen, das für 40% der Mitarbeiter Anforderungsprofile erstellt, erhält hierfür 50 Punkte.

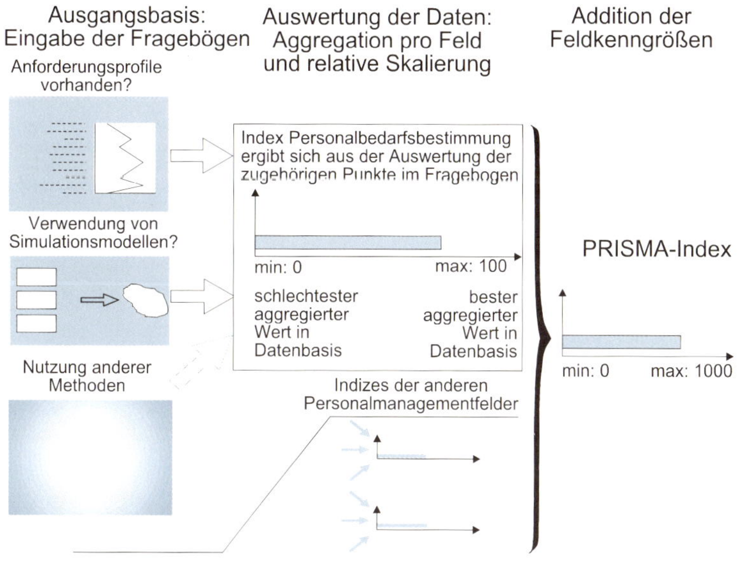

Abbildung 1.11: Bestimmung des PRISMA-Indexes

Abbildung 1.12 zeigt die Verteilung der Indexwerte über **Branchen** und **Unternehmensgrößen**:

- Im Hinblick auf die *Branche* kommt die Automobilindustrie bei der Umsetzung der meisten Personalmanagementfelder der optimalen Situation (100 Punkte) recht nahe. Die geringen Werte in den Bereichen Personalbeschaffung (28 Punkte) und Personalführung (34 Punkte) signalisieren entsprechende Defizite.
- Im Hinblick auf die *Unternehmensgröße* zeigt sich, daß vor allem die mittlere Größenklasse dagegen schlecht abschneidet. Offenbar kommen hier weder die Vorteile der Kleinen (Überschaubarkeit, Flexibilität) noch die Vorteile der Großen (Planung durch Großzahligkeit, Stabilität, Macht) zum Tragen („stuck in the middle").
- Betrachtet man die *Managementfelder*, so steht das Personalkostenmanagement an der Spitze. Bei der Personalführung und Personalbedarfsbestimmung liegen die Werte relativ niedrig. Vor allem letzteres hat in einer konjunkturellen Rezession fatale Konsequenzen: Verfügen Unternehmen nicht über Mechanismen zur exakten Bedarfsanalyse, so haben sie oft zu hohe Personalstände.

	Gesamtindex	Personalbedarfs-bestimmung	Personalbestands-analyse	Personal-beschaffung	Personal-entwicklung	Personal-freisetzung	Personal-einsatz	Personalkosten-management	Personal-führung	Personalinforma-tionsmanagement	sonstige Perso-nalfunktionen
alle	534	43	53	50	59	58	49	44	70	65	42
Automobilindustrie	741	88	70	72	85	77	67	54	81	88	60
Unternehmens-beratungen	623	37	72	72	66	67	70	47	71	60	60
EDV-Industrie	622	39	60	68	70	63	57	66	70	72	57
metallverarbeitende Industrie	550	57	51	35	54	77	65	21	73	77	39
sonstige Dienstleistungsunternehmen	533	27	60	58	64	47	50	45	70	62	48
sonstige Unternehmen	499	40	50	51	57	46	44	44	69	56	42
Banken und Versicherungen	488	45	49	43	50	52	47	43	64	67	28
Maschinenbau	483	40	42	43	51	58	36	44	73	61	35
Elektroindustrie	470	46	40	28	59	64	35	34	71	62	32
Unternehmen:											
klein	567	28	61	64	66	54	55	51	69	59	59
mittel	451	42	46	30	47	57	38	37	70	59	25
groß	550	56	50	49	62	60	51	42	70	72	37

Abbildung 1.12: Der PRISMA-Index nach Branchen und Größenklassen

Die Untersuchung zeigt insgesamt, daß die weichen Faktoren (Unternehmenskultur, Unternehmensimage und Motivation) als Herausforderung für die 90er Jahre angesehen wurden. Zudem kann die Bandbreite der eingesetzten Techniken als ein Indikator für eine ausgeprägte Professionalisierung des Personalmanagements aufgefaßt werden. Schließlich ist auf die Bedeutung größenspezifischer Aktivitätsprofile im Personalmanagement hinzuweisen.

1.3.1.3 Das Global Performance Project (GPP)

Die GPP-Firmen		
Unternehmenssitz	**N = 238**	**Prozent**
Deutschland	51	21,4
Österreich	49	20,6
Spanien	43	18,1
Frankreich	37	15,5
Schweiz	26	10,9
USA	13	5,5
Mexiko	12	5,0
Irland	4	1,7
Griechenland	2	0,8
Kanada	1	0,4
Branche	**N = 229**	**Prozent**
Konsumgüter	44	19,2
Banken	37	16,2
Dienstleistung	24	10,5
Maschinenbau, Investitionsgüter	22	9,6
Energie	18	7,9
Chemie/Pharma	16	7,0
Elektrotechnik	15	6,6
Automobil	12	5,2
Metallverarbeitende Industrie	10	4,4
Finanzdienstleistung außer Banken	8	3,5
Andere	23	10
Unternehmensgröße	**N = 217**	**Prozent**
bis 1 200	61	28,1
1 201 bis 5 000	79	36,4
mehr als 5 000	77	35,5
MW = 8 298		
Rechtsformen	**N = 217**	**Prozent**
AG	145	66,8
GmbH	27	12,4
KG	2	0,9
KGaA	1	0,5
GmbH & Co. KG	5	2,3
Andere	37	17,1

Seit 1993 untersucht das Global Performance Project an der Universität des Saarlandes (vgl. *Scholz/Stein* 1997a; 1998) im Bereich empirischer internationaler Organisations- und Managementforschung Muster erfolgreicher und nicht erfolgreicher Unternehmen. Neben den traditionellen Komponenten des situativen Ansatzes wie Situation, Strategie, Struktur, Systeme und Unternehmenskultur konzentriert sich der Forschungsrahmen insbesondere auch auf Personalmanagement. Die Datenerhebung betraf 11 Länder, darunter Österreich, Schweiz, Deutschland, Spanien, Frankreich und die USA, und resultierte in 242 durch Tiefeninterviews untersuchten Unternehmen.

Aufgrund der durchgehenden **Relevanz** der GPP-Forschungsergebnisse für alle Personalmanagementfelder werden die empirischen Befunde themenbezogen im Buch verteilt präsentiert. Dabei erfolgt die Darstellung der Befunde nach einem einheitlichen Muster: Für jedes Item wird angegeben, wieviel Prozent der Unternehmen jeden Landes sich in den beiden höchsten Zustimmungskategorien der fünfstufigen Likert-Skala positionieren. Eine Kurzinterpretation der Befunde verdeutlicht die themenbezogene Relevanz der Befunde.

1.3.1.4 Das Cranfield-Projekt

„The Price Waterhouse Cranfield Project on International Human Resource Management" (vgl. *Price Waterhouse* 1990) wird seit 1989/90 regelmäßig mittels einer schriftlichen Befragung durchgeführt, deren Grundgesamtheit 1995 insgesamt 5 955 Unternehmen aller Branchen aus 13 europäischen Ländern mit jeweils mindestens 200 Mitarbeitern bilden. Träger des Projektes ist ein Zusammenschluß von zwanzig Universitäten in neunzehn europäischen Ländern. Diese bilden das „Cranfield Network on European Human Resource Management". **Ziel** der Studie ist die Ermittlung personalwirtschaftlicher Vergleichsdaten. Sie werden durch ausführliche Länderportraits ergänzt (vgl. *Brewster et al.* 1992).

Als beispielhafte Befunde einer aktuellen Erhebung (vgl. *Weber/Kabst* 1996) ist vor dem Hintergrund der Outsourcing-Debatte die Frage interessant: „Hat Ihre Organisation (überhaupt noch) eine Personalabteilung oder einen Personalleiter?". Hier zeigt sich, daß in Finnland (nein: 42%), in Irland (nein: 39%) und in Italien (nein: 26%) gegenüber den anderen Ländern (ja: 78% aufwärts) bereits ein großer Teil an Unternehmen auf eine institutionalisierte Personalinstanz verzichtet (Übersicht 1.9). Hier bleibt abzuwarten, inwiefern sich die aktuellen internen Virtualisierungs- und Modularisierungsprozesse in zukünftigen Werten niederschlagen werden.

Land	Ja	Nein
D-Ost	99%	1%
ESP	98%	2%
F	98%	2%
GB	98%	2%
CH	96%	4%
S	96%	4%
D-West	95%	5%
NL	95%	5%
DK	87%	13%
N	87%	13%
T	78%	22%
I	75%	26%
IRL	61%	39%
FIN	58%	42%

Übersicht 1.9: „Hat Ihre Organisation eine Personalabteilung oder einen Personalleiter?" (*Weber/Kabst* 1996, 7)

Auch die Frage nach dem Vorhandensein einer Strategie für das Personalmanagement (Übersicht 1.10) erlaubt Rückschlüsse auf die Stellung des Personalmanagements im internationalen Vergleich. Hier schnitt 1992 im Hinblick auf eine schriftlich fixierte „Personalmanagementstrategie" Schweden mit über 70% am besten ab, während in Deutschland weniger als 20% der Unternehmen eine derartige Strategie hatten. 1995 beantworteten 70% der (west-)deutschen Unternehmen die Frage mit ja. Allerdings bildet Deutschland hier mit Italien (47%) und Irland (66%) dennoch weiterhin ein Schlußlicht. Unwahrscheinlich ist allerdings, daß dieser Unterschied allein auf eine völlig andere Personalarbeit zurückzuführen ist. Vielmehr liegt die Vermutung nahe, daß der Begriff „Personalmanagementstrategie" unterschiedlich aufgefaßt wird und einige Länder eventuell aufgrund eines größeren Problembewußtseins zu einer weitaus restriktiveren Interpretation neigen.

Das Cranfield-Projekt liefert wichtige Ausgangsinformationen für eine landesspezifische Ausrichtung von Personalmanagementaktivitäten. Trotzdem sollen zwei Kritikpunkte nicht unerwähnt bleiben: Durch die relativ kurzen Fragebogen konnte nicht in die Tiefe vorgedrungen werden. Auch wird bei zentralen Punkten stark auf die Selbsteinschätzung der Betroffenen abgestellt, die unter Umständen international durchaus unterschiedliche Maßstäbe anlegen. Wichtig sind aber in jedem Fall die (hier exemplarisch präsentierten) Antworten auf Fragen wie Prioritäten, Maßnahmen und Strategien.

Land	Unternehmens-leitbild	Unternehmens-strategie	Personalmanage-mentstrategie
S	97	97	92
ESP	84	88	91
CH	94	93	90
F	58	94	88
T	87	85	83
GB	85	92	81
NL	75	90	81
N	93	95	80
FIN	98	86	78
DK	94	89	74
D-West	87	93	70
IRL	79	91	66
D-Ost	80	91	65
I	66	40	47

Übersicht 1.10: Existenz eines Unternehmensleitbilds, einer Unternehmensstrategie beziehungsweise einer Personalmanagementstrategie (*Weber/Kabst* 1996, 11)

1.3.2 Personalmanagement in der Forschung

1.3.2.1 Deutschsprachiger Bereich

Die heutige Personalwirtschaftslehre manifestiert sich in einer Vielzahl von personalwirtschaftlichen Denkrichtungen. Das deutschsprachige Personalmanagement läßt sich Anfang der 80er Jahre vereinfacht zu folgenden **Basisansätzen** zusammenfassen (vgl. *Ende* 1982):

- Der *Personalmarketing-Ansatz* (vgl. z.B. *Eckardstein/Schnellinger* 1975) will in engerer Auslegung das Image des Unternehmens auf dem Arbeitsmarkt erhöhen. In weiter Auslegung gelten auch die im Unternehmen Beschäftigten als zu umwerbende Personen.
- Der *systemtheoretisch-kybernetische Ansatz* (vgl. *Hackstein et al.* 1974; *Domsch* 1980) orientiert sich an strukturell-funktionalen Fragen. Neben Aussagen zu Führungs- und Leitungsbeziehungen finden sich hier Überlegungen zur ganzheitlichen und informatorischen Verknüpfung der verschiedenen Teilfunktionen der Personalwirtschaftslehre.

- Der aus der Organisationstheorie stammende *Kontingenzansatz* fand im Bereich der Personalführung Berücksichtigung, wo der Einsatz des Führungsinstrumentariums von der Führungssituation abhängig gemacht wurde.
- Die ebenfalls in der Organisationstheorie entwickelte Anreiz-Beitrags-Theorie dient als Grundlage für den *entscheidungsorientierten Ansatz*. Teilnahmeentscheidungen des Individuums werden hier koalitionstheoretisch (vgl. *Kupsch/Marr* 1985, 640-650) und konflikttheoretisch (vgl. *Marr/Stitzel* 1979) begründet.
- Der *soziotechnische Ansatz* berücksichtigt technische und soziale Komponenten gleichrangig. So manifestiert sich nach *Wächter* (1973) das Personalwesen als Transformationssystem von Inputgrößen wie Fähigkeiten, Kenntnisse und Erwartungen in Outputgrößen wie Motivation und Erfahrung.
- Der *Personalmanagement-Ansatz* (z.B. *Macharzina/Oechsler* 1977; *Remer* 1978) orientiert sich am amerikanischen Management-Begriff, der sich durch eine multidisziplinäre und handlungsorientierte Perspektive auszeichnet.

Die Problematik solcher Systematiken liegt auf der Hand, vor allem ergeben sich bei breiter angelegten Arbeiten Probleme bei der Zuordnung.

Ein etwas differenziertes Bild ergibt sich, wenn man die deutschsprachige Forschung entwicklungsgeschichtlich betrachtet. Hier lassen sich tendenziell drei Forschungsgenerationen ausmachen.

Die historischen Ursprünge. Verfolgt man die Ursprünge des heutigen Personalmanagements im deutschsprachigen Bereich, so stößt man immer wieder auf Grundlagen, die durch Forscher der ersten Generation gelegt wurden. Gemäß *Drumm* (1993, 678-679) lassen sich folgende Ursprünge identifizieren:

- Nach der grundlegenden Auseinandersetzung mit Fragen der empirischen betriebswirtschaftlichen Forschung durch *Kosiol* (1959) wurden die empirischen Grundlagen später durch *Witte* (1972) auf den Personalforschungsbereich übertragen.
- Praktische Aspekte der Personalarbeit sind eng mit dem Namen *Goossens* (1981) verbunden, der über viele Jahre hinweg das „Personalleiter-Handbuch“ herausgab, ein Standardwerk für Personalpraktiker, das trotz des Fehlens einer theoretischen Fundierung einen äußerst umfangreichen Überblick über alle Fragen praktischer Personalverwaltung ermöglichte.
- *Marx* (1963), der erste Inhaber eines Lehrstuhls für Personalwirtschaft 1963 an der Universität Mannheim, führte den Planungsaspekt in die Personalwirtschaftslehre ein. Zusätzlich beschäftigte er sich mit vielen neuartigen Feldern der Personalwirtschaftslehre, beispielsweise mit Personalentwicklung oder Motivation und Führung.

- Obwohl er keinen eigenständigen personalwirtschaftlichen Ansatz begründet hat, gilt *Hax* (1969) als Initiator der Forschung auf dem Gebiet der Mitbestimmung.
- Die Werte der katholischen Sozial- und Morallehre (z.B. *Nell-Breuning* 1950) hatten Einfluß auf normative Aspekte des Personalmanagements. Während *Hasenack* (1961) mit dem Versuch scheiterte, eine anthropologische Betriebswirtschaftslehre zu etablieren, gelang es *Fischer* (1935; 1962), eine ethisch orientierte Personal- und Sozialpolitik zu begründen.

In diesen Ursprüngen treffen sich die Themen der traditionellen Betriebswirtschaftslehre mit gesellschaftlichen und betriebspraktischen Bedürfnissen.

Die Verbreiterung des Feldes. Die Forscher der zweiten Generation beleuchten eine Vielzahl von personalwirtschaftlichen Fragestellungen. Exemplarisch zu nennen sind hier *Gaugler* (z.B. *Gaugler/Huber/Rummel* 1974), *Drumm* (1976; 1995), *Reber* (1987) und *Staehle* (1991). Kaleidoskopartig wurden durch sie mögliche Inhalte des Personalmanagements aufgezeigt. Die Anregungen hierzu kamen dabei ebenso aus der reinen Theorie als auch aus der Praxis. Unter „reiner" Theorie wurde aber keine Fundierung in einer Basistheorie verstanden und somit zurecht auf ein eklatantes Theoriedefizit hingewiesen (vgl. *Drumm* 1993).

Die Schwerpunktsetzung. Es war nur folgerichtig, daß in der Weiterführung der Forschung aus der ersten und zweiten Generation vor allem mehr oder weniger weitgehende Ansätze entstanden, die jeweils die Breite des Feldes aus einer speziellen Sichtweise schwerpunktartig behandeln. Bei diesen „Forschern der dritten Generation" lassen sich nach dem Kriterium ihrer zentralen Orientierung fünf **akademische Ansätze** hervorheben. Sie haben im wesentlichen seit Anfang der 80er Jahre Konturen gewonnen und decken die heutige Forschungslandschaft im Gebiet des deutschsprachigen Personalmanagements weitgehend ab.

- *Fokus auf Management*: Dieser Ansatz orientiert sich an dem amerikanischen Ausdruck „Management", der sich durch seine breite und handlungsorientierte Perspektive auszeichnet. Die Forscher dieses Ansatzes konzentrieren sich nicht auf jeweils abgegrenzte Teilgebiete des Personalmanagements: Sie sehen den Managementprozeß als ein Ganzes an, der auch von mehr als einer wissenschaftlichen Disziplin beeinflußt wird. Autoren wie *Scholz* (1982), *Ackermann* (1987) und *Berthel* (1995) vertreten diesen Ansatz in Deutschland.
- *Fokus auf Controlling*: Autoren wie *Potthoff* (1974; *Potthoff/Trescher* 1986) und *Wunderer* (*Wunderer/Kuhn* 1993) repräsentieren die Tradition eines Controlling-orientierten Personalmanagements in der deutschsprachigen Hochschulwelt. Fokus auf Controlling meint in einer vereinfachten Form die Kontrolle der Humanressourcen als

Kostenfaktoren; bei einer tieferen Betrachtung führt diese Controlling-Orientierung zu Personalmanagement als Quelle betrieblicher Wertschöpfung.

- *Fokus auf Personalentwicklung*: Unter der Annahme, daß Personalentwicklung das zentrale Thema der Personalpolitik ist, konzentrieren sich die Vertreter dieses Zweiges auf Trainings- und Entwicklungskonzeptionen, die die Personalentwicklung in den gesamtbetrieblichen Organisationsentwicklungsprozeß einbinden. *Eckardstein* (*Eckardstein/Schnellinger* 1978) und *Weber* (1985) sind zwei der wichtigsten Autoren in diesem speziellen Feld.
- *Fokus auf Information*: Wie *Domsch* (1980) und *Hentze* (1994; 1995) herausstellen, ist die zentrale Basis des Personalmanagements die Information. Kommunikationsprozesse müssen sorgfältig analysiert und gestaltet werden, damit sie dem situativen Umfeld, den Strategien und Zielen des Personalmanagements angemessen sind.
- *Fokus auf Planung/Verwaltung*: Die Arbeitgeber-Arbeitnehmer-Beziehung steht im Mittelpunkt dieses Ansatzes. Darüber hinaus spielen hier alle Aktivitätsbereiche eine Rolle, die sich bei der Umsetzung strategischer Themen in operativen, detailliert zu koordinierenden Handlungen niederschlagen. Spezielle Aufmerksamkeit widmet dieser Ansatz rechtlichen und mitbestimmungsrelevanten Restriktionen. Die Hauptvertreter dieses Ansatzes in deutschsprachigen Hochschulen sind *Marr* (1993) und *Oechsler* (1997).

Abbildung 1.13 veranschaulicht zusammenfassend die drei deutschen Forschergenerationen.

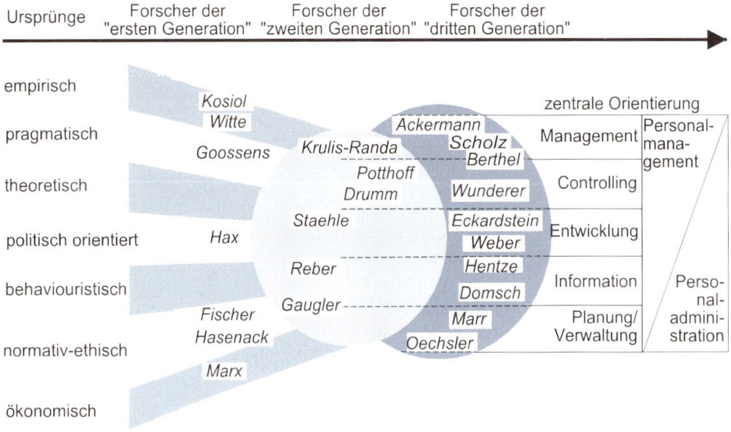

Abbildung 1.13: Drei Generationen der Personalmanagementforschung

Diese Schwerpunktsetzung mit ihren fünf zentralen Ausrichtungen läßt sich abschließend exemplarisch an den folgenden vier **spezifischen Ansätzen** verdeutlichen, die umfassende Konzeptionen mit deutlich unterschiedlichen Schwerpunkten darstellen. Daß unterschiedliche Schwerpunkte in der Praxis als solche perzipiert werden, kann man beispielsweise an der Einschätzung von wirtschaftswissenschaftlichen Ausbildungsstätten durch Manager und an der Bekanntheit spezieller Lehrstühle (vgl. *Westerwelle/Westerwelle* 1995) ablesen.

- *Personaladministration* („Mannheimer Ansatz"): Dieser Ansatz wurde geprägt durch *Gaugler* (z.B. 1993). In Fortführung von *Marx* (1963) kann in den meisten seiner Artikel als generelles Postulat die Humanisierung der Arbeit unter Berücksichtigung ökonomischer Restriktionen gefunden werden. Im Ergebnis folgt der Ansatz der Tradition einer betrieblichen Sozialpolitik inklusive der mitbestimmungsorientierten Arbeitsbeziehungen (vgl. *Gaugler/Weber* 1995). Wichtig für diesen Ansatz, dem sich auch *Oechsler* (1997) als Nachfolger von *Gaugler* zurechnet, ist deshalb auch die bewußte Abkehr vom Grundkonzept eines unternehmerischen Personalmanagements.
- *Personalmanagementstrategien* („Stuttgarter Ansatz"): Auf der Basis einer empirischen Studie zum Personalmanagement in der Praxis konzipiert *Ackermann* (1986; 1987) den „Stuttgarter Ansatz". Sein Ziel ist das Aufzeigen von Strategien für
  - Personalentwicklung,
  - Personalbeurteilung,
  - Personalverwaltung und
  - Personalforschung.

  Jede Strategie wird in Verbindung mit Umweltbedingungen, Unternehmensstrategien und formalen Strukturen ausgewählt.
- *Ganzheitliches Personalmanagement* („Zürcher Ansatz"): Basierend auf den Forschungen von *Rühli* (1977) formten *Krulis-Randa* (z.B. 1986) und *Rühli/Wehrli* (1986) den sogenannten „Zürcher Ansatz" als Rahmen für ein strategisches Personalmanagement. In einer ganzheitlichen Sicht des Managements wollen sie soziale und technokratische Führung integrieren und die Personalführung auf die Unternehmenspolitik ausrichten. Die charakteristischen Punkte des Zürcher Ansatzes sind
  - die zentrale Stellung der Menschen (Anthropozentrismus),
  - die Rolle des Menschen in der Personalmanagementstrategie,
  - Problemlösung in Teams aus mehreren Personen,
  - zwischenmenschliche Beziehungen und
  - die Integration dispositiver und ausführender Arbeit.

  Eine Weiterentwicklung des „Zürcher Ansatzes" wurde durch *Staffelbach* (1986a) konzeptualisiert. Sein System des strategischen Personalmanagements postuliert eine strikte Orientierung an Erfolgsfaktoren, eine Orientierung auf Individuen hin sowie eine personalmanagementorientierte Beobachtung der Umwelt.

- *Dreidimensionales Personalmanagement* („Saarbrücker Ansatz"): Erfolgreiches Personalmanagement – wie im vorliegenden Lehrbuch beschrieben – muß sich explizit im Personalmanagement mit Feldern, Ebenen und Ausrichtungen beschäftigen, die zusammen den Rahmen für eine systematische Personalarbeit bilden.

Betrachtet man die Zukunft der personalwirtschaftlichen Forschung, so reichen die Schwerpunkte der Lehrstühle und Institute von der theoretischen Grundlagenforschung bis hin zu speziellen Themen wie „Personalqualitätsmanagement" oder „Frauen in Führungspositionen". Eine Analyse der Internetseiten von 42 personalwirtschaftlichen Instituten zeigt, daß ein zentraler Schwerpunkt der Forschung im Bereich der Personalentwicklung zu finden ist. 38% der Lehrstühle, die ihre Forschungsinhalte per Internet vorstellen, geben diesen Bereich als Forschungsgegenstand an.

Forschungsinhalte	**Nennungen %**
Personalentwicklung	38
internationales Personalmanagement	31
Personaleinsatz	31
Personalkostenmanagement und neue Anreizsysteme	31
strategisches Personalmanagement	25
theoretische Grundlagenforschung	25
Personalführung	25
Personalmanagement und Unternehmenskultur	19
Personalorganisation	19
Personalcontrolling	19
Personalmarketing	19
zeitgemäßes Personalmanagement	19
Personalökonomie	19
Personalplanung	13
Personalbeschaffung	13
Personalfreisetzung	13
Personalmanagement für Frauen	13
Mitbestimmung	13
Personalmanagement in kleinen und mittleren Unternehmen	6

Übersicht 1.11: Personalorientierte Forschungsschwerpunkte an deutschsprachigen Hochschulen

1.3.2.2 US-Amerikanischer Bereich

Die Grundlegung der 50er/60er Jahre. Der traditionelle Schwerpunkt der Personalmanagement-Forschung in den USA ist der **individuelle Führungsansatz**, vertreten durch Klassiker wie *Fiedler* (1960) oder die Ohio-State-Forschung (z.B. *Stogdill/Coons* 1957). Ihr Ziel ist die Optimierung der Leistungsfähigkeit der Führungskraft durch Modifikation von Führungsverhalten oder Führungssituation.

Die Ausdifferenzierung und Re-Integrierung der 70er Jahre. Einen Schwerpunkt bilden hier Arbeiten zur **Humanvermögensrechnung**, wofür exemplarisch die Arbeit von *Flamholtz* (1974) zu nennen ist. Hierbei wird evaluiert, welche Kosten durch die Mitarbeiter beziehungsweise mitarbeiterbezogene Aktivitäten entstehen und/oder welchen Wert die Leistung beziehungsweise das Leistungspotential der Mitarbeiter repräsentiert.

Ebenfalls auf eine lange Tradition kann der **Personalplanungsansatz** (z.B. *Cascio* 1978) zurückblicken, bei dem Anforderungen des Unternehmens und Fähigkeiten der Mitarbeiter durch frühzeitige Antizipation und adäquate Aktion aufeinander abgestimmt werden sollen. Dies verlangt nach meßtheoretischen Grundlagen ebenso wie nach planerischer Problemdurchdringung.

Nach einer beobachtbaren Entwicklung von inhaltlich stark isolierten Forschungsbereichen begann Ende der 70er Jahre ein Umdenken in Richtung auf ein Zusammenführen von „verhaltensorientiert“ und „unternehmensorientiert“: Exemplarisch für diese **verhaltensorientierten Systemansätze** steht der „Behavioral Systems Approach“ von *Klatt/Murdick/Schuster* (1978). Die Hauptverantwortlichkeit für das Human Resource Management liegt in diesem Ansatz bei den Linienmanagern. Der Personalabteilung wird eine wichtige Beratungsfunktion zugesprochen. Die Personalarbeit wird im Systemzusammenhang gesehen: Zur Zielerreichung müssen alle Teile des Gesamtsystems zusammenarbeiten, was auch ein Verständnis der generellen Systemprinzipien erfordert. Dieses Verständnis führt im Vergleich zum unsystematischen, intuitiven Management zu einer höheren Effektivität. Die Leistung der Personalabteilung liegt demgemäß wesentlich im unterstützenden Service und in technischer Hilfestellung.

Die Interessen-Orientierung der 80er Jahre. In der Folge artikulierten sich Anfang der 80er Jahre fast zeitgleich fünf Ansätze, die sich an den Interessen unterschiedlicher Stakeholder orientieren:

- Der **individuelle Entwicklungsansatz** (z.B. *Kotter/Schlesinger* 1979) rückt die systematische Personalentwicklung in den Mittelpunkt, wobei er sich primär auf das einzelne Individuum und vor allem auf den einzelnen Manager konzentriert. Charakteristisch für diesen Ansatz sind Karriereplanungen, die gleichzeitig den Unternehmenszielen und den Mitarbeiterzielen gerecht werden.

- Der **strategische Planungsansatz** betont den Zusammenhang zwischen Unternehmensstrategie, Struktur und Personalstrategie:
  - Der *Michigan-Ansatz* (z.B. *Tichy/Fombrun/Devanna* 1982) geht dabei derivativ vor, leitet die Personalstrategie aus der Unternehmensstrategie ab und fokussiert daher auf die effiziente Implementierung der Unternehmensstrategie. Das Management der Human Resources umfaßt daher die Teilfunktionen „selection" (alle Aufgaben der Personalauswahl), „appraisal" (Leistungsbeurteilung), „rewards" (Anreiz- und Belohnungssysteme) sowie „development" (Personalentwicklung).
  - Das *Harvard-Konzept* (z.B. *Beer et al.* 1985) sieht sich selber als Teil der General Management-Perspektive und erlaubt somit auch Querbeziehungen von der Personalstrategie zur Unternehmensstrategie. Aus diesem Zusammenspiel folgen dann Maßnahmen aus dem Bereich Mitarbeiterbeteiligung (Partizipationsphilosophie), der Veränderung von Human Resources (Personalbeschaffung, -einsatz, -entlassung), des Belohnungssystems und der Arbeitsorganisation.

  Das Ergebnis ist eine Sichtweise, bei der das Personalmanagement selbst zur „driving force", also zur treibenden Kraft der Unternehmensentwicklung wird.
- Der **ökonomische Ansatz** ist eine Weiterentwicklung der Humanvermögensrechnung. Als Beispiel für diesen Ansatz ist die von *Odiorne* (1984) entwickelte Portfolio-Matrix anzusehen: Mit den Achsenbezeichnungen „Leistung" als gegenwärtige Leistung eines Mitarbeiters in Relation zu den gesetzten Zielen und „Potential" als wahrscheinlicher Beitrag zur Zielerreichung erhält *Odiorne* eine Vier-Felder-Matrix mit entsprechenden Mitarbeitertypen. Für jedes Feld ergeben sich dann spezifische Maßnahmen.
- Aus dem Zusammenspiel von individuellem Entwicklungsansatz und Strategieansatz entstand der personelle **Stimmigkeitsansatz**: Hier sollen zwischen den „Human Resources" und den aktuellen Situationsmerkmalen Stimmigkeitsbeziehungen hergestellt werden. Dies betrifft vor allem
  - die gezielte Strategie (z.B. *Gupta* 1986),
  - das externe Umfeld (z.B. *Dyer/Holder* 1988) und
  - das erreichte Stadium der Unternehmensentwicklung (z.B. *Baird/Meshoulam* 1988).

  Ähnlich wie beim situativen Ansatz der Organisationsforschung gibt es auch hier

- den *empirischen Zweig*, bei dem aus gleichzeitigem Auftreten bestimmter Komponenten des Human Resource Managements auf „Stimmigkeit" geschlossen wird (z.B. *Miller/Friesen* 1984), und
- den *plausibilistischen Zweig* (z.B. *Baird/Meshoulam* 1988), bei dem logische Konvergenzhypothesen in Gestaltungsvorschläge transformiert werden.

Trotz aller forschungsmethodischen Probleme erfreut sich der Stimmigkeitsansatz vor allem in den USA hoher Beliebtheit.

- Dies gilt in analoger Form auch für den **Kulturansatz** (z.B. *Schein* 1992), bei dem die Unternehmenskultur als ein zentraler Bestimmungsfaktor für den Unternehmenserfolg angesehen wird, was sich besonders in einer kulturorientierten Personalführung niederschlägt.

Die Spezialisierung der 90er Jahre. Die Personalmanagement-Forschung der 90er Jahre ist gekennzeichnet durch einen hohen Grad der Spezialisierung. Dies wird insbesondere auf die hohe Komplexität des Forschungsfeldes und auf die hohe Anzahl an Schnittstellen des Human Resource Managements zu anderen Disziplinen zurückgeführt (vgl. *Legge* 1995, 96). Das Ergebnis ist ein Kontinuum zwischen zwei Polen (vgl. *Poole/Warner* 1997, XVI; *Truss et al.* 1997, 54-56):

- Auf der einen Seite steht der eher *Market-Based-View* („Hard HRM"), der auf die Integration und die Rolle des Personalmanagements in bezug auf die Unternehmensstrategie fokussiert. Er untersucht Produktivität und Wertschöpfungsbeitrag des Human Resource Managements und will auf diese Weise Wettbewerbsvorteile realisieren. Hier dominieren die „Marktbelange" eher die Belange der Mitarbeiter.
- Auf der anderen Seite steht der *Resource-Based-View* („Soft HRM"), der den Erfolgsfaktor Personal in den Mittelpunkt seiner Betrachtung stellt. Hier werden als Zielgrößen Flexibilität und Anpassungsfähigkeit des Personals diskutiert, Arbeitsbedingungen sowie -beziehungen untersucht und die Humanisierung der Arbeit vertieft.

Als Vertreter der eher ressourcenorientierten Vorgehensweise zeigen *Miles* und *Snow* 1995 in ihrer **Human Investment Philosophy** (Übersicht 1.12) neuartige Anforderungen an ein Human Resource Management durch das Entstehen innovativer flexibler Organisationsformen sowie der Auflösung der Unternehmensgrenzen. Ihr Ansatz definiert Handlungsanweisungen für Manager, deren Befolgung ein Unternehmen zukunftsfähig macht. Das dem Modell zugrundeliegende Menschenbild fokussiert auf die Lernfähigkeit und Entwicklungsmöglichkeiten der Mitarbeiter und postuliert eine grundsätzliche Vertrauensfähigkeit und -würdigkeit. Von großer Bedeutung ist vor diesem Hintergrund eine gezielte Kompetenzentwicklung und damit eine permanente und gezielte Investition in Personalentwicklung. Die Aufgabe der Manager ist es daher auch, Verantwortung zuzuteilen und zuzulassen. Die versteckten Fähigkeiten der Mitarbeiter stellen in diesem Ansatz Capabilities dar, die die Tiefenstruktur des Unternehmens bilden und sich aus seiner Wissensbasis begründen. Dies erklärt auch den sich verstärkenden Bezug zu psychotherapeutischen Interventionsansätzen im Human Resource Management. Die Potentiale verbessern den Möglichkeitenraum („opportunity set“) erfolgreichen Handelns und bilden den Ausgangspunkt strategischer Bewegungen. Danach ist die Investition in Humankapital eine notwendige Voraussetzung für die Zukunftsfähigkeit des Unternehmens.

Assumptions	1. Most people want to contribute to the organization and will act as partners in their own development. They also have the potential to continually develop their technical skills, their self-management competency, and their understanding of business matters. 2. Most people, both inside the network firm and across current and future partner firms, are trustworthy as well as trusting in their relationships. They can and will develop effective „relationship management“ skills.
Policies	3. Managers must view human capabilities from the perspective of an internal venture capitalist, building organization members' operational and entrepreneurial strengths by investing in their long-term education and competence. 4. Managers must act as partner of individual employees and self-managing teams in locating opportunities to practice new skills and exercise new knowledge. 5. Managers must be prepared to make investments in technical and governance skills within other network-member firms.
Expectations	6. Continuing, heavy investment in human capabilities builds adaptive capacity through the creation of widespread skill and knowledge reserves – a learning organization. 7. The more competent the manager's own organization, the more facile and effective are the network linkages it can make.

Übersicht 1.12: „The Human Investment Philosophy“
(*Miles/Snow* 1995, 11)

Auch *Pfeffer* (1996b) als Vertreter des „Soft-HRM“ sieht in den Humanressourcen eines Unternehmens zentrale potentielle Wettbewerbsvorteile. Mit seinem **People-Centered-Management** betont er vor allem die zentrale Motivationsfunktion des Human Resource Managements. Er warnt davor, Mitarbeiter nur unter dem Aspekt der Kostenverursachung zu sehen: Abbildung 1.14 zeigt den gegenseitigen Einfluß zwischen Unternehmensverhalten, Mitarbeiterverhalten und Unternehmensergebnis als einen „Teufelskreis sinkender Unternehmensleistung" („Downward Performance Spiral"), den es zu durchbrechen gilt. Daher stellt *Pfeffer*

- Beschäftigungssicherheit,
- gezielte Personalauswahl,
- autonomes Teammanagement und Entscheidungsdezentralisation,
- leistungsabhängige Entlohnung,
- Trainingsanstrengungen,
- Abbau von Statussymbolen sowie
- informatorische Transparenz hinsichtlich Finanz- und Erfolgsdaten

als sieben Erfolgspraktiken der Personalarbeit vor.

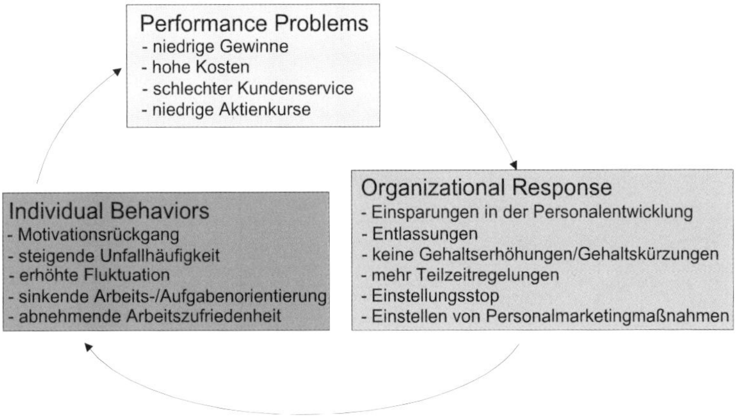

Abbildung 1.14: „Downward Performance Spiral"
(nach *Pfeffer* 1996b, 27)

Der **Professional-Specialism-Ansatz** (*Schuler* 1995) verbindet die markt- und ressourcenorientierte Perspektive. So geht *Schuler* davon aus, daß es *keinen* allgemeingültigen „*best way*" im Personalmanagement geben kann. Ebenso wenig scheint eine Langfristplanung in den Unternehmen möglich – gerade vor dem Hintergrund des seit den 80er Jahren begonnenen Strukturwandels. Ein strategischer Wettbewerbsvorteil durch die eigenen Mitarbeiter wird sich nach dieser Meinung dann einstellen, wenn die Interessen verschiedener Stakeholder innerhalb der Personal- und Unternehmensstrategie integriert werden. Die verschiedenen Stakeholder wie Mitarbeiter und Kunden determinieren damit den Handlungsrahmen eines systematischen und situativ angepaßten Human-Resource-Managements. Dies ist notwendig, um die verschiedenen betrieblichen Teilstrategien erfolgsorientiert zu koordinieren. Nicht zuletzt, um diese Aufgabe zu erfüllen, sollten die verantwortlichen Human Resource Manager in den Unternehmen im Top-Management angesiedelt sein.

1.3.2.3 Personalwirtschaftslehre als (mikro-)ökonomische Disziplin?

Die Entwicklung der Personalforschung wurde begleitet von einer permanenten Diskussion um die „theoretische Basis" des Personalwesens und damit um die Ausgestaltbarkeit einer eigenständigen Personalwirtschaftslehre. Diese Auseinandersetzung basiert primär auf dem Problem, daß *Gutenberg* als Ahnvater der deutschen Betriebswirtschaftslehre die Personalwirtschaftslehre nicht in seinem Denkschema Produktion-Absatz-Finanzierung positionieren konnte, da ihm die Rolle des Menschen im Unternehmen als ein systemimmanentes Dilemma erschien. Daß die allgemeine Betriebswirtschaftslehre lange (noch immer?) ihre Schwierigkeiten mit der Personalwirtschaftslehre hatte (hat?), erkennt man auch am Klassiker dieses Faches – der Allgemeinen Betriebswirtschaftslehre von *Wöhe* –, der sich zur Berücksichtigung menschlicher Arbeitsleistung als Produktionsfaktor hauptsächlich auf Entgeltaspekte beschränkt (vgl. *Wöhe* 1996, 255-309).

Bereits obige Ausführungen machen deutlich, daß das Personalmanagement als zentrale betriebliche Funktion Wertschöpfungsbeiträge erbringt und in seiner Ausgestaltung dem Postulat des ökonomischen Prinzips folgt. Analog einer modernen betriebswirtschaftlichen Organisationslehre ist auch die Personalwirtschaftslehre ein geschlossenes Gesamtkonzept mit interdisziplinär verzahnten, aber unternehmerisch ausgerichteten Erkenntnis- und Gestaltungszielen.

Sadowski (1991, 129-132) und *Hax* (1991, 64-66) kritisieren übereinstimmend das Fehlen einer theoretischen Basis im Personalwesen, wobei sie primär auf

- unternehmerische Arbeitsmarktpolitik,
- ökonomische Organisationstheorie,
- Arbeitsrecht und
- den internationalen Vergleich von Arbeitsbeziehungen

hinweisen. Konkret wird die Nicht-Ökonomie moniert und auf die restriktive Regulierung des Arbeitsmarktes verwiesen, die eine effiziente Vertragsgestaltung zwischen Arbeitnehmer und Arbeitgeber behindert. Bereits hier wird deutlich, daß diese Autoren durchgängig „Theoriedefizit" mit „Defizit an Mikroökonomie" gleichsetzen, während etwa psychologische oder soziologische Theorien nicht als Basis anerkannt werden. Gefordert wird von ihnen deshalb die dominante Berücksichtigung der Neuen Institutionenökonomie, also der Modelle aus Transaktionskostentheorie, Theorie der Verfügungsrechte und Principal-Agent-Theory.

Als mögliche **Gegenstände** einer Personalökonomie bieten sich vor allem personalpolitische Gestaltungsparameter von Beschäftigungsverhältnissen an, beispielsweise (vgl. *Backes-Gellner* 1993, 516-520)

- Personal als Arbeitsangebot und -nachfrage,
- Personal als Investitionsgut,
- Arbeitsvertrag als nichtjustitiables Dauerschuldverhältnis,
- Arbeitsverhältnis als Aushandlungsprozeß und
- Einbettung der Arbeitsbeziehungen in staatliche Regulierung und industrielle Beziehungen.

Trotzdem bleibt dieser Versuch der Theoriebildung nicht unumstritten: So wächst zum einen die generelle Kritik am Transaktionskostenkonzept (vgl. *Ghoshal/Moran* 1996; *Richter/Furubotn* 1996). Zudem gilt ihr Erklärungsbeitrag als äußerst prämissenabhängig und wegen der allenfalls plausibilitätsgestützten Bestimmung der Kosten (vgl. *Eigler* 1997, 26) nur begrenzt einsetzbar. Damit stellt sich die Frage nach der Sinnhaftigkeit einer solchen „theoretischen" Untermauerung: Wenn lediglich bekannte Tatbestände in mikroökonomischen Modellen abgebildet werden, so hat ein solcher Modellplatonismus, abgesehen vom Theorie-Etikett, wenig praktischen und keinen theoriebildenden Nutzen. Vielmehr muß es – wie von *Wächter* (1990, 59) in anderem Zusammenhang gefordert – tatsächlich um die Verbreitung, Festlegung und Widerlegung dieser Theorien gehen.

Vor allem darf es nicht soweit gehen, daß nur die Phänomene als Objektbereich der Personalwirtschaftslehre „akzeptiert" werden, die in das Paradigma der Neuen Institutionenökonomie passen.

Wenn man Individuen und in ihrer Aggregation Organisationen nicht als partiell pathologisch und irrational interpretieren darf, die Komplexität individueller Motivation einer monetären Nutzenfunktion unterordnen muß oder beispielsweise den komplexen Gesamtzusammenhang interkultureller Kommunikation lediglich als Prototyp für fehlende institutionelle Arrangements ansieht, führt die Berücksichtigung „ökonomischer Theorien" lediglich zur Selbstkastration.

Die Personalwirtschaftslehre würde damit den Theoriepluralismus aufgeben, der sich wie im Marketing aus ihrem Objektbereich ergibt, und lediglich zu einem verstümmelten Anwendungsfall eines kleinen Teils der Volkswirtschaftslehre degenerieren. Bisher besteht diese Gefahr nicht, wenngleich der Vorschlag eines prominenten Betriebswirtes, Personallehrstühle am besten mit „reinen Volkswirten" zu besetzen, skeptisch stimmen muß.

Wächter (1992, 333) resümiert diese **Paradoxie**: „Das Personalwesen kann seinen *ökonomischen* Nutzen um so mehr nachweisen, als es sich verstärkt *verhaltenswissenschaftlicher* Modelle und Methoden bedient." Die Untersuchung von Verhaltensphänomenen mündet jedoch von selbst wieder in eine Annäherung von verhaltensorientierter und mikroökonomischer Ausrichtung des Personalmanagements. Ein Beispiel ist der sich im Zuge von Bedarfsveränderungen (Abschnitt 4.2) entwickelnde freie Unternehmer im Sinne eines „independent contractor", der aus Rollenerfordernissen heraus zu Verhandlungskonstellationen gezwungen ist, die sich wiederum durch mikroökonomische Kalküle modellieren lassen. Auch die Entwicklung eines Personalmanagements in virtuellen Organisationsformen läßt sich mit Hilfe institutionenökonomischer Überlegungen durchdringen, was den ökonomischen Ansätzen zusätzlichen Charme verleiht.

Konzeptionell gibt es an deutschsprachigen Hochschulen drei **Gruppen** mit zunehmendem expliziten Ökonomiebezug:

- Zunächst gibt es die zunehmende Gruppe der Autoren, die ein dem amerikanischen Human Resource Management inhaltlich voll entsprechendes *Personalmanagement* praktizieren. Es zielt auf die ganzheitlich-strategische Dimension der Personalfunktion ab, die versucht, das Unternehmen mit seinen Mitarbeitern in eine strategisch erfolgreiche Position zu bringen. Exemplarisch sind hier zu nennen *Ackermann*, *Becker*, *Berthel*, *Bühner*, *Remer*, *Scholz* und *Wunderer*.
- Eine kleinere Gruppe mit Vordenkern wie *Oechsler* befaßt sich mehr mit dem Bereich *Personaladministration*, wozu auch rechtliche Detailfragen des Arbeitsverhältnisses und der Umgang mit Gewerkschaften (Labour Relations) gehören.
- Eine Sonderform sind die reinen *Personalökonomen*, die überwiegend aus der Neuen Institutionenökonomie stammen und primär in Transaktionskosten und Property Rights denken. Diese Gruppe wird unter anderem („in Nachfolge von *Sadowski*") repräsentiert durch *Backes-Gellner*, *Kräkel* und *Frick*.

Die unterschiedlichen Sichtweisen erkennt man am Stellenwert der Mitarbeiter: Für *Personaladministration* ist er eine Schachfigur, die gelenkt wird. Für die *Personalökonomen* ist er entweder kognitiv-begrenzter „Principal" oder opportunistischer „Agent". Für *HRM/Personalmanagement* soll er „empowered" selbständig strategisch denken.

1.3.2.4 Zusammenführung

Forschung im deutschsprachigen und amerikanischen Bereich weisen eine unterschiedliche Entwicklung auf, die sich jedoch ergänzt und insgesamt einen Kanon relevanter Personalmanagement-Inhalte umreißt. Abbildung 1.15 positioniert die verschiedenen Ansätze im Zeitablauf. Aufgrund der prägenden Phase der amerikanischen Ansätze in den 80er Jahren werden gleichzeitig Parallelen zu deutschsprachigen Forschern deutlich.

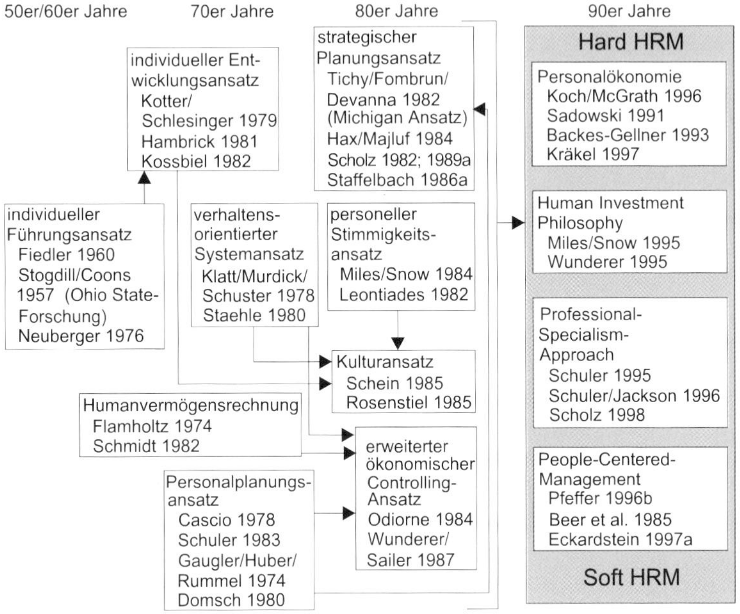

Abbildung 1.15: Human Resource Management-Forschung im Zeitablauf

1.3.3 Personalmanagement in der Lehre

Bis zu Beginn der 60er Jahre war Personalwirtschaftslehre im Katalog der betriebswirtschaftlichen Vertiefungsfächer deutscher Hochschulen nicht vertreten. Personalbezogene Fragen fanden vornehmlich im Rahmen der Arbeitswissenschaft auf ingenieurwissenschaftlicher Seite und der Arbeits- und Betriebssoziologie auf sozialwissenschaftlicher Seite Berücksichtigung. 1971 wurde an der **Universität Hamburg** ein Lehrstuhl mit der expliziten Bezeichnung Personalwirtschaftslehre gegründet, 1972 folgte ein weiterer für „Personalwesen und Arbeitswissenschaften" an der **Universität Mannheim**; gleichzeitig wurde die spezielle Betriebswirtschaftslehre „Personalwesen" erstmals in einer betriebswirtschaftlichen Prüfungsordnung verankert. 1986 entstand an der **Universität Saarbrücken** der erste Lehrstuhl mit der offiziellen Bezeichnung „Personalmanagement".

Begünstigt auch durch zahlreiche Gründungen neuer Hochschulen stieg die Anzahl der Personallehrstühle in den 70er bis 90er Jahren stark an. Zum Winter 1998 gibt es im universitären Bereich nach dem Mitgliederverzeichnis des Verbandes der Hochschullehrer für Betriebswirtschaft e.V. im Internet (http//:www.bwl.uni-muenchen.de/vhb/mit/,

07.12.1998) für Betriebswirtschaft insgesamt 38 Lehrstühle beziehungsweise Institute, die das Wort „Personal“ alleine oder kombiniert als „Personalwesen“, „Personalwirtschaft“ oder „Personalmanagement“ im Namen tragen.

Im Hinblick auf die Standardisierung der Lehrinhalte gilt im wesentlichen noch immer das 1984 von der Fachkommission für personalwirtschaftliche Ausbildungsfragen in der Schmalenbach Gesellschaft/Deutsche Gesellschaft für Betriebswirtschaft e.V. 1984 zusammengefaßte **Anforderungsprofil** (Übersicht 1.13).

Problemfelder	Inhalte
personalwirtschaftliche Rahmenbedingungen	rechtliche Rahmenbedingungen gesamtwirtschaftliche Rahmenbedingungen (u.a. Struktur des Arbeitsmarktes) gesellschaftlich-kulturelle Rahmenbedingungen technische Rahmenbedingungen
Personalwirtschaft als Teil der Unternehmenspolitik	menschliche Arbeit in der Betriebswirtschaftslehre Personalpolitik als Teil der Unternehmenspolitik Personalplanung als Teil der Unternehmensplanung
personalwirtschaftliches Instrumentarium	Stellenbesetzung Arbeitsgestaltung (u.a. Ergonomie und Arbeitszeit) Lohn- und Gehaltsfindung Personalinformationssysteme
Grundlagen der Personalführung und Zusammenarbeit	verhaltenswissenschaftliche Grundlagen (Erklärungswert von individuellen und kollektiven Verhaltenstheorien, Bestimmungsgrößen des Arbeitsverhaltens, Gruppennormen und -verhalten) Führungstheorien und -modelle

Übersicht 1.13: Anforderungsprofil für die Personalwirtschaftslehre
(nach *Fachkommission Personalwesen* 1984, 295-299)

Wie ein Blick in die aktuellen Lehrbücher zur betrieblichen Personalarbeit (z.B. *Drumm* 1995; *Berthel* 1997; *Bühner* 1997; *Oechsler* 1997) zeigt, hat dieses Anforderungsprofil weitgehend Eingang in die Lehre gefunden und unter Beibehaltung der oben diagnostizierten Schwerpunkte zu einer teilweisen Konvergenz geführt.

Heute ist Personalmanagement maßgeblich in zwei Formen vertreten: Zum einen als Teil der allgemeinen Betriebswirtschaftslehre, verbunden mit Organisation, Planung oder Unternehmensführung, zum anderen als eigenständiges oder mit Organisation beziehungsweise Führung kombiniertes Vertiefungsfach. Im Grundstudium kommt Personalmanagement eher peripher vor. Es spielt allerdings – vor allem, wenn es aus dem

Schatten der reinen Personaladministration hervortritt – eine interessante Rolle in psychologisch oder soziologisch ausgerichteten Bereichen, die auf diese Weise eine verstärkte Verzahnung mit der Betriebswirtschaftslehre erhalten.

1.3.4 Personalmanagement in der Rezession

1.3.4.1 Das Grundproblem: Aktionsfelder und Rollenverständnis

Der Anfang dieses Jahrzehnts war charakterisiert durch eine umfassende Rezession mit deutlich rückläufigen Mitarbeiterzahlen. Obwohl immer wieder das Ende der Rezession proklamiert wird, hat die konjunkturelle Beruhigung in Deutschland anders als in Großbritannien und den USA noch keine positive Rückwirkung auf den Arbeitsmarkt gezeigt. Abgesehen von der gesamtwirtschaftlichen Behandlung dieses Problems stellt sich speziell die Frage nach den Rollen und Möglichkeiten eines Personalmanagements in einer rezessiven Phase.

Eine Zusammenstellung der aktuellen Diskussionspunkte zur konjunkturabhängigen Personalarbeit (vgl. *Scholz/Oberschulte* 1994) zeigt, daß konjunkturelle Schwankungen Auswirkungen auf verschiedenste Bereiche des Personalmanagements haben. Konkrete **Aufgabenfelder** in diesem Zusammenhang sind die Personalentwicklung, die Führung und Organisation sowie Aspekte der Arbeitszeit und Personalfreisetzung. Die divergenten Ansätze reichen von Implacementlösungen über werteorientierte Personalpolitik als Kosten- oder Erfolgsfaktor bis zur Leistungsoptimierung durch Personalanpassung.

Vor rund zwanzig Jahren zeigte bereits die Studie von *Scholl* und *Blumschein* (1979), wie sich das Personalmanagement in einer konjunkturellen Krise verändert. Die Studie fokussierte auf den Einfluß der **Mitbestimmung** auf Personalplanung und die Durchführung von Personalmaßnahmen in der Rezession. Angeschrieben wurden 1976/1977 insgesamt 260 Unternehmen mit jeweils über 500 Beschäftigten. 117 beantworteten den verschickten Fragebogen: 82% von ihnen verfügten über ein – wie auch immer geartetes – System der Personalplanung. Im Hinblick auf das Einschalten des Betriebsrats wurde festgestellt, daß dieser bei schlechter Nachfragesituation tendenziell früher in die Personalplanung involviert wurde; sein Einfluß auf die letztlich praktizierte „Härte" der Personalpolitik blieb aber offen. Eindeutig feststellbar war dagegen ein Zusammenhang zwischen dem Ausbaustand der Personalplanung und der Personalpolitik in der Rezession: Danach wählten Unternehmen mit einer intensiven Personalplanung deutlich häufiger Einstellungssperren und vorzeitige Pensionierungen, wodurch sie öfter Kündigungen vermeiden konnten. Deshalb griffen 100% der Unternehmen ohne Personalplanung bei Nachfragerückgang zu Kündigungen, während nur 56% der Unternehmen mit Personalplanung im Falle einer Rezession Kündigungen als personalpolitisches Mittel benötigten.

Vor der letzten Rezession wurde häufig der Aspekt der Personalführung in den schillerndsten Farben ausgeschmückt. Wenn man den Aussagen der Verantwortlichen glaubte, standen der Mitarbeiter im Mittelpunkt des Interesses und der partizipativ-mitarbeiterorientierte **Führungsstil** im Vordergrund. Dies verändert sich in der Rezession schlagartig: Aus dem Erfolgsfaktor wird der Kostenverursacher „Personal". Der Führungsstil wird autoritär, und die Unternehmensziele haben oberste Priorität, weshalb Mitarbeiterorientierung in eine strikte Aufgabenorientierung umschlägt. Eine Untersuchung von *Schnopp* (1993), an der 61 Personen aller Hierarchieebenen teilnahmen, hat diese Tendenzen bestätigt. Als Reaktion von seiten der Mitarbeiter wurden innere Kündigungen, Demotivation und eingeschränkte Bereitschaft, die vorhandene Lernfähigkeit zu nutzen, festgestellt. Bei diesem Wechsel der Personalführungsgrundsätze spielt es keine Rolle, ob der Mitarbeiter ursprünglich „nur" in der Unternehmensbroschüre im Mittelpunkt stand oder ob es tatsächlich so war. Bereits der radikale Wechsel in der Sprache führt dazu, daß die Mitarbeiter den Glauben an die Unternehmensleitung und Personalabteilung für lange Zeit verlieren.

1.3.4.2 Die Rolle der Personalabteilung: Eine Systematisierung

Vor dem zuvor skizzierten Hintergrund lassen sich verschiedene Rollenmodelle der Personalabteilung bei guter und auch bei schlechter Wirtschaftslage durchdenken (vgl. *Scholz* 1994a). Konkretisiert werden diese Rollen durch

- das Ausrichten auf Unternehmensziele („Unternehmensorientierung") und
- das Ausrichten auf Mitarbeiterziele („Mitarbeiterorientierung").

Grundsätzlich kann hier von einer negativen und einer positiven Ausprägung dieser Rollen ausgegangen werden, was sich letztlich über die Effektivität der Personalarbeit messen und damit unterscheiden läßt.

Rollenmodelle bei guter Wirtschaftslage. Hält sich eine Personalabteilung eher im Hintergrund und verfolgt sie weder ausgeprägt Unternehmens- noch Mitarbeiterziele, wirkt sie im negativen Fall wie eine Nebelwolke ohne scharfe Kontur. Im positiven Fall hingegen kann sie hier eine Funktion als neutraler *Personalmanagementberater* übernehmen, der auf Abruf als Servicefunktion bereitsteht.

Konzentriert sich die Personalabteilung ausschließlich auf Mitarbeiterziele, übernimmt sie in negativer Ausprägung die Rolle eines Weihnachtsmanns, der seine Beliebtheit maximiert, indem Wünsche relativ unreflektiert erfüllt werden. Die Personalabteilung in der positiven Ausprägung als *Personalentwickler* orientiert sich dagegen an objektiven Maßstäben wie zum Beispiel den individuellen Stärken und Schwächen der Mitarbeiter oder an „sozialer Gerechtigkeit".

Eine ausschließliche Ausrichtung an den Unternehmenszielen instrumentalisiert die Personalabteilung als verlängerten Arm der Unternehmensleitung und damit als Peitschenschwinger, der eine kurzfristige Leistungsmaximierung forciert. In der positiven Ausprägung kann die Personalabteilung zum Förderer einer *strategischen Organisationsentwicklung* werden, was vor allem eine systematische Auseinandersetzung mit Themen wie Unternehmenskultur und organisationalem Lernen bedeutet.

Zur Rolle der Personalabteilung: Im günstigen Fall ist die Personalabteilung hier *visionär* tätig und verbindet beide Perspektiven, um daraus interessante Impulse für das Personalmanagement zu entwickeln. Dabei ist die Personalabteilung nicht nur in die Unternehmensplanung integriert, sondern übernimmt eine aktive Mitgestaltung. Im negativen Fall übernimmt sie die Rolle eines Personalfunktionärs, dem es weniger um die Sache als um eine Abschottung und Absicherung der Personalabteilung nach allen Seiten geht (Abbildung 1.16).

Rollenmodelle bei schlechter Wirtschaftslage. Die erste Variante bei schlechter Wirtschaftslage liegt darin, sich weder an Mitarbeiter- noch Unternehmenszielen zu orientieren. Negativ gesehen kann dies zu einer Art *Unterseeboot-Rolle* führen: Die Personalabteilung „taucht in der Krise ab" und versucht, sich aus der Verantwortung zu stehlen. Im posi-

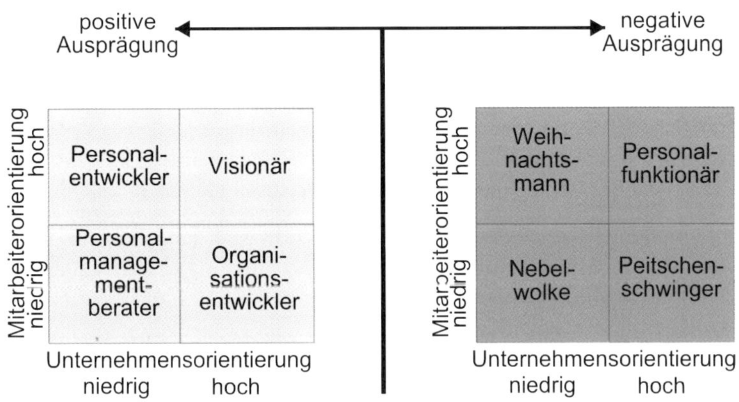

Abbildung 1.16: Rollen der Personalabteilung bei guter Wirtschaftslage

tiven Fall spielt die Personalabteilung den passiven *Vermittler*, der – ohne selbst aktiv zu werden – einen Ausgleich sucht.

Richtet sich die Personalabteilung nur an den Zielen der Mitarbeiter aus, kann sie zu einem *Sozialapostel* werden, der selbst dann noch für Mitarbeiter nach Lösungen sucht, wenn diese auch bei guter Wirtschaftslage freigesetzt würden. Im positiven Fall dagegen erarbeitet der *kreative Personalmanager* initiativaktiv Lösungen, die eine sinnvolle Personalveränderung ermöglichen.

Bei einer ausschließlichen Konzentration auf die Unternehmensziele kann eine Personalabteilung leicht zum Totengräber der Unternehmensleitung werden, der schwerpunktmäßig mit Mitarbeiterselektion betraut ist, um ein Optimum für das Unternehmen zu realisieren. Auf der anderen Seite versucht die Personalabteilung in der positiven Ausprägung durch eine effiziente und effektive *Rationalisierung*, Wettbewerbsvorteile für das Unternehmen zu schaffen, die sich aus verbesserten Betriebsabläufen heraus leistungssteigernd auswirken.

Die letzte mögliche Rolle ist in der negativen Ausprägung die eines *Personalbürokraten*, der gleichzeitig Ziele von Unternehmensleitung und Mitarbeitern verfolgt, wobei keine eigentliche Zielabstimmung erfolgt, sondern die reine Abwicklung überwiegt. Dies wird höchst brisant, wenn es um Sozialpläne im Zuge von Massenentlassungen geht. Das positive Gegenstück hierzu ist der *Ideengeber*, der nicht nur reaktiv Ideen der Unternehmensleitung umsetzt, sondern vielmehr aktiv – ausgehend von den Möglichkeiten der Human Resources – versucht, interessante Impulse für das Unternehmen zu finden (Abbildung 1.17).

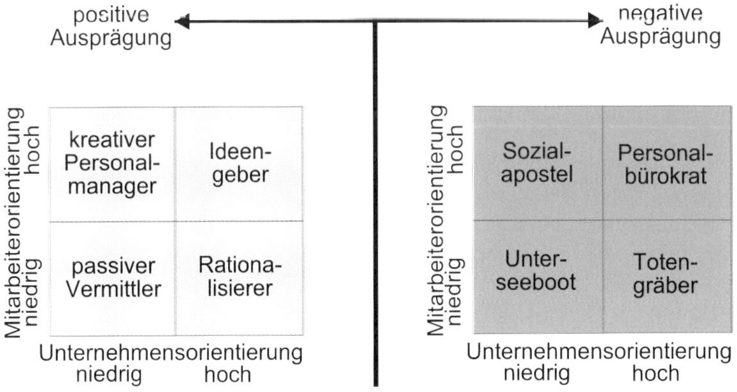

Abbildung 1.17: Rollen der Personalabteilung bei schlechter Wirtschaftslage

Synthese. Grundsätzlich sind alle acht positiven Rollenausprägungen für eine Personalabteilung denkbar und auch situativ einsetzbar. Eine Personalabteilung kann unabhängig von der konjunkturellen Lage und von Mitarbeiter- und/oder Unternehmensorientierung jede der Rollen positiv oder negativ ausfüllen. Sogar eine negative Ausprägung kann dabei zumindest zeitlich befristet überleben. So richtet beispielsweise eine Nebelwolke bei guter Konjunkturlage keine größeren Schäden an. Vor allem während einer Hochkonjunktur wird ein Versagen der Personalabteilung oftmals nicht deutlich.

Konsequenz. Beim Übergang von einer schlechten in eine gute Konjunkturlage ist eine Personalabteilung, die in der Rezession eine negative Rolle besetzte, mit großer Wahrscheinlichkeit auf der „Verliererseite" – wenn nicht sogar der Hauptverlierer der Rezession: Dem Weg von einem Totengräber beispielsweise zu einem Organisationsentwickler wird eine große Akzeptanzbarriere seitens der Mitarbeiter gegenüberstehen. Umgekehrt wird auch ein Sozialapostel als Personalentwickler auf Skepsis der Unternehmensleitung treffen. Auf der anderen Seite wird eine Personalabteilung, die zur Bewältigung einer Krise beitragen konnte, auch eher gestärkt aus dieser hervorgehen.

Die Personalabteilung muß nach einer Krise ihre eigene Position in dieser Zeit und auch davor gründlich analysieren und entsprechende Konzepte entwickeln, um künftig sinnvolle Personalarbeit zu verrichten. Tut sie dies nicht, sinkt sie in die Bedeutungslosigkeit.

1.3.4.3 Personalarbeit in der Rezession: Die Studie von Nagel

Zentraler Ansatzpunkt der 1996 durchgeführten Studie von *Nagel* (1997) ist ein empirisch belegbarer Personalabbau in der Rezession. Ausgehend davon erfolgte eine standardisierte Unternehmensbefragung von 291 Unternehmen (23% verwertbarer Rücklauf) sowie 15 halbstandardisierte Interviews in Unternehmen der Chemie- und Metallbranche aus den alten Bundesländern mit mehr als 2 000 Mitarbeitern.

Das Analysemodell. Grundgedanke der Studie ist die Überlegung, die Auswirkungen einer Rezession durch effiziente und effektive Personalarbeit zu mildern. Das der Studie zugrundeliegende Modell folgt der Idee des situativen Ansatzes, dessen Leitidee darin besteht, daß es nicht eine generell gültige und optimale Handlungsalternative gibt, sondern mehrere, der Sitation angemessene. *Nagel* definiert neben der Rezession als dominanter Situationsvariable unternehmensexterne Kontextvariablen wie beispielsweise Branche oder Absatzmarkt sowie personalpolitische Kontextvariablen wie Mitbestimmung oder Personalplanung. Die Situations- und Kontextbedingungen beeinflussen die Gestaltung der Personalarbeit und haben damit Auswirkungen auf den Unternehmenserfolg. Weiter geht *Nagel* davon aus, daß sich ein Interessenausgleich zwischen Unternehmen und Mitarbeitern auch in Zeiten einer Rezession positiv auf den Unternehmenserfolg auswirkt.

Der **Erfolg** der Personalarbeit wurde über zwei Kriterien gemessen:

- Die *Effektivität der Personalarbeit*. Sie ergab sich aus einer Personalkostenentlastung oder einer bewußten Motivationssteigerung.
- Die *Effizienz der Personalarbeit*. Sie wurde über Durchlaufzeiten, Fertigungskosten, aber auch über Kreativität und Leistungsmotivation sowie den Kommunikationsfluß gemessen.

Um die Auswirkungen der Personalarbeit zu untersuchen, betrachtete die Studie neben dem ökonomischen Erfolg auch den sozialen Erfolg des Unternehmens. Dieser entspricht einer an den Mitarbeiterinteressen ausgerichteten Verbesserung beziehungsweise Erhaltung von materiellen oder immateriellen Bedingungen der menschlichen Arbeit im Unternehmen. Er schlägt sich aus Mitarbeitersicht in einer Verbesserung der Arbeitszufriedenheit und aus Unternehmersicht in einer Steigerung der Leistungsmotivation nieder.

Deskriptive Befunde. Bei der Frage nach primären Zielen der betrieblichen Personalarbeit in der Rezession zeigte sich bei den befragten Unternehmen als wichtigste Zielsetzung die Kostenreduzierung (Abbildung 1.18). Lediglich ein Drittel aller Befragten benannten eine Motivationsförderung als primäres Ziel.

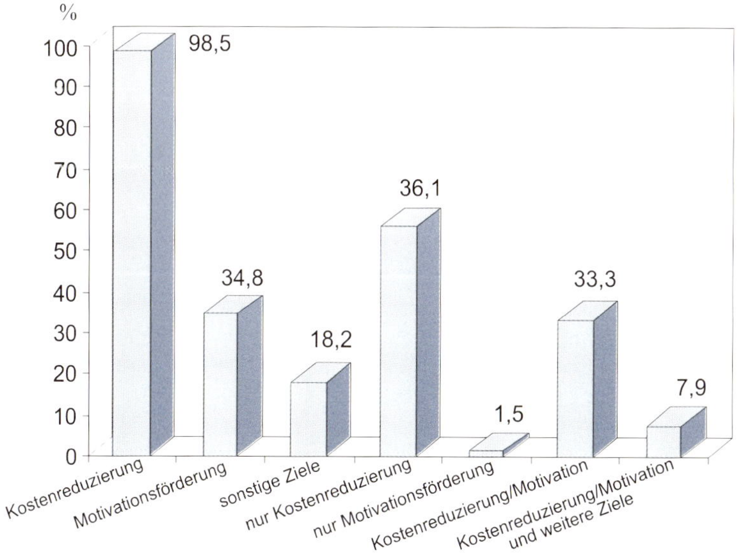

Abbildung 1.18: Struktur der Primärziele der Personalarbeit in der Rezession (*Nagel* 1997, 138)

Der soziale Erfolg läßt sich nach den Ergebnissen der Studie insbesondere über die Einbeziehung von Mitarbeiterinteressen steigern, wodurch die Leistungsorientierung der Mitarbeiter auch in Zeiten der Rezession gefördert wird.

Die Befragung zeigt bei der Rezessionsbewältigung einen klaren Vorteil der mitarbeiterorientierten Unternehmen gegenüber den nicht-mitarbeiterorientierten Unternehmen und den Unternehmen mit einer ausgewogenen Interessenberücksichtigung. Diese Ergebnisse stehen jedoch im Gegensatz zur Auffassung in der Praxis, wonach eine Berücksichtigung von Mitarbeiterinteressen eher als Privileg mit Sozialcharakter in guten Konjunkturlagen angesehen wird.

Präskriptive Konsequenz. Als wesentliche Erfolgstechniken und damit Gestaltungsimplikationen schlägt *Nagel* ein zur Unternehmenskultur kompatibles und in die Unternehmensstrategie **integriertes Konzept** vor. Eine rezessionsadäquate, situative Personalarbeit sollte sich danach nicht nur an der aktuellen Situation orientieren, sondern auch an dem unterschiedlichen Wirkungshorizont konjunktureller Einflüsse. Hieraus ergeben sich

- *antizipative Maßnahmen* in Zeiten konjunkturellen Aufschwungs, wie beispielsweise ein konsequentes Personalcontrolling oder eine Flexibilisierung der Arbeitsverhältnisse,
- *transitive Maßnahmen* während der Rezession mit dem Ziel, eine günstige Ausgangsposition des Unternehmens für die nachrezessive Phase zu schaffen (beispielsweise ein fairer und angemessener Umgang mit den verbleibenden und ausscheidenden Mitarbeitern) und
- *reaktive Maßnahmen* in Zeiten des Abschwungs, die bereits im Vorstadium als konkrete Vorbereitung auf die Rezession ergriffen werden, wie zum Beispiel ein Kapazitätspufferabbau und Outsourcingvorbereitungen.

Die Studie von *Nagel* zeigt die Notwendigkeit einer differenzierten Betrachtung des Personalmanagements als Grundbaustein des Unternehmenserfolges. Darüber hinaus präsentiert sie ein Planungssystem für die Personalarbeit in der Rezession und zeigt die Bedeutung eines antizipativen Vorgehens. Schließlich liegt eine zentrale Aussage darin, daß eine reine Kostenreduzierung durch Personalabbau in rezessiven Lagen auf lange Sicht nur begrenzt Erfolg bringt.

1.4 Grundpostulate

Die Entwicklung personalwirtschaftlicher Konzepte muß sich von klaren Verhaltenspostulaten leiten lassen, will sie nicht systemlos und simplizistisch vorgehen. Derartige Postulate (Abbildung 1.19) spiegeln immer auch die aktuellen Herausforderungen und Defizite wider, wenngleich sie sich – um zufälliges Aufspringen auf Modewellen zu verhindern – durch kontinuierliche Geltung auszeichnen. Sie sind Richtschnur für das Verhalten und Prüfkriterien, anhand deren Erfüllungsgrades der Erfolg des Personalmanagements beurteilbar ist.

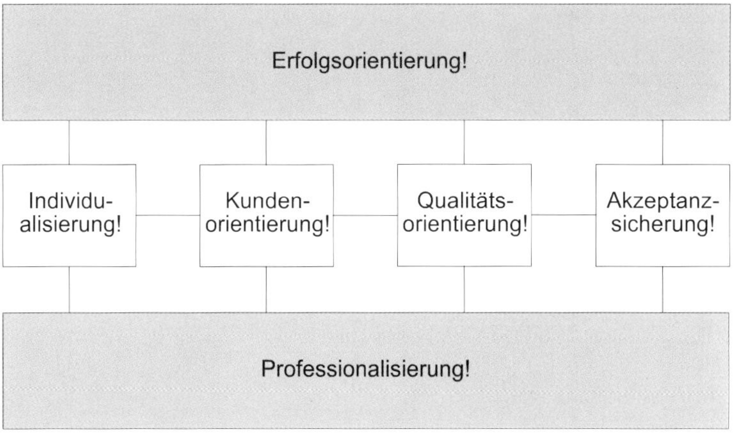

Abbildung 1.19: Grundpostulate des effektiven Personalmanagements

1.4.1 Erfolgsorientierung

Richte die personalwirtschaftlichen Aktivitäten explizit auf ökonomische Zielgrößen aus!

Personalarbeit ist kein Selbstzweck. Personalmanagementaktivitäten dienen dazu, den Unternehmenserfolg zu steigern, da letztlich Mitarbeiter ihre Arbeitsplätze nur in einem erfolgreichen Unternehmen erhalten können. Dies bedeutet natürlich nicht Verzicht auf die (Mit-)Verfolgung von sozialen Zielen. Zwangsläufig ergeben sich in diesem Zusammenhang Zielkonflikte, die sich nur schwer lösen lassen. Das Postulat der Erfolgsorientierung verlangt daher zum einen die grundsätzliche Aus-

Empirischer Befund (GPP): Definition des Erfolges von Personalarbeit (in Prozent, offene Frage)

Der Erfolg der Personalarbeit wird vor allem mit der Qualität der Mitarbeiter in Zusammenhang gebracht, insbesondere in Spanien und Frankreich. Hier besteht eine Ergänzung zur Mitarbeiterzufriedenheit, die ebenfalls den Erfolg von Personalarbeit bestimmt. Auffallend ist, daß die Kundenzufriedenheit nicht zentral mit erfolgreicher Personalarbeit in Zusammenhang gebracht wird.

	D	Ö	USA	F	Sp	Rest	Σ
Geringe Fluktuation	22	23	-	25	-	12	15
Stimmigkeit zum Unternehmenserfolg	22	9	14	46	34	36	30
Kundenzufriedenheit	13	9	-	13	13	8	11
Mitarbeiterzufriedenheit	16	27	14	48	68	26	38
Schnelle Integration	9	-	14	13	42	12	18
Konsistente interne Arbeitsmarktstrategie	28	36	-	21	37	8	26
Qualität der Mitarbeiter	22	23	57	60	61	48	44

richtung an Zielen, zum anderen und weitergehend die Existenz von ökonomischen Zielen in der Zweck-Mittel-Relation. Ob diese an letzter Stelle (Aktion → Mitarbeiterzufriedenheit → Unternehmensgewinn) oder an vorletzter Stelle (Aktion → Unternehmensgewinn → positive Arbeitssituation) steht, ist nicht bedeutsam. Der Erfolg des Personalmanagements ist über das tatsächliche Erreichen objektiver und subjektiver Erfolgskriterien meßbar.

Erfolgreiches Personalmanagement trägt zum Gesamterfolg des Unternehmens bei (Abbildung 1.20). Je nach zugrundeliegender Situation sind hierzu unterschiedliche Personalmanagement-Aktivitäten erforderlich. Unmittelbare Erfolgswirkungen entstehen durch das Erreichen von Erfolgsgrößen der Personalarbeit wie Produktivität und Qualität der Mitarbeiter oder erfolgreiche Mitarbeiterakquisition. Mittelbare Erfolgswirkungen resultieren aus der Verbesserung von Leitindikatoren, die ein unternehmensinternes Umfeld für Erfolg schaffen. Hierzu zählen eine strategiekonforme Vision, Arbeitskräfteflexibilität oder der Verlauf von Management- und Organisationsentwicklung.

Gerade für die Erfolgsrelevanz des Personalmanagements kann konstatiert werden, daß eine Vielzahl fundierter wissenschaftlicher Erkenntnisse vorliegt. Manager haben die Option, diese breit publizierten und zugänglichen Forschungsergebnisse in die Praxis zu übertragen. Zur **Nutzung** solcher wissenschaftlichen Kenntnisse stellt *Nienhüser* (1998, 43) als Ergebnis seiner Untersuchung fest, daß

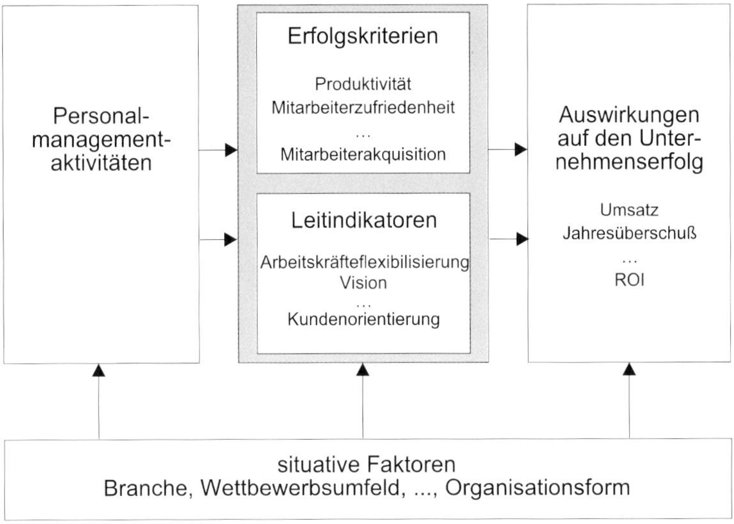

Abbildung 1.20: Erfolgsorientierung im Personalmanagement

- das *Ausmaß* der Nutzung personalwissenschaftlicher Erkenntnisse steigt, je höher der Problemdruck ist, je weniger geeignetes Praktikerwissen zur Verfügung steht und je geringer die Dissonanz ist, die das Wissen auslöst;
- die *Form* der Nutzung von der Kombination von Wissens- und Konfliktproblem abhängt: die politische Nutzung von Wissen steht häufig im Vordergrund, um Konflikte zu lösen, während die instrumentelle Kraft des Wissens nachgeordnet ist;
- wissenschaftliches Wissen besonders dann genutzt werden kann, wenn eine Situation vorliegt, in der Praktikerwissen nicht ausreicht, das wissenschaftliche Wissen eine instrumentelle Kraft ausweist, aufgrund bestehender Einigkeit über das Problem nur geringe Konflikte zu lösen sind und sich aus dem Einsatz des Wissens keine Dissonanzen und weitere Konflikte ergeben.

Auf Erfolg ausgerichtetes Verhalten impliziert daher, daß zunächst das theoretische Wissen gelernt wird, dazu aber auch die Fähigkeit, gutes (da transparentes, kritisierbares und potentiell widerlegbares) von schlechtem (da als unwiderlegbare Legitimationsbasis genutztes) Wissen zu unterscheiden und das theoriebasierte Wissen zur Lösung praktischer Probleme einzusetzen. Somit ist die Einsetzbarkeit von Wissen für problemorientierte, aber auch für politische Zwecke zu unterscheiden.

Empirischer Befund (GPP): Relevanz von Personalmanagement-Maßnahmen zur Erreichung von Wettbewerbsvorteilen (in Prozent)

Personalmanagement-Maßnahmen werden von Unternehmen bewußt eingesetzt, um auf ihren Märkten Wettbewerbsvorteile zu erzielen: Dies belegt die hohe Zahl der Nennungen, die in der Regel deutlich mehr als die Hälfte aller Unternehmen umfassen. Interne Kommunikation von Anweisungen, Problemen und Plänen, diverse Belohnungssysteme, Früherkennung von High Potentials und Fähigkeitsentwicklung werden als wettbewerbsrelevant betrachtet. „Ausreißer" finden sich bezüglich der Kommunikation in Frankreich, das aufgrund seiner „culture orale" bereits unbewußt stark kommuniziert und daher keiner besonderen Unterstützung durch das Personalmanagement bedarf. Spanien hält sich bezüglich seiner Belohnungen zurück, was auf abweichende Anreizsysteme (etwa die Verminderung negativer Sanktionen) schließen läßt. Die USA und Frankreich gehen am bewußtesten mit der Mitarbeiterbeteiligung im Rahmen ihrer Vergütung um. Österreichische Unternehmen fallen insbesondere durch ihre fast ausnahmslose Konzentration auf kontinuierliches Training und Weiterbildung auf.

	D	Ö	USA	F	Sp	Rest	Σ
Interne Kommunikation	67	81	73	41	63	64	66
Belohnung für die Ausweitung eigener Fähigkeiten	57	60	73	53	27	77	56
Belohnung für Kundendienst und Qualität	63	69	90	71	37	86	66
Belohnung für Innovation und Kreativität	76	70	60	67	27	81	65
Belohnung für Geschäftserfolg und Produktivität	80	61	81	66	44	79	67
Früherkennung von „High Potentials"	87	79	82	71	48	88	76
Förderung der Mitarbeiterintegration	62	72	55	73	54	74	66
Beteiligungsfördernde Vergütungssysteme	23	20	55	76	32	37	37
Betonung von Managemententwicklung und Fähigkeitstraining	78	83	73	66	54	79	73
Kontinuierliches Training und Weiterbildung	87	98	73	68	73	86	83
Flexibilität der Mitarbeiter	83	76	55	66	78	81	76

Empirischer Befund (GPP): Beitrag des Personalmanagements zum Unternehmenserfolg (in Prozent)

In allen befragten Ländern wird die Personalmanagement-Funktion als äußerst erfolgskritisch für den Unternehmenserfolg angesehen.

D	Ö	USA	F	Sp	Rest	Σ
85	92	82	86	80	86	86

1.4.2 Flexibilisierung

Erwerbe die Fähigkeit zur kurzfristigen Anpassung an Unvorhergesehenes!

Die klassische Diskussion um „Fungibilität und Elastizität" im Personalbereich wird heute unter der Bezeichnung **Flexibilität** geführt und impliziert die Systemeigenschaft der Anpassungsfähigkeit an Änderungen. Flexibilität erhält gerade unter strategischer Perspektive zentrale Bedeutung, da sie sich auf eine breite Palette unterschiedlichster Anwendungsfelder beziehen kann (Übersicht 1.14).

Anwendungsfeld	Umsetzung
Personalbestand	Stammaushilfskräfte; Leiharbeitnehmer; Vergabe von Teilaufträgen nach außen
Arbeitsorganisation	Berücksichtigung individueller Unterschiede der Mitarbeiter hinsichtlich ihrer Fähigkeiten, Bedürfnisse und Wertvorstellungen
Arbeitszeit-strukturen	Flexibilität bezüglich Chronometrie und/oder Chronologie; Zusammenhang von dynamischen, flexiblen und variablen Arbeitszeiten mit Soll-Personalbestand
Personal-qualifikation	Vermittlung arbeitsplatzunabhängiger Schlüsselqualifikationen
materielle Anreizsysteme	Maßnahmen und Instrumente, die der Bedürfnisbefriedigung, der Aktivierung und Motivierung der Mitarbeiter dienen
Vergütungssysteme	Unternehmensseite: flexible Personalkosten; Mitarbeiterseite: Optionen, die den Präferenzen des einzelnen entgegenkommen sollen
Personalführung	situationsangemessenes Führungsverhalten
Leistungen des Personalbereichs	Personalmanagement als Dienstleistungsfunktion – orientiert an der Nachfrage der Betroffenen

Übersicht 1.14: Potentielle Flexibilisierungsaspekte
(nach *Kolb* 1989, 216-217)

Neben den positiven Wirkungen der Flexibilisierung, die in einer erhöhten Variabilität des Unternehmens, etwa in Form einer besseren Ressourcenauslastung oder rascheren Anpassung an Märkte und Kunden bestehen, dürfen die damit verbundenen **Probleme** nicht außer acht gelassen werden:

- *Ineffizienzfalle.* Nicht jede zusätzliche Flexibilisierung ist produktiv, da eine zunehmende Flexibilisierung immer auch zu einem Effizienzverlust wegen abnehmender Standardisierung führt.
- *Bürokratiefalle.* Flexibilisierung muß verwaltet werden und neigt daher zur Bürokratie. Diese können sich Unternehmen gerade in einer Zeit der Diskussion um virtuelle Organisationen und grenzenlose Unternehmen kaum mehr leisten.
- *Zielkonfliktfalle.* Im Idealfall decken sich die Flexibilisierungsinteressen des Unternehmens mit den Individualisierungsinteressen des Mitarbeiters. Ein solcher Automatismus ist jedoch nicht zwingend. Vielmehr entwickelt sich gerade bei angespannter Wirtschaftslage ein Zielkonflikt, der durch den stärkeren Partner gewonnen wird.
- *Reduktionismusfalle.* Es besteht die Gefahr, sich bei der Suche nach Flexibilisierung zu einseitig auf isolierte Aktionsfelder zu begeben. Ein flexibles Arbeitszeitsystem wird daher ohne ein flexibles Führungssystem nicht realisierbar sein.
- *Misfitfalle.* Eine Flexibilisierung wird letztlich nur dann erfolgreich sein, wenn innerhalb des Unternehmens Stimmigkeit zwischen System, Strategie und Kultur besteht.

Flexibilisierung heißt danach auch immer ein unternehmerisches Abwägen von Kosten und Nutzen der Flexibilisierungbemühungen, um negative Konsequenzen zu vermeiden.

1.4.3 Individualisierung

Gewähre den Mitarbeitern den Freiraum zur Erfüllung ihrer persönlichen Ziele!

Individualisierung ist das Abrücken von kollektiven Regelungen; statt dessen sollen verstärkt Bedürfnisse und Wertvorstellungen der einzelnen Mitarbeiter berücksichtigt werden (vgl. *Drumm* 1995, 453). Bereits im Zusammenhang mit dem Wertewandel wurde auf das Individualisierungsbedürfnis der Mitarbeiter hingewiesen. Dies führt zwangsläufig zum Postulat der Individualisierung (auch) im Personalmanagement.

Für diese Individualisierung gibt es drei **Gründe**: Als Akquisitionsinstrument soll sie potentielle Mitarbeiter anziehen, als Motivationsinstrument aktuelle Mitarbeiter zu höherer Leistung anspornen und als Profilierungsinstrument das Image des Unternehmens (positiv) prägen.

Grundsätzlich bieten alle personalwirtschaftlichen Teilfunktionen die Möglichkeit zur Individualisierung. Gegenwärtig erscheinen speziell folgende **Bereiche** vielversprechend:

- Bei der *Entlohnung* sind Konzepte wie das Cafeteria-Prinzip richtungsweisend. So kann ein älterer Mitarbeiter eher die Finanzierung des Ruhestandes anstreben, ein jüngerer die Finanzierung seines Eigenheims.
- Bei der *Arbeitszeit* läßt sich Individualisierung durch diverse Auswahlmöglichkeiten hinsichtlich der Tages-, Wochen-, Jahres- und Lebensarbeitszeit realisieren.
- Für die *Personalentwicklung* ergeben sich individuelle Karriereplanungen anstelle von standardisierten Laufbahnmodellen, wozu auch individuell angepaßte und möglichst vom Mitarbeiter selbst initiierte Bildungsmaßnahmen gehören.
- Hinsichtlich der *Personalführung* muß sich die Führungskraft an den individuellen Merkmalen der Mitarbeiter (wie Interessenlage und aufgabenbezogener Reifegrad) orientieren und entsprechend situativ operieren.
- Auch der *Personaleinsatz* läßt sich individualisieren, wozu die frei wählbare Gestaltung des Arbeitsplatzes genauso gehört wie die Berücksichtigung persönlicher Eigenheiten („Morgenmensch/Abendmensch").

Die Fülle der in der Literatur (z.B. *Drumm* 1989; *Schuster* 1991; *Scholz* 1997b) genannten Ansatzpunkte für eine Individualisierung faßt Übersicht 1.22 zusammen.

Individualisierung hat aber nicht nur Vorteile, wie zu erwartende Motivationseffekte, sondern stellt auch höhere **Anforderungen** an das gesamte Personalmanagement und führt zudem zu einem Verzicht auf kostengünstige Standardisierung. Die traditionelle Sichtweise der betrieblichen Individualisierung geht dabei zwangsläufig von dem „gönnerhaften" Unternehmen aus, welches den Individualisierungswünschen seiner Mitarbeiter entspricht. Es stellt sich die Frage, inwieweit Unternehmen sich innerhalb der aktuellen Wettbewerbssituation sowohl am Arbeitsmarkt als auch am Absatzmarkt diese Haltung überhaupt langfristig leisten können (vgl. *Gaugler* 1997, 95-97; *Scholz* 1997b, 266-267).

Tendenziell wird sich ein Individuum aus traditionellen Bindungen und Verflechtungen lösen und nach neuen identitätsstiftenden Mitteln – beispielsweise dem Internet – suchen (vgl. *Scholz* 1997b, 270-271). Eine bedeutende Rolle spielen vor diesem Hintergrund die Computerspezialisten als Berufsgruppe, die sich im Zuge der technologischen Entwicklung immer mehr verselbständigt und eine eigene Welt mit eigenen Gesetzen, Ritualen und einer eigenen Wirklichkeit aufbaut: die „**Cyber-Realität**". Sieht man die daraus entstehende „Cyber-Culture" als Meta-

Bereich	Umsetzung	Inhalt
Arbeitszeit	flexible Perioden und Lebensarbeitszeit	Dem einzelnen Mitarbeiter werden Arbeitszeitoptionen angeboten, zwischen denen er wählen kann. Das Zeitangebot ist auf die Wünsche der Mitarbeiter angelegt.
Vergütung	Potentiallohn Cafeteria-System	Abhängigkeit der Entlohnung von der tätigkeitsfeldnotwendigen Qualifikation; Lohnkomponenten können gemäß der eigenen Bedürfnisse zusammengestellt werden.
Personal-entwicklung	Orientierung am Entwicklungsbedarf des einzelnen	Angebot von mehreren Optionen, aus denen der Mitarbeiter seinen Bedürfnissen entsprechend wählen kann.
Führung	Abkehr von Einheitskonzepten	Differenziertes Führungsverhalten und differenzierter Einsatz von Führungsinstrumenten gegenüber jedem Mitarbeiter, Erhöhung der Entscheidungstransparenz durch Informationspolitik.
Personal-beurteilung	Abkehr von standardisierten Beurteilungssystemen	Beurteilung nur bei konkretem Anlaß, Berücksichtigung der Wertehaltungen, Aufwärtsbeurteilungen.

Übersicht 1.15: Ansatzpunkte für eine Individualisierung

pher für die zukünftige Gesellschaft und begründet hiermit ein „postmaterialistisches Paradigma", ist es diskutierbar, inwiefern hier eine Individualisierung überhaupt möglich ist. Das Ergebnis sind zwei extreme **Entwicklungsrichtungen**, die sich anhand zweier populärliterarischer Beispiele veranschaulichen lassen:

- *Coupland* (1996) schildert in seinem Buch „Mikrosklaven" mit kaum zu überbietender Ironie zukünftige Mitarbeiter eines Softwareunternehmens als uniforme Mikrosklaven, deren Karriere begründet wird durch die Aufgabe jeglicher Individualität.
- *Gibson* (1987) prognostiziert mit seinen „Neuromancern" eine Gruppe der Cyberpunks, die ihre narzistische Individualität verstärkt hervorkehren, dabei allerdings jeglichen Bezug zu einer sozialen Sinngemeinschaft in der Cyberculture verlieren.

Unabhängig von der Eintrittswahrscheinlichkeit beider Szenarien besteht die unternehmerische Konsequenz in der Flexibilisierung und nicht in der Individualisierung. Dies führt zur noch unbeantworteten Frage, inwieweit sich künftig die persönliche Individualisierung des Mitarbeiters durch die Arbeit selbst vollzieht beziehungsweise ob die Arbeit nur ein Instrument zur Individualisierung außerhalb der Freizeit darstellt.

1.4.4 Kundenorientierung

Erstelle die Leistungen so, daß die Empfänger der Leistungen subjektiv und objektiv zufrieden sind!

Unabhängig von der sich hier aufdrängenden Querbeziehung zwischen Produktmarketing und Personalmarketing stellt Kundenorientierung (Abbildung 1.22) auch für das betriebliche Personalmanagement ein wichtiges Postulat dar, das in der US-amerikanischen Literatur (*Schuler* 1992, 84) unter der Bezeichnung „customizing the HRM-function" diskutiert wird und ein striktes Ausrichten aller personalwirtschaftlichen Aktivitäten an den Wünschen der vorhandenen und potentiellen Kunden fordert. Dabei zielt Kundenorientierung darauf ab, die Kundenwünsche richtig zu erfassen und in den Augen der Kunden befriedigen zu können. Im Extremfall überwiegt die subjektive Perzeption des Kunden sogar die objektiven Produkteigenschaften.

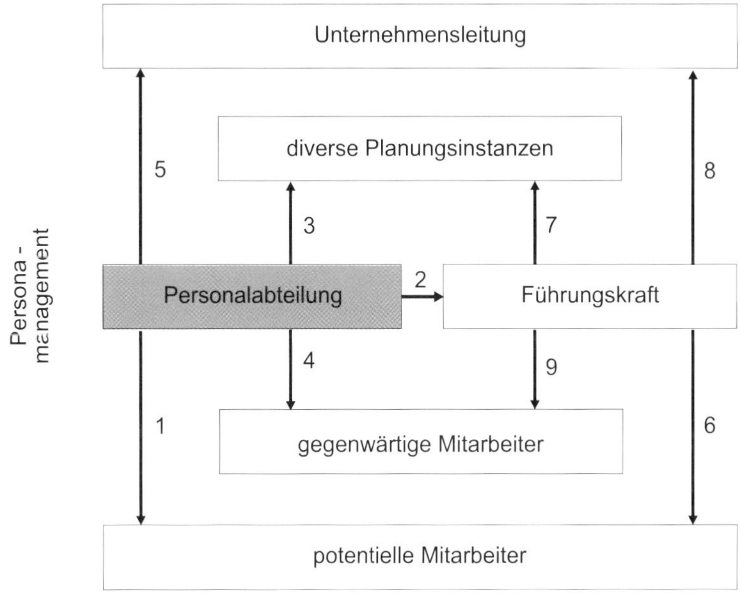

Abbildung 1.21: Kundenorientierung im Personalmanagement

Konzentriert man sich zunächst auf die **Personalabteilung**, so hat sie fünf Kunden:

(1) Zunächst setzt sich die Personalabteilung mit dem externen Arbeitsmarkt auseinander, also mit *potentiellen Mitarbeitern*. Sie steht hier

in Konkurrenz zur Personalarbeit anderer Unternehmen, wenn einzelne Segmente des externen Arbeitsmarktes hart umkämpft sind.

(2) Kunden der Personalabteilung sind auch die jeweiligen *Linienmanager*. Sie erwarten Dienstleistungen und werden die Personalabteilung letztlich danach beurteilen, inwieweit diese den gestellten Anforderungen gerecht wird, vor allem Aufgaben im Bereich der Personalbeschaffung und der Personalentwicklung.

(3) Die Personalabteilung ist zwangsläufig in den gesamtbetrieblichen Planungsprozeß integriert. Sie hat deshalb *vor- und nachgelagerte Planungsinstanzen* sowie interne Service-Bereiche mit entsprechenden Informationen zu versorgen. Wenngleich sich auch hier das erforderliche Maß der Kundenorientierung erst im Einzelfall ergibt, bleibt doch die Maxime eines Ausrichtens an Kundenwünschen: Sie wird durch eine Statistik, die für niemanden relevant ist, genauso verletzt wie durch ein Ausklinken aus dem zeitlichen Planungsraster.

(4) Die Personalabteilung ist Ansprechpartner für *gegenwärtige Mitarbeiter* im Unternehmen. Auch sie sind Abnehmer von in der Personalabteilung erbrachten Service-Leistungen. Neben der obligaten Lohn- und Gehaltsabwicklung sind Beratungen im Bereich von Karriereverläufen und Entwicklungsmaßnahmen wichtig. Diese Funktionen gewinnen besonders dann an Bedeutung, je mehr die Postulate nach Flexibilisierung und Individualisierung umgesetzt werden.

(5) Ein zentraler Kunde für die Personalabteilung ist die *Unternehmensleitung*. Sie gibt auf der einen Seite personalwirtschaftliche Rahmendaten vor und erwartet deren unternehmensweite Umsetzung in entsprechende Personalmanagement-Aktivitäten. Auf der anderen Seite erwartet sie aber auch personalstrategische Impulse von der Personalabteilung: Gerade dabei zeigt sich deutlich, daß „Kundenorientierung" nicht passives Abwarten und Reagieren bedeutet; gefragt ist vielmehr aktives Gestalten im Interesse des Kunden.

Eine „kundenorientierte Personalabteilung" muß sich den Wünschen ihrer Kunden stellen. So müssen die für den Kunden jeweils kompetenten Ansprechpartner transparent gemacht werden, die Leistungen der Personalabteilung müssen ständig an geänderte Wünsche der Kunden angepaßt werden, was nicht nur eine Variation bestehender Leistungen bedeutet, sondern auch die Kreation völlig neuartiger Produkte.

Kundenorientierung kann allerdings weder als alleiniges noch als dominantes Postulat bestehen. Würde die Personalabteilung tatsächlich konsequent ein „Marketing in eigener Sache" praktizieren, müßte sie nicht nur eine bestehende Nachfrage befriedigen, sie hätte zusätzlich das Recht und die Pflicht, Bedürfnisse zu wecken und somit Nachfrage zu schaffen. Ob und inwieweit dies aus übergeordneter Sicht sinnvoll ist, hängt von der Gesamtstrategie und der Organisationsform ab.

Da sich Personalmanagement auf die Aktivitäten von Personalabteilung und Fachführungskraft erstreckt, muß sich auch der **Linienmanager** am Postulat der personalwirtschaftlichen Kundenorientierung messen lassen. Dies führt zu den analogen Kundenbeziehungen im Hinblick auf *potentielle Mitarbeiter* (6), *Planungsinstanzen* (7) und *Geschäftsleitung* (8). Interessant wird das Postulat nach Kundenorientierung vor allem dann, wenn es sich auf das Verhältnis zwischen Führungskraft und dem *gegenwärtigen Mitarbeiter* (9) bezieht: Hier führt es zu einem aktiven und individualisierten Eingehen auf die Wünsche der Mitarbeiter, um diese in einen Kompromiß zu den Unternehmenszielen zu bringen. Die Fachführungskräfte konkurrieren dabei mit anderen Führungskräften („gute Mitarbeiter suchen sich gute Führungskräfte aus"), aber auch mit den in anderen Unternehmen gebotenen Entwicklungsaspekten und Führungssystemen.

1.4.5 Qualitätsorientierung

Integriere die Personalarbeit in den Total-Quality-Management-Ansatz!

In der Managementtheorie und vor allem in der Managementpraxis gewinnt der Qualitätsfokus zunehmend an Bedeutung (vgl. *Malorny/Kassebohm* 1994). Qualität definiert sich nach der ISO-Norm 8402 als „die Gesamtheit von Eigenschaften und Merkmalen eines Produktes oder einer Dienstleistung, die sich zur Erfüllung festgelegter oder vorausgesetzter Erfordernisse beziehen". Der Kunde legt also Spezifikationen fest, die zu erfüllen sind.

Die **Facetten** eines Qualitätsmanagements sind vielfältig:

- Die *Zertifizierung* nach den Normen der DIN EN ISO 9000ff. erfolgt anhand einer externen und unabhängigen Auditierung, die sich an verschiedenen, genau definierten Qualitätselementen orientiert. Je nach Nachweisstufe sind dies bis zu zwanzig Elemente, die eher operativ ausgelegt und als Qualitätssystem zu bezeichnen sind.
- Im Rahmen zahlreicher nationaler und internationaler *Qualitätswettbewerbe*, wie dem Malcolm Baldridge Award oder dem European Quality Award, erfolgt üblicherweise zunächst ein umfassendes Self-Assessment. Der Teilnehmer wird anhand einer Punkte-Skala bewertet und entsprechend als Qualitäts-Unternehmen eingestuft.
- Unter einer *Qualitätsphilosophie* als umfangreichstem Ansatz versteht man die grundsätzliche und intern initiierte Bestimmung von qualitätsbezogenen Unternehmenszielen sowie die Einstellung und Denkhaltung der Unternehmensleitung. Ein derartiges Total Quality Management (TQM) ist ein langfristiges integriertes Konzept, das sich auf die Qualität von Produkten und Dienstleistungen aller Unternehmensbereiche bezieht.

Obwohl es unbestritten ist, daß eine stringente Qualitätsorientierung einer der zentralen Erfolgsfaktoren sein kann, scheitert die Umsetzung im Unternehmen häufig. Problemfelder sind sowohl **rationale Barrieren** wie

- Mangel an qualifiziertem Personal,
- unzureichende Information der Betroffenen oder
- fehlende Unterstützung seitens der Unternehmensleitung,

aber auch **sozio-emotionale Barrieren** wie beispielsweise

- Kompetenzängste („Ich weiß selbst am besten, wie ich arbeite"),
- Selbstüberschätzung und/oder mangelnde Selbstkritik („Qualität machen wir doch sowieso") oder
- Traditionalismus („Das haben wir immer schon so getan").

Diese Probleme erschweren eine Qualitätssicherung.

Qualität durch Personalarbeit. Der Erfolgsfaktor Qualitätsmanagement wird in letzter Zeit immer mehr im Zusammenhang mit einem professionellen Personalmanagement thematisiert (vgl. *Wunderer/Arx* 1998, 36-43). Dies bezieht sich sowohl auf die Qualität des Personalmanagements selbst als auch auf den Beitrag der Personalarbeit zum Qualitätsmanagement des gesamten Unternehmens. Es wird unmittelbar deutlich, daß zur Bewältigung der zuvor genannten Konflikte dem Personalmanagement eine zentrale Rolle zukommt, vor allem in seiner Funktion als Beeinflusser unternehmenskultureller Prozesse sowie als „Coach" für die einzelnen Mitarbeiter.

TQM *in* der Personalarbeit verlangt weitere Maßnahmen zur Schaffung von Qualitätsbewußtsein, die auf der Ebene der Qualitäts-Qualifikation der Mitarbeiter im Personalbereich ansetzen. Hierzu zählen beispielsweise die Bildung abteilungsübergreifender Projektgruppen- und Qualitätszirkelarbeit, die Durchführung qualitäts- und personalorientierter Weiterbildungsmaßnahmen und die Analyse der Prozeßausführungen und -ergebnisse. Eine so erfolgte Adaption der TQM-Philosophie im Personalmanagement dient nicht nur als Prämisse für die qualitätsorientierten Aktivitäten des betrieblichen Qualitätsmanagements: Gleichzeitig wird der Wertschöpfungsbeitrag des Personalmanagements optimiert und demonstriert und damit seine strategische Bedeutung für das gesamte Unternehmen untermauert.

Qualität in der Personalarbeit. Voraussetzung für TQM *durch* Personalarbeit ist TQM *in* der Personalarbeit. Dies verlangt ein am Prinzip des internen Kunden orientiertes, prozeßgerichtetes Streben nach ständiger Verbesserung der Personalmanagement-Aktivitäten. Die Schwierigkeit liegt dabei in der Darstellung und Messung dieser Tätigkeiten, deren wesentliches Merkmal der Dienstleistungscharakter ist. Ein Vorschlag zur Operationalisierung findet sich in Übersicht 1.16.

Kriterium	Inhalt	Beispiel
Zuverlässigkeit	Grad der Übereinstimmung zwischen den versprochenen und realisierten Leistungsmerkmalen	termingerechte Bereitstellung von Personaldaten; termingerechter telefonischer Rückruf bei internen Kunden
Reaktionsgeschwindigkeit	Bearbeitungsdauer zwischen Leistungsnachfrage und -bereitstellung	Dauer bis zu der Besetzung einer offenen Stelle; Dauer der Bereitstellung von gewünschten Weiterbildungsmaßnahmen
Zugänglichkeit	psychologischer, zeitlicher und materieller Aufwand der Kunden, um ihre Leistungsnachfrage dem Personalbereich gegenüber zu artikulieren	Errichtung von Sprechstunden der Personalreferenten; Berücksichtigung der Terminwünsche von internen Kunden
Kompetenz	erkennbare Nutzung fachlicher Kompetenzen zur Erbringung einer anforderungsadäquaten Leistung	Fachwissen zu spezifischen Weiterbildungsfragen; Verfügbarkeit von aktuellen Urteilen zum KSchG
Kommunikation	Erläuterung der eigenen Vorgehensweisen und Ergebnisse dem Kunden gegenüber	Erklärung der Ablehnung eines Fortbildungsantrages; Verständlichkeit der Erläuterungen zu einem neuen Arbeitszeitmodell
Bedürfnisorientierung/ Empathie	aktives Eingehen auf individuelle Kundenbedürfnisse bei flexibler Anpassung von einzelfallspezifischen Leistungsangeboten	Wissen um persönliche Situationen der Mitarbeiter; Unterstützung von Führungskräften bei Fehlzeitengesprächen

Übersicht 1.16: Kriterien zur Operationalisierung der Prozeßqualität im Personalmanagement (*Gerpott* 1996, 258)

1.4.6 Akzeptanzsicherung

Stelle sicher, daß Mitarbeiter Veränderungen unterstützen und nicht blockieren!

Veränderungen rufen Reaktanz hervor. Hier steht das Personalmanagement vor der wichtigen Aufgabe, die Akzeptanz für notwendige Organisationsentwicklungsprozesse herzustellen und damit Bedingungen zu schaffen, unter denen Mitarbeiter auch in Zeiten des Wandels ihre Aufgaben erfüllen können und wollen.

Außerhalb des Personalbereichs gibt es seit 25 Jahren eine Fülle von Aussagen, die sich mit der Einführung von Modellen aus dem Bereich von Operations Research sowie Management Science befassen und die sich unter der Sammelbezeichnung „OR/MS-Implementation" zusammenfassen lassen (vgl. *Wysocki* 1979; *Scholz* 1984a). Als vorrangige **Probleme**, die einer Akzeptanz im Wege stehen, werden dort

- Fehler bei der Einführung der Modelle,
- unverständliche Struktur der Modelle,
- fehlende Abbildungseigenschaften der Modelle und
- zu großer Aufwand der Modellanwendung

aufgeführt. Insgesamt enthalten die oben referierten Quellen rund 100 Empfehlungen dazu, wie formale Planungsmodelle im Unternehmen eingeführt werden sollten. Diese Aussagen gelten analog auch für personalwirtschaftliche Planungsansätze.

Als konzeptioneller Rahmen für die Akzeptanzsicherung bietet sich das **Akzeptanztheorem** an. Seine Grundlage bildet eine Studie von *Drumm* und *Scholz* (1988) zur Frage, wann beziehungsweise warum formale/formalisierte Modelle der Personalplanung (nicht) eingesetzt werden. Das Akzeptanztheorem postuliert **fünf Bedingungen**, bei deren Erfüllung Praktiker auch „anspruchsvolle" Planungsmethoden und Managementsysteme akzeptieren (vgl. *Drumm/Scholz* 1988, 34-37):

(1) Der Personalverantwortliche muß (subjektiv) einen nicht bewältigten *Problemdruck* spüren. So ist zum Beispiel das Planungsproblem nicht überschaubar, das Datenvolumen zu groß oder der zur Verfügung stehende Zeitrahmen für eine sinnvolle Lösung mit der herkömmlichen (einfachen) Methode zu klein.

(2) Damit ein Personalverantwortlicher ein Verfahren akzeptiert, muß nach seinem Einsatz bei mindestens einem der mit der Methodenverwendung anvisierten Ziele der Grad der Zielerreichung erhöht werden (*Methodeneffektivität*); darüber hinaus müssen die Kosten von Entwicklung, Einführung und Anwendung der Methode geringer als ihr Nutzen sein (*Methodeneffizienz*).

(3) Für die Entwicklung und den Einsatz des neuen Systems ist ein *Promotorenteam* zuständig. Dazu gehört ein (unter Umständen externer) Fachpromotor, dem grundsätzliche Lösungen zur Beseitigung des Problemdrucks bekannt und zugänglich sind. Er wird unterstützt durch einen ranghohen Machtpromotor.

(4) Zwischen dem primären Benutzer der Methode bis hin zum letzten Verwender der erzeugten Lösung muß eine durchgängige Kommunikation bestehen. Diese *Implementationskette* kann bis in die Unternehmensleitung reichen, wenn sich dort die eigentliche Zielgruppe für die Ergebnisse befindet. Die Existenz dieser Verbindungen ist nicht nur während der Einführungsphase einer Methode notwendig,

sondern auch für ihre kontinuierliche Anwendung: So kann das Ausscheiden eines Stelleninhabers trotz erfolgreicher Ersteinführung einen Riß in der Implementationskette hervorrufen.

(5) Die Verwendung der neuen Methode darf nicht als Bedrohung eigener Kompetenzen empfunden werden, es darf also *keine Kompetenzangst* entstehen. Ein solches Bedrohungsgefühl entwickelt sich besonders dann, wenn die Planungsmethode Ermessensspielräume (subjektiv) reduziert oder intellektuell nicht verstanden wird.

Akzeptanzsicherung stellt einen Balanceakt dar: Zu geringe Akzeptanz bringt die Gefahr mit sich, daß die intendierten Maßnahmen nur teilweise von den Mitarbeitern mitgetragen werden. Bei extrem hoher Akzeptanz stehen die Mitarbeiter den Maßnahmen unkritisch und euphorisch gegenüber. Akzeptanzsicherung bedeutet daher, situativ einen optimalen Akzeptanzgrad zu erreichen.

1.4.7 Professionalisierung

Aktualisiere ständig den eigenen Wissensstand und baue spezifische Kompetenzen aus!

Professionalisierung im Personalbereich ist mit zunehmender Differenzierung und funktionaler Spezialisierung in der Personalarbeit verbunden. Es manifestierte sich ursprünglich besonders deutlich im amerikanischen Sprachraum, wo vor allem zwei **Schwerpunkte** betont wurden:

- Im Bereich der Personalführung wurden zunehmend Systeme gesucht, die eine Verbindung vom betrieblichen Personalmanagement zum *strategischen Management* realisieren; dies soll durch verbesserte Information, Personalentwicklung, Anreizstruktur und globalen Führungsstil die Abstimmung zwischen Mitarbeiterfähigkeit und strategischer Anforderung verbessern (vgl. *Vicere* 1987).
- Im Hinblick auf das Personalmanagement als betriebliche Institution wurde nicht nur der Charakter von Mitarbeitern als Produktionsfaktor betont, sondern auch die *Produktivität* der Personalabteilung (vgl. *Layton/Johnson* 1987). Personalarbeit ist demzufolge an weit mehr zu messen als an der Zahl von „verwalteten Personen". Vielmehr sind originäre, strategische Ziele zu entwickeln und umzusetzen.

In Deutschland hat die von *Wächter* (1987) ins Leben gerufene Professionalisierungsdiskussion durch die Rezession Mitte der 90er Jahre an neuer Aktualität gewonnen und auch empirische Untersuchungen nach sich gezogen. Exemplarisch zu nennen und als eher ernüchternd einzustufen ist die Studie von *Putz* und *Nöbauer* (1995) zur Professionalisierung der Personalverantwortlichen in Oberösterreich:

- Nur 20,8% der Befragten haben ihre Beschäftigung im Personalmanagement langfristig angestrebt,

- für die Weiterbildung wenden 49,3% weniger als 3 Tage/Jahr auf,
- 59% der Personalverantwortlichen lesen Fachzeitschriften nicht regelmäßig.

Die Ergebnisse zeigen, daß fehlende Ausbildung nicht durch entsprechende Weiterbildungsmaßnahmen kompensiert wird. Zu einem noch drastischeren Resümee kommt *Lang* (1995), der das Personalwesen in den neuen Bundesländern nach der Wende untersuchte. Tendenzen zu der ursprünglich vermuteten „marktwirtschaftlichen Re-Professionalisierung" lassen sich danach allenfalls ansatzweise erkennen. Vielmehr kommt es zu einer radikalen Entprofessionalisierung.

Wegen der zunehmenden Komplexität der Personalmanagement-Inhalte darf sich Professionalisierung aber nicht nur auf das Leistungsangebot zur Entwicklung von Methoden erstrecken. Vielmehr ist zu diesem technisch-rationalen Paradigma eine **reflektorische Professionalität** nötig (vgl. *Freimuth* 1997). Diese zeigt sich in der Fähigkeit

- zu dialogischen Prozessen,
- zur Generierung spezifischer Problemlösungen gemeinsam mit den betroffenen Mitarbeitern und
- zur intuitiven Bearbeitung komplexer Situationen.

Professionalisierung beinhaltet demnach auch die Entwicklung sozialer Kompetenz.

Zur Professionalisierung zählt auch der Umgang mit neuen Technologien. Das Personalmanagement wird mittlerweile durch Spezialsoftware unterstützt (vgl. *Scholz/Eckert/Müller* 1996), die über E-Mail, Intranet und Internet Kommunikation zu internen und externen Kunden erlaubt. Ein selbstverständlicher Umgang mit diesen und anderen innovativen Medien ist Grundvoraussetzung für ein professionelles Personalmanagement.

1.5 Resümee und Vorschau

Personalmanagement ist trotz aller Faszination nicht Selbstzweck: Personalmanagement ergibt sich vielmehr als Konsequenz aus konkreten **Herausforderungen**, die vom Markt, vom Unternehmen selbst und von seinen Mitarbeitern ausgehen. Personalmanagement als Funktion bezieht sich nicht nur auf die Personalabteilung, sondern hat in Managementaktivitäten der Fachabteilungen einzugehen.

Grundlage dafür sind **Postulate**, die als Meßlatte zur Realisation des Personalmanagements dienen können: Neben der Professionalisierung und der Akzeptanzsicherung sind dies vor allem die Postulate nach Individualisierung und Flexibilisierung.

Vor allem das Professionalisierungspostulat mündet im nächsten Kapitel in eine inhaltliche Verbreiterung des betrieblichen Personalmanagements. Hierzu dient die Grundmethodik des betrieblichen Personalmanagements mit ihrer Differenzierung in Personalmanagementfelder, -ebenen und ausrichtungen.

1.6 Testfragen

(1) In der Personalpolitik der Unternehmen sind derzeit zwei zentrale Trends zu beobachten: Einerseits liest man häufig über Entlassungen und den Abbau von Arbeitsplätzen, andererseits führt der weitreichende Strukturwandel in den Unternehmen dazu, daß Mitarbeitern ständig mehr Verantwortung übertragen wird. Welche Folgen ergeben sich daraus für ein unternehmerisches Personalmanagement?

(2) Diskutieren Sie die These „Professionell betriebenes Personalmanagement führt zu einer Steigerung der Arbeitskraft eines Mitarbeiters“. Welche Restriktionen sind zu beachten?

(3) Warum könnte das Primärziel „Kostenreduzierung“ in bezug auf die Personalarbeit langfristig nicht zum gewünschten Ziel führen? Machen Sie sich hierbei auch Gedanken über die Quantifizierbarkeit der Opportunitätskosten eines derartigen Ziels.

(4) Wie werden sich Ihrer Meinung nach die institutionalisierten Personalinstanzen angesichts der internen Virtualisierungs- und Modularisierungsprozesse verändern? Wird sich dies positiv auf die Effektivität und Effizienz der Personalabteilung auswirken?

(5) Warum könnte es sinnvoll sein, ein Personalcontrolling nicht nur auf „hard facts“, sondern auch auf bestimmten „soft facts“ basieren zu lassen?

(6) Analysieren Sie die Situation in einem Ihnen näher bekannten Unternehmen hinsichtlich der Grundpostulate aus diesem Kapitel. Welche Implikationen müßten sich Ihrer Meinung zufolge daraus für den Personalbereich ergeben?

(7) Inwieweit sehen Sie eine Veränderung der Gewichtungen der personalwirtschaftlichen Grundpostulate durch den zunehmenden Einsatz von Multimedia?

... für Fortgeschrittene:

John P. Kotter stellt in seinem Buch „The New Rules“ (1995, 36) folgende Regel auf: „The location of opportunities is shifting. Succeeding at work today demands strategies and career paths that are often different from mid-20th century norms. Increasingly, the new rule is: beware of the conventional and traditional. In a time of rapid change, the unconventional often wins." Diskutieren Sie diese Aussage vor dem Hintergrund aus Kapitel 1.

Suchen Sie im Internet nach aktuellen Herausforderungen für das unternehmerische Personalmanagement. Ordnen Sie neue Trends auf die Bewegungen nach Abbildung 1.2 zu.

Im Film „Titanic" wird die „Heldin" *Rose* als Beispiel für den Wertewandel zu Anfang des 19. Jahrhunderts zitiert. Auch sonst soll dieser Film viel über Wertesysteme aussagen. Bewerten Sie beide Aussagen.

Diskutieren Sie folgende Aussage von *Peter Drucker* (1998): „Companies have to manage their strategic units whether they are under their control or not."

2 Methodik

2.1 Felder im Personalmanagement

In der Literatur finden sich seit langem diverse Vorschläge, personalwirtschaftliche Funktionen auf einzelne Planungs- oder Managementfelder zuzuordnen (z.B. *Gaugler/Huber/Rummel* 1974; *Drumm* 1995; *Beardwell* 1997; *Berthel* 1997; *Gomez-Mejia/Balkin/Cardy* 1998). Diese und ähnliche Vorschläge lassen sich zu einer umfassenden **Systematik** zusammenführen, die sich aus der Prozeßlogik der Personalarbeit ergibt:

(1) Die *Personalbedarfsbestimmung* beschäftigt sich mit der Ermittlung des jeweils erforderlichen Soll-Personalbestands. Es wird dabei differenziert nach unterschiedlichen Perioden des Planungszeitraums, nach Qualifikationsgruppen beziehungsweise nach Arbeitsplätzen.

(2) Hierarchisch gleichrangig zur Bedarfsanalyse operiert die *Personalbestandsanalyse*. Ihr Ziel ist die quantitative, qualitative, zeitliche und räumliche Erfassung des bestehenden Mitarbeiterpotentials sowie der bereits absehbaren Veränderungen.

(3) Übersteigt der Bedarf in einem Teilbereich den Bestand und soll die Differenz über eine Bestandsänderung ausgeglichen werden, kommt es zur *Personalbeschaffung*. Ihr Ziel ist die Anpassung des Personalbestandes an den aktuellen Personalbedarf durch Neueinstellungen oder interne Rekrutierung.

(4) Übersteigt der Bedarf in qualitativer Hinsicht den Bestand, so wird je nach Sachlage entweder über eine Verbindung aus Freisetzung und Beschaffung oder aber (im Normalfall) über eine *Personalentwicklung* eine Anpassung der Qualifikation der Mitarbeiter realisiert.

(5) Liegt der Bedarf in qualitativer oder quantitativer Hinsicht unter dem Bestand, kann es zur *Personalfreisetzung* kommen. Sie kann (muß aber nicht) in Form von Entlassungen realisiert werden.

(6) Zusammenfassung und integrative Abstimmung der Personalbeschaffungs-, Personalentwicklungs- und Personalfreisetzungsplanung erfolgt im *Personalveränderungsmanagement*. Dort stehen Koordination und Festlegung von Prioritäten im Vordergrund.

(7) Im *Personaleinsatzmanagement* wird festgelegt, wie vorhandene Mitarbeiter gegebenen Stellen zugeordnet werden. Berücksichtigt werden dabei Qualifikationen und Fähigkeiten der Mitarbeiter sowie die Anforderungen der zu besetzenden Stelle.

(8) Das *Personalkostenmanagement* verbindet das Personalmanagement mit den übrigen Teilen der Unternehmensplanung, vor allem mit der

Finanz- und Budgetplanung. Hier unterscheidet man drei Kostenverursachungsfaktoren: Personalbestand, geplante/durchgeführte Veränderungsmaßnahmen und unmittelbare Kosten der Personalarbeit.

(9) Während sich das Personaleinsatzmanagement auf das formalisierte Zusammenspiel von Stellenanforderung und Mitarbeiterfähigkeit konzentriert, geht die *Personalführung* von bereits erfolgter Zuordnung aus und konkretisiert das Verhältnis zwischen Führungskraft und Mitarbeiter.

Die Personalmanagementfelder treffen inhaltliche Aussagen über Aufgaben, die ein Personalmanagement erfüllen sollte. Sie führen ferner zu konkreten Fragen (Übersicht 2.17), auf die ein systematisches und vorausschauendes Personalmanagement Antworten bereitzustellen hat.

Die Abgrenzung konkreter Personalmanagementfelder bedeutet keine unmittelbare Zuordnung auf spezialisierte Aufgabenträger. Vielmehr werden im Regelfall die genannten Managementaufgaben von mehreren Stellen wahrgenommen: So nimmt die direkte Führungskraft die unmittelbare Personalführung wahr, während die Unternehmensleitung die generell geltenden Führungsgrundsätze festlegt. Neben dieser **Vernetzung** über die verschiedenen Aufgabenträger besteht zwischen den einzelnen Personalmanagementfeldern eine Vielzahl von sachlogischen Verbindungen: So liefert die Personalbestandsanalyse einen zentralen Input für das Personalkostenmanagement. Umgekehrt stellt die Personalbedarfsbestimmung die Ausgangsinformationen für die Personaleinsatzplanung bereit (Abbildung 2.1).

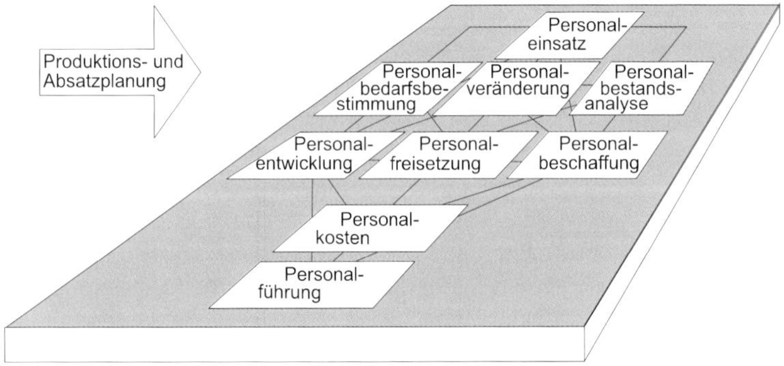

Abbildung 2.1: Felder im Personalmanagement und ihre Vernetzung

Aus dieser Systematik der Managementfelder ergeben sich die Gliederungsoberpunkte für die Kapitel 4 bis 9:
- Personalbedarfsbestimmung (Kapitel 4),
- Personalbestandsanalyse (Kapitel 5),

- Personalveränderung als Verbindung von Beschaffung, Entwicklung und Freisetzung (Kapitel 6),
- Personaleinsatz (Kapitel 7),
- Personalkostenmanagement (Kapitel 8) und
- Personalführung (Kapitel 9).

Die zweite Gliederungsebene des Buches ergibt sich dann aus den Managementebenen.

Personalbedarfsbestimmung

Wie viele Mitarbeiter welcher Qualifikation werden aufgrund der vorgegebenen Sachaufgaben zu welchem Zeitpunkt und an welchem Ort benötigt?

Personalbestandsanalyse

Wie viele Mitarbeiter welcher Qualifikation sind zur Zeit vorhanden beziehungsweise werden aufgrund der bereits feststehenden Veränderungen zu welchem Zeitpunkt vorhanden sein?

Personalbeschaffung

Wie können/sollen zusätzlich benötigte Mitarbeiter auf dem externen oder internen Arbeitsmarkt gewonnen werden?

Personalentwicklung

Wie können/sollen die Fähigkeiten der Mitarbeiter im Hinblick auf den bestehenden beziehungsweise den zukünftigen qualitativen Personalbedarf erhöht werden?

Personalfreisetzung

Wie kann überzähliges Personal aus einem Unternehmensbereich unter Berücksichtigung sozialer Gesichtspunkte abgebaut werden?

Personalveränderung

Wie soll zwischen den alternativen Möglichkeiten zur Personalveränderung (Beschaffung, Entwicklung, Freisetzung) entschieden werden?

Personaleinsatz

Wie können/sollen Mitarbeiter entsprechend ihrer Fähigkeiten und entsprechend der Sachaufgaben eingesetzt werden?

Personalkostenmanagement

Welche gegenwärtigen/zukünftigen Kosten verursachen der aktuelle/zukünftige Personalbestand, die aktuellen/geplanten personellen Einzelmaßnahmen sowie die (vorgesehenen) Planungsmaßnahmen?

Personalführung

Wie kann/soll das Verhältnis zwischen Führungskräften und Mitarbeitern hinsichtlich einer Integration von Unternehmens- und Individualzielen gestaltet werden?

Übersicht 2.17: Zentrale Fragen der Personalmanagementfelder

Dr. Claus Heinrich
Mitglied des Vorstands
bei der SAP Aktiengesellschaft

In den letzten Jahren hat sich das Umfeld für die Personalarbeit geändert. Was sind die gravierendsten Veränderungen für SAP?

Die Entwicklung der SAP ist in den letzten Jahren sehr erfolgreich verlaufen. Wir haben sowohl ein sehr starkes Umsatzwachstum als auch eine starke Durchdringung neuer regionaler Märkte erlebt. Dafür die notwendigen Mitarbeiter zu gewinnen, war und ist eine Herausforderung, besonders da die Arbeitsmärkte heute die geeigneten Kandidaten nicht mehr in für die Gesamtbranche ausreichender Zahl bereitstellen. Unser Wachstum wurde erst dadurch möglich, daß es uns in den vergangenen Jahren dennoch gelungen ist, auf dem Arbeitsmarkt die richtigen Mitarbeiter in ausreichender Zahl am richtigen Ort zu finden und einzustellen. Der gute Name der SAP hat uns dabei sicherlich geholfen. Gleichzeitig mußte bei wachsender Größe die entsprechende Infrastruktur aus geeigneten Prozessen und Organisationsstrukturen aufgebaut werden.

So wurden beispielsweise moderne erfolgsorientierte Entlohnungsysteme eingeführt, um die Mitarbeiter stärker am Unternehmenserfolg zu beteiligen und den Arbeitsplatz SAP auch in dieser Hinsicht attraktiv und auf dem Arbeitsmarkt wettbewerbsfähig zu halten.

Wo sehen Sie in dieser Hinsicht Ihre größten persönlichen Erfolge bzw. Enttäuschungen?

Wir sind bei der SAP stolz darauf, daß wir trotz des großen Wachstums die für unser Unternehmen typische Firmenkultur weitgehend beibehalten haben. Das Arbeiten in Teams statt als Einzelkämpfer, der Aufbau von Netzwerken anstatt von Hierarchien, von Projektstrukturen anstelle von zementierten Abteilungen sowie eine durchgängig offene Kommunikation haben ein Umfeld entstehen lassen, in dem Entrepreneurship innerhalb des Unternehmens gedeihen kann. Und das ist ein bedeutender Erfolgsfaktor gerade in einer so schnellebigen Branche wie sie die Informationstechnologie nun einmal ist.

Ihr Unternehmen lebt von den Mitarbeitern. Wie charakterisieren Sie in diesem Zusammenhang die Personalstrategie von SAP? Was unterscheidet sich Ihrer Ansicht nach von der Ihrer Mitbewerber am Markt?

Die SAP hat von Beginn an die Freiräume des Einzelnen gefördert. Selbständiges Arbeiten in überschaubaren Einheiten, angstfreies Agieren (und ein gesundes Maß an Fehlertoleranz sind die Aspekte des Arbeitsumfelds bei der SAP, die unsere Mitarbeiter schätzen (siehe auch vorherige Frage).

Ihr Unternehmen bietet mit R/3 auch Software zur Unterstützung der Personalarbeit an. Welche Funktionen daraus nutzen Sie persönlich?

Die SAP nutzt das eigene Personalwirtschaftssystem in den Personalabteilungen ihrer internationalen Tochtergesellschaften. Derzeit läuft ein weltweites Business Reengineering-Projekt, bei dem die betriebswirtschaftlichen Prozesse auf den Prüfstand gestellt werden und gegebenenfalls angepaßt oder erweitert werden.

Die SAP expandiert stark auf dem globalen Markt. Wie sieht dabei die Personalarbeit aus – gerade auch, wenn es um internationale Kooperationsprojekte geht?

Das oben beschriebene Projekt ist ein weltweites Projekt, in dem Kolleginnen und Kollegen aus allen Regionen mitarbeiten. Wir legen großen Wert darauf, daß Regionen und Länder in alle Prozesse einbezogen sind. Zu den zentralen Elementen unserer Personalarbeit zählt auch die weltweite Mitarbeiterbefragung, die alle zwei Jahre durchgeführt wird. Bei der Befragung im Jahre 1998 erzielten wir eine Rücklaufquote von ca. 90%, das entspricht rund 12 800 Mitarbeitern. 92% davon gaben an, daß sie stolz darauf sind, für die SAP zu arbeiten. Natürlich wurden auch Kritikpunkte identifiziert. Diese werden in weltweiten Aktionsgruppen bearbeitet und in Verbesserungen umgesetzt.

Wie sehen Sie die Arbeitssituation in Unternehmen in zehn Jahren? Wie wird ein „typisches" Arbeitsverhältnis aussehen?

In der Zukunft wird es kaum noch den klassischen Werdegang geben, d.h. man macht nicht mehr eine Ausbildung für einen bestimmten Beruf oder ein bestimmtes Gebiet, um dann in dem angestrebten Bereich zu verbleiben. Es wird sich vielmehr der Trend verstärken, daß jeder Mensch im Laufe seines beruflichen Lebens unterschiedliche Aufgaben in unterschiedlichen Zusammenhängen wahrnehmen wird. Projektarbeit wird in vielen Unternehmen zum durchgängigen Muster werden. Der Einsatz neuer Medien wird dazu führen, daß der konkrete Ort der Arbeitserbringung in vielen Fällen beliebig gewählt werden kann. Der einzelne Mitarbeiter oder die Mitarbeiterin wird mehr in der Rolle eines „Entrepreneurs" arbeiten, verbunden mit dem entsprechenden Maß an Gestaltungsspielraum und Verantwortung.

Welche konkreten Herausforderungen und Aktionsprogramme ergeben sich daraus in den nächsten drei Jahren für SAP?

Da die SAP in einem sehr schnellebigen Markt agiert, ist es für uns notwendig, permanent neueste Kenntnisse und Fähigkeiten in alle Prozesse (Entwicklung, Consulting, Service) einfließen zu lassen. Die dazu erforderliche Etablierung einer „lernenden Organisation" basiert auf einem effektiven Knowledge Management-Konzept.

Als Global Player, der die SAP heute ist, muß das Unternehmen die Entwicklung internationaler Management-Skills fördern ebenso wie eine generelle Ausrichtung aller Mitarbeiter auf den internationalen Markt. Um dies zu erreichen, sind neben Sprachkursen und Intercultural Workshops auch Trainingsprogramme für internationales (Projekt-)Management notwendig. Da Trainingsprogramme nur vorbereiten können, müssen unsere Mitarbeiter in Zukunft bereit sein, auch in anderen Ländern und Funktionen tätig zu werden. Job Rotation über Ländergrenzen hinweg und internationale Karrieremöglichkeiten werden deshalb aktiv gefördert.

2.2 Ebenen im Personalmanagement

Betriebliches Personalmanagement ist Teil des allgemeinen Managementprozesses. Daher gelten die üblichen drei Managementebenen strategisch, taktisch/dispositiv und operativ auch für das Personalmanagement, müssen jedoch mit spezifisch personalwirtschaftlichen Inhalten gefüllt werden.

2.2.1 Strategisches Personalmanagement

2.2.1.1 Unternehmensstrategie

Die Frage nach der „richtigen" Unternehmensstrategie beschäftigt Unternehmen vom Familienbetrieb bis zum globalen Großkonzern. Zu ihrer Beantwortung bedarf es einer eingehenden Auseinandersetzung mit dem Strategiebegriff und den sich daraus abgeleiteten Strategiekonzepten. Hierfür gibt es inzwischen eine wahre Flut an Vorschlägen und Ideen. Sie lassen sich auf zwei Kernüberlegungen zurückführen, die komplementär für das Personalmanagement wichtig sind.

Pragmatisch-präskriptive Strategiemerkmale. Nach Klassikern der Managementliteratur wie *Ansoff* (1965) oder *Porter* (1980) bestimmt sich eine Unternehmensstrategie über Zielräume und Aktionsräume hinsichtlich der Erschließung, Nutzung und Sicherung unternehmerischen Erfolgspotentials. Vor dem Hintergrund neuerer Erkenntnisse der Strategieforschung (z.B. *Hitt/Ireland/Hoskisson* 1995) bietet es sich an, Unternehmensstrategien über drei **Merkmale** zu charakterisieren (vgl. *Scholz* 1987a, 32-42;1997a, 47-54), nämlich über

- *Potentialorientierung*, wonach Unternehmen in ihren Strategien auf bestimmte Erfolgspotentiale fokussieren, um diese in der Zukunft in das Wertschöpfungssystem zu integrieren und dort auszubauen,
- *Komplexitätsreduktion* zur Betonung einer gezielten methodischen Beschränkung auf die relevanten Faktoren, was eine Bewältigung der aktuellen Informations- und Handlungsvielfalt erst möglich macht, sowie

- *Aktionsorientierung* im Sinne einer reaktiven oder proaktiven Ausrichtung auf die Zukunft, wobei die Proaktivität sich als frühzeitiges und differenziertes Vorbereiten auf mindestens zwei unterschiedliche Umweltkonstellationen (Kontingenzaktivität) oder als bewußtes Gestalten einzelner ausgewählter strategischer Tatbestände in eine Richtung (Initiativaktivität) manifestiert.

Jedes dieser Merkmale weist Bezüge zur ganzheitlichen Realisierung von Synergien (Holismus) sowie zur detaillierten Orientierung auf Teilfunktionen (Elementarismus) auf. Strategisches Management ist damit gekennzeichnet durch hohe Ausprägungen dieser drei Merkmale, operatives Management durch tendenziell niedrige Ausprägungen.

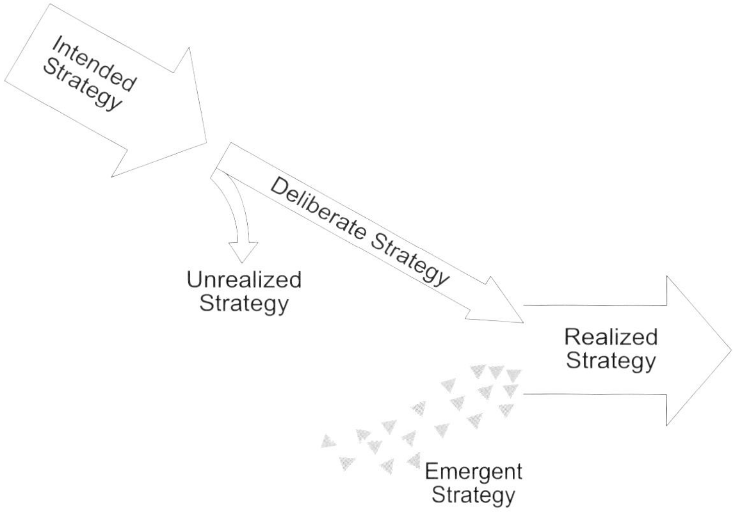

Abbildung 2.2: Strategietypen nach *Mintzberg* (1994, 24)

Empirisch-deskriptive Strategiemanifestationen. Während bei pragmatisch-präskriptiven Strategieansätzen die Suche nach einer „Idealstrategie" bei gegebenen Umweltbedingungen im Vordergrund steht, gehen die empirisch-deskriptiven in umgekehrter Richtung vor: In den Vordergrund rückt hier das Eigenleben des Unternehmens mit seinen intuitiv definierten Strategien. Zentraler Vertreter dieser Denkrichtung ist *Mintzberg* (1994), der fünf verschiedene **Strategiemanifestationen** identifiziert (Abbildung 2.2):

- Den Ausgangspunkt bildet die *geplante* Strategie (intended strategy).
- Die *unrealisierte* Strategie (unrealized strategy) berücksichtigt zwar die geplanten, aber nicht umgesetzten Strategien.

- Der Teil der *intendierten* Strategie, der tatsächlich umgesetzt wird, ist die planmäßige Strategie (deliberate strategy).
- Angereichert wird dieser Teil durch die *zufällig* entstandene Strategie (emergent strategy).
- Das Ergebnis ist die *realisierte* Strategie (realized strategy).

Interessant an diesem Ansatz ist der Versuch, auch die unbewußten Strategien zu berücksichtigen.

Pragmatisch-präskriptiv und empirisch-deskriptiv widerspricht sich nicht. Vielmehr müssen beide Argumentationslinien kombiniert werden, will man die gesamte Breite strategischer Überlegungen nutzen.

Strategisches Management bedeutet immer eine Zusammenführung von pragmatisch-präskriptiven und empirisch-deskriptiven Ansatzpunkten.

Eine solche Auseinandersetzung mit der Unternehmensstrategie setzt einen bewußten Umgang mit dem Konstrukt strategischer Effektivität voraus. Das erfordert, klare Ziele im Hinblick auf das Erreichen und Verteidigen strategischer Wettbewerbsvorteile zu formulieren und diese unter Berücksichtigung der verschiedenen Stakeholder-Interessen in entsprechende Maßnahmen umzusetzen.

2.2.1.2 Personalstrategie

Strategisches Personalmanagement bezieht sich auf das gesamte Unternehmen und hat unmittelbaren Bezug zu den Erfolgspotentialen des Unternehmens. Es abstrahiert von einzelnen Mitarbeitern und Stellen.

Erfolgreiches strategisches Personalmanagement setzt konsequentes Ausrichten an den Zielen der Unternehmung voraus und ist damit Teil der Unternehmensstrategie. Danach ist strategisches Personalmanagement mehr als nur eine operative Umsetzung der Produkt- und Programmplanung: Es kann bei entsprechender Ausgestaltung eigenständige Impulse in die strategische Unternehmensplanung und -führung einbringen. Strategisches Personalmanagement arbeitet mit stark komplexitätsreduzierenden Instrumenten, beispielsweise Szenarien oder Human Resource Portfolios.

Empirischer Befund (GPP): Existenz einer detailliert formulierten Personalstrategie (in Prozent)

Eine detailliert formulierte Personalstrategie existiert vor allem in spanischen und österreichischen Unternehmen. Deutsche und amerikanische Unternehmen mit detailliert formulierten Personalstrategien sind dagegen seltener anzutreffen.

D	Ö	USA	F	Sp	Rest	Σ
44	64	44	58	83	48	59

Strategisches Personalmanagement hat gerade in einer integrativ-umfassenden Systematik auf allen **Personalmanagementfeldern** stattzufinden:

- Bei der strategischen *Personalbedarfsbestimmung* geht es um die Antizipation von langfristigen Bedarfsverschiebungen. Hier besteht ein enger Bezug zur strategischen Absatz- und Produktionsplanung.
- Die strategische *Personalbestandsanalyse* liefert die langfristig projektive Entwicklung der Mitarbeiterstruktur und zeigt potentielle Stärken beziehungsweise Schwächen auf.
- Im strategischen *Personalentwicklungsmanagement* wird auf hoch aggregiertem Niveau die Deckungslücke zwischen gruppenspezifischen Fähigkeitsprojektionen und zukünftigen gruppenspezifischen Anforderungsprofilen geschlossen, die beispielsweise beim Übergang auf andere Produktionsverfahren oder durch demographische Verschiebungen des Personalbestandes entstehen.
- Zur strategischen *Personalveränderung* gehört die substantielle Auseinandersetzung mit dem Arbeitsmarkt. Durch entsprechendes Personalmarketing können akquisitorische Potentiale ausgeschöpft und strategische Fluktuationsbarrieren aufgebaut werden.
- Ebenfalls auf hoch aggregierter Ebene arbeitet das strategische *Personalkostenmanagement*. Hier geht es um Maßnahmen zur langfristigen Veränderung der Personalkostenstruktur.
- *Strategische Personalführung* schließlich umfaßt die langfristige Konzeption des Führungsinstrumentariums im Unternehmen. Zentrale Elemente sind hierbei Aufbau und Pflege der Unternehmenskultur als entscheidender Ansatzpunkt für eine zeitgemäße Unternehmensführung.

Aufgabe eines strategischen Personalmanagements ist es daher, die verschiedenen Managementfelder zu konkretisieren, wobei die allgemeine Beschreibung der Felder Aussagen über die Inhalte macht („was?"), während die Attribute Potentialorientierung, Komplexitätsreduktion und Aktionsorientierung zur Form der Umsetzung beitragen („wie?").

Eine wichtige Aufgabe des strategischen Personalmanagements besteht in der **Integration** quer über die Personalmanagementfelder. Um ein Auseinandertreiben von Aktivitäten auf den verschiedenen Feldern zu verhindern, ist es ein Merkmal strategischen Verhaltens, ganzheitlich (holistisch) vorzugehen und dabei die Vernetzung zwischen den Feldern zu berücksichtigen.

Schließlich gehört zum strategischen Personalmanagement die Beantwortung der Frage nach **Einbindung in die Unternehmensstrategie**. Rein formal bieten sich vier Möglichkeiten an (Abbildung 2.3):

(1) Personalstrategie und Unternehmensstrategie sind voneinander *unabhängig*! Diesem Ansatz liegt die Idee zugrunde, daß inhaltlich

kein Bezug zwischen Unternehmensstrategie und Personalstrategie besteht. Es gilt, lediglich mit Hilfe der Personalarbeit ein grundsätzliches Klima für die allgemeine Umsetzbarkeit von Strategien zu schaffen. Das strategische Ziel lautet also: Die Mitarbeiter müssen generell in der Lage sein, Formulierung, Implementation und Kontrolle der Strategie flexibel umzusetzen.

(2) Die *Personalstrategie* folgt der Unternehmensstrategie! Unternehmensstrategie bedeutet hier primär die Produkt-/Marktstrategie, aus der sich die Vorgaben für den Personalbereich ableiten lassen. Dies gilt speziell für die Portfolio-Analyse, die exakte Vorgaben für die Personalstrategie liefert, bis hin zur Ausrichtung der Unternehmenskultur. Die Personalstrategie ist hier ausschließlich eine derivative Strategie und hat allenfalls einen rückkoppelnden Einfluß auf die Unternehmensstrategie, wenn Zielvorgaben der Unternehmensstrategie nicht umgesetzt werden können.

(3) Die *Unternehmensstrategie* folgt der Personalstrategie! Strategien werden nicht immer formal definiert, sondern auch implizit praktiziert. Hier erfolgt eine zumindest teilweise Ausrichtung der Unternehmensstrategie an der existierenden Personalausstattung, die ihrerseits die (implizite) Personalstrategie widerspiegelt. Dieses Vorgehen vereinfacht zwar die Implementierung, schränkt allerdings den strategischen Optionsraum (unbewußt) ein.

(4) Die Personalstrategie ist ein Teil der Unternehmensstrategie! Hier ergibt sich die Unternehmensstrategie aus mehreren funktionalen

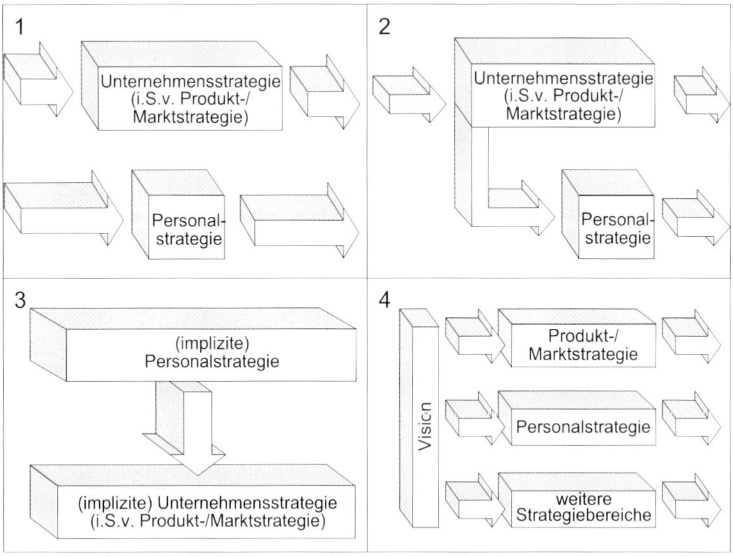

Abbildung 2.3: Alternative Einbindungsformen der Personalstrategie

Teilstrategien, also einer Produkt-/Marktstrategie, aber auch einer Personalstrategie. Es wird somit ein integratives Gesamtsystem aus verschiedenen Strategiekomponenten angestrebt. Sie müssen in gegenseitiger Abhängigkeit formuliert, implementiert und kontrolliert werden.

Letztlich erscheint lediglich die vierte Alternative zielführend, da nur sie die notwendige Stimmigkeit innerhalb der funktionalen Teilstrategien garantiert und eine Gesamtstrategie für das Unternehmen zuläßt.

Empirischer Befund (GPP): Verantwortlichkeit für Personalfragen (in Prozent, Mehrfachnennungen)

In den häufigsten Fällen wird das Personalmanagement durch einen Personalvorstand/-leiter verantwortet. Interessant ist die relativ hohe Zahl von personalverantwortlichen Vorstandsvorsitzenden/Unternehmensleitern in Deutschland und Österreich. In Deutschland besteht darüber hinaus die mitbestimmungsrechtliche Besonderheit des Arbeitsdirektors, der häufig in Personalunion der Personalvorstand des Unternehmens ist.

	D	Ö	USA	F	Sp	Rest	Σ
Personalvorstand/ -leiter	64	47	78	94	90	42	66
Vorstandsvorsitzender/Unternehmensleiter	38	32	22	21	19	23	27
Verwaltungsdirektor	2	6	-	-	2	14	5
Finanzdirektor	-	2	-	-	2	7	2
Vorstandsassistent	-	2	-	-	-	-	-
Produktionsdirektor	2	4	-	4	-	5	3
Arbeitsdirektor	26	6	-	-	5	19	12

2.2.1.3 *Internationalisierungsstrategie*

Eine spezielle Facette im strategischen Personalmanagement ergibt sich, wenn sich sein Erstreckungsbereich über die Landesgrenze hinaus ausweitet. Da gerade diese Internationalisierung für viele Unternehmen noch ein problematisches Feld ist, wird auf sie nachfolgend etwas umfassender eingegangen. Sie wird in einen spezifischen Denkrahmen gestellt (Abbildung 2.4), der sich aus der Komplexität

- der internationalen Herausforderung,
- der lokalen Landeskulturen und
- der landesspezifischen Personalmanagementsysteme

zusammensetzt. Hinzu kommen mit

- der Internationalisierungsstrategie,
- der Unternehmenskultur und
- dem (Personal-)Managementsystem

der Muttergesellschaft drei spezifische Rahmenbedingungen, die ebenfalls Einfluß auf die Ausgestaltung des internationalen Personalmanagements eines Unternehmens haben.

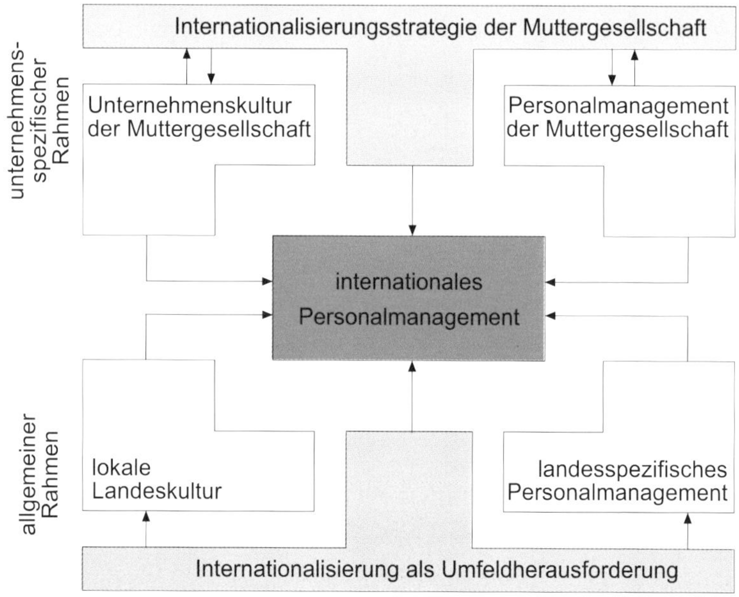

Abbildung 2.4: Rahmen für ein internationales Personalmanagement

Internationalisierungsstrategie der Muttergesellschaft. Die Frage nach tatsächlichen und sinnvolleren Formen der Internationalisierung wurde in der Literatur im Hinblick auf Organisations- (vgl. *Pausenberger* 1992), Marketing- (vgl. *Meissner* 1993) und Strategieaspekte (vgl. *Welge* 1990) sowie ihre Verknüpfungen (vgl. *Meffert* 1989) umfassend diskutiert. Im Mittelpunkt stehen dabei im Regelfall zwei zentrale **Aspekte**:

- Der eine ist die *zeitliche Perspektive*. Hier wird als Normalfall von einem Entwicklungspfad (beginnend bei reinem Export über Auslandsniederlassung bis zu einem das Ausland voll integrierenden Modell) ausgegangen.
- Der andere ist die *Grundstrategie*. Hier lassen sich drei Formen unterscheiden, nämlich
  - die internationale Strategie (mit begrenzten Auslandsaktivitäten und dominanter Geschäftsabwicklung im Mutterunternehmen),
  - die multinationale Strategie (mit starker Auslandsorientierung und vollständigem Aktivitätsspektrum auch im Ausland) und

– die globale Strategie (mit einer faktischen Aufhebung von Ausland und Inland in Verbindung mit einer weltweiten Verteilung von Verantwortung).

Speziell die letztgenannte Klassifikation prägt das internationale Management. Sie steht in enger Verbindung mit dem Vorschlag von *Perlmutter* (1965), der wegen seines Bezuges zur Landes- und Unternehmenskultur unmittelbare Bedeutung für das Personalmanagement hat. Er definiert drei **Grundstrategien**:

(1) *Ethnozentrische Strategien* legen ihre Aktivitäten primär in den heimischen Markt. Eine Erweiterung der Geschäftstätigkeit in das Ausland erfolgt hauptsächlich mit dem Ziel, verschiedene lukrative Zusatzgeschäfte zu tätigen. Schwerpunkt bleibt aber die „Heimatbasis".
(2) *Polyzentrische Strategien* gehen davon aus, daß die ausländischen Töchter zunehmend an Bedeutung und gleichzeitig auch an Autonomie gewinnen. Auf diese Weise können sie ihre landesspezifische Strategie entwickeln und sich so optimal auf den jeweiligen Auslandsmarkt ausrichten.
(3) *Geozentrische Strategien* abstrahieren von nationalen Besonderheiten und streben eine weltweite Integration aller Unternehmensaktivitäten an. Diese Strategie zielt auf die betriebswirtschaftlich immer wieder geforderte Nutzung von Größenvorteilen, Synergieeffekten, Ressourcenpooling und Erleichterung des Know-how-Transfers.

In ihrer reinen Form kommen diese Ansätze nur in Ausnahmefällen vor. Üblich sind vielmehr Mischstrategien zur Gestaltung des internationalen Geschäftes („think global, act local"). Klarheit über die tatsächlich eingesetzte Strategie ist deshalb von größter Bedeutung, da letztlich jede Strategie ihre ganz spezifischen Implikationen hat (Übersicht 2.18).

Bereits diese Grundstrategien haben konkrete personalpolitische Handlungsmuster zur Folge, weisen gleichzeitig aber auch ihre spezifischen Vor- und Nachteile auf (Übersicht 2.19).

Die Wahl zwischen diesen drei Strategien hängt davon ab,
– auf welchen internationalen Märkten das Unternehmen agiert,
– welche Märkte in der Zukunft anvisiert werden,
– ob die Vorteile der Globalisierung den Verlust an direkter Einflußnahme auf das operative Geschäft überwiegen,
– ob die derzeitigen personellen Strukturen in den Tochtergesellschaften eine dezentrale Struktur überhaupt zulassen,
– welchen Stellenwert die internationalen Umsätze überhaupt im Vergleich zum Heimatmarkt einnehmen, und schließlich,
– ob die herrschenden Eigentümerverhältnisse in der Muttergesellschaft dezentrale Ansätze zulassen.

Jeder dieser Faktoren kann bestimmte Internationalisierungsstrategien von vornherein undurchführbar machen.

	Ethnozentrisch	Polyzentrisch	Geozentrisch
Komplexität	in der Muttergesellschaft hoch, sonst niedrig	unterschiedlich	überall hoch, auch wegen Interdependenzen
Entscheidungsfindung	nur in der Muttergesellschaft	weniger in der Muttergesellschaft	gemeinschaftliche Entscheidungsfindung
Kontrolle	Standards von der Muttergesellschaft werden exportiert	dezentral bestimmte Mechanismen	universelle Standards
Kommunikation	top down, also Anweisungen von Mutter zu Tochter	wenig zwischen Mutter und Tochter, zwischen Töchtern kaum	zwischen allen Einheiten, Mutter ist (nur) gleichberechtigter Partner
Personalbeschaffung	für Schlüsselposition primär über Muttergesellschaft	lokal, also Landesnationalitäten für die Tochtergesellschaften	weltweite Suche nach Führungskräften

Übersicht 2.18: Konsequenzen der Grundstrategie von *Perlmutter* (1969, 12)

Die Klassifikation von *Perlmutter* wurde zehn Jahre später durch *Heenan* und *Perlmutter* (1979) um eine vierte Form ergänzt: Diese regiozentrische Strategie basiert auf Regionalgruppen, die eine weitgehende Autonomie haben, und ist damit im wesentlichen eine aufgespaltene Form der geozentrischen Strategie. Obwohl sie inzwischen häufig als vierte Form genannt wird, fehlen überzeugende Beweise für ihre empirische Relevanz. Es wird daher im Regelfall die ursprüngliche Dreiersystematik verwendet, sicherlich auch, weil sie mit der Zuordnung

- ethnozentrisch zu international,
- polyzentrisch zu multinational und
- geozentrisch zu global

einen Bezug zu den Grundstrategien nahelegt.

Nicht alle ausländischen Tochtergesellschaften können mit den gleichen Strategien in gleicher Weise erfolgreich sein. *Bartlett* und *Ghoshal* (1986) schlagen deshalb zusätzlich das **integrierte Netzwerk** vor: Es zeichnet sich durch spezialisierte Einheiten aus, die in ein weltweites Netz von Aktivitäten integriert sind. Auf diese Weise können die Einheiten ihre strategischen Ziele wie Effizienz, Marktnähe und Innovation gleichzeitig für sich und für das gesamte Unternehmen verfolgen. Die Autoren ergänzen die Netzwerkstruktur durch das „**lead-country-Konzept**", nach dem Aufgabenzuweisungen gemäß den komparativen Vorteilen der Unternehmenseinheiten flexibel erfolgen. Das „lead country"

	Ethnozentrisch	Polyzentrisch	Geozentrisch
Herkunft internationaler Manager	Stammland	Gastland	Stammland, Gastland oder Drittländer (weltweiter Führungskräftepool)
Vorteile	• keine kulturelle Distanz zu den Führungskräften der Zentrale • persönliche Bekanntschaft mit Interaktionspartnern der Muttergesellschaft (Vertrauensvorsprung)	• Kommunikationsprobleme mit Gastlandsmitarbeitern nicht vorhanden • hohe Akzeptanz bei Gastlandmitarbeitern (Aufstiegschancen) • geringe Entlohnungskosten	• Förderung einer einheitlichen Unternehmenskultur (implizite Steuerung über vereinheitlichte Werte möglich)
Nachteile	• hohe Kosten (Vorbereitung, Entlohnung, Betreuung, Wiedereingliederung) • Begrenzung der Karrierechancen gast- und drittländischer Führungskräfte • teilweise: Interaktionsprobleme mit Gastlandinstitutionen	• Kommunikationsprobleme bei Interaktionen mit Muttergesellschaft • Auftreten von Werte- und Loyalitätkonflikten • hohe Kosten für Vermittlung von Fach- und Führungsfähigkeiten	• sehr hohe Kosten (fachliche, führungsbezogene und kulturelle Vorbereitung, Betreuung, Rückführung ins Stammland) • Akzeptanz- und Loyaltätsprobleme

Übersicht 2.19: Personalpolitische Handlungsmuster und ihre Bewertung (nach *Macharzina* 1992a, 370)

erhält in einem abgegrenzten Teilbereich die inhaltliche Führerschaft, obwohl es keine übergeordnete Position im Netzwerk innehat. Voraussetzungen sind ein Anreizsystem, das diese Form der internationalen Kooperation unterstützt, sowie eine einheitliche Unternehmenskultur, die zur Ausrichtung der Aktivitäten auf die gemeinsamen Ziele beiträgt.

Die gewählte Internationalisierungsstrategie stellt eine zentrale *Determinante* für das internationale Personalmanagement dar. Allerdings bedeutet dies nicht, daß die Personalmanagementstrategie zwangsläufig zur derivativen Planung degeneriert. Vielmehr muß von der Existenz eines **Strategiekorridors** ausgegangen werden: Die gewählte Internationalisierungsstrategie steckt einen Rahmen ab, der – in Abhängigkeit von den übrigen Rahmenbedingungen – zu füllen ist. Dabei spielt auch die partielle Entkoppelbarkeit der funktionalen Teilstrategien eine wichtige Rolle: So bedeutet die Existenz eines global standardisierten Produktes nicht zwangsläufig eine global standardisierte Personalarbeit.

Internationalisierungsstrategien im Personalbereich. Mit der ethno-, poly- und geozentrischen Strategie werden drei allgemeine Internationalisierungsstrategien diskutiert, die bereits unmittelbare Konsequenzen auch für die Personalarbeit haben. Für internationale Personalstrategien mit ihrem inhaltlichen und organisatorischen Erklärungsbedarf ist diese Klassifikation (trotz breitester Akzeptanz in der Literatur) nicht voll ausreichend. Auch sind verschiedene implizite Annahmen, wie die automatische Kombination von einheitlicher Kultur mit monozentrischer Entscheidungsstruktur, hinterfragbar. Deshalb soll nachfolgend eine etwas weitergehende Klassifikation zum Einsatz kommen (vgl. *Scholz* 1993a): Ihre neun Internationalisierungsstrategien entstehen, indem die Grundidee von *Perlmutter* auf die beiden Dimensionen Kulturstrategie und Entscheidungsorganisation aufgespalten und permutiert wird.

Befaßt man sich nur mit der Möglichkeit des Kulturtransfers, so lassen sich drei **Kulturstrategien** entwickeln (Abbildung 2.5):

(1) Bei der *monokulturellen Strategie* wird die Unternehmenskultur der Heimatbasis auf die Auslandsniederlassung übertragen. Man sieht also die eigene Unternehmenskultur der ausländischen gegenüber als überlegen an und sorgt dafür, daß in den ausländischen Niederlassungen eine zur Muttergesellschaft identische Unternehmenskultur entsteht. Diese Form der Kultur-Kolonisierung läuft auf eine Unterdrückung der lokalen Unternehmenskultur hinaus.

(2) Bei der *multikulturellen Strategie* dürfen die Tochtergesellschaften durchaus ihre eigene Unternehmenskultur entwickeln und diese ihrer eigenen Landeskultur anpassen. Das Ergebnis ist dann eine Situation, bei der die Tochtergesellschaften vollkommen andere Unternehmenskulturen aufweisen können als die Muttergesellschaft. Im Regelfall geht man allerdings davon aus, daß zumindest einige Kernbestandteile der Mutterkultur auch in den Tochtergesellschaften vorhanden sind. Entscheidend bei der multikulturellen Strategie ist, daß eine friedliche „Koexistenz“ unterschiedlicher Unternehmenskulturen nicht nur geduldet, sondern auch explizit gewünscht wird.

(3) Bei der *Mischkulturstrategie* soll zwischen den Tochtergesellschaften und der Muttergesellschaft eine Kulturvermischung stattfinden und als Ergebnis eine einheitliche Unternehmenskultur entstehen. Anders als bei der reinen Monokultur, die auf einen Kulturexport der Muttergesellschaft zu den Töchtern hinausläuft, findet hier eine Kultursynthese statt. Da zentrale Merkmale der jeweiligen Landeskulturen über die einzelnen Unternehmenskulturen in die Synthese-

kultur eingehen, dürfte die entstehende Kultur zumindest ansatzweise auch zu den Landeskulturen passen.

Diese drei Kulturstrategien gelten in analoger Form auch für die Beziehungen zwischen verbundenen Unternehmen im nationalen Kontext. Auch hier hat die Muttergesellschaft die Wahl zwischen einer Monokultur-, Multikultur- und Mischkulturstrategie.

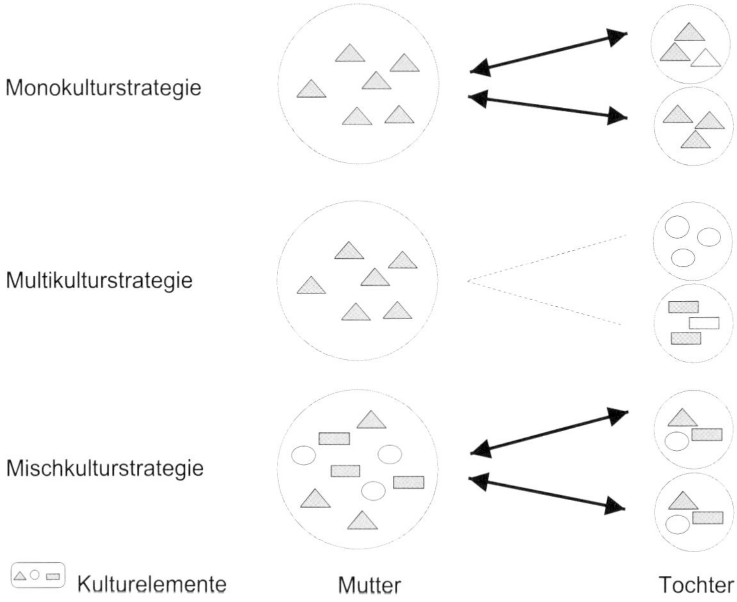

Abbildung 2.5: Drei Kulturstrategien

Die Kulturstrategien haben **direkte Auswirkung** auf das Personalmanagement. So zielt beispielsweise die Monokulturstrategie bewußt auf ein Kultur-Cloning und verlangt deshalb nach Maßnahmen, die eine solche Kulturübertragung gewährleisten. Dies kann eine räumliche Konzentration aller Entwicklungsmaßnahmen in der Muttergesellschaft, die Einführung unternehmensweiter Führungsleitsätze oder die Festlegung eines Job-Rotation-Prinzips sein, bei dem alle Bewegungen immer nur über die Muttergesellschaft laufen. Umgekehrt muß bei der Multikulturstrategie die Eigenständigkeit der Kulturen betont werden. Dies bedeutet Schaffung einer (kleinen) gemeinsamen Dachkultur, unter der sich soviel Eigenständigkeit wie möglich entfalten soll.

Die drei Kulturstrategien ziehen vollkommen unterschiedliche Maßnahmen nach sich. Jeglicher Versuch einer Kombination aus diesen drei Strategien ist daher aufgrund gegenläufiger Tendenzen zwangsläufig zum Scheitern verurteilt. Übersicht 2.20 faßt exemplarisch einige der Auswirkungen der Kulturstrategien am Beispiel von Personalmarketing, Personalentwicklung und Personalführung zusammen.

	Monokultur-strategie	**Multikultur-strategie**	**Mischkultur-strategie**
Personal-marketing	Anforderungen an den „linking-pin" festlegen, um gezielte Akquisitionsmaßnahmen gestalten zu können	Qualitätsstandard der ausländischen Berufsausbildung feststellen und dann primär lokal arbeiten	kulturbedingte Wahrnehmungsverzerrungen der Darstellung des Unternehmens berücksichtigen
Personal-entwicklung	Auswahl geeigneter Entwicklungsmaßnahmen für die Entsandten festlegen; Job Rotation nur zwischen Mutter und Tochter	landesspezifische Überprüfung der Eignung von Entwicklungsmaßnahmen; homogenes Qualifikationsniveau der Beschäftigten weltweit; wenig Job Rotation	systematische Job Rotation zur Integration der Mitarbeiter quer über alle Unternehmen (also auch zwischen den Töchtern)
Personal-führung	Motivation der Entsandten (z.B. durch Reintegrationsplanung) sichern	durch Information der Mitarbeiter integrierend wirken (z.B. durch eine weltweite Firmenzeitschrift)	landesspezifische Bedürfnisstrukturen der Mitarbeiter nicht vernachlässigen

Übersicht 2.20: Auswirkungen der Kulturstrategie auf das internationale Personalmanagement

Eine weitere Dimension ist die Struktur der Entscheidungsfindung. Hierzu gibt es drei **Entscheidungsstrategien** (Abbildung 2.6):

- Bei der *zentralen Struktur* gibt es eine Muttergesellschaft, in der alle wichtigen Entscheidungen getroffen werden. Eine zentrale Lösung bedeutet strikte Hierarchie und Verzicht auf Autonomie der Tochtergesellschaft. Eine zentrale Struktur macht aber noch keine Aussage darüber, wie mit der Unternehmenskultur umgegangen wird. Eine zentrale Entscheidungsfindung ist durchaus mit einer Multikulturstrategie vereinbar, wenn Unternehmen beschließen, gerade dadurch Anpassungen an die lokalen Märkte besser realisieren zu können.
- Bei der *dezentralen Entscheidungsstruktur* erhalten die Tochtergesellschaften zwar gewisse Vorgaben von der Muttergesellschaft, dürfen innerhalb dieser Grenzen jedoch frei und unabhängig entscheiden. Im Extremfall ist es sogar möglich, daß die Tochtergesellschaften eigene Ziele definieren und diese allenfalls von der Muttergesell-

schaft abgesegnet werden. Auch hier sind unterschiedliche Kulturformen zulässig: So läßt sich eine dezentrale Lösung gleichermaßen mit monokultureller wie mit multikultureller oder mischkultureller Strategie realisieren.

- Eine dritte Form der Entscheidungsfindung ist die *föderale Struktur*. Hier wird davon ausgegangen, daß es überhaupt keine zentrale Leitungsfunktion mehr gibt, sondern die unabhängigen Einheiten vielmehr das Verhältnis untereinander aushandeln. Es entsteht ein Bund unabhängiger Unternehmen, die als Zweckgemeinschaft wichtige Aspekte miteinander koordinieren. Auch dies macht noch keine Aussage über die Kulturstrategie: So läßt sich auch in einem föderalen System durchaus als Monokulturstrategie eine Einheitskultur von einem Unternehmen auf andere Unternehmen übertragen.

Während die Kulturstrategie Aussagen über Inhalte des Kulturtransfers trifft, erhält man jetzt Aussagen zur Organisationsform einschließlich der Beziehungen zum Planungssystem und dem Planungsablauf.

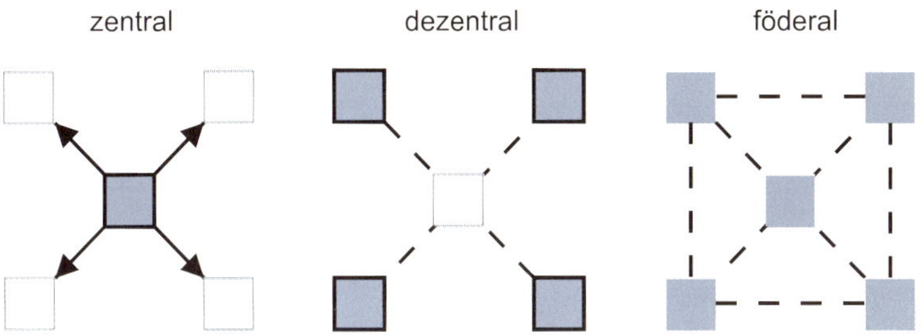

Abbildung 2.6: Drei Entscheidungsstrategien

Sicherlich haftet dabei gerade der föderalen Entscheidungsstrategie noch ein gewisses Maß an Utopie an: Im Hinblick auf die zukünftig aber an Bedeutung gewinnenden flexiblen Organisationsformen, bei denen sich fallweise Netzstrukturen mit hoher Eigendynamik und Effizienz bilden sollen, spricht trotzdem vieles dafür, sich mit derartigen Organisationsmodellen und den dahinterliegenden Strategien zu beschäftigen. Im Ergebnis sind daher die drei Kulturstrategien mit den drei Entscheidungsstrategien kombinierbar, was zu **neun Internationalisierungsstrategien** im Personalmanagement führt (Abbildung 2.7).

Bei Variante 1 wird eine Monokulturstrategie mit einem zentralen System kombiniert. Sämtliche Entscheidungen fallen im Stammhaus und werden von dort gemeinsam mit der Unternehmenskultur in die verschiedenen Tochtergesellschaften transportiert. Anders dagegen bei der Variante 2, wo zwar ebenfalls eine zentrale Struktur existiert, die aber

Entscheidungsstrategie \ Kulturstrategie	Monokulturstrategie	Multikulturstrategie	Mischkulturstrategie
zentral	(1)	(2)	(3)
dezentral	(4)	(5)	(6)
föderal	(7)	(8)	(9)

Abbildung 2.7: Die neun Internationalisierungsstrategien im Personalmanagement

als Multikulturstrategie trotzdem unterschiedliche Unternehmenskulturen zuläßt. Dies ist besonders dann vielversprechend, wenn ein Unternehmen in konträren Landeskulturen operiert und die Probleme der Unstimmigkeit der ersten Variante ausschließen möchte. Nur langfristig realisierbar ist die Variante 3, also die Kombination der zentralen Struktur mit der Mischkulturstrategie. Hier gibt es ein einheitlich definiertes Entscheidungszentrum im Gesamtunternehmen. Durch eine Vielzahl von Verschmelzungsprozessen entsteht allerdings eine Unternehmenskultur, die sich aus den verschiedenen Teilkulturen zusammensetzt und letztlich dazu führt, daß beispielsweise auch im Stammhaus die obersten Führungspositionen Ausländern offenstehen.

Bei dezentralen Lösungen gibt es mehrere Entscheidungszentren, allerdings immer eines, das zumindest über eine etwas größere Macht verfügt. Im Falle der Kombination mit einer Monokulturstrategie (Variante 4) sorgt gerade dieses eine etwas ausgeprägtere Machtzentrum dafür, daß die Unternehmenskultur in die verschiedenen Tochtergesellschaften transportiert wird. Diese haben dann zwar einen gewissen Entscheidungsfreiraum, fühlen sich aber dennoch der Unternehmenskultur verpflichtet. Bei Kombination mit der Multikulturstrategie (Variante 5) kommen zusätzlich noch die lokalen Landes- und vor allem Unternehmenskulturen zum Zuge. Bei der Mischkulturstrategie in Verbindung mit dem dezentralen System (Variante 6) gelangen über die Tochtergesellschaften unterschiedlichste Impulse zur Muttergesellschaft und führen zur Bildung einer Unternehmenskultur, die als Synthese quer über das gesamte Unternehmen in identischer Form existiert.

Bei der föderalen Struktur schließlich gibt es unterschiedliche Entscheidungszentren, aber kein dominantes. Der Fall der Monokulturstrategie (Variante 7) geht davon aus, daß aus (zufälligen) Gründen ein Unternehmen eine dominante Unternehmenskultur besitzt, diese aber dennoch nicht mit einer dominanten Entscheidungsstruktur kombiniert. Dies könnte bei größeren Joint-Ventures der Fall sein, wo eine Unternehmenskultur (aus historischen Gründen) eine höhere Attraktivität aufweist. Bei Variante 8 wird die föderale Struktur mit der multikulturellen Strategie kombiniert. Hier sind unterschiedliche Entscheidungszentren mit unterschiedlicher Unternehmenskultur vorhanden, die gemeinsam eine Problemlösung anstreben. Im Extremfall kann dies bei der Mischkulturstrategie als Variante 9 dazu führen, daß sich die Unternehmenskulturen angleichen und somit zu einer integrierenden Funktion quer über die unabhängigen Entscheidungszentren führen.

Die Entscheidung für eine der neun Internationalisierungsstrategien läßt sich nicht leicht und auf keinen Fall generell treffen. So erlauben beispielsweise zentrale Systeme immer ein hohes Maß an Standardisierung und erwecken auch die Hoffnung auf große Synergiewirkungen innerhalb des Unternehmens. Dies ist bei dezentralen Systemen nicht der Fall. Auf der anderen Seite können gerade dezentrale Systeme (und noch mehr föderale Systeme) sich sehr schnell veränderten Marktsituationen anpassen und haben „das Ohr am Markt".

Ähnliches gilt in analoger Form für die Mitarbeitermotivation: Eine monokulturelle Strategie schafft ein hohes Motivationspotential dadurch, daß Mitglieder selbst der entferntesten Tochtergesellschaften sich mit der (hoffentlich) als großartig empfundenen Muttergesellschaft identifizieren können. Im multikulturellen Umfeld erhalten die Unternehmensmitglieder ihre Motivation primär durch die Erhaltung ihrer Eigenständigkeit und Anpassung an landesspezifische Eigenheiten. Eine Mischkulturstrategie schließlich erlaubt es, die Vorteile unterschiedlichster Landes- und/oder Unternehmenskulturen zusammenzuführen und so eine extrem wettbewerbsorientierte Synthesekultur zu schaffen.

Strategiekonzepte. Gerade für das internationale Personalmanagement gibt es eine Vielzahl von konkreten Vorschlägen, wie die teilweise sehr exakten Problemstellungen der täglichen Personalarbeit gelöst werden können. Dies birgt allerdings die Gefahr, richtige Antworten auf falsche Fragen zu suchen; oder aber es werden mehrere richtige Teil-Antworten auf richtige Teil-Fragen in unzulässiger Weise kombiniert: So kann man beispielsweise sehr viel Zeit investieren, um einen (vermeintlich) sinnvollen Test für die Auslandseignung zu entwerfen, dabei aber die Abhängigkeit dieses Auswahlverfahrens von der konkreten Aufgabe des zu Entsendenden übersehen (ebenso wie die Frage, ob dieses Problem überhaupt sinnvollerweise über eine Auslandsentsendung zu lösen ist).

Diese Gefahren zu vermindern und das damit verbundene Theoriedefizit zu reduzieren, ist das Ziel der sechs folgenden Strategiekonzepte:

Der **derivative Bedarfsansatz** folgt deduktiv der strategischen Produktions- und Absatzplanung, wonach vorgelagerte Planungsschritte entscheiden, welche Wettbewerbsvorteile in welchen Regionen mit welchen betrieblichen Funktionen zu erwirtschaften sind. Aus diesen Informationen leiten sich Anforderungen an die betriebliche Personalarbeit ab. Auf diese Weise erfährt die Portfolio-Planung eine derivative Erweiterung, indem aus dem Markt-Portfolio ein Personalbedarf errechnet wird. Dieser führt dann sukzessive nach Abgleich mit dem Personalbestand zu Beschaffungs-, Entwicklungs- oder Freisetzungsmaßnahmen. Am Ende dieser Ableitungskette steht der Personaleinsatz.

Exemplarisch für den derivativen Bedarfsansatz steht das von *Schöllhammer* (1992) beschriebene Vorgehen: Den Mittelpunkt bildet hier die strikt informationsorientierte Dimension, die bei extremer Ausprägung zu einer rein quantitativen Planung führt.

Der eindeutige Vorteil des derivativen Bedarfsansatzes ist seine hohe Formalisierbarkeit und Automatisierbarkeit. Positiv zu bewerten sind auch Merkmale wie Vollständigkeit und (Durch-)Planbarkeit. Auf der anderen Seite weisen aber Auseinandersetzungen mit diesem Planungsansatz (z.B. *Gloede* 1991) deutlich auf die Nichtberücksichtigung der sozialen und menschlichen Komponente als Nachteil hin. Diese tendenzielle Vernachlässigung der verhaltensorientierten Dimension dürfte besonders bei stark unterschiedlichen Landeskulturen ins Gewicht fallen.

Bei dem **originären Entwicklungsansatz** genügen bereits erste Hinweise auf eine Internationalisierung oder eine Globalisierung von Geschäftsaktivitäten, um Entwicklungsmaßnahmen einzuleiten. Dabei geht es weniger um Bedarfs- oder Bestandsermittlung: Wichtig ist vielmehr der breite Einsatz entsprechender Aktivitäten, wobei alle international Tätigen zu berücksichtigen sind. Dieser Ansatz kann insofern als „originär" bezeichnet werden, als er die internationale Personalentwicklung losgelöst von konkreten Anforderungen zur Handlungsmaxime erhebt: Wie im Grundansatz der Organisationsentwicklung propagiert, geht es um die autonome und permanente Verbesserung der Organisation und ihrer Mitglieder.

Markante Beispiele für diesen Ansatz sind die Publikationen von *Landis* und *Brislin* (vgl. *Landis/Brislin* 1983a; *Brislin* 1990) sowie *Tung* (1988): Von den erstgenannten Autoren wird auf die Fülle von Maßnahmen im

Bereich des interkulturellen Trainings eingegangen, in der Monographie von *Tung* auf den Verbreitungsgrad solcher Konzepte in internationalen Unternehmen aus Amerika, Japan und Europa. Aber auch Praktikerberichte aus internationalen Unternehmen (z.B. *Gollin* 1992) favorisieren häufig das hier als originärer Entwicklungsansatz bezeichnete Vorgehen.

Der Vorteil dieses Ansatzes liegt in seiner Betonung der verhaltensorientierten Dimension. Zudem verstärkt er die Eigenständigkeit des betrieblichen Personalmanagements, da hier Aktivitäten losgelöst von vorgelagerten Entscheidungen anderer Bereiche entstehen. Außerdem kann er bereits ohne breite informatorische Untermauerung schnell zu Maßnahmen führen, wobei das Schwergewicht auf Auswahl und Zusammenstellung der Trainingskonzepte liegt. Genau hier ergeben sich aber auch die potentiellen Nachteile dieser Vorgehensweise: Berücksichtigt man, daß auch Entwicklungsmaßnahmen Ressourcen verbrauchen, so fehlen bei diesem Ansatz die für den betriebswirtschaftlichen Einsatz erforderlichen Nachweise von Effektivität und Effizienz, da vorgelagerte Entscheidungsgrundlagen (wie „Notwendigkeit") und nachgelagerte Beurteilungsgrößen (wie „Veränderung") nicht gegeben sind. Aus diesem Grund überrascht es nicht, wenn gerade Aktivitäten, die aus einem (reinen) originären Entwicklungsansatz herrühren, in wirtschaftlich schlechten Phasen als erstes zu Einsparungspotentialen erklärt und damit unmittelbar reduziert werden: Dadurch rückt der originäre Entwicklungsansatz leicht in bedrohliche Nähe zu Schönwetterkonzepten.

Die Herausforderung, die das Management in unterschiedlichen Kulturbereichen mit sich bringt, liegt auch dem **Kulturanpassungsansatz** zugrunde. Er weicht aber insofern vom originären Entwicklungsansatz ab, als er sich auf konkrete Informationen zu den jeweiligen Ländern stützt und daraus gezielte Trainingskonzepte entwickelt. Das Lokalisieren von Unterschieden führt aber nicht nur zu Maßnahmen der Personalentwicklung: Es umfaßt auch das Eingehen auf die aus den Kulturunterschieden resultierenden Systemunterschiede, also beispielsweise Anreizsysteme, Aufstiegsmuster, Mechanismen zur „gerechten" Entlohnung sowie Alters- und Ausbildungsstrukturen.

Beispiele für Arbeiten zum Kulturanpassungsansatz finden sich im Umfeld vom INSEAD (z.B. *Evans/Doz/Laurent* 1989) sowie in Publikationen zu Systemvergleichen (z.B. *Brewster et al.* 1992) oder zur interkulturellen Personalführung (z.B. *Barmeyer/Bolten* 1998).

Hinweise auf spezifische Handlungsnotwendigkeiten sind eindeutig der Vorteil des Kulturanpassungsansatzes, weshalb seine Aktivitäten nicht so leicht in Legitimationsschwierigkeiten geraten. Trotzdem bleibt als Nachteil die Tatsache, daß auch dieser Ansatz nur begrenzt die Perspektivenlosigkeit im internationalen Personalmanagement überwinden hilft:

Zwar werden Kultur- sowie Systemunterschiede lokalisiert und daran ansetzende Anpassungsmaßnahmen postuliert, die strategische Grundidee dazu, wie diese Adaption stattzufinden hat, fehlt aber. Unabhängig von diesem Kritikpunkt dürfte jedoch der Kulturanpassungsansatz zum gegenwärtigen Zeitpunkt einer der fruchtbarsten Denkrahmen für ein internationales Personalmanagement sein, da er sowohl konzeptionell als auch in seiner instrumentellen Umsetzung auf entsprechend aussagefähigen, empirischen Arbeiten basiert.

Wie der Kulturanpassungsansatz geht auch der **Kulturstrategieansatz** von gravierenden Kultur- und Systemunterschieden zwischen den Ländern aus, ohne sich allerdings im Detail mit diesen Divergenzen zu befassen. Wichtiger ist die Überlegung, wie man sich angesichts dieser Situation zu verhalten hat, wie also die Grundstrategie im Umgang mit diesen Unterschieden aussehen sollte.

Das (historisch) erste Beispiel für den Kulturstrategienansatz ist die Systematik von *Perlmutter* (1965). Auch die oben beschriebenen neun Internationalisierungsstrategien fallen in diese Rubrik.

Die *Vorteile* des Kulturstrategieansatzes liegen auf der Hand: Die klare Grundstrategie lenkt die Aktivitäten in eine eindeutige Richtung und reduziert damit die ansonsten für das internationale Personalmanagement typische Zufälligkeit. Ferner erlaubt das heuristische Potential derartiger Strategien die Formulierung von Entscheidungsregeln zu Strategieauswahl und die Deduktion von entsprechenden Handlungskonsequenzen. Aus diesem Grund stellt dieser Ansatz einen durchaus sinnvollen Einstieg auch in die übrigen Strategiekonzepte dar. Dementgegen steht allerdings ein schwerwiegender *Nachteil*: Zum gegenwärtigen Zeitpunkt ist nicht erkennbar,

- ob derartige Kulturstrategien überhaupt losgelöst von der übrigen Unternehmensstrategie formulierbar oder lediglich derivative Konzepte sind und
- ob Unternehmen überhaupt in der Lage sind, diese Strategien konsequent durchzuführen.

So propagieren Unternehmen zwar gerne eine Multikulturstrategie, praktizieren aber Systeme aus dem Bereich der Monokulturstrategie. Daher bleibt der verhaltensprägende Einfluß des Kulturstrategieansatzes noch immer hinter seinem Potential zurück.

Das Konzept der Stimmigkeit („Fit") hat sich inzwischen im strategischen Management (vgl. *Scholz* 1987c; 1997a, 96-132) und in der Organisationslehre (vgl. *Sorge* 1991) zu einer bestimmenden Idee entwickelt. Aus diesem Grund liegt es nahe, mit dem **Stimmigkeitsansatz** derartige Überlegungen auch im internationalen Personalmanagement explizit anzustellen.

Ein Beispiel für den Stimmigkeitsansatz liefern *Milliman*, *Glinow* und *Nathan* (1991): Aufbauend auf der Hypothese, wonach letztlich nur die Stimmigkeit zwischen den einzelnen Komponenten einer Organisation ihren Erfolg ermöglicht, postulieren die Autoren Notwendigkeiten hinsichtlich

- der externen Stimmigkeit sowie
- der internen Stimmigkeit,

wobei sich beides sowohl auf die Muttergesellschaft als auch auf die ausländischen Tochtergesellschaften bezieht; hinzu kommen Stimmigkeiten, die sich aus dem organisatorischen Lebenszyklus ergeben. Speziell der letzte Gedanke erscheint äußerst reizvoll, da auf diese Weise auch in das internationale Personalmanagement eine dynamische Perspektive einfließt.

Der Vorteil dieses Ansatzes liegt darin, daß mit dem Stimmigkeitsparadigma eine der wichtigsten Überlegungen aus der modernen Managementebene Berücksichtigung findet und erste Schritte in Richtung auf eine ganzheitliche (Gestalt-)Theorie vollzogen werden. Als Nachteil ist aber auf die bei jetzigem Wissensstand äußerst geringe Praktikabilität hinzuweisen: So fehlen empirische Befunde zu tatsächlich realisierter Stimmigkeit ebenso wie durchschlagende Methoden zum Schaffen von Stimmigkeit.

Arbeiten, die dem **situativen Effektivitätsansatz** folgen, ziehen ihren Betrachtungswinkel noch weiter: Hier geht es darum, den ganzen Prozeß des internationalen Personalmanagements mit seinen situativen Bestimmungsfaktoren abzubilden und die personalpolitischen Gestaltungsparameter im Hinblick auf klar definierte Effektivitätskriterien zu optimieren. Der situative Effektivitätsansatz sieht das internationale Personalmanagement als komplexe und ganzheitliche Managementaufgabe mit unmittelbarem Bezug zur Erreichung der Unternehmensziele. Ein derartiger Ansatz kann dann in der Lage sein, das Theoriedefizit im internationalen Personalmanagement auszugleichen, da es beobachtetes Verhalten erklären und empirisch überprüfbare Hypothesen entwickeln hilft.

Ein Beispiel für ein diesem situativen Effektivitätsansatz folgendes Vorgehen liefern *Schuler*, *Dowling* und *de Cieri* (1993). Ausgangspunkt ihres Modells (Abbildung 2.8) sind die strategischen Komponenten in internationalen Unternehmen: Verbindungen zwischen den Einheiten, die der Integration sowie der Differenzierung dienen, sowie die internen Operationen der jeweiligen Einheit als konkret zu realisierender Wettbewerbsvorteil. Situativ wirken exogene Faktoren wie Branche oder Landesspezifika und endogene Faktoren wie die Wettbewerbsstrategie oder die Organisationsstruktur auf die Umsetzung der Aktivitäten im internationalen Personalmanagement. Diese schlagen sich nieder in globalen Managementfunktionen wie Ressourcenverteilung und personellen Einzelmaßnahmen wie Beschaffung und Entlohnung. Das Ergebnis ist die Zielerreichung, wobei als Effektivitätskriterien unter anderem Wettbewerbsposition, Wirtschaftlichkeit und Flexibilität zum Einsatz kommen. Mit diesem Ansatz werden simultan Kontingenz-, Stimmigkeits- und Effektivitätsüberlegungen im Hinblick auf das internationale Personalmanagement integriert.

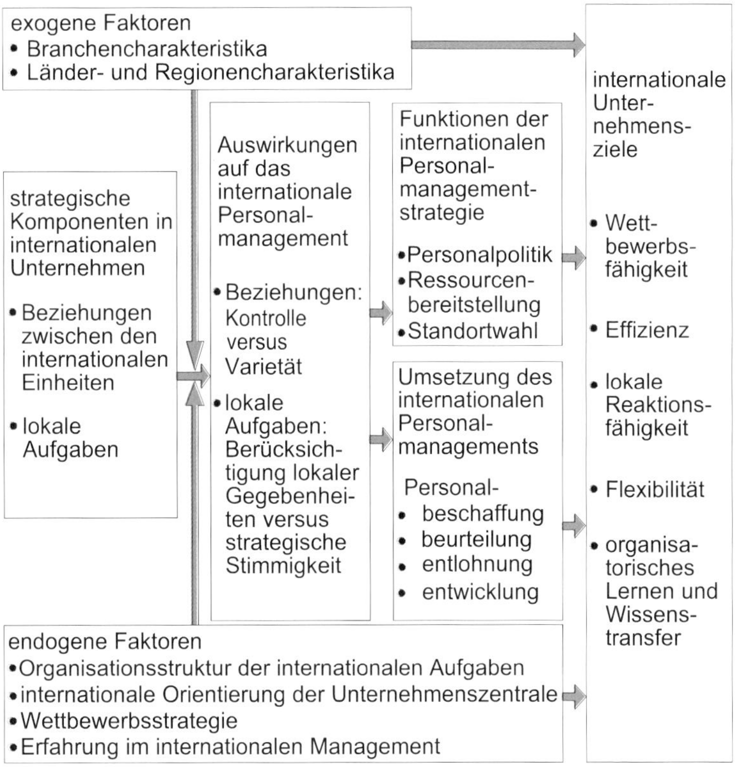

Abbildung 2.8: Der situative Effektivitätsansatz
(nach *Schuler/Dowling/de Cieri* 1993, 423)

Der Vorteil des situativen Effektivitätsansatzes besteht darin, daß er mehr als alle anderen genannten Ansätze die Ganzheitlichkeit des internationalen Personalmanagements mit seinen Querverbindungen erfaßt und damit der internationalen Personalstrategie am ehesten zu voller Wirksamkeit verhilft. Sein Nachteil ist aber, daß er die Lösung von Problemen der anderen Ansätze voraussetzt. Der situative Effektivitätsansatz scheint daher beim gegenwärtigen Entwicklungsstand primär als

Unterstützung wissenschaftlicher Überlegungen geeignet zu sein, noch nicht aber unbedingt für die praktische Personalarbeit.

Ergebnis. Die oben beschriebenen Ansätze treffen grundlegende Aussagen darüber, welche Rolle die Personalmanagementaktivitäten in der internationalen Ausrichtung von Unternehmen spielen und wo Schwerpunkte gesetzt werden sollen (Übersicht 2.21). Derivativer Bedarfsansatz, originärer Entwicklungsansatz sowie Kulturanpassungs- und Kulturstrategieansatz sind dabei bereits als relativ weit entwickelt einzustufen, die beiden übrigen noch als stark entwicklungsbedürftig. Welchen Ansätzen ein Unternehmen in der Praxis (bewußt oder unbewußt) folgt, hängt von den situativen Gegebenheiten ab: So wird ein Unternehmen, bei dem das Personalwesen eher eine untergeordnete Rolle spielt, vor allem in einer wirtschaftlich schlechteren Zeit eher dem derivativen Bedarfsansatz oder allenfalls dem Kulturanpassungsansatz folgen, kaum aber dem Kulturstrategieansatz.

Metastrategie	Leitidee	Aktionsdominanz
derivativer Bedarfsansatz	derivative Personalplanung	Bedarfsbestimmung, Personalbeschaffung
originärer Entwicklungsansatz	originäre Entwicklungsplanung	Personalbeschaffung, Personalbestandsanalyse
Kulturanpassungsansatz	Adaption	Personalentwicklung, Personaleinsatz
Kulturstrategieansatz	originäre Personalstrategie, Organisationsentwicklung	Personalführung, Personalentwicklung
Stimmigkeitsansatz	strategischer Fit	Personalentwicklung, Personalführung
situativer Effektivitätsansatz	Adaption, Fit, Effektivität	Personaleinsatz, Personalkosten

Übersicht 2.21: Sechs Metastrategien und ihre Konsequenzen

Für die Forschung bedeutet dies die Notwendigkeit der Weiterentwicklung in allen sechs Forschungsrichtungen, wobei vor allem der Stimmigkeitsansatz (unter Umständen als Input zum situativen Effektivitätsansatz) vielversprechend erscheint.

2.2.2 Taktisches Personalmanagement

Die taktische Ebene orientiert sich konsequent an Gruppen von Mitarbeitern beziehungsweise an Gruppen von Arbeitsplätzen.

Die taktische Ebene nimmt eine Vermittlerfunktion zwischen der strategischen und der operativen Ebene ein: Hier werden strategische Vorgaben disaggregiert, indem die auf der strategischen Ebene vorgegebenen Richtungsinformationen zunächst auf Gruppenbasis umgesetzt werden. Diese werden dann schließlich einer konkreten Umsetzung in der operativen Planung nahegebracht. In umgekehrter Richtung aggregiert die taktische Ebene Informationen der operativen Planung in Richtung auf die strategische Ebene. So werden beispielsweise Anforderungsprofile zu Tätigkeitsfeldern zusammengefaßt oder Mitarbeitergruppen geschaffen. Konkrete Mitarbeiter oder Arbeitsplätze gehören daher nicht zum Gegenstandsbereich der taktischen Ebene, die somit eine höhere Komplexitätsreduktion als die operative Ebene aufweist.

Taktische Personalplanung ist überwiegend mittelfristig ausgerichtet und befaßt sich beispielsweise mit Fragen der Zusammensetzung von Arbeitsgruppen oder gruppenbezogenen Einsatzprinzipien wie Quality Circle und Lernstatt. Gerade diese Maßnahmen erlauben auch proaktives Handeln, wenn hierdurch zum Beispiel das Qualitätsbewußtsein oder „lean management" gefördert werden.

Da die taktische Ebene zwischen operativer und strategischer Ebene positioniert ist, kommt ihr auch die wichtige **Schnittstellenfunktion** („Interface") zwischen beiden zu. Sie zeigt sich deutlich im hierarchischen Planungsprozeß, und zwar in beide Richtungen: Die *Bottom-up*-Planung beginnt auf der operativen Ebene und erstreckt sich über die taktische Ebene bis zur strategischen Ebene; die *Top-down*-Planung geht umgekehrt vor und startet auf der strategischen Ebene.

2.2.3 Operatives Personalmanagement

Die operative Ebene im Personalmanagement geht immer mitarbeiter- und/oder stellenbezogen vor.

Dieser Festlegung folgend, befaßt sich die operative Ebene ausschließlich mit personellen Einzelmaßnahmen und ihren Implikationen: beginnend bei dem Fähigkeitsprofil eines einzelnen Mitarbeiters über das Anforderungsprofil eines einzelnen Arbeitsplatzes bis hin zu einzelfallbezogenen Personalentwicklungs- und Förderungsmaßnahmen.

Die Daten der operativen Ebene werden zur weiteren Verwendung auf der taktischen sowie strategischen Ebene aggregiert und stellen somit die Grundlage für deren Entscheidungen dar.

Ein wichtiges Merkmal der operativen Ebene ist die hohe Regelungsdichte, wie sie sich unter anderem aus den an personellen Einzelmaßnahmen ansetzenden Beteiligungsmöglichkeiten des Betriebsrates ergibt. Das operative Personalmanagement ist überwiegend kurzfristig orientiert. Auch wenn die Festlegung des Karrierepfades für einen einzelnen Mitarbeiter einen langfristigen Charakter besitzt, ist sie dennoch als eine operative Maßnahme anzusehen.

Typische Bestandteile des operativen Personalmanagements sind auch alle Aktionen, die im weitesten Sinne zum Bereich der **Personalverwaltung** zählen: Sie beginnen bei der vertragstechnischen Realisation des Arbeitsverhältnisses sowie der Entgeltbestimmung und reichen bis hin zur Pensionierungsfeier. Hauptträger des operativen Personalmanagements ist neben der Personalabteilung die unmittelbare Fachführungskraft, der angesichts der sich anbahnenden Rollenverschiebung zwischen Personalabteilung und Führungskräften verstärkte Verantwortung zukommt.

2.3 Ausrichtungen im Personalmanagement

Personalmanagement manifestiert sich in Abhängigkeit von Problemlage, Weltsicht und akuter Zielsetzung in unterschiedlichsten Formen. Bei der generellen Problematik jeglicher Klassifikation läßt sich diese Vielfalt auf zwei Grunddimensionen zurückführen, nämlich Verhaltensorientierung und Informationsorientierung.

2.3.1 Verhaltensorientierung

2.3.1.1 Verhaltensorientierung als Leitidee

In seiner verhaltensorientierten Ausrichtung richtet sich Personalmanagement bei allen Aktivitäten an den Bedürfnissen, Motiven und Werten der Mitarbeiter aus.

Dieser Fokus bedeutet nicht, Mitarbeiterinteressen über Unternehmensinteressen zu stellen. Verhaltensorientierung bedeutet allerdings Abkehr von technokratischen Ablaufmechanismen. Es genügt nicht, das viel zitierte Profil des engagierten, kreativen sowie motivierten Mitarbeiters in Stellenanzeigen einzufordern. Vielmehr will das Unternehmen Motivation sowie Engagement als Potential verstehen und durch seine Aktivitäten in allen Feldern sowie Ebenen nutzbar machen.

Die Verhaltensorientierung sollte sich auf alle Managementfelder erstrecken. In der Personalbestandsanalyse bedeutet dies neben physischen, psychischen und ausbildungsbezogenen Fähigkeitsmerkmalen unter anderem die Verwendung von verhaltensorientierten Beurteilungsskalen. In die Personalbedarfsbestimmung sind (trotz evidenter Meßprobleme) Merkmale wie „Kreativität" sowie „Motivierbarkeit" einzubeziehen. Bei der Personalentwicklungsplanung sind nicht nur mechanische Laufbahnsystematiken zu entwickeln, sondern auch Aspekte der individuellen Entwicklungspsychologie zu berücksichtigen.

Einen Schwerpunkt gibt es im Rahmen der Personalführung. Hier geht es sowohl um individuelle Anreizsysteme als auch um die Unternehmenskultur als implizitem Bewußtsein der Organisation.

Verhaltensorientierte Ansätze streben danach, den Mitarbeiter und sein Verhalten zu verstehen, weniger danach, ihn meßtheoretisch sauber abzubilden. Entsprechend zurückhaltend sind Vertreter dieser Richtung beim Einsatz von Planungsmodellen und der Verwendung von Computern. Die Skepsis eskaliert teilweise in dogmatisch-strikter Ablehnung: „Man kann den Menschen nicht im Computer abbilden!".

2.3.1.2 Verhaltenswissenschaften als Basis

Neben der Personalwirtschaftslehre gibt es in der Betriebswirtschaftslehre mit der Konsumentenforschung eine zweite Disziplin, die sich explizit und auf wissenschaftlicher Basis mit dem menschlichen Verhalten beschäftigt. Sie geht von einem sehr ähnlichen Forschungsparadigma aus: „Die Konsumentenforschung ist eine angewandte Verhaltenswissenschaft. Sie hat das Ziel, das Verhalten der Konsumenten zu erklären, das heißt, Gesetzmäßigkeiten über das Verhalten zu formulieren und zu prüfen sowie an die Praxis weiterzugeben. Dieses Ziel ist nur erreichbar, wenn sie die benötigten Erkenntnisse entweder aus den empirischen Verhaltenswissenschaften übernimmt oder durch eigene empirische Untersuchungen gewinnt. Unter Verhaltenswissenschaften oder Verhaltensforschung fassen wir alle Wissenschaften zusammen, die sich auf das menschliche Verhalten beziehen" (*Kroeber-Riel/Weinberg* 1996, 8).

Verhaltenswissenschaften sind interdisziplinär und beziehen sich auf **vier Basiswissenschaften** (vgl. *Kroeber-Riel/Weinberg* 1996, 8-14):

- Die *Psychologie* setzt sich mit individuellen Aspekten des Verhaltens auseinander. Sie behandelt sowohl die biologischen Grundlagen des Verhaltens und die Funktionsweise der Sinnesorgane als auch Wahrnehmungs- und Lernprozesse, Entwicklung, Intelligenz und

Persönlichkeit. Ebenso befaßt sich die Psychologie mit psychischen Störungen und den sozialen Einflüssen auf das Verhalten. Einzelne Teilbereiche haben sich weitgehend verselbständigt, wie etwa die Emotionspsychologie, die Persönlichkeitspsychologie, die klinische Psychologie und die Sozialpsychologie.

- Bei der *Soziologie* stehen auf der Mikroebene kleinere soziale Einheiten wie Familien und deren Beziehungsmuster im Vordergrund. Die Makrosoziologie untersucht größere soziale Einheiten – wie beispielsweise Unternehmen – bis hin zu gesamtgesellschaftlichen Phänomenen.
- Die *Sozialpsychologie* vereint die individuellen mit den sozialen Aspekten. Sie untersucht das menschliche Verhalten im sozialen Zusammenhang. Ein hoher Überschneidungsgrad besteht mit der Mikrosoziologie, wobei gemeinsame Themenbereiche Gruppenprozesse, Kommunikation, Sozialisation und soziale Rollen sind.
- Die *Bio-Psychologie* berücksichtigt, daß psychische Vorgänge mit biologischen und physiologischen Vorgängen zusammenhängen. Dies manifestiert sich in der vergleichenden Verhaltensforschung und der physiologischen Verhaltenswissenschaft. Danach ist das Individuum Reizen ausgesetzt, die über psychische und biologische Prozesse zu einem beobachtbaren Verhalten führen. Interessant ist die enge Verknüpfung zwischen Psychologie und Biologie (Abbildung 2.9). Die Psychobiologie verfolgt die Frage, welche biologischen Vorgänge das emotionale Erleben begleiten und bestimmen (P → B). Die biologische Psychologie operiert dagegen in umgekehrter Reihenfolge, hier ist also die biologische Komponente invariant (B → P).

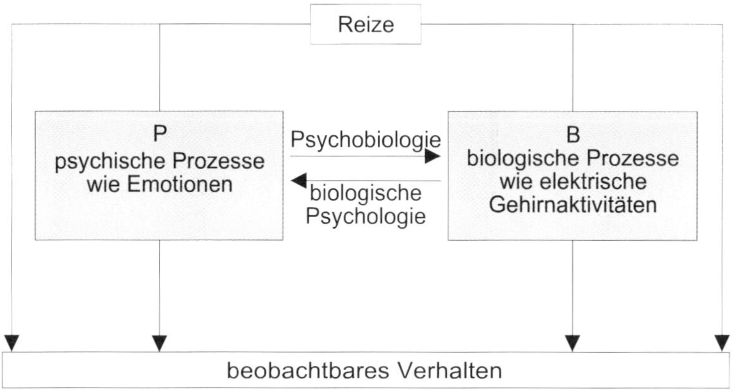

Abbildung 2.9: Die biologischen Richtungen der Psychologie
(*Kroeber-Riel/Weinberg* 1996, 12)

Die Probleme einer derartigen interdisziplinären Forschungsausrichtung sind evident (vgl. *Kroeber-Riel/Weinberg* 1996, 7): Sie stellt angesichts der Tendenz zu oberflächlichen und dilettantischen Verhaltensanalysen einen hohen Anspruch an das Ausbildungs- und Forschungsniveau. Ferner besteht das Risiko, über die Vertiefung methodischer und sachlicher Detailfragen das Ziel aus den Augen zu verlieren. Trotz dieser grundsätzlichen Problematik eines interdisziplinären Ansatzes besteht der zentrale Beitrag der Verhaltenswissenschaften für die Personalwirtschaftslehre in ihrer Betrachtung menschlichen Verhaltens in einer streng empirischen Form.

2.3.1.3 Radikaler Konstruktivismus als Erkenntnisansatz

Im Rahmen der verhaltensorientierten Personalforschung spielt der Konstruktivismus eine wichtige Rolle.

Im Umgang mit Organisationen (als Miniaturgesellschaften) geht es nicht nur um reale und objektive Gegebenheiten. Vielmehr laufen in den Köpfen der Personen Prozesse ab, die mit der Organisation in Verbindung stehen und verhaltensprägend sind.

Der Begriff „Konstruktivismus" faßt diese „Vorgänge im Kopf" zusammen. Er tritt in unterschiedlichen Spielarten auf, wobei der radikale Konstruktivismus (vgl. *Richards/Glasersfeld* 1996) die extremste Form darstellt.

Der **radikale Konstruktivismus** löst sich von dem Begriff der Objektivität. Es geht nicht um die Inhalte der Wahrnehmung, sondern um den Wahrnehmungsprozeß selbst. Aufgrund der operationalen Geschlossenheit des menschlichen Gehirns ist grundsätzlich kein direkter Zugang zur Außenwelt möglich; deshalb bewegen sich alle Menschen in rein subjektiv konstruierten Welten (vgl. *Glasersfeld* 1992). Umwelt ist damit nie „objektiv"; sie ist lediglich von einem Beobachter definiert, der sich im Rahmen seines eigenen Erfahrungsfeldes von seiner Umwelt abgrenzt.

Der radikale Konstruktivismus basiert auf zwei **Argumentationslinien**, die sich jedoch in ihrer Schlußfolgerung treffen (*Schmidt* 1996, 13-21):

- Die *neurophysiologische Argumentation* geht von der Wahrnehmung aus, die nicht von den Sinnesorganen, sondern vom Gehirn determiniert wird. Wahrnehmung vollzieht sich also nicht im Auge oder im Ohr; diese sind lediglich Sinnesrezeptoren. Die eigentliche Bedeutungszuweisung erfolgt im Gehirn, das die von den Rezeptoren aufgefangenen Reize als elektrische Impulse empfängt. Ereignisse werden nicht direkt in das Gehirn transportiert, sondern in eine eigene, neuronale Sprache übersetzt. Das Gehirn ist funktional geschlossen,

Signalentschlüsselung und Bedeutungszuweisung sind eins. Das Gehirn kann bei diesem Prozeß daher immer nur auf seine eigene Erfahrung und seine internen Zustände zurückgreifen.

- Die *kybernetische Argumentation* betrifft die Steuerung. Wahrnehmung wird danach durch Verhalten gesteuert. Wahrnehmung stellt dabei die Konstruktion von Invarianten dar, durch die der Organismus seine Erfahrungen angleicht und organisiert. Die Bildung solcher Invarianten setzt hierarchisch organisierte, negative Rückkoppelungssysteme im Gehirn voraus. Die Spitze dieser Systemhierarchie kontrolliert die gesamte Wahrnehmung. Dies bedeutet aber, daß keine organisationsfreie, unmittelbare Wahrnehmungsebene existiert.

Objektivität als eine vom Beobachter unabhängige Wirklichkeit kann niemals festgestellt werden.

Trotz dieser extrem subjektbezogenen Auffassung von Wirklichkeitskonstruktion funktioniert die Orientierung in der Umwelt: An die Stelle der Objektivität tritt Intersubjektivität. Jede Erfahrung führt über die sensomotorisch rückgekoppelten Systeme im Zeitverlauf zu deren Stabilisierung, so daß von abstrakter Erfahrung gesprochen werden kann. Diese Erfahrung wird anderen untergeschoben. Ist dies erfolgreich, ist Intersubjektivität hergestellt.

Dies hat wissenschaftliche Konsequenzen: „Wissenschaft ist kein Bereich objektiver Erkenntnis, sondern ein Bereich subjektabhängiger Erkenntnis, der durch eine Methodologie definiert wird, die die Eigenschaften des Erkennenden festlegt. Mit anderen Worten, die Gültigkeit wissenschaftlicher Erkenntnis ruht auf ihrer Methodologie, die die kulturelle Einheitlichkeit der Beobachter bestimmt, und nicht darauf, daß sie eine objektive Realität widerspiegelt“ (*Maturana* 1982, 309). Wissenschaft muß radikal menschenbezogen konzeptualisiert werden.

An dieser Stelle wird der Bezug zu einer breit angelegten und umfassend ausgestatteten **Personalwirtschaftslehre** deutlich. Sie erstreckt sich auf alle Felder des betrieblichen Personalmanagements: Die subjektive Wahrnehmung jedes einzelnen Individuums ist nicht nur dort verhaltenssteuernd, wo eine unmittelbar interaktive Situation – wie bei der Personalführung – vorherrscht. Auch die Rahmenbedingungen im Personaleinsatz, die Auswahlmechanismen bei der Personalbeschaffung oder die Entwicklung unterschiedlicher Kriterien für die Entlohnungssysteme lassen sich allenfalls intersubjektiv abhandeln. Der radikale Konstruktivismus zeigt daher deutlich, daß gerade auch die Personalmanagementfelder, die traditionell eher unter „quantitativen“, operationalisierbaren Aspekten sowohl in der Forschung als auch in der Praxis untersucht werden, eine höchst subjektive Komponente besitzen.

2.3.1.4 Sozialkonstruktivismus als Gesellschaftsansatz

Der Sozialkonstruktivismus befaßt sich mit der intersubjektiven Konstruktion sozialer Wirklichkeiten. Die zentrale Frage ist, welche Prozesse dazu führen, daß Individuen die Alltagswelt als gegeben und objektiv „wirklich", empfinden.

Die „objektive Wirklichkeit" als gesellschaftliche Wirklichkeitskonstruktion entsteht nach *Berger* und *Luckmann* (1980, 56-72) durch **drei Mechanismen**:

(1) *Habitualisierung* als Ausgangspunkt ist ein Gewöhnungsprozeß, bei dem – zunächst nur von einem Menschen – Handlungen zum Zweck der individuellen Komplexitätsreduktion wiederholt werden.

(2) Durch die *Institutionalisierung* werden habitualisierte Handlungen mit anderen Menschen zusammen mit Hilfe eines Zeichensystems reproduziert. Als gesellschaftliches Wissen weitergegeben, wird institutionalisierte Welt dann als objektivierte Welt erlebt.

(3) *Legitimierung* schließlich ermöglicht einen subjektiven Zugang zu den Institutionen, indem diese in einem gesellschaftlichen Prozeß erklärt, gerechtfertigt und damit sinnvoller werden.

Die Zusammenfassung der drei Mechanismen bezeichnet man als Objektivierung. Für den Prozeß der Objektivierung existiert zum einen die innere (Körper-)Welt, die nur uns zugänglich ist, und zum anderen die äußere Welt, wie sie uns durch Sozialisationsprozesse vermittelt wird.

Die subjektive Wirklichkeit ist der Schlüssel zur eigenen Identität, die wiederum geformt, aber auch bewahrt wird durch die objektive Wirklichkeit. Subjektive und objektive Wirklichkeit entsprechen einander zwar, sind aber niemals symmetrisch.

Eine Gesellschaft ergibt sich aus dem dialektischen Prozeß zwischen objektiver und subjektiver Wirklichkeit. *Berger* und *Luckmann* (1980) führen es auf die von jedem einzelnen, simultan betriebene Externalisierung, Objektivierung und Internalisierung zurück, daß eine subjektive Wirklichkeit zu einer gesellschaftlichen Objektivierung führt und sich umgekehrt aus ihr ergibt. Diese Beziehung, der Prozeß von Entäußerung, Vergegenständlichung und „Einverleibung", findet beim Menschen ständig statt und ist notwendig, um eine stabile Umwelt zu schaffen. Gesellschaftsordnung ist also immer ein Produkt des Menschen.

Auch hier liegt der **personalwirtschaftliche Bezug** auf der Hand: Zum einen werden auch im Unternehmen – als Miniaturgesellschaft – Normen und Werte, Verhaltens- und Beziehungsstrukturen sozial konstruiert. Interessant wird der Sozialkonstruktivismus aber dann, wenn man bestimmte Phänomene, die im Unternehmen beobachtbar sind, in ihren übergeordneten gesellschaftlichen Kontext bringt. So sind beispielsweise Mobbing oder die vor allem in den USA thematisierte sexuelle Belästigung Probleme, die aufgrund ihrer Institutionalisierung und Legitimierung im Zeitablauf zu gesellschaftlicher Realität geworden sind und entsprechend (häufiger?) wahrgenommen werden.

2.3.1.5 Menschenbilder als Individualansatz

Eine besondere Form der Wirklichkeitskonstruktion findet man in Menschenbildern.

Menschenbilder sind vereinfachte und standardisierte Muster von menschlichen Verhaltensweisen, die Personen im Laufe der Zeit glauben lokalisieren zu können.

Diese idealtypischen Abbilder der Realität dienen der Komplexitätsreduktion, indem anhand der eigenen Erfahrungen konkrete Muster extrahiert und lokalisiert werden. Wie alle Mechanismen zur Komplexitätsreduktion erfüllen Menschenbilder zwei Aufgaben: Sie reduzieren die Vielfalt der vorkommenden Menschentypen auf wenige Grundformen (Klassifikationsfunktion) und sie erlauben die schnelle Feststellung, auf welche Grundform eine gegebene Person zuordenbar ist (Lokalisationsfunktion); aus dieser Zuordnung werden dann standardisierte Handlungen abgeleitet.

„Menschenbilder" implizieren immer eine Person, die sich ein Bild macht, und eine Person, von der ein Bild gemacht wird. Aus dieser Überlegung resultieren acht verschiedene Wege zur Bildung von Menschenbildern, wie sie beispielsweise in der Beziehung von Führungskraft und Mitarbeiter zum Ausdruck kommen (Abbildung 2.10):

(1) Die Führungskraft macht sich ein subjektives Bild vom Mitarbeiter; sie geht davon aus, daß dieser einen bestimmten Grundtyp von Mensch repräsentiert. Diese Anwendung von Menschenbildern sagt noch nichts darüber aus, wie differenziert die Führungskraft vorgeht und inwieweit das gemachte Bild der Realität entspricht.

(2) Umgekehrt machen sich auch Mitarbeiter „Bilder" von Führungskräften, indem sie diese auf typische Muster zuordnen und dementsprechend handeln.

(3) Externe Beobachter (Forscher) entwickeln ebenfalls Bilder von den zu führenden Personen. Sie treffen empirisch fundierte Annahmen über die Motive und Fähigkeiten der Mitarbeiter. Diese Menschenbilder beeinflussen die zu formulierenden Führungstheorien.

(4) Gleiches gilt für die Bilder, die sich externe Beobachter (Forscher) von Führungskräften und ihren charakterisierenden Attributen machen. Diese Annahmen gehen ebenfalls (unbewußt) in die Gestaltung von Führungsvorschlägen ein.

(5) Die Mitglieder im Unternehmen machen sich Bilder von den externen Beobachtern des Unternehmens und klassifizieren sie.
(6) Nicht zuletzt aufgrund der Existenz und des hohen Bekanntheitsgrades diverser Menschenbilder ordnen sich Führungskräfte selbst auf Menschenbilder zu. Auch wenn diese Zuordnung nur unterbewußt erfolgt, geht von ihr ein verhaltensprägender Einfluß aus.
(7) Analog dazu haben auch die Mitarbeiter Auffassungen über ihre eigene Identität, die sich standardisierend auf bestimmte Menschenbilder übertragen läßt.
(8) Schließlich hat auch der externe Beobachter ein bestimmtes Bild von sich, das sein Verhalten steuert.

Die drei letztgenannten Formen der Menschenbilder werden überwiegend unter dem Begriff des Rollenbewußtseins diskutiert.

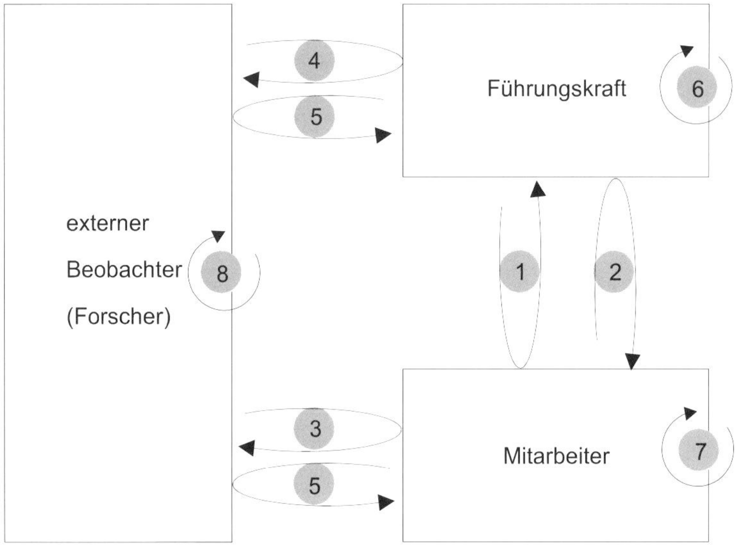

Abbildung 2.10: Generierung von Menschenbildern

Die Vorschläge zu Menschenbildern lassen sich zwei Grundformen zuordnen: Pluralistische Ansätze gehen von einem breiten Spektrum von Alternativen aus. Dualistische Menschenbilder differenzieren dagegen zwischen zwei polaren Alternativen und beinhalten zumeist eine zumindest implizite Wertung: Sie führt zu einer Dichotomisierung in pessimistische und optimistische Menschenbilder (Übersicht 2.22).

Die Führungstheorien von McGregor als Klassiker mit Dauerwirkung. In seinem 1960 erschienenen Buch „The human side of enterprise" differenziert McGregor zwischen zwei polaren Menschenbildern (Über-

Pessimistisch
Der Mensch ist undankbar und heuchlerisch. (*Machiavelli*)
Der Mensch ist prestige- und machtsüchtig. (*Hobbes*)
Der Mensch ist selbstsüchtig. (*Smith*)
Der Mensch überlebt nur, wenn er tüchtig ist. (*Darwin/Spencer*)
Der Mensch ist primitiv und triebgesteuert. (*Freud*)
Der Mensch ist wie ein Teil einer Maschine. (*Taylor*)
Optimistisch
Der Mensch ist vernünftig. (*Locke*)
Der Mensch wird von der Gesellschaft geprägt. (*Fromm*)
Der Mensch ist ein soziales Wesen und Gruppenmitglied. (*Mayr*)
Der Mensch hat auch „hochwertige" Motive. (*Maslow, McGregor*)

Übersicht 2.22: Pessimistische und optimistische Menschenbilder (nach *Knowles/Saxberg* 1967)

sicht 2.7), nämlich der „Theorie X" und der „Theorie Y". Mit dieser Systematik legte er nicht nur den Grundstein für eine umfassende Forschungstradition, er schuf vielmehr einen Führungsansatz, der (durchaus zutreffend) in vielen Managementseminaren eine tragende und dominante Rolle spielt.

McGregor beschränkt sich nicht darauf, die Existenz dieser beiden Grundtypen zu postulieren. Er bezieht Position, indem er dafür plädiert, ausschließlich vom Menschenbild Y auszugehen und entsprechende Rahmenbedingungen zu dessen Realisation zu schaffen: Die Anwendung von Theorie Y habe zur Konsequenz, daß Unternehmensziele besser erreicht und Mitarbeiter zufriedener werden.

Nach *McGregor* führt die Anwendung des („falschen") Menschenbildes X durch die Führungskraft dazu, daß sich die Mitarbeiter tatsächlich entsprechend verhalten und somit das Menschenbild X zu einer selbsterfüllenden Vorhersage wird: Geht also die Führungskraft davon aus, daß ein Mitarbeiter grundsätzlich keine Eigenverantwortung tragen will, so gewährt er ihm keine Autonomie und beraubt ihn der Möglichkeit zur eigenverantwortlichen Handlung. Dies bestärkt die Führungskraft in der Annahme, daß Mitarbeiter Eigenverantwortung ablehnen. Eine Selbsterfüllung von Theorie X ist also plausibel. Dagegen erscheint es zweifelhaft, ob auch die Theorie Y tatsächlich als selbsterfüllende Vorhersage einsetzbar ist: Wenn der Mitarbeiter keinerlei Verantwortung übernehmen möchte (Theorie X), so wird er durch das Einräumen von Autonomiespielräumen (Theorie Y) nicht zwingend Gefallen an eigenverantwortlichem Handeln finden.

Die Arbeit von *McGregor* ist letztlich normativ: Im Hinblick auf eine Humanisierung der Arbeit (vergleiche Titel seines Buches) und im Hin-

Theorie X
• Der „normale" Mensch hat eine angeborene Abneigung gegen Arbeit und wird sie deshalb – soweit wie möglich – vermeiden. • Aufgrund der Abneigung gegen Arbeit müssen Mitarbeiter gezwungen, kontrolliert, geführt und mit Strafandrohung bedroht werden. Erst dann leisten sie positive Beiträge zur Erfüllung der Organisationsziele. • Der „normale" Mensch zieht es vor, geführt zu werden und Verantwortung zu vermeiden. Er verzichtet auf ehrgeizige Ambitionen und strebt nach Sicherheit.
Theorie Y
• Physische und geistige Anstrengungen bei der Arbeit sind natürlich wie Spielen oder Schlafen. Daher lehnt der „normale" Mensch Arbeit nicht prinzipiell ab. • Überwachung und Strafe stellen nicht die einzigen Möglichkeiten dar, die Realisation von Organisationszielen zu erreichen. Der „normale" Mensch wird vielmehr Eigeninitiative und Selbstkontrolle zugunsten von Zielen praktizieren, denen er sich verpflichtet fühlt. • Die Identifikation des Individuums mit den Zielen der Organisation ist eine Funktion der damit erreichbaren Belohnungen. Die wichtigste Belohnung ist die Befriedigung der Ich-Bedürfnisse und des Bedürfnisses nach Selbstverwirklichung. • Der „normale" Mensch sucht – unter speziellen Bedingungen und nach entsprechender Unterrichtung – Verantwortung. • Das Kreativitätspotential ist weit gestreut in Organisationen. • Im Normalfall ist in der gegenwärtigen Situation das intellektuelle Potential des „normalen" Menschen nur teilweise genutzt.

Übersicht 2.23: Menschenbilder X und Y nach *McGregor* (1960, 33-34, 47-48)

blick auf die Unternehmensziele soll nach seinem Konzept immer (also nicht situativ!) von Theorie Y ausgegangen werden.

Die vier Grundtypen von Schein. Beeinflußt von *McGregor* geht auch *Schein* (1980) davon aus, daß Führungskräfte explizit oder zumindest implizit Annahmen über ihre Mitarbeiter treffen. Diese Menschenbilder beeinflussen dann ihr Führungsverhalten. Gestützt auf Literaturaussagen und Erfahrungen als Unternehmensberater differenziert *Schein* zwischen vier Grundtypen von Menschen (Übersicht 2.24).

Schein macht keine konkreten Aussagen über die Verbreitung dieser Menschenbilder bei Führungskräften. Auch geht er kaum darauf ein, inwieweit diese Menschenbilder der Realität entsprechen: Lediglich der komplexe Mensch als sich permanent verändernde Mischung der drei anderen Grundtypen genießt bei *Schein* eine deutliche Präferenz.

Die Klassifikation von *Schein* spiegelt eine **historische Entwicklung** des Menschenbildes wider:

Der rational-ökonomische Mensch

- Der Mensch ist primär durch monetäre Anreize motivierbar.
- Aus diesem Grunde ist er manipulierbar und passiv.
- Der Mensch hat irrationale Gefühle, strebt aber trotzdem nach rationaler Bewältigung seiner Probleme.
- Organisationen können und müssen deshalb irrationale Gefühlssteuerungen ausschalten.

Der soziale Mensch

- Der Mensch wird in erster Linie durch soziale Bedürfnisse motiviert und benötigt Interaktionen mit anderen Personen.
- Da aber die organisatorische Arbeitsgestaltung aufgrund ihrer Rationalisierungswirkung häufig zu Isolation und Sinnentleerung führt, sind derartige soziale Beziehungen verstärkt erforderlich.
- Die sozialen Kräfte innerhalb der Gruppe wirken stärker als Maßnahmen der Führungskraft.
- Der Mitarbeiter reagiert auf Führungsinformationen nur in dem Ausmaß, in dem die Führungskraft auf die sozialen Bedürfnisse des Mitarbeiters und speziell auf das Anerkennungs- und Zugehörigkeitsstreben des Mitarbeiters Rücksicht nimmt.

Der sich-selbst-verwirklichende Mensch

- Die Bedürfnisse des Menschen lassen sich hierarchisch anordnen, wobei das Bedürfnis nach Selbstverwirklichung die zentrale Rolle spielt.
- Der Mensch will und kann seine Aufgabe erfüllen. Er strebt deshalb nach Autonomie.
- Der Mensch ist selbstmotiviert und bevorzugt die Selbstkontrolle.
- Es gibt keinen zwangsläufigen Konflikt zwischen der Selbstverwirklichung und der Erreichung organisatorischer Ziele.

Der komplexe Mensch

- Der Mensch ist komplex, vielschichtig und wandlungsfähig.
- Der Mensch ist lernfähig und kann neue Motive erlernen.
- Der Mensch verhält sich situativ differenzierend, strebt also in unterschiedlichen Situationen nach unterschiedlichen Zielen.
- Es gibt verschiedene Kombinationsmöglichkeiten, um aus Fähigkeiten, Motiven und Führungsformen ein effektives Verhalten hervorzurufen.
- Es gibt keine allgemeingültige Führungsstrategie.

Übersicht 2.24: Die Grundtypen des Menschen nach *Schein* (1980, 52-72 + 93-94)

- Der rational-ökonomische Mensch folgt aus der Annahme des *homo oeconomicus*, wie er dem Scientific Management von *Taylor* (1911) zugrundeliegt.
- Der soziale Mensch entspricht der von *Mayo* propagierten und initiierten *Human-Relations-Bewegung* (vgl. *Roethlisberger/Dickson* 1939).

- Der sich-selbst-verwirklichende Mensch resultiert aus Individualisierungsbestrebungen in *Humanisierungsansätzen* („Theorie Y" von *McGregor*).
- Das Bild des komplexen Menschen geht von einem *situativen Ansatz* aus, bei dem in Abhängigkeit von den persönlichen Merkmalen des Mitarbeiters (Eigenschaftsansatz) und in Abhängigkeit von der Führungssituation (Situationsansatz) eine individuell- und zeitpunktbezogene Form der Führung gewählt werden muß.

Diese Differenzierung von *Schein* nach seinen vier Grundtypen spiegelt weniger eine eigenständige Klassifikationsleistung wider (diesen Anspruch erhebt *Schein* auch nicht), sondern faßt vielmehr unterschiedliche und überwiegend implizite Menschenbilder aus diversen Forschungsansätzen einprägsam zusammen.

Auch die Vorschläge von *Schein* haben personalwirtschaftliche Implikationen. So muß die Führungskraft klassische Führungs- und Kontrollfunktionen ausüben (beim rational-ökonomischen Menschen), für die Bedürfnisse nach Anerkennung und Zugehörigkeit zu einer Gruppe sorgen (beim sozialen Menschen), die individuelle Entwicklung des Mitarbeiters fördern (beim sich-selbst-verwirklichenden Menschen) und die im Einzelfall vorhandene Situation diagnostizieren und entsprechende Maßnahmen einleiten (beim komplexen Menschen).

In jedem Fall erlauben die Menschenbilder Komplexitätsreduktion. Je nachdem, welche Klassifizierung zugrundegelegt wird, erfolgt diese Musterextraktion und Musterlokalisation bei der Führungskraft, beim Mitarbeiter oder beim externen Beobachter.

2.3.1.6 Die Anreiz-Beitrags-Theorie als Interaktionsansatz

Eine traditionelle Grundlage der verhaltensorientierten Betriebswirtschaftslehre – und damit auch einer entsprechend ausgerichteten Personalwirtschaftslehre – ist die Anreiz-Beitrags-Theorie. Sie befaßt sich mit einer trivial wirkenden Frage: Warum ist eine Person bereit, einer Organisation beizutreten und in einer bestimmten Rolle an ihren Aktivitäten teilzunehmen?

Stimulus-Response-Modell (SR) als Anfang. Eine Antwort auf diese Frage präsentierten *March* und *Simon* (1958) vor rund vier Jahrzehnten mit ihrer Anreiz-Beitrags-Theorie: Danach müssen die Anreize, die dem Individuum geboten werden, den Beiträgen des Individuums zur Leistungserstellung der Organisation entsprechen. Nur wenn ein Gleichgewichtszustand erreicht wird, ist das Individuum bereit, in die Organisation einzutreten (decision to participate) und an der Leistungserstellung mitzuwirken (decision to produce). Daraus folgen

- Unterscheidungen zwischen faktischen Anreizen und individuellen Nutzenwerten,
- Überlegungen zur Teilnahmeentscheidung des Individuums und
- Überlegungen zum Erkennen von möglichen Alternativen.

Als zentrale Implikation bleibt jedoch die Grundaussage, daß der Mitarbeiter in eine psychologische Lage versetzt werden muß, in der die Anreize der Organisation den Beiträgen des Individuums subjektiv (aus Sicht des Mitarbeiters) entsprechen.

Die Anreiz-Beitrags-Theorie läßt sich auch dahingehend interpretieren, daß in Abhängigkeit von einem Stimulus (= Anreiz) der Organisation der Person eine Reaktion (= Beitrag) des Individuums erfolgt. Diese einfachen Stimulus-Response-Modelle sehen damit eine direkte Abhängigkeit der Reaktion vom beobachtbaren Reiz.

SIR-Modelle als Erweiterung. Diese Modelle unterstellen, daß die Reaktion nicht nur vom Stimulus, sondern zudem von intervenierenden Variablen abhängt: Beispiele für derartige nicht-beobachtbare Faktoren sind die Einstellungen und die Wahrnehmungsprozesse des Individuums. Dieses Modell läßt sich auf Überlegungen von *Atkinson* und *Reitman* (1956) zurückführen: Sie ermittelten bei studentischen Versuchspersonen die Leistungserbringung (= Reaktion) bei einfachen Tätigkeiten und konnten zumindest tendenziell einen Einfluß der Belohnung (= Stimulus) feststellen, der aber von der Leistungsbereitschaft abhängt (= intervenierende Variable).

Zentrale Aussage dieses SIR-Modells ist, daß ein gewünschtes Verhalten beim Mitarbeiter nicht allein von den Anreizen seitens des Unternehmens abhängt, sondern auch von den „intervenierenden" Variablen, die charakteristisch für das Individuum sind. Im SIR-Modell lassen sich die situativen Variablen (Führungssituation) ebenfalls als Reiz (Stimulus) interpretieren, der dann in Abhängigkeit von den intervenierenden Variablen das Verhalten des Mitarbeiters prägt.

SOR-Modelle als organisatorisches Pendant. Die Organisationstheorie generalisiert das SIR-Modell unter der Bezeichnung SOR-Modell und verwendet anstelle der intervenierenden Variablen den Organismus des zu betrachtenden Systems (vgl. *Staehle* 1999, 154-155). Nachfolgend sollen SIR und SOR aufgrund ihrer inhaltlichen Nähe als synonym angesehen werden.

Bei den SIR/SOR-Modellen sind drei **intervenierende Variablen** von zentraler Bedeutung:

- Die erste ist das *Anspruchsniveau* des Individuums. Je nach Intensität und Häufigkeit der Reize wird ein spezifischer Bezugsrahmen aufgebaut, bei dem der eingehende Reiz mit den bisher empfangenen

Reizen verglichen wird. Sukzessive wird dieser durchschnittliche Reizwert aufgrund neuer Stimuli angepaßt. Es findet also eine Niveauanpassung statt (vgl. *March/Simon* 1958, 47-52).

- Eine zweite wichtige intervenierende Variable ist die *Antriebsstruktur* des Individuums als Manifestation seiner aktuell angestrebten Ziele. Diese Ziele leiten sich ebenfalls über Lernprozesse aus der Vergangenheit ab und führen als „evoked set of alternatives“ (vgl. *March/Simon* 1958, 53-82) zu einer situationsspezifischen Umsetzung des Reizes. Diese Antriebsstruktur ruft die „motivation to produce“ hervor.
- Eine dritte intervenierende Variable im SIR/SOR-Modell ist die als Rückkopplung wirkende *Reaktionszeit*. Als „Verhaltensschwerkraft“ (vgl. *Atkinson/Birch* 1970) ergibt sie sich aus den Möglichkeiten des Individuums, auf einen Stimulus und/oder der perzeptierten Notwendigkeit schnell zu reagieren.

Intervenierende Variablen wirken als interne Rückkopplungsschleifen, durch die das Individuum lernt, seine Reaktionen in Abhängigkeit vom Stimulus zu steuern. Darüber hinaus gibt es eine weitere Rückkopplungsschleife: Auch Umwelt und Führungskräfte „lernen“ in Abhängigkeit von den Reaktionen, Stimuli zu gestalten (Abbildung 2.11).

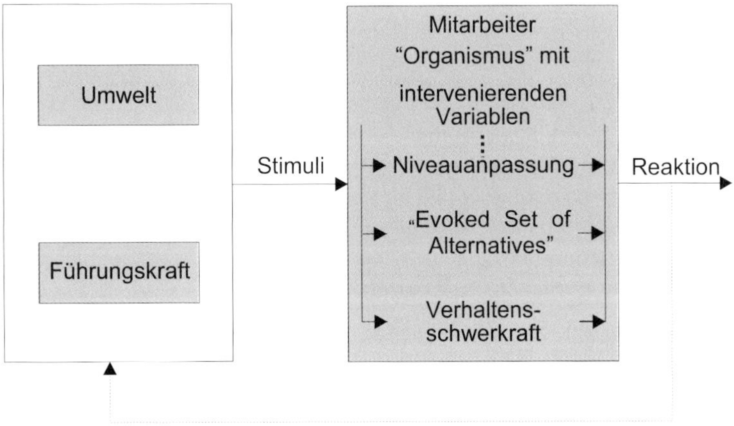

Abbildung 2.11: SIR/SOR-Modell mit Rückkopplungsschleife

2.3.1.7 *Kognitive Dissonanzen als Anpassungsansatz*

Eine weiterführende Fragestellung befaßt sich mit dem Verhalten, nachdem ein Individuum eine Entscheidung getroffen und umgesetzt hat, anschließend aber weitere Stimuli erhält. Hier kommt es dann zu Problemen, wenn die ursprünglich im Gedächtnis gespeicherte Information (die zur Entscheidung führte) mit der neuen Kognition (dem neuen Stimulus) im Widerspruch steht, also eine kognitive Dissonanz hervorruft.

Die Theorie kognitiver Dissonanzen von Festinger. Basierend auf diesem Grundgedanken des kognitiven Widerspruchs führte *Festinger* Gruppenexperimente und Fallstudien durch, die zur Formulierung seiner Theorie der kognitiven Dissonanz beitrugen. Sein Ansatz läßt sich wie folgt zusammenfassen (vgl. *Festinger* 1957, 260-268):

Ausgangspunkt ist die Feststellung, daß zwei Kognitionen durch
- eine Irrelevanzbeziehung,
- eine Konsonanzbeziehung oder
- eine Dissonanzbeziehung

verbunden sein können. Interessant, weil nicht dem internen Gleichgewicht förderlich, sind primär die Dissonanzbeziehungen. Derartige kognitive Dissonanzen können nach dem Treffen einer Entscheidung zwischen zwei oder mehr vergleichbaren Alternativen entstehen. Sie werden induziert durch die Präsenz von positiven Eigenschaften der abgelehnten Alternative und von negativen Eigenschaften der akzeptierten Alternative im Bewußtsein des Entscheidungsfällers.

Die Größe der entstehenden Dissonanz hängt von der Bedeutung der Alternativen und von der relativen Attraktivität der nicht gewählten Alternative ab; weitere Einflußfaktoren auf die Dissonanz sind die Unterschiede zwischen den beiden Alternativen sowie die Intensität der diese Entscheidung mißbilligenden Stimmen beziehungsweise das Fehlen eines externen Zwanges zur Wahl der Alternative.

Nachdem im Anschluß an eine Entscheidung fast zwangsläufig eine kognitive Dissonanz entsteht, will der Betreffende die Dissonanz reduzieren. Hierfür hat er mehrere **Verhaltensmöglichkeiten**, darunter:
- *Erhöhung* der subjektiven Attraktivität der gewählten Alternative,
- *Gleichsetzung* kritischer Charakteristika der gewählten und der nicht gewählten Alternative,
- *Reduktion* der Bedeutung von kritischen Charakteristika,
- *gezielte Suche* nach neuen Informationen, durch die sich die Richtigkeit der getroffenen Entscheidung bestätigen läßt,
- *gezielte Mißinterpretation* oder Ausklammerung von Informationen, die die kognitive Dissonanz erhöhen könnten, oder
- Herbeiführung einer *Einstellungsänderung* bei den Personen, die sich bisher gegen die gewählte Alternative aussprachen.

Das Individuum versucht also, entweder sein eigenes Verhalten zu ändern (die Entscheidung überhaupt rückgängig zu machen) oder Elemente der dissonanten Situation subjektiv/objektiv zu modifizieren.

Diese bereits von *Festinger* mit empirischem Material abgestützte Theorie hat für das Personalmanagement zwei zentrale **Implikationen**: Erstens hebt sie die Bedeutung der Anspruchsniveauanpassung hervor, indem sie Gründe für Kognitionsänderungen aufzeigt. Danach besteht die Möglichkeit zum Abbau kognitiver Dissonanzen in einer *Veränderung der „Soll"-Vorstellungen* der betreffenden Person (Anspruchsniveau), die erst dann ein Ende findet, wenn dieses Soll-Niveau dem Ist-Wert entspricht. Zweitens ist nach diesem Ansatz der Mitarbeiter grundsätzlich nicht zur Selbstkontrolle fähig: Er versucht vielmehr zwangsläufig, durch *Umbewertung* von Tatbeständen eine kognitive Dissonanz zu reduzieren. Im Hinblick auf die Selbstkontrolle falsifiziert somit der Ansatz von *Festinger* das Menschenbild Y von *McGregor*.

2.3.1.8 Gestalttheorie als Integrationsansatz

Die Gestalttheorie untersucht Zusammenhänge, bei denen sich das Ganze nicht aus den einzelnen Teilen erklären läßt, sondern die Einzelteile und ihre Funktionen nur aus dem Ganzen verstehbar sind.

Bei diesem Ansatz geht es um ein grundlegendes Verständnis der Existenzbedingungen eines Menschen, sein Erleben und Handeln in der ihn umfassenden Welt. Obwohl die Gestalttheorie vor allem im Zusammenhang mit der Wahrnehmungs- und Verhaltenspsychologie thematisiert wird, verstanden sie ihre Begründer als interdisziplinären Ansatz.

Gestalttheorie als Basis. Die Gestalttheorie geht unter anderem auf *Wertheimer* (1925) zurück. Er verbindet individuelle Subjektivität und absolute Objektivität zu einem ganzheitlichen **Dualismus**, bei dem beide Perspektiven in die Überlegungen miteinbezogen werden. Verhalten erklärt sich danach nicht allein aus Persönlichkeitseigenschaften, externen Kräften oder Trieben, sondern ausschließlich über eine ganzheitliche Betrachtung der Interaktion zwischen dem Individuum (mit seinen Merkmalen) und der Situation (mit ihren Merkmalen). Zwar steht jedem Menschen nur seine eigene, erlebbare Welt für Beobachtungen zur Verfügung; der Beobachtungsgegenstand kann sich aber auf die objektiv-physikalische Welt beziehen.

Der Begriff „Gestalt" wird nicht nur als Synonym für Form und Einheit aufgefaßt, also auf die Dinge, die beobachtet werden; wichtig ist auch sein dynamischer, prozeßhafter Charakter, also der Zugang zur und die Beobachtung der Umwelt (vgl. *Fuhr/Gremmler-Fuhr* 1995, 41).

Gestalttherapie als Umsetzungsform. Die Gestalttheorie hat in zahlreichen Anwendungsgebieten und vor allem in der Gestalttherapie Eingang gefunden (vgl. Perls/Hefferline/Goodman 1951). Diese Form der Psychotherapie verlangt eine bewußte Abkehr von manipulativen Vorgängen, wie sie typisch für viele andere psychotherapeutischen Ansätze sind. Statt dessen steht eine ganzheitliche Perspektive im Vordergrund, die explizit den Dualismus von Erkennen und Verstehen betont.

Die Gestalttherapie manifestiert sich in vier **Umsetzungsformen**:
- Die *Gestaltberatung* betrifft die Vermittlungsform der gestalttheoretischen Idee,
- die *Gestaltbildung* setzt sich mit dem Prozeß der Findung von Figuren und deren prozeßhaftem Charakter auseinander,
- die *Gestaltpädagogik* zeigt Lernpotentiale auf, und
- die *Gestaltpsychotherapie* schließlich befaßt sich mit der Behebung krankhafter Störungen.

Dies setzt ein Menschenbild voraus, bei dem das Individuum innerhalb gewisser Randbedingungen Veränderungen eigenverantwortlich durch Denken, Fühlen und Handeln herbeiführt.

Als einer der zentralen **Begründer** der Gestalttherapie gilt Perls. Er übertrug das gestalttheoretische Gedankengut auf den psychotherapeutischen Prozeß, wobei er („frühkonstruktivistisch") Objektivität und lineare Kausalität ablehnte. Statt dessen betont *Perls* die Ganzheitlichkeit der Wahrnehmungen, die Wechselseitigkeit der beobachteten Phänomene und die Entwicklungsmöglichkeiten und Eigenverantwortung des Menschen: "We *are* organisms, we (that is, some mysterious *I*) do not *have* an organism. We *are* one wholesome unit, but we are at liberty to abstract many aspects from this totality" (*Perls* 1992, o.S.). Neurotische Störungen ergeben sich demzufolge immer dann, wenn das eigene Bewußtsein so vermindert ist, daß das Erleben der emotionalen Wirklichkeit behindert wird. Auf diese Weise wird ein ganzheitlicher Zugang zur Außenwelt und die Bewältigung des Interaktionszyklus blockiert.

Um die erforderlichen Veränderungen durchzuführen, spricht *Perls* bei der Behebung von Störungen verschiedene **Schichten** an (vgl. *Walter* 1996, 93):

(1) Die Schicht der *Klischees* kommt in bedeutungsleeren Floskeln zum Ausdruck („Wie geht's?").
(2) Die Schicht der *Rollen* (beispielsweise die Heulsuse) soll das Erreichen bestimmter Ziele ermöglichen.
(3) Die Schicht der *Blockierung* konfrontiert das Individuum mit der eigenen Wirklichkeit, wenn die Ebene der Rollen verlassen wird.
(4) Die Schicht der *Implosion* beinhaltet die Lähmung durch entgegengesetzte Kräfte und tritt als Tod oder Todesangst in Erscheinung.
(5) Die Schicht der *Explosion* geht aus der Implosion hervor, wenn es zu einer tatsächlichen Berührung mit deren Leblosigkeit kommt.

Dieses Schichtenmodell dient dazu, zum authentischen Persönlichkeitskern vordringen zu können, der durch das Selbst gekennzeichnet wird:

Um Neurosen zu beheben, werden die einzelnen Schichten sukzessive durchdrungen. Dies kann sowohl durch körperliche als auch sinnliche Empfindungen geschehen. Ziel ist es, das Selbst als vielfältiges und dennoch einheitliches Erfahrungsobjekt kennenzulernen und damit dem ganzheitlichen Anspruch gerecht zu werden.

Die Leistung der Gestalttheorie als integratives Paradigma im **Personalmanagement** besteht vor allem in der Überwindung des traditionellen Konfliktes zwischen einer ausschließlich „physikalischen" Informationsorientierung und einer rein „biologischen" Phänomenologie. Auf diese Weise wird die Bedeutung des menschlichen Individuums verdeutlicht und ein Bewußtsein für phänomenologisch begründetes Verhalten in der „transphänomenalen" Welt des Unternehmens geschaffen.

2.3.1.9 Ergebnis

Die Verhaltensorientierung im Personalmanagement hebt den Menschen als Akteur und Betroffenen hervor. Beobachtbare Abläufe und soziale Strukturen sind ein Resultat vielschichtiger und verflochtener Prozesse, zu deren Erklärung aus unterschiedlichen **Perspektiven** heraus angesetzt werden kann:

- Mit der Frage der individuellen Wahrnehmung befaßt sich der *radikale Konstruktivismus*. Sein Problemlösungspotential für das Personalmanagement liegt vor allem in der Erkenntnis, daß sowohl das eigene Erkennen als auch das anderer nicht objektivierbar und interpretationsfrei transportierbar ist.
- Der *Sozialkonstruktivismus* leistet Hilfestellung bei der Frage, wie es zur Bildung von Gesellschaften durch Individuen kommt. Gerade die Dualität zwischen (aktiver) Konstruktion und (passiver) Wahrnehmung zeigt für das Personalmanagement als Subsystem in der „Sub-Gesellschaft Unternehmen" Erklärungsmuster und Veränderungspotentiale auf.
- Eine Ergebnisgröße aus den Konstruktionsprozessen ist die Entstehung von *Menschenbildern*, die sich (a) aus dem eigenen Verhalten in der Gesellschaft ergeben und (b) aus dieser abgeleitet werden. Unabhängig von der Angreifbarkeit der einzelnen Klassifizierungen spielt die Existenz komplexitätsreduzierender Mechanismen (im konstruktivistischen Sinne eine Invarianzhaltung) für viele Bereiche im Personalmanagement eine wichtige Rolle.
- Warum Individuen überhaupt interagieren, beantwortet die *Anreiz-Beitrags-Theorie*. Nicht die Erkenntnis steht im Vordergrund, sondern die Frage nach der Motivation für menschliches Handeln.
- Mit der Anpassung der erhaltenen Stimuli an die subjektive Wirklichkeit befaßt sich die *Theorie kognitiver Dissonanzen*, die als Er-

klärung für Anpassungsprozesse der Akteure im Personalmanagement dienen kann.

- Als integrierender Ansatz liefert die *Gestalttheorie* schließlich den Rahmen der Verhaltensorientierung im Personalmanagement.

Verhaltensorientierung verlangt ein grundlegendes Verständnis von menschlicher Erkenntnis und menschlichem Verhalten, um Zugang zu komplexen Phänomenen mit Menschen als Akteuren zu erhalten.

2.3.2 Informationsorientierung

Informationsorientierung impliziert eine systematische Auseinandersetzung mit Informationssystemen, die auch (aber nicht ausschließlich) computerbasierte Komponenten enthalten.

In diesem Umfeld hat das computergestützte Personalmanagement mit seiner aktuellen Sonderform der Multimedialisierung ebenso Platz wie das Personalcontrolling (Abbildung 2.12).

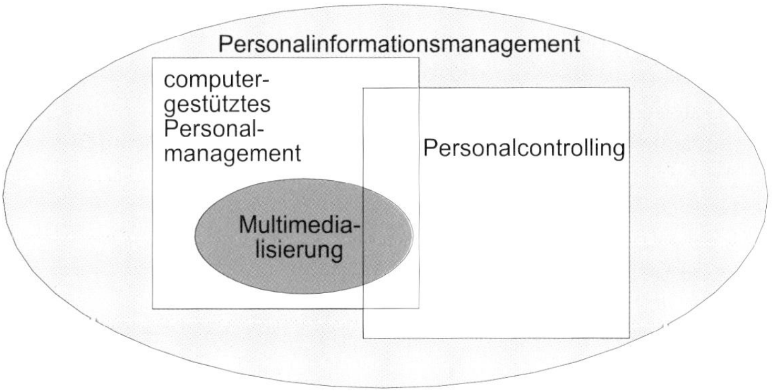

Abbildung 2.12: Informationsorientierung

2.3.2.1 *Informationsmanagement als Leitidee*

Unter den Begriff Informationsmanagement subsumieren sich völlig unterschiedliche Interpretationen (Übersicht 2.25), wobei es im wesentlichen um die sinnvolle und emanzipierte Gestaltung des Produktionsfaktors „Information" geht. In diesem Zusammenhang werden dem Informationsmanagement vielfältige Aufgaben zugesprochen, die fast auf eine Gleichsetzung mit „Management" und „Unternehmensplanung" hinauslaufen. Konzentriert man sich auf spezifische Schwerpunkte, so führt dies zu folgenden **Aktivitäten** (vgl. *Krcmar* 1997, 44-46):

***Heinrich* (1996, 21)**	„Generelles Sachziel des Informationsmanagements ist es, das Leistungspotential der Informationsfunktion für die Erreichung der strategischen Unternehmensziele durch Schaffung und Aufrechterhaltung einer geeigneten Informationsstruktur in Unternehmenserfolg umzusetzen."
***Stahlknecht/ Hasenkamp* (1997, 468)**	Informationsmanagement: „Mehrheitlich versteht man heute darunter (1) primär die Aufgabe, den für das Unternehmen (nach Kapital und Arbeit) „dritten Produktionsfaktor" Information zu beschaffen und in einer geeigneten Informationsstruktur bereitzustellen, und (2) davon ausgehend die Aufgabe, die dafür erforderliche IV-Infrastruktur, das heißt die IV-technischen und personellen Ressourcen für die Informationsbereitstellung – langfristig zu planen und – mittel- und kurzfristig zu beschaffen und einzusetzen."

Übersicht 2.25: Exemplarische Definitionen von Informationsmanagement

- Herstellung des informationswirtschaftlichen *Gleichgewichts* im Unternehmen,
- Management der relevanten *Daten, Prozesse und Anwendungen und Planung* einer Systemarchitektur,
- Management der *Informations- und Kommunikationstechnologien* durch die notwendige Technologieinfrastruktur und Durchführung der Systemkoordination,
- Übernahme verschiedener *Führungsfunktionen*, so zum Beispiel Formulierung einer Informationsmanagement-Strategie oder eines Informationsverarbeitungscontrollings.

Auf diese Weise wird das Informationsmanagement zu einer zentralen und erfolgssteigernden Managementaufgabe. Durch die Fortschritte der Informationsverarbeitung verschiebt sich der Engpaß beim Aufbau EDV-gestützter Informationssysteme von technisch-rationalen Gesichtspunkten zu verhaltenswissenschaftlichen Aspekten.

Faßt man diese Grundüberlegungen zusammen, bietet sich folgende paradigmatische Definition an:

Informationsmanagement ist die effiziente und effektive Planung, Realisation und Kontrolle von Informationsverarbeitungsprozessen, wobei neben informationstheoretischen auch die technologischen und die verhaltensorientierten Gesichtspunkte zu berücksichtigen sind.

Die Betonung dieser Definition liegt auf effizient und effektiv: Das Informationsmanagement muß sich an konkreten Zielen ausrichten (*Effektivität*) und zudem die gestellten Aufgaben mit einem Minimum an Aufwand realisieren (*Effizienz*). Informationsmanagement verlangt also

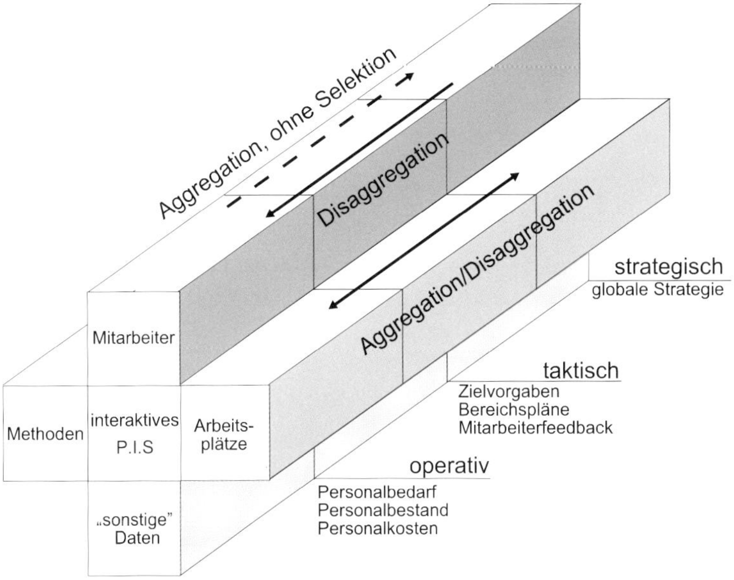

Abbildung 2.13: Hierarchisches Personalinformationssystem

nach einer zielorientierten Evaluierung des Informationsbedarfs, nach wirtschaftlichen Formen der Informationsverarbeitung und benutzerfreundlichen Formen der Informationspräsentation. Es bezieht sich dabei nicht nur auf EDV-Systeme, sondern umfaßt das „Management" jeglicher Informationssysteme.

Gerade für die Personalarbeit wichtig ist die **ebenenspezifische Strukturierung**, wozu auch Entscheidungen bezüglich der Verdichtung und der Selektion von Informationen gehören (Abbildung 2.13):

- Disaggregierende Informationsbeziehungen leiten aus der globalen Unternehmensstrategie Vorgaben für den Personalbedarf ab. Ferner werden über den Disaggregationsprozeß der taktischen Ebene strategische Ziele auf operative Organisationseinheiten verteilt.
- Spiegelbildlich dazu erfolgen Aggregationsprozesse. Sie betreffen stellenspezifische Anforderungen, aktuelle Personalverfügbarkeit, realisierte Beschaffungen, Freisetzungen und Entwicklungen sowie Personalkosten.
- Zusätzlich dienen horizontale Informationsbeziehungen der Versorgung der jeweiligen Managementebene mit eigenen Datenbeständen sowie der Realisierung von Schnittstellen zu externen Informationsquellen.

Zu diesem Zweck muß die jeweils untere Managementebene begrenzt auf Informationsbestände der höheren Ebene(n) zugreifen können. Eine derartige Lösung bietet sich speziell für das Abfragen zentraler Eckdaten der Unternehmensplanung an, wie sie im Zusammenhang mit allen Planungsfeldern anfallen.

2.3.2.2 Computerbasierung als Notwendigkeit

Zur Erfüllung der Ziele eines zeitgemäßen Personalmanagements gehört auf allen Feldern und Ebenen eine adäquate EDV-Infrastruktur.

Hardware. Innerhalb dieses Managements von Informations- und Kommunikationstechnologien ist zwischen verschiedenen **Systemklassen** zu unterscheiden:

- *Personal Computer* sind zwischenzeitlich aus Personalabteilungen nicht mehr wegzudenken. Gerade Personal Computer sind leistungsfähig und vielseitig und gleichzeitig in ihren Komponenten weitgehend kompatibel und betriebssicher. Hinzu kommt ihre Fähigkeit, lokale Individualisierung mit zentraler Standardisierung zu kombinieren.
- Traditionell kommen (kamen) im Personalwesen insbesondere in größeren Unternehmen *Großrechner* (Mainframe-Systeme) zum Einsatz. Diese Anlagen befinden sich in der Regel in betrieblichen oder externen Rechenzentren, ermöglichen aber über angeschlossene Terminals auch eine dezentrale Nutzung. Großrechner werden teilweise noch immer im Bereich der Massendatenverarbeitung eingesetzt, beispielsweise zur Lohn- und Gehaltsabrechnung.
- Gegenwärtig rückt das *Client-Server-Prinzip* zunehmend in den Vordergrund, denn es ermöglicht dem PC (Client), in einer sehr effizienten und arbeitsteiligen Form auf Datenbestände des Servers zuzugreifen. Dabei formuliert der Anwender auf dem Client eine Datenabfrage (beispielsweise SQL), die vom Server abgearbeitet wird. Die Vorteile gegenüber dem üblichen „down-load" besteht darin, daß nicht mehr ganze Dateien, sondern nur die abgefragten Daten übertragen werden, wodurch die Netzbelastung vermindert wird. Vorteile einer solchen Client-Server-Architektur bestehen zum einen in der Möglichkeit eines schnelleren Datenbankzugriffs, zum anderen in dem Einsatz preiswerter Clients, sogenannter Front Ends. Zwischenzeitlich kommen bereits zwei- und mehrstufige Client-Server-Strukturen zum Einsatz: Hier wird zwischen Anwender und Datenbankserver ein weiterer (Applikations-)Server geschaltet.

Die Verbindung speziell von Personal Computern führt zu *lokalen Netzen*. Dies erlaubt sowohl den gemeinsamen Zugriff auf Programme und Datenbestände als auch die gemeinschaftliche Nutzung von Hardware wie beispielsweise von Druckern und Back up-Systemen. Zudem verfügen Netzwerkbetriebssysteme in der Regel über Schutzmechanismen, mit denen für jeden Benutzer Zugriffsrechte festgelegt werden können.

Datenbanksoftware. Die von den verschiedenen Systemen verwendeten Daten werden in ihrer **inhaltlichen Realisation** je nach Zielsetzung auf ganz unterschiedliche Weise verwaltet und gespeichert. Beispielsweise werden Name und Anschrift eines Kunden in einem relationalen Datenbanksystem völlig anders gespeichert als in einem Kommunikations- oder Textverarbeitungsprogramm. Dennoch möchte man alle Daten aus Gründen der Konsistenz möglichst redundanzfrei halten, also innerhalb des gesamten Systems nur einmal speichern. Dazu muß es möglich sein, einen mit dem Textverarbeitungssystem geschriebenen Brief automatisch mit den zugehörigen Adressen aus der relationalen Datenbank zu verknüpfen und mit dem Kommunikationsprogramm zu verschicken.

Interessant ist in diesem Zusammenhang auch die **organisatorische Realisation**. So setzt das Bundesdatenschutzgesetz enge Grenzen. Aus diesem Grund ist sicherzustellen, daß nur der jeweils für eine konkrete Fragestellung relevante Personenkreis Zugang zu den Personendaten erhält. Dies führt zu einer unterschiedlichen Behandlung der verschiedenen Datenarten in der Mitarbeiterdatei:

- Aufgrund der Gesetze und Tarifvorschriften im Personalwesen bietet sich für die Lohn- und Gehaltsdaten eine *zentrale* Organisationsform an. Diese stellt sicher, daß die Fülle der Vorschriften im gesamten Unternehmen beachtet wird. Dies schließt eine dezentrale Datenerfassung von monatlichen Informationen (zum Beispiel Zeiterfassung) nicht aus. Ebenfalls möglich ist die dezentrale Erfassung, kombiniert mit einer Abwicklung der Lohn- und Gehaltsabrechnung durch ein externes Dienstleistungsunternehmen.
- Dispositionsdaten müssen in vielen Fällen *dezentral* gehalten werden. So betreffen Schichtpläne den Personaleinsatz vor Ort und sind auch von dort aus zu gestalten. Weiterreichende Dispositionsdaten, etwa im Bereich der Laufbahnplanung oder der Job Rotation, sind dagegen eher zentral zu verwalten.
- Auf Fähigkeitsdaten darf ausschließlich die jeweilige *Personalabteilung* zugreifen. Hier hängt es von der Größe des Unternehmens ab, inwieweit eine Dezentralisierung der Personalabteilung vorzunehmen ist, die sich dann in einer Dezentralisierung der Zugriffsrechte und gegebenenfalls der Datenspeicherungen widerspiegelt.

Für die Lohn- und Gehaltsdaten gilt damit das Postulat der Standardisierung, für die Dispositionsdaten das der Dezentralisierung, und für die Fähigkeitsdaten das der Kompatibilität.

Middleware. Diese Schnittstelle zwischen betrieblichen Anwendungsprogrammen und Systemsoftware ist eine Softwareschicht, die Dienstleistungen für die Integration in einem verteilten, heterogenen Umfeld erfüllt (vgl. *Riehm/Vogler* 1996, 27). Middleware deckt dabei ein breites **Spektrum** an unterschiedlichen Architekturen ab:

- *Datenbank-Gateways* unterstützen die Kommunikation zwischen einem Client und verschiedenen heterogenen Datenbank-Servern. Hierdurch erhöht sich die Unabhängigkeit des Clients (Anwendungsteil) von der Datenbank (Verwaltungsteil), wodurch einzelne Anwendungsteile leichter austauschbar und damit beispielsweise schneller der technologischen Aktualität angepaßt werden können.
- *Object Request Broker* unterstützen basierend auf dem Client-/Server-Prinzip zwei alternative Formen der Kommunikation. Zum einen unterstützen sie als statische Kommunikationsschnittstellen die häufige und zeitkritische Kommunikation vorher bestimmter Objekte (Clients und Server). Zum anderen unterstützen sie die sporadische Kommunikation, indem eine Typisierung der Aufrufparameter erst zur Laufzeit erfolgt.
- Das *Internet* ermöglicht seinen Teilnehmern auf der Basis eines gemeinsamen Kommunikationsprotokolls TCP/IP (Transmission Control Protocol/Internet Protocol) eine gemeinsame Kommunikation via Datenpaketen, die auf voneinander unabhängigen Wegen ihren Adressaten erreichen: Auf diese Weise hat der Ausfall eines Netzknotens keine negativen Auswirkungen auf die Funktionsfähigkeit des gesamten Internets.

Aufgrund der leichten und kostengünstigen Verfügbarkeit sowie der meist vorhandenen Netzwerkstruktur läßt sich die Internet-Architektur als *Intranet* auch intern für das Unternehmen nutzen.

Anwendungssoftware. Auf Applikationsebene erfolgt der Einsatz derjenigen Instrumente, mit denen der Endnutzer seine jeweiligen Aufgaben zu erfüllen versucht (Abbildung 2.14).

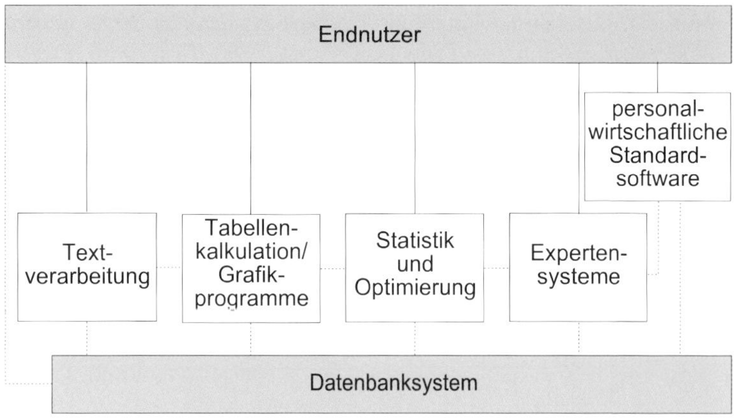

Abbildung 2.14: Grundprinzip eines Informationssystems auf der Applikationsebene

Betriebswirtschaftliche Anwendungssysteme sind durch die Verarbeitung großer Datenmengen gekennzeichnet. Im Personalbereich sind daher **Datenbankensysteme** wichtig, über die Massendaten abgerechnet und ausgewertet werden.

Aus der Gruppe der **allgemeinen Standardsoftware** lassen sich für personalwirtschaftliche Aufgaben vier Programmtypen nutzen:

(1) *Textverarbeitung*: Durch ein vielfältiges Angebot an Formatvorlagen oder Serienfunktionen kann ein großer Teil der Personaladministration (Erstellen von Zeugnissen, Mitarbeiterinformationen oder Bewerberkorrespondenz etc.) abgewickelt werden.

(2) *Tabellenkalkulation und Grafikprogramme*: Innerhalb eines Tabellenkalkulationsprogramms („Spreadsheet-Program") arbeitet der Benutzer mit einem im Computer gespeicherten Arbeitsbogen. Dieses *elektronische Arbeitsblatt* besteht zunächst aus leeren Zellen. Sie werden in beliebiger Reihenfolge sukzessive mit Formeln oder Zahlen ausgefüllt und sofort vom System „durchgerechnet". Grafikprogramme unterstützen die Dokumentation der Datenverarbeitungsprozesse und ergänzen Textverarbeitung und Tabellenkalkulation durch eine visuell einprägsame Datenpräsentation: Wesentliche Charakteristika wie Trends, Minima, Maxima, Mittelwerte und Varianzen lassen sich aus einer Grafik viel schneller ablesen und bleiben länger im Gedächtnis haften als bei tabellarischen Übersichten oder verbalen Beschreibungen. Im Regelfall sind Tabellenkalkulations- und Grafikprogramme unter einer gemeinsamen Oberfläche integriert.

(3) *Statistik- und Optimierungsprogramme*: Über Datenbanksysteme, Textverarbeitungssysteme und Tabellenkalkulationsprogramme werden Daten erfaßt und zumindest teilweise ausgewertet. Einfache statistische Fragestellungen können auch mit Tabellenkalkulationsprogrammen bearbeitet werden. Zeit- und Speicherbedarf umfangreicherer Auswertungen sprechen – neben der größeren Rechensicherheit gegenüber selbstprogrammierten Lösungen – für den Einsatz von speziellen Statistikpaketen. Für einige Teilbereiche des Personalwesens (beispielsweise Personaleinsatzplanung) sind lineare Optimierungsprogramme ein wichtiges Hilfsmittel.

(4) *Expertensysteme*: Wird das Wissen von Experten computergestützt erfaßt und gespeichert, um über darauf aufbauende Mechanismen zu einer automatisierten Problemlösung zu gelangen, so bezeichnet man dies als Expertensystem. Von den sonstigen Programmen unterscheiden sich Expertensysteme in ihrer Schlußfolgerungsfähigkeit und Erklärungsfähigkeit, realisiert durch nicht-prozedurale (deklarative) Programmiersprachen: Durch sie wird kein fester Lösungsalgorithmus beschrieben, sondern „lediglich" ein Problem definiert. Expertensysteme bestehen immer aus einer Wissensbasis, einer Dialogkomponente und einem temporären Wissensspeicher. Gerade

auf taktischer und strategischer Ebene des Personalinformationsmanagements, auf denen häufig auch unsichere Daten verarbeitet sowie komplexe und unstrukturierte Probleme gelöst werden müssen, bieten sich solche Systeme an, wenngleich sie bisher die positiven Erfolgsprognosen noch nicht erfüllen konnten.

Eine weitere Kategorie ist die **personalwirtschaftliche Standardsoftware**: Die zunehmende Technologisierung im Personalbereich zeigt sich an der stetig steigenden Anbieter- und Produktanzahl in diesem Bereich. So hat sich laut der PSEARCH-Studie (*Scholz/Oberschulte/Weber* 1992; *Scholz/Eckert/Müller* 1996) zwischen 1992 und 1996 die Anbieterzahl ebenso verdoppelt wie die Produktzahl in den einzelnen Produktkategorien. Hinzu kommen die integrierten Gesamtlösungen, wie sie für das Personalmanagement (z.B. PeopleSoft, PAISY) und funktionsübergreifend (z.B. SAP, BAAN) angeboten werden. Gegenwärtig gibt es folgende Gruppen von **personalwirtschaftlicher PC-Software**:

- *Personalinformationssysteme im engeren Sinne*: Diese Systeme dienen zur Verwaltung und Transformation von Stellen und Mitarbeiterdaten. Meist decken sie zusätzlich auch funktionale Bereiche wie Weiterbildung und Bewerberverwaltung ab.
- *Aus- und Weiterbildungssysteme*: Hierunter fallen Programme zur Verarbeitung ausbildungsrelevanter Daten (Lehrstellenstationen oder Erfassung von Ausbildungsinhalten) und zur Bearbeitung von innerbetrieblichen Fort- und Weiterbildungmaßnahmen.
- *Systeme zum betrieblichen Vorschlagswesen*: Einige Systeme bieten Bewertungsmöglichkeiten und berechnen Beurteilungspunkte in Abhängigkeit von der Einsparung. Auch gibt es Schnittstellen zur Textverarbeitung, um Mitarbeiter über die Ablehnung oder die Umsetzung des Vorschlages zu informieren.
- *Bewerberverwaltungssysteme*: Neben der reinen Bearbeitung eingehender Bewerbungen gibt es hier meist die Möglichkeit, mittels Selektionskriterien aus den Bewerbungen auszuwählen und zudem den Durchlauf einer Bewerbung durch das Unternehmen festzuhalten.
- *Lohn- und Gehaltsabrechnungssysteme*: Da dieser Bereich streng durch gesetzliche Vorschriften geregelt ist, unterscheiden sich diese Programme hauptsächlich durch den Bedienungskomfort und das Angebot von Extra-Leistungen (wie Datenaustausch mit Banken).
- *Organisations- und Verwaltungssysteme*: Neben der Organigrammerstellung dienen diese Systeme der Erstellung von Stellenplänen, Stellenbeschreibungen und Anforderungsprofilen. Einzelne Programme erlauben auch eine Prozeßbeschreibung und Ablaufanalyse.
- *Personal- und Karriereplanungssysteme*: Diese Programme zur Personal- und Karriereplanung umfassen operative Personaleinsatzplanung bis hin zur langfristigen Nachfolgeplanung (Dominolisten).

- *Reisekosten- und Spesenabrechnungssysteme*: Ähnlich wie bei der Lohn- und Gehaltsabrechnung sind auch hier gesetzliche Vorschriften zu berücksichtigen. Unterschiede treten hinsichtlich der Anwenderunterstützung und der Abrechnungsmöglichkeiten (wie Vorschußberechnung und Auslandsreisen) auf.
- *Zeiterfassungs- und Zutrittskontrollsysteme*: Hierzu zählt Zeiterfassung im eigentlichen Sinne sowie Zeitdatenverarbeitung und -archivierung. Für die Zeiterfassung werden neben eigenen Stationen zunehmend PC-Terminals eingesetzt.

Hinzu kommen noch *diverse andere Programme* wie Systeme zur Dienstplanorganisation, Datenbanken zu Arbeitsrechtfragen sowie Programme zur Zeugniserstellung.

Empirischer Befund (GPP): Computerunterstützung von Personalmanagementfunktionen (in Prozent, Mehrfachnennungen)

International hat sich die Computerunterstützung des Personalmanagements durchgesetzt. Amerikanische Unternehmen weichen vom generellen Trend ab, da sie stark individuelle Personalakten unterstützen, jedoch bei der Personalplanung hinter dem Durchschnitt kbleiben. Spanische Unternehmen sind führend bei der computergestützten Personalentwicklung, Personalbeschaffung und Stellenbewertung, französische beim computergestützten Personalcontrolling.

	D	Ö	USA	F	Sp	Rest	Σ
Keine Computerunterstützung	-	-	-	-	-	-	-
Individuelle Personalakten	50	24	86	68	70	55	53
Vergütung	100	100	100	100	98	95	99
Abwesenheit und Abgänge	90	86	57	84	63	84	81
Personalplanung	56	55	14	50	35	49	48
Personalbeschaffung und -auswahl	62	33	43	47	65	42	50
Ausbildung und Personalentwicklung	72	61	43	63	81	60	67
Erfolgsbeurteilung	34	10	29	38	21	37	27
Stellenbewertung	28	20	29	25	58	33	33
Arbeitsbeziehungen	6	6	29	16	37	19	17
Personalcontrolling	58	49	43	63	45	58	54

Der Schwerpunkt des Angebotes an personalwirtschaftlicher Software liegt eindeutig bei den eher strukturierbaren Aufgabenfeldern. So steht im Personalkostenmanagement eine Vielzahl angebotener Produkte zur Lohn- und Gehaltsabrechnung zur Verfügung, da tarifvertragliche, gesetzliche und branchenbezogene Regelungen individuelle Spielräume in einem Maße einengen, das die Entwicklung individueller Software in der Regel unnötig und unrentabel macht.

Integrierter Einsatz von Informationstechnologie im Personalwesen der DATEV eG, Nürnberg

Technologieeinsatz im Personalwesen der DATEV erfolgt mit der Zielsetzung der Rationalisierung der Personalarbeit für alle internen Kunden der Personalabteilung, um damit die Möglichkeit eines effizienten Mitarbeitereinsatzes zu erhalten.

Durch die fast vollständige Ausstattung des Unternehmens mit PC-Arbeitsplätzen und zusätzlich in Teilbereichen wie der Produktion vorhandenen Informations-Kiosk-PCs können zentrale Personal- und Organisationsinformationen über die internen Mailingsysteme zur Mitarbeiterinformation bereitgestellt werden. Menügesteuert finden die Mitarbeiter sowohl Informationen zur wirtschaftlichen Lage des Unternehmens, interne Telefonbücher, Sicherheitshandbücher als auch Informationen des Personalbereiches über sämtliche Betriebsvereinbarungen des Unternehmens sowie das Seminarangebot der internen Weiterbildung. Diese und andere Funktionen sind bei der DATEV in einem integrierten Personalinformationssystem zusammengefaßt. So bietet dieses System vielfältige Einsatzmöglichkeiten in der Weiterbildung, im kontrollierten Personalbeschaffungsworkflow und im Formularwesen.

Aus: *Gestaltmeyr, Karl*, Integrierter Einsatz von Informationstechnologie, in: Personalführung 30 (1997), 486-493.

2.3.2.3 Personalcontrolling als Spezialaufgabe

Seit rund 10 Jahren (vgl. *Potthoff/Trescher* 1986; *Wunderer/Sailer* 1988) erfährt Personalcontrolling zunehmende Aufmerksamkeit. Diese Tendenz spiegelt das Bedürfnis nach besseren, vor allem frühzeitigeren Informationen wider.

Die Philosophie. Hilfreich für den Einstieg in das Personalcontrolling ist der Rückgriff auf die allgemeine Controllingphilosophie: In früheren Konzepten agierte der Controller als Gegenspieler des Managements. Dies entspricht der Herkunft aus den Worten contra und rotulus (Gegenrolle); später wurde Controlling aus dem Englischen abgeleitet und umfaßt neben der Kontrolle vor allem Informationsversorgung und planerische Unterstützung (Übersicht 2.26).

Begriff	Ursprung	Bedeutung
Kontrolle	contra rotulus (lat.): Gegenrolle	Soll-Ist-Vergleich
Controlling	to control	Planung, Kontrolle, Informationsversorgung

Übersicht 2.26: Abgrenzung zwischen Controlling und Kontrolle

***Potthoff/ Trescher* (1986, 25)**	„Alle Controllingaufgaben, wie Planung, Kontrolle und Abweichungsanalyse sowohl im strategischen als auch operativen Sinne. Dabei sind nicht nur Kosten, sondern gleichrangig die Leistung mit den auf sie einwirkenden Faktoren Gegenstand der Aufgabe."
***Wunderer/ Sailer* (1987, 507)**	„Personal-Controlling ist unter anderem die bewußte, systematische wie integrierte Planung (Soll) und Kontrolle (Ist) personalwirtschaftlicher Tatbestände in meßbaren Daten (unter anderem erfolgswirtschaftliche Kenngrößen) und die Rückkoppelung zwischen Kontrolle und Planung, bei der die Ergebnisse von Abweichungsanalysen zur Grundlage des Planungsprozesses werden."
***Papmehl* (1990, 34)**	„Personalcontrolling basiert auf der Idee, durch einen kontinuierlichen Vergleich von Planzielen und Gegenwartssituation ein effizientes Steuerungssystem zu schaffen, mit dem antizipativ quantitative und qualitative Personalengpässe bzw. -überschüsse erkannt werden können. Dies beinhaltet auch die Berücksichtigung externer Faktoren."
***Bühner* (1997, 365)**	„Unter Personalcontrolling ist die Ausrichtung der Planung, Steuerung und Kontrolle personalwirtschaftlicher Prozesse auf den wirtschaftlichen Erfolg des Unternehmens zu verstehen ... mit dem besonderen Anspruch, Wirtschaftlichkeitspotentiale offenzulegen und in einer „prozessual-ganzheitlichen" Sichtweise freizusetzen."

Übersicht 2.27: Exemplarische Definitionen von Personalcontrolling

Inzwischen hat sich das Controlling zu einem „Subsystem der Führung entwickelt, das Planung und Kontrolle sowie Informationsversorgung systembildend und systemkoppelnd koordiniert, und auf diese Weise die Adaption und Koordination des Gesamtsystems unterstützt" (*Horváth* 1991, 168). Aus diesem Begriffsverständnis entwickelten sich dann diverse Definitionen, die gegenwärtig (auch) das Personalcontrolling charakterisieren (Übersicht 2.27).

Die zentralen Ansätze. Das Personalcontrolling hat die auf den einzelnen Managementfeldern anfallenden Aufgaben – je nach Schwerpunkt – zu unterstützen, zu koordinieren und/oder zu optimieren. Zu diesem Zweck werden vorhandene Methoden des Personalmanagements eingesetzt, aber auch neue, spezifisch auf das Personalcontrolling zugeschnittene Instrumente:

Flamholtz (1974) machte mit seinem Human Resource Accounting HRA (Humanvermögensrechnung) den ersten Schritt in Richtung auf ein Personalcontrolling. Wesentliche Aufgaben dieser Methode sind:
- die Bereitstellung von Angaben über Kosten und Wert von Mitarbeitern einer Organisation,

- der Aufbau einer Datenbank mit quantitativen, aber auch qualitativen Daten sowie
- die Entwicklung von Prognose- und Planungsmodellen.

Welche der Aufgaben im Vordergrund stehen, ist von der Ausgestaltung des HRA-Systems abhängig. *Flamholtz* entwickelte hierzu eine **Hierarchie** von HRA-Systemen, die sich im Umfang der von ihnen erfaßten Daten und der Mächtigkeit der zur Anwendung kommenden Instrumente unterscheiden.

Grünefeld (1981) schlägt die Verwendung eines umfangreicheren **Kennzahlenmodells** vor. Diese Kennzahlen sollen vor allem Einzelinformationen über den Personalaufwand liefern, um Tendenzen im Vergleich zu vorherigen Perioden erkennen zu können. Eine Erweiterung der Kennzahlen für nahezu alle Personalmanagementfelder stammt von *Schulte* (1989, 51-52):

- Personalbedarf und -struktur (wie Netto-Personalbedarf, Arbeitsvolumen/Arbeitszeit oder Qualifikationsstruktur),
- Personalbeschaffung (wie Bewerber pro Ausbildungsplatz, Vorstellungsquote oder Effizienz der Beschaffungswege),
- Personaleinsatz (wie Vorgabezeit, Leistungsgrad, Arbeitsproduktivität, Arbeitsplatzstruktur oder Überstundenquote),
- Personalerhaltung und Leistungsstimulation (wie Fluktuationsrate, -kosten oder Krankheitsquote),
- Personalentwicklung (wie Ausbildungsquote, Übernahmequote oder Bildungsrendite),
- Personalfreisetzung (wie Sozialplankosten pro Mitarbeiter oder Abfindungsaufwand je Mitarbeiter),
- Personalkostenplanung und Kontrolle (wie Personalintensität oder Personalkosten in Prozent der Wertschöpfung).

Angesichts der zunehmenden Technologisierung im Personalwesen wird sich der Aufwand zur Erstellung und Aktualisierung dieser Kennzahlen sicherlich reduzieren, andererseits wird sich jedoch gleichzeitig die Gefahr einer Informationsüberladung durch zu viele und inhaltlich nicht mehr hinterfragbare Kennzahlen erhöhen.

Amling (1997, 158-227) wendet auf diverse personalwirtschaftliche Maßnahmen ein spezifisches Controlling an. Er unterscheidet Personalbeschaffungs-, Personalentwicklungs-, Personalführungs-, Personaleinsatz- und Personalfreisetzungscontrolling. Durch eine derartige Konzeption sollen Unternehmen **funktionsspezifische** Controllingvarianten entwickeln können.

Wunderer und *Sailer* (1987, 505-509) sehen Personalarbeit durch Controllingmethoden stärker **ökonomisch** untermauert und das Denken und Handeln nach wirtschaftlichen Kriterien gefördert. Hiervon versprechen sich die Autoren eine Aufwertung der Personalabteilung, die in vielen Unternehmen aufgrund des Mangels an harten Daten gegenüber anderen Unternehmensbereichen benachteiligt ist. Sie nehmen eine Einteilung in drei **Controlling-Bereiche** vor:

- Das *Personalkosten-Controlling* befaßt sich mit der periodischen Planung und Kontrolle der Personalkosten und der Kosten der Personalabteilung.
- Das *Wirtschaftlichkeits-Controlling* erfaßt das Verhältnis von geplantem Ressourceneinsatz zu tatsächlichem Ressourceneinsatz pro personalwirtschaftlichem Prozeß (Effizienz); dies geschieht zu einem großen Teil durch den Einsatz von Kennzahlen wie beispielsweise direkte Kosten pro Stellenbesetzung oder Weiterbildungskosten pro Mitarbeiter.
- Das *Erfolgscontrolling* stellt den Beitrag der personalwirtschaftlichen Maßnahmen zum Unternehmenserfolg fest.

Als Instrumente des Personalcontrollings werden Methoden wie zum Beispiel Mitarbeiterbefragungen, Assessment Center, Personalinformationssysteme und Potentialanalysen herangezogen.

Die Aufgaben. Die vorangegangenen Ausführungen verdeutlichen die konzeptionellen Probleme, mit denen sich das Personalcontrolling auseinanderzusetzen hat. Aus diesem Grunde bietet es sich an, ausgehend vom Grundprinzip des **Regelkreises** (Abbildung 2.15) potentielle Aufgaben des Controllings zu lokalisieren, um diese dann in den Bereich des Personalmanagements zu transformieren. In einem Regelkreis erfolgt die Festlegung einer Stellgröße (Aktion) in Abhängigkeit von einer Zustandsgröße (Istwert) und einer Führungsgröße (Sollwert) in einer Form, die auch überraschende Störfälle ausgleichen kann.

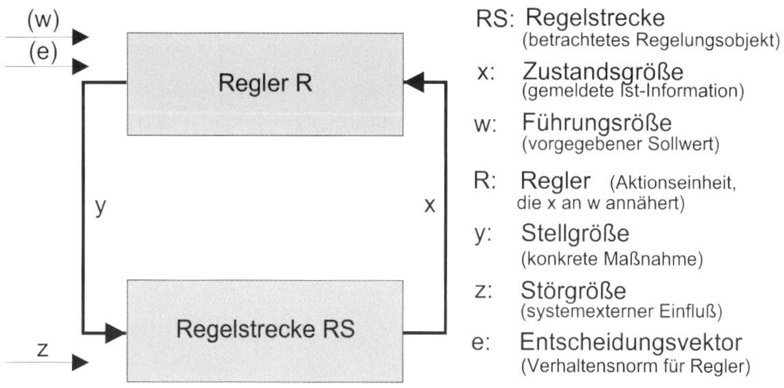

Abbildung 2.15: Grundprinzip eines Regelkreises

Kontrolle bedeutet Vergleich von Sollwert und Istwert mit anschließender Spezifikation einer entsprechenden Stellgröße. Controlling geht weiter und setzt an allen vier Komponenten des Regelkreises an.

Um die Komplexität überschaubar zu halten, soll im Rahmen des zu entwickelnden Ansatzes jeweils eine Komponente als die zu hinterfragende, die Gruppe der übrigen drei Komponenten dagegen als gegeben angesehen werden. Wie Übersicht 2.28 verdeutlicht, ergeben sich daraus vier Controlling-Aufgabenaspekte.

	Istwert	**Sollwert**	**Entscheidungsverfahren**	**Maßnahmen und Handlungen**
Erfolgscontrolling	?	gegeben	gegeben	gegeben
Zielcontrolling	gegeben	?	gegeben	gegeben
Planungscontrolling	gegeben	gegeben	?	gegeben
Aktivitätscontrolling	gegeben	gegeben	gegeben	?

Übersicht 2.28: Aufgabenaspekte des Controllings

Im einzelnen lassen sich diese vier nach dem **Aufgabenaspekt** differenzierten Varianten wie folgt beschreiben:

- Beim *Erfolgscontrolling* wird der Istwert evaluiert. Anders als bei der reinen Kontrolle geht es dabei nicht um den Abgleich mit den formal kongruenten Sollwerten. Vielmehr ist zu prüfen, ob der Regler überhaupt im Normalfall seine Sollwerte erreicht und ob die Istwerte qualitativ sinnvoll sind. Gibt sich beispielsweise beim Beschaffungscontrolling der untere Regler bereits dann zufrieden, wenn eine ausreichende Anzahl von Mitarbeitern eingestellt ist, so kann sich das Personalcontrolling zusätzlich mit der Qualität der neuen Mitarbeiter befassen.
- Beim *Zielcontrolling* werden Sinnhaftigkeit, Vollständigkeit und logische Kongruenz der vorgegebenen Sollwerte überprüft. Das Personalcontrolling würde dann beispielsweise die Personalbeschaffung dadurch unterstützen, indem es zusätzliche Ziele definiert und an die Personalbeschaffung weitergibt.
- Beim *Planungscontrolling* gilt es festzustellen, ob die Entscheidungsverfahren des Reglers sinnvoll und zielfördernd sind. In vielen Fällen heißt dies zunächst einmal herauszufinden, wie der Regler seine Entscheidungen trifft. Im Beschaffungscontrolling beispielsweise könnte die Fachführungskraft auf potentielle Fehler im Einstellungsinterview hingewiesen und mit Hinweisen zur kritischen Analyse von Lebensläufen versorgt werden.

- Das *Aktivitätscontrolling* konzentriert sich auf die Handlungen des Aktionsträgers. Hierbei wird nicht geprüft, warum eine Maßnahme ergriffen wird und ob sie zielführend ist. Es interessiert ausschließlich die Maßnahme selbst und ihre prozedurale Durchführung. Hier kann zum Beispiel untersucht werden, ob und wie Fachführungskräfte Feedback-Gespräche mit den Mitarbeitern nach Ablauf der ersten Hälfte der Probezeit führen.

Alle vier Varianten gehören zu einem „vollständigen" Controlling und sind daher in einer Personalcontrolling-Konzeption vorzusehen.

Um diese Vollständigkeit auch langfristig zu erhalten, ist das oben beschriebene Personalcontrolling mit seinen vier Aufgaben um ein Metacontrolling zu erweitern (Abbildung 2.16), das in regelmäßigen Abständen das Realcontrolling auf Funktionsfähigkeit überprüft und es (selbst-)kritisch hinterfragt.

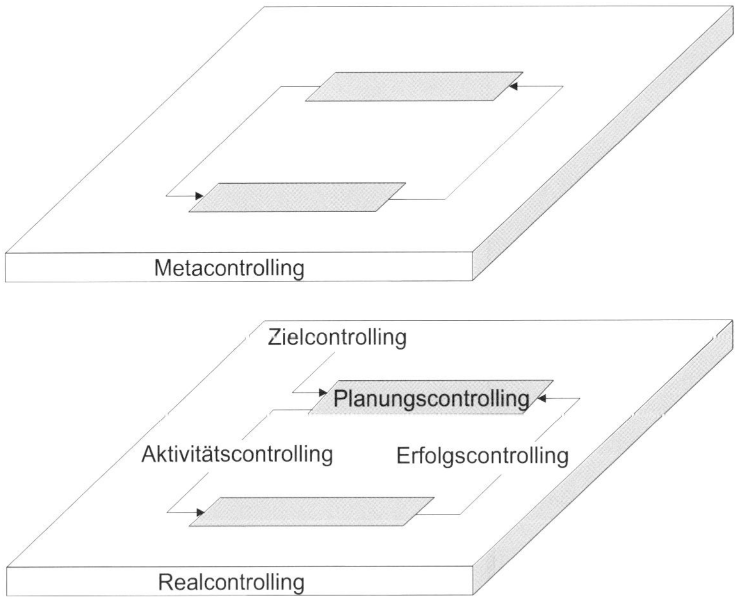

Abbildung 2.16: Real- und Metacontrolling

Die Konkretisierung des Aufgabenaspektes trifft somit Aussagen dazu, was ein Personalcontrolling formal und prozedural leisten muß. Die inhaltliche Komponente kommt dann durch den Objektaspekt hinzu.

Die Objekte. Grundsätzlich bezieht sich das Personalcontrolling auf alle Felder und Ebenen des Personalmanagements. Exemplarisch zu nennen sind

Empirischer Befund (GPP): Nutzung ausgesuchter personalmanagementrelevanter Informationen (in Prozent)

Das Personalmanagement nutzt stärker Informationen über den internen Zustand des Personalstandes als über das externe Umfeld. Im externen Umfeld wiederum interessiert stärker die Situation selbst, etwa auf dem Arbeitsmarkt, als das externe Feedback auf das Erscheinungsbild des Unternehmens. Amerikanische und französische Unternehmen nutzen im wesentlichen stärker Informationen für das Personalmanagement als deutsche Unternehmen; diese interessieren sich jedoch international am stärksten für die Abwesenheitsrate.

	D	Ö	USA	F	Sp	Rest	Σ
Abwesenheitsrate	63	53	50	52	52	65	57
Individuelle Fähigkeitsprofile (für mind. 80% der Mitarbeiter)	34	33	57	77	17	37	38
Stellenbeschreibungen (für mind. 80% der Mitarbeiter)	40	55	75	72	48	66	55
Arbeitsmarktanalysen	26	9	63	53	31	40	32
Imagepositionierung am Arbeitsmarkt	25	32	14	57	31	41	35
Externe Analyse der Unternehmenskultur	15	11	29	19	24	18	18

- Fähigkeits- und Strukturcontrolling für die Personalbestandsanalyse,
- Anforderungs- und Bedarfsstrukturcontrolling für die Personalbedarfsbestimmung,
- Beschaffungsweg- und Bewerberauswahlcontrolling für die Personalbeschaffung,
- Bildungs- und Laufbahncontrolling für die Personalentwicklung,
- Freisetzungsform- und Freisetzungsabwicklungscontrolling für die Personalfreisetzung,
- Arbeitsplatz-, Arbeitsaufgaben- und Arbeitszeitcontrolling für den Personaleinsatz,
- Budget- und Kostenstrukturcontrolling für das Personalkostenmanagement sowie
- Motivations-, Führungs- und Kulturcontrolling für die Personalführung.

Dies impliziert die Zusammenführung von Informationen auf unterschiedlichen hierarchischen Ebenen, gegebenenfalls in Verbindung mit Trendprojektionen.

Es geht beim Personalcontrolling nicht um eine individuelle Kontrolle der Leistung des einzelnen Mitarbeiters: Dies ist im Regelfall Aufgabe der direkten Führungskraft. Angestrebt ist vielmehr eine ganzheitliche

Management-ebene	Erfolgskontrollen im Personalcontrolling		
	monetär, kalkulatorisch	ökonomische Kennzahlen und Indikatoren	qualitativ subjektive Beurteilungen
strategisch	• Rentabilität von Instrumenten der Personalentwicklung • finanzmathematische Analyse von Betriebspensionen	• Personalstruktur im Hinblick auf Ausbildungsniveaus • Betriebszugehörigkeit der Mitarbeiter	• Potentialanalyse • Personal-Portfolio
taktisch	• Budgetkontrolle für ein Ausbildungsprogramm • Kosten der betrieblichen Sozialeinrichtungen	• Fluktuationsrate • Bildungskosten pro Mitarbeiter • Bewerberanzahl pro Ausschreibung	• Mitarbeiterbeurteilung durch Assessment Center
operativ	• Personalkosten bezogen auf einzelne Mitarbeiter • Kosten und Budgets für die Personalabteilung	• Leistungsstunden	• Tätigkeitskontrolle mittels Multimomentstudien

Übersicht 2.29: Beispiele für ebenenspezifische Controllingobjekte

Vorgehensweise, die den gesamten Objektbereich der Felder im Personalmanagement umfaßt.

Neben reinen monetären Größen wie Personalkosten berücksichtigt ein „vollständiges“ Personalcontrolling auch Leistungsdaten (ökonomische Indikatoren) sowie rein qualitative Beurteilungen (Übersicht 2.29). Die Methoden. Nach der Ermittlung der Aufgaben und Objekte des **Personalcontrollings** ist zu prüfen, welche Methoden sich für den Einsatz im Zusammenhang mit Personalcontrolling eignen. Die gemachten Vorschläge (vgl. *Potthoff/Trescher* 1986; *Wunderer/Schlagenhaufer* 1994) lassen sich auf die folgenden Methoden zurückführen:

- *Aufwandsanalysen* als Inputbetrachtungen sind einsetzbar unter allen vier Aufgabenaspekten (z.B.: Wieviel DM hat eine personalpolitische Maßnahme gekostet?). Sie bestimmen, welcher Aufwand für Planung, Zielfestlegung, Aktion und als Zusammenführung für die Zustandsgröße vorgegeben werden soll.
- *Ergebnisanalysen* als Outputbetrachtungen überprüfen, ob die Zustandsgröße tatsächlich den vorgesehenen Wert erreicht hat (z.B. wie

viele Bewerber haben sich auf eine konkrete Akquisitionsaktivität hin beim Unternehmen gemeldet?). Planungsorientiert stellt das Personalcontrolling das tatsächliche Planungsergebnis fest. Aktivitätsorientiert geht es um die tatsächliche Durchführung der Maßnahme, zielorientiert um den letztlich übermittelten Zielwert. Beispiele sind Fluktuationszahlen oder Werte für abgesprungene Bewerber und Teilnahmen an Bildungsmaßnahmen als erste (schwache) Indikatoren für erfolgreiche Trainingskonzepte.

- *Nutzenanalysen* evaluieren, wo und wie Kosten auf Erträge zurechenbar sind. Im Beschaffungscontrolling kann dies auf vier Teilaspekte hinauslaufen: Im Zielcontrolling ist zu prüfen, ob der Aufwand zur Erstellung der Anforderungsprofile in einer sinnvollen Relation zum Ertrag steht; im Planungscontrolling, ob die Entscheidungsqualität in Relation zum Entscheidungsaufwand steht; im Aktivitätscontrolling, ob beispielsweise bestimmte Akquisitionswege ihren Aufwand rechtfertigen; im Erfolgscontrolling, ob der Aufwand der Beschaffungsmaßnahme tatsächlich kleiner ist als der dadurch realisierte Ertrag.
- *Wertschöpfungsanalysen* prüfen als Sonderform der Nutzenanalysen, inwieweit durch die jeweilige Maßnahme eine Wertschöpfung realisiert wird: Es wird evaluiert, inwieweit spezifische Kostenblöcke zur Wertschöpfung im Unternehmen beitragen.
- *Zustandsanalysen* untersuchen die Situation einer betrachteten Einheit zu einem konkret spezifizierten Zeitpunkt und lassen sich besonders im Bereich der Personalbestandsanalyse einsetzen. Sie können sowohl rein quantitativ im Sinne der Personalkonfiguration erfolgen als auch qualitativ. Ein Instrument hierfür ist die Mitarbeiterbefragung.
- *Ereignisanalysen* sind zeitraumbezogene Ansätze. Sie konzentrieren sich auf einen relativ engen Zeitraum. Ziel ist es, eine einzige Aktivität auf ihre Wirkung hin zu analysieren. Ereignisanalysen beschäftigen sich beispielsweise im Bereich der Personalbeschaffung damit, die Präsentation des Unternehmens auf einem Hochschulkontakt-Forum zu analysieren.
- *Vorgangsanalysen* dienen dem Verständnis und der Verbesserung betrieblicher Abläufe, indem diese in ihre Teilschritte zerlegt und auf Restrukturierbarkeit überprüft werden. Dabei wird analysiert, wo Schwachstellen in einer Prozeßkette liegen und wie gegebenenfalls Verbesserungen erzielt werden können. Vorgangsanalysen bieten sich beispielsweise bei Beschaffungsprozessen an, um Ineffizienzen zu lokalisieren.
- *Systemanalysen* versuchen, die Personalmanagementsysteme ganzheitlich zu bewerten. Derartige Ansätze dienen dazu,
  - Existenz,

- Notwendigkeit,
- Funktionsfähigkeit und
- Wirtschaftlichkeit

von Personalmanagement-Instrumenten zu evaluieren.

Zu der Systemanalyse gehört auch das *Personalmanagement-Audit*: Dort wird geprüft, welche Aspekte des betrieblichen Personalmanagements tatsächlich im konkreten Unternehmen abgedeckt sind.

Empirischer Befund (GPP): Genutzte Merkmale zur systematischen Bewertung der Personalabteilung (in Prozent)

Insgesamt werden über alle Länder hinweg in mindestens einem Drittel aller Unternehmen eine Vielzahl von Merkmalen für die systematische Bewertung der Personalabteilung herangezogen. Das amerikanische Personalmanagement ist hierbei am striktesten auf Erfolg und (internen) Kundennutzen ausgerichtet, gefolgt von Spanien und Frankreich. Deutschland und Österreich dagegen verfolgen einen einander sehr ähnlichen kennzahlen- und kostenorientierten Ansatz.

	D	Ö	USA	F	Sp	Rest	Σ
Mitarbeiter pro Personalabteilungsmitglied	47	48	13	34	25	48	40
Kosten der Personalmanagementfunktion pro Mitarbeiter	30	35	25	32	25	41	32
Anzahl der Neueinstellungen	32	32	25	42	31	22	31
Anzahl der Weiterbildungsmaßnahmen	34	41	38	43	53	32	40
Leistung im Verhältnis zum Budget	38	34	50	60	50	49	45
Feedback vom Linienmanagement	49	54	100	62	40	68	56
Erfolg in Relation zum Ziel	48	49	75	52	74	74	60
Bewertung durch interne Kunden	48	41	75	50	31	68	49

Integriertes Umsetzungskonzept. Wertschöpfung muß nicht zwingend durch monetären Erfolg gemessen werden; vielmehr tragen zu ihr Kundenzufriedenheit, Effektivität interner Abläufe sowie Lern- und Innovationsfähigkeit bei. Auf die Integration von zur Erfassung dieser Kriterien geeigneter Meßsysteme in ein strategisches Managementsystem basiert die Idee der **Balanced Scorecards** (vgl. *Kaplan/Norton* 1996): Sie strebt eine zwischen quantitativen und qualitativen Kennzahlen „ausgewogene" Erfolgsüberwachung an. Ihre Realisierung erfolgt über einen Kreislaufprozeß, der sich von

- einer Konkretisierung der Unternehmensvision und -strategie über
- deren Kommunikation und Gestaltung eines leistungsbezogenen Anreizsystems,
- die Planung von Zielen und Ressourcen bis hin zu
- einer Feedback- und Lernphase

erstreckt. Dabei werden Managementthemen jeweils auf die Vision und Strategie bezogen, hinsichtlich ihrer Finanz-, Kunden-, interne Prozeß- sowie Lern-/Entwicklungsaspekte differenziert sowie jeweils auf die Realisierungskriterien Gesamtziel, Operationalisierung, Vorgabe und Initiative hin konkretisiert.

Da das Balanced Scorecard-Konzept einen allgemeinen Vorgehensrahmen bereitstellt, läßt es sich auch auf das **Personalmanagement** anwenden. Hierbei ist inhaltlich insbesondere die bewußte Integration der internen Kundenperspektive interessant, die zur Erreichung übergeordneter Ziele beiträgt. Prozedural lassen sich Balanced Scorecards auf der strategischen Ebene für das gesamte Personalmanagement, auf der taktischen Ebene für Arbeitsteams und auf der operativen Ebene für einzelne Mitarbeiter formulieren.

Als **Vorteil** der Balanced Scorecards wird ihre Basierung auf der für das Unternehmen erfolgskritischen Vision und Strategie gesehen, aus der heraus die systematische Ableitung von erfolgsmeßbaren Aktionen und deren Ausbau zu langfristigen Erfolgspotentialen resultiert. Im Idealfall wird den Mitarbeitern mittels eines Gesamtkonzepts unternehmensweit ein stimmiger, einheitlicher und aufgrund seiner Nachvollziehbarkeit akzeptierter Strategieimplementierungsentwurf kommuniziert. Dies resultiert in klaren Informationen, wie die Mitarbeiter zum Unternehmenserfolg beitragen können, und klaren Vorgaben für das Erfolgscontrolling. **Nachteile** erwachsen aus der zugrundeliegenden Managementsicht, die *Wimmer* und *Neuberger* (1998, 567) als „ ‚technomorphe' kausalanalytische Grundhaltung“ charakterisieren: Da eine begründete Theorie des Erfolges fehlt und sowohl von deterministischen Ursache-Wirkungs-Zusammenhängen als auch von der mechanischen Steuerbarkeit von Prozessen ausgegangen wird, liegt ein pragmatisches und selektives Instrument vor.

In die Praxis haben Balanced Scorecards vor allem Eingang gefunden, weil sie – im Unterschied zu einem Kennzahlenkatalog – die ständige Überprüfung der Erfolgswirksamkeit von Strategien ermöglichen. Die kritische Reflexion von Balanced Scorecards und ihr konkreter Anwendungsbezug können dazu führen, daß eine lernende Organisation entsteht. Dies betrifft wiederum sowohl die Personalentwicklung als auch das Personalkostenmanagement, in dessen leistungsabhängige Vergütungssysteme die Ergebnisse von Balanced Scorecards als Basisinformationen eingehen.

Die Organisation. Bei der organisatorischen Umsetzung des Personalcontrollings ist zunächst die Frage zu beantworten, ob es überhaupt eine eigenständige Position oder Abteilung „Personalcontrolling" im Unternehmen geben soll. Abgesehen von kleinen Unternehmen, wo die Personalabteilung aus zu wenigen Personen besteht, ist diese Frage eindeutig positiv zu beantworten.

Grundsätzlich gibt es vier Möglichkeiten für die **organisatorische Einordnung** des Personalcontrollings (Abbildung 2.17): Zunächst kann das Personalcontrolling als Teil des allgemeinen Controllings institutionalisiert werden. In diesem Fall besteht allerdings die Gefahr, durch die spezifische Denkweise des Rechnungswesens ein System zu schaffen, das nur schwer den Besonderheiten des Personalmanagements gerecht werden kann. Eine zweite Variante besteht aus einer Stabsabteilung an der *Unternehmensspitze*. Dieses im Prinzip durchaus sinnvolle Vorgehen birgt allerdings die Gefahr einer mangelnden Akzeptanz bei der Personalabteilung, was bis zu einem aktiven Boykott führen kann. Die dritte Variante impliziert eine Einordnung in die *Personalabteilung*, beispielsweise gleichrangig zur Personalentwicklung. Da hier aber leicht die Sonderrolle des Personalcontrollings als übergreifende Unterstützungs- und Koordinationsfunktion verloren geht, bleibt letztlich ausschließlich die vierte Variante, bei der das Personalcontrolling in einer *Stabsstelle* fixiert wird, die dem obersten Personalverantwortlichen zugeordnet ist.

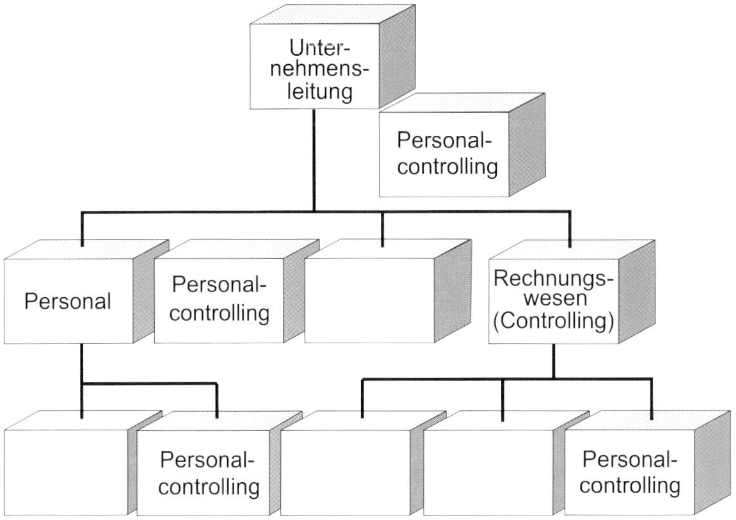

Abbildung 2.17: Alternative Positionierungen des Personalcontrollings

Die kulturelle Verankerung. Es existiert ein prinzipieller Konflikt zwischen Unternehmenskultur und Personalcontrolling, da von beiden wichtige Führungsimpulse ausgehen. So besteht bei einer stark ausgeprägten Unternehmenskultur ein *implizites „Personalcontrolling" durch die Unternehmenskultur.* Dessen Führungssignale operieren auf einer abstrakten Ebene, wirken aber aufgrund ihrer starken Werteorientierung verhaltenssteuernd („*Value Mission*"). So kann es durchaus zu einem Widerspruch kommen, wenn auf der einen Seite die Unternehmenskultur die Autonomie des einzelnen betont, umgekehrt aber ein explizites und intensives Personalcontrolling institutionalisiert wird. Als Konsequenz ergibt sich die Notwendigkeit, auf eine **Stimmigkeit** des Personalcontrollings zur Unternehmenskultur zu achten, um keine Pathologien entstehen zu lassen.

Ergebnis. Das Personalcontrolling nimmt im Vergleich zum allgemeinen Controlling eine Sonderstellung ein, da die Mitarbeiter kein ausschließlich nach ökonomischen Gesichtspunkten disponierbarer Produktionsfaktor sind. Daraus ergeben sich besondere Anforderungen.

Gerade im Zusammenhang mit dem Personalcontrolling gibt es ein erhebliches *Akzeptanzproblem.* Die Einführung eines Personalcontrollings weckt zwangsläufig Befürchtungen bei den Betroffenen. Verstärkt wird dies durch den Einsatz von EDV-Anlagen: Die Angst vor dem „gläsernen Mitarbeiter" wird bereits durch den Ausdruck „Personalcontrolling" eher erhöht als vermindert.

2.3.2.4 Multimedialisierung als Vision

„Multimedia" hat sich von einem Schlagwort zu einem wichtigen Schlüsselbegriff entwickelt, der die Bestrebungen umfaßt, unterschiedlichste Darstellungsformen von Informationenen in einer benutzerfreundlichen Form miteinander zu kombinieren. Ziel ist es, mit möglichst vielen Sinnen gleichzeitig einsetzen zu können. Auch wenn die dazu beitragenden Industrien bereits heute einen wichtigen Wirtschaftszweig bilden, klafft zwischen Anspruch und Wirklichkeit noch immer eine beachtliche Lücke, weshalb „Multimedialisierung" trotz technoligischer Machbarkeit eher in den Bereich der Vision einzuordnen ist.

Medien manifestieren sich in bezug auf ihre **zeitliche Dimension** in zwei Formen:
- *diskrete* (synonym *zeitunabhängige*) Medien mit einer zeitunkritischen Verarbeitung, wie Texte, Graphiken oder Bilder, und
- *kontinuierliche* (synonym *zeitabhängige*) Medien, deren darzustellende Informationen nicht nur durch ihre Werte vermittelt werden, sondern auch durch den zeitlichen Verlauf ihres Auftretens, wie Videos, Animationen oder Audio.

Nicht jede Kombination von „vielen" Medien ergibt eine multimediale Anwendung. Vielmehr ist erst dann von Multimedia zu sprechen, wenn eine Anwendung mindestens ein kontinuierliches und ein diskretes Medium verarbeiten kann (vgl. *Steinmetz* 1995).

Im Hinblick auf die **Form der Verarbeitung** gibt es bei Multimedia vier Varianten (*Duce et al.* 1991, 57):
- *Interaktivität* zwischen Input und Output,
- *Parallelität*, das heißt parallele Ausgabe mehrerer Medien,
- *Simultaneität* der Dateneingabe über mehrere Geräte (Multitasking), so zum Beispiel über Datenhandschuh, Maus oder Touch-Screen, sowie
- *Transformation* im Sinne der Umsetzung einfacher Eingabesignale in komplexere Datenstrukturen.

Sie führen dazu, daß die insbesondere durch klassische Printmedien gewohnte lineare Informationsstrukturierung durch rückgekoppelte Darbietung an Varietät gewinnt. Multimedia ist damit nicht nur eine neuartige Technologiekombination mit wachsender wirtschaftlicher Bedeutung, sondern eine neue Art der Mediennutzung in Kommunikations-, Informations- und Lernprozessen (vgl. *Issing/Klimsa* 1995, 1-3).

Aus **institutioneller Sicht** läßt sich das Phänomen Multimedia als Ergebnis eines Zusammenwachsens bislang unabhängiger Industrien definieren (vgl. *Bundesministerium für Wirtschaft* 1997b). Gerade in den letzten drei Jahren hat sich der Multimediamarkt mit wachsender Geschwindigkeit zu einem Massenmarkt entwickelt (Abbildung 2.18).

Der Möglichkeitenraum Multimedia umfaßt technische und anwendungsbezogene **Aspekte** (vgl. *Klimsa* 1995, 8-9):
- Die *technische Dimension* charakterisiert die Medienintegration und -präsentation. Sie beschreibt den zum Einsatz kommenden Medienmix (Multimedialität) und die diversen Benutzerschnittstellen (Multimodalität).
- Die *anwendungsbezogene Dimension* konkretisiert den Begriff Multimedia und macht ihn einer kontextbezogenen Analyse zugänglich. Einzelne Anwendungskategorien sind zum Beispiel Datenbanksysteme, Kommunikationssysteme sowie spezifische Autorensysteme/-umgebungen und Multimediawerkzeuge (Multifunktionalität).

Eine wichtige Rolle spielen in diesem Zusammenhang **Hypermediasysteme** als Netzwerke, in denen die verschiedenen Knoten einzelne Informationseinheiten repräsentieren. Diese Hyperknoten sind durch aktivierbare Hyperlinks (Verweise) verbunden. Hypermedia-Dokumente sind ergänzend zu einem Hypertext, also der reinen Verknüpfung von digitalen Textdokumenten, mit anderen Medienobjekten wie Sprach-, Musik- oder Videopräsentationen verbunden. Sie bilden gesamthaft ein

Beziehungsnetzwerk, das als Hypergraph bezeichnet wird; das Lesen der Dokumente wird als Browsen oder Navigieren bezeichnet. Hypermedia bildet die Schnittmenge von Hypertext und Multimedia und ermöglicht über die gezielte Ansprache verschiedener Sinne die verstärkte sozioemotionale Einbindung der Benutzer.

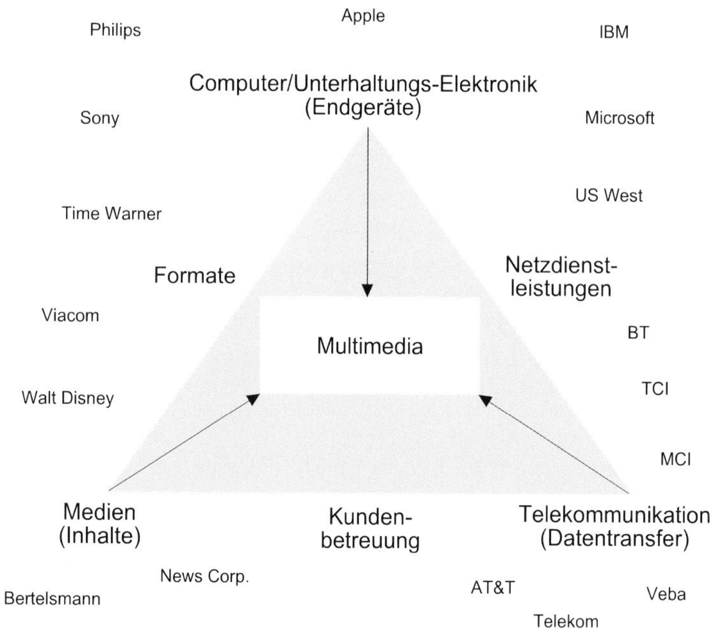

Abbildung 2.18: Multimedia als Ergebnis des Zusammenwachsens unabhängiger Industrien (vgl. *Middelhoff* 1997, 412)

Die Anwendungsmöglichkeiten von Multimedia sind besonders vielfältig. **Multimedia-Kommunikation** integriert ein breites Spektrum ehemals spezieller Techniken, die heute zusammenwachsen. Sie reichen von reinen Video- und Telefondiensten zu hochkomplexen Kommunikations- und Informationssystemen. Innerhalb dieser Varianten des multimedialen Angebots dominieren zur Zeit folgende Angebotsschwerpunkte (vgl. z.B. *Malzbender* 1994; *Klimsa* 1995):

- *Unterhaltung*: Die Entertainmentbranche bildet den größten Marktanteil von Multimedia-Applikationen. Für den privaten Bereich reicht das multimediale Angebot von Pay per View über Chatrooms und interaktiven Computerspielen im Internet bis hin zu Bestellservices oder interaktiven Informationsdiensten.

- *Kommunikation und Information*: Hierunter fallen Werbung, Produkt- und Firmenpräsentation zur Abgrenzung gegenüber den Mitbewerbern und effektvoller Präsentation der eigenen Produkte und Leistungen ebenso wie das Serviceangebot von Industrieunternehmen oder das 24-Stunden-Teleshopping.
- *Kooperation*: Durch Multimedia wird der Aufbau innovativer und grenzüberschreitender Unternehmensnetzwerke möglich, die gerade auch Klein- und Mittelbetrieben neue Wettbewerbschancen eröffnen.

Unternehmen verändern sich durch den Einsatz von Multimedia: Beispielsweise tragen multimediale Systeme dazu bei, hierarchische Strukturen zu lockern. In der Fertigung können Produktionszyklen verkürzt werden. Im Servicebereich gewährleistet eine multimediale Kommunikation einen besseren Informationsaustausch zwischen Kunden und Mitarbeitern. Zudem entstehen im Informationsbereich Netzwerke aus leistungsfähigen multimedialen Systemen, die auch virtuelle Abteilungen ermöglichen.

Pitney Bowes Messaging-Studie 1998:
Managing Communications in the 21st Century Workplace

Eine Befragung vor Ort von Geschäftsführern, Top-Managern und Sachbearbeitern der 1 000 bedeutendsten englischen Unternehmen in der Rangliste der Times im Befragungszeitraum Januar/Februar 1998 ergab unter anderem folgende Ergebnisse:

- Angestellte senden und empfangen durchschnittlich 169 Nachrichten pro Tag.
- Die bevorzugten Kommunikationsmethoden und -werkzeuge sind zu 28% in Papierform und zu 78% elektronisch.
- 28% der Angestellten fühlen sich durch die Nachrichtenflut überfordert.
- 42% der Angestellten werden innerhalb einer Stunde alle 10 Minuten durch eingehende Nachrichten unterbrochen.
- 42% der Angestellten haben Probleme mit unterschiedlichen Nachrichten gleichen Inhalts.
- 46% der Befragten gaben an, Probleme mit Nachrichten zu haben, die mit einem von ihnen nicht bevorzugten Medium verschickt wurden.
- 49% der Befragten gaben an, daß ihr Unternehmen weder eine besondere Kommunikationsstrategie für spezifische Situationen noch bestimmte Kommunikationswerkzeuge empfiehlt.

Aus: Gablers Magazin 12 (11-12/ 1998), 71.

Multimediale Realitätssimulation. Virtual Reality sind computerbasiert konstruierte, interaktive, dreidimensionale Umwelten (vgl. z.B. *Aukstakalnis/Blatner* 1994), die von den Benutzern mit Realität gleichgesetzt werden. Dies spiegelt eine neue Qualität der **Konstruktion** von Realität wider: Diese kommt mit einem immer kleineren unmittelbar körperlich erlebten Kontext aus und wird im Extremfall nur noch über Medien mittelbar durchgeführt. Radikale Konstruktivisten würden in diesem Zusammenhang von einer Grenzverschiebung sprechen: Die konstruierende Einheit Gehirn verschmilzt in ihrem Informationsbezug mit der Informationsquelle Computer.

In multimedialen, virtuellen Welten verschwimmt die Schnittstelle Mensch-Computer, und es ergeben sich zwei Erfahrungsdimensionen (vgl. *Alsdorf/Bannwart* 1995, 439): Es kommt zu einem „Eintauchen" in die Realität (Immersion) und zu einer wechselseitig permanenten Fokussierung der Aufmerksamkeit auf die und Auseinandersetzung mit der konstruierten Realität (Interaktivität). Auf diese Weise löst Multimedia Kognitions- und Wahrnehmungsprozesse aus, die zu individuellen Emotionen und Lernprozessen führen (Abbildung 2.19).

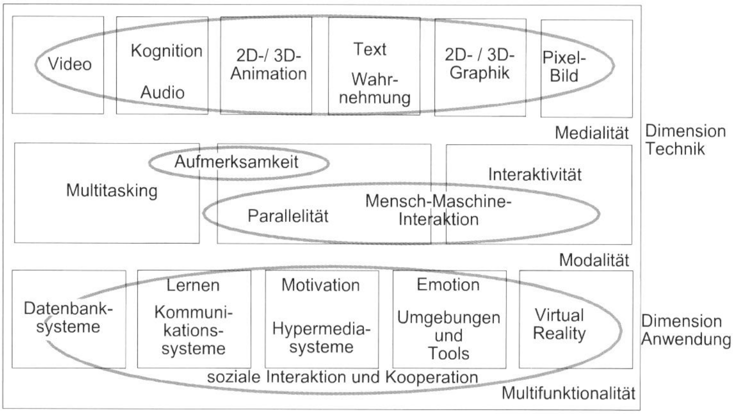

Abbildung 2.19: Psychologische Aspekte der Multimedianutzung (nach *Klimsa* 1995, 11)

Personalwirtschaftliche Implikationen. Die multimedialisierte Welt stellt neue Anforderungen an ein zeitgemäßes Personalmanagement: Sowohl Aufgabeninhalte als auch Kompetenzen und Verantwortungsbereiche richten sich auf die neuen technischen Möglichkeiten aus. Personalmanager werden in ihrem Rollenverständnis auch zu Informations- und Kommunikationsmanagern. Unterstützende Medien wie Internet und Intranet sind aus der täglichen Personalarbeit kaum wegzudenken. Multimediale Bildungssysteme unterstützen den Wissenstransfer zwischen Forschungseinrichtungen und der Praxis.

Eine Befragung von 449 deutschen und 141 österreichischen Entscheidungsträgern aus dem Bereich Aus- und Weiterbildung 1996 belegt die fortschreitende Multimedialisierung auch im Personalbereich (vgl. *Wolter* 1996, 14-15): So nutzen 64% der befragten Unternehmen Multimediaanwendungen, was gegenüber einer 1992 durchgeführten Befragung einer Verdopplung der Anwender entspricht. 48% der deutschen Unternehmen nutzen bereits Computer Based Training (CBT), und rund 70% aller Befragten halten den Einsatz multimedialer Bildungssysteme für sinnvoll. 40% erwarten hieraus eine Motivationssteigerung bei den Mitarbeitern. 98% aller befragten Unternehmen gehen davon aus, daß sich multimediale Anwendungen auf breiter Basis in den Unternehmen durchsetzen werden. Gründe liegen neben der Faszination der neuen Möglichkeiten primär in den Kostensenkungspotentialen durch den Einsatz der weniger personalintensiven Medien von CBT über Business TV bis hin zu Seminaren im Internet.

Für die übrigen Personalmanagementfelder ergeben sich ebenfalls neue **multimediale Handlungsmöglichkeiten**:

- Die *Personalbestands- und -bedarfsverwaltung* kann mit Hilfe neuer Standardsoftware schnell und effizient abgewickelt werden. Instrumente reichen von der reinen Gehaltsabwicklung über flexibles Einsatzmanagement bis hin zu Karriere- und Nachfolgeplanung. Sukzessive werden damit alle Verwaltungsfunktionen und Personalprognosen im PC dargestellt. Die Multimedialisierung integriert Animations- und Präsentationsmöglichkeiten, beispielsweise Altersstrukturpyramiden und Personalbestandsprognosen.
- In Verbindung mit den multimedialen *Personalbeschaffungsaktivitäten* lassen sich heute bereits spezifische Anforderungsprofile via Internet mit entsprechenden Qualifikationsprofilen potentieller Bewerber abgleichen und unterstützen damit die Personalsuche. Zur Zeit konkurrieren bereits 40 kommerzielle deutsche Jobbörsen im Internet (vgl. *Straub/Schöninger* 1997).
- Ein weiterer wichtiger Anwendungsschwerpunkt von Multimedia ist das *Personaleinsatzmanagement*: Telearbeit und mobile Arbeitsplätze werden durch die multimediale Entwicklung möglich und öffnen den Weg zu innovativen Arbeitsformen und -verträgen. 1997 belief sich die europaweite Zahl an Telearbeitsplätzen etwa auf 1,25 Millionen, in Deutschland auf 300 000 (vgl. *Schumacher*, W. 1997, 76).
- Innerhalb des *Personalkostenmanagements* bietet sich durch den Multimediaeinsatz beispielsweise die Möglichkeit einer dezentralen Personalbudgetaufstellung. So können einzelne Projektmanager ihre Projekte kalkulieren und melden diese über Intranet an eine zentrale Kostenkoordination, die das Gesamtbudget verteilt und auf die einzelnen Projekte zuweist.

- Der Multimediaeinsatz im Bereich *Personalführung* führt zu vernetzten Managementinformationssystemen, die sich verschiedener Expertenpools bedienen, um aktuell über die notwendigen Personalinformationen intern und extern informiert zu sein. Gerade weil Unternehmensprozesse verschiedene Standorte im In- und Ausland tangieren beziehungsweise ausgelagerte Entwicklungslabors oder Freelancer integrieren müssen, bieten multimediale Anwendungen wie Videoconferencing oder Internetchats neue Möglichkeiten für ein unternehmensweites Informationsmanagement.

Durch die Herstellung von an die informatorischen Bedürfnisse (interner) Kunden angepaßten Kontexten kann letztlich die individuelle und kollektive Konstruktion von Realität beeinflußt und gelenkt werden.

Bewertung. Internet, Intranet, interaktives Fernsehen, elektronische Märkte und andere neue Technologien verschmelzen heute zu einem neuen *digitalen* Supermedium. Interaktive Multimediatechnik und der Datahighway schaffen durch eine Vernetzung menschlicher Intelligenz die Grundlagen einer neuen Wissenswirtschaft innerhalb miteinander kollidierender Antriebsfaktoren, in deren Zentrum der Datahighway eine entscheidende Rolle spielt.

Hierbei wirken Technologisierung und Multimedialisierung einerseits als *Driving Force* des anhaltenden Strukturwandels, und die Unternehmen reagieren auf diese Entwicklung. Andererseits wirkt sie als *Enabler* und versetzt die Unternehmen überhaupt erst in die Lage, neue Wege zu gehen. Unternehmen, die sich von einem so wichtigen Informationspool wie dem Datahighway ausschließen und damit Informationen über Märkte, Konkurrenten und Produkte ignorieren, verpassen wichtige Wettbewerbschancen.

Unabhängig von Nutzenaspekten, ihrer Notwendigkeit und Sinnhaftigkeit darf die Multimedialisierung im Personalbereich nicht zu einer Mechanisierung und Taylorisierung führen. Mitarbeiter sind mehr als Personalnummern und müssen es auch bleiben. Auch kritische Aspekte wie „informatorische Selbstbestimmung“ und „gläserner Mensch“ behalten unvermindert ihre Aktualität. Im Mittelpunkt der Multimedialisierung stehen nicht nur die technischen Faszinationen, sondern die Menschen, die den Prozeß mitgestalten und sich gleichzeitig als Betroffene mit ihm auseinandersetzen müssen. Daher muß der Umkehrschluß gelten:

Gerade weil ein Forcieren von Multimedia zu neuen strategischen Chancen führt, bleibt verstärkt Zeit für die immer notwendiger werdende Berücksichtigung verhaltensorientierter Aspekte, also des „menschlichen“ Faktors.

2.4 Resümee und Vorschau

Setzt man die drei oben diskutierten Dimensionen, also
- Felder,
- Ebenen und
- Ausrichtungen

im Personalmanagement zusammen, so erhält man die Grundstruktur eines dreidimensionalen Personalmanagements (Abbildung 2.20).

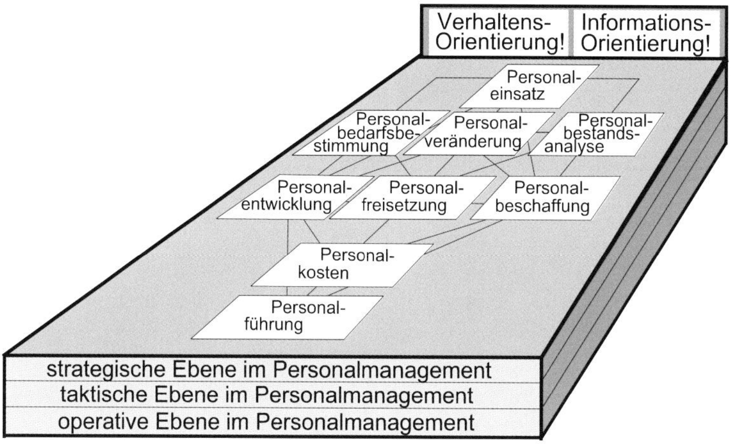

Abbildung 2.20: Dreidimensionales Personalmanagement

Jede der drei Dimensionen birgt dabei jedoch ihre eigenen, dimensionsspezifischen **Gefahren**:

- Bei Managementfeldern besteht die Gefahr der *Teillösung*, denn das unternehmerische Personalmanagement ergibt sich meist als abgeleitete Funktion aus vorgelagerten Managementaktivitäten und den daraus resultierenden Planungsnotwendigkeiten. Hierbei wird übersehen, daß gerade die Personalarbeit durch eine extrem lange Vorlaufzeit gekennzeichnet ist.
- Bei Managementebenen stellt sich vor allem die Gefahr des *Ebenenbruchs*. Konkret bedeutet dies, daß strategische Vorgaben nicht bis zur operativen Ebene vordringen und umgekehrt die strategische Ebene wegen fehlender Informationsverdichtung in Detaildaten erstickt oder sich vollkommen von der operativen Basis entkoppelt.
- Bei den Managementausrichtungen ist auf die Gefahr der *Einseitigkeit* hinzuweisen. Danach verstehen sich manche Träger der Perso-

nalarbeit ausschließlich als Vertreter der verhaltensorientierten Richtung, denen jegliche Informationsorientierung suspekt ist (oder umgekehrt). Analoges gilt aber auch für die personalwirtschaftliche Lehre und Forschung. Andere wiederum bestehen auf strikte Quantifizierbarkeit und lehnen deshalb alles ab, was sich auf „soft facts" (wie Betriebsklima oder Motivation) bezieht.

Im Umkehrschluß führt dies zur Notwendigkeit, sich tatsächlich integrativ mit allen drei Dimensionen des Personalmanagements auseinanderzusetzen, und zwar in einer Form, die den in Kapitel 1 behandelten Postulaten (von Erfolgsorientierung bis hin zur Akzeptanzsicherung) gerecht wird.

Die Behandlung der Managementfelder setzt allerdings eine Fülle fachlicher und logischer Grundlagen voraus, will man nicht der Gefahr der Unprofessionalität erliegen. Deshalb wird zunächst in Kapitel 3 auf die für alle personalwirtschaftlichen Bereiche gleichermaßen gültigen Grundlagen eingegangen.

2.5 Testfragen

(1) Suchen Sie konkrete Beispiele für die Inhalte der Personalmanagementfelder. Auf welchen Feldern sehen Sie methodisch die größten Probleme?

(2) Konkretisieren Sie die Beziehungen zwischen den verschiedenen Managementfeldern inhaltlich. Welche Beziehungen erscheinen Ihnen besonders wichtig?

(3) Erläutern Sie die Differenzierung zwischen strategischem, taktischem und operativem Management an Beispielen, die nicht aus dem Personalbereich stammen.

(4) Die acht Managementfelder und die drei Managementebenen führen zu 24 Matrixzellen. Welche dieser Zellen halten Sie für besonders wichtig, welche für weniger wichtig? Welche dieser Zellen sind Ihrer Meinung nach in der Praxis besonders stark ausgeprägt?

(5) Diskutieren Sie anhand von aktuellen Stellenanzeigen aus der Tagespresse für den Personalbereich, inwieweit Personalstrategien von Unternehmen intendiert oder emergent sind.

(6) Ordnen Sie die Menschenbilder aus Abschnitt 2.3.1.5 auf Abbildung 2.10 zu.

(7) Inwieweit kann ein Personalinformationssystem die Effektivität und Effizienz einer Personalabteilung beeinflussen? Wo liegen Chancen, wo Risiken?

(8) Für welche Felder des Personalmanagements läßt sich die Gestalttheorie nutzen? Finden Sie konkrete Beispiele.

(9) Suchen Sie Informationen über Personalmanagementsoftware und vergleichen Sie einige Angebote. Wo liegen hinsichtlich der Implementierung im Unternehmen und des Leistungsspektrums der Software Vor- und Nachteile?

(10) Entwerfen Sie ein Szenario einer vollständig multimedial unterstützten Personalabteilung.

(11) Eine Frage für wissenschaftstheoretische Experten: Ontologie bezeichnet nach http://www.langenscheidt.de/dictio/dictio.htm die Lehre vom Sein, vom Wesen und den Eigenschaften des Seienden; Solipsismus ist der erkenntnistheoretische Standpunkt, der nur das eigene Ich und seine Gedankenwelt als wirklich ansieht und die Außenwelt nur als seine Vorstellung behauptet; die Epistemologie schließlich ist die Lehre von der Erkenntnis. Diskutieren Sie vor diesem Hintergrund, ob es sich bei den Überlegungen des radikalen Konstruktivismus um einen ontologischen oder um einen epistemologischen Solipsismus handelt.

... für Fortgeschrittene:

John P. Kotter stellt in seinem Buch „The New Rules" (1995, 97) folgende Regel auf: „Huge and inwardly focused hierarchies perform poorly in fast-moving and competitive environments. As a result, big organizations everywhere are being forced to slim down, become less bureaucratic, and form closer relationships with customers and suppliers. This trend offers great opportunities – for small distributors, suppliers, and especially business consultants." Diskutieren Sie diese Aussage vor dem Hintergrund des Sozialkonstruktivismus.

Suchen Sie im Internet einen geeigneten Chatroom und diskutieren Sie die Möglichkeiten, die Multimedia im Geschäftsalltag bieten kann. Stellen Sie Ihr Ergebnis in geeigneter Form in Internet zur Diskussion.

Beschreiben Sie basierend auf dem Film „Die Firma" die Personalstrategie dieser ehrenwerten Gesellschaft.

Diskutieren Sie folgende Aussage von *Peter Drucker* (1998): „Today there is no such thing as a domestic or an international business."

3 Grundlagen

3.1 Ethische Basis

Bevor in den nachfolgenden Kapiteln die Bausteine eines betrieblichen Personalmanagements erläutert und in den dreidimensionalen Rahmen positioniert werden, sollen die Gesichtspunkte behandelt werden, die aufgrund ihres zentralen Charakters zwangsläufig die Basis für die gesamten weiteren Ausführungen sind.

3.1.1 Ethik als Rahmen

Aufgrund der zunehmenden Verflechtung der Wirtschaft weltweit und der damit verbundenen erhöhten Konkurrenzbeziehungen steigt der Druck auf die Unternehmen stetig an. Der Kampf um das Überleben eines Unternehmens wird dabei mit immer härteren Mitteln ausgetragen; gleichzeitig wird der Ruf nach ethischer Fundierung des Handelns laut (vgl. *Domsch/Hofmann/Lattmann* 1988; *Steger* 1992).

Auch das Personalmanagement ist herausgefordert, sich mit der ethischen Dimension auseinanderzusetzen, denn keine andere betriebliche Funktion steht in engerem Zusammenhang mit dem Menschen!

Ethik leitet sich von dem griechischen Wort „Ethos“ ab und bedeutet Brauch oder Sitte. Die Ethik als Wissenschaft vom Sittlichen befaßt sich mit menschlichen Handlungen. Sie sucht nach grundlegenden Normen für „gutes“ Handeln, die zudem dem Wesen des Menschen entsprechen und daher für alle Menschen gelten. Die Gesinnungsethik betrachtet die menschliche Einstellung, aus der Handlungen hervorgehen, die Erfolgsethik dagegen die Wirkungen, die sich aus den Handlungen ergeben.

Nach **Aristoteles** bildet die Ethik gemeinsam mit der Politik und der Ökonomik die drei zentralen Säulen der Philosophie: Ethik basiert auf „endaimonia“ als Verbindung von Glücklichsein, Erfolgreichsein und Gesegnetsein. Menschen sollen somit durch ihr Handeln in die Lage versetzt werden, „endaimonia“ zu erreichen. Deshalb setzt Aristoteles die Ethik als Lehre von der praktischen Verfolgung des Glücks sachlich vor die Politik als Verfassungssystem und erst recht vor die Ökonomik im Sinne einer Lehre vom naturgemäßen Wirtschaften. Vollkommen abzulehnen ist nach *Aristoteles* die „Chematistik“ als Bereicherungskunst.

Nach *Aristoteles* gilt somit ein striktes Primat der Ethik vor Politik und Ökonomik.

Immanuel Kant als weiterer Wegbereiter des heutigen Ethik-Konzeptes orientiert sich weniger am „Glück des vernünftigen Menschen" als an einer formallogischen Ableitung „vernünftiger", am Gemeinwohl ausgerichteter Gebote. Er geht dabei von der Grundthese aus, daß, wenn ethische Gesetze überhaupt rational erstellbar sind, sie wie mechanische Gesetze für alle „rationalen Menschen" gleich lauten müssen. Da aber diese allgemeingültigen Sittengesetze weder empirisch aus der Vergangenheit, noch deduktiv aus höheren Vorgaben (z.B. von Gott) ableitbar sind, bleibt nach *Kant* nur mehr die praktische Vernunft als Ableitungsvorschrift. Zu diesem Zweck formulierte er seinen kategorischen Imperativ: „Handle so, daß die Maxime deines Handelns jederzeit als Teil einer allgemeinen Gesetzgebung gelten könnte!".

Aristoteles und *Kant* allerdings setzen voraus, daß Menschen von vorneherein „tugendhaft" genug sind. Es geht also nicht nur um die Frage, wie ethische Maßstäbe aussehen, sondern auch um die Frage nach dem Wunsch ihrer Befolgung. In jedem Fall stellt der **Dialog** einen zentralen Bestandteil der Auseinandersetzung um eine adäquate ethische Basis dar: Diese Dialogethik (Diskursethik) ist somit ein Verfahren, um ausgehend von (impliziter) Ethik explizite Handlungsnormen abzuleiten.

3.1.2 Wirtschaftsethik als Konkretisierung

Wendet man sich konkret dem wirtschaftlichen Handeln als Bezugspunkt zu, so finden sich in der Literatur primär **zwei Denkrichtungen** (vgl. *Staffelbach* 1988):

- Die (deutschsprachige) *Unternehmensethik* (vgl. *Steinmann/Oppenrieder* 1985; *Wittmann* 1997) basiert auf einem pluralistischen Unternehmenskonzept und setzt stark auf den möglichst unverzerrten Dialog zwischen allen Betroffenen. Interessengruppen und (unabhängige) Sachverständige „einigen" sich in Ethikkommissionen auf spezifische Verhaltensnormen, deren Einhaltung dann auch entsprechend kontrolliert wird.
- Die (amerikanische) *Geschäftsethik* (vgl. *Goodpaster/Sayre* 1979; *Shepard/Betz/O'Connell* 1997) arbeitet eher materiell-pragmatisch und versucht, ethisches Denken in alle Geschäftsentscheidungen einfließen zu lassen. Anders als bei der eher auf die Unternehmenspolitik ausgerichteten Unternehmensethik geht es hierbei um konkrete Entscheidungshilfen für alle Mitarbeiter, die beispielsweise in Form von Prüffragen formulierbar sind.

Beide Richtungen begreifen Wirtschaft und Ethik nicht als begriffliche Gegensätze und zielen auf die Verantwortbarkeit des Handelns ab.

„Welche Themen erachten Sie aus der Sicht Ihrer Unternehmung als ein ethisches Problem, und welche Themen davon sind für Ihre Unternehmung ethisch besonders kritisch?“	ethisches Problem		ethisch besonders kritisches Problem	
	%	abs.	%	abs.
Umweltschutz	41,1	113	41,8	115
Produktesicherheit	34,2	94	19,6	54
Sicherheit und Gesundheit am Arbeitsplatz	62,9	173	19,3	53
Betriebsschließungen	26,5	73	15,6	43
Privatsphäre der Mitarbeiter	45,1	124	13,1	36
Schutz vor Betriebsdaten	17,5	48	10,5	29
gleicher Lohn für gleichwertige Arbeit	39,3	108	9,8	27
Geschäftsgebaren im internationalen Kontext	29,5	81	9,5	26
öffentliche Indiskretionen durch Mitarbeiter	23,6	65	8,7	24
Interessenkonflikte	24,0	66	8,0	22
sexuelle Belästigung am Arbeitsplatz	26,2	72	7,6	21
Verhalten gegenüber der Konkurrenz	34,9	96	6,9	19
Werbung	34,2	94	6,2	17
Bevorzugung ausgewählter Mitarbeitergruppen	34,2	94	6,2	17
Preispolitik	21,1	58	4,7	13
Spenden und Zuwendungen	37,8	104	4,4	12
politische Aktionskomitees	12,4	34	4,0	11
Mergers & Acquisitions	7,3	20	4,0	11
Saläre der Mitarbeiter	34,9	96	3,3	9
Verhalten bei öffentlichen Ausschreibungen	14,9	41	3,3	9
Kündigungsfristen	17,8	49	3,3	9
Interessen der Aktionäre	17,5	48	2,9	8
Saläre der Führungskräfte	22,9	63	2,5	7
Forschung & Entwicklung	9,8	27	1,8	5
weiß nicht/keine Angabe	2,5	7	25,5	70

Übersicht 3.1: Ergebnisse einer Studie von *Staffelbach* (1994, 21)

Ansätze, die konkretes Handeln beeinflussen wollen, fokussieren im Regelfall auf Leitlinien oder kodifizierten Normen. So postuliert beispielsweise *Spiegel* (1992) in seinem Diskurs zwischen Wirtschaftsethik und Wirtschaftspraxis folgende zehn **Leitlinien:**

- Befriedigung der Grundbedürfnisse (z.B. durch den Sozialstaat),
- Umverteilung,
- Gesundsein,
- Recht auf Arbeit,
- Humanisierung der Arbeit,
- Partizipation und Kontrolle,

- Erhalt der natürlichen Ressourcen und der Umwelt,
- Begrenzung des Wachstums,
- Ende der Verschwendung sowie
- das menschliche Maß (als Grenzen des menschlichen Tuns).

Unabhängig von den durchaus diskutierbaren Inhalten derartiger Postulate wird deutlich, daß bei Übertragung auf die Managementpraxis der wertfreie Raum verlassen und das ethisch-normative Gedankengebäude betreten wird. In Anlehnung an Kant führt dies dazu, daß neben dem „technischen" Handeln (bezogen auf materielle Objekte) und dem „pragmatischen" Handeln (bezogen auf Menschen) immer auch ein ethisches Handeln erforderlich wird, bei dem es um Verhalten, Moral und Tugend geht (vgl. *Müller-Merbach* 1988, 306-312).

Interessant – empirisch bislang aber weitgehend vernachlässigt – ist die Frage nach den **Themen,** die Unternehmen als ethisch relevant einstufen. Literaturstudien stellten aber durchaus fest, daß Führungskräfte in zunehmender Intensität moralisch konfliktträchtige Situationen erleben (vgl. *Wittmann* 1997, 41-53). So untersuchte *Staffelbach* (1994, 20-22) 840 Geschäftsleitungen der größten Schweizer Unternehmen. 275 davon suchten aus einer vorgegebenen Liste von „Issues" Themen aus, die sich aus ihrer Sicht als ethisch problematisch beziehungsweise als ethisch besonders kritisch manifestierten (Übersicht 3.1).

Die zunehmende Bedeutung ethischen Verhaltens zeigt sich nicht zuletzt in der Anzahl an Veröffentlichungen zu immer spezielleren Ethik-Ausrichtungen. Auch die Wissenschaft beschäftigt sich intensiv mit dem Thema: „Ethik und Markt" ist beispielsweise einer der Schwerpunkte im Forschungsprogramm „Werteentwicklung und Perspektive der Sozialen Marktwirtschaft" der Bertelsmann Stiftung, Heinz Nixdorf Stiftung und Ludwig-Erhard-Stiftung (vgl. *Bickenbach/Soltwedel* 1996).

3.1.3 Personalmanagement-Ethik

Die dargestellten Entwicklungen ziehen zwangsläufig das Postulat nach einer Planungs- und Führungsethik als Grundlage des betrieblichen Personalmanagements nach sich. Ordnet man die Personalmanagementfunktion in den Rahmen einer umfassenden Geschäftsethik ein, so steht die Personalmanagement-Ethik letztlich im Spannungsfeld der in Kapitel 1 beschriebenen Entwicklungen (Abbildung 3.1).

Aus der Organisationsdynamik resultiert die Forderung nach einer **Unternehmensethik**, die im organisatorischen Bereich zur Umsetzung ethischen Gedankengutes zunächst die Plattform für die Auseinandersetzung mit ethischen Fragen schafft, wobei dies nicht unbedingt die Benennung eines Ethik-Beraters oder eines Ethik-Beauftragten bedeutet.

Entscheidend ist vielmehr die Möglichkeit zum Dialog und zum Schaffen eines gemeinsamen Verständnisses der ethischen Basis.

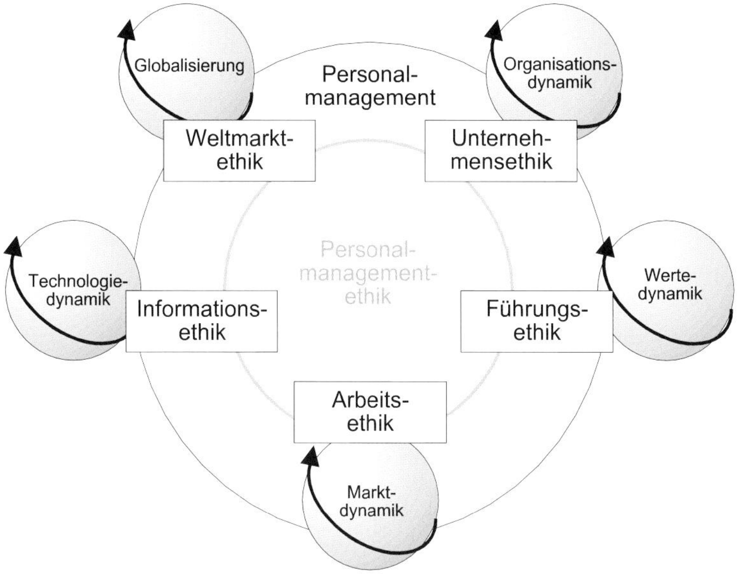

Abbildung 3.1: Personalmanagement-Ethik im Spannungsfeld aktueller Entwicklungen

---

Ethik-Workshop des Beiersdorf-Konzerns

Um das ethische Grundbewußtsein und die Eigenverantwortung der Manager zu stärken, werden für Manager des Beiersdorf-Konzerns Ethik-Workshops im italienischen Skiort Breuille-Cervinia veranstaltet. Nach einer kurzen philosophiegeschichtlichen Einführung folgt die Alltagspraxis. Dabei berichten die Teilnehmer über kürzlich getroffene, moralisch strittige Entscheidungen und darüber, ob die Entscheidungen auch legitim und fair waren. Weiter wird in einzelnen Gruppen geprüft, wie Philosophen, wie Aristoteles oder Kant das Problem nach ihren jeweiligen Maximen entschieden hätten. Den Höhepunkt des Workshops bilden Rollenspiele, bei denen moralische Konflikte zwischen Marketingdirektor und Produktmanager ausgetragen werden und ethisch verantwortbares Verhalten trainiert wird.

Aus: *o.V.*, Leben im Kältestrom, in: Manager Magazin (3/1995), 238-239.

Der Wertewandel verlangt nach einer **Führungsethik**, die kodifiziert werden kann und in der die individuellen Grundbedürfnisse berücksichtigt werden. Gerade Führungskräfte sind angesichts des herrschenden (Meinungs-)Pluralismus besonders zu ethischem Verhalten herausgefordert, da sie einen großen Einfluß auf die Lebensumstände ihrer Mitarbeiter besitzen (vgl. *Braunschweiler* 1996). Hinzu kommt die Notwendigkeit, auch bei internationaler Job Rotation von Führungskräften die ethischen Grundsätze des Führens einheitlich beizubehalten. Gefragt ist daher ein Verhaltenskodex, der allen Entscheidungsträgern bei ihren Wahlproblemen Hilfestellung leistet. Dies mündet letztlich in ein Aufstellen spezieller Grundsätze der Führungsethik. Übersicht 3.2 bringt ein Beispiel für ein Führungsverhalten über ethisch fundierte Führungsgrundsätze.

Ethisch fundierte Führungsstrategie von *Lay*

1. Mit dem Recht, über die Arbeitskraft zu verfügen, erwirbt der Unternehmer in keiner Weise auch das Recht, im Rahmen bestehender Gesetze oder Verträge beliebig über sie zu verfügen.
2. Ethisches Führen geschieht in Kommunikationsgemeinschaften.
3. Der Führungsinteraktion liegt personale Autorität zugrunde.
4. Was auch immer erkannt wird, wird auf die Weise des Erkennenden erkannt.
5. Ethisch-verantwortetes Führen ist immer auch verantwortete Spiegelung.
6. Ethisch-verantwortetes Führen realisiert die kommunikativen Tiefenschichten.
7. Ethisch-verantwortetes Führen impliziert das Erkennen und Vermeiden von Kommunikationsstörungen.
8. Ethisch-verantwortetes Führen geschieht in prinzipiell reversibler Kommunikation.
9. Ethisch-verantwortetes Führen akzeptiert das Gewissensurteil des Geführten.
10. Ethisch-verantwortetes Führen begünstigt die Identifikation mit dem Unternehmen.
11. Ethisch-verantwortetes Führen respektiert fremde Würde und Freiheit.
12. Ethisch-verantwortetes Führen setzt die Bereitschaft voraus, die Eigendynamik sozialer Systeme in Richtung auf die Optimalisierung ihrer biophilen Potenzen hinzusteuern.
13. Ethisch-verantwortetes Führen setzt entwickelte Konfliktfähigkeit des Führenden voraus.

Übersicht 3.2: Ethisch fundierte Führungsstrategie von *Lay* (1989, 140-177)

Werden solche führungsethischen Inhalte lediglich vorgegeben, so entfalten sie eine geringere Wirksamkeit, als wenn sie vorgelebt werden und Beobachtern die Möglichkeit zum „Lernen am Modell" bieten.

Die Arbeitsmarktdynamik verlangt nach einer spezifischen **Arbeitsethik**, die Konsequenzen im Aktionsraum, beispielsweise bei Tariflohnverhandlungen (vgl. *Molitor* 1989, 115-127) hat. Alle Entscheidungen im Bereich von Personalentwicklung, Personalbeschaffung und (vor allem) Personalfreisetzung wären dann auch unter ethischen Gesichtspunkten zu fällen. So sind Überlegungen wie

- Mitarbeiter freizusetzen, nur um die Rentabilität zu verbessern,
- Mitarbeiter in gesundheitsschädlicher (aber gesetzlich zulässiger) Umgebung arbeiten zu lassen,
- in Krisenzeiten hohe Vorstandsbezüge zu fixieren oder
- Personal nur nach Unternehmensnotwendigkeit zu entwickeln

unter ethischen Gesichtspunkten durchaus hinterfragbar.

Aus der Technologiedynamik folgt speziell eine **Informationsethik**, die sich mit den Konsequenzen aus dem Einsatz moderner Informations- und Kommunikationstechnologien befaßt. Aufgrund der Aktualität hat gerade dieser Bereich auch im Personalmanagement an Brisanz gewonnen (vgl. *Capuro/Wiegerling/Brellochs* 1995). Insbesondere sind drei Fragenkomplexe zu beantworten:

- Welche Rolle nimmt der einzelne Mitarbeiter unter den neuen Kommunikationsbedingungen und den Möglichkeiten seiner Individualisierung ein (vgl. *Wiegerling* 1995)?
- Wie manifestiert sich die neue Machtproblematik, die sich auf die Herstellungs-, Bedienungs- und Benutzerkompetenz bezieht (vgl. *Henrichs* 1995)? Hieraus ergibt sich ein besonderes Problem der Führungsethik.
- Was bedeutet die Problematik der Datensicherheit unter ethischen Aspekten? Gerade im Personalbereich entsteht ein Konflikt aus dem moglichen Nutzen von Multimedia einerseits und der hohen Sensibilität der (Personal-)Daten andererseits (vgl. *Scholz* 1997c).

Aus den Globalisierungstendenzen ergibt sich eine **Weltmarktethik**, die sich vor allem auf das internationale Personalmanagement auswirkt. Handlungsbedarf ergibt sich

- gegenüber der besonderen Verantwortung gegenüber Entwicklungsländern,
- hinsichtlich der Stärkung des Umweltbewußtseins und des Klimaschutzes sowie
- aufgrund der prinzipiellen Grundsätze von Fairneß und Gleichbehandlung.

Globalisierung wird nicht nur als Wettbewerbsfaktor gesehen, sondern als moralische Verpflichtung, durch den freien Welthandel seine Solidarität mit ärmeren Ländern zu demonstrieren und einen Beitrag zu ihrer Entwicklung zu leisten (vgl. *Bickenbach/Soltwedel* 1996).

3.1.4 Weiterführung

Eine umfassende Diskussion der weiterführenden Analyse liefert *Wittmann* (1997) aus **fünf Perspektiven**:

- Die *empirische* Perspektive befaßt sich mit dem ethischen Grundverständnis in der Personalmanagement-Praxis. Die zentralen Fragestellungen beziehen sich auf die Wahrnehmung moralisch-konfliktärer Entscheidungen und Handlungen, die Institutionalisierung von Unternehmensethik sowie die moralischen Problemlösungsheuristiken und ihre Handlungsbasis.
- Die *rekonstruktive* Perspektive untersucht die Bestimmung der Personalmanagement-Ethik über den Handlungskontext des Personalmanagements. Die systemtheoretisch-funktionalistische Rekonstruktion fokussiert dabei auf die Aufgaben und Funktionen des Subsystems Personalmanagement, das unter Beachtung der systemerhaltenden Prozesse in das soziale Handlungssystem Unternehmen eingebunden ist. Die handlungstheoretische Modellierung setzt an der Beziehung zwischen Menschen an, wobei mit dem Menschen als Zoon logon, dem Menschen als Homo faber und dem Menschen als Animal sociale drei Grunderkenntnisse dargestellt werden, die den besonderen Charakter des Personalmanagements als betriebliche Funktion hervorheben. Die Dualität der systemtheoretisch-funktionalen und handlungsorientierten Komponenten führt letztlich zur Legitimationsproblematik der Personalmanagement-Ethik.
- Die *(legitimitäts-)kritische* Perspektive leitet aus der Tatsache, daß die ethische Herausforderung im Personalmanagement durch die Akteure für jede Einzelhandlung immer wieder legitimiert werden muß, drei idealtypische ethische Alltagstheorien ab: Die neoklassische Legitimation beruht auf der Prämisse, daß die konsequente unternehmerische Ausrichtung an erwerbswirtschaftlichen Prinzipien automatisch zum gesellschaftlich und moralisch gewünschten Ergebnis führt. Das instrumentalistische Legitimationskonzept stellt den Menschen in den Mittelpunkt des Personalmanagements, wobei ethische Überlegungen unter strategischen, langfristig erfolgversprechenden Aspekten betrachtet werden. Im legalistischen Legitimationskonzept entlasten die arbeitsrechtlichen Handlungsbedingungen aus rechtlich kodifizierten Ordnungsmustern von ethischer Reflexion.
- Die *methodologische* Perspektive erörtert die Personalmanagement-Ethik als Theorie und untersucht die Frage, inwieweit eine Auseinandersetzung mit der Personalmanagement-Ethik wissenschaftlich fundiert über bloßes Alltagswissen hinaus erfolgen kann.

- Die *gestaltungsorientierte* Perspektive versucht, eine Orientierungsgrundlage für sowohl ethisch als auch ökonomisch tragfähiges Handeln im Personalmanagement darzulegen, die qualifizierten Kriterien der Moralität genügt. Dieser Handlungsrahmen bezieht sich aus individualethischer Sicht auf die Wahrung der Menschenwürde am Arbeitsplatz, unter sozialethischen Aspekten auf die Legitimitätsprüfung personalwirtschaftlicher Geltungsansprüche und aus der ordnungsethischen Verantwortung heraus auf die Verbesserung der Anwendungsbedingungen für ein ethisch-vernünftiges Handeln im Personalmanagement.

Die Arbeit von *Wittmann* kennzeichnet unter anderem den zu konstatierenden Paradigmen-Shift, der durch die Auflösung des gegenständlichen und dehnbaren „Personal"-Begriffes hin zu einer Betrachtung einzelner „Personen" als Akteure und Träger jedweden ethischen Handelns charakterisiert wird.

Auch *Leisinger* (1997) hebt die Bedeutung der Individualethik hervor, wonach der Versuch, die ethische Qualität im Unternehmen zu erhöhen, scheitern muß, wenn Mitarbeiter und Führungskräfte individualethische Defizite aufweisen.

Obwohl eine Personalmanagement-Ethik nicht primär der Schaffung von Wettbewerbsvorteilen dient, wirkt sie sich über die Definition und Unterstützung einer quer verankerten (individual-)ethischen Basis im Unternehmen indirekt positiv aus, da langfristig die meisten Unternehmen gezwungen sein werden, ihre Handlungsweisen an der Umwelt auszurichten (vgl. *Bauer-Harz* 1995).

Dr. Hans Böhm
Geschäftsführer der
Deutschen Gesellschaft für
Personalführung e.V. (DGFP)

In den letzten Jahren hat sich das Umfeld für die Personalarbeit geändert. Was sind die gravierendsten Veränderungen der letzten Jahre?

Informations-, Transport-, Produkt- und Produktionstechnik haben globale Märkte und globalen Wettbewerb entstehen lassen. Überall in den Unternehmen mußten schlanke Strukturen und möglichst einfache Abläufe geschaffen werden. Das Personalmanagement rückt näher an die geschäftlichen Kernprozesse des Unternehmens und damit auch an seine Märkte und Kunden heran. Das Personalmanagement wird selbst ein möglichst schlankes Wertschöpfungszentrum, das ebenfalls permanent seine Beiträge zum Unternehmenserfolg dokumentieren muß.

Wo sehen Sie die größten Fortschritte in der Personalarbeit deutscher Unternehmen in den letzten zehn Jahren?

In etlichen Unternehmen ist es dem Personalmanagement gelungen, den Prozeß des organisatorischen Wandels weg von einem durchgängig tayloristischen Verständnis hin zu einer systemisch-ganzheitlich verstandenen Lernenden Organisation maßgeblich mitzugestalten. Es handelt sich dabei um einen tiefgreifenden grundsätzlichen Paradigmenwechsel, dessen nachhaltige Stabilisierung vielfältige Implikationen hat und höchste Ansprüche stellt: z.B. flache funktionale Hierarchien, grundsätzlich neues Führungsverständnis, Freiräume zu voller Entfaltung des einzelnen, Selbststeuerungs- und Selbsterneuerungspotentiale freisetzen, optimale Informations- und Kommunikationsflüsse in lateralen Netzwerken, „Entfesselung" von bürokratischen Hemmnissen, „Befreiung" aller Leistungspotentiale. Menschen sind in erster Linie Erfolgsträger und erst nachgeordnet Kostenverursacher!

Was ist für Sie ein „professioneller" Personalmanager?

Ein professioneller Personalmanager muß das „fachliche Handwerkszeug" heutiger Personalarbeit beherrschen. Es handelt sich dabei um ein „multidisziplinäres Anforderungsprofil", das wesentliche Bereiche des Arbeits- und Tarifrechts, der Personalinstrumente (z.B. Vergütung, Beurteilung, EDV), der Personal- und Organisationsentwicklung und damit der Pädagogik und Psychologie sowie der Betriebs- und Volkswirtschaftslehre umfaßt. Mindestens ebenso wichtig ist es aber, daß ein professioneller Personalmanager über höchste soziale Kompetenz verfügt: Er muß sensibel wahrnehmen, was wie auf andere wirkt, muß Menschen mögen und ernst nehmen, muß „emotional intelligent" und glaubwürdig/überzeugend argumentieren. Mittelfristig sollten wir auch in Deutschland – wie in vielen anderen Ländern – anerkannte professionelle Standards entwickeln, die gutes Personalmanagement definieren.

Sehr viel ist publiziert worden über Personalstrategien von Großunternehmen. Was aber ist Ihr Vorschlag für kleinere und mittlere Unternehmen?

Ich sehe keinen grundsätzlichen Unterschied zwischen Großunternehmen und kleinen/mittleren Unternehmen. Im gleichen Umfang wie kleine/mittlere Unternehmen Produkt-/Marktstrategien entwickeln, ist auch die Entwicklung von Personalstrategien sinnvoll. In kleinen/mittleren Unternehmen besteht ein häufiges Problem darin, geeignete Personen dafür zu finden und mit einfacheren Instrumenten zu arbeiten. Wenn der Eigentümer selbst sich als Personalmanager versteht und die erforderliche Kompetenz hat, gibt es die wenigsten Probleme. Wenn das Unternehmen sich keinen eigenen professionellen Personalverantwortlichen leisten kann/will, ist es sinnvoll, die am besten geeignete Person im Unternehmen funktionsübergreifend zu suchen, entsprechend zu qualifizieren und sie mit den Aufgaben des Personalmanagements zusätzlich zu betrauen. Gegebenenfalls können bei der Strategieentwicklung auch kompetente externe Berater helfen. Eines der schwierigsten Personalprobleme in kleinen/mittleren Unternehmen ist erfahrungsgemäß das der Unternehmernachfolge bzw. die Trennung von Eigentum und Management.

Welche Rollen spielen gegenwärtig ethische Überlegungen in der Personalarbeit? Wie sollte es aus Ihrer Sicht aussehen?

Ethische Überlegungen sind für das Personalmanagement genauso wichtig wie für jede Führungskraft: Jeder Personalmanager muß transparente und klar definierte Werte vorleben. Glaubwürdigkeit und Vertrauen zu gewinnen und zu erhalten, ist ein ganz wesentliches Ziel. Ein positives Menschenbild, offene Information und Kommunikation – gerade auch im Konfliktfall – gehören dazu. Das bedeutet allerdings nicht, daß im Einzelfall nach Prüfung aller anderen Möglichkeiten auch sehr harte unternehmerische Entscheidungen getroffen und umgesetzt werden müssen.

Welche konkreten Maßnahmen schlagen Sie vor, um die strategische Relevanz der Personalarbeit im Unternehmen zu intensivieren?

Noch bessere Kompetenzentwicklung und Auswahl zukünftiger Personalverantwortlicher. Strategiekompetenz und Sozialkompetenz stehen dabei an erster Stelle. „Schornsteinkarrieren" sollten endgültig der Vergangenheit angehören. Im Idealfall sollte keine Führungskraft ernannt werden, ohne eine gewisse Zeit im Personalmanagement gearbeitet zu haben und kein gesamtverantwortlicher Personalleiter sollte ernannt werden, ohne erfolgreich in einer Linienfunktion gearbeitet zu haben.

Wie sehen Sie die Arbeitssituation in Unternehmen in zehn Jahren? Wie wird ein „typisches" Arbeitsverhältnis aussehen?

Es wird mehrere „typische" Arbeitsverhältnisse geben – oder auch gar keine mehr: Es wird viel weniger Vollzeitangestellte geben. Telearbeit, Teilzeit, freie Mitarbeit, Werkverträge, outgesourcte Arbeiten, befristete Verträge sind einige Stichworte, die zeigen, wie sich traditionelle Beschäftigungsverhältnisse ausdifferenzieren. In größeren produzierenden Unternehmen wird es aber kaum zu einer vollständigen Virtualisierung (auch nicht der Personalarbeit) kommen.

Die aktuelle Personalarbeit wird unter anderem bestimmt durch den rechtlichen Rahmen und durch die Mitbestimmung. Wie sehen Sie hier die aktuellen Entwicklungen? Worauf müssen wir uns einrichten? Wie wird Betriebsratsarbeit in der Zukunft aussehen?

Die *betriebliche* Sozialpartnerschaft wird in Zukunft noch stärker gefordert. Flächentarifverträge werden nur noch Rahmenregelungen beinhalten, die auf betrieblicher Ebene „zu Ende verhandelt und konkret ausgefüllt" werden müssen. Dies stellt steigende Anforderungen an die fachliche und Verhandlungskompetenz der betrieblichen Sozialpartner. Betriebsräte, Personalverantwortliche und Führungskräfte müssen entsprechend darauf vorbereitet werden.

Wie beurteilen Sie in dieser Hinsicht die aktuellen überbetrieblichen Entwicklungen?

Aus meiner Sicht läuft auch überbetrieblich (in Verbänden und Gewerkschaften) faktisch alles in diese Richtung. Wir bräuchten nur eine andere Wirtschafts- und insbesondere Steuerpolitik, um die Probleme der Arbeitslosigkeit in Deutschland zu lösen.

3.2 Rechtliche Basis

3.2.1 Überblick

Personalarbeit ist nicht nur als methodisches Problem, sondern auch im rechtlichen Rahmen zu sehen: Personalabteilungen müssen deshalb einen großen Teil ihrer Kapazität für die Beschäftigung mit dem **Arbeitsrecht** als juristischer Ausgestaltung der Arbeitgeber-Arbeitnehmer-Beziehung aufwenden. „Wollte man die Lösung aller Fragen von den ‚freien Verhandlungen' beim Abschluß des Arbeitsvertrages erwarten, würde man ähnlich schlimme Erfahrungen wie im 19. Jahrhundert machen, als es noch keine Gewerkschaften und noch kein Arbeitsrecht gab: Als einzelner ist der Bewerber zu schwach, um seine Interessen ausreichend zur Geltung zu bringen. Besonders in Zeiten der Arbeitslosigkeit wäre er gezwungen, (fast) jedes Angebot anzunehmen" (*Däubler* 1998, 21).

Die zentralen gesetzlichen Normen dazu sind in Deutschland in mehreren Gesetzen oder Gesetzeskomplexen verstreut (Übersicht 3.3) beziehungsweise gelten als ungeschriebenes Gesetz. Hinzu kommt eine Vielzahl von Verordnungen, die durch eine umfangreiche Rechtsprechung ständig Ergänzungen erfahren. Darüber hinaus haben auch Tarifvertragsparteien sowie die Betriebspartner, Arbeitgeber und Betriebsrat durch ihre Vertragsgestaltung Anteil an der Gestaltung der Arbeitsrechtsordnung.

Zentrale arbeitsrechtliche Normen	
Arbeitsgerichtsgesetz (ArbGG)	Europäisches Betriebsräte-Gesetz (EBRG)
Arbeitskampfrecht	Europäische Menschenrechtskonvention
Arbeitsplatzschutzgesetz (ArbPlSchG)	Europäische Sozialcharta (ESC)
Arbeitsschutzgesetz (ASchG)	Gewerbeordnung (GewO)
Arbeitsvertragsrecht	Heimarbeitsgesetz (HAG)
Arbeitszeitgesetz (ArbZG)	Jugendarbeitsschutzgesetz (JArbSchG)
Arbeitszeitordnung (AZO)	Kündigungsschutzgesetz (KSchG)
Berufsbildungsgesetz (BBiG)	Mitbestimmungsgesetze
Beschäftigungsförderungsgesetz (BeschFG)	Mutterschutzgesetz (MuSchG)
Betriebsverfassungsgesetz (BetrVG)	Personalvertretungsgesetz (PersVG)
Bundesdatenschutzgesetz (BDSG)	Schwerbehindertengesetz (SchBG)
Bundesurlaubsgesetz (BUrlG)	Sozialgesetzbuch (SGB)
Bürgerliches Gesetzbuch (BGB)	Tarifvertragsgesetz (TVG)
Entgeltfortzahlungsgesetz (EFZG)	Vermögensbildungsgesetz (VermBG)
Europäisches Arbeits- und Sozialrecht	

Übersicht 3.3: Zentrale arbeitsrechtliche Normen

Wichtig und nachfolgend zu diskutieren sind vor allem Aspekte des individuellen Arbeitsvertragsrechts sowie der Betriebsverfassung und der Unternehmensmitbestimmung. Hinzu kommen Implikationen aus dem internationalen Wirtschaftsrecht.

3.2.2 Individualarbeitsrecht

Die Begründung des Arbeitsverhältnisses. Die rechtliche Beziehung zwischen Arbeitgeber und Arbeitnehmer wird durch den Arbeitsvertrag begründet. Ausgangspunkt des Arbeitsvertragsrechts sind die allgemeinen Regelungen des Bürgerlichen Gesetzbuchs und das Dienstvertragsrecht des Bürgerlichen Gesetzbuches (§§ 611-630 BGB): Dieses regelt die aus dem Vertrag entstehenden gegenseitigen Pflichten und Ansprüche, insbesondere die zu erbringende Arbeitsleistung, sowie die Vergütung und die Treuepflichten des Arbeitnehmers.

Im allgemeinen gilt **Vertrags- und Abschlußfreiheit**. Sie wird jedoch zugunsten des Arbeitnehmers eingeschränkt, um seiner (in der Regel) wirtschaftlich schwächeren Position Rechnung zu tragen. So können (Mindest-)Kündigungsfristen einzelvertraglich nicht verkürzt (§§ 621-622 BGB) und Fürsorgepflichten des Arbeitgebers nicht aufgehoben werden (§§ 617-619 BGB; *Schaub* 1996, § 124; *Brox/Rüthers* 1997, 130-134). Ferner gewährleisten Tarifverträge und Sondergesetze (wie Jugendarbeitsschutzgesetz, Mutterschutzgesetz, Lohnfortzahlungsgesetz) ausgewählten Gruppen von Arbeitnehmern zusätzlichen Schutz.

Über den Arbeitsvertrag hinausgehend regelt das Betriebsverfassungsgesetz Rechte des Arbeitnehmers: Ausgehend vom Schutz des Persönlichkeitsbereiches (§ 75 II BetrVG) sind dies insbesondere Unterrichtungsrechte über Arbeitsplatz, Tätigkeit, Unfall- und Gesundheitsgefahren (§ 81 I BetrVG) sowie Anhörungsrechte, das Recht auf Einsicht in die eigenen Personalakten und Beschwerderechte (§ 82-84 BetrVG). Diese Rechte bestehen unabhängig von der Rechtsform des Unternehmens, der Größe des Betriebs oder der Existenz eines Betriebsrates (vgl. *Däubler/Kittner/Klebe* 1996; *Fitting et al.* 1996, §§ 81-84).

Der Arbeitnehmer hat gegenüber seiner zuständigen Führungskraft ein Anhörungs- und Erörterungsrecht in Fragen, die seine Person oder seinen Arbeitsplatz betreffen. Ebenso hat er das Recht, Vorschläge für die Gestaltung des **Arbeitsplatzes** und des Arbeitsablaufes zu machen (§ 82 I BetrVG). Auch kann er verlangen, daß ihm die Berechnung des **Arbeitsentgeltes** erläutert und die Beurteilung seiner Leistung erörtert wird (§ 82 II BetrVG).

Jeder Arbeitnehmer ist berechtigt, seine **Personalakten einzusehen** und ihnen schriftliche Erklärungen beizufügen (§ 83 BetrVG).

Zu den Personalakten zählen unter anderem
- Bewerbungsunterlagen,
- Personalfragebogen und Eignungstests,
- ärztliche Bescheinigungen mit der Ausnahme der unter die ärztliche Schweigepflicht fallenden Befundbogen des Betriebsarztes,
- Arbeitsvertrag,
- Leistungs- und Führungsbeurteilungen,
- Zeugnisse,
- Fehlzeitenlisten sowie
- Schriftwechsel.

Bei allen individuellen Mitwirkungsrechten des Arbeitnehmers, die das Betriebsverfassungsgesetz regelt, kann der Arbeitnehmer ein Mitglied des Betriebsrats zu seiner Unterstützung oder Vermittlung hinzuziehen.

Die Beendigung des Arbeitsverhältnisses. Das Arbeitsverhältnis kann aus verschiedenen **Gründen** beendet werden:

- Durch die *Kündigung* wird der Wille zur (einseitigen) Beendigung des Arbeitsverhältnisses zum Ausdruck gebracht. Dabei sind die ordentliche und außerordentliche Kündigung zu unterscheiden (vgl. *Brox/Rüthers* 1997, 125-139; *Zöllner/Loritz* 1998, 278-289):
  - Die ordentliche Kündigung kommt bei Arbeitsverhältnissen, die auf unbestimmte Zeit eingegangen sind, und bei befristeten Arbeitsverhältnissen, bei denen das Recht zur ordentlichen Kündigung vereinbart wurde, in Betracht. Voraussetzung ist immer eine Kündigungserklärung und die Beachtung der Kündigungsfrist.
  - Die außerordentliche Kündigung setzt eine schwerwiegende Verletzung der sich aus dem Arbeitsverhältnis ergebenden Vertragspflichten voraus, die die Fortsetzung des Arbeitsverhältnisses bis zum Ablauf der Kündigungsfrist oder bis zur vereinbarten Beendigung des Arbeitsverhältnisses unzumutbar macht. Dabei kommt es auf die Umstände des Einzelfalls an; die Interessen der beiden Vertragspartner zur Beendigung beziehungsweise Fortführung des Arbeitsverhältnisses sind gegeneinander abzuwägen.

  Bei der ordentlichen Kündigung ist das Kündigungsschutzgesetz (KSchG), das für Betriebe mit mehr als zehn (geplante Modifizierung 1999: fünf) Arbeitnehmern (§ 23 KSchG) und für Arbeitsverhältnisse ab sechs Monaten Beschäftigungsdauer (§ 1 I KSchG) anwendbar ist, zu beachten. Gemäß § 1 II KSchG ist eine ordentliche Kündigung nur zulässig, wenn sie sozial gerechtfertigt ist, also bei bestimmten personenbedingten, verhaltensbedingten oder betriebsbedingten Gründen. Einen besonderen Kündigungsschutz genießen neben Schwangeren, Eltern im Erziehungsurlaub, Schwerbehinderten, Auszubildenden und Wehr- oder Zivildienstleistenden vor allem Mandatsträger der Betriebs- und Personalverfassung.

- Als sonstige Beendigungsgründe kommen der Aufhebungsvertrag, der Zeitablauf eines befristeten Arbeitsverhältnisses, der Eintritt einer auflösenden Bedingung, der Tod des Arbeitnehmers, der freiwillige Dienst des Arbeitnehmers bei der Bundeswehr, gerichtliche Entscheidungen sowie Altersgrenzen in Betracht (vgl. *Brox/Rüthers* 1997, 154-160).

Keine Beendigungsgründe sind der Tod des Arbeitgebers, der rechtsgeschäftliche Übergang sowie die Betriebsstillegung und der Konkurs eines Vertragspartners.

3.2.3 Kollektives Arbeitsrecht

Unter kollektivem Arbeitsrecht werden im Gegensatz zum Individualrecht die Vereinbarungen verstanden, die für eine Gruppe von Arbeitnehmern Anwendung finden. Zu den bedeutenden Gesetzen in diesem Bereich gehören neben dem Betriebsverfassungsgesetz die gesetzlichen Regelungen über eine Mitwirkung und Mitbestimmung der Arbeitnehmer in Betrieb und Unternehmen, das Arbeitskampfrecht einschließlich des Schlichtungsrechts, das Tarifvertragsrecht sowie das Recht der arbeitsrechtlichen Koalitionen (vgl. *Zöllner/Loritz* 1998, 365).

Empirischer Befund (GPP): Gewerkschaftlicher Organisationsgrad (in Prozent)

Die Mitarbeiter in den untersuchten großen Unternehmen der betreffenden Länder sind in Österreich am stärksten gewerkschaftlich organisiert, in Frankreich und Spanien am geringsten. Der sich hier widerspiegelnde unterschiedliche generelle Einfluß der Gewerkschaften ist vom Personalmanagement zu berücksichtigen. Die Ergebnisse sagen jedoch nichts darüber aus, wie massiv Gewerkschaften ihre Interessen durchzusetzen versuchen, auch oder gerade wenn sie nicht über eine Massenbasis verfügen. In wenigen Ländern verstärkt sich der Gewerkschaftseinfluß: Dies ist lediglich noch teilweise in Frankreich, Spanien und den USA der Fall. Der generelle Trend zeigt aber in die entgegengesetzte Richtung.

	D	Ö	USA	F	Sp	Rest	Σ
Organisationsgrad	42	69	32	21	23	36	41
Zunehmender Gewerkschaftseinfluß	8	2	14	24	15	8	10

Betriebsverfassungsrecht. Das Betriebsverfassungsgesetz regelt die Vertretung der Interessen der Arbeitnehmer durch die repräsentierenden Organe gegenüber dem Arbeitgeber.

Das Betriebsverfassungsgesetz gilt unabhängig von der Rechtsform des jeweiligen Unternehmens in allen inländischen Betrieben, wenn diese in der Regel mindestens **fünf** ständige wahlberechtigte Arbeitnehmer beschäftigen (§ 1 BetrVG). Ausgenommen sind nur Betriebe des öffentlichen Rechts (§ 130 BetrVG), Kleinbetriebe, Religionsgemeinschaften sowie ihre karitativen und erzieherischen Einrichtungen und Tendenzbetriebe (wie politische Parteien, Gewerkschaften, Rotes Kreuz): Auf sie finden wichtige Normen keine Anwendung (§ 118 BetrVG; vgl. *Fitting et al.* 1996, § 118; *Zöllner/Loritz* 1998, 495-498). Die Vertretung der Arbeitnehmerinteressen in Betrieben und Verwaltungen der öffentlichen Hand werden analog zum Betriebsverfassungsgesetz in den Personalvertretungsgesetzen des Bundes und der Länder geregelt.

Der **Betriebsbegriff** des Betriebsverfassungsgesetzes unterscheidet sich vom (allerdings uneinheitlich verwendeten) betriebswirtschaftlichen Betriebsbegriff dadurch, daß er nicht auf die wirtschaftliche Einheit abstellt, sondern auf eine eigenständige sowie einheitliche Organisation und Leitung des Betriebes (§ 4 BetrVG; vgl. *Joost* 1988, 90-92; *Däubler/Kittner/Klebe* 1996, § 4). Ein Betriebsrat kann somit in Hauptbetrieben, aber auch in Nebenbetrieben (Werke oder Vertriebsniederlassungen an anderen Standorten) gebildet werden. Allerdings wird dann zusätzlich ein Gesamtbetriebsrat (§§ 47-53 BetrVG) beziehungsweise in Konzernen im jeweils herrschenden Unternehmen ein Konzernbetriebsrat (§§ 54-59 BetrVG) gebildet.

Das Betriebsverfassungsgesetz regelt Zusammensetzung und Tätigkeit gruppen- und fallspezifischer Organe wie Betriebsversammlung, Jugendvertretung, Wirtschaftsausschuß oder Einigungsstelle. Es erstreckt sich auf alle Arbeitnehmer des betreffenden Betriebes, also auch auf die ausländischen Arbeitnehmer und die Auszubildenden sowie die Teilzeitarbeitnehmer. **Leitende Angestellte** (§ 5 III+IV BetrVG) sind davon ausgenommen, da sie als den Interessen des Arbeitgebers nahestehend angesehen werden (vgl. *Zöllner/Loritz* 1998, 499).

Grundgedanke des Betriebsverfassungsgesetzes ist zum einen die **Einschränkung von Arbeitgeberrechten**, wo dies im Interesse der Persönlichkeit und des sozialen Schutzes der Arbeitnehmer notwendig erscheint, zum anderen die **vertrauensvolle Zusammenarbeit** von Arbeitnehmervertretung und Arbeitgeber unter Einbeziehung ihrer Verbände (§ 2 BetrVG).

Geregelt werden im Betriebsverfassungsgesetz die Zusammensetzung und Wahl des Betriebsrates (§§ 7-20 BetrVG), insbesondere die Zahl seiner Mitglieder (§ 9 BetrVG), deren Freistellung (§ 38 BetrVG) sowie die Vertretung von Minderheiten (§ 10 BetrVG). Vor allem aber werden seine Beteiligungsrechte fixiert: Ausgangspunkt sind Informationsrechte, die ihm zur Erfüllung seiner allgemeinen Aufgaben eingeräumt werden (§ 80 II BetrVG). Darüber hinausgehende Rechte sind an bestimmte Planungen oder Maßnahmen gebunden. Je nach der Intensität der Ein-

Mitwirkungsrechte des Betriebsrats
Informationsrecht
Personalplanung § 92
Stellenausschreibung § 93
Einstellung, Versetzung, Ein-/Umgruppierung § 99 I*
Wirtschaftliche Angelegenheiten § 106 II
Betriebsänderungen § 111*
Beratungsrecht
Personalplanung § 92 I
Berufsbildung §§ 96 I, 97
Betriebsänderungen § 111*
Einsichtsrecht
Personalplanung § 92 I
Bewerbungsunterlagen § 99 I*
Anhörungsrecht
Kündigungen § 102 I
Mitbestimmungsrechte des Betriebsrats
Initiativrecht
Stellenausschreibung § 93
Auswahlrichtlinien § 95 II**
Berufsbildung § 98
Sozialplan bei Betriebsänderungen § 112*
Soziale Angelegenheiten § 87 I
Zustimmungs- oder Vetorecht
Soziale Angelegenheiten § 87 I
Personalfragebogen/Beurteilungsrichtlinien § 94
Auswahlrichtlinien § 95 I
Widerspruchsrecht
Personelle Einzelmaßnahmen § 99 II*, § 102 III
Abberufung eines betrieblichen Ausbilders § 98 II
* nur in Betrieben mit mehr als 20 Arbeitnehmern
** nur in Betrieben mit mehr als 1 000 Arbeitnehmern

Übersicht 3.4: Zentrale Beteiligungsrechte des Betriebsrates

flußnahme ist zu unterscheiden zwischen Mitwirkungsrechten und den eigentlichen Mitbestimmungsrechten (Übersicht 3.4).

Betriebsrat. Der Betriebsrat hat verschieden stark ausgestaltete Beteiligungsrechte, die vor allem in sozialen, personellen und wirtschaftlichen Angelegenheiten bedeutsam sind (vgl. *Brox/Rüthers* 1997, 234-257; *Zöllner/Loritz* 1998, 512).

Besonders weitgehend, weil in ihrer Umsetzung erzwingbar, sind die Mitbestimmungsrechte des Betriebsrates in **sozialen Angelegenheiten**. Sofern keine anderen gesetzlichen oder vertraglichen Regelungen vorhanden sind, ergeben sie sich aus § 87 I BetrVG und betreffen eine breite Palette betrieblicher Fragestellungen: Dazu zählen die Ordnung des Betriebes und das Verhalten der Mitarbeiter genauso wie die Probleme von Werkswohnungen und Sozialeinrichtungen (vgl. *Zöllner/ Loritz* 1998, 552-564). Der Arbeitgeber hat ferner Unterrichtungs- und Beratungspflichten gegenüber dem Betriebsrat in Fragen der Planung von Neu-, Um- und Erweiterungsbauten von Betriebsgebäuden, technischen Anlagen, Arbeitsverfahren und Arbeitsabläufen sowie der einzelnen Arbeitsplätze selbst. Dabei sollen „gesicherte arbeitswissenschaftliche Erkenntnisse über die menschengerechte Gestaltung der Arbeit" berücksichtigt werden (§ 90 BetrVG). Die Betriebsverfassung wird mit §§ 90 und 91 BetrVG in den Dienst einer Humanisierung des Arbeitslebens gestellt (vgl. *Fitting et al.* 1996, § 90 RZ 2).

Weitgehende Beteiligungsrechte hat der Betriebsrat auch bei **personellen Angelegenheiten** (§§ 92-105 BetrVG). Dazu zählen:
- Personalplanung (§ 92 BetrVG),
- Ausschreibungen von Arbeitsplätzen (§ 93 BetrVG),
- Personalfragebogen und Beurteilungsgrundsätze (§ 94 BetrVG),
- Auswahlrichtlinien (§ 95 BetrVG),
- Berufsausbildung (§§ 96-98 BetrVG) sowie
- personelle Einzelmaßnahmen (§§ 99-105 BetrVG).

Wichtig ist die Involvierung bei der betrieblichen Personalplanung. Personalplanung im Sinne des Betriebsverfassungsgesetzes ist sowohl die organisierte und bewußte als auch die eher intuitiv betriebene und wenig formalisierte Planung. Hier hat der Betriebsrat kein zwingendes Mitbestimmungsrecht, jedoch umfangreiche Informations-, Beratungs- und Vorschlagsrechte (§ 92 BetrVG). Die Unterrichtung hat bereits über die Planung selbst, über die dabei angewandten Methoden, die organisatorischen wie technischen Verfahren zu erfolgen und nicht erst über das Ergebnis der Planung. Dabei sind dem Betriebsrat auch Unterlagen wie Stellenpläne oder Pläne über die Aus- und Weiterbildung vorzulegen (vgl. *Fitting et al.* 1996, § 92 RZ 22-25).

Diese extensive Auslegung wird nicht uneingeschränkt geteilt: Laut *Dietz/Richardi* (1982, § 92 RZ 29-30) unterliegt nicht das gesamte Spektrum der Personalplanung der Beratung mit dem Betriebsrat, sondern nur das Maßnahmenpaket zur Vermeidung von Härten. Die Unterrichtung erfolgt somit dann „rechtzeitig", wenn die Personalplanung in die Maßnahmenplanung übergeht, da in dieser Phase noch Einflußnahme auf die Planung möglich ist.

Der Betriebsrat kann auch von sich aus dem Arbeitgeber Vorschläge zur Einführung und Durchführung von Personalplanungsmaßnahmen machen (§ 92 II BetrVG). Die Einführung bestimmter Methoden ist vom Betriebsrat jedoch nicht erzwingbar (vgl. *Fitting et al.* 1996, § 92 RZ 33-34).

Neben den kollektiven Regelungen (§§ 87-98 BetrVG) räumt das Betriebsverfassungsgesetz dem Betriebsrat besonders bei personellen Einzelmaßnahmen weitreichende Mitbestimmungsrechte (Zustimmungs- oder Vetorecht) ein (§§ 99-105 BetrVG). So ist der Betriebsrat vor jeder

- Einstellung,
- Eingruppierung,
- Umgruppierung sowie
- Versetzung

darüber zu unterrichten; dazu sind ihm die entsprechenden Unterlagen vorzulegen. Zu diesen zählen beispielsweise bei Einstellungen die Bewerbungsunterlagen (z.B. Zeugnisse, Lebenslauf, Gehalts- und Positionsangaben der bisherigen Beschäftigung) der in Frage kommenden Bewerber. Darüber hinaus hat der Arbeitgeber den Betriebsrat über den vorgesehenen Arbeitsplatz und die Eingruppierung sowie über die voraussichtlichen Auswirkungen der Einstellung (z.B. Versetzungen oder Mehrarbeit von anderen Mitarbeitern) zu informieren. Diese Rechte sind auf Betriebe mit mehr als 20 wahlberechtigten Arbeitnehmern (und damit drei oder mehr Betriebsratsmitgliedern) beschränkt (§ 99 I Satz 1 BetrVG; vgl. *Zöllner/Loritz* 1998, 577).

Der Betriebsrat kann seine Zustimmung verweigern, wenn (§ 99 II BetrVG; vgl. *Däubler/Kittner/Klebe* 1996, § 99, RZ 171-203)

- die Maßnahme gegen Gesetze, Tarifverträge oder Betriebsvereinbarungen verstößt,
- die Auswahlrichtlinien (§ 95 BetrVG) oder die Pflicht zur betriebsinternen Ausschreibung (§ 93 BetrVG) nicht berücksichtigt werden, der Betroffene oder andere Arbeitnehmer benachteiligt wurden,
- Besorgnis besteht, daß der Betriebsfriede durch die Maßnahme gestört werde.

Die Verweigerung der Zustimmung durch den Betriebsrat kann nur innerhalb einer Woche unter schriftlicher Angabe von Gründen erfolgen (§ 99 III BetrVG).

Zu den personellen Einzelmaßnahmen zählt auch die Kündigung eines Mitarbeiters (§§ 102-104 BetrVG): Hier können die Informations- und Widerspruchsrechte vom Betriebsrat allerdings unabhängig von der Betriebsgröße wahrgenommen werden.

Der Betriebsrat verfügt somit über ein breites Spektrum von Widerspruchsmöglichkeiten, um mit dem Arbeitgeber in Verhandlungen zu einem Kompromiß zu gelangen. Da gegen den Widerspruch des Betriebsrats nur ein Verfahren vor dem Arbeitsgericht offensteht (§ 99 IV BetrVG), wird sich der Arbeitgeber in der Regel im Vorfeld einer Entscheidung zu Verhandlungen mit dem Betriebsrat bewegen lassen.

Über **wirtschaftliche Angelegenheiten** hat der Unternehmer rechtzeitig und umfassend den Wirtschaftsausschuß zu unterrichten sowie die sich daraus ergebenden Auswirkungen auf die Personalplanung darzustellen. Ein Wirtschaftsausschuß ist in Unternehmen mit über 100 Arbeitnehmern vom (Gesamt-)Betriebsrat als Informations- und Beratungsgremium für das gesamte Unternehmen zu bilden (§§ 106-109 BetrVG). Hinzu kommen die „echten" Mitbestimmungsrechte nach §§ 111-113 BetrVG: Dies betrifft primär Betriebsänderungen, die mit wesentlichen Nachteilen für die Belegschaft einhergehen können (Stillegung, Teilstillegungen, Zusammenschlüsse, organisatorische Änderungen und Änderungen der Produktionstechnologie oder des Betriebszwecks). Kommt ein Unternehmensausgleich nicht zustande, hat der Arbeitgeber weitgehende Unterrichtungs- und Verhandlungspflichten und muß zudem einen Interessenausgleich anstreben. Im Extremfall soll der Sozialplan die wirtschaftlichen Nachteile der Arbeitnehmer ausgleichen beziehungsweise mildern: Eine Einigung über den Sozialplan kann dabei erzwungen werden (§ 112 IV BetrVG).

Einigungsstelle. Meinungsverschiedenheiten zwischen Arbeitgeber und Betriebsrat sollen grundsätzlich durch eine Einigung der Betriebspartner beigelegt werden (§ 87 I BetrVG). Zu diesem Zweck sieht das Gesetz detaillierte Konfliktregelungsmechanismen vor; dazu gehört auch die fallweise Bildung beziehungsweise die permanente Installation einer Einigungsstelle (§ 76 BetrVG): Ihre Mitglieder werden je zur Hälfte vom Arbeitgeber und vom Betriebsrat bestellt. Dazu kommt ein unparteiischer Vorsitzender: Er ist erst nach Stimmengleichheit der ersten Beratung in der zweiten Abstimmung stimmberechtigt. Beide Seiten müssen sich auf einen Vorsitzenden einigen; ist dies nicht möglich, wird er vom Arbeitgeber bestimmt.

Die **Beschlüsse** der Einigungsstelle müssen unter Berücksichtigung der Belange des Betriebs und der betroffenen Arbeitnehmer getroffen werden und beziehen sich unter anderem auf die

- Freistellung von Betriebsratsmitgliedern (§ 38 BetrVG),
- soziale Angelegenheiten (§ 87 BetrVG),
- Ausgleichsmaßnahmen bei Änderung von Arbeitsablauf oder -umgebung (§ 91 BetrVG),
- Personalfragebogen und Beurteilungsgrundsätze (§ 94 BetrVG),
- Auswahlrichtlinien (§ 95 BetrVG),
- betriebliche Bildungsmaßnahmen (§ 98 BetrVG),
- Auskünfte an den Wirtschaftsausschuß (§ 109 BetrVG) sowie die
- Aufstellung eines Sozialplans (§ 112 BetrVG).

Im allgemeinen wird die Einigungsstelle nur tätig, wenn Arbeitgeber und Betriebsrat dies gemeinsam beantragen oder dem Tätigwerden zustimmen. In diesem Fall hat der Spruch der Einigungsstelle nur Vorschlagscharakter. Ersetzt jedoch der Spruch der Einigungsstelle die Einigung von Betriebsrat und Arbeitgeber, ist der Antrag einer Seite ausreichend und der Spruch der Einigungsstelle verbindlich. Dies gilt auch für den Fall, daß sich beide Seiten dem Spruch im voraus unterworfen haben.

Unternehmensmitbestimmung. Die verschiedenen Formen der Beteiligung von Arbeitnehmer-Vertretern in den Leitungs- und Kontrollorganen von Unternehmen und Konzernen werden unter dem Begriff der Unternehmensmitbestimmung zusammengefaßt und beziehen sich im wesentlichen auf vier Gesetze, nämlich das

- Montanmitbestimmungsgesetz 1951,
- Betriebsverfassungsgesetz 1952 (§§ 76-77a, 81, 85, 87),
- (Montan-)Mitbestimmungsergänzungsgesetz 1956 und
- Mitbestimmungsgesetz 1976.

Diese Verteilung ist weitgehend historisch-politisch zu erklären: 1947 wurden die ersten Betriebsführungsgesellschaften der Stahl- und Bergbaubranchen gegründet, die einen paritätisch mit je fünf Vertretern der Arbeitnehmer und der Anteilseigner sowie einem elften neutralen Mitglied besetzten Aufsichtsrat hatten; ein von der Mehrheit der Arbeitnehmervertreter gewählter Arbeitsdirektor war Mitglied des Vorstandes. Mit einer Einbindung der Gewerkschaften sollte zum einen deren Forderung nach Sozialisierung der Großindustrie entschärft und zum anderen den von den Besatzungsmächten enteigneten Aktionären ein Teil ihres Einflusses zurückgegeben werden (vgl. *Rittner* 1987, 156-157). Im **Montanmitbestimmungsgesetz** wurde diese Konstellation für Montanunternehmen gesetzlich verankert. Das **Betriebsverfassungsgesetz von 1952** bezieht sich auf Kapitalgesellschaften und sieht die Beteiligung von Arbeitnehmervertretern zu einem Drittel im Aufsichtrat der Unternehmen vor.

Das **Mitbestimmungsgesetz von 1976** schließlich betrifft ebenfalls Kapitalgesellschaften. Hier ist der Aufsichtsrat je zur Hälfte aus Vertretern der Anteilseigner und der Arbeitnehmer zusammengesetzt. Das Gesetz regelt auch die Zusammensetzung der Arbeitnehmerbank, aus Vertretern von Arbeitern, Angestellten, Gewerkschaftlern und leitenden Angestellten (§§ 7, 9-17 MitbestG). Die Zuordnung der Vertreter der leitenden Angestellten zu den Arbeitnehmervertretern im Aufsichtsrat und die Zweitstimme des Aufsichtsratsvorsitzenden in Pattsituationen haben zur Konsequenz, daß das Mitbestimmungsgesetz keine wirkliche Parität gewährleistet, sondern im Streitfall das Übergewicht der Anteilseignerseite sichert.

Nach § 13 Montan-MitbestG beziehungsweise § 33 MitbestG wird ein Arbeitsdirektor als gleichberechtigtes Mitglied des Vorstandes oder der Geschäftsführung berufen – beim Montanmitbestimmungsgesetz nicht gegen den Willen der Arbeitnehmerseite. Seine Aufgaben sind im Mitbestimmungsgesetz wie auch im Montanmitbestimmungsgesetz nicht eingegrenzt, liegen aber in der Regel im Bereich personeller und sozialer Angelegenheiten.

Die Anwendung der einzelnen Gesetze zur Unternehmensmitbestimmung ergibt sich aus Unternehmensmerkmalen wie Rechtsform, Mitarbeiterzahl und Branche (Abbildung 3.2).

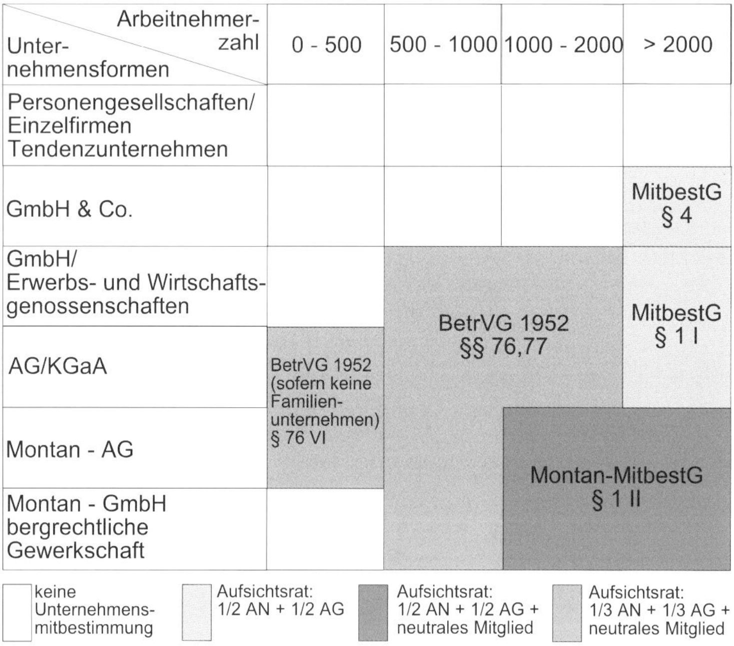

Abbildung 3.2: Geltungsbereich der Gesetze zur Unternehmensmitbestimmung (nach *Chmielewicz et al.* 1977, 111).

Der Einfluß von Aufsichtsrat und Vorstand auf das Personalmanagement ist evident. So kann der Aufsichtsrat durch Überwachung der Geschäftsführungstätigkeit des Vorstandes (§§ 90, 111 I+II AktG), durch Festlegung zustimmungspflichtiger Geschäfte (§ 111 IV AktG) sowie durch Berufung der Vorstandsmitglieder (§ 84 AktG) sehr nachdrücklich auf die Geschäftsführung der Gesellschaft einwirken. Der Vorstand ist als geschäftsführendes Organ auch Träger von Personalmanagementfunktionen. Dies gilt speziell für alle Funktionen, die zum Bereich des strategischen Personalmanagements zählen.

3.2.4 Internationales Wirtschaftsrecht

Durch die zunehmende Internationalisierung der Unternehmenstätigkeit gewinnt auch der grenzüberschreitende Austausch von Personal an Bedeutung. Damit erweitert sich das Spektrum der von den Unternehmen zu beachtenden rechtlichen Grundlagen. Rechtsgrundlagen für Unternehmen können dabei
- nationales inländisches Recht,
- nationales ausländisches Recht,
- Völkerrecht,
- Gemeinschaftsrecht,
- supranationales Recht sowie
- internationales Arbeitsrecht

sein (vgl. *Brox/Rüthers* 1997, 24-42). Grundsätzlich ist von den Beschränkungen der juristischen Dogmatik durch das Territorialprinzip und das Souveränitätsprinzip auszugehen. Dem Territorialprinzip zufolge ist die Rechtsetzungsbefugnis des Staates auf sein eigenes Territorium beschränkt. Durch das Souveränitätsprinzip werden den Staaten sowohl ihre rechtliche Unabhängigkeit als auch ihre Gleichstellung mit allen anderen Staaten garantiert (vgl. *Scheider* 1991, 622).

Einschränkungen erfahren diese beiden Prinzipien mit dem Gemeinschaftsrecht der EG, durch das eigenes Recht der Gemeinschaft geschaffen wird und nationale legislative Kompetenzen abgetreten werden. Besonders im Hinblick auf den Europäischen Binnenmarkt nehmen diese Einschränkungen Einfluß auf die Unternehmen der Mitgliedsstaaten. Rechtliche **Grundinstrumente** der EG sind Verordnungen, Richtlinien und Empfehlungen:
- *Verordnungen* schaffen unmittelbar geltendes Recht für die EG-Mitgliedsländer. Da sie gegenüber nationalem Recht Vorrang haben, setzen sie früheres, entgegenstehendes nationales Recht außer Kraft.
- *Richtlinien* gelten grundsätzlich nicht unmittelbar in den Mitgliedsstaaten. Vielmehr verpflichten sie die Mitgliedsstaaten, angestrebte Ziele innerhalb einer festgelegten Frist mit Mitteln des nationalen Rechts durchzusetzen.
- *Empfehlungen* sind für die Mitgliedsstaaten nicht bindend, wohl aber kann der Ministerrat mit zwingenden Maßnahmen drohen, um eine Umsetzung zu bewirken.

Für das Personalmanagement sind besonders die arbeits- und sozialrechtlichen Regelungen der EG von Bedeutung. Wichtige Bestimmungen des EG-Arbeitsrechts beziehen sich beispielsweise auf den Schutz von Arbeitnehmern bei Massenentlassungen und auf die Wahrung von

Ansprüchen der Arbeitnehmer beim Übergang von Unternehmen, Betrieben und Betriebsteilen (vgl. *Braun* 1991, 70-79).

Seit 1996 ist die EU-Richtlinie zum **Euro-Betriebsrat** als Europäisches Betriebsräte-Gesetz (EBRG) in nationales deutsches Recht umgesetzt. Der Euro-Betriebsrat soll ein Gegengewicht zum europaweit agierenden Management bilden. Gemäß der Grundidee einer europaweit zu verbessernden Partizipation von Arbeitnehmern an unternehmerischen Entscheidungen verfügen Euro-Betriebsräte – im Gegensatz zu den Betriebsräten nach deutschem Recht – lediglich über Konsultations- und Informationsrechte (vgl. *Deppe/Hoffmann/Stützel* 1997). Der Euro-Betriebsrat ist in solchen Fällen zu konsultieren, in denen das Management Vorschläge entwickelt, die schwerwiegende Folgen für die Belange der Mitarbeiter haben können, beispielsweise wenn es um die Verlegung, den Zusammenschluß, die Einschränkung, die Schließung von Betrieben oder die Einführung neuer Arbeitsmethoden geht. Dennoch ermöglicht das EBRG den Arbeitnehmern im Geltungsbereich (gemeinschaftsweit tätige Unternehmen, die mindestens 1 000 Arbeitnehmer in den Mitgliedsstaaten und davon jeweils mindestens 150 Arbeitnehmer in mindestens zwei Mitgliedsstaaten beschäftigen) europaweit eine einheitliche und vor allem auch grenzüberschreitende Mindesteinbindung als Sozialpartner.

Die Richtlinie über **Massenentlassungen** (17.02.1975), die durch Änderung des § 17 des Kündigungsschutzgesetzes umgesetzt und inzwischen novelliert wurde, soll verhindern, daß multinationale Gesellschaften bevorstehende Massenentlassungen nur in Mitgliedsstaaten durchführen, die über geringere Arbeitnehmerrechte verfügen. Unter anderem schreibt diese Richtlinie Konsultationen mit den Arbeitnehmern vor, damit eigene Vorschläge unterbreitet werden können. An diese Vorschrift geknüpft sind Informationspflichten der Arbeitgeber, beispielsweise über die Gründe für die Entlassung. Ferner werden Verfahrensnormen festgelegt, beispielsweise die Anmeldung bei den Behörden.

Die Richtlinie über die Wahrung der Ansprüche von Arbeitnehmern beim **Übergang von Unternehmen**, Betrieben und Betriebsteilen (14.02.1977), die zur Schaffung des § 613a BGB führte, findet Anwendung auf die Arbeitnehmer des übernommenen Unternehmens. Sie läßt sich wie folgt zusammenfassen:

- Rechte und Pflichten gehen vom Veräußerer auf den Erwerber über;
- Unternehmensübernahmen sind kein Grund zur Kündigung;
- die Arbeitnehmervertretung bleibt grundsätzlich erhalten;
- es bestehen Informationspflichten gegenüber den Arbeitnehmern über Grund, Folgen und Maßnahmen des Arbeitgebers, die mit der Übernahme zusammenfallen.

Zu den wichtigsten Regelungen des EG-Sozialrechts zählen die Bestimmungen über die **Freizügigkeit** und zur **sozialen Absicherung** von Arbeitskräften. Arbeitnehmern innerhalb der Gemeinschaft wird demnach die volle Freizügigkeit und das Verbot unterschiedlicher Behandlung von Arbeitnehmern aus anderen EG-Staaten zugesichert. Ausländischen EG-Angehörigen stehen die gleichen Rechte wie einheimischen Beschäftigten zu. Betroffen sind davon beispielsweise staatliche Sozialleistungen, gewerkschaftliche Rechte und Leistungen der Arbeitsämter.

Arbeitsrechtlich bedeutsame Regelungen sind weiter die Europäische Menschenrechtskonvention (EMRK) und die Europäische Sozialcharta (ESC). Bei Auslegungsproblemen innerstaatlicher arbeitsrechtlicher Bestimmungen ist die Lösung zu wählen, die den Vorschriften der EMRK und der ESC am ehesten gerecht wird (vgl. *Brox/Rüthers* 1997, 37).

Neben der Anwendung von Richtlinien, mit denen die Mitgliedsstaaten zu einer Angleichung der Unternehmensrechte veranlaßt werden können, versucht die Kommission, durch die Schaffung einer **europäischen Aktiengesellschaft** dieses Problem zu lösen (vgl. *Lutter* 1990, 8-12). Ein Hauptproblem zur Schaffung dieses transnationalen Gesellschaftstyps waren bislang die unterschiedlichen Auffassungen über die Mitbestimmungsrechte der Arbeitnehmer. Während beispielsweise die Mitbestimmung aus dem deutschen Recht nicht mehr wegzudenken ist und zum Großteil auch im Management positiv beurteilt wird, sind britische Manager kaum von den Vorteilen dieser Regelung zu überzeugen.

3.2.5 Datenverarbeitungsrecht

Datenerfassungs- und Datenübermittlungsverordnung (DEVO/DÜVO). Eine wichtige Rolle bei Verarbeitung und Speicherung von Mitarbeiterdaten spielen die DEVO/DÜVO-Vorschriften sowie diverse Datenübermittlungsrechte und -pflichten gegenüber Behörden und sonstigen Dritten. DEVO/DÜVO regelt den **Datenaustausch** zwischen den Arbeitgebern und den Trägern der Sozialversicherung (Kranken-, Rentenversicherung und der Bundesanstalt für Arbeit). Im Rahmen dieser Verordnungen werden als Jahres- oder Änderungsmeldung regelmäßig mitarbeiter-, tätigkeits- sowie betriebsbezogene Daten übermittelt.

Aufbewahrungspflichten. Für Personalunterlagen existieren **keine speziellen Aufbewahrungsvorschriften**. Zählt man zu den Personalunterlagen auch die Buchungsbelege der Lohn- und Gehaltsabrechnung, so unterliegen diese dann der in § 44 HGB aufgeführten Aufbewahrungsfrist von sechs Jahren. Generell sollten jedoch Personalunterlagen vom Arbeitgeber so lange aufbewahrt werden, wie mit Ansprüchen des Arbeitnehmers zu rechnen ist.

Datenschutz und Mitbestimmung. Anwendungsprobleme treten gerade im Zusammenhang mit Personalinformationssystemen recht häufig auf: Sie reichen von Fragen nach Datensicherung und Datenschutz bis zu psychologischen Aspekten. Die **Begriffe** „Datensicherung" und „Datenschutz" lassen sich dabei inhaltlich eindeutig voneinander abgrenzen: *Datensicherung* zielt ausschließlich darauf, Daten und Programme gegen Zerstörung, Verfälschung und Verlust abzusichern. Datensicherung ist vollkommen losgelöst von personenbezogenen Daten erforderlich und betrifft alle technischen und organisatorischen Vorkehrungen, die zu treffen sind, damit keine Unbefugten Zugriff auf die Daten nehmen können (§ 9 BDSG). *Datenschutz* bezieht sich auf den (nicht nur aus juristischen Gründen erforderlichen) sorgfältigen Umgang mit personenbezogenen Daten und auf die daraus resultierenden Konsequenzen zum Schutz der Persönlichkeitsrechte.

Trotz klarer inhaltlicher Trennung der beiden Begriffe überlappen sich die **Maßnahmen** zur Realisierung von Datensicherung und Datenschutz insofern, als Datensicherungsmaßnahmen häufig gleichzeitig dem Datenschutz dienen und vice versa.

Im Hinblick auf die Verarbeitung und Nutzung personenbezogener Daten gilt ein „Verbot mit Erlaubnisvorbehalt" (§ 4 BDSG; vgl. *Bartosch* 1992, 805). Demnach ist die Nutzung personenbezogener Daten nur bei Vorliegen bestimmter Erlaubnistatbestände zulässig. Diese werden zum Beispiel im Bundesdatenschutzgesetz (BDSG) und in anderen Rechtsvorschriften wie Steuergesetzen und Betriebsvereinbarungen geregelt.

In den USA kann die Auseinandersetzung um schutzwürdige Daten auf eine über hundertjährige Tradition zurückblicken. In Europa rückte dagegen erst die zunehmende Computerisierung der vergangenen Jahre das Problem des Schutzes personenbezogener Daten vor unberechtigtem Zugriff durch Dritte in den Mittelpunkt des Interesses. Datenschutz bedeutet in diesem Zusammenhang die Forderung des Gesetzgebers, (natürliche) Personen vor Mißbrauch ihrer Daten zu schützen. Das erste deutsche Landesdatenschutzgesetz wurde 1970 in Hessen erlassen und betraf Daten natürlicher und juristischer Personen, die computergestützt bei Landesbehörden in Hessen verarbeitet wurden. Ihm folgte eine lange Diskussion um ein Bundesdatenschutzgesetz, das schließlich 1976 angenommen wurde und am 1. Januar 1978 in Kraft trat. Inzwischen wurde es im „Gesetz zur Fortentwicklung der Datenverarbeitung und des Datenschutzes" vom 20. Dezember 1990 sowie im neuen Datenschutzgesetz (DSG), das am 1. Juli 1993 in Kraft trat, weiterentwickelt und in einigen zentralen Punkten neu gefaßt (vgl. *Dreier* 1991; *Wyss* 1995).

Das BDSG (vgl. BDSG § 1 Abs. 2) gilt in erster Linie für die Erhebung, Verarbeitung und Nutzung personenbezogener Daten durch

- öffentliche Stellen des Bundes,
- öffentliche Stellen der Länder, soweit der Datenschutz nicht durch Landesgesetz geregelt ist, und
- nicht-öffentliche Stellen, soweit sie die Daten in oder aus Dateien geschäftsmäßig oder für berufliche oder gewerbliche Zwecke verarbeiten oder nutzen.

Die Auseinandersetzung mit dem **Datenschutz** umfaßt die zu verarbeitenden Informationen (Daten), die Form ihrer Speicherung (Dateien), das Medium ihrer Speicherung (Datenträger) und die Art ihrer Behandlung (Datenverarbeitung):

- Traditioneller Ansatzpunkt für den Datenschutz ist der Dateibegriff. Eine *Datei* ist danach definiert als „eine Sammlung personenbezogener Daten, die durch automatisierte Verfahren nach bestimmten Merkmalen ausgewertet werden kann (automatisierte Datei)“, oder „jede sonstige Sammlung personenbezogener Daten, die gleichartig aufgebaut ist und nach bestimmten Merkmalen geordnet, umgeordnet und ausgewertet werden kann (nicht-automatisierte Datei)“ (§ 3 Abs. 2 BDSG).
- Angesichts der Flut informationstechnischer Medien spielt die Frage nach dem *Datenträger* in Zukunft eine eher untergeordnete Bedeutung. So läßt bereits das BDSG von 1977 in § 2, Abs. 2 Nr. 1 „jedes Material“ als Datenträger zu, „auf dem Daten lesbar oder wieder abrufbar aufgezeichnet, registriert und aufbewahrt werden können“. Die geforderten Datensicherungsmaßnahmen gelten nicht nur für Rechenzentren, PCs, Notebooks, vernetzte Systeme und alle sonstigen End- und Datenausgabegeräte, auch die verschiedenen Formen der Telearbeit werden erfaßt.
- Unabhängig von der Legaldefinition des BDSG lassen sich für die *Datenverarbeitung* im weiteren Sinne Datenerhebung, Speicherung, Veränderung, Übermittlung, Löschung und Sperrung unterscheiden (vgl. *Tinnefeld/Ehmann* 1994, 89-96).

Diejenige Person, deren Daten gespeichert werden („Betroffene“), hat in Zusammenhang mit dem Datenschutz vier **Rechte** (vgl. *Gola/Schomerus* 1997, 273-306):

- Die betroffene Person kann bei der datenverarbeitenden Stelle *Auskunft* darüber verlangen, welche Daten zu welchem Zweck über sie gespeichert sind.
- Hat die betroffene Person festgestellt, daß über sie unrichtige Daten gespeichert wurden, so kann sie eine *Korrektur* sowie gegebenenfalls auch eine zusätzliche Speicherung von Daten verlangen.
- Der Betroffene hat bei Daten, deren Speicherung unzulässig ist sowie bei Daten, deren Kenntnis für die speichernde Stelle zur Erfüllung der in ihrer Zuständigkeit liegenden Aufgaben nicht mehr erforderlich ist, einen Anspruch auf deren *Löschung*.

- Schließlich tritt an die Stelle der Löschung eine *Sperrung*, wenn einer Löschung gesetzliche, satzungsmäßige oder vertragliche Aufbewahrungsfristen entgegenstehen, Grund zu der Annahme besteht, daß durch die Löschung schutzwürdige Interessen des Betroffenen beeinträchtigt würden, oder die Löschung wegen der besonderen Art der Speicherung nicht oder nur mit unverhältnismäßig hohem Aufwand möglich ist.

Da auf der strategischen Ebene mit hochaggregierten und abstrahierten Daten gearbeitet wird, ist hier keine datenschutzrechtliche Relevanz zu erkennen. Auch die einzelnen Aufgabenfelder des Personalmanagements sind nicht vollständig vom BDSG tangiert: Die Personalbestandsanalyse, Personalbeschaffung, -entwicklung und -freisetzung, der Personaleinsatz sowie das Personalkostenmanagement unterliegen aber den Regelungen des Datenschutzrechtes, wobei hier zusätzlich die Regelungen im Zusammenhang mit dem Betriebsverfassungsgesetz und die Rechte zum Einblick in die Personalakte greifen.

Die taktisch-dispositive Ebene besitzt prinzipiell keine datenschutzrechtliche Relevanz, da hier allenfalls aggregierte Mitarbeiterdaten verarbeitet werden. Aggregierte Daten können häufig jedoch mit relativ geringem Aufwand reanonymisiert werden (vgl. *Kaase* 1980).

Die zentralen betriebswirtschaftlichen Implikationen und Fragestellungen im Bereich des Datenschutzes betreffen vor allem das betriebliche Personalmanagement auf der operativen Ebene. Nicht dem BDSG unterliegen dagegen beispielsweise Aussagen aus dem operativen Bereich der Personalbedarfsbestimmung, so die Fragestellung, welche Anforderungsmerkmale typisch für eine bestimmte Stelle sind.

Die personenbezogene Datenverarbeitung unterliegt ferner dem **Betriebsverfassungsgesetz** (BetrVG), das Informations-, Beratungs- und Mitbestimmungsrechte des betroffenen Arbeitnehmers beziehungsweise des Betriebsrats auslösen kann. An dieser Stelle sind aus dem BetrVG unter anderem

- § 80 II (allgemeine Informationsrechte),
- § 83 I (Einsichtnahme in die Personalakte),
- § 83 II (Hinzufügen von Erklärungen),
- § 90 (Gestaltung von Arbeitsplatz, -ablauf und -umgebung),
- § 92 (Beratung über Aspekte der Personalplanung),
- § 94 (Personalfragebogen und Beurteilungsgrundsätze),
- § 95 (Auswahlrichtlinien) sowie
- §§ 99, 102 (personelle Einzelmaßnahmen, Kündigungen)

zu nennen. Eine spezielle Bedeutung kommt dabei dem § 87 I Nr. 6 BetrVG zu: Danach hat der Betriebsrat ein Mitbestimmungsrecht bei Einführung und Anwendung technischer Einrichtungen, mit deren Hilfe das Verhalten der Arbeitnehmer überwacht werden soll beziehungsweise überwacht werden kann. Die an diesem Punkt ansetzenden Streitfragen orientieren sich zunächst daran, wann eine technische Einrichtung dazu „bestimmt" ist, das Verhalten oder die Leistung der Mitarbeiter zu „überwachen".

Zunächst war die grundsätzliche Eignung von Geräten zur Verhaltenskontrolle der ausschlaggebende Faktor für die Mitbestimmung. Grundbeispiele dafür sind Fahrtenschreiber, Multi-Moment-Kameras, Videokameras, Zeitstempler und die automatische Aufzeichnung von Telefongesprächsdaten. Da die Frage der Reichweite der Mitbestimmung durch den Einsatz der EDV an Bedeutung stark zugenommen hat, wurden die Schutzrechte des § 87 I Nr. 6 weitergehend ausgelegt, wie an Urteilen im Zusammenhang mit Kantinenabrechnung, CAD/CAM-Systemen, Telefondatenerfassung, Zugangssicherungssystemen oder Anwendungssoftware für Personalinformationssysteme ersichtlich wird (vgl. *Zöllner/Loritz* 1998, 556-558).

Spezialprobleme. Die **Verhaltenskontrolle** spielt im Zusammenhang mit computergestützten Personalinformationssystemen eine zweifache Rolle:

- Zum einen bezieht sie sich auf die *Daten*, die im System über Mitarbeiter gespeichert werden. In extensiver Auslegung der gesetzlichen Vorschriften folgt daraus, daß das Mitbestimmungsrecht des Betriebsrates bereits dann besteht, wenn personenbezogene Daten im Rechner verarbeitet werden, die bei entsprechender Verknüpfung Aussagen über das Verhalten oder die Leistung der Arbeitnehmer zulassen (vgl. *Zöllner/Loritz* 1998, 557-558).
- Zum anderen erlauben computergestützte Informationssysteme (wie auch alle anderen Bildschirmarbeitsplätze) in den meisten Fällen eine *Kontrolle* der sie bedienenden Mitarbeiter. Dies betrifft nicht nur spezielle Kontrollroutinen, die Fehlerhäufigkeit, Bedienungszeit oder sonstige Leistungsdaten erfassen; es läßt sich vielmehr auch ohne Zusatzroutinen relativ gut ermitteln, wann und welche Operationen durchgeführt wurden. Beim PC ergibt sich eine derartige Kontrollmöglichkeit (die natürlich vom Kontrollierten umgehbar ist) beispielsweise durch die Information im Dateiverzeichnis, wann zuletzt eine Änderung durchgeführt wurde.

Da beide Aspekte wesentliche Informations- und Mitbestimmungsrechte des Betriebsrats betreffen, sind sie für die Einführung und Ausgestaltung derartiger Systeme von besonderer Bedeutung.

Unter Bezugnahme auf das Betriebsverfassungsgesetz wird häufig die Anwendung von computergestützten Informationssystemen (Hardware plus Software) über **Betriebsvereinbarungen** geregelt:

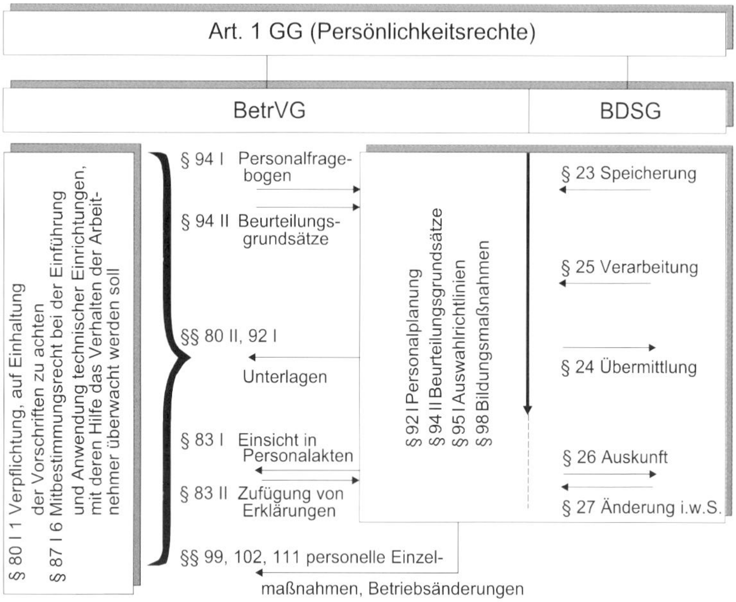

Abbildung 3.3: Bundesdatenschutzgesetz und Betriebsverfassungsgesetz

- Ein potentieller Inhalt solcher Betriebsvereinbarungen ist die Erstellung sogenannter „**Negativ-Kataloge**", die Aussagen darüber treffen, welche Merkmale grundsätzlich nicht in computergestützten Informationssystemen gespeichert werden dürfen.
- Das Gegenstück zu diesem Negativ-Katalog ist die Verwendung eines „**Positiv-Katalogs**", der eine abschließende Erfassung und Festschreibung der zulässigen Daten im Personalinformationssystem verlangt. Positiv-Kataloge werden tendenziell von den Gewerkschaften favorisiert.

Wichtig ist auch die Behandlung von **Prognosedaten**: Hierbei handelt es sich überwiegend um subjektive und vor dem Hintergrund einer konkreten Unternehmenssituation für die Zukunft abgeleitete Werte. Deshalb wird die Auffassung vertreten, daß die Erfassung solcher Daten allenfalls dem Informationsrecht über betriebliche Personalplanung nach § 92 BetrVG unterliegt, kaum aber eine Anwendung von § 94 BetrVG zuläßt, der ein Zustimmungsrecht des Betriebsrats zu Personalfragebogen und Beurteilungsgrundsätzen festschreibt. Daraus ergibt sich auch, daß die weitere Verwendung von Prognosedaten im Personalinformationssystem in der Regel mitbestimmungsfrei ist.

Ein Streitfall ist die Verwendung von **Profilvergleichen**: Abgesehen davon, daß derartige Verfahren nicht selten über Betriebsvereinbarungen explizit ausgeschlossen werden, wird hier die Position vertreten, daß (vgl. *Jobs/Samland* 1984, 147-149)

- die Erstellung von Anforderungsprofilen keine Auswahlrichtlinie gemäß § 95 I BetrVG darstellt, da diese arbeitsplatz- und nicht personenbezogen sind, sowie
- die Durchführung automatischer Profilabgleiche kein Mitbestimmungsrecht des Betriebsrats gemäß § 94 II BetrVG (Beurteilungsgrundsätze) begründet.

Zusammenfassung. Einen Überblick über die verschiedenen Regelungen, die im Zusammenhang mit der Einführung und Verwendung von computergestützten Informationssystemen zu beachten sind, bringt Abbildung 3.3, die als Ausgangspunkt zusätzlich Artikel 1 und 2 des Grundgesetzes (Schutz der Privatsphäre) berücksichtigt.

Neben den nationalen Rechtsquellen gewinnen insbesondere im Rahmen der zunehmenden wirtschaftlichen und sozialen Integration Europas die internationalen Rechtsquellen an Bedeutung. Hierbei sind die Datenschutzrichtlinie der EG „zum Schutz natürlicher Personen bei der Verarbeitung personenbezogener Daten und zum freien Datenverkehr" vom 24.07.1995, aber auch das im Rahmen des Europarats erarbeitete „Übereinkommen zum Schutz des Menschen bei der automatischen Verarbeitung personenbezogener Daten" vom 28.01.1981 zu nennen. Diese internationalen Regelungen, die in einer Reihe von Punkten über das deutsche Schutzniveau vor allem im privaten Bereich hinausgehen, haben unmittelbare Auswirkungen auf das BDSG.

3.3 Organisatorische Basis

3.3.1 Grundproblematik als Herausforderung

Die im Kapitel 1 angesprochenen Veränderungen haben unmittelbaren Einfluß auf die Struktur des Unternehmens und damit auch auf die Organisation der Personalarbeit. Weitere Determinanten sind die historische Entwicklung des Unternehmens und die Besetzung der Spitzenpositionen. Abbildung 3.4 gibt ein Beispiel für eine historisch entstandene Personalabteilung.

Allerdings gerät die Personalabteilung in vielen Unternehmen unter Druck. Zwei Drittel von rund 1 500 Personalmanagern aus 15 europäischen Staaten – die sicherlich ihre eigene Arbeit tendenziell noch eher positiv sehen – sind der Meinung, daß Personalabteilungen den Herausforderungen der 90er Jahre in keiner Weise gerecht werden (vgl. *European Association for Personnel Management* 1992, II). Deswegen über-

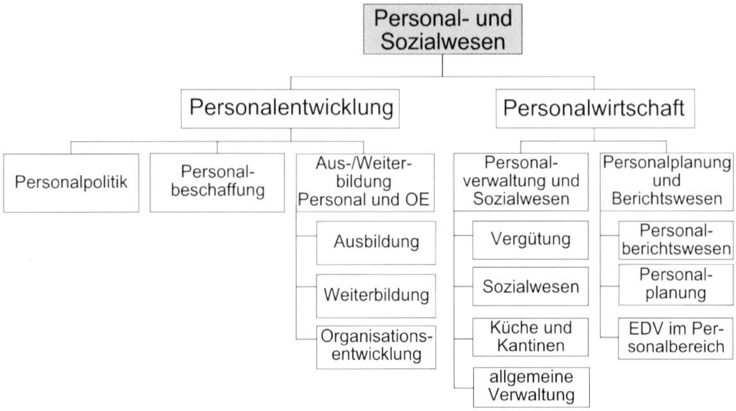

Abbildung 3.4: Beispiel für eine historisch entstandene Personalabteilung

rascht es auch nicht, wenn die Personalabteilung teilweise auf ein Rekordtief von unter 5 „Personalern" pro 1 000 Mitarbeitern geschrumpft ist (vgl. *Seelig* 1996). Gründe dafür liegen neben Kostenüberlegungen vor allem in der Aufspaltung der Geschäftsaktivitäten. Sie führt dazu, daß die Linienmanager kleinerer Einheiten Personalaufgaben wahrnehmen. Folge: Die Personalabteilung wird gesplittet oder sogar ganz abgeschafft.

Dieses „Abschaffungsmodell" bildet die Endstufe einer Verlagerung der Personalverantwortung von der zentralen Personalabteilung zu Linienführungskräften. Anfallende Massenarbeiten werden von einer kleinen Verwaltungsstelle oder von externen Dienstleistern erledigt. Strategische Personalarbeit wird dann von der Unternehmens- beziehungsweise Geschäftsbereichsleitung übernommen.

Das „Abschaffungsmodell" als deskriptiver Befund (mit nur teilweise präskriptiver Kraft) folgt dem Trend, Personalfunktionen in wertschöpfende Primäraktivitäten zu verlagern.

Vorteile des Modells liegen insbesondere in der flacheren Personalmanagementhierarchie und kürzeren Entscheidungswegen (Übersicht 3.5).

Das vollständige Outsourcing im Abschaffungsmodell bietet sich prinzipiell für alle Betriebsgrößen an (vgl. *Kuchler* 1997, 12-13): Kleine und mittelständische Unternehmen werden tendenziell jedoch weniger Anpassungsaufwand haben, da hier die Personalfunktion in der Regel bereits dezentral verteilt ist; die Vergabe von Projekten, wie Arbeitsvertragsgestaltung und -abschluß oder die Erarbeitung neuer Entlohnungs- und Beurteilungssysteme über Betreuungsverträge an externe Dienstleister, führt hier direkt zu einer Entlastung der bisher Verantwortlichen.

	Abschaffungsmodell
Hauptziel	Verzicht auf Personalabteilung in jeglicher Form
Rollenverteilung	-
Voraussetzung	externer Markt für spezifische Personaldienstleistungen beziehungsweise fachliche und soziale Kompetenz der Linienführungskräfte
Strategiebezug	durch Linienführungskräfte
Vorteil	flachere Personalmanagement-Hierarchie
Nachteil	gefährlich bei fehlendem Personalcontrolling
Eignung für ...	dynamische Umwelt, alle Betriebsgrößen

Übersicht 3.5: Abschaffungsmodell

Das Abschaffungsmodell ist allerdings von verschiedenen Voraussetzungen abhängig. Zunächst muß ein adäquater externer Markt für spezifische Personaldienstleistungen zur Verfügung stehen. Darüber hinaus ist ein „Vorort-Kompetenz-Personal" in der Linie notwendig. Schließlich muß nach Abschaffung der Personalabteilung der Bezug zur Unternehmensstrategie hergestellt und überwacht werden.

Für andere Unternehmen ist und bleibt die Personalabteilung eine wichtige Institution, da sie zentrale Funktionen der strategischen Unternehmensführung wahrnimmt, vor allem (vgl. *Hinterhuber/Handlbauer/Matzler* 1999)

- Strukturierung (Zwecksetzung, Verdichtung, Gestaltung),
- Orientierung (Richtungsanweisung, Internalisierung, Wegbeschreibung),
- Handhabung (Willensbildung, -durchsetzung, -sicherung),
- Dynamisierung (Zeitbestimmung, Beschleunigung, Verzögerung),
- Deutung (Beobachtung, Informationsverarbeitung, Interpretation) sowie
- ethische Reflexion (Analyse, Kritik, Begründung).

Dies erklärt auch die Fülle von Organisationsformen, die in der Literatur diskutiert (vgl. *Schuler* 1992; *Ackermann* 1994; *Wunderer/Arx* 1998; *Scholz* 1999a) und in der Praxis realisiert werden. Sie verlangen meist – unabhängig von der inhaltlichen Ausgestaltung – zunächst zwei Entscheidungen: Hinsichtlich der Organisationsstruktur ist zu entscheiden, ob die Personalarbeit zentral oder dezentral organisiert wird, und es stellt sich die Frage nach der Aufgabenteilung zwischen Personalabteilung und Fachführungskraft.

Zentral versus dezentral. Bei einer *zentralen* Lösung finden alle Personalaktivitäten in einem Personalressort statt. Diese Zentrale ist der unmittelbare Ansprechpartner für die Führungskräfte. Bei der *dezentralen*

Empirischer Befund (GPP): Inhalte einer Vision für das „Personalmanagement 2000“ (in Prozent, Mehrfachnennungen)

Zukunftsfähiges Personalmanagement basiert auf einer Vision, unter anderem darüber, wie die Personalarbeit organisiert werden soll. In den untersuchten Ländern werden unterschiedliche Schwerpunkte gesetzt: Deutsche und amerikanische Unternehmen bevorzugen für die Personalarbeit Reengineering und flexible Spezialisierung, französische Unternehmen flexible Spezialisierung und Charakteristika einer Holding, spanische Unternehmen Reengineering und Holding-Charakteristika. Österreichische Unternehmen verzichten mehrheitlich auf eine Vision. Die virtuelle Personalabteilung wird in allen Ländern selten explizit präferiert.

	D	Ö	USA	F	Sp	Rest	Σ
Reengineering des Personalmanagements	58	35	75	39	68	46	51
System flexibler Personalspezialisten	44	18	63	52	32	36	36
Personalmanagement als Profit Center	35	18	25	20	27	32	27
Personalabteilung als „Holding“ (nur Koordinator und strategische Richtlinien)	23	10	38	60	38	45	32
Virtuelle Personalabteilung	13	4	13	11	5	18	10

Lösung gibt es mehrere, hierarchisch gestaffelte Personalabteilungen bis zu dezentralen Personalreferenten. Sie sind Kontaktstellen oder -personen der Führungskräfte und unterstützen sie bei personalwirtschaftlichen Fragestellungen. Zentrale oder dezentrale Personalarbeit sagt aber noch nichts über den Umfang der Tätigkeiten aus, die in der Personalabteilung beziehungsweise ihren dezentralen Nebenstellen stattfinden: Hier geht es lediglich um die organisationale Einordnung. Der inhaltliche Umfang der Aufgaben ergibt sich erst aus der Zuordnung von Kompetenzen mit den zugehörigen Verantwortungen.

Eine Analyse der Personalmanagementrends in der Schweiz zeigt, daß bei 72% der befragten Großunternehmen dezentrale Personalabteilungen bestehen, die in fachlichen Fragen meist einer zentralen Personalabteilung, in disziplinarischen Fragen der Bereichsleitung unterstellt sind. Zu den Personalmanagementaufgaben, die nach Einschätzung der Befragten eher *zentral* wahrgenommen werde, zählen die Konzeption der Führungsinstrumente, die Vertretung gegenüber den Arbeitgeberverbänden sowie die personalwirtschaftlichen Aspekte der Unternehmenspolitik.

Zu den eher *dezentral* wahrzunehmenden Aufgaben sind dagegen die Lohn- und Gehaltsfindung, die Rekrutierung von Nachwuchsführungs-

Empirischer Befund (GPP): Verschiebung von Personalmanagementaufgaben hin zum Linienmanagement im Zweijahreszeitraum (1992 - 1994, in Prozent)

Bezogen auf die Verschiebung von Personalmanagementaufgaben hin zum Linienmanagement sind allgemein deutliche Bewegungen in der Personalentwicklung, der Veränderung der Belegschaft sowie der Einführung neuer Mitarbeiter zu erkennen – obwohl die Frage den bereits realisierten Zustand außer acht läßt. Deutschland und Österreich folgen diesem allgemeinen Trend, Spanien eher zögerlich. Darüber hinaus setzen die USA einen deutlichen Schwerpunkt im Bereich Gesundheit und Sicherheit, Frankreich im Bereich Personalbeschaffung.

	D	**Ö**	**USA**	**F**	**Sp**	**Rest**	**Σ**
Personalbeschaffung	29	40	44	64	13	45	37
Personalentwicklung	58	64	56	70	53	62	61
Lohn- und Sozialzahlungen	26	20	25	41	29	33	29
Beziehungen zu Tarifpartnern	17	23	25	48	19	24	25
Gesundheit und Sicherheit	31	33	50	38	39	45	37
Ausweitung/Reduktion der Belegschaft	44	56	50	31	39	58	47
Einführung neuer Mitarbeiter	36	57	38	63	34	59	49
Personalmanagement-Politik	37	31	50	25	37	54	38

kräften sowie – und dies ist bemerkenswert – auch die Personalverwaltung zu rechnen (*Thom/Blum/Zaugg* 1998).

Universalistisch versus partizipativ. Bei einer als *universalistisch* bezeichneten Organisationsform findet Personalarbeit weitgehend in der Personalabteilung statt. Sie löst Fragen der Personalbedarfsbestimmung, realisiert Personalbeschaffung und -entwicklung und übernimmt wichtige Funktionen der Personalführung und Personalfreisetzung. Im Gegensatz dazu findet bei der als *partizipativ* bezeichneten Lösung eine bewußte und sehr weitgehende Verteilung von Aufgaben auf die jeweiligen Führungskräfte statt.

Das Ergebnis sind vier Zellen mit deutlich unterschiedlichen Erscheinungsformen der betrieblichen Personalarbeit (Übersicht 3.6).

Zwischen diesen Zellen liegt zumindest tendenziell ein historischer *Entwicklungspfad*. Er ist gekennzeichnet durch eine Bewegung vom
- zentral-universalistischen Modell hin zum
- dezentral-universalistischen Modell, teilweise sogar zum
- dezentral-partizipativen Modell,

Organisation der Personalabteilung	**Verteilung der Personalmanagement-Kompetenz**	
	universalistisch	partizipativ
zentral	**(1)** dominante, zentrale Personalabteilung mit Universalkompetenz (*„gestern“*)	**(4)** (auch) Fachführungskräfte als wichtige Personalmanager, zentrale Personalabteilung zur übergreifenden Koordination (*„übermorgen“*)
dezentral	**(2)** Dominanz des Personalbereichs, aber verteilt im Unternehmen (*„heute“*)	**(3)** (auch) Fachführungskräfte als wichtige Personalmanager mit Hilfestellung durch die dezentralen Personaleinheiten (*„morgen“*)

Übersicht 3.6: Organisationsformen der Personalarbeit

wobei eine solche Bewegung weder deskriptiv eindeutig determinierbar noch präskriptiv zwingend ist. Beim gegenwärtigen Stand der Forschung fehlen klare und empirisch fundierte Aussagen darüber, in welchen Situationen welche der vier Grundformen als situativ angemessen einzustufen ist. Es lassen sich aber zumindest Tendenzaussagen formulieren: Die Wahl des *dezentralen* Modells setzt eine gewisse Mindestbetriebsgröße, das *zentrale* Modell Homogenität im Hinblick auf Produktionsprogramm und Mitarbeiterstruktur voraus. Das *universalistische* Modell verlangt eine ausgeprägte Fachkompetenz in der Personalabteilung. Das *partizipative* Modell unterstellt eine breite Professionalität in allen Fragen des betrieblichen Personalmanagements auch in den Fachabteilungen: „Jede Führungskraft ein professioneller Personalmanager“ ist hier die Vision.

Die **Konsequenzen** für das Personalmanagement sind offenkundig: Gehen personalplanerische Aufgaben auf dezentrale Einheiten über, so ist zum Beispiel der Personalbedarf weder quantitativ noch qualitativ von einer zentralen Instanz zu bestimmen, ebensowenig wie die Personalentwicklung und der Personaleinsatz. Dezentralisierung darf allerdings nicht mit einem Verlust der unternehmensweiten Einheitlichkeit einhergehen. Hier ist es Aufgabe der Personalabteilung, durch entsprechende Schulung der Mitarbeiter diesem Problem entgegenzuwirken.

3.3.2 Autonomieaspekt: Kompetenz im Sinne von Befugnis

Die Organisation der Personalabteilung folgt ferner im Idealfall einer strategischen Idee, die klar festlegt, wozu die Personalarbeit im Unternehmen überhaupt befugt ist, wie weit also ihr Kompetenzbereich reicht.

Der Autonomieaspekt legt fest, welche Befugnisse die Personalabteilung im Unternehmensgefüge hat und wofür sie die Verantwortung trägt.

Hier darf sie entweder aufgabenabhängig und möglichst effektiv Kosten verursachen (Cost-Center), selbst gewinnorientiert agieren (Profit-Center), oder sie muß einen Wertschöpfungsbeitrag für die Abnehmer der Leistung nachweisen (Wertschöpfungs-Center).

3.3.2.1 Cost-Center

Da viele Personalfunktionen der Steuerung und Führung des Unternehmens als Gesamtheit dienen, ist ihre interne Vermarktbarkeit eingeschränkt, solange kein monetär bewertbarer Nutzen bestimmbar erscheint, wohl aber eine weitgehende Spezifikation der Kosten. In diesem Fall bietet sich – analog zur Kostenstellenrechnung – die Organisation der Personalabteilung als *Cost-Center* an. Ein solches „Cost-Center Personal" arbeitet mit gegebenen Budgets, die sich nach Möglichkeit aus der erbrachten Leistung oder aber aus zwischenbetrieblichen Benchmarks ableiten lassen sollten.

Ein Cost-Center ist gekennzeichnet durch eine überwiegend qualitativ beschreibbare Leistung und einen weitgehend auf die einzelne Aktivität zuordbaren Kostenblock.

Cost-Center unterhalten im Regelfall keine direkten Beziehungen zum Absatzmarkt, werden also überwiegend unternehmensintern tätig. Ein Cost-Center Personal hat den Vorteil, die Kostenzurechnung auf die verursachende Abteilung explizit zu machen und durch eine Erhöhung der Transparenz in diesem Bereich auf eine Gemeinkostensenkung hinzuwirken. Probleme ergeben sich vor allem aus der Verrechnung von Kosten zwischen verschiedenen Cost-Centern über sinnvolle Verteilschlüssel. Zudem ergibt sich die Gefahr, die Personalfunktion in ihrem Gesamtzusammenhang zu stark auf Kostengesichtspunkte zu reduzieren (Kostenverusachungsfaktor Personal).

Je stärker marktliche Anreize, die insbesondere auch die Qualitätskomponente berücksichtigen, in die Realisation aufgenommen werden können, desto eher werden Fehlallokationen von Leistungen und Kosten im Cost-Center (Übersicht 3.7) vermieden. Die Vorteile des Cost-Centers sind vor allem in seiner Übersichtlichkeit und Transparenz zu sehen.

	Cost-Center
Hauptziel	Kostentransparenz und Kostenminimierung
Rollenverteilung	zentralistisch
Voraussetzungen	transparente Vergleichsmaßstäbe
Strategiebezug	durch übergeordnetes Controlling
Vorteil	Kostenkalkulierbarkeit, Übersichtlichkeit
Nachteil	Reduktion auf Kostengesichtspunkte
Eignung für ...	kleinere und mittlere Unternehmen

Übersicht 3.7: Personalabteilung als Cost-Center

3.3.2.2 Profit-Center

Beim Profit-Center ergibt sich das Budget der Personalabteilung aus den monetär bewerteten Leistungen, die es für andere erbringt.

Ein Profit-Center setzt voraus, daß Leistungsanbieter sowie Leistungsnachfrager (1) Zugang zu einem externen Markt haben und (2) ohne Liefer- beziehungsweise Bezugszwang operieren dürfen.

Ausgangsbasis für ein Profit-Center sind klare Verrechnungspreise, im Idealfall abgeleitet aus Marktpreisen. Sie erlauben es der Personalabteilung, einen Leistungskatalog zu erstellen, bei dem jede Leistung mit einem konkreten Preis bewertet wird. Das Führen eines Kritikgespräches hat dann ebenso seinen Preis wie das Schalten einer Stellenanzeige oder die Entgeltabrechnung pro Mitarbeiter und Monat. Danach sind marktfähige Leistungspakete zu definieren und gemeinsam mit den Preisen zu kommunizieren. Bei Nichterreichen des proklamierten Ziels zum Ende einer Abrechnungsperiode ist das Profit-Center Personal nicht in der Lage, seine Bereichskosten durch entsprechende Erlöse zu decken.

Die Einführung von Profit-Centern soll die Personalabteilung einem wirtschaftlichen Druck aussetzen und Ineffizienzen verhindern, indem eine Steuerung „durch den Markt" in den Vordergrund rückt: Dort regelt der Preis Angebot und Nachfrage, wodurch sich als Effekt auch eine reelle Leistungsbewertung ergibt. Konsequenterweise muß es den potentiellen internen Kunden daher auch erlaubt sein, Leistungen von außerhalb des Unternehmens zu beziehen.

Trotz aller Faszination liegt die Problematik dieser Organisationsform in der Ermittlung und Bewertung ihrer eigentlichen Leistung im Hinblick auf den eigentlichen Erfolgsbeitrag (Übersicht 3.8).

	Profit-Center
Hauptziel	monetäre Steuerung nach den Gesetzen des Marktes
Rollenverteilung	Profit-Center = Lieferant Linieninstanz = potentieller Kunde
Voraussetzungen	Ermittelbarkeit der Kosten und Erlöse, Vermeidung einer kurzfristigen Gewinnmaximierungsmentalität
Strategiebezug	ausschließlich durch Linieninstanz
Vorteil	äußerst effiziente Lösung
Nachteil	ist an das konsequente Einhalten der Grundprinzipien vom Profit-Center gebunden
Eignung für ...	eher größere Unternehmen

Übersicht 3.8: Personalabteilung als Profit-Center

3.3.2.3 Wertschöpfungs-Center

Eine 1993 durchgeführte Befragung von 52 Personalleitern in Deutschland und der Schweiz ergab als wichtigste Zielsetzungen eines unternehmerischen Personalmanagements Kunden- und Wertschöpfungsorientierung (vgl. *Wunderer/Schlagenhaufer* 1993): Zum Erreichen dieser Zielgrößen befürworteten 27 Befragte verschiedene Service-Center-Varianten, sieben das reine Profit-Center und drei das reine Cost-Center. 55% aller Befragten schätzen die Kombination verschiedener Modelle in der Personalabteilung als praktikabel ein, wodurch letztlich das „Wertschöpfungs-Center" entsteht.

Ein Wertschöpfungs-Center verbindet die Gewinnerzielung der Personalabteilung mit der nachweisbaren Nutzenschaffung bei den die Leistungen abnehmenden Einheiten.

Damit wird das „Wertschöpfungs-Center Personal" zu einer Kombination aus Cost-Center und Profit-Center mit einem entsprechenden Nutzenbeitrag. Als strukturell-systemischer Ansatz basiert es auf einer qualitätsorientierten, auf Wirtschaftlichkeit ausgerichteten Dienstleistungsphilosophie und entspricht einer strategischen Geschäftseinheit (vgl. *Wunderer/Arx* 1998, 47).

Das Wertschöpfungs-Center (Übersicht 3.9) ist mehr paradigmatische Vision als konkret realisierbare Organisationsform: Es vereint zwar die Stärken von Profit- und Cost-Center, bietet aber keine Antworten bezüglich der Schwierigkeiten dieser Modelle an. So bleibt offen, wie man den Wertschöpfungsbeitrag bestimmen kann. Antworten sind nur zu erwarten, wenn im konkreten Einzelfall die betriebliche Wertschöpfungskette inklusive der Personalfunktionen berechnet werden kann.

	Wertschöpfungs-Center
Hauptziel	Konzentration auf die wertschöpfenden Aktivitäten
Rollenverteilung	Wertschöpfungs-Center = Lieferant Linieninstanz = Kunde „dritte Institution" = Schiedsrichter
Voraussetzungen	Ermittelbarkeit der Kosten und Erlöse, Bestimmung der gesamten Wertschöpfungskette
Strategiebezug	explizit durch Wertschöpfungskette
Vorteil	umfassende Lösung
Nachteil	gerät leicht in die Nähe einer vagen Absichtserklärung
Eignung für ...	marktnahe Unternehmen mit unmittelbarer Wertschöpfungsdefinition durch Kunden

Übersicht 3.9: Personalabteilung als Wertschöpfungs-Center

3.3.3 Leistungsaspekt: Kompetenz im Sinne von Befähigung

Im Hinblick auf den **Leistungsaspekt** kann für jede Personalabteilung eine zentrale inhaltliche Idee in den Vordergrund gestellt werden, die das Selbstverständnis der Abteilung prägt.

So kann die Personalabteilung die Personalstrategie bestimmen (*Strategie-Center*), für den Aufbau und Erhalt des unternehmerischen Wissens verantwortlich sein (*Intelligenz-Center*), die Unternehmenskultur formen (*Kultur-Center*), Dienste für das *Unternehmen* in den Vordergrund stellen (*Service-Center*) oder die Linienführungskräfte in der Personalarbeit unterstützen (*Beratungs-Center*).

3.3.3.1 Strategie-Center (Holdingmodell)

Als Strategie-Center (Holding) sorgt die Personalabteilung für die Entwicklung einer originären Personalstrategie mit eigenständigen Impulsen für die Unternehmensstrategie. Deshalb reduziert sich die Personalabteilung auf eine sehr kleine Gruppe von Spitzenkräften: Routinetätigkeiten wie Lohn- und Gehaltsabrechnung werden automatisiert beziehungsweise extern vergeben. Die übrigen Personalangelegenheiten werden von Linienführungskräften übernommen.

Das Strategie-Center hat weitreichende Richtlinienkompetenz und befaßt sich ausschließlich mit strategischen Fragen der Personalarbeit.

Als Strategie-Center übernimmt die Personalabteilung strategisch relevante Aufgaben wie (vgl. *Hinterhuber/Handlbauer/Matzler* 1999)

- *Steuerung* des komplexen Netzwerks von internen und externen Beziehungen,
- Identifikation und Bewahrung von *Kernkompetenzen* des gesamten Unternehmens,
- Beurteilung, Auswahl und strategiekonforme *Entlohnung* der Führungskräfte und qualifizierten Mitarbeiter,
- Stärkung der *Beschäftigungsfähigkeit* der Mitarbeiter sowie
- *Förderung* von intellektueller Kompetenz, Intrapreneurship und sozialen Kompetenzen.

Eine Gefahr für dieses Modell zeigt sich, wenn die im Strategie-Center erarbeiteten Konzepte aufgrund mentaler Barrieren der Bereichsleitungen nicht umgesetzt werden und diese ihre eigenen Wege bei der Erledigung der Personalangelegenheiten wählen.

Um über ein Strategie-Center als strategische Taskforce die seit langem geforderte Verbindung von Unternehmensstrategie und Personalstrategie zu implementieren, bedarf es zum einen Experten mit den entsprechenden Kenntnissen des „General Management", zum anderen müssen auch die übrigen Beteiligten wie Bereichsleitungen oder Linienführungskräfte über die notwendige Personalmanagementkompetenz verfügen (Übersicht 3.10).

	Strategie-Center
Hauptziel	strategische Richtung von oben, ansonsten Arbeit immer vor Ort
Rollenverteilung	Strategie-Center = Rahmenlieferant Linieninstanz = Entscheidungsträger
Voraussetzungen	motivierte Mitarbeiter, Realitätsnähe der Vorgaben
Strategiebezug	durch Strategie-Center Personal
Vorteil	lokale Autonomie plus globale Perspektive
Nachteil	bei stark unterschiedlichen Einheiten wird eine einheitliche Strategie schwierig
Eignung für ...	dynamische Umwelt sowie für größere Unternehmen

Übersicht 3.10: Personalabteilung als Strategie-Center

3.3.3.2 Intelligenz-Center

Kern der Konzeption der Personalabteilung als Intelligenz-Center ist ein ganzheitliches Verständnis des personalwirtschaftlichen Beitrags zur langfristigen Unternehmenserfolgssicherung durch ein strategisches Wissensmanagement.

Das Intelligenz-Center Personal unterstützt und betreibt den systematischen Aufbau der unternehmerischen Wissensbasis und zielt dabei auf eine Förderung des „Wissens“ aller Mitarbeiter auf allen Ebenen (*Wissensgenerierungsfunktion*). Die Vielzahl der Aktivitäten eines solchen Intelligenz-Centers erstreckt sich auf drei konkrete **Gestaltungsfelder** (vgl. *Gerpott* 1999):

- Innerhalb des *informatorischen* Gestaltungsfeldes betreibt die Personalabteilung ein strategisches Informationsmanagement und transformiert Informationen in problemrelevantes Personal- und Veränderungswissen.
- Das *organisatorische* Gestaltungsfeld beinhaltet Aktivitäten zur proaktiven Einbindung des Personalbereiches in unternehmerische Veränderungsprozesse sowie koordinative Mechanismen zur Wissensverteilung im Unternehmen.
- Auf dem *personalen* Gestaltungsfeld sorgt das Intelligenz-Center Personal für eine strategieadäquate Personalentwicklung und ein qualifikationsgerechtes Personaleinsatzmanagement.

Als Intelligenz-Center stellt der Personalbereich damit notwendiges personalbezogenes und technologisches Expertenwissen bereit und fungiert

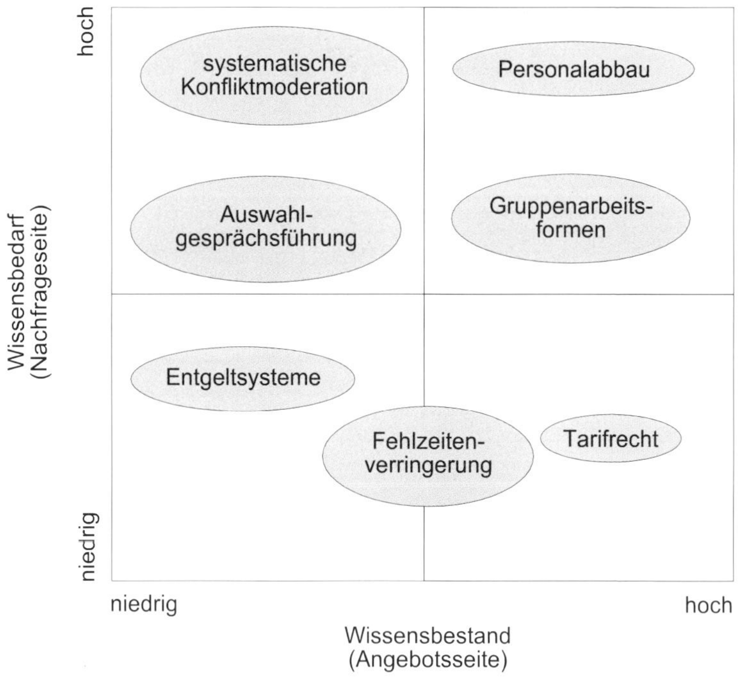

Abbildung 3.5: Wissensportfolio des Personalbereichs (*Gerpott* 1999)

als Promotor erforderlicher Anpassungsprozesse im Unternehmen. Abbildung 3.5 zeigt ein mögliches Wissensportfolio eines Intelligenz-Centers Personal.

Die Organisationsalternative Intelligenz-Center bietet sich insbesondere für Unternehmen in Veränderungsprozessen an, verlangt allerdings eine hohe Qualifikation der „Wissensmanager“ im Personalbereich (Übersicht 3.11).

	Intelligenz-Center
Hauptziel	Koordination, Information, Innovation und Wissensgenerierung
Rollenverteilung	Personalabteilung = Informations- und Wissensmanager Linieninstanz/Mitarbeiter = Inputlieferanten
Voraussetzungen	Transparenz der Informationskanäle und der betrieblichen Leistungssysteme
Strategiebezug	durch Information
Vorteil	Aufbau und Strukturierung einer erfolgssichernden Wissensbasis
Nachteil	hohe Komplexität, hohe Anforderungen an die Qualifikation der Mitarbeiter im Personalbereich
Eignung für ...	alle Unternehmen, Unternehmen in Veränderungsprozessen

Übersicht 3.11: Personalabteilung als Intelligenz-Center

3.3.3.3 Kultur-Center

Als Kultur-Center befaßt sich die Personalabteilung mit Stabilisierung der bestehenden Unternehmenskultur, Induzierung von Kulturimpulsen und bewußtem Gestalten der Unternehmenskultur.

In Veränderungsprozessen bietet diese Alternative die Möglichkeit, Wandel transparent und kommunizierbar zu gestalten. Das Kultur-Center Personal dient als Sinnvermittler für Mitarbeiter und unterstützt damit Veränderungsstrategien.

Die Personalabteilung wirkt in dieser Ausgestaltung negativen Kultureffekten proaktiv entgegen. Insbesondere bei einer Verschlechterung des Betriebsklimas im Unternehmen (z.B. durch Mobbing oder unproduktive Konflikte) übernimmt das Kultur-Center die Rolle des *Konfliktbewältigers* und bietet ein Forum zur Artikulation und zur Reduktion von latenten oder offenen Streitigkeiten zwischen Fachabteilungen sowie zwischen Führungskräften und Mitarbeitern an (beispielsweise über Mediation, Moderation oder Supervision).

Dieses Center-Konzept entspricht am ehesten dem theoretischen Ansatz eines „Soft Human Resource Managements". Es ergibt sich nicht zwingend die Konsequenz, daß betriebswirtschaftliche Kalküle vernachlässigt werden oder Effektivitätsgesichtspunkte zu Gunsten normativer Führungsideen aus den Augen verloren werden (Übersicht 3.12).

	Kultur-Center
Hauptziel	Kulturmanagement, Sinnvermittlung
Rollenverteilung	Personalabteilung = Kulturpfleger und Konfliktbewältiger Linieninstanz und Mitarbeiter = Geführte evt. „dritte Institution" = Mediatoren, Moderatoren oder Supervisor
Voraussetzungen	hohe Kultursensibilität der Mitarbeiter in der Personalabteilung
Strategiebezug	durch Kulturmanagement
Vorteil	weiches Personalmanagement
Nachteil	zu geringe Hardfact-Orientierung
Eignung für ...	Unternehmen in Veränderungsprozessen

Übersicht 3.12: Personalabteilung als Kultur-Center

3.3.3.4 Service-Center

Als Service-Center übernimmt die Personalabteilung spezielle Servicefunktionen für Unternehmen.

Hier bieten sich verschiedene **Alternativen** an:

- Als *allgemeines Dienstleistungs-Center* realisiert die Personalabteilung Tätigkeiten wie Entgeltabwicklung oder generelle Aufgaben der Personaladministration.
- Als *Koordinations-Center* führt es Personalteilpläne aus verschiedenen Bereichen zusammen und sorgt für deren Abstimmung mit den übrigen Unternehmensplänen.
- Als *Innovations-Center* generiert die Personalabteilung neuartige Impulse zur Realisierung eines unternehmensspezifischen Personalmanagements, das dann tatsächlich zum vielgerühmten Wettbewerbsfaktor wird.
- Als *Virtualisierungs-Center* begleitet der Personalbereich den Virtualisierungsprozeß von Unternehmen. So bereitet er beispielsweise die Mitarbeiter durch entsprechende Personalentwicklungsmaßnahmen auf die Virtualisierung vor und erhöht damit die Virtualisierungsfähigkeit der Human Ressourcen.

Diese Auswahl zeigt die Vielfalt der potentiellen Aufgaben der Personalabteilung und macht deutlich, welche strategischen Anforderungen an die künftige Personalarbeit gestellt werden. Hier übernimmt die Personalabteilung insbesondere im partizipativen Modell keine Komplementärfunktion – im Sinne von Aufgaben, die (noch) nicht von den Linienführungskräften übernommen wurden –, sondern wird zu einem wichtigen Bestandteil der Unternehmensstrategie (Übersicht 3.13).

	Service-Center
Hauptziel	Erbringen einer klar definierten Dienstleistung
Rollenverteilung	Personalabteilung = Dienstleister Linie = Kunde
Voraussetzungen	klare Leistungsdefinition und Rollenzuweisung
Strategiebezug	durch strategische Planung
Vorteil	hohe Kundenorientierung
Nachteil	zu geringe Hardfact-Orientierung
Eignung für ...	alle Unternehmen

Übersicht 3.13: Personalabteilung als Service-Center

Für ein Service-Center bietet sich eine prozessuale Ausrichtung an. Die Einführung läßt sich in einem sechstufigen **Modell** darstellen (*Wunderer/Arx* 1998, 171-183):

- Ausgangspunkt ist eine *Kundenumfrage*, in der Bedürfnisse, Erwartungen und/oder Vorschläge zur Ablauforganisation eingebracht werden. Ebenso können *Kundenbeschwerden* Verbesserungspotentiale aufzeigen.
- In einem zweiten Schritt werden die *erfolgskritischen Prozesse* analysiert. Hierzu werden die Haupt- und Subprozesse identifiziert sowie einzelne Tätigkeiten festgelegt.
- Der dritte Schritt besteht aus einer *Überarbeitung* der Prozesse. Dies kann sich in
  - der Vereinfachung,
  - der Streichung unnötiger Tätigkeiten,
  - dem Schnittstellenmanagement,
  - der Abaufbeschleunigung sowie
  - der Ablaufstandardisierung

  äußern.
- Der *Nutzen* der Prozesse wird im vierten Schritt definiert. Wichtig ist hierbei, daß sowohl die Sicht der internen als auch der externen Kunden berücksichtigt wird.

- Im fünften Schritt werden die erfolgskritischen Prozeßgrößen als „*standard of performance*" festgelegt, indem quantitative und qualitative Indikatoren als meßbare Erfolgsgrößen definiert werden.
- Der sechste Schritt besteht in der Übertragung der *Prozeßverantwortung* an die Mitarbeiter und der Dokumentation. Dies dient sowohl der Vereinheitlichung der Arbeitsmethode als auch der Vereinbarung der definierten Qualitätsstandards.

Wichtig ist, daß die Rückkopplung zum Servicecontrolling sichergestellt wird, um eine kontinuierliche Verbesserung zu erreichen. Damit schließt sich der Regelkreis zur Steuerung der Prozeßqualität des Service-Centers.

3.3.3.5 Beratungs-Center (Referentenmodell)

Das Beratungs-Center (Referentenmodell) verbindet Dezentralisierung von Personalaktivitäten mit der Zentralisierung von Managementkompetenz

Jeder Personalreferent ist für spezifische Personalmanagementaufgaben in einem bestimmten Betreuungsbereich zuständig. Dieser Betreuungsbereich kann nach Werken und Abteilungen oder nach betrieblichen Funktionen oder nach Berufsgruppen abgegrenzt sein.

Das Referentensystem tritt in zwei verschiedenen **Varianten** auf:

- Im *zentralen* Modell übernehmen die fachlich und disziplinarisch der Personalabteilung unterstellten Personalreferenten die Funktion von Vor-Ort-Ansprechstellen, wobei die Personalabteilung aber weiterhin für die angebotenen Leistungen verantwortlich bleibt.
- Im *dezentralen* Modell sind die Personalreferenten vollständig den Linienführungskräften unterstellt. Die Personalabteilung dient lediglich als Koordinationsstelle zwischen den dezentralen Referenten und stellt den Wissenstransfer sicher.

Im zentralen Modell erfolgt eine Abrechnung über das zentrale Budget, im dezentralen über die Kostenstelle der abnehmenden Einheit.

Möglicher Vorteil des Referentensystems ist die dadurch realisierbare inhaltliche Kundenorientierung: Durch die physische Nähe des Personalreferenten zu seiner Linieninstanz und seinen Mitarbeitern steht immer ein qualifizierter Ansprechpartner zur Verfügung, der sich den Personalangelegenheiten der ihm zugeordneten organisatorischen Einheit in vollem Umfang widmen kann. Da für diese Konzeption eine „kritische Masse" an Mitarbeitern notwendig ist, für die Linieninstanzen auch zunehmend in bezug auf Personalfragen Verantwortung tragen, kommt der Einsatz eher für größere Unternehmen in Frage (Übersicht 3.14).

	Referentenmodell
Hauptziel	(spezialisierte) Personalexperten als Kompetenzverstärker
Rollenverteilung	drei Aktivitätszentren: Personalleitung, Personalreferent und Linieninstanz
Voraussetzungen	sinnvolle fachliche Unterstützung in der Linie, ausreichend große Einheiten, vernetzte EDV-Technologie
Strategiebezug	durch Personalabteilung und Linieninstanz
Vorteil	engmaschiges Aktivitätsnetz
Nachteil	hoher Aufwand, Kompetenzüberschneidungen
Eignung für ...	eher für größere Unternehmen

Übersicht 3.14: Personalabteilung als Referentenmodell

Jede der beschriebenen (inhaltlichen) Center-Konzeptionen kann als Cost-Center, Profit-Center oder als Wertschöpfungs-Center konzipiert sein (Abbildung 3.6), da die Autonomieinhalte von den Leistungsinhalten zunächst unabhängig sind. Daraus ergibt sich eine Matrix von Möglichkeiten der Personalorganisation, in der zum Beispiel ein Kultur-Center seine Kosten kontrolliert oder seine Leistungen auf dem internen Markt anbietet oder sogar den Wertschöpfungsbeitrag für den Kunden maximiert.

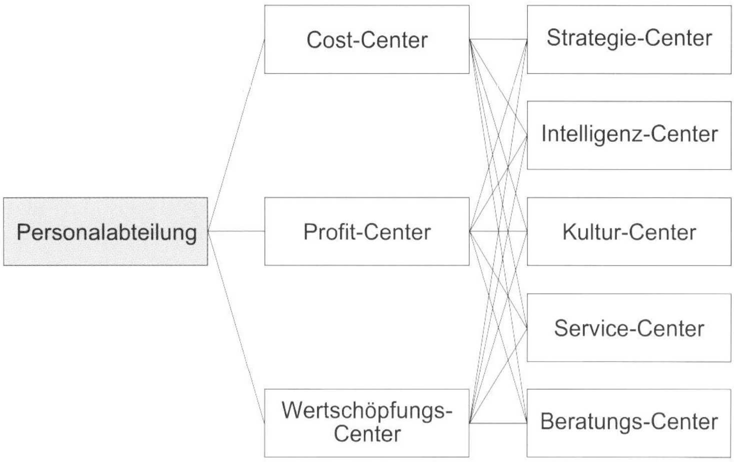

Abbildung 3.6: Alternative organisatorische Konzeptionen der Personalabteilung

3.3.4 Zukunftsmodell: Die virtuelle Personalabteilung

3.3.4.1 Die drei Dimensionen der Virtualisierung

Unbestritten ist: Die Personalabteilung läßt in ihren gegenwärtigen Organisationsformen in vielen Fällen strategische Ausrichtung, innerbetrieblichen Einfluß und Akzeptanz vermissen. Gerade deshalb bietet es sich an, nach neuen und möglicherweise in der Zukunft einsetzbaren Modellen zu suchen. Eines davon ist das Konzept der virtuellen Personalabteilung (*Scholz* 1995; 1996; 1999b). Dieser Vorschlag entstand aus einer Übertragung des Gedankengutes des virtuellen Unternehmens (*Davidow/Malone* 1992; *Scholz* 1994b; 1997a) auf die Frage nach einer sinnvollen Organisation der Personalarbeit. Er hat inzwischen zu unterschiedlichsten Reaktionen aus unterschiedlichsten Richtungen geführt (z.B. *Vogel* 1995; *Wächter/Metz* 1998).

Die virtuelle Personalabteilung verbindet den Kernkompetenzansatz aus dem Wertschöpfungs-Center mit einer partnerschaftlich-föderalistischen Organisation, bei der das physikalische Artefakt „Unterstellungsverhältnis einer realen Personalabteilung" in den Hintergrund tritt, trotzdem aber ein „one-face-to-the-customer" realisiert wird.

Die Schaffung einer virtuellen Personalabteilung ist ein komplexer Vorgang entlang von drei Virtualisierungsdimensionen: der Entwicklung von Kernkompetenzen, der Integration der einzelnen Personalfunktionen sowie die informationstechnologische Begleitung dieser Prozesse.

Entwicklung von Kernkompetenzen. Um eine professionelle Erfüllung der Personalmanagementaufgaben zu gewährleisten, sind die Zuständigkeiten nach Kernkompetenzen klar zu definieren und zuzuteilen. Kernkompetenzen sind dabei spezifische Aufgabeninhalte, bei denen Mitarbeiter oder Teams über einen komparativen Vorteil verfügen und wo sie den höchsten Wertschöpfungsbeitrag sehen. In einer virtuellen Personalabteilung übernimmt jede Fachführungskraft über die reinen Führungsaufgaben hinaus neue Aufgaben, beispielsweise aus dem Bereich der Personalentwicklung. Auf diese Weise wird zum einen eine höhere Durchdringung des Unternehmens mit Personalmanagementaktivitäten erreicht, zum anderen ist eine größere Nähe der Personalfunktion zu den wertschöpfenden Aktivitäten gewährleistet.

Anders, als es in einer oberflächlichen Lesart erscheinen mag, geht es nicht um die Virtualisierung der Personalarbeit und auch nicht um eine damit verbundene Deprofessionalisierung. Es geht um reale Personalarbeit in einer virtuellen Personal*abteilung*.

Bei dieser Konzeption wird auf alle Kernkompetenzträger „Personal" fokussiert, unabhängig von ihrer Abteilungszugehörigkeit. In dieser Struktur löst sich das traditionelle Mitarbeiter-Führungskräfte-Verhältnis in der Personalabteilung auf. An seine Stelle treten Netzverbindungen zwischen den Führungskräften aller Arbeitsbereiche und den (verbliebenen) Mitarbeitern der Personalabteilung. Auf diese Weise wird ein Leitungsnetz aus internen (und externen) Experten installiert, das für die virtuelle Organisation die „Personalabteilung" bildet.

Prozeßbegleitende Integration von Personalfunktionen. Die Verteilung von Kernkompetenzen erfordert ein hohes Maß an Flexibilität, ihre sachlogische Zusammenführung, Führungskompetenz und Koordinationsgeschick. Erst auf diese Weise wird aus den an unterschiedlichen Stellen im Unternehmen verteilten Personalfunktionen ein einziges Bündel, das insgesamt alle benötigten Aufgaben der Personalabteilung abdeckt. Die virtuelle Personalabteilung folgt dabei einer gemeinsamen Vision und basiert auf einem hohen Maß an gegenseitigem Vertrauen. Die Notwendigkeit der Kooperation aller Beteiligten führt auch zu gemeinsamen Standards des internen (und externen) Erscheinungsbildes und zeigt sich in einer unternehmenskulturellen Übereinkunft mit dem gemeinsamen Ziel einer professionellen Personalarbeit.

Informationstechnologisierung. In der Regel macht die effiziente Integration der einzelnen Kernkompetenzträger eine hochentwickelte, multimediale Informationstechnologie erforderlich. Multimedialisierung ist zwar eine treibende Kraft, die es aufgrund immer neuer technologischer Möglichkeiten erfordert, sich zum Zweck der Interaktion mit Partnern weitgehend an einen ahnlichen technologischen Standard anzupassen. Doch stellt die Virtualisierung der Personalabteilung kein reines EDV-Problem dar. Vielmehr gilt es, die Chancen aus dem Einsatz der neuen Medien zu nutzen und so auf Kompetenzquellen zuzugreifen, die bislang verschlossen waren.

Die drei Virtualisierungsdimensionen bilden in ihrer Zusammenführung (Abbildung 3.7) einen konzeptionellen Rahmen, in dem der Stand der Virtualisierung ermittelt werden kann: Analog zur Globalisierung, zu der hin ein Entwicklungspfad beschritten werden muß, gibt es nicht den bloßen Gegensatz „virtuell" zu „nicht virtuell", sondern graduelle Abstufungen auf dem Weg zur Virtualität.

Die traditionelle Personalabteilung befindet sich in dem durch die Virtualisierungsdimensionen aufgespannten Würfel in der linken unteren Ecke. Unabhängig davon, ob die Virtualisierungsbewegungen sich zunächst in bezug auf die Entwicklung von Kernkompetenzen und die prozeßbegleitende Integration von Personalfunktionen oder in bezug auf die Informationstechnologisierung der Personalarbeit ergeben, wird die

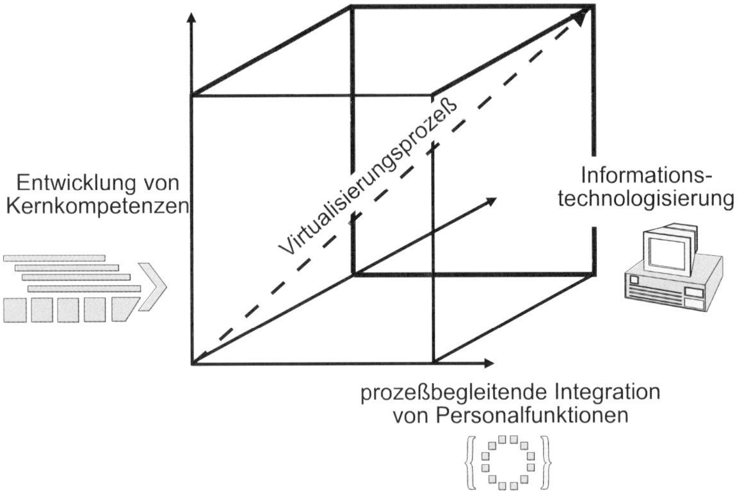

Abbildung 3.7: Die Virtualisierungsdimensionen

virtuelle Personalarbeit letztlich erst bei einer bewußten und sinnvollen Ausgestaltung aller drei Dimensionen erreicht. Sie befindet sich in der rechten oberen Ecke des Würfels. In ihrer weiteren Konkretisierung ist eine virtuelle Personalabteilung durch vier Merkmale charakterisiert (Abbildung 3.8).

3.3.4.2 Die vier Merkmale der Virtualisierung

Konstituierende Charakteristika. Ausgangspunkt für die Frage nach einer möglichen Virtualisierung der Personalabteilung ist die Feststellung ihrer prägenden Charakteristika. Also: Was macht eine „richtige" Personalabteilung (im positiven Sinne) aus? Bei einer solchen Aufstellung handelt es sich weniger um eine empirische Bestandsaufnahme praktizierter Personalarbeit als vielmehr um eine komprimierte und deshalb vereinfachte Darstellung einer positiven Zukunftsvision der Personalabteilung. Führt man dazu die verschiedensten Antworten auf diese Frage zusammen, so weist eine Personalabteilung folgende **Charakteristika** auf:

- Sie sorgt fur eine *professionelle* Erfüllung der verschiedenen Personalmanagementaufgaben, ohne diese allerdings zwingend alle alleine durchzuführen.
- Sie kümmert sich um den Aufbau von *Personalmanagement-Kompetenzen* in der Personalabteilung und in der Linie, führt entsprechende Beratungen durch und realisiert eine Qualitätssicherung.

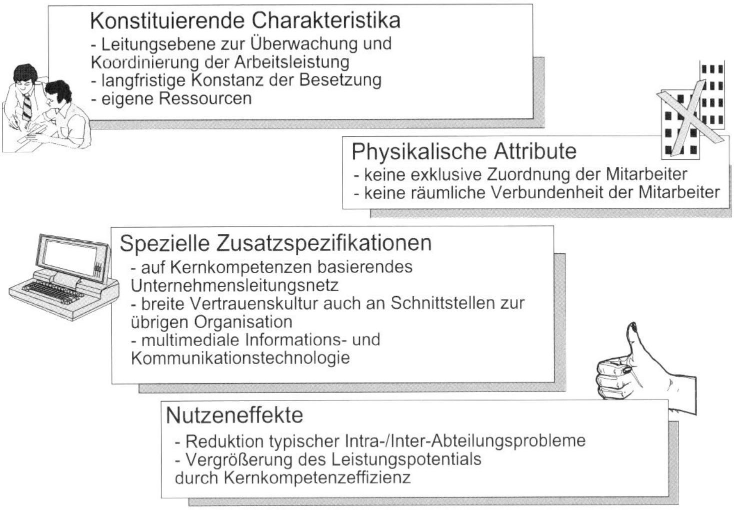

Abbildung 3.8: Die virtuelle Personalabteilung im Vier-Merkmal-Schema

- Sie erfüllt eine klare *Servicefunktion* für alle betrieblichen Aufgabenbereiche und stellt eindeutig lokalisierbare Ansprechpartner bereit.
- Sie ist eine *Konfliktlösungsstelle* für organisatorischen Wandel.
- Sie schafft eine strategische *Grundausrichtung* des Personalmanagements und befaßt sich mit *Vision* und *Kultur* des Unternehmens.

Die Funktionalität einer Personalabteilung als strategische Kraft im Unternehmen bleibt also auch in einer virtuellen Personalabteilung erhalten und soll noch gesteigert werden.

Weggefallene physikalische Merkmale. In der virtuellen Personalabteilung entfallen zwei Merkmale: die räumliche *Verbundenheit* der Einheit „Personalabteilung" und die unmittelbare *Zuordnung* der Mitarbeiter der Personalabteilung zu einem Personalverantwortlichen.

Zusatzspezifika. Um ein funktionierendes Gesamtsystem zu schaffen, ist die Erfüllung mehrerer **Zusatzanforderungen** nötig:

- Erstens ist eine integrative *Klammer* zu schaffen, was zur Forderung nach einer hochentwickelten, *multimedialen Informationstechnologie* führt, die eine effiziente Zusammenarbeit der Mitarbeiter der virtuellen Personalabteilung auch bei räumlicher Trennung ermöglicht.
- Zweitens muß das Leitungsnetz aus *Kernkompetenzträgern* im Unternehmen installiert werden.
- Drittens erfordert die virtuelle Personalabteilung wie jede virtuelle Organisationsform (*Scholz* 1994b; *Sydow* 1996) eine breit angelegte *Vertrauenskultur*.

- Als vierte Forderung kommt der *charismatische Personalchef* ins Spiel, der durch seine Vision und sein Strategieverständnis das Unternehmen im Hinblick auf die Personalfunktion optimal auf den Markt hin ausrichtet.

Auch wenn man über die Erfüllbarkeit dieser Postulate diskutieren kann, ändert dies nichts an ihrer grundsätzlichen Sinnhaftigkeit.

	Virtuelle Personalabteilung
Hauptziel	effizientes und effektives Personalmanagement durch Einbringen der Kernkompetenzen der Personalarbeit
Rollenverteilung	nach Kernkompetenzen
Voraussetzungen	integrative Klammer, i.d.R. hoch entwickelte Informations- und Kommunikationstechnologie
Strategiebezug	durch integrative Klammer
Vorteil	hohe Flexibilität und Anpassungsfähigkeit
Nachteil	bei unzureichender Umsetzung Gefahr des Verzettelns und Verlust des „one-face-to-the-customer“
Eignung für ...	dynamische Umwelten

Übersicht 3.15: Die virtuelle Personalabteilung

Nutzeneffekt. Eine solche virtuelle Personalabteilung verspricht eine ganze Reihe von **Vorteilen**:

- Durch die prozeßbegleitende Integration der Personalfunktion in die betriebliche Wertschöpfung verbessert sich zwangsläufig die *Basisnähe*. Die Distanz der Personalfunktion zu ihrem Zielpublikum – also den Mitarbeitern – verringert sich.
- Die vorgeschlagene Netzwerkstruktur aus individuellen Kernkompetenzen führt zu einer Verbreitung des Kreises der *Kernkompetenzträger* bei gleichzeitiger Vertiefung der individuellen Kernkompetenzen.
- Der permanente Wettbewerb der Kernkompetenzträger um ihren Status in der virtuellen Personalabteilung hat positive *Anreizeffekte*, wenngleich in diesem Zusammenhang neodarwinistische Tendenzen nicht auszuschließen sind.
- Obwohl die vorgeschlagene virtuelle Personalabteilung eine extrem flache und schlanke Struktur aufweist, verbessert sie doch die *Flexibilität*, da unterschiedlichste Andock-Möglichkeiten der Kernkompetenzen untereinander realisierbar sind.

Die möglichen Vorteile einer virtuellen Personalabteilung liegen auf der Hand, ebenso aber auch ihre potentiellen Schwierigkeiten: So setzt ein solches Modell einen hohen Professionalisierungsgrad aller Personalverantwortlichen voraus, unabhängig davon, welcher Abteilung sie zugeordnet sind. Ferner wird unterstellt, daß tatsächlich die oben beschriebenen Zusatzspezifika erfüllbar sind (Übersicht 3.15).

3.3.4.3 Die Diskussion

Die Personalabteilung genießt ebensowenig einen automatisierten Bestandsschutz wie anderen Bereiche. Losgelöst von der Diskussion um eine virtuelle Personalabteilung zeichnet sich daher gegenwärtig eine bedrohliche Bewegung der „Zersplitterung" der Personalarbeit ab. Sie endet zwangsweise in einem Fiasko, wenn sie – begleitet von Führungs- und Personalfragen-Dilettantismus – zu Lasten der „Rumpf-Personalabteilung" und letztlich des Unternehmens geht. Ohne die angestrebte (professionelle) Einbringung der Kernkompetenzen in die Wertschöpfungskette und ohne eine integrative Klammer bedeutet diese „schleichende" Auflösung den Verzicht auf solide Personalarbeit.

Die virtuelle Personalabteilung bietet vor diesem Hintergrund zweifelsohne Anlaß zur vertiefenden Diskussion. Dementsprechend haben sich auch schon eine ganze Reihe von Fachkollegen mit Stellungnahmen zu Wort gemeldet: Sie reichen von merkmalsbezogenen Analysen (z.B. *Scherm* 1995) bis zu einer fast schon dogmatischen Verteidigung des Status quo (Übersicht 3.16).

> Die Virtualisierung der Personalabteilung würde einen „Frontenwechsel" bedeuten: Eine virtualisierte Personalabteilung müßte von einem Systemvertrauen leben, an dessen Konstitution sie sich nicht mehr maßgeblich beteiligte. Sie trüge überdies zur Steuerung der Organisation im Sinne einer Steuerung aus der räumlichen und zeitlichen Distanz nicht (mehr) bei.
>
> Personalabteilungen sind auch in gewisser Weise der Müllkasten der Organisation, wo „unangenehme" Probleme abgeladen und ... entsorgt werden. Mit der „Virtualisierung" der Abteilung müßte man zumindest die Frage behandeln, wie denn anders mit dem „Müll" umgegangen werden soll ...

Übersicht 3.16: Kritische Aussagen zur virtuellen Personalabteilung von *Wächter* und *Metz* (1998, 120-121)

In umfangreicher Form setzt sich *Neuberger* (1997a, 164-168) mit dem Konzept der virtuellen Personalabteilung auseinander. Nach seiner Bewertung können zwar durchaus Vorteile aus der Virtualisierung resultieren. Hinsichtlich der Produktions- und Reproduktionslogistik entstehen aber zusätzliche Kosten, die bisher nicht (ausreichend) berücksichtigt wurden. Erforderlich ist vor allem eine souveräne Kompetenz, wenn die

> Hängt man nicht einem schwungvollen „Avanti dilettanti!" an, wird man sich mehr Gedanken darüber machen müssen, wie benötigte Spezial-Kompetenzen erworben und dauerhaft (die Qualifizierungskosten amortisierend) eingesetzt werden können.
>
> ... fehlt die Reflexion des politischen und herrschaftlichen Aspektes der Personalarbeit, die nicht verkürzt werden kann auf Informationsverarbeitung: auch die virtuellen PersonalerInnen wollen Karriere machen, konkurrieren um Ressourcen ...
>
> Personalarbeit ist einerseits *System*entwicklung und -betreuung – und die kann sehr wohl von verteilten, über IuK-Technologien verbundenen Verantwortlichen geleistet werden. Personalarbeit ist zweitens auch ein Fulltime-Job, der *Beziehungs*arbeit (...) verlangt. Personalarbeit erfordert drittens das Eingehen auf die einzelne Person, um auch auf dieser Ebene das Transformationsproblem zu lösen.

Übersicht 3.17: Weiterführende Aussagen zur virtuellen Personalabteilung von *Neuberger* (1997a, 168)

Virtualisierung der Personalabteilung nicht einfach nur aufgrund der gegenwärtigen „Virtualisierungsmode" erfolgen soll. In diesem Zusammenhang ergeben sich interessante Gesichtspunkte, die noch weitergehend erforscht werden müssen (Übersicht 3.17).

Im Ergebnis zeigt sich, daß die Konzeption einer virtuellen Personalabteilung trotz ihrer Faszination die Bewältigung systemimmanenter Widersprüche verlangt: zum Beispiel Verteidigung einer bestehenden Kernkompetenz gegenüber dem Aufbau neuer Kernkompetenzen. Ferner setzt sie ein Unternehmen voraus, in dem die Personalarbeit bereits durchgängig ein hohes Professionalisierungsniveau erreicht hat. Vor allem aber basiert sie auf einem umfassenden Verständnis einer Personalarbeit, die gerade durch eine föderalistisch-partnerschaftliche Realisation ihre strategische Schlagkraft gewinnt.

Vor diesem Hintergrund ist die virtuelle Personalabteilung nicht nur ein Organisationsmodell, sondern eine spezifische Philosophie einer zukunftsorientierten Personalarbeit.

3.3.5 Internationaler Aspekt

3.3.5.1 Organisatorische Dimension

Im internationalen Kontext ist neben den oben genannten Fragestellungen zu klären, wie die Kopplung der in- und ausländischen Personalabteilungen strukturell aussehen soll (vgl. *Wolf* 1996, 93-94; *Macharzina/Wolf* 1999). Hierfür gibt es **drei Grundformen** (Abbildung 3.9):

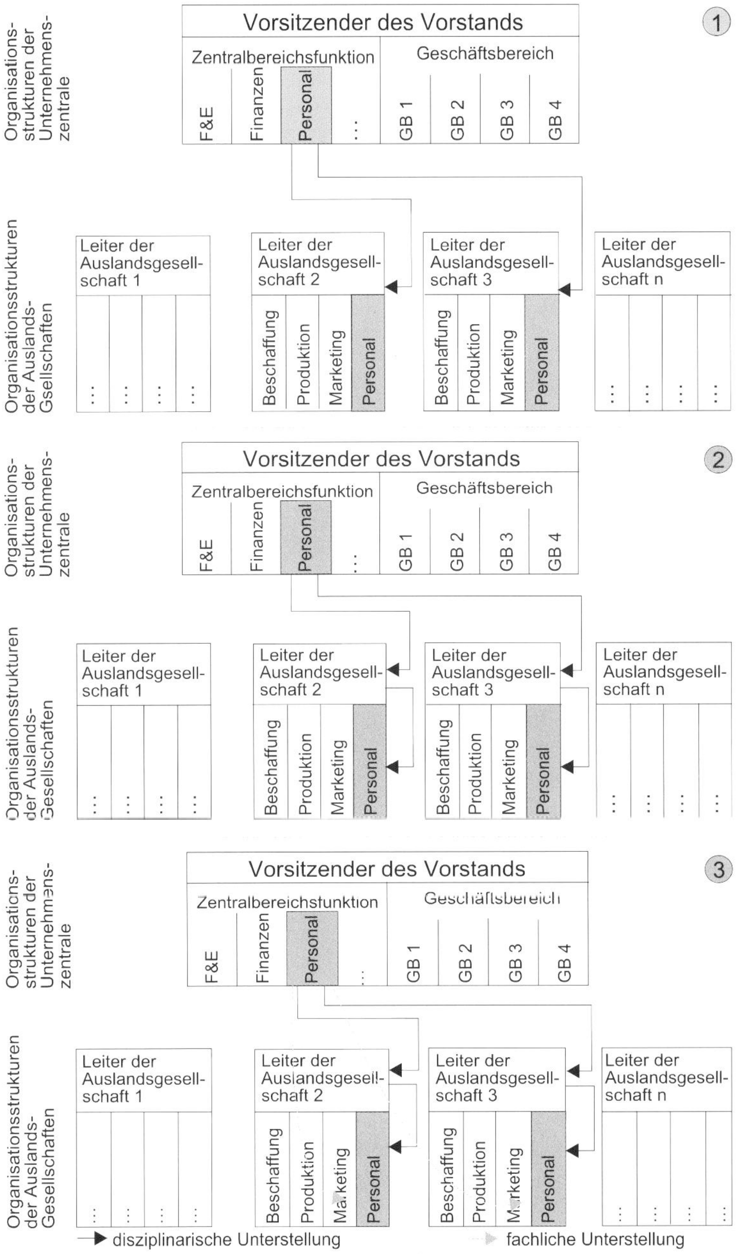

Abbildung 3.9: Drei Varianten internationaler Personalorganisation (nach *Macharzina/Wolf* 1999)

- In *Variante 1* ist die Personalabteilung der Auslandsgesellschaft unmittelbar dem Personalbereich der Zentrale unterstellt. Der Vorteil dieses Modells liegt darin, daß es einen direkten und verfälschungsarmen transnationalen Informationsfluß sowie ein nach einheitlichen Grundsätzen operierendes Personalmanagement ermöglicht. Daneben können allerdings Abstimmungsprobleme und interkulturelle Ignoranz zu Friktionen führen.
- In *Variante 2* ist der Personalleiter der Auslandsgesellschaft dem Leiter zugeordnet. Diese Variante weist polyzentrische Züge auf. Es ist sowohl eine direkte als auch indirekte Unterstellung des Auslandsmanagers denkbar. Bei der indirekten Unterstellung besteht allerdings die Gefahr eines zu geringen Informationsflusses zwischen Zentrale und Auslandsgesellschaft.
- In *Variante 3* ist der Personalleiter der Auslandsgesellschaft disziplinarisch dem Leiter der Auslandsgesellschaft und fachlich dem Personalbereich der Zentrale zugeordnet. Der Vorteil dieser Konstellation besteht in einem effizienten Informationsmanagement, da die Personalleiter mit verschiedenartigen Informationen konfrontiert werden, was sich positiv auf die Entscheidungsqualität auswirken kann.

In der Praxis überwiegt derzeit die zweite Variante, was auf eine eher niedrige Integration des ausländischen Personalmanagements hindeutet. So werden auslandsgesellschaftsbezogene Entscheidungen tendenziell auch vor Ort getroffen.

Zwei Studien aus den Jahren 1992 und 1995/96 (vgl. *Macharzina/Wolf* 1998) zeigen anhand von siebzehn unterschiedlichen personalpolitischen Entscheidungstatbeständen, welche von ihnen eher zentral von der Muttergesellschaft getroffen werden und welche dezentral von den Auslandsgesellschaften (Übersicht 3.18). Die Muttergesellschaft behält sich vor allem Entscheidungen vor, welche die Führungskräfte und die generelle Personalstrategie betreffen, während die operative Personalarbeit in den Auslandsgesellschaften eher vor Ort entscheiden wird. Interessant sind die Veränderungen im Zeitablauf, die einige Trends erkennen lassen: In die Auslandsgesellschaften wurden vor allem Fragen der Altersversorgung, der Personalbedarfsplanung sowie der Personalforschung verschoben. Eine Zentralisierung war hinsichtlich dem internationalen Führungskräfteeinsatz zu beobachten, bezüglich der bisher von der Muttergesellschaft kaum wahrgenommenen Personalbeschaffung und -entwicklung in den Auslandsgesellschaften sowie bezüglich der industriellen Beziehungen.

Festzuhalten bleibt, daß es aufgrund der einzelfallspezifischen Kontextfaktoren die optimale Pauschallösung der internationalen Personalorganisation nicht geben kann. Langfristig könnte sich zwar aufgrund der Synergiepotentiale ein Modell durchsetzen, das sich an der Grundvariante 3 orientiert; doch bedarf eine Entscheidung stets einer situativen und strategieorientierten Analyse der Umweltsituation.

Entscheidungen über ...	1995	1992 → 1995
– die Versetzung von Führungskräften zwischen den Auslandsgesellschaften	3,95	+ 0,27
– die Altersversorgung sonstiger Arbeitnehmer der Auslandsgesellschaft	2,73	- 0,30
– die Entwicklung von Führungskräften der Auslandsgesellschaft	2,84	- 0,03
– die Entlohnung von Führungskräften der Auslandsgesellschaft	2,91	+ 0,04
– personalpolitische Ziele und Grundsätze der Auslandsgesellschaft	2,76	- 0,06
– die Freisetzung von Führungskräften der Auslandsgesellschaft	2,74	+ 0,08
– die Beschaffung und Auswahl von Führungskräften der Auslandsgesellschaft	2,77	+ 0,30
– die Personalbedarfsplanung der Auslandsgesellschaft	2,07	- 0,27
– Personalstrategien der Auslandsgesellschaft	2,43	+ 0,16
– die Freisetzung sonstiger Arbeitnehmer der Auslandsgesellschaft	1,95	+ 0,10
– Betriebsvereinbarungen in der Auslandsgesellschaft	1,48	- 0,11
– die Entlohnung sonstiger Arbeitnehmer der Auslandsgesellschaft	1,60	+ 0,03
– die Gestaltung der Arbeitszeit in der Auslandsgesellschaft	1,42	+/- 0
– die Personalforschung der Auslandsgesellschaft	1,80	- 0,41
– die industriellen Beziehungen der Auslandsgesellschaft	1,60	+ 0,23
– die Entwicklungen sonstiger Arbeitnehmer der Auslandsgesellschaft	1,51	+ 0,24
– die Beschaffung sonstiger Arbeitnehmer der Auslandsgesellschaft	1,42	+ 0,21
Personalentscheidungen insgesamt	2,23	+ 0,05

Entscheidungszentralisation
Auslandsgesellschaft entscheidet
(Angaben = Mittelwerte) 1 - 5 (5 = Zentrale entscheidet)

Übersicht 3.18: Zentralisation von Personalentscheidungen
(*Macharzina/Wolf* 1998, 67)

3.3.5.2 Kulturelle Dimension

Die Organisation einer internationalen Personalarbeit ist nicht nur eine Aktivität, die durch ihre weitere regionale Erstreckung interessante Herausforderungen mit sich bringt. Ihren speziellen Reiz erlangt sie zusätzlich dadurch, daß sie im interkulturellen Kontext stattfindet. Speziell ist die Abstimmung unterschiedlicher Personalmanagement-Systeme eine Aufgabe, die sich im interkulturellen Rahmen vor allem dem Aufeinanderstoßen zugrundeliegender Denkweisen ausgesetzt sieht. Diese Denkweisen sind häufig nicht kompatibel, oder aber die Handelnden verfügen über keine Informationen hinsichtlich bestehender Passungen.

Diese Schwierigkeit betrifft alle Länder, ist bisher in bezug auf die Personalorganisation jedoch kaum expliziert worden. Als Beispiel mit einem sinnvollen Rahmen wird nachfolgend der Vergleich der französischen und deutschen Personalorganisation (vgl. *Stein/Barmeyer* 1996; *Barmeyer/Stein* 1998) referiert.

Konzeptioneller Rahmen. Insbesondere die **culture-bound-These** legt für das Management nahe, im Rahmen der Debatte um neue Personalorganisationsformen neben der Ausrichtung an Globalisierungsstrategien auf landeskulturelle Einflüsse wie etwa kollektive Mentalitäten einzugehen. Da im internationalen Personalmanagement die Ausgangssituation noch komplexer ist als bei einem rein nationalen Personalmanagement, ist eine Anpassungsfähigkeit in noch größerem Maße nötig: Je nachdem, ob der landeskulturelle Kontext der Muttergesellschaft oder aber der Tochtergesellschaft das Flexibilisierungsziel leichter erreichen läßt, sind unterschiedliche Konsequenzen für die Strategieformulierung und Strategieumsetzung zu erwarten.

Vergleichende Ansätze interkultureller Forschung erfassen, klassifizieren und analysieren systematisch Gemeinsamkeiten und Unterschiede von Untersuchungsobjekten. Trotz bestehender methodologischer Probleme wie etwa die Wahl der Abstraktionsebene, die Wahl der Vergleichsmerkmale, die Bildung von Äquivalenz und Repräsentativität oder die Generalisierung (*Keller* 1982, 28-29; *Hofstede* 1993, 195) werden bei Gegenüberstellungen häufig Kategorien gewählt, von denen unterstellt wird, sie seien ähnlich und deshalb vergleichbar. Insbesondere der Vergleichsansatz der **Analyse Sociétale** (vgl. *Maurice* 1995, 320) eignet sich durch sein holistisches Konzept als Modell zur landeskulturellen Analyse der Personalorganisationsform, da er die Gesamtheit von Beziehungsstrukturen und organisationalen Netzen mit ihren besonderen Merkmalen und eingebettet in den gesellschaftlichen Kontext berücksichtigt. Es wird gefragt, in welcher Beziehung die Mikroebene der Personalorganisation im Verhältnis zum landeskulturellen Makro-Kontext steht. Flexibilisierung wird so zu einem sozialen Konstrukt.

Flexible Personalorganisation in Frankreich und Deutschland. Zwischen Frankreich als „eher mediterranem" und Deutschland als „eher nordischem" Land existieren geographische und klimatische Unterschiede. Gemeinsamkeiten ergeben sich aus der Zugehörigkeit zur „europäischen Familie" mit einer ähnlichen demokratischen Staatsform und einem ähnlichen Wirtschaftssystem. Unabhängig von einem generellen Kulturvergleich zwischen beiden Ländern steht in bezug auf die kulturvergleichende Personalorganisation etwa die Frage im Vordergrund, ob flexible Formen der Personalorganisation und insbesondere die virtuelle Personalabteilung landeskulturunabhängig funktionieren oder ob eine Gesellschaft in bezug auf die Konzeption der virtuellen Personalabteilung über eine bessere Disposition verfügt als die andere. Zu ihrer Beantwortung werden mehrere zentrale Kategorien herausgestellt, die durch landeskulturelle Merkmale Frankreichs und Deutschlands konkretisiert werden.

Hinsichtlich ihrer **Einstellung zur Informations- und Kommunikationstechnologie** zeigen Franzosen aufgrund ihrer langjährigen Erfahrung mit Dateninformationsnetzen wie beispielsweise dem BTX-ähnlichen, jedoch viel weiter verbreiteten Minitel-System einen beinahe natürlichen Umgang mit der zentral benötigten Computertechnologie im täglichen Leben wie in der Arbeit und weisen geringere mentale Barrieren als die Deutschen auf. Damit sind sie tendenziell flexibler bei der Computerunterstützung einer dezentralen Personalarbeit. Hinsichtlich der Datensicherheit als **rechtliche** Restriktion der computergestützten Personalarbeit exisitiert in Deutschland – entsprechend seiner relativ hohen Unsicherheitsvermeidung – ein ausgefeilteres System an Vorschriften und Gesetzen als in Frankreich. Bereits der weitaus geringere Einfluß der betrieblichen Mitbestimmung in Frankreich ist dafür ein Indikator: Deutsche scheinen auf dem Gebiet der rechtlichen Regelungen und Sicherheitsaspekte besonders prädestiniert, die Lösung der herausfordernden Fragen der Datensicherheit in sensiblen und gleichzeitig hochflexiblen betrieblichen Bereichen anzugehen.

Vertrauen ist ein kultureller Faktor, der wesentlich die Zusammenarbeit von Teams beeinflußt: Je mehr Vertrauen in einem Unternehmen herrscht, desto eher kann auf flexibilitätsbeschränkende Regelungen verzichtet werden. Wie in anderen romanischen Gesellschaften hat das personenbezogene Vertrauen („la complicité") in Frankreich eine große Bedeutung im Unternehmensalltag, etwa bei der Delegation von Verantwortung und der Übertragung von Kompetenzen. Dabei beeinflussen weniger die rationalen, sondern eher die emotionalen Faktoren wie Sympathie maßgeblich den Aufbau von Vertrauen. Im Vordergrund stehen dabei das Implizite (Unausgesprochene) und die mündliche Absprache. In germanophonen Gesellschaften dagegen wird Vertrauen meist sachbezogen durch nachweisbare, berechenbare und schriftlich fixierte Objekte wie Verträge oder Stellenbeschreibungen sichergestellt.

Franzosen, deren sozialer Stand oder Position im Unternehmen bis in die Gegenwart von der omnipräsenten „Logik der Ehre" und den ihr zugehörigen Ritualen geprägt ist, weisen keine ausgeprägte **kundenorientierte Dienstleistungsmentalität** im Sinne einer festgelegten Einstellung gegenüber dem Dienen auf, weil sie einen ausgeprägten Freiheitsanspruch haben. Dagegen ist in Deutschland eine tendenziell höhere Anspruchsmentalität anzutreffen, die weniger ein „Dienen" als vielmehr ein „Haben-Wollen" in den Vordergrund stellt. Deutsche Produkte verlangen aufgrund ihrer funktionalen und technischen Qualität, die bei Entwicklung und Vertrieb häufig in den Vordergrund gestellt wird, weniger Dienstleistungen als etwa französische Produkte. Auch bezüglich der virtuellen Personalabteilung ist daher zu erwarten, daß französische Mitarbeiter, zumindest solange die Arbeit in dieser Abteilung eine persönliche Herausforderung darstellt (und damit ehrbar ist), bereits eine intrinsische Motivation zur engagierten Teilnahme verspüren, deutsche Mitarbeiter bis zum Funktionieren der virtuellen Personalabteilung einer eigenen kundenorientierten Einstellung aber eher reserviert gegenüberstehen.

Im Bereich der **Organisationsstrukturen** herrscht in Frankreich ein zentralistisches System vor, das sich von der Makro-Ebene der politischen Administration auf die Mikro-Ebene der Unternehmen übertragen läßt. Typisch ist die Sichtweise von Unternehmen als hierarchisch organisierte soziale Systeme, in denen sich die Struktur nach Status und Autorität richtet und eine starke Konzentration auf einige wenige Führungskräfte vorherrscht. In Deutschland dagegen werden Aktivitäten eher nach Aufgaben und Zielen strukturiert, die jedoch auch unabhängig von einer bestimmten Autorität effektiv realisiert werden können. Deutsche funktional-hierarchische und zugleich föderalistische Organisationsformen entsprechen damit eher der flexiblen Netzwerk-Struktur, vermeiden eine Abhängigkeit von Autoritäten und entlasten Personalführungskräfte.

Flexibilität ist weiterhin abhängig von der landesspezifischen **Unsicherheitsvermeidung** und dem **Formalismus**. Während in Frankreich in Unternehmen eine informelle Beziehungsstruktur vorherrscht, in der es normal ist, daß man sich gemäß des sogenannten „Système D" durch Aufgaben „durchwurstelt", dominiert in Deutschland das formale Organigramm. Eine höhere Unsicherheitsvermeidung und ein Handeln nach „Schema F" führen dazu, daß hier Flexibilität auch in der Personalarbeit seltener zum Zuge kommt als in Frankreich. Damit begünstigt die Informalität in der Kommunikation der Franzosen die Umsetzung flexibler

Organisationsformen, wohingegen das ausgeprägte Sicherheitsbedürfnis deutscher Manager dies eher erschwert.

Das kulturell geprägte **Bildungssystem** prägt in starkem Maße Denk- und Verhaltensweisen, die sich in unterschiedlichen Arbeitsstilen niederschlagen: Während in Deutschland die Tendenz zu einer spezialisierten Ausbildung im Vordergrund steht, ist in Frankreich die generalistische, oft gar nicht auf das spätere Arbeitsfeld konzentrierte Ausrichtung vorherrschend. In Frankreich kann man daher leichter Mitarbeiter mit Personalkompetenz und gleichzeitig einer weiteren Fachkompetenz identifizieren. Die in Deutschland bestehende Vision einer flexiblen Personalarbeit, „Jede Führungskraft ein Personalmanager", ist in Frankreich bereits vielfach umgesetzt.

Flexibilitätspotentiale – etwa zur Einrichtung temporärer Projektarbeit im Personalmanagement – hängen zentral von dem **gesellschaftsspezifischen Zeitmuster** ab. Hinsichtlich deren Einteilung in „Polychronie" (= alles gleichzeitig) und „Monochronie" (= eins nach dem anderen) haben Untersuchungen für hochindustrialisierte Gesellschaften, vor allem in Nordeuropa, germanophonen und angelsächsischen Ländern, eine Tendenz zur Monochronie gezeigt. Demgegenüber sind südeuropäische Gesellschaften, also teilweise auch die französischen, eher polychron orientiert. Polychrones Zeitverständnis begünstigt die Realisierung flexibler Organisationsformen; monochrones Zeitverständnis ist ein wesentliches Hindernis.

Bereits diese ausgewählten Punkte verdeutlichen, daß die Flexibilisierung der Personalarbeit auch ein Ergebnis komplexer landeskultureller Einflußfaktoren ist.

Konsequenzen für die interkulturelle Personalorganisation. Die Zusammenfassung der Konzepte und empirischen Befunde ergibt ein spezifisches kulturelles Profil dafür, wie in Deutschland und Frankreich mit Flexibilität umgegangen wird. Konkretisiert für die virtuelle Personalabteilung als flexible Form der Personalorganisation kann für die kulturellen Kategorien bestimmt werden, inwieweit sie zur Grundkonzeption der Virtualität passen. Das in Übersicht 3.19 zusammengestellte Ergebnis zeigt die komparativen Vorteile der beiden Länder, welche die Einsatzmöglichkeiten der virtuellen Personalabteilung beeinflussen.

Es zeigen sich sowohl in der französischen als auch in der deutschen Landeskultur Faktoren, die die virtuelle Personalabteilung begünstigen oder extrem behindern. Dabei sind für Frankreich seine Polychronie, für Deutschland sein Föderalismus besonders wichtige förderliche Einflußfaktoren auf Virtualisierungprozesse. Aus kulturwissenschaftlicher Perspektive liegt es nahe, daß sowohl deutsche als auch französische Unternehmen für die Virtualisierung in der Personalorganisation geeignet

Bereich	**„Befund“**	**Komparativer Vorteil bezüglich der virtuellen Personalabteilung für**
Umgang mit Technologie und Recht	F: geringere mentale Barrieren bezüglich der Nutzung von Technologien D: Datensicherheit hoch, geringere Informationstechnologie-Akzeptanz und -Gewöhnung	F: Begünstigung der computergestützten Teamzusammenstellung und Aufgabenbearbeitung D: Probleme der Datensicherheit in sensiblen, hochflexiblen Bereichen eher lösbar
vertraute Unternehmenskultur	F: personenbezogene Complicité, High Context D: sachbezogene Zuverlässigkeit, Low Context	F: persönliche Vertrauenskultur ermöglicht Aufrechterhaltung von Beziehungsnetzen über das ganze Unternehmen hinweg D: Vertrauen im sachlichen Arbeitskontext begünstigt sichere Identifikation von Kernkompetenzträgern
Kundenorientierung	F: differenzierte Dienstleistungsmentalität mit „Logique de l'honneur“ D: Anspruchsdenken und Orientierung an der Produktqualität	F: trotz bestehender Suboptimalitäten mehr Dienstleistungsbereitschaft, Kundenorientierung und intrinsische Motivation zur Teilnahme an der virtuellen Personalabteilung
polychroner Föderalismus	F: zentralistisch D: föderalistisch F: informelle Beziehungsstruktur, „Système D“ D: formales Organigramm, Unsicherheitsvermeidung, „Schema F“ F: Generalisten D: Spezialisten F: polychron D: monochron	D: Föderalismus entspricht der föderalistischen Struktur virtueller Abteilungen durch Vermeidung einer Abhängigkeit von Autoritäten F: „jede Führungskraft ein Personalmanager“ leichter umsetzbar F: flexiblere „Partnersuche“, leichteres Wechseln in andere Aufgabenbereiche F: Spontaneität und Flexibilität bei der Mitarbeit an mehreren Aufgaben gleichzeitig sowie der Integration mehrerer Teil-Identitäten zu einer Abteilungsidentität gegeben

Übersicht 3.19: Zusammenführung der komparativen Vorteile bezüglich der virtuellen Personalabteilung (nach *Barmeyer/Stein* 1998, 99)

sind. Diese komparativen Vorteile kann man gleichzeitig als Synergiepotentiale des interkulturellen Personalmanagements sehen: Wenn Unternehmen wissen, welche Rahmenbedingungen sie zur Realisation von virtuellen Personalabteilungen in verschiedenen Ländern antreffen, können sie dieses Wissen in ihre Globalisierungsstrategie aufnehmen.

Virtualisierung ist in beiden Ländern Bestandteil von strategischen Planungen und Umsetzungen, nur läuft sie – gemäß der Analyse Sociétale – unterschiedlich schnell und auf andere Weise ab. Vereinfacht kann man in Frankreich von einer Tendenz zur *revolutionären* Veränderung sprechen: Der kreative Individualismus des französischen Managements führt dazu, daß bestehende Strukturen umgangen werden. Extreme Formen dieser Flexibilisierung bereiten den Weg zur spontanen Auflösung bestehender Strukturen, ohne daß jedoch Formen und Hindernisse der Virtualisierung explizit diskutiert werden. In Deutschland dagegen ist tendenziell eine *evolutionäre* Veränderung der Strukturen anzutreffen: Bestehende Organisationen werden schrittweise den Bedürfnissen des Unternehmens und der Mitarbeiter angepaßt. Mögliche Hindernisse und Gefahren werden durch bewußt durchdachte Umgestaltungen verringert.

Die Abhängigkeit der Flexibilisierung der Personalarbeit von der Landeskultur legt für deutsche Unternehmen, die im internationalen Personalmanagement in bezug auf französische Tochtergesellschaften aktiv sind, **drei Schlußfolgerungen** für die Personalorganisation nahe:

(1) Von deutschen Unternehmen muß bei der Formulierung der internationalen Personalmanagementstrategie mit einbezogen werden, daß die Personalarbeit in Frankreich unter *anderen Flexibilitätsbedingungen* als in Deutschland abläuft: Trotz der geographischen Nähe der beiden europäischen Nachbarn ergeben sich kulturelle Unterschiede, die dazu führen, daß Personalmanagementsysteme deutscher Partner nicht automatisch größere Flexibilitätspotentiale bereitstellen als die der französischen Partner. Daraus ergibt sich ein anderer Umgang mit französischen Mitarbeitern und der französischen Personalorganisation als in Deutschland.

(2) Wenn die Landeskultur der französischen Tochtergesellschaft Flexibilisierung stärker unterstützt und bereits flexiblere Strukturen der Personalarbeit nutzt als die deutsche Muttergesellschaft, kann diese dadurch in *Zugzwang* geraten: Sie muß dann aus Gründen der Kooperation im internationalen Verbund und zur Nutzung von Synergien fast zwangsläufig nachziehen und sich diese Flexibilitätspotentiale erschließen. Dies bedeutet die Umsetzung der Idee des insbesondere für internationale Strukturen empfohlenen integrierten Netzwerkes (vgl. *Bartlett/Ghoshal* 1990), bei der eben nicht ausschließlich die Muttergesellschaft eine Führungsrolle im Netzwerk spielt („Lead-Country-Konzept").

(3) Gerade die Nutzung von *Interdependenzen* im internationalen Personalmanagement bietet dem Gesamtunternehmen die Chance, die Personalarbeit weiter zu flexibilisieren.

Kulturvergleichende und interkulturelle Forschungsarbeiten dürfen sich nicht mit dem Aufdecken und der Analyse von kulturellen Unterschieden und Gemeinsamkeiten begnügen, sondern sie sollten Wege zu integrierbaren Weiterentwicklungen aufzeigen und Denkanstöße geben, die es ermöglichen, von der anderen Kultur zu lernen. Verschiedene Länder können damit bezüglich der Realisierung flexibler Organisationsformen der Personalarbeit bis hin zur virtuellen Personalabteilung gegenseitig Synergien realisieren.

3.4 Meßtheoretische Basis

3.4.1 Überblick

Zur akzeptanzfördernden Professionalisierung im Personalmanagement gehört der kritische Umgang mit empirischen Studien sowie die bewußte und theoretisch saubere Generierung einer unternehmensbezogenen Informationsbasis. Voraussetzung dafür ist die Kenntnis der Ansätze zur Messung und Skalierung, zur Objektivität und Reliabilität sowie zur Validität als ultima ratio eines Personalmanagements.

Diese methodischen Fragen (Abbildung 3.10) betreffen alle Felder und Ebenen im Personalmanagement in gleicher Weise und bilden deshalb eine gemeinsame Basis.

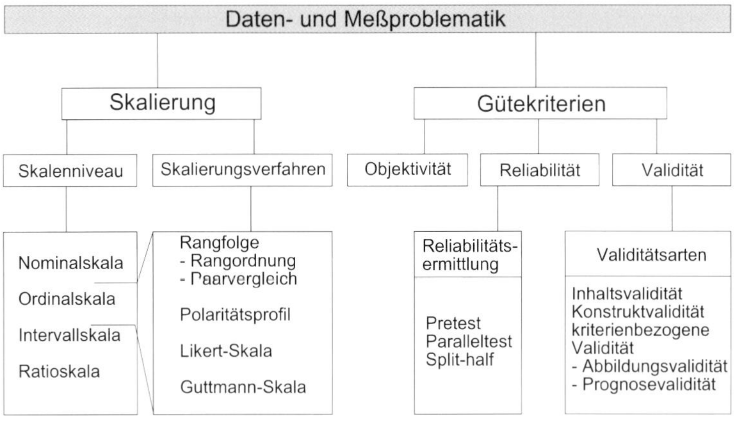

Abbildung 3.10: Meß-, Skalierungs- und Validitätsaspekte

3.4.2 Ablauf einer empirischen Studie

Nach *Karl Popper* (1995), dem prägenden Wissenschaftstheoretiker unseres Jahrhunderts, ist „Wahrheit“ nicht zweifelsfrei zu entdecken. Bestenfalls ist eine Approximation möglich, indem eine Theorie solange für wahr gilt, bis ihre Aussagen widerlegt (falsifiziert) werden.

Ziel einer empirischen Studie ist es, theoretische Aussagen angesichts der Realität zu überprüfen, indem ihre Falsifikation angestrebt wird.

Ausgangspunkt für eine empirische Studie ist die Auswahl eines Problems. In dieser *Erkundungsphase* finden Literaturrecherchen, Informations- und erste Erkundungsgespräche statt, um das Problem so weit wie möglich zu konkretisieren. Auf diese Weise wird eine Einordnung der eigenen Fragestellung in einen theoretischen Rahmen und den wissenschaftlichen Forschungsstand ermöglicht. Ergebnis ist eine Theorie, aus der einzelne Hypothesen abgeleitet werden, die in der *Begründungsphase* Gegenstand der empirischen Überprüfung sind.

Vor der Formulierung von Hypothesen ist die Theorie einer sorgfältigen **Überprüfung** zu unterziehen (vgl. *Bortz* 1993):

- Die verwendeten Begriffe müssen *eindeutig und präzise* definiert sein, um eine zweifelsfreie Kommunikation zu ermöglichen.
- Die Aussagen der Theorie sollten auf eine logische Struktur zurückgeführt werden, die einen möglichst hohen *Informationsgehalt* sichert. Hierzu werden Je-Desto- und Wenn-Dann-Sätze in einer Form formuliert, die ein möglichst hohes Falsifikationspotential besitzen.
- Die theoretischen Aussagen müssen *logisch konsistent* sein. Zu vermeiden sind tautologische Sätze, die kein Falsifikationspotential beinhalten, und kontradiktorische, also widersprüchliche Sätze. Ebenso müssen die Aussagen *logisch korrekt abgeleitet* werden.
- Sind verwandte Theorien zu dem ausgewählten Themenbereich vorhanden, ist die logische Vereinbarkeit zu überprüfen.
- Die Theorien müssen *empirisch überprüfbar* sein. Die empirische Überprüfbarkeit ergibt sich nicht zwingend aus ihrer potentiellen Falsifizierbarkeit, sondern vielmehr aus den zur Verfügung stehenden wissenschaftlichen Instrumenten und Methoden.

Der anschließenden Formulierung der Hypothesen ist besondere Aufmerksamkeit zu widmen: Zum einen, um mögliche Schwächen des theoretischen Ansatzes frühzeitig aufzudecken, zum anderen, um die statistischen Methoden frühzeitig und korrekt festlegen zu können. Ein nachträgliches Überprüfen von Hypothesen, die anhand des vorliegenden Datenmaterials formuliert wurden, gilt nicht nur als wissenschaftlich unseriös, sondern führt auch zu unabgesicherten Ergebnissen.

Hypothesen werden der empirischen Überprüfung zugänglich gemacht, indem sie anhand möglicher Variablen und der Auswahl einer geeigneten Methode **operationalisiert** werden. Zur Datenerhebung stehen verschiedene Möglichkeiten zur Verfügung. Für den Bereich des Personalmanagements relevant sind insbesondere

- Interviews/Tiefeninterviews,
- schriftliche Befragungen,
- Beobachtungen,
- Inhaltsanalysen sowie
- Sekundäranalysen.

Die Probleme der Messung und Skalierung der Daten werden gesondert im nächsten Abschnitt behandelt. Zur Auswertung des Datenmaterials steht mittlerweile umfangreiche Statistik-Software wie SPSS zur Verfügung. Zuvor sollten die Daten aber einer testtheoretischen Brauchbarkeitsprüfung unterzogen werden. Genügt das Datenmaterial den testtheoretischen Anforderungen, erfolgt mit Hilfe der deskriptiven Statistik zunächst eine quantitative Aufbereitung der Daten. Mittels der Inferenzstatistik werden dann die Hypothesen überprüft.

Die Interpretation der Ergebnisse erlaubt die Überprüfung der zugrundegelegten Theorie. Sind die Resultate nicht signifikant, Untersuchungsfehler aber auszuschließen, muß die ursprüngliche Theorie überprüft und unter Einbeziehung der Erfahrungen eventuell verändert werden.

In der abschließenden *Verwertungsphase* werden die Ergebnisse der empirischen Untersuchung aufbereitet und in Publikationen oder Vorträgen zugänglich gemacht. Hierdurch wird in weiteren Untersuchungen die Falsifikation der Theorie und damit eine „bessere Annäherung an die Wahrheit" im *Popperschen* Sinne ermöglicht. Abbildung 3.11 faßt den Ablauf einer empirischen Studie zusammen.

3.4.3 Messung und Skalierung

Grundbedingungen für eine sinnvolle (statistische) Auswertung von Daten ist die Kenntnis ihrer Skalenniveaus und die Berücksichtigung der sich daraus ergebenden Restriktionen.

Das Skalenniveau bezieht sich auf die möglichen Ausprägungen eines betrachteten Merkmals und ihres Zusammenhangs.

Üblich ist seit langem (vgl. *Stevens* 1946, 678; *Atteslander* 1995, 264-265) eine Einteilung in vier **Skalenniveaus**:

- Bei der *Nominalskala* (Variablen wie Nationalität oder Studienfach) kann keine Reihung der Merkmalsausprägungen vorgenommen werden. Typisch hierfür sind auch Ja/Nein-Fragen.

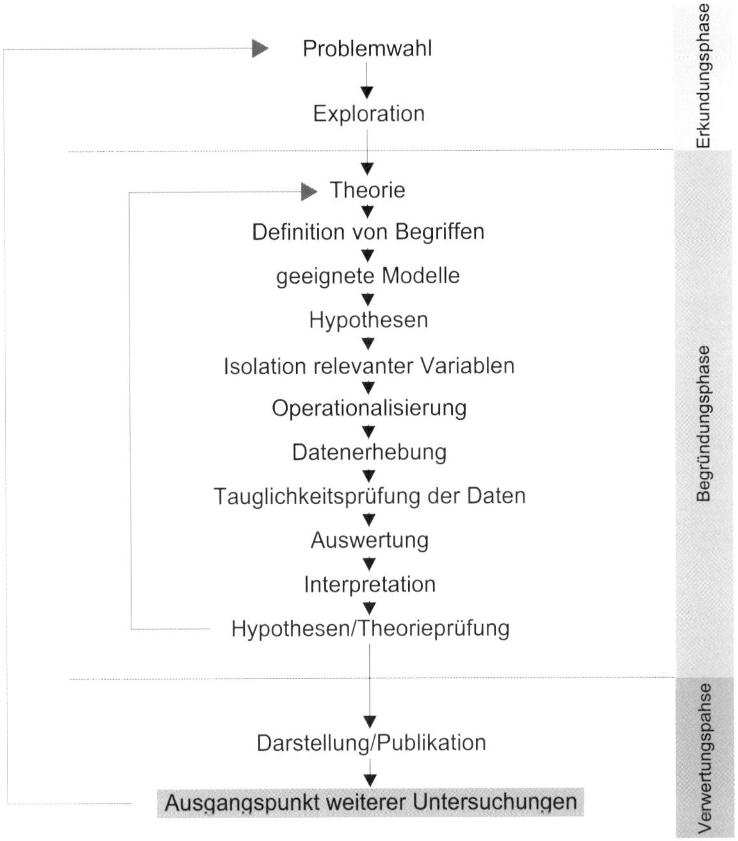

Abbildung 3.11: Ablauf einer empirischen Untersuchung

- Bei der *Ordinalskala* dagegen ist die Bildung einer Rangfolge möglich, jedoch können die „Abstände" zwischen den einzelnen Ausprägungen nicht miteinander verglichen werden. Mitarbeiterbeurteilungen mit Hilfe von semantischen Differentialen sind Beispiele für Ordinalskalen.
- Bei der *Intervallskala* können die Ausprägungen eindeutig gemessen und einem Zahlenwert zugeordnet werden, wobei auch die Differenzen interpretierbar sind. Die Maßeinheit ergibt sich jedoch nicht durch das Merkmal selbst, sondern wird extern festgelegt (wie Intelligenzquotient oder Leistungsgrad).
- Eine *Ratioskala* besitzt darüber hinaus einen absoluten Nullpunkt. Beispiele für ratioskalierte Merkmale sind das Lebensalter und die (quantitative) Produktionsleistung.

Das Skalenniveau bestimmt die Auswahl der möglichen statistischen Auswertungs- und Darstellungsmethoden. Erst bei Daten mit höherem Skalenniveau können aussagekräftigere Verfahren wie Mittelwertbestimmung oder Korrelationskoeffizienten angewendet werden.

Ratioskalen mit ihrem natürlichen Nullpunkt und ihrer hohen Aussagekraft stellen zwar ein wünschenswertes Ziel dar, hängen aber in ihrer Realisierbarkeit vom Meßobjekt ab: Sind die entsprechenden Voraussetzungen gegeben, so werfen Ratio- und Intervallskalen kaum Probleme auf. Fehlt dagegen der physikalische oder logische Nullpunkt beziehungsweise sind die Größen nicht direkt vergleichbar, ist auf Ordinalskalen auszuweichen.

Die Auswahl eines geeigneten Skalierungsverfahrens als Zuordnung von erhebbaren Phänomenen auf (Meß-)Skalen ist deshalb vor allem im Bereich der **Ordinalskalen** von Bedeutung, da hier weder Intervalle noch Nullpunkte „natürlich" vorliegen. Es wurden eine Reihe von Skalierungsverfahren entwickelt, die objektive und somit nachvollziehbare Zuordnungen erleichtern sollen (vgl. *Atteslander* 1995, 268-278).

Die Bildung einer **Rangfolge** ist eine Möglichkeit zur Skalierung gegebener Alternativen. Sie läßt sich mit Hilfe der Rangordnung und des Paarvergleichs realisieren:

- Die Bildung einer *Rangordnung*, beispielsweise einer Vorschlagsliste zur Beförderung, wird realisiert durch die Vergabe von Rangstu-

Stimulus: „Führungskraft XY"								
fleißig			x					faul
ausgeglichen					x			unruhig
fürsorglich				x				gleichgültig
hoch			x					tief
großzügig						x		kleinlich
gut					x			schlecht
groß	x							klein
begabt						x		unfähig
uneigennützig							x	egoistisch
sozial					x			unsozial
hart		x						weich
	+3	+2	+1	0	-1	-2	-3	

Übersicht 3.20: Beispiel für Polaritätsprofil
(nach *Atteslander* 1995, 270)

fen. Hierbei handelt es sich um einen absoluten Maßstab, der die Alternativen in eine transitive Rangordnung bringt. Mit zunehmender Menge der zu bewertenden Alternativen wird die Bildung der Rangordnung schwieriger.

- Diese Schwierigkeit will die Methode der *Paarvergleiche* lösen. Hier stehen immer nur zwei Alternativen im direkten Vergleich. Beispielsweise führen die
  - Alternativen A, B, C zu den
  - Paarvergleichen A, B; A, C; B, C und mit der
  - Bewertung A > B; A > C; C > B zur
  - Präferenzordnung A > C > B.

  Bei einer Alternativenmenge besteht allerdings das Problem, daß Inkonsistenzen in der Beurteilung auftreten können und die Urteile nicht immer zu einer transitiven Rangfolge führen. Dies wäre beispielsweise bei den Bewertungen B > A; A > C; C > B der Fall.

Das **Polaritätsprofil** ist eine weitere Methode zur Erfassung von Einstellungen. Es besteht aus Gegensatzpaaren zur Konkretisierung von Meinungen eines Beurteilenden zu einem bestimmten Stimulus. Als Beispiel für solche semantischen Differentiale bringt Übersicht 3.20 Gegensatzpaare zur Erfassung des Eindruckes, den eine Führungskraft (Stimulus) bei einem Mitarbeiter (Beurteiler) hervorruft.

Auch bei der **Likert-Skala** handelt es sich um ein Verfahren zur Ermittlung von Einstellungen und Meinungen. Der Befragte wird aufgefordert, zu einer Reihe von Aussagen Stellung zu nehmen. Dabei hat er jeweils die Möglichkeit, seine Beurteilung in eine Skala entsprechend Übersicht 3.21 einzuordnen.

Bei der Entlohnung sollten neben der Leistung auch die Fähigkeiten berücksichtigt werden.	stimme stark zu -1-	stimme zu -2-	unentschieden -3-	lehne ab -4-	lehne stark ab -5-
Die Leistungsbeurteilung sollte für die betroffenen Arbeitnehmer nachvollziehbar sein.	stimme stark zu -1-	stimme zu -2-	unentschieden -3-	lehne ab -4-	lehne stark ab -5-
...	stimme stark zu -1-	stimme zu -2-	unentschieden -3-	lehne ab -4-	lehne stark ab -5-

Übersicht 3.21: Beispiel einer Likert-Skala

Das Skalierungsverfahren der **Guttman-Skala** beruht auf einer monoton ansteigenden Reihung von Fragen, bei denen der Befragte ab einer bestimmten Schwelle sein Antwortverhalten ändert. So kann die Einstellung (oder das Vorurteil) gegenüber ausländischen Arbeitnehmern mit folgenden Fragen erfaßt werden (vgl. *Atteslander* 1995, 275):

(1) Sind Sie der Meinung, daß ausländische Arbeitnehmer auch Menschen sind wie wir?
(2) Würden Sie zulassen, daß Ihr Kind gemeinsam mit Kindern ausländischer Arbeitnehmer zur Schule geht?
(3) Würden Sie ein Zimmer an einen ausländischen Arbeitnehmer vermieten?
(4) Würden Sie in die Ehe Ihrer Tochter mit einem ausländischen Arbeitnehmer einwilligen?

Die Abstufungen ergeben sich danach aus der Fragestufe der ersten Ablehnung (1, 2, 3, 4 oder keine Frage wird abgelehnt).

3.4.4 Objektivität, Reliabilität, Validität

Objektivität bezeichnet den Grad der intersubjektiven Unabhängigkeit der Meßergebnisse vom jeweils Untersuchenden.

Bei Tests sind entsprechend der Testphasen drei Arten der Objektivität erforderlich, nämlich die Durchführungs-, Auswertungs- und Interpretationsobjektivität (vgl. *Wilde* 1951, 188; *Neubauer/Höfner/Waldschütz* 1978, 33).

Reliabilität (Zuverlässigkeit) bezeichnet den formalen Aspekt der Messung und bezieht sich auf die Frage, ob das, was gemessen werden soll, auch tatsächlich erfaßt wird.

Dies gilt unabhängig davon, ob und in welchem Ausmaß die Ergebnisse Rückschlüsse auf das untersuchte Zielobjekt zulassen (vgl. *Gulliksen* 1950, 4-38; *Ghiselli/Campbell/Zedeck* 1981, 187-197; *Brown, F. M./Graeber* 1982, 57-67). Nach der klassischen Testtheorie setzt sich ein beobachteter Wert (Testwert) aus dem wahren Wert und einem Fehler zusammen. Dieser Fehler kann auf zwei Komponenten zurückgeführt werden: auf eine konstante Fehlerkomponente, die im Meßinstrument oder in der beteiligten Person ihren Ursprung hat, sowie auf einen zufallsabhängigen Fehler (Übersicht 3.22). Als reliabel gilt eine Messung dann, wenn Wiederholungen unter gleichen Bedingungen annähernd die gleichen Ergebnisse liefern, Abweichungen der Ergebnisse somit ausschließlich auf der Varianz der wahren Werte beruhen.

Ein Reliabilitätskoeffizient von 0,9 bedeutet, daß sich 90% der Varianz des Testwertes aus der Varianz des wahren Wertes erklären und nur

Da	beobachteter Wert = wahrer Wert + Fehler
und somit	Varianz des beobachteten Wertes = Varianz des wahren Wertes + Fehlervarianz
soll gelten	$\text{Reliabilität} = \frac{\text{Varianz des wahren Wertes}}{\text{Varianz des beobachteten Wertes}}$
Da	$X = T + E$
und somit	$s_X^2 = s_T^2 + s_E^2$
soll gelten	$r_{xx} = \frac{s_T^2}{s_X^2}$

X	=	beobachteter Wert	r_{xx}	=	Reliabilitätskoeffizient
T	=	wahrer Wert	s^2	=	Varianz
E	=	Fehler			

Übersicht 3.22: Ableitung der Reliabilität

10% aus den Fehlerkomponenten. Ab 0,9 wird ein Reliabilitätskoeffizient als hoch angesehen (vgl. *Friedrichs* 1990).

Zur Reliabilitätsermittlung können drei **Verfahren** eingesetzt werden (vgl. *Ghiselli/Campbell/Zedeck* 1981, 247-289):

- Das *Retest-Verfahren* verlangt eine Durchführung des gleichen Tests von den gleichen Testpersonen zu zwei verschiedenen Zeitpunkten. Die auf diese Weise erhaltenen Ergebnisse werden miteinander korreliert. Diesem Verfahren liegt die Annahme der Konstanz der Kontextbedingungen sowie das Fehlen von Lerneffekten zugrunde.
- Beim *Paralleltest-Verfahren* werden zwei unterschiedliche Tests durchgeführt. Für Test A soll die Reliabilität ermittelt werden. Test B ist ein äquivalenter, als reliabel angesehener Test. Dieser Test B schließt sich unmittelbar oder in zeitlich getrennter Abfolge an Test A an. Durch den Vergleich der beiden Meßergebnisse wird auf die Reliabilität von Test A geschlossen.
- Beim *Split-half-Verfahren* werden nach dem Test die Items in zwei gleichgroße Hälften aufgeteilt. Unter der Annahme derselben Faktorstrukturen werden die Ergebnisse anschließend miteinander korreliert und die für den halben Test geltenden Reliabilitätskoeffizienten auf den ganzen Test hochgerechnet.

Das Problem der Reliabilitätsermittlung beim Retest- sowie beim Paralleltest-Verfahren besteht darin, daß die Voraussetzungen für eine Bedingungskonstanz bei wiederholten Messungen kaum erfüllt werden können: Neben Einflußfaktoren wie Lernprozessen, Problemeinsicht oder Übung können Persönlichkeitsmerkmale (wie Einstellung zu Tests) kaum als konstant angesehen werden. Beim Split-half-Verfahren ist die identische Faktorstruktur der beiden Testhälften oft nicht zu erreichen.

Validität (Gültigkeit) bezeichnet den materiellen Aspekt der Genauigkeit der Messung als Frage, ob das, was erhoben wird, auch intendiertes Ziel des Untersuchungsprozesses ist.

Geprüft wird also, ob ein Schluß vom Meßergebnis auf die Ausprägung der Zielvariablen zulässig ist (vgl. *Cascio* 1998, 99-100).

Wie bei der Reliabilität müssen hier auch die Kontextbedingungen sowie die diagnostischen und prognostischen Zwecke des Tests einbezogen werden. So kann ein Test durchaus zweckspezifisch unterschiedliche Validitätskoeffizienten realisieren.

Die Gesamtvarianz einer Messung teilt sich auf in die Varianz, die auf die Schwankungsbreite des „wahren" Wertes zurückgeführt werden kann, sowie auf eine Varianz, die in den Fehlerkomponenten der Messung begründet liegt (Übersicht 3.23). Die „wahre" Varianz kann weiter unterteilt werden in einen für die Messung als relevant einzustufenden Bestandteil und in einen irrelevanten, aber reliablen Bestandteil. Zur Beurteilung der Validität eines Meßinstrumentes ist der Varianzanteil zu bestimmen, der sich auf den **wahren**, für den Zweck der Messung **relevanten** Teil der Gesamtvarianz bezieht.

Da	Varianz des wahren Wertes = relevante Varianz + irrelevante Varianz
und	somit Varianz des beobachteten Wertes = relevante Varianz + irrelevante Varianz + Fehlervarianz
soll gelten	$\text{Validität} = \dfrac{\text{relevante Varianz}}{\text{Varianz des beobachteten Wertes}}$
Da	$s_T^2 = s_{TR}^2 + s_{TI}^2$
und somit	$s_X^2 = s_{TR}^2 + s_{TI}^2 + s_E^2$
soll gelten	$r_{xy} = \dfrac{s_{TR}^2}{s_X^2}$

X	=	beobachteter Wert	I	=	irrelevanter Anteil
T	=	wahrer Wert	r_{xy}	=	Validitätskoeffizient
E	=	Fehler	s^2	=	Varianz
R	=	relevanter Anteil			

Übersicht 3.23: Ableitung der Validität

Der Zusammenhang zwischen der Validität und der oben diskutierten Reliabilität stellt sich folgendermaßen dar (Übersicht 3.24): Reliabilität ist notwendige, aber nicht hinreichende Bedingung für Validität. Weist eine Messung geringe Reliablität auf, leitet sich also die Varianz der Meßwerte nur in geringem Ausmaß aus wahren interindividuellen Unterschieden ab, so erlauben die Meßwerte nur unsichere Schlußfolgerungen. Andererseits ist mit einer hohen Reliabilität noch keine Aussage über die Güte (untersuchungs-)zielbezogener Schlußfolgerungen getroffen. Reliabilität stellt somit die Untergrenze für die Validität dar.

hohe Reliabilität – hohe Validität

wahre Varianz		Fehlervarianz
relevante Varianz	irrelevante Varianz	

hohe Reliabilität – niedrige Validität

wahre Varianz		Fehlervarianz
relevante Varianz	irrelevante Varianz	

niedrige Reliabilität – mittlere Validität

wahre Varianz		Fehlervarianz
relevante Varianz	irrelevante Varianz	

niedrige Reliabilität – niedrige Validität

wahre Varianz		Fehlervarianz
relevante Varianz	irrelevante Varianz	

Übersicht 3.24: Zusammenhang zwischen Reliabilität und Validität (nach *Brown, F. G.* 1983, 70).

Die Anwendung des Validitätskonzeptes erfordert aufgrund der damit verbundenen Komplexität eine **Differenzierung** nach Inhaltsvalidität, Konstruktvalidität und kriterienbezogener Validität, wobei letztere in Form der Abbildungs- und Prognosevalidität auftritt (vgl. *Cascio* 1998, 101-111):

(1) Die *Inhaltsvalidität* (content validity) beschreibt, inwieweit die einzelnen Elemente eines Abbildungsinstrumentes eine repräsentative Stichprobe aller mit Hilfe dieses Abbildungsinstrumentes zu erfassenden Persönlichkeits- oder Verhaltensmerkmale darstellen. Wird ein Proband im Test mit Rechenaufgaben konfrontiert und vermag er diese gut zu lösen, so kann angenommen werden, daß er Rechenaufgaben der gleichen Art unter vergleichbaren Bedingungen in demselben Ausmaß lösen wird. Inhaltliche Validität wird einem Meßinstrument im Regelfall durch Expertenurteil bescheinigt.

(2) Die *Konstruktvalidität* beschreibt komplexe Merkmale („theoretische Konstrukte") wie Intelligenz, Urteilsfähigkeit und Arbeitsleistung. Sie ist nicht direkt erfaßbar. Die Validitätsbestimmung ist mit der Frage verbunden, inwieweit das betreffende Konstrukt in der Realität

existiert und die vermutete Struktur aufweist. Oder prägnant gefragt: „Is there really such a thing as ...?" (*Steers* 1975, 551). Die Validierung erfolgt hier durch Einordnung in ein theoretisches Bezugssystem: Das Konstrukt wird definiert, die Interdependenzstruktur zu anderen Konstrukten abgeklärt und die Beziehung zu beobachtbaren Verhaltensweisen (über empirisch testbare Hypothesen) hergestellt. Neben dieser korrelationsstatistischen Vorgehensweise kann die Konstruktvalidierung auch über Expertenurteile sowie experimentelle Ansätze durchgeführt werden.

(3) Die *kriterienbezogene Validität* beschreibt die statistische Beziehung der im Test erhobenen Ausprägungen zu den Ausprägungen einer Zielvariablen, dem sogenannten Außen- oder Validitätskriterium. Dabei wird
   - entweder als Abbildungsvalidität (concurrent validity) von einem Indikator auf die Ausprägung der Zielvariablen zum Meßzeitpunkt geschlossen oder aber
   - als Prognosevalidität (predictive validity) von einem Prädiktor auf eine zukünftige Ausprägung der Zielvariablen geschlossen (vgl. *Ghiselli/Campbell/Zedeck* 1981, 267).

Im ersten Fall wird bei der Validierung das Außenkriterium zeitgleich mit dem zu validierenden Meßverfahren erhoben. Im zweiten Fall wird das Außenkriterium zu einem späteren Zeitpunkt erhoben und damit auf die Kriterienausprägung in der Zukunft abgestellt. Speziell die kriterienbezogenen Validitätsarten sind für das Personalmanagement von elementarer Wichtigkeit (Übersicht 3.25).

	Abbildungsvalidität	**Prognosevalidität**
Personalbestand	aktuelle Fähigkeitsprofile	prognostizierte Fähigkeitsprofile
Personalbedarf	Anforderungsprofile	zukünftige Bedarfsstrukturen
Personalveränderung	Personalentwicklung (Potential)	Personalselektion, Personalentwicklung (Erfolg)
Personaleinsatz	Belastungs-, Beanspruchungsermittlung	Eignungsprofile
Personalführung	Führungsmodelle	Führungserfolg

Übersicht 3.25: Das Validierungsproblem im Personalmanagement

3.5 Resümee und Vorschau

Das Personalmanagement sieht sich verschiedenen Gegebenheiten gegenüber, die aufgrund ihres zentralen Charakters zwangsläufig die Basis für die Ausgestaltung der einzelnen **Personalmanagementfelder** sind:

- Die *ethische Basis* bezieht sich auf die grundsätzlich sozialverträgliche und ethisch-moralische Umsetzung des Personalmanagements.
- Die *rechtliche Basis* steckt den juristischen Rahmen ab.
- Die *organisatorische Basis* liefert den aufbau- und ablauforientierten Bezug.
- Die *meßtheoretische Basis* befaßt sich mit der Frage, inwieweit empirische Sachverhalte sauber zu erheben sind; sie ermöglicht damit nicht nur die Übertragung theoretischer Konzepte, sondern auch die Durchführung verschiedener Personalmanagementaktivitäten wie Mitarbeiterbefragungen.

Während die dreidimensionale Konzeption des Personalmanagements die Strukturierung der Personalmanagementbereiche ermöglicht, stellen die in diesem Abschnitt behandelten Basen die Rahmenbedingungen für deren erfolgreiche Umsetzung dar. Mit Kapitel 3 sind die grundlegenden Bereiche des Personalmanagements abgehandelt. In den nachfolgenden sechs Kapiteln werden die spezifischen Fragen der Personalmanagementfelder – jeweils strukturiert nach Managementebenen – beantwortet. Die Reihenfolge der Managementfelder ergibt sich aus den verwendeten Planungsansätzen. Unterstellt man einen derivativen Top-down-Ansatz, so beginnt die personalwirtschaftliche Prozeßkette mit der Personalbedarfsbestimmung auf der strategischen Ebene.

3.6 Testfragen

(1) Diskutieren Sie Verbindungslinien zwischen Weltmarkt-, Unternehmens-, Führungs-, Arbeits- und Informationsethik. Worin zeigen sich Interdependenzen und wie zeigen sich diese in der Praxis?

(2) Welche landeskulturellen Charakteristika Deutschlands spiegeln sich im Grundgedanken der Betriebsverfassung?

(3) Welche Konfliktlösungsmöglichkeiten sieht das Betriebsverfassungsgesetz vor, falls Betriebsrat und Arbeitgeber keine Übereinstimmung erzielen können? Welche Sanktionen nennt das Gesetz bei Mitbestimmungsverstößen?

(4) Welche Voraussetzungen müssen erfüllt sein, damit eine dezentrale Personalabteilung sinnvoller ist als eine zentrale?

(5) Wie ist die Autonomie der Personalabteilung bei einem Ihnen näher bekannten Unternehmen geregelt? Sehen Sie Verbesserungsmöglichkeiten und wie sollten diese umgesetzt werden?

(6) Unter welchen Umständen könnte selbst ein Unternehmen mit 5 000 Beschäftigten vollkommen auf die Personalabteilung verzichten und gerade dadurch einen Wettbewerbsvorsprung aufbauen?

(7) Diskutieren Sie das Modell der virtuellen Personalabteilung. Welche Vor- und Nachteile sehen Sie in diesem Konzept? Entwickeln Sie eine Implementierungsstrategie für eine virtuelle Personalabteilung in einem mittelständischen Unternehmen mit 200 Mitarbeitern.

(8) Welche Auswirkungen könnte das Vernachlässigen der kulturellen Dimension bei einem Joint-Venture zwischen einem französischen und einem deutschen Unternehmen haben?

(9) Welche Möglichkeiten für ein Computer Based Training sehen Sie im kulturellen Kontext des Personalmanagements?

(10) Erläutern Sie die unterschiedlichen Aussagen von „Reliabilität" und „Validität" anhand der Beurteilungsvariable „Examensnote".

... für Fortgeschrittene:

John P. Kotter stellt in seinem Buch „The New Rules" (1995, 57) folgende Regel auf: „The globalization of markets and competition is creating enormous change. The new rule is: to succeed, one must capitalize on the opportunities available in the faster-moving and more competitive business environment while avoiding the many hazards inherent in such an environment." Diskutieren Sie diese Aussage vor dem Hintergrund der Personalmanagement-Ethik.

Recherchieren Sie im Internet die Aufgaben und tatsächlichen Aktivitäten der internationalen Arbeitsorganisation IAO. Bewerten Sie diese vor dem Hintergrund des internationalen Wirtschaftsrechts.

Welche ethische Basis verwenden die Hauptdarsteller im Film „Eine Frage der Ehre"?

Diskutieren Sie folgende Aussage von *Peter Drucker* (1998): „The worst mistake I made was to invent the profit center. There is no such thing. We have only cost centers. And we have customers."

3.7 Praxisbeispiele

3.7.1 BASF

Die BASF AG beschäftigte Ende 1992 51 034 Mitarbeiter (inklusive 3 452 Auszubildende) und verzeichnete dabei einen Personal- und Sozialaufwand von rund 5,4 Mrd. DM. Mit dem systematischen Aufbau und der konsequenten Nutzung von Ansätzen aus dem Bereich des Personalcontrollings befaßt sich die BASF AG seit Mitte der 80er Jahre.

Im Hintergrund steht dabei die Überlegung, über eine entsprechende Querschnittsfunktion die Personalstrukturen und ihre Entwicklungen besser erfassen, analysieren und entscheidungsorientiert aufbereiten zu können. Dabei geht es zum einen um operative Analysen, zum anderen aber auch um die Realisation einer strategischen Perspektive (Übersicht 3.26). Nachfolgend steht die strategische Ebene im Vordergrund.

Ziel des Personalcontrollings bei der BASF AG ist es, kontinuierliche Informationen für das Personal- und Bereichsmanagement der BASF AG bereitzustellen, damit die operativen wie auch die strategischen Maßnahmen personalpolitisch effektiv gestaltet werden und die personalwirtschaftlichen Prozesse effizient im Unternehmen ablaufen.

Übersicht 3.26: Zielsetzung des Personalcontrollings bei der BASF AG

Damit fallen dem Personalcontrolling vier Hauptaufgaben zu: Es soll
- Bericht erstatten,
- Entscheidungshilfen bereitstellen,
- frühzeitig warnen und
- Konzepte entwickeln.

Auf diese Weise soll die Führung des Unternehmens schon im Vorfeld zielorientiert unterstützt werden. Dabei wird von einem umfassenden Controlling-Verständnis ausgegangen, das zwei Objektbereiche für das Personalcontrolling unterstellt: erstens als Personalcontrolling bezogen auf das Gesamtunternehmen, zweitens als Personalcontrolling bezogen auf die Aktivitäten des Personalbereichs.

Bei der Abwicklung seiner Aktivitäten ist das Personalcontrolling integrierter Bestandteil des in drei Bereiche gegliederten Planungs- und Berichtssystems der BASF AG (Übersicht 3.27).

Budget	mittelfristige Vorschau	strategische Vorschau
jährliche Erstellung quantitativ detailliert kostenorientiert für ein Jahr	jährliche Anpassung quantitativ operativ maßnahmenorientiert für ein bis drei Jahre	jährliche Aktualisierung qualitativ Potentiale/Risiken zielorientiert langfristig

Übersicht 3.27: Planungssysteme des Personalcontrollings bei der BASF AG

Drei Grundvoraussetzungen werden als unabdingbar für den erfolgreichen Einsatz strategischer Controlling-Instrumente und -Methoden angesehen:
- das Vorhandensein abgestimmter und in sich schlüssiger Unternehmensziele und -grundsätze,
- das Vorhandensein eines rollierenden kurz-, mittel-, und langfristigen Berichts- und Planungssystems,
- das Vorhandensein eines maßnahmenorientierten operativen Personalcontrollings (Abbildung 3.12).

Unter strategischem Personalcontrolling wird die Ermittlung relevanter Aktionsfelder verstanden, in denen mit Hilfe spezieller Instrumente frühzeitig die wahrscheinlichen Auswirkungen auf die Personalstruktur ermittelt werden, gefolgt von einer Überprüfung und gegebenenfalls Korrektur der Zielstruktur.

Sechs Rahmenbedingungen sind für die Ermittlung und Bearbeitung der hier beispielhaft aufgeführten Aktionsfelder zu beachten:
- Der Zeithorizont ist nicht von vorneherein begrenzt.
- Umfeldfaktoren werden stärker berücksichtigt.
- Unternehmerische Wertgrößen werden mit gesellschaftlichen Wertgrößen abgeglichen.
- Personalwirtschaftliche Wertgrößen werden mit betriebswirtschaftlichen Wertgrößen in Übereinstimmung gebracht.
- Die kurzfristige Ergebnisbetrachtung tritt in den Hintergrund.
- Die Analyseergebnisse sind eher qualitativ beschreibend als quantitativ bindend.

Die strategischen Aktionsfelder werden aus dem operativen Analyseprozeß kontinuierlich mit Daten und Informationen versorgt und mit strategisch ausgerichteten Instrumenten weiter verarbeitet.

Personalcontrolling im Gesamtunternehmen. Bezogen auf das Gesamtunternehmen BASF AG steht im Personalcontrolling generell die Ressource Personal im Vordergrund. Die Einheit „Personalcontrolling“ hat hier somit primär eine **Beratungsfunktion**, muß also als Service-Center auch selbst für die Akzeptanz ihrer Dienstleistungen sorgen. Ziel ist es dabei, den integrierten Personalplanungs- und Personalcontrollingprozeß

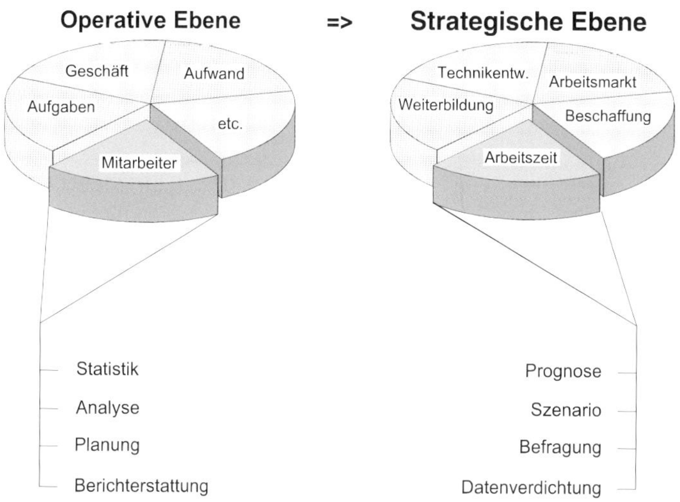

Abbildung 3.12: Operatives und strategisches Personalcontrolling bei der BASF AG

der Einheiten sicherzustellen und zu optimieren.Die wesentlichen **Instrumente** des Personalcontrollings im Gesamtunternehmen sind neben der rollierenden kurz- und mittelfristigen Personalbedarfsplanung der Monatsbericht, die Bestandsprognose und die Mitarbeiterbefragung:

- Der *Monatsbericht* informiert über aktuelle Entwicklungen, beispielsweise des Gesamtpersonals, des Stammpersonals und bei den Auszubildenden. Der Bericht informiert über tatsächliche sowie erwartete Zu- und Abgänge, Zielwerte, ruhende Arbeitsverhältnisse oder auch Einstellkontingente von Hochschulabsolventen. Darüber hinaus werden Sonderauswertungen angefertigt.
- Die *Bestandsprognose* analysiert auf der Basis eines Simulationsmodells mögliche Entwicklungen des Personalbestands unter Berücksichtigung von Zu-, Über- und Abgangsquoten und unterstützt damit die frühzeitige Erkennung von Fehlentwicklungen der Mitarbeiterstruktur. Zudem ermöglicht die schnelle Ergebnisdarstellung Analyse und Vergleich unterschiedlicher Bestandsalternativen.
- Im Rahmen der *Mitarbeiterbefragung* sollen Entwicklungen und Trends der Mitarbeiter-Meinungen aufgezeigt werden, konkrete Hinweise auf Schwachstellen analysiert und die Motivation der Mitarbeiter mit ihren Prioritäten und Bedürfnissen festgestellt werden.

Weitere Projekte des Personalcontrollings für das Gesamtunternehmen befassen sich beispielsweise mit einem Simulationsmodell zur Personalentwicklung, der Zukunft der Produktionsberufe, dem Führungskräftebedarf oder dem Personaldatenmanagement.

Personalcontrolling der Personalfunktion. Anders als beim Personalcontrolling im Gesamtunternehmen dominiert beim Controlling des Funktionsbereichs Personal die **Steuerungsfunktion**. Ziel ist es hier, den integrierten Personalplanungs- und Personalcontrollingprozeß der Personal-, Sozial- und Bildungsfunktion sicherzustellen und zu optimieren sowie die Gemeinkostenentwicklung zu überprüfen. Wichtige **Instrumente** dieser Form des Personalcontrollings sind wiederum die Monatsberichte sowie Mitarbeiterbefragungen mit spezifischen personalbezogenen Inhalten sowie Leistungsportfolios und die Prozeßkostenanalyse:

- Die *Monatsberichte* enthalten Gesamtkostenentwicklungen, Investitionen, Budgetabweichungen, Personalentwicklungen oder auch Zielabweichungen, jeweils bezogen auf die Personalabteilung. Darüber hinaus werden personalwirtschaftliche Kennzahlen errechnet und Sonderauswertungen vorgenommen.
- Die *Mitarbeiterbefragung* wird beim Personalcontrolling des Personalbereichs dazu benutzt, die geleistete Personalarbeit durch die anderen Mitarbeiter bewerten zu lassen und daraus gegebenenfalls Schlüsse auf Veränderungsnotwendigkeiten zu ziehen.
- Die *Prozeßkostenanalyse* als weiteres wichtiges Instrument dient der Vereinbarung von Kostenzielen und soll zudem mehr Kostentransparenz und Kostensensibilität bewirken. Weiterhin wird eine Bewertung der Leistung ermöglicht. Die Prozeßkosten werden für unterschiedlichste Personalmanagementfunktionen ermittelt. Abbildung 3.13 zeigt ein Beispiel für die Prozeßkostenentwicklung der Lohn- und Gehaltsabrechnung.

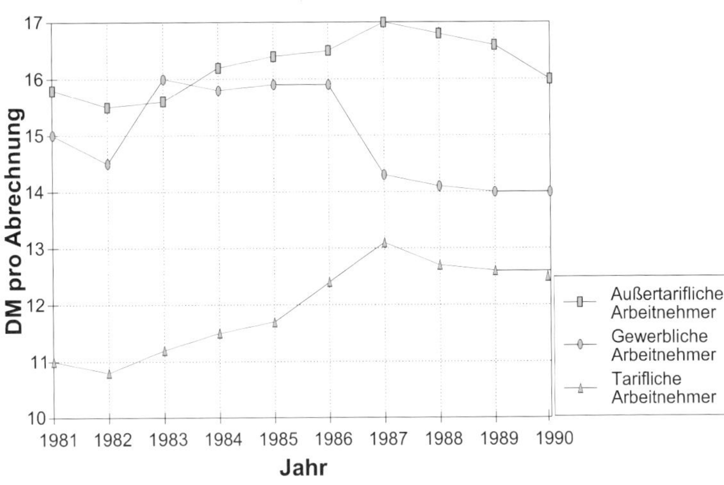

Abbildung 3.13: Prozeßkostenanalyse Lohn- und Gehaltsabrechnung

Damit werden für das Personalcontrolling im Gesamtunternehmen und des Personalbereichs teilweise die gleichen Instrumente eingesetzt, jedoch mit unterschiedlicher inhaltlicher Schwerpunktsetzung (Übersicht 3.28).

Personalcontrolling im Gesamtunternehmen	**Personalcontrolling der Personalfunktion**
Monatsbericht Gesamtpersonal Stammpersonal Auszubildende erwartete Zu- und Abgänge tatsächliche Zu- und Abgänge Zielwerte ruhende Arbeitsverhältnisse nicht im Personalbestand geführte Mitarbeiter Einstellkontingente Hochschulabsolventen Sonderauswertungen	Monatsbericht Kostenentwicklung Budgetabweichungen Personalentwicklung Zielabweichungen Investitionen personalwirtschaftliche Kennzahlen Sonderauswertungen
Mitarbeiterbefragung Entwicklungen und Trends der Mitarbeitermeinungen konkrete Hinweise auf Schwachstellen Motivation und Bedürfnisse der Mitarbeiter ermitteln	Mitarbeiterbefragung Bewertung der geleisteten Personalarbeit durch die Mitarbeiter konkrete Hinweise auf Schwachstellen
Simulation Personalbestand Projekte „Führungskräftebedarf" „Gehaltsvergleich" „Personaldatenmanagement" etc.	Prozeßkosten Leistungsportfolio interne und externe Vergleiche

Übersicht 3.28: Instrumente des Personalcontrollings bei der BASF AG

Die skizzierten Aufgabenbereiche des Personalcontrollings bei der BASF AG erfordern eine besondere organisatorische Einbindung in das Gesamtunternehmen, die es den Mitarbeitern dieser Einheit auch erlaubt, entsprechend der Zielsetzung dieser Funktion zu handeln. Dies gilt insbesondere für das Personalcontrolling der Personalfunktion, da eine Eingliederung als "normale" Abteilung die Ausübung von Controllingfunktionen über die "Nachbarabteilungen" sehr erschweren würde. Daher ist abgesehen von der Zuordnung zur Personalabteilung eine direkte Verbindung zur Bereichsleitung sichergestellt (Abbildung 3.14).

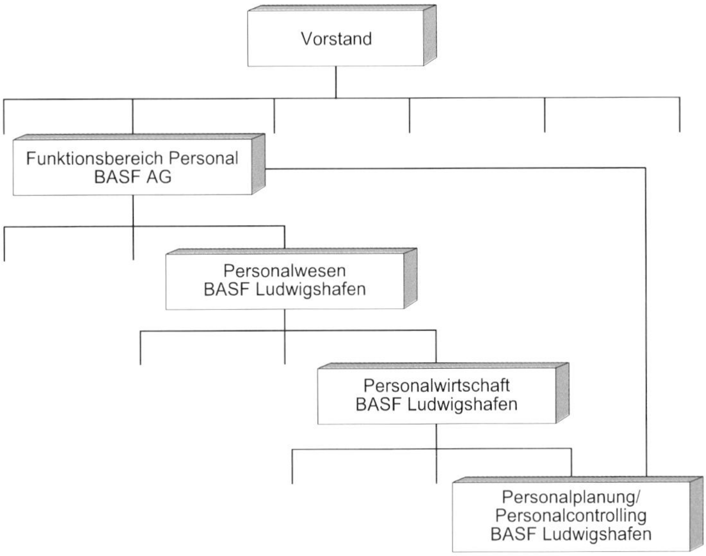

Abbildung 3.14: Organisatorische Einordnung des Personalcontrollings bei der BASF AG

3.7.2 BMW

Bereits Anfang der 80er Jahre befaßte sich BMW mit der systematischen Analyse der Veränderung von internen und externen Rahmenbedingungen, um auf ihrer Basis zukunftsorientierte Personalarbeit zu gestalten. Dabei stand zunächst der gesellschaftliche Wandel im Vordergrund der Betrachtung. Damals entstand bei BMW der Gedanke, zur Gestaltung der Personalpolitik den gesellschaftlichen Wertewandel als theoretisches Gerüst für alle personalpolitischen Überlegungen heranzuziehen. Die Werteveränderungen im gesellschaftlichen Umfeld bildeten eine wichtige Grundlage der langfristigen personalpolitischen Strategien. Als Ergebnis wurde 1983 bei BMW mit der „Werteorientierten Personalpolitik" ein Konzept verabschiedet, das die gesellschaftlichen Werte und Werteveränderungen bei der Gestaltung personalpolitischer Grundsatzfragen berücksichtigte.

Zu diesem Zweck hat BMW das gesellschaftliche Wertespektrum einschließlich entsprechender Prozesse der Werteveränderung analysiert und auf 16 Grundwerte komprimiert, die für die Gestaltung der betrieblichen Personalarbeit als relevant angesehen wurden.

Definiertes Ziel war, sich mit diesem personalpolitischen Konzept dem Wertespektrum der Mitarbeiter anzunähern, um so eine stärkere Identifikation zwischen Mitarbeiter und Unternehmen sowie eine höhere Motivation zu erreichen. Es entstand ein umfassendes personalpolitisches Instrumentarium. Beispiele für die praktische Umsetzung der „Werteorientierten Personalpolitik sind:

- neue Medien der Mitarbeiterinformation (für den zugrundeliegenden Wert „Information und Kommunikation"),
- neue leistungsbezogene Entgeltsysteme auf allen Ebenen (für „Leistung und Gegenleistung"),
- Gestaltung der Arbeitsstrukturen (für „Selbstverwirklichung in der Arbeit"),
- Aufwärtsbeurteilung und Handlungsmaximen (für „Orientierung des Verhaltens an ethischen Zielen"),
- neue Arbeitszeitregelungen, wie das Regensburger Modell (für „Selbständigkeit und Individualität").

Der Vorteil dieses systematischen Ansatzes war es, daß die personalpolitischen Ziele/Maßnahmen von BMW vor dem Hintergrund der erstmals explizit formulierten Werte und des Wertewandels überprüft beziehungsweise neu gestaltet wurden.

Dieser Ansatz, Grundsätze für die künftige Personalpolitik abzuleiten, wurde zwischenzeitlich an neue Entwicklungen angepaßt, denn angesichts der zukünftigen Aufgaben des Personalwesens und der zu ihrer Bewältigung notwendigen Instrumente ist eine starke Orientierung an Werten nicht ausreichend. Es mußte vielmehr herausgefunden werden, wie sich die wichtigsten internen und externen Rahmenbedingungen des Personalwesens in Zukunft entwickeln werden. Dabei ist der soziale Wandel (und damit auch der Wertewandel) nur eine von vielen Einflußgrößen auf das Personalwesen. Zudem sind diese Größen keineswegs voneinander unabhängig, sondern durch zahlreiche Wechselwirkungen miteinander verbunden.

In diesem Sinne hat BMW 1990 seine personalpolitische Gesamtstrategie mit Hilfe der Szenariotechnik überprüft und weiterentwickelt. Durch Anwendung der Szenariotechnik erfolgte der Übergang von einer eindimensionalen zu einer mehrdimensionalen Betrachtungsweise.

BMW folgte bei der Erarbeitung der Szenarien zwei zentralen Grundsätzen: Zum einen wurden die unterschiedlichsten Ressorts des Unternehmens eingebunden, um die Personalarbeit mit den übrigen Unternehmensbereichen weitestmöglich zu verknüpfen und eine isolierte Betrachtung aus Sicht des Personalwesens zu vermeiden. Zum anderen erfolgte eine Unterstützung durch Externe, um hinsichtlich exogener Faktoren wie Wertedynamik oder demographische Entwicklung die erarbeiteten Ergebnisse mit Hilfe von Expertenurteilen zu validieren.

Die BMW Szenario-Analyse, deren Durchführung auf ein Jahr angesetzt worden war, umfaßte fünf Schritte.

Schritt 1: Das Projekt begann mit der Evaluierung der wesentlichen **zukünftigen Einflußfaktoren** auf die Personalarbeit durch eine ressortübergreifende Kleingruppe. Hier wurde dem Grundsatz der unternehmensweiten Einbindung des Personalmanagements Rechnung getragen. Als Ergebnis kristallisierten sich neun Faktoren heraus, die für die Entwicklung der Personalarbeit im Unternehmen besonders ausschlaggebend sind (Abbildung 3.15).

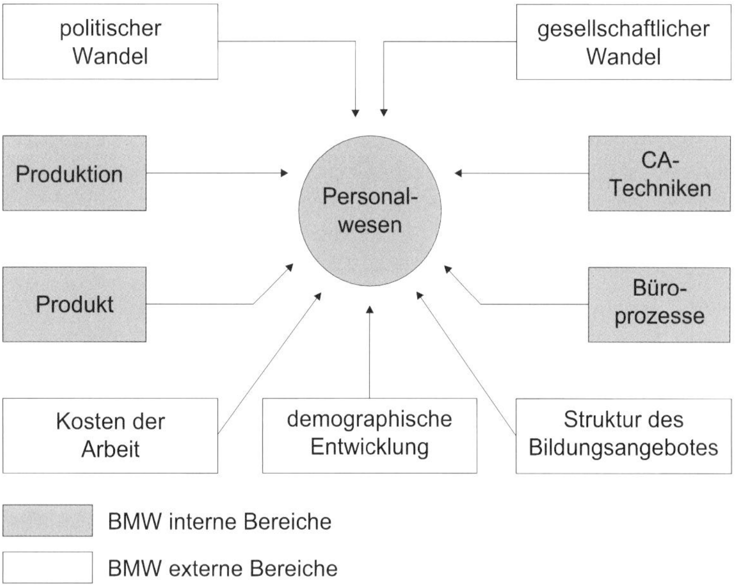

Abbildung 3.15: Einflußbereiche auf das Personalwesen

Schritt 2: Mit den neun Einflußfaktoren beschäftigte sich nachfolgend jeweils eine Arbeitsgruppe. Insgesamt 54 Mitarbeiter von BMW waren zu diesem Zeitpunkt in die neun Arbeitsgruppen involviert. Jede dieser Arbeitsgruppen erarbeitete im Rahmen mehrerer Sitzungen, auf die sich die einzelnen Teammitglieder jeweils intensiv vorzubereiten hatten, zu jeweils einem Einflußfeld ein **Teilszenario** mit Hilfe geschulter Moderatoren.

Schritt 3: Im Rahmen eines zweitägigen Workshops wurden die einzelnen Teilszenarien zu einem Gesamtszenario vernetzt. Die Konsensbildung erfolgte durch die Gruppensprecher der einzelnen Arbeitsgruppen, die wiederum von Moderatoren in der Diskussion angeleitet wurden.

Als Ergebnis wurden zwei Szenarien präsentiert, die die möglichen zukünftigen Entwicklungen präzisierten. Eines der Szenarien wurde als **wahrscheinliches Szenario** (Szenario A) den weiteren Aktivitäten zugrunde gelegt. Das zweite **Alternativszenario** (Szenario B) sollte als „Schubladenplan" den Rahmen für mögliche kontingenzaktive Handlungen bilden (Abbildung 3.16).

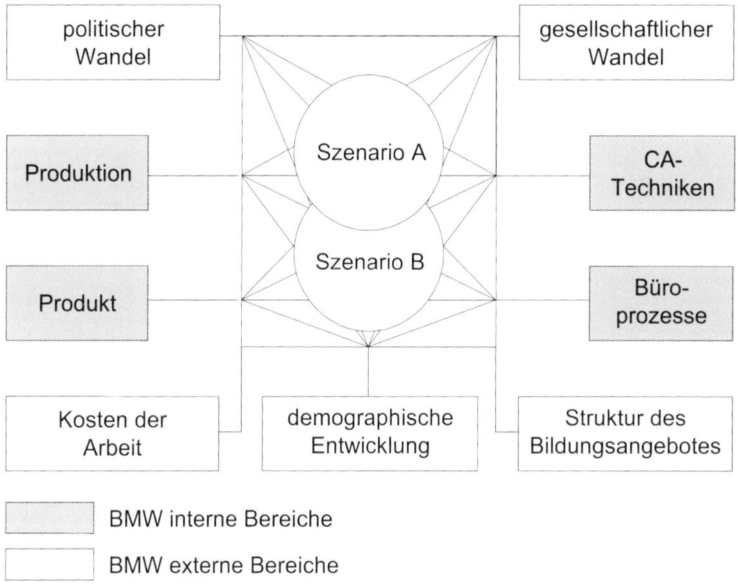

Abbildung 3.16: Resultat der Vernetzung

Schritt 4: In Anlehnung an das gebildete wahrscheinliche Szenario A wurden in einer Projektkleingruppe sechs **Schlüsselthemen** herausgearbeitet. Sie fungierten als Input für die Formulierung einer gesamthaften Personalstrategie. Zu den Schlüsselthemen wurden jeweils Thesen (Übersicht 3.29) gebildet. Sie strukturierten wesentliche Ziele für die Personalarbeit des Unternehmens für die nächsten zehn Jahre. Somit wurden zentrale Themen der Personalarbeit aus der Szenario-Analyse gewonnen: Einflußbereiche waren evaluiert worden, das wahrscheinlichste Szenario ergab sich aus der möglichen Entwicklung dieser Einflußbereiche, und die Schlüsselthemen – in Form von zieldefinierenden Thesen formuliert – enstanden aus dem Szenario.

Schritt 5: Die hinter den Schlüsselthemen stehenden Prognosen wurden wiederum mit der Beteiligung aller zuvor involvierten Ressorts in drei Workshops für die einzelnen Personalfelder konkretisiert. Diese **Konkretisierung** soll eine Umsetzung der zuvor formulierten Thesen unter-

These 1:	Der qualifizierte Mitarbeiter wird zum selbstbewußten Unternehmer seiner eigenen Arbeitskraft!
These 2:	Der eigentliche Schlüssel für Effizienz und Produktivität liegt in der Unternehmens- und Führungskultur!
These 3:	Qualifizierung wird zum erfolgsrelevanten Faktor für das Unternehmen und den einzelnen Mitarbeiter!
These 4:	Die Zeit revolutionärer technologischer Veränderungen in der Produktion ist vorbei, die Zukunft ist von evolutionärer Weiterentwicklung der Arbeits- und Organisationsstruktur geprägt!
These 5:	Der ältere Mitarbeiter wird zu einer zentralen Herausforderung für die Personalarbeit!
These 6:	Die Attraktivität von BMW als Arbeitgeber hängt immer mehr auch von einer Vorreiterrolle auf dem Gebiet ökologieorientierter Innovationen innerhalb der Automobilindustrie ab!

Übersicht 3.29: Zentrale Thesen aus dem BMW-Szenario 2000

stützen. Zur Ableitung der konkreten Aktivitäten wurde jede These sowie die mit ihr verbundenen Entwicklungen über sämtliche relevanten Personalfelder geprüft. Die hieraus entstehenden Matrixzellen zeigten Umsetzungsvorschläge für jedes Feld (Abbildung 3.17). Vor Realisierung einzelner Maßnahmen mußte allerdings jeweils noch deren Vereinbarkeit mit übergeordneten unternehmenspolitischen Zielsetzungen überprüft werden, da das Szenario im wesentlichen unter personalpolitischen Aspekten erstellt wurde.

Die Inhalte des Szenarios, auf dessen Basis konkrete Maßnahmen formuliert wurden, werden in den nächsten Jahren in regelmäßigen Abständen auf ihre Realitätsnähe überprüft. So kann evaluiert werden, welche der prognostizierten Entwicklungen eingetroffen sind. Gegebenenfalls können dann – als Antwort auf sich ändernde Rahmenbedingungen – Anpassungen der konkreten Maßnahmen in den Personalfeldern vorgenommen werden. Durch diese Kontrolle ist ein **Frühwarnsystem** installiert, das BMW vor Überraschungen hinsichtlich möglicher personalpolitisch relevanter Umweltveränderungen schützen soll. Inhalt und Umsetzung der Schlüsselthemen sollen im folgenden an drei Beispielen in geraffter Form aufgezeigt werden:

Der Mitarbeiter der Zukunft. Die Kernaussage dieses Schlüsselthemas wurde in der **These** „Der qualifizierte Mitarbeiter wird zum selbstbewußten Unternehmer seiner eigenen Arbeitskraft" konkretisiert. Dabei stand die Erkenntnis im Hintergrund, daß die Mitarbeiter in den kommenden Jahren immer mehr zum strategischen Erfolgsfaktor des Unternehmens werden. Diese These basierte auf zentralen Ergebnissen des Szenarios, beispielsweise:

Szenario-Ergebnisse / personalpolitische Handlungsfelder	These 1 „Der qualifizierte Mitarbeiter ...."	These 2 „Der eigentliche Schlüssel für ...."	These 3 „Qualifizierung wird zum ...."
Personalbedarfsplanung			
Personalbeschaffung			auf eine ausgewogene Mischung zwischen Generalisten und Spezialisten achten
Personalentwicklung			
Personalführung			

Abbildung 3.17: Konkretisierungsmatrix

- Zunächst wird von einem *verstärkten Wettbewerb um qualifizierte Mitarbeiter* ausgegangen. Diese Wettbewerbssituation wird ausgelöst durch die sich in den 90er Jahren belebende Konjunktur aufgrund des wirtschaftlichen Aufschwungs durch die Schaffung des gemeinsamen europäischen Binnenmarktes sowie durch die verstärkte wirtschaftliche Öffnung der Länder Osteuropas.
- Weiterhin erfordert die *Technologiedynamik* im Bereich der Technikentwicklung in den Produkten, in der Produktion und im Büro (z.B. in Form von team- beziehungsweise projektorientierten Arbeitsformen) ständig strukturelle Anpassungsprozesse und führt damit immer wieder zu neuen Anforderungsprofilen im Hinblick auf die Qualifikation der Mitarbeiter.
- Gleichzeitig wird von einem *abnehmenden Angebot* qualifizierter Mitarbeiter für die Automobilindustrie ausgegangen, da sich das Studienwahlverhalten künftig weniger an den Arbeitsmarktchancen, als vielmehr an den persönlichen Vorstellungen orientiert.
- Zudem wird ein *Einstellungswandel* konstatiert, der zu steigenden Ansprüchen von Mitarbeitern und Bewerbern hinsichtlich ihrer Arbeitsinhalte und -bedingungen führt. Dies ist beispielsweise in der Abkehr von materiellen hin zu sinnhaften Werten begründet. Ökologische und ethische Fragestellungen gewinnen an Bedeutung. Überdies wird die Lebensplanung mehr und mehr an individuellen Bedürfnissen ausgerichtet. Dies alles schlägt sich darin nieder, daß sich

Mitarbeiter künftig ihren Arbeitgeber sehr viel kritischer und mit klareren Vorstellungen über Arbeitsinhalte und Arbeitsbedingungen aussuchen werden.

Die konkrete **Umsetzung** auf den einzelnen Personalmanagementfeldern betraf sowohl die externe als auch die interne Sphäre des Unternehmens: BMW-intern erfährt die Personalplanung eine verstärkte Einbindung in die Planung anderer Ressorts, um proaktives Verhalten zu ermöglichen. Die personalwirtschaftlichen Rahmenbedingungen (z.B. Arbeitszeit, Entgelt) werden stärker flexibilisiert, um künftig besser auf individuelle Vorstellungen der Mitarbeiter eingehen zu können. Darüber hinaus soll der Mitarbeiter letztlich stärker an der Gestaltung der eigenen Arbeit, der Organisation etc. beteiligt werden.

In externen Bereichen werden Personalbeschaffungsaktivitäten (z.B. bezüglich Zielgruppen und Regionen) frühzeitiger und gezielter durchgeführt. Vor allem Aktionen wie Messebeteiligungen, Hochschulpräsentationen und Praktikantenprogramme werden verstärkt.

Die Rolle der Unternehmens- und Führungskultur. Die **These** „Der eigentliche Schlüssel für Effizienz und Produktivität liegt in der Unternehmens- und Führungskultur“ macht die besondere Bedeutung dieses Themas für den Unternehmenserfolg deutlich. So hat der künftige Mitarbeiter anspruchsvollere Erwartungen an die Arbeit, was unter anderem ein zunehmend motivations- und leistungsförderliches Klima im Unternehmen bedingt.

Diese These begründet sich aus dem Szenario unter anderem wie folgt:

- Zunächst wirkt der bereits unter These 1 beschriebene *Einstellungswandel* der Mitarbeiter und beinhaltet die Notwendigkeit einer entsprechenden Unternehmens- und Führungskultur.
- Gleichzeitig werden zunehmend *neue Arbeits- und Organisationsformen* eingeführt, für die Kommunikation und Kooperation grundlegende Voraussetzungen sind. Eine reibungslose Zusammenarbeit ist aber nur möglich, wenn Abteilungsegoismen, Profilierungsbestrebungen einzelner Mitarbeiter und ähnliche Charakteristika kooperationshemmender Unternehmenskulturen vermieden werden.
- Außerdem wird davon ausgegangen, daß in den nächsten Jahren *Expertenwissen und Informationsflut* weiter stark zunehmen, so daß Gesamtlösungen nur noch durch offene, konstruktive Zusammenarbeit der einzelnen Experten möglich sind.

Als **Maßnahmen** zur Zielerreichung wurden unter anderem Beurteilungsmaßstäbe für die Auswahl neuer Mitarbeiter entwickelt, die der gewünschten Unternehmens- und Führungskultur entsprechen, und insbesondere wurde auf Kompetenzen für verstärkte Teamarbeit geachtet. Als organisatorische Voraussetzung erkannte man vor allem die Notwendigkeit, hierarchische Strukturen zu reduzieren und verstärkt im Bereich der Organisationsentwicklung zu fördern.

Ökologie und Arbeitgeberimage. Die **These**, die hierzu formuliert wurde, brachte zum Ausdruck, daß die Attraktivität von BMW als Arbeitgeber immer mehr auch von der Vorreiterrolle auf dem Gebiet ökologieorientierter Innovationen innerhalb der Automobilindustrie abhängt. Dabei wird davon ausgegangen, daß die zunehmende Sensibilisierung für Ökologie und Umwelt in der Öffentlichkeit Bewerber immer stärker dazu veranlassen wird, potentielle Arbeitgeber danach zu beurteilen, wie deren Image ist beziehungsweise wie diese ihre Verantwortung auf den angesprochenen Gebieten konkret wahrnehmen.

Begründet wurde diese These im Szenario unter anderem durch folgende Aussagen:

- Die Zunahme von *Umweltkatastrophen* (z.B. Waldsterben, Artensterben) sowie häufigere Berichterstattung über umweltbelastende Unfälle (z.B. Reaktor-, Chemieunfälle, Ölpest) und persönliche Erfahrungen im Alltag lassen die Betroffenheit und die Sensibilität für dieses Thema generell stark ansteigen.
- Gleichzeitig werden ökologische Gesichtspunkte vom Menschen immer kritischer hinterfragt, sowohl *bezogen auf die Umweltverträglichkeit* der im Unternehmen eingesetzten Techniken als auch auf die vom Unternehmen produzierten Produkte.
- Überdies nimmt die *Gesetzgebung* verstärkt Einfluß auf die Produktionsbedingungen, was die Bedeutung dieses Themas immer wieder unterstreicht.

Vor diesem Hintergrund muß BMW, um als Arbeitgeber attraktiv zu bleiben, verstärkt Themen aus dem Bereich Ökologie und Umweltschutz berücksichtigen, umsetzen und kommunizieren. Als konkrete Maßnahme sollen die Arbeitnehmer verstärkt für dieses Thema sensibilisiert werden. Darüber hinaus sollen bei Planung und Weiterentwicklung von Fertigungsstätten sowohl im Mikrobereich (Arbeitsplatz) als auch im Makrobereich (Werk) Umweltgesichtspunkte noch stärker beachtet werden. In analoger Form werden auch die übrigen Schlüsselthemen bearbeitet.

Die Umsetzung der einzelnen Szenario-Ergebnisse erfolgte auf verschiedenen Ebenen und in verschiedener Form: Zum einen flossen die Schwerpunkte in eine interne Vorstandsvorlage ein, die die künftigen Aufgabenfelder des Personalwesens bei BMW und einen darauf abgestimmten Maßnahmenplan zum Inhalt hatte. Zum anderen wurden eine Reihe von Präsentationen der Szenario-Ergebnisse im Unternehmen durchgeführt, um möglichst vielen Stellen bei BMW eine gemeinsame **Vision** über die zu erwartenden Entwicklungen zu vermitteln. Diese gemeinsam getragene Vorstellung über die Zukunft erscheint mittel- und langfristig mindestens so wichtig wie die einzelnen Maßnahmen, die kurzfristig umgesetzt wurden: Hierdurch wird sichergestellt, daß in einem Unternehmen in der Größenordnung von BMW die Entwicklung von Konzepten, Systemen und Instrumenten, die an den unterschiedlichsten Stellen im Unternehmen entstehen, von ihrer Philosophie und ihrer Wirkung her kongruent sind.

Als besondere Vorteile der Szenario-Analyse stellte sich bei BMW heraus, daß die Einbindung der Personalfunktion in die anderen Unternehmensbereiche durch die Wahl der Vorgehensweise bereits in hohem Maße realisiert werden konnte. Aber die Szenario-Analyse und ihre Umsetzung ist für BMW qualitativ deutlich mehr als ein effizienter, auf breiten Konsens angelegter Prozeß zur Gewinnung möglichst umfassender Erkenntnisse. Das Szenario-Projekt kennzeichnet auch entscheidende Veränderungen der Funktion „Personal- und Sozialwesen" und der Personalarbeit sowie eine veränderte Rolle des Personalbereichs.

Der entscheidende Begriff für diese veränderte Denkweise lautet „Kundenorientierung". Generell wird erwartet, daß künftig die Kunden der Produkt- und Dienstleistungen eines Unternehmens sehr viel stärker miteinbezogen werden. Es wird in hohem Maße darauf ankommen, in längerfristige Planungen kontinuierlich Kundenerwartungen und -bedürfnisse einfließen zu lassen und – wenn nötig – Pläne entsprechend anzupassen. Vor diesem Hintergrund wird Flexibilität in jeder Form und auf allen Ebenen zur entscheidenden Herausforderung der Unternehmen.

Auf die Personalarbeit angewendet heißt das, daß die Sammlung von Daten und Fakten, die sich zu Szenarien bündeln lassen, nur gemeinsam mit den „Kunden der Personalbereiche" möglich sein kann. In diesem Zusammenhang werden Informationsstrukturen geschaffen, die sicherstellen, daß die Personalarbeit sachgerecht und wirksam auf Entwicklungen in den verschiedenen Unternehmensbereichen („Kundenbereiche") eingeht.

Die Erfahrungen, die in diesem Prozeß gemacht wurden, müssen in den Umsetzungsprozeß einfließen: Dabei geht es zunächst darum, die Befunde des Szenarios in eine Beziehung zur (ihrerseits „kundenorientierten") Unternehmensstrategie zu setzen. Im Anschluß daran sind Umsetzungsaktivitäten zu planen und zu praktizieren, die die „Kunden des Personalbereichs" miteinbeziehen. Dadurch wandelt sich die Rolle des Personalbereichs von der Personalleitung zur „Personalentwicklungsberatung im kundenorientierten Szenario".

Insgesamt konnten somit mit Hilfe der Szenario-Ergebnisse bestehende personalpolitische Maßnahmen und Konzepte auf ihre Relevanz überprüft und gleichzeitig neue Schwerpunkte in der langfristigen Personalpolitik herausgearbeitet werden.

4 Personalbedarfsbestimmung

4.1 Charakterisierung

Die Personalbedarfsbestimmung legt fest,
- wie viele Mitarbeiter
- welcher Qualifikation
- zu welchen Zeitpunkten
- an welchen Orten

zur Realisation des geplanten Produktions- und Leistungsprogramms erforderlich sind.

Die Personalbedarfsbestimmung nimmt eine **zentrale** Position innerhalb des betrieblichen Personalmanagements ein:

- Betrachtet man das Personalmanagement als Planungsprozeß, steht die Bestimmung des Personalbedarfs am Anfang der Prozeßkette.
- Die Personalbedarfsplanung ist das Bindeglied zwischen der unternehmerischen Leistungsplanung (Produktions- und Absatzplanung) und der Personaleinsatzplanung. Um eine reibungslose Leistungserstellung zu gewährleisten, darf die Personalausstattung nicht zum limitierenden Faktor werden.
- Personalunter- ebenso wie Personalüberdeckungen wirken sich unmittelbar auf das Unternehmensergebnis aus. Entweder sind mögliche Produktions- und Absatzziele wegen Personalknappheit nicht zu erfüllen, oder sie sind wegen der Ineffizienz der Personalüberdeckung mit zu hohen Kosten verbunden. Fehler in der Personalbedarfsplanung sind in ihrer Konsequenz mit erheblichen Kosten verbunden.
- Korrekturen im Personalbestand sind kostenintensiver als ihre antizipierende Vermeidung. Dies gilt für überhastete Personalbeschaffungen und Personalentwicklungen ebenso wie für jegliche Form der Personalfreisetzung als Reaktion auf Personalüberhänge.

Vor diesem Hintergrund überrascht die geringe Intensität, mit der sich Theorie und Praxis mit der Personalbedarfsplanung auseinandersetzen.

Eine Durchsicht der allgemeinen **Standardtexte** zur Personalwirtschaftslehre (z.B. *Berthel* 1997; *Bühner* 1997; *Oechsler* 1997) führt ebenso zu einer durchaus zentralen Positionierung der Personalbedarfsbestimmung, wenngleich teilweise in kurzgefaßter Form. Dies gilt vor allem für die eher arbeitsrechtlich geprägte Literatur (z.B. *Oechsler*

1997), in der die Personalbedarfsprognose zu einer Unterfunktion der Personalentwicklungsplanung wird. Auch die oft zu Recht gerühmte US-amerikanische Literatur hilft hier wenig: Selbst in dem ansonsten ausgezeichneten Lehrtext von *Schuler* und *Huber* (1993) finden sich nur rund fünf Seiten zu diesem Thema. Analysiert man die vorliegenden Ansätze und Methoden zur Bedarfsbestimmung inhaltlich, so sind diese – wie *Drumm* (1991, 5-6) betont – überwiegend der *operativen Ebene* zuzuordnen und befassen sich vorrangig mit der Forderung nach Festlegung konkreter Anforderungsprofile.

Für die **Praxis** scheint die Bestimmung des erforderlichen Personalbedarfs eine Aufgabe zu sein, die man intuitiv oder zumindest sukzessiv über die Versuchs-Irrtum-Methode lösen kann. Hier läßt sich daher ein eher *rudimentärer Ausbaustand* konstatieren, der allenfalls bürokratische Details abdeckt: Dazu konnte man sich in Zeiten guter Konjunktur umfassend dimensionierte Planungsabteilungen leisten, die sich mit der Zahl zu erstellender Fotokopien einer Kopierkraft befaßten – so das Praxisbeispiel MBB in der ersten Auflage dieses Lehrbuchs. In wirtschaftlich angespannten Phasen scheint dies nicht mehr machbar.

Empirischer Befund (GPP): Planungshorizont für die Personalbedarfsbestimmung (in Prozent)

Der Planungshorizont für die Personalbedarfsbestimmung ist allgemein nicht eindeutig, sondern deckt die Bandbreite kurz- und langfristiger Zeiträume ab. Allein in Frankreich ist eine Polarisierung zwischen keiner beziehungsweise sehr kurzfristiger Planung auf der einen Seite und langfristiger Planung auf der anderen Seite erkennbar.

	D	Ö	USA	F	Sp	Rest	Σ
Keine Planung	4	-	10	18	7	14	8
Weniger als 1 Jahr	23	31	30	47	27	35	32
1 - 2 Jahre	43	33	30	3	34	23	29
Mehr als 2 Jahre	30	37	30	32	32	28	32

Inzwischen beginnen sich andere dieses Themas anzunehmen: Konzepte wie Business Reengineering und Lean Management haben immer unmittelbare Implikationen für den Personalbedarf. Vor allem aber entsteht eine radikale Makrosteuerung: Wurde der Personalbedarf zu niedrig berechnet, läßt sich das geplante Leistungsprogramm nicht realisieren; wurde er zu hoch festgelegt, begibt sich das Unternehmen in Gefahr, wegen Unwirtschaftlichkeit aus dem Markt verdrängt zu werden.

Aufgaben. Betrachtet man die Personalbedarfsbestimmung formal-abstrakt, so besteht sie aus einem Bündel von Inputfaktoren (Leistungsprogramm), die vor dem Hintergrund eines situativen Umfeldes (Kontext) zu einem spezifizierten Output (Personalbedarf) führen. Unter dem Personalbedarf ist damit „die Gesamtheit an Arbeitskräften zu verstehen, die zur Wahrnehmung der dispositiven und exekutiven Aufgaben in dem betreffenden Betrieb benötigt werden" (*Kossbiel* 1992, 1596).

Die damit verbundenen Aufgaben sind zudem vor dem Hintergrund limitierender Kontextfaktoren zu lösen – auf die noch einzugehen sein wird –; die interdependenten Ergebnisgrößen beziehen quantitative, qualitative, zeitliche und räumliche Aspekte mit ein (Abbildung 4.1). Gleichzeitig ist aggregiert und disaggregiert vorzugehen. Insgesamt ergibt sich ein multidimensionales Optimierungsproblem.

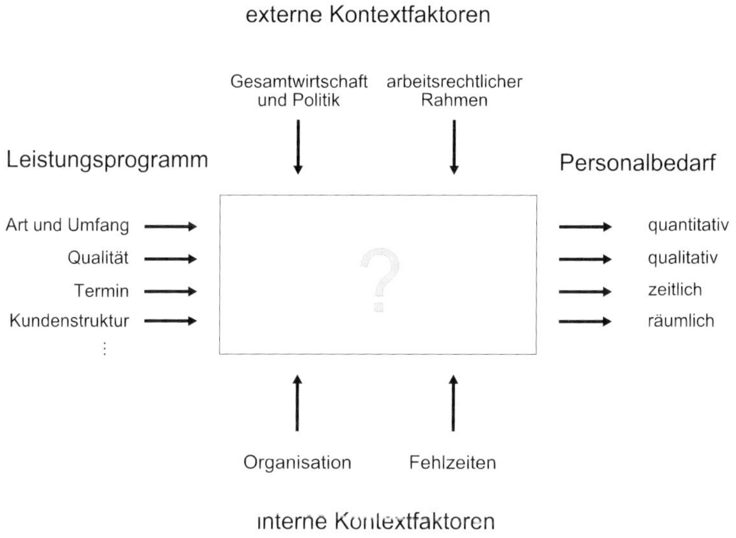

Abbildung 4.1: Personalbedarfsbestimmung

In der Aufzählung der vier inhaltlichen Teilaspekte der Personalbedarfsbestimmung ist auch eine **historische Entwicklung** zu sehen: In der Anfangszeit einer planvollen Personalarbeit ging es primär um den quantitativen Aspekt, also um die Zahl der erforderlichen Mitarbeiter. Dies wurde rasch ergänzt um den qualitativen Aspekt gewünschter Anforderungsprofile. In der neueren Literatur (z.B. *Wittlage* 1995, 23) rückt zunehmend der Zeitaspekt in den Vordergrund, es wird also spezifiziert, wann und wie lange der jeweilige Personalbedarf besteht. In enger Verbindung damit entsteht die Frage, an welchem Ort im Unternehmen der Personalbedarf entsteht (vgl. *RKW* 1996, 43). Diese Erweiterung der Fragestellung folgt aus der zunehmenden Dezentralisierung und Globalisierung der unternehmerischen Aktivität.

Während der Gesamtpersonalbedarf eines Betriebes als eine Globalzahl ausgewiesen wird, sind es vor allem die auf Teilbereiche und Teilfunktionen konkretisierte Teilbedarfsplanungen, die (mehr oder weniger) detaillierte Aussagen über die quantitative, temporäre, qualitative sowie lokale Dimension machen (*Kossbiel* 1992, 1597).

Für den Vorgang der Personalbedarfsbestimmung gibt es eine Fülle von Vorschlägen (vgl. *Drumm/Scholz* 1988, 104-115; *Kossbiel* 1992; *Wittlage* 1995, 86-107; *RKW* 1996). Sie unterscheiden sich in ihrer Bezugsbasis und in ihrem Vergangenheitsbezug.

Die Bezugsbasis. Die Planung auf **Fortführungsbasis** geht davon aus, daß der bisherige Personalbestand genau dem tatsächlichen Personalbedarf entspricht, also der Personalbedarf bisher quantitativ und qualitativ richtig bestimmt wurde. Bliebe die zu realisierende Aufgabe konstant, blieben danach auch Personalbedarf und damit Personalbestand konstant. Die Personalbedarfsbestimmung auf Fortführungsbasis befaßt sich aus diesem Grunde ausschließlich mit der Evaluierung der bedarfswirksamen Konsequenzen von Veränderungen.

Eine Alternative zur Planung auf Fortführungsbasis ist die **Nullbasisplanung**. Hier wird der gesamte Personalbedarf einer Planungsperiode in die Personalbedarfsbestimmung einbezogen und neu festgelegt. Diese Vorgehensweise löst sich vom gegenwärtigen und vergangenen Personalbestand. Für eine Bedarfsbestimmung auf Nullbasis genügt es also nicht, wie bei der Fortführungsbasis lediglich die neu zu besetzenden Stellen für das Erweiterungsvolumen zu berechnen; vielmehr muß der gesamte Personalbedarf vollständig aus der zu realisierenden Leistung und den jeweiligen Kontextfaktoren abgeleitet werden.

Der Vergangenheitsbezug. Unabhängig davon, ob sich die Planung nur auf Veränderungen bezieht oder tatsächlich eine Nullbasisplanung im Vordergrund steht, stellt sich die Frage nach der zeitlichen Herkunft der verwendeten Zusammenhänge. Auch hierfür stehen zwei sich ausschließende Alternativen zur Auswahl:

Im Fall des Rückgriffs auf **Vergangenheitsdaten** liegen historische Erfahrungswerte darüber vor, wie stark sich in der Vergangenheit Umsatzänderungen auf den Personalbestand ausgewirkt haben:

- Die *zeitabhängige* Planung setzt die „Zeit" als unabhängige Variable ein, was dem Instrument der Trendextrapolation entspricht. Dies ist nur in Phasen konstanter Unternehmensentwicklung sinnvoll.
- Die *nicht-zeitabhängigen* Ansätze dagegen basieren auf diversen Bedarfsdeterminanten, allen voran dem Produktionsprogramm. Hier kommen Kennzahlenmodelle, speziell aber Regressionsmodelle zum Einsatz.

Mit diesen Erfahrungswerten läßt sich der Personalzusatz- beziehungsweise Personalminderbedarf berechnen.

Im Fall des Operierens **ohne Vergangenheitsdaten** führt man für jede Veränderung der zu realisierenden Aufgabe eine Analyse durch, die sich direkt an der Zusatzaufgabe orientiert. Eine solche (zumindest ansatzweise) Abkehr von der Vergangenheitsorientierung läßt sich durch Expertenbefragungen realisieren:

- Bei der *singulären Schätzung* steht das subjektive Urteil einer Führungskraft im Mittelpunkt; allerdings ist sicherzustellen, daß dieses Urteil nicht eine unbewußte Projektion aus der Vergangenheit darstellt.
- Bei der *einfachen Expertenbefragung* kommt es zu einem Gruppenurteil mehrerer Personen, das – bei entsprechender Instruierung – die Gefahr der Vergangenheitsextrapolation reduziert, aber störende Effekte wie Meinungsführer-Dominanz oder Intra-Gruppen-Konkurrenz produziert.
- *Systematische Expertenbefragungen* wie die Delphi-Technik und die Szenario-Technik versuchen durch prozedurale Vorschriften einerseits die Unabhängigkeit des einzelnen Experten zu fördern, andererseits die Konvergenz der Urteile in Richtung auf ein verwertbares Ergebnis sicherzustellen.

Die Expertenurteile beziehen sich im Regelfall eher auf generelle Tatbestände und weniger auf unternehmensspezifische Entwicklungen.

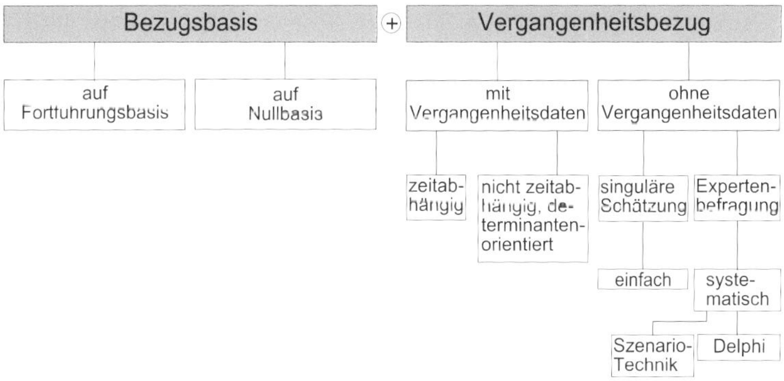

Abbildung 4.2: Formen der Personalbedarfsbestimmung

Abbildung 4.2 faßt die Varianten der Personalbedarfsbestimmung zusammen. Die aufgeführten Formen schließen sich – bezogen auf ein Planungsobjekt und einen Planungszeitraum – jeweils aus: So verstößt es gegen das Prinzip der Planungseffizienz, den globalen Personalbedarf für eine Abteilung auf Fortführungsbasis *und* gleichzeitig für die gleiche Bezugsperiode auf Nullbasis zu bestimmen. Allerdings bietet sich eine Kombination für unterschiedliche Planungszeitpunkte an: Danach wären im Rahmen des kurzfristigen Personalmanagements aktuelle Veränderungen überwiegend auf Fortführungsbasis zu planen, in periodischen Abständen (z.B. drei oder fünf Jahren) dagegen die Personalbedarfswerte auf Nullbasis zu überprüfen.

Die unterschiedlichen Formen der Personalbedarfsbestimmung betreffen alle **drei Managementebenen**: Eine operative Planung ist genauso auf Fortführungsbasis möglich wie auf Nullbasis. Auch läßt sich auf der strategischen Ebene zum einen die Wirkung zentraler Veränderungen wie der Einführung neuer Technologien auf Fortführungsbasis ohne Vergangenheitsdaten planen, zum anderen unabhängig davon periodisch die gesamte Personalbedarfsstruktur auf Nullbasis überprüfen.

Illustration. Eine Universität wird durch mehrere zusätzliche Lehrstühle erweitert, was zu einem verstärkten Arbeitsanfall in der Universitätsdruckerei führt. Bei der Planung auf Fortführungsbasis (*mit* Vergangenheitsdaten) wird geprüft, wie viele Beschäftigte in der Druckerei bisher im Durchschnitt auf einen Lehrstuhl entfielen; mit dieser Relation läßt sich dann der Personalzusatzbedarf bestimmen. Bei der Fortführungsplanung *ohne* Vergangenheitsdaten wird ermittelt, welcher Bedarf von den neuen Lehrstühlen zu erwarten ist. Dieser Bedarf wird dann auf Aktivitäten wie Vervielfältigen und Heften aufgeschlüsselt, ihr Zeitbedarf erhoben und daraus der Personalzusatzbedarf festgelegt. Die *Nullbasisplanung* schließlich unterzieht den gesamten Personalbedarf der Universitätsdruckerei einer Überprüfung: Hierzu gehört auch die Prüfung, ob nicht aufgrund des erweiterten Auftragsvolumens neue Drucktechnologien einzuführen und Rationalisierungsvorteile zu nutzen sind.

Abschließend bringt Übersicht 4.1 eine Zusammenstellung der Bedarfsbestimmungsmethoden, wie sie sich aus Sicht der Praxis darstellt: Wichtig ist hier vor allem der Zusammenhang zwischen den Bezugsgrößen und den sich daraus als geeignet ergebenden Methoden.

Personalbedarfsbestimmung erfolgt im Regelfall **top-down**: Startpunkt ist die zu realisierende Aufgabe. Diese wird durch Art und Umfang des geplanten Leistungsprogramms konkretisiert, wobei verschiedene Kontextfaktoren zu berücksichtigen sind.

- Die Personalbedarfsplanung auf der *strategischen Ebene* hat zunächst das Metaproblem der Planungsmethodik und der Planungsinhalte zu lösen. In Abstimmung mit der (strategischen) Produktplanung und unter Berücksichtigung von Umweltdaten werden allgemeine Bedarfsprognosen erstellt.
- Die *taktische Ebene* zerlegt diese strategischen Vorgaben. Planungsobjekte sind hierbei jeweils mehrere Stellen, zusammengefaßt zu einem Tätigkeitsfeld. Für den qualitativen Aspekt stehen diverse Klassifikationssysteme zur Verfügung. Daran schließt die quantitative

Festlegung an und ermittelt über Kennzahlenmodelle, wie viele Personen einer spezifischen Qualifikationsart erforderlich sind.

- Die Personalbedarfsplanung auf der *operativen Ebene* spezifiziert die Vorgaben der taktischen Ebene auf Mitarbeiter- beziehungsweise Stellenniveau, definiert also unter anderem Anforderungsprofil (qualitativer Aspekt) und Zeitbedarf (quantitativer Aspekt).

Die in diesem Kapitel diskutierten Methoden können auf Fortführungsbasis einzelne Teilbereiche erfassen oder auf Nullbasis unternehmens übergreifend operieren.

Methode	**Bezugsgrößen**	**Umrechnungsmethoden**	**Eignung**
Schätzverfahren	unbestimmt (Erfahrung, Vorhaben und Maßnahmen anderer Unternehmenspläne u.a.)	Schätzung, systematische Schätzung, Expertenbefragung, Delphi-Methode	geeignet für kleinere und mittlere Betriebe zur kurz- und mittelfristigen Bedarfsermittlung
globale Bedarfsprognosen	Entwicklung bestimmter Größen in der Vergangenheit wie Beschäftigtenzahl und Umsatz	Trendextrapolation, Trendanalogie, Regressionsrechnung, Korrelationsrechnung	geeignet für Mittel-/Großbetriebe mit kontinuierlicher Absatz- und Produktionsentwicklung
Kennzahlenmethode	Entwicklung der Arbeitsproduktivität bzw. anderer Kennzahlen	Trendextrapolation, Trendanalogie, Regressionsrechnung, inner- und außerbetriebliche Quervergleiche	geeignet für Betriebe aller Größenklassen zur Ermittlung des Personalbedarfs für bestimmte Betriebsteile
Verfahren der Personalbemessung	Zeitbedarf pro Arbeitseinheit, Arbeitseinheit	Schätzungen, Arbeitsanalysen, Zeitmessungen, Tätigkeitsvergleiche, Quervergleiche	für Betriebe geeignet, in denen im Rahmen der Arbeitsvorbereitung REFA bzw. MTM angewendet wird
Stellenplanmethode	gegenwärtige und künftige Organisationsstruktur	Stellenbeschreibungen, Arbeitsvorgänge	für alle Betriebe geeignet, zur kurz- und mittelfristigen Planung
Analyse des Reservebedarfs	effektive und nominale Arbeitszeit	Analyse von Fehlzeiten, Fluktuation, Prognose der tariflichen Arbeitszeit	für alle Betriebe kurz-, mittel- und langfristig geeignet

Übersicht 4.1: Verfahren zur Personalbedarfsbestimmung (nach *RKW* 1996, 90)

Reinhold Würth
Vorsitzender des Beirats
der Würth-Gruppe

In den letzten Jahren hat sich das Umfeld für die Personalarbeit geändert. Was sind die gravierendsten Veränderungen für die Würth-Gruppe?

Die deutsche Gesellschaftspolitik hat in den letzten 15 Jahren dazu geführt, daß wir heute in einer sozialistischen Marktwirtschaft leben: Die Eigenverantwortung der Bürger wurde über die zum Zweck des Stimmenfangs ausgestreuten Steuer- und Staatsgeschenke ausgehöhlt. Diesem Trend kann sich auch das Unternehmen Würth nicht entziehen. In neuerer Zeit ist es unendlich schwer geworden, Mitarbeiter über den allgemeinen Wirtschaftsdurchschnitt hinaus zur Leistung zu motivieren. Man ist heute satt, in diesen Jahren werden viele Billionen DM Volksvermögen vererbt, viele junge Menschen sind gar nicht mehr aufs Arbeiten angewiesen, sie erben.

Wo sehen Sie in dieser Hinsicht Ihre größten persönlichen Erfolge bzw. Enttäuschungen?

Der Erfolg des Unternehmens in den zurückliegenden 54 Geschäftsjahren ist aufgebaut auf enge Zusammenarbeit mit den Mitarbeiterinnen und Mitarbeitern, die Erfolgszahlen dokumentieren die Richtigkeit des Vorgehens. Angesichts dieser Situation enttäuscht mich manchesmal Sattsein von Menschen ganz allgemein.

Welche Auswirkungen ergaben sich für die Personalplanung durch die verschiedenen Firmenzukäufe Ihres Unternehmens im In- und Ausland?

Ein wachsendes Unternehmen wie Würth übt auf junge Menschen Faszination aus, so war es kein Problem, aus unserem eigenen Nachwuchs Führungspositionen im Inland zu besetzen. Firmenstrategie ist, Auslandsgesellschaften grundsätzlich durch Landesbürger führen zu lassen.

Inwieweit reflektiert Ihre Personalbedarfsbestimmung die spezifische Situation der Würth-Gruppe in bezug auf Ihre Distributionspolitik?

90% unseres Denkens ist Verkaufsmarketing, etwas mehr als 50% der zur Zeit 29 000 beschäftigten Mitarbeiter sind im Außendienst tätig. 15 000 Verkäufer stellen arbeitstäglich mehr als 250 000 persönliche Kundenkontakte her. Die Außendienstmitarbeiter und Verkäufer genießen im Unternehmen Würth das höchste Sozialprestige überhaupt, diese Männer (und auch Frauen) im Außendienst initiieren den Erfolg der Würth-Gruppe.

Ihr Unternehmen agiert weltweit in 72 Ländern. Inwiefern verwenden Sie eine spezifische Internationalisierungsstrategie im Personalmanagement?

Nachdem wir deutsche Mitarbeiter nur in Ausnahmefällen ins Ausland entsenden (siehe oben), bedarf es kaum einer Internationalisierungsstrategie. Die Strategie heißt: All business is local, Landesbürger kommen der sehr dezentralen Unternehmensführung von Würth folgend mit der eigenen Kultur und den eigenen Marktgegebenheiten viel besser zurecht als dies deutsche Bürger je könnten.

Wie sehen Sie die Arbeitssituation in Ihrem Unternehmen in zehn Jahren? Wie wird ein „typisches" Arbeitsverhältnis aussehen?

Innerhalb der nächsten zehn Jahre wird die Informatik noch größeren Einfluß auf dieses Unternehmen gewinnen, Katalog, Marketing über Internet und elektronische Medien werden auch bei uns zunehmen. Das typische Arbeitsverhältnis im ausgesprochen virtuellen und fraktalen Unternehmen wird geprägt sein von Beweglichkeit, Wendigkeit und der Notwendigkeit, kurzfristig andere Aufgaben im Unternehmen lösen zu können.

Welche konkreten Herausforderungen und Aktionsprogramme ergeben sich daraus in den nächsten drei Jahren für die Würth-Gruppe?

Die größte Herausforderung der nächsten drei bis vier Jahre sehe ich darin, im Unternehmen einen hohen Motivationsgrad aufrechtzuerhalten: Der momentane Zustand der deutschen Fußballnationalmannschaft ist abschreckendes Beispiel genug, wie elf übersatte, sich in den Erfolgen der Vergangenheit sonnende Stars im Wettbewerb mit zweitklassigen Fußballnationen sang- und klanglos untergehen!

Vor solch einem Debakel sind auch lernfähig und arrogant gewordene Betriebe nicht gefeit.

Fazit: Geld als Motivator verliert immer mehr an Bedeutung, die Mitarbeiter suchen Spaß und hobbyhafte Freude am beruflichen Tun – die Pflege dieses Umfelds bleibt die große Herausforderung ans Management dieser Zeit.

4.2 Strategische Ebene: Unternehmensbezug

4.2.1 Überblick

Wie bei den übrigen Managementfeldern hat auch die strategische Bedarfsplanung einen doppelten Bezug zur Strategie: „Strategisch" im Personalmanagement bedeutet (1) Bezug zur Unternehmensstrategie und (2) strategisches Vorgehen in der Umsetzung.

Für die Fragestellung (1) gilt es den Zusammenhang zur strategischen Unternehmensplanung sicherzustellen. Deshalb ist auf der strategischen Ebene zunächst die – auch auf den anderen Managementfeldern existente – Frage nach der Positionierung der strategischen Personalarbeit zu beantworten. Danach ist (2) zu prüfen, wie die strategischen Verhaltensmerkmale erfüllt werden können; dies hängt vom jeweiligen Informationsstand und den Kontextfaktoren ab.

4.2.2 Die Positionierung

Aus der sachlogischen Positionierung der Personalstrategie nach Kapitel 2 ergeben sich unterschiedliche **Einbindungsformen** für die strategische Bedarfsbestimmung (Abbildung 4.3):

- Im *sukzessiven Modell* führt die als Produkt-/Marktstrategie definierte Unternehmensstrategie zu einer strategischen Bedarfsbestimmung. Bei diesem Modell besteht die Gefahr der fatalen Abkürzung im Sinne einer unmittelbaren Ankopplung der operativen Bedarfs- und Beschaffungsplanung an die Produkt-/Marktstrategie.
- Beim *integrierten Modell* manifestiert sich die Personalstrategie als Teil der Unternehmensstrategie. Hier ergeben sich zwangsläufig Vernetzungen und Rückkopplungen. So wirkt die langfristige Bestands- und Beschaffungsprojektion auf die Produktionsstrategie und diese ihrerseits auf die Bedarfsstrategie.

Bei beiden Modellen besteht damit ein Zusammenhang zwischen Produkt-/Marktstrategie und strategischer Personalbedarfsbestimmung.

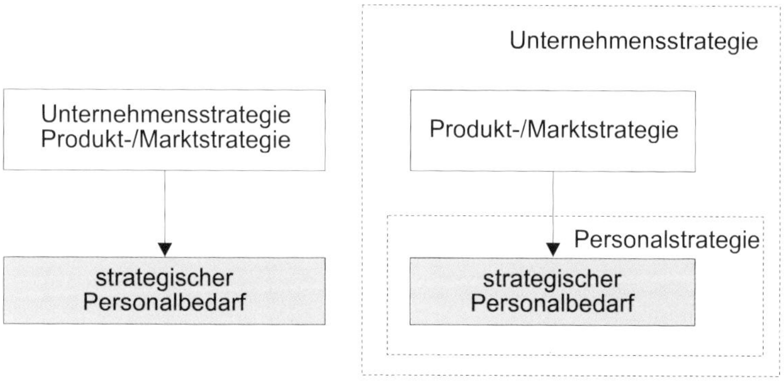

Abbildung 4.3: Strategische Personalbedarfsplanung im sukzessiven (links) und integrierten Modell (rechts)

4.2.3 Der Informationsstand

Als Grundlage einer potentialorientierten Ermittlung der qualitativen Komponente des strategischen Personalplans können die Merkmalsausprägungen der Aktionsorientierung (Kontingenz- und Initiativaktivität) sowie Holismus und Elementarismus herangezogen werden.

In Abhängigkeit des **Informationsstandes** über die zukünftige Entwicklung sind verschiedene Entscheidungen zu treffen:

- Sind die Grundentwicklungen der Zukunft bekannt, so basiert eine initiativaktive Strategie auf der Annahme des *sicheren* Eintretens der erwarteten Zukunftsausprägung; es wird von der Realisation der meistpräferierten Strategie ausgegangen.
- *Unsicherheit* erfordert ein kontingenzaktives Vorbereiten auf alternative Entwicklungen.
- Bei *ungewisser* Zukunft fehlen Informationen hinsichtlich der zukünftigen Entwicklung. Hier kann in Grenzen versucht werden, Bedarfsstrukturen aus Umweltkonstanten abzuleiten (derivativ) oder aber unabhängig von der Zukunftsentwicklung (originäre) „Bedarfsvisionen" zu formulieren.

Die aus diesen Überlegungen resultierenden acht Formen einer strategischen Bedarfsbestimmung (Abbildung 4.4) betreffen die qualitative und quantitative ebenso wie die temporale und lokale Dimension.

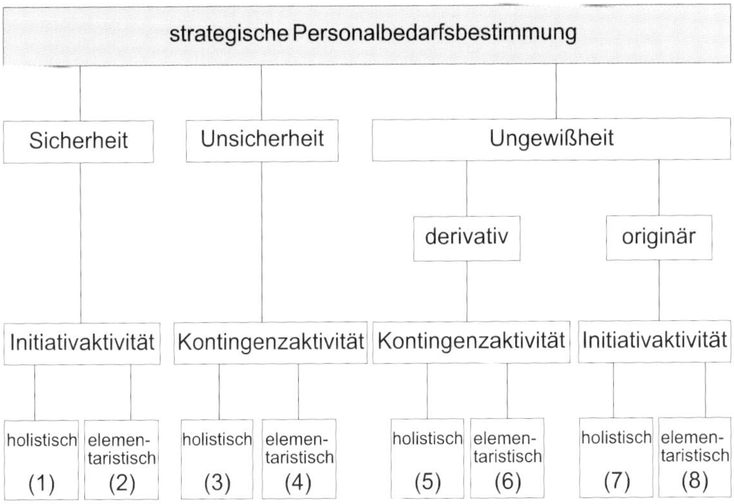

Abbildung 4.4: Formen strategischer Personalbedarfsbestimmung

4.2.3.1 Personalbedarf bei Sicherheit

Die strategische Produktplanung liefert die Vorgabe, welche Produkte, mit welchen Technologien, auf welchen Märkten und über welche Wege vertrieben werden sollen. In der Umsetzung führt dies zu einer **initiativ-aktiven** Vorgehensweise:

(1) Die *holistische* Variante arbeitet mit starker Komplexitätsreduktion. Sie betrifft grundsätzliche Veränderungen in der anzustrebenden Personalausstattung aufgrund von Verschiebungen im Beschaffungs-, Produktions- und Absatzbereich. Sofern es sich um neuartige Probleme und diskontinuierliche Entwicklungen handelt, wird eine einfache Trendextrapolation zu falschen Ergebnissen führen. Deshalb ist Planung auf Fortführungsbasis ohne Vergangenheitsdaten erforderlich.

(2) Die strategische Planung befaßt sich zudem *elementaristisch* mit zentralen Einzelfragen. Hierzu gehört die Bestimmung des Anforderungsprofils für wichtige Führungskräfte, das von der strategischen Position der Geschäftseinheit abhängt. So ist bereits seit langem der Zusammenhang zwischen der erreichten Phase im Produktlebenszyklus und der notwendigen Führungsqualifikation bekannt.

Der Unterschied zwischen holistischer und elementaristischer Personalbedarfsplanung läßt sich an den Implikationen der **Portfolio-Matrix**

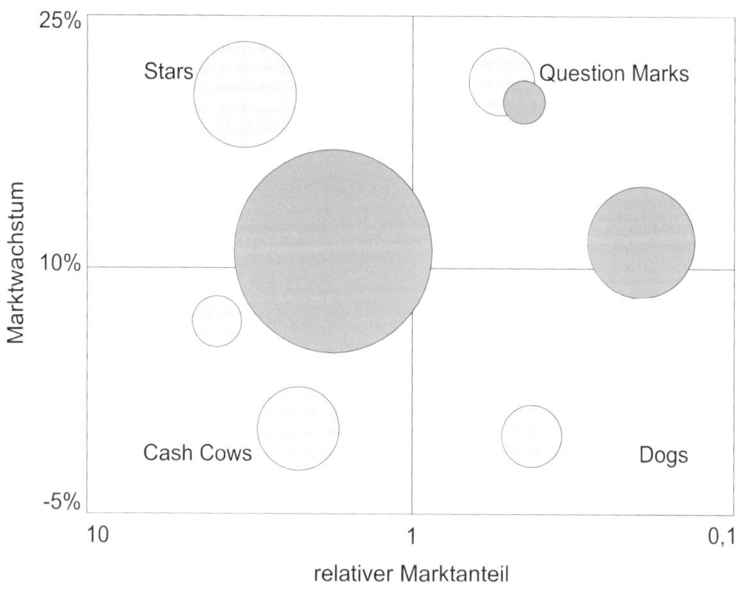

Abbildung 4.5: Portfolio-Matrix (BCG)

(vgl. *Bea/Haas* 1997, 121-153; *Scholz* 1997a, 54-57) verdeutlichen: Dieses Instrument der strategischen Planung positioniert strategische Geschäftseinheiten im zweidimensionalen Raum, beispielsweise bei der Matrix der Boston Consulting Group (BCG) im Hinblick auf Marktwachstum und relativen Marktanteil (Abbildung 4.5).

Die Entscheidung für ein Zielportfolio hat Konsequenzen für die Mitarbeiterstruktur (*holistischer* Aspekt). So verringert sich der Bedarf an F&E-Personal von „Question Mark über „Star" zu „Cash Cow" ständig, der Bedarf an Marketingspezialisten steigt dagegen bis in das Stadium „Cash Cow". Zusätzlich erfordern die Portfolio-Zellen unterschiedliche Führungsstile und damit auch im Regelfall unterschiedliche Führungspersonen (*elementaristischer* Aspekt): Die Führung in einem „Question Mark" zielt auf Innovation, was nach einem kreativitätsfördernden Bereichsleiter verlangt; bei der „Cash Cow" dagegen steht Kostenbewußtsein im Vordergrund.

4.2.3.2 Personalbedarf bei Unsicherheit

Bei einschätzbarer Zukunft **unter Unsicherheit** werden mehrere Entwicklungen und damit mehrere Szenarien möglicher Umweltzustände als realistisch eingestuft:

(3) Der *holistische* Ansatz macht die gesamte Personalstruktur zum Planungsobjekt und sucht eine Personalausstattung, die den unterschiedlichen Zukunftsanforderungen genügt. Qualitative Personalbedarfsbestimmung bedeutet hier Festlegung von einem Anforderungsmuster pro Zukunftsentwicklung. Im Rahmen der Kontingenzaktivität ist eine Lösung zu suchen, die unnötige Qualifikationsreserven vermeidet und dennoch auf als realistisch anzusehende Extremsituationen vorbereitet.

(4) Der *elementaristische* Ansatz fokussiert dagegen eine Schlüsselposition und sichert sie durch Erstellung eines entsprechend hohen Anforderungsprofils ab. Stelleninhaber auf derartigen Positionen haben daher auf alle als möglich angesehene Situationen vorbereitet zu sein.

Die holistische Variante operiert unternehmens- und tätigkeitsbezogen, die elementaristische dagegen personen- und stellenbezogen. Deshalb lassen sich in diesem Fall beide Varianten kombinieren.

Mit extrem zunehmender Unsicherheit müssen Unternehmen nicht mehr nur Mitarbeiter mit festgelegten Qualifikationen, sondern mit individuellen Potentialen im weitesten Sinn für die zu bewältigenden Aufgaben vorsehen: Neben der Vorbildung werden kombinierbare Potentiale wie soziale Kontakte, Wohnraum und Grundbesitz, sogar die Arbeitsleistung weiterer Personen wie Lebenspartnern, Verwandten oder Freunden zu relevanten Bedarfskategorien (vgl. *Voß/Pongratz* 1998, 143-146). Dafür muß das Unternehmen aber auch in Kauf nehmen, daß es keine Arbeitnehmer mit komplett verfügbarer Zeit- und Raumstruktur mehr bekommt, sondern solche, die sich ihrerseits ein Portfolio an Beschäftigung bilden.

Zur Beschreibung möglicher unsicherer Zukunftsentwicklungen stehen verschiedene **Techniken** zur Verfügung:

- *Expertenbefragungen* dienen dazu, isolierte Meinungen zu veränderten Konstellationen und Diskontinuitäten in der Zukunft zu ermitteln. Bei der *Delphi-Technik* (vgl. *Häder* 1996) als Form der Expertenbefragung mit Rückkopplung der Ergebnisse zwischen den Befragungsrunden kann auch eine stark abweichende Meinung „überleben" und die Gefahr eines „bandwagon-effect" (vgl. *Abrahamson/Rosenkopf* 1993) wird stark reduziert.
- Das Schwergewicht bei der *Szenario-Technik* (vgl. *Götze* 1993) liegt auf der inneren Konsistenz einer zukünftig möglichen, komplexen Systembeschreibung. Ein Szenario soll eine hypothetische Sequenz von Ereignissen ausdrücken, die in diesen einen Systemzustand münden. Die *multiple Szenario-Analyse* definiert dabei mehrere mögliche Extremszenarien.
- In der *Relevanzbaum-Technik* (vgl. *Krause* 1984) werden hierarchisch aus übergeordneten Begriffen über Ziel-Mittel-Beziehungen untergeordnete Komponenten konkretisiert und (mathematisch) spezifiziert. Als spezielle Relevanzbaum-Technik baut *PATTERN* (Planning Assistance through Technical Evaluation of Relevance Numbers) auf der Entwicklung einer Ziel-Mittel-Hierarchie auf (vgl. *Berthel* 1976).
- Das Ziel der *Cross-Impact-Matrix* (vgl. *Gordon/Hayward* 1968) liegt in einer systematischen Verknüpfung von Einzelaussagen. Die Matrix bestimmt, wie sich bei Eintritt eines Ereignisses die Wahrscheinlichkeit für die übrigen möglichen Zukunftsereignisse ändert. Aufgrund des Datenbeschaffungsproblems und aufgrund der stark kritisierbaren Linearitätsprämisse eignet sich für die Personalbedarfsbestimmung speziell eine semantische Cross-Impact-Matrix (vgl. *Scholz* 1987a, 163-164).

Delphi-Technik und Szenario-Analyse helfen, neue Informationen in den Entscheidungsprozeß einzubringen. Im Gegensatz dazu dient die Relevanzbaum-Technik zur Unsicherheitsreduktion durch Verknüpfung beziehungsweise durch Deduktion bestehender Informationen.

4.2.3.3 Personalbedarf bei Ungewißheit

Die vier zuvor beschriebenen Möglichkeiten zur strategischen Personalbedarfsbestimmung gehen von einschätzbaren – allerdings gegebenenfalls mit Unsicherheit behafteten – Zukunftsentwicklungen aus und entwickeln daraus Anforderungsmuster. In den Fällen (1) und (2) gilt es zudem als sicher, welche zukünftigen bedarfsauslösenden Determinanten zum Zuge kommen werden; in den Fällen (3) und (4) muß das strategische Personalmanagement eine Vorbereitung auf unterschiedliche (aber dennoch in ihrer möglichen Ausprägung bekannte) Zukunftsentwicklungen realisieren.

Das strategische Personalmanagement muß aber den „Potentialfaktor Personal" auch auf solche Bedarfsentwicklungen vorbereiten, die von zunächst noch **ungewissen** Segmenten der Zukunft herrühren. Hier vervielfacht sich das Planungsproblem, da die Bedarfsdeterminanten sowie ihre Wirkung unbekannt und keine Eintrittswahrscheinlichkeiten abschätzbar sind.

Trotzdem müssen (und können) in Grenzen auch hier Anhaltspunkte für eine derivative Ableitung der Personalbedarfsstruktur gesucht werden:

(5) Eine *holistische* Variante dieser Bedarfsbestimmung stützt sich auf die externen Berufsklassifikationen. Da beispielsweise die ISCO 88- oder KdB-Systematiken (Abschnitt 4.3.2.1) auch Berufsbilder enthalten, die im betreffenden Unternehmen (noch) nicht vertreten sind, lassen sich diese Informationen in internen Expertenrunden eventuell mit externer Beratung auf ihre mögliche Relevanz hin prüfen und zur Grundlage entsprechender Bedarfsspezifikationen machen.

(6) Bei der *elementaristischen* Variante stehen ausgewählte Schlüsselpositionen und (mit zunehmender Bedeutung) ausgewählte Schlüsseltechnologien im Vordergrund. Um reibungsminimierten Einsatz zu gewährleisten, muß das Personalmanagement bereits vor dem Abschluß der Entwicklungszeit aktiv werden, also die personalwirtschaftlichen Implikationen der entsprechenden Technologie abschätzen. Für eine definierte Zielsetzung, welche die Breite und Tiefe der Technikfolgeabschätzung festlegt, wird eine Technologie mitsamt ihren unterstützenden und konkurrierenden Technologien beschrieben, um letztlich die Einsatzbedingungen zu identifizieren, die den größten Nutzen des Technologieeinsatzes zulassen.

Wichtig ist es dabei, dem Veralten solcher Systematiken vorzubeugen.

Alle sechs Formen der Bedarfsbestimmung operierten derivativ, leiteten also aus (exakten/vagen) Vorgabewerten die Bedarfsstrukturen ab. Hinzu kommt aber begrenzt auch die Entwicklung eigenständiger (originärer) Ziele im Personalbereich:

(7) Sie betreffen zum einen die *holistische* Ausrichtung auf ausgeglichene und langfristig stabile Beschäftigtenstrukturen.

(8) Zum anderen ergibt sich die Möglichkeit, *elementaristisch* eigene Schwerpunkte zu forcieren, die in der Zukunft zu strategischen Wettbewerbsvorteilen werden können.

Beide Formen der Analyse sind nicht primär bedarfsinduziert, sondern bestandsorientiert. Aus diesem Grund werden sie im Zusammenhang mit der strategischen Personalbestandsanalyse behandelt.

4.2.4 Das Bedarfsniveau

Die zuvor behandelten Ansätze liefern als Ergebnis Bedarfsstrukturen. Solche qualitativen Aussagen über die zukünftig aus strategischer Sicht erforderlichen Mitarbeitertypen müssen um eine quantitative Komponente erweitert werden: Sie gibt an, auf welchem Beschäftigungsniveau das vorgesehene Leistungsprogramm zu realisieren ist.

4.2.4.1 Bedarfsdeterminanten

Interne und externe Bedarfsdeterminanten. Die Bestimmung des Personalbedarfs erfolgt aufgrund der zu realisierenden Aufgaben sowie in Abhängigkeit von situativen Kontextfaktoren:

- *Unternehmensinterne* Kontextfaktoren sind für das Personalmanagement gleichzeitig Rahmenbedingung und Gestaltungsobjekt. So befaßt sich das Personaleinsatzmanagement mit Arbeitsbedingungen und damit mit der Arbeitsproduktivität. Andere unternehmensinterne Faktoren wie Produktionspläne oder Automatisierungsgrade werden nur begrenzt durch personalwirtschaftliche Kontextfaktoren geprägt.
- *Unternehmensexterne* Kontextfaktoren wie Arbeits- und Sozialrecht oder die Bildungspolitik sind im Regelfall exogen vorgegeben und allenfalls von Großunternehmen mit „Nähe zum politischen System" beeinflußbar.

Früher wurden Kontextfaktoren auch nach ihrem *Zeitbezug* differenziert. Diese Klassifikation dürfte allerdings in ihrer Bedeutung schwinden, da sich selbst gesetzliche Regelungen durchaus relativ rascher Änderungen erfreuen – wie am Beispiel des Arbeitsförderungsgesetzes zu sehen ist. Wesentlich wichtiger wird die Frage danach, worauf die Faktoren zielen und wie sie zu bestimmen sind (Übersicht 4.2).

Die **Bestimmung** der Bedarfsdeterminanten beginnt mit der *Lokalisation* des jeweiligen Faktors und der Feststellung seiner konkreten *Höhe*. Danach geht es um die *Funktionalität*: So wirkt die maximal gültige Arbeitszeit unmittelbar auf den Personalbedarf; gleiches gilt für den Reservebedarf, der sich aus den Fehlzeiten ergibt. Andere Beziehungen sind schwerer zu bestimmen: So ist nicht geklärt, welcher Zusammenhang zwischen Entlohnung als Anreizstifter (Input) und Leistung als Ergebnisgröße besteht, die ihrerseits den Personalbedarf determiniert.

Die eindeutige Zuordnung von Kausalität wird umso schwieriger, je weiter die vermeintlichen Ursachen von den Wirkungen auf die Perso-

Kontextfaktoren	**Wirken auf**	**Sind zu bestimmen durch**
1. Faktoren außerhalb des Unternehmens		
gesamtwirtschaftliche Entwicklung (u.a. Bruttosozialprodukt, Preise und Löhne, Arbeitsmarkt)	Absatzmöglichkeiten des Unternehmens	Trendanalysen, Schätzungen
Branchenentwicklung, Marktstrukturveränderungen		Marktanalysen
Entwicklung staatlicher Einflüsse (z.B. Außenhandels-, Wirtschafts- und Finanzpolitik)		Analyse wirtschaftspolitischer Daten und Prozesse
Veränderungen im Sozial- und Arbeitsrecht	z.B. Arbeitszeit und Einsatzbedingungen der Arbeitskräfte	Analyse der sozialpolitischen, arbeitsrechtlichen und tariflichen Entwicklung
Tarifentwicklung (z.B. Arbeitszeit und Arbeitsbedingungen)		
technologische Veränderungen	Gestaltung der Produktionstechnologie	Analyse technologischer Trends
2. Faktoren innerhalb des Unternehmens		
geplante Absatzmenge, geplante Produktionsmittel, Produktionsmethoden, Arbeitsorganisation, Unternehmensorganisation, durchschnittliche Leistung der eingesetzten Arbeitskräfte, Arbeitszeit und Urlaubsregelung	quantitativer und qualitativer Personal(einsatz)bedarf	Unternehmenspolitik; Absatzplan, Investitionsplan, Produktionsplan; Kennzahlen, die auf Erfahrungs- oder Meßwerten beruhen
Fehlzeiten	Reservebedarf	Fehlzeitanalyse
Fluktuation	Ersatzbedarf	Fluktuationsanalyse
Interessen und Bedürfnisse der Arbeitnehmer	Motivation	Mitarbeiterbefragungen

Übersicht 4.2: Einflußfaktoren auf den Personalbedarf (nach *RKW* 1996, 45)

nalbedarfsbestimmung entfernt sind: Vernetzte Wirkungsbeziehungen, rückgekoppeltes Systemverhalten und die mehrdeutige Interpretation von ermitteltem Personalbedarf als neuer interner Kontextfaktor führen dazu, daß keine linear determinierten Ursache-Wirkungs-Zusammenhänge bestehen. Personalmanager finden hier Gestaltungsspielräume vor, die neben Intuition viel Sachverstand erfordern.

Die Bestimmung des (Brutto-)Personalbedarfs macht noch keine Aussagen über die Form der Bedarfsdeckung. Gerade bei zunehmend flexibilisierten Arbeitsverhältnissen bedeutet die Ermittlung eines Personalbedarfs nicht, daß der ermittelte Personalbedarf mit eigenen Mitarbeitern befriedigt wird.

Für die Personalbedarfsbestimmung bezieht man sich deshalb in theoretischen Konzeptionen ebenso wie in praktischen Umsetzungen ausschließlich auf den Bereich, in dem das Unternehmen in der Umsetzung eine dominierende Fertigungstiefe aufweist. Entscheidend ist danach nicht, wer das Leistungsprogramm festlegt, sondern wer die Realisation (also die Personaleinsatzplanung) vornimmt.

4.2.4.2 Methodenverbund

Verschiedene Techniken können zu einem Methodenverbund kombiniert werden, der – einzelfallspezifisch zusammengestellt – potentielle Bedarfsstrukturen evaluiert.

Für einen **expliziten** Verbund kann die erste Ausgangsinformation aus einer Umfeldanalyse (Environmental Scanning) kommen, ergänzt durch eine Analyse interner Potentialfaktoren (Internal Scanning). Die Cross-Impact-Matrix verbindet diese Informationen und liefert kritische Schlüsselbereiche, die über Delphi-Studien vertieft werden. Ihre Resultate gehen dann in die multiple Szenario-Analyse ein, die in alternative Szenarios mündet (Abbildung 4.6): Über weitere Expertenrunden entstehen daraus alternative Bedarfsstrukturen als Grundlage für eine *strategische* Personalbedarfsplanung.

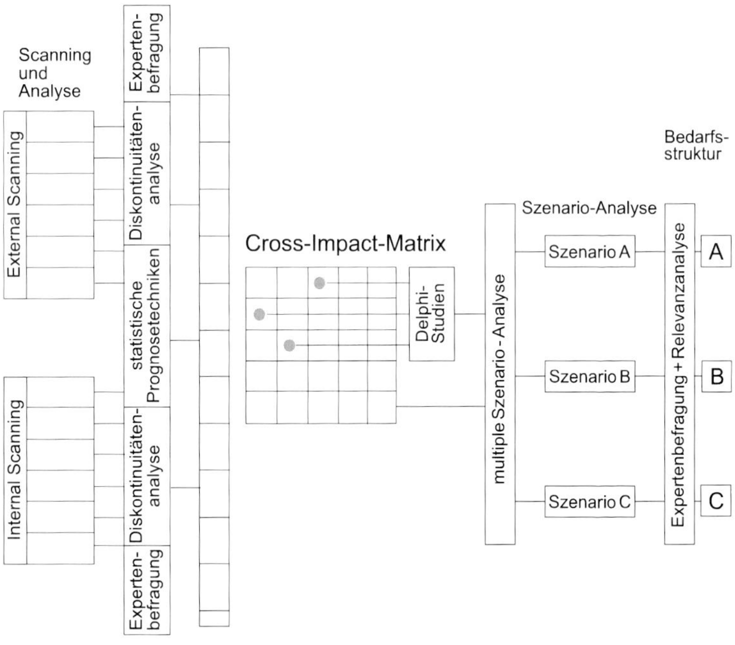

Abbildung 4.6: Methodenverbund zur Personalbedarfsplanung

Ein **impliziter** Methodenverbund kann unter Verwendung der Syntegrity-Methode (vgl. *Beer* 1994; *Leonard* 1996) dargestellt werden. Diese Prozeßmethode beschleunigt auf demokratische und hierarchieübergreifende Weise die ergebnisorientierte Zusammenarbeit vieler – auch und gerade unterschiedlicher – Personen unter gegenseitiger Nutzung vorhandener Kreativitätspotentiale. Ihr Einsatz scheint auch für die strategische Personalbedarfsbestimmung denkbar.

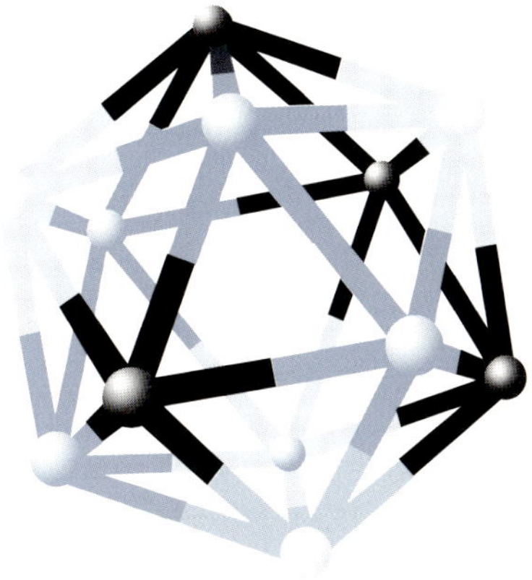

Abbildung 4.7: Ikosaeder der Syntegrity-Methode (*Truss* 1994, 292)

Der *Ablauf* wird durch ein Ikosaeder-Modell, ein 12-Eck mit 30 Kanten und 20 Seitenflächen (Abbildung 4.7), veranschaulicht: Durch die Kugeln und die Verbindungen zwischen den Kugeln werden die zu lösenden Fragestellungen, die an der Lösung beteiligten Personen sowie deren Interaktionen symbolisiert. Sie ermöglichen eine Standardvorgehensweise zum Gruppenaustausch weit auseinanderliegender Positionen zu einem komplexen Thema:

- Der gesamte Ikosaeder repräsentiert das zu lösende Gesamtproblem.
- Zunächst werden den 12 Kugeln Facetten des Problems zugeordnet. Geht es beispielsweise um das Gesamtthema Hochschulreform, so könnte die erste Kugel das Thema „Hochschulreform und Hochschulverwaltung" und die zweite Kugel das Thema „Hochschulreform und Ökologie" symbolisieren.
- Jedes Team besetzt eine Kugel und somit ein Thema; jedes Team besteht aus so vielen Personen (fünf oder einem Vielfachen davon), wie die Kugel Verbindungen zu Nachbarkugeln hat.
- Die erste Runde erfolgt „innerhalb der Kugeln": Jedes Team diskutiert ein eigenes Thema, um eine Diskussionsposition zu erarbeiten.

- Die zweite Runde nutzt die Verbindungen zwischen den Kugeln: Die Teammitglieder teilen sich in fünf Gruppen auf, was der Anzahl der Nachbarkugeln entspricht, und diskutieren jeder mit einer Nachbargruppe. Auf diese Weise tauscht sich eine Kugel (in Form ihrer Mitglieder) gleichzeitig mit fünf Nachbarkugeln aus.
- Die dritte Runde erfolgt wieder im ursprünglichen Kugel-Team.
- Die vierte Runde findet mit der genau gegenüberliegenden Kugel statt, so daß auf diese Weise die im Ikosaeder noch fehlenden Sichtweisen im Gespräch ergänzt werden können.
- Abschließend diskutiert jede Kugel ihre ursprüngliche Fragestellung nochmals im Lichte der erhaltenen Informationen der anderen Themenbereiche des Ikosaeder-Gesamtmodells.

Eine offene Fragestellung wird also in mehreren Diskussionsrunden aus den unterschiedlichsten Perspektiven diskutiert, so daß alle Diskussionsteilnehmer nach und nach die kritischen Informationen der anderen Perspektiven erfahren.

In einer *Variante* für weniger Teilnehmer sind die Themen wiederum durch die Kugeln repräsentiert, die letztlich durch Fünfergruppen besetzt sind. Allerdings überschneiden sich die Personen in den Teams, da jeder Teilnehmer gleichzeitig mehrere Rollen in unterschiedlichen Teams wahrnimmt: Während er in zwei Teams „reguläres Teammitglied" ist, hat er in zwei weiteren Teams die Rolle eines Kritikers inne und in einem fünften Team eine Beobachterrolle.

Die Methode mündet nach beiden Varianten in die Präsentation von Gruppenaussagen, die zusammengestellt eine stimmige, aber multiperspektivische Sicht des Gesamtproblems bilden.

4.2.4.3 Prognosetechniken

Im Hinblick auf die quantitative Bedarfsspezifikation bieten sich diverse statistische Verfahren an. Sie unterscheiden sich vor allem hinsichtlich ihrer Annahmen zur Fortschreibung vergangener Ereignisse in die Zukunft. Hierzu gibt es zwei **Verlaufshypothesen**:

(a) Eine Entwicklung aus der Vergangenheit setzt sich kontinuierlich in die Zukunft fort. Die betrachtete Zielgröße steigt oder fällt nach einem erkennbaren Muster. Die Zielgröße ist die abhängige Variable, die Zeit die unabhängige Verursachungsvariable.

(b) Mindestens einer der wichtigen Verursachungsfaktoren wirkt in unveränderter Weise auch in der Zukunft. Die Zielgröße hängt daher in konstanter Form von mindestens einer Verursachungsvariablen ab, die nicht mit der Zeit in Verbindung steht.

Beide Hypothesen sind realistisch, führen aber zu anderen Verfahren.

Zeitreihenverfahren wie gleitende Durchschnitte oder exponentielles Glätten basieren auf Hypothese (a) und prognostizieren die Entwicklung der Zielvariablen aus ihrer eigenen Vergangenheit. Für den Personalbedarf bedeutet dies eine extrapolative Fortschreibung der Vergangenheitswerte in die Zukunft. Im einfachsten Fall läßt sich der Trend mathematisch in einer Geraden ausdrücken.

Bei der Methode der **gleitenden Durchschnitte** wird eine Folge von arithmetischen Mitteln, die aus den Werten des Personalbedarfs gebildet wurden, verwertet. Dabei wird der gleitende Durchschnitt jeweils aus einer gleichen Anzahl zeitlich jeweils benachbarter Beobachtungswerte berechnet und dem „mittleren Zeitpunkt" zugeordnet. Auf diese Weise werden Extrema ausgeglichen und somit eine Grundrichtung des Personalbedarfs, die glatte Komponente der Zeitreihe herausgearbeitet. Durch diese Vorgehensweise werden nachträglich bereinigte Personalbedarfswerte ermittelt. Dies zeigt sich in Abbildung 4.8 als Trendgerade. Durch Projektion der Trendgerade in die Zukunft wird der zukünftige Personalbedarf aus korrigierten früheren Personalbedarfswerten ermittelt.

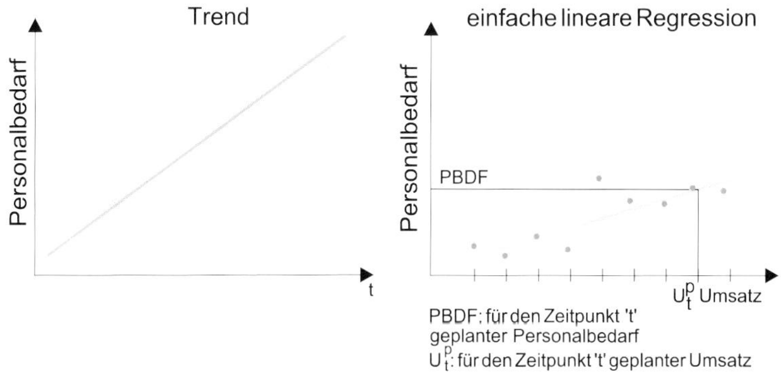

Abbildung 4.8: Trend und einfache lineare Regression

Für eine gerade Anzahl von Beobachtungswerten m = 2k mit k = (1, 2, ..., n) errechnet sich der gleitende Durchschnitt aus:

$$PBDF_j^* = \frac{1}{2m}\left(\sum_{s=-k}^{k-1} PBDF_{j+s} + \sum_{s=-k+1}^{k} PBDF_{j+s}\right)$$

Die Methode des **exponentiellen Glättens** nimmt eine Gewichtung der Ausprägungen der abhängigen Variablen vor. Die Daten werden dazu vom ältesten Zeitpunkt bis zum aktuellsten Zeitpunkt mit abnehmenden Gewichten versehen.

Der zu prognostizierende Personalbedarf für die Periode t + 1 errechnet sich wie folgt aus den bisherigen mit h gewichteten tatsächlichen Personalbedarfszahlen X im Beobachtungszeitraum:

$$PBDF_{t+1} = h \cdot X_t + h \cdot (1-h) \cdot X_{t-1} + h \cdot (1-h)^2 \cdot X_{t-2} + \ldots + h \cdot (1-h)^{N-1} \cdot X_{t-(N-1)}$$

Der zu prognostizierende Personalbedarf für die Periode t + 1 kann auch auf andere Weise ausgedrückt werden: Hierbei wird er aus dem prognostizierten Personalbedarf für die augenblickliche Periode t plus der mit h gewichteten Fehlerkomponente der Prognose für die Periode t berechnet. X_t ist dabei der tatsächlich eingetretene Personalbedarf und $PBDF_t$ der ursprünglich prognostizierte Personalbedarf für Periode t.

$$PBDF_{t+1} = PBDF_t + h \cdot (X_t - PBDF_t)$$

Eine zweite Gruppe von Techniken, die ebenfalls auf der Verlaufshypothese (a) basiert, macht die Ausprägung der Zielvariablen in der Zukunft abhängig von der Entwicklung zentraler **Leitindikatoren**. Ein solcher Zusammenhang ist beispielsweise gegeben, wenn der Bedarf an Wartungspersonal eine zeitlich verzögerte Funktion des Investitionsvolumens darstellt.

Verfahren wie die einfache und multiple **Regression** und die Input-Output-Analyse basieren dagegen auf der Verlaufshypothese (b): Sie unterstellen die Konstanz einer Beziehungsstruktur. Wurde also in der Vergangenheit eine (klare) Beziehung zwischen Personalbedarf und Werbebudget ermittelt, so läßt sich auch der Personalbedarf für das Jahr t + 1 aus dem Werbebudget von t + 1 ableiten. *Einfache lineare Regressionsmodelle* verwenden zur Vorhersage des Personalbedarfs lediglich eine Determinante (wie Umsatz) und sind somit den einfachen Kennzahlen gleichzustellen.

In der *multiplen Regressionsgleichung* werden mehrere Personalbedarfsdeterminanten (D_1, D_2, ..., D_n) herangezogen und mit entsprechenden Skalaren (s1, s2, ..., sn) multipliziert. Hinzu kommt ein konstanter Wert (K).

$$PBDF = K + s_1 \cdot D_1 + s_2 \cdot D_2 + s_3 \cdot D_3 + \ldots + s_n \cdot D_n$$

Erweiterungen dieses Modells sind nichtlineare Beziehungszusammenhänge, die in exponentiellen Modellen ihren Ausdruck finden.

Wichtig für die Verwendung solcher Prognosetechniken ist die Annahme der Konstanz der Parameter. Die Regressoren dürfen nicht linear abhängig sein, also keine unabhängige Variable (D_1 bis D_n) durch eine Linearkombination der übrigen unabhängigen Variablen darstellbar sein. Weiterhin wird eine konstante Beziehungsstruktur zwischen der abhängigen Variable und den unabhängigen Variablen unterstellt: Im Analysezeitraum darf weder eine Diskontinuität auftreten, noch dürfen sich die Beziehungen zwischen abhängiger Variable und unabhängigen Variablen oder zwischen den unabhängigen Variablen ändern.

4.2.4.4 Interaktive Bedarfsanalyse (strategisch)

Im nachfolgenden Beispiel für eine Quantifizierung des Bedarfsniveaus führt ein strenges Top-down-Vorgehen zu Vorgaben für tiefere Ebenen. Das zur Erläuterung abgebildete Unternehmen wird (unabhängig von seiner organisatorischen Grundstruktur) in fünf Bereiche aufgeteilt:
- Vertrieb,
- Produktion,
- Beschaffung,
- Forschung und Entwicklung (F&E) sowie
- Verwaltung.

Zwischen der Mitarbeiterzahl der Funktionsbereiche und jeweils einer monetären Größe (wie Umsatz) wird ein linearer Zusammenhang unterstellt. Funktionsbereiche erhalten so ihre spezifische Determinante für den Personalbedarf; der Personalbedarf für den allgemeinen Verwaltungsbereich bestimmt sich als Prozentsatz der Mitarbeiter in den übrigen Bereichen (Übersicht 4.3).

Bezugsgröße	**Mitarbeiter im Bereich**			
	Vertrieb	**Produktion**	**Beschaffung**	**F&E**
Umsatz	x			
Wertschöpfung		x		
RHB-Aufwand			x	
F&E-Aufwand				x

Übersicht 4.3: Beispiele von Bedarfsdeterminanten

Zur Anwendung dieses Modells (Übersicht 4.4) werden zunächst die in der **Vergangenheit** realisierten Kennzahlen bestimmt. Diese Produktivitätsziffern drücken die Relation zwischen Umsatz (in Millionen DM) und Mitarbeitern im Vertrieb aus. Bezogen auf den Zeitablauf spiegeln diese Kennzahlen eine graduelle Steigerung der Produktivität wider. Daraus liefert das Modell als **Projektion** die entsprechenden Werte für das Jahr 1999. Ihnen werden **Planwerte** gegenübergestellt, die von der Projektion abweichen können: Dies gilt besonders für die Leistungsdaten, da es gerade Aufgabe der strategischen Planung ist, sich von der Vergangenheitsforschung zu lösen. Da sich in diesem Modell der Perso-

	1995	1996	1997	1998	1999 Projektion	1999 Plan
Leistungsdaten						
Umsatz (Mio)	30 080	30 393	34 822	42 600	47 904	44 400
Wertschöpfung (Mio)	14 850	15 862	16 948	19 656	21 600	20 200
RHB-Aufwand (Mio)	11 423	12 158	14 606	16 167	17 764	17 500
F&E-Aufwand (Mio)	2 550	2 672	2 890	2 924	3 035	3 100
Personalstruktur						
Mitarbeiter gesamt	243 000	241 000	242 440	271 440	285 574	276 769
Vertrieb	35 153	34 720	35 150	38 545	39 233	40 000
Produktion	133 107	131 910	132 278	146 545	155 396	149 629
Beschaffung	12 112	11 565	11 767	13 030	14 166	14 056
F&E	22 128	22 638	22 838	28 080	29 183	26 956
allg. Verw. (20%)	40 500	40 167	40 407	45 240	47 569	46 128
Kennzahlen						
Vertrieb (Umsatz)	0,856	0,875	0,991	1,105	1,221	1,150
Produktion (Wertsch.)	0,112	0,120	0,128	0,134	0,139	0,135
Beschaffung (Aufwand)	0,943	1,051	1,241	1,241	1,254	1,245
F&E (Aufwand)	0,115	0,118	0,127	0,104	0,140	0,115

Übersicht 4.4: Interaktive strategische Personalbedarfsbestimmung

nalbedarf aus Leistungswerten und aus Produktivitätskennzahlen ergibt, darf der Modellanwender Plandaten nur für Leistungswerte und Produktivitätskennzahlen angeben: Der Personalbedarf für 1999 folgt daraus als abhängige Variable.

Gerade bei solchen Modellen ist die Eignung zur interaktiven Analyse wichtig: Alternative Konstellationen können durchgespielt, hinsichtlich ihrer Realisierbarkeit diskutiert und letztlich (verbindliche) Planwerte festgelegt werden. Eine stimulierende Hilfe bei solchen Diskussionen sind grafische Aufbereitungen: So zeigt Abbildung 4.9 Leistungswerte, Kennzahlen und Personalstruktur der letzten vier Jahre sowie die daraus resultierenden Projektionen.

Interaktive Analysemodelle wie das zuvor vorgestellte verdeutlichen wegen ihrer Komplexitätsreduktion die vorhandenen Zusammenhänge. Aber auch potentielle Probleme der Ausgangsdaten werden bei Parameteränderung über Sensitivitätsanalysen sichtbar. Aus diesem Grund verbessern interaktive Analysemodelle nicht nur die informatorische Basis einer Personalplanung, sie führen auch zu einer kritisch-realistischen Haltung gegenüber diesen Daten.

4.2.5 Die inhaltliche Konkretisierung

Um einen Personalbedarf auf der operativen Ebene abzuleiten, sind die Vorgaben der strategischen Ebene zu konkretisieren. Diese führen zu unternehmensspezifischen Grundprofilen von generell „passendem" Personal sowie der Prognose seiner Verfügbarkeit. Die Grundprofile

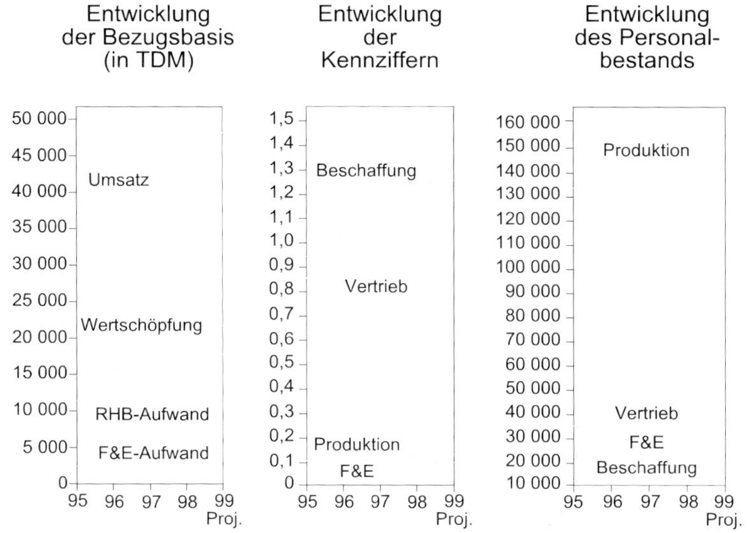

Abbildung 4.9: Entwicklung und Projektion der Kennzahlen in den Bereichen Beschaffung und Vertrieb

spiegeln wiederum Bezüge zu gesellschaftlichen Werten wider, so daß in der Ableitung der Profile aus den Umweltherausforderungen der Wertedynamik eine doppelte Rolle zukommt: einerseits als gleichberechtigte Konkretisierungsrichtung, andererseits als übergeordnete Referenz (Abbildung 4.10).

4.2.5.1 Technologiedynamik

Um in der Umwelt auf die technologischen Veränderungen und die nachlassende Bedeutung von Grenzziehungen reagieren – oder besser: strategisch agieren – zu können, müssen die unternehmerischen Herausforderungen der Technisierung und Virtualisierung auch durch die Personalbedarfsbestimmung in (zukünftige) Erfolgspotentiale transformiert werden.

Die Technologiedynamik wirkt sich sowohl auf die Leistungserstellung von Unternehmen als auch auf den Absatz der Leistungen aus. Insbesondere die Qualifikationsanforderungen an Mitarbeiter sind daher differenziert auf die Technologiedynamik auszurichten, um erfolgende Prozeßoptimierungen zu unterstützen. Zudem ändert sich die Beziehung zwischen dem Mitarbeiter und dem Unternehmen massiv mit den technischen Möglichkeiten, wodurch sich verschiedene Identitätsmuster herausbilden werden.

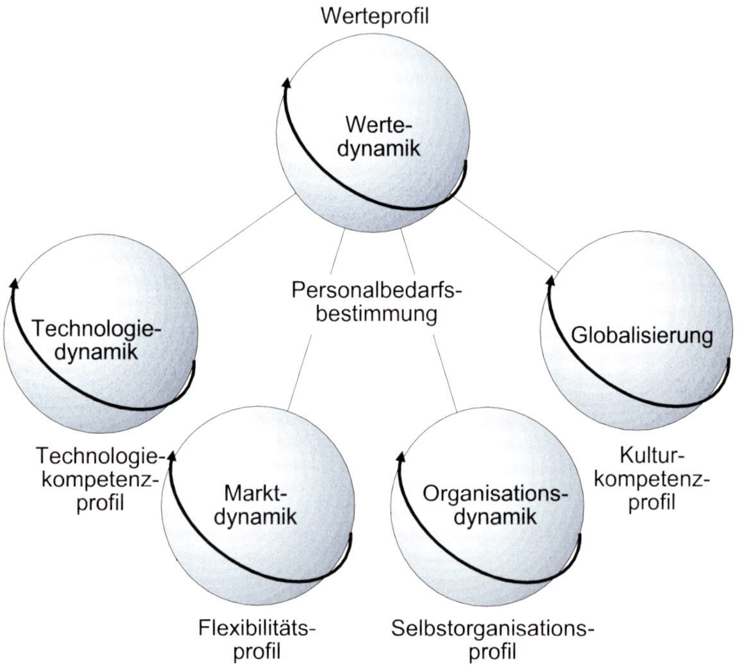

Abbildung 4.10: Profilkonzeptionalisierung in der Personalbedarfsbestimmung

Zur Ausrichtung des Personalbedarfs auf die Anforderungen der Technologiedynamik wird eine auf die Arbeitswelt der Zukunft angepaßte Differenzierung des Personals relevant (Übersicht 4.5). Hinsichtlich der Bindung an das Unternehmen wird es mit einer stabilen Kernmannschaft und der Satellitengruppe aus „fluktuierenden" Mitarbeitern zwei Extreme geben. Ebenso lassen sich die Anforderungen an die Mitarbeiter in höchstqualifizierte Spezialisten und „niederqualifizierte" Zuarbeiter polarisieren.

	Niedrige Bindung zum Unternehmen (Satellitengruppe)	**Hohe Bindung zum Unternehmen (Kerngruppe)**
Hohe Qualifikation	freie Unternehmer	Spielmacher und Firmenexperten
Niedrige Qualifikation	Tagelöhner	Kulturträger und Wasserträger

Übersicht 4.5: Mitarbeitertypen in der Arbeitswelt der Zukunft
(*Scholz* 1997d, 423)

Die hochqualifizierten Mitarbeiter der relativ kleinen Kernmannschaft schaffen Strategie, System und Kultur. Sie legen als Spielmacher und Firmenexperten die strategische Stoßrichtung und Profil des Unternehmens fest. Träger der so entstandenen Unternehmenskultur sind die festangestellten, aber niederqualifizierten Mitarbeiter. Zusätzlich – und dies wird der größere Kreis sein – werden Mitarbeiter befristet oder über „person-sharing-Modelle" eingestellt, und zwar entweder aus der hart umworbenen (und hochbezahlten) Gruppe der freien Unternehmer oder aus dem unterbeschäftigten (und niedrigbezahlten) Söldnerheer der „Tagelöhner".

Da lebenslange Arbeitsplatzgarantie und Beförderung nach dem Senioritätsprinzip für alle Mitarbeitergruppen entfallen werden und Effektivitäts- und Effizienzüberlegungen Arbeitszeit und Arbeitsort bestimmen, kommt es zu einer Variabilität, die sich auf den Wertschöpfungsprozeß konzentriert und durch die informatorische und kommunikatorische Vernetzung erst ermöglicht wird. Die Position des einzelnen im zukünftigen Wettbewerb wird bestimmt durch seine individuellen Kernkompetenzen und seine individuelle Wettbewerbsfähigkeit.

Die Suche nach Computerspezialisten

Aufgrund der Technologiedynamik steigt der Personalbedarf nach Computer- und Internetfachleuten weltweit exponentiell an, nicht nur in der Software-Industrie, sondern auch bei den anwendenden Branchen. Das Anforderungsprofil hat sich dieser Situation angepaßt: Herkunft und Einsatzort irgendwo auf der Welt sind unerheblich, Spracherfordernis ist die universelle Computersprache Englisch. „Die Herkunft spielt keine Rolle mehr, der einzige kulturelle Erfahrungsraum, der zählt, ist der Cyberspace", so die Personalexpertin *Rajagopalan* des amerikanischen Softwareserviceunternehmens Mastech Corp. Daher sucht sie täglich im Internet nach Homepages von Softwareingenieuren und digitalen Bewerbungen aus aller Welt, um sie einzustellen und in EDV-Abteilungen von Industrieunternehmen und Behörden zu senden.

Aus: *Hendricks, Bernd/Engelhardt, Martina*, Globale Talente, in: Wirtschaftswoche, 27.11.1997, 147-151.

Spätestens wenn auf dem Arbeitsmarkt die benötigten Höchstqualifizierten hauptsächlich als freie Mitarbeiter zur Verfügung stehen, reicht es nicht mehr aus, einen Personalbedarf lediglich detailliert beschreiben zu können. Die Aufgaben der Personalbedarfsbestimmung weiten sich daher auf strategische Tätigkeiten aus, die auf die Sicherstellung eines hinsichtlich Bindung und Qualifikation der Mitarbeiter ausgewogenen

Personal-Portfolios gerichtet sind. Hier wird sich die Personalbedarfsermittlung in Zukunft nicht mehr nur auf fest einzustellende Mitarbeiter des Unternehmens konzentrieren oder Personalkonfigurationen prognostizieren. Die Problemstellung wird differenzierter: Wie viele (potentielle) Mitarbeiter mit welchen Kernkompetenzen werden für das Unternehmen in zwei/vier/fünf... Jahren mit welchem Aufwand verfügbar sein? Hier hat eine inkorrekte Prognose schwerwiegende Konsequenzen für das Unternehmen: Der Kernbestand an Mitarbeitern stellt für das Unternehmen einen Fixkostenblock dar, den es unabhängig von der Auftragslage zu finanzieren gilt; daher darf die personelle Stammbesetzung nicht zu umfangreich sein. Umgekehrt kann sich für das Unternehmen bei einem zu knappen Personalbestand die Situation ergeben, daß dringend benötigte freie Mitarbeiter – ob hoch- oder niedrigqualifziert – kurzfristig nicht zur Verfügung stehen.

4.2.5.2 Marktdynamik

Der quantitative Personalbedarf wird traditionell **prozyklisch** bestimmt: Geht es einem Unternehmen gut, wird eine steigende Zahl von Mitarbeitern benötigt, geht es einem Unternehmen dagegen schlecht, kann sich das Unternehmen nur noch eine abnehmende Zahl von Mitarbeitern leisten. Daher orientiert sich der Gesamtbedarf an Mitarbeitern auch an Konjunkturzahlen für Gesamtwirtschaft oder Branche.

Unternehmerische Schwierigkeiten im Absatzbereich bedeuten die Wahrnehmung eines reduzierten Personalbedarfs, was häufig reflexhaft in Freisetzungen und Outplacement mündet. Dieses Vorgehen ist jedoch auch mit Nachteilen verbunden, etwa (vgl. *Freimuth* 1994, 76)

- Proteste der Betroffenen und der Gesellschaft,
- demotivierende Wirkungen auf die Belegschaft,
- Beeinträchtigung des Betriebsklimas und der unternehmerischen Vertrauensgrundlagen,
- Verschlechterung des akquisitorischen Potentials auf dem Arbeitsmarkt sowie
- Reduktion der Wachstumspotentiale für die Phase nach der Beschäftigungskrise.

Dieser Automatismus muß unter strategischen Gesichtspunkten zu einer kritischen Reflexion in der Personalbedarfsbestimmung führen.

Daher wird in der Literatur eine **antizyklische** Alternativstrategie vorgeschlagen: Die einem „Implacement" (vgl. *Freimuth* 1994) vorangehende Personalbedarfsbestimmung soll ermöglichen, daß Mitarbeiter, die von Umstrukturierungen betroffen sind, der Organisation in ungekündigter Stellung erhalten bleiben. Dazu wird eine Gruppe gebildet, innerhalb der Qualifizierungen vorgenommen werden, die sich primär auf Projektarbeit, den Erwerb von Krisen- und Konfliktbewältigungsfähigkeiten sowie selbstgesteuertes Lernen konzentrieren.

4.2.5.3 Organisationsdynamik

Die Arbeitswelt der Zukunft wird wenig mit der gegenwärtigen gemeinsam haben. Der Personalbedarf wird sich künftig von dem heutigen fundamental unterscheiden: quantitativ durch Verschiebungen in der Anzahl benötigter Mitarbeiter mit bestimmten Qualifikationen, qualitativ in der Kombination der Fähigkeiten selbst.

Die zukünftigen Beschäftigungsverhältnisse sind gekennzeichnet durch eine extreme Variabilität hinsichtlich Arbeitsort, Arbeitszeit und Arbeitsinhalt. Denn letztlich wird in Zukunft nur noch gearbeitet, wo, wann und wie die Kundenbedürfnisse es erfordern.

Die immer flexibleren und auch virtuellen Strukturen und Prozesse erfordern Mitarbeiter, die Veränderungen mitgestalten und sich gleichzeitig als Betroffene mit ihnen auseinandersetzen müssen. Vor dem Hintergrund eines vollkommen veränderten Unternehmensverständnisses müssen Mitarbeiter in einem Virtualisierungsprozeß sich bewußt

- selbst organisieren,
- auch in Rollen anderer schlüpfen,
- mit Paradoxien und Unsicherheit umgehen,
- Positionen und Aufgaben in Frage stellen und vor allem
- die permanente Optimierung des Wechselspiels zwischen Leistungserstellung und Selbstorganisation suchen.

Neue Organisationsformen wie virtuelle oder modulare Unternehmen implizieren auch einen Paradigmenwechsel bezüglich des Menschenbildes (vgl. *Hesch* 1997): So rücken Qualifikationen wie Unsicherheitstoleranz und soziale Kompetenzen der Mitarbeiter in den Mittelpunkt.

Mit der Veränderung der Arbeitsanforderungen geht jedoch auch ein genereller **Wandel** der „Ware Arbeitskraft" einher (vgl. *Voß/Pongratz* 1998, 139-145):

- Lohnarbeit impliziert in der Zukunft eine *verstärkte Selbstkontrolle* der Arbeitenden. In dem Maße, wie Unternehmen ihre Organisationsaufgaben in Selbstorganisationskonzepte verlagern und damit externalisieren, müssen diese Aufgaben von den betroffenen Mitarbeitern internalisiert werden. Mitarbeiter müssen nicht mehr nur gegebene Aufgaben bearbeiten, sondern sich Aufgaben definieren, diese auf die Unternehmensstrategie ausrichten und sich in der Ausführung selbst überwachen. Dabei haben sie zeitliche, räumliche, soziale, fachliche, motivationale und mediale Steuerungsaspekte zu berücksichtigen.

- Die Arbeitsfähigkeiten und -leistungen stellen ein Vermögen des Mitarbeiters dar. Mit steigenden Internalisierungserfordernissen bezüglich der Selbstkontrolle wachsen auch Handlungsspielraum und Bewußtsein über die eigenen Fähigkeiten. Konsequenz ist die *verstärkte Ökonomisierung und Vermarktung* der eigenen Leistung durch Optimierung der eigenen Produktion und durch Anwendung marktlicher Verhandlungsmechanismen auf die eigene Arbeitskraft.
- Aus dem Zwang für die Mitarbeiter, ihr Arbeitsvermögen zu erhalten, erwächst für sie die Notwendigkeit, systematisch ihr Leben auf Effizienz auszurichten und die zur Verfügung stehenden Ressourcen optimal zu nutzen. Die Folge ist die *Verbetrieblichung der alltäglichen Lebensführung*, das heißt die Ausweitung der Arbeitskraft und ihrer Organisierung, Technisierung, Qualifizierung, Autonomisierung Umfeldeinbindung auf das Privatleben.

Das Resultat ist das Entstehen eines neuen strukturellen Typs von Mitarbeiter, der in seiner Beschäftigung eher Aufträge als Arbeit entgegennimmt – des „Arbeitskraftunternehmers".

Wenn sich die vorhandenen Arbeitsleistungen ändern werden, ist es bereits eine proaktive Aufgabe der Personalbedarfsbestimmung, diese Veränderung zu antizipieren und „verändert" zu planen: Unternehmen suchen dann die Mitarbeiter, von denen sie bereits ein großes Ausmaß an selbstkontrollierter Arbeitskraftbereitstellung erwarten.

In der Praxis wird die Personalfunktion noch immer nur zögernd auch in strategische Unternehmensentscheidungen eingebunden. Damit liegt ein Defizit vor, das in vielen Unternehmen verhindert, daß für differenzierte Problemstellungen des Personalmanagements an der Schnittstelle zu anderen betrieblichen Funktionsbereichen spezialisierte Schnittstellenanbieter Lösungsansätze erarbeiten. Die Suche nach einem „Arbeitskraftunternehmer" würde den Bedarf an Führungskräften in Linienfunktionen dahingehend konkretisieren, daß sie auch Personalmanagement-Kenntnisse besitzen oder selbstverantwortlich erwerben. Strategische qualitative Anforderungen für Führungskräfte liegen also darin, daß nicht nur Mitarbeiter des Personalmanagements, sondern auch der Linienfunktionen die Personalkompetenz als „**Metasprache**" begreifen und beherrschen. Sie können dann intensiver in Personalmanagement-Tätigkeiten eingebunden werden.

4.2.5.4 Wertedynamik

Die sich verändernden Werte in der Gesellschaft implizieren, daß einerseits der Wertewandel sich im Unternehmen bemerkbar macht, daß andererseits Unternehmen sich auch bewußt einen Personalbedarf definieren, der spezifische Wertvorstellungen erfüllt. Zwar ist es letztlich schwierig, die Mitarbeiter mit einem gewünschten Werteprofil zu identifizieren, dennoch können Unternehmen festlegen, in welchen Bandbreiten sich die Mitarbeiter ihrer Wahl einordnen lassen sollen.

Die Zunahme von Werten, die Veränderung implizieren, kann von Unternehmen als Gelegenheit angesehen werden, den Personalbedarf auf Wandel auszurichten: Das Unternehmen soll insgesamt wandlungsfähig bleiben, und jeder einzelne Mitarbeiter ist in seiner Flexibilität gefordert.

Daher sind es insbesondere Einstellungen zu fundamentalen Tatbeständen wie den unternehmenskulturellen Grundannahmen, die bereits in der strategischen Personalbedarfsbestimmung relevant werden. Beispielhaft können als **Voraussetzungen** für ein erfolgreiches Bestehen der Virtualisierungsherausforderung Grundeinstellungen genannt werden, die sich im strategischen Personalbedarf niederschlagen:

- die *Akzeptanz technologischer Umbrüche* insbesondere mit deren Implikationen hinsichtlich der individuellen Fähigkeit, diese Technologien überhaupt einsetzen zu können, im Hinblick auf einen befürchteten Verlust an persönlichen Kontakten und sozialer Isolation und hinsichtlich einer befürchteten Informationsüberlastung,
- die mentale *Offenheit* gegenüber der Auflösung von Grenzen, was sowohl zur Preisgabe von Interna wie Kostenstrukturen oder zur Aufdeckung eigener Schwächen führen kann, sowie
- die *Auflösung von Machtstrukturen*, die vermeintlich Prestige oder Arbeitsplatzsicherheit signalisieren.

In diesem Gebiet der Wertedynamik treffen sich unternehmerische Anforderungen mit sehr persönlichen Lebenswelten der Mitarbeiter. Da hieraus während der Arbeit unternehmenskulturelle Prozesse entstehen, ist eine frühzeitige Integration der Wertedynamik in die Personalbedarfsbestimmung eine wichtige Weichenstellung für die bevorstehenden Aufgaben der Personalführung.

4.2.5.5 Globalisierung

Wird der unternehmerische Aktionsradius geographisch ausgeweitet, so entstehen auch für die Personalbedarfsbestimmung neue Aufgaben. Zumindest die Ermittlung des quantitativen Personalbedarfs im internationalen Personalmanagement unterscheidet sich jedoch methodisch wenig vom nationalen Anwendungsbereich, abgesehen beispielsweise von unterschiedlichen Kennzahlen.

Anders sieht es bezogen auf die inhaltlichen Bedarfsspezifika aus. Qualitative Personalbedarfsbestimmung im internationalen Kontext bedeutet Anpassung in den Anforderungsprofilen: Dies betrifft die Anforderungsmerkmale ebenso wie Methoden zu ihrer Bestimmung.

Besonders interessant sind dabei auf der strategischen Ebene Überlegungen zu „internationalen" Führungskräften und deren Qualifikationen in bezug auf **Verstehen** und **Gestalten** (vgl. *Steger* 1996). Verstehen meint die Fähigkeit, sich in lokalisierbaren Zielgebieten mit spezifischem landeskulturellen Kontext zurechtzufinden, um letztlich strategisch agieren zu können. Bezogen auf die Gestaltungsaufgabe geht es dann um den *Kulturtransfer* innerhalb des Unternehmens: Es ergeben sich – abgeleitet von der im Unternehmen vorherrschenden Kulturstrategie – Rollenunterscheidungen des strategischen Umgangs mit den (Personalmanagement-)Systemen im Ausland.

Die Vorschläge hierfür lassen sich zu drei *Leitbildern* zusammenfassen, die von einer weitgehenden weltweiten Standardisierung („Global-Manager") über eine länderbezogene („Country-Manager") bis zu einer unternehmensbezogenen Ausrichtung („Company-Manager") reichen. Diese Festlegung ist mehr als ein Spiel mit Worten: Sie ist vielmehr Ausgangsbasis für die gesamte Personalstrategie im globalen Kontext.

Der „Global-Manager" als landeskultureller Universalist. Ein weit verbreitetes Leitbild ist der „*Global-Manager*" als personalwirtschaftlicher Generalist. Er kann unabhängig vom landeskulturellen Kontext eingesetzt werden: Nahezu alle Arbeiten im Bereich des internationalen (Personal-)Managements, die sich mit den Anforderungen an international tätige Mitarbeiter befassen, fokussieren auf derartige Anforderungen, die losgelöst von spezifischen Ländern oder Unternehmen für internationale Führungskräfte gültig sind.

Unterformen des „Global-Managers" ergeben sich aus der Art des Umgangs mit unterschiedlichen Kulturen:

- Der *Nivellierer* bewegt sich in unterschiedlichen Kulturen mit standardisierten Mustern. Er berücksichtigt die kulturelle Variation verschiedener Länder – welche er (an)erkennt –, indem er sich chamäleonhaft auf sie einstellt. Insbesondere integriert er die Kulturunterschiede durch Bildung des kleinsten gemeinsamen Nenners.
- Der *Differenzierer* weiß, daß unterschiedliche Länder unterschiedliche Kulturprofile aufweisen. Daher will er die Unterschiede verstehen und sich jeweils auf die Verschiedenheit einrichten.

Gerade im Hinblick auf die strategischen Ziele einer internationalen Ausrichtung ist es wichtig, die Implikationen beider Formen für die Zusammenarbeit im internationalen Kontext bewußt zu erkennen: Während der Nivellierer mehr Ressourcen auf das Erreichen von Kompromissen verwendet, kann der Differenzierer von vornherein situativ die spezifischen Rahmenbedingungen zur Durchsetzung seiner Ziele nutzen.

Der „*Regio-Manager*" ist eine Sonderform des „Global-Managers": Beispiele mit engerem Regionalbezug sind „Saar-Lor-Lux-Manager" als Interkulturalisten für die deutsch-französisch-luxemburgische Euroregion. Weitere Varianten sind der „NAFTA-Manager" oder der „Euro-Manager". Letzterer denkt und handelt europäisch, ohne dominierendes landeskulturelles Profil, findet sich im Hinblick auf kulturelle und politische Belange in Europa zurecht, beherrscht mehrere Sprachen und kennt die gesamteuropäischen Rechts-, Wirtschafts- und Sozialsysteme.

Der „Country-Manager" als landeskultureller Spezialist. Ein „Country-Manager" richtet sich, länderspezifisch ausgebildet, direkt auf die Anforderungen der jeweiligen Länder aus. Für ihn ergeben sich intellektuelle Anforderungen aus jeweils einem landeskulturellen Kontext in Verbindung mit der Kultur der Muttergesellschaft.

Schwierigkeiten bei der Festlegung der qualitativen Anforderungen bereiten **Verhaltensmerkmale** wie Unsicherheitstoleranz und Improvisationstalent. Hier unterscheiden sich Länder deutlich. Allerdings gibt es **zwei Wege**, um dieses Problem zu reduzieren:

- Zum einen können Firmen auf bestehende *Studien* zurückgreifen, die landeskulturelle Eigenheiten beschreiben. Ein Beispiel dafür ist die in Abschnitt 9.2 beschriebene Studie von *Hofstede* (1980a), aus der sich zumindest die abstrakten Merkmale Individualismus, Unsicherheitsvermeidung, Maskulinität, Machtabstandstoleranz und Langfristorientierung ableiten lassen.
- Zum anderen können sich Unternehmen die *Erfahrungen* ehemaliger Entsandter mit verschiedenen Rollen zunutze machen, indem sie im Extremfall das Fähigkeitsprofil erfolgreicher Auslandsmanager als realistisches Anforderungsprofil definieren. Bei der Ausweitung der Geschäftsaktivitäten auf neue Regionen fehlen diese Erkenntnisse allerdings, weshalb Personalplaner in der Muttergesellschaft ohne entsprechende Erfahrungen das Anforderungsprofil erstellen müssen.

Hinzu kommen Sprache, Landeskunde sowie Kenntnis des jeweiligen Rechts-, Wirtschafts- und Sozialsystems. Diese Anforderungen lassen sich relativ leicht konkretisieren.

Der „Company-Manager" als Unternehmenskulturrepräsentant. Dieses Rollenverständnis geht davon aus, daß eine ins Ausland entsandte Führungskraft *kein Kulturneutrum* darstellt, sondern vielmehr ganz bewußt ihre Wurzeln in der eigenen Unternehmens- und Landeskultur hat. Für den „Company-Manager" ist es nicht entscheidungsrelevant, welche nationalkulturellen Kontextbedingungen ein Land aufweist, denn er agiert unabhängig davon nach der gegebenen unternehmerischen Rationalität. Ein Manager, der sich seiner eigenen kulturellen Prägung und Identität vor dem Hintergrund des Unternehmens voll bewußt ist, hat auch im Umgang mit anderen Kulturen einen sicheren Stand und leidet weniger unter Orientierungslosigkeit. Zudem kann gerade die explizite Vermittlung von unternehmens- und landeskulturellen Werten ein wichtiger Impuls in Richtung auf Akquisition und Motivation von Mitarbeitern sein.

Während bereits empirisch belegte Aussagen zum Einsatz verschiedener Verstehens- und Gestaltens-Ausprägungen im internationalisierenden Unternehmen existieren (vgl. *Hendry* 1994, 78-80), liegen problemadäquate und valide Erkenntnisse aus empirischen Studien zu Anforderungsprofilen gegenwärtig noch nicht in ausreichendem Umfang vor. Daher läßt sich selbst das Problem der Zuordnung der landeskulturellen Leitbilder auf die Kulturstrategien allenfalls plausibilitätsmäßig begründen (Abbildung 4.11): Es scheint für jedes Leitbild eine Kombination aus allen Kulturstrategien sinnvoll zu sein, jeweils mit spezifischer Schwerpunktsetzung auf den „Company-Manager" (Monokultur), den „Global-Manager" (Mischkultur) und den „Country-Manager" (Multikultur).

Die Personalstrategie muß sich, passend zur Gesamtstrategie des Unternehmens, mit der Kulturproblematik frühzeitig und bewußt auseinandersetzen, da von dieser Basisentscheidung Folgeentscheidungen in allen Personalmanagementfeldern abhängen.

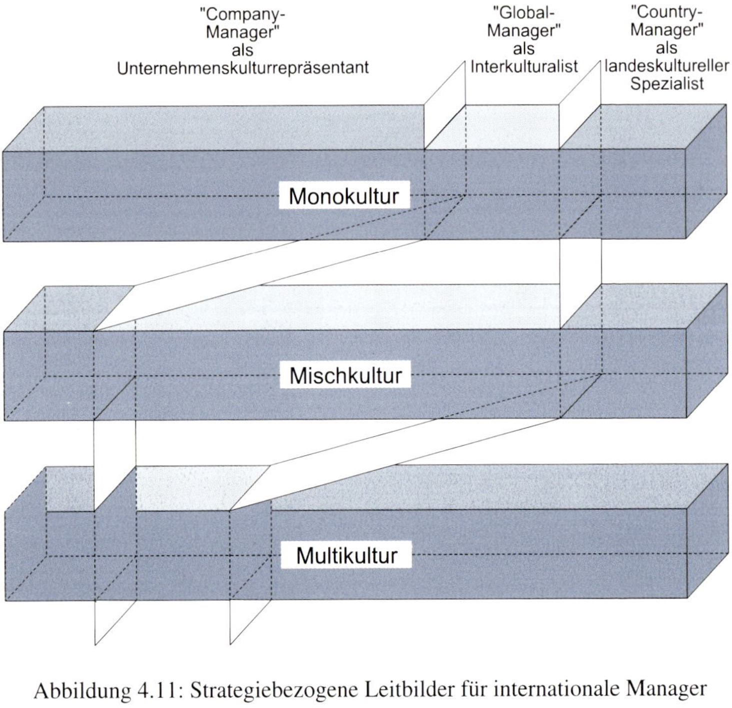

Abbildung 4.11: Strategiebezogene Leitbilder für internationale Manager

4.3 Taktische Ebene: Gruppenbezug

4.3.1 Überblick

Das Planungsobjekt für die Personalbedarfsbestimmung auf der taktischen Managementebene besteht mindestens aus einer Stelle, im Regelfall aber aus einer größeren Anzahl von Stellen eines Tätigkeitsfeldes. Quantitative Bedarfsbestimmung auf der taktischen Ebene legt fest, wie viele Personen einer bestimmten Qualifikationsart das vorgegebene Leistungsprogramm erfordert; zentrales Hilfsmittel hierfür sind Kennzahlenmodelle. Die quantitative Bedarfsbestimmung setzt allerdings eine Bezugsbasis voraus: Ihre Definition ist Aufgabe der qualitativen Bedarfsbestimmung. Konkretisiert wird diese dann in ihrer zeitbezogenen und ortsbezogenen Dimension.

4.3.2 Qualitativ: Anforderungsklassen

4.3.2.1 Aggregierte Qualifikation: Berufsklassifikation

Die Bedarfsbestimmung auf der taktischen Ebene benötigt qualitative Bezugsbasen als verdichtete Form von Anforderungsprofilen. Für diesen Zweck bietet sich die Erstellung beziehungsweise Anwendung einer Berufsklassifikation an (Abbildung 4.12).

Im einzelnen stellen sich die fünf Varianten zur Schaffung einer qualitativen Bezugsbasis für die Bedarfsbestimmung wie folgt dar:

(1) Die einfachste Form der Berufsklassifikation erfolgt bedarfsbezogen und unternehmensintern. Sie stellt auf Identität zwischen Anforderungsprofilen ab: Hier werden direkt Anforderungsprofile aus der strategischen Bedarfsbestimmung vorgegeben oder aus der operativen Bedarfsbestimmung übernommen und bei Identität zu einer Berufsgruppe zusammengefaßt. Dies ist nur dann sinnvoll, wenn eine größere Anzahl an Stellen mit identischen Anforderungsprofilen vorliegt. Beispiele hierfür finden sich im Vertriebsbereich, im Sekretariatsbereich oder bei (einfachen) Verwaltungsaufgaben: Exemplarische Berufsklassen sind hier Vertriebsbeauftragte, Stenotypistinnen und Sachbearbeiter.

(2) Auch die zweite Variante leitet sich aus Anforderungsprofilen ab: Sie gilt für Anforderungsprofile, die trotz gleicher Grundanforderung nicht in allen Unternehmensbereichen übereinstimmen. Dieser Fall

tritt in hochspezialisierten technischen Bereichen auf. Basierend auf dem **Ähnlichkeitskonzept** erfordert dies

- Bestimmung der *Ähnlichkeitskoeffizienten* zwischen den Anforderungsprofilen,
- Ermittlung von *Gruppen* ähnlicher Profile und
- Berechnung des *Profildurchschnitts*, also Fixierung von markanten Anforderungsmustern.

Diese Mustererkennung (vgl. *Scholz* 1985; 1997d, 105-109) reduziert also eine Vielzahl von Profilen auf einige wenige Muster.

(3) Liefert die Personalbedarfsbestimmung keine oder aber keine aggregierbaren Anforderungsprofile, so ist ersatzweise auf die Fähigkeitsprofile aus der Personalbestandsanalyse zurückzugreifen. Auch hier werden **ähnliche** Profile zusammengefaßt und daraus charakteristische Muster abgeleitet. Sie stammen aber nicht (als Anforderungsprofile) von Stellen, sondern (als Fähigkeitsprofile) von Mitarbeitern. Sie können aber dennoch unter zwei Annahmen als Klassifikationsgrundlage dienen:

- Die im Tätigkeitsbereich eingesetzten Personen erfüllen die gestellten Anforderungen. Aus diesem Grund liegt dann das ermittelte Fähigkeitsmuster nicht unter dem tatsächlichen Anforderungsmuster.
- Die im Tätigkeitsbereich anfallenden Aufgaben bleiben konstant, weshalb das aus den dort arbeitenden Personen abgeleitete Fähigkeitsmuster auch für zukünftige Stelleninhaber gilt.

Das Fähigkeitsmuster aus dem Tätigkeitsbereich wird als globales Anforderungsmuster für den jeweiligen Tätigkeitsbereich definiert.

(4) Die taktische Personalbedarfsbestimmung kann auch eine unternehmensübergreifende Berufsklassifikation verwenden:

- Die „Internationale Standardklassifikation der Berufe" **ISCO-88** in der aktuellen Fassung von 1988 (vgl. *ILO* 1990, 2-3) ist ein vom Internationalen Arbeitsamt in Genf erstelltes System zur Ordnung von Berufen, das wegen seiner Vollständigkeit universell anwendbar sein soll. Über ein hierarchisches Schlüsselsystem werden Berufshauptgruppen (2: Wissenschaftler), Berufsgruppen (21: Physiker, Mathematiker und Ingenieurwissenschaftler), Berufsuntergruppen (213: Informatiker) sowie Berufsgattungen (2131: Systemplaner, Systemanalytiker und Systemprogrammierer) definiert. Den Berufshauptgruppen sind national bestimmte „Skill Levels" als Ausdruck des Komplexitätsgrades der entsprechenden Aufgaben zugeordnet, die für die internationale Vergleichbarkeit von Tätigkeiten herangezogen werden (vgl. *Statistisches Bundesamt* 1993, 18). Die standardisierte ISCO-88 (COM) hat sich als Folge der Harmonisierung nationaler Berufsklassifikationen in der Europäischen Union ergeben. Im globalen Maßstab ist die International Standard Industrial Classification of all Economic Activities (ISIC) relevant.

- Das „Schlüsselverzeichnis der Berufsbenennungen", das auf der Klassifizierung der Berufe" **KdB** (*Statistisches Bundesamt* 1982) aufbaut, wurde als Arbeitsgrundlage für die Auswertung der Volks- und Berufszählung 1987 erstellt. Sie ermöglicht eine Zuordnung von mehr als 23 000 Berufsbezeichnungen zu den entsprechenden Berufsgruppen und -ordnungen. Für jeden hier aufgeführten Beruf existiert eine eigene Mappe, die von Anforderungen über Ausbildung bis hin zu exemplarischen Zeitungsartikeln über die einzelnen Berufsklassen umfassend informiert.

Berufsbilder wandeln sich jedoch häufig schneller, als Aktualisierungen der Klassifikation möglich sind.

(5) Aus den **Sozialwissenschaften** stammen weitere Klassifikationsvorschläge, die anhand von Ausbildungsgang oder sozialer Schicht die vorauszusetzenden Persönlichkeitsmerkmale festlegen. Einfachste Formen solcher Klassifikationen differenzieren zum Beispiel zwischen Arbeiter/Angestellter und Akademiker/Nicht-Akademiker.

Keiner der fünf Ansätze zeichnet sich durch grundsätzliche Überlegenheit aus: So kann durchaus im Einzelfall ein KdB-Anforderungsprofil zukunftsweisender sein als ein Anforderungsprofil, das direkt aus einem (veralteten) Arbeitsplatz abgeleitet wurde. Aus diesem Grund sollten Anforderungsprofile unternehmensintern aufgestellt, dann aber mit den korrespondierenden unternehmensexternen Standardprofilen verglichen und abgestimmt werden.

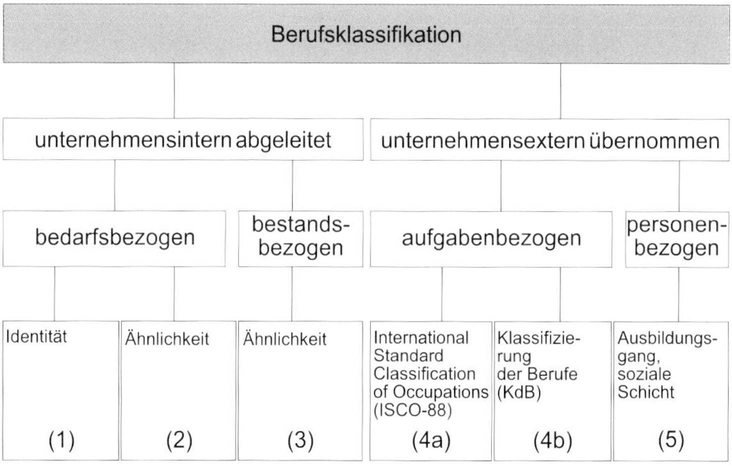

Abbildung 4.12: Berufsklassifikation für die taktische Bedarfsbestimmung

4.3.2.2 *Kombination: Mehrfachqualifikation*

Speziell auf der taktischen Ebene stellt sich das Problem einer Transformation von strategischen Anforderungen in (operative) Anforderungsmerkmale. Für einen vorgesehenen Zeitpunkt muß eine Planung des qualitativen Personalbedarfs über das Globalniveau hinaus definieren, auf welche unternehmerischen Bereiche der qualitative Bedarf unter Beachtung der quantitativen, zeitlichen und lokalen Nebenbedingungen zugeordnet wird. Handlungsleitend sind hier insbesondere die unternehmerischen Produktionsfunktionen, durch die die Leistungserstellung von der technologischen Seite her operationalisiert wird. Seit der weitgehend standardisierten Unterstützung solcher Gesamtplanungsprozesse durch integrierte Software-Lösungen wird auch die Ableitung des Personalbedarfs auf der taktischen Ebene erleichtert.

Erschwert wird die Erreichung oder Erhaltung eines derivativ abgeleiteten oder originär festgelegten Personalbedarfs wieder durch Abweichungen im Zeitablauf. In diesem **dynamischen Prozeß**

- verlieren Mitarbeiter Qualifikationen, die sie lange nicht nutzen. Ohne zusätzliche finanzielle und zeitliche „Rüstkosten" sind dann theoretisch vorhandene Qualifikationen nicht einsetzbar;
- befinden sich Mitarbeiter auf individuellen „Karriereplateaus", auf denen sie in ihrer Tätigkeit keine Herausforderungen, Lernchancen und Beförderungsperspektiven mehr sehen und daher eventuell für sie vorgesehene Qualifikationsstufen gar nicht mehr erreichen, oder
- erwerben in oder außerhalb ihrer Arbeitstätigkeit neue Qualifikationen, die für den Leistungserstellungsprozeß einsetzbar wären.

Diese ständigen Schwankungen im qualitativ bewerteten Personalbestand müssen in der Personalbedarfsbestimmung antizipiert werden.

Zumindest auf Gruppenebene muß eine gewisse **Substituierbarkeit** von Qualifikationen erreichbar sein, um die Leistungserstellung als Gesamtheit nicht zu gefährden. Dieser einzubauende „Slack" (vgl. *Cyert/March* 1963, 36-38) darf allerdings keine Ressourcenverschwendung implizieren, muß also durch die optimale Kombination verschiedener Qualifikationen innerhalb einer gegebenen Zahl von Mitarbeitern erreicht werden.

Das Bedarfsdreieck von Kossbiel. Um solche Probleme zu lösen, hat *Kossbiel* (1987) einen Vorschlag unterbreitet, der nachfolgend anhand eines einfachen Beispiels skizziert werden soll:

Gegeben ist ein als konstant anzusehender quantitativer Personalbedarf von 20 Personen, offen ist die Frage nach der qualitativen Ausstattung. Ausgegangen wird von drei unterschiedlichen Bedarfskategorien: Unter

Berücksichtigung von einfach, zweifach und dreifach qualifiziertem Personal bedeutet dies sieben Qualifikationskategorien (Q1 bis Q7). Diese Zusammenhänge sind in Übersicht 4.6 zusammengefaßt.

Bedarfskategorie	**Qualifikationskategorie**						
	Q1	Q2	Q3	Q4	Q5	Q6	Q7
B1	x			x	x		x
B2		x		x		x	x
B3			x		x	x	x

Übersicht 4.6: Definition der Bedarfskategorien nach *Kossbiel* (1987, 88)

Weiter sind für den Arbeitsanfall die Ober- und Untergrenze bezüglich der drei Bedarfskategorien (B1, B2, B3) mit

$3 \leq B1 \leq 8$

$7 \leq B2 \leq 10$

$4 \leq B3 \leq 9$

bekannt. Gesucht ist jetzt die Verteilung (PA1 bis PA7) der 20 Mitarbeiter auf die Qualifikationsstrategie, die allen Eventualitäten gerecht wird und die keine unnötigen Qualifikationsreserven hervorruft.

Diese Frage kann im dreidimensionalen Fall (also bei drei Bedarfskategorien) und bei überschaubarer Mitarbeiterzahl mit Hilfe des in Abbildung 4.13 wiedergegebenen Diagramms beantwortet werden:

(1) Für jede der drei Bedarfskategorien wird durch zwei parallele Linien ein **Zulässigkeitsbereich** eingezeichnet, und zwar
   - für Bedarfskategorie 1 als waagerechte Zone,
   - für Bedarfskategorie 2 als von rechts oben nach links unten verlaufende Zone sowie
   - für Bedarfskategorie 3 als von links oben nach rechts unten verlaufende Zone.

(2) Die Schnittmenge dieser drei Zonen ergibt ein Vieleck mit maximal sechs Seiten als letztlich ausschlaggebenden **Lösungsbereich**.

(3) An dieser Fläche läßt sich die (gemäß obiger Definition) „**optimale**" Personalausstattung ablesen:
   - Der Abstand der Sechseckseite MN von der Dreieckseite YZ entspricht PA1.
   - Der Abstand der Sechseckseite OP von der Dreieckseite XZ entspricht PA2.
   - Der Abstand der Sechseckseite KL von der Dreieckseite XY entspricht PA3.
   - Die Länge der Sechseckseite NO entspricht PA4.
   - Die Länge der Sechseckseite LM entspricht PA5.

- Die Länge der Sechseckseite KP entspricht PA6.
- Die Zahl der dreifach-qualifizierten Personen ergibt sich aus dem Rest, also den noch nicht verteilten Mitarbeitern (PA7).

Die optimale Lösung lautet danach: PQ = {3,7,4,1,3,1,1}.

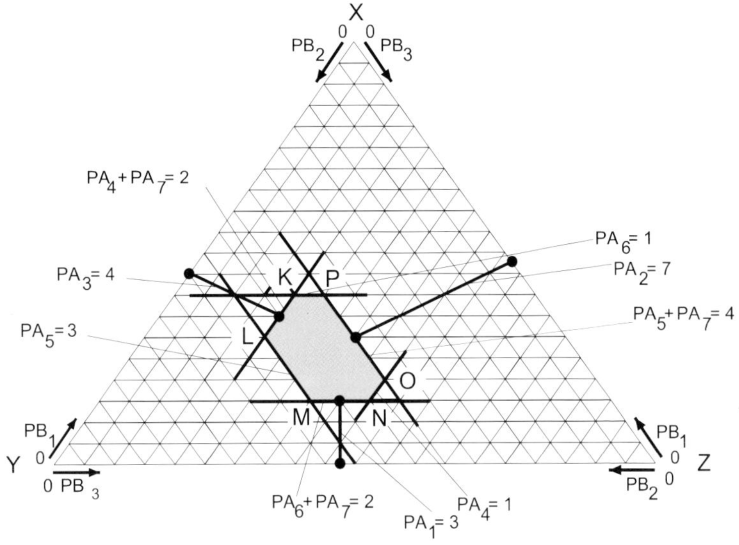

Abbildung 4.13: Dreieck zur Bestimmung der optimalen Personalausstattung (nach *Kossbiel* 1987, 103+116).

Unter Verwendung einer größerzahligen Bezugsbasis (z.B. in 100er-Schritten) läßt sich dieser Ansatz auch auf der strategischen Ebene einsetzen. In „realistischen" Fällen von mehr als drei Bedarfskategorien kann allerdings obiges Procedere über einen Ansatz zur Linearen Programmierung realisiert werden.

4.3.3 Quantitativ: Kennzahlenplanung

Wurden

- auf strategischer Ebene Grundanforderungen vorgegeben oder
- auf der taktischen Ebene über die Berufsfeldanalyse das Anforderungsprofil für die Mitarbeitergruppen festgelegt oder
- auf der operativen Ebene aufgrund einer Aufgabenanalyse ein aggregierter Personalbedarf ermittelt,

so ist jetzt die erforderliche Anzahl von Personen dieses Profils zu bestimmen: Die qualitative Planung ist also durch eine quantitative zu komplettieren. Dazu eignen sich (bei aller Problematik) diverse Formen von Kennzahlenmethoden. Sie basieren im Prinzip auf folgender Bestimmungsgleichung:

$$\text{Personalbedarf} = \frac{\text{Arbeitsmenge}}{\text{Leistungsfähigkeit pro Mitarbeiter}}$$

Aus dieser Gleichung lassen sich verschiedene Formen von Kennzahlenmodellen ableiten. Die nachfolgend aufgeführten fünf Beispiele charakterisieren das Spektrum möglicher Modelle.

4.3.3.1 Einfache Kennzahlen

Einfache Kennzahlenmodelle kommen vor allem im Vertrieb und in Verbindung mit Umsatzzahlen vor. Wurde danach in der Vergangenheit ein bestimmter Umsatz mit einer bestimmten Anzahl von Vertriebsbeauftragten erwirtschaftet, so läßt sich daraus der zukünftige Personalbedarf bestimmen:

$$\text{Personalbedarf Vertrieb} = \text{Planumsatz} \cdot \frac{\text{alte Zahl Vertriebs - MA}}{\text{alter Umsatz}}$$

$$\text{z. B. Personalbedarf} = 2 \text{ Millionen DM} \cdot \frac{30 \text{ Personen}}{1{,}5 \text{ Millionen DM}} = 40 \text{ Personen}$$

Eine Analogie zu diesen Kennzahlen findet man, wenn fest vorgegebene **Bedienungsrelationen** zwischen Produktionsanlage und Arbeitnehmer bestehen: Diese geben den jeweils durch den Produktionsprozeß determinierten Bedarf an Arbeitnehmern bestimmter Qualifikation an. Die Relation ist dabei unabhängig von der Produktivität des Aggregats oder der Arbeitsleistung der Arbeitnehmer. Sind beispielsweise an einer Maschine immer fünf Arbeiter mit Transport- und Zuarbeiten sowie ein Arbeiter mit Einrichttätigkeiten beschäftigt, ist der Personalbedarf für dieses Aggregat bestimmt. Dieser erhöht sich um den durchschnittlichen, unter Umständen noch um eine Sicherheitsmarge vermehrten, Fehlzeitensatz und wird mit der Anzahl der Arbeitsschichten multipliziert.

Implizite Prämissen. Die äußerst einfache Handhabung der Berechnungsformeln auf Basis solcher Kennzahlen wirkt sich zwangsläufig positiv auf ihre Akzeptanz in der Praxis aus und führt zur durchgängigen Aufnahme in die Planungsliteratur (vgl. *Kossbiel* 1992; *Wittlage* 1995; *RKW* 1996). Die Sinnhaftigkeit einer Personalbedarfsbestimmung mit Hilfe von einfachen Kennzahlen setzt aber die Gültigkeit von mindestens **fünf Prämissen** voraus:

- Das *Leistungsprogramm* muß konstant bleiben. Werden neue (personalintensivere) Produkte eingeführt, so führen alte Kennzahlen zu falschen Bedarfswerten.

- Die *Produktivität* muß konstant bleiben. Jede zusätzlich eingesetzte Person hat eine konstante Outputänderung zur Folge. Zwischen der Outputgröße und der Inputgröße muß also eine lineare Beziehung bestehen. Diese Prämisse ist verletzt, wenn Verkäufer aufgrund intensiver Schulung zu höheren Umsätzen fähig sind und so der Personalbedarf (bezogen auf Umsatzeinheiten) reduziert werden kann.
- Die übrigen *Bedarfsdeterminanten* müssen konstant bleiben. Es darf also keine bedarfsbeeinflussende Umweltänderung eingetreten sein; das Erreichen von Sättigungsgrenzen eines Marktes ist ein Beispiel für eine mögliche Änderung von Bedarfsdeterminanten, die eine Verwendung von Kennzahlenmodellen stören.
- Diese Kennzahlen basieren direkt oder indirekt überwiegend auf Arbeitsproduktivitätswerten, die eine exakte *Zeit- beziehungsweise Volumenermittlung* voraussetzen.
- Das aktuelle *Produktionssystem*, aus dem sich die Kennzahlen abgeleitet haben, muß effizient organisiert sein, da ansonsten lediglich Unwirtschaftlichkeit prolongiert wird.

Trotz dieser Einschränkungen bleibt festzuhalten, daß – mangels sinnvoller Alternativen – derartige Kennzahlen eine zentrale Basis für die Personalbedarfsermittlung darstellen.

Beispiele für Kennzahlen, die in Abhängigkeit von der jeweiligen Leistungsart zum Einsatz kommen, sind (vgl. *Wittlage* 1995, 82):
- die Relation zwischen Flugzeuggewicht und Personalbedarf (Fluggesellschaft),
- die Relation zwischen Produktionsvolumen und der Anzahl der Mitarbeiter in der Fertigung (Produktionsbetrieb),
- die Relation zwischen Gesamtbelegschaft und Anzahl der Mitarbeiter im Personalbereich (Personalabteilung),
- die Relation zwischen umbautem Raum je Arbeitsstunde und Anzahl der Mitarbeiter in der Bauabteilung (Baukonzern),
- die Relation zwischen gefahrenen Transportkilometern und Anzahl der Mitarbeiter im Fuhrpark (Spedition) oder
- die Relation zwischen dem Umsatz und der Anzahl der Mitarbeiter an der Kasse (Handelsunternehmen).

Neben direkten Determinanten des Personalbedarfs können für Kennzahlen also auch andere Bezugsbasen herangezogen werden, die mit dem Personalbedarf in einem empirisch nachgewiesenen Zusammenhang stehen – selbst wenn kein kausaler Zusammenhang mit dem Personalbedarf besteht.

Für den Bereich des **Handels** hat *Gerstenecker* (1995) Kennzahlen zusammengestellt (Übersicht 4.7), die für vergleichbare Unternehmen als Richtwerte im Sinne von Benchmarks dienen können.

Personalleistung/Personalkosten pro Jahr		
	Umsatz/Mitarbeiter in TDM	Personalkosten in %
Betriebstyp nach Quadratmeter		
SB-Märkte bis 249 m²	355	12,3
SB-Märkte 250 - 299 m²	217	12,5
Supermärkte 400 - 799 m²	396	11,3
Supermärkte 800 m² und mehr	429	10,3
Verbrauchermärkte 500 - 2 499 m²	515	8,6
Verbrauchermärkte 2 500 - 4 999 m²	529	8,6
Gliederung nach Betriebstypen		
Discounter	509	8,5
SB-Märkte	363	12,4
Supermärkte	416	10,7
Verbrauchermärkte	521	8,6
SB-Warenhäuser ab 5 000 m²	564 - 697	7,9
Aldi (lt. BBE Bayern)	2 000	3,5

Übersicht 4.7: Kennzahlen des Handels (*Gerstenecker* 1995, III/Teil 2/8)

4.3.3.2 Rosenkranz-Formel

Auch der Büro- und Verwaltungsbereich benötigt Methoden zur Berechnung des Personalbedarfs. Hier fehlt jedoch der direkte Bezug zu einer Outputgröße (Umsatzkennzahl) oder zu einem Produktionsverfahren (Bedienungsrelation). Statt dessen prägen unterschiedliche Geschäftsvorfälle in unterschiedlicher Anzahl und mit unterschiedlichen Bearbeitungszeiten das jeweilige Tätigkeitsfeld: Dies macht den Einsatz von mehreren, additiv verknüpften Kennzahlen erforderlich.

Ein bekannter Vorschlag zur Lösung derartiger Problemstellungen ist die Rosenkranz-Formel (vgl. *Rosenkranz* 1966) als eine speziell für Bürotätigkeiten einsetzbare Bestimmungsform für den Personalbedarf. Sie verwendet folgende Variablen:

T (Brutto-)Arbeitszeit pro Person und Monat

m_i durchschnittliche Menge von Geschäftsvorfällen der Kategorie i pro Monat

t_i Zeitbedarf laut Zeitaufnahme für Geschäftsvorfall der Kategorie i (Netto-Soll-Bearbeitungszeit)

t_v Ist-Bearbeitungszeit für Aufgaben ohne Zeitaufnahme („Verschiedenes")

f_{NV} notwendiger Verteilzeitfaktor als Produkt aus
- vergessenen Arbeiten
- Ermüdung und Erholung
- Ausfallstunden

f_{TV} tatsächlicher Verteilzeitfaktor (Quotient aus Bruttoarbeitszeit aller Mitarbeiter und Netto-Soll-Bearbeitungszeit aller Geschäftsvorfälle laut Zeitaufnahme)

Der notwendige Personalbedarf PBDF ergibt sich dann als

$$PBDF = \frac{\sum_{i=1}^{n}(m_i \cdot t_i)}{T} \cdot f_{NV} + \frac{t_v}{T} \cdot \frac{f_{NV}}{f_{TV}}$$

Diese Formel verbindet zwei Möglichkeiten zur Personalbedarfsermittlung: Auf der einen Seite wird **analytisch** bestimmt, wie hoch der Personalbedarf aufgrund des angestrebten Arbeitsanfalles sein müßte (linker Term in der Addition). Auf der anderen Seite wird **summarisch** versucht, ausgehend von der im tatsächlichen Verteilzeitfaktor enthaltenen Produktivität der Mitarbeiter eine Korrekturgröße einzuführen (rechter Term). Dies bedeutet aber, daß sich der tatsächliche Verteilzeitfaktor immer aus dem aktuellen Personalbestand bestimmt. Aus diesem Grunde dient die Rosenkranz-Formel überwiegend dazu, den aktuellen Personalbestand auf seine Angemessenheit hin zu prüfen.

4.3.3.3 Kennzahlen: Ein Überblick

Im Handwörterbuch des Personalwesens gibt *Kossbiel* einen systematisierenden Überblick zu den unterschiedlichen Formeln, die für die Personalbedarfsberechnung zum Einsatz kommen. Wegen des hohen Informationsgehaltes soll diese Darstellung im folgenden wiedergegeben werden (vgl. *Kossbiel* 1992, 1603-1606).

Verwendete Symbole. Für die Dimensionsangaben werden verwendet:

AE	Aufgabeneinheiten (Bestands- oder Bewegungsgrößen)
AK	Arbeitskräfte
AZ	Arbeitszeit
P	Perioden

Ansonsten kommen folgende Symbole zum Einsatz:

PB_{qt}	Personalbedarf für Tätigkeiten der Art q in Periode t [AK]
NVZ	notwendiger Verteilzeitfaktor für ablaufbedingte Wartezeiten, Nebenarbeiten und Erholung
TVZ	tatsächlicher Verteilzeitfaktor (Quotient aus tatsächlich aufgewendeter und erforderlicher Arbeitszeit in der Vergangenheit)
R	jährliche Steigerungsrate der Arbeitsproduktivität
Z	pro Periode von einer Vollzeitarbeitskraft bereitzustellende Arbeitszeit [AZ/AK · P]
a_{qj}	Arbeitsbedarf für Tätigkeiten der Art q zur Erledigung einer Aufgabeneinheit der Art j (Arbeitskoeffizient Typ 1) [AZ/AE]
b_{qj}	Anzahl der Aufgabeneinheiten der Art j, die in einer Arbeitszeiteinheit für Tätigkeiten der Art q erledigt werden können (Arbeitsproduktivität Typ 1) [AE/AZ]; $b_{qj} = 1/a_{qj}$

$b_{qjt'}$ (b_{qjt}) Arbeitsproduktivität Typ 1 im Basisjahr t' (im Vorhersagejahr t)

c_{qj} Anzahl der Aufgabeneinheiten der Art j, die eine Arbeitskraft für Tätigkeiten der Art q in einer Periode erledigen kann (Arbeitsproduktivität Typ 2) [AE/AK · P]; $c_{qj} = Z/a_{qj} = b_{qj} \cdot Z$

d_{qj} Anzahl der Arbeitskräfteperioden für Tätigkeiten der Art q zur Erledigung einer Aufgabeneinheit der Art j (Arbeitskoeffizient Typ 2) [AK · P/AE]; $d_{qj} = 1/c_{qj} = a_{qj}/Z = 1/b_{qj} \cdot Z$

e_{qk} Arbeitsbedarf pro Periode für Tätigkeiten der Art q zur Bedienung (i.w.S.) einer Bestandseinheit (= Aufgabeneinheit) der Art k (Besetzungskoeffizient Typ 1) [AZ/AE · P]

f_{qk} Anzahl an Arbeitskräften für Tätigkeiten der Art q zur Bedienung einer Bestandseinheit der Art k (Besetzungskoeffizient Typ 2) [AK/AE]; $f_{qk} = e_{qk}/Z$

g_{qk} Anzahl an Bestandseinheiten der Art k, die eine Arbeitskraft für Tätigkeiten der Art q bedienen kann (Bedienungskoeffizient) [AE/AK]; $g_{qk} = 1/f_{qk} = Z/e_{qk}$

x_{jt} Anzahl der in Periode t zu erledigenden Aufgabeneinheiten der Art j [AE/P]

y_{kt} in der Periode zu bedienende Bestandseinheiten (Aufgabeneinheiten) der Art k [AE]

z_{qt} Arbeitszeit für Tätigkeiten der Art q, die insgesamt in Periode t für bestimmte nur global umrissene Betriebsaufgaben aufgewendet werden soll [AZ/P]

z^*_{qt} Arbeitszeit für Tätigkeiten der Art q, die insgesamt in Periode t für sonstige nicht genauer spezifizierte Betriebsaufgaben vermutlich tatsächlich aufgewendet wird

Die acht Grundformeln. Unter Verwendung dieser Symbole ergeben sich insgesamt acht Bestimmungsgleichungen für den Personalbedarf. Sie resultieren immer in der Dimension „Anzahl der Arbeitskräfte", die in eckigen Klammern mit ihrer Herleitung angegeben ist.

In den Formeln (1) bis (4) ist das zu berücksichtigende Leistungsprogramm über Bewegungsgrößen [AE/P] angegeben. Der primäre Ansatz liegt in der Fragestellung, welche Aufgabenmengen eine Person pro Periode erledigen kann und wie viele Aufgaben pro Periode anstehen. Allerdings bergen die Formeln insofern ein Konfliktpotential, als die Zeitvorgaben pro Aufgabe letztlich gesetzt oder vereinbart werden müssen – in Form von Normalzeiten oder Durchschnittszeiten.

$$(1)\ PB_{qt} = \sum_{j=1}^{J} \frac{a_{qj} x_{jt}}{Z} \left[\frac{AZ/AE \times AE/P}{AZ/AK \cdot P} = AK \right]$$

$$(2)\ PB_{qt} = \sum_{j=1}^{J} \frac{x_{jt}}{b_{qj} \cdot Z} \left[\frac{AE/P}{AE/AZ \times AZ/AK \cdot P} = AK \right]$$

$$(3)\ PB_{qt} = \sum_{j=1}^{J} \frac{x_{jt}}{c_{qj}} \left[\frac{AE/P}{AE/AK \cdot P} = AK \right]$$

$$(4)\ PB_{qt} = \sum_{j=1}^{J} d_{qj} x_{jt} \ \left[AK \cdot P / AE \times AE / P = AK \right]$$

In der zweiten Gruppe von Formeln (5) bis (7) ist das Leistungsprogramm über Bestandsgrößen [AE] erfaßt. Im Vordergrund steht die Frage nach der Bearbeitungszeit, die ein Aufgabenbestand erfordert und wie viele Personen benötigt werden. Diese Ansätze bergen wieder Konfliktpotentiale durch das Setzen oder Vereinbaren der Zeitvorgaben.

$$(5)\ PB_{qt} = \sum_{k=1}^{K} \frac{e_{qk}\, y_{kt}}{Z} \left[\frac{AZ / AE \cdot P \times AE}{AZ / AK \cdot P} = AK \right]$$

$$(6)\ PB_{qt} = \sum_{k=1}^{K} f_{qk}\, y_{kt} \ \left[AK / AE \times AE = AK \right]$$

$$(7)\ PB_{qt} = \sum_{k=1}^{K} \frac{y_{kt}}{g_{kt}} \left[\frac{AE}{AE / AK} = AK \right]$$

In der Formel (8) ist das zu berücksichtigende Leistungsprogramm implizit über eine Globalgröße „*Arbeitszeitbedarf insgesamt*" [AZ/P] erfaßt: Hierbei ist die Zeit vorgegeben, die für eine Aufgabenerledigung zur Verfügung steht, und daraufhin ist der Personalbedarf abzustimmen.

$$(8)\ PB_{qt} = \frac{z_{qt}}{Z} \left[\frac{AZ / P}{AZ / AK \cdot P} = AK \right]$$

Praktikerformeln. Obwohl sich die zuvor beschriebenen Grundformeln jeweils auch isoliert einsetzen lassen, hat die Personalpraxis seit Jahren diverse Umformungen und vor allem mehrere Kombinationen vorgenommen, um der Komplexität der personalwirtschaftlichen Realität gerecht zu werden:

$$(9)\ PB_{qt} = \sum_{j=1}^{J} \frac{a_{qj} x_{jt}}{Z} \cdot NVZ + \frac{z^{*}_{qt}}{Z} \cdot \frac{NVZ}{TVZ}$$

Diese Formel (9) ist eine Kombination aus (1) und (8); sie wurde als Rosenkranz-Formel bereits in Abschnitt 4.3.3.2 beschrieben und zeichnet sich insbesondere durch die explizite Berücksichtigung eines Arbeitszeitbedarfes für sonstige Aufgaben aus.

$$(10)\ PB_{qt} = \sum_{j=1}^{J} \frac{a_{qj} x_{jt} + z_{qt}}{Z}$$

Auch Formel (10) ergibt sich als Zusammenführung von (1) und (8): Eine mit einem Bemessungswert gewichtete Erfüllungshäufigkeit der Bezugsaufgabe wird um den Ansatz sonstiger Zeiten erweitert und wiederum durch die zur Verfügung stehende Arbeitszeit geteilt.

$$(11)\ PB_{qt} = \frac{Z_{qt}}{Z}$$

Diese Formel entspricht (8) und ist in Praktikerkreisen unter dem Namen „Methode des dynamischen Arbeitsendes" bekannt.

$$(12)\ PB_{qt} = \sum_{j=1}^{J} \frac{x_{jt}}{b_{qjt'}\,(1+R)^{t-t'}\,Z_t}$$

In dieser aus (2) ableitbaren Formel steht im Nenner die Arbeitsproduktivität im Vorhersagejahr t.

Bewertung. Die oben referierte Darstellung von *Kossbiel* illustriert die Komplexität dieser Form der Bedarfsbestimmung. Trotz der vermeintlichen Genauigkeit ist allerdings immer noch eine Unsicherheit in der Ermittlung des Personalbedarfs gegeben, die durch das Setzen oder Schätzen von Größen aufgefangen werden muß.

4.3.3.4 Leitungsspannenmodelle

Unter **Leitungsspanne** versteht man die Anzahl von Mitarbeitern, die eine Führungskraft maximal kontrollieren kann. Auch diese Leitungsspanne ist damit eine Kennzahl: Sie bezieht sich allerdings auf die Outputgröße „kontrollierte Mitarbeiter". Nimmt man auf der untersten Ebene die Erstellung einer realen Unternehmensleistung an (Umsatz oder Marktsegmentgröße) und legt man dann die für erforderlich gehaltene Zahl der unmittelbaren Unterstellungsverhältnisse für jede Hierarchieebene fest, so läßt sich dadurch auf den Personalbedarf der verschiedenen Ebenen schließen. Als direkte Bezugsbasis liegt dem Modell also nicht der Aufgabenumfang zugrunde, sondern eine festgelegte „optimale Leitungsspanne".

Die Anzahl der Führungskräfte läßt sich nach der folgenden **Formel** berechnen (vgl. *Wittlage* 1995, 125):

$$F_j = \frac{\sum_{i=1}^{n} A_{ji}}{L_j}$$

F_j : Personalbedarf einer Führungsebene für die Aktionseinheiten des Typs j

A_{ji} : i-te Aktionseinheit des Typs j

L_j : Leitungsspanne für die Aktionseinheiten des Typs j

Typ j : Aktionseinheiten, die aufgrund sachlicher Kriterien (u.a. Funktion, Produkt) zu einer größeren Organisationseinheit zusammengefaßt werden können

i, j : 1 ... n

Ein Beispiel für eine komplexere Form eines Leitungsspannenmodells liefert *Hanssmann* (1970): Er bildet über Leitungspannen die Kontrollprozesse in Vertriebsorganisationen über die Ebenen

- Verkaufsdirektor,
- Distriktleiter,
- Geschäftsstellenleiter,
- Vertreter und
- Kunden

ab (Abbildung 4.14). Über die entsprechenden Kontrollspannen (y_i) und die Gehälter (x_i) ergibt sich als Leistungsmaßstab die Qualität der „empfangenen" Aufsicht (s_{i-1}) und bestimmt dann daraus die „optimale" Organisation. Ein mathematisches Modell liefert dann unter den gemachten Annahmen die optimalen Kontrollspannen und die optimale Gehaltsstruktur.

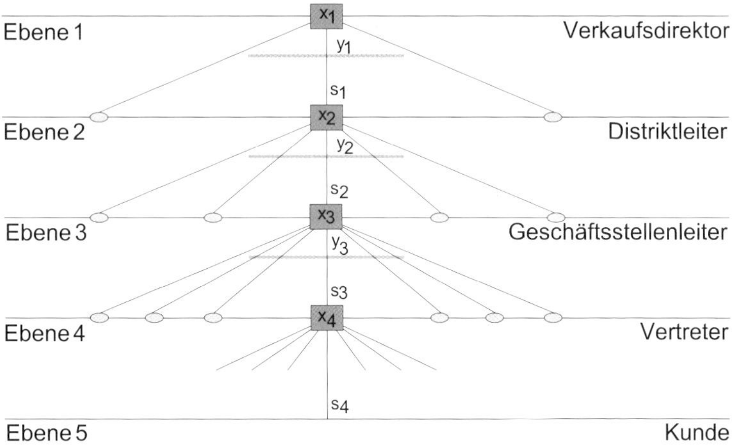

Abbildung 4.14: Das Leitungsspannen-Modell von *Hanssmann* (1970, 18)

4.3.3.5 *Multiple Regressionsmodelle*

Bei dieser Form der Personalbedarfsplanung werden – vereinfacht ausgedrückt – mehrere Kennzahlen gleichzeitig verwendet. Ein Beispiel für eine solche Bestimmungsgleichung ist

$$\text{PBDF} = K + s_1 \cdot \text{Umsatz} + s_2 \cdot \text{Produktdiversifikation} + s_3 \cdot \text{Serviceniveau}$$

Hier werden also mehrere Bedarfsdeterminanten mit entsprechenden Skalaren (s_1, s_2, s_3) multipliziert. Hinzu kommt ein konstanter Wert (K). Mögliche Erweiterungen der multiplen Regression sind nicht-lineare, vor allem aber exponentielle Modelle.

Grundsätzlich sind (multiple) Regressionsmodelle für die Personalbedarfsplanung aufwendig, da sie nicht nur umfangreiches Datenmaterial, sondern auch umfangreiche statistische Berechnungen erfordern. Daher sind die Computerunterstützung und die Heranziehung breiter Datenbasen unverzichtbare Voraussetzungen. Sofern die Bestimmungsgleichung bekannt ist, lassen sich derartige Modelle aber relativ einfach anwenden. Abgesehen vom Problem der Lokalisation von relevanten Determinanten ist aber zu prüfen, ob (analog zu den Kennzahlenmodellen) tatsächlich die Rahmenbedingungen konstant geblieben sind.

Die funktionalen Zusammenhänge können mit Hilfe von Korrelationskoeffizienten und Signifikanztests nachgewiesen werden. Die daraus resultierenden Ergebnisse bilden dann die Basis für die Entscheidung, ob und welche Determinanten zur Personalbedarfsermittlung auch sachlich geeignet erscheinen und in die Regressionsfunktion eingehen. Mögliche Determinanten ergeben sich unter anderem aus der Größe des Planungsbereichs, etwa der Abteilung, und aus der Art der Tätigkeit, etwa Sachbearbeitung oder Führung.

4.3.3.6 *Interaktive Bedarfsanalyse (taktisch)*

Allgemeine Vorgehensweise. Einfache Kennzahlenansätze bis hin zu multiplen Regressionsmodellen basieren auf problematischen Prämissen. So stellt die Übertragbarkeit in die Zukunft ein schwerwiegendes Problem dar: Dies betrifft besonders die Lern- und Rationalisierungseffekte, die im Zeitablauf zu Bedarfsverschiebungen führen. Hinzu kommt das Problem der Datenqualität: So fehlen oft empirische Vergleichswerte aus einem (vollkommen) vergleichbaren Analysefeld.

Abgesehen vom generellen Verzicht auf formalisierte Planungsansätze besteht eine Lösungsmöglichkeit für das Problem der expliziten **Sichtbarmachung** der Planungsunsicherheit und einer daran ansetzenden Evaluierung des Unsicherheitsbereiches. Hierzu müssen Modelle entworfen werden, die im interaktiven Dialog (mit dem Computer) sukzessive die Konsequenz von Parameteränderung prüfen lassen. Ein solches Analysemodell wird nachfolgend exemplarisch vorgestellt.

Wie weiter unten in Abschnitt 4.4.3.2 diskutiert, läßt sich mit Hilfe von Multimoment-Verfahren die Verteilung der Arbeitszeit auf einzelne Tätigkeiten bestimmen. Neben der aufgabenorientierten Vorgehensweise der operativen Ebene, bei der über die Summe der Arbeitszeiten die Anzahl der Arbeitskräfte bestimmt wurde, erlaubt eine solche Datenbasis auch das weitergehende Abschätzen von Bedarfsstrukturen für Arbeitsplatzgruppen auf der taktischen Planungsebene.

Bei dem nachfolgend präsentierten Modell werden ausgehend von einer gegebenen Aufgabenstruktur die Konsequenzen von Veränderungen im Arbeitsvolumen sowie von Veränderungen in der Arbeitsorganisation beziehungsweise in der Arbeitstechnologie bestimmt.

Erstellung und Anwendung des Modells gliedern sich in **fünf Schritte**:

(1) Zunächst wird ein Gesamtkatalog aufgestellt, der die einzelnen Tätigkeiten erfaßt und alle *Tätigkeiten* der zu analysierenden Gruppe(n) von Arbeitsplätzen abdeckt. Er umfaßt Tätigkeiten wie Telefonieren, Kommunizieren oder Präsentieren.

(2) Für jede Gruppe von Arbeitsplätzen wird eine Multimoment-Studie durchgeführt, die in aggregierter Form Aussagen über ihre typische *Strukturen-Zeit-Verteilung* macht. Bei einer stark aggregierten Analyse bietet sich eine Differenzierung an nach
- Geschäftsführung,
- oberer Führungskreis,
- unterer Führungskreis,
- Sachbearbeiter,
- Sekretariatsbereich und
- Hilfskräften.

(3) Als nächstes gilt es zu prüfen, welche Veränderungen sich für den Personalbedarf aus *geänderten Aufgabenstellungen* ableiten. So hat die Zahl der zu bearbeitenden Geschäftsvorfälle unmittelbaren Einfluß auf die Menge der zu verwaltenden Dokumente und die Telefonatshäufigkeit. Derartige Zusammenhänge lassen sich durch Aufgabenanalysen sowie (begrenzt) durch daran ansetzende Zeitstudien ermitteln. Ebenfalls zu berücksichtigen ist die Möglichkeit der Reduktion beziehungsweise des Wegfallens von Funktionen aufgrund von geänderten Bedarfsstrukturen.

(4) Umgekehrt verkürzen Verbesserungen organisatorischer Abläufe und technischer Systeme (speziell im Kommunikationsbereich) die Arbeitszeit. Diese Rationalisierungseffekte lassen sich bei einfachen Tätigkeiten (Einführung eines neuen Fotokopierers) durch Zeitstudi-

en erfassen. Ähnliches gilt für komplexere Systeme, bei denen Hersteller selbst Vergleichsdaten anbieten. Speziell hier sind jedoch zwei Unterfälle zu unterscheiden:

(4a) In einem Fall bezieht sich die Analyse *einzelfallspezifisch* auf eine konkrete Tätigkeit und eine konkrete Rationalisierungsmaßnahme. Diese Analyse führt dann zum Ergebnis, daß bei der Einzeltätigkeit E durch Einführung des Hilfsmittels H eine Zeitverkürzung um x Prozent zu realisieren ist. Sie liefert als Ergebnis direkt das tatsächlich nutzbare Rationalisierungspotential (NRP).

(4b) Im anderen Fall wird zunächst *allgemein* vom maximalen Rationalisierungspotential (MRP) einer neuen Technologie gesprochen. Dieses basiert aber auf der Prämisse, daß in der Vergangenheit in dem Bereich durch neuere Technologien noch keinerlei Rationalisierungseffekte eingetreten sind. Das (von Herstellern) ermittelte MRP ist daher um das bereits genutzte Rationalisierungspotential (GRP) zu reduzieren und ergibt dann das tatsächlich nutzbare Rationalisierungspotential (NRP).

(5) Besonders die Einführung neuer Techniken im Bereich der Bürokommunikation führt darüber hinaus durch Veränderung im *Delegationsgrad* zu einer Verschiebung von Aufgaben zwischen Hierarchieebenen. Dies äußert sich einerseits in einer verstärkten Delegierbarkeit von Tätigkeiten, andererseits aber darin, daß Führungskräfte Aufgaben übernehmen, die früher delegiert wurden. Dazu gehört zum Beispiel die Durchführung von komplexen statistischen Unternehmensauswertungen, die mittlerweile aufgrund der breiten Verfügbarkeit geeigneter Software leicht realisiert werden kann.

Die zusammenfassende Abbildung 4.15 zeigt eine Bedarfsanalyse, die nach vier Tätigkeiten differenziert. Delegationswirkungen sind in diesem Fall nicht berücksichtigt: Abbildung 4.15 umfaßt daher die Schritte (1) bis (4a) beziehungsweise (4b).

Bewertung. Wie generell bei formalisierten Personalplanungsmodellen, basiert auch dieses Modell der interaktiven Personalbedarfsanalyse auf einer Reihe von **Annahmen**: Sie betreffen speziell die Datenverfügbarkeit, die Zurechenbarkeit von Rationalisierungswirkungen, die Einheitlichkeit von Aufgabenstrukturen und die Antizipation der Wirkung von Ablaufänderungen. Da gerade die simultane Berücksichtigung unterschiedlicher Wirkungsrichtungen ein kaum lösbares Planungsproblem darstellt, bietet das Modell der interaktiven Bedarfsanalyse (bei kritischer Anwendung) trotzdem eine wichtige Hilfe bei diesem ansonsten planerisch kaum durchdringbaren Problem einer gruppenbezogenen Personalbedarfsbestimmung.

Spezifische Anwendung. Um Aussagen und Komplexität dieses Modells zu verdeutlichen, soll es nachfolgend in eine realistische Situation über-

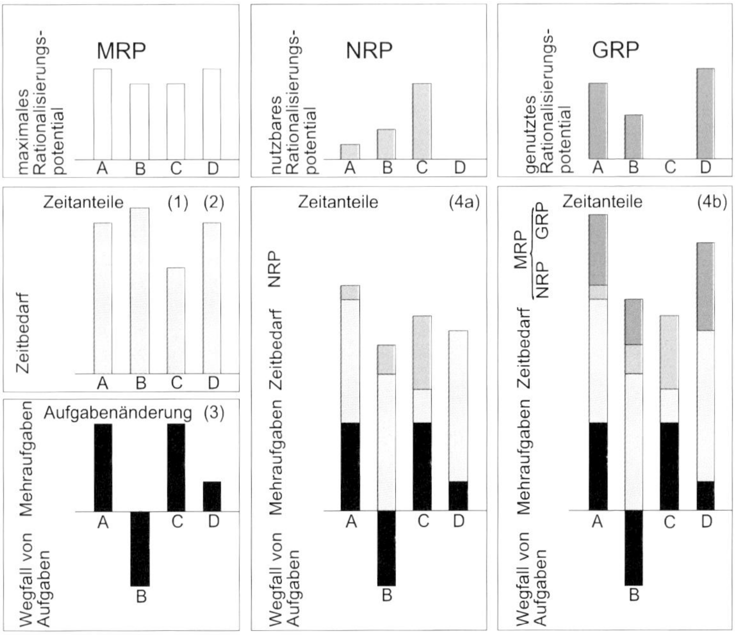

Abbildung 4.15: Analyse von Bedarfsänderungen

tragen werden. Dies betrifft besonders die gleichzeitige Berücksichtigung mehrerer Effekte, nämlich Veränderungen an Aufgaben, Ablauf und Delegation.

Übersicht 4.8 enthält als Ausgangslage in der linken Spalte die durch eine Aufgabenanalyse bestimmten Einzeltätigkeiten und ihre Zeitanteile: Sie geben an, wieviel Prozent der gesamten Arbeitszeit auf die jeweilige Tätigkeit entfällt. In der nächsten Spalte stehen (exemplarische) Wirkungen der Einführung eines neuen Systems der Bürokommunikation: Entsprechend dem oben beschriebenen Fall (4b) sind diese Prozentangaben als maximales Rationalisierungspotential zu interpretieren (MRP) und um das bereits genutzte Rationalisierungspotential (GRP) zu relativieren. Das Ergebnis ist das nutzbare Rationalisierungspotential (NRP).

Durch zeilenbezogene Multiplikation ergeben sich die entsprechenden Veränderungen der Zeitanteile (MRPA, GRPA, NRPA): Die Tätigkeit „Eingangspost“ macht in diesem Fall 5,5% der Tagesarbeitszeit aus; vom MRP (16,3%) ist bisher nur ein kleiner Teil realisiert. Würde das gesamte verbleibende Potential (11,4%) realisiert, so würde dies bezogen auf die Gesamtarbeitszeit eine Reduktion von 0,6% bedeuten. Hinzu kommt in diesem Fall eine durch sonstige Maßnahmen im Bereich der Ablauforganisation bedingte Reduktion im Aufgabenvolumen (2,0%).

	Zeit-anteile (alt)	Rationalisierungspotential bezogen auf Einzeltätigkeit max. MRP	ist GRP	kann NRP	bezogen auf Gesamtzeit max. MR PA	ist GR PA	kann NR PA	neue Aufgaben AUFG
A Eingangspost	5,5	16,3	4,9	11,4	0,9	0,3	0,6	- 2,0
B Dok.-Verteilung	1,1	22,9	22,9	0,0	0,2	0,2	0,0	0,2
C Ausgangspost	0,8	19,5	15,0	4,5	0,2	0,1	0,0	0,2
D Ablage	3,5	31,0	9,3	21,7	1,1	0,3	0,8	0,2
Σ Postverwaltung → 10,8								
E Datenauswahl	5,2	35,7	10,7	25,0	1,9	0,6	1,3	0,0
F Suchen/Abfragen	4,0	28,2	8,4	19,7	1,1	0,3	0,8	0,0
G Lesen der Informationen	5,0	1,4	0,4	1,0	0,1	0,0	0,0	0,0
Σ Info.-Beschaffung → 14,1								
H Telefonieren	11,4	16,9	5,1	11,8	1,9	0,6	1,3	0,0
I Besprechungen	6,7	3,4	1,0	2,4	0,2	0,1	0,2	0,1
K Informelle Kommunikation	4,4	4,3	1,3	3,0	0,2	0,1	0,1	0,1
L Reisezeit	1,9	1,3	0,4	0,9	0,0	0,0	0,0	- 0,1
Σ Kommunikation → 24,3								
M Kalenderfunktion	1,0	10,4	3,1	7,3	0,1	0,0	0,1	0,0
N Terminplanung	1,5	17,0	5,1	11,9	0,3	0,1	0,2	0,0
O Wartezeiten	1,5	0,0	0,0	0,0	0,0	0,0	0,0	0,0
P Benutzung Hilfsmittel	2,0	2,5	0,7	1,7	0,0	0,0	0,0	0,0
Σ Zeitmanagement → 6,0								
Q Schreiben	10,9	17,1	5,1	11,9	1,9	0,6	1,3	1,0
R Diktieren	1,8	3,2	1,0	2,2	0,1	0,0	0,0	0,0
S Formular erstellen	1,0	10,0	3,0	7,0	0,1	0,0	0,1	0,0
T Maschinenschreiben	7,5	31,2	5,0	26,2	2,3	0,4	2,0	- 1,0
U Schreibsystem benutzen	0,3	8,8	2,6	6,1	0,0	0,0	0,0	0,0
V Korrekturlesen	3,8	30,7	9,2	21,5	1,2	0,3	0,8	2,0
W Zusammentragen/Sortieren	1,3	25,6	7,7	17,9	0,3	0,1	0,2	0,0
X Dok. zusammenfassen	0,5	31,8	9,5	22,3	0,1	0,0	0,1	0,0
Y Kopieren	3,9	39,1	11,7	27,4	1,5	0,5	1,1	0,0
Σ Dok.-Erstellung → 30,8								
a Analyse	1,0	7,9	2,4	5,5	0,1	0,0	0,1	2,0
b Berechnungen	3,5	20,0	6,0	14,0	0,7	0,2	0,5	0,0
c Planungen	1,8	8,4	2,5	5,8	0,2	0,0	0,1	0,0
d Arbeit am Terminal	3,6	20,2	10,0	10,2	0,7	0,4	0,4	0,0
e Anleiten/Training	0,4	0,0	0,0	0,0	0,0	0,0	0,0	0,0
f Selbstlernen	0,4	0,0	0,0	0,0	0,0	0,0	0,0	2,0
g Präsentation erstellen	0,8	54,6	16,4	38,2	0,4	0,1	0,3	0,0
Σ Entscheidungs-unterstützung → 11,4								
Erfaßte Gesamtzeit	97,6%							
Verkürzungsanteil (Kommunikationstechnologie)							12,4%	
Erweiterungsanteil (neue Aufgaben)								3,8%
Ergebnis (Gesamtveränderung) = **Reduktion der Gesamtzeit um 8,6%**								

Übersicht 4.8: Analyse von Zeitanteilsveränderungen (in %)

In dem Beispiel aus Übersicht 4.8 werden insgesamt 31 Einzeltätigkeiten erfaßt, die zusammen 97,6% der Arbeitszeit abdecken. Einer potentiellen Verkürzung um 12,4% stehen zusätzliche Aufgaben im Umfang von 3,8% gegenüber. Nach Einführung der hier analysierten Informationstechnologie ergibt sich danach trotz des vergrößerten Volumens eine Reduktion der Gesamtzeit um 8,6%, also eine Personalbedarfsreduktion.

Solche Analysen setzen eine breite **Datenbasis** voraus. Ihr zentraler Bestandteil ist die Verteilung der aktuellen Arbeitszeit entsprechend der Multimoment-Studie. Die Abschätzung potentieller Rationalisierungsvorteile geht im Regelfall von Modellannahmen aus, weil nur selten empirisch abgesicherte Daten vorliegen. Daher dient eine Analyse nach oben vorgestelltem Muster primär als Ausgangspunkt für weitere Überlegungen: Diese fließen sukzessive in das Modell ein und ihre **Implikationen** werden untersucht. Hierfür eignen sich speziell Modelle, die auf dem Personal Computer erstellt werden: Das Modell aus Übersicht 4.8 wurde mit Hilfe eines Tabellenkalkulations-Programms entwickelt und erlaubt deshalb eine interaktive Problemlösung.

Zu diesem Modell der interaktiven Bedarfsanalyse gehören auch grafisch aufbereitete Darstellungen wie Kuchen- oder Säulendiagramme, die Veränderungen in den Zeitanteilen deutlich machen. Das Säulendiagramm in Abbildung 4.16 bezieht sich auf das Beispiel aus Übersicht 4.8 und läßt die Verschiebungen der Zeitbedarfsstruktur im Hinblick auf

- das bereits genutzte Rationalisierungspotential,
- das noch nutzbare Rationalisierungspotential,
- den ursprünglichen Zeitanteil reduziert um das nutzbare Rationalisierungspotential,
- die Zusatzaufgaben sowie
- (gegebenenfalls) die Reduktion von Arbeitsvolumen

erkennen.

Dem Delegationsaspekt kommt besonders dann Bedeutung zu, wenn das Modell mehrere arbeitsteilig verbundene Aufgabenbereiche umfaßt. Das oben skizzierte Modell der interaktiven Bedarfsanalyse differenziert zu diesem Zweck nach sieben Aufgabenbereichen, die sich von der Geschäftsführung über mehrere Führungskreise bis hin zum Hilfskraftbereich erstrecken (Übersicht 4.9). Aufgrund von anstehenden Aufgabenveränderungen, die sich prozentual unterschiedlich auf die Aufgabenbereiche auswirken, wird ein **Mehrbedarf** von 81 Personen erforderlich. Dieser soll – im vorliegenden Beispiel – durch den gleichzeitigen Einsatz neuer Informationstechnologien und durch eine veränderte Organisation kompensiert werden.

Durch gruppenspezifische Analysen (entsprechend Übersicht 4.8) werden die nutzbaren Rationalisierungspotentiale (NRP) bestimmt; hinzu kommen die veränderten Delegationsmöglichkeiten: Sie betreffen zum einen die delegierende Stelle, die durch die Delegation entlastet wird (Del-), zum anderen die Stelle, deren Arbeitsvolumen durch Delegation steigt (Del+). Als Ergebnis wird in diesem Beispiel durch den Einsatz der neuen Informationstechnologie und durch veränderte Ablauforganisation der zusätzliche Arbeitsanfall sogar überkompensiert.

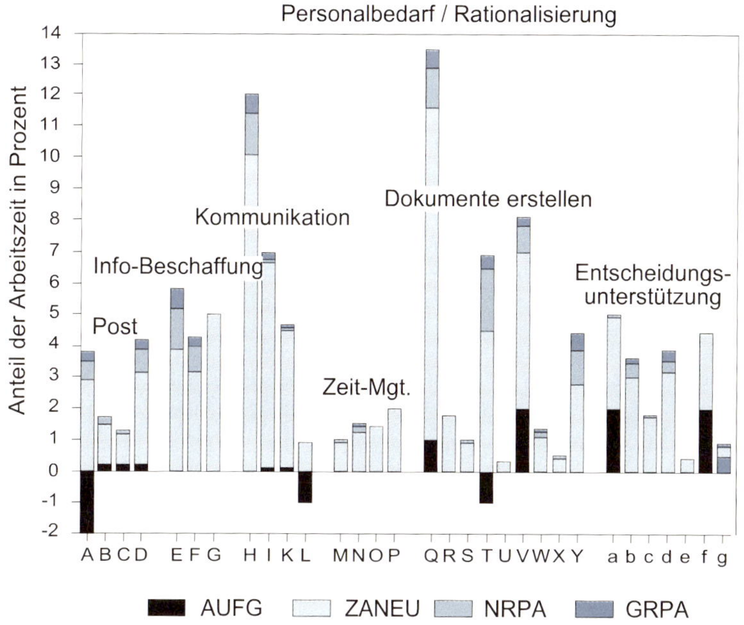

Abbildung 4.16: Grafische Auswertung zu Übersicht 4.8

Das Modell berücksichtigt noch nicht die **Kosten** für die neue (Informations-)Technologie: Sie können dazu führen, daß auch das nutzbare Rationalisierungspotential nicht ganz ausgeschöpft, das nutzbare Rationalisierungspotential also reduziert wird.

	Best	Aufgabenänderung				Delegation		Bedarf	
	Alt	**%**	**Pers**	**Ergebnis**	**NRP**	**Del-**	**Del+**	**Neu**	**+/-**
Geschäftsführung	5	10%	1	6	7%	5%	0%	5	0
oberer Führungskreis	20	15%	3	23	7%	5%	1%	21	1
mittlerer Führungskreis	100	10%	10	110	8%	10%	1%	91	-8
unterer Führungskreis	350	10%	35	385	9%	10%	3%	325	-25
Sachbearbeiter	280	9%	26	306	12%	0%	7%	292	12
Sekretariatsbereich	27	9%	3	30	12%	0%	37%	38	11
Hilfskräfte	53	5%	3	56	12%	0%	7%	53	0
Personalbestand	**835**								
Personalbedarf nach Aufgabenveränderung →				**916**					
nutzbares Rationalisierungspotential →					**9,9%**				
Personalbedarf nach Aufgabenänderung und Rationalisierung →								**825**	

Übersicht 4.9: Interaktive Bedarfsanalyse (Gesamttableau)

4.3.4 Zeitbezogen

Personalbedarf besteht auch auf der taktischen Ebene nicht nur qualitativ und quantitativ, sondern auch in zeitlicher Hinsicht. Hierbei entstehen **Engpässe**, wenn Aufgaben erledigt werden müssen, deren Bearbeitung sich über den zeitlichen Rahmen der Arbeitszeit einzelner Mitarbeiter erstreckt. Dies ist bei *Servicefunktionen* der Fall, traditionell in Bereichen wie Krankenhäusern, aber auch induziert durch neue Dienstleistungsangebote wie die von Call Centern. Zeitlicher Personalbedarf ist darüber hinaus berührt, wenn es um den Ausgleich temporärer *Leistungsspitzen* geht; hierzu ist über den Bedarf an Fremdmitarbeitern zu entscheiden. Schließlich steht noch die Frage an, wie sich bei einer *dynamischen Veränderung* der Unternehmensentwicklung im Zeitablauf der Personalbedarf wandelt.

Im Gegensatz zu den erfolgenden Aktivitäten Personalbeschaffung und Personaleinsatz geht es an dieser Stelle nicht darum, wie der Personalbedarf zu befriedigen ist, sondern vor allem, welcher Personalbedarf in welcher möglichen Bedarfsgruppe überhaupt entsteht. Ein spezifischer Personalbedarf für eine Beschaffungsform entsteht gar nicht erst, wenn rechtliche Restriktionen einen sinnvollen Einsatz nicht absehbar werden lassen. Eine mögliche Externalisierungsentscheidung berührt also bereits die quantitativen, qualitativen, zeitlichen und räumlichen Aspekte der dazu benötigten Mitarbeiter sowie dieselben Aspekte der parallel im Unternehmen beschäftigten internen Mitarbeiter. Es findet ein Abgleich interner und externer Anforderungskriterien statt, der auf dem Prinzip der Kompensation zwischen den Personalbedarfsqualitäten beruht.

4.3.5 Ortsbezogen

4.3.5.1 Dezentralisierter Personalbedarf: Telearbeit

Ohne die Vorteile und Nachteile des Personaleinsatzes in Telearbeit vorwegzunehmen (Abschnitt 7.2), muß die Personalbedarfsbestimmung die **Anforderungsmerkmale** festlegen, unter denen die Nutzung von Telearbeit erst sinnvoll wird. Hierzu werden

- beim *Wunsch nach Einsparungen an Raum* Mitarbeiter mit Raumsubstituten,
- beim *Wunsch nach Produktivitätssteigerung* Mitarbeiter mit der Fähigkeit zur Selbstkontrolle
- beim *Wunsch nach erhöhter Kundenorientierung* Mitarbeiter mit der Bereitschaft zur Mobilität,

- beim *Wunsch nach Senkung von Absentismusraten* Mitarbeiter mit der Fähigkeit zur Selbstmotivation,
- beim *Wunsch nach Erhaltung von Qualifikationspotentialen* Mitarbeiter mit der Anreizstruktur eines individuellen Vertragspartners

benötigt.

In ihrer Studie auf Basis von 62 Tiefeninterviews mit **Telearbeitern** aus fünf Unternehmen stellen *Baruch* und *Nicholson* (1997) individuelle Merkmale zusammen, die von den Betroffenen als notwendig beziehungsweise hinderlich bezeichnet werden (Übersicht 4.10).

Förderliche Merkmale	**Prozent**
Selbstmotivation	45%
Fähigkeit, alleine zu arbeiten	42%
Hartnäckigkeit	29%
organisierte Person	29%
Selbstvertrauen	18%
Zeitmanagement-Fähigkeiten	18%
Computerbedienungssicherheit	18%
Integrität	18%
Kommunikationsfähigkeiten	3%
sonstige	16%
Hinderliche Merkmale	**Prozent**
Bedürfnis nach sozialem Leben	37%
Bedürfnis nach Überwachung	35%
sonstige	11%

Übersicht 4.10: Individuelle Qualitäten für die Telearbeit
(nach *Baruch/Nicholson* 1997, 23)

Die Zusammenstellung dieser Anforderungsmerkmale ergibt einen direkt umsetzbaren Katalog für die Personalbedarfsbestimmung, die im Zusammenhang mit der Telearbeit vor allem Mitarbeiter suchen muß, die sich intrinsisch durch Arbeit motivieren lassen.

Auch an die **Führungskräfte** in Telearbeits-Verhältnissen werden spezifische Anforderungen gestellt. Solche Anforderungen beziehen sich vor allem auf die Fähigkeit, innovative Lösungen für diejenigen Aufgaben zu finden, die in traditionellen Arbeitsverhältnissen gefordert, hier aber nicht mehr möglich sind: das direkte Ausüben der Hierarchiefunktion, die mitarbeiternahe Personalführung, die reaktive Koordination arbeitsteiliger Prozesse, die rasche Evaluation der Arbeitsergebnisse sowie die permanente Aufrechterhaltung von Motivation und Leistungsbereitschaft. Zusätzlich ist es notwendig, das eigene Selbstwertgefühl zu bewahren, wenn es bisher über die Leitungsintensität und Leitungsspanne bezogen auf die direkt anwesenden Mitarbeiter definiert wurde. Je telearbeitsgeeigneter die Führungskräfte ihre Mitarbeiter aussuchen, desto größer ist die Wahrscheinlichkeit, daß die Führungsprobleme auch für die Führungskraft-Funktion beherrschbar bleiben.

4.3.5.2 Internationaler Personalbedarf: Interkulturelle Teams

Für die Globalisierung ist es auf der Gruppenebene bedeutsam, daß sich die Mitarbeiter und die Führungskräfte im internationalen Rahmen zu funktionierenden Teams zusammenschließen. Diese Teams sind grenzüberschreitend tätig und zusätzlich von den Nationalitäten her gemischt. Die Personalbedarfsbestimmung sorgt in diesem Zusammenhang für die Passung der Mitarbeiter in interkulturellen Netzwerken und Teams. Hierzu sind nicht nur isolierte Fähigkeiten gefragt, sondern eine Kombination von interkultureller Kompetenz, Managementfähigkeiten, Führungskompetenz sowie eine Intrapreneur-Orientierung. Die Personalbedarfsbestimmung muß diesen Bedarf konkretisieren.

Nicht jedes Teammitglied muß auf die gleiche Weise interkulturell kompetent sein. Während Mitarbeiter in dem Bereich der Personalabteilung, der sich mit der Auslandsentsendung anderer Mitarbeiter befaßt, eher interkulturelle Generalisten sein müssen (vgl. *Bittner/Reisch* 1994, 121), ist es für Entsandte, abhängig von deren Rolle im Kulturtransfer-Prozeß, im Extremfall sogar ausreichend, wenn sie vor allem fachliche und wenig interkulturelle Kompetenz aufweisen. In Teamstrukturen können die fehlenden Kompetenzen solcher „Exoten" von anderen Teammitgliedern kompensiert werden, und es kommt mit der Zeit zu Lerneffekten.

Ein Spezialfall ist die Personalbedarfsplanung für **internationale Joint Ventures** und andere internationale Kooperationen. Hier kommen zur unternehmensinternen Planung internationaler Teamstrukturen Unsicherheiten über die Zahl und Qualität der durch den Partner determinierten Stellenbedarfe sowie allgemein die partnerschaftlich ausgerichteten Entscheidungsfindungsprozesse auch in der Personalbedarfsbestimmung hinzu. Aus diesen Zusatzanforderungen ergibt sich, daß die für die Laufzeit der Kooperation erwarteten Arbeitsmengen nicht so konkret festgelegt werden können wie innerhalb eines Unternehmens. In der Startphase der Kooperation müssen zusätzliche Abstimmungs- und Transferaufgaben, insbesondere zur Strukturbildung, Herstellung von Kompatibilitäten und zur gemeinsamen Definition von Personalbedarfen erledigt werden, was bei einer Überlastung der Leitungsstellen auch zu einem stillschweigenden Auslaufen der Kooperation führen kann (vgl. *Meckl* 1996). Strukturredundanzen zwischen den Partnern erleichtern den Aufbau der Teams ebenso wie frühzeitige schriftliche Fixierungen gemeinschaftlicher Abstimmungen zum Personalbedarf.

4.4 Operative Ebene: Stellenbezug

4.4.1 Überblick

Aus der Charakterisierung der operativen Managementebene ergibt sich für diese Ebene als zentrales Planungsobjekt die einzelne Stelle oder die einzelne Tätigkeit. Personalbedarfsbestimmung in qualitativer Hinsicht verlangt Aussagen über die Anforderungsmerkmale einer Stelle und ihre jeweiligen Ausprägungen. Merkmale und Merkmalsausprägungen führen dann zum Anforderungsprofil, das später für den Personaleinsatz dem Fähigkeitsprofil der Mitarbeiter gegenübergestellt werden kann. Für die quantitative Dimension der Personalbedarfsbestimmung auf der operativen Ebene wird dagegen ermittelt, wieviel Zeit eine vorher definierte Tätigkeit erfordert und welche Zahl von Mitarbeitern sich daraus ableitet. Ansatzpunkt ist hier der Zeitbedarf.

4.4.2 Qualitativ: Anforderungsprofil

Zentrale Planungsgrundlage des qualitativen Personalbedarfs auf der operativen Ebene ist das Anforderungsprofil: Unabhängig von aktuellen oder zukünftigen Stelleninhabern machen Anforderungsprofile nach Merkmalen differenziert Aussagen über Art und Höhe der Anforderungen einer Stelle.

Das Anforderungsprofil einer Stelle ist stets eine Teilmenge der Fähigkeitsprofile: Für jedes Merkmal im Anforderungsprofil existiert ein Fähigkeitsmerkmal. Umgekehrt muß aber nicht jedes Fähigkeitsmerkmal ein korrespondierendes Anforderungsmerkmal aufweisen, da Personen im Rahmen eines Tätigkeitsbereichs mehrere Stellen innehaben können und für sie deshalb zusätzliche Merkmale erhoben wurden.

4.4.2.1 Klassifikationsvorschläge

Vorschläge zur inhaltlichen Ausgestaltung von Anforderungsprofilen stammen aus der Arbeitswissenschaft und der Verhaltensforschung.

Arbeitswissenschaftliche Schemata. Die Arbeitswissenschaft liefert das zur Arbeitsbewertung grundlegende **Genfer Schema** (vgl. *Gehle* 1950; *Böhrs* 1980) und das **REFA-Schema** (vgl. *REFA* 1985a, 42-54) als ineinander überführbare Vorschläge. Übersicht 4.11 enthält die Hauptgruppen von Anforderungsmerkmalen beider Gliederungsvorschläge.

Auf ihnen basieren auch noch heute die meisten Anforderungsklassifikationen im deutschsprachigen Raum (vgl. *Berthel* 1997, 130).

Genfer Schema	REFA-Schema	Beispiele	Datenermittlung
Können	Kenntnisse	Ausbildung, Erfahrung	in Klassen beschreibbar
	Geschicklichkeit	Handfertigkeit, Körpergewandtheit	
Verantwortung		für die ... eigene Arbeit ... Arbeit anderer ... Sicherheit	in Klassen beschreibbar beziehungsweise Konsequenzen abschätzbar
Belastung	geistige Belastung	Aufmerksamkeit, Denktätigkeit	Dauer, Art und Häufigkeit meßbar beziehungsweise beschreibbar
	muskelmäßige Belastung	dynamische, statische, einseitige Arbeit	
Umgebungseinflüsse		Klima, Staub, Lärm, Hitze	meßbar und zählbar
		Nässe, Schmutz, Dämpfe	in Klassen beschreibbar
		Erkältungsgefahr, Unfallgefahr	allgemein beschreibbar

Übersicht 4.11: Vorschläge für Obermerkmale von Anforderungen

Verhaltensorientierte Schemata. Der **Position Analysis Questionnaire** als zweiter (und klassischer) Vorschlag für die Schematisierung von Anforderungsmerkmalen stammt aus den USA (vgl. *McCormick/Ilgen* 1981, 41-43) und ist auf das zur Leistungserstellung erforderliche Verhalten ausgerichtet. Er unterscheidet in der Originalversion 194 Anforderungsmerkmale, die auf sechs Hauptkategorien („divisions") zugeordnet werden können:

- Informationsinput,
- geistige Prozesse (Informationsverarbeitung),
- Arbeitsausführung und Arbeitsergebnis,
- arbeitsrelevante Beziehungen zu anderen Personen,
- Arbeitssituation und Umgebungseinflüsse sowie
- sonstige Arbeitsbedingungen.

Eine deutsche Version des PAQ wurde als „**Fragebogen zur Arbeitsanalyse**" (FAA) von *Frieling* und *Hoyos* (1978) entwickelt; auch das „Arbeitswissenschaftliche Erhebungsverfahren zur Tätigkeitsanalyse" (AET) orientiert sich am PAQ (vgl. *Rohmert/Landau* 1979; *Landau/Bokranz* 1986). Beim PAQ werden die Ausprägungen der einzelnen Anforderungsmerkmale auf Skalen für Häufigkeit und Wichtigkeit festgelegt. Beispielsweise stuft man das Item „Wie häufig dienen Meß- und Prüfgeräte (Lineal, Stechzirkel, Senkwaage etc.) als Quelle der Arbeitsinformation“ auf der Likert-Skala von „trifft nicht zu“ (0) bis „sehr häufig“ (5) bei einem Werkzeugmacher mit 5 ein und kreuzt auch die verwendeten Meßgeräte an. Damit ist die statistisch auswertbare (ordinale) Skalierung mit der inhaltlichen (nominalen) Erfassung der Arbeitstätigkeit gekoppelt (vgl. *Frieling/Sonntag* 1987, 56-57). Für den PAQ, der trotz seines „anerkannt hohen theoretischen und empirischen Niveaus“ als zu breit und umfassend gilt (vgl. *Berthel* 1997, 128), liefert besonders die synthetische Validierung bestätigende Befunde (vgl. *Neunert* 1977, 48-57).

Eine weitere Quelle zur Konstruktion von Anforderungsprofilen sind verhaltensorientierte Beurteilungsskalen (VOBS) mit einer veränderten Schwerpunktsetzung: Sie drücken in diesem Fall nicht die Beurteilung mitarbeiterspezifischen Verhaltens aus, sondern dienen zur Erfassung speziell von verhaltensorientierten Anforderungen existierender oder geplanter Tätigkeiten. Hier eignen sich Skalen vom Typ Verhaltenserwartungsskalen (VES): Sie betonen, daß es sich um stellenspezifische Anforderungen handelt, deren Erfüllung man „erwarten“ kann.

Offen blieb bisher die Frage, auf welche dieser Quellen im Einzelfall zurückgegriffen werden soll: Hier dürfte der auf konkrete Anforderungen abstellende Fähigkeitsansatz (Genfer Schema, REFA) bei gut planbaren Aufgaben sinnvoll sein, der abstraktere und die generellen Verhaltensmerkmale betonende VES-Ansatz dagegen eher bei schlecht planbaren Aufgaben. Der PAQ und seine diversen Adaptionen bieten sich wegen der umfangreichen Merkmalskataloge nicht nur für gut planbare und bereits existierende, sondern auch für schlecht strukturierte oder erst zu planende Aufgaben an.

Empirischer Befund (GPP): Verwendung ausgewählter Methoden zur Definition von Stellenanforderungsprofilen (in Prozent)

Während das Genfer Schema sowie das REFA-Schema Besonderheiten des deutschen Sprachraumes bleiben, wird der Position Analysis Questionnaire aus den USA auch im europäischen Personalmanagement verwendet.

	D	Ö	USA	F	Sp	Rest	Σ
Genfer Schema	4	4	-	-	-	10	4
REFA-Schema	8	4	-	-	-	-	3
Position Analysis Questionnaire	28	9	75	-	7	55	23

Die Häufigkeit, mit der die Erstellung von Anforderungsprofilen vorgeschlagen wird, darf nicht über ihre grundlegenden theoretischen und praktischen **Probleme** hinwegtäuschen: Diese beginnen beim Auswahlproblem der „relevanten Merkmale" und setzen sich fort in der Schwierigkeit, die Ausprägung dieser Anforderungsmerkmale zu erheben. Sie führen schließlich zum Konflikt zwischen Stabilität und Aktualität der Anforderungsmerkmale: „Stabilität" verlangt inhaltliche Konstanz über einen längeren Zeitraum, „Aktualität" dagegen rasche Anpassung der Anforderungsmerkmale.

Besonders aus diesem Grund ist es unerläßlich, sich bei der Erstellung von Anforderungsprofilen von übergeordneten **Entwurfsprinzipien** leiten zu lassen:

- Nur wesentliche Merkmale der Stelle sind zu berücksichtigen (*Relevanz*).
- Alle charakterisierenden Merkmale der Stelle müssen erfaßt sein (*Vollständigkeit*).
- Die gleichen Tatbestände sollen nicht mehrfach erhoben werden (*Überschneidungsfreiheit*).
- Abgrenzung und Erhebung der Merkmale sollen interpersonell nachprüfbar sein (*Eindeutigkeit, Objektivität*).
- Die Merkmalsausprägung soll leicht erhebbar sein (*Einfachheit*).
- Der Vorgang der Merkmalserhebung soll zuverlässig sein (*Reliabilität*).
- Das Meßergebnis soll die tatsächliche Ausprägung der Anforderungshöhe widerspiegeln (*Validität*).
- Die Merkmalsanzahl hat Kosten/Nutzen-Überlegungen zu genügen (*Effizienz*).

Eine die Merkmalsauswahl „optimierende" Regel fehlt auch hier; trotzdem trägt die teilweise Erfüllung obiger Bedingungen zur Effektivitäts- und Effizienzverbesserung im betrieblichen Personalmanagement bei.

4.4.2.2 Zentrale Anforderungen

Anforderungsschemata an Mitarbeiter und Führungskräfte leiten sich aus den Klassifikationsschemata ab und werden unternehmensspezifisch ausgestaltet. Insbesondere für Führungskräfte reichen die Spezifikationen aus der Analyse der aufgabenbezogenen Tätigkeit nicht mehr aus: Hinzu kommen spezifische Anforderungen, die sich aus der Führungsrolle ergeben. So umfassen entsprechende Schemata (vgl. *Zeidler* 1972; *Berthel* 1997, 131) Anforderungen an

- funktionsunabhängige Fachkenntnisse (z.B. Ausbildung, Berufserfahrung),
- funktionsabhängige Fachkenntnisse,
- administrative, konzeptuelle, fachbezogene und soziale Fähigkeiten sowie an

– mitarbeiter-, informations- und kontrollorientiertes Arbeits- beziehungsweise Führungsverhalten.

Daneben treten Anforderungen, die die Komponente des Wollens betreffen, also Leistungsbereitschaft und Leistungswille.

Auch *Mintzbergs* (1990, 168-172) Verhaltensmuster von **Managern** liefern konkrete Anforderungen:

- Manager müssen als *Gallionsfigur* die Organisation repräsentieren, als *Führungskräfte* Mitarbeiter motivieren und als *Vernetzer* interne und externe Kontakte knüpfen (interpersonelle Rolle).
- Sie müssen als *Monitor* Informationen sammeln und verwerten, diese als *Informationsvermittler* intern weitergeben und als *Sprecher* die Umwelt über die Situation des Unternehmens informieren (informationsbezogene Rolle).
- Sie müssen als *Beweger* die Organisationseinheit entwickeln, als *Problemlöser* auf Veränderungen reagieren, als *Ressourcenzuteiler* Mittel an die Unternehmenseinheiten vergeben und als *Verhandlungsführer* die unternehmerische Position gegenüber den Interessengruppen vertreten (entscheidungsorientierte Rolle).

Diese Verhaltensmuster betreffen vor allem die Fähigkeit, einen Abgleich zwischen planerischen und intuitiven Managementkomponenten herstellen zu können.

4.4.2.3 Anforderungen im internationalen Bereich

In internationalen Bereich lassen sich die Anforderungen hinsichtlich des zusätzlich differenzierten landes- und unternehmenskulturellen Umfeldes weiter konkretisieren. Sowohl allgemein erforderliche Merkmale als auch spezifisch interkulturelle Merkmale sind verstärkt auf die Globalisierungserfordernisse ausgerichtet.

Die erste Gruppe sind **generelle Persönlichkeitsmerkmale**. Hierzu gehören unter anderem folgende Eigenschaften:

- Wegen der geographischen Entfernung zu der Muttergesellschaft erfordert der Auslandseinsatz im Regelfall größere *Autonomie* im Sinne von Selbständigkeit und Selbstdisziplin.
- Der Umgang mit neuen und unbekannten Situationen verlangt nach einer hohen *Unsicherheitstoleranz*, um trotz Näherungsprozessen bei unvollkommener Information, Unklarheit und Unsicherheit sinnvolle Entscheidungen treffen zu können.
- Gerade weil beim Auslandsengagement vieles noch nicht im Detail fertig vorstrukturiert ist, bedarf es einer kreativen *Flexibilität* in Verbindung mit ausreichendem Improvisationstalent.
- Prägendes Kennzeichen einer internationalen Aktivität ist der Umgang mit Menschen. Insbesondere der „Global-Manager“ muß daher

teamfähig sein, was vor allem die Bereitschaft und Fähigkeit zur Kommunikation und Kooperation voraussetzt.

- Abgesehen von reinen Fachexperten werden im Regelfall (angehende) Führungskräfte ins Ausland geschickt. Dies impliziert die *Fähigkeit zur Motivation* von Mitarbeitern (und von sich selbst), wozu auch bei oberen Führungskräften eine visionäre Kraft und Begeisterungsfähigkeit gehört.
- Auch bei bester Planung lassen sich gerade im internationalen Personalmanagement (temporäre) Rückschläge nicht ausschließen. Nötig sind daher die *Fähigkeit zur Streßbewältigung* und eine hohe Frustrationstoleranz, letztlich also auch ein stabil ausbalanciertes emotionales Gleichgewicht.

Betrachtet man diese Liste, so handelt es sich streng genommen um Anforderungen, die eigentlich an alle oberen Führungskräfte zu stellen sind. Falsch wäre eine Argumentation, wonach beispielsweise die „Fähigkeit zur Streßbewältigung" ausschließlich für den „Euro-Manager" gilt, nicht aber für den „Company-Manager". Richtig ist, daß diese Merkmale besonders stark im internationalen Kontext gefragt und daher überlebenskritisch sind.

Die zweite Gruppe von Merkmalen betrifft die **konkrete Qualifikation**. Zu nennen sind hier unter anderem Kenntnisse in den Bereichen

- Projektmanagement,
- Produktmanagement,
- Personalmanagement,
- internationale Rechts-, Wirtschafts- und Sozialsysteme,
- EDV,
- Organisation (Aufbau- und Ablauforganisation),
- Marketing sowie speziell
- strategische Unternehmensführung.

Grundkenntnisse in diesen Bereichen gehören ebenfalls zu den Voraussetzungen für alle Führungskräfte. In der personell breiter ausgestatteten Muttergesellschaft kann jedoch angesichts der zur Verfügung stehenden Experten eher auf einzelne Qualifikationen verzichtet werden: Dies ist bei Auslandsentsendungen seltener der Fall, weshalb die Führungskräfte neben ihren spezifischen Fachkenntnissen auch die *komplette Breite* der genannten Qualifikationen aufweisen müssen.

Die dritte Gruppe von Merkmalen, die **interkulturelle Kompetenz**, unterscheidet sich von den anderen dadurch, daß sie ausschließlich aus der Internationalität resultiert:

- Eine Reihe von Merkmalen ergibt sich unmittelbar aus der Persönlichkeit und ist nur in geringem Umfang trainierbar. So ist *interkulturelle Sensibilität* schwer erlernbar, aber zentrale Voraussetzung für erfolgreiches Handeln. Hierzu gehört der gesamte Komplex der intuitiv-emotionalen Aufnahme von Informationen und die Fähigkeit, sich in andere Denkkulturen und die nationale Analytik hineinzufühlen.

- Die *interkulturelle Kommunikationsfähigkeit*, also die Fähigkeit zu einem befriedigenden und erfolgreichen Umgang mit Menschen aus anderen Kulturkreisen, ist bei entsprechender Begabung zumindest begrenzt erlernbar (vgl. *Knapp* 1991, 4-8). Hier gilt es, den von einem falschen Selbstbild geprägten „naturbegabten" Kommunikationsexperten zu enttarnen, der in falscher, kindlich-naiver Form mit anderen Personen in Kommunikation und Konflikt tritt.
- Erlernbar ist dagegen das *interkulturelle Wissen* (vgl. *Knapp* 1991, 8), beispielsweise die divergierenden Bedeutungen von Pünktlichkeit, Exaktheit und Direktheit sowie die vielen unterschiedlich strukturierten Rituale von Begrüßung, Gesprächseröffnung und Kritik. Anders als beim „Country-Manager" geht es hierbei für den „Global-Manager" nicht so sehr um das exakte Wissen, wie spezifische Faktoren in einem bestimmten Land zu bewerten sind, sondern um die grundsätzliche Erkenntnis der Wichtigkeit derartiger Aspekte.
- Ebenfalls erlernbar ist das *interkulturelle Perzeptionsvermögen* als Fertigkeit im Erfassen der internationalen Bedeutung von Ausdrucksmerkmalen. Beispiele sind das Erkennen von Mißbilligung aus dem Mienenspiel oder das Erkennen und Nachvollziehen von Differenzierungen des individuellen Verhaltens in Raum und Zeit, vor allem bei der Interaktion von ranghöheren und rangniedrigeren Personen (vgl. *Thomas* 1989, 283). Speziell diese Fähigkeit zur korrekten Attribution von Verhaltensmustern und symbolischen Handlungen ist von großer Bedeutung.

Diese dritte Gruppe von Anforderungen ist damit der eigentliche neue Impuls, der vom durch die Internationalisierung ausgelösten Personalbedarf ausgeht. Er gilt dabei nicht nur für Manager im Ausland: In gleicher Form ist interkulturelle Kompetenz auch für solche Mitarbeiter erforderlich, die im nationalen Kontext mit ausländischen Geschäftspartnern zusammenarbeiten.

Im weitesten Sinne als Anforderungsmerkmal zu definieren ist in Einzelfällen auch das **Geschlecht** der Entsandten: So muß zum Beispiel geprüft werden, ob in arabischen Ländern weibliche Führungskräfte in gleicher Weise akzeptiert werden wie männliche oder ob in asiatischen Ländern Frauen als Verhandlungspartner erfolgreich sein können.

4.4.3 Quantitativ: Zeitstudien

Zeitstudien dienen der Ermittlung des Soll-Zeitbedarfs einer vorgegebenen Tätigkeit. Für diesen Zeitbedarf gibt es zwei **potentielle Adressaten**: Neben der Entgeltfestsetzung (Abschnitt 8.4) dienen sie als wichtige Grundlage für die quantitative Personalbedarfsbestimmung, machen also Aussagen über die Menge des zu erwartenden Arbeitsanfalls. Bei Zeitstudien lassen sich drei Grundformen unterscheiden:
- direkte Zeitmessung,
- Stichprobenverfahren und
- Elementarzeitverfahren.

Abbildung 4.17 gibt einen Überblick über den Ablauf dieser drei Verfahren, die nachfolgend näher erläutert werden.

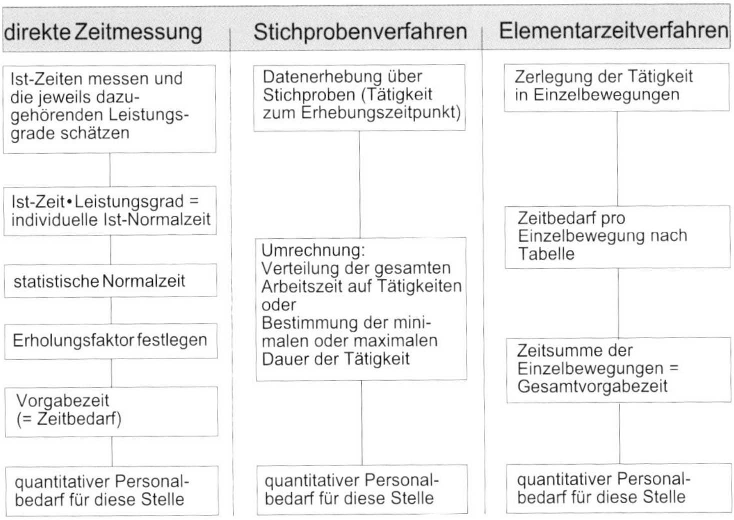

Abbildung 4.17: Ablaufschemata von Zeitstudien

4.4.3.1 Direkte Zeitmessung

Die direkte Zeitmessung basiert auf dem Konzept der **Normalleistung**. Darunter versteht man die Leistung, die von jedem in erforderlichem Maße geeigneten, geübten und voll eingearbeiteten Mitarbeiter über einen längeren Zeitraum erbracht werden kann (*REFA* 1997, 135-136). Bei der direkten Zeitmessung wird wie folgt vorgegangen:

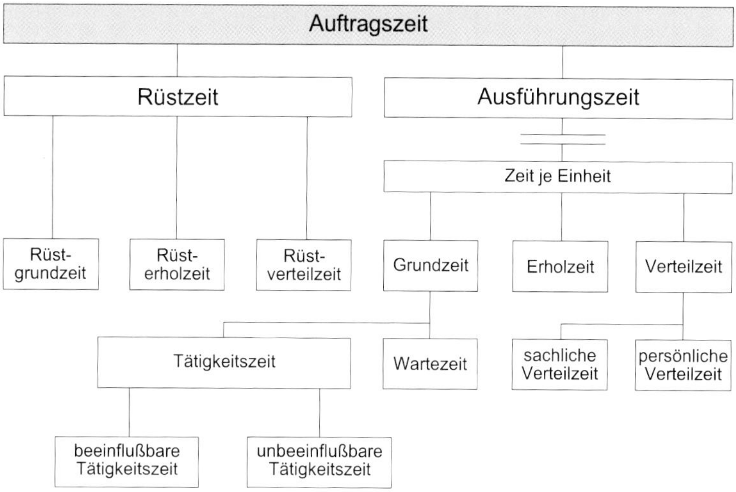

Abbildung 4.18: Gliederung der Auftragszeit nach *REFA* (1997, 42)

- Zunächst werden die Zeitbedarfswerte verschiedener Mitarbeiter für einen spezifischen Vorgang gemessen.
- Die gleichzeitig geschätzten Leistungsgrade halten fest, wie stark sich der jeweilige Mitarbeiter bei der Erfüllung der Aufgabe anstrengen mußte.
- Aus Ist-Zeiten und Leistungsgraden läßt sich dann für jeden Mitarbeiter eine individuelle Ist-Normalzeit ermitteln.
- Die individuellen Ist-Normalzeiten führen zur statistischen Normalzeit (arithmetisches Mittel oder Median).
- Zusätzlich wird ein Erholungsfaktor festgelegt, um den Einfluß einer Dauerbelastung zu berücksichtigen.
- Nach Verknüpfung von statistischer Normalzeit und Erholungsfaktor steht die Vorgabezeit fest, die den tatsächlichen Zeitbedarf einer Tätigkeit angibt.
- Aus diesem Zeitbedarf läßt sich dann als quantitativer Personalbedarf die Anzahl der erforderlichen Mitarbeiter für diese Aufgabe bestimmen.

Eine spezifische und stark untergliederte Basis für die direkte Zeitmessung ist das **REFA-Zeitschema** (vgl. *REFA* 1997, 42). Danach setzt sich die Vorgabezeit zusammen aus Grundzeiten, Verteilzeiten und Erholzeiten (Abbildung 4.18). Die Grundzeit besteht aus den Soll-Zeiten für die planmäßige Ausführung bestimmter Tätigkeiten, wobei zwischen der Tätigkeitszeit und der Wartezeit differenziert wird. Die Erholungszeit ist ein prozentualer Zuschlag zur Grundzeit. Hinzu kommen Vorgaben für zusätzliche Tätigkeiten und Störungen (sachliche Verteilzeit) sowie für Zeiten, die vom Mitarbeiter selbst zu verantworten sind (persönliche Verteilzeit). In Abhängigkeit von der konkreten Fragestellung ist diese Differenzierung jeweils für Rüstzeiten und für Ausführungszeiten getrennt vorzunehmen.

4.4.3.2 Stichprobenverfahren

Bei einer Zeitmessung nach dem Stichprobenverfahren (vgl. z.B. *Simons* 1987; *REFA* 1997, 232-264) wird nicht mehr die gesamte Arbeitszeit beobachtet. Vielmehr werden durch stichprobenartige Datenerhebungen Zeitlängen der Vorgänge beziehungsweise prozentuale Häufigkeiten ausgeführter Tätigkeiten bestimmt.

Synonym zu Stichprobenverfahren steht „Multimoment-Verfahren“:

- Beim **Multimoment-Häufigkeitszählverfahren** (MMH) wird zu unregelmäßigen Zeitpunkten, die sich aus Zufallstabellen ergeben, die zum jeweiligen Zeitpunkt ausgeführte Tätigkeit festgestellt und auf einer Strichliste erfaßt. Unter Berücksichtigung statistischer Gesetzmäßigkeiten erhält man dann eine entsprechende Häufigkeitsverteilung. Ziel der Erhebung ist somit in erster Linie die Ermittlung von Zeitanteilen, weniger von Zeitlängen.
- Beim **Multimoment-Zeitmeßverfahren** (MMZ) erfolgt zusätzlich zur Zeitmessung eine Erfassung des Zeitpunktes der Beobachtung. So läßt sich bei drei aufeinanderfolgenden Teilvorgängen A, B, C für den Teilvorgang B anhand von Notierungen des letzten Zeitpunktes von A sowie des ersten von C bei mehrmaliger Beobachtung die Mindest- und Höchstdauer des Teilvorganges B ermitteln. Mit Hilfe statistischer Verfahren kann nun ein Näherungswert für die unbekannte Dauer des Vorgangs ermittelt werden.

Beide Stichprobenverfahren arbeiten ohne Erfassung des Leistungsgrades, was die Anwendung ihrer Ergebnisse zwangsläufig einschränkt. Zudem determiniert der Stichprobenumfang die Abbildungsqualität und damit die Validität dieser Verfahren.

Während zunächst die Erfassung mit Stoppuhr sowie Strichliste realisiert und dann in ein Auswertungsprogramm eingegeben wurde, bietet sich inzwischen der tragbare Computer als effizientes Medium an. Dieser nimmt zunächst über die Tastatur Ablaufdaten der zu analysierenden Tätigkeit an und gibt die notwendigen Zufallszahlen für Erhebungszeiten auf dem Bildschirm aus; mit einem Barcode-Lesestift wird dann die jeweils ausgeübte Funktion erfaßt (z.B. Haupttätigkeit, Nebentätigkeit, ablaufbedingte Unterbrechung, zusätzliche Tätigkeit, störungsbedingte Unterbrechung, erholungsbedingtes Unterbrechen, persönlich bedingte Unterbrechung) und gegebenenfalls eine Zwischenauswertung mit dem realisierten Sicherheitsniveau auf einem Kleindrucker ausgegeben.

4.4.3.3 Elementarzeitverfahren

Elementarzeitverfahren (synonym „Systeme vorbestimmter Zeiten, SvZ") basieren auf Katalogen mit normierten Tätigkeiten.

Bei der Anwendung eines Elementarzeitverfahrens wird zunächst die zu untersuchende Tätigkeit in Einzelbewegungen zerlegt und anschließend der Zeitbedarf pro Einzelbewegung einer industriespezifischen Tabelle entnommen. Es handelt sich hierbei um konstante Zeitwerte bei Normalleistung: Situative Arbeitsbedingungen mit Einfluß auf die Bewegungszeiten werden durch Messen, Schätzen oder Beurteilen bestimmt und den Einzelbewegungen zugeordnet. Die Summierung der situativ modifizierten Einzelbewegungszeiten einschließlich Erholungs- und Verteilzeiten liefert dann die Gesamtvorgabezeit, aus der sich der quantitative Personalbedarf ableitet.

Die wichtigste Form des Elementarzeitverfahrens ist das **Methods Time Measurement** (z.B. *Pfeiffer/Dörrie/Stoll* 1977, 228). Das MTM differenziert nach den neun Grundbewegungen

- Hinlangen, Reichen (*reach*),
- Mitnehmen, Bewegen, Bringen (*move*),
- Drehen (*turn*),
- Kurbelbewegung (*crank*),
- Greifen (*grasp*),
- Drücken (*apply pressure*),
- in Position bringen (*position*),
- Loslassen (*release*),
- Trennen, Lösen (*disengage*),

den zwei Blickfunktionen

- Augen richten (*eye focus*),
- Augen bewegen (*eye travel*) sowie

diversen Körper-, Bein- und Fußbewegungen. Diese Bewegungen werden fallweise weiter differenziert. Zur Ermittlung der MTM-Zeitwerte wurde eine Vielzahl von Tätigkeiten mehrfach in realen Arbeitssituationen ausgeführt und gefilmt. Die Bewegungsdauer wurde anhand der Bildfrequenz abgelesen und in Normalzeiten als Time Measurement Unit (TMU = 0,036 Sekunden) festgehalten. Übersicht 4.12 enthält exemplarische Zeitwerte vom MTM für die Einzelbewegung „Hinlangen". Situative Bedingungen sind die Bewegungslänge und Bewegungsarten: Die Zeitwerte ergeben sich jeweils in Abhängigkeit von der Bewegungslänge und der Bewegungsart.

Eine zweite Form des Elementarzeitverfahrens ist die **Work Factor Analysis** (WF) (vgl. *Brink/Fabry* 1974, 59-66). WF operiert ähnlich wie

Hinlangen - R - Reach					
Bewegungslänge in cm	Normalzeitwerte in TMU				
	R-A	R-B	R-C R-D	R-E	
bis 2	2,0	2,0	2,0	2,0	A: Hinlangen zu einem alleinstehenden Gegenstand, der sich immer an einem genau bestimmten Ort befindet, in der anderen Hand liegt oder auf dem die andere Hand ruht.
4	3,4	3,4	5,1	3,2	
6	4,5	4,5	6,5	4,4	
8	5,5	5,5	7,5	5,5	B: Hinlangen zu einem alleinstehenden Gegenstand, der sich an einem von Arbeitsgang zu Arbeitsgang veränderten Ort befindet.
10	6,1	6,3	8,4	6,8	C: Hinlangen zu einem Gegenstand, der mit gleichen oder ähnlichen Gegenständen so vermischt ist, daß er ausgewählt werden muß.
60	14,7	21,2	22,3	19,0	D: Hinlangen zu einem Gegenstand, der klein oder sehr genau ist oder mit Vorsicht gegriffen werden muß.
65	15,6	22,6	23,6	20,0	E: Verlegen der Hand in eine nicht bestimmte Lage, sei es zur Erlangung des Gleichgewichts, zur Vorbereitung der folgenden Bewegung oder um die Hand aus der Arbeitszone zu entfernen.
70	16,5	24,1	25,0	21,4	
75	17,3	25,5	26,4	22,6	
80	18,2	26,9	27,7	23,9	

Übersicht 4.12: MTM-Zeitwerttabelle (*Pfeiffer/Dörrie/Stoll* 1977, 231)

MTM, erlaubt es aber, auf mehrere gleichzeitig ablaufende Aktivitäten einzugehen und so eine Verknüpfung von unterschiedlichen Bewegungszeiten simultan involvierter Körperteile vorzunehmen.

Der Unterschied zwischen WF und MTM liegt damit weniger in der Bewegungsablaufanalyse begründet (sie verläuft ähnlich) als vielmehr in der Berücksichtigung unterschiedlicher Einflußgrößen (vgl. *REFA* 1997, 76-77): Bei WF kommen vorwiegend solche Einflußgrößen vor, die sich aus den Maßen von Arbeitsplatz und -gegenstand bestimmten. MTM dagegen berücksichtigt auch qualitative Einflußgrößen; so wird bei MTM zum Beispiel auch danach differenziert, ob bei „Hinlangen nach einem Gegenstand" dieser erst aus ähnlich aussehenden Stücken herauszusuchen ist. Ferner sind bei MTM mehr „kleinste Zeitbausteine" (Standarddaten) als bei WF vorhanden.

Die Anwendung der im einzelnen differenziert zu diskutierenden Elementarzeitverfahren (vgl. z.B. *Laurig/Kloke/Kühn* 1984) findet ihre

Grenzen in der Wirtschaftlichkeit, da sie erheblichen Aufwand erfordern. Elementarzeitverfahren bieten sich besonders bei gut strukturierten Aufgabenstellungen an. Speziell in Betrieben mit Großserienfertigung werden sie lohnend eingesetzt und erlauben gerade bei hochautomatisierten Fertigungsverfahren eine enge Verknüpfung der Zeitwirtschaft mit der Produkt- und Produktionsplanung (z.B. *Glatz* 1986). Sie erlauben durch ihr analytisches Vorgehen selbst die Festlegungen von Zeitvorgaben und damit von Personalbedarfswerten für geplante (also noch nicht realisierte) Arbeitsabläufe.

4.5 Resümee und Vorschau

Die Personalbedarfsbestimmung verbindet die absatz- beziehungsweise produktionsprogrammierten Teile der Unternehmensplanung mit den übrigen Bereichen des Personalmanagements: Derivativ wird in qualitativer, quantitativer und terminbezogener Hinsicht ein Soll-Bestand festgelegt. Hauptinstrumente der Bedarfsbestimmung sind demnach explizite oder implizite Funktionszusammenhänge, die das Absatz- beziehungsweise das Produktprogramm als unabhängige Variablen in den Personalbedarf transformieren.

Auch die Personalbedarfsbestimmung findet ihre inhaltlichen und methodischen Schwerpunkte in der Orientierung an qualitativen und quantitativen Aspekten. Dies manifestiert sich auf allen drei **Managementebenen**:

- Auf der *strategischen* Ebene erfolgt die Personalbedarfsbestimmung unternehmensbezogen und realisiert primär die Verbindung zur globalen Unternehmensstrategie. Auch hier finden sich wieder beide Aspekte: der qualitative als Aussage über die Bedarfsstruktur, der quantitative als Festlegung des Bedarfsniveaus. Speziell bei der qualitativen Dimension mit ihrer inhaltlichen Problematik der Bedarfsbestimmung kommt der Differenzierung nach
  - Sicherheit,
  - Unsicherheit und
  - Ungewißheit

  entscheidende Bedeutung zu, da sie jeweils verschiedene Entscheidungssituationen mit spezifischem Managementverhalten impliziert.
- Auf der *taktischen* Ebene wird gruppenbezogen vorgegangen. Auf der qualitativen Seite bieten sich hier diverse Berufsklassifikationen an, die Aussagen über mehr oder weniger genau spezifizierte Bedarfskategorien machen. Die quantitative Seite wird geprägt durch Kennzahlenmodelle: Sie stellen trotz ihrer Problematik ein unverzichtbares Hilfsmittel zur Personalbedarfsbestimmung dar.

- Auf der *operativen* Ebene agiert die Personalbedarfsbestimmung stellenbezogen. In qualitativer Hinsicht führt dies zum Anforderungsprofil der Stelle, in quantitativer Hinsicht mit Hilfe von
  - direkter Zeitmessung,
  - Stichprobenverfahren und
  - Elementarzeitverfahren

  zur Ermittlung des Zeitbedarfs.

Ob diesem Personalbedarf auch ein entsprechender Personalbestand gegenübersteht und so das vorgesehene Absatz- beziehungsweise Produktionsprogramm realisiert werden kann, wird in der Personalbestandsanalyse (Kapitel 5) festgestellt. Für entsprechende Veränderungen sind dann Personalbeschaffung, -freisetzung und -entwicklung verantwortlich (Kapitel 6).

4.6 Testfragen

(1) Ein Unternehmen verfügte bisher ausschließlich über eine vergangenheitsorientierte Personalbedarfsplanung auf Fortführungsbasis. Aufgrund einer vorgesehenen Erweiterung soll jetzt unternehmensweit eine strategische Personalbedarfsplanung eingeführt werden. Welche Schritte wären in diesem Fall zu durchlaufen und welche konkreten Fragen zu stellen?

(2) Nach welcher (komplexen) Entscheidungsregel ließe sich die Verwendung der Verfahren Fortführungsbasis (mit/ohne Vergangenheitsdaten) beziehungsweise Nullbasisplanung regeln?

(3) Unter welchen Bedingungen empfiehlt sich die Syntegrity-Methode zur Diskussion der Personalbedarfsbestimmung zwischen der Unternehmensleitung und dem Betriebsrat?

(4) Wie kann ein Unternehmen festlegen, ob es als „Global-Manager" Nivellierer oder Differenzierer benötigt?

(5) Eine Personalausstattung von n = 1 800 soll im Hinblick auf eine flexible Bedarfsberücksichtigung ohne unnötige Qualifikationsreserven auf drei Bedarfskategorien aufgeteilt werden, wobei

$400 \leq B1 \leq 800$

$300 \leq B2 \leq 800$

$B3 = 900$

gilt. Welche Lösung ergibt sich unter Berücksichtigung von Mehrfachqualifikationen im Kossbiel-Dreieck?

(6) Berechnen Sie den Personalbedarf an Führungskräften, wenn die Leitungsspannen eines Bereichsleiters 2, eines Abteilungsleiters 3 und eines Gruppenleiters 12 betragen und 144 Mitarbeiter auf der untersten Hierarchieebene eingesetzt werden.

(7) Worin sehen Sie die operativen Probleme im Zusammenhang mit Führungskräften in Telearbeits-Verhältnissen?

(8) Zeigen sie anhand von realem statistischem Material (zum Beispiel aus statistischen Jahrbüchern) die Vorgehensweise bei einer Personalbedarfsplanung mit Hilfe von statistischen Methoden. Welche Probleme sehen Sie?

(9) Überlegen Sie sich ein sinnvolles Mitarbeiter-Portfolio, das sich für die altersstrukturbezogene Personalbedarfsbestimmung heranziehen läßt. Operationalisieren Sie die Dimensionen und entwerfen Sie für die sich ergebenden Felder Normstrategien.

(10) Entwerfen Sie anhand von Stellenanzeigen der letzten Samstagszeitung ein Anforderungsprofil für Tätigkeiten im Personalbereich. Prüfen Sie auch, welche Kenntnisse aus dem Bereich Personalplanung – Führung – Verwaltung für den Linienmanager als wichtig gelten.

(11) Bestimmen Sie das Anforderungsprofil für einen „erfolgreichen Studenten“ im Fach Personalwesen. Wie gehen Sie bei der Beantwortung dieser Frage vor? Wo liegen die zentralen Probleme und wie lassen sie sich zumindest in Grenzen lösen?

(12) Führen Sie eine MMH-Studie an sich selber für einen normalen Vorlesungstag durch.

... für Fortgeschrittene:

John P. Kotter stellt in seinem Buch „The New Rules“ (1995, 158) folgende Regel auf: „In the increasingly competitive and fast-moving global business environment, winners reap big rewards while those who are unable or unwilling to compete can encounter huge problems. The new rule is: you have got to be an able competitor. Effective competition requires many things, especially high standards and a strong desire to win.“ Diskutieren Sie diese Aussage vor dem Hintergrund des Personalbestandsmanagements.

Ermitteln Sie im Internet, welche Leistungen Unternehmensberater in bezug auf die Personalbedarfsbestimmung anbieten und welche Softwarelösungen sie unterstützend vorschlagen.

Entwickeln Sie eine Personalbedarfsanalyse für den Betrieb einer Raumstation vom Typ „Deep Space Nine“.

Diskutieren Sie folgende Aussage von *Peter Drucker* (1998): „Individuals will have to work in different structures at one and the same time.“

4.7 Praxisbeispiel: Festo

Festo ist ein international agierendes Unternehmen der **Automatisierungstechnik** mit Hauptsitz in Esslingen. Es unterhält Produktionsstätten, Gesellschaften und Vertretungen in 81 Ländern, erzielte 1998 einen Umsatz von ca. 1 200 Mio DM mit weltweit 4 700 Beschäftigten.

Das unabhängige Familienunternehmen, das einen Exportanteil von rund 55% aufweist ist führend auf dem Gebiet der Automatisierungstechnik: Spezifische Kernkompetenzen liegen im Bereich von Pneumatic-Komponenten und Pneumatic-Systemen. Starke Innovationsdynamik und erheblicher Wettbewerbsdruck kennzeichnen die Automatisierungstechnik. Daher ist es erklärtes Unternehmensziel, mindestens 100 Innovationen jährlich auf dem Markt zu etablieren.

Der für Festo relevante Arbeitsmarkt ist zwar generell von einer relativ hohen regionalen Arbeitslosenquote gekennzeichnet. Dennoch stellt die Rekrutierung von ausreichend qualifizierten Fachkräften aufgrund der spezifischen Anforderungen ein Problem dar. Um den gegenwärtigen fachbezogenen Qualifikationsbedarf decken zu können und darüber hinaus auch im Hinblick auf zukünftige Qualifikationsanforderungen Vorsorge zu treffen, hat Festo mit dem Arbeitsamt Esslingen das **Esslinger Modell** zur berufsbildenden Qualifikation von Arbeitslosen innerhalb definierter Berufsfelder entwickelt. In der Endausbaustufe wird das Modell insgesamt mindestens 5 Module enthalten, die jeweils spezifischen Berufsbildern entsprechen (Abbildung 4.19).

Die vom Arbeitsamt als förderungswürdig anerkannte fachpraktische Qualifikation dauert ein Jahr und umfaßt 1 584 Stunden. Die potentiellen Teilnehmer werden vom Arbeitsamt vorgeschlagen und aus diesem Kreis wählt Festo dann die zu Qualifizierenden aus. Neben der Beratung durch das Arbeitsamt wird jeder Teilnehmer zu Beginn des Programms einem festen Ansprechpartner bei Festo zugeordnet, der dabei hilft, sich in den Unternehmensstrukturen zurechtzufinden und bei Problemen zur Seite steht.

Während der Qualifikationsphase erhalten die Arbeitslosen weiterhin ihre Bezüge durch das Arbeitsamt und schließen gleichzeitig einen Qualifizierungsvertrag mit Festo ab. Das Arbeitsamt trägt außerdem einen Teil der Qualifizierungskosten des Unternehmens, das die Schulung von eigenen Führungskräften und externen Trainern durchführen läßt.

Alle Module enthalten betriebswirtschaftliches Grundlagenwissen, darunter auch Kenntnisse des Total Quality Managements. Die Qualifizie-

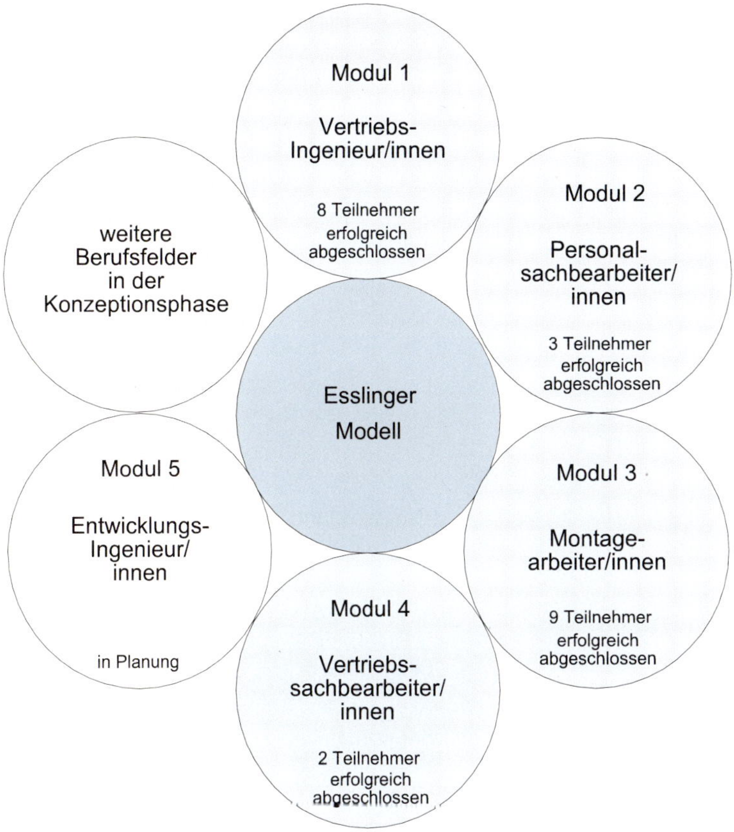

Abbildung 4.19: Berufsfelder des Esslinger Modells

rungsinhalte bestehen zu 30% aus theoretischen und zu 70% aus praktischen Anteilen, die direkt an den verschiedenen Arbeitsplätzen, die die Teilnehmer während des gesamten Programms durchlaufen, umgesetzt werden können. Innerhalb der verschiedenen Arbeitsstationen sind die Schulungsteilnehmer auch aufgefordert, Optimierungsvorschläge einzubringen, die dann gemeinsam mit der jeweiligen Führungskraft besprochen und gegebenenfalls direkt vor Ort realisiert werden können.

Die vermittelten Inhalte werden in wöchentlichen Repetitorien wiederholt, wobei die Teilnehmer ihre bisher erworbenen Kenntnisse jeweils präsentieren. Nach Abschluß jeder einzelnen Lernfeldphase ist eine Leistungsüberprüfung anhand strukturierter Feedbackbogen und einer Abschlußbesprechung im sog. Patenconsilium vorgesehen. Weisen Teilnehmer Wissensdefizite auf, findet eine entsprechende, auf das jeweilige

Lernfeld bezogene Nachqualifizierung statt. Daneben achtet auch das Arbeitsamt auf das Einhalten bestimmter, vorher festgelegter Qualitätsmaßstäbe der Qualifizierungsmaßnahmen und -ergebnisse.

Neben den Vorteilen für Arbeitslose, die wieder in den Arbeitsprozeß eingebunden und darüber hinaus in Berufsfeldern bedarfsorientiert weiter qualifiziert werden, bietet das Esslinger Modell wichtige Vorteile für das daran beteiligte Unternehmen: Das Qualifikationsprogramm wird ebenfalls für interne Weiterbildungsmaßnahmen genutzt, indem Teile in das bestehende Personalentwicklungskonzept integriert werden (Abbildung 4.20).

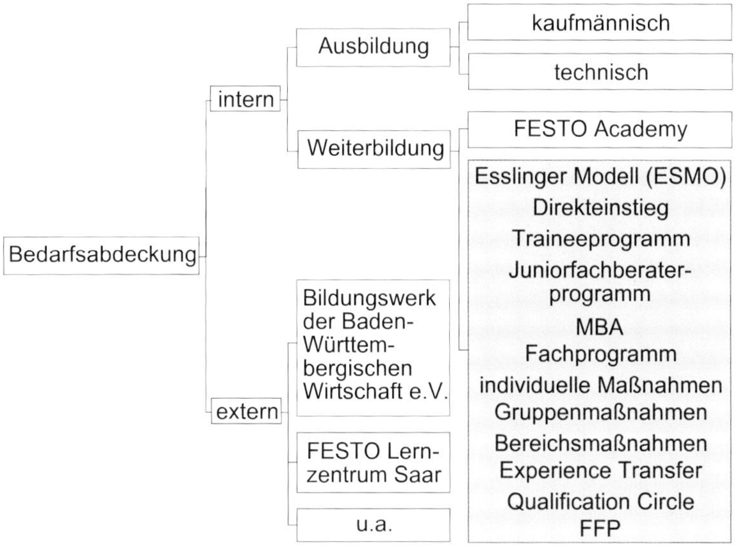

Abbildung 4.20: Bedarfsdeckung (Quelle: Festo)

So konnten beispielsweise alle Teilnehmer, die das Modul „Vertriebsingenieur“ durchlaufen hatten, anschließend einer höherqualifizierten Tätigkeiten nachgehen. Daneben erschließen sich durch die vom Arbeitsamt unterstützte Rekrutierung der Teilnehmer Kostensenkungspotentiale. Das Durchlaufen der verschiedenen Arbeitsstationen schließlich unterstützt die unmittelbar praktische Umsetzung der erworbenen Kenntnisse in der täglichen Arbeit. Es ermöglicht auch eine langfristig flexiblere Personaleinsatzplanung, da über die berufsbezogene Qualifizierung im engeren Sinn auch das bereichsübergreifende Denken verbunden mit der notwendigen Prozeß- und Methodenkompetenz gefördert werden.

Die Übertragbarkeit des Qualifizierungskonzepts einerseits sowie die relativ gute Vermittlungsquote der Teilnehmer von 88% unmittelbar nach Abschluß des Qualifizierungsprogramms bzw. 100% nach einem halben Jahr andererseits, lassen die Ausdehnung auf zusätzliche Berufsfelder sowie die Einbindung weiterer Unternehmen als sinnvoll erscheinen.

5 Personalbestandsanalyse

5.1 Charakterisierung

Personalbestandsanalyse ist die quantitative und qualitative sowie zeit- und raumbezogene Analyse der Belegschaft.

Die Personalbestandsanalyse, synonym Personalforschung, befaßt sich mit der detaillierten Evaluierung des gegenwärtigen und zukünftigen Personalbestands in quantitativer und qualitativer Hinsicht. Sie führt auf der zeitlichen Dimension über gegenwartsbezogene Fragestellungen hinaus, indem sie Anhaltspunkte für die weitere Entwicklung des Personalbestands in der Zukunft liefert. Auf der inhaltlichen Dimension geht es zum einen um die zahlenmäßige Erfassung der Mitarbeiter (quantitativer Aspekt); zum anderen sind die Mitarbeiter zu ermitteln, die eine spezifische Merkmalsausprägung oder eine bestimmte Kombinationen von Merkmalsausprägungen aufweisen (qualitativer Aspekt). Ergänzt wird die Personalbestandsanalyse vor dem Hintergrund der Organisationsdynamik und Globalisierung durch die Frage, wo die Mitarbeiter tatsächlich zur Verfügung stehen (räumlicher Aspekt).

Aufgabenstellung. Die Personalbestandsanalyse dient der **Entscheidungsvorbereitung** im Personalwesen. Die von ihr bereitgestellten Informationen sind die Basis für andere Managementfelder, weshalb ihr der Charakter eines informatorischen Rückgrates der Personalplanung zukommt: Aufgrund der Informationen über den derzeitigen Personalbestand und seine zu erwartende Entwicklung werden Maßnahmen zur *Personalveränderung* geprüft und gegebenenfalls durchgeführt. Das *Personalkostenmanagement* erhält Informationen, die – bei entsprechender Qualität – eine differenzierte Berechnung von derzeitigen sowie von zukünftigen Personalkosten ermöglichen.

Zu den anderen Personalmanagementfeldern bestehen ebenfalls wechselseitige **Informationsbeziehungen**. So gibt es Querverbindungen zum *Personaleinsatzmanagement*, das auf der einen Seite Fähigkeitsdaten von Mitarbeitern für Besetzungsentscheidungen erhält, auf der anderen Seite Stellenbesetzungspläne und damit notwendige Informationen für die Eignungsprognosen liefert. Analoges gilt für die Beziehung zur *Personalentwicklung*: Die Personalbestandsanalyse zeigt den im Unternehmen vorhandenen Bildungsstand auf und erhält im Gegenzug Informationen über vorgesehene sowie durchgeführte Bildungsmaßnahmen; diese Informationen dienen ebenfalls als Prognosebasis.

Die Personalbestandsanalyse unterstützt darüber hinaus die betriebliche **Entscheidungsfindung**, indem sie Informationen für die *Rechnungslegung* im weitesten Sinne bereitstellt: Eine nach mehreren Merkmalen differenzierte Auflistung des Personalbestands bildet die Grundlage für eine Berechnung der traditionellen Kennzahlen zur Belegschaftsstruktur, die im Sozialbericht der aktienrechtlichen Rechnungslegung oder in Public-Relations-Broschüren Verwendung finden können.

Skontrationsrechnung als Analyselogik. Einen nutzbaren Ausgangspunkt für die Personalbestandsanalyse liefert die Skontrationsrechnung. Als **Bezugsbasis** für die Skontrationsrechnung dient je nach Differenzierungsgrad der Analyse

- die Belegschaft des Gesamtunternehmens,
- die Belegschaft eines Unternehmensteils (z.B. einer Abteilung) oder
- eine weitgehend homogene Gruppe von Mitarbeitern.

Für jede der Bezugsbasen erfolgt eine Berechnung entsprechend Übersicht 5.1, woraus sich dann die zentralen **Funktionen** der Personalbestimmung ableiten:

- Die *Diagnosefunktion* (A) besteht aus einer – entsprechend der jeweiligen Zielsetzung der Personalbestandsanalyse differenzierten – Ermittlung des gegenwärtigen Personalbestands.
- Die *Projektionsfunktion* (B) zielt auf eine Fortschreibung des Status quo. Berücksichtigt werden dabei ausschließlich als gesichert einzustufende Informationen: Dies sind neben bereits feststehenden personellen Einzelmaßnahmen (Einstellungen, Entlassungen, Pensionierungen) auch statistisch bekannte Werte aus der Vergangenheit (wie Fluktuationsraten).
- Die *Handlungsfunktion* (C) der Personalbestandsplanung resultiert aus Differenzen zwischen Personalbestand und Personalbedarf, aber auch aus autonomen Überlegungen beispielsweise im Hinblick auf eine ausgeglichene Altersstruktur. In beiden Fällen wird das Personalveränderungsmanagement aktiviert.
- Die *Prognosefunktion* (D) berücksichtigt, daß sich nicht alle vorgesehenen Veränderungen auch tatsächlich realisieren lassen. Der Personalbedarf für den Zeitpunkt t entspricht daher nur selten dem Personalbestand zu diesem Zeitpunkt. Durch Rückkopplungsinformationen aus den Managementfeldern Beschaffung, Freisetzung und Entwicklung lassen sich diese „vermutlich nicht realisierbaren Veränderungen" abschätzen.

Das Analyseraster aus Übersicht 5.1 gilt grundsätzlich für alle drei Ebenen des Personalmanagements. Dies bedeutet, daß bei einer vollständigen Ausgestaltung dieses Managementfeldes die strategische, taktische und operative Ebene jeweils die Diagnose-, die Projektions-, die Handlungs- sowie die Prognosefunktion abdecken.

(A)		**Gegenwärtiger** Bestand („Diagnosefunktion")
(B)	–	Abgänge durch Pensionierungen und Todesfälle, Entlassungen und Kündigungen seitens der Arbeitnehmer, Beförderungen und Versetzungen
	+	Zugänge durch bereits feststehende Neueintritte, Übertritte aus Lehr- in Arbeitsverhältnisse, Beförderungen und Versetzungen
	=	**Projektierter** Bestand für den Zeitpunkt t („Projektionsfunktion")
(C)	+	erforderliche (zu planende) personelle Veränderungen bis zum Zeitpunkt t
	=	**(Soll-)Planbestand** für den Zeitpunkt t („Handlungsfunktion")
(D)	–	vermutlich nicht realisierbare personelle Veränderungen
	=	**Prognostizierter** Bestand für den Zeitpunkt t („Prognosefunktion")

Übersicht 5.1: Skontrationsrechnung

Leistungspotential als Obergrenze. Zentrales Erfassungsobjekt der Personalbestandsanalyse ist das aktuelle Leistungspotential der Belegschaft, das dem Unternehmen zur Zeit zur Verfügung steht: Es drückt aus, welche Leistungen die Mitarbeiter des Unternehmens bei entsprechenden Leistungsbedingungen und entsprechenden Anforderungen erbringen können.

Das **individuelle Leistungspotential** hängt ab von grundlegenden (Persönlichkeits-) Eigenschaften des Mitarbeiters, seinen körperlichen und geistigen Anlagen sowie von erworbenen Kenntnissen und gesammelten Erfahrungen. Dabei ist zwischen eingesetztem und latentem Leistungspotential zu unterscheiden:

- Das *eingesetzte* Leistungspotential bezieht sich auf Fähigkeiten, die der Mitarbeiter auf seiner gegenwärtigen Stelle zum gegenwärtigen Zeitpunkt verwendet.
- Beim latenten Leistungspotential als zur Zeit nicht eingesetztem Potential ist zu prüfen, inwieweit dieses sofort aktivierbar ist:
  - Der sofort einsetzbare Teil des latenten Leistungspotentials umfaßt solche Fähigkeiten, die der betrachtete Mitarbeiter zum Erhebungszeitpunkt zwar besitzt, die aber in der derzeitigen Stelle nicht oder nur in geringerem Umfang benötigt werden.
  - Nicht sofort einsetzbar sind dagegen diejenigen latenten Bestandteile des Leistungspotentials, die erst durch entsprechende Bildungsmaßnahmen realisierbar sind.

Eingesetztes und sofort einsetzbares Leistungspotential ergeben das **aktuelle Leistungspotential** des Mitarbeiters. Der nicht sofort einsetzbare Teil des individuellen Leistungspotentials stellt das **Entwicklungspotential** des Mitarbeiters dar, liegt aber erst nach entsprechenden Entwicklungsmaßnahmen in einer betrieblich nutzbaren Form vor.

Der Beziehungszusammenhang zwischen den verschiedenen Teilaspekten des individuellen Leistungspotentials ergibt sich ausschließlich aufgrund von definitorischen Zusammenhängen. Er unterscheidet sich damit grundlegend von dem funktionalen Zusammenhang, der zur individuellen Leistung führt.

Individuelle Leistung als Wirkgröße. Die individuelle Leistung ist das Ergebnis einer Zusammenführung von aktuellem Leistungspotential (= Leistungsfähigkeit), Leistungsbereitschaft, Anforderungen sowie den Leistungsbedingungen:

- Das *aktuelle Leistungspotential* gemäß obiger Ableitung bildet die Obergrenze für die Leistungserstellung.
- Die *Leistungsbereitschaft* wird durch die grundlegenden Wertvorstellungen und Motive des Individuums bestimmt (Leistungswille), aber auch durch situationsspezifische Einflüsse wie etwa Emotionen oder in Aussicht gestellte Belohnungen (Leistungsdisposition).
- Ob und inwieweit die vorhandene Leistungsfähigkeit und Leistungsbereitschaft beim Mitarbeiter tatsächlich zu einer betrieblich verwertbaren Leistung führen, hängt auch von den entsprechenden *Anforderungen* ab: Liegen die Anforderungen einer Stelle unter der Leistungsfähigkeit, so wird im Regelfall nur maximal der den Anforderungen entsprechende Teil der Leistungsfähigkeit in Leistung umgesetzt. Analoges gilt für den Fall, daß die Anforderungen weit über der Leistungsfähigkeit liegen und negative Motivationswirkungen zur Folge haben.
- Schließlich beeinflussen auch die *Leistungsbedingungen* die mögliche Umsetzung der Leistungsfähigkeit. So führt eine ergonomisch ungünstige Arbeitsplatzgestaltung zu ineffizienter Leistungserstellung und zur vorzeitigen Ermüdung.

Abbildung 5.1 faßt diese Wirkgröße „individuelle Leistung" zusammen.

Illustration. Verfügt eine Sekretärin über gute Fähigkeiten im Schreiben am PC und wird diese Tätigkeit auch intensiv von ihr gefordert, so gehört „Schreiben am PC" zu ihrem eingesetzten Leistungspotential. Beherrscht sie darüber hinaus die Übersetzung englischer und französischer Texte, obwohl dies bisher noch nicht von ihr verlangt wurde, so ist dies Teil des latent einsetzbaren Leistungspotentials. Am schwersten zu ermitteln ist das nicht sofort einsetzbare Leistungspotential: Hier ist beispielsweise zu prüfen, inwieweit eine nicht an Datenbanken gewöhnte Sekretärin den Umgang mit computergestützten Datenbanksystemen rasch erlernen könnte. Ihre individuelle Leistung im Schreiben am PC hängt schließlich nicht nur von ihrem aktuellen Leistungspotential ab, sondern auch von ihrer Leistungsbereitschaft. Nicht jede Fähigkeit der Sekretärin führt aber zu einer betrieblich genutzten Leistung: Voraussetzungen sind vielmehr entsprechende Anforderungen und Arbeitsbe-

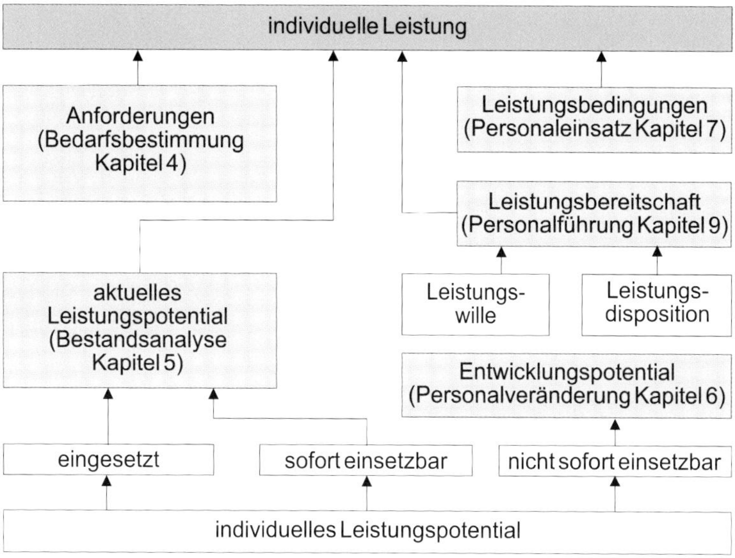

Abbildung 5.1: Bestimmungsfaktoren individueller Leistung

dingungen. Dazu zählen Ergonomie des Arbeitsplatzes (Tische, Stuhl, Beleuchtung) und technische Qualität der Hilfsmittel.

Aus dem in Abbildung 5.1 dargestellten Zusammenhang leiten sich die **Ansatzpunkte** der zu involvierenden Personalmanagementfelder ab: Die Personalbestandsanalyse konzentriert sich auf das aktuelle Leistungspotential. Die Beeinflussung der Leistungsbereitschaft gehört zur Personalführung. Die Personalbedarfsbestimmung befaßt sich mit den Anforderungen der vom Mitarbeiter zu besetzenden Stelle. Auf die Gestaltung der Leistungsbedingungen wird im Zusammenhang mit dem Personaleinsatz eingegangen. Der Bestimmung und gegebenenfalls dem Ausschöpfen des Entwicklungspotentials dient das Personalentwicklungsmanagement.

Dr. Ihno Schneevoigt
Personalvorstand bei der Allianz
Versicherungs-Aktiengesellschaft

In den letzten Jahren hat sich das Umfeld für die Personalarbeit geändert. Was sind die gravierendsten Veränderungen für die Allianz?

Die Allianz hat sich in den letzten Jahren sehr viel stärker international ausgerichtet. Eine der gravierendsten Herausforderungen in diesem Zusammenhang ist, das für die dadurch entstehenden neuen Anforderungen geeignete Personal zu finden beziehungsweise vorhandenes Personal intern entsprechend zu entwickeln.

Darüber hinaus sind neue Herausforderungen durch die starke Kunden- und Serviceorientierung der Allianz entstanden. Die Anforderungen der Kunden haben sich hier ein Stück weit geändert. Dieser Veränderung müssen wir durch weitere Ausbildung unserer Mitarbeiter sowie durch intelligente Arbeitszeitmodelle Rechnung tragen.

Wie ist es in einem Unternehmen, das so groß ist wie die Allianz, überhaupt möglich, auf strategischer Ebene sinnvolle Informationen über den quantitativen und speziell den qualitativen Personalbestand zu erhalten?

Grundsätzlich ist es Aufgabe jeder einzelnen Einheit, sei es Auslandsgesellschaft oder Hauptverwaltung beziehungsweise Zweigniederlassung im Inland, sowohl quantitativ den Personalbedarf zu decken als auch dafür zu sorgen, daß hochqualifizierte Nachwuchskräfte rekrutiert beziehungsweise intern weiterentwickelt werden (dezentrale Struktur).

In jährlichen Abstimmungsgesprächen werden zwischen den einzelnen Einheiten und Vertretern der Hauptverwaltung München jedoch die Kandidaten diskutiert, denen das Potential für die Geschäftsleitungsebene zugetraut wird. Diese Kandidaten werden dann über die normalen Ausbildungsprogramme hinaus gefördert und z.B. auch für gemeinsame Schulungen zusammengeführt.

Welche Methoden der langfristigen Personalfortschreibung verwendet die Allianz?

Die Allianz verwendet betriebswirtschaftliche Kennzahlen, in die Arbeitsaufwand und Kostenakzeptanz (affordability) als Hauptkriterien eingehen.

Wie genau haben in der letzten Zeit die Personalbestandsprognosen der Allianz mit der Realität übereingestimmt?

Im Ergebnis haben die Prognosen eine große Übereinstimmung mit dem Bedarf gehabt. Läßt man einmal den Sonderfall von Firmeneinkäufen oder Zusammenschlüssen außer acht, bestand keine Notwendigkeit für Personalabbau in nennenswertem Umfang.

Welches sind die wichtigsten personalbezogenen Szenarien der Allianz?

Arbeitsabläufe und Arbeitsinhalte werden sich in immer kürzeren Abständen verändern. Diese Veränderungen mitzuvollziehen, wird in zunehmendem Maße die Flexibilität und Mobilität aller Mitarbeiter erfordern.

Mit welchen Maßnahmen versuchen Sie, das Versicherungsimage – kraß ausgedrückt „Klinkenputzer" – zu einem echten Dienstleistungsimage umzubauen?

Auch die Anforderungen an den Außendienst haben sich massiv verändert. Die Produkte sind zum Teil sehr viel beratungsintensiver geworden; darüber hinaus vermittelt unser Außendienst nicht nur Versicherungen, sondern auch Vermögensanlageprodukte und Hypotheken. Damit sind immer größere finanztechnische und betriebswirtschaftliche Fähigkeiten und Kenntnisse erforderlich. Die kompetente Beratung sowie Servicezeiten, die sich an den Bedürfnissen unserer Kunden orientieren, kennzeichnen die Dienstleistung unseres Außendienstes, die durch entsprechende Leistungen des Innendienstes ergänzt werden.

Welchen Stellenwert haben arbeits- und mitbestimmungsrechtliche Aktivitäten auf europäischer Ebene für die Allianz?

Wir messen den Aktivitäten der Arbeitnehmer, die aus dem Betriebsverfassungsgesetz resultieren, wie auch denen, die aus dem Mitbestimmungsgesetz folgen, einen hohen Stellenwert bei. Aus diesem Grunde haben wir auch die Gründung des AEC (Allianz Europe Committee), den Zusammenschluß der Arbeitnehmervertretungen in den einzelnen Ländern auf europäischer Ebene, unterstützt.

Wie sehen Sie die Arbeitssituation in Unternehmen in zehn Jahren? Wie wird ein „typisches" Arbeitsverhältnis aussehen?

Insoweit läßt sich angesichts der Geschwindigkeit der Veränderungen keine verläßliche Prognose geben. Vermutlich wird der Trend u.a. aber sehr viel stärker als bisher in Richtung hausverbundene Telearbeitsplätze gehen.

Welche konkreten Herausforderungen und Aktionsprogramme ergeben sich daraus in den nächsten drei Jahren für die Allianz?

Wir werden noch stärker als bisher die Arbeitszeitflexibilisierung fördern, in noch stärkerem Maße die Mitarbeiter qualifizieren und letztlich auch die datentechnische Verzahnung zwischen Innendienst und Außendienst im Sinne einer Prozeßoptimierung vorantreiben.

5.2 Strategische Ebene: Personalstruktur

5.2.1 Überblick

Die Aufgabe der strategischen Personalbestandsanalyse ist die Bestimmung und Analyse der Personalkonfiguration. Eine solche Analyse macht aber noch keine Aussage darüber, ob diese Personalkonfiguration im Einklang mit der Unternehmensstrategie steht. Folgt man der traditionellen „Structure follows Strategy"-These (vgl. *Chandler* 1962), so ergibt sich die Personalstruktur ebenso wie die Organisationsstruktur aus der Strategie des Unternehmens. Da die Personalkonfiguration jedoch nur zum Teil durch das betriebliche Personalmanagement beeinflußbar ist, kommt die strategische Ausrichtung des Unternehmens an der gegebenen Personalkonfiguration hinzu („Strategy follows Structure").

Aufgrund der zunehmenden Wertschöpfungsorientierung kommt es auf der strategischen Ebene zu einer wertmäßigen Beurteilung von Personalmanagementaktivitäten: Hier ist die **Humanvermögensrechnung** zu diskutieren.

Die strategische Personalbestandsanalyse erfolgt dabei nicht ausschließlich abgeleitet (**derivativ**): Speziell die Personalkonfiguration stellt im Hinblick auf eine ausgeglichene Altersstruktur ein primäres (**originäres**) Analyseobjekt des Personalbereichs dar. So interessiert es die Produktionsplanung selten, welches Alter und welche (gerade nicht benötigten) Zusatzqualifikationen die Mitarbeiter aufweisen, wenn nur die Kongruenz der zum jeweiligen Zeitpunkt relevanten Anforderungen mit den vorhandenen Fähigkeiten gegeben ist. Über welche zusätzlichen Merkmale ein Mitarbeiter verfügt, interessiert zu diesem Zeitpunkt – im Hinblick auf andere Einsatzbereiche, die vorgesehen oder zumindest möglich sind – ausschließlich den Personalbereich.

Auch aus **organisationstheoretischer** Sicht ist eine altersstrukturelle Anpassungsentscheidung relevant: Gemäß dem Postulat der strategischen Stimmigkeit ist es sinnvoll, die Altersstruktur der jeweiligen unternehmerischen Lebenszyklusphase (vgl. *Adizes* 1988) anzupassen. So ist zu erwarten, daß der Einfluß junger innovativer und auf dem neuesten Wissensstand ausgebildeter sowie besonders erfahrener Mitarbeiter – also Mitarbeiter an den Rändern des Altersspektrums – besonders in Start- und Krisenphasen des Unternehmens überlebenskritisch wird; in Phasen des stabilen Wachstums relativiert sich ihre Bedeutung wieder. Hier bietet sich der Einsatz von Mitarbeiter-Portfolios an, die sich an den Dimensionen Beitrag zum unternehmerischen Flexibilitätspotential, Beitrag zum unternehmerischen Kreativitätspotential, Beitrag zum unternehmerischen Leistungspotential sowie Beitrag zum unternehmerischen Entwicklungspotential aufspannen.

5.2.2 Personalkonfiguration

5.2.2.1 Formale Konkretisierung

Unter der Personalkonfiguration versteht man die zahlenmäßige Verteilung der Gesamtbelegschaft nach mindestens einem Kriterium.

Exemplarische Möglichkeiten für Personalkonfigurationen sind die Verteilungen auf
- Altersstufen („Alterspyramide"),
- Dienstränge oder
- Qualifikationsgruppen.

Übersicht 5.2 bringt als Beispiel dafür eine Alterspyramide im zeitlichen Verlauf.

Altersstufe	1998	2008	2018
15 bis 25	200		
26 bis 35	400	200	100
36 bis 45	600	400	200
46 bis 55	200	600	400
56 bis 65	100	200	600

Übersicht 5.2: Einfache Alterspyramide

Im Umgang mit der strategischen Personalbestandsanalyse zeigen sich die verschiedenen **Grundfunktionen**: So besteht die *Diagnosefunktion* in der Ermittlung der Ausgangsdaten, die *Projektionsfunktion* in der Fortschreibung für die Jahre 2008 und 2018. Für die *Handlungsfunktion* muß die Zweckmäßigkeit der zu erwartenden Personalkonfiguration aus strategischer Sicht analysiert werden. Hierfür gibt es mit der Kontingenz- und der Initiativaktivität zwei grundsätzlich unterschiedliche **Vorgehensweisen**:

- Entweder wird die Personalkonfiguration so gewählt, daß sie unterschiedlichen Umweltentwicklungen in gleicher Weise Rechnung trägt. Dieses *kontingenzaktive* Verhalten setzt allerdings die Definition unterschiedlicher Szenarien und daran ansetzender Unternehmensstrategien im Bereich der strategischen Personalbedarfsbestimmung voraus. Eine zumindest rudimentäre Form einer solchen Kontingenzaktivität liegt in den Fällen vor, in denen eine „ausgeglichene“ Personalkonfiguration realisiert wird.

- Oder aber die strategische Geschäftsfeldplanung sieht eine deutliche Verlagerung des primären Geschäftszwecks vor und erfordert – zunächst ausgehend von der Bedarfsplanung – Verschiebungen der Personalkonfiguration. Eine derartige *Initiativaktivität* schlägt sich dann ebenfalls in der vorausschauenden Bestandsanalyse (Projektions-, Handlungs- und Prognosefunktion) nieder.

Das Ergebnis einer Personalkonfigurationsanalyse wurde in Übersicht 5.2 in stark vereinfachter Form dargestellt. Wesentlich komplexer und realistischer sind Modelle, die gruppenspezifische Veränderungsdaten berücksichtigen. Sie basieren zum einen auf Altersstufen, zum anderen auf Qualifikations- oder Tätigkeitsbereichen. Derartige Fragestellungen erfordern den Einsatz spezifischer Lösungstechniken, auf die in den nachfolgenden Abschnitten näher eingegangen wird.

5.2.2.2 Analyse durch einfache Simulation

Methodenbeschreibung. Eine wirkungsvolle Möglichkeit, eine Personalkonfiguration zu analysieren, ist der Einsatz einer Simulationsstudie. Hierzu wird in der **Diagnosefunktion** nicht nur der Bestand in der Ausgangsperiode betrachtet, es werden vielmehr auch historische sowie sachlogische Beziehungen zwischen den Mitarbeitergruppen analysiert und quantifiziert. Danach erfolgt in der **Projektionsfunktion** eine sukzessive Fortschreibung in die Zukunft. Eine solche zeitliche Verlaufsbehandlung bezeichnet man auch als Simulation.

Simulationsstudien verbreitern die informatorische Grundlage einer langfristig-strategischen Personalbestandsplanung vor allem bei starker Differenzierung nach Beschäftigtengruppen. Die Differenzierung findet allerdings ihre (natürliche) Grenze in der **Datenqualität**: Disaggregation bringt daher nur dann ein Mehr an Information, wenn entsprechende Daten vorliegen. Für die Validität von Simulationsmodellen ist ferner die Gültigkeit der Prämisse der **Bedingungskonstanz** wichtig: Auch

Alter	**bis 20**	**21-25**	**26-30**	**31-35**	**36-40**	**41-45**	**46-50**	**51-55**	**56-60**	**61-65**
	Angestellte									
Bestand	492	590	667	744	808	1 177	976	758	688	183
Zugänge (%)	9,3	13,7	13,4	10,2	8,0	7,0	5,3	2,1	2,1	0,0
Abgänge (%)	2,7	2,4	3,0	4,0	4,4	5,1	5,7	6,0	0,0	0,4
	Gewerbliche Arbeitnehmer									
Bestand	423	527	496	533	521	937	1 121	882	588	98
Zugänge (%)	10,7	15,0	16,9	12,6	8,6	7,3	6,4	3,9	0,1	0,0
Abgänge (%)	3,5	2,7	3,5	4,4	4,7	5,0	5,9	6,0	10,4	21,3

Übersicht 5.3: Ausgangsdaten zur Bestimmung der zukünftigen Personalkonfiguration

von ihr hängt substantiell die Anwendbarkeit eines solchen Modells speziell in der Interpretationsphase ab

Illustration. Das im folgenden beschriebene Modell differenziert auf der einen Dimension nach Altersgruppen, auf der anderen nach Angestellten und gewerblichen Arbeitnehmern. Die Ausgangsdaten des Basisjahres können Übersicht 5.3 entnommen werden. Die prozentualen Angaben über Zugänge und Abgänge pro Beschäftigungsgruppe wurden aus beobachteten Veränderungen in der Vergangenheit abgeleitet. Bei der Ermittlung der gruppenspezifischen Veränderungsraten wurden auch die Umgruppierungen von gewerblichen Arbeitnehmern zu Angestellten (und vice versa) berücksichtigt.

Einer Veranschaulichung der Daten dient die grafische Umsetzung der Bestandsgrößen in Form einer zweiseitigen Alterspyramide (Abbildung 5.2). Im Rahmen einer computergestützten Simulation läßt sich ausgehend von den Werten des Basisjahres und unter Annahme der Konstanz aller übrigen Einflußgrößen die Entwicklung der Belegschaftsstruktur im Laufe der Zeit aufzeigen. Als Ergebnis liefert das Modell für jedes Jahr die grafische Darstellung des Personalbestandes als Alterspyramide. Abbildung 5.2 zeigt zur Verdeutlichung dieser Idee zwei Pyramiden:

- Die linke Pyramide stellt die Verteilung zu Beginn des Planungszeitraums im Basisjahr 1998 dar.
- Nach dem Starten der Simulation baut sich sukzessiv der Personalbestand auf dem Bildschirm auf. Hierzu zeigt die rechte Darstellung in Abbildung 5.2 die Projektion für das Jahr 2008.

Die Verbindung der x-Symbole drückt die gewünschte Soll-Konfiguration aus und macht somit Soll-Ist-Abweichungen erkennbar.

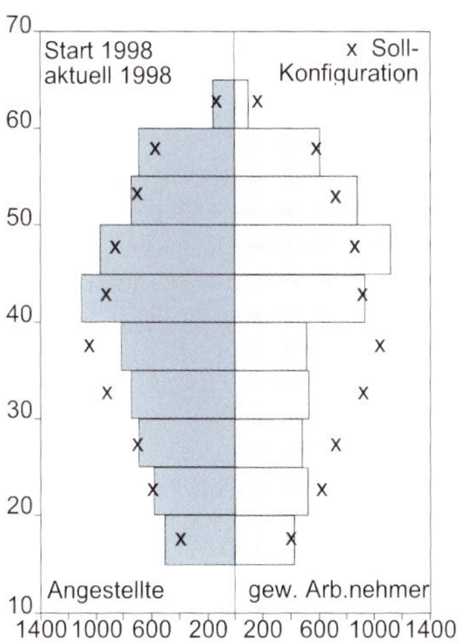

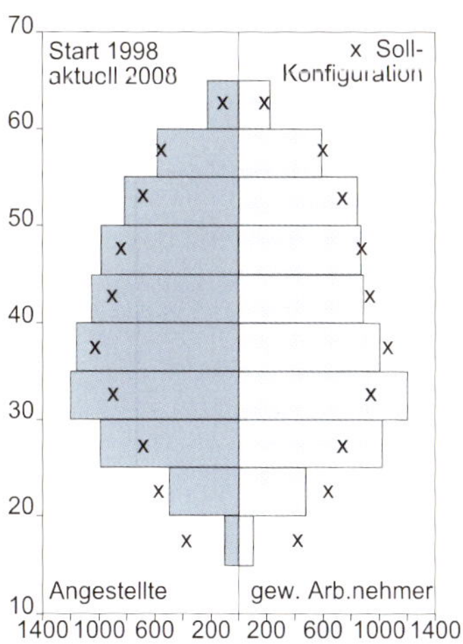

Abbildung 5.2: Personalkonfiguration im Ausgangsjahr und im Planjahr

Auf der linken Seite der Pyramide stehen die Angestellten, auf der rechten die gewerblichen Arbeitnehmer. In der grafischen Darstellung des Modellverlaufs kann so ein Knick, der sich aufgrund eines Einstellungsstops innerhalb der unteren Altersgruppe ergibt, über die Jahre hinweg von unten nach oben verfolgt werden. Somit werden die Auswirkungen personalbestandspolitischer Eingriffe deutlich.

Methodeneignung. Das obige (einfache) Simulationsmodell basiert auf einem simplen Tabellenkalkulationsblatt mit einer grafischen Ausgabe (Balkendiagramm). Daraus ergibt sich unmittelbar sein zentraler Vorteil, der in der einfachen Anwendung und der breiten Software-Verfügbarkeit liegt. Damit verbunden besteht aber eine Schwäche derartiger Modelle in ihren eher begrenzten Einsatzbereichen. Auch findet, anders als beim nachfolgenden *Markoff*-Modell, keine Unterstüzung in der Diagnosephase statt.

5.2.2.3 Analyse durch Markoff-Modelle

Methodenbeschreibung. *Markoff*-Modelle erlauben ein Abschätzen der zu erwartenden Entwicklung (auch) der Personalkonfiguration, indem sie historische Entwicklungstendenzen in die Zukunft projizieren. Sie basieren auf einer spezifischen Verlaufshypothese.

Unter „Markoff-Eigenschaft" versteht man die Tatsache, daß Veränderungen (Zugänge und Abgänge) nur von den Übergangswahrscheinlichkeiten, nicht aber von der „Entwicklungsgeschichte" oder sonstigen Faktoren abhängen.

Das Modell hat also kein „Gedächtnis". Die Entwicklung im Zeitpunkt t+2 hängt damit nur vom jeweiligen Zustand in t+1 ab, nicht aber davon, auf welchem Entwicklungspfad dieser Zustand erreicht wurde. Diese Beschränkung weisen alle *Markoff*-Modelle (aber auch einfach gebaute System Dynamics-Modelle, die später diskutiert werden) auf.

Eine *Markoff*-Studie besteht aus **vier Schritten** (Abbildung 5.3):

(1) Die zahlenmäßige Aufschlüsselung des Bestandes zu einem bestimmten Zeitpunkt und die innerhalb der gewählten Beobachtungsperiode realisierten Veränderungen führen zu einer *Verteilungs- und Veränderungsstatistik*. „Veränderungen" sind in diesem Fall Übergänge von einer Beschäftigungsgruppe zu einer anderen oder aber Austritte aus dem durch das *Markoff*-Modell abgebildeten Bereich. Ob auch der Wechsel in den abgebildeten Bereich erfaßt wird (Eintritte), hängt vom Untersuchungsziel ab.

(2) Aus der Verteilungs- und Veränderungsstatistik (gegebenenfalls für mehrere Perioden) wird eine *Übergangsmatrix* erstellt. Sie gibt an, wie groß der Prozentsatz von Mitarbeitern einer Kategorie ist, der zu

einer anderen Kategorie gewechselt oder den Abbildungsbereich verlassen hat. Diese Prozentsätze lassen sich als Übergangswahrscheinlichkeiten interpretieren: Man nimmt also an, daß auch in Zukunft jeweils ein konstanter Prozentsatz p der Beschäftigten aus der Kategorie x in die Kategorie y wechselt. Die Schritte (1) und (2) sind Teile der Diagnosefunktion der Personalbestandsbestimmung.

(3) Die Übergangsmatrix erlaubt dann die *Projektion* als zukünftige Entwicklung der Personalkonfiguration. Sie unterstellt, daß unabhängig vom aktuellen Bestand in der Kategorie x grundsätzlich immer der konstante Prozentsatz p in die Kategorie y überwechselt. Schon allein aufgrund der Austritte aus dem System würde der Inhalt in den Beschäftigtenkategorien jeweils gegen Null konvergieren. Aus diesem Grund wird in der Übergangsmatrix (meist als absoluter Wert) auch die Zahl der Mitarbeiter berücksichtigt, die jeweils laut Plan neu in die betreffende Beschäftigungskategorie „von außen" eintreten soll. Die Anwendung der Übergangsmatrix entspricht der Projektionsfunktion der Bestandsbestimmung.

(4) Als nächstes wird geprüft, inwieweit die zu erwartende Entwicklung in Einklang steht mit der aus der sonstigen Unternehmensplanung angestrebten Unternehmensentwicklung. Treten hier Divergenzen auf, so ist neben der historischen (Ist-)Übergangsmatrix eine zukunftsbezogene *Plan*-Übergangsmatrix zu erstellen. Diese gibt an, welcher Prozentsatz jeweils in der Zukunft zwischen zwei Beschäftigtenkategorien wechseln müßte, damit die zu erwartende Personalkonfiguration den strategischen Unternehmenszielen entspricht (Handlungsfunktion).

Falls in der Plan-Übergangsmatrix vorgesehene Veränderungen als nicht-realisierbar einzustufen sind, ist es – über die eigentliche *Markoff*-Studie hinausgehend – Aufgabe der Prognosefunktion, die Abweichungen in die zu erwartende Entwicklung einzubauen.

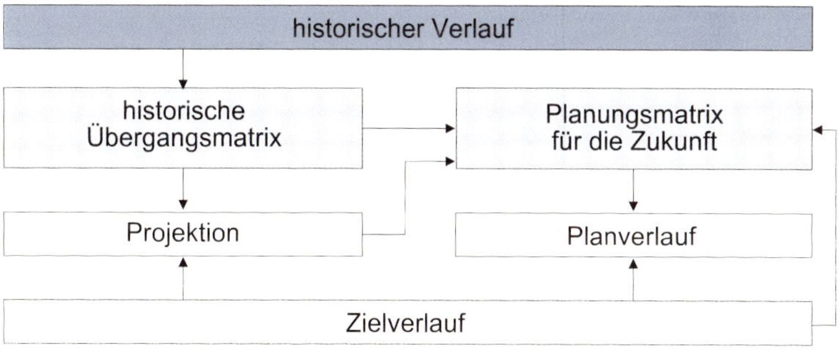

Abbildung 5.3: Struktur einer *Markoff*-Analyse

Die Anwendung von *Markoff*-Modellen basiert auf zwei **zentralen Annahmen**: Erstens müssen die *Übergangswahrscheinlichkeiten* im statistischen Sinne zuverlässig sein, was einen längeren Beobachtungszeitraum und eine breite Analysebasis erfordert. Zweitens gilt die *ceteris paribus-Bedingung*: Strukturelle Veränderungen im Unternehmen, in der Belegschaft beziehungsweise bei der Einstellung von Mitarbeitern sind damit ausgeschlossen.

Ist die Gültigkeit dieser Annahmen sichergestellt, lassen sich mit *Markoff*-Modellen viele **Fragestellungen** beantworten, darunter:

- Welche Personalverteilung, bezogen auf Stellen oder Altersgruppen, wird zu einem bestimmten Zeitpunkt vorliegen?
- Welche Übergangswahrscheinlichkeiten sind erforderlich, um eine bestimmte Verteilung zu einem bestimmten Zeitpunkt zu erreichen?
- Welche Eingriffe (im Sinne von Zugängen beziehungsweise Abgängen) realisieren bei konstanten Übergangswahrscheinlichkeiten eine vorgegebene Zielverteilung zu einem festgelegten Zeitpunkt?

Die *Markoff*-Studie liefert als Output (nur), welche quantitativen Veränderungen der Personalpolitik gegebenenfalls erforderlich sind. Sie sagt nichts darüber, wie diese Ergebnisgröße realisiert werden kann und soll.

Illustration. Übersicht 5.4 zeigt eine *Markoff*-Analyse mit vier Stellentypen. Gesucht ist exemplarisch eine Entwicklung, die den Personalbestand wieder auf die Konfiguration der Startperiode (also die Verteilung 10 000/9 000/6 000/2 000) zurückführt:

- Für die abgelaufenen Perioden 1 bis 10 werden zunächst die Bestandswerte in den vier Stellentypen (S1-S4) sowie die entsprechenden Veränderungen erfaßt (HIST-VERLAUF).
- Aus diesen Werten wird die historische Übergangsmatrix bestimmt (IST). Wegen der Rundungen bei der Datenausgabe addieren sich hier die Zeilensummen nicht zwingend auf den Wert eins.
- Mit Hilfe der Übergangsmatrix wird der aktuelle Personalbestand bis zum Ende der Planungsperiode hochgerechnet (PROJ-VERLAUF).
- Anschließend wird eine neue Übergangsmatrix erstellt und diese so lange interaktiv-heuristisch verändert (PLAN), bis die angestrebte Bestandsentwicklung eintritt (PLAN-VERLAUF).

Die eigentlichen Veränderungen erfolgen im Feld PLAN, die Ergebnisse sieht man dann im Feld PLAN-VERLAUF.

Derartige Analysen lassen sich auf dem Personal Computer durchführen und grafisch umsetzen: Abbildung 5.4 zeigt links die Projektion, also die zu erwartende Entwicklung der Personalkonfiguration; man erkennt ein gefährliches Absinken der Belegungszahl in Stellungstyp S1 und S2. Die Probleme lassen sich aber, wie aus Abbildung 5.4 rechts erkennbar, durch eine veränderte Personalpolitik beseitigen.

Zeit	Bestand				Übergänge					Externe Zugänge und Abgänge					
t	S1	S2	S3	S4	1-2	1-3	2-3	2-4	3-4	ZS 1	ZS 2	AS 1	AS 2	AS 3	AS 4
0	10 000	9 000	6 000	2 000	0	0	0	0	0	0	0	0	0	0	0
1	9 840	9 059	5 970	2 026	110	40	35	20	15	70	26	80	22	90	9
2	9 660	9 108	6 018	2 048	120	50	43	25	15	70	26	80	29	30	18
3	9 460	9 152	6 088	2 094	130	60	51	30	20	70	26	80	31	21	4
4	9 240	9 203	6 169	2 143	140	70	59	35	25	70	26	80	21	23	11
5	9 000	9 233	6 235	2 206	150	80	67	40	30	70	26	80	39	51	7
6	8 740	9 279	6 342	2 283	160	90	75	45	35	70	26	80	20	23	3
7	8 460	9 319	6 466	2 360	170	100	83	50	40	70	26	80	23	19	13
8	8 160	9 360	6 588	2 454	180	110	91	55	45	70	26	80	19	34	6
9	7 840	9 392	6 736	2 557	190	120	99	60	50	70	26	80	25	21	7
10	7 500	9 425	6 888	2 669	200	130	107	65	55	70	26	80	21	30	8

HIST-VERLAUF

Historische Übergangsmatrix

	S1	S2	S3	S4	Exit
S1	0,964	0,017	0,010	0	0,009
S2	0	0,985	0,008	0,005	0,003
S3	0	0	0,989	0,005	0,006
S4	0	0	0	0,996	0,004
Zu	70	26	0	0	

IST

Planungsmatrix für die Zukunft

	S1	S2	S3	S4	Exit
S1	0,986	0,001	0	0	0,013
S2	0	0,991	0,001	0	0,008
S3	0	0	0,993	0,001	0,006
S4	0	0	0	0,992	0,008
Zu	175	66	19	0	

PLAN

t	S1	S2	S3	S4
47	3 354	8 539	8 221	5 126
48	3 302	8 495	8 231	5 187
49	3 252	8 451	8 240	5 248
50	3 204	8 407	8 248	5 308
51	3 158	8 363	8 255	5 368
52	3 113	8 318	8 261	5 428
53	3 070	8 273	8 266	5 487
54	3 029	8 228	8 270	5 546
55	2 989	8 183	8 274	5 604
56	2 951	8 183	8 277	5 662
57	2 914	8 093	8 279	5 720
58	2 878	8 048	8 280	5 777
59	2 844	8 003	8 281	5 834
60	2 811	7 958	8 281	5 890

PROJ-VERLAUF

t	S1	S2	S3	S4
47	9 519	9 088	6 219	2 177
48	9 560	9 081	6 203	2 165
49	9 601	9 074	6 187	2 153
50	9 641	9 067	6 171	2 141
51	9 681	9 061	6 155	2 130
52	9 720	9 055	6 139	2 119
53	9 758	9 049	6 124	2 108
54	9 796	9 043	6 109	2 097
55	9 833	9 037	6 094	2 086
56	9 870	9 031	6 079	2 075
57	9 906	9 025	6 064	2 064
58	9 942	9 019	6 049	2 053
59	9 977	9 013	6 034	2 042
60	10 012	9 007	6 019	2 031

PLAN-VERLAUF

Übersicht 5.4: Beispiel einer *Markoff*-Analyse

Anwendungsbeispiel. In Zusammenarbeit mit Privatunternehmen und öffentlichen Dienststellen wurde bereits vor knapp 20 Jahren ein interaktives Computerprogramm (FORMASY) entwickelt, das aufbauend auf *Markoff*-Ketten eine Projektion des Personalbestandes erlaubt (vgl. *Wessels/Verhoeven/Nunen* 1980). Im Rahmen dieses Programms kann der Benutzer den aktuellen Personalbestand individuell in Klassen aufteilen. Sinnvoll sind zum Beispiel eine Kategorisierung nach Dienstgrad,

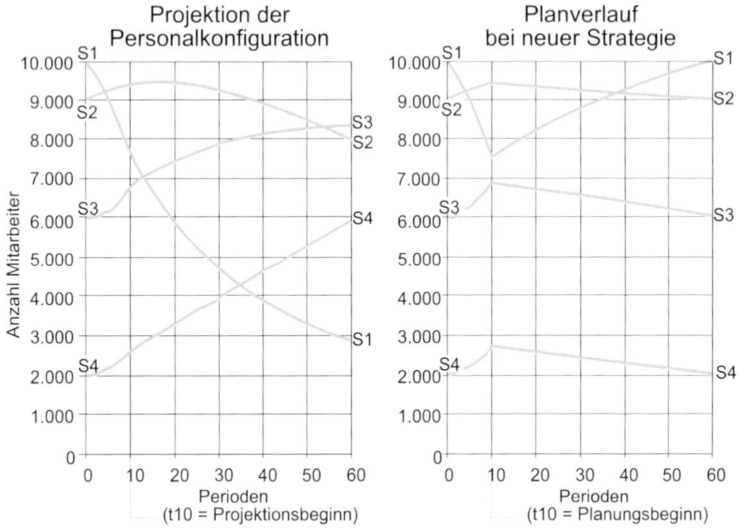

Abbildung 5.4: Projektierte und veränderte Entwicklung der Personalkonfiguration

Qualifikationsstufe, Alter und Verweildauer auf der Dienstgradstufe. In einem weiteren Schritt werden die Abgangs- und Beförderungsraten von jeder Klasse in jede andere ermittelt.

Die interaktive Benutzung eröffnet dem Personalplaner die Möglichkeit, Auswirkungen unterschiedlicher Einstell- und Beförderungspolitiken zu erkennen:

- die Entwicklung des Personalbestandes bei vorgegebenen Beförderungs- und Einstellquoten, spezifiziert nach einzelnen Klassen,
- die Fluktuationsraten innerhalb der Planungsmethode,
- die Gehaltskosten je Beschäftigtenklasse,
- die Altersverteilung des Personals sowie das Durchschnittsalter,
- Auskünfte über individuelle Karrierepfade,
- Personalbestandsschwankungen bei geänderten Übergangsraten,
- Zahl der Einstellungen, um eine vorgegebene Mindestbesetzung je Beschäftigtenklasse zu realisieren.

Soweit erkennbar blieb der durchschlagende Erfolg dieses speziellen *Markoff*-Modells jedoch aus. Hierfür gibt es eine Reihe von Gründen, die aber weniger im Modellansatz selber als in seiner EDV-technischen Realisierung liegen. So dürfte sich als ein großes Problem die damals verwendete Groß-EDV mit ihrer Inflexibilität ausgewirkt haben.

Durch den Personal Computer kam es in Verbindung mit der zunehmenden Datenverfügbarkeit aus Personalinformationssystemen inzwischen zu substantiellen Verbesserungen der interaktiven Analysemöglichkeiten, weshalb auch Markoff-Modellen (und anderen Simulationsansätzen) eine interessante Zukunft sicher sein müßte.

5.2.2.4 *Analyse durch System Dynamics*

Methodenbeschreibung. *Markoff*-Modelle basieren auf konstanten Übergangswahrscheinlichkeiten. Es wechselt aber immer ein konstanter Prozentsatz der Mitarbeiter der Qualifikationsgruppe A in die Qualifikationsgruppe B. Will man diese Übergänge variabilisieren, also beispielsweise von Sollwerten abhängig machen, sind Modelltypen nötig, die mit Rückkopplungen arbeiten.

Bekannt sind Simulationen vom Typ System Dynamics. Als spezielle Form eines stetigen Simulationsansatzes baut System Dynamics (vgl. *Forrester* 1961) auf dem **Level-Rate-Konzept** auf: Durch ein System fließen Ströme (beispielsweise Geld, Güter und Mitarbeiter), die an Quellen (source) in das System eintreten und dieses nach einer – durch Stromstärkeregler (rate) hervorgerufenen – Verzögerung wieder an den Mündungen (*sink*) verlassen; dabei bilden sich im System zwischen den Rates jeweils Bestände (*level*).

Der aktuelle Inhalt x eines Levels berechnet sich aus dem Anfangszustand x(0) sowie den kumulierten Zu- und Abgängen. Die Zu- und Abgänge sind bei stetigen Simulationskonzepten als (auf die jeweilige Zustandsvariable bezogene) Veränderungsraten definiert. Deshalb bestimmt sich die Kumulation jeweils aus dem entsprechenden Integral über Zugangsrate ($\Delta x_z/\Delta t$) minus Abgangsrate ($\Delta x_a/\Delta t$). Vereinfacht läßt sich bei diskreten Beobachtungszeitpunkten die Integration durch eine Summation ersetzen:

$$x(t) = x(0) + \sum_{t=1}^{T} \left[(\Delta x_z / \Delta t) \cdot \Delta t\right] - \sum_{t=1}^{T} \left[(\Delta x_a / \Delta t) \cdot \Delta t\right]$$

beziehungsweise

$$x(t) = x(0) + \sum_{t=1}^{T} \left[((\Delta x_z / \Delta t) - (\Delta x_a / \Delta t)) \cdot \Delta t\right]$$

Eine Abgangsrate kann zum Beispiel „50 Mitarbeiter pro Woche" sein; sie führt – im einfachsten Fall – durch Multiplikation mit der Bezugsperiode zum Abgangsvolumen dieser Woche. Verzögerungen im Output entstehen entweder in zeitlich abgestufter Intensität aus einem Input (*delay*) oder nach einer festgelegten Zeitspanne in der vollen Höhe des Inputs (*lag*). Ein Netz von Informationskanälen verbindet die Realgüterströme und setzt sie in Abhängigkeit zueinander. Neben direkten Abhängigkeiten sind die Komponenten des Systems durch Rückkopplungen miteinander verbunden: Sie wirken bei positivem Feedback verstärkend, bei negativem Feedback abweichungsminimierend.

Diese Zusammenhänge lassen sich unter Verwendung spezifischer Symbole als Blockschaltbild wiedergeben (Abbildung 5.5 links); das so entstehende grafische Modell kann direkt in ein mathematisches Modell und damit in eine computergerechte Form gebracht werden.

Illustration. Die Funktion einer derartigen System Dynamics-Analyse soll ein einfaches Beispiel verdeutlichen: Das Ein-Level-Modell in Abbildung 5.5 rechts beschreibt die Entstehung des Personalbestands (PBEST) in Abhängigkeit vom Personalbedarf (PBDF) sowie von Zugängen (PZU) und Abgängen (PAB).

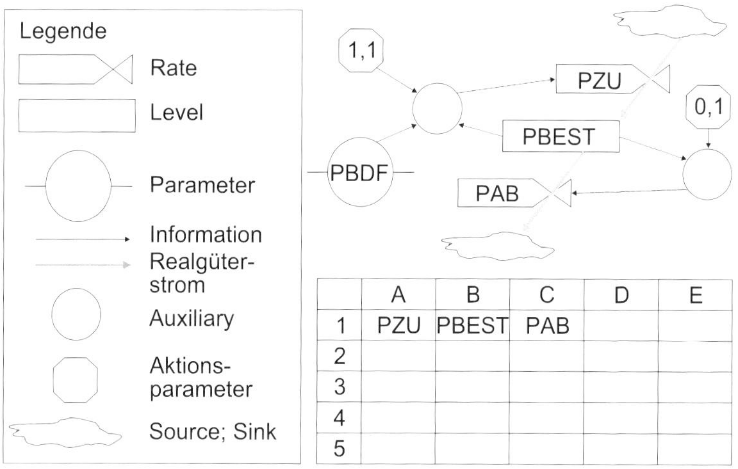

Abbildung 5.5: System Dynamics-Modell

Aus dem grafischen Modell läßt sich (vereinfacht unter der Prämisse $\Delta t = 1$) das mathematische Modell ableiten:

$$PBEST(t) = PBEST(t-1) + PZU - PAB$$

$$PZU = \max[0; PBDF(t-1) - PBEST(t-1)] \cdot F$$

$$PAB = PBEST(t-1) \cdot D$$

Die erste Zeile ist dabei die Bestandsgleichung. In der zweiten Zeile wird der Personalzugang festgelegt: Er ergibt sich aus der Multiplikation der aktuellen Bestandsdifferenz mit einem (Regelungs-)Faktor F; über die Maximierungsbedingung werden negative Personalzugänge ausgeschlossen. Die dritte Zeile errechnet den Personalabgang als konstanten

Prozentsatz D des jeweiligen Personalbestandes. Als nächstes wird dieses Modell (im Computer) durchgerechnet. In diesem Fall sollen Daten aus den Jahren 1994 bis 1999 vorliegen. In der **Diagnosephase** wird der Modellverlauf mit dem tatsächlichen Verlauf aus diesen fünf Jahren (nach 1994) verglichen. Mit den Parametern
F = 1,1 und
D = 0,1
läßt sich eine gute Approximation des tatsächlichen Verlaufs realisieren (Übersicht 5.5): Die Modellstruktur sowie die Parameter F und D gelten daher als valide; die Diagnosefunktion (hier: Struktur- und Parameterbestimmung) ist damit erfüllt.

Für die anschließende **Projektionsphase** wird dieses Modell auch für die Zukunft als gültig angesehen. Bei konstanter Struktur sowie unveränderten Parametern F und D sind weiterhin relativ starke Schwankungen im Personalbestand und erhebliche Abweichungen zum angestrebten Personalbedarf zu erwarten.

Zur Analyse alternativer **Handlungsfunktionen** werden daher die Parameter F und D so lange verändert, bis eine als zulässig angesehene Bestandsentwicklung zu erwarten ist. Ein solcher günstiger Verlauf würde sich in diesem Beispiel bei der Parameterkonstellation
F = 1,05 und
D = 0,05
einstellen. Offen bleibt allerdings auch hier wieder, wie diese Parameter anschließend in der Realität erreicht werden sollen: Dies ist Aufgabe des Personalveränderungsmanagements.

		Modellverlauf		**Realität**	
	PBEST 31.12.	PBDF 31.12.	PZU 1.1. - 31.12.	PAB 1.1. - 31.12.	PBEST
Analyse					
1994	90	100			90
1995	81	100		9	85
1996	84	100	11	8	80
1997	97	100	21	8	90
1998	105	100	18	10	105
1999	97	100	3	11	100
Projektion					
2000	87	100	0	10	
2001	81	100	3	9	
2002	87	100	14	8	
2003	99	100	21	9	
2004	103	100	14	10	
2005	94	100	1	10	

Übersicht 5.5: Modellverhalten zu Abbildung 5.5

Bereits aus den obigen kurzen Darstellungen lassen sich die fünf charakteristischen Schritte einer **Simulationsstudie** erkennen:

- Als Schritt 1 (*Strukturmodell*) wird versucht, die relevanten Systemzusammenhänge zu erkennen und in ein strukturelles (also noch nicht quantifiziertes) Modell zu übertragen.
- In Schritt 2 (*Datenmodell*) werden diese Zusammenhänge quantifiziert und in das Strukturmodell übertragen. Ein derartiges Simulationsmodell wird als valide angesehen, wenn (ausgehend von einem möglichst weit in der Vergangenheit liegenden Zeitpunkt) sein Modellverlauf dem Realitätsverlauf entspricht. Wird also im obigen Beispiel (Übersicht 5.5) ausgehend von 1994 mit dem Modell eine Bestandsentwicklung 90-81-84-97-105-97 erreicht und entspricht diese Folge in etwa dem realen Verlauf, so gilt das Modell als valide. Ansonsten müssen neue Beziehungen (Schritt 1) und oder präzisere Daten (Schritt 2) gesucht werden.

Input-Parameter	**Ergebnis-Werte (Durchschnitte)**		
Anfangsbestand 1 000	für Alternative	A	B
Soll-Bestände (t = 0; 25; 50) 1 000; 1 200; 800	Unterdeckung	55	117
Abgangsrate 3%	Überdeckung	65	20
Schwankung 50%			
Regelungsfaktor Alternative A 0,5 Regelungsfaktor Alternative B 0,2	Gesamtabweichung	120	137

PARAMETER

Exemplarisch: Verlauf bei Alternative B

Periode	Bestand	Abgang	Zugang	Soll	M-Diff.	P.-Diff.	S.-Diff.
0	1 000	0	0	1 000	0	0	0
1	1 000	17	0	1 000	0	0	0
2	983	36	0	1 000	17	0	17
3	947	37	0	1 000	53	0	53
4	910	29	0	1 000	90	0	90
5	881	26	0	1 000	119	0	119
6	855	36	8	1 000	145	0	145
7	827	28	26	1 000	173	0	173
8	825	22	45	1 000	175	0	175
9	848	13	59	1 000	152	0	152
10	894	38	72	1 000	106	0	106
11	928	23	86	1 000	72	0	72
12	991	26	87	1 000	9	0	9
13	1 052	24	76	1 000	0	52	52
:	:	:	:	:	:	:	:
:	:	:	:	:	:	:	:

Übersicht 5.6: Ausschnitt aus dem erweiterten System Dynamics-Modell

- In Schritt 3 (*Projektion*) wird ausgehend vom Struktur- und Datenmodell der Personalbestand in die Zukunft fortgeschrieben.
- In Schritt 4 (*Modellmodifikation*) wird geprüft, ob die Projektion zufriedenstellende Zukunftswerte verspricht. Wenn nicht, werden alle veränderbaren Parameter (in diesem Beispiel die Einstellrate und die Abgangsrate) so lange variiert, bis sich (mit F = 1,05 und D = 0,05) ein zufriedenstellender Modellverlauf abzeichnet.
- In Schritt 5 (*Systemmodifikation*) erfolgen entsprechend der Aussagen aus Schritt 4 die realen Veränderungen im System.

Ein **ausführlicheres Modell** liegt der Übersicht 5.6 zugrunde: Der Anfangsbestand ist zunächst auf 1 000 Mitarbeiter festgelegt. Für die ersten 25 Perioden stellt dieser Wert auch den Soll-Bestand dar. Ab Periode 25 beträgt der Soll-Bestand 1 200, ab Periode 50 dann 800 Mitarbeiter. Der Abgang errechnet sich als konstante Rate von 3% des aktuellen Bestandes; diese Rate kann jedoch, über einen Zufallszahlengenerator gesteuert, um 50% nach oben oder nach unten schwanken. Der Zugang bestimmt sich durch Multiplikation der negativen Bestandsdifferenz aus Bestand und Soll mit einem Regelungsfaktor (bei Alternative A: 0,5; bei Alternative B: 0,2). Der Zugang erfolgt zeitlich um vier Perioden verzögert. Eine Personalbestandsdifferenz von 17 Personen in Periode 2 führt daher bei Alternative A zu einem Zugang von acht Personen (0,5 x 17) in Periode 6.

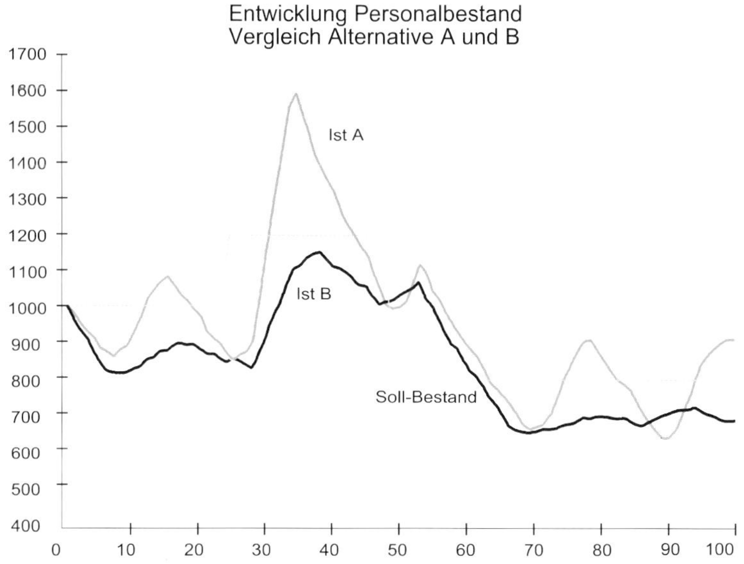

Abbildung 5.6: Erweitertes System Dynamics-Modell, grafischer Verlauf

Ziel des Modells ist die Abweichungsminimierung. Abbildung 5.6 zeigt grafisch die Personalbestandsentwicklung beider Alternativen im Vergleich mit dem Sollverlauf über 100 Perioden. Ein Regelungsfaktor von 0,5 führt zu enormen Schwankungen. Im Gegensatz dazu ruft ein Regelungsfaktor von 0,2 einen relativ glatten Verlauf hervor, verbunden mit einer chronischen Unterdeckung.

Die **Stärken** dieser Methodik liegen in ihrer erheblichen Flexibilität; werden fehlende oder realitätsferne Strukturen erkannt, läßt sich das Modell leicht entsprechend modifizieren. Hierbei kommt als weiterer Vorteil die – besonders auf dem PC – unproblematische und schnell erlernbare Anwendbarkeit zum Tragen.

Erstes Anwendungsbeispiel. Eine der ersten größeren Anwendungen von System Dynamics für den Personalbestand fand Mitte der 70er Jahre bei der BASF AG statt. Hierzu entwickelte *Weinmann* (1978) ein System Dynamics-Modell zur Simulation der Personalbestandsentwicklung, basierend auf realen Daten der BASF Ludwigshafen. Es enthielt als Objektsystem die Bereiche Absatz, Produktion, Investition, Finanzen, als Subjektsystem die Bereiche Personalbedarf, -entwicklung, -kosten, Motivation und Arbeitsproduktivität sowie als Umweltsystem wirtschaftliche Entwicklung, technischer Fortschritt, Arbeitsmarkt und Arbeitszeit.

Grundlage seiner Analysen ist ein Strukturmodell, das sich durch mehrere Kausalketten beschreiben läßt: Die Kausalkette in Abbildung 5.7 verdeutlicht exemplarisch die verstärkende Wirkung, die eine Erhöhung der Anlagewerte auf sich selbst hat.

Abbildung 5.7: Kausalkette als Simulationsgrundlage (nach *Weinmann* 1978, 65)

Nach der Validierung des Modells mit Hilfe von Plausibilitäts- und Konsistenztests kann das Modell zur Projektion eingesetzt werden. Abbildung 5.8 zeigt exemplarisch den Basisverlauf für den Personal-Ist-Bestand sowie der Abgänge im Arbeiterbereich: Der Bestand steigt im Zeitraum von 1972 bis 1974 auf 28 570 Personen. In der Rezessionsphase führt ein Ausnutzen der natürlichen Fluktuation zu einer Bestandsreduktion auf 28 000 Personen. Ein stärkerer Rückgang des Personalbestandes wird durch den Rückgang der Fluktuationsrate während der Rezessionsjahre 1974 bis 1975 verhindert. Ab 1976 steigt die Fluktuationsrate langsam an. Der Personal-Ist-Bestand erreichte 1978 wieder die Höhe von 28 570 Personen, um dann besonders in den Jahren bis 1981 progressiv zuzunehmen.

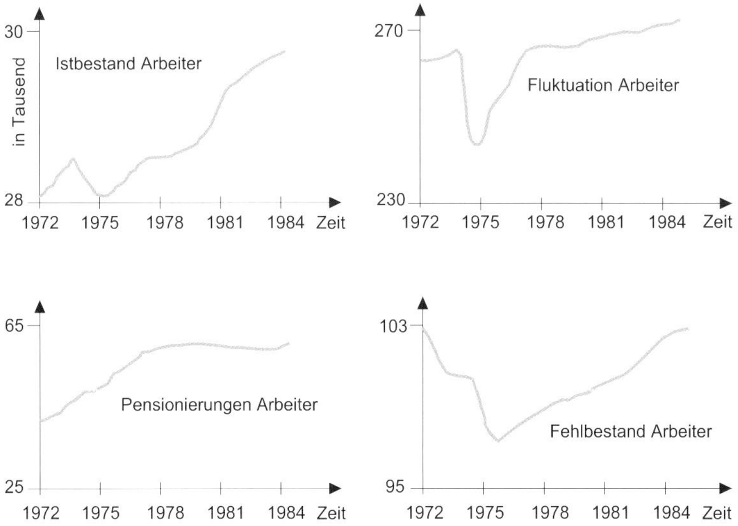

Abbildung 5.8: Modellergebnisse für gewerbliche Arbeitnehmer (nach *Weinmann* 1978, 336)

Trotz der Schwächen, die derartige Modelle zwangsläufig immer aufweisen, konnte mit diesem Ansatz eindrucksvoll bewiesen werden, daß eine Simulation relevanter Entwicklungen im Personalbereich möglich ist und zu aussagefähigen Ergebnissen führt.

Zweites Anwendungsbeispiel. Ende der 80er Jahre wurde die Modellentwicklung durch den Lehrstuhl für Betriebswirtschaftslehre, insbesondere Organisation, Personal- und Informationsmanagement an der Universität des Saarlandes fortgeführt (vgl. *Scholz* 1990b) und später von *Maasch* (1996, 90-94) publiziert. Dieses Modell berücksichtigt den gesamten Personalbestand der BASF Ludwigshafen. Um die Personalstruktur angemessen zu differenzieren, wurden acht Beschäftigungsgruppen gebildet.

Zur Projektion des Personalbestandes einer Gruppe werden die Zugänge zur jeweiligen Gruppe, die Abgänge von der jeweiligen Gruppe sowie die Übergänge zwischen den einzelnen Gruppen bestimmt (Abbildung 5.9). Dabei werden im wesentlichen nur Übergänge von einer Personalverwaltungsgruppe in die nächsthöhere Personalverwaltungsgruppe berücksichtigt, da in der Realität andere Übergänge (Beförderungen) praktisch nicht stattfinden.

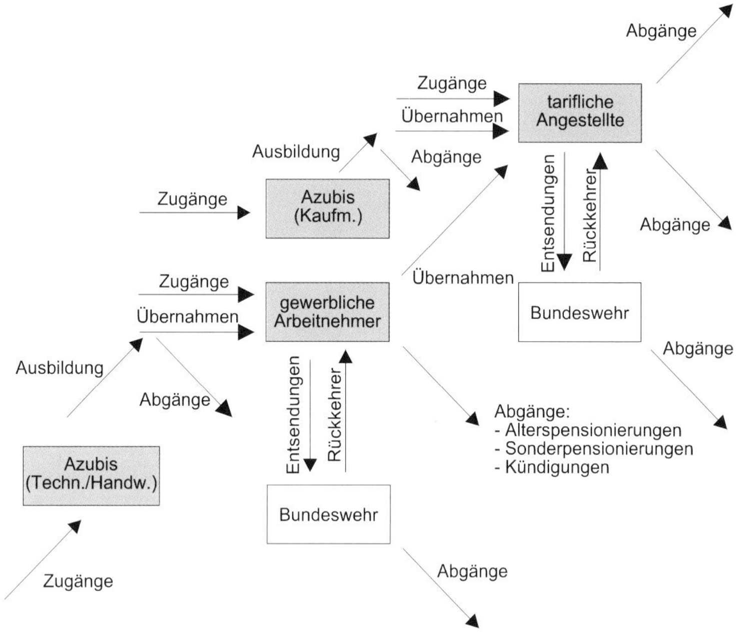

Abbildung 5.9: Prognose der Bestandsentwicklung auf der Basis von Ab-, Zu- und Übergängen (*Maasch* 1996, 92)

Die Datenbasis des Modells wurde aus der Personalstatistik der BASF AG Ludwigshafen mit Daten von den Jahren 1980 bis 1989 gebildet. Diese Daten wurden dem Modell als historische Daten für die Jahre 1980 bis 1989 zur Verfügung gestellt. Die zukunftsbezogenen Daten für die Jahre 1990 bis 1999 wurden durch eine statistische Auswertung der historischen Daten von 1980 bis 1989 gewonnen. Dabei wurden die historischen Daten zunächst in einer Zeitreihenanalyse fortgeschrieben (Abbildung 5.10). Zur Fortschreibung wurde die exponentielle Glättung erster Ordnung, die lineare Regression mit Trendextrapolation beziehungsweise die Trendextrapolation mit Berücksichtigung von Saisonkomponenten (z.B. Konjunkturzyklus) berücksichtigt. Zu beachten ist hierbei, daß die zukunftsbezogenen Daten die eigentlichen Entscheidungsvariablen des Modells darstellen. An diesen Daten hat sowohl die „what-if-Analyse" als auch die multiple Szenario-Technik anzusetzen.

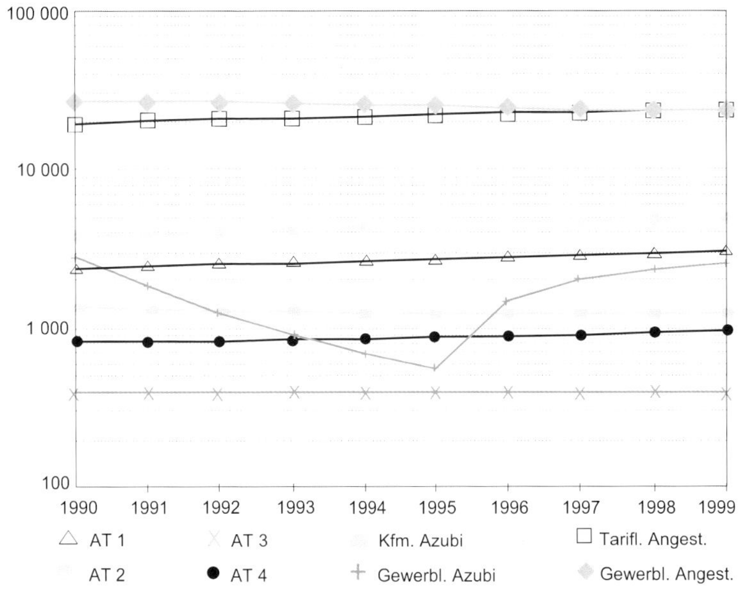

Abbildung 5.10: Ergebnisprojektion
(nach *Scholz* 1990b)

Ein Nachteil eines einfachen *Markoff*-Modells liegt darin, daß die Daten für die Übergangsmatrix im allgemeinen durch einfache Mittelwertbildung aus den historischen Daten gewonnen werden und dadurch Trendkomponenten sowie „Saisoneinflüsse" unberücksichtigt bleiben.

Vor diesem Hintergrund wurde ein erweitertes *Markoff*-Modell verwendet und mit Hilfe von System Dynamics modelliert. Hier können für jedes Jahr des Planungszeitraums unterschiedliche Werte für die einzelnen Parameter gewählt werden. Dadurch wird es möglich, gleitende Übergänge in der Beschäftigungspolitik abzubilden, oder aber, durch befristete Maßnahmen korrigierend in die Personalbestandsentwicklung einzugreifen. Weiterhin kann allgemeinen konjunkturellen oder branchenspezifischen Entwicklungen Rechnung getragen werden, indem zum Beispiel die Anzahl der Einstellungen und Entlassungen entsprechend angepaßt wird (Abbildung 5.11).

Personal-gruppen	Übernahmen	Abgang	Zugang	Alter
Auszubildende	von GA nach TA	Alters-pensionierung	Ausbildungs-ende	ab 15 Jahre
gewerbliche Arbeitnehmer GA	von TA nach AT1	Kündigung	Bundeswehr/ Zivildienst	bis 65 Jahre
Tarifangestellte TA	von AT1 nach AT2	Bundeswehr/ Zivildienst	Einstellung	
außertarifl. Angestellte AT1 z.B. Referenten	von AT2 nach AT3	Übernahme in andere Personalgruppe	Übernahme in andere Personalgruppe	
außertarifl. Angestellte AT2 z.B. Spezialisten	von AT3 nach OF	Erziehungs-urlaub		
außertarifl. Angestellte AT3 z.B. Grup-penleiter		Vorruhestand		
obere Führungskräfte OF				

Abbildung 5.11: Modellparameter mit Einfluß auf die Bestandsstruktur und -entwicklung (*Maasch* 1996, 91)

Basierend auf dem Level-Rate-Konzept von System Dynamics wurden dann die unterschiedlichen Personalverwaltungsgruppen als Levels und die Übergänge und sowie die Zu- und Abgänge als Rates definiert. Die Entscheidungsparameter des Modells stellen dabei exogene Konstanten dar, die auf die entsprechenden Rates wirken. Ferner wurden explizit Verzögerungen berücksichtigt. So wurden Bundeswehrentsendungen und Bundeswehrrückkehrer unter Berücksichtigung der durchschnittlichen Wehrzeit und einer durchschnittlichen „Rückkehrerrate" als Delay abgebildet. Ebenso wurde die Ausbildungszeit der Azubis als Delay abgebildet. Durch die Einbeziehung dieser für System Dynamics typischen Delays konnte eine gute Abbildung der Realität vollzogen werden.

Drittes Anwendungsbeispiel. Eine Verfeinerung des zuvor genannten Beispiels wurde drei Jahre später für eine Grundgesamtheit entwickelt, die aus rund 650 Mitarbeitern aus 11 verschiedenen Qualifikations- und

Einsatzgruppen bestand. Das Planungsproblem in diesem Bereich bestand darin, auf der einen Seite rechtzeitig mit der Ausbildung von Mitarbeitern unterhalb der Meisterebene zu beginnen, so daß mit dem Ausscheiden bisheriger Meister aus Altersgründen unmittelbar Nachwuchskräfte zur Verfügung standen, um den frei werdenden Aufgabenbereich zu übernehmen. Auf der anderen Seite mußte aber auch sichergestellt werden, daß nicht zu viele Mitarbeiter zum Meister ausgebildet werden und daß die Ausbildung zum richtigen Zeitpunkt startet. Die **Kernfrage**, auf die das zu entwickelnde Simulationsmodell eine Antwort liefern sollte, lautete damit: Wann müssen wie viele Mitarbeiter den Weg zur Meisterausbildung einschlagen, damit das Unternehmen zum gewünschten Zeitpunkt weder zu viele noch zu wenige Mitarbeiter mit Meisterausbildung auf frei werdenden Meisterstellen einsetzen kann?

Die **Parameter** im Modell wurden dabei aus den Personalbewegungen bestimmter Qualifikationsgruppen der Vergangenheit und Gegenwart abgeleitet. Neben der Berücksichtigung der verschiedenen Qualifikationsstufen, der Übergangsmöglichkeiten zwischen ihnen sowie einer vorhandenen Alterspyramide wurden Planungsvariablen festgelegt: externe Zugänge und Abgänge, bisher nicht mögliche Übergänge, Mindestverweildauer in einer Gruppe, Mindestbetriebszugehörigkeit, Mindestwechselalter, Beförderungsstopalter, Anzahl der Übergänge pro Jahr, Eingangstest als Voraussetzung, Anzahl Testteilnehmer, Anzahl Testteilnahmen und Durchfallquote. In eine Benutzeroberfläche konnten die Vergangenheitsdaten als Berechnungsgrundlage eingegeben werden. Die Möglichkeit zur Konkretisierung gruppenspezifischer Modellparameter erhöhte die Validität der Prognose.

Nach der Eingabe der Zeitspanne, für die der Personalbestand in Abhängigkeit der jeweiligen Planung errechnet werden soll, stellt das Modell für jedes Jahr eine Alterspyramide dar, deren Aufbau dem oben gezeigten Altersaufbau des Ist-Personalbestands entspricht. Damit ist es möglich, ausgehend von dem aktuellen Personalbestand der betroffenen Einheit einen **Vergleich** zwischen

- der Fortschreibung des Personalbestands ohne die Berücksichtigung der eingegebenen Planungsparameter
- und der Alternativenrechnung in Abhängigkeit der eigenen Planung

anzustellen. Ein derartiger Vergleich macht weiterhin deutlich, welche Maßnahmen zu ergreifen sind, um einen gewünschten zukünftigen Verlauf des Personalbestands zu erreichen.

Bewertung von System Dynamics. Wichtigster Unterschied zwischen *Markoff*-Modellen und System Dynamics ist die Möglichkeit von **Parameteränderungen**. Dabei muß zwischen exogenen und endogenen Änderungen unterschieden werden:

- *Exogene* Parameteränderungen werden vom Modellbauer selbst vorgenommen (zum Beispiel Veränderungen der Übergangswahrscheinlichkeit zwischen zwei Stellentypen) und sind in beiden Modelltypen möglich.
- *Endogene* Parameteränderungen werden dagegen von Zustandsvariablen im Modell hervorgerufen; so läßt sich beispielsweise die Zugangsrate zum Stellentyp A von der Besetzungszahl dieses Stellentyps abhängig machen. Auf diese Weise sind auch Variablen wie Motivation oder Aufstiegserwartung berücksichtigbar. Endogene Parameteränderungen sind nur im Simulationsmodell möglich, also bei System Dynamics. Bei *Markoff*-Modellen sind sie ausgeschlossen.

Ein weiterer Unterschied betrifft die modellmäßige Berücksichtigung des **Abgangsverhaltens** pro Stellentyp. Auch hier läßt System Dynamics eine differenziertere Betrachtung als *Markoff*-Modelle zu: Bei *Markoff*-Modellen ist das Abgangsvolumen ein konstanter Teil des jeweiligen Bestandes (beispielsweise 30% des aktuellen Bestandes); bei System Dynamics sind unterschiedliche Arten von Abgangsverzögerungen möglich. Es können also bei System Dynamics Überlebenskurven vollständig abgebildet werden: Gilt als jahresbezogene Überlebenskurve beispielsweise (0,1; 0,7; 0,2), so resultiert der Abgang in 1999 aus 20% der Zugänge von 1998, aus 70% der Zugänge von 1997 und aus 10% der Zugänge von 1996.

Für stetige Entscheidungsparameter ist das **Planungsoptimum** bei System Dynamics und bei *Markoff*-Modellen jeweils nur zufällig lokalisierbar, aber nie als solches einwandfrei identifizierbar. Nur wenn wenige diskrete Entscheidungsparameter vorliegen (wie Einstellung von n oder m Personen pro Monat), läßt sich ein Optimum lokalisieren und identifizieren: Dazu werden alle denkbaren Alternativen permutiert; der Vergleich der alternativen Ergebnisse führt zum Optimum.

5.2.3 Humanvermögensrechnung

Den **Anstoß** zur Entwicklung einer selbständigen Humanvermögensrechnung gab die Erkenntnis, daß sich die klassischen betrieblichen Rechnungslegungswerke nicht als Informations- und Entscheidungsgrundlage zur Bewertung des Einsatzes menschlicher Ressourcen eines Unternehmens eignen. Gesucht wurden übergreifende Ansätze, die in der Lage sind, ganzheitlich und an den Unternehmenszielen ausgerichtete Beurteilungen des betrieblichen Humankapitals zu realisieren.

Die Humanvermögensrechnung ist der Versuch, die Mitarbeiter im Unternehmen als „wichtigstes Kapital" des Unternehmens entsprechend zu „bilanzieren".

Die Überlegungen sind natürlich nicht neu. So beschrieb *Rumpf* bereits 1978 die Breite der zur Diskussion stehenden Ansätze: Sie manifestierte sich damals im deutschsprachigen Bereich in den Arbeiten von *Conrads* (1976) und *Aschoff* (1978), im englischsprachigen Bereich unter anderem in der Arbeit von *Flamholtz* (1974) sowie in der Bibliographie des *Committee on Human Resource Accounting* (1973).

Ein möglicher Ansatzpunkt zur Realisation einer Humanvermögensrechnung ist die im Rahmen des Aktienrechts vorgesehene Sozialbilanz (vgl. *Coenenberg* 1997): Sie unternimmt den Versuch, eine gesellschaftsbezogene Rechnungslegung (auch) der menschlichen Ressourcen einer Unternehmung durchzuführen, beschränkt sich jedoch weitgehend auf die Informationsbedürfnisse **externer** Gruppen.

Diese überwiegend an den Informationsinteressen externer Personen ausgerichtete Form einer Humanvermögensrechnung ist daher zu ergänzen durch eine explizite und konsequente **interne** Humanvermögensrechnung. Sie muß über den Rahmen dieser gesetzlichen Vorschriften hinausgehen und sich auf das Humanvermögen als potentiellen strategischen Erfolgsfaktor konzentrieren. Die hierzu entwickelten Modelle (vgl. *Kontner* 1980; *Schmidt* 1982) versuchen, dieser Aufgabenstellung gerecht zu werden und zielorientiert, operational sowie zukunftsorientiert Vorschläge zur Bewertung des Humanpotentials zu machen (vgl. *Fischer-Winkelmann/Hohl* 1982, 2638-2642).

Inputorientierte Ansätze ziehen dazu tatsächliche oder geschätzte Aufwendungen für das Personal als Bewertungsgrundlage heran. Hierfür gibt es mehrere Vorschläge:

- Bei der Bewertung mit historischen Kosten bestimmen die in der Vergangenheit tatsächlich angefallenen Aufwendungen den Wert des Humanvermögens.
- Bei der Bewertung zu Wiederbeschaffungskosten werden die Aufwendungen berücksichtigt, die für die Wiederbeschaffung eines Mitarbeiters bei Ausfall anfallen würden. Dazu gehören als Aufwandsposten die reinen Beschaffungskosten und auch Anlernkosten.
- Die Bewertung mit Opportunitätskosten basiert auf den Preisen, die der „Markt" für den Mitarbeiter zahlen würde. Nicht immer aber existiert ein solcher Markt.
- Die Bewertung mittels ranggewichteter Personalkosten orientiert sich an tatsächlichen Aufwendungen, gewichtet mit rangspezifischen Faktoren.
- Bei der effizienzgewichteten Personalkostenmethode werden die Lohnkosten der folgenden (fünf) Jahre geschätzt und auf den Planungszeitpunkt diskontiert. Der Barwert wird dann mit einer Effizienzrate gewichtet, die sich aus dem Verhältnis der betriebseigenen Rentabilität zur Durchschnittsrentabilität der Branche ergibt.

- Eine Bewertung auf der Basis zukünftiger Einkünfte beruht auf statistisch ermittelten Einkommensprofilen verschiedener Mitarbeitergruppen. Für jeden Mitarbeiter wird eine Wahrscheinlichkeit für den weiteren Verbleib geschätzt, der dann in Verbindung mit dem Einkommensprofil den individuellen Wert ergibt.

Outputorientierte Ansätze basieren dagegen auf der Bewertung der Leistungsbeiträge von Mitarbeitern zu den betriebsrelevanten Zielen.

- Die Firmenwertmethode ermittelt Humanvermögen als Differenz aus bilanziellem und tatsächlichem Vermögen. Der gesamte Firmenwert wird somit dem Humanvermögen zugerechnet.
- Bei der Bewertung mit Hilfe zukünftiger Leistungsbeiträge werden die zukünftigen Leistungen aus der Stellung in der betrieblichen Hierarchie, dem individuellen Leistungsniveau oder der Dauer des Verweilens in einer bestimmten Position abgeleitet.
- Die Methode der Verhaltensvariablen relativiert kostenorientierte Werte durch nichtmonetäre Größen, die den Einfluß von falschen Managemententscheidungen ausdrücken.

Übersicht 5.7 bewertet das Humankapital exemplarisch für einen Mitarbeiter anhand der historischen Kosten und zeigt dessen Personalinvestitionskonto nach dem ersten Berechnungsjahr.

Personalinvestitionskonto für Hauptabteilungsleiter XYZ			
Beschaffung	45 000,-	Abschreibung Fortbildung (1/3, da 3 Jahre Nutzung)	4 000,-
Einarbeitung	28 000,-	Abschreibung der Humanakquisition (1/10, da 10 Jahre Betriebszugehörigkeit prognostiziert)	7 300,-
Fortbildung	12 000,-	(Schlußbestand) Humanvermögensammelkonto	73 700,-
	85 000,-		85 000,-

Übersicht 5.7: Personalinvestitionskonto
(modifiziert nach *Fischer-Winkelmann/Hohl* 1982, 2640)

Die **Kritik** an diesen Ansätzen (vgl. *Fischer-Winkelmann/Hohl* 1982, 2642-2644) konzentriert sich hauptsächlich auf die teilweise Nichtbeachtung der genannten Forderungen: So liefert kein Modell konkrete Regeln zur Erfassung und Bewertung. Außerdem ist die Bewertung mit historischen Kosten immer vergangenheitsorientiert, die Bewertung mit Wiederbeschaffungskosten, Opportunitätskosten und mittels ranggewichteter Personalkosten nur beschränkt zukunftsorientiert. Eine grundlegendere Kritik *Wimmers* und *Neubergers* (1998, 456) verweist auf die Gefahr, daß sich das Personalmanagement zudem in Abhängigkeit des traditionellen Rechnungswesens begibt. Demnach werden alle Personalaktivitäten in Kostenkategorien gepreßt und das Rechnungswesen als dominante Basis für Personalmanagemententscheidungen etabliert.

Erstaunlich ist die geringe Weiterentwicklung der Ansätze zur Humanvermögensrechnung und deren geringe Verbreitung in der Praxis (vgl. *Sadowski/Schröder* 1994). Hier wurde zumindest für den deutschsprachigen Raum Anfang der 80er Jahre ein Höhepunkt gefunden. Neuere Arbeiten konzentrieren sich vorrangig auf die Frage der grundsätzlichen Verankerung eines Humanvermögens-Managements (z.B. *Phillips* 1996) und die Bereitstellung möglichst operationalisierter und konkreter Meß- und Bewertungsvorschriften für das Humanpotential (z.B. *Fischer* 1999).

Die Humanvermögensrechnung eignet sich trotz zeitpunktbezogenem Vermögensausweis zur **Analyse** des aktuellen Mitarbeiterbestandes. Eine **Projektion** mit Hilfe vergangenheitsorientierter Ansätze ist dagegen nur möglich, wenn das Modell eine dynamische Grundlage erhält.

5.3 Taktische Ebene: Tätigkeits- und Qualifikationsfeld

5.3.1 Überblick

Die taktische Ebene orientiert sich an stellen- und/oder qualifikationsbezogenen Aggregationen: Im ersten Fall bezieht sich die Bestandsbestimmung auf Tätigkeitsfelder, im zweiten Fall auf Qualifikationsgruppen. Bezugsbasis ist immer eine Menge gleichartiger Stellen oder Qualifikationen, nie der einzelne Mitarbeiter.

Auf der taktischen Ebene der Bestandsanalyse wird die Zahl der Mitarbeiter ermittelt, die demselben Tätigkeits- oder Qualifikationsfeld zugeordnet werden kann (**Diagnosefunktion**), und bestimmt, wie sich diese Zahl unter den vorliegenden Gegebenheiten in der Zukunft verändern wird (**Projektionsfunktion**). Durch Abweichungen vom jeweiligen Bedarf können Veränderungsmaßnahmen notwendig werden (**Handlungsfunktion**). Anschließend wird analysiert, wie viele Mitarbeiter tatsächlich pro Tätigkeitsfeld oder Qualifikationsfeld in der Zukunft zu erwarten sind: In diese Berechnungen gehen auch solche Bestandsdifferenzen ein, die sich aus befristeter Stellensperre bei Stellenvakanz oder aus längerer Beschaffungsdauer bei hochqualifiziertem Personal ergeben.

Unternehmensintern gewinnt die taktische Personalbestandsanalyse zunehmend an Bedeutung. Überbetrieblich wird es immer schwieriger, allgemeingültige Berufsbilder oder Qualifikationsfelder exakt abzugrenzen, da der anhaltende Strukturwandel in den meisten Branchen zu einer permanenten Neudefiniton von Tätigkeitsfeldern führt. So werden im

Zuge der Virtualisierung beispielsweise diese Tätigkeitsfelder durch die Kernkompetenzen der Mitarbeiter ständig neu definiert und von Kundenseite bewertet. Daher geht es in der Abgrenzung von stellen- oder qualifikationsbezogenen Tätigkeitsfeldern auch um den Aufbau zukünftiger Erfolgspotentiale im Unternehmen.

Künftig wird sich die (taktische) Personalbestandsanalyse nicht mehr nur auf die festen Mitarbeiter des Unternehmens konzentrieren können, sondern verstärkt unternehmensübergreifende Tätigkeitsfelder und Qualifikationsfelder definieren.

5.3.2 Stellenbezogene Aggregation

Die stellenbezogene Aggregation faßt gleichartige Stellen oder Arbeitsplätze zu Tätigkeitsfeldern zusammen und erhebt die Anzahl von Mitarbeitern pro Tätigkeitsfeld. Dieser Wert wird mit der Anzahl notwendiger Mitarbeiter verglichen.

Übersicht 5.8 skizziert ein einfaches Beispiel für diesen Vorgang: Der IST-Wert bezieht sich auf die diagnostische Funktion der Personalbestandsanalyse, die Spalte WIRD auf die projektive Funktion. Die SOLL-Werte stellen die Verbindung zur Personalbedarfsbestimmung her.

	01.01.1998		**Feststehende Veränderungen**		**01.01.1999**	
	IST	**SOLL**	**AB**	**ZU**	**WIRD**	**SOLL**
Abteilung A						
Einrichter	27	28	4	2	25	28
Vorarbeiter	52	50	6	3	49	45
...						
Abteilung B						
Einrichter	3	3	1	1	3	3
Anreißer	5	6	2	1	4	6
Handformer	2	4	1	0	1	4
Handgießer	3	3	0	0	3	3
Maschinenformer	6	8	1	2	7	8
Maschinengießer	8	8	3	1	6	8

Übersicht 5.8: Taktische Personalbestandsanalyse

Solche Tabellen sind gerade wegen ihrer Trivialität ein zentrales Hilfsmittel der Personalabteilung in der Praxis: Da sinnvoll aggregierte Bestandswerte nur schwer zu realisieren sind, wird in diesen Übersichten offenbar ein Kompromiß zwischen Aggregationsleistung und Aussagekraft gesehen.

5.3.3 Qualifikationsbezogene Aggregation

Eine Alternative zur stellenbezogenen Aggregation ist eine qualifikationsbezogene Aggregation. Für sie bieten sich folgende **Anwendungsschritte** an:

- In *Schritt 1* werden die auf der operativen Ebene erhobenen Fähigkeitsprofile clusteranalytisch gruppiert. Dies setzt Strukturgleichheit der Fähigkeitsprofile voraus. Die Profile müssen also identische Fähigkeitsmerkmale (nicht Ausprägungen!) aufweisen.
- In *Schritt 2* wird für jedes Cluster das Durchschnittsprofil („Muster") bestimmt. Diese Qualifikationsmuster werden dann mit einem aussagekräftigen Namen versehen.
- Die qualitative Analyse von Schritt 1 und Schritt 2 führt als *Schritt 3* zu einer quantitativen Analyse: Sie besagt, wie viele Mitarbeiter auf die jeweilige Qualifikationsgruppe entfallen.

Entsprechend dem Grundansatz der Mustererkennung realisiert Schritt 1 und 2 die Musterextraktion, Schritt 3 dagegen die Mustererkennung im engeren Sinne (vgl. *Scholz* 1987a, 105-109).

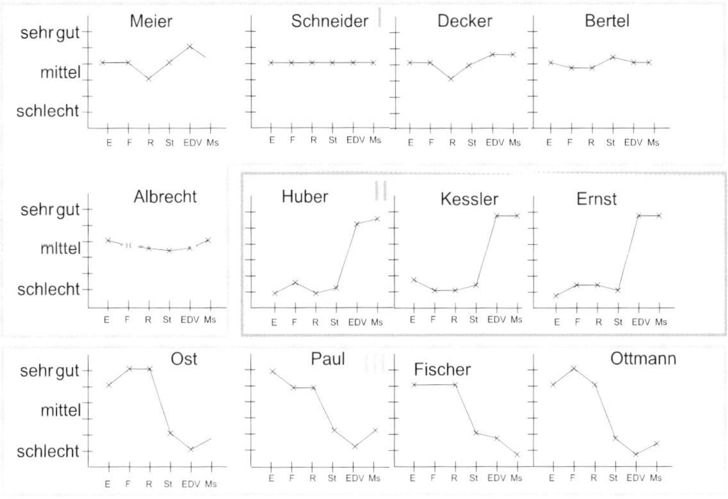

Abbildung 5.12: Clusteranalytische Gruppierung der Fähigkeitsprofile (Legende: E = Englisch, F = Französisch, R = Russisch, St = Steno, EDV = Computerkenntnisse, Ms = Maschineschreiben)

Beispiel. Ausgangsbasis für eine qualifikationsbezogene Aggregation im Rahmen der taktischen Personalbestandsanalyse sind für **Schritt 1** (Abbildung 5.12) strukturgleiche Fähigkeitsprofile von 12 Sekretärinnen.

Die Clusteranalyse reduziert die 12 Einzelprofile auf drei Gruppen ähnlicher Fähigkeitsprofile (Cluster I, II und III): Innerhalb des Clusters unterscheiden sich die Fähigkeitsprofile nur geringfügig, heben sich aber von denen der anderen Cluster deutlich ab.

In **Schritt 2** (Abbildung 5.13) wird für jedes Cluster das Durchschnittsprofil (Muster) bestimmt. In Cluster I ergibt sich das Durchschnittsprofil A, in Cluster II das Durchschnittsprofil B und in Cluster III das Durchschnittsprofil C. Diese drei Durchschnittsprofile lassen sich mit „Allround-“, „Fremdsprachen-“ sowie „EDV-Sekretärin“ bezeichnen. **Schritt 3** beinhaltet als quantitativen Aspekt die Zuordnung der Fähigkeitsprofile der ursprünglich 12 Sekretärinnen sowie von drei Neueinstellungen auf diese Standardmuster. Das Endergebnis stellt sich dann wie in Abbildung 5.13 aufgezeigt dar.

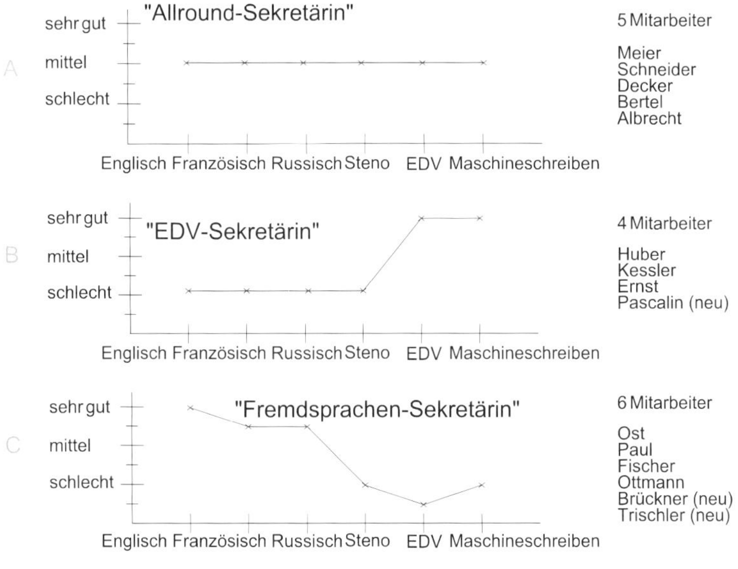

Abbildung 5.13: Qualifikationsbezogene Aggregation

5.4 Operative Ebene: Fähigkeitsprofil

5.4.1 Überblick

Die Personalbestandsanalyse auf der operativen Ebene erfolgt immer individuumsbezogen und sieht deshalb den einzelnen Mitarbeiter als Analyseobjekt. Daher verläuft die Personalbestandsanalyse hier ausschließlich **qualitativ**: Sie ermittelt, welche Merkmale ein konkret in einer Abteilung beschäftigter Mitarbeiter aufweist.

Die Personalbestandsanalyse orientiert sich am aktuellen Leistungspotential des Mitarbeiters und drückt dieses im sogenannten **Fähigkeitsprofil** aus. Das Fähigkeitsprofil – oder synonym der „Fähigkeitsvektor" (*Rumpf* 1981) – besteht aus **Fähigkeitsmerkmalen**. Für jedes der Merkmale wird die Merkmalsausprägung erhoben. Verbindet man die Ausprägungen der einzelnen Merkmale durch Linien, so entsteht optisch ein „Profil". Diese Darstellungsform ist allerdings unabhängig von ihrer visuellen Ausdruckskraft strenggenommen mathematisch nicht korrekt, da die horizontale Achse nur diskrete Merkmale, aber keine stetige Größe enthält.

Probleme bringt der Versuch mit sich, die im Einzelfall relevanten Merkmale und im Anschluß daran die entsprechenden Merkmalsausprägungen zu bestimmen. Neben den „theoretisch sauberen" Fähigkeitsmerkmalen, die auch im Zusammenhang mit der Bewerberselektion eine wichtige Rolle spielen, ist daher auch auf Leistungsmerkmale und speziell auf Verhaltensbeobachtungen als Indikatoren für das Leistungspotential zurückzugreifen.

5.4.2 Fähigkeitsmerkmale

5.4.2.1 Inhalt

Ein für alle Unternehmen gültiger Katalog von Fähigkeitsmerkmalen ist nicht aufstellbar, da die konkrete Ausgestaltung von den Gegebenheiten im Unternehmen und von dem angestrebten Einsatzbereich abhängt.

Dennoch lassen sich die grundsätzlich denkbaren Fähigkeitsmerkmale zu einem abstrakten Katalog verdichten, dessen Komponenten unternehmensspezifisch zu konkretisieren sind. Dieser Katalog differenziert zwischen den in Übersicht 5.9 ausgewiesenen vier Kategorien von Fähigkeitsmerkmalen (vgl. *Rumpf* 1981, 72-86):

Kategorie	Beispiele
identifizierende Merkmale	Personalnummer, Name, Arbeitsplatz, Familienstand
kenntnisbezogene Merkmale	
Ausbildungsstand	
– Ausbildungsabschlüsse	Studiengänge, Akademischer Grad, Lehrgänge, Seminare
– Zusatzqualifikationen	Fremdsprachen, REFA-Kurse
beruflicher Werdegang	vorherige Arbeitgeber, innerbetriebliche Laufbahn
physische Merkmale	
physischer Zustand	Körpermaße, Körpergewicht, chronische Erkrankungen und Behinderungen
körperliche Fähigkeiten	Funktionstüchtigkeit der Körperteile, Bewegungsbereiche
körperliche Beanspruchbarkeit	
– aktiv	Ausdauer, Kraft, Geschicklichkeit
– passiv	Lärm, Klima, Schwingungen
psychische Merkmale	
geistige Leistungsfähigkeit	Auffassungsgabe, Kreativität, Gedächtnisleistung
Arbeitsverhalten	
– aufgabenbezogen	Pünktlichkeit, Exaktheit
– personenbezogen	Hilfsbereitschaft, Teamarbeitsfähigkeit
psychomotorische Fähigkeiten	Auge-Hand-Koordination
psychische Beanspruchbarkeit	im Hinblick auf Zeitdruck (Streß) oder Verantwortung

Übersicht 5.9: Kategorien und Unterkategorien von Fähigkeitsmerkmalen (erweitert nach *Rumpf* 1981, 74)

Identifizierende Merkmale bezeichnen den Mitarbeiter durch seinen Namen oder eine Personalnummer. Speziell die computergestützte Datenauswertung benötigt dieses identifizierende Segment. Darüber hinaus dient es zur Personalverwaltung. Abrechnungstechnische Daten wie Urlaubsanspruch oder Gleitzeitkonto sind dagegen nicht in ein für das Personalmanagement konzipiertes Fähigkeitsprofil aufzunehmen.

Kenntnisbezogene Merkmale liefern Informationen über Ausbildungsstand und beruflichen Werdegang der Mitarbeiter:

- Zu den Merkmalen, die den Ausbildungsstand beschreiben, zählen Daten über vorhandene Ausbildungsabschlüsse, differenziert nach Dauer und Art der Schul- beziehungsweise Studienzeiten sowie nach Form des erreichten Abschlusses. Hinzu kommen Zusatzqualifikationen aufgrund von Maßnahmen zur Fort- und Weiterbildung, einschließlich der vom Mitarbeiter freiwillig besuchten externen Veranstaltungen mit Berufsbezogenheit: Beispiele hierfür sind Fremdsprachen oder branchenspezifische Techniken (wie NC-Programmierung). Die Ausprägung derartiger Merkmale läßt sich relativ leicht erheben. Ihre Aussagekraft kann jedoch in zweifacher Weise beeinträchtigt werden: durch eine lange Zeitspanne zwischen der Bildungsmaßnahme und der Anwendung der Fähigkeit sowie durch mangelnde Information über konkrete Schulungsinhalte aufgrund der eher summarischen Aussagen zu Schulungsmaßnahmen.

- Mit der Erfassung des Ausbildungsstandes verbunden ist die Erhebung des beruflichen *Werdeganges*. Dieser ist gekennzeichnet durch die Art der ausgeübten Tätigkeiten, die Dauer der jeweiligen Beschäftigung und die Qualität der in den verschiedenen Positionen geleisteten Arbeit (sofern erhebbar). Wird beispielsweise ein Mitarbeiter mit Japanischkenntnissen benötigt, so kann – unabhängig vom Fähigkeitsmerkmal „Japanisch" – zunächst nach solchen Mitarbeitern gesucht werden, bei denen im beruflichen Werdegang die Region Japan auftaucht.

Physische Merkmale beschreiben Voraussetzung und Umfang der körperlichen Leistungsfähigkeit eines Mitarbeiters:

- Fähigkeitsmerkmale zur Charakterisierung des *physischen Zustands* erfassen als erste Untergruppe die aus der körperlichen Konstitution resultierenden Restriktionen für den Einsatz eines Mitarbeiters. Hier geht es vorrangig um körperliche Behinderungen, chronische Erkrankungen und um spezifische Körpermaße; für letzteres haben Anthropometrie und Ergonomie Meßvorschriften entwickelt.
- Die zweite Untergruppe physischer Merkmale betrifft die *körperliche Fähigkeit* des Mitarbeiters und hier speziell die Funktionstüchtigkeit der Körperteile. Der Detaillierungsgrad als Art und Anzahl der Fähigkeitsmerkmale richtet sich dabei nach betrieblichen und ergonomischen Gegebenheiten der vom Mitarbeiter potentiell besetzbaren Arbeitsplätze.
- Die dritte Gruppe physischer Merkmale faßt die verschiedenen Aspekte der *körperlichen Beanspruchbarkeit* zusammen. Hierzu zählt neben der aktiven Beanspruchung als Abgabe von Leistung auch die passive Beanspruchung durch Umwelteinflüsse. Zur Erfassung dieser Merkmale stehen medizinische Diagnoseverfahren zur Verfügung, deren Ergebnisse die Personalbestandsanalyse zu summarischen Urteilen verdichtet.

Psychische Merkmale erfassen geistige, soziale und psychologische Aspekte individueller Leistungsfähigkeit:

- Die *geistige Leistungsfähigkeit* stellt ab auf Merkmale wie Denkvermögen, Auffassungsgabe, Gedächtnisleistung, Ausdrucksfähigkeit oder räumliche Vorstellungskraft. Als Erhebungstechniken für die geistige Leistungsfähigkeit bieten sich allgemeine Fähigkeitstests sowie Teile von Testbatterien zur Intelligenzmessung an.

- Das *Arbeitsverhalten* eines Mitarbeiters kann aufgabenbezogen durch Fähigkeitsmerkmale wie Arbeitsgeschwindigkeit, Beständigkeit in der Arbeitsintensität oder Korrektheit und Qualität der Arbeitsausführung beschrieben werden. Personenbezogenes Arbeitsverhalten dagegen umfaßt Voraussetzungen und Ergebnis arbeitsbedingter Aktionen des Mitarbeiters mit anderen Personen; Indikatoren personenbezogenen Arbeitsverhaltens sind Merkmale wie Kontaktfreudigkeit, Anpassungsfähigkeit oder Bereitschaft zur Gruppenarbeit.
- Zu den *psychomotorischen Fähigkeiten* zählen Fähigkeiten, die eine Koordination von Sinneswahrnehmungen und Muskelarbeit erlauben; sie dokumentieren sich in Merkmalen wie Reaktionsvermögen oder Auge-Hand-Koordination.
- Die *psychische Beanspruchbarkeit* spiegelt die Fähigkeit des Mitarbeiters wider, Belastungen zu ertragen, die durch den Arbeitsprozeß sowie die Umwelt ausgelöst werden: nervliche Anspannungen, Aufregungen, plötzliche Schocks sowie generell Streß. Ursache solcher psychischer Beanspruchung sind Verantwortung, Zeitdruck, Arbeitsbedingungen, Fehlerrisiko und Gefährlichkeit der Arbeit, aber auch Monotonie und Isolierung während des Arbeitsablaufs.

Je differenzierter für die Arbeitnehmer die individuellen Fähigkeiten erfaßt sind, desto besser ist die informatorische Grundlage für das Personalveränderungsmanagement.

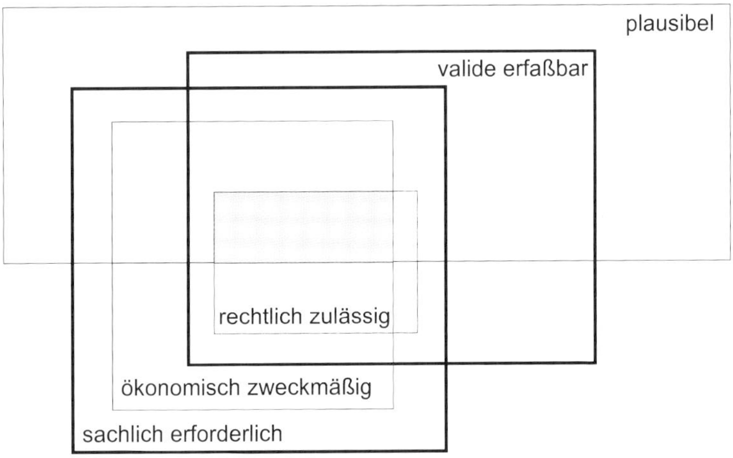

Abbildung 5.14: Zulässigkeitsbereich für Fähigkeitsmerkmale

5.4.2.2 Auswahl

Zur Erfüllung der Diagnosefunktion ist zunächst die Menge der tatsächlich zu erhebenden Fähigkeitsmerkmale festzulegen. Für diese Bestimmung der **Merkmalsliste** bieten sich folgende Reduktionen an (Abbildung 5.14):

- Ausgangsbasis ist die Menge der *plausiblen* Fähigkeitsmerkmale. Dieser Katalog steckt einen heuristischen Rahmen ab, der die logische Vollständigkeit des festzulegenden Fähigkeitsprofils sichert.
- Eine weitreichende Reduktion dieses Kataloges ergibt sich durch die vom Mitarbeiter zu erfüllende Aufgabe. Diese *sachlich* erforderlichen Fähigkeitsmerkmale stellen Teilmengen der plausiblen Merkmale dar.
- Ferner ist bei der Aufnahme eines Fähigkeitsmerkmales in das Fähigkeitsprofil die *ökonomische* Zweckmäßigkeit zu berücksichtigen. Der Aufwand für die Erhebung eines Fähigkeitsmerkmales muß in vernünftiger Relation zur Verbesserung des Aussagegehaltes des Fähigkeitsprofils stehen. Hier bietet es sich an, für alle Mitarbeiter auf sachlich verwandten Stellen eine gemeinsame Struktur für das Fähigkeitsprofil festzulegen. Die Bezugsbasis dabei ist der Tätigkeitsbereich (vgl. *Rumpf* 1981, 94) als Menge von Stellen mit untereinander ähnlicher Anforderungsstruktur.
- Die nächste Reduktion der Merkmalsmenge erfolgt durch die angestrebte *Validität* des Merkmalskataloges. Die Validität gilt dann als gegeben, wenn die in das Fähigkeitsprofil aufgenommenen Fähigkeitsmerkmale sowie die daran ansetzenden Meßverfahren zutreffende Aussagen über Ausmaß und Struktur der Leistungsfähigkeit zulassen.
- Eine weitere Reduktion folgt aus den *rechtlichen* Restriktionen. So müssen ein sachlich begründeter Anlaß zur Datenerhebung und die implizite oder explizite Einwilligung des Betroffenen vorliegen; vor allem aber dürfen keine Persönlichkeitsrechte des Mitarbeiters verletzt werden. Gemäß § 28 BDSG dürfen die durch den Arbeitgeber rechtmäßig erhobenen Bewerber- und Arbeitnehmerdaten gespeichert werden, das heißt die Daten, die nicht unter Überschreitung des Fragerechts des Arbeitgebers und nicht unter Nutzung von durch den Betriebsrat abgelehnten Fragebogen erhoben wurden (vgl. *Däubler* 1990, 104-106). Die Aufbewahrung von Bewerberdaten ist dann auf Dauer zulässig, wenn der Arbeitgeber auch nach der Einstellung die entsprechenden Informationen weiterhin benötigt. § 27 Abs. 1 BDSG verpflichtet die speichernde Stelle, sachlich nicht richtige Daten zu löschen.

Die **Anwendungsreihenfolge** dieser fünf Reduktionsstrategien ist prinzipiell beliebig. Für die oben beschriebene Reihenfolge spricht die Wahrscheinlichkeit, durch sukzessive Verkleinerung der Merkmalsmenge alle wichtigen und zulässigen Merkmale zu erhalten.

Nach diesen Entscheidungen steht für alle Mitarbeiter eines Tätigkeitsbereiches eine klar definierte Menge von Fähigkeitsmerkmalen und damit die Struktur für das Fähigkeitsprofil fest (in Abbildung 5.14 blau markiert). Mit der darauffolgenden Erhebung der Ausprägung von Fähigkeitsmerkmalen für alle Mitarbeiter ist die diagnostische Funktion der operativen Personalbestandsanalyse erfüllt.

5.4.2.3 Projektion

Die projektive Funktion der operativen Personalbestandsanalyse beantwortet die Frage nach den für die Zukunft zu erwartenden Veränderungen der Fähigkeitsmerkmale. Hierfür gibt es zwei **Varianten**:

- Erstens könnte man die Fähigkeitsprofile in die *Zukunft* fortschreiben und das Fähigkeitsprofil von Mitarbeiter x zum Zeitpunkt t bestimmen. Die evidente Problematik derartiger Ansätze erzwingt eine Beschränkung auf solche Aspekte des Fähigkeitsprofils, die sich auf Maßnahmen der betrieblichen Personalentwicklung beziehen: Wird etwa ein Mitarbeiter auf einen Fortbildungskurs geschickt, so ist – trotz aller Unwägsamkeit – nach Kursende eine entsprechende Veränderung in seinen Fähigkeitsmerkmalen nicht unwahrscheinlich.
- Zweitens kann man sich auf die zahlenmäßige Betrachtungsweise zurückziehen. Dies bedeutet, daß man Informationen darüber zu gewinnen sucht, *wie lange* der entsprechende Mitarbeiter noch dem Unternehmen zur Verfügung stehen wird. Dieser Ansatz mündet damit in eine Aussage darüber, mit welcher Wahrscheinlichkeit ein Mitarbeiter (und damit ein spezifisches Fähigkeitsprofil) zu einem bestimmten Zeitpunkt betrieblich nutzbar sein wird.

Es findet also ebenfalls eine individuumsbezogen-qualitative Konzentration auf die Ausprägungshöhe der Fähigkeitsmerkmale statt.

5.4.3 Ersatzgrößen

Die Erhebung des Leistungspotentials als maximal erbringbare Leistung bringt zwangsläufig Schwierigkeiten mit sich: Während sie für den Vorgang der Bewerberselektion kaum abzumildern sind, bieten sich für die Erstellung des Fähigkeitsprofils eines bereits im Unternehmen Beschäftigten mit Leistungs- und Verhaltensmerkmalen zwei Hilfskonstrukte an.

5.4.3.1 *Leistungsbeurteilung*

Da das Leistungspotential ex definitione größer ist als die tatsächlich erbrachte Leistung, stellt diese zumindest eine **Untergrenze** für die Ausprägung des Fähigkeitsmerkmals dar. Leistungswerte werden in Zusammenhang mit der Leistungsbeurteilung erhoben und im Rahmen der leistungsabhängigen Entgeltdifferenzierung als Teil des Personalkostenmanagements diskutiert.

5.4.3.2 *Verhaltensmerkmale*

Für die meßtheoretisch problematischen psychischen Fähigkeitsmerkmale bietet sich der Rückgriff auf Verhaltensmerkmale und speziell auf die **verhaltensorientierten Beurteilungsskalen** (**VOBS**) an, von denen es drei Grundformen gibt:

Verhaltenserwartungsskalen. **VES** gehen auf *Smith* und *Kendall* (1963) zurück. Für sie wird folgendes Vorgehen vorschlagen (vgl. *Domsch/ Gerpott* 1985, 669-672):

- Eine Beurteilergruppe entwickelt einen Katalog von Leistungsmerkmalen, die für Mitarbeiter eines Tätigkeitsbereichs charakteristisch sind (z.B. „Führung von Verkaufspersonal").
- Eine andere Gruppe definiert für jedes Leistungsmerkmal die drei Merkmalsausprägungen gut/mittel/schlecht durch entsprechende Beschreibungen.
- Eine dritte Gruppe schließlich stellt eine Liste von Verhaltensbeispielen zusammen.
- Eine weitere Gruppe ordnet diese Beispiele auf die Leistungsmerkmale zu.
- Eine nächste Gruppe positioniert diese (bereits auf Leistungsmerkmale zugeordneten) Verhaltensbeispiele auf 7- oder 9-stufigen Skalen. Eliminiert werden solche Beispiele, die von unterschiedlichen Beurteilern deutlich unterschiedlich positioniert werden.
- Anschließend werden solche Verhaltensbeispiele ausgewählt und als Merkmalsausprägungen definiert, die trennscharf sind und im Verbund das gesamte Leistungsspektrum abdecken.

Übersicht 5.10 zeigt ein Beispiel für eine VES.

Verhaltensverankerte Beurteilungsskalen. **VVBS** unterscheiden sich von der oben skizzierten Skala dadurch, daß (vgl. *Domsch/Gerpott* 1985, 672-674)

- Beurteilte und Beurteiler gemeinsam mögliche Verhaltensbeispiele suchen und
- diese Verhaltensbeispiele clusteranalytisch zur Definition von Leistungsmerkmalen dienen.

Leistungsdimension: Führung des Verkaufspersonals		
		Man könnte von diesem Abteilungsleiter erwarten, ...
Leitet sein Personal effektiv an; gezielte Förderung, geschickte Motivation.	9	daß er für neue Mitarbeiter Verkaufspraktika durchführt und sie in die Gruppe der besten Verkaufsmitarbeiter führt.
	8	daß er seinen Mitarbeitern ein starkes Gefühl des Vertrauens und der Verantwortlichkeit übermittelt.
	7	daß er nie versäumt, wöchentliche Trainingsveranstaltungen mit seinen Mitarbeitern zu festgelegten Terminen durchzuführen.
	6	daß er sich gegenüber seinen Mitarbeitern höflich und korrekt verhält.
Leitet sein Personal überwiegend befriedigend an, fördert und motiviert seine Mitarbeiter so, daß sie ihre Aufgabe zumeist befriedigend bewältigen.	5	daß er Verkaufspersonal daran erinnert, auf Kunden zu warten, anstatt sich untereinander zu unterhalten.
	4	daß er sich vor seinen eigenen Mitarbeitern kritisch über die Qualität des Kaufhauses äußert und so die Entwicklung negativer Einstellungen riskiert.
	3	daß er einen Mitarbeiter auch dann auffordert, zur Arbeit zu kommen, wenn dieser angerufen hat, um mitzuteilen, daß er krank sei.
	2	daß er die einem Mitarbeiter gemachte Zusage, er könne in seine frühere Abteilung zurückkehren, nicht hält.
Verhält sich gegenüber seinem Personal so, daß dessen Leistungsbereitschaft und -fähigkeit durch ihn eher verschlechtert wird.	1	daß er einem Mitarbeiter eine umsatzorientierte Gehaltsfestsetzung verspricht, obwohl dies gegen die Unternehmenspolitik verstößt.

Übersicht 5.10: Exemplarische Dimension einer Verhaltenserwartungsskala (*Campbell et al.* 1973, 16-17 in der modifizierten Form von *Domsch/Gerpott* 1985, 671)

Es wird somit aus den umfassend umschriebenen Merkmalsausprägungen (induktiv) auf die zugrundeliegenden Verhaltensmerkmale geschlossen. Die Definition von Verhaltensbeispielen kann zusätzlich als Teil einer umfassenden Organisationsentwicklung realisiert werden.

Verhaltensbeobachtungsskalen. **VBS** schließlich sind als Likert-Skalen (Übersicht 5.11) definiert und bestehen aus verschiedenen Verhaltensbeschreibungen (Items). Zur Generierung aussagekräftiger Items können die unterschiedlichsten Personen herangezogen werden. Bei der Bewer-

Arbeitsplanung und -organisation						
Der beurteilte Mitarbeiter ...						
(a) entwickelte vor Projektbeginn einen Plan, in dem Projektorganisation, -termine, -steuerung und -überwachung festgelegt wurden (d.h. er spezifizierte unter anderem die Aufgaben aller am Projekt Beteiligten).						
fast nie	-1-	-2-	-3-	-4-	-5-	fast immer
(b) bereitete sich auf Besprechungen vor, z.B. durch Niederschrift einer Tagesordnung oder anzusprechender Diskussionspunkte.						
fast nie	-1-	-2-	-3-	-4-	-5-	fast immer
(c) bearbeitete gleichzeitig zwei oder mehrere Arbeitsaufträge effektiv.						
fast nie	-1-	-2-	-3-	-4-	-5-	fast immer
(d) stellte sicher, daß Teilaufgaben zufriedenstellend abgeschlossen wurden.						
fast nie	-1-	-2-	-3-	-4-	-5-	fast immer
(e) hielt Termine ein.						
fast nie	-1-	-2-	-3-	-4-	-5-	fast immer
(f) verfolgte die Hauptziele seiner Stelle, da er sich nicht durch nebensächliche Probleme oder persönliche Interessen ablenken ließ.						
fast nie	-1-	-2-	-3-	-4-	-5-	fast immer
(g) gab nicht mehr als das zur Zielerreichung erforderliche Geld aus (z.B. Beachtung von Budgetrestriktionen; Kostenbewußtsein).						
fast nie	-1-	-2-	-3-	-4-	-5-	fast immer
(h) erkannte und/oder setzte Arbeitsziele und Prioritäten.						
fast nie	-1-	-2-	-3-	-4-	-5-	fast immer
Punktsumme = ______						

Übersicht 5.11: Exemplarische Dimension einer Verhaltensbeobachtungsskala (nach *Domsch/Gerpott* 1985, 675)

tung muß der Beurteiler dann für jede Verhaltensbeschreibung angeben, wie häufig sie realisiert wurde. Im Gegensatz dazu konnte/mußte er sich bei der VES für eine Ausprägung entscheiden.

Die Anwendung einer VOBS erfordert unabhängig vom Typ immer die **Schritte**

- Beobachtung eines Ereignisses,
- Zuordnung des Ereignisses auf ein Verhaltensmerkmal,
- Bestimmung der Merkmalsausprägung und
- schriftliches Festhalten des Ergebnisses.

Grundsätzlich eignen sich alle drei Formen der VOBS zur Bestimmung von Verhaltensmerkmalen, wobei für die qualitative Bestandsanalyse die VBS die geeignetste sein dürfte: Sie stellt mehr als VVBS und wesentlich mehr als VES auf tatsächliches (individuelles) Verhalten ab, also weniger auf arbeitsplatzspezifisches Verhalten.

5.4.3.3 Konsequenz

Leistungsmerkmale und Verhaltensmerkmale sind Ersatzgrößen, deren Aufnahme in Fähigkeitsprofile Probleme aufwirft. Dies erfordert entsprechende Konsequenzen:

- Entweder erfolgt zusätzlich die Bestimmung von *Leistungsgraden*. Ist es dem Mitarbeiter bei Beurteilung mit einer VBS erkennbar leicht gefallen, ein günstiges Ergebnis zu realisieren, so kann daraus geschlossen werden, daß die Ausprägung des Fähigkeitsmerkmals noch über der gezeigten Ausprägung des Leistungsmerkmals liegt. War ein VBS-Wert dagegen nur mit extrem hoher Anstrengung realisierbar, so kann daraus auf eine Identität der Ausprägungen von Fähigkeitsmerkmal und Leistungsmerkmal geschlossen werden. Es bleibt aber die Schwierigkeit der Abschätzung von Leistungsgraden.
- Oder aber es wird bei der Erstellung des Fähigkeitsprofils auf den *Erhebungsweg* hingewiesen und sichergestellt, daß diese Informationen grundsätzlich immer mit der Merkmalsausprägung weitergeleitet werden. Dies gilt vor allem bei computergestützter (Weiter-)Verarbeitung: Gerade hier kann leicht die wichtige Zusatzinformation verloren gehen, so daß es sich bei der Merkmalsausprägung nicht um ein Leistungspotential (als maximal erbringbarer Wert) handelt, sondern um einen Leistungs- oder Verhaltenswert aus einer spezifischen Situation. Hier ist entweder auf den Erhebungsweg oder aber auf den Charakter als Untergrenze zu verweisen.

Zusammenfassend stellt die Verwendung von Leistungsmerkmalen als Basis von Fähigkeitsprofilen einen für Verhaltensmerkmale nicht selten unausweichlichen **Ausweg** aus der Erhebungsproblematik von Fähigkeitsmerkmalen dar, der – mit Vorsicht beschritten – die informatorische Basis des operativen Personalmanagements zu verbessern hilft.

5.5 Resümee und Vorschau

Informationen über den aktuellen und über den zukünftigen Personalbestand sind Grundlage für ein erfolgversprechendes Personalmanagement. Die dazu erforderliche Personalbestandsanalyse umfaßt die

- Diagnosefunktion,
- Projektionsfunktion,

- Handlungsfunktion und
- Prognosefunktion.

Dabei genügt es aber nicht, in Form einer Buchhaltung den Überblick über die Veränderung der Gesamtbelegschaftszahl zu behalten, vielmehr sind auch qualitativ differenzierende Informationen über den einzelnen Mitarbeiter nötig. Das Spektrum von Vorschlägen, die sich selbst im weitesten Sinne unter der Bezeichnung „qualitativ" positionieren, reicht von der eindimensionalen Unterscheidung Arbeiter/Angestellter bis hin zur mehrdimensionalen Potentialerfassung.

Gemäß der Grundsystematik dieses Buches sind auch hier wieder die Inhalte und Aufgaben der drei **Managementebenen** strikt voneinander zu trennen, da sie jeweils durch unterschiedliche Analyseobjekte und -methoden charakterisiert sind:

- Auf der *strategischen* Ebene dominieren Personalkonfiguration und Humanvermögensrechnung. Da hier die zahlenmäßig größte Bezugsgruppe vorliegt, sind gerade bei der Entwicklung der Personalkonfiguration Verfahren wie *Markoff*-Modelle und System Dynamics einsetzbar.
- Auf der *taktischen* Ebene erfolgt eine Aggregation individueller Fähigkeitsprofile durch Zusammenfassung zu stellen- oder qualifikationsbezogenen Tätigkeitsfeldern. In diesem Bereich erlaubt die Mustererkennung interessante Möglichkeiten zur Qualifikationsgruppierung.
- Auf der *operativen* Ebene steht der einzelne Mitarbeiter, repräsentiert durch sein individuelles Fähigkeitsprofil, im Mittelpunkt. Hier ergeben sich vor allem Probleme in der Erfassung des Leistungspotentials.

Insgesamt liegt mit der Personalbestandsanalyse ein wichtiger Baustein vor, der zur Herstellung der Kongruenz zwischen Personalbedarf und Personalbestand unerläßlich ist. Ist diese Kongruenz in quantitativer, qualitativer, zeit- oder ortsbezogener Hinsicht nicht gegeben, so kommt es zur Personalveränderung als abgestimmtes Aktionsbündel aus Personalbeschaffung, -entwicklung und -freisetzung.

5.6 Testfragen

(1) Erklären Sie an einem von Ihnen gewählten Beispiel die vier Funktionen der Personalbestandsanalyse. Welche Bedeutung hat dabei die Differenzierung nach unterschiedlichen Managementebenen?

(2) Wozu dient eine explizite Differenzierung zwischen Projektions- und Prognosefunktion?

(3) Worin besteht der Nutzen eines explizit „strategischen" Personalbestandsmanagements?

(4) Ihr Personalbestand von 7 400 Mitarbeitern läßt sich auf sechs Qualifikationsstufen zuordnen (Übersicht 5.12). Aus Ihrer Belegschaftsstatistik entnehmen Sie Übergangswahrscheinlichkeiten, die die bisherige Beförderungspolitik sowie die Personalveränderungen widerspiegeln. Welcher Personalbestand ergibt sich (ohne Neuzugänge) im nächsten und im übernächsten Jahr? Welche Beförderungspolitik müßten Sie wählen, um nach zwei Jahren in Stufe 4 einen Personalbestand von 900 Personen zu realisieren?

Qualifikations-stufe	**1**	**2**	**3**	**4**	**5**	**6**	**Exit**
Mitarbeiter	2 400	1 400	800	600	1 000	1 200	
1	0,75	0,10	-		0,05	-	0,10
2	-	0,60	0,10	0,10	-	-	0,20
3	-	-	0,70	0,10	0,05	0,10	0,05
4	-	-	0,10	0,65	0,10	0,05	0,10
5	-	-	-	0,05	0,80	0,15	-
6	-	-	-	-	-	0,75	0,25

Übersicht 5.12: Qualifikationsverteilung und Übergangswahrscheinlichkeiten

(5) *Markoff*-Modelle basieren im Personalmanagement auf der Ganzzahligkeitsprämisse. Welche Konsequenzen hat sie? Wie muß eine daran anknüpfende Entscheidungsregel aussehen, die Aussagen über Mindestbelegungszahlen bei *Markoff*-Modellen macht?

(6) Entwerfen Sie ein System Dynamics-Modell, das Aussagen über die Entwicklung der Studentenzahlen in der Übung „Personalmanagement" macht! Differenzieren Sie zwischen mindestens zwei Gruppen von Studenten und quantifizieren Sie die von Ihnen verwendeten Variablen!

(7) Interpretieren Sie die Alterspyramide aus Übersicht 5.2 als Verteilung auf Dienstränge. Was wären sinnvolle Konsequenzen, wenn die Konfiguration von 1988 gleichzeitig die anzustrebende Soll-Konfiguration darstellt?

(8) Welche Probleme wirft das Erheben von Fähigkeitsprofilen auf? Wie lassen sie sich beseitigen? Welche zusätzlichen Probleme treten bei der Ermittlung zukunftsbezogener Fähigkeitsprofile auf? Sehen Sie dafür Lösungsmöglichkeiten?

(9) Wie beurteilen Sie folgende Aussage: „Durch die konsequente Ermittlung von Fähigkeitsprofilen von Mitarbeitern und Anforderungsprofilen an Stellen könnte man die Personalkonfiguration innerhalb eines Unternehmens so ändern, daß dieses insgesamt effizienter und profitabler wird"?

(10) Wie würden Sie die Notwendigkeit einer operativen Personalbestandsanalyse begründen?

... für Fortgeschrittene:

John P. Kotter stellt in seinem Buch „The New Rules" (1995, 79) folgende Regel auf: „Increasingly, success is going to the small and entrepreneurial, not the big and bureaucratic. The new rule is: people who found and grow small organizations are often receiving both more job satisfaction and more income than most in traditional large organizations." Diskutieren Sie diese Aussage vor dem Hintergrund der Personalbestandsanalyse.

Suchen Sie im Internet Personalbestände von Unternehmen. Nach welchen Kriterien werden die Personalkonfigurationen aufgeschlüsselt? An welchen Stellen der unternehmerischen Internetpräsentationen tauchen diese Informationen zum Personalbestand auf und welche Rückschlüsse lassen sich hieraus auf die Informationsorientierung des Unternehmens ziehen?

Führen Sie eine Personalbestandsanalyse für das Raumschiff „Voyager" durch!

Diskutieren Sie folgende Aussage von *Peter Drucker* (1998): „The first task of a manager is to make the strengths (of his/her people) productive and the weaknesses irrelevant."

5.7 Praxisbeispiel: HypoVereinsbank

Die HypoVereinsbank ist im September 1998 aus der Fusion der Vereinsbank und der Hypo-Bank hervorgegangen und zählt mit einer Bilanzsumme von über 850 Mrd. DM zu den größten deutschen Kreditinstituten. Im Bereich des Anlagevolumens gehört die Bank ebenfalls zu den drei größten in Deutschland und im Rahmen der Immobilienfinanzierung ist die HypoVereinsbank mit ihrem Kreditvolumen von über 430 Mrd. DM in Deutschland wie auch europaweit führend.

Der Konzern ist in die Unternehmensbereiche Privat-und Geschäftskunden, Firmenkunden, Immobilienkunden und Immobilienfinanzierung, Asset Management und International Markets sowie die beiden Dienstleistungsbereiche Bankbetrieb und Konzernservices untergliedert. In den über 1 400 Filialen des Bankbetriebs sind derzeit rund 40 000 Mitarbeiter tätig, die neben dem üblichen Tagesgeschäft ca. zehn Millionen Online-Transaktionen täglich bewältigen.

Die Märkte der Banken und die Ansprüche der Kunden ändern sich mit hoher Dynamik. Gerade in einem solchen Umfeld ist es wichtig, durch eine entsprechende Bestandsanalyse die Basis dafür zu schaffen, daß zum einen alle Mitarbeiter Berücksichtigung finden, zum anderen eine sinnvolle Verknüpfung von Instrumenten einer systematischen und flexiblen Nachfolge- und Entwicklungsplanung realisiert wird.

Bezogen auf die Personalentwicklung der HypoVereinsbank formuliert dies Peter Friederichs, Bereichsleiter Management- und Personalentwicklung, folgendermaßen: „Unser Credo ist: Jeder unserer Mitarbeiter ist wichtig und wird gefördert – an seinem Arbeitsplatz und auch für neue herausfordernde Aufgaben – soweit er bereit ist, dazu aktiv beizutragen. Mit unserer integrativen Personalentwicklung haben wir eine faire und transparente Entwicklungssystematik, die motivierende Karriereperspektiven schafft und gleichzeitig die Besten systematisch fördert.“

Die Personalentwicklung der HypoVereinsbank (Übersicht 5.13) fußt dabei auf folgenden **Grundsätzen**:

- Alle Mitarbeiter werden gefördert durch das Mitarbeitergespräch beziehungsweise die Entwicklungsrunden für Potentialträger.
- Die Entwicklungsverantwortung liegt bei Führungskräften und Mitarbeitern gemeinsam.
- Durch systematische Erfassung aller Potentialträger wird der Management-Nachwuchs vor allem aus den eigenen Reihen entwickelt.
- Die einzelnen Personalentwicklungsinstrumente greifen ineinander und ermöglichen unternehmensweite Entwicklungswege.

Dabei stellt das Personal-Portfolio-Management einen tragenden Bestandteil der systematischen Personalentwicklung der Bank dar, der außerdem Aspekte der Personalbestands- und -bedarfsanalyse integriert.

Der **Personalentwicklungsprozeß** gliedert sich in fünf Hauptschritte:

(1) Im Rahmen des Mitarbeitergespräches findet das jährliche *Entwicklungsgespräch* statt. Führungskraft und Mitarbeiter entwerfen gemeinsam eine Entwicklungsperspektive (horizontale und vertikale Karrierepfade) und bestimmen den Qualifizierungsbedarf. Vermutet die Führungskraft beim Mitarbeiter Potential für die Übernahme weiterführender Aufgaben in der Führungsstruktur (vertikal) beziehungsweise in der Fachstruktur (horizontal) im Zeithorizont von drei Jahren, meldet sie ihn zur Entwicklungsrunde an.

(2) Die Entwicklungsrunden sind Round-table-Gespräche der entwicklungsverantwortlichen Führungskräfte der jeweiligen Organisationseinheit, die jährlich stattfinden. In der Entwicklungsrunde wird die Potentialvermutung für die einzelnen Mitarbeiter diskutiert und die identifizierten Potentialträger werden in das jeweilige Portfolio auf-

Position	Personalentwicklung			
	Auswahl- und Beurteilungs-schritte	Fördermaßnahmen vor der Ernennung	Ernennungs-vorgang	Fortbildung nach der Ernennung, Zusatzmaßnahmen
Führungs-nachwuchs	Trainee, Azubis und allgemeine Bewerber AC, MA-Gespräch	Traineeprogramm, Ausbildung, Einarbeitung	Führungskraft/ örtlicher Personal-leiter	Fachschulung, Verkaufstraining, persönlichkeits-bildende Maßnah-men, Projektarbeit, Trainer
1. Führungs-ebene	MA-Gespräch	Führungsseminare	Vorschlag Haupt-abteilungsleiter und Bereichsleiter/ Spartenleiter	Projektarbeit, Vertretungen und Führungsseminare
2. Führungs-ebene	MA-Gespräch, Assessment Center	Management Se-minar I, Entwick-lungsprogramm Führungskräfte, Job Rotation	Personalentwick-lungs-Gremium II	externes Führungs-kräfteseminar, Sprachkompetenz, Co-Trainer, Projektleitung
Ebene unter dem Vorstand/ Geschäftsführer von Tochter-gesellschaften/ Beteiligungen	MA-Gespräch, Assessment Center	Top-Management Seminar, Job Rotation	Personalentwick-lungs-Gremium I	Business Schools, individuelle Seminare
Vorstände von Konzerngesell-schaften	MA-Gespräch, Assessment Center, Portfolio	individuelle Bildungs- und Förderaktivitäten	Personalentwick-lungs-Gremium I	individuelle TOP-Seminare, Info-Aufenthalt
AG-Vorstand	Aufsichtsrat	individuelle Bildungs- und Förderaktivitäten	Aufsichtsrat	Unternehmer-gespräche, Info-Aufenthalt, Szenarios

Übersicht 5.13: Personal-Portfolio-Management durch Nachfolgeplanung und Entwicklung (Förderberatung, Entwicklungspläne, Nachfolgecharts usw.) (*Friederichs* 1991, 140)

genommen. Darüber hinaus werden weitere Qualifizierungsmaßnahmen (Kollegs, Seminare, Projekte, Assessment Center) festgelegt. Bankweit gibt es vier Entwicklungsrunden-Typen.

(3) Im *Feedback-Gespräch* erhält der Potentialträger Rückmeldung über die Ergebnisse der Entwicklungsrunde (Aufnahme/Nichtaufnahme, Maßnahmen) und erklärt sich einverstanden mit der Speicherung seiner Potentialdaten in der Personalentwicklungsdatenbank.

(4) Alle Potentialträger, die in das Personal-Portfolio aufgenommen werden, nehmen an einem *Kompetenz-Entwicklungscenter (KOMP-EC)* teil. In diesen Assessment Centern, die sich jeweils an den Anforderungen der einzelnen Management-Ebenen (Verantwortungsgruppen A, B, C) orientieren, wird die Potentialvermutung von ei-

nem unabhängigen Führungskräfte-Gremium überprüft. Das Gutachten, das für jeden Kandidaten erstellt wird, wird dem Kandidaten ausgehändigt und ist handlungsleitend, um gezielt Entwicklungsdefizite auszugleichen.

(5) Für die einzelnen Management-Ebenen (Verantwortungsgruppen A, B, C) gibt es jeweils definierte *Besetzungsverfahren*. Kandidaten, die für die Besetzung vakanter Positionen in Frage kommen, werden – nach klar definierten Spielregeln – aus den Personal-Portfolios in das Verfahren eingespielt.

Mit dem Personal-Portfolio-Management werden folgende **entwicklungsstrategische Zielsetzungen** verfolgt:

- die systematische *Erfassung* aller Potentialträger des Konzerns (Führungs- und Fachpotentiale),
- die *Steuerung* der Entwicklungsarbeit in den einzelnen Organisationseinheiten und der Gesamtbank,
- die *Sicherung* von Transparenz hinsichtlich der Nachfolgesituation in den einzelnen Organisationseinheiten und der Gesamtbank (Qualität und Quantität) sowie
- die poolorientierte *Nachfolgeplanung* (statt 1:1-Nachfolgeplanung).

Die Positionierung und Einstufung innerhalb einzelner Portfolios stellt die Grundlage für Personalentwicklungsmaßnahmen und Besetzungsverfahren dar (Übersicht 5.14).

Die Personal-Portfolios jeder Entwicklungsrunde werden in einem Stufenverfahren nach und nach verdichtet: Die Übersichten der Hierarchieebene C aus Runde I werden beispielsweise innerhalb der zweiten Runde in Bereichs-Portfolios überführt, aus denen dann wiederum die Nachfolge-Portfolios der Ebene A generiert werden. Wenn Potentialträger in ein entsprechendes Personal-Portfolio aufgenommen werden, sind sie damit für bestimmte Kompetenz-Entwicklungscenter (KOMP-EC) vorgesehen, je nachdem, auf welcher Ebene von Entwicklungsrunde ein Potentialträger eingestuft wurde (Abbildung 5.15). Basis für weitere Entwicklungsschritte stellt ein schriftliches Gutachten eines unabhängigen Führungskräftegremiums dar, das die Potentialvermutungen in den Assessment Centern überprüft. Dieses wird den Betroffenen ausgehändigt. Haben einzelne Kandidaten ihre Zielposition erreicht, werden sie zunächst aus dem Portfolio herausgenommen, in das sie wieder aufgenommen werden, wenn sich Potential für eine weitere Entwicklung abzeichnet. Gilt es, vakante Stellen zu besetzen, wird in den klar definierten Besetzungsverfahren nach bestimmten Kriterien auf die Daten der Personal-Portfolios zurückgegriffen: Die Positionierung innerhalb des Portfolios bestimmt, ob und in welches Besetzungsverfahren ein Kandidat eingespielt werden kann. Für konkrete Besetzungsentscheidungen werden allerdings weitere Entscheidungsgrundlagen wie beispielsweise das Leistungsverhalten, der berufliche Werdegang und Interviews herangezogen.

Hierarchie-potential	Vielseitigkeitspotential		
	3	2	1
A	Der Kandidat ist sofort für Aufgaben der nächsthöheren Hierarchiestufe in seinem jetzigen Aufgabenfeld einsetzbar. Für eine Verwendung in fremden Aufgaben ist kein Potential erkennbar.	Der Kandidat ist sofort in einer nächsthöheren Hierarchiestufe im derzeitigen Aufgabenfeld einsetzbar. Er besitzt zusätzlich Potential, um Aufgaben in anderen Bereichen zu erfüllen. Dieses Potential muß zuvor noch entwickelt werden.	Der Kandidat besitzt Potential, um sofort eine Aufgabe in der nächsthöheren Hierarchiestufe zu übernehmen. Er ist außerdem im besonderen Maße geeignet, neue Aufgabenfelder adäquat auszufüllen.
B	Der Kandidat besitzt Potential für die nächsthöhere Managementebene innerhalb seines Aufgabengebietes. Dieses Potential muß jedoch entwickelt werden. Potential für anderweitige Verwendung ist nicht erkennbar.	Der Kandidat besitzt Potential für eine Verwendung in einer höheren Hierarchiestufe und für neue Aufgaben. In beiden Fällen müßten jedoch Entwicklungsmaßnahmen vorgeschaltet werden.	Der Kandidat könnte sofort in einem neuen Aufgabenfeld in der gleichen Hierarchiestufe eingesetzt werden. Er besitzt außerdem Potential für eine höhere Hierarchiestufe. Dieses Potential muß jedoch erst entwickelt werden.
C	Der Kandidat besitzt kein Potential für die nächste Hierarchiestufe und ist auch nur innerhalb seines derzeitigen Aufgabenfeldes einsetzbar.	Der Kandidat besitzt Potential für eine Verwendung in neuen Aufgabengebieten auf der gleichen Hierarchiestufe. Dieses Potential muß noch entwickelt werden. Für den Einsatz auf einer höheren Hierarchiestufe ist kein Potential erkennbar.	Der Kandidat ist innerhalb seiner Hierarchiestufe sofort in neuen Aufgabengebieten einsetzbar. Potential für Führungsaufgaben auf einer höheren Hierarchieebene ist nicht erkennbar.

Übersicht 5.14: Führungskräfte-Portfolio
(Quelle: HypoVereinsbank)

Portfolio-Management bei der HypoVereinsbank AG

Entwicklungsrunde	durchführende Einheit	Ermittlung von Potentialträgern für	Portfolio	Potentialdiagnose	Besetzungsverfahren
Entwicklungsrunde 1	Niederlassung Abteilung	Verantwortungsgruppe C (vorläufig)	Potentialübersicht		
Entwicklungsrunde 2	Geschäftsbereich / Zentralbereich	Verantwortungsgruppe - C - B - A (vorläufig)	Bereichs-Portfolio	Komp-EC C Komp-EC B	Verfahren C Verfahren B
Entwicklungsrunde 3	Unternehmensbereich	Verantwortungsgruppe A	Nachfolge-Portfolio A	Komp -EC A	Verfahren A
Entwicklungsrunde 4	Vorstand	Potentialträger innerhalb des Oberen Managements	Portfolio Oberes Management		

Abbildung 5.15 Portfolio-Management bei der HypoVereinsbank
(Quelle: HypoVereinsbank)

Um internes Head-Hunting einzelner Führungskräfte zu vermeiden, werden die Portfolio-Daten streng vertraulich gehandhabt: Ein Bereichsleiter kennt die Daten seines Bereichs-Portfolios, hat aber keinen Zugang zu den Daten anderer Bereiche. Das bereichsübergreifende Portfolio-Management übernimmt die Personalabteilung, die für das Einspielen von bereichsübergreifenden Potentialdaten verantwortlich ist.

Die Personal-Portfolios dienen zum einen der gezielten Personalauswahl und -entwicklung, die auf einer langfristig geplanten Personalpositionierung basiert. Zum anderen können personelle Engpässe frühzeitig erkannt und eine qualitativ und quantitativ entsprechend rechtzeitige Entwicklung von Nachwuchsführungskräften kann eingeleitet werden (Abbildung 5.16).

Darüber hinaus werden auch positive motivationale Wirkungen bei den Mitarbeitern erzielt, weil Entwicklungsmöglichkeiten unternehmensweit systematisch gehandhabt und transparent gemacht werden.

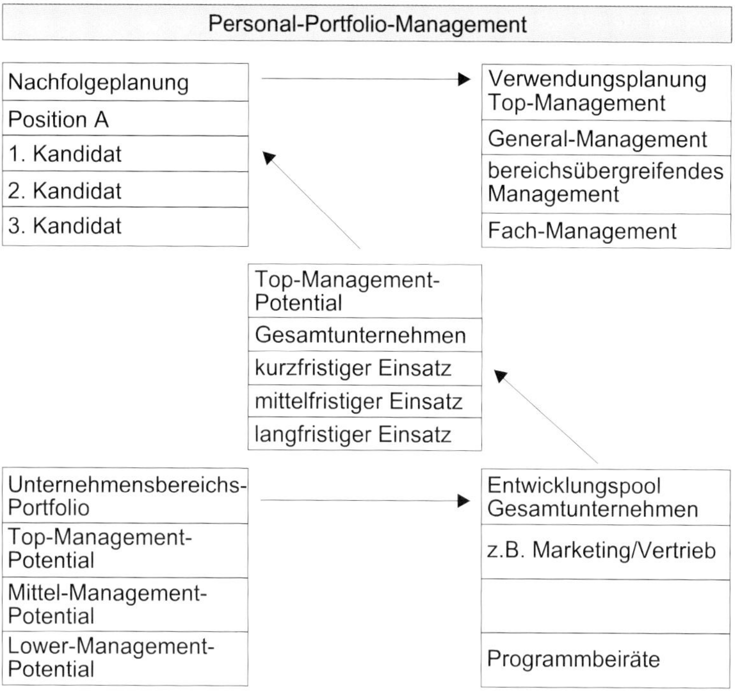

Abbildung 5.16: Die Handhabung des Personal-Portfolio-Management (*Friederichs* 1991, 142)

6 Personalveränderung

6.1 Charakterisierung

Weichen Personalbestand und Personalbedarf in quantitativer, qualitativer, zeitlicher oder örtlicher Hinsicht voneinander ab, müssen **Veränderungsmaßnahmen** initiiert werden. Zur Auswahl stehen:
- *Personalbeschaffung* als die Suche und Verfügungstellung von Mitarbeitern auf Basis der Personalbedarfsplanung,
- *Personalentwicklung* als Verminderung qualitativer Diskrepanzen auf seiten der Mitarbeiter und/oder
- *Personalfreisetzung* als Reduzierung von Personalüberdeckungen.

Faßt man diese Maßnahmen vereinfachend als ein einziges Tätigkeitsfeld auf, so führt dies zu sieben Anlässen und entsprechenden Formen für eine Personalveränderung (Übersicht 6.1).

Quantitativ	**Qualitativ**		
	Bestand < Bedarf	Bestand = Bedarf	Bestand > Bedarf
Bestand < Bedarf	Beschaffung und Entwicklung (1)	Beschaffung und eventuell Entwicklung (2)	
Bestand = Bedarf	Entwicklung und/oder Beschaffung und Freisetzung (3)	eventuell Entwicklung (4)	eventuell Freisetzung und Beschaffung (5)
Bestand > Bedarf	Freisetzung und Beschaffung und/oder Entwicklung (6)	eventuell Freisetzung (7)	

Übersicht 6.1: Anlässe und Formen der Personalveränderung

Anlässe. Diese sieben Auslöser für eine Personalveränderung und ihre Konsequenzen lassen sich wie folgt charakterisieren:

(1) Der vorhandene Personalbestand entspricht weder quantitativ noch qualitativ den Bedarfsvorgaben. Diese Situation verlangt nach Maßnahmen der *Personalbeschaffung*, in der Regel verbunden mit Entwicklungsmaßnahmen.

(2) Der Bestand liegt qualitativ nicht unter dem Bedarf, wohl aber quantitativ. Die Differenz soll zunächst durch *Personalbeschaffungsmaßnahmen* ausgeglichen werden, die sich entweder auf das Unternehmen beschränken (interne Beschaffung) oder aber auf Bewerber außerhalb des Unternehmens zielen (externe Beschaffung). Falls kein Mitarbeiter oder Bewerber mit annähernder Deckungsgleichheit zwischen Fähigkeitsprofil und Anforderungsprofil gefunden wird, sind Maßnahmen der *Personalentwicklung* nötig. Sie sollen die noch bestehenden Fähigkeitslücken des Mitarbeiters angleichen.

(3) Die Mitarbeiterzahl des Unternehmens (Bestand) entspricht zwar quantitativ dem notwendigen Bedarf, nicht aber qualitativ. Es sind also Fähigkeitslücken zu schließen. Die erforderlichen *Entwicklungsmaßnahmen* können durch Kombinationen von *Beschaffung* und *Freisetzung* ersetzt oder ergänzt werden.

(4) Stimmen Bedarf und Bestand quantitativ sowie qualitativ überein, so kann dennoch im Hinblick auf eine langfristige Absicherung des Unternehmens oder aber zur Fort- und Weiterbildung der Mitarbeiter die Notwendigkeit zu *Personalentwicklungsmaßnahmen* bestehen.

(5) Stimmen Bedarf und Bestand quantitativ überein, liegt aber eine Überqualifizierung vor, sind Motivationskonflikte nicht ausgeschlossen. Deshalb ist zu prüfen, ob eine Kombination aus *Freisetzung* und *Beschaffung* die Überqualifikation sinnvoll reduzieren kann.

(6) Ist der betrachtete Bereich charakterisiert durch zu viele Mitarbeiter mit zu geringer Qualifikation, so verlangt dies nach Simultaneität von *Personalfreisetzung* und *Personalbeschaffung* beziehungsweise *Personalentwicklung*.

(7) Überschreitet der Bestand quantitativ (aber nicht qualitativ) den Bedarf, so führt dies zur *Personalfreisetzung*; auch dies kann aber im Einzelfall mit *Entwicklungsmaßnahmen* bei den verbleibenden Mitarbeitern verbunden werden.

Schwerpunkte. Das Personalveränderungsmanagement sieht sich mit drei Hauptschwierigkeiten konfrontiert: Die reine Abwicklung von Beschaffungs-, Freisetzungs- und Entwicklungsmaßnahmen verursacht prozedurale und methodische Probleme; hinzu kommen die Integrations- und Abstimmungsprobleme zwischen diesen drei Planungsfeldern sowie die Selektion einer Grundstrategie für die Entscheidung zwischen alternativen Maßnahmen(-kombinationen). Aus diesem Grund werden auf den drei Managementebenen unterschiedliche **Akzente** gesetzt:

- Die *strategische Ebene* realisiert die Abstimmung zwischen den Planungsfeldern und legt fest, welche Alternativen aus übergeordnet strategischen Überlegungen zu präferieren sind. Hierunter fallen grundsätzliche Entscheidungen externer und interner Arbeitsmarktpolitik ebenso wie die Formulierung einer unternehmensindividuellen Personalveränderungsstrategie und die Integration des Personalveränderungsmanagements in den Unternehmensentwicklungsprozeß.

- Die *taktische Ebene* behandelt die generelle, nicht einzelfallspezifische Maßnahmendurchführung. Auf dieser Ebene beschäftigt sich das Personalveränderungsmanagement insbesondere mit dem Arbeitgeberimage des Unternehmens (Personalmarketing).
- Die *operative Ebene* befaßt sich überwiegend mit der konkreten Maßnahmenplanung und konzentriert sich (isoliert) jeweils auf die spezifischen Methoden der Personalbeschaffung, Personalentwicklung und Personalfreisetzung.

Gerade weil das Personalveränderungsmanagement über das Unternehmen hinaus Entwicklungen entfaltet, ergeben sich aus ihm Potentiale zur Aktivierung von Wettbewerbsvorteilen durch die Steigerung der Dienstleistungsqualität und damit dem Kundennutzen.

Dr. Heiko Lange
Mitglied des Vorstands
bei der Deutschen Lufthansa AG

In den letzten Jahren hat sich das Umfeld für die Personalarbeit geändert. Was sind die gravierendsten Veränderungen für die Lufthansa?

Drei große Veränderungen möchte ich hier nennen. Erstens, die Dezentralisierung der Unternehmensstrukturen, die bei der Lufthansa beispielsweise zu sieben großen Geschäftsfeldern und zur Bildung von über hundert kleinen und mittleren Unternehmen im Lufhansa-Verbund geführt hat. Dies fordert Personalarbeit in zweierlei Hinsicht: Zum einen gilt es, eine strategisch ausgerichtete Personalpolitik trotz und gerade wegen dezentralisierter Strukturen zu schaffen. Die Balance zwischen notwendiger geschäftsspezifischer „Lokalisierung“ und zentraler strategischer Gestaltung ist dabei Schlüsselthema. Zum anderen gilt es, die Netzwerkstruktur des Konzerns zu steuern: die horizontale Dimension der Unternehmensentwicklung. Hier haben wir bewußt ein Bekenntnis zu einer Personalpolitik für das gesamte Netzwerk abgelegt und uns nicht simplen Outsourcing-Praktiken nach dem Motto „aus dem Auge, aus dem Sinn“ angeschlossen. Eine zweite gravierende Veränderung ist die Einbindung der Lufthansa in das Star Allianz-Netzwerk, aber auch in eine Vielfalt bilateraler Partnerschaften. Dies fordert Personalarbeit beginnend mit der Frage des globalen Allianz-Arbeitsmarktes bis hin zur Frage kulturpolitischer Integrationsprozesse. Die dritte gravierende Veränderung ist eine gesellschaftliche: das schärfere soziale Klima. Hier sind wir in Deutschland noch nicht am Ende angelangt. Der Abbau von Sozialleistungen, die Deregulierung sozial- und wirtschaftspolitischer Regelwerke wird weiter voranschreiten und natürlich den innerbetrieblichen Druck erhöhen. Auch und gerade im betrieblichen Bereich den sozialen Frieden zu halten, wird eine Schlüsselaufgabe sein.

Wo sehen Sie in dieser Hinsicht Ihre größten persönlichen Erfolge beziehungsweise Enttäuschungen?

Meine Antwort schließt unmittelbar an die erste Frage an. Der größte Erfolg der Personalarbeit – nicht mein persönlicher Erfolg – im Lufthansa Konzern war es sicherlich, trotz radikaler Sanierung und harter Kostensenkungsprogramme, die ja mit gravierenden Einschnitten auch in das soziale Netz der Belegschaft verbunden waren, die soziale Balance gehalten zu haben. Die Versöhnungsaufgabe der Personalfunktion – die Amerikaner nennen es „reconciliation of the work force" – war für mich persönlich ein Schlüsselthema. Enttäuscht hat mich, wie viele Personalverantwortliche in Deutschland generell das Standing und die strategische Wertschätzung nicht halten konnten.

„Internationales Personalmanagement bei der Lufthansa" – wo setzten Sie gegenwärtig die Schwerpunkte?

Hier möchte ich nur drei Aspekte herausgreifen: zum einen die Vergütungspolitik im Managementbereich. Hier haben wir durch eine außerordentlich pragmatische Performance Management-Politik, die auf einer moderaten Grundvergütungsentwicklung und einer breitbandigen, variablen Vergütungspolitik basiert, die Bedingungen geschaffen, auch am internationalen Arbeitsmarkt für Führungskräfte erfolgreich zu sein. Durch unsere wettbewerbsorientierten Stock-Options-Programme – die auch Risiken, nicht nur Vorteile für Führungskräfte einschließen – haben wir die internationale Wettbewerbsfähigkeit vollends realisiert. Der zweite Aspekt ist die Integration – wo nötig – der Arbeits- und Beschäftigungsbedingungen im Allianzverbund. Eine People Policy Group mit Personalmanagern aller Allianzpartner, die im Rahmen unserer Allianzorganisation hohe Bedeutung genießt, hat hier quasi das Regelwerk für Personalveränderungs-, -anpassungs- und -integrationsprozesse geschaffen. Der dritte Aspekt ist die Gründung der Lufthansa School of Business als der ersten Corporate University auf deutschem Boden. Sie ist die internationale Ausbildungsstätte für das internationale Netzwerk der Nachwuchs- und Führungskräfte der Lufthansa Unternehmensgruppe.

In vielen Unternehmen reduziert sich der Kern der Stammbelegschaft. Was bedeutet dies für die Karriere- und Laufbahnplanung in Ihrem Unternehmen? Wie sehen Sie die zukünftigen Perspektiven?

Hier gilt es, zwei Seiten einer Medaille zu berücksichtigen: zum einen die Karriere- und Laufbahnpolitik für den Teil der Belegschaft, der aufgrund seiner Kernkompetenzen unverzichtbar ist für das Unternehmen. Hier müssen die Anstrengungen verstärkt werden, um noch flexibler und noch individueller Laufbahn- und Karriereoptionen zu ermöglichen. Andererseits die Entwicklung von der Philosophie lebenslanger Arbeitsplatzgarantie hin zur Philosophie von „Employability", die die Verantwortung für Laufbahn und Karriere deutlich stärker beim Einzelnen sieht. Der Unternehmer im Unternehmen oder auch der Auftragnehmer trägt ein deutlich höheres Risiko, aber auch größere Freiheit in der Gestaltung seiner persönlichen Entwicklung. Karriere in der Zukunft wird für viele eine sogenannte Zickzack-Karriere werden, in der selbstverantwortlich das Auf und Ab in der beruflichen Entwicklung zu managen sein wird und sehr viel stärker als früher in den Aufbau und Erhalt der eigenen Talente investiert werden muß.

Die Lufthansa ist zunehmend in Allianzen mit anderen Unternehmen engagiert. Wie wirkt sich dies auf die Personalentwicklung aus?

Die Personalentwicklung ist aus unserer Sicht ein strategischer Erfolgsfaktor, um in internationalen Partnerschaften den Mehrwert für Kunden und Aktionäre zu generieren, den diese Allianzen versprechen. Im Grunde verläuft jedoch Personalentwicklung in einem internationalen Allianzverbund nach den gleichen Mustern wie sonst auch: von Phase 1, dem Vermitteln von Orientierungswissen, über die persönliche Begegnung, den gemeinsamen Dialog hin zu Problemlösung und Know-how-Transfer: nur diesmal zum Teil auch grenzüberschreitend und crosskulturell. Um Ihnen einige Beispiele zu nennen: Wir haben für die Mitarbeiter im Kundenservice die sogenannte Head & Heart-Initiative eingerichtet, in der durch gegenseitige Besuche, Dialoge bis hin zu gemeinsamen TQM-Gruppen nicht nur Verständnis, sondern auch kreative Problemlösung erwächst. Ein zweites Beispiel ist unser Partnerforum, in dem herausragende Nachwuchskräfte aller Allianzpartner zusammenkommen, um die Allianzidee nicht nur zu vertiefen, sondern um Vorschläge für ihre Optimierung zu entwickeln. Last not least geht es aber auch um gemeinsame Managemententwicklung im Allianzverbund.

Welche Rolle spielen bei der Lufthansa „neue Medien" und Informationstechnologie bei der Weiterbildung der Mitarbeiter? Wie sieht es speziell mit räumlich verteilten Teams aus?

Die neuen Medien und Informationstechnologien ermöglichen neue Wege in der Weiterbildung der Mitarbeiter: So nutzt Lufthansa das Computer Based Training, insbesondere für die Pilotenausbildung, für Training auf den Feldern wie z.B. Sales, Service, Reservierung oder zur Unterstützung der Stationsschulungen bei Themen wie Passagierbetreuung und Ticketing, für technische und EDV-Schulungen sowie im Bereich freiwilliger Weiterbildung, in dem sich Mitarbeiter u.a. eine private Lernbibliothek für den PC aufbauen können. Auch etliche Verhaltenstrainings werden auf diese Art vor- und nachbereitet. Durch diese Lernform wird den Mitarbeitern größere Lernautonomie eingeräumt und durch die Bereitstellung von CD-Roms zeitliche und lokale Unabhängigkeit ermöglicht. Laptops ermöglichen es der großen Zahl an fliegendem Personal (ca. 15 000), überall auf der Welt einen Arbeits- und Weiterbildungsplatz wahrnehmen zu können. Weltweite Unterstützung bieten auch unsere Computernetzwerke, die global alle Lufthansa-Stationen und -Büros verbinden und Wissensdiffusion im gesamten Konzern ermöglichen.

Um länderübergreifende Projektarbeit und Wissensaustauch zu fördern, gibt es bei Lufthansa seit zwei Jahren Change-Initiativen, in denen Hunderte von Mitarbeitern aus allen Bereichen und Ländern in Projektteams miteinander und voneinander lernen und Probleme lösen. Zur Unterstützung solcher Initiativen hat Lufthansa spezielle Plattformen im „Intranet" geschaffen, auf denen globaler Wissenstransfer möglich ist. Herzstück des Netzwerkes bildet dabei das firmeninterne „Executive Net", in dem wichtige Management-Informationen abgerufen oder eingestellt werden können.

Wie sehen Sie die Arbeitssituation in Unternehmen in zehn Jahren? Wie wird ein „typisches" Arbeitsverhältnis aussehen?

Die Arbeits- und Beschäftigungsstrukturen werden noch dezentraler und netzwerkartiger sein als heute schon. Die virtuelle Organisation wird noch mehr Wirklichkeit. Telearbeit, Zeitarbeit, Interimsbeschäftigung und Interimsmanagement, Teilzeitarbeit (bei uns sind schon über 20% der Beschäftigten in Teilzeit), Subunternehmerverhältnisse: all dies werden Arbeitsverhältnisse sein. Es wird kein typisches Arbeitsverhältnis geben, sondern eine Vielfalt. Ich habe schon die Thematik einer zweiseitigen Personalpolitik – zum einen für das intellektuelle Kapital und die emotionale Intelligenz, zum anderen für die Nicht-Kernkompetenzträger – angedeutet. Personalpolitisch wird es die Herausforderung sein, Personalarbeit für die gesamte Netzwerkorganisation zu gestalten und eine „Klassengesellschaft der Beschäftigungsverhältnisse" abzumildern.

Welche konkreten Herausforderungen und Aktionsprogramme ergeben sich daraus in den nächsten drei Jahren für die Lufthansa?

Ich sehe sieben herausragende Handlungsfelder für die nächsten drei Jahre.

1. Fortführung der partnerschaftlichen Tarifpolitik, die zwar institutionell Gegnerschaftsbezüge aufweist, uns aufgrund unseres faktischen Haustarifvertrages jedoch zur Integration von Vertrauenselementen geradezu herausfordert.
2. Ausweitung unserer Flexibilisierungsmodelle sowohl was Arbeitszeit als auch Beschäftigung betrifft (Stichwort: „Virtuelle Organisation").
3. Intelligente Weiterentwicklung von Modellen der Mitarbeiterbeteiligung am Unternehmensvermögen zur Förderung einer „Unternehmer-Kultur".
4. Ausbau der Lufthansa School of Business zum Kulturkern des Lufthansa Konzerns.
5. Verankerung des Employability-Gedankens, aber auch Etablierung entsprechender Bildungsinitiativen in der breiten Belegschaft.
6. Verbesserung der Führungsqualität, die für mich neben Führungsverhalten auch Charakter einschließt.
7. Verbesserung der Dienstleistungsqualität aller Mitarbeiter den Kunden gegenüber und im Unternehmen selbst.

Und dies alles ist auf einem Fundament, welches Personalstrategie als integrierten und integralen Bestandteil von Unternehmensstrategie und -entwicklung sieht.

6.2 Strategische Ebene: Integration und Arbeitsmarktstrategien

6.2.1 Überblick

In integrativer Hinsicht gehört zum Aufgabenbereich der strategischen Ebene die Entscheidung zwischen den drei Veränderungsvarianten Beschaffung/Freisetzung/Entwicklung. Diese Entscheidungsgrundlage besteht je nach dem praktizierten Delegationsgrad

- aus bindenden Entscheidungsregeln als zwingende wenn-dann-Verknüpfungen ohne Autonomiebereich oder
- aus der Vorgabe einer Informationsbasis zur Realisierbarkeit der verschiedenen Veränderungsmaßnahmen.

Entscheidungsregeln und Informationsbasis beziehen sich dabei primär auf die Wahl zwischen Entwicklung einerseits sowie Beschaffung und Freisetzung andererseits.

Auf der strategischen Ebene der Personalveränderung ist ein Unternehmen auf externe und interne Arbeitsmärkte hin orientiert. Sie weisen spezifische Regeln auf, die den Unternehmen bekannt sein müssen, um eigene Arbeitsmarktstrategien durchzusetzen. Noch komplexer ist die internationale Personalbeschaffung, die zudem die Internationalisierungsstrategien berücksichtigen muß. Ein erfolgskritischer Bereich ist die strategische Personalentwicklung: Sie will die Mitarbeiter in Richtung auf zukunftsträchtige Qualifikationen entwickeln, um die in der strategischen Personalbedarfsplanung festgelegte Soll-Personalkonfiguration zu realisieren und damit Wettbewerbsvorteile zu erschließen. Eine weitere Herausforderung speziell für die strategische Veränderungsplanung ergibt sich schließlich aus der Entstehung virtueller Unternehmen und dem damit verbundenen Personalentwicklungsbedarf.

6.2.2 Arbeitsmarkt als Erklärungsobjekt

6.2.2.1 Systematik

Im Idealfall erfüllt der Arbeitsmarkt zwei Funktionen: Er stellt qualifizierte Arbeitskräfte in ausreichendem Umfang zur Verfügung (Bereitstellungsfunktion), und er absorbiert nicht länger benötigte Arbeitskräfte (Pufferfunktion). Solange der für das Unternehmen relevante Arbeitsmarkt in dieser Form funktioniert, verringert er den Aufwand, der für das Unternehmen im Hinblick auf Entwicklungs- beziehungsweise Freisetzungsaktivitäten anfällt.

Die **mikroökonomische neoklassische Arbeitsmarkttheorie** geht davon aus, daß auf dem idealen und effizienten Arbeitsmarkt
- keine Informationsasymmetrien zwischen den Vertragspartnern,
- homogen qualifizierte und austauschbare Arbeitskräfte,
- auf alle Eventualitäten ausgerichtete und selbst durchsetzbare Verträge sowie
- Risikoneutralität im Verhalten

bestehen. In der Realität ist allerdings keine dieser Bedingungen erfüllt. Neben einem heterogenen und nicht beliebig austauschbaren Angebot an Arbeitskräften herrschen weder Informationsasymmetrien und vollständige Verträge noch Risikoneutralität (vgl. *Scheuer* 1987, 153). Aus diesen Abweichungen vom Idealzustand ergeben sich für die Handelnden Anreize, ihre Eigeninteressen opportunistisch, das heißt selbst ohne Beachtung moralischer Grenzen, durchzusetzen; die Folge sind Unsicherheit und damit verbunden Kosten, die zur Unsicherheitsreduktion aufgewendet werden (vgl. *March* 1992, 264). Vorvertraglich zeigt sich dies beispielsweise im Rahmen der externen Personalbeschaffung anhand der Tatsache, daß objektive Informationen über potentielle Arbeitnehmer sehr schwer zu erhalten sind. Nachvertraglich kann es zu Leistungsstörungen auf seiten der Mitarbeiter kommen, die bis zur arbeitnehmerseitigen Kündigung führen und so insbesondere bei noch nicht amortisierten Investitionen in die Mitarbeiter erhebliche Kosten verursachen können.

Die Verfügungsrechte, die der Arbeitgeber über den Arbeitnehmer durch den Arbeitsvertrag gewinnt, werden allerdings durch Bestandsschutz und Mitbestimmungsrechte eingeschränkt. Diese Verdünnung der Verfügungsrechte führt aus volkswirtschaftlich-theoretischer Perspektive zur Minderung der Arbeitsmarkteffizienz und gesamtwirtschaftlich zu einer wohlfahrtsmindernden Faktorallokation (vgl. *Frick* 1997, 120). Dies hat zu entsprechenden **Veränderungsbestrebungen** geführt. Exemplarisch sei nachfolgend ein auf Marktliberalität hinauslaufender Vorschlag skizziert (vgl. *Siegers* 1997, 31-43):

(1) Tarifverträge sollten *keine generellen, rechtlich bindenden Beschäftigungsgarantien* enthalten. Sinnvoll erscheint dagegen die Aufnahme beschäftigungssichernder Elemente wie Maßnahmen zur Arbeitszeitflexibilisierung.

(2) Tarifverträge sollten die *Erhaltung vorhandener und die Schaffung neuer Arbeitsplätze* ermöglichen, ohne die wirtschaftliche Bewegungsfreiheit der Unternehmen über Gebühr zu beeinträchtigen.

(3) Die *Flexibilisierungs- und Differenzierungsmöglichkeiten der Arbeitszeit* sollten effektiver umgesetzt werden.

(4) Aufgrund der starken Nachfrage nach *Teilzeitarbeitsplätzen* sollte das Angebot entsprechend erhöht werden.

(5) Trotz Entspannung der Wirtschaftslage sollte die begonnene *Umstrukturierung* insbesondere vor dem Hintergrund der internationalen Konkurrenz weitergeführt werden.
(6) In der Frage der Arbeitskosten sollte für eine weitere *Konsolidierung* gesorgt werden.

Vor diesem Hintergrund ist es verständlich, wenn Theorie und Praxis gegenwärtig nach neuen Interaktionsmustern und neuen konzeptionellen Fundierungen suchen.

Ein derartiges Konzept zum Umgang vor allem mit Beeinträchtigungen des Marktmechanismus ist die **Principal-Agent-Theory** (vgl. *Elschen* 1991). Sie geht davon aus, daß bei der Vertragsgestaltung eines Principals (Unternehmen) und eines Agents (Mitarbeiters) unterschiedliche Nutzenfunktionen aufeinandertreffen, die aufgrund einer asymmetrischen Informationsverteilung zu Leistungsstörungen führen können (Übersicht 6.2). Dies resultiert letztlich in gegenwarts- und zukunftsbezogener, objekt- und subjektbezogener Unsicherheit (vgl. *Wieland* 1997,

Leistungsstörungen	**Handlungsempfehlungen**
Adverse Selection	
• Vorspielung falscher Tatsachen bei Neueinstellungen. • Der Mitarbeiter (Agent) stellt nicht alle Informationen zur Verfügung, um eigene Interessen besser durchsetzen zu können. (*Hidden Information*) • Eine Gefahr ergibt sich hier aus der Bewertungsproblematik von Zeugnissen und Empfehlungsschreiben als Einstellungs- bzw. Einkommenskriterium. (*Signalling Theory*)	• Je mehr Informationen ein Unternehmen (Principal) zur Verfügung hat, um so mehr wird der Mitarbeiter (Agent) die Interessen des Unternehmens berücksichtigen. • Hier bieten sich bereits innerhalb der Vertragsgestaltung explizite Verhaltensnormen an.
Moral Hazard	
• Leistungsvorenthaltung im Arbeitsverhältnis durch den Mitarbeiter (Agent), beispielsweise aufgrund einer mangelnden Kenntnis der Handlungsalternativen und fehlender Leistungsmaßstäbe. (*Hidden Action*)	• Je stärker die Leistungsergebnisse im Arbeitsvertrag definiert werden, desto stärker wird der Mitarbeiter (Agent) die Interessen des Unternehmens berücksichtigen. • Hier kommt den leistungsbezogenen Vertragskomponenten eine große Bedeutung zu.

Übersicht 6.2: Handlungsempfehlungen aus der Principal-Agent-Theory (zusammengestellt und erweitert nach *Hax* 1965, 74-76; *Ebers/Gotsch* 1993, 207-209)

46-47), die sich auch in den Arbeitsverträgen niederschlägt. Analysen modellieren solche Vertragsstrukturen als hoch komplexe Entscheidungssituationen, die von weiteren Parametern wie etwa der Spezifität von Investitionen in die Arbeitsbeziehung und der gegenseitigen Kontrolle des Verhaltens abhängen. Diese Parameter erklären Arbeitsbeziehungen als einen Prozeß des kontinuierlichen Ausbalancierens von Verpflichtungen zwischen den Kooperationspartnern Unternehmen und Mitarbeiter.

6.2.2.2 Externer Arbeitsmarkt

Um Veränderungsentscheidungen treffen zu können, braucht die strategische Personalplanung einen Überblick über potentielle Personalressourcen, wobei speziell der externe Arbeitsmarkt einen wichtigen Faktor in der Strategie darstellt: Bei geringerem Qualifikationsniveau ist es im Regelfall der lokale Arbeitsmarkt, bei Führungskräften und hochspezialisierten Facharbeitern der überregionale Markt. **Informationsquellen** für den externen Arbeitsmarkt sind

- eigene Urdatenerhebung,
- Verwertung von Informationen der Arbeitsämter,
- Gewinnung von Informationen von Ausbildungsinstitutionen,
- Schätzungen von Industrie- und Handelskammern,
- Verwendung von Strukturanalysen der Bundesanstalt für Arbeit,
- Analysen von Stellenanzeigen und
- Erfahrungswerte.

Eine Auswertung dieser Quellen mündet bei sinnvoller Umsetzung in eine systematische Arbeitsmarktforschung, die sich vor allem auf zwei Themen konzentriert:

Empirischer Befund (GPP): Spezifische Ansprache ausgewählter Zielgruppen beim Einstellungsprozeß (in Prozent, Mehrfachnennungen)

Nimmt man länderbezogen allein die höchste Nennung, so sind in Deutschland, Österreich und Spanien die Frauen, in den USA ethnische Minderheiten und in Frankreich Behinderte in der Personalbeschaffung besonders berücksichtigt. Die Ergebnisse spiegeln insgesamt auch die spezifischen gesellschaftlichen Kontexte der Länder wider.

	D	Ö	USA	F	Sp	Rest	Σ
Langzeitarbeitslose	20	7	-	21	2	17	12
Ältere Personen	5	9	13	9	-	17	8
Behinderte	34	15	38	85	2	22	30
Ethnische Minderheiten	5	2	88	9	-	8	8
Frauen	37	35	75	12	12	39	29
Schulabbrecher	12	11	13	6	5	11	9

Ergiebigkeit als *gegenwärtiges* Beschaffungspotential macht Aussagen sowohl über Arbeitskräfte in bestehenden Beschäftigungsverhältnissen als auch über solche, die noch nicht beziehungsweise nicht mehr beschäftigt sind (Schulabgänger, Arbeitslose). Als *zukünftiges* Beschaffungspotential wird die Entwicklung des Arbeitsmarktes in der Zukunft analysiert.

Die **Mobilität** umfaßt sowohl die Bereitschaft potentieller Mitarbeiter, einen Ortswechsel vorzunehmen oder längere Anfahrtswege zu akzeptieren, als auch die Firmenbindung. Mit zunehmender „Hire-and-Fire"-Mentalität ist es für ein Unternehmen einfacher, Mitarbeiter der Konkurrenz abzuwerben, was bei ausgeprägter Loyalität und „lebenslanger Zusammenarbeit" erheblich schwieriger ist.

6.2.2.3 Interner Arbeitsmarkt

Vor allem bei ungünstigen externen Arbeitsmarktbedingungen fokussieren Unternehmen zunehmend auf den internen Arbeitsmarkt.

Die Generierung beziehungsweise Stärkung eines unternehmensinternen Arbeitsmarktes stellt die bewußte Verlagerung externer (quasi öffentlicher) Marktfunktionen in die Planungs- und Entscheidungssphäre des betrieblichen Personalmanagements dar.

Interne Arbeitsmärkte entstehen durch Annahmen und (Vor-)Urteile von Unternehmensleitung und Mitarbeitern über Vor- und Nachteile einer internen Rekrutierung. Positive Gesichtspunkte einer „Besetzung offener Stellen aus eigenen Reihen" aus Sicht des **Arbeitgebers** sind

- bessere Beurteilungsmöglichkeit der Leistung und des Verhaltens der Bewerber,
- Motivation durch gezielte Karriereperspektiven,
- schnelleres Einarbeiten in die neue Aufgabe durch Nutzung bereits erworbener Erfahrungen und Kontakte,
- Senkung der Fluktuation und der damit verbundenen Kosten.

Dem entgegen steht unter anderem die Gefahr der Betriebsblindheit. Für die **Arbeitnehmer** bestehen Vorteile in den Karriereerwartungen und dem gestiegenen Gefühl, einen sicheren Arbeitsplatz zu haben.

In der **Volkswirtschaftslehre** befaßt man sich bereits seit fast 30 Jahren mit „firmeninternen" Arbeitsmärkten, speziell mit der Frage nach deterministischen Karrierepfaden innerhalb von Unternehmen (vgl. *Doeringer/Piore* 1971): Das Ergebnis dieser Überlegungen ist ein Modell aus **Aufstiegsmechanismen**, das nur an einigen Stellen durch „**Ports of Entry**" unterbrochen wird. Zentrale Aussage dieser Arbeiten ist die prinzipielle Existenz solcher Mechanismen, die unter Allokationsgesichtspunkten zudem sinnvoll gestaltbar sind. Aus Sicht der Neuen Institutionenökonomie ist gerade die politische Willensbildung für die explizite Schaffung von abgegrenzten internen Arbeitsmärkten verantwortlich, da sie den entsprechenden **rechtlichen Rahmen** schafft; hinzu kommt auch das „Unternehmenskalkül", das sich von solchen Regelungen Vorteile verspricht (vgl. *Balzer* 1987).

In sehr massiver Form hat der **Gesetzgeber** eine Dominanz der Schutzbedürftigkeit des internen Arbeitsmarktes festgestellt und dem Betriebsrat die Möglichkeit eröffnet, interne Ausschreibungen freier Arbeitsplätze zu erzwingen (§ 93 BetrVG). Diese Vorgehensweise hat ihrerseits Konsequenzen für den externen Arbeitsmarkt, wenn sie zur forcierten Beförderung von Mitarbeitern und zur verringerten Einstellung von externen Arbeitssuchenden führt. Hierdurch könnte unbeabsichtigt das Volumen der Langzeitarbeitslosen wachsen.

Stehen dem Unternehmen beide Alternativen zur Verfügung und muß es das Ausmaß interner und externer Beschaffung bestimmen, so muß es die Vor- und Nachteile einzelfallspezifisch abwägen (Übersicht 6.3).

	Interne Beschaffung	**Externe Beschaffung**
Vorteile	– geringes Auswahlrisiko – i.d.R. schnellere Durchführung – geringere Kosten – Betriebskenntnis – „Sicherheitsgefühl" – Signalwirkung	– Verringerung von Betriebsblindheit – evtl. neue Ideen – evtl. geringere Fortbildungskosten – Information über Konkurrenzverhalten – „Wettbewerbsgefühl" – Signalwirkung – breite Auswahlmöglichkeit
Nachteile	– weniger Auswahlmöglichkeit – evtl. hohe Fortbildungskosten – Enttäuschung der abgelehnten Mitarbeiter – evtl. Spannungen/Rivalitäten – nachlassende Mitarbeiterinitiative wegen Beförderungsautomatik	– höhere Kosten – Fluktuationsgefahr – höheres Risiko – fehlende Betriebskenntnis

Übersicht 6.3: Vor- und Nachteile interner/externer Beschaffung

Wichtig ist auch die **Signalwirkung** für Mitarbeiter im Unternehmen: Ausschließlich interne Beschaffung führt zur Interpretation als Beförderungsautomatik, externe Beschaffung zu Frustration. Als Konsequenz folgt daraus die Forderung nach einem leistungsorientierten **Kompro-**

miß, bei dem durchaus häufig – aber nicht ausschließlich immer – Beförderungen aus den eigenen Reihen erfolgen.

6.2.2.4 Spielregeln des Marktes

Der Arbeitsmarkt ist nicht nur durch die Arbeitsgesetzgebung reglementiert: Zudem existieren eine Reihe von impliziten Spielregeln, die Unternehmen zur Sicherstellung einer effektiven Personalveränderung berücksichtigen sollten. Berücksichtigen meint in diesem Zusammenhang einerseits das Verstehen dieser Spielregeln, andererseits aber auch das aktive Beeinflussen. Zur Illustration werden im folgenden exemplarisch einige Bereiche mit Spielregeln skizziert.

Personalbeschaffung online. Die Personalbeschaffung über das Internet ist nicht nur operativ zu bewältigen. Vor dem Hintergrund der technischen Möglichkeiten sowie der Entwicklung des Marktes gilt es, eine Strategie zu definieren, die sich an Chancen und Risiken der Situation sowie eigenen Stärken und Schwächen ausrichtet. Unternehmen müssen, sofern sie Personal online beschaffen wollen, dafür sorgen, daß sie nicht nur eine neue Bewerberflut provozieren, die jedoch letztlich keinen Beschaffungserfolg bringt. Daher erwarten sie von Bewerbern das Einhalten von **Maximen**, die als übergeordnete Verhaltensrichtlinen die Beschaffungsstrategie optimieren; die Bewerber hingegen passen sich ihrerseits in der Bewerberstrategie an transparent gemachte Anforderungen dieses neuen Kommunikationsweges an:

- Bei steigender Bewerberzahl besteht die einzige Chance für den Jobsuchenden in einer bewußten Profilierung. Geht man noch einen Schritt weiter, so wird es gerade die fast schon narzistische *Individualität* sein, die ein Überleben in der Cyberwelt sicherstellt. Unternehmen müssen hinter der Bewerbung nicht einen beliebigen Bewerber erkennen, sondern eine einmalige Persönlichkeit. Dies schließt konformistische Standardbewerbungen als Erfolgsstrategie aus; personifizierte Anschreiben oder Bewerber-Internet-Seiten lassen eine kurze und andersartige Bewerberpräsentation zu.
- Besser als eine (standardisierte) Massenbewerbung ist die gezielte Bewerbung bei wenigen Unternehmen. Bei dieser *Fokussierung* erlaubt es die Informationsfülle im Internet den Bewerbern, aus der Vielzahl der Branchen, Tätigkeiten, Berufsfelder, Stellenarten, zeitlichen und regionalen Präferenzen die Unternehmen herauszufiltern, auf die man sich in seinen Bemühungen konzentrieren will.
- Bei aller Individualität steht mit der Fokussierung das Postulat der *Kundenorientierung* im Einklang. Sie ist bei der Internet-Bewerbung in zweifacher Weise umsetzbar: Im Hinblick auf die Zielperson ist die Ansprache „technologisch" zu optimieren. Vorabinformationen über den Stand der verwendeten Technologie vermeiden, daß tech-

nologische Probleme das Lesen der gesendeten Dateien verhindern. Zudem ist auf Effizienz zu achten: Werden Papierbewerbungen bislang schon in wenigen Minuten durchgeblättert, dann muß die Information bei einer Internet-Bewerbung aus Effizienzgründen in deutlich weniger Zeit erschließbar sein. Im Hinblick auf das Zielunternehmen gilt – wie bei jeglicher Bewerbung –, daß eine Stimmigkeit der Fähigkeiten und Potentiale des Bewerbers mit den Anforderungen des potentiellen Arbeitgebers zu signalisieren ist.

Der gesamte Prozeß unterliegt einer zweiseitigen **Medienoptimierung** (Abbildung 6.1). Sie bezieht sich nicht nur auf eine Entscheidung wie „Fax oder E-Mail" bei der Kontaktaufnahme, sondern auf die gesamte Kommuniationsschiene im Internet. Die impliziten Spielregeln, die sich aus den Wettbewerbsbedingungen ergeben, bewirken die Bildung eines segmentspezifischen Konsenses über „richtiges" Vorgehen.

High Potentials. Der Arbeitsmarkt für die begehrten High Potentials (vgl. *Thiele/Eggers* 1999) ist ein Beispiel für einen spezifischen Verkäufermarkt: Die gesuchten hochqualifizierten Führungsnachwuchskräfte beeinflussen die Marktregeln durch ihr Marktverhalten sehr stark. Gerade die Verknappung des Angebots an High Potentials, etwa 4% bis 14% aller Hochschulabsolventen (vgl. *Simon et al.* 1995, 90), führt zu einem ständigen Wettbewerb der Arbeitgeber um sie. High Potentials in Unternehmen bilden eine innerbetriebliche Elite, deren potentielles Leistungsvermögen sich noch nicht vollständig entfaltet hat, die aber für höhere Aufgaben vorgesehen sind und auf dieses Ziel hin entwickelt werden. Identifikationskriterien für High Potentials listet Übersicht 6.4 auf.

Da High Potentials andere konkrete **Erwartungen** an die Unternehmen haben als Durchschnittsabsolventen mit vergleichbarer Ausbildung, erscheint eine differenzierte Ansprache dieser hochqualifizierten Führungsnachwuchskräfte sinnvoll. Auf der Basis einer Umfrage von mehr als 1 000 Absolventen werden die Erwartungen des kaufmännischen und technischen Führungsnachwuchses anhand der Dimensionen Sicherheit

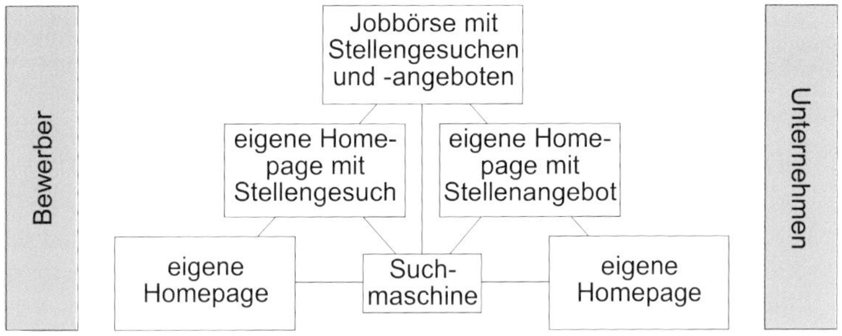

Abbildung 6.1: Medienoptimierung

Muß-Kriterien	Kann-Kriterien
• Examensnote (sehr gut oder gut) • Studiendauer (abhängig von der Zielgruppe) • Note des Vordiploms (sehr gut oder gut)	• Auslandserfahrung • Studienortwechsel • Berufserfahrung plus Hochschulstudium • Kaufmännische Ausbildung • Ehrenamtliche Funktionen • Personalverantwortung • Gehaltserwartung • Karriereerwartung • Alter

Übersicht 6.4: Kriterien zur Identifikation von High Potentials (*Simon et al.* 1995, 90)

versus Karriereorientierung sowie die Orientierung auf das freizeitbezogene Arbeitsumfeld, Forschung und Technologie herangezogen (Abbildung 6.2). Das Ergebnis zeigt deutliche Unterschiede zwischen den Technikern und den Kaufleuten, wobei erstere forschungs- und technologieorientierter sind, allerdings auch ein höheres Sicherheitsbedürfnis aufweisen. Innerhalb der Absolventengruppen ergeben sich wiederum Unterschiede zwischen Durchschnittsabsolventen und High Potentials: Während innerhalb des technischen Bereichs kaum Differenzen in den Ansprüchen beobachtet wurden, sind im kaufmännischen Bereich High Potentials karriereorientierter und stärker am originären Arbeitsbereich interessiert. Je besser sich Arbeitsmarktsegmente abgrenzen lassen, desto besser kann eine zielgruppenspezifische Ansprache erfolgen.

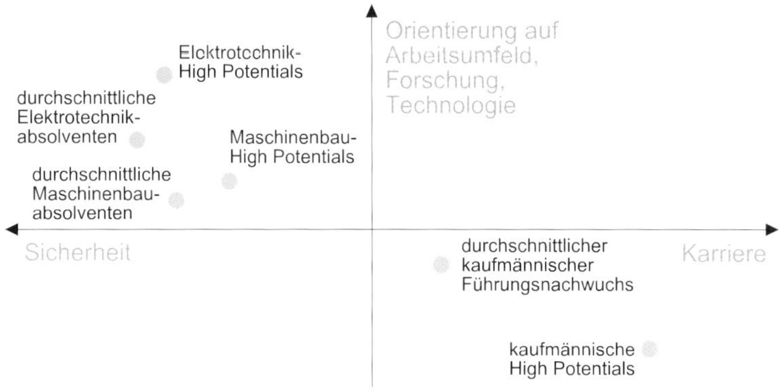

Abbildung 6.2: Individuelle Anforderungen von High Potentials und Durchschnittsabsolventen des kaufmännischen und technischen Führungsnachwuchses (nach *Simon et al.* 1995, 90)

Bei drastischer Zunahme des Bedarfs an High Potentials und konstantem Angebot (unter der Annahme einer konstanten Gleichverteilung von Begabung und Motivation in einer Gesellschaft) sind diese immer schwerer zu **lokalisieren**: Sie „verstecken" sich in einer immer größeren Menge von sich bewerbenden „Low Potentials", die aufgrund demographischer Entwicklungen (geburtenstarke Jahrgänge) und dem Trend zu höheren Studienabschlüssen auf den Arbeitsmarkt drängen. Die High Potentials dagegen bewerben sich bei mehreren Unternehmen, um sicherzustellen, daß sie nach ihrem Studium nicht kurzzeitig arbeitslos werden. Unternehmen müssen daher eine komplexe *Selektionsaufgabe* meistern, nämlich wirklich einen Arbeitsplatz suchende High Potentials identifizieren, obwohl diese häufig zunächst ihre Gehaltsvorstellungen abtesten, für Assessment Center unter reellen Bedingungen üben oder die Zeit bis zu einem sinnvoll erscheinenden Arbeitsangebot überbrükken. Zudem sind Unternehmen gefordert, ihre Programme zur *Erhöhung der Bindungsbereitschaft* sorgsam zu gestalten. Die sich in diesem Zusammenhang ergebenden Chancen und Gefahren im Umgang mit High Potentials verdeutlichen die Wichtigkeit, mit der **Spielregeln** zunächst verstanden werden müssen:

- Als High Potential lokalisiert und etikettiert zu werden ist noch nicht automatisch ein Nachweis für tatsächlich erbrachte Leistung. Daher ist es sinnvoll, das *High Potential-Etikett* permanent zu überprüfen und klare Kriterien zu definieren, bei deren Erfüllung High Potentials wieder aus Nachwuchsprogrammen genommen werden. Ein Indikator für ein seriöses High Potential-Programm im Unternehmen ist die Zahl derjenigen, die es nicht bewältigen. Ist nicht einmal diese Zahl bekannt, ist Vorsicht angesagt.
- High Potentials haben es bereits im Studium gelernt, schnell ihre Aufgaben zu lösen. Oberflächlichkeiten und Wissenslücken sind eine drohende Folge, wie die in Amerika einsetzenden kritischen Warnsignale gegenüber der MBA-Ausbildung zeigen. Im Umgang mit High Potentials sind *klare Qualitätskriterien* für Leistung genauso notwendig wie die Personen, die sie anwenden.
- *Teamarbeit* wird von High Potentials zwar verlangt, ist bei ihnen aber nicht so stark ausgeprägt; dies ist verständlich, wenn man berücksichtigt, daß ein High Potential relativ definiert ist, man also nur High Potential „gegen" jemanden anderen wird. Soziale Netze können förderlich sein, jedoch nicht kleine, elitäre Förderzirkel: Sie sind gefährlicher Nährboden für Groupthink-Tendenzen. Die Bildung von Teams mit echter *Projektverantwortung und wechselnder Zusammensetzung* kann der Bildung von Seilschaften entgegenwirken.
- Die Grenze zwischen einem Organisierer und einem Delegierer ist fließend; sie muß deshalb explizit zum Gegenstand des *periodischen Mitarbeitergesprächs* gemacht werden.

Versteht ein Unternehmen diese Spielregeln, kann es eine klare Strategie im Umgang mit der Zielgruppe High Potentials verfolgen. Es wird weniger die Zahl der Nachwuchsförderprogramme erhöhen als vielmehr die bestehenden zielgerichtet ausgestalten, so daß die Ziele der Personalveränderung insgesamt erreicht werden können.

Karriere. In der heutigen Wissensgesellschaft ist es immer schwieriger, Karriere im herkömmlichen Sinne zu machen. Dies gilt für die meisten Beschäftigungsverhältnisse. Da es gerade häufig ein Grund für einen Arbeitsplatzwechsel ist, seine Karriere zu verfolgen, und das individuelle Karriereziel eines Mitarbeiters auch bei der Personalentwicklung zentral ist, lohnt sich ein Hinterfragen der Karriere-Spielregeln: Sie sind sowohl für Unternehmen als auch für die einzelnen Mitarbeiter relevant.

Die **Definition** von Karriere hat sich dramatisch gewandelt, seitdem in Unternehmen die Hierarchien abgebaut wurden, die lange Zeit dafür gesorgt hatten, daß ein Aufstieg im Unternehmen fast schon automatisch erfolgte. Heutzutage wird Karriere auch als eine Entwicklung verstanden, die während des Verbleibs auf einer Hierarchieebene stattfinden kann (Übersicht 6.5). Karrieren finden insbesondere auch über mehrere Arbeitsverhältnisse hinweg statt („boundaryless career"), wobei Mobilität des Mitarbeiters durch das Erschließen frischer Chancen belohnt wird (*vgl. Arthur/Inksen/Pringle* 1999, 11-12).

Karriere hieß früher:	**Karriere heißt in Zukunft:**
• groß werden durch Aufstieg auf einer Leiter zu Lasten anderer • nur eine Richtung: nach oben, auf einer Leiter mit vielen Sprossen und Teilsprossen, damit man in seinem Leben möglichst viele Beförderungserlebnisse generieren konnte • man muß Menschen unter sich bekommen – und zwar möglichst viele • gute Fachleute wurden in Führungsaufgaben gezwängt, damit man ihnen ein angemessenes Gehalt geben konnte. Das Ergebnis: Menschen, die nicht als echte Führungskräft und auch nicht mehr als Fachexperten ihr Geld wert waren und dann dem Lean Management zum Opfer fielen und fallen	• groß werden durch Wachsen der persönlichen Kompetenz zum Nutzen anderer • Das Ziel einer Know-how-Karriere ist, wertvoller zu werden durch marktfähige Kompetenz, d.h. durch Mehrfachqualifikation, kommunikative Kompetenz und Bereitschaft zur Eigenverantwortung • einzige Arbeitsplatzsicherung sind marktfähiges Know-how und Teamfähigkeit • alt wird man von selbst – es gilt, wertvoller zu werden • in Zukunft wird jeder drei bis sechs Berufe oder komplexere Berufskombinationen während seines Lebens erlernen und erleben müssen • „lifelong employability" statt „lifelong employment"

Übersicht 6.5: Wandel des Karriereverständnisses (nach *Fuchs* 1998, 596)

Die neuen Karriere-Spielregeln führen dazu, daß **Mitarbeiter** letztlich die Angst vor Veränderung verlieren können, da sie wissen, daß Veränderung unabänderlich erfolgt. Die Sicherheit des eigenen Arbeitsplatzes wird gegen die Sicherheit getauscht, die aus eigenen Kompetenzen erwächst. Erfolgt dies allerdings nicht, besteht die Gefahr der Karrierelosigkeit für solche Mitarbeiter, die sich vom ständigen Lernen abkoppeln. Für **Unternehmen** bedeutet der neue Karrierebegriff, daß sie keine Arbeitsplätze mehr garantieren, sondern die Möglichkeit, sich permanent weiterentwickeln zu können.

6.2.2.5 Ergebnis: Unternehmerische Arbeitsmarktstrategie

Sobald der externe Arbeitsmarkt nicht adäquat funktioniert, ist zu prüfen, ob und inwieweit eine aktive Arbeitsmarktpolitik auch von seiten des Unternehmens erforderlich und machbar ist.

Die unternehmerische Arbeitsmarktstrategie (UAMS) beschreibt die systematische Entwicklung des externen und internen Arbeitsmarktes im Hinblick auf Anforderungen der Unternehmensstrategie (Scholz 1987b).

Zur Konzeptionalisierung einer solchen UAMS bietet sich das Prinzip strategischer Kräfte an (vgl. *Scholz* 1997a, 82-96) als funktionales Zusammenspiel von strategischen Potentialen, strategischen Bewegungen und strategischen Barrieren. Wichtig dabei ist der zentrale Unterschied zwischen strategischer Bewegung und strategischer Kraft: Strategische Bewegung ist die initiierende Aktivität, strategische Kraft das von der Existenz von Potentialen und Barrieren abhängende Ergebnis.

Strategische Potentiale. Die erste zu analysierende Gruppe von Elementen sind die strategischen Potentiale, in diesem Fall also Qualität und Quantität von Arbeitskräften. Ebenfalls zu strategischen Potentialen im Personalwesen zählt eine hohe Motivation der Mitarbeiter beziehungsweise geringe Fehlzeiten. Eine systematische Analyse dieser strategischen Ist-Potentiale erfolgt im Zusammenhang mit der strategischen Personalbestandsermittlung; eine Analyse der Soll-Potentiale liefert die strategische Personalbedarfsbestimmung.

Um strategische Potentiale im Hinblick auf Humanvermögen aufzubauen, gibt es zwei (kombinierbare) Strategien, nämlich Aufbau eines eigenen internen Arbeitsmarktes und/oder Erhöhung der Attraktivität des Unternehmens für externe Bewerber.

Zum Aufbau des eigenen **internen Arbeitsmarktes** als erste Grundstrategie sind zunächst Entscheidungen bezüglich der verschiedenen Bildungsstrategien zu fällen:

- *Multifunktionale Bildungsstrategien* bereiten die Mitarbeiter auf eine große Bandbreite von möglichen Arbeitsanforderungen vor, die in der Zukunft benötigt werden könnten. Hierbei kann die Entscheidung über die Bildungsinhalte vom betreffenden Mitarbeiter aufgrund spezieller Interessen und Fähigkeiten (mit-)beeinflußt werden.

- *Kontingenzstrategien* zielen auf Fähigkeiten, die mit hinreichend großer Wahrscheinlichkeit auch alternativ entstehende Arbeitsinhalte abdecken. Beispiele hierfür sind die diversen Computerkurse, die bis hin zur NC-Programmierung reichen.
- *Strategiebegleitende Bildungsmaßnahmen* leiten sich aus konkreten und exakt formulierten Arbeitsanforderungen der nahen oder fernen Zukunft ab.

Für diese Strategien muß das Unternehmen auf grundsätzlicher (strategischer) Ebene entscheiden, welche Mischung im Hinblick auf einen langfristigen Ausbau der strategischen Potentiale angestrebt werden soll. Die Konsequenz dieser Strategien liegt dann im Aufbau eines internen Arbeitsmarktes, der Arbeitskräfte mit entsprechender Ausbildung bereitstellt. Im Rahmen der gesetzlichen Möglichkeiten sind auch Absprachen zwischen Unternehmen denkbar, kurzfristige Bedarfsüberhänge auszugleichen (Personalbereitstellung auf Abruf). Weiterhin können direkte Absprachen zwischen Unternehmen mit schrumpfenden Bereichen und Unternehmen mit wachsenden Bereichen getroffen werden, die Arbeitnehmer – ohne den Umweg über den externen Arbeitsmarkt – direkt von einem Unternehmen zum anderen transferieren (Arbeitskräftetausch).

Die zweite Grundstrategie besteht darin, die Attraktivität des betreffenden Unternehmens für potentielle Bewerber auf dem **externen** Arbeitsmarkt zu steigern. Derartige akquisitorische Potentiale können auf attraktiven Karrieremodellen, Gehältern, Sozialleistungen, Arbeitsplatzsicherheit oder dem Unternehmensimage basieren. Entscheidend bei derartigen akquisitorischen Potentialen ist ihre Sichtbarkeit für externe Adressaten. Zu den akquisitorischen Potentialen zählt schließlich auch die Unternehmenskultur, da diese diverse Implikationen für die Personalführung hat (Kapitel 9).

Strategische Barrieren. Alle Organisationen sehen sich mit einer Vielzahl von funktionalen, institutionalen, gesetzlichen, sozialen und emotionalen Barrieren konfrontiert, die eine Durchführung von Maßnahmen erschweren oder sogar verhindern. Personalwirtschaftliche Barrieren sind vor allem die **Fluktuationsbarrieren** (Übersicht 6.6):

- Barrieren *gegen unternehmensseitige Kündigung* erschweren aufgrund gesetzlicher, politischer und finanzieller Regelungen die Beendigung des Arbeitsverhältnisses durch den Arbeitgeber. Hinzu kommen psychologische und ethische Aspekte, die den Arbeitgeber in seiner Entscheidung beeinflussen.
- Barrieren *gegen freiwillige Fluktuation* hindern den Arbeitnehmer am Verlassen des Unternehmens. Sie basieren weniger auf gesetzli-

chen Regelungen, sondern allenfalls auf dem psychologischen Vertrag zwischen dem Unternehmen und dem Mitarbeiter, wonach dieser sich „seinem Unternehmen" verpflichtet fühlt.

Den arbeitgeberseitigen Entlassungsbarrieren stehen somit arbeitnehmerseitige Kündigungsbarrieren entgegen.

Barrieren gegen unternehmensseitige Kündigung	**Barrieren gegen freiwillige Fluktuation (gesetzlich/psychologisch)**	
	niedrig	hoch
niedrig	Fall 1	Fall 4
hoch	Fall 2	Fall 3

Übersicht 6.6: Fluktuationsbarrieren

Nimmt man vereinfachend für jede der zwei Barrieren zwei polare Ausprägungen, so entstehen **vier Fälle**:

- *Fall 1* verbindet niedrige arbeitnehmerseitige und arbeitgeberseitige Barrieren. Dies führt aus Sicht des Unternehmens zu einer „Hiring and Firing Policy"; aber auch der Arbeitnehmer kann leicht das Unternehmen verlassen, ohne zwingend negative Einflüsse auf die Karriere in Kauf nehmen zu müssen. Konsequenz ist eine Tendenz zur überwiegend kurzfristigen Beschäftigung. Unternehmen sind hier nur begrenzt zur Investition in Bildung bereit. Der arbeitgeberseitige Sozialdarwinismus wird hier gekoppelt mit einem mitarbeiterseitigen Opportunismus („Darwiportunismus"; vgl. *Scholz* 1999c).
- *Fall 2* sieht hohe Barrieren nur auf seiten des Unternehmens, beispielsweise aufgrund von gesetzlichen Regelungen zum Kündigungsschutz. Entlassungen sind daher schwierig und – wenn überhaupt realisierbar – äußerst kostspielig. Entlassungs- und Fluktuationsbarrieren können aber auch unternehmenskulturell bedingt sein und weit über gesetzliche Normen hinausgehen. Umgekehrt ist aber der Mitarbeiter in keiner Weise an das Unternehmen gebunden, kann also opportunistisch den Arbeitsplatz verlassen.
- *Fall 3* verbindet hohe Entlassungsbarrieren mit hohen arbeitnehmerseitigen Barrieren. In einer derartigen Situation wird das Arbeitsverhältnis als eine Konstante angesehen, die weder Arbeitnehmer noch Arbeitgeber in Frage stellen. Dies fördert (lebens-)lange Beschäftigungsverhältnisse (für die Stammbelegschaft) und die Bereitschaft zum Anbieten innerbetrieblicher Bildungsmaßnahmen.
- *Fall 4* verbindet eine unternehmensseitige „Hiring and Firing Policy mit erheblichen arbeitnehmerseitigen Barrieren. Eine solche Situation ist denkbar, wenn in einem radikalen Umfeld eine hohe Arbeitslosigkeit exisitiert: Sie führt zu einer externen Nachfragemacht des

Arbeitgebers mit allen daraus resultierenden Konsequenzen.
Gegenwärtig scheint (zumindest in Deutschland) ein deutlicher Trend in Richtung auf Fall 2 vorzuliegen. Im Zuge einer UAMS muß ein Unternehmen daher seine verschiedenen Beschäftigtengruppen bezüglich dieser Barrieren positionieren und dementsprechend agieren.

Strategische Bewegungen. Sie betreffen quantitativ und qualitativ den internen und externen Arbeitsmarkt:

- Veränderungen in der *quantitativen* Dimension beziehen sich auf das zahlenmäßige Vorhandensein von Arbeitskräften einer bestimmten Ausbildung in bestimmten Arbeitsmärkten. Ein Beispiel für eine derartige Veränderung ist die Zunahme der Absolventenzahl informatiknaher Studiengänge.
- Veränderungen in der *qualitativen* Dimension beziehen sich nicht ausschließlich auf die Ausbildungsmerkmale der Arbeitskräfte sowie auf charakterisierende Merkmale ihres Einsatzes, sondern auch auf Entgelt- und Einsatzflexibilität (Wochenendarbeit).

Initiatoren für strategische Bewegungen sind Arbeitgeber, (potentielle) Arbeitnehmer, die Interessenvertretungen beider Gruppen sowie staatliche und rechtliche Institutionen.

Ein Schrittmodell. Operationalisiert man die präsentierten Vorschläge zur Formulierung und Implementation einer **unternehmensbezogenen Arbeitsmarktstrategie UAMS**, folgen daraus sechs Schritte:

- *Schritt 1* besteht aus einer klaren Spezifikation der personalwirtschaftlichen Aspekte.
- In *Schritt 2* wird zunächst festgelegt, wie der ideale Arbeitsmarkt für die in Schritt 1 festgelegte Strategie aussehen müßte. Dies impliziert Festlegungen im Hinblick auf folgende Fragen:
  - Welche strategischen Potentiale soll der (externe/interne) Arbeitsmarkt zu welchen Zeitpunkten (zusätzlich) bereitstellen?
  - Welche strategischen Bewegungen auf dem (externen/internen) Arbeitsmarkt würden die Unternehmensstrategie unterstützen?
  - Welche strategischen Barrieren stören vorgesehene strategische Bewegungen oder angestrebte strategische Potentiale? Von welchen strategischen Barrieren können Schutzwirkungen erwartet werden?
- Analog dazu ist in *Schritt 3* zu analysieren, welche Ausprägungen der relevante Arbeitsmarkt konkret angenommen hat beziehungsweise annehmen wird. Dies bedeutet wieder eine Analyse im Hinblick auf strategische Barrieren, Bewegungen und Potentiale.
- Die Differenz aus den Informationen von Schritt 2 und Schritt 3 zeigt dann die Ansatzpunkte für die weitere Ausgestaltung der UAMS auf und führt als *Schritt 4* zur Formulierung der UAMS.

- Nach der Formulierung der Arbeitsmarktstrategie ist diese zu implementieren (*Schritt 5*). Die damit zwangsläufig verbundenen Schwierigkeiten lassen sich analog zur allgemeinen Akzeptanzproblematik, etwa mit Hilfe des Akzeptanztheorems, reduzieren.
- Als letztes schließlich wird in *Schritt 6* kontrolliert, ob und inwieweit sich strategische Potentiale, Bewegungen und Barrieren tatsächlich in der Form manifestiert haben, wie sie vorher bei der Strategieformulierung fixiert wurden.

Durch dieses Schrittmodell wird die Problematik der unternehmensbezogenen Arbeitsmarktstrategie identifiziert, strukturiert und koordiniert. Es ermöglicht die gemeinsame strategische Ausrichtung der generell auch unabhängig voneinander treffbaren Teilentscheidungen.

6.2.3 Internationale Personalbeschaffung als globale Option

Internationale Beschaffungsaktivitäten ergeben sich unmittelbar aus der gewählten *Kulturstrategie*:

Beim **monokulturellen Ansatz** werden die Schlüsselpositionen des Unternehmens durch Mitarbeiter aus dem Land der *Muttergesellschaft* besetzt. Diese Strategie ist besonders in der Anfangsphase des internationalen Engagements zu beobachten, in der noch nicht genügend Erfahrungen über die Gegebenheiten in dem entsprechenden Land vorhanden sind. Ein anderer Grund kann in der als nicht ausreichend empfundenen Qualifikation der Arbeitnehmer des Gastlandes liegen.

Die Beschaffungsaktivitäten richten sich daher in erster Linie auf diejenigen Mitarbeiter, die als Verbindungsglied zwischen der Muttergesellschaft und den Auslandseinheiten fungieren sollen. Diese „*Linking Pins*" werden als Entsandte der Muttergesellschaft in der Auslandsniederlassung eingesetzt, um Wissen zu übertragen oder die Niederlassung gezielt zu steuern. Da bei der monokulturellen Personalstrategie ausschließlich auf Stammhausmitarbeiter zurückgegriffen wird, ist eine entsprechende Entsendungsbereitschaft notwendig: Die Beschaffungsstrategie umfaßt daher auch akquisitorische Komponenten, um eine derartige internationale Ausrichtung zu fördern und im Wertesystem der Mitarbeiter zu verankern.

Beim **multikulturellen Ansatz** werden die Stellen in ausländischen Tochtergesellschaften nahezu ausschließlich durch *einheimische Mitarbeiter* aus den jeweiligen Ländern besetzt. Gründe für diese Strategie sind das bessere Eingehen auf die spezifischen Gegebenheiten durch das lokale Management und das Wegfallen der Kosten einer Entsendung von Führungskräften.

Probleme entstehen insbesondere bei einer zentralen Entscheidungsstrategie in der Muttergesellschaft, da die Bedürfnisse der aktuellen und potentiellen Mitarbeiter landes- und kulturspezifisch variieren. Schwierigkeiten eröffnen sich auch dadurch, daß extern ausgerichtete Maßnahmen auf ein spezifisches Fremdbild treffen, das oft nicht zutreffend oder überzogen ist. So werden deutsche Unternehmen im Ausland tendenziell mit Attributen wie Pünktlichkeit, Leistungsorientierung und Qualität in Verbindung gebracht. Hinzu kommt, daß für Unternehmen die Verhältnisse auf dem ausländischen Arbeitsmarkt oft intransparent sind.

Ausgangspunkt für das Personalmanagement bei der multikulturellen Strategie ist daher eine systematische Auseinandersetzung mit den landesspezifischen Bedürfnissen. Insbesondere die nichtmonetären Leistungsanreizsysteme lassen sich differenziert auf die in den jeweiligen Unternehmen beschäftigten Mitarbeiter abstimmen. Hier bieten sich Zusatzleistungen in Form von „Cafeteria-Systemen" an. Damit die unternehmensextern ausgerichteten Maßnahmen erfolgreich gestaltet und mögliche Fehleinschätzungen bei potentiellen Mitarbeitern vermieden werden können, muß das Unternehmen sein Außenimage analysieren und beeinflussen:

- Erstens ist es möglich, als inländisches Unternehmen aufzutreten. Der Firmenname und die Besetzung der Führungsmannschaft mit Einheimischen sind hierfür nur zwei Beispiele.
- Zweitens kann der nationale Ursprung der Muttergesellschaft hervorgehoben werden, um die positiven Seiten dieser Herkunft besonders zu betonen.

Die Entscheidung zwischen diesen beiden Möglichkeiten hängt vor allem von der Imagebelegung der Tochter- beziehungsweise der Muttergesellschaft ab.

Unabhängig von der nationalen Herkunft werden beim **gemischt kulturellen Ansatz** die *qualifiziertesten* Mitarbeiter des Unternehmens auf den Schlüsselpositionen eingesetzt. Auf diese Weise entwickeln multinationale Unternehmen einen internationalen Führungskräftenachwuchspool, der weltweit flexibel einsetzbar ist. Besonders für stark globalisierende Branchen scheint dies eine adäquate Strategie zu sein. Personalbeschaffung bei der Mischkulturstrategie stellt den Versuch dar, eine optimale Allokation der Human Resources unternehmensweit sicherzustellen. Dieses Ziel impliziert eine Besetzungsstrategie für Führungspositionen im gesamten Unternehmen ohne Berücksichtigung der Nationalität oder Herkunft des Mitarbeiters.

Resultat dieser Strategie ist ein weitgehend landesunabhängiges, einheitliches Unternehmen mit einem letztlich einheitlichen Unternehmensimage. Die Unternehmen stehen allerdings vor einem schwer auflösba-

Entscheidungs-strategie	Kulturstrategie		
	Monokultur	Multikultur	Mischkultur
zentral	zentrale Beschaffung, nach Einheitstyp	zentrale Beschaffung, aber in Abhängigkeit vom Empfängerland	zentrale Beschaffung eines internationalen Konzern-Einheitstyps
dezentral	Vorgabe des Einheitstyps von der Muttergesellschaft, Beschaffung aber dezentral	dezentrale Beschaffung, entsprechend den nationalen Standards	dezentrale Beschaffung des von der Muttergesellschaft vorgegebenen Konzern-Einheitstyps
föderal	unabhängige Beschaffung des im Konzern präferierten Kulturtyps	unabhängige Beschaffung vor Ort je nach individueller Notwendigkeit	unabhängige Beschaffung des von der Gruppe zum Standard erhobenen Mischkulturtyps

Übersicht 6.7: Internationale Beschaffungsformen

ren Dilemma. Einerseits ist auf die landesbedingten Bedürfnisse potentieller und aktueller Mitarbeiter einzugehen, andererseits aber ein Auseinanderbrechen der Unternehmensgesamtheit zu vermeiden. Da Unternehmen nie unabhängig vom landeskulturellen Umfeld agieren, ist es zur Erreichung einer landesübergreifenden Einheit notwendig, einen identischen Unternehmenskulturkern zu entwickeln. Dazu sind solche Mitarbeiter einzusetzen, die unabhängig von ihrem landeskulturellen Hintergrund in die vorhandene Unternehmenskultur integrierbar scheinen.

Die internationale Personalbeschaffung hängt somit zum einen direkt von der gewählten Kulturstrategie ab. Zum anderen spielt die *Entscheidungsstrategie* als Wahl zwischen dem zentralen, dezentralen und föderalen Modell eine wichtige Rolle (Übersicht 6.7). Hieraus ergeben sich neun unterschiedliche Formen der internationalen Personalbeschaffung.

6.2.4 Strategische Personalentwicklung als Erfolgspotential

6.2.4.1 Systematik

Anders als das wegen seines Kontrollaspektes oft negativ konnotierte Personalcontrolling und das (fälschlicherweise) mit marktschreierischer Werbung assoziierte Personalmarketing ist „Personalentwicklung" allgemein positiv belegt. Traditionsgemäß stellt Personalentwicklung des-

***Meier* (1991, 6)**

„Personalentwicklung ist ein organisierter Lernprozeß, der im sozialen Umfeld des Unternehmens stattfindet und von ihm ausgelöst, gestaltet und gesteuert wird. Ziel ist die Veränderung des Leistungspotentials der Mitarbeiter oder einer Organisationseinheit, das heißt aller planenden, durchführenden und kontrollierenden Instrumente, Ergebnisse und Prozesse. Dabei ist der Vorgang (Bildung als Prozeß) genauso wichtig wie das Ergebnis (Bildungsstand)."

***Heeg/Münch* (1993, 74)**

„Personalentwicklung (PE) kann definiert werden als Inbegriff aller Maßnahmen, die der individuellen beruflichen Entwicklung der Mitarbeiter dienen und ihnen unter Beachtung ihrer persönlichen Interessen die Aneignung der zur optimalen Wahrnehmung ihrer jetzigen und künftigen Aufgaben erforderlichen Qualifikation ermöglichen."

***Neuberger* (1994, 3)**

„Personalentwicklung ist die Umformung des unter Verwertungsabsicht zusammengefaßten Arbeitsvermögens."

***Flarup* (1997, 399)**

„Ganzheitliche Personalentwicklung bewirkt bei Führungskräften und Mitarbeitern:

- Orientierung (Ziele, Prozesse, Ergebnisse)
- Zugehörigkeit, Identifikation, Akzeptanz
- Selbstmotivation, Selbststeuerung
- Kompetenz und Professionalität
- Leistungsmotivation, Engagement
- Eigenverantwortung, unternehmensbezogenes Denken und Handeln
- Mobilität und Flexibilität
- Selbständigkeit und Entscheidungsfähigkeit
- Markt- und Kundenorientierung
- Qualitätsbewußtsein
- Kooperation und Teamorientierung."

Übersicht 6.8: Ausgewählte Definitionen des Begriffes Personalentwicklung

halb eines der zentralen Gebiete im Personalmanagement dar. Dies gilt für wissenschaftliche Arbeiten (z.B. *Rother* 1996) ebenso wie für Berichte aus der Praxis (z.B. *Hartz* 1994). Entsprechend zahlreich sind die Definitionen von Personalentwicklung (Übersicht 6.8). Sie alle sehen aber nicht nur das Individuum und dessen Nutzen im Mittelpunkt der Bemühungen, sondern auch das Interesse des Unternehmens an der Entwicklung eines zur Wertschöpfung einsetzbaren Arbeitskräftepotentials.

Personalentwicklung impliziert die Veränderung eines Fähigkeitsprofils in Richtung auf ein definiertes Anforderungsprofil. Zur Vereinfachung können Profile zusammengefaßt werden. Aus diesen aggregierten Profilen leiten sich dann die vorgesehenen Maßnahmen ab. Im einzelnen gibt es dazu folgende **Entwicklungsrichtungen**: Das individuelle Fähigkeitsprofil eines Mitarbeiters wird auf ein spezifisches Anforderungsprofil hin entwickelt (**A**) oder aber in Richtung auf das aggregierte Profil einer Gruppe von Arbeitsplätzen (**B**). Bilden dagegen eine Gruppe von Fähigkeitsprofilen die Ausgangsbasis, so können auch diese auf eine Gruppe von Stellen (**C**) oder eine einzelne Stelle hin entwickelt werden (**D**). Entwickelbar sind schließlich Schlüsselqualifikationen (**E**) sowie globale Größen (**F**).

Je nach Bezugsbasis liegt der Schwerpunkt dieser Entwicklung im Bereich der strategischen, taktischen oder operativen Planung, wobei sich die Zuordnung aus den Aggregationsniveaus der Anforderungs- und Fähigkeitsprofile ergibt. Die sechs Varianten aus Übersicht 6.9 sind damit gezielte Gestaltungsvorschriften für die Personalentwicklung auf verschiedenen Ebenen, die sich aber nicht ausschließen, sondern ergänzen.

<table>
<tr><th></th><th>Fähigkeiten</th><th>Anforderungen</th><th>Vorgehen</th></tr>
<tr><td>A</td><td rowspan="2">Fähigkeitsprofil eines Mitarbeiters</td><td>gegenwärtiges oder zukünftiges Anforderungsprofil eines Arbeitsplatzes</td><td rowspan="4">analytisch</td></tr>
<tr><td>B</td><td rowspan="2">aggregiertes (ggf. zukünftiges) Anforderungsprofil mehrerer Arbeitsplätze</td></tr>
<tr><td>C</td><td rowspan="2">aggregiertes Fähigkeitsprofil mehrerer Mitarbeiter eines Tätigkeitsbereichs</td></tr>
<tr><td>D</td><td>(ggf.) zukünftiges Anforderungsprofil eines Arbeitsplatzes</td></tr>
<tr><td>E</td><td>„typischer Mitarbeiter" einer spezifischen Prägung</td><td>„typischer Arbeitsplatz" einer in Zukunft wichtigen Prägung</td><td rowspan="2">summarisch</td></tr>
<tr><td>F</td><td>gesamtes Unternehmen</td><td>Kulturerfordernis</td></tr>
</table>

Übersicht 6.9: Ansatzpunkte der Personalentwicklung

Im Fall **(B)** und **(C)** geht es um Anpassungen an (zukünftige) Anforderungen einer ganzen Gruppe von Arbeitsplätzen. Dieses aggregierte Anforderungsprofil kann über

- Minimum,
- Maximum oder
- (gewichtete) Durchschnitte

der jeweiligen Methode der zugrundegelegten Anforderungsprofile bestimmt werden.

Im Rahmen der **Adressatenauswahl** besteht die Aufgabe, Aussagen über zentrale Handlungsmaximen für die Personalentwicklung zu machen. Kritisch zu sehen ist eine Personalentwicklung, die einem Automatismus zur Erreichung „vorgegebener Schulungstage pro Mitarbeiter" unterliegt. Auch darf es nicht nur um die vollständige Auslastung der bestehenden Bildungskapazitäten gehen. Im Gegensatz dazu wäre eine Maxime „unternehmenseigene Qualifizierung nur für Qualifizierbare und nur bei unternehmensbezogenem Qualifizierungsbedarf" eine sinnvoll differenzierte Leitlinie.

War früher vor allem die Personalabteilung treibende Kraft der Personalentwicklung, so kommt es zunehmend in den **Aufgabenbereich** der Führungskräfte, individuelle Personalentwicklungsprogramme zu entwerfen und sie auf die Erwartungen und Bedürfnisse der Mitarbeiter abzustimmen. Somit wird die Personalentwicklungskompetenz zum Bestandteil des Anforderungsprofils von Führungskräften. In Zukunft wird allerdings vor allem der Mitarbeiter selbst zum „Personalentwickler" in eigener Sache (Übersicht 6.10).

	Früher	**Jetzt**	**Zukünftig**
Personalabteilung	Entscheider	Systemlieferant	Systemlieferant
Führungskraft	Zwischenstation	Entscheider	Berater
Mitarbeiter	Objekt	Objekt	Subjekt

Übersicht 6.10: Positionierungsoptionen der betrieblichen Personalentwicklung

Zur Auseinandersetzung mit den Personalentwicklungssystemen gehört daher auch die **Prozeßoptimierung** im Sinne eines sinnvollen Zusammenspiels der einzelnen Instrumente und Aktivitäten. Gerade implizite Basisannahmen wie die Ausmaße von Autonomie, Dezentralität und Eigenverantwortlichkeit schlagen sich im Ablauf der Personalentwicklung nieder: Langwierige Genehmigungsverfahren für Entwicklungsmaßnahmen und überraschende Entscheidungen in der Unternehmensspitze über (Förder-)Versetzungen sind dabei oft ein besserer Indikator für die tatsächliche Entwicklungsstrategie als vollmundige Bekenntnisse zu einer „schlanken und transparenten" Personalentwicklung.

6.2.4.2 Personalentwicklung und Organisationsentwicklung

Orientiert man sich an den verschiedenen Ansatzpunkten für eine Personalentwicklung, so gibt es **drei Objekte** der strategischen Personalentwicklung (vgl. *Neuberger* 1994, 12):

- *Personenentwicklung* (Weiterbildung, Qualifizierung) als personaler Aspekt,

- *Teamentwicklung* als interpersonaler Aspekt und
- *Organisationsentwicklung* als apersonaler Aspekt.

Bei einer weitgefaßten Interpretation von Personalentwicklung ist jegliche Veränderung von Organisationen Bestandteil der Personalentwicklung, weil derartige Veränderungen immer Reaktionen aller Systemkomponenten und damit deren Entwicklung bedingen. Strategische Personalentwicklung ist dabei sowohl von der Unternehmensstrategie, der Unternehmenskultur, der (externen) Unternehmensumwelt, der (internen) Unternehmenssituation als auch von der organisatorischen Lernfähigkeit abhängig (Abbildung 6.3).

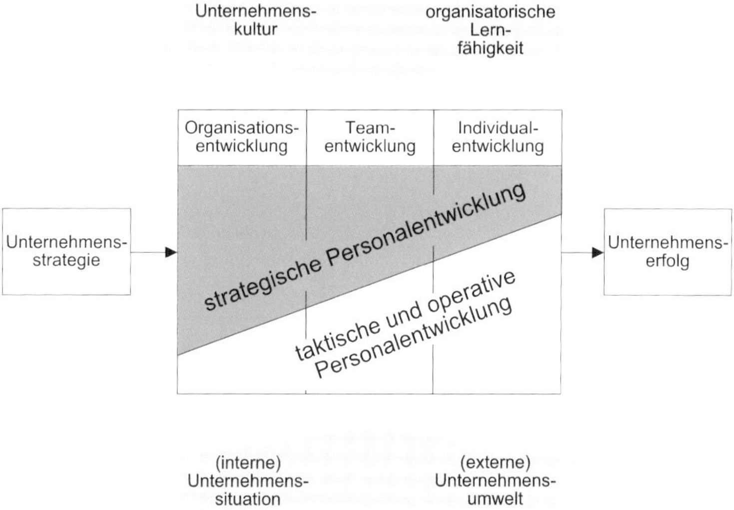

Abbildung 6.3: Strategische Personalentwicklung

Entwicklungsinhalte. Neben der Entwicklung und Festigung eines harmonischen Zusammenspiels von Fachführungskräften und Personalabteilung sind vier **konkrete Entwicklungsinhalte** hervorzuheben, die sich aus den eingangs skizzierten Umwelterfordernissen ergeben:

(1) Im gesamten Unternehmen ist *strategisches Denken* zu verankern. Erfolgversprechende Strategien werden in den seltensten Fällen in abgekapselten Stabsabteilungen ausgebrütet. Sie entstehen vielmehr vor allem bei Personen mit unmittelbarem Marktkontakt. Auch die Umsetzung der Strategien darf auf keinen Fall lokal begrenzt bleiben.

(2) Aufgrund der zunehmenden Komplexität betrieblicher Systeme ist eine *Ergänzung des linearen und monokausalen Denkens* erforderlich. Erst ein solches vernetztes Denken sorgt dafür, daß die Interak-

tion innerhalb des Unternehmens beziehungsweise zwischen Unternehmen und Umwelt in ihrer Dynamik verstanden wird.

(3) Ferner ist *mitarbeiterbezogenes Denken und Handeln* zu forcieren. Dies beginnt bei der Fähigkeit zur Kommunikation und reicht über die soziale Kompetenz bis zur situationsangepaßten Führung.

(4) Es sind Bildungsmaßnahmen in Richtung auf *kulturbewußtes Denken und Handeln* einzuleiten. Ein solches Verständnis der eigenen Kultur ermöglicht eine breite Identifikation, verbunden mit entsprechender Motivation.

All dies mündet in die Notwendigkeit eines ständigen Lernens im gesamten Unternehmen.

Organisationsentwicklung als Rahmenbedingung. Ziel der Organisationsentwicklung ist die Leistungssteigerung des Gesamtsystems durch einen geplanten Wandel auf technischer, personaler und struktureller Ebene, wobei diese Ziele sowohl über strukturelle als auch personale **Maßnahmen** erreicht werden sollen (vgl. *Thom* 1992):

- *Strukturelle* Maßnahmen wollen das Funktionieren der Organisation verbessern und richten sich beispielsweise auf die formale Organisationsstruktur, die auf ihre Effizienz hin überprüft wird. Hier gilt es, günstige Rahmenbedingungen zu schaffen, um die Ziele der Organisationsentwicklung zu erreichen.
- *Personale* Maßnahmen der Organisationsentwicklung zielen primär auf die organisationsbezogene Entwicklung von Organisationsmitgliedern. Die Systemmitglieder sollen sich dabei der Folgen ihrer Handlungen bewußt werden und Verständnis für Fehler anderer aufbringen. Diese Maßnahmen sind stark auf die Verbesserung der Team- und Konfliktfähigkeit ausgerichtet.

Nur durch eine situativ ausgewogene Kombination dieser Maßnahmen im unternehmensstrategischen Gesamtzusammenhang werden Unternehmen in die Lage versetzt, auch neuartige Beziehungsmuster zu entwickeln und danach zu handeln.

6.2.4.3 Ergebnis: Differenzierte Entwicklungsoptionen

Personalentwicklung ist und bleibt **problematisch**:

- Die *mangelnde Quantifizierbarkeit* der Basiskonstrukte führt zu einer „ritualisierten Selbsttäuschung" durch die Illusion, mit sicheren Daten und Größen zu operieren.
- Ein *konzeptionsloser Aktionismus* produziert ein schlecht fundiertes Personalentwicklungskonzept mit gefährlichen Dysfunktionalitäten. Pragmatik als Alibi ist also kontraproduktiv.
- Personalentwicklung wird als *„Spielwiese" für kreative Planer* angesehen, in der aufgrund der ungenauen Zurechnung der (Miß-)Erfolge die Risiken für die Verantwortlichen kalkulierbar bleiben.

- Personalentwicklung macht keinen Sinn, wenn sie als *Selbstzweck* praktiziert wird. Kennzahlen, nach denen ein gewisser Prozentsatz vom Umsatz in die Personalentwicklung geht, sind daher genauso abzulehnen wie „vorgegebene Schulungstage" pro Mitarbeiter.
- Diskutierbar sind auch *Leitmaximen* wie „Qualifizierung für alle ohne Selektion". Es ist aus Unternehmenssicht nicht einzusehen, warum alle Mitarbeiter unabhängig von unternehmensbezogener Notwendigkeit einen Anspruch auf Qualifikation haben sollten.
- Fatal ist es auch, Personalentwicklung lediglich zur *Auslastung* bestehender Bildungskapazitäten zu praktizieren. Dies gilt für überbetriebliche Angebote ebenso wie für innerbetriebliche.
- Schließlich macht es wenig Sinn, Personalentwicklung und Qualifikation ausschließlich auf *Druck* von Mitarbeitern, Betriebsräten oder Führungskräften ohne Bezug zu Unternehmenszielen durchzuführen.

Bei den von Unternehmen durchgeführten (und finanzierten) Aktivitäten steht zwangsläufig die *unternehmerische Interessenlage* im Vordergrund, verbunden mit der Berücksichtigung von Fähigkeiten und Neigungen des Mitarbeiters.

Unternehmensseitige Qualifizierung für alle Qualifizierbaren bei entsprechendem, unternehmensbezogenem Qualifizierungsbedarf!

Eine besondere Fragestellung betrifft den **überbetrieblichen Bereich**, also Maßnahmen, die nicht durch einzelne Unternehmen finanziert werden, sondern in der Regel durch Kooperationen, an denen Unternehmen und gesellschaftliche Institutionen beteiligt sind. Ihre Beiträge für die Entwicklung von Mitarbeitern dienen dem Erhalt und Ausbau des berufsbezogenen Bildungsniveaus in einer Gesellschaft. Demnach richten sich die Aktivitäten nach gesellschaftspolitischen Anforderungen. Doch auch hier gilt, daß eine derartige Qualifizierung ohne Qualifizierungsbedarf und ohne entsprechendes Qualifizierungspotential volkswirtschaftlicher Luxus ist, den man sich nicht immer wird leisten können.

6.2.5 Virtualisierung als Option für die Zukunft

6.2.5.1 Systematik

Die Rolle der Personalentwicklung im Virtualisierungsprozeß von Unternehmen (vgl. *Scholz* 1998) kann grundsätzlich aus **zwei Perspektiven** betrachtet werden:

- Aus einer *funktionalen Sichtweise* wird es zur Aufgabe der Personalentwicklung, die Virtualisierungstauglichkeit der Mitarbeiter zu evaluieren und Qualifikationslücken zu schließen (Personalentwicklung für virtualisierende Unternehmen).

- Aus einer *objektbezogenen Sichtweise* kann die Personalarbeit selbst von den neuen Medien und der zunehmenden informatorischen und kommunikativen Vernetzung profitieren (Personalentwicklung durch virtuelle Organisation).

In beiden Fällen handelt es sich um einen Entwicklungsprozeß entlang der drei Virtualisierungsdimensionen: Zergliederung nach Kernkompetenzen, weiche Integration und virtuelle Realisation.

6.2.5.2 *Personalentwicklung für virtualisierende Unternehmen*

Ziel der Personalentwicklung für virtualisierende Unternehmen ist es, die Mitarbeiter „virtualisierungstauglich" zu machen.

Kernkompetenzträger als individualisierte Selbstentwickler. Im Virtualisierungsprozeß ist ein Unternehmen ständig darum bemüht, die eigene Kernkompetenz mit den Potentialen des Marktes abzugleichen und zu entwickeln. Dies gilt analog auch für die Mitarbeiter. Aufgabe der Personalentwicklung ist es hier, strategische Impulse vorzugeben, welche die Funktion der Mitarbeiter als Frühwarnsystem für den Bereich der Kernkompetenzentwicklung unterstützt und gleichzeitig die völlige Eigenverantwortung der Mitarbeiter in den Mittelpunkt stellt. Voraussetzung für den Wandel hin zu eigenverantwortlicher Selbstentwicklung ist die transparente Kommunikation der strategischen Stoßrichtung: Nur ein Mitarbeiter, der seine eigenen Kernkompetenzen forcieren kann, kann dies auch für seinen Bereich und für sein Unternehmen tun. Durch die Unterstützung durch Personalentwicklungsexperten wandeln sich die Mitarbeiter vom operativen Entwicklungsobjekt zum strategischen Entwicklungssubjekt.

Bürokratiefreie Sinnschaffer als „Soft"-Integrierer. Ein weiteres wichtiges Soll-Profil sind systembewußte Integrierer. Wenn Mitarbeiter die zunehmende Komplexität ihrer Aufgabenumwelt nicht mehr bewältigen, bedarf es mehr als der häufig postulierten, jedoch selten realisierten sozialen Kompetenz. Nötig ist die Entwicklung einer emotionalen Intelligenz, die es schafft, trotz fragmentierter Arbeitsprozesse eine sinnvolle (virtuelle) Ganzheitlichkeit herzustellen. Ein Ziel der Personalentwicklung ist also ein „one-face-to-the-employee".

Cyber-Intrapreneure als unternehmerische Technologen. Auf der dritten Virtualisierungsdimension steht der „Cyber-Intrapreneur". Neue Formen flexibler Arbeitsgestaltung wie Teleworking und Arbeitszeitautonomie verlagern die Arbeit dorthin, wo Wertschöpfung stattfindet. Dieser Prozeß verlangt von Mitarbeitern ein rasches und gleichermaßen realistisches wie risikofreudiges Unternehmerverhalten, das sich im Extremfall nur in der virtuellen Welt des Cyberspace abspielt – allerdings verbunden mit durchaus realen (profitablen) Geschäften. Aufgeschlossenheit gegenüber technologischen Weiterentwicklungen, ihre kreative Nutzung sowie die Fähigkeit zu sozialen Kontakten „via Bildschirm und Netz" werden zu Schlüsselqualifikationen des Cyber-Intrapreneurs.

Daß die Personalentwicklung nicht als „Weihnachtsmann" großzügige Aus- und Weiterbildungsangebote präsentiert, sondern sich an Nutzenerwartungen ausrichtet, ergibt sich aus ihrer Wertschöpfungsorientierung. Zumindest die Kernmitarbeiter des Unternehmens sind dabei in Richtung einer Virtualisierungstauglichkeit zu entwickeln (Abbildung 6.4), um sich in virtuellen Arbeitswelten zurechtzufinden.

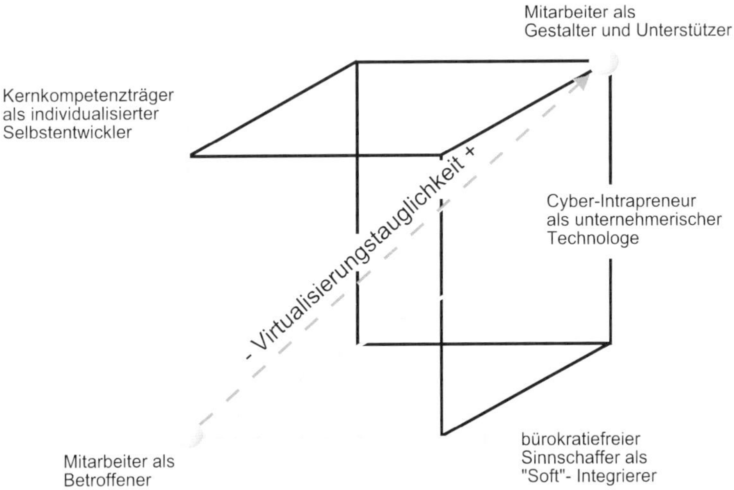

Abbildung 6.4: Personalentwicklung zur Virtualisierungstauglichkeit

6.2.5.3 Personalentwicklung durch virtuelle Organisation

Trotz zahlreicher Beispiele für den Medieneinsatz in der Personalentwicklung steht die Praxis der virtuellen Realisation von komplexen Lerninhalten wie beispielsweise Führungsverhalten noch sehr kritisch gegenüber. Immerhin bedeutet die Nutzung von Informations- und Kommunikationstechnologien heute weit mehr als die Überwindung von Raum und Zeit: Sie ermöglicht eine umfassende Form der Personalentwicklung mit neuen Formen des Lernens.

Durch den Prozeß des virtuellen Organisierens ergeben sich für die Personalentwicklung neue Möglichkeiten (**Virtualisierungsnutzen**). Beispiele hierfür sind unternehmens- und grenzübergreifende Aktivitäten wie die Durchführung von Netz-Planspielen, Diskussionsforen oder interaktiven, multifunktionalen Bildungsprogrammen. Diese interaktiven Medien der Personalentwicklung definieren komplexe Lernwelten mit neuartigen Entwicklungs-Szenarien.

Kern einer „Personalentwicklung durch virtuelles Organisieren" ist ein Entwicklungsprozeß, bei dem sich die Mitarbeiter selbst auf Kernkompetenzen ausrichten und dabei von Experten unterstützt werden.

Das virtuelle Personalentwicklungsystem des Unternehmens besteht aus den Mitarbeitern, die generelle und individuelle Qualifizierungbedarfe orten, sowie aus diversen Kernkompetenzträgern, die im Unternehmen verteilt sind und bei einem bestehenden Qualifizierungsbedarf aktiviert werden können. Hinzu kommen externe Experten, die für spezielle Entwicklungsmaßnahmen abgerufen werden können. Alle Beteiligten sorgen quer durch das Unternehmen für Spitzenqualität. So folgt dieses Personalentwicklungssystem drei **Postulaten**:

- In Abhängigkeit vom jeweiligen Entwicklungsziel übernimmt der dafür zuständige Kernkompetenzträger die Personalentwicklungsmaßnahme (*Professionalität*).
- Die Personalentwicklung verteilt sich aufgabenorientiert und gewährleistet durch eine entstehende Kooperationsvielfalt eine höhere strukturelle Flexibilität als in traditionellen Systeme *(Föderalität)*.
- Da auch Eigenentwicklungsprozesse der Mitarbeiter gefördert werden, kann hierdurch der Stellenwert und die Akzeptanz der Personalentwicklung im Unternehmen gesteigert werden (*Kundenorientierung*).

Eine auf diesen Postulaten basierende Personalentwicklung ist nicht gleichzusetzen mit einem Outsourcing oder einer Verlagerung von Teilfunktionen, vielmehr geht es hier um eine grundlegende Neugestaltung der Personalentwicklung. Im Ergebnis entsteht ein über das eigene Unternehmen hinausreichendes, medialisiertes Netz an Personalentwicklungskompetenzzentren (Kernkompetenzfokus), die unter Ausnutzung struktureller Flexibilität (Föderalität) zielgerichtete (Kundenorientierung) Personalentwicklung effektiver und effizienter gestalten können. In diesem Zusammenhang kommt es auch zu neuen Formen von Karrieren, die letztlich auf einer mitarbeiterinduzierten Individualisierung basieren.

6.2.5.4 Ergebnis: Träger der Personalentwicklung

Das Personalmanagement als Träger der Personalentwicklung in einem sich virtualisierenden Umfeld wird sich neu orientieren, um wettbewerbsrelevante Impulse für die Personalentwicklung zu geben. Eine gemeinsame Wertebasis ist für alle am Virtualisierungsprozeß Beteiligten eine unabdingbare Erfolgsvoraussetzung. Personalarbeit – egal durch wen praktiziert – wird in einer solchen Situation dysfunktional, wenn in jeder Flexibilisierungsmaßnahme ein Angriff auf die Arbeitszeitordnung und in jeder Veränderungsmaßnahme automatisch ein Verstoß gegen die Mitbestimmung gesehen wird. Statt einer Errichtung bürokratischer Strukturen ist vielmehr gefordert, gleichzeitig unternehmerische Varietät zu erhöhen und sinnstiftende Kulturarbeit zu leisten. Zudem kann das Personalmanagement eine Vorreiterfunktion als technologieaufgeschlossener Innovations-Promotor wahrnehmen, um die übrigen Akteure auf die zukünftige Bildungs- und Wettbewerbslandschaft vorzubereiten.

Im Virtualisierungsprozeß werden damit folgende **Rollen** definiert:

- Hinsichtlich der *Organisationsentwicklung* müssen Unternehmen sich im dreidimensionalen Virtualisierungsraum optimieren.
- Hinsichtlich der *Personalentwicklung* besteht die Aufgabe, Mitarbeiter auf diese neue Welt vorzubereiten und bereits die Virtualisierungsvorteile in der Personalentwicklung umzusetzen.
- Hinsichtlich der *Selbstentwicklung* der Mitarbeiter sollte auf die eigenen Kernkompetenzen fokussiert werden.

Hieraus ergeben sich dann entsprechende Anforderungen an die Führungskräfte in den Unternehmen (Übersicht 6.11).

Führungs-teilaufgabe	**Virtualisierungsdimension**		
	Kernkompetenz	**Integration**	**Technisierung**
Organisations-entwicklung	Kompetenz-management	Vertrauenskultur-management	Technologie-management
Personal-entwicklung	Vermittlung zwischen individuellen Kompetenzzielen und Unternehmenszielen	Vermittlung von Vision und Kultur	Vermittlung von Aufgeschlossenheit gegenüber Technologien und Anwendungskompetenz
Selbst-entwicklung	Schaffung einer Kompetenzlaufbahn	Netzwerkmanager	Cyber-Intrapreneur

Übersicht 6.11: Entwicklungsinhalte im Virtualisierungsprozeß

6.3 Taktische Ebene: Personalmarketing

6.3.1 Überblick

Als zu Beginn der 60er Jahre ein ernster Arbeitskräftemangel zu verzeichnen war, wurde der Marketingbegriff, der ursprünglich aus dem Absatz- und Vertriebsbereich stammt, mit der betrieblichen Personalarbeit in Verbindung gebracht und zur Verbesserung der Personalwerbung verwendet. Heute wird Personalmarketing umfassender als Einflußnahme auf den externen und internen Arbeitsmarkt gesehen.

Personalmarketing ist die bewußte und zielgerichtete Anwendung personalpolitischer Instrumente zur Akquisition von zukünftigen und Motivation von gegenwärtigen Mitarbeitern.

In Kapitel 1 wurde bereits auf die aktuellen Entwicklungen eingegangen, die das Umfeld des betrieblichen Personalmanagements skizzieren. Diese Situation führt zu drei **Herausforderungen**:

- Güter und Dienstleistungen werden zunehmend austauschbar, unverwechselbare Identitäten immer schwerer realisierbar. Dieses *Profilierungsproblem* (vgl. *Kroeber-Riel/Weinberg* 1996, 128-129) betrifft auch Unternehmen als Anbieter von Arbeitsplätzen: Da sich die materiellen Entgelt-Bestandteile angleichen, die objektiven Eigenschaften folglich kaum noch differenzierend wirken, müssen Unternehmen immaterielle Unterscheidbarkeitskriterien aufbauen, um ihren (potentiellen) Mitarbeitern emotionalen Zusatznutzen zu bieten.
- Überdies kommt das *Motivationsproblem* (vgl. *Opaschowski* 1995) zum Tragen. Die Erwartungshaltung von Mitarbeitern an das Unternehmen deckt sich nicht mehr mit der traditionellen Handhabung des „Produktionsfaktors Arbeit". Wenn Arbeitsentgelt und Arbeitszeit ihre Wirkung als alleinige Motivatoren verlieren, müssen andere Faktoren genutzt werden.
- Im Hinblick auf qualifizierte Mitarbeiter entsteht für viele Unternehmen ein erhebliches *Akquisitionsproblem* (vgl. *Simon et al.* 1995). Dies gilt für den Facharbeitermarkt genauso wie für den Führungskräftenachwuchs. Hier befindet sich das Unternehmen als Arbeitsplatzanbieter auf einem hart umkämpften Markt.

Durch den direkten Bezug aller Umfelddynamiken auf die Kerninhalte des Personalmarketings stellt sich die Ausgangslage einer handlungsbezogenen Analyse wie in Abbildung 6.5 skizziert dar.

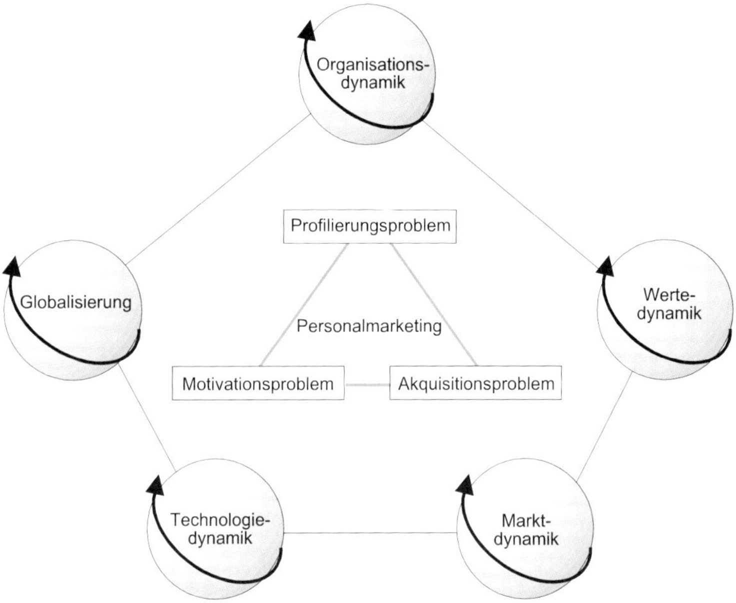

Abbildung 6.5: Personalmarketing als Herausforderung

Die Instrumente im Personalmarketing sind selten neu: Stellenanzeigen, Imagekampagnen, Hochschulkontakte oder Mechanismen zur internen Kommunikation gibt es seit langem. Sie werden aber durch die Grundphilosophie des Personalmarketings mit neuer Qualität belegt. So dienen Einstellungsinterviews häufig lediglich dazu, aus einer Gruppe von Bewerbern den geeignetsten herauszufiltern. Nicht selten wird dabei übersehen, daß Unternehmen sich damit unbewußt selbst präsentieren. Auch abgelehnte Bewerber sollten das Unternehmen mit einem positiven Gesamteindruck in Erinnerung behalten: Nicht nur weil sie später vielleicht einmal erneut als Mitarbeiter in Frage kommen, sondern auch, weil *jeder* Umgang mit einem Bewerber Einfluß auf das Image des Unternehmens am Arbeitsmarkt hat. Zudem könnten aus potentiellen Mitarbeitern Kunden werden (und umgekehrt).

6.3.2 Grundlagen

6.3.2.1 Die Philosophie

Bevor man sich auf eine simple Verbalanalogie zwischen Personalmarketing und Produktmarketing einläßt, bietet sich die Rückbesinnung auf die grundlegende „Marketingphilosophie" (vgl. *Kotler/Armstrong* 1997) an: Danach ist es ein Kennzeichen von Marketing, sich an den Bedürfnissen der aktuellen und potentiellen Nachfrager zu orientieren. Konsequenz ist die aktive Anpassung der unternehmenspolitischen Maßnahmen an diese Bedürfnisse, wobei es neben objektiven Attraktivitätsvorteilen vor allem um die subjektive Produktperzeption geht.

Das Personalmarketing greift diese Grundüberlegungen des Marketings auf (Übersicht 6.12) und verlangt eine Fokussierung auf relevante Zielgruppen hinsichtlich ihrer Bedürfnisse und Interessen. Auf der *Informationsseite* bedeutet dies Erfassung der Bedürfnisse von aktuellen und potentiellen Mitarbeitern. Auf der *Aktionsseite* ist die Erfüllbarkeit dieser Bedürfnisse zu signalisieren.

	Produktmarketing	**Personalmarketing**
Gegenstand	Produkt, teilweise auch produzierendes/lieferndes Unternehmen	Arbeitsplatz, speziell aber Arbeitsmöglichkeit in einem konkreten Unternehmen
Adressaten	Neukunden, Altkunden	zukünftige Mitarbeiter, gegenwärtige Mitarbeiter
Methoden	Absatz-Marktforschung, Image-Kampagne, Produktmarketing-Mix, After Sales Service	Arbeitsmarktforschung, Personalimageanzeigen, Personalmarketing-Mix, Mitarbeitergespräche
Aktionen	produktbezogene Positionierung, Marktstrategien	Positionierung auf dem Arbeitsmarkt, Personalimagestrategien

Übersicht 6.12: Exemplarischer Vergleich zwischen Produkt- und Personalmarketing

Die im Produktmarketing übliche Trennung zwischen Informationsseite und Aktionsseite läßt sich allerdings im Personalmarketing nur begrenzt einhalten: So erfüllen Mitarbeitergespräche zum einen informatorische Zwecke, zum anderen haben sie auf der Aktionsseite gestaltende und motivierende Wirkung.

Personalmarketing heißt konsequentes Umsetzen des Marketinggedankens im Personalbereich. Das Unternehmen inklusive Arbeitsplatz (Produkt) muß an gegenwärtige und zukünftige Mitarbeiter (Kunden) „verkauft" werden, wobei die Unternehmenskultur (Produkteigenschaft) eine entscheidende Rolle spielt.

Personalmarketing heißt jedoch nicht „Vermarktung" von Arbeitsplätzen – ein Irrtum, der einer fälschlichen Gleichsetzung von Marketing und Absatz gleichkommen würde. Es geht vielmehr um die grundsätzliche Denkhaltung der Orientierung an Bedürfnissen der Kunden.

Funktionen. Aus diesen Überlegungen lassen sich drei zentrale **Aufgabenbereiche** des Personalmarketings ableiten:

- Zunächst hat das Personalmarketing eine *Akquisitionsfunktion*. Externe Bewerber sollen sich für das Unternehmen und die angebotenen Arbeitsplätze interessieren. Über die reinen Entgelt- und Arbeitszeitregelungen hinausgehend kommt dabei das Unternehmensimage ins Spiel, das auch immaterielle und speziell emotionale Aspekte beinhaltet.
- Überdies gilt es, die Mitarbeiter im Unternehmen für ihr Unternehmen zu begeistern. Nur so können sie ihre Leistung erbringen, und nur so können sie auch überzeugend nach außen hin auftreten. Diese *Motivationsfunktion* wirkt langfristig besonders bei denjenigen Mitarbeitern, die sich mit dem Unternehmen identifizieren können.
- Schließlich werden Motivations- und Akquisitionsfunktion entscheidend durch die oben skizzierte Positionierung des Unternehmens mitbestimmt. Im Rahmen dieser *Profilierungsfunktion* sollen gegenwärtige und potentielle Mitarbeiter dann das Spezifische des Unternehmens erkennen.

Wegen der Verknüpfung dieser Funktionen sind die Instrumente des Personalmarketings aufeinander abzustimmen: Fragmentarische Einzelmaßnahmen wirken lediglich kurzfristig und sind von Konkurrenzunternehmen leicht kopierbar.

Wenn es dem Unternehmen gelingt, seine individuellen Kulturwerte nach außen zu transportieren und so ein der Unternehmenskultur entsprechendes Unternehmensimage zu entwickeln, ist die Gefahr der austauschbaren Position auf dem Arbeitsmarkt reduziert. Umgekehrt kann sich ein Unternehmen nur schwer über emotionale Botschaften profilieren, die zwar mit Hilfe von Werbemaßnahmen kommuniziert werden, aber langfristig keine Entsprechung in der Unternehmenskultur finden.

6.3.2.2 Die Ansätze

Für das Personalmarketing gibt es historisch gesehen vier Gruppen von Vorgehensweisen:

Ausgehend von der Anreiz-Beitrags-Theorie als Basis des spezifischen Personalmarketing-Ansatzes ist es der Grundgedanke von *Eckardstein* und *Schnellinger* (1975, 1596-1597), den Interessen und Erwartungen der Mitarbeiter weitgehend gerecht zu werden, damit sie dem Unternehmen auch weiterhin ihre volle Arbeitsleistung zur Verfügung stellen. Aus diesem Grundgedanken sollen sich dann entsprechende Gestaltungsvorschläge ableiten. Die Autoren vertreten somit einen **heuristischen** Personalmarketing-Ansatz, bei dem das zu Analogien anspornende Potential der Anreiz-Beitrags-Theorie als ein (wichtiger) Teilaspekt der Personalarbeit genutzt wird. Andere Autoren (vgl. z.B. *Dietmann* 1993) verstehen Personalmarketing ebenfalls als Konzept, mit dem sich die Mitarbeiter zum einen für ein Unternehmen rekrutieren lassen und mit dem sie zum anderen auch langfristig an das Unternehmen gebunden werden. Die Praxis steht diesem Ansatz sehr nahe, da hier im Sinne eines pragmatisch-externen Personalmarketings Personalwerbung und Personalbeschaffung gleichgesetzt werden. Der Vorteil dieses eher breiten Begriffsverständnisses von Personalmarketing als grundlegendes Denk- und Handlungskonzept liegt insbesondere in einer integrativen Perspektive und der expliziten Berücksichtigung von Mitarbeiterbedürfnissen.

Drumm (1995, 280) vertritt eine engere Auffassung von Personalmarketing. Er sieht darin ein **operatives Instrument** der Gewinnung von Arbeitskräften am externen Arbeitsmarkt. Der Vorteil dieses Ansatzes ist in einer hohen Präzision der Abgrenzung zu anderen personalwirtschaftlichen Aufgabenfeldern zu sehen.

Nach *Strutz* (1989, 14) muß sich nicht nur die Personalabteilung mit dem Personalmarketing auseinandersetzen, sondern alle Mitarbeiter, die Personalverantwortung haben oder das Unternehmen nach außen repräsentieren. Aufgaben des Personalmarketings sind hier

- Bewertung der Strukturen und Aktivitäten des Unternehmens unter dem Aspekt der Position auf dem internen und externen Personalmarkt,
- aktives und systematisches Positionieren des Unternehmens auf dem Arbeitsmarkt und
- Kontaktaufnahme, Auswahl und Förderung geeigneter Mitarbeiter.

Strutz propagiert damit ein **explizites** Personalmarketing.

Staffelbach (1986b, 127) beginnt seine Auseinandersetzung mit dem Thema „Personalmarketing" zunächst als Kritik:

- Der Begriff „Personalmarketing" ist demnach in zweifacher Hinsicht leicht mißzuverstehen, denn weder vermarktet das Unternehmen Personal, noch geht es um ein Social Marketing.
- Durch die Betonung von Austauschprozessen zwischen externem Arbeitsmarkt und Unternehmen wurde Personalmarketing in der Literatur der 70er Jahre zu einer bestimmten Methodologie im Rahmen der Personalbeschaffung degeneriert.
- Viele Errungenschaften, die mit Personalmarketing in Verbindung gebracht werden, sind nicht neu.
- Die Hinwendung zum Menschen ist unabhängig von der Entwicklung des Personalmarketings zu sehen.

Er kommt dann zu der Auffassung, nach der Personalmarketing weder als eigenständige Methodologie noch als eigener Gegenstand einer selbständigen wissenschaftlichen Disziplin betrachtet werden kann. Da er trotzdem die handlungsbezogenen Konsequenzen des Personalmarketings bejaht, gehört *Staffelbach* zu den Vertretern eines **impliziten** Personalmarketings.

Das im folgenden vorgestellte LAMBDA-Modell zählt zu den expliziten Ansätzen. Seine Besonderheiten sind die Verzahnung der Personalmarketing-Sicht mit der Organisationsentwicklung sowie der konkrete strategische Bezug der Aktivitäten.

6.3.2.3 Das LAMBDA-Modell

Erfolgversprechendes Personalmarketing setzt eine substantielle Auseinandersetzung mit Unternehmenskultur, Erscheinungsbild und Unternehmensimage sowie mit ihrer gegenseitigen Abstimmung voraus. Ein Hilfsmittel dazu ist das LAMBDA-Modell (vgl. *Scholz* 1989b; 1992). Dieses in seiner grafischen Form dem griechischen Buchstaben Lambda entsprechende Analysemodell basiert auf einer strikten Differenzierung zwischen der primär intern ausgerichteten Unternehmenskultur und dem extern ausgerichteten Unternehmensimage; hinzu kommt die Trennung von sichtbarer und unsichtbarer Ebene (Abbildung 6.6).

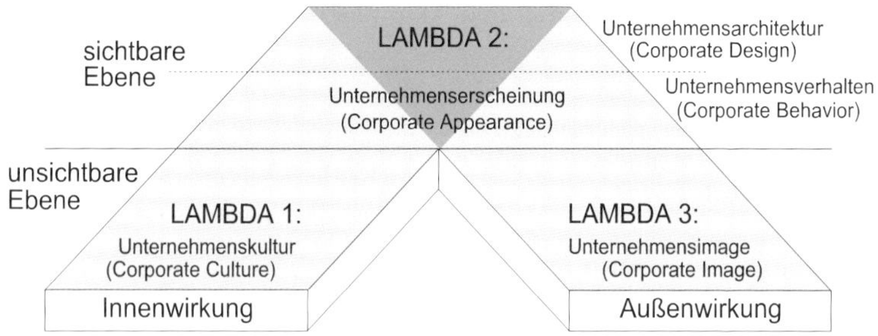

Abbildung 6.6: Das LAMBDA-Modell

Im einzelnen besteht das LAMBDA-Modell aus **drei Hauptbereichen**:

- LAMBDA 1 ist der unsichtbare unternehmensinterne Bereich mit der Unternehmenskultur (*Corporate Culture*). In ihrem unsichtbaren Kulturkern entwickeln Betriebe im Laufe der Zeit ihre eigene Persönlichkeit. Hier unterscheiden sie sich oft deutlich von Konkurrenten, beispielsweise hinsichtlich ihrer Innovationsbereitschaft oder ihrer Kundenorientierung.
- LAMBDA 2 ist der sichtbare Bereich des Unternehmens. Dieses Erscheinungsbild (*Corporate Appearance*) umfaßt alle markanten Objekte und Verhaltensweisen, mit denen sich das Unternehmen nach innen und/oder nach außen präsentiert.

- LAMBDA 3 ist der unsichtbare externe Bereich. Außenstehende nehmen Kultur, Leistung und Erfolg des Unternehmens subjektiv wahr. Das hieraus entstehende Unternehmensimage (*Corporate Image*) ist das Bild, das sich Unternehmensexterne von der Unternehmenskultur machen. Diese Kulturperzeption muß jedoch nicht der tatsächlichen Unternehmenskultur entsprechen.

Für die Vermittlung von Unternehmenskultur (LAMBDA 1) nach innen und nach außen ist die sichtbare Ebene das entscheidende Medium. Aus diesem Grund sind auch die verschiedenen Facetten von LAMBDA 2 wichtig, da hier jeweils dezidiert andere Maßnahmen ansetzen:

- Unternehmensverhalten (*Corporate Behavior*) ist die Menge aller Verhaltensweisen, mit denen sich Führungskräfte und Mitarbeiter des Unternehmens nach innen und außen präsentieren.
- Unternehmensarchitektur (*Corporate Design*) ist die Menge aller physikalischen Objekte, mit denen sich ein Unternehmen nach innen und außen präsentiert.

Hinter Corporate Design und Corporate Behavior stecken gleichermaßen die gestalterischen Maßnahmen (Design oder Behavior als Prozeß) wie auch die daraus resultierenden Endprodukte (Design oder Behavior als Ergebnis).

LAMBDA 2 als Unternehmenserscheinung besteht somit aus Corporate Design und Corporate Behavior. Erst beide Komponenten gemeinsam bieten die Möglichkeit zur Entwicklung einer Unternehmensidentität. Während LAMBDA 2 grundsätzlich *alle* sichtbaren Objekte und Verhaltensweisen umfaßt, ergibt sich die Unternehmensidentität (*Corporate Identity*) lediglich als ein in sich *stimmiger* Teil daraus. Unternehmensidentität ist die Summe aller konsistenten Objekte und Verhaltensweisen, mit denen sich das Unternehmen nach innen und außen präsentiert, und die sich zugleich auch in Unternehmenskultur und Unternehmensimage wiederfinden. Corporate Identity ist somit der Teil des Erscheinungsbildes, der – stimmig mit der Unternehmenskultur und in sich konsistent – Mitarbeitern und Externen ein Gefühl für die Identität („Persönlichkeit“) des Unternehmens vermittelt.

Während Unternehmenskultur im Extremfall heterogen, neurotisch und chaotisch sein kann, ergibt sich die **Corporate Identity** aus solchen Komponenten, die zusammenpassen und deshalb eine Identität vermitteln können. Diese Unternehmensidentität ist somit der klare und einprägsame Teil der sichtbaren Ebene. Dieser Teil ist in Abbildung 6.7 durch ein weißes Viereck gekennzeichnet:

- Ist dieser Bereich im LAMBDA eines Unternehmens nicht vorhanden, so sind Maßnahmen zu ergreifen, die ihn entstehen lassen, und es ist das Erscheinungsbild so zu ändern, daß es mit der Unternehmenskultur stimmig ist und in sich konsistente Komponenten enthält.

- Sind solche Komponenten schon vorhanden, aber noch unterentwickelt, muß versucht werden, den Anteil der Komponenten zu erhöhen.

Grafisch betrachtet bedeutet dies, den Flächeninhalt des Vierecks zu vergrößern. Dies ist (bei Unternehmen ohne krasse Subkulturen) soweit möglich, bis die Unternehmenserscheinung der Unternehmenskultur und der Unternehmensidentität entspricht. In diesem Fall umschließt das Viereck das gesamte LAMBDA 2.

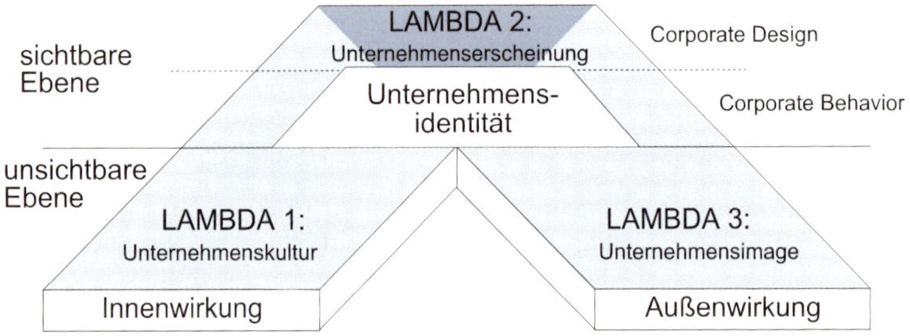

Abbildung 6.7: Corporate Identity im LAMBDA-Modell

Die **Wirkungskette** zwischen Unternehmenskultur, -identität und -image läßt sich somit schließen: Ursprung sind die Werte und Grundannahmen der Unternehmenskultur, da sie sich langfristig und eigendynamisch ausbilden. Das Unternehmensimage entspricht der Wahrnehmung der Unternehmenskultur durch Externe, beschreibt also die Charakteristika des Unternehmens in den Augen Außenstehender. Das Bindeglied ist die Corporate Identity, die im konsistenten Überschneidungsbereich von Innen- und Außenwirkung auf der sichtbaren Ebene liegt und ein Bild der Unternehmenskultur nach außen trägt.

Dieses LAMBDA-Modell soll nachfolgend als konzeptioneller Rahmen dazu dienen, die verschiedenen Teilaspekte eines Personalmarketings in ein operables und den zuvor beschriebenen Anforderungen gerecht werdendes Ablaufmodell zu integrieren.

6.3.3 Ablauf

Der Ablauf eines erfolgreichen Personalmarketings läßt sich in sechs Schritten von der Situationsanalyse bis zur Erfolgskontrolle realisieren.

6.3.3.1 Analysieren der Situation

Personalmarketing hat zu unterscheiden zwischen der vordergründig auslösenden Schwierigkeit, beispielsweise der Knappheit in einer bestimmten Beschäftigungsgruppe, und dem tatsächlich zugrundeliegenden Problem, beispielsweise eines ungünstigen Unternehmensimages. Um das auslösende Problem hinreichend zu konkretisieren, ist eine umfangreiche **Ist-Analyse** erforderlich (Abbildung 6.8):

- In LAMBDA 1 sind Informationen über die *unternehmenskulturelle Basis* des Unternehmens zu ermitteln. Hilfsmittel hierfür sind Mitarbeiterbefragungen, Führungskraftbeurteilungen, Klimastudien oder Unternehmenskulturanalysen.
- In LAMBDA 2 erfolgt eine *Evaluierung* der sichtbaren Objekte und Verhaltensweisen.
- In LAMBDA 3 sind Informationen über das *Bild des Unternehmens*, speziell auf dem Arbeitsmarkt, zu gewinnen. Hilfsmittel hierfür sind Fragebogen, Interviews und Gruppendiskussionen.

Allen drei LAMBDA-Bereichen gemeinsam ist die Gefahr der Selbsttäuschung. Sicherlich zu Recht sind viele Führungskräfte tatsächlich von ihrem Unternehmen überzeugt. Dies bedeutet aber nicht, daß diese Begeisterung auch von allen Mitarbeitern im Unternehmen geteilt wird (LAMBDA 1). Auch wollen sich Unternehmen innovativ, modern und kundenorientiert darstellen. Offen bleibt aber, ob sie die richtigen Mittel wählen (LAMBDA 2) und tatsächlich von außen so gesehen werden (LAMBDA 3).

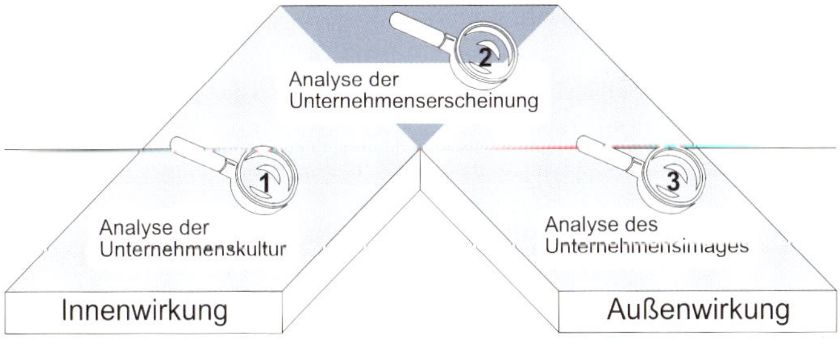

Abbildung 6.8: Ansatzpunkte für eine LAMBDA-Analyse

Als Konsequenz ergibt sich daher die unumstößliche Notwendigkeit, umfassende Informationen über die Profile in den drei LAMBDA-Bereichen zu sammeln.

6.3.3.2 Konkretisieren des Problems

In direkter Analogie zum Produktmarketing (vgl. *Kotler/Bliemel* 1995, 18-19) führen die unterschiedlichen Nachfragekonstellationen auf dem Arbeitsmarkt zu unterschiedlichen **Marketingaufgaben**:

- *Anreizmarketing* wird erforderlich, wenn die Nachfrage fehlt. Deshalb muß der Bedarf (Arbeitsplatzwunsch) geweckt und dem Arbeitsmarkt kommuniziert werden, daß das Produkt (Unternehmen/Arbeitsplatz) diesen Bedarf auch befriedigen kann.
- *Entwicklungsmarketing* ist im Falle einer latenten Nachfrage angebracht. Hier ist ein grundsätzliches Interesse zwar vorhanden, jedoch nicht in dem für das Unternehmen wünschenswerten Maße.
- Eine stockende Nachfrage erfordert hingegen ein *Revitalisierungsmarketing*. Dies bedeutet Anpassung der unternehmensseitigen Anreize an veränderte Bedürfnisse der (potentiellen) Mitarbeiter, oder aber das Unternehmen muß sich erneut in deren Bewußtsein bringen.
- *Erhaltungsmarketing* ist im Falle einer optimalen Nachfrage nötig, um die für das Unternehmen günstige Angebots-/Nachfragesituation zu stabilisieren.
- Eine übersteigerte Nachfrage schließlich erfordert Maßnahmen des *Reduktionsmarketings*, was beispielsweise eine bewußte Eingrenzung der Zielgruppe beinhaltet.

Diese Konstellationen liefern – über eine reine Verbalanalogie hinausgehend – klar unterscheidbare Ansatzpunkte für ein Personalmarketing, die sich gleichermaßen auf Motivation (Innenwirkung) und Akquisition (Außenwirkung) beziehen.

6.3.3.3 Formulierung der Strategie

Im Anschluß an die Situationsanalyse sowie die Problemkonkretisierung folgt die Formulierung der Personalmarketingstrategie. Hierbei ist zwischen drei Gruppen von Strategien zu wählen:

Intensivstrategien eignen sich insbesondere für Entwicklungs-, Erhaltungs- und Revitalisierungsaufgaben. Sie basieren auf der bekannten Produkt/Markt-Matrix (vgl. z.B. *Ansoff* 1965), die einen erhöhten Absatz der gegenwärtigen Produkte auf den gegenwärtigen Märkten, eine Expansion mit den gegenwärtigen Produkten auf neue Märkte oder den Absatz verbesserter Produkte auf den gegenwärtigen Märkten postuliert. Für das Personalmarketing führt dies zu drei Intensivstrategien:

- Bei der *Pushstrategie* spricht das Unternehmen die bewährten Zielgruppen auf bewährten Arbeitsmärkten an, beispielsweise Hochschulabsolventen bestimmter Fächerkombinationen, Facharbeiter in bestimmten Regionen und Sachbearbeiter bestimmter Qualifikationen. Allerdings werden die Marketinganstrengungen intensiviert: Das Unternehmen versucht sein bereits bestehendes Image erfolgreicher zu transportieren, ohne es jedoch zu verändern.
- Auch bei der *Relaunchstrategie* konzentriert sich das Unternehmen auf die gewohnten Zielgruppen. Allerdings tritt es ihnen mit diffe-

renzierteren Anreizsystemen gegenüber, indem es seine Produkte verbessert. Es betont beispielsweise den emotionalen Zusatznutzen des Arbeitsklimas oder die intensive Teamorientierung. Im Gegensatz zur Pushstrategie als reiner Werbestrategie sind hier Anpassungen des Produktes durchaus angestrebt, nicht jedoch grundlegende Neuentwicklungen.

- Bei der *Zielgruppenstrategie* werden die vorhandenen Produkte des Unternehmens in Form monetärer und nichtmonetärer Anreize neuen Zielgruppen kommuniziert, indem entweder eine regionale Expansion stattfindet oder neue Zielgruppensegmente erschlossen werden. Beispiele dafür sind Interessenten aus Anrainerstaaten in grenznahen Bezirken sowie Arbeitnehmer anderer Regionen.

Integrativstrategien verändern das Arbeitsplatzangebot, indem das Unternehmen – in „Produktmarketing-Termini" ausgedrückt – Rohprodukte selbst weiterverarbeitet oder konsumfertige Endprodukte übernimmt. Diese Strategien sind im Entwicklungs- und im Reduktionsmarketing anwendbar:

- Bei der *Expansionsstrategie* dehnt das Unternehmen seine Bemühungen auf qualifikationsniedrigere Zielgruppen aus. Es spricht statt Universitätsabsolventen auch Fachhochschüler oder statt Auszubildenden auch ungelernte Arbeitskräfte an. Zudem nehmen die Beförderungen aus den eigenen Reihen zu. Beide Varianten erfordern Maßnahmen im Bereich der Personalentwicklung, vor allem für die neuen Mitarbeiter.
- Bei der *Akquisitionsstrategie* beschafft sich das Unternehmen konsequent angemessen qualifizierte Mitarbeiter vom Arbeitsmarkt, die keiner Entwicklungsarbeit mehr bedürfen. Hier geht es also nicht mehr um Personalentwicklung, sondern ausschließlich um Personalsuche und Personalselektion.

Diversifikationsstrategien stellen auf Innovationen im Bereich der Produktpalette ab. Diese Strategien sind primär für Anreiz- und Entwicklungsaufgaben geeignet. Auf das Personalmarketing übertragen, ergeben sich zwei Möglichkeiten:

- Die *Anreiz-Innovationsstrategie* fokussiert auf für das Unternehmen gänzlich neue Anreizsysteme. Die denkbare Palette reicht von Betriebskindergärten und betriebseigenen Lernhilfen für schwächere Schüler bis zu flexiblen Modellen der Jahres- und Lebensarbeitszeit.
- Die *Personal-Innovationsstrategie* spricht potentielle Mitarbeiter an, die mit dem Unternehmen bisher überhaupt noch nicht in Berührung kamen. Dies betrifft beispielsweise Fachleute aus Ostblock-Staaten oder Leasing-Personal.

Übersicht 6.13 faßt den Zusammenhang zwischen den Personalmarketingaufgaben und den Personalmarketingstrategien zusammen.

Personalmarketingaufgaben	Personalmarketingstrategien
Anreizmarketing	Diversifikationsstrategien
Entwicklungsmarketing	Intensivstrategien Integrativstrategien Diversifikationsstrategien
Revitalisierungsmarketing	Intensivstrategien
Erhaltungsmarketing	Intensivstrategien
Reduktionsmarketing	Integrativstrategien

Übersicht 6.13: Personalmarketingaufgaben und -strategien

Die Wahl zwischen diesen Strategieformen oder ihre fallweise Kombination leitet dann über zur Positionierungsentscheidung.

6.3.3.4 Positionieren des Produktes

Anhaltspunkte zur Positionierung ergeben sich aus dem Postulat, das Angebot in den Augen der Zielgruppen attraktiv zu gestalten und vor allem gegenüber konkurrierenden Angeboten abzugrenzen. Grundsätzlich lassen sich drei **Positionierungskonzepte** unterscheiden (vgl. *Kroeber-Riel* 1993, 56-82) und auf das Personalmarketing übertragen:

(1) *Positionierung durch Information* bedeutet Betonung der objektiven Eigenschaften des Produktes, also des Unternehmens beziehungsweise des Arbeitsplatzes. Um bei dem üblicherweise austauschbaren Arbeitsplatzangebot ein eindeutiges Profil auf dem Arbeitsmarkt zu erhalten, müssen markante Produktinformationen in den Vordergrund rücken. Beispiele hierzu wären Arbeitsplatzgarantien für werdende Eltern oder die Möglichkeit zur Halbtagsarbeit plus Promotion für Hochschulabsolventen. Nur neuartige und unterscheidbare Merkmale hinterlassen bei den potentiellen Mitarbeitern einen bleibenden positiven Eindruck. Bloße Hinweise auf „Entwicklungsmöglichkeiten" oder „Karriereplanung" eignen sich nicht zur Profilierung.

(2) *Positionierung durch Emotion* will einen emotionalen Nutzen vermitteln, beispielsweise Umweltfreundlichkeit, Sozialkompetenz, Prestige oder Leistungsorientierung. Positionierung durch Emotion ist besonders dann zielführend, wenn die objektiven Produkteigenschaften so austauschbar sind, daß der (potentielle) Mitarbeiter an derartigen Informationen kein Interesse mehr hat. Sie ist darüber hinaus sinnvoll, wenn das Unternehmen die nach außen gerichtete Botschaft auf „Soft Facts" fokussiert. Beispiele hierfür wären Familiensinn und Teamorientierung, die einige (kleinere) Unternehmen erfolgreich kommunizieren.

(3) *Positionierung durch Emotion und Information* will objektive Fakten über das Unternehmen beziehungsweise die Arbeitsplätze gemein-

sam mit emotionalen Aspekten präsentieren. Da dieser Weg inzwischen von vielen Unternehmen beschritten wird, entsteht die Gefahr der Austauschbarkeit des Firmenauftretens.

Alle drei Alternativen bieten Spielräume für Innovation und Kreativität.

6.3.3.5 Instrumentalisieren der Objekte

Personalmarketing kann auf eine Fülle von Instrumenten zurückgreifen (Abbildung 6.9). Den Anfang machen dabei in der Regel **Kontakte zum Arbeitsmarkt und zu Ausbildungsinstitutionen**. Hier sind neben der Betreuung von Diplomarbeiten, Exkursionsangeboten, Praktika und Hochschulbesuchen auch diverse Kooperationsprojekte wichtig.

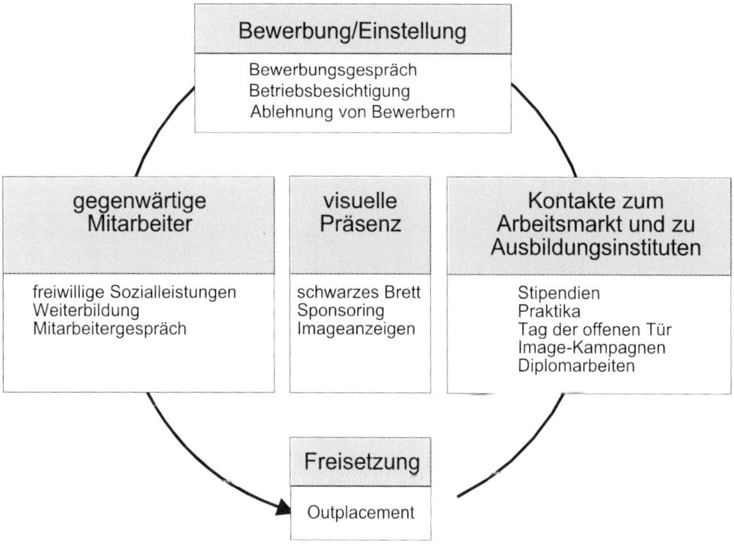

Abbildung 6.9: Exemplarische Instrumente im Personalmarketing

Personalmarketing umfaßt weiterhin den gesamten Bereich der **Bewerbung und Einstellung**. Dies beginnt bereits mit (internen) Stellenausschreibungen beziehungsweise Stellenanzeigen als Visitenkarte des Unternehmens. Beim Umgang mit dem Bewerber und vor allem beim Bewerbungsgespräch erkennt man dann den Unterschied zwischen Personalverwaltung und Personalmarketing schnell: Im erstgenannten Fall wird vorwiegend auf einen Abgleich von Fähigkeitsprofil und Anforderungsprofil abgestellt. Personalmarketing dagegen will den Bewerber generell für das Unternehmen begeistern, um ihn selbst bei einer Ablehnung mit einem positiven Gefühl wieder zu verabschieden.

Empirischer Befund (GPP): Verwendung ausgewählter Einführungsmaßnahmen für neue Mitarbeiter vor Aufnahme ihrer Tätigkeit (in Prozent, Mehrfachnennungen)

Bereits in der Phase vor Aufnahme einer Tätigkeit werden neue Mitarbeiter in das Unternehmen eingeführt. Vor allem allgemeines Informationsmaterial kommt hier zum Einsatz, häufig ergänzt durch eine Einführungsbroschüre. In Spanien werden die neuen Mitarbeiter bereits in einem Einführungsseminar integriert, in den USA beginnt die Einbindung auch über informelle Aktivitäten.

	D	Ö	USA	F	Sp	Rest	Σ
Einführungsseminar	9	6	29	10	52	14	19
Einführungsbroschüre	45	35	43	35	21	28	33
Mentoren	9	8	-	5	26	10	12
Checkliste für Führungskräfte	30	10	17	5	2	38	19
Workshop für Führungskräfte	6	4	17	5	2	17	7
Allgemeines Informationsmaterial	64	41	83	21	62	40	50
Schwarzes Brett/Firmenzeitschrift	36	14	33	47	21	17	25
Informelle Aktivitäten	23	4	33	5	17	12	14

Aber auch **gegenwärtige** Mitarbeiter sind wichtige Adressaten für das Personalmarketing. Freiwillige Sozialleistungen, Incentives in Form attraktiver Reisen, Weiterbildungsaktivitäten und Mitarbeitergespräche sind typische Beispiele. Letztere haben in Analogie zum Produktmarketing die Funktion des „After Sales Service".

Schließlich ist auch die **Trennung** von Mitarbeitern Teil des Personalmarketings. Die Frage, wie man mit denjenigen umgeht, die man wieder in den Arbeitsmarkt entläßt, wirkt auf das Image des Unternehmens auf dem Arbeitsmarkt. Relevant sind in diesem Zusammenhang alle Instrumente des „Outplacement", das scheidenden Führungskräften Chancen und Möglichkeiten im eigenen und in anderen Unternehmen aufzeigt (vgl. z.B. *Stoebe* 1990; *Schwan/Seipel* 1994, 267-277).

Zum Personalmarketing gehört auch die **visuelle Präsenz**: „Schwarzes Brett", Firmenbroschüren, Sponsoring, Informationsveranstaltungen, Messeveranstaltungen und Personalimageanzeigen illustrieren exemplarisch die breite Palette der zur Verfügung stehenden Instrumente.

Der adäquate Einsatz von Personalmarketinginstrumenten wirkt kulturvermittelnd. Gerade die Auswahl von Kriterien zur Rekrutierung, Selektion und Beförderung von Mitarbeitern ist eine Maßnahme, um kulturelle Werte weiterzugeben und zu vertiefen: Zum einen wird dafür Sorge getragen, daß nur diejenigen Personen in das Unternehmen eintreten, die zu der jeweiligen Unternehmenskultur auch passen, beziehungsweise

Empirischer Befund (GPP): Verwendung ausgewählter Einführungsmaßnahmen für neue Mitarbeiter am ersten Arbeitstag (in Prozent, Mehrfachnennungen)

Am ersten Arbeitstag bekommen neue Mitarbeiter Informationsmaterial; zudem treten Mentoren auf den Plan. Durch den Zugang der Mitarbeiter in das Unternehmen gewinnen Schwarze Bretter und Firmenzeitschriften gegenüber der Zeit vor Aufnahme der Tätigkeit an Relevanz.

	D	Ö	USA	F	Sp	Rest	Σ
Einführungsseminar	26	33	67	40	24	32	31
Einführungsbroschüre	45	2	56	43	21	40	30
Mentoren	45	59	56	35	55	32	47
Checkliste für Führungskräfte	17	37	11	15	5	41	24
Workshop für Führungskräfte	4	20	-	5	2	27	12
Allgemeines Informationsmaterial	55	10	67	50	50	73	47
Schwarzes Brett/Firmenzeitschrift	45	49	44	30	24	43	40
Informelle Aktivitäten	47	6	78	32	29	20	28

Empirischer Befund (GPP): Verwendung ausgewählter Einführungsmaßnehmen für neue Mitarbeiter in der Einarbeitungsphase (in Prozent, Mehrfachnennungen)

Sind neue Mitarbeiter in den Arbeitsprozeß eingetreten, werden sie dennoch nicht alleingelassen: Neben Mentoren und Follow-up-Seminaren werden verstärkt informelle Aktivitäten genutzt. In den USA werden auch die Führungskräfte in bezug auf Follow-up-Maßnahmen aktiv sensibilisiert.

	D	Ö	USA	F	Sp	Rest	Σ
Follow-up-Seminar	52	24	63	56	33	43	41
Vertiefungsbroschüre	2	57	13	17	5	14	20
Mentoren	52	-	75	44	57	48	53
Checkliste für Führungskräfte	21	-	14	-	19	39	23
Workshop für Führungskräfte	8	-	29	6	12	9	10
Allgemeines Informationsmaterial	25	-	29	28	40	27	30
Schwarzes Brett/Firmenzeitschrift	21	-	57	-	19	40	25
Informelle Aktivitäten	46	-	86	44	21	53	43

daß kulturtragende Mitarbeiter dem Unternehmen erhalten bleiben; zum anderen haben Art und Einsatzform dieser Instrumente – beispielsweise im Ablauf des Einstellungsinterviews – bereits symbolhaften und kulturvermittelnden Charakter.

6.3.3.6 Kontrollieren von Maßnahmen und Erfolg

Den Abschluß der Personalmarketingaktivitäten bildet die Kontrolle des Personalmarketings. Hier prüft das **Personalmarketing-Audit**, ob die Veränderungen in LAMBDA 2 zu den erwünschten Wirkungen in LAMBDA 1 und LAMBDA 3 geführt haben.

Ein solches Audit ist erforderlich, da sich beim Personalmarketing das Zurechenbarkeitsproblem in gleicher Weise stellt wie beim Produktmarketing. Ebensowenig, wie eine erhöhte Kaufrate (nur) einer bestimmten Werbekampagne zuzurechnen ist, kann eine erhöhte „Bewerberrate" (nur) auf den Einsatz neuartiger Personalmarketinginstrumente zurückgeführt werden. Diesen Ursachenverbund kann ein Personalmarketing-Audit durchleuchten, wenn es außer der sichtbaren Ebene LAMBDA 2 auch LAMBDA 1 und LAMBDA 3 analysiert, also feststellt,

- ob und in welchem Umfang das Ist-Image dem Soll-Image nähergebracht wurde,
- ob und in welchem Umfang die tatsächlichen Kulturwerte den Sollkulturwerten entsprechen,
- ob und inwieweit die zwei Bereiche zueinander stimmig sind sowie
- in welchem Ausmaß die Personalmarketinginstrumente der sichtbaren Ebene diese Veränderungen bewirkt haben.

Im Rahmen einer solchen Analyse ist eine Image-Veränderung beziehungsweise eine Kulturänderung (Ziel) den auslösenden Personalmarketingmaßnahmen (Mittel) zurechenbar.

6.3.4 Einzeltechniken

Erfolgreiches Personalmanagement braucht Basisdaten. Zu diesem Zweck sind in den drei LAMBDA-Bereichen jeweils spezifische Instrumente erforderlich (Abbildung 6.10). Bei diesen Techniken läßt sich nur schwer zwischen expliziten **Analysetechniken** und **Gestaltungstechniken** trennen: So ist die Mitarbeiterbefragung zwar zunächst formal eine reine Analysetechnik. Schon in ihrer Durchführung läuft sie allerdings auf einen Eingriff in das Unternehmen hinaus. Es liegt also keine „Messung" im physikalischen Sinne vor. Nimmt man die Bestimmung des Luftdrucks durch ein Barometer, so verändert das Ablesen des Luftdrucks auf der Barometerskala den tatsächlichen Luftdruck nicht. Anders bei der Mitarbeiterbefragung: Der Einsatz eines solchen Instrumentes wirkt bereits als teilweise massiver Eingriff in die Organisation. Gerade wegen der unglücklichen Analogie zu physikalischen Meßverfahren kommt es daher in der Praxis zu erheblichen Problemen. Dies darf natürlich nicht dazu führen, diese Techniken generell zu vermeiden.

Der Ausweg besteht in ihrer professionellen Anwendung, welche verhaltenspsychologische und meßtheoretisch-analytische Aspekte berücksichtigt.

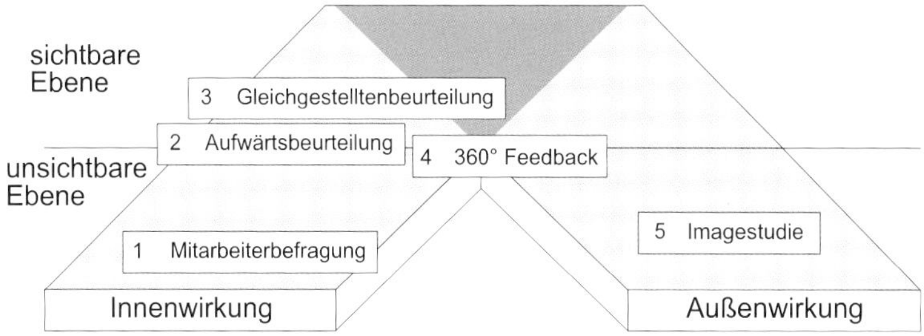

Abbildung 6.10: Personalmarketing-Einzeltechniken im LAMBDA-Modell

6.3.4.1 *Mitarbeiterbefragung*

Unter einer Mitarbeiterbefragung versteht man ein Verfahren der Unternehmensanalyse, mit dem Ansichten, Einstellungen und Wünsche von Mitarbeitern im Unternehmen erhoben werden.

Mitarbeiterbefragungen (vgl. *Domsch/Schneble* 1991; *Borg* 1995; *Scholz/Scholz* 1995) gehen über simple Meinungsumfragen hinaus und beschreiben einen systematischen Prozeß zur Organisations- und Personalentwicklung. Analog zur Marktforschung will man den Mitarbeiter als Kunden besser verstehen. Zwangsläufig ist es für die Unternehmensspitze schwierig, ehrliche und ungefilterte Informationen über die Ansichten der Mitarbeiter zu erlangen. Gerade in Umbruch- und Krisenphasen dringen Mitarbeiter nur selten mit ihren Ansichten und kreativen Vorschlägen im Rahmen eines Bottom-up-Prozesses nach oben durch.

Ziele. Im Hinblick auf die **allgemeinen Zielsetzungen** von Mitarbeiterbefragungen lassen sich zwei Gruppen von Zielen unterscheiden (vgl. z.B. *Domsch/Schneble* 1992, 1376-1377):

- Zunächst sind Mitarbeiterbefragungen generell *Analyse- und Diagnoseinstrumente*, die Ausgangspunkt für eine mögliche organisatorische Gestaltung sind. Mitarbeiterbefragungen zeigen den Grad der Arbeitszufriedenheit der Mitarbeiter und das vorherrschende Arbeitsklima an. Sie sind zudem in der Lage, Schwachstellen in der Organisation zu lokalisieren. Derartige Schwachstellen können im Bereich der Führung angesiedelt sein, vor allem aber auch im Bereich der (internen) Kommunikation sowie der Arbeitsplatz- und Aufgabengestaltung. Weiterhin lassen sich Mitarbeiterbefragungen als Kontroll- und Benchmarkinginstrument einsetzen.

- Mitarbeiterbefragungen stellen andererseits jedoch selbst bereits einen *gestalterischen Eingriff* in das Unternehmen dar, was zu verschiedenen Folgewirkungen führt. So sind Mitarbeiterbefragungen ein wichtiges Instrument zur Verbesserung der Partizipation der Mitarbeiter. Zudem können Mitarbeiterbefragungen bei sinnvoller Durchführung die soziale Distanz zwischen der Unternehmensleitung und den Mitarbeitern verringern und zur Verbesserung der Kommunikation innerhalb des Unternehmens sowie zur Erhöhung der Arbeitszufriedenheit beitragen.

Neben diesen allgemeinen Zielen der Mitarbeiterbefragung gibt es **anlaßspezifische Auslöser**: Dies sind vor allem geplante Neugestaltungen auf einem der Aufgabenfelder oder auf einer der Managementebenen. Eine Mitarbeiterbefragung kann auch gezielt Schwachpunkte im Bereich des Personalmarketings aufdecken. Ein Beispiel dafür ist die Analyse der Situation neuer Mitarbeiter im Betrieb, einschließlich des Ablaufes der Personalbeschaffung aus Sicht dieser Neueingestellten.

Auch wenn der Auslöser einer Mitarbeiterbefragung aus einem spezifischen Teilaspekt resultiert, bietet es sich doch generell an, die gesamte Situation des Unternehmens zu analysieren: Dies macht für den Erhebungs- und Auswertungsaufwand meist keinen großen Unterschied. Auch hängen Einzelmaßnahmen immer vom Gesamtkontext ab. Aus diesem Grund umfassen Mitarbeiterbefragungen im Regelfall alle die in Übersicht 6.14 wiedergegebenen Themenbereiche.

Empirische Bestandsaufnahme. Seit Beginn der 90er Jahre ist ein nachhaltiger Trend zur Durchführung von Mitarbeiterbefragungen festzu-

1.	Unternehmensimage	z.B. Perzeption vom Ruf des Unternehmens in der Öffentlichkeit, Betriebsklima, Verbundenheit mit dem Unternehmen
2.	die Führungskraft	z.B. gewünschtes und tatsächliches Führungsverhalten, Hilfestellung bei Problemen
3.	Motivation	z.B. gewünschte und tatsächliche Ausprägung von Motivationen und Frustrationen bei der Arbeit, Arbeitsplatzgestaltung
4.	Information	z.B. Informationsstand, Informationsbedürfnisse, Informationswege
5.	Personalentwicklung	z.B. Aufstiegs- und Bildungsmöglichkeiten
6.	Entlohnung i.w.S.	z.B. Akzeptanz
7.	Statistik	z.B. Alter, Betriebszugehörigkeit, Geschlecht, Hierarchiestufe

Übersicht 6.14: Themenbereiche von Mitarbeiterbefragungen

stellen. Eine 1996 durchgeführte Umfrage bei 71 der umsatzgrößten deutschen Unternehmen zeigte, daß etwa die Hälfte der befragten Unternehmen Mitarbeiterbefragungen durchführen (*Bungard/Fettel/Jöns* 1997, 247-259); als Hauptgrund für einen Verzicht auf Mitarbeiterbefragungen nannten die Befragten die mangelnde Aussagekraft der Ergebnisse, gefolgt von dem Größenargument („dafür sind wir zu groß beziehungsweise zu klein“). Weitere Ergebnisse zeigt Übersicht 6.15.

Durchführung	– ausschließlich externe Experten – ausschließlich interne Mitarbeiter – Kombination	11,4% 40,0% 37,1%
Veröffentlichung der Ergebnisse	– Präsentationsveranstaltungen – Betriebszeitung – Informationsschreiben/Aushänge – Betriebsversammlung – keine Veröffentlichung	71,4% 60,0% 51,4% 34,3% 8,6%
Controlling	– Vergleich mit nächster MAB – Aktionspläne/Zwischenberichte – Fragen in nächster MAB – Zwischenbefragungen – Objektive Daten – kein Controlling	68,6% 65,7% 37,1% 8,6% 5,7% 8,3%

Übersicht 6.15: Empirische Befunde zur Mitarbeiterbefragung
(nach *Bungard/Fettel/Jöns* 1997)

Methoden. Hinsichtlich der Realisationsformen ergibt sich ein breites Spektrum an wählbaren Alternativen. Nach den Kriterien Häufigkeit und Umfang lassen sich **vier Grundformen** unterscheiden (Übersicht 6.16):

- *einmaliges Rundum-Scanning* als systematisches Durchforsten der erfolgskritischen Bereiche,
- *Trendmonitoring* als in zwei- bis vierjährigem Abstand wiederholtes Evaluieren potentiell-kritischer Bereiche (wodurch Entwicklungsverläufe sichtbar werden),
- *einzelfallbezogene Unterstützung* konkreter Aktionen und/oder Projekte durch Datengewinnung sowie Mitarbeiterintegration und
- *permanentes Beobachten* besonders kritischer Schlüsselvariablen.

Je nach vorliegender Problemstellung weist jede Alternative ihre spezifischen Vorteile, beispielsweise Zeitersparnis oder gezielteres Vorgehen, aber auch Nachteile wie Kosten- und Zeitaufwand auf.

Mitarbeiterbefragungen können als Gesamterhebung oder als Teilerhebung in schriftlicher oder mündlicher Form durchgeführt werden. Für die schriftliche Befragung spricht die Möglichkeit zur Standardisierung und Anonymisierung, während sich bei der mündlichen Befragung tie-

	Häufigkeit	
	einmalig	mehrmalig
breiter Umfang	einmaliges Rundum-Scanning	Trend-Monitoring (permanentes Scanning)
enger Umfang	Unterstützung konkreter Aktionen/Projekte	Beobachtung von Schlüsselvariablen

Übersicht 6.16: Grundformen der Mitarbeiterbefragung
(*Scholz/Scholz* 1995, 730)

ferliegende Ansichten ergründen lassen. Unter Abwägung der Vor- und Nachteile ergeben sich zwei sinnvolle **Kombinationsmöglichkeiten**:

- Akzeptiert man die These, wonach Mitarbeiter durchaus ein gewisses Maß an vorsichtiger Zurückhaltung bei derartigen Aktionen an den Tag legen (insbesondere wenn die Befürchtung eines Mißbrauchs der Mitarbeiterbefragung als Mechanismus zur Personalselektion besteht), so kann beim Ziel der wahrheitsgetreuen Beantwortung nur eine *schriftliche, anonyme* Mitarbeiterbefragung durchgeführt werden. Da die variablen Kosten (Kosten pro Fragebogen) gegenüber den fixen Kosten nicht stark ins Gewicht fallen, sollte von einer *Vollerhebung* ausgegangen werden. Lediglich bei Fragestellungen, die ausschließlich einen Unternehmensbereich betreffen, erscheint eine Teilerhebung sinnvoll.
- Völlig freie Interviews sind auch nur in Ausnahmesituationen angebracht, da Auswertungsaufwand und -prägnanz in der Regel unbefriedigend sind. Sinnvoll sind *Interviews* in *teilweise strukturierter Form*, wenn sie sich auf Teilbereiche des Unternehmens beschränken und einzelne konkrete Fragestellungen näher beleuchten sollen.

Auch eine Mitarbeiterbefragung muß die Kriterien der Reliabilität, der Validität und der Objektivität erfüllen. Betrachtet man aber die Literatur zur Mitarbeiterbefragung, so wird gerade diesem Aspekt kaum Bedeutung beigemessen. Nimmt man beispielsweise die Frage nach der „Zufriedenheit mit dem Verhalten der Führungskraft“, so ist ein hoher Wert für eine bestimmte Beschäftigtengruppe nicht unbedingt Anlaß zur Zufriedenheit. Vielmehr ist es durchaus denkbar, daß Mitarbeiter gerade deshalb mit ihren Führungskräften zufrieden sind, weil sie ihnen relativ viele Freiheiten lassen, sie kaum fordern und sie selbst eine eher uninteressierte Einstellung zur Arbeit haben. Folgt man dieser Argumentation, so wird das häufig praktizierte Verfahren der trivialen Mittelwertvergleiche als ein höchst gefährliches Vorgehen entlarvt.

Vorgehensweise. Ähnlich wie bei den Inhalten der Mitarbeiterbefragung hat sich auch für die Vorgehensweise ihrer Durchführung ein gewisses Maß an Standardisierung durchgesetzt. Übersicht 6.17 zeigt ein derarti-

1.	Vorüberlegung	Ziele der Mitarbeiterbefragung festlegen und Zeitrahmen abstecken, Orientierung über Konzepte und Erfahrungen in Wissenschaft und Praxis, Auftragsvergabe an Arbeitsgruppe oder externes Institut
2.	Organisation	Institutionalisierung der Projektgruppe unter Einbeziehung von Arbeitnehmervertretern und Personalexperten, Auswertung vorliegender Erfahrungen eigener Mitarbeiterbefragungen, Aufstellung eines exakten Zeit- und Kostenplans
3.	Konzeption	Problemanalyse, Erstellung einer vorläufigen Version des Fragebogens, gegebenenfalls Pretest, Festlegung der Fragebogenerfassung und Layoutoptimierung (Benutzerergonomie!)
4.	Freigabe	Genehmigung von Fragebogen und Ablaufplan durch Geschäftsleitung und Betriebsrat
5.	Realisation	Information der Mitarbeiter über die Befragung, Durchführung der Fragebogenaktion
6.	Analyse	statistische Auswertung im externen Institut, Feedback mit Projektgruppe, Interpretation, Erstellen des Ergebnisberichts
7.	Information	Präsentation der Ergebnisse bei der Unternehmensleitung und der Projektgruppe, Mitteilung an die Mitarbeiter über Verlauf und Ergebnis der Befragung
8.	Maßnahmenplanung	Festlegen von Prioritäten, Diskussion der Ergebnisse in der (erweiterten) Projektgruppe, Problemanalyse
9.	Aktion	Maßnahmen zur Verbesserung der Stärken und Verringerung der Schwächen, Information an die Mitarbeiter
10.	Kontrolle	laufende Projektkontrolle, Gesamtkontrolle durch Wiederholung ab Schritt 1 nach angemessenem Zeitraum

Übersicht 6.17: Exemplarischer Ablauf einer Mitarbeiterbefragung

ges Ablaufschema. Es beginnt mit der Projektvorbereitung und reicht bis zur *Evaluierungsphase* im Sinne einer Erfolgskontrolle.

Betrachtet man die Publikationen zum Bereich der Mitarbeiterbefragung (z.B. *Domsch/Schneble* 1991; *Borg* 1995; *Bungard/Jöns* 1997), so wird deutlich, daß es in der Realität offenbar äußerst schwierig ist, *statistisch höherwertige Verfahren* in der Mitarbeiterbefragung einzusetzen. Es dominieren immer noch Vergleiche von Mittelwerten und Häufigkeiten, die im Regelfall sogar isoliert als singuläre Werte verwendet werden. Daß gerade solche Ergebnisse häufig vollkommen im Einklang mit der Perzeption der Personalverantwortlichen interpretiert werden können, liegt nahe und begründet teilweise die Ablehnung anderer, statistisch höherwertiger Auswertungsverfahren. Wenn als Stärke einer durchgeführten Mitarbeiterbefragung angegeben wird, „daß die Befragungsergebnisse die realen Veränderungen, die in der Zwischenzeit stattgefunden haben, sehr genau wiedergeben" (*Süßenguth* 1991, 31), so mag dies durchaus für die Akzeptanz der gewählten Form der Mitarbeiterbefragung, nicht aber für ihren tatsächlichen Nutzen sprechen. Zurecht wird daher gerade aus der Perspektive der Personalforschung (vgl. *Martin* 1988, 3) auf die äußerst unterschiedlichen Reflexionsniveaus von Mitarbeiterbefragungen in der Praxis hingewiesen.

Konkret bedeutet dies, daß zumindest Korrelationsanalysen zum unverzichtbaren Bestandteil jeder Mitarbeiterbefragung gehören müssen. Bei größerzahligen Befragungen machen auch Faktoren- und Clusteranalysen Sinn. Für die Ergebnispräsentation gilt, daß weitestgehend versucht werden soll, zumindest zweidimensionale Darstellungsweisen zu wählen: Sie ermöglichen es dem Betrachter, das gewonnene Datenmaterial schnell zu überschauen und sich ein Bild zu verschaffen, ohne daß „Zahlenfriedhöfe" durchgearbeitet werden müssen.

Beispiel. Abbildung 6.11 zeigt eine zweidimensionale Ergebnisdarstellung, bei der die Ansichten der Mitarbeiter zum Informationsstand und zum Informationsinteresse gegenübergestellt werden. Man erkennt ein hohes Informationsinteresse für Aufgabenänderungen, das jedoch nur zum Teil gedeckt wird: Dem Informationsinteresse von 4,5 steht ein subjektiver Informationsstand von 2,0 (auf Skalen 1 bis 5) gegenüber.

Multimediale Mitarbeiterbefragungen. Das Internet oder ein firmeninternes Intranet bieten neue Möglichkeiten zur Durchführung von Mitarbeiterbefragungen. Potentielle Probleme sind aber neben Technologieverfügbarkeit und -akzeptanz die Datensicherheit und der Datenschutz. Demgegenüber stehen jedoch die massiven Chancen, über derartige Systeme effiziente und effektive Konzeptionen zu schaffen, die helfen, die Balance zwischen Standardisierung und Individualisierung herzustellen.

Probleme. Mitarbeiterbefragungen sind mit Recht zentraler Bestandteil eines zukunftsweisenden Personalmanagements. Dies darf allerdings nicht darüber hinwegtäuschen, daß gerade der Einsatz von Mitarbeiterbefragungen mit einer Vielzahl von **Schwierigkeiten** behaftet sein kann, die sich aus der Durchführungsform ergeben.

Aus diesem Grund sollen nachfolgend wichtige **Problemkreise** skizziert werden, die sich teilweise in der praktischen Durchführung von Mitarbeiterbefragungen stellen.

- *Geheime Kommando- und Verschlußsache*: Mitarbeiterbefragungen sind problematisch, wenn sie unzureichend vorbereitet und Interessenvertretungen zu spät informiert werden.

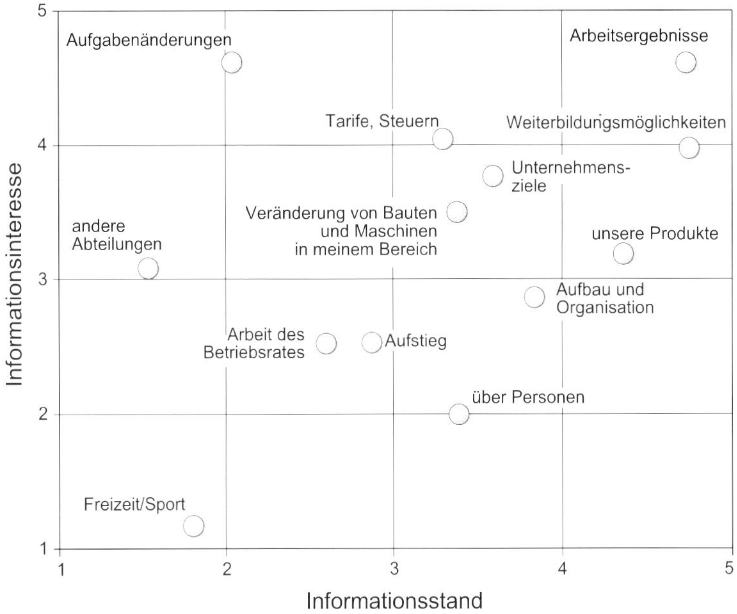

Abbildung 6.11: Ergebnisausschnitt einer Mitarbeiterbefragung

- *Schönwetterpostkarte*: Häufig wird argumentiert, daß gerade die aktuelle Situation nicht typisch sei und man mit der Mitarbeiterbefragung auf eine bessere Phase der Geschäftstätigkeit warten will.
- *Public-Relation-Aktion*: Die Befragung wird als wichtig eingestuft, um sie öffentlichkeitswirksam zu kommunizieren. Die Ergebnisse der Aktion spielen keine Rolle.
- *Controlling-Objekt*: Hier wird im Vorfeld der Mitarbeiterbefragung mehr auf die „preiswerte" Durchführung Wert gelegt als auf die tatsächliche Maximierung der Aufwand-Nutzen-Relation.
- *Mengenfetischismus*: Wird eine große Anzahl von Einzelergebnissen gesucht, sind diese später kaum mehr inhaltlich im Gesamtzusammenhang interpretierbar.
- *Spielwiese, Delegations- oder Improvisationsobjekt*: Obwohl die Mitarbeiterbefragung ein heikles und sensibles Instrument ist, verlassen sich noch immer manche Unternehmen darauf, sie von Praktikanten im Rahmen eines Ferienjobs erledigen zu lassen.
- *Personalselektionsmittel oder Manipulationsinstrument*: Eine Mitarbeiterbefragung gerät leicht in den Verdacht einer gezielten Manipulation, wenn über entsprechend formulierte Fragen Antworten induziert und dann Maßnahmen vorprogrammiert werden.

- *Papiertiger*: Mündet eine Mitarbeiterbefragung nicht in Maßnahmen, ist sie lediglich ein Lippenbekenntnis.
- *Eintagsfliege*: Um langfristig sinnvoll zu sein, müssen Mitarbeiterbefragungen in regelmäßigen Abständen wiederholt werden.

Sieht man Mitarbeiterbefragungen als Kommunikationsprozeß der Organisationsmitglieder, so ermöglicht die Reflexion der Durchführung, Inhalte und Ergebnisse eine Entdeckung von Vorbedingungen und unausgesprochenen Annahmen.

Symbolik. Mitarbeiterbefragungen sind nicht nur wegen ihrer Resultate wichtig. Werden die oben dargelegten Fehlerquellen vermieden, werden Mitarbeiterbefragungen zu einer erfolgsrelevanten Informationsquelle aber auch zu einem wichtigen Bestandteil des symbolischen Managements. *Neuberger* (1997b, 433) sieht darin einen Parzival-Effekt: „Nicht, was geantwortet, sondern daß gefragt wurde, ist wichtig".

6.3.4.2 Aufwärtsbeurteilung

Auch wenn häufig argumentiert wird, sinnvoll gestaltete Mitarbeitergespräche geben Führungskräften ausreichende Rückmeldung, ist davon auszugehen, daß sich Mitarbeiter reiflich überlegen, wann und ob sie ihre Meinung offen der Führungskraft mitteilen. Aus diesem Grund wurde das standardisierte Instrument der Aufwärtsbeurteilung entwickelt. Es soll mindestens insofern eine Anonymisierung gewährleisten, als die Mitarbeiter ihre Urteile in einen gemeinsamen Mittelwert einfließen lassen. Die Führungskraft kann dann nicht mehr individuelle Rückschlüsse auf Einzelurteile der Mitarbeiter ziehen, erfährt aber dennoch ein unmittelbar auf sie bezogenes Urteil.

Die Aufwärtsbeurteilung (synonym: Führungskraftbeurteilung) ähnelt von der Konzeption her der Mitarbeiterbefragung, hat jedoch mit der individualisierten Analyse einen anderen Ansatzpunkt.

Kernstück der Aufwärtsbeurteilung ist der Abgleich von Fremdbild und Eigenbild. Die Führungskraft soll dadurch die Einschätzungen ihres Führungsverhaltens kennenlernen und mit ihrem Eigenbild abgleichen.

Die Aufwärtsbeurteilung hat drei **Ziele** (vgl. *Reinecke* 1985, 82-83):

- Als *Diagnosefunktion* soll sie den Führungskräften Information über sich selbst und ihre Wirkung auf die Mitarbeiter liefern.
- Als *Entwicklungsfunktion* soll sie Führungskräfte bei der Anwendung zeitgemäßer Führungsmodelle unterstützen.
- Als *Beteiligungsfunktion* soll sie eine stärkere Beteiligung der Mitarbeiter an der Ausgestaltung der Führungsbeziehung ermöglichen.

Die Aufwärtsbeurteilung hat damit wie die Mitarbeiterbefragung gleichzeitig Informations- und Aktionscharakter.

Aufwärtsbeurteilung bei der Siemens AG

Seit 1994 finden bei der Siemens AG Aufwärtsbeurteilungen statt. Ziel war die Stärkung der Wettbewerbskraft und die nachhaltige Ertragssteigerung. Das Führungsgespräch wird bei Siemens definiert als ein Feedbackinstrument, mit dessen Hilfe vor allem die Führungskraft Ansatzpunkte zur Verbesserung ihres Führungsverhaltens gewinnt. Die Aufwärtsbeurteilung findet mit Hilfe von anonymisierten Fragebogen statt. Anhand von Skalen sollen die Teilnehmer einschätzen, in welchem Ausmaß ihrer Meinung nach die Führungsleitlinien in ihrem betrieblichen Alltag umgesetzt werden. Die Führungskraft schätzt ihr Verhalten ein (Selbstbild), die Mitarbeiter geben an, wie sie das Führungsverhalten ihrer Führungskraft erleben (Fremdbild).

Nach der Auswertung der Fragebogen durch eine neutrale Person, wird der Führungskraft das Gesamtergebnis mitgeteilt, damit sie sich auf das Feedbackgespräch einstellen kann. Danach werden die Ergebnisse der Gruppe präsentiert und von allen Personen hierzu Stellung genommen. Anschließend vereinbaren alle Teilnehmer schriftlich Maßnahmen zur Verbesserung der Zusammenarbeit und Führung.

Die Akzeptanz dieses Instruments ist innerhalb der Siemens AG sehr hoch, was sich darauf zurückführen läßt, daß 90% der Gesprächspartner eine Verbesserung der Führungsbeziehung durch die Reflexion des Führungsverhaltens erwarten.

Das Führungsgespräch hat innerhalb des Unternehmens zu einem wesentlichen Führungswandel geführt: Ungefähr 70% der Gesprächspartner stellen die Realisierung einer oder mehrerer Zielvereinbarungen fest, 80% eine Verbesserung des Führungsverhaltens, und 90% halten es für ein geeignetes Mittel, um die Zusammenarbeit zwischen Führungskräften und Mitarbeitern zu verbessern.

Aus: *Rolinger, Günter/Fink, Gundi*, Was bringt das Aufwärtsfeedback?, in: Personalführung 30 (1997), 452-457.

Methodik. Der Ablauf einer Aufwärtsbeurteilung gliedert sich in drei Abschnitte: Als erstes erhalten die Mitarbeiter einen Fragebogen, mit dem sie zu verschiedenen Teilaspekten des Führungskraftverhaltens Stellung nehmen können. Gleichzeitig erhält die Führungskraft analoge Statements, mit denen sie ihr eigenes Führungsverhalten (aus ihrer Sicht) skizzieren soll. Im Anschluß daran werden die Ansichten der Mitarbeiter zusammengefaßt und mit der Eigeneinschätzung der Führungskraft verglichen. Übersicht 6.18 zeigt exemplarisch 8 Fragen, mit deren Hilfe das Führungskraftverhalten evaluiert werden kann.

Führungskräfte bekommen als Ergebnis sowohl ihr Eigenbild als auch das Fremdbild. Abbildung 6.12 zeigt ein Beispiel für eine derartige Pro-

1. Ich erhalte von X genügend Informationen bezüglich übergeordneter Zielsetzungen.
2. Meine Aufgaben und Kompetenzen bespricht X mit mir.
3. Bezüglich meiner Arbeit erhalte ich Rückinformationen von X, die es mir ermöglichen, meine Arbeitsleistung in Zusammenhang mit übergeordneten Zielen einzuschätzen.
4. X überträgt mir ganze Aufgabenkomplexe und nicht nur Einzelaufgaben.
5. Ich werde von X frühzeitig über neue Aufgabenstellungen informiert.
6. In Gegenwart von X meine ich, ein gleichberechtigter Partner zu sein.
7. Sieht X einen Fehler, so weist er mich sachlich und angemessen darauf hin.
8. X hört mir zu.

Übersicht 6.18: Exemplarische Fragen der Aufwärtsbeurteilung

filgegenüberstellung. Man erkennt, daß – wie nicht anders zu erwarten – das Eigenbild besser ausfällt als das Fremdbild. So ist beispielsweise bei Frage 4 die Führungskraft der Meinung, ganzheitliche Aufgaben zu übertragen, was die Mitarbeiter aber offenbar ganz anders sehen.

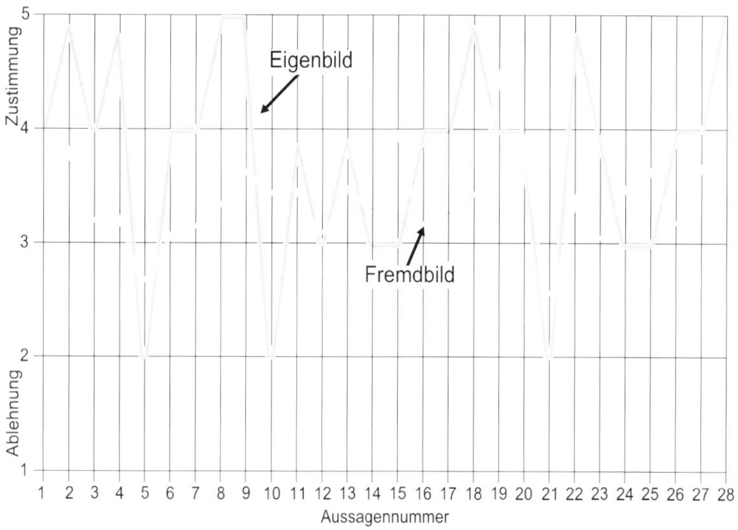

Abbildung 6.12: Beispiel für eine Aufwärtsbeurteilung

Eine Variante der Aufwärtsbeurteilung besteht darin, zusätzlich zu Eigen- und Fremdbild auch das durchschnittliche Eigenbild aller Führungskräfte und das durchschnittliche Fremdbild aller Mitarbeiter zu ermitteln. Die Führungskraft erhält so vergleichende Informationen über andere Mitarbeiter und andere Führungskräfte. Auch die Vorgabe eines Sollprofils ist denkbar, gegebenenfalls aus der Aufgabenbeschreibung der Führungskraft abgeleitet.

Vorgehensweise. In der konkreten Durchführung der Aufwärtsbeurteilung gibt es **drei Möglichkeiten**:

- Eine Möglichkeit besteht in der *individuellen Durchführung* durch die Führungskräfte. Sie konzipieren für sich selbst einen Fragebogen, lassen ihn durch ihre Mitarbeiter ausfüllen und vergleichen die Ergebnisse mit ihrem Eigenbild. Hierbei ist allerdings die Anonymität nicht unbedingt sichergestellt. Zudem werden auch bei einer sehr offenen Atmosphäre Mitarbeiter dazu neigen, eher wohlwollend zu urteilen, so daß die Führungskräfte ein zu positives Bild von sich selbst vermittelt bekommen dürften.
- Eine zweite Möglichkeit ist die Einbindung der Aufwärtsbeurteilung in *Führungskräfteseminare*. Hierbei geben die Mitarbeiter der zu schulenden Führungskraft vor der Durchführung des Seminars anhand eines Fragebogens Urteile über ihr Führungsverhalten ab. Diese Antworten werden dann verdichtet und im jeweiligen Seminar durchgesprochen.
- Eine dritte Möglichkeit besteht in der Durchführung der Aufwärtsbeurteilung über ein *computergestütztes* und anonymisiertes Verfahren. Hier erhalten die Führungskräfte einen Computerausdruck, mit dessen Hilfe sie ihre eigene Führungsleistung einstufen können.

Je nach Situation können auch Kombinationen dieser Verfahren zum Einsatz kommen.

Probleme. Ähnlich wie bei der Mitarbeiterbefragung gibt es auch bei der Aufwärtsbeurteilung eine Reihe von **Gefahren**, die den Einsatz dieses Instrumentes problematisch gestalten können:

- Die Ergebnisse werden verfälscht, sobald die Aufwärtsbeurteilung zur *Personalselektion* eingesetzt wird. Mitarbeiter werden Führungskräfte, zu denen sie (aus welchen Gründen auch immer) eine positive Einstellung haben, in einem solchen Fall übertrieben positiv beurteilen, umgekehrt übertrieben negativ.
- Wenn die *Anonymität* nicht gewährleistet ist, werden Mitarbeiter eher gemäßigt antworten und extreme Urteile vermeiden.
- Werden Führungskräfte mit den Ergebnissen der Aufwärtsbeurteilung *alleine gelassen*, besteht die Gefahr der Frustration, der Verdrängung oder Hilflosigkeit. Aus diesem Grund ist sicherzustellen, daß eine Beratungsinstanz den Führungskräften hilft, die Ergebnisse aufzuarbeiten und Wege der Neuorientierung zu finden.

Perspektiven. Generell ist bei der Aufwärtsbeurteilung der **Dialog** zwischen den Führungskräften und den Mitarbeitern entscheidend. Die Ergebnisse sind mit den Mitarbeitern durchzusprechen und zu hinterfragen. Auf diese Weise können sachliche Informationen ausgetauscht („Wieso fühlen sich die Mitarbeiter nicht informiert?") und wechselseitige Fehleinschätzungen des Verhaltens korrigiert werden.

6.3.4.3 Gleichgestelltenbeurteilung

Eine weitere Möglichkeit, die Kommunikation zu intensivieren, ist die Gleichgestelltenbeurteilung (synonym: Peer Assessment).

Bei der Gleichgestelltenbeurteilung beurteilen sich hierarchisch gleichrangige Personen gegenseitig hinsichtlich Verhalten und Leistung.

Für dieses im deutschsprachigen Raum nur selten eingesetzte Verfahren gibt es **drei Varianten** (vgl. *Cascio* 1998, 62):

- Beim *Peer Nomination* muß sich die Gruppe auf denjenigen einigen, der am ehesten die Führungskraftfunktion ausüben könnte.
- Beim *Peer Ranking* werden alle Kollegen hinsichtlich mindestens eines Kriteriums in eine Rangreihe gebracht (vom Besten bis zum Schlechtesten).
- Beim *Peer Rating* wird jeder Kollege auf mehreren Beurteilungsskalen positioniert, wodurch sich die Gesamtbeurteilung ergibt.

Die Gleichgesetztenbeurteilung resultiert vor allem in der sozialen Verhaltenssteuerung, die durch den Feedback-Prozeß Kollege zu Kollege ausgelöst wird. Sieht man von (historischen) Anwendungen im militärischen Bereich ab, so kommen Gleichgestelltenbeurteilungen gegenwärtig kaum zum Einsatz, auch wenn sich nachweisen läßt, daß Gleichgestelltenbeurteilungen sicher keine schlechteren und zum Teil eher bessere Charakteristika aufweisen als andere Formen der Personalbeurteilung (vgl. *Gerpott* 1992, 234). Die meisten empirischen Studien wurden allerdings in den USA durchgeführt, so daß die Ergebnisse aufgrund landeskultureller Besonderheiten nicht uneingeschränkt für den europäischen beziehungsweise deutschen Sprach- und Kulturraum gelten müssen. Auch wurden die meisten Gleichgestelltenbeurteilungen von Wissenschaftlern zu Forschungszwecken durchgeführt.

Grundsätzlich ist mit einer Abneigung der Mitarbeiter, sich gegenseitig zu beurteilen, zu rechnen. Um eine Gleichgestelltenbeurteilung sinnvoll durchzuführen, müssen daher folgende **Voraussetzungen** gegeben sein (vgl. *Gerpott* 1992, 235-237):

- Hinsichtlich der *makroorganisationalen Voraussetzungen* muß eine Gleichgestelltenbeurteilung kompatibel mit der Führungsphilosophie/-kultur des Unternehmens sein.
- Die *Arbeitsaufgabenstrukturen* müssen es ermöglichen, die für eine Beurteilung relevanten Verhaltensweisen und Arbeitsergebnisse der Mitarbeiter über einen längeren Zeitraum zu beobachten.
- Bezüglich der *personellen Voraussetzungen* muß eine realistische Chance bestehen, daß sowohl Beurteiler als auch Beurteilte zur freiwilligen Teilnahme bereit sind.

- Schließlich müssen die entsprechenden *Kompetenzvoraussetzungen der Personalabteilung* gegeben sein, da sie maßgeblich an der Einführung von Gleichgestelltenbeurteilungen beteiligt ist.

Akzeptiert man die These von einer weiteren Verflachung der Führungshierachie im Unternehmen, so werden Abwärtsbeurteilungen durch die große Leitungsspanne immer schwieriger. Daher dürfte zumindest das (prozedural einfachere) *Peer Rating* wichtiger werden.

6.3.4.4 360° Feedback

Das 360° Feedback gilt als Weiterentwicklung von Aufwärts- und Gleichgestelltenbeurteilung. Während die Führungskräfte bei der Aufwärtsbeurteilung jeweils nur von direkt Unterstellten und bei der Gleichgestelltenbeurteilung nur von Kollegen beurteilt werden, erfolgt die Beurteilung beim 360° Feedback durch verschiedene Zielgruppen.

Beim 360° Feedback werden neben nachgeordneten Mitarbeitern auch Kollegen der gleichen Hierarchiestufe sowie Führungskräfte und bei einigen Unternehmen auch Externe zur Beurteilung aufgefordert.

Auch beim 360° Feedback geht es um den Abgleich von Eigenbild (persönliches Verhalten) und Fremdbild (wahrgenommene Wirkung). Neben der Persönlichkeitsentwicklung zielt diese Variante auf die Verbesserung der internen Kommunikationsstrukturen und bietet die Möglichkeit zur offenen und transparenten Gestaltung von Unternehmenskultur.

Erfolgskritisch ist ein sinnvoller Fragebogen (vgl. *Weider* 1998): Er muß im Vorfeld zu definierende Verhaltenskriterien aufbauen und sich an bereits vorhandenen Führungsgrundsätzen sowie Leitlinien anlehnen.

Gegenüber anderen Beurteilungsverfahren bietet das 360° Feedback verschiedene **Vorteile** (vgl. z.B. *Weider* 1995, 159; *Tornow/London/CCL Associates* 1998, 103):

- Durch viele Rückmeldungen ist die Verläßlichkeit der Ergebnisse beim 360° Feedback im Regelfall höher als bei anderen Verfahren.
- Die Aussagen von Mitarbeitern, Führungskräften, Lieferanten *und* Kunden ergeben einen umfassenden und zuverlässigen Zustandsbericht über die Unternehmensleistung und die Unternehmenskultur.
- Mitarbeiter und Führungskräfte nehmen durch die offene und vielseitige Kommunikation den praktizierten Führungsstil intensiver wahr. Dabei werden Stärken und Schwächen transparenter.
- Durch die Einbeziehung der Kundenmeinungen läßt sich ein sehr hohes Maß an Kundenorientierung realisieren.

Damit erhält die Unternehmensleitung durch das 360° Feedback eine zuverlässige Datenbasis zum Aufbau gezielter Personalentwicklungsmaßnahmen und qualitätssteigernder Verbesserungsprozesse.

Auch hinsichtlich genereller Akzeptanzüberlegungen weist das 360° Feedback gegenüber alternativen Verfahren Vorzüge auf (vgl. *Waldman/Bowen* 1998, 118): Insbesondere aufgrund der Einbeziehung der verschiedenen Perspektiven von Mitarbeitern, Führungskräften und Marktpartnern führt die konstruktive und transparente Kommunikation von Problemfeldern auf personeller oder unternehmerischer Ebene zu gemeinsam getragenen Problemlösungen.

Kritik am 360° Feedback begründet sich auf die unzureichende Qualität der Daten, die sich auf die nicht offen und ehrlich beantworteten Fragen zurückführen läßt. Die Summe aus subjektiven Eindrücken gewährleistet keine Objektivität. Die Validität eines solchen Verfahrens hängt also stark von der Vertraulichkeit und damit von der Implementation ab.

360° Feedback bei der Volkswagen AG

Eine individuelle Form der Managemententwicklung soll den Top-Managern bei der Volkswagen AG zu einer Rundumsicht ihrer Persönlichkeit verhelfen. Durch den systematischen Abgleich von Eigenbild und Fremdbild soll sich die Persönlichkeit des betroffenen Mitarbeiters in die richtige Richtung entwickeln. Bei der Volkswagen AG geschieht dies auf Basis von vier Kompetenzen: Unternehmerkompetenz, Fachkompetenz, soziale Kompetenz und persönliche Kompetenz. Hierzu wurden Fragebogen zur Eigen- und Fremdeinschätzung entwickelt, die Grundlage für das 360° Feedbackverfahren sind. Zusätzlich wird das System der 360° Einschätzung gekoppelt mit einem individuellen Coaching-Prozeß,der es den Mitarbeitern erleichtert, Korrekturen vorzunehmen. Die 360° Einschätzung dient bei Volkswagen ausdrücklich nicht als Beurteilungsinstrument. Die Begründung hierfür liegt in der konzeptionellen Anbindung an das individuelle Coaching, das Freiräume für die persönliche Entwicklung zur Spitzenleistung erschließen soll. Aus diesem Grund kennen nur der Eingeschätzte und sein Coaching Berater die Ergebnisse.

Aus: *Geßner, Andreas/Kaul, Christine*, 360° Feedback und Coaching für das Top-Management, in: Personalführung 31 (2/1998), 42-45.

6.3.4.5 Imagestudien

Aufgabe der Mitarbeiterbefragung ist es, hinsichtlich LAMBDA 1 Wünsche der Mitarbeiter und den erlebten Grad ihrer Befriedigung zu ermitteln. Analoges wollen Imagestudien für den Bereich LAMBDA 3.

„Image"-Studien versuchen weit mehr, als nur das Image von Unternehmen zu erheben. Vielmehr soll für eine konkrete Zielgruppe erfaßt werden, welche Anforderungen die potentiellen Mitarbeiter an ihren zukünftigen Arbeitgeber stellen. Zudem läßt sich ermitteln, inwieweit die Vertreter der Zielgruppen den jeweiligen Unternehmen eine Realisierung dieser Wünsche zutrauen.

Ziele. Nicht zuletzt seit Herausgabe entsprechender Image-Jahrbücher ist die Diskussion um das Image von Unternehmen ins Bewußtsein vorgedrungen. Dies gilt auch für das Personalmarketing. Erhöht wird die Relevanz derartiger Überlegungen durch den Wertewandel und den vielzitierten Wunsch nach Spaß an der Arbeit.

Dieser Tendenz versuchen Unternehmen verstärkt Rechnung zu tragen, indem sie Marktforschung bei ihren potentiellen Mitarbeitern praktizieren und Imageanalysen durchführen. Sie wollen prüfen, inwieweit aus Sicht der Betroffenen dieses *Anforderungsprofil* durch ein perzeptiertes *Eigenschaftsprofil* des Unternehmens erfüllt ist. Auch lassen sich Aussagen über den bisherigen Erfolg der Kommunikationsstrategie machen. So kann beispielsweise erhoben werden,
- wie groß der Bekanntheitsgrad des Unternehmens an verschiedenen Orten ist,
- inwieweit bestimmte Maßnahmen überhaupt zur Kenntnis genommen werden (z.B. Personalimageanzeigen),
- wie vertrauenswürdig bestimmte Aktionen, z.B. Firmenkontaktgespräche, eingestuft werden oder
- welche Bedeutung Trainee-Programme für den Wunsch haben, später bei diesem Unternehmen zu arbeiten.

Für die Imagestudie bietet sich ähnlich wie für die Mitarbeiterbefragung das gesamte Repertoire der empirischen Sozialwissenschaften an. Dies bedeutet, daß die gleichen Techniken anwendbar und die gleichen Anforderungen (Objektivität, Reliabilität, Validität) zu erfüllen sind.

Vorgehensweise. In Phase 1 gilt es, die **Zielvorstellung** zu definieren. Dies kann die regionale Verbesserung im Bereich der Auszubildenden ebenso sein wie die überregionale Erhöhung des Bekanntheitsgrades. Auch kann geprüft werden, ob sich ein positives oder negatives Unternehmensimage, das von anderen Imagestudien her bekannt ist, bereits auf den Bewerbermarkt übertragen hat.

In Phase 2 ist das **Untersuchungsdesign** festzulegen:
- Hierzu gehört zunächst die Auswahl der zu befragenden *Personen*. Anders als bei Mitarbeiterbefragungen scheiden aus Kostengründen Vollerhebungen in den meisten Fällen aus.
- Im nächsten Teilschritt erfolgt die *Konkretisierung* und *Operationalisierung* der Variablen, zum einen im Hinblick auf die in Phase 1 definierte Problemstellung, zum anderen hinsichtlich der konkreten Untersuchungsgruppe.

- Es folgt die Festlegung der *Methode*. Hier gibt es die Möglichkeit der Datenerhebung über Fragebogen oder über Interviews.
- Schließlich ist bezüglich des *Umfangs* zu entscheiden, ob die Imagestudie nur für ein Unternehmen allein oder für mehrere Unternehmen gleichzeitig realisiert werden soll. Letzteres ist insbesondere dann sinnvoll, wenn externe Institute die Befragung durchführen und Unterschiede im direkten Vergleich der Unternehmen aufdecken sollen.

Phase 3 umfaßt die **Datenerhebung** und die **Datenauswertung**. Neben monovariablen Verfahren (Mittelwerte, Varianz, Median) sind vor allem multivariable Momente wie Cluster- und Faktorenanalysen wichtige Verfahren. So bietet die Clusteranalyse die Möglichkeit, Unternehmen, die von Externen gleich eingeschätzt und beurteilt werden, zu Gruppen zusammenzufassen, um so die Ursachen für das jeweilige Image besser ergründen zu können. Die Faktorenanalyse liefert bei der Imageanalyse die Dimensionen, die in den Köpfen der Probanden existieren.

Sofern ein externes Unternehmen die Imageanalyse für eine größere Anzahl von Unternehmen durchgeführt hat, stellt sich auch die Frage, welche beteiligten Firmen in der Phase 4 welche **Ergebnisse** erhalten. Hier gibt es zwei Extremformen: Im einen Fall erhalten alle Firmen alle Detaildaten über alle Beteiligten, im anderen Fall erhalten die Firmen jeweils nur einen Grunddatenbestand zum Vergleich, darüber hinaus aber jeweils nur die sie unmittelbar betreffenden Informationen.

Methoden. Da das Ziel einer Imagestrategie ist, das Personalimage mit den Präferenzen der Zielgruppe in Einklang zu bringen, ist es sinnvoll, sich diese Zusammenhänge komplexitätsreduziert zu visualisieren. Ein Hilfsmittel auf diesem Weg stellen **Personalimage-Portfolios** (vgl. *Simon et al.* 1995, 142-148) dar, die Ergebnisse der Multidimensionalen Skalierung (MDS) in Form kognitiver Landkarten veranschaulichen: Ähnlich eingeschätzte Unternehmen liegen räumlich nahe zusammen, und die Dimensionen beschreiben die der Beurteilung zugrundegelegten Eigenschaften der Unternehmen. Personalimage-Portfolios zeigen
- die Positionierung des eigenen Unternehmens und der Konkurrenten,
- die Lage des idealen Arbeitgebers aus Sicht einer Zielgruppe und
- die Präferenzen einzelner Zielgruppen.

Interessant werden die Personalimage-Portfolios durch die Berücksichtigung von Präferenzdaten. Dies kann auf Basis von zwei verschiedenen **Präferenzmodellen** geschehen:

- Im *Präferenzvektormodell* ist die Richtung der Präferenz einer Zielgruppe im zweidimensionalen Wahrnehmungsraum abgebildet. Welches Unternehmen präferiert wird, ergibt sich aus dem Lot der Position des Unternehmens auf den Präferenzvektor. Je näher das Unternehmen an der Präferenz liegt, desto stärker wird es präferiert.

- Im *Idealpunktmodell* existiert eine Idealkombination aus Arbeitgebermerkmalen, welche die Präferenzen der Zielgruppe ausdrücken. Je näher der konzentrische Kreis um den Idealpunkt, auf dem ein Unternehmen liegt, dem Idealpunkt ist, desto stärker wird das Unternehmen präferiert.

Abbildung 6.13 stellt die Modelle am Beispiel eines Personalimage-Portfolios mit vier Unternehmen dar. In beiden Modellen ergibt sich die Reihenfolge BMW - Siemens - Hewlett-Packard - AEG.

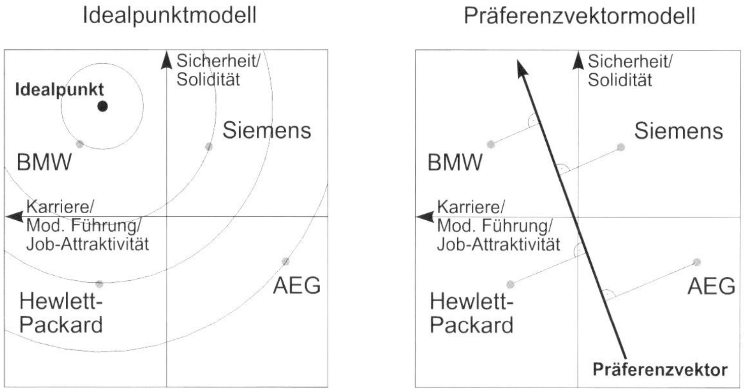

Abbildung 6.13: Idealpunkt- und Präferenzvektormodell
(*Simon et al.* 1995, 144)

Beispiel. 1991 wurde eine Imageanalyse im Bankenbereich durchgeführt, bei der 1 795 Studenten aus 24 Hochschulorten per Fragebogen befragt wurden. An dieser Stelle interessieren weniger die Details der Studie (vgl. *Müller* 1992, 174-182) als vielmehr einige exemplarische Ergebnisse, beispielsweise das Anforderungsprofil an eine Bank aus Sicht der Studenten. Man erkennt, daß nicht zwingend monetäre Aspekte an oberster Stelle stehen, sondern daß abwechslungsreiche Tätigkeit und Führungsstil ausschlaggebend sind. Abbildung 6.14 zeigt eine exemplarische Gegenüberstellung des Anforderungsprofils mit dem perzeptierten Eigenschaftsprofil der XY-Bank: Aus der Abbildung ist ersichtlich, daß das wahrgenommene Eigenschaftsprofil nur im Hinblick auf Sicherheit des Arbeitsplatzes und Einbeziehung der Familie mit dem Anforderungsprofil übereinstimmt. In allen anderen Punkten weicht das Eigenschaftsprofil von dem Anforderungsprofil stark ab. Besonders auffällig ist die Diskrepanz hinsichtlich der Verwirklichung eigener Ideen.

Typisch für Imagestudien ist ferner die Positionierung im Imageraum. Abbildung 6.15 zeigt die perzeptierte Solidität der Banken im Zusammenhang mit der Karriereperspektive: Während über 1 000 Befragte die

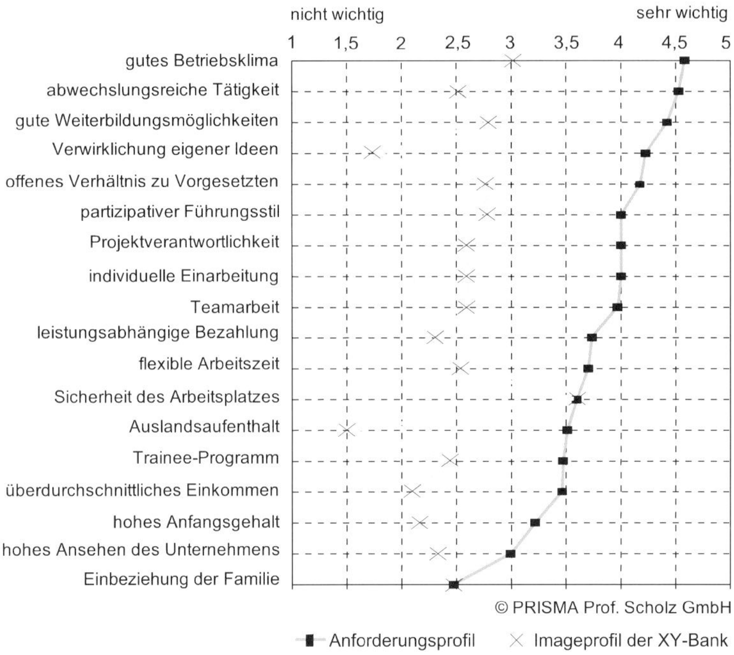

Abbildung 6.14: Vergleich des Anforderungsprofils der Studenten mit dem von ihnen perzeptierten Eigenschaftsprofil einer bestimmten Bank

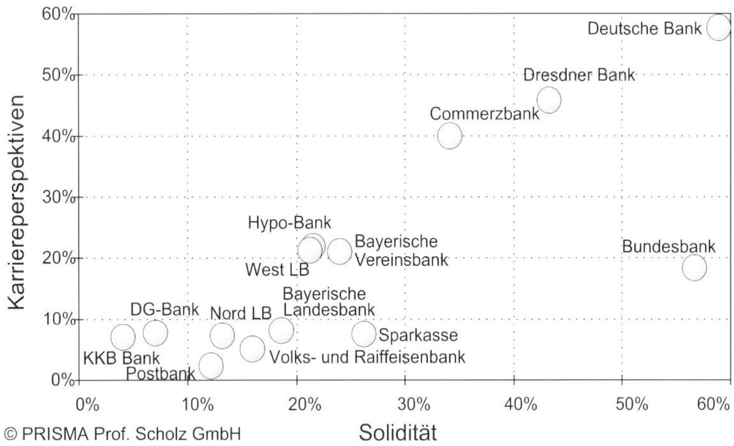

Abbildung 6.15: Zusammenhang zwischen Karriereperspektiven und Solidität

Deutsche Bank und die Bundesbank mit dem Attribut Solidität in Verbindung brachten, erzielte die Sparkasse mit lediglich 212 Nennungen ein wesentlich schlechteres Ergebnis. Interessant ist, daß die Bundesbank verglichen mit der Deutschen Bank als (etwas) weniger solide gilt und eher mittelprächtige Karriereperspektiven signalisiert.

Imagestudien haben viel mit Perzeption und Emotion zu tun: Aus diesem Grund bietet es sich auch an, in Imagestudien mit Wortassoziationen zu arbeiten. Übersicht 6.19 zeigt als Beispiel dazu die Zuordnung der 14 untersuchten Institute zu (vorgegebenen) Tierkategorien. Auch wenn man derartige Ergebnisse nicht überbewerten darf, können sie doch zum Nachdenken anregen.

Institut	**Dominante Assoziationen**
Bayerische Landesbank	Bär (102)
Bayerische Vereinsbank	Löwe (137)
Bayerische Hypotheken- & Wechselbank	Fuchs (74)
Bundesbank	Bär (288)
Commerzbank	Fuchs (94)
Deutsche Bank	Löwe (361) / Bär (325)
DG-Bank	Ratte (98) / Chamäleon (97)
Dresdner Bank	Büffel (96)
KKB	Ratte (178)
Nord LB	Pinguin (60)
Postbank	Schnecke (518)
Sparkasse	Schnecke (208) / Schildkröte (185)
Volks- & Raiffeisenbanken	Schnecke (148) / Schildkröte (145)
West LB	Rennpferd (66)

Übersicht 6.19: Zuordnung vorgegebener Tierkategorien zu Banken

Imagestudien stellen eine wichtige Informationsquelle für das (externe) Personalmarketing dar. Sie erlauben es, die perzeptierten Kulturprofile zu erfassen. Besonders interessant wird es immer dann, wenn die erhobenen Imageprofile mit der Eigeneinschätzung des Unternehmens nicht übereinstimmen. Für diese **Abweichungen** gibt es zwei Erklärungsmöglichkeiten:

- Die Eigeneinschätzung ist verzerrt. Der Imagewert trifft das tatsächliche Unternehmenskulturprofil eher als die (erhoffte) Perzeption der Entscheidungsträger (*LAMBDA 1-Defekt*).
- Das Unternehmen ist nicht in der Lage, seine Unternehmenskultur entsprechend zu visualisieren, was dazu führt, daß bestimmte Eigenschaften nicht nach außen hin transportiert werden können (*LAMBDA 2-Defekt*).

Erscheint beispielsweise ein Unternehmen, das sich selbst einen partizipativen Führungsstil zuschreibt, nach außen als autoritär, so kann dies daran liegen, daß entweder tatsächlich ein autoritärer Führungsstil vorliegt oder aber durch entsprechende (falsche) Kommunikationsstrategien ein unrichtiges Bild in der Öffentlichkeit erzeugt wurde. In keinem Fall darf aber übersehen werden, daß auch ein nicht zutreffendes Image insofern die Realität darstellt, als bei den externen Personen entsprechende Imagewerte verankert sind.

6.3.5 Internationales Personalmarketing

Mit zunehmender Globalisierung und Internationalisierung steigt der Bedarf an Fach- und Führungskräften, die qualifiziert und motiviert sind, Aufgaben im Rahmen der internationalen Geschäftstätigkeit zu übernehmen. Praktiker konstatieren ein Attraktivitätsdefizit internationaler Positionen, welches allenfalls über ein hohes Einkommen ausgeglichen werden kann und zu einer Intensivierung des internationalen Personalmarketings im Unternehmen sowie auf den externen Arbeitsmärkten führt (vgl. *Kumar/Neu* 1996, 80-83). Dabei hängt es von der gewählten Kulturstrategie ab, auf welche Zielgruppen sich das internationale Personalmarketing ausrichtet und welche **Basisstrategie** daraus resultiert:

- Bei einer *Monokulturstrategie* richten sich die Maßnahmen primär auf den Heimatmarkt der Muttergesellschaft. Mitarbeiter werden im Inland für das Ausland rekrutiert. Es handelt sich hierbei um ein nationales Personalmarketing für internationale Positionen.
- Bei einer *Multikulturstrategie* richtet sich das internationale Personalmarketing an potentielle ausländische Mitarbeiter. Ziel ist ein positives Unternehmensimage (LAMBDA 3) im Ausland zu erreichen, welches das Unternehmen für interessante ausländische Bewerber mit Kenntnissen über Auslandsmarkt und -kultur attraktiv macht.
- Im Rahmen einer *Mischkulturstrategie* werden potentielle Mitarbeiter im Ausland und im Inland gleichermaßen angesprochen. Bei dieser Variante des internationalen Marketings ist darüber hinaus zwischen einem standardisierten Vorgehen auf beiden Märkten und einer lokal ausgerichteten länderspezifischen Marketingstrategie zu unterscheiden.

Übersicht 6.20 gibt einen exemplarischen Überblick zum Maßnahmenkatalog des internationalen Personalmarketings.

Es ergeben sich verschiedene Problembereiche des internationalen Personalmarketings (vgl. *Jochmann* 1996, 188-189) daraus, daß

- in für deutsche Personalverantwortliche neuen/fremden Arbeitsmärkten eine Marktansprache erfolgen soll,
- die Auswahlprozesse in vielen Fällen in einer Fremdsprache gestaltet werden müssen,

	Aufgabe	Personalpolitische Maßnahmen	Maßnahmen des internationalen Personalmarketings
Internes internationales Personalmarketing	Erhöhung der Attraktivität von Auslandspositionen für Stammhausmitarbeiter bzw. Reduzierung der Negativeinflüsse	– Sprachkurse, Landeskunde als Vorbereitung – Eingliederungshilfen vor Ort – Karriereplanung, Auslandsstelle als Bestandteil der Laufbahn	– Imagebildung für Auslandspositionen – Information der potentiellen Entsandten und Ehepartner vor Ort – Diskussionen mit Rückkehrern – Personalentwicklung
Externes internationales Personalmarketing	Erhöhung der Attraktivität der internationalen Unternehmen für Gastlandführungskräfte bzw. Reduzierung der Negativeinflüsse	– Karriereplanung auch für Gastlandmitarbeiter im gesamten Unternehmensverband – geozentrische Personalpolitik und Orientierung – Job-Rotation weltweit – Förderung des Gastlandpersonals	– Personalmarktforschung im Gastland (z.B. Bevölkerungsentwicklung, Bildungssystem) – Personalwerbung (z.B. an Hochschulen) – Imagebildung (z.B. über Führungsgrundsätze)

Übersicht 6.20: Maßnahmen des internationalen Personalmarketings (nach *Kumar/Neu* 1996, 80)

- mit Bewerbern gearbeitet wird, die länderspezifisch über ein anderes Verständnis von Unternehmenssteuerungs- und Führungsprozessen verfügen,
- die Beschreibungsdimensionen von Unternehmenskultur und -philosophie durch das jeweilige gesellschaftliche Umfeld zum Teil anders geprägt sind,
- andere Positionsbilder entstehen, die von den Personalverantwortlichen der Muttergesellschaft nicht unmittelbar nachvollzogen werden können, und
- die räumliche Distanz den Prozeß der Integration erschwert.

Insgesamt erhöht sich dadurch das Risiko von Fehlentscheidungen erheblich, was im weiteren verschärft wird durch im Regelfall höhere Kosten der Marktbearbeitung und längere Reaktionszeiten.

6.3.6 Konsequenz

Im Zeitablauf führt ein systematisches Personalmarketing zu einer ringförmigen **Verkettung** von Unternehmenskultur, -identität, -kommunikation und -image (Abbildung 6.16):

- Unternehmenskulturelle Grundannahmen und Werte werden lokalisiert und auf die sichtbare Ebene der *Objekte* und *Handlungen* transportiert. Sie wirken damit verhaltenssteuernd für die Organisationsmitglieder.
- Stimmige Komponenten der sichtbaren Ebene werden bewußt zum Teil einer *CI-Strategie* gemacht, die dann wegen ihrer Verzahnung mit der Unternehmenskultur (noch) mehr Erfolg verspricht.
- Über Unternehmenskommunikation wird ein *Unternehmensimage* aufgebaut, das aufgrund der Glaubhaftigkeit und inneren Konsistenz am Markt höhere Chancen hat.
- Dieses Unternehmensimage dient als Feedback zur Überprüfung und gegebenenfalls zur Verstärkung der Unternehmenskultur, in jedem Fall aber als indirekte Meßlatte für das vom Unternehmen praktizierte *Kulturmanagement*.

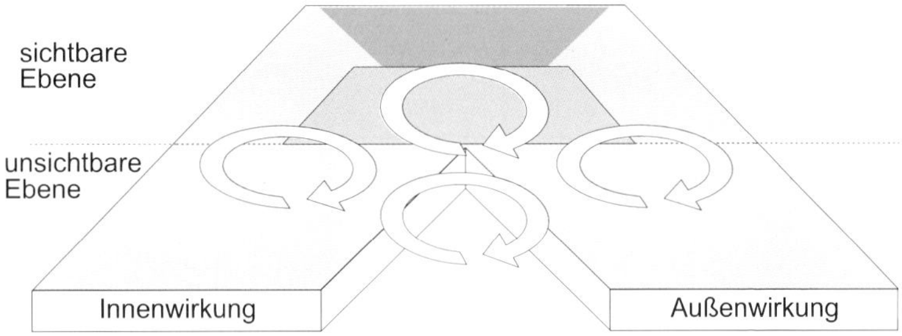

Abbildung 6.16: Feedback-Schleifen im LAMBDA-Modell

Sicherlich sind trotz der großen Zahl möglicher Ansatzpunkte viele Unternehmen noch weit davon entfernt, Personalmarketing in der zuvor skizzierten Form als Erfolgsfaktor zu nutzen. Auch gibt es eine Fülle von theoretischen Fragen, die auf Beantwortung warten. Trotzdem zeigen Beispiele aus der Praxis die entstehenden Chancen und erlauben eine Abschätzung der möglichen Entwicklung des Personalmarketings. In einer solchen „Vision" wird das Personalmarketing zu einer ganzheitlichen Konzeption, die von den kulturellen Grundannahmen des Unternehmens geprägt und von allen anderen betrieblichen Teilfunktionen getragen wird. Setzt man Personalmarketing in dieser Form um, so ist es mehr als ein revitalisiertes Modewort. Es kann vielmehr dazu beitragen, das Personalmanagement über die Personalabteilung hinausgehend professionell im Unternehmen zu verankern.

6.4 Operative Ebene: Personelle Einzelmaßnahmen

6.4.1 Überblick

Die operative Ebene der Personalveränderung beschäftigt sich mit den einzelfallbezogenen Veränderungsmaßnahmen. Hier steht der konkrete Arbeitsplatz und/oder der konkrete Mitarbeiter im Mittelpunkt der Betrachtung.

Im Rahmen der *Personalbeschaffung* geht es um die Suche nach Personal und die Selektion von Bewerbern. Die *Personalentwicklung* beschäftigt sich neben der Auswahl personen- und themenbezogener Entwicklungsschwerpunkte mit spezifischen Personalentwicklungsaktivitäten. Die *Personalfreisetzung* konzentriert sich auf die eigentlichen Freisetzungsmaßnahmen sowie ihre Implikationen.

6.4.2 Personalbeschaffung

6.4.2.1 Systematik

Die Suche und Beschaffung von Personal erhält als Input den Personalnettobedarf: Dieser ergibt sich aus dem termin- und ortsbezogenen Vergleich des quantitativen und qualitativen Personalbestandes mit den entsprechenden Bedarfswerten.

Ausgehend von der durch die Personalbedarfsermittlung zeitlich, räumlich, quantitativ und qualitativ spezifizierten Personalunterdeckung sowie von der aus der unternehmensindividuellen Arbeitsmarktstrategie hervorgehenden Identifizierung des relevanten Beschaffungsmarktes ist festzulegen, **wo** und **wie** ein Mitarbeiter gesucht beziehungsweise beschafft werden soll (Abbildung 6.17). In diesem Zusammenhang sind operative Aktivitäten erforderlich: Zum Ziel der Beschaffung unternehmenseigener Mitarbeiter erfolgen zunächst – anders als beim Personalleasing – die interne und/oder externe Personalsuche. Diese mündet in eine Bewerbervorauswahl sowie nachfolgend in die Durchführung von Testverfahren, bevor selektierte Bewerber eingestellt werden. Die Kontrolle des Beschaffungserfolges stellt Feedback-Informationen für die vorangegangenen Prozeßschritte bereit. Die **Effizienz** des Verfahrens ist von Rahmenbedingungen abhängig, vor allem von

- der Berücksichtigung von *Mitbestimmungsvorschriften* und der sinnvollen Kooperation mit dem *Betriebsrat*,
- der Existenz funktionierender *Verbindungen* zu Arbeitsverwaltung, Hochschulen und anderen Bildungsträgern,
- der Begleitung durch ein umfassendes *Personalmarketing* sowie
- dem Vorhandensein einer *Kooperationsstrategie* mit Werbepartnern, Zeitungen oder externen Dienstleistern im Bereich der Personalbeschaffung.

Diese Rahmenbedingungen können durch das Unternehmen selbst geschaffen werden.

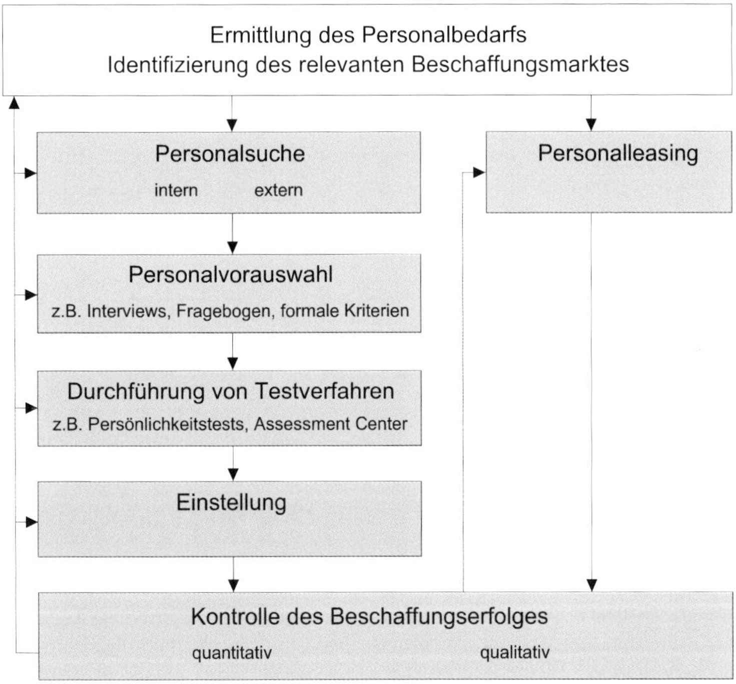

Abbildung 6.17: Inhalt und Ablauf der Personalbeschaffung

6.4.2.2 *Personalsuche*

Bei diesen Überlegungen stehen diverse Beschaffungswege zur Auswahl; sie reichen von der internen Beschaffung bis hin zum Arbeitnehmer, der unaufgefordert seine Arbeitskraft anbietet. Kann der Personalbedarf nicht durch den internen Beschaffungsmarkt gedeckt werden, kommen externe Beschaffungswege zum Tragen. Hierbei ist ein bereits

Empirischer Befund (GPP): Verantwortlichkeit für die Personalbeschaffung (in Prozent, Mehrfachnennungen)

Bei der Personalbeschaffung nimmt die Personalabteilung eine zentrale Rolle ein. Allerdings haben auch die Linienführungskräfte einen hohen Einfluß – bis auf die in Spanien, wo eine strikte Aufgabentrennung beobachtbar ist. Zum Zentralismus, der Frankreich zugesprochen wird, paßt der relativ große Einfluß des obersten Managements auf die Personalbeschaffung.

	D	Ö	USA	F	Sp	Rest	Σ
Holding	-	2	10	10	5	9	5
Aufsichtsrat	4	4	-	4	-	-	2
Oberstes Management	12	21	-	38	10	2	14
Personalabteilung	86	69	73	76	95	67	78
Linienführungskräfte	62	63	45	43	10	72	51
Arbeitsgruppe	2	2	9	7	-	-	2

Empirischer Befund (GPP): Einsatz von Personalbeschaffungsmethoden (in Prozent, Mehrfachnennungen)

Daß sich die Personalbeschaffungsmethoden für das Top-Management und die übrigen Mitarbeiter unterscheiden, liegt nahe. Überraschend erscheint, daß für das Top-Management Headhunter/Personalberatungen im internationalen Vergleich in Deutschland am stärksten zum Zuge kommen. Für die übrigen Mitarbeiter nutzen deutsche Unternehmen die zur Verfügung stehenden Methoden am intensivsten. Auffällig ist bei den deutschen Werten das relativ hohe Gewicht persönlicher Empfehlungen.

	D	Ö	USA	F	Sp	Rest	Σ
Top-Management							
Arbeitsämter	2	4	-	3	-	10	4
Interne Ausschreibungen	29	33	20	42	29	29	31
Externe Stellenanzeigen	61	54	40	24	24	40	43
Persönliche Empfehlungen	59	33	40	30	32	57	43
Headhunter/Personalberatungen	84	61	70	82	73	93	78
Schulen/Universitäten	12	10	20	52	15	21	20
Übrige Mitarbeiter							
Arbeitsämter	74	47	67	31	24	41	46
Interne Ausschreibungen	94	84	89	73	60	66	77
Externe Stellenanzeigen	94	86	89	61	67	77	79
Persönliche Empfehlungen	72	55	56	19	24	64	50
Headhunter/Personalberatungen	20	35	33	21	12	25	23
Schulen/Universitäten	76	63	78	52	74	64	67

im Vorfeld betriebenes aktives Personalmarketing von entscheidender Bedeutung. Grundsätzlich lassen sich die externen Beschaffungsmaßnahmen in eher passive und eher aktive Maßnahmen unterscheiden (Übersicht 6.21), wobei der Aufwand des Unternehmens bei den passiven Maßnahmen im Regelfall geringer ausfällt.

Eher passive Maßnahmen der externen Personalbeschaffung	**Eher aktive Maßnahmen der externen Personalbeschaffung**
– Eigenbewerbung – Bewerberkartei – Arbeitsvermittlung über die Bundesanstalt für Arbeit – Personalleasing	– Personalberater und -vermittler – Stellenanzeigen – Personalbeschaffung via Internet – College-Recruiting – Kontakte von Betriebsangehörigen

Übersicht 6.21: Maßnahmen der Personalbeschaffung

Interne Beschaffung. Von zunehmender Bedeutung ist die unternehmensinterne Personalbeschaffung. Wird ein Arbeitsplatz frei, so ist zunächst die Möglichkeit einer internen Besetzung zu prüfen. Im Bereich der Personalbeschaffungsmaßnahmen kann der Betriebsrat die **Ausschreibung** freiwerdender oder neugeschaffener Arbeitsplätze im Unternehmen verlangen (§ 93 BetrVG). Der Arbeitgeber darf diese Stelle darüber hinaus aber auch auf anderen Wegen, wie über eine Zeitungsannonce oder die Meldung beim Arbeitsamt, ausschreiben. Allerdings besteht kein Zwang, interne Bewerber vorrangig zu berücksichtigen. Der Arbeitgeber ist nur dann verpflichtet, sie mit einem internen Bewerber zu besetzen, wenn dies aus einer entsprechenden innerbetrieblichen Auswahlrichtlinie (§ 95 BetrVG) zwingend folgt.

Empirischer Befund (GPP): Bedeutung von Karrierekriterien (in Prozent)

Für die Karriereentwicklung sind in den betrachteten Ländern vor allem Berufserfahrung, Ausbildung und Mobilität bedeutsam. Seniorität spielt dagegen nur eine untergeordnete Rolle. Während in den meisten Ländern Generalistentum karrierefördernd ist, scheint in den USA Spezialistentum noch stärkeren Einfluß auf die Karriere zu haben. Besonders die USA und Frankreich legen Wert auf jährliche Leistungsüberprüfungen.

	D	Ö	USA	F	Sp	Rest	Σ
Berufserfahrung	77	69	90	83	73	86	78
Mobilität	85	77	33	91	55	66	73
Ausbildung	57	77	82	56	83	76	70
Seniorität	7	26	33	30	3	20	17
Auslandserfahrung	49	46	13	58	15	35	40
Eher Generalistentum	65	51	60	45	41	81	58
Eher Spezialistentum	33	35	82	38	44	51	42
Jährliche Leistungsüberprüfung	47	51	78	78	46	59	56

Stellenanzeige. Bei Maßnahmen der eher aktiven externen Beschaffung wendet sich das Unternehmen direkt an den Arbeitsmarkt, gibt Informationen über seinen konkreten Personalbedarf weiter und wirbt aktiv für zu besetzende Stellen. Eine der wichtigsten Maßnahmen dieser Kategorie ist die Stellenanzeige. Als Kernpunkte sollte sie Aussagen über das Unternehmen, die vakante Stelle, die gestellten Anforderungen und den Bewerbungsvorgang machen und inhaltlich so gestaltet sein, daß sie die Aufmerksamkeit der anvisierten Zielgruppe erregt.

Stellenangebote können über eine Vielzahl von Werbemedien einer Vielzahl von potentiellen Kandidaten zugänglich gemacht werden. Das *Zeitungsinserat* zählt dabei zu den klassischen Werbemitteln und stellt eines der bei der Personalakquisition am häufigsten eingesetzten Instrumente dar. Auch im *Internet* lassen sich Stellenangebote plazieren.

Arbeitsamt. Die Bundesanstalt für Arbeit in Nürnberg und die ihr untergeordneten Arbeitsämter unterstützen die betriebliche Personalbeschaffung durch Beratung des Arbeitnehmers und des Arbeitgebers sowie Auswahl und Vermittlung der geeigneten Bewerber. Das breite Spektrum an Aktivitäten umfaßt die Veröffentlichung von Stellenangeboten über Fernsehen oder Internet (www.Arbeitsamt.de). Für besonders qualifizierte *Fach- und Führungskräfte* stehen überregionale Fachvermittlungsstellen zur Verfügung, ebenso für besondere Berufsgruppen und Aufgaben. Für eine europäische Stellensuche existiert ein Netzwerk europäischer Arbeitsberater, der *European Employment Service (EURES)*. Für die Einarbeitung *schwervermittelbarer Arbeitsloser* trägt die Bundesanstalt für Arbeit unter bestimmten Voraussetzungen Teile der anfallenden Kosten als Einarbeitungszuschüsse beziehungsweise Eingliederungsbeihilfen. Über das Vermittlungsangebot hinaus bietet die Bundesanstalt für Arbeit Statistiken über den Arbeitsmarkt und seine Veränderungen an, die durch das angeschlossene „Institut für Arbeitsmarkt- und Berufsforschung" bearbeitet und ausgewertet werden.

Vermittler. Neben den Stellenanzeigen gehört auch die Einschaltung von externen Experten im Rahmen der Personalbeschaffung zu den aktiven Maßnahmen. Die Bundesanstalt für Arbeit hat die Verpflichtung, auf Antrag Vermittlungsgenehmigungen an **Personalberater, Executive Searchers** oder **Headhunter** zu erteilen, sofern die Antragsteller eine erforderliche Eignung und Zuverlässigkeit besitzen und in geordneten Vermögensverhältnissen leben. Die erforderliche Eignung bemißt sich dabei nach

- dem Verständnis für die humanen und ethischen Aspekte der Personalpolitik,
- der beruflichen Qualifikation, um eine sachgerechte Durchführung der Arbeitsvermittlung zu gewährleisten,

Empirischer Befund (GPP): Spezifische Beschaffungsstrategie für Hochschulabsolventen (in Prozent)

In Spanien, Deutschland und Frankreich werden Hochschulabsolventen von der Mehrzahl der Unternehmen mit gesonderten Strategien angesprochen. Die länderspezifischen Unterschiede lassen sich unter anderem durch die unterschiedlichen Ausbildungssysteme erklären. In den USA ist die Personalbeschaffungspolitik eher universalistisch ausgerichtet.

D	Ö	USA	F	Sp	Rest	Σ
70	49	27	58	76	57	60

- der mehrjährigen Berufserfahrung speziell im Bereich Personalwesen sowie
- dem Nachweis über geeignete Geschäftsräume zur Sicherstellung der angemessenen Vertraulichkeit des Vermittlungsvorgangs.

Personalberatern stehen vielfältige **Tätigkeitsfelder** offen: Hierzu zählen Gespräche mit Auftraggebern und Stellenbewerbern, Pflege und Aufbau eines Bewerberpools, Erstellung von Anforderungsprofilen, Lohn- und Gehaltsfindung, Bewerbervorauswahl, Planung und Durchführung von Auswahlverfahren, Begleitung beim Bewerbergespräch und Betreuung von Arbeitgebern und Bewerbern.

Offensive Suche. Eine weitere Möglichkeit zur Personalbeschaffung ergibt sich aus der Kooperation mit Ausbildungsinstitutionen. Ein gezieltes, frühzeitiges Ansprechen potentieller Mitarbeiter ergibt sich durch (in-)direkte Anwerbung in Hoch- und Fachschulen (**College-Recruiting**). Angesichts sektoraler Knappheit an Arbeitskräften gewinnt diese Form externer Personalbeschaffung an Bedeutung. Hochschulkontakte manifestieren sich in vielen Formen:

- Bereitstellen von Praktikantenstellen,
- Zusammenarbeit bei Diplomarbeiten,
- Unterstützung von Dissertationen,
- Firmenpräsentationen (durch Studentenvereinigungen wie AIESEC oder MTP),
- Besichtigungen,
- Fachvorträge,
- Aushänge und
- Bewerbertage.

Diese direkte Art der Personalbeschaffung/-werbung an Hoch-, Fach(hoch-) und Berufsschulen ist besonders bei kontinuierlicher Aktivierung in Form eines langfristigen Kontaktes erfolgversprechend.

Gerade in Arbeitsmarktsegmenten, in denen es wenig geeignete Kandidaten gibt für ein Unternehmen gibt, ist es auch eine Strategie, **Young Professionals**, die in einem Unternehmen erst wenige Jahre ihre Karrie-

Empirischer Befund (GPP): Gezielte Personalbeschaffung von Graduierten an unterschiedlichen Institutionen (in Prozent)

Unternehmen rekrutieren generell stark an Universitäten. In bezug auf Fachhochschulen fächern sich die Befunde stark auf, von einer hohen Akzeptanz in Deutschland bis zu einer sehr geringen in Österreich. Business Schools sind attraktiv für französische Unternehmen (in Frankreich selbst gibt es eher wenige, aber elitäre Business Schools) und für amerikanische Unternehmen (in den USA sind MBA-Programme weit verbreitet).

	D	Ö	USA	F	Sp	Rest	Σ
Universitäten	96	86	100	75	90	95	90
Fachhochschulen	90	18	44	66	52	68	58
Business Schools	47	35	67	91	43	35	48

re vorantreiben, als potentielle Wechselkandidaten anzusprechen. Sie lassen sich insbesondere durch attraktive Angebote locken, die eine Motivationswirkung auslösen. Hierzu zählt neben einer finanziellen Verbesserung (vor allem das Überschreiten psychologisch wichtig erscheinender Schwellen wie „sechsstelliges Jahresgehalt") auch das Bereitstellen von Entwicklungsperspektiven in fachlicher und persönlicher Hinsicht. Da diese Zielgruppe stark umworben ist, ist das kritischste Kriterium die *Reaktionsgeschwindigkeit*. Hier bietet es sich an, Bewerber und angesprochene Personen innerhalb kürzester Zeit, im Idealfall sogar innerhalb eines Tages, konkrete Vertragsangebote zu unterbreiten. Eine weitere Alternative offensiver Suche, die zunehmend beobachtet werden kann, besteht in der Einmalzahlung eines *Signing Bonus* bei Vertragsunterzeichnung.

Personalsuche im Cyberspace. Ein neueres Medium zur Plazierung von Stellenanzeigen ist das **Internet**. Unternehmen können Anzeigen in sogenannten Jobbörsen veröffentlichen (Übersicht 6.22). Immer mehr – auch mittlere und kleinere – Unternehmen nehmen diese Form der Personalbeschaffung in Anspruch.

Jobbörsen	**Stellenangebote (Monatsdurchschnitt)**	**Zahl der Online-Besucher pro Monat**
Bundesanstalt für Arbeit	200 000	750 000
Jobs & Adverts	1 500	100 000
Karrieredirekt	1 125	70 104
Business-Channel	800	120 000
Jobware	350	k. A.
DV-Job	300	k. A.
ConServ	300	24 500
Die Zeit	300	170 000

Übersicht 6.22: Stellenangebot und -nachfrage im Internet (nach *o.V.* 1997, 36-37)

Jobbörsen bieten gegenüber Zeitungsinseraten einen entscheidenden Vorteil für Stellensuchende: Sie brauchen nicht das gesamte Angebot zu durchsuchen, sondern können nach bestimmten Kriterien wie Tätigkeitsbereichen, Branchen, Berufen, Regionen und Firmennamen selektieren. So wird ein sehr schneller Zugriff auf die in Frage kommenden Stellenangebote ermöglicht. Das Unternehmen kann kostengünstiger, gezielter und flexibler neue Mitarbeiter suchen (Übersicht 6.23).

Vorteile für Unternehmen	**Nachteile für Unternehmen**
• Präsentation der Stellenanzeige bis zur Stellenbesetzung möglich • Erfolgschancen bei einer vierwöchigen Schaltdauer im Netz höher als bei gedruckter Anzeige zu einem bestimmten Tag • Kostenersparnis • Erschließung neuer interessanter Bewerbergruppen • direkte Kontaktaufnahme (E-Mail) zu Bewerbern möglich • vom Bewerber können über Online-Kurzbewerbung sehr schnell wichtige Angaben ermittelt werden • Imagegewinn in der Öffentlichkeit • Stellenanzeigen unabhängig von festen Erscheinungsterminen • breite Streuung von Stellenangeboten (weltweit) • detaillierte Erfolgsauswertung	• neben Jobangebot im Internet muß zur Zeit noch parallel in Printmedien eine Stelle angeboten werden • Gefahr, daß Flut von Bewerbungen eingeht (sowohl von „echten" Bewerbern als auch von Spaßvögeln), die aber alle gelesen und bearbeitet werden müssen • unklare Erfolgsaussichten
Vorteile für Bewerber	**Nachteile für Bewerber**
• nahezu kostenloser Zugriff auf Stellenanzeigen rund um die Uhr, weltweit • Zeitersparnis, weil die umfangreichen Stellenteile großer Tageszeitungen nicht mühsam durchsucht werden müssen • einfache und komfortable Suchroutinen • gezielte Recherchen (z.B. nach Angeboten in bestimmten Branchen, bei einzelnen Unternehmen) möglich • direkte Kontaktaufnahme (E-Mail) zu potentiellem Arbeitgeber möglich • keine starren Erscheinungstermine einer Stellenanzeige • ständig aktuelle Stellenangebote abrufbar	• eingeschränktes Angebot bezüglich Berufsgruppen und Branchen (v.a. Informatik-Bereich) • zunehmende Informationsflut, wenn zukünftig noch mehr Jobbörsen Stellen im Internet anbieten • bestimmte technische Voraussetzungen erforderlich (PC mit Internet-Zugang)

Übersicht 6.23: Vor- und Nachteile von Jobbörsen (nach *Mülder* 1999, 20)

Die Anzahl der Jobbörsen ist allerdings mittlerweile groß. **Markttests** (Übersicht 6.24) systematisieren das Angebot und ermöglichen es sowohl den Unternehmen als auch den Bewerbern, für sie geeignete Angebote zu finden, indem sie kriteriengestützte Beurteilungen vornehmen.

	Anzahl Stellen	PB	AB	BP	FP	Suchfunktionen						Note
						V	L	P	A	E	T	
www.job.de	20 313	+		+	+	+	+	B	+	+	+	1
www.careernet.de	3 899			+	+	+	+	+	+	+		1
www.arbeitsamt.de	>200000		+	+		+		+	+		+	2
www.jobticket.de	1 938			+		+	+	B		+	+	2
www.job-suche.de	1 990			+	+	+		B	+	+		2
www.job-news.de	681			+				B		+	+	2
www.jobinteractive.de	1 720	+		+	+	+	+	B		+	+	2
jobshop.stellenmagazin.de	6 991			+	+	+		B			+	2
www.job-consult.com	536			+	+	+				+	+	2
www.jobware.de	2 087	+	+		+	+	+	R			+	3
www.jobonline.de	3 236		+	+		F	F	B			+	3
www.stellenboerse.de	1 230			+	+			+	+			3
www.job-office.de	k.A.			+				B				3
www.mamas.de	k.A.			+	+						+	3
www.stellenmarkt.de	1 353			+		+	+					3
www.jobpool.de	k.A.											4

Stellenanzahl zum Testzeitpunkt
Note auf der Schulnotenskala von 1 (sehr gut) bis 6 (ungenügend)
PB Praktikantenbörse
AB Ausbildungsbörse
BP Bewerberpool
FP Firmenprofile
V Volltextsuche
L log.-Operatoren
P PLZ-Einschränkung (B - Bundesländer, R - Regionen)
A Anzeigenzeitraum
E E-Mail-Benachrichtigung
T Tips für die Bewerbung

Übersicht 6.24: Markttest für Jobbörsen (nach *Hitzig* 1999)

Eine Analyse potentieller Zielgruppen, die von Unternehmen via Internet angesprochen werden, zeigt, daß es sich hier in erster Linie um Studenten, EDV-Experten und Medienkenner handelt. Untersuchungen in Amerika weisen dagegen bereits auf eine generell steigende Akzeptanz des Mediums hin: Hier nutzen bereits 80% aller amerikanischen Studenten den elektronischen Weg bei der Kontaktaufnahme mit Unternehmen (vgl. *Maassen* 1997, 517).

Eine wichtige Unterstützung der bewerberseitigen Lokalisation der Stellenanzeige bilden neben allgemeinen Suchmaschinen wie *yahoo*, *infoseek*, *lycos* oder *altavista* auch spezialisierte Suchroboter wie *Zeit-Robot*, *Cesar*, *Jobworld* oder *Jobrobot*: Sie durchsuchen täglich gezielt das Internet nach Stellenanzeigen und stellen sie potentiellen Bewerbern zur Verfügung.

Unternehmen nutzen auch ihre **unternehmenseigenen Homepages** zum direkten Angebot freier Stellen. Hier kann das Internet gleichzeitig strategiegerichtet zur Eigenpräsentation des Unternehmens eingesetzt werden. Häufig werden kommerzielle Jobbörsen oder externe Anbieter nur deshalb eingeschaltet, weil die Unternehmen keine eigenen Homepages haben oder die Personalabteilung nicht über entsprechende Kapazitäten verfügt, um internetfähige Anzeigen zu schalten. Beide Restriktionen zeigen sinkende Tendenzen, weshalb die Unternehmen selbst auf ihren eigenen Kommunikationsplattformen Personalanzeigen plazieren, die dann preiswerter, aktueller und gleichzeitig authentischer werden.

Zum Teil nutzen Unternehmen vorgefertigte **Online-Bewerbungsformulare** insbesondere aus Vereinfachungsgründen und zum Zweck der Standardisierung der Bewerbungsunterlagen. Durch die Anwendung von Online-Formularen wird auch eine elektronische Vorauswahl von Bewerbern möglich. Hier kann das EDV-System die Eingaben mit vorher definierten Selektionskriterien abgleichen und gegebenenfalls – unter Berücksichtigung von Rückwirkungen auf das Unternehmensimage – den jeweiligen Bewerbern direkt eine Absage oder eine Einladung zum Vorstellungsgespräch zukommen lassen.

Unternehmen können sich zudem in **Newsgoups** im Internet beteiligen, die zu Themen wie Arbeitsmarkt oder Stellenbeschaffung eingerichtet sind. Sie funktionieren nach dem Prinzip eines Schwarzen Bretts, auf dem über angeheftete elektronische Nachrichten und Beiträge direkt mit anderen Interessierten, in diesem Fall den Bewerbern, Informationen ausgetauscht werden können. Newsgroups spezialisieren sich üblicherweise relativ stark: So kann man mit Bezug auf den Arbeitsmarkt beispielsweise Newsgroups für allgemeine Informationen (*alt.jobs*), für stellensuchende Berufsanfänger (*misc.jobs.offered.entry*) oder für Computerspezialisten (*comp.jobs.offered*) finden.

Die Personalbeschaffung via Internet verändert den Bewerbermarkt grundlegend. So ist als **Konsequenz** eine Erhöhung der Marktdynamik absehbar:

- Die Informationsflut des Internets führt für Bewerber dazu, daß das direkt einsehbare *Angebot* an offenen Stellen steigt. Gleichzeitig scheint eine Bewerbung durch das Internet einfacher zu sein. Dies führt dazu, daß sich die Bewerber häufiger bewerben.
- Durch die steigende Zahl an Bewerbungen (größere Unternehmen erhalten bereits auf dem traditionellen Weg um die 1 000 Zuschriften auf einzelne Stellenanzeigen und 20 bis 30 Individualbewerbungen täglich) steigt zwangsläufig auch die *Ablehnungsrate* und führt bei

einer gleichbleibenden Zahl zu besetzender Stellen zu einer Potenzierung von Aktivitäten bei steigenden Ablehnungsraten.

Insgesamt muß sich durch die Personalbeschaffung über das Internet der Arbeitsaufwand für die Personalabteilungen nicht zwingend verringern.

6.4.2.3 Personalleasing

Eine Sonderform im Rahmen der eher passiven Maßnahmen der externen Personalbeschaffung nimmt das Personalleasing ein (vgl. *Bährle* 1998, 16-20). Personalleasing bietet sich insbesondere für absehbare, zeitlich begrenzte Bedarfssituationen an und läßt sich sehr flexibel handhaben. Beim Personalleasing (Arbeitnehmerüberlassung) wird der bei einem Unternehmen Beschäftigte – unter Aufrechterhaltung des zwischen beiden Parteien geschlossenen Arbeitsvertrages – einem Dritten vorübergehend „zur Verfügung gestellt". Diese (gewerbsmäßige) Arbeitnehmerüberlassung wird durch das Arbeitnehmerüberlassungsgesetz (AÜG) geregelt. Bei der Abwicklung der Arbeitnehmerüberlassung direkt involviert sind vier Parteien (Abbildung 6.18): Die Bundesanstalt für Arbeit erteilt dem Personalleasing-Geber nach entsprechender Vorkontrolle eine widerrufbare Erlaubnis zum Personalleasing (§ 2 i.V.m. § 17 AÜG). Dieser Leasing-Geber gilt als Arbeitgeber des Leiharbeit-

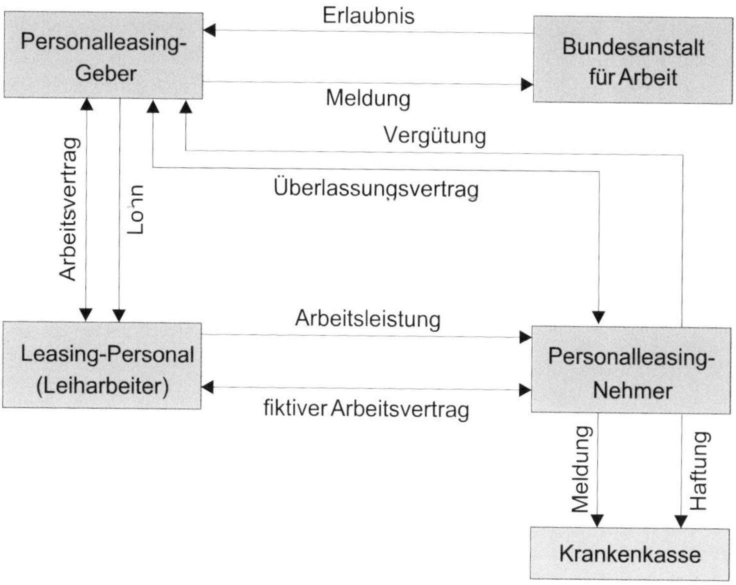

Abbildung 6.18: Ablauf des Personalleasings

nehmers und übernimmt sämtliche Arbeitgeberpflichten und Risiken. Er schließt mit dem Leasing-Personal (Leiharbeitnehmer) Verträge ab (§ 11 AÜG), in denen sich die Arbeitnehmer zur Erbringung der Arbeitsleistung bei einem Dritten, dem Leasing-Nehmer, verpflichten. Das Leasing-Personal erwirbt dadurch Anspruch auf Lohnzahlung vom Leasing-Geber. Der Leasing-Nehmer schließt mit dem Leasing-Geber einen Arbeitnehmerüberlassungsvertrag (§ 12 AÜG) ab: Damit erhält der Personalleasing-Nehmer ein Weisungsrecht gegenüber dem Leiharbeitnehmer. Im Arbeitnehmerüberlassungsvertrag und im Arbeitsvertrag des Leasing-Personals sind die zu erfüllenden Aufgaben und die zulässigen Einsatzorte anzugeben, wobei sich der Arbeitnehmerüberlassungsvertrag im Rahmen des Arbeitsvertrages zu bewegen hat. Der Leasing-Geber erhält eine entsprechende Vergütung direkt vom Leasing-Nehmer.

Aus Sicht des Leasing-Nehmers bringt die Verwendung von Leiharbeitnehmern eine Reihe von **Vorteilen** (vgl. *Becker/Kreikebaum* 1982, 270-282; *Bährle* 1998, 16-20):

- Vor allem in Zeiten der Hochkonjunktur läßt sich durch Leiharbeit ein größeres *Arbeitskräftepotential* mobilisieren.
- Fallen Stammarbeitnehmer infolge von Urlaub, Krankheit oder sonstigen Ursachen kurzfristig aus, können Unternehmen kurzfristig durch Personalleasing *Produktivitätsverluste* vermeiden.
- Die *Anpassungsgeschwindigkeit* des Personalstandes an den Personalbedarf wird erhöht, da weder bei der Personalfreisetzung noch bei der Personalbeschaffung Zeitverzögerungen eintreten.
- Leasing-Geber verfügen in der Regel über eine breite Palette an spezialisiertem Leasing-Personal. Aus diesem Grund können Mitarbeiter gefunden werden, die genau den (kurzfristig anfallenden) *Stellenanforderungen* gerecht werden.
- Das *Beschäftigungsrisiko* wird auf den Leasing-Geber abgewälzt. Er muß dem Leasing-Personal entsprechenden arbeitsrechtlichen Schutz gewähren.
- Das Leasing-Personal bewahrt das Stammpersonal vor *Überbelastung*, wenn Überstunden zur Erhöhung der Krankheits-, Unfall- und Fluktuationsquote bei der Stammbelegschaft führen würden.

Diesen Vorteilen stehen allerdings auch **Nachteile** gegenüber: Diese betreffen sowohl den Einarbeitungsaufwand für spezifische Tätigkeiten des Unternehmens beziehungsweise Arbeitsplatzes als auch „klimatische" Implikationen im Hinblick auf die *Stammbelegschaft*. So reduziert der intensive Einsatz von Leasing-Personal die Wahrscheinlichkeit des Aufbaus einer starken Unternehmenskultur, die einen essentiellen Bestandteil der Unternehmensführung darstellt.

6.4.2.4 Personalvorauswahl

Stehen für eine zu besetzende Stelle mehrere Kandidaten zur Verfügung, so stellt sich das Problem der Bewerberselektion. Berücksichtigt man die hohen Kosten, die eine falsche Entscheidung zur Folge hat, wird die Bedeutung der Bewerberauswahl offenkundig.

Empirischer Befund (GPP): Anteil von sofortigen Absagen an Bewerber aus dem Grund der Nichterfüllung formaler Kriterien (in Prozent)

Das strikte Einhalten formaler Vorgaben bei der Bewerbung erscheint insbesondere bei französischen und amerikanischen Unternehmen angebracht, die hierauf besonderen Wert legen.

D	Ö	USA	F	Sp	Rest	Σ
51	41	74	83	38	53	51

Bewerbungsanalyse. Bestandteile einer vollständigen Bewerbung sind Anschreiben, Zeugnisse, Lebenslauf, beruflicher Werdegang, Lichtbild, gegebenenfalls Gesundheitszeugnisse, Arbeitsproben und Referenzen. Wenn aus einer großen Menge von Bewerbern nur eine kleine Anzahl eingestellt werden soll, kommen als erstes **formale Kriterien** zum Zuge. So weisen die aus Anschreiben und Lebenslauf zu entnehmenden Informationen

- Schulabschluß,
- Staatsbürgerschaft,
- Alter oder
- Zeugnisnoten

bereits auf Bewerber hin, die nicht den (formalen) Wünschen des Unternehmens entsprechen. Zwar ist die Validität speziell von Zeugnisnoten umstritten (vgl. *Kompa* 1984, 115) – aus pragmatischen Gründen scheinen sie aber in einigen Fällen zumindest als Indikator für die Anpassungsfähigkeit des Bewerbers verwendbar (vgl. *Berthel* 1997, 187). Weiterhin sind Leserlichkeit, Übersichtlichkeit, Aufbau, Vollständigkeit, Orthographie und ordentliches Erscheinungsbild der Bewerbung Kriterien, die unter Umständen sehr schnell die Anzahl der Bewerber verringern (Übersicht 6.25).

Fragebogen. Personalfragebogen bieten sich an, um die Informationen der Bewerbungsunterlagen zu überprüfen und zu vervollständigen. Weiterhin ermöglichen sie einen direkten Vergleich zwischen den Bewerbern. Zu beachten ist, daß der Betriebsrat bei der Erstellung von Fragebogen Zustimmungsrecht bezüglich des Inhalts hat (§ 94 BetrVG). **Einfache Fragebogen** beschränken sich auf das Erheben von harten Fakten, also primär auf explizite Einstellungskriterien.

Beurteilung von Bewerbungsschreiben		
Analyseobjekt	**Kriterium**	**Bewertungshinweise**
Bewerbung – allgemein	Aufbau: Systematik erkennbar? – Bewerbungsgrund – Selbstdarstellung ... Stil: Wortschatz? – flüssig – unbeholfen ... Motivation: – sachliche Gründe – persönliche Gründe	– Sind Anhaltspunkte zu Eigenschaften wie Sorgfalt, schriftliches Darstellungsvermögen zu erkennen? – Gibt es Anhaltspunkte für das schriftliche Ausdrucksvermögen? – Bewertung des Bewerbungsgrundes
Anschreiben – ausgeschriebene Stelle	– Gibt es einen konkreten Bezug zur Anzeige und den Anforderungen? – Ist die Motivation an der Stelle erkennbar?	– Inwieweit hat sich der Bewerber mit der Stelle auseinandergesetzt?
Anschreiben – freie Bewerbung	– Warum richtet sich die Bewerbung an diese Firma? – Grenzt der Bewerber seine Interessenbereiche ab? – Begründet er dies?	– Zeigt der Bewerber ein konkretes Interesse an dieser Firma? – Ist die Begründung schlüssig? Welche Haltung steht dahinter (z.B. Sicherheitsdenken)?

Beurteilung von Zeugnissen		
Analyseobjekt	**Kriterium**	**Bewertungshinweise**
Schulzeugnisse	– Sind aus den Noten besondere Begabungen erkennbar? (Beschränkung der Analyse auf Abschlußzeugnisse)	– Zeugnisnoten lassen gewisse Rückschlüsse auf das Leistungsverhalten zu. – Aussagen sollten überprüft werden.
Hochschulzeugnisse	– Ist aus der Wahl der Studienschwerpunkte eine Zielsetzung erkennbar? – Sind die Noten der Schwerpunkte relativ gut?	– Stimmt die Zielsetzung mit den Anforderungen überein? – Steht die Diplomarbeit in bezug zum Arbeitsgebiet?
Arbeitszeugnisse	– Beachtung auffälliger Formulierungen – Vergleich mehrerer Arbeitszeugnisse	Unterscheidung – individuelle Form (eher aussagekräftig)

Lebenslauf	
Kriterium	**Bewertungshinweis**
Zeitfolgenanalyse – Häufigkeit des Stellenwechsels – Zeitdauer der einzelnen Beschäftigungsverhältnisse – Positionsanalyse – beruflicher Auf- bzw. Abstieg – Sind Trends erkennbar? – Besonderheiten im Lebenslauf	– Analyse der Gründe für einen Stellenwechsel (Über-/Unterforderung, Unstetigkeit usw.) Anhaltspunkt für Leistung – Ist eine Steigerung oder Kontinuität der beruflichen Entwicklung erkennbar? (Eindeutige Aussagen können hier meist nicht getroffen werden.)

Bewertung des Lichtbildes	
Kriterium	**Bewertungshinweis**
– Einschätzung der äußeren Erscheinung	– sehr subjektiv – nur selten aussagekräftig – bei bestimmten Positionen (z.B. Repräsentationsaufgaben) eher wichtig

Übersicht 6.25: Bewerberbewertung (modifiziert nach *Jung* 1997, 151-154)

Andere Personalfragebogen gehen weiter und erheben Daten, die das Verhalten des Bewerbers in der Vergangenheit sowie seine zukünftigen Pläne widerspiegeln (sollen): Mit Hilfe dieser biographischen Fragebogen werden auf der einen Seite objektive Daten, auf der anderen Seite subjektive Daten erfaßt. So beantwortet der Bewerber eine Vielzahl von Fragen, beispielsweise nach Erziehung und Freizeitinteresse.

Aus dem Vergleich der Antworten des Bewerbers mit historischen (empirischen) „Erfolgsprofilen" soll mit Hilfe spezifischer Analyseprinzipien Berufserfolg (Übersicht 6.26) prognostiziert werden.

Prinzip	**Themenbeispiel**
vergangenheitsbezogen vs. zukunftsbezogen	Anzahl beruflicher Wechsel
tatsächliches Verhalten vs. hypothetisches Verhalten	Vorgehen in erlebten Konfliktsituationen
nachprüfbar	Schulnoten
faktisch vs. interpretativ	Anzahl der Arbeitsstunden
äußere Ereignisse vs. innere Vorgänge	Kündigung
aktivitätsbezogen	Klassensprecher
leistungsbezogen	erstes eigenes Einkommen
anforderungsbezogen	Führungserfahrung

Übersicht 6.26: Prinzipien und Themenbereiche biographischer Fragebogen (*Schuler* 1996, 95)

Zwei spezielle Ausgestaltungsformen vom biographischen Fragebogen sind der „Weighted Application Blank" (WAB) und der „Biographical Information Blank" (BIB).

Beim **WAB** (vgl. *Cascio* 1982, 191-192) wird aus in der Vergangenheit beobachteten Merkmalen auf die Eignung des Bewerbers für eine genau definierte Tätigkeit geschlossen. Die Charakterisierung von „nicht erfolgreich" und „erfolgreich" orientiert sich an unternehmensspezifischen Gegebenheiten: Sie kann auf das reine Verbleiben im Unternehmen genauso abstellen wie auf den Aufstieg innerhalb der Unternehmenshierarchie. Die Verwendung des WAB-Ansatzes besteht aus vier **Phasen**:

In der *Erhebungsphase* gilt es, die „Erfolgsprofile" zu bestimmen. Dies verlangt die Erhebung einer Vielzahl von (durchaus spekulativen) Merkmalen für eine größere Gruppe von Mitarbeitern, die zur Zeit bereits im betreffenden Tätigkeitsbereich arbeiten. Für sie wird entsprechend der oben angesprochenen Zielsetzung ihr Erfolg bestimmt. Bei einem zumindest ordinal skalierten Erfolgskriterium ergibt sich dann die Trennung zwischen „nicht erfolgreich" und „erfolgreich" durch Halbierung der sortierten Probandenmenge. Die beiden resultierenden Teilmengen werden dann nach einem Zufallskriterium weiter aufgespalten: in eine Teilmenge, aus der sich die „Erfolgskriterien" ableiten, und in eine Validierungsgruppe.

Die beiden (gleich großen!) Teilmengen sollten im Hinblick auf statistische Signifikanz jeweils mindestens 125 Personen umfassen; in der weiteren Aufteilung soll die Validierungsgruppe um ein Drittel kleiner sein als die Datenbasis zur Ableitung der Einstellungskriterien. Übersicht 6.27 zeigt einen Vorschlag für diese Einteilung: In diesem Beispiel besteht das Sample aus 250 Mitarbeitern mit je 125 „erfolgreichen" und „nicht erfolgreichen" Probanden. Innerhalb der Gruppen erfolgt dann die Aufteilung in die Datenbasis zur Ableitung der Erfolgskriterien (insgesamt 150 Mitarbeiter) sowie in die Datenbasis zur Validierung der Kriterien (insgesamt 100 Mitarbeiter).

	Nicht erfolgreiche Mitarbeiter	**Erfolgreiche Mitarbeiter**
Datenbasis zur Ableitung der Einstellungskriterien	(1) n = 75	(2) n = 75
Datenbasis zur Validierung der Einstellungskriterien	(3) n = 50	(4) n = 50

Übersicht 6.27: Gruppeneinteilung beim WAB
(nach *Cascio* 1982, 192)

In der *Ableitungsphase* kommen als Berechnungsvorschrift (Übersicht 6.28) zunächst nur die Merkmalsausprägungen der Gruppen (1) und (2) zum Zuge. Da die Aussagekraft eines Merkmals davon abhängt, inwieweit sich die Belegungszahlen von Spalte (a) und (b) unterscheiden, ergibt sich die Diskriminierungskraft in der Ableitungsphase aus der (zeilenweisen) Division von (a) durch (c). Der in Spalte (d) ausgewiesene Prozentsatz führt dann gerundet in Spalte (e) zur Wertungszahl. Sie gibt Auskunft über die (empirische) Bedeutung des entsprechenden Merkmals in der Untersuchungsgruppe: Wertungszahlen unter 5 signalisieren nach dieser Berechnungsvorschrift eine geringe Erfolgswahrscheinlichkeit, solche über 5 eine hohe Erfolgswahrscheinlichkeit.

Die *Validierungsphase* bestimmt die Prognosekraft der anhand der Gruppe (1) und (2) festgelegten Wertungszahlen. Grundlage zur Prüfung der Prognosequalität sind die Daten der Kontrollgruppen (3) und (4): Für die Mitglieder dieser beiden Gruppen wird ausgehend von den ermittelten Kriterien (e) eine Aussage darüber getroffen, ob dem betref-

Kriterien mit ihren Ausprägungen	**Erhebung**		**Auswertung**		**Ergebnis**
	erfolgreich	nicht erfolgreich	Summe	%	Wertungszahl
	(a)	(b)	(c)	(d)	(e)
Anzahl abhängiger Angehöriger					
– keine	29	18	47	62	6
– 1 oder 2	16	6	22	73	7
– 3 oder 4	17	14	31	55	5
– mehr als 4	13	37	50	26	3
Summe	75	75	150		
Größe des gegenwärtigen Wohnortes					
– größer 100 000	10	37	47	21	2
– 20 000 bis 100 000	16	19	35	46	5
– 2 000 bis 20 000	31	8	39	79	8
– unter 2 000	18	11	29	62	6
Summe	75	75	150		
Ausbildungsabschluß					
– Universität	7	4	11	64	6
– Fachhochschule	26	6	32	81	8
– Abitur	12	22	34	35	4
– Mittlere Reife	19	26	45	42	4
– Volksschule	11	17	28	39	4
Summe	75	75	150		

Übersicht 6.28: Berechnungsvorschrift für WAB
(modifiziert nach *Cascio* 1982, 193)

fenden Mitarbeiter nach Bewertung mit dem WAB eine „erfolgreiche" Zukunft am entsprechenden Arbeitsplatz prognostiziert wird. Diese „Prognose" wird dann mit seinem tatsächlichen Erfolg verglichen. Diese Validierung sollte – als doppeltes Minimum – sowohl merkmalsbezogen als auch en bloc für den gesamten Merkmalssatz erfolgen. Ab einem (vorher) festgelegten Prozentsatz (zum Beispiel 80%) wird ein Merkmal beziehungsweise der Merkmalssatz als valide angesehen.

In der *Anwendungsphase* können mit Hilfe der Wertungszahlen aus Spalte (e) konkrete Bewerber im Hinblick auf ihre Erfolgswahrscheinlichkeit „bewertet" werden. Zu diesem Zweck wird für jeden Bewerber ein Durchschnittswert über alle erzielten Wertungszahlen gebildet: Auch hier prognostizieren Punktsummen unter 5 Mißerfolg, Punktsummen über 5 dagegen Erfolg.

Die Grundidee von biographischen Fragebogen und speziell vom WAB läßt sich am Merkmal „Größe des gegenwärtigen Wohnortes“ verdeutlichen: Zwischen diesem Merkmal und dem beruflichen Erfolg existiert keine plausible Kausalität. Dennoch kann die gesuchte Gruppe von Mitarbeitern durchaus eine Präferenz für bestimmte Wohngegenden haben und „Wohngegend“ deshalb als sinnvoller Prädiktor verwendet werden.

Der WAB unterstellt nicht die Existenz einer Kausalität zwischen biographischen Daten und Berufserfolg: Er berücksichtigt lediglich Koinzidenz zwischen biographischer Vergangenheit und Berufserfolg. Diese Koinzidenz gilt als durch ein drittes Merkmal hervorgerufen, das die Ausprägungen der beiden Koinzidenzvariablen in gleicher Weise beeinflußt, aber nicht bekannt und daher nicht abfragbar ist.

Der **BIB** (vgl. *Milkovich/Glueck* 1985, 300-301; *Cascio* 1998, 189-191) geht ähnlich vor: Hier kommen allerdings biographische Daten zum Einsatz, die bewußt extrem auf subjektive Einstellungen und Eigenbeurteilungen des Bewerbers abstellen (Übersicht 6.29). Aus diesem Grund fällt auch die Erstellung eines empirisch überprüfbaren Ansatzes im Regelfall schwerer als beim WAB.

Auch der BIB wird in den USA verwendet und als durchaus valide bezeichnet: So weist *Cascio* (1998, 191) auf eine Untersuchung hin, in der man im Zweiten Weltkrieg anhand der Antwort auf die Frage nach dem flugfähigen Modellflugzeug die Eignung zum Piloten fast so gut vorhersagen konnte wie die gesamten Testbatterien der Air Force.

Unabhängig von der mitbestimmungsrechtlichen Beurteilung eines derartigen WAB/BIB-Fragebogens bleibt die Möglichkeit des impliziten Einsatzes dieser Fragen im Einstellungsinterview.

Einstellungsinterviews. Die zentrale Informationsquelle für die Personalauswahl bleibt das Vorstellungsgespräch. Es bietet sich als weitere Informationsquelle vor allem deshalb an, weil ein persönlicher Eindruck von Bewerbern gewonnen werden kann. Zudem bietet sich die Möglichkeit, die vom Bewerber schriftlich gemachten Aussagen zu überprüfen und Differenzen gegebenenfalls zu klären. Wie bei allen Interviews gibt es auch hier eine Reihe von Ausgestaltungsformen (Übersicht 6.30):

- Der **Freiheitsgrad** der Interviews drückt aus, inwieweit der Interviewer das Interview gestalten und auf Antworten des Bewerbers reagieren kann.
  - Beim *strukturierten* Interview sind die Fragen vor dem Interview fixiert und werden allen Bewerbern mit gleichem Wortlaut sowie in gleicher Reihenfolge gestellt.
  - Das *halbstrukturierte* Interview ermöglicht dem Interviewer, Fragen zu reformulieren. Dabei kann der Interviewer durch nur

historisch	Wie alt waren Sie bei Ihrer ersten bezahlten Arbeitsstelle?	zukünftig	Welche Position werden Sie in 10 Jahren besetzen?
extern	Wurden Sie jemals entlassen?	intern	Welche Einstellung haben Sie gegenüber Freunden, die Haschisch rauchen?
objektiv	Wie viele Stunden haben Sie für Ihre Führerscheinprüfung gelernt?	subjektiv	Würden Sie sich als scheu beschreiben?
aus erster Hand	Wie pünktlich kommen Sie zur Arbeit?	aus zweiter Hand	Wie würden Ihre Lehrer Ihre Pünktlichkeit beschreiben?
Einzelfrage	Mit welchem Alter haben Sie Ihren Führerschein gemacht?	summarisch	Wie viele Stunden lernen Sie durchschnittlich pro Woche?
verifizierbar	Was war Ihr Notendurchschnitt im Abitur?	nicht verifizierbar	Wieviel Frischobst essen Sie pro Tag?
kontrollierbar	Wie viele Versuche brauchten Sie für Ihr Examen?	nicht kontrollierbar	Wie viele Geschwister haben Sie?
gleiche Zugangschance	Waren Sie Klassensprecher?	ungleiche Zugangschance	Waren Sie Kapitän einer Fußballmannschaft?
arbeitsrelevant	Wieviel Einheiten des Produktes X haben Sie im letzten Kalenderjahr verkauft?	nicht arbeitsrelevant	Sind Sie ein Experte in Kreuzworträtseln?
nicht eindringend in Privates	Waren Sie im Sportteam Ihrer Hochschule?	eindringend in Privates	Wie viele Kinder haben Sie?

Übersicht 6.29: Beispiele für biographische Fragen (nach *Mael* 1991, 773)

vage vorformulierte Fragen („Leitfaden") auf die besondere Situation eingehen und den Bewerber individuell unterstützen.

- Beim *freien* Interview ist der Interviewer an keinen Leitfaden gebunden, er kann somit Fragen frei formulieren und eine beliebige Thematik anreißen. Auch wird ermöglicht, daß der Interviewer auf die Antworten des Bewerbers spontan eingeht.

• Eine weitere Unterscheidung des Interviews ergibt sich aus der Anzahl der beteiligten Personen. Beim Einzelgespräch sind nur Interviewer und Bewerber beteiligt; im Gegensatz dazu stehen *serielles*

Empirischer Befund (GPP): Erwähnung negativer Aspekte im Einstellungsprozeß durch das Unternehmen (in Prozent)

Überwiegend findet eine realistische Rekrutierung statt – lediglich in Spanien erscheint für Bewerber eine gewisse Skepsis gegenüber dem einstellenden Unternehmen angebracht.

D	Ö	USA	F	Sp	Rest	Σ
83	81	67	75	45	73	72

Interview (mehrere Interviews in Folge), *Juryinterview* (mehrere Interviewer) und *Gruppeninterview* (mehrere Bewerber).

- Darüber hinaus gibt es diverse **Sonderformen** für Interviews. Beim *Streßinterview* versucht der Interviewer, den Bewerber unter Druck zu setzen, dabei die psychische Beanspruchungsfähigkeit des Bewerbers zu testen und Widersprüche aufzudecken. Das *Tiefeninterview* dient dazu, ähnlich wie in der Psychoanalyse, die Persönlichkeitsstruktur des Bewerbers offenzulegen. Dabei sollen unbewußte Einstellungen, Werte oder Motive ans Tageslicht gebracht werden.

Mit steigendem Freiheitsgrad des Interviews nehmen die Anforderungen an den Interviewer zu. Für das freie Interview ist ein größerer Zeitaufwand erforderlich und die Vergleichbarkeit a priori nicht gegeben. Diesen Nachteilen steht jedoch der Vorteil gegenüber, individuell auf den Befragten eingehen zu können und den Bewerber zu aussagekräftigeren Antworten zu ermutigen.

Freiheitsgrad	**Beteiligte Personen**			
	Einzelgespräch	mehrere Teilnehmer		
		serielles interview	Jury-Interview	Gruppen-Interview
strukturiertes Interview				
halbstrukturiertes Interview				
freies Interview				
Streßinterview				
Tiefeninterview				

Übersicht 6.30: Klassifikation von Interviews

Immer mehr Unternehmen führen auch mehrstufige Interviewrunden durch. Insbesondere aufgrund der immer wichtiger werdenden sozialen Kompetenzen der Bewerber kommt es in der ersten Runde zu einem reinen Warm-up und einem „lockeren“ Kennenlernen. Daher beginnen sinnvollerweise die Unternehmen mit einer Eigendarstellung und einer

Erläuterung des Betriebsprofils, um eine gute Gesprächsatmosphäre aufzubauen und Ängste abzubauen. In der zweiten Fragerunde, die in vielen Fällen zu einem anderen Termin stattfindet, rücken fachliche und organisatorische Fragestellungen in den Vordergrund.

Das Vorstellungsgespräch bietet – je nach Ausgestaltung – ein großes Potential zur Informationsgewinnung. Seine Aussagekraft dürfte aber dennoch stark **überschätzt** sein (vgl. *Kompa* 1984, 159-210):
- So suchen Interviewer stärker nach negativen als nach positiven Informationen,
- fällen Interviewer oft bereits nach wenigen Minuten ein später nur schwer korrigierbares Urteil über den Bewerber und
- üben Geschlecht und physische Attraktivität des Bewerbers einen starken Einfluß auf das Urteil des Interviewers aus;

mit steigendem Gesprächsanteil des Bewerbers, mit zunehmender Erfahrung des Interviewers und mit zunehmender Information des Interviewers/Bewerbers über die zu besetzende Stelle steigt allerdings die Qualität eines aufgrund von Interviews getroffenen Urteils. Eine weitere Verbesserung verspricht das „Multimodale Interview" (vgl. *Schuler/Moser* 1995; *Schuler* 1996). Dieses Auswahlverfahren verbindet unterschiedlichste Interviewelemente (Übersicht 6.31).

Aufbau eines multimodalen Interviews

1. *Gesprächsbeginn*: Kurze informelle Unterhaltung; Bemühen um angenehme und offene Atmosphäre; Vorstellung; Skizzierung des Verfahrensablaufs; keine Beurteilung.
2. *Selbstvorstellung des Bewerbers*: Bewerber spricht einige Minuten über seinen persönlichen und beruflichen Hintergrund. Beurteilung nach drei anforderungsbezogenen Dimensionen auf einer fünfstufigen Skala.
3. *Freies Gespräch*: Interviewer stellt offene Fragen in Anknüpfung an Selbstvorstellung und Bewerbungsunterlagen. Summarische Eindrucksbeurteilung.
4. *Biographiebezogene Fragen*: Biographische (oder „Erfahrungs-")Fragen werden aus Anforderungsanalysen abgeleitet oder anforderungsbezogen aus biographischen Fragebogen übernommen. Die Antworten werden anhand einer dreistufigen (einfache Fragen) bzw. fünfstufigen (komplexe Fragen) verhaltensverankerten Skala beurteilt.
5. *Realistische Tätigkeitsinformation*: Ausgewogene Information seitens des Interviewers über Arbeitsplatz und Unternehmen. Überleitung zu situativen Fragen.
6. *Situative Fragen*: Auf Critical-Incident-Basis konstruierte situative Fragen werden gestellt, die Antworten werden auf fünfstufigen verhaltensverankerten Skalen beurteilt.
7. *Gesprächsabschluß*: Fragen des Bewerbers; Zusammenfassung; weitere Vereinbarungen.

Übersicht 6.31: Aufbau des multimodalen Interviews (*Schuler* 1996, 90)

Eine spezielle Form des Einstellungsinterviews ist das **computergestützte Interview**: Bei einem solchen System werden dem Bewerber sukzessive Fragen auf dem Bildschirm vorgelegt, wobei die Fragen von den bisherigen Antworten abhängen. Gegenüber dem herkömmlichen Personalfragebogen kommen aber die Vorteile des computergestützten Interviews (Vollständigkeit, keine nonverbale Interaktion, Zeiteffizienz) nur dann zum Tragen, wenn die Gestaltung der Fragen tatsächlich in hohem Maße von den vorangegangenen Antworten abhängt.

Empirischer Befund (GPP): Relevanz ausgewählter Kriterien bei der Personalauswahl (in Prozent, Mehrfachnennungen)

Persönlichkeit, Teamgeist und Berufserfahrung – dies sind die international gefragtesten Selektionskriterien. In Österreich und Frankreich wird im internationalen Vergleich am ehesten auf das Kriterium Zensuren – dem überhaupt eine niedrige Relevanz zukommt – verzichtet. Die Form der Bewerbungsunterlagen ist noch am ehesten im deutschsprachigen Raum wichtig.

	D	Ö	USA	F	Sp	Rest	Σ
Persönlichkeit	84	92	42	100	81	80	84
Kommunikationstalent	51	39	67	55	45	32	45
Teamgeist	78	71	33	70	90	82	76
Kreativität	41	24	33	21	29	23	28
Sehr gute Zensuren	20	4	25	3	21	16	14
Berufserfahrung	53	59	58	52	55	77	59
Lückenloser Lebenslauf	18	18	33	-	14	16	15
Bewerbungsunterlagen	14	24	8	6	2	9	12

Einen Überblick über **Einflußfaktoren** beim Auswahlinterview zeigt das von *Arvey* und *Campion* (1982) entwickelte Modell (Übersicht 6.32). Hierbei werden Charakteristika von Bewerbern und Interviewern aufgezeigt, die in der gegenseitigen Perzeption der Beteiligten für das Ergebnis des Auswahlinterviews von Bedeutung sind. Hinzu kommen situative Faktoren, die ebenfalls das Auswahlinterview beeinflussen.

Betrachtet man die **Validität** von Einstellungsinterviews in Relation zu anderen Auswahlverfahren, so erkennt man eine Diskrepanz zwischen subjektiver Wertschätzung und empirischer Bedeutung: Die Ursachen dieses Validitätsdefizites liegen in (vgl. *Schuler* 1996, 85)

- mangelndem Anforderungsbezug der Fragen,
- unzulänglicher Verarbeitung der aufgenommenen Informationen,
- tendenziell geringer Beurteiler-Übereinstimmung,
- dominierendem Gewicht früherer Gesprächseindrücke,
- Überbewertung negativer Informationen,

- emotionalen Einflüssen auf die Urteilsbildung sowie
- Beanspruchung des größten Teils der Gesprächszeit durch den Interviewer.

Daher bietet es sich an, weitere Testverfahren zur Informationssammlung über Bewerber einzusetzen.

Bewerber	**Situation**	**Interviewer**
– Alter, Geschlecht – physischer Druck – Ausbildung/beruflicher Hintergrund – berufliches Interesse/ Karriereplanung – psychologische Merkmale: Einstellung, Intelligenz, Motivation ... – Erfahrung und Übung als Interviewter – Wahrnehmungen bezüglich Interviewer, Stelle, Firma ... – verbales und nonverbales Verhalten	– politische, rechtliche und wirtschaftliche Kräfte am Markt und in der Organisation – Rolle des Interviews im Auswahlprozeß – Auswahlrate – physikalische Bedingungen: Atmosphäre, Anzahl an Interviewern – Interviewstruktur	– Alter, Geschlecht – physischer Eindruck – psychologische Merkmale: Einstellung, Intelligenz, Motivation ... – Erfahrung und Übung als Interviewer – Wahrnehmung der Stellenanforderung – Vorwissen über den Bewerber – Ziele des Interviews – verbales und nonverbales Verhalten

Übersicht 6.32: Einflußfaktoren im Auswahlinterview (nach *Arvey/Campion* 1982, 283)

6.4.2.5 *Testverfahren*

Psychologische Testverfahren. Diese Verfahren beziehen sich auf Persönlichkeitsmerkmale und auf Fähigkeiten. Sie basieren auf psychologischen Kriterien (vgl. Überblick bei *Michel/Conrad* 1982) als Instrument der Personalauswahl und erfassen individuelle Verhaltensmerkmale, um daraus auf Eigenschaften oder Leistungen der betreffenden Personen zu schließen (Übersicht 6.33).

Persönlichkeitstests sollen Merkmale des Bewerbers erfassen, die weitgehend situationsabhängig und zeitlich konstant sind. Sie zielen auf offene und freie Reaktionsmöglichkeiten, da im Gegensatz zu Fähigkeitstests nicht auf eine vorgeschriebene Leistung abgestellt wird. Schwerpunkt des Persönlichkeitstests ist das „Wie“ der Problemlösung im Test:

- Bei *subjektiven Tests* ist das Testprinzip für den Probanden durchschaubar. Er kann durch seine Antworten das Testergebnis beeinflussen und verfälschen.

Empirischer Befund (GPP): Verwendung ausgewählter Personalauswahlverfahren (in Prozent, Mehrfachnennungen)

Zur Personalauswahl werden generell persönliche Informationen vom Bewerber selbst und von Referenzpersonen abgefragt; daneben kommt den Bewerbungsunterlagen ein relativ hohes Gewicht zu. Einige länderspezifische Besonderheiten finden sich bestätigt: die häufige Verwendung graphologischer Verfahren in Frankreich sowie die hohe Relevanz formaler Kriterien, wie sie im deutschsprachigen Raum an die Bewerbungsunterlagen angelegt werden.

	D	Ö	USA	F	Sp	Rest	Σ
Top-Management							
Analyse der Bewerbungsunterlagen	87	66	27	43	3	79	56
Assessment Center	34	45	36	19	15	56	35
Biographischer Fragebogen	21	21	36	25	18	16	21
Graphologie	4	9	9	39	5	47	19
Interviews	94	89	100	92	90	93	92
Psychometrische Tests	15	21	-	19	28	35	22
Referenzen	77	70	73	54	65	88	72
Übrige Mitarbeiter							
Analyse der Bewerbungsunterlagen	91	66	45	49	26	88	64
Assessment Center	34	19	36	3	12	16	19
Biographischer Fragebogen	15	26	27	31	31	23	25
Graphologie	-	4	9	53	2	21	14
Interviews	91	89	91	89	95	93	92
Psychometrische Tests	9	17	27	47	79	42	37
Referenzen	36	43	73	29	36	83	47

- Bei *objektiven* Tests bleibt dem Probanden das Prinzip des Tests verborgen. Da er nicht weiß, wie sein Verhalten interpretiert wird, kann er das Ergebnis nicht vorsätzlich beeinflussen.
- Bei *projektiven* Tests wird versucht, durch psychologische Techniken die tieferliegende Persönlichkeitsstruktur von Bewerbern zu ergründen. Dazu wird von dem in der Tiefenpsychologie entwickelten Phänomen der „Projektion" ausgegangen: Die sich im Unterbewußtsein abspielenden Vorgänge werden in die Umwelt hineinprojiziert. Um diese Projektion offenzulegen, muß sich das Individuum während des Tests mit „Stimuli" beschäftigen und dabei versuchen, in natürlicher Weise darauf zu reagieren. Die Reaktionen werden analysiert und daraus Rückschlüsse auf die Persönlichkeitsstruktur sowie auf die zugrundeliegenden Motive gezogen. Beispiele für projektive Tests sind der Rorschach-Test und der TAT (*Hörmann* 1982).

Persönlichkeitstests	
subjektive Tests	Persönlichkeitsfragebogen Interessen- und Neigungstests
objektive Tests	Testbatterie nach *Cattell* apparative Verfahren z.B. zur Ermittlung von Lernkurven
projektive Tests	Formdeuteverfahren verbalmathematische Verfahren zeichnerische und gestalterische Verfahren
Fähigkeitstests	
allgemeine Leistungstests	Aufmerksamkeitstests Konzentrationstests Willenseinsatztests
Intelligenztests	allgemeine Intelligenztests spezielle Intelligenztests
spezielle Fähigkeiten	sensorische Fähigkeiten motorische Fähigkeiten Einzelfunktionen des Bewegungsapparates

Übersicht 6.33: Klassifikation psychologischer Testverfahren (nach *Brickenkamp* 1975, 13-17; *Schneider/Heim/Wacker* 1975, 57)

Fähigkeitstests verlangen eine klar vorgegebene Leistung. Beim Geschwindigkeitstest sind daher in der vorgegebenen Zeit soviel Aufgaben wie möglich zu lösen, beim Niveautest möglichst viele Aufgaben mit zunehmender Schwierigkeit.

- *Allgemeine Leistungstests* nehmen Bezug auf Grundvoraussetzungen für jede geistige Leistung. Diese Merkmalsgruppe mit Allgemeinheitscharakter umfaßt die Merkmale Konzentration, Aufmerksamkeit, Willensstoßkraft sowie Willenseinsatz.
- *Intelligenztests* sollen die intellektuelle Leistungsfähigkeit ermitteln, und zwar hinsichtlich der relativen Intelligenzhöhe als Intelligenzquotient (bezogen auf die jeweilige Altersgruppe) sowie hinsichtlich der Intelligenzstruktur als qualitative, mehrdimensionale Konkretisierung.
- *Spezielle Fähigkeitstests* zielen auf sensorische Fähigkeiten wie Sehschärfe, Farbwahrnehmung, Gehörsinn oder motorische Fähigkeiten wie Muskelkraft, Handgeschicklichkeit, Reaktionszeit.

Fähigkeitstests sind zeit- und kostenintensiv, da sie in der Regel nur individuell unter psychologisch geschulter Leitung durchgeführt werden können. Hinzu kommt, daß Intelligenztests nur sehr begrenzt Rückschlüsse auf die berufliche Eignung erlauben. Der einfachen Regel, im Zweifelsfall den intelligenteren Bewerber einzustellen, steht das potentielle Motivationsproblem überqualifizierter Mitarbeiter entgegen. Problematisch bei Leistungstests ist teilweise die inhaltliche Umsetzung: Nimmt man beispielsweise den sogenannten Pauli-Test, bei dem der Bewerber möglichst schnell unterschiedliche Zahlen addieren soll, so stellt sich die Frage, was dieser Test letztlich eigentlich mißt.

Um diese Schwierigkeiten zu reduzieren, werden in **situativen Tests** die Bewerber mit realistischen Situationen aus dem Arbeitsleben konfrontiert und ihre Verhaltensweisen in ihrem zukünftigen Tätigkeitsfeld beobachtet. Beispiele für situative Verfahren sind Plan- und Rollenspiele sowie Gruppendiskussionen. Bei Gruppendiskussionen beispielsweise werden mehrere Bewerber mit der Lösung einer Aufgabe beauftragt; dadurch können die Bewerber direkt miteinander verglichen und ihre sozialen Verhaltensweisen beobachtet werden.

Learning-Styles Inventory LSI. Dieser Test will Stärken und Schwächen im individuellen Lernverhalten messen. Die Ausgangsbasis bilden neun Reihen aus jeweils vier Worten, zwischen denen die Testperson eine

Bewerten Sie die vier Worte in jeder Reihe danach, inwieweit sie Ihren Lernstil beschreiben. Vergeben Sie dazu Werte zwischen eins (schlechteste Charakterisierung) und vier (beste Charakterisierung).

1	differenzierend	4	versuchend	1	interessiert	3	praktisch	2
2	aufnahmefähig	1	anwendbar	3	analytisch	4	unbefangen	2
3	fühlend	1	betrachtend	2	denkend	4	ausführend	3
4	akzeptierend	1	risikoreich	2	bewertend	4	wahrnehmend	3
5	intuitiv	2	produktiv	1	logisch	3	fragend	4
6	abstrakt	4	beobachtend	1	greifbar	3	aktiv	2
7	gegenwartsbezogen	3	reflektierend	1	zukunftsbezogen	4	pragmatisch	2
8	Erfahrung	1	Beobachtung	3	Vorstellung	4	Experiment	2
9	intensiv	4	zurückhaltend	1	rational	3	verantwortlich	2

KE=	9	RB=	9	AV=	22	AE=	13
				AV-KE=	13	AE-RB=	4

Abbildung 6.19: Berechnungsschema zum LSI
(nach *McBer & Company* 1976, 1)

Bewertung vornehmen muß: Das den Lernstil nach eigener Einschätzung am ehesten beschreibende Wort enthält 4 Punkte, das dem Lernstil am wenigsten entsprechende einen Punkt (Abbildung 6.19 oben). Die vier Spalten repräsentieren jeweils vier Dimensionen des individuellen Lernstils; allerdings werden nicht alle Wertungen berücksichtigt: Für jede Dimension gehen in die Addition nur spezifische Wertungen ein (Abbildung 6.19 unten).

Hohe Werte in den einzelnen **Dimensionen** haben folgende Bedeutung:

- *Konkrete Erfahrung* (KE) ist ein fokussiertes Lernverhalten auf Beispiele, in die die Person direkt involviert ist. Dieser Lernstil impliziert ein interessiertes, offenes und vorurteilsfreies Lernverhalten. Theoretische Lernsituationen werden abgelehnt, da Personen mit hoher KE-Ausprägung jede Situation als einzigartig ansehen.
- Personen mit einer hohen Ausprägung der Dimension *abstrakte Vorstellung* (AV) zeichnen sich durch analytisches konzeptionelles Lernverhalten aus, das zum größten Teil auf logischem Denken und rationaler Einschätzung beruht. Dies impliziert ein sachbezogenes Denken und Handeln. Diese Personen erzielen den größten Lernerfolg in autoritären und unpersönlichen Lernsituationen.
- *Aktives Experimentieren* (AE) ist ein aktiver Lernstil, gekennzeichnet durch Freude am Experimentieren (Learning by doing). Personen, die nach dieser Methode lernen, sind eher extrovertiert und lehnen passive Lernsituationen ab. Der Lernerfolg ist am größten in Situationen wie Projektarbeit oder Gruppendiskussionen.
- Ein hoher Wert bei der Dimension *reflektierendes Beobachten* (RB) zeigt einen objektiven und überdenkenden Lernstil an. Personen mit diesem Lernstil verlassen sich hauptsächlich auf sorgfältige Beobachtungen bei ihren Entscheidungen. Sie bevorzugen Lernsituationen, wie beispielsweise Vorlesungen, die es ihnen ermöglichen, die Rolle eines objektiven Beobachters einzunehmen. Diese Personen sind eher introvertiert.

Die Ausprägungen der einzelnen Dimensionen werden in ein Koordinatensystem eingetragen; durch Linien miteinander verbunden führen sie zum LSI-Profil (Abbildung 6.20).

Durch die Kombination von zwei Dimensionen will der LSI zusätzlich Informationen über das individuelle Lernverhalten liefern:

- Die Kombination von AV und KE drückt aus, inwieweit die Person abstraktes Lernen konkreten Lernsituationen vorzieht.
- Die Kombination von AE und RB drückt aus, inwieweit die Person die Aktion der Reflexion vorzieht.

Die daraus resultierenden Kombinationen werden in ein Koordinatensystem mit vier Quadranten eingetragen (Abbildung 6.21). Dies führt zu vier **Lernstiltypen**:

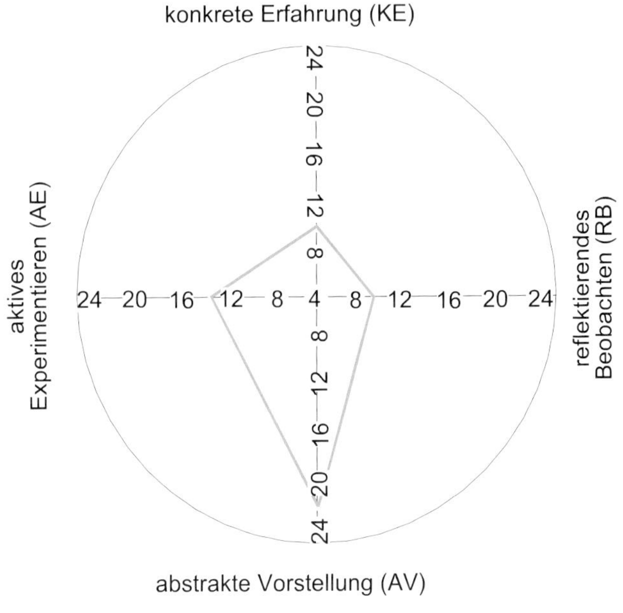

Abbildung 6.20: LSI-Beispielsprofil (nach *McBer & Company* 1976, 3)

- Die größte Stärke des *Convergers* ist die praktische Anwendung, in welcher er sein Wissen in deduktiver Art und Weise unmittelbar auf spezifische Probleme anwenden kann. Er ist rational und sachorientiert (zum Beispiel bei Ingenieuren).
- Die Stärke des *Divergers* ist seine Vorstellungskraft, mit der er Situationen aus unterschiedlichen Blickwinkeln analysiert. Er ist emotional und personenorientiert (charakteristisch beispielsweise für Organisationsentwicklungsspezialisten oder Personalmanager).
- Die Stärken des *Assimilators* liegen in der Konstruktion theoretischer Modelle, die er induktiv aus Einzelaspekten zusammensetzt; im Gegensatz zum Converger ist er aber nicht an deren praktischer Umsetzung interessiert (charakteristisch für Mitarbeiter von Forschungs- und Planungsabteilungen).
- Die Stärken des *Accommodators* liegen – im Gegensatz zum Assimilator – primär im unmittelbaren Tätigkeitsbezug, das heißt in der Umsetzung von Plänen oder wenn ihm neue Erfahrungen ermöglicht werden; er zeichnet sich vor allem durch Risikobereitschaft, Anpassungsfähigkeit und Flexibilität aus (charakteristisch für Mitarbeiter in Marketing/Verkauf).

Wichtigster Kritikpunkt zu diesem Ansatz ist das Fehlen eines Theoriebezuges. Auch Reliabilität und Validität der Messung sind problema-

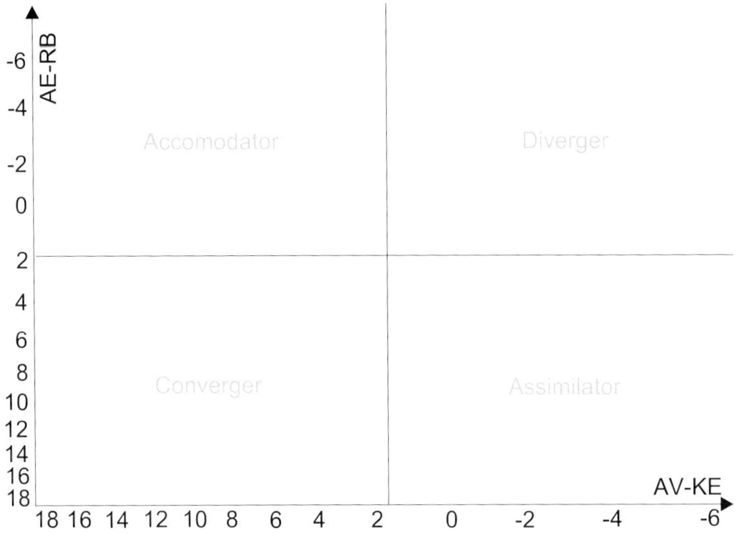

Abbildung 6.21: Lernstiltypen des LSI (nach *McBer & Company* 1976, 5)

tisch. Zudem versuchen die Autoren in keiner Weise, ihre Ergebnisse in Unterrichtsstile umzusetzen.

Strong-Campbell Interest Inventory SCII. Das an der Stanford University entwickelte Testverfahren versucht, individuelle Interessen zu erheben; *nicht* erhoben werden individuelle Fähigkeiten. Die Interessen werden in einem 325 Fragen umfassenden Fragebogen erfaßt. Aufgrund dieser Ergebnisse wird auf die berufliche Eignung der Probanden hinsichtlich bestimmter Berufe beziehungsweise Berufsgruppen geschlossen. Die Testpersonen werden über ihre Interessenlage hinsichtlich

- Beruf,
- Schulfächer,
- sonstige Aktivitäten (z.B. eine Rede halten oder eine Uhr reparieren),
- Freizeitbeschäftigungen sowie
- tägliche Kontakte zu verschiedenen Personengruppen (z.B. alte Menschen oder Personen, die gefährlich leben)

befragt. Durch Mustererkennung wird bei diesem Test das Interessenprofil der Testpersonen mit Interessenprofilen von Referenzpersonen verglichen. Diese Referenzpersonen haben diesen Test bereits durchgeführt und gelten als beruflich erfolgreich.

Die **Analyse** des Fragebogens basiert im wesentlichen auf einem Vergleich mit sechs allgemeingültigen Mustern, die allgemeine Bereiche beruflichen Interesses darstellen (*General Occupational Themes*). Jedes

Wort charakterisiert nicht nur einen Personentyp, sondern auch die Art der Arbeitsumwelt, die dieser Personentyp bevorzugt:

- Die Dimension „**R**ealistic" charakterisiert Personen, die sich lieber mit Dingen als mit Menschen beschäftigen und neuen Ideen eher ablehnend gegenüberstehen. Sie bevorzugen Berufe wie Mechaniker, Konstrukteur, Militärberufe oder Berufe in der Landwirtschaft.
- Die Dimension „**I**nvestigate" beinhaltet das Interesse an wissenschaftlichen Aktivitäten. Personen mit starker Ausprägung dieser Dimension sind in der Regel aufgabenorientiert und lösen gern abstrakte Probleme. Diese Personen bevorzugen Berufe wie zum Beispiel Biologe, Meteorologe oder Physiker.
- Die Dimension „**A**rtistic" charakterisiert eher künstlerisch orientierte Personen. Typische Berufe sind Autor, Sänger oder Schauspieler.
- Die Dimension „**S**ocial" charakterisiert Personen, die sich vor allem um das Wohlergehen anderer bemühen. Bevorzugte Berufe sind zum Beispiel Hochschullehrer, Psychologe oder Sprachtherapeut.
- Die Dimension „**E**nterprising" charakterisiert Personen, die eine Abneigung gegen längere geistige Anstrengungen haben. Hier finden sich oft Berufe wie Hotelmanager, Berater oder Fernsehproduzent.
- Die Dimension „**C**onventional" charakterisiert Personen, die es vorziehen, nach genau definierten Regeln zu arbeiten. Bevorzugte Berufe sind zum Beispiel Bankangestellte, Buchhalter oder Steuerberater.

Die **Kritik** am SCII schließt sich an die Kritik aller Persönlichkeitstests, hier speziell der Interessentests, an: Im allgemeinen ist es sehr problematisch, ausschließlich von Interessen auf die berufliche Eignung und den beruflichen Erfolg zu schließen. Berufliche Erfolgskriterien sind nicht definiert, ihre Erhebung bleibt unklar. Hinzu kommt, daß über den Zusammenhang der Referenzgruppe nur vage Informationen gegeben werden. Weiterhin ist es durchaus denkbar, daß Personen mit den gleichen Interessen in unterschiedlichen Berufen erfolgreich sind, beziehungsweise Personen, die den gleichen Beruf erfolgreich ausüben, unterschiedliche Interessen verfolgen, zumal die Interessen sich im Zeitablauf ändern (können).

6.4.2.6 Assessment Center

Das Assessment Center (vgl. *Sarges* 1996; *Kleinmann* 1997) ist ein komplexes, standardisiertes Verfahren zur Ermittlung und Feststellung von Verhaltensleistungen, in dem

- mehrere Kandidaten (meist 8-12),
- von mehreren geschulten Beobachtern (meist 4-6 Linienführungskräfte höherer Hierarchiestufen aber auch Psychologen oder externe Berater),

- in einer Vielzahl von Beurteilungssituationen,
- über einen längeren Zeitraum (meist 2-3 Tage),
- im Hinblick auf wichtige Managementkriterien,
- nach festgelegten Regeln

beurteilt werden.

Beispiele für Assessment-Übungen sind

- In-Basket-Methode („Postkorb"), bei dem ein „zufällig" zusammengestellter Inhalt eines Posteingangskorbes sortiert und die daraus resultierenden Aktionen in eine Prioritätenfolge gebracht werden,
- führerlose Gruppendiskussionen mit oder ohne Rollenvorgabe,
- Simulation von Interviews,
- Fallstudienanalysen,
- Präsentationsverfahren sowie
- schriftliche Übungen.

Jede dieser Aufgaben zielt auf spezifische **Fähigkeitsmerkmale** des Kandidaten (Übersicht 6.34): So läßt sich mit Hilfe eines Postkorbes die Problemanalysefähigkeit des Bewerbers bestimmen. Für das Merkmal „Entschlossenheit" bietet sich dagegen das Managementspiel an.

Die gesuchten Fähigkeitsmerkmale des Bewerbers werden jeweils durch mehrere Verfahren erfaßt: Diese **Redundanz** dient dem Ausgleich von Beurteilungsfehlern. Auch der Einsatz mehrerer Beobachter dient der Fehlerkompensation.

Als **Vorteile** von Assessment Centern (vgl. *Jeserich* 1981, 33-34; *Heitmeyer/Thom* 1982, 23-24) gelten

- ihr systematischer Ablauf,
- ihre Fokussierung auf direkt beobachtbare Verhaltensmerkmale aus dem zukünftigen Tätigkeitsfeld,
- die mehrfache Erfassung desselben Fähigkeitsmerkmals im Methodenverbund,
- die Einsatzmöglichkeit mehrerer Beobachter und
- die direkte Vergleichsmöglichkeit zwischen den Bewerbern.

Die **Validität** der mit dem Assessment Center erzielten Ergebnisse wird als äußerst hoch bezeichnet (vgl. *Kleinmann/Strauß* 1996). *Thornton et al.* (1992) führten eine Meta-Analyse von 50 Studien zum Assessment Center mit insgesamt 107 Validitätskoeffizienten durch: Danach wurde eine besonders **hohe** Validität bei weiblichen Testpersonen, mehreren Bewertungsmöglichkeiten sowie Psychologen und Kollegen als Beurteiler erzielt, während das Alter der Beurteilten, die Dauer des Beurteilungstrainings oder die Zahl der Beurteilungstage keinen Einfluß auf die Validität hatten; ein entsprechend dem spezifischen Verwendungszweck gut ausgestaltetes Assessment Center kann nach dieser Untersuchung als

„mit Sicherheit prädikativ valide" angesehen werden. Damit hebt sich das Assessment Center deutlich von den übrigen Verfahren zur Bewerberselektion ab.

Als **Nachteil** ist zum einen auf den großen Aufwand hinzuweisen. Zum anderen werden die im Assessment Center interessierenden interaktiven Prozesse in der Regel über Einstufungsmethoden erhoben, bei denen der

Merkmale	**Aktivitäten**								
	I	MS	PI	FG_o	FG_m	DE	AP	IS	SÜ
Energie/Tatkraft	(x)	x	(x)	x	x	x	x	x	
mündlicher Ausdruck	x	x	x	x	x	x	x	x	(x)
mündliche Präsentation				(x)		x	(x)		
schriftlicher Ausdruck	x		(x)				(x)		(x)
Kreativität	x		x	x					x
Interessenbereich	(x)								x
Streß-Toleranz		x		x	x	(x)	x		
Motivation	(x)								
Arbeitsnormen	(x)								x
Karriereorientierung	(x)								
Führungsfähigkeit	x	(x)		(x)	(x)				
Sensibilität	x	x	(x)	x	x	x	x	(x)	
Zuhören können		x	x	x	(x)		x		
Flexibilität		x		(x)	x	(x)	x	(x)	
Beharrlichkeit	x	x		x	x	(x)	x	x	
Risikobereitschaft	x	(x)	x		x				
Initiative	x	x	x	x	x				
Unabhängigkeit	x	x		x	x	x			
Planen/Organisieren	x	x	(x)				x	x	x
Steuern/Kontrollieren	x	(x)							
Delegieren	x		(x)						
Problemanalyse	x	x	x	x	(x)	(x)	x	x	x
Urteilsfähigkeit	x	x	(x)	x	(x)	(x)	x		x
Entschlossenheit		x	(x)		(x)	(x)			

I Interview
MS Management-Spiel
PI Postkorb und Interview
FGo Führerlose Gruppendiskussion (ohne Rollenvorgabe)
FGm Führerlose Gruppendiskussion (mit Rollenvorgabe)
DE Daten sammeln und entscheiden
AP Analyse/Präsentation (falls Gruppendiskussion)
IS Interview-Simulation
SÜ Schriftliche Übung

x starke diagnostische Qualität
(x) schwache diagnostische Qualität

Übersicht 6.34: Assessment-Übungen und beobachtbare Merkmale (nach *Byham* 1975, 77; *Jeserich* 1981, 123)

Beobachter das Ausmaß eines bestimmten Verhaltens abschätzt und auf einer Einstuf- oder Schätzskala einträgt. Diese Vorgehensweise birgt verschiedene **Beobachtungs- und Beurteilungsfehler** (vgl. *Musolesi* 1996, 41-42):

- Es besteht bei Beobachtern die Tendenz, Bewerber besser zu bewerten, die einem in Verhalten und/oder Herkunft ähneln (*Ähnlichkeitsphänomen*).
- Beobachter laufen Gefahr, sich bei der Beurteilung von Persönlichkeitseigenschaften von einer anderen hervorstechenden Eigenschaft leiten zu lassen (*Halo-Effekt*).
- Es besteht die Neigung wie beim Einstellungsinterview, die Bewerber nach dem ersten Eindruck zu bewerten und Folgewertungen selektiv als Bestätigung der bereits getroffenen Bewertung zu treffen (*Primacy-Effekt*).
- Viele Beobachter bevorzugen bei der Verhaltenseinschätzung mittlere Skalenbereiche zum Teil aufgrund einer zu ungenauen Operationalisierung der relevanten Verhaltensweisen, zum Teil aber auch wegen einer mangelnden und unzureichenden Schulung der Beobachter (*Regression zur Mitte*).
- Bei der Verwendung von Schätzskalen erfolgt die Messung zumeist realnormorientiert, das heißt die einzelne Leistung bestimmt sich über den Gruppendurchschnitt, so kann dieselbe Leistung in einer „schwachen" Gruppe als stark und in einer „stärkeren" Gruppe als durchschnittlich eingestuft werden (*realnormierte Messung*).
- Die Beobachter registrieren mit ihren Einschätzungsskalen meist lediglich die isolierte Auftrittswahrscheinlichkeit bestimmter Verhaltensweisen. So erlauben die in Übersicht 6.35 operationalisierten Verhaltensweisen zum Beispiel keine Unterscheidung hinsichtlich ihrer Wirkungen (*Fokussierung auf isolierte Verhaltensweisen*).

Selbstkontrollverhalten	Teilnehmer 1	Teilnehmer 2
hört zu, läßt andere ausreden	trifft nicht zu ☐ ☐ ☐ ☐ ☐ trifft zu	trifft nicht zu ☐ ☐ ☐ ☐ ☐ trifft zu
nimmt sich Zeit für das Gespräch	trifft nicht zu ☐ ☐ ☐ ☐ ☐ trifft zu	trifft nicht zu ☐ ☐ ☐ ☐ ☐ trifft zu
wirkt ruhig und gelassen	trifft nicht zu ☐ ☐ ☐ ☐ ☐ trifft zu	trifft nicht zu ☐ ☐ ☐ ☐ ☐ trifft zu
reagiert besonnen auf verbale Attacken	trifft nicht zu ☐ ☐ ☐ ☐ ☐ trifft zu	trifft nicht zu ☐ ☐ ☐ ☐ ☐ trifft zu

Übersicht 6.35: Beispiel einer Verhaltenseinschätzung im Assessment Center (modifiziert nach *Musolesi* 1996, 41)

Empirischer Befund (GPP): Bestehensquote von Teilnehmern an Assessment Centern oder Bewerbertests (in Prozent)

Durch Assessment Center und Bewerbertests wird die Bewerbermenge auf gut ein Drittel reduziert. Dieser Befund berücksichtigt nicht, ob die Bewerber aufgrund mangelnder Qualität durchgefallen oder „Opfer" quantitativer Vorgaben sind.

D	Ö	USA	F	Sp	Rest	Σ
33	40	36	38	43	39	38

Weiterentwicklungen. Vor dem Hintergrund gestiegener Anforderungen an die Bewerber werfen Kritiker dem klassischen Assessment Center eine mangelnde Realitätsnähe und Flexibilität vor. Insbesondere der fest vorgegebene Zeitplan der standardisierten Abläufe läßt nach dieser Meinung zu wenig Handlungsspielräume. So wird die Assessment-Center-Methode ständig weiterentwickelt. Daher gibt es inzwischen verschiedene Vorschläge zur **Weiterentwicklung** (vgl. *Schwarz/Lehrenkrauss* 1996, 180-185; *Fleckhaus/Wittmann* 1998, 22-23):

- Das *dynamische Assessment Center* (Abbildung 6.22) versucht, den Mangel an Realitätsnähe durch Wahlfreiheiten beim Lösungsweg

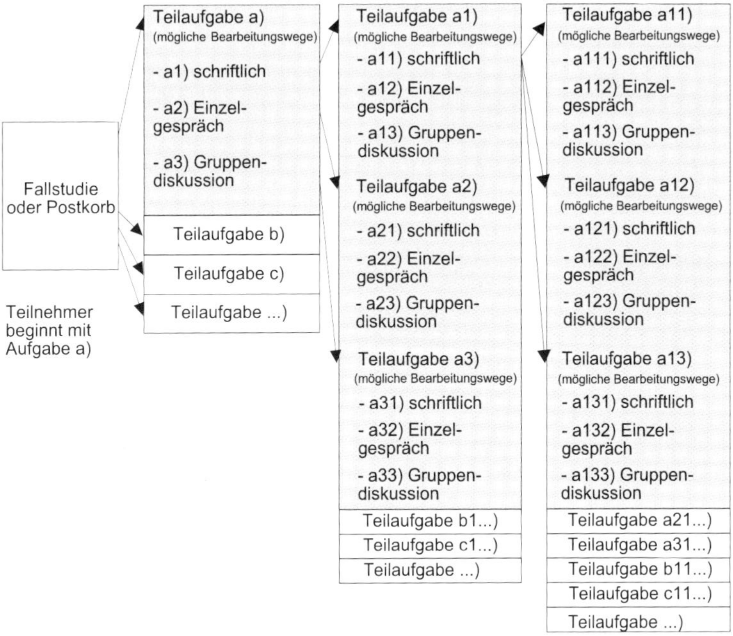

Abbildung 6.22: Dynamisches Assessment Center
(*Schwarz/Lehrenkrauss* 1996, 181)

und bei der zeitlichen Bearbeitungsintensität auszugleichen. Es startet mit der Aushändigung eines Postkorbes oder einer Fallstudie. Die Bewerber entscheiden selbst, mit welchem Detailproblem sie beginnen und welchen Lösungsweg sie wählen. Aus dieser Entscheidung ergeben sich dann die weiteren Schritte.

- Beim *partiell-flexiblen Assessment Center* wird die Gesamtzeit in verschiedene Zeitblöcke aufgeteilt. Als Vorinformation erhalten die Teilnehmer vor der Veranstaltung Informationen über den Unternehmenshintergrund (Gesamtszenario). Jeder der Teilnehmer legt daraufhin einen individuellen Arbeitsplan fest und entscheidet, welche Themen er schriftlich, im Zweiergespräch oder in der Gruppendiskussion bearbeiten will.
- Das *Management-„Audissment“* oder *Management-„Appraisal“* verbindet das klassische Management-Audit mit den relativ strengen Beobachtungs- und Beurteilungsmethoden der Assessment-Center-Methode. Das bedeutet die Ausweitung eines Personalauswahlverfahrens auf die Personalentwicklung von Führungskräften.

Instrumentalisierung von Planspielen. Unternehmensplanspiele simulieren einen bestimmten Ausschnitt der betriebswirtschaftlichen Realität; die Teilnehmer übernehmen in der Regel in Arbeitsgruppen praktisch alle Aufgaben der Geschäftsleitung und analysieren anhand von Periodenberichten die Geschäftslage „ihres“ Unternehmens. Ihre Entschei-

Management-Appraisals bei der Fa. Merck KGaA

Das Risiko von Fehlbesetzungen bei Führungspositionen wird bei der Fa. Merck durch ein Appraisalsystem reduziert. Es besteht aus drei Bausteinen: einem Bewerberauswahlverfahren zur Einstellung von Hochschulabsolventen, einem Assessment Center für Führungsnachwuchskräfte und einem Profilbericht für Mitarbeiter mit weitergehendem Führungspotential. Alle drei Verfahren basieren dabei auf identischen Kriterien, so daß eine Vergleichbarkeit möglich ist. Die wichtigsten Kriterien bei der Beurteilung sind die interpersonellen Fähigkeiten sowie die Managementkompetenz. Die Akzeptanz des Verfahrens ist bei den Betroffenen aufgrund der Transparenz, der offenen Ergebnisrückmeldung und der unmittelbaren Entscheidung im Anschluß an das Verfahren sehr hoch. Die Erfahrungen mit diesem Appraisalsystem sind nach mehrjähriger Evaluation ebenfalls als sehr positiv einzuordnen. Wichtig für den Erfolg sind von seiten der Fa. Merck die verbindlichen Richtlinien; nur durch deren Einhaltung kann die Unternehmenskultur positiv beeinflußt werden.

Aus: *Knöchel, Claus Dieter/Schreiber, Lukas*, Das System des Management-Appraisals bei Merck, in: Personalführung 31 (2/1998), 28-35.

dungen fließen in ein mathematisches Funktionsmodell ein, welches die betriebswirtschaftlichen Konsequenzen der Entscheidungen schnell und objektiv ermittelt.

Grundsätzlich werden so bei jedem Spiel verschiedene Handlungsqualifikationen von Bewerbern sichtbar. In Abhängigkeit von der Variabilität des Planspiels können spezifische **Schwerpunkte** gesetzt werden (vgl. *Scholz/Stein* 1997b, 262-269):

- Bei der *innovativen Erforschung komplexer Systeme* werden in die Simulationen charakteristische Fallen eingebaut, die bei komplexen Fragestellungen zu typischen Fehlverhaltensweisen führen, wie
  - die Handlung ohne vorherige Situationsanalyse,
  - die Nichtbeachtung von Fern- und Nebenwirkungen und Rückkopplungen,
  - die Tendenz zu Methodismen oder
  - die Hilflosigkeitsreaktionen in Form von ungerichtetem Aktionismus oder Zynismus.

  Diese Fallen werden während der Spielphasen durchlaufen und als potentielle Probleme der Planspieler beobachtet.
- Bei der *situativen Vermittlung zeitgemäßen Managements* können Anforderungen des strategischen, taktischen und operativen Managements kombiniert werden. Hier bieten sich viele Alternativen an, etwa die Unterteilung in Teilspiele, bei denen der Bewerber sukzessive verschiedene Rollen übernehmen muß, oder interaktive Spiele, in denen sich die Bewerber in direkter Konkurrenz gegenüberstehen.
- Bei der *adaptiven Berücksichtigung neuer Herausforderungen* wie Lernkreativität, Virtualität oder Multiperspektivität werden Planspiele durch Supervisor-Funktionen situativ beeinflußt: Die Planspielleiter verändern die Spielbedingungen in laufenden Spielrunden, um eine flexible Reaktion auf aktuelle Problemstellungen zu überprüfen.

Die verschiedenen Varianten sind abhängig von dem Entwicklungsstand der Simulationsmethode, der verwendbaren Computertechnologie sowie den inhaltlichen Anforderungen des Unternehmens.

Planspiele lassen sich durch ihre Variabilität sinnvoll als Assessment Center nutzen. Sie unterstützen eine Vielzahl von Auswahlzielen und nachgelagert von Qualifizierungszielen.

Die Verwendung von Planspielen als Assessment Center setzt allerdings hohe Anwendungskompetenz voraus, denn sonst besteht die Gefahr, sie als mechanische Instrumente aufzufassen und Situationen, die nicht in eine vorgegebene Spielanleitung passen, nicht objektiv zu bewerten.

Personalauswahl im Cyberspace. Es bestehen vielfältige Möglichkeiten, die Personalauswahl mit Hilfe neuer Informations- und Kommunikationsinstrumente durchzuführen. Standardisierte Auswahlinstrumente las-

Plus-P

Das Planspiel Plus-P ist als branchenunabhängiges General Management Game mit besonderem Schwerpunkt im Personalbereich konzipiert. Zu seinen Besonderheiten zählt die hochgradige Vernetzung zwischen den Unternehmensbereichen Finanzen, Absatz, Produktion, Beschaffung und Personalmanagement sowie zwischen verschiedenen Spielerteams. Auf der WINDOWS 95- beziehungsweise NT-Oberfläche oder dem Internet konkurrieren bis zu 20 Unternehmen in direkter Wettbewerbssituation. Eine Großzahl an Parametern wie beispielsweise die konjunkturelle Entwicklung auf Arbeits- und Finanzmärkten können vom Spielleiter im Laufe des Spiels variiert werden. Als interaktives Modell integriert das Planspiel sowohl deterministische als auch stochastische Elemente, die die Abläufe der verschiedenen Unternehmensbereiche realitätsnah modellieren lassen. Nach Ablauf vorher festgelegter Spielperioden steht letztlich das Unternehmen als Gewinner fest, das die vereinbarten Unternehmensziele am besten umsetzen konnte. Die Einstellungsentscheider können über eine zentrale Übersichtsmaske detaillierte Übersichten über den aktuellen Status der Spieler abrufen: Untersuchungsziel ist der Erwerb betriebswirtschaftlicher und personalwirtschaftlicher Handlungsqualifikationen. Das Unternehmen stellt dabei eine „Black Box" dar, die Vernetzungen, stochastische Zusammenhänge, Verzögerungen und Rückkopplungen beinhaltet.

Aus: http://www.orga.uni-sb.de/_lehre/plus/PP_main.htm, 28.07.1998

sen sich leicht multimedial abbilden. Bei Online-Formularen etwa überprüft das EDV-System die Eingaben und vergleicht sie mit K.o.-Kriterien. Im Extremfall erhält der Bewerber „postwendend" eine Absage oder aber eine Einladung, am weiteren Verfahren teilzunehmen. Diese Online-Selektion ist nicht ganz unproblematisch: Der Bewerber weiß sinnvollerweise nicht, nach welchen Kriterium das Computersystem die Daten weiterverarbeitet. Das Unternehmen wiederum hat den Nachteil, daß die elektronische Vorauswahl die Einstellung genormte Standardtypen fördert und die Vielfalt unterschiedlicher Charaktere minimiert.

Zur Auswahl wird jedoch häufig der persönliche Eindruck vom Bewerber benötigt. Aus diesem Grund können multimediale Auswahlverfahren nur im Vorfeld, im Rahmen einer Vorauswahl oder als Instrument während der Personalselektion sinnvoll sein. In naher Zukunft könnte man aber auch mit Hilfe von Videokonferenzschaltungen ein persönliches Vorgespräch führen. Den engsten Kreis an Bewerbern kann man dann beispielsweise zum Assessment Center persönlich einladen.

Im Zuge der Entwicklung von Expertensystemen und den Möglichkeiten, die schon heute im Bereich virtual reality realisierbar sind, ist es vorstellbar, daß der Bewerber der Zukunft nicht mehr zu seinem Vorstellungsgespräch fahren muß, sondern er dieses in einem virtuellen Raum mit einem virtuellen Experten führt.

Bewerbungsverfahren im Internet bei der ZF Friedrichshafen

Die ZF Friedrichshafen gilt als Vorreiterin der Internet-Bewerbungsverfahren. Der erste Schritt für die Selektion des Trainee-Jahrgangs 1997/98 war die Einstellung der Stellenanzeige ins Internet, von wo aus auch vielfältige Informationen über das Unternehmen abrufbar waren. Daraufhin stellten die Bewerber einen Erstkontakt durch eine Online-Anmeldung her. Über elektronisch auswertbare Selektionskriterien, etwa das Überschreiten von Alterslimits oder unerwünschte Studienfächer, wurde ein sekundenschnelles Feedback gegeben, ob die Zulassung zum Bewerbungsverfahren erfolgte oder nicht. Danach fanden ein individueller, interaktiver Wissenstest statt, ebenfalls mit automatischer Testauswertung. Bei positivem Ergebnis wurden die Bewerber zu einem realen Assessment Center eingeladen.

Aus: *Lamprecht, Siegfried/Mailahn, Jörg*, Effektive Bewerberauswahl via Internet, in: Personalwirtschaft 25 (1/1998), 42-46.

6.4.2.7 Internationale Aspekte

Bereits im Zusammenhang mit der Personalbedarfsbestimmung erfolgte eine Diskussion von relevanten Merkmalen im Anforderungsprofil von ins Ausland zu entsendenden Mitarbeitern. Besonders bei der Monokulturstrategie spielen diese Expatriates eine zentrale Rolle. Auch wenn im Hinblick auf eine systematische Ausgestaltung internationalen Personalmanagements besondere Anforderungsprofile unausweichlich erscheinen, konnte *Wirth* (1992, 156) in seiner Untersuchung von 63 deutschen Unternehmen mit internationaler Ausrichtung nur in 11% spezifische Anforderungsprofile und nur in 19% spezifische Stellenbeschreibungen lokalisieren.

Dies deutet bereits auf eine gewisse Kluft zwischen präskriptiver Notwendigkeit und deskriptiver Realität hin, ein Ergebnis, das noch durch die tatsächlich verwendeten Auswahlkriterien bestätigt wird (Übersicht 6.36): Danach liegt das Schwergewicht eindeutig auf der fachlichen Qualifikation. Die persönlichkeitsbezogenen Merkmale werden zwar ebenfalls relativ hoch bewertet, aber nur 37% der Befragten sehen eine stärkere Relevanz dieser Merkmale im Vergleich zum inländischen Einsatz. Die kulturbezogene Eignung spielt nach dieser Untersuchung eine nur geringe Rolle; hier überrascht vor allem der eher niedrige Wert für

„Kommunikationsfähigkeit". Familienbezogene Kriterien können dagegen aus Sicht der Befragten nahezu vernachlässigt werden.

Auswahlkriterien		**Anwendung**
fachliche Eignung	fachliche Qualifikation	95%
	Berufserfahrung	64%
persönliche Eignung	Persönlichkeit	75%
	Belastbarkeit	65%
kulturelle Eignung	Sprachkenntnisse	68%
	Vertrautheit mit der Unternehmenskultur	64%
	Kommunikationsfähigkeit	56%
	Lern- und Anpassungsfähigkeit	48%
	Organisations- und Improvisationstalent	35%
	pädagogisches Geschick	3%
familiäre Eignung	stabile Familienverhältnisse	16%

Übersicht 6.36: Auswahlkriterien deutscher Unternehmen bei Auslandsentsendungen in der Studie von *Wirth* (1992, 157)

Empirische Untersuchungen zu Expatriates, die *Mendenhall* und *Oddou* (1985) zusammengefaßt haben, belegen die Bedeutung von vier **Persönlichkeitsdimensionen** für den Erfolg der Auslandsentsendung:

- Die *Ich-Dimension* („self-oriented dimension") umfaßt neben technischen Kompetenzen und Streßbewältigungsfähigkeit auch die Fähigkeit zur „Genuß-Substitution". Darunter verstehen die Autoren das erfolgreiche Suchen nach verwandten Wegen zur Zufriedenheit (Football statt Fußball, roher Fisch statt Wiener Schnitzel).
- Die *Sozialdimension* („others-oriented dimension") beschreibt die Fähigkeit zur Entwicklung zwischenmenschlicher Beziehungen und die Bereitschaft zur interkulturellen Kommunikation.
- Die *Wahrnehmungsdimension* („perceptual dimension") ist die Fähigkeit zum Verstehen anderer Nationen und zum richtigen Zuordnen von Verhaltensmustern auf Bedeutungen.
- Die *Kulturstabilitätsdimension* („cultural-toughness dimension") bezieht sich auf die Notwendigkeit, in fremden Kulturen auch mehr oder weniger extreme Situationen zu überleben.

Diese Anforderungsmerkmale lassen sich zwar relativ leicht definieren, ihre konkrete Abprüfbarkeit bereitet aber Schwierigkeiten.

Aufgrund der generell noch bestehenden Unsicherheiten überrascht es jedoch nicht, wenn gerade Personalberater häufig bei der Suche nach dem geeigneten Expatriate auf heuristisch hergeleitete, leicht abprüfbare biographische Merkmale wie (vgl. *Fritsch* 1990, 153)

- mehrsprachige Erziehung,
- Ausbildung, insbesondere Studium in mehr als einem Land,

- Auslandspraktika,
- Abschluß einer internationalen Business School,
- Alter 35 - 45 Jahre und
- Berufserfahrung bei mehr als einem Arbeitgeber und in mehr als einem Land

zurückgreifen. Dies bietet sich allenfalls als Ersatzstrategie für die internationale Personalbeschaffung an, solange empirisch abgesicherte Erkenntnisse fehlen.

Die für den eigentlichen Auswahlvorgang vorgeschlagenen Verfahren entsprechen den im nationalen Bereich üblichen Methoden, zielen allerdings auf zusätzliche **Merkmale**: So dient das Assessment Center auch dem Erkennen von Eigenschaften wie interkulturelle Kompetenz und Kommunikationsfähigkeit. Zudem bietet es sich an, bewußt auch den Ehepartner in den Auswahlprozeß zu integrieren: Dabei geht es um das Lokalisieren von potentiellen Hemmnissen, die letztlich die Entscheidung des zu Entsendenden beeinflussen könnten („doña inmóvile").

Eine weitergehende Verschärfung erfährt das Problem der internationalen Personalbeschaffung, wenn es um die Auswahl von Mitarbeitern in einem internationalen Umfeld geht. Aufgabe des internationalen Perso-

Optimistisch-generalisierende Position (z.B. *Guillaume/Stolz* 1992, 80-81)	**Kritisch-relativierende Position** (z.B. *Zimmermann* 1992, 44-46)
Dem Interview kommt der höchste Stellenwert zu. Es bietet die beste Möglichkeit zur Überprüfung der Kriterien im Rahmen eines internationalen Personalmanagements.	Für das Einstellungsinterview gelten im internationalen Raum prinzipiell die gleichen Probleme wie im Inland. Darüber hinaus sind die gerade bei internationalen Einsätzen geforderten Persönlichkeitsmerkmale nur scheinbar durch ein Interview zu erfassen.
Das Assessment Center ist als Baustein eines integrativen Ansatzes unverzichtbar.	Das Assessment Center birgt bei multinationaler Zusammensetzung erhebliche Gefahren.
Die Selbstbewertung eines Mitarbeiters liefert bei der Auswahl für internationale Einsätze sehr valide Daten.	Das (halb)strukturierte Interview reduziert Objektivierungsprobleme.
Job Rotation als bewußtes Versetzen von Mitarbeitern beinhaltet gleichzeitig einen Lern- und Prüfungsprozeß.	Die Manager-Disputation als Bearbeitung einer komplexen Fallstudie erlaubt am ehesten, „ganzheitliches Denken" und „Stimmigkeit" zur Unternehmenskultur zu beurteilen.

Übersicht 6.37: Exemplarische Aussagen zur internationalen Bewerberauswahl

nalmanagements ist es dabei, auf **vergleichbare Startbedingungen** von Bewerbern aus den unterschiedlichen Ländern zu achten, wobei sich allerdings zwei konträre Positionen etabliert zu haben scheinen (Übersicht 6.37): Die *optimistisch-generalisierende* Position unterstellt eine länderunabhängige Eignung der Selektionsverfahren, während die *kritisch-relativierende* Position von besonderen Problemen bei den Auswahlmechanismen im internationalen Kontext ausgeht.

	Ungelernte Arbeiter	Auszubildende		Facharbeiter	Angestellte ohne Führungsaufgaben	Trainees	Führungskräfte		
		technische	kaufmännische				untere	mittlere	obere
Analyse Bewerbungsunterlagen	80 91	93 100	99 100	89 93	97 100	95 100	98 100	97 100	93 100
zusätzliche Referenzen	12 9	6 56	4 27	14 36	19 45	11 57	37 63	64 71	68 73
strukturiertes Interview mit der Personalabteilung	19 46	48 89	62 82	39 79	60 90	68 86	57 93	58 88	49 93
unstrukturiertes Interview mit der Personalabteilung	52 27	28 0	28 9	41 7	41 10	28 29	40 13	47 18	35 7
strukturiertes Interview mit der Fachabteilung	11 36	15 33	20 55	21 50	32 50	32 50	36 63	37 59	35 47
unstrukturiertes Interview mit der Fachabteilung	52 46	25 67	19 46	56 50	65 45	40 36	53 44	48 53	45 53
Gruppengespräche bzw. Diskussionen	0 0	18 0	35 27	1 0	10 0	33 4	17 19	12 12	11 0
Persönlichkeitstests	2 0	10 22	10 36	3 0	6 25	7 50	7 75	8 71	5 67
Leistungstests	5 9	39 0	40 18	5 14	5 20	11 29	4 56	3 53	2 60
Intelligenztests	2 0	28 22	35 27	0 0	5 25	8 57	4 63	2 47	0 53
Arbeitsproben	8 18	27 44	12 9	22 21	17 10	12 14	9 13	9 12	8 7
biographische Fragebogen	9 46	10 44	12 94	12 50	11 55	17 64	16 50	15 41	15 40
Assessment Center	0 0	0 11	11 9	3 0	9 0	40 0	14 13	15 12	12 20
graphologische Gutachten	0 0	0 0	0 0	0 0	0 0	1 14	2 13	7 18	11 27
medizinische Begutachtung	71 64	70 100	60 91	72 71	54 55	53 71	52 50	53 41	53 33

Übersicht 6.38: Einsatzhäufigkeiten der Verfahren zur externen Personalauswahl in Deutschland (schwarze Zahlen) und den Benelux-Ländern (blaue Zahlen, untere Reihe) in Prozent der Unternehmen, welche die jeweilige Berufsgruppe auch beschäftigen (maximal n = 105) (nach *Schuler/Frier/Kauffmann* 1993, 32)

Beim gegenwärtigen Stand der empirischen Forschung lassen sich keine eindeutigen Aussagen für eine der beiden Positionen treffen, wenngleich gerade die Kritik zum Beispiel an der Übertragbarkeit von Assessment Centern in den internationalen Bereich plausibel ist: Danach entwickelt das Ausbildungssystem in Großbritannien nahezu ideale Kandidaten für diesen Wettbewerb, zusätzlich unterstützt durch die Dominanz von Englisch in Assessment Centern; gegen ein internationales Assessment Center spricht auch, daß gerade Merkmale wie Leistungsstreben oder Anpassungsbereitschaft landeskulturell geprägt sind und zu unterschiedlichen Verhaltensweisen (vom Eindruck „unernst" bis „verbissen") führen, letztlich aber wenig über nationale oder internationale Eignung aussagen (vgl. *Zimmermann* 1992, 44-45).

Als Fazit einer empirischen Untersuchung in 190 europäischen Unternehmen geben *Schuler/Frier/Kauffmann* (1993) unter anderem an, daß der Anteil methodisch anspruchsvoller, valider Verfahren in europäischen Unternehmen zunimmt. Zugleich werden Auswahlverfahren differenzierend und kritisch betrachtet, was allerdings landesspezifisch unterschiedlich ausfällt (Übersicht 6.38).

6.4.2.8 Beschaffungscontrolling

Personalbeschaffung manifestiert sich wie gezeigt in mehreren Schritten, an deren Ende die Controllingphase zu stehen hat. Das Controlling orientiert sich an prozeduralen, quantitativen und qualitativen Aspekten. Das prozedurale Controlling definiert vor allem die

- Analyse der Beschaffungsmärkte,
- Wahl des Beschaffungsweges,
- Wahl des Beschaffungszeitpunktes sowie
- Bewerberauswahl

als Controllingobjekte. Dies bedingt die Entwicklung entsprechender Controllingmechanismen. Das prozedurale Controlling prüft lediglich, ob die vorgesehenen Maßnahmen im geplanten Umfang und zum festgelegten Zeitpunkt stattfanden. An diese Informationen knüpft das ergebnisorientierte Controlling an, das auf den quantitativen und qualitativen Aspekt fokussiert. Das Controlling des quantitativen Beschaffungserfolges prüft, ob die gewünschte Anzahl von Bewerbern eingestellt wurde. Sie kann bei negativen Ergebnissen zu einer anderen Abgrenzung des Arbeitsmarktes, anderen Beschaffungsstrategien und/oder früheren oder späteren Startpunkten für die Personalbeschaffung führen.

Validität der Bewerberauswahl. Die Auswahl unter potentiellen Bewerbern erfolgt letztlich immer subjektiv. Über die oben dargestellten Selektionsmechanismen wird jedoch versucht, einen höheren Grad an Objektivität zu gewinnen.

Betrachtet man die Prognosevalidität der oben genannten Verfahren als Fähigkeit zur Vorhersage eines Berufserfolges, so zeigen Einstellungstests und Leistungstests nur sehr geringe Validitätswerte (Übersicht 6.39). Lediglich das Assessment Center verspricht ein akzeptables Sicherheitsniveau.

	***Stehle* 1980**	***Reilly/ Chao* 1982**	***Cascio* 1987**	***Schuler* 1996**
Intelligenztest	.20 - .30		.30 - .53	> .30
Leistungstest	.10 - .20	.35		
Persönlichkeitstest	.20 - .40			< .30
biographischer Fragebogen	.20 - .50			> .30
Personalfragebogen				< .30
BIB,WAB		.35	.33 - .37	
situative Verfahren gesamt	.20 - .30			
(1) Postkorb			.18 - .32	
(2) Business Game			.28	
(1) + (2)			.39	
Peer Rating	.30 - .50	.41		
Assessment Center	.40 - .70		.44 - .71	> .30
Interview	.00 - .25	.19		
(1) unstrukturiertes				< .30
(2) strukturiertes, anforderungsbezogenes				> .30
Arbeitsproben				> .30
Leistungsbeurteilung nach Probezeit				> .30
Schulnoten (fur Ausbildungserfolg)				> .30
Schulnoten (für Berufserfolg)				< .30
Bewerbungsunterlagen				< .30
Arbeitszeugnisse, Referenzen				< .30
grapholoigsches Gutachten				< .30

Übersicht 6.39: Prognosevaliditätswerte im Vergleich (nach *Stehle* 1980, 95; *Reilly/Chao* 1982, 15; *Cascio* 1987, 316+320; *Schuler* 1996, 169)

Auswahlverfahren sollen eine Vorhersage der zukünftigen Arbeitsleistung eines neu einzustellenden Mitarbeiters ermöglichen. Ihre Validierung erfordert die Messung des Ziel-(Außen)Kriteriums, nämlich der realisierten Arbeitsleistung zu einem späteren Zeitpunkt. Deshalb ist die Validierung auf die **Prognosevalidität** auszurichten (vgl. *Ghiselli/Campbell/Zedeck* 1981, 270-271; *Rumpf* 1981, 103).

Als Validitätskriterium ist somit der tatsächlich realisierte Arbeitserfolg des eingestellten Mitarbeiters entscheidend. Die Bestimmung der „reali-

Empirischer Befund (GPP): Hauptgrund für neue Mitarbeiter, innerhalb des ersten Jahres das Unternehmen zu verlassen (in Prozent)

Wenn neue Mitarbeiter das Unternehmen bereits während ihres ersten Jahres verlassen, hat dies als Hauptgrund zumeist falsche Erwartungshaltungen; alle anderen Gründe spielen als Hauptmotivator zum Verlassen des Unternehmens lediglich eine nachgeordnete Rolle.

	D	Ö	USA	F	Sp	Rest	Σ
Falsche Erwartungshaltung	56	50	71	30	30	42	45
Mangelnde Aufstiegsmöglichkeiten	-	5	-	9	13	5	5
Transfer zu eigenen Tochterunternehmen	8	10	29	9	9	8	10
Mangelnde Teamintegration	3	10	-	17	9	8	8
Differenzen mit der Führungskraft	8	3	-	4	-	5	4
Identifikationsprobleme mit der Unternehmenskultur	11	-	-	17	9	11	8
Fehlende Unterstützung in der Integrationsphase	-	10	-	4	-	8	5
Frühzeitiger Erfolgsdruck	6	3	-	4	-	5	4
Mangelnde persönliche Motivation	-	-	-	4	4	5	2
Entlassung aus betrieblichen Gründen	6	10	-	-	26	3	8

sierten Arbeitsleistung“ erfolgt mit Hilfe eindimensionaler Globalkriterien („Composite Criteria“, vgl. *Blum/Naylor* 1968, 184-187) wie erreichte Gehaltsstufe/Hierarchieebene. Allerdings wirken zahlreiche Beeinflussungsvariablen auf die Entgelt- und Beförderungspolitik eines Unternehmens, weshalb die eindimensionale Messung des Arbeitserfolges allenfalls begrenzt sinnvoll ist.

Eine Alternative bietet eine **mehrdimensionale** Erfassung der Arbeitsleistung mit mehreren Außenkriterien („multiple criteria“):

- Bei der *explizit mehrdimensionalen Validierung* (vgl. *Blum/Naylor* 1968, 187-189; *Wernimont/Campbell* 1968) werden die einzelnen Dimensionen einer Leistungsbewertung mit Hilfe von Leistungs- oder Verhaltensmerkmalen mit den während der Personalselektion erhobenen Werten korreliert. Dies führt zu mehreren Validitätskoeffizienten je Prädiktor (Abbildung 6.23). Wichtig dabei ist die personelle Trennung der Fähigkeitserhebung (bei der Personalselektion) und der Leistungsbewertung (als Indikator für den Arbeitserfolg), da somit die erhöhte Gefahr von Verfälschungen der Validierung („self fulfilling prophecies“) auftritt.

- Bei der *implizit mehrdimensionalen Validierung* („composite criterion“) wird der in einer aggregierten Maßzahl ausgedrückte Arbeitserfolg mit einer während der Bewerberauswahl erstellten (summarischen) Fähigkeitsprognose korreliert; die Vielschichtigkeit von Fähigkeit und Arbeitsleistung wird also nur implizit berücksichtigt (vgl. *Schmidt/Kaplan* 1971).

Abbildung 6.23 faßt schematisch die Vorgehensweise bei der implizit mehrdimensionalen und explizit mehrdimensionalen Validierung zusammen.

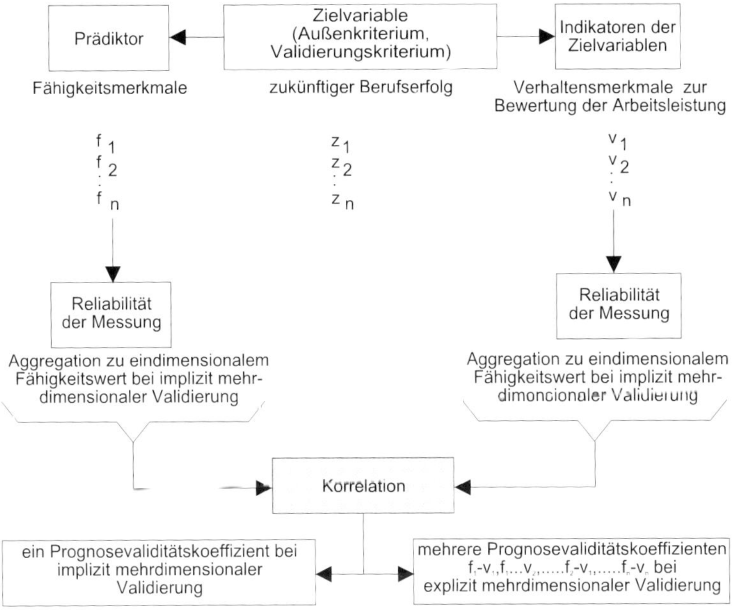

Abbildung 6.23: Validierungsarten

Basisrate und Selektionsrate. Wichtig für eine Personalselektion sind auch zwei spezifische Kennzahlen, die ihrerseits Einfluß auf die Validität der Bewerberselektion ausüben.

Die **Basisrate** ist definiert als der Anteil einer nicht vorsortierten Bewerberpopulation, der a priori bei gegebenen Auswahlverfahren als erfolgreich gilt. Die Basisrate spiegelt somit die Qualität des Bewerberpools wider (vgl. *Milkovich/Glueck* 1985, 306; *Cascio* 1998, 212-21 5).

$$\text{Basisrate} = \frac{\text{Anzahl a priori erfolgreich eingeschätzter Bewerber}}{\text{Bewerbergesamtzahl}}$$

Bei einer Basisrate von 1 erfüllen alle Bewerber die gestellten Anforderungen; hier ist der Einsatz eines Prädiktors wenig sinnvoll. Analoges gilt für eine extrem niedrige Basisrate, da zur Personalselektion eine unrealistisch hohe Anzahl von Bewerbern notwendig wäre, um den „Richtigen" zu finden.

Die **Selektionsrate** ist das Verhältnis der Anzahl der einzustellenden neuen Mitarbeiter zur Gesamtzahl der Bewerber (vgl. *Milkovich/Glueck* 1985, 284-286).

$$\text{Selektionsrate} = \frac{\text{akzeptierte Bewerber}}{\text{Bewerbergesamtzahl}}$$

In Abbildung 6.24 sind die Zusammenhänge zwischen Selektionsrate und Ablehnung/Akzeptanz sowie zwischen Basisrate und Erfolg/Mißerfolg von Bewerbern bei einem Prädiktor mit gegebener Prognosevalidität von r = 0,70 dargestellt. Im linken Teil von Abbildung 6.24 wird der Einfluß der Basisrate dargestellt. Bei einer Basisrate von 0,80 wird von 80% erfolgreichen Bewerbern in der Bewerberpopulation ausge-

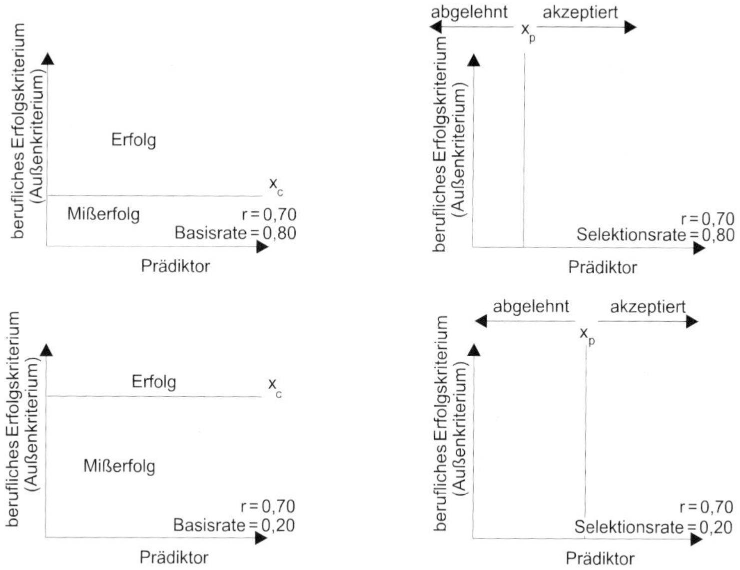

Abbildung 6.24: Einfluß unterschiedlicher Basisraten und Selektionsraten auf einen Prädiktor bei gegebener Prognosevalidität (nach *Cascio* 1998, 212+214)

gangen. Abbildung 6.24 rechts zeigt den Einfluß der Selektionsrate. Bei einer Selektionsrate von 0,80 werden im Gegensatz zu einer Selektionsrate von 0,20 eine höhere Anzahl von Bewerbern aus der Gesamtbewerberzahl akzeptiert.

Beide situativen Einflußvariablen haben einen Einfluß auf die Auswahlentscheidung und somit auf die Prognosevalidität von Prädiktoren. Im einzelnen sind vier Fälle zu unterscheiden (Abbildung 6.25):

- erfolgreich und akzeptiert (Feld A)
- erfolgreich und abgelehnt (Feld B)
- erfolglos und abgelehnt (Feld C)
- erfolglos und akzeptiert (Feld D).

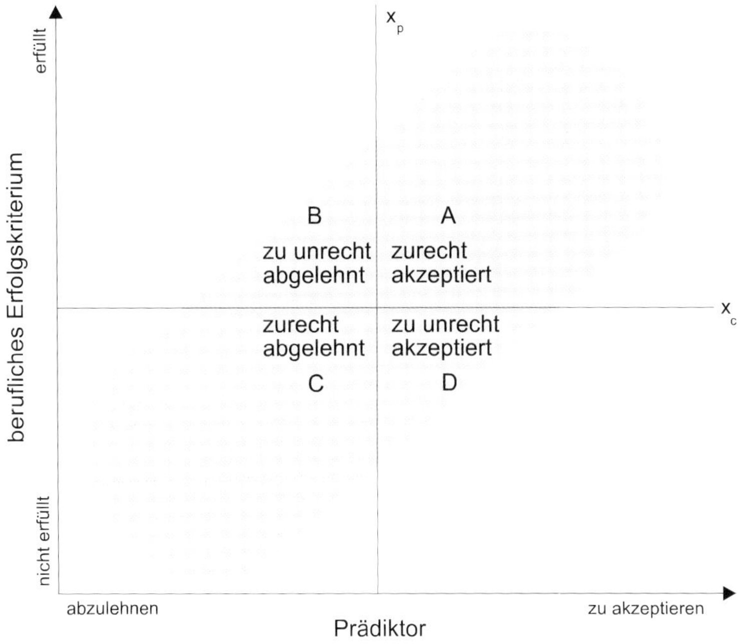

Abbildung 6.25: Zusammenwirken von Basisrate und Selektionsrate im Hinblick auf die Auswahlentscheidung (nach *Cascio* 1998, 213)

Die **Angemessenheit** einer Auswahlentscheidung hängt davon ab, wie hoch der Anteil der falschen Selektionsentscheidungen im Vergleich zur Gesamtzahl der Selektionsentscheidungen ist. Von größtem Interesse in der Praxis ist aber auch das Verhältnis von „erfolgreich" zu „nicht erfolgreich" bei den akzeptierten Bewerbern: Das unternehmerische Entscheidungskalkül erfordert eine Minimierung der Zahl der akzeptierten, jedoch ungeeigneten Bewerber. Hinsichtlich gesellschaftlicher Nutzenüberlegungen ist aber eine Minimierung der abgelehnten, jedoch geeigneten Bewerber zu fordern. Es entsteht also ein unternehmerischgesellschaftlicher Zielkonflikt, der auf eine „soziale Validität" der Personalselektion (vgl. *Schuler/Stehle* 1983) abstellt.

6.4.2.9 Rechtliche Aspekte

Auf den Vorgang der Bewerberselektion treffen eine Reihe von gesetzlichen Vorschriften zu, die Selektion und Einstellungsinterviews regeln. Sie reichen von Vorschriften zum Erstellen von Auswahlrichtlinien bis hin zur Unzulässigkeit von „persönlichen" Fragen.

Auswahlrichtlinien. Bewerberselektion mit Hilfe obengenannter Verfahren impliziert zumindest indirekte Anwendung von Auswahlrichtlinien. Hierfür gibt es ein Mitbestimmungsrecht des Betriebsrats nach § 95 I BetrVG, sofern der Bewerber (nach § 5 BetrVG) unter dieses Gesetz fällt. In Betrieben mit mehr als 1 000 Mitarbeitern kann der Betriebsrat die Aufstellung von Auswahlrichtlinien im Hinblick auf fachliche, persönliche und soziale Gesichtspunkte verlangen (§ 95 III BetrVG).

In Betrieben mit mehr als 1 000 Arbeitnehmern hat der Betriebsrat ein durchsetzbares Initiativrecht zur Aufrechterhaltung von Auswahlrichtlinien (§ 95 II BetrVG). Inhalt von Auswahlrichtlinien sind Auswahlgrundsätze (z.B. Berücksichtigung von betrieblichen, persönlichen oder sozialen Gründen) und Auswahlkriterien sowie deren Gewichtung. Dazu kommen noch die Bestimmung der zu berücksichtigenden Unterlagen und die Festlegung des Informations- und Beteiligungsverfahrens. Auswahlrichtlinien sollen die Personalführung für den Betriebsrat durchschaubarer machen und einer unterschiedlichen Beurteilung personeller Einzelmaßnahmen aufgrund der vorherbestimmten allgemeinen Richtlinien entgegenwirken.

Fragebogen und Beurteilungsgrundsätze. Die Einführung und Verwendung von Personalfragebogen bedarf der Zustimmung des Betriebsrates. Dasselbe gilt für persönliche Angaben in schriftlichen Arbeitsverträgen, sogenannten Formularverträgen (§ 94 BetrVG). Die Problematik der Rechtmäßigkeit der verschiedenen Fragebogen, zu denen psychologische Testverfahren oder graphologische Gutachten zählen, trifft auch den Einsatz computergestützter Verfahren. Im Regelfall sind die Persönlichkeitsrechte zu schützen (Art. 1 Abs. 1 GG); diese Vorschrift kann nicht durch eine generelle Zustimmung des Betriebsrats ersetzt werden.

Wenn allgemeine Beurteilungsgrundsätze vom Arbeitgeber verwendet werden, unterliegen auch diese der Zustimmungspflicht durch den Betriebsrat. Zu Beurteilungsgrundsätzen zählen Beurteilungsformulare und

Beurteilungskriterien in Führungsrichtlinien. Anforderungsprofile (in Personalinformationssystemen) sind dagegen nicht automatisch als Beurteilungsgrundsätze einzustufen, da sie nicht auf den Arbeitnehmer, sondern auf die Arbeitsplätze bezogen sind.

§ 95 des Betriebsverfassungsgesetzes regelt die Mitbestimmung des Betriebsrates bei der Erstellung von Auswahlrichtlinien für Einstellungen, Versetzungen, Umgruppierungen und Kündigungen. Diese bedürfen der Zustimmung durch den Betriebsrat und werden, wenn sie der Arbeitgeber einführen will, meist in Betriebsvereinbarungen kodifiziert: Betriebsvereinbarungen zwischen Arbeitgeber und Betriebsrat können zu allen betrieblichen Fragen „mit Personalbezug" abgeschlossen werden, sofern sie nicht zu Ungunsten einzelner Arbeitnehmer beziehungsweise deren individuellen Arbeitsverträgen wirken oder gegen geltende Tarifverträge verstoßen (§ 77 BetrVG).

Unzulässigkeit von Fragen. Grundsätzlich muß die „Persönlichkeitssphäre" des Bewerbers geschützt bleiben (Art. 1 Abs. 1 GG, Art. 2 Abs. 1 GG). Unzulässig sind daher Fragen nach der seelischen Verfassung und aus dem religiösen oder familiären Bereich. Zur Beantwortung derartiger Fragen darf ein Bewerber nicht gezwungen werden. Gleiches gilt für möglicherweise diskriminierende Fragen wie verbüßte Haftstrafen, die in keinem Zusammenhang mit der betreffenden Stelle stehen. Die Frage nach einer bestehenden Schwangerschaft ist nur dann als zulässig anzusehen und wahrheitsgetreu zu beantworten, wenn sie keine geschlechtsspezifische Diskriminierung darstellt, weil der Bewerberkreis ausschließlich aus weiblichen Kandidaten besteht (BAG Urteil vom 20.02.1986, 2 AZR 244/85). Das Diskriminierungsverbot (§ 611a BGB) ist in diesem Fall nicht einschlägig.

Zur Beantwortung von unzulässigen Fragen darf ein (potentieller) Mitarbeiter nicht gezwungen werden: Er darf in diesem Fall sogar nichtwahrheitsgemäß antworten (Übersicht 6.40). Umgekehrt kann ein Unternehmen aber nicht gezwungen werden, einen Mitarbeiter einzustellen. Aus diesem Grund dürfte der Mitarbeiter im Regelfall geneigt sein, selbst eine unzulässige Frage zu beantworten. Wird der Kandidat dann allerdings aufgrund der Beantwortung dieser Frage nicht eingestellt, kann unter Umständen ein Anspruch auf Schmerzensgeld (§ 823 I BGB) wegen Verletzung des Persönlichkeitsrechts in Betracht kommen.

Auf der anderen Seite hat der Bewerber die Pflicht, von sich aus auf Fakten wie etwa eine Schwerbehinderteneigenschaft hinzuweisen, wenn er erkennen muß, daß er deswegen die vorgesehene Arbeit nicht in vollem Umfang zu leisten vermag. Aus diesem Grund hat der Arbeitgeber uneingeschränktes Fragerecht und – bei wahrheitswidriger Beantwortung – das Recht zur Anfechtung des Arbeitsvertrages wegen arglistiger

Täuschung (§ 123 BGB). Arglistig täuscht ein Bewerber also durch eine unwahre Antwort auf eine zulässige Frage oder durch eine nicht erfüllte Offenbarungspflicht.

	Offenbarungspflicht (von sich aus)	**Zulässige Frage und wahrheitsgemäße Beantwortung**	**Unzulässige Frage und Verweigerungs- bzw. Lügerecht**
Wettbewerbsverbot	ja	ja	nein
Schwerbehinderteneigenschaft chronische Krankheiten	wenn der Bewerber erkennen muß, daß er wegen der Behinderung die vorgesehene Arbeit nicht leisten kann, oder deswegen beschränkte Leistungsfähigkeit für die vorgesehene Arbeit von ausschlaggebender Bedeutung ist	soweit für die Stelle von Bedeutung	wenn kein Einfluß auf vertragsgemäße Leistung
beruflicher Werdegang einschließlich Wehr-/ Zivildienst	nein	ja	nein
Schwangerschaft	nein	wenn nur weibliche Bewerberinnen in Frage kommen	wenn Stelle für Männer und Frauen geeignet und sich auch Männer bewerben
letztes Einkommen		wenn bisheriges Einkommen Schlüsse auf Eignung für angestrebten Posten zuläßt	wenn nicht aufschlußreich für die erforderliche Qualifikation
Vorstrafen	bei höherer Stellung, z.B. Lehrer mit Sittlichkeitsvorstrafen	soweit für Stelle von Bedeutung, z.B. Eigentumsdelikt bei Kassierer, Verkehrsdelikt bei Fahrer	
Vermögensverhältnisse		zulässig bei leitenden Angestellten, Bankkassierern und ähnlichen Vertrauensstellungen	
Religions- und Parteizugehörigkeit	nein	ausnahmsweise konfessionelle Krankenhäuser/Kindergärten, religions-/parteigebundene Verlage	(Ausnahmen siehe vorangegangene Spalte)
Gewerkschaftszugehörigkeit		allenfalls wegen Tarifbindung oder betrieblichem Beitragseinzug	
Heiratsabsicht insbesondere bei Frauen		nein	ja

Übersicht 6.40: „Frage und Lüge" im Vorstellungsgespräch
(nach *Grassl* 1987, 118; *Schuler* 1996, 94)

Bei **psychologischen Testverfahren** wie Persönlichkeitstests und graphologischen Gutachten bedarf es – trotz ihrer rechtlichen Zulässigkeit – der Einwilligung des Bewerbers (vgl. *Püttner* 1999, 54-55): Ohne sie darf das Verfahren sonst nicht durchgeführt werden. Die Einwilligung darf nicht durch Täuschung oder rechtswidrige Drohung herbeigeführt werden; allerdings ist der Hinweis des Arbeitgebers, die Teilnahme am Testverfahren sei Voraussetzung für die weitere Berücksichtigung im Bewerbungsverfahren, keine rechtswidrige Drohung, da ein Bewerber keinen Rechtsanspruch auf Einstellung hat. Die mit psychologischen Testverfahren verbundenen Aufklärungspflichten und die Zustimmung sind auch dann zu beachten, wenn die Tests im Verbund mit anderen Auswahlinstrumenten, etwa Assessment Centern, eingesetzt werden. Da die Ergebnisse besonders sensible personenbezogenen Daten beinhalten, sind sie in der Regel nach Abschluß des Auswahlverfahrens zu vernichten. Im Fall der weiteren Aufbewahrung – der Arbeitgeber muß hier ein besonderes rechtliches Interesse haben – gilt eine verschärfte Geheimhaltungspflicht, deren Verletzung Schadensersatzansprüche begründet. Für (Betriebs-)Psychologen ist die Weitergabe solcher Daten nach § 203 StGB, für Arbeitgeber bei Weitergabe aus einer Computerdatei nach § 43 BDSG strafbar.

6.4.3 Personalentwicklung

6.4.3.1 Systematik

Personalentwicklung umfaßt Ausbildung, Fortbildung und Weiterbildung sowie generell Mitarbeiterförderung. Personalentwicklung wird immer dann erforderlich, wenn Diskrepanzen zwischen Fähigkeiten und Anforderungen nicht über Personalbeschaffung beziehungsweise -freisetzung ausgeglichen werden können und sollen.

Die operativen Aktivitäten der Personalentwicklung umfassen acht Teilaspekte, die bei der Formulierung der Entwicklungsziele beginnen und bis zur Kontrolle des Entwicklungserfolges reichen (Abbildung 6.26).

Die Geschichte des Mitarbeiters im Unternehmen wird in der Personalakte archiviert. Sie ist eine wichtige Datenquelle auch für die Personalentwicklung. Moderne Personalabteilungen verwenden nicht mehr die Papierform, sondern die **elektronische Personalakte**, die aus einem elektronischen Archiv sowie dem Personalinformationssystem besteht. In letzteres werden insbesondere solche Daten aufgenommen, die für Auswertungszwecke benötigt werden, beispielsweise Gehaltsentwicklungsdaten, aber auch Ausbildungsdaten oder Seminare.

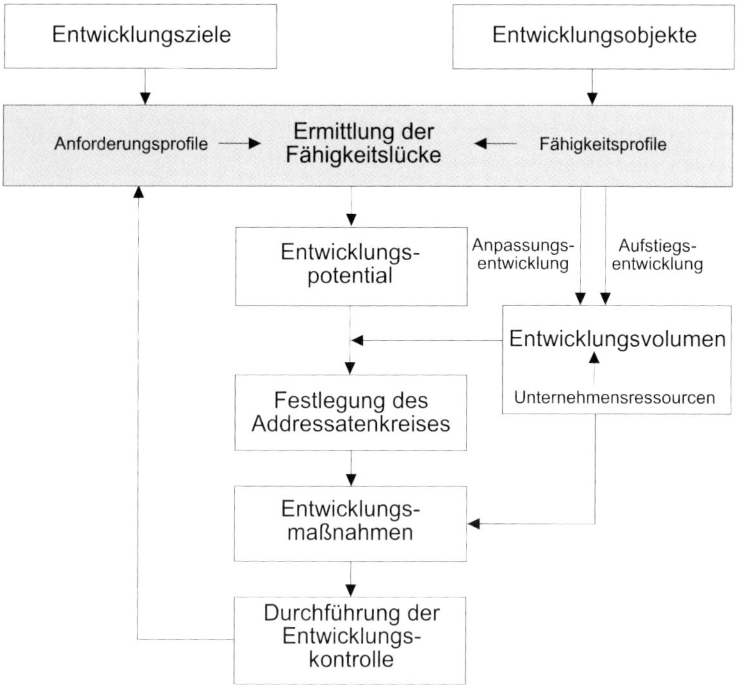

Abbildung 6.26: Ablauf der Personalentwicklung

Entwicklungsziele. Im Rahmen der Personalentwicklung gibt es zwei Arten von Zielen:

- *Derivative Ziele* ergeben sich aus der Unternehmensstrategie. So ist es unmittelbar einsichtig, daß Technologieführerschaft andere Personalentwicklungsziele mit sich bringt als Preisführerschaft.
- *Originäre Ziele* lassen sich losgelöst von der Unternehmensstrategie auf Basis von Belegschaftsanalysen formulieren. So leiten sich aus Klima- und Führungsstudien Defizite in bestimmten Bereichen der Kommunikation und damit auch konkrete Entwicklungsziele ab, die durchaus strategische Bedeutung erlangen können.

Entwicklungsziele sind danach Beschreibungen eines gewünschten Zustandes. Kundenorientierung, mehr Flexibilität, höhere Wirtschaftlichkeit, schnellere Innovation, höhere Qualifikation, offene Kommunikation, Abbau von Statusdenken, raschere Reaktionszeiten, kürzere Entscheidungswege und Verringerung von Fehlzeiten sind Beispiele für derartige Entwicklungsziele, die unternehmensspezifisch konkreter ausfallen können.

Empirischer Befund (GPP): Durchführung der Personalentwicklungsplanung durch externe Unternehmensberatung (in Prozent)

Externe Unternehmensberatung spielt bei der Personalentwicklungsplanung auch international bisher keine große Rolle. Allein von den USA könnte hier ein neuer Trend ausgehen.

	D	Ö	USA	F	Sp	Rest	Σ
In der Vergangenheit (5 Jahre)	23	33	33	9	-	16	18
Gegenwärtig	21	39	17	13	3	20	20
In der Zukunft (5 Jahre)	17	44	50	6	11	29	23

Empirischer Befund (GPP): Implementierung der Personalentwicklungsmaßnahmen durch externe Unternehmensberatung (in Prozent)

Externe Unternehmensberatung in der Implementierungsphase der Personalentwicklung ist generell nicht stark verbreitet – außer in den USA, wo in diesem Kernbereich des betrieblichen Personalmanagements in der Zukunft offensichtlich ein verstärktes Outsourcing bevorsteht.

	D	Ö	USA	F	Sp	Rest	Σ
In der Vergangenheit (5 Jahre)	7	13	38	9	3	20	11
Gegenwärtig	4	16	29	3	13	32	14
In der Zukunft (5 Jahre)	11	19	57	3	28	30	20

Entwicklungsobjekte. Als nächstes gilt es, den Ansatzpunkt der Entwicklungsmaßnahmen zu definieren. So ist „Kundenorientierung" als konkretisiertes Ziel noch kein Entwicklungsobjekt: Dies wäre erst die übergeordnete „Einstellung des Verkäufers gegenüber Kunden" beziehungsweise generell die Unternehmenskultur. Auch „offene Kommunikation" ist ein konkretisiertes Ziel, in dieser Form aber noch kein Entwicklungsobjekt, wohl aber „Führungsstil der Führungskräfte".

Entwicklungsbedarf. Ausgangsbasis für die Personalentwicklung ist das Gegenüberstellen von Anforderungsprofil und Fähigkeitsprofil (Abbildung 6.27). Dieser Vergleich führt zur Bestimmung einer **Fähigkeitslücke** (vgl. *Drumm/Scholz* 1988, 172-173). Die Ausgangsinformation dafür liefern Personalbedarfsbestimmung und Personalbestandsanalyse. Hier ergeben sich allerdings drei **Schwierigkeiten**:

- Zur mitarbeiterbezogenen Konkretisierung der *Fähigkeitsprofile* kann nicht immer nur auf Fähigkeitsmerkmale zurückgegriffen werden. Vielmehr müssen oft auch die allenfalls als Untergrenze geeigneten Leistungsmerkmale Verwendung finden.
- Analoge Schwierigkeiten treten bei den *Anforderungsprofilen* auf. Zwar gibt es Fälle, in denen man exakte Anforderungsmerkmale als

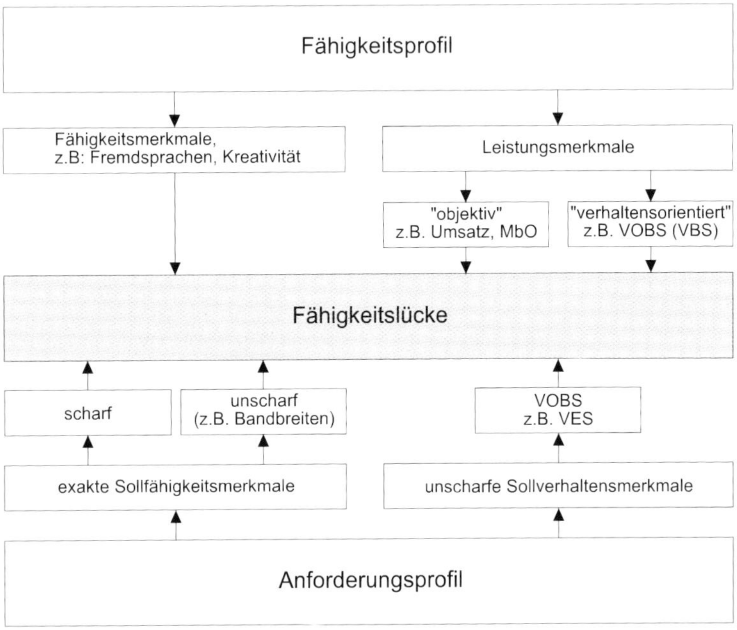

Abbildung 6.27: Ableitungsproblematik der Fähigkeitslücke

Soll-Fähigkeitsmerkmale definieren kann; gerade für neuartige Tätigkeiten dürften dagegen unscharfe Merkmalsausprägungen (oder vereinfacht: Bandbreiten) die Regel sein.

- Das Zusammenbringen von Anforderungsprofil und Fähigkeitsprofil wird zusätzlich dadurch erschwert, daß nur in Ausnahmefällen die *vollständige Vergleichbarkeit* der Profile gewährleistet ist. Dies betrifft die Strukturgleichheit der Profile genauso wie die jeweilige Erhebungsmethodik.

Die letztgenannte Problematik zeigt sich besonders deutlich an der Merkmalserhebung mit Hilfe einer VOBS: So sind Verhaltensmerkmale im Fähigkeitsprofil dominierend über Verhaltensbeobachtungsskalen (VBS) erfaßbar. Verhaltensmerkmale im Anforderungsprofil dagegen eher über Verhaltenserwartungsskalen (VES). Hier ist daher die Fähigkeitslücke nur begrenzt bestimmbar.

Entwicklungspotential. Entscheidend für eine Personalentwicklung ist nicht nur die Fähigkeitslücke als Entwicklungsbedarf, sondern auch ein entsprechendes Entwicklungspotential als individuelle Entwicklungsmöglichkeit der Mitarbeiter. Eine gängige Methode zur Beurteilung des Entwicklungspotentials der Mitarbeiter ist das Expertenurteil der Führungskräfte. Die Auffassung, nach der diese Aufgabe intuitiv überwiegend richtig erfüllt wird, ist jedoch gefährlich: Sie führt zu einem nicht begründeten Sicherheitsgefühl und verstellt den Blick auf weitere Vorschläge.

Aus diesem Grund bietet es sich an, gerade bei derartigen Fragestellungen auf systematisierende Verfahren abzustellen. Ein Beispiel dafür ist die bereits in Abschnitt 4.2.3.1 diskutierte **Portfolio-Technik** (vgl. *Erdenberger* 1999). Hiermit lassen sich Entwicklungspotential und Leistungsverhalten gegenüberstellen, um Leistungsträger als Stars, Fragezeichen oder Mitläufer zu lokalisieren. Darauf aufbauend lassen sich individuelle Entwicklungsprogramme konzipieren: Die „Fragezeichen" mit hohem Entwicklungspotential können in Fördergruppen auf die Übernahme weiterer Aufgaben vorbereitet werden; für die „Mitläufer" mit geringem Leistungsverhalten und geringem Entscheidungspotential bieten sich Umschulungen oder Austrittsverhandlungen an.

Entwicklungsvolumen. Da Unternehmen dem Wirtschaftlichkeitspostulat unterliegen, wird die Personalentwicklung nicht immer das gesamte Entwicklungspotential ausschöpfen. Das Entwicklungsvolumen hängt daher nicht nur von der Fähigkeitslücke und dem Entwicklungspotential ab, sondern auch von

- den zur Personalentwicklung bereitstehenden *Ressourcen*,
- der *Entwicklungsstrategie*, wie sie sich aus der strategischen Ebene ableitet, sowie
- den *individuellen Entwicklungszielen*, deren Kongruenz zu den Entwicklungsmaßnahmen den Erfolg der Personalentwicklung bestimmt.

Die notwendige Abstimmung erfolgt in Zusammenwirkung mit vorgelagerten Planungsaktivitäten: So ist die Festlegung der zukünftigen Anforderungsprofile bereits vor dem Hintergrund der zur Verfügung stehenden Ressourcen zu sehen.

Entwicklungsadressaten. Personalentwicklung kann hinsichtlich ihrer Zielgruppe **vier Prinzipien** folgen (vgl. *Drumm/Scholz* 1988, 170-171):

- Das gesamte Personal gilt als Objekt von Entwicklungsmaßnahmen („*Chancengleichheit*"). Hier wird das Prinzip der Gleichbehandlung erfüllt und Personen unabhängig von ihrem Leistungspotential sowie unabhängig von der Fähigkeitslücke ausgewählt.
- Die Personalentwicklung wird auf bestimmte Beschäftigtengruppen wie zum Beispiel auf Führungskräfte beschränkt („*Privilegierung*").
- In den Genuß von Personalentwicklungsmaßnahmen kommen primär solche Mitarbeiter, bei denen noch ein hohes Entwicklungspotential gesehen wird („*Begabtenförderung*").
- Die Mitarbeiter werden danach sortiert, wie groß der zu erwartende Schaden von nicht geschlossenen Fähigkeitslücken für das Unterneh-

Empirischer Befund (GPP): Systematische Analyse der Weiterbildungsbedürfnisse und genutzte Methoden (in Prozent, Mehrfachnennungen)

Außer in den amerikanischen Unternehmen werden die Weiterbildungsbedürfnisse fast überall systematisch erhoben. Dabei kommt ein Methodenmix zum Einsatz, der überwiegend bei den Bedürfnissen der Führungskraft sowie des Mitarbeiters selbst ansetzt.

	D	Ö	USA	F	Sp	Rest	Σ
Systematische Analyse	88	82	67	85	95	85	86
... davon durch Training Audits	30	56	67	7	15	26	29
... davon durch Leistungsbeurteilungen	67	46	50	61	39	87	60
... davon durch Nachfrage bei der Linienführungskraft	77	75	67	74	83	74	76
... davon durch Nachfrage beim Mitarbeiter	77	70	33	83	63	68	71

men ist („*Engpaßregel*"). Zum individuellen Entwicklungspotential kommt bei diesem Prinzip der Nutzenmaximierung somit der spezifische Beitrag, den der Mitarbeiter zu leisten in der Lage sein wird.

Die Entscheidung über den Adressatenkreis wird erfahrungsgemäß primär durch die Existenz von Engpaßsituationen bestimmt. Erst dann stellt sich die Frage nach Verfolgung der Grundsätze der Chancengleichheit, der Privilegierung und/oder der Begabtenförderung.

Entwicklungsmaßnahmen. Nach den vorangegangenen Schritten sind noch grundsätzliche Aussagen über die einzusetzenden Maßnahmen nötig. Während auf der operativen Ebene beispielsweise geprüft wird, ob ein bestimmter Mitarbeiter tatsächlich einen speziellen Spanischkurs besuchen soll, ist bereits auf der vorgelagerten strategischen Ebene zu prüfen, ob überhaupt Fremdsprachenkurse zur Erreichung der strategischen Ziele sinnvoll sind und wie generell mit individuellen Schulungswünschen von Mitarbeitern zu verfahren ist. Für die eigentliche Durchführung der Maßnahmen gibt es **vier Gruppen von Aktivitäten**, die in den nächsten Abschnitten näher erläutert werden (Abbildung 6.28):

- Personalentwicklung *into the job* als Hinführung zu einer neuen Tätigkeit,
- Personalentwicklung *on the job* als direkte Maßnahmen am Arbeitsplatz, beispielsweise planmäßiger Arbeitswechsel, Sonderaufgaben, Projektarbeit oder Strategie-Workshops, dazu Personalentwicklung *along the job* als laufbahnbezogene Entwicklung wie bei lebenszyklusorientierten Ansätzen,

- Personalentwicklung *near the job* als arbeitsplatznahes Training und Stellvertretung, dazu Personalentwicklung *off the job* als Weiterbildung außerhalb der Arbeitszeit, beispielsweise Seminare, Fallstudien, Sensitivitätstraining oder der Besuch einer Corporate University, sowie
- Personalentwicklung *out of the job* als Sicherstellung der Beschäftigungsfähigkeit und Vorbereitung auf ein Verlassen des Unternehmens.

Die Zusammenstellung eines Aktivitätenbündels für die Personalentwicklung richtet sich dabei situativ nach den Vorgaben der Unternehmens- und Personalstrategie: Es variiert je nach Ausmaß der Computerunterstützung, internationaler Reichweite und rechtlichen Rahmenbedingungen.

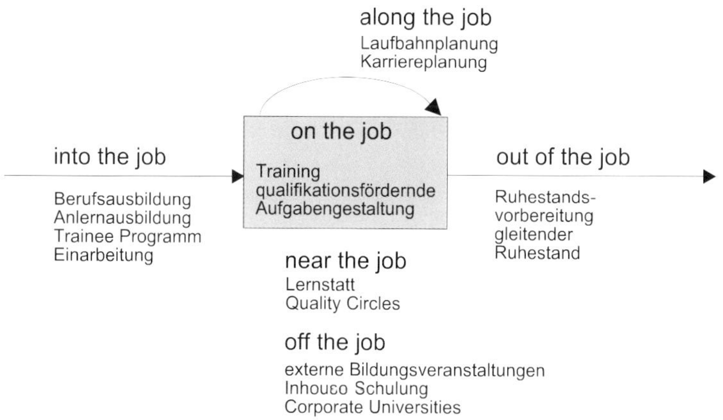

Abbildung 6.28: Personalentwicklungsmaßnahmen
(modifiziert nach *Conradi* 1983, 25)

Entwicklungskontrolle. Jeder formal vollständige Personalentwicklungsplan beinhaltet auch Aussagen über die Kontrollphase: Sie bezieht sich auf alle Teilaspekte eines Personalentwicklungsmanagements, beginnt also bei der Erfassung der Leistungspotentiale und reicht bis zur konkreten Durchführung von Entwicklungsmaßnahmen. Zugrunde liegen dabei **zwei Kontrollobjekte**:

- Die *prozedurale* Kontrolle bezieht sich auf die Erfüllung der entsprechenden Aufgabe. So wird geprüft, ob explizit Fähigkeits- sowie Anforderungsprofile erstellt und Fähigkeitslücken bestimmt wurden.
- Die *ergebnisorientierte* Kontrolle fokussiert auf den Output. Hier interessiert also nicht, ob eine bestimmte Maßnahme durchgeführt wurde, sondern nur, inwieweit sie zur Erreichung der Ziele der Personalentwicklung beitragen konnte.

Empirischer Befund (GPP): Verwendung von Aus- und Weiterbildungsinhalten (in Prozent)

Starke Verwendung finden leistungsbezogene Aus- und Weiterbildungsinhalte wie Kommunikationsfähigkeit, Führungsverhalten, Verkaufstraining, Projekt- und Qualitätsmanagement. Gruppenbezogene Techniken zur Entwicklung von sozialer Kompetenz werden häufiger eingesetzt als individuumsbezogene Techniken. Die USA legen wenig Wert auf Fremdsprachen, ergänzen dafür aber ihre Aus- und Weiterbildung um Fitneßprogramme und visionäres Management.

	D	Ö	USA	F	Sp	Rest	Σ
Kommunikationsfähigkeiten	88	80	78	87	67	81	80
Führungsverhalten	88	83	50	84	67	86	80
Persönliche Arbeitstechniken	64	40	29	40	40	63	49
Rhetorische Fähigkeiten	38	25	29	45	7	19	26
Verkaufstraining	64	64	60	87	71	58	67
Fallstudien	24	20	50	27	48	33	31
Zeitmanagement	43	35	43	23	36	44	37
Leistungsbeurteilung	51	35	43	57	36	74	50
Konfliktlösungstechniken	54	53	29	41	48	63	52
Projektmanagement	63	57	43	47	38	72	56
Metaplantechnik	42	17	20	7	5	17	19
Motivations-Workshop	37	36	14	27	40	30	34
Gruppendynamik (Teamfähigkeit)	61	41	57	30	52	74	53
Qualitätsmanagement	67	71	57	63	64	84	70
Systemdenken	30	23	29	8	14	31	23
Delegierfähigkeit	52	30	17	55	40	53	45
Individuelle Streßbewältigung	26	15	17	10	10	28	18
Fitnessprogramme	4	4	29	3	-	2	4
Transaktionsanalyse	16	9	14	7	7	21	12
Interkulturelle Weiterbildung	17	15	14	27	7	14	15
Visionäres Management	15	20	43	21	-	14	15
Meditation	-	-	-	-	-	-	-
Fremdsprachen	54	55	-	69	52	43	53
Neurolinguistische Programmierung	7	5	-	-	-	5	3
Symbolische Führung	2	5	-	-	-	5	2
Traineeprogramme	58	63	71	73	64	46	61

Da diese Kontrollaktivitäten in analoger Form auf allen drei Managementebenen stattfinden müssen, enthält die zusammenfassende Übersicht 6.41 auch entsprechende Spalten für die jeweiligen Kontrollobjekte der taktischen und strategischen Ebene.

	Prozedural			Ergebnisorientiert		
	operativ	taktisch	strategisch	operativ	taktisch	strategisch
Erfassen der Leistungspotentiale						
Festlegen der Anforderungsprofile						
Bestimmen der Fähigkeitslücken						
Abschätzen des Entwicklungspotentials						
Fixieren der Entwicklungsziele						
Festlegen der Entwicklungsmaßnahmen wer? wann? wo? wie? warum? was?						
Durchführen der Entwicklungsmaßnahmen						

Übersicht 6.41: Personalentwicklungskontrolle

6.4.3.2 Personalentwicklung into the job

Diese Kategorie umfaßt alle Maßnahmen, die inhaltlich auf einen Beruf vorbereiten beziehungsweise zu einer neuen Tätigkeit hinführen.

Berufsausbildung. Im Rahmen der Berufsausbildung, die meist eine berufliche Erstausbildung ist, werden berufliche Kenntnisse, Fähigkeiten und Fertigkeiten erworben. Nach § 1 Abs. 2 BBiG (Berufsbildungsgesetz) umfaßt Berufsausbildung die Vermittlung einer breit angelegten beruflichen Grundbildung sowie der für die Ausübung einer qualifizierten beruflichen Tätigkeit notwendigen fachlichen Fertigkeiten und Kenntnisse. Die Berufsausbildung in Deutschland ist als duales System organisiert. Dieses umfaßt sowohl eine theoretische als auch eine praktische Ausbildung, die durch Kooperation von staatlichen und privaten Ausbildungsinstitutionen gewährleistet werden soll. Auf staatlicher Seite sind Berufsschulen für die allgemeine theoretische Ausbildung zuständig. Die Vermittlung praktischer Kenntnisse, Fähigkeiten und Fertigkeiten übernimmt das jeweilige ausbildende Unternehmen.

Trainee-Programme. Zielgruppe von Trainee-Programmen sind vor allem Hochschulabsolventen. Deren primär theoretische Ausbildung wird im Rahmen der Traineeausbildung durch Praxiserfahrung erweitert, wodurch ihnen der Übergang ins Berufsleben erleichtert werden soll. Im Rahmen eines solchen Einarbeitungsprogramms, das meist eine Dauer von ein bis zwei Jahren umfaßt, wird der Trainee systematisch mit dem Unternehmensalltag vertraut gemacht.

Einführungsprogramme. Diese Form der Personalentwicklung into the job bietet die Möglichkeit, Mitarbeiter ohne eine länger andauernde Berufsausbildung schnell an einem Arbeitsplatz einzusetzen. Hier geht es vor allem um die Vermittlung von speziellen Fertigkeiten, die der konkrete Arbeitsplatz erfordert, weniger um Vermittlung von fundierten Kenntnissen. Eine solche Ausbildung dauert nur einige Monate, und die erworbenen Fertigkeiten sind nur begrenzt auf andere Arbeitsplätze übertragbar. Auch die anfängliche Betreuung durch Paten oder Mentoren zählen zu dieser Maßnahmenkategorie.

6.4.3.3 Personalentwicklung on the job/along the job

Direkte Personalentwicklungsmaßnahmen am Arbeitsplatz bieten den Vorteil, daß Theorie und Praxis unmittelbar verzahnt sind. Bei dieser Form der Personalentwicklung hat der Mitarbeiter die Möglichkeit des handlungsorientierten eigenaktiven Lernens: Es entwickelt sich meist unbewußt durch die Auseinandersetzung mit arbeitsplatzbezogenen Problemen. Hierzu ist die Führungskraft gefordert, den Mitarbeiter fachlich und persönlich zu fördern, wobei das Spektrum der Aktivitäten von Zusehen, Zuhören und Anweisen bis zum systematischen Anleiten zu selbständigem Arbeiten und Lernen reicht. Personalentwicklungsmaßnahmen können zudem im Rahmen eines langfristig angelegten Personalentwicklungs-Konzepts den einzelnen Mitarbeiter im Verlauf seines Berufslebens begleiten.

Projektarbeit. In vielen Unternehmen wird heute die Projektorganisation angewandt, insbesondere zur Bewältigung innovativer und komplexer Nicht-Routineaufgaben. Die temporäre Zuordnung von Mitarbeitern zu spezifischen Projekten dient dabei als Nebeneffekt auch der Personalentwicklung. Hier können gezielt spezifische Qualifizierungsinhalte wie beispielsweise (vgl. *Wojda* 1996, 294)

- Fachwissen,
- kognitive und emotionale Intelligenz,
- methodisches Vorgehen sowie
- Phantasie und Kreativität

bei den Mitarbeitern gefördert werden, da in einer meist überschaubaren Projektgruppe das Verhalten der einzelnen Mitarbeiter intensiver beobachtet und Leistungsverhalten direkter gemessen werden kann. Lernprozesse ergeben sich hier insbesondere aus der partizipativen Integration der Mitarbeiter in das Projekt. Voraussetzung für den Einsatz der Projektarbeit für die Personalentwicklung sind jedoch Individuumsbezug sowie Einbettung in entsprechende Planungs- und Kontrollprozesse der Personalentwicklung.

Job Enrichment/Job Enlargement/Job Rotation. Diese drei klassischen Varianten der Personalentwicklung on the job setzen beim einzelnen Mitarbeiter, aber auch bei dessen Arbeitsgruppe an. Im Hinblick auf eine gemeinsame Zielerreichung wird die Verantwortung für Planung, Steuerung, Ausführung und Kontrolle von Arbeitsaufgaben letztlich auf die Arbeitsgruppe übertragen:

- **Job Enrichment** beinhaltet eine vertikale Ausweitung der Arbeitsinhalte von Mitarbeitern und dient damit allgemein einer Höherqualifizierung durch Übernahme neuer Verantwortung.
- dem aktuellen Arbeitsfeld des Mitarbeiters **Job Enlargement** fügt qualitativ gleichwertige Aufgaben hinzu, wodurch sich Mitarbeiter sukzessive spezifische Kernkompetenzen in bestimmten Bereichen aufbauen können.
- **Job Rotation** impliziert einen systematischen Arbeitsplatztausch, um Erfahrungen und Kenntnisse der Mitarbeiter zu überprüfen und Lernprozesse zu ermöglichen. Als Bildungsmaßnahme mit Programmcharakter dient Job Rotation der Vermittlung zusätzlicher Qualifikationen. Gleichzeitig dient das Konzept auch zur Vorbereitung und Selektion von Führungsnachwuchs. So wird Job Rotation beispielsweise intensiv in japanischen Großunternehmen als Trainingsinstrument für Hochschulabsolventen genutzt (vgl. *Berthel* 1997, 273): Dabei besteht das typische Einführungstraining für den Führungskräftenachwuchs aus einem kurzen Einführungslehrgang und einer anschließenden Tätigkeit in Produktion und Vertrieb zur Erweiterung des Erfahrungshorizontes.

Durch diese Personalentwicklungs-Konzepte eröffnet sich insbesondere die Möglichkeit, monotone und einseitige Tätigkeiten anzureichern und damit eine größere Bereitschaft zur Wertschöpfung zu erzeugen.

Junior Executive Boards. In den USA wird diese Personalentwicklungsmethode besonders für High Potentials aus dem mittleren Management eingesetzt. Dabei arbeiten etwa ein Dutzend junger Manager für mindestens sechs Monate im Vorstand ihrer Kapitalgesellschaft mit, wobei sie jedes beliebige Problem des Unternehmens wie etwa die Personalpolitik oder die Managemententlohnung angehen können und Empfehlungen für den gewählten Vorstand entwerfen (vgl. *Cascio* 1998, 281). So erfahren sie unter Realitätsbedingungen die Verantwortlichkeiten des Vorstands und empfehlen sich im Idealfall für höhere Aufgaben.

Job Rotation bei MTU München

Der Flugantriebhersteller MTU Motoren- und Turbionen-Union München GmbH beschäftigt rund 6 000 Mitarbeiter, davon 600 Führungskräfte. Zur Erhaltung und zum Ausbau der Fach- und Methodenkompetenz sowie der Kunden-, Wettbewerbs- und Marktorientierung werden die Führungskräfte während ihrer beruflichen Laufbahn systematisch weiterentwickelt. Ein zentrales Instrument ist seit 1998 die horizontale und vertikale Job Rotation, die explizit zur Deckung der strategierelevanten Qualifikationsbedarfe und der Implementation der Geschäftsfeldstrategie eingesetzt wird.

Der Zeitraum der Job Rotation umfaßt dabei mindestens zwei bis drei Jahre und erfolgt in einen anderen Bereich, ein anderes Ressort, in einen anderen Standort des Unternehmens oder sogar in andere Gesellschaften des Mutterkonzerns DaimlerChrysler AG sowie in Kooperationen und Joint Ventures.

Ein Leitgedanke bei der Job Rotation ist, daß Führungskräfte mit Rotationserfahrung bei Stellenbesetzungen Vorrang vor „Kaminaufsteigern" haben. Sie ist für alle Potentialträger obligatorisch und wird so gestaltet, daß durch die Job Rotation keine materiellen Nachteile entstehen. Als Teil der Entwicklungskonzepte ist sie eine Führungsaufgabe der vorgesetzten Führungskraft und wird durch die zentrale Personalentwicklung unterstützt.

Die Umsetzung der Job Rotation erfolgt über regelmäßige Führungs- und Fördergespräche und wird vor der Rotationsvereinbarung durch einen Führungskräfteausschuß beratend unterstützt. Flankierende Maßnahmen bestehen in Paten und Supervisoren, einer Einarbeitung, begleitenden Workshops und Weiterbildungsmaßnahmen sowie Zwischenbilanz- und Bilanzgesprächen.

Als positiv wird die zentrale Verankerung der funktionsübergreifenden Job Rotation sowie ihre Systematik und die Flankierung durch vielfältige Maßnahmen gesehen. Problematisch ist es für Führungskräfte, bei massivem Druck im Tagesgeschäft ihre Leistungsträger für Job Rotation freizugeben beziehungsweise fachfremde Mitarbeiter in ihren Bereich aufzunehmen. Erklärungs- und Kommunikationsanstrengungen sowie ergänzende Qualifizierungen im Vorfeld der Job Rotation federn diese Schwierigkeiten ab.

Aus: *Gerster, Christiane/Sternheimer, Jörg*, Job Rotation als zentrales Instrument der Führungskräfteentwicklung, in: Personalführung 32 (4/1999), 60-65.

Laufbahn- und Karriereplanung. Die **Laufbahnentwicklung** setzt an einer Potentialanalyse der Mitarbeiter an. In Verbindung mit den Entwicklungswünschen der Mitarbeiter gibt sie Aufschluß über Positionen und Funktionen, die bei systematischer Vorbereitung langfristig für einen Mitarbeiter erreichbar sind. Dabei führt der Weg zu einer bestimm-

Empirischer Befund (GPP): Spezielle High Potential-Förderprogramme (in Prozent)

Insbesondere in den USA und in Frankreich werden High Potentials gesondert gefördert. Österreich liegt hier international am weitesten zurück.

D	Ö	USA	F	Sp	Rest	Σ
49	37	75	65	44	59	50

Empirischer Befund (GPP): Formalisierte Karrierepfade (in Prozent)

In den USA und in Spanien existieren formalisierte Karrierepfade in den meisten Unternehmen. Deutsche und französische Unternehmen liegen hier weit zurück.

D	Ö	USA	F	Sp	Rest	Σ
31	44	75	25	58	53	45

ten Position über vorher definierte strukturelle Eckpunkte. Eine Generalisierung der Laufbahnplanung erfolgt als **Karriereplanung** für mehrere Zielpositionen innerhalb eines Unternehmens. Hier werden idealtypische Karrieremuster und Entwicklungspfade innerhalb des Unternehmens festgelegt (beispielsweise Fach- oder Führungskräfteentwicklungspfade), um Mitarbeitern berufliche Perspektiven aufzuzeigen.

Lebenszyklusorientierte Personalentwicklung. Neben Strukturen, Hierarchieebenen oder Positionen (strukturorientierte Personalentwicklung) können sich Personalentwicklungsmaßnahmen auch am Lebenszyklus von Organisationsmitgliedern orientieren: Anhaltspunkte dieser Aktivitäten geben die Veränderungen im Lebenslauf eines Mitarbeiters (Eintritt, Beförderung, Auslandsaufenthalt oder auch Pensionierung), die einen Einfluß haben auf dessen Lebensstil, Einstellungen und Verhaltensweisen. Gegenüber familiären und biosozialen Lebenszyklen wird ein Mitarbeiter im Berufsleben häufig mit Faktoren konfrontiert, auf die er selbst wenig oder gar keinen Einfluß hat. Eine Personalentwicklung, die sich am beruflichen Lebenszyklus orientiert, sollte zwei Voraussetzungen erfüllen (vgl. *Sattelberger* 1995, 294):

- Langfristorientierung und
- Ermöglichung von Lernprozessen, die sich neben unternehmens- und aufgabenbezogenen Rollen insbesondere an der Persönlichkeit der Mitarbeiter orientiert.

Eine lebenszyklusorientierte Personalentwicklung umfaßt dabei den gesamten Zeitraum der Verweildauer eines Mitarbeiters im Unternehmen und richtet die konkreten Entwicklungsaktivitäten an den jeweiligen Lebenszyklusphasen des Mitarbeiters aus (Übersicht 6.42).

Lebenszyklusphase (gravierende personale Veränderung)	Thema der Personalentwicklungsmaßnahmen
Auswahl eines neuen Mitarbeiters	Abgleich der Bedürfnisse und Werte des Unternehmens mit denen des neuen Mitarbeiters, Eignung bzw. individuelle Bedürfnisse versus Anforderungen
Eintritt des neuen Mitarbeiters	soziale Integration in das Unternehmen: Sozialisationshilfe, „Kulturschock"-Bewältigung, Klärung eines sinnvollen Leistungsbeitrages
Versetzung (neue Abteilung, Funktion, Niederlassung, Ausland)	Hilfe beim Wechsel in ein neues soziales Gefüge, Neuorientierung des Lebensraumes
hierarchische Weiterentwicklung, Beförderung	Bedeutung von Karriere und Aufstieg, spezifische Führungsfähigkeiten, Potentialeinschätzung oder -beurteilung, Wachstum und Entwicklung in höhere Verantwortung
in der Mitte des (Berufs-)Lebens	Standortbestimmung, Identifizierung der Karriereanker, Bewältigung von Entwicklungsplateaus, Umgang mit dem Älterwerden und berufliche Neuorientierung (Life-Styling), „Career-planning"
Ausscheiden eines Mitarbeiters (während seiner beruflichen Entwicklung)	„Dehiring"-Hilfe, Outplacement
Vorbereitung auf und Ausscheiden in den Ruhestand	Loslassen können, Stigma des Alters, neuer Lebensabschnitt, Zukunftssicherung, Übernahme einer sinnvollen Beratungs- oder Mentorenrolle

Übersicht 6.42: Lebenszyklusorientierte Personalentwicklungsinhalte (*Sattelberger* 1995, 287)

6.4.3.4 Personalentwicklung near the job/off the job

Diese Gruppe von Maßnahmen umfaßt alle arbeitsplatznahen Trainingsmethoden während und außerhalb der Arbeitszeit, die nicht örtlich an einen konkreten Arbeitsplatz gebunden sind.

Multiplikatorenmodelle. Wesentliches Merkmal der verschiedenen Multiplikatorenmodelle ist der Einsatz interner Trainer (Multiplikatoren), die systematisch qualifiziert werden, um das so gewonnene Wissen an andere Mitarbeiter im Betrieb weiterzugeben. Personalentwicklung über Multiplikatoren bietet sich insbesondere bei der Vermittlung von Auffrischungswissen oder Wissensaktualisierung (beispielsweise Neustrukturierung von Geschäftsprozessen oder Neueinführung einer EDV-Konzeption) einer großen Adressatengruppe an.

Stellvertretung. Diese Maßnahme der Personalentwicklung kommt insbesondere in der Nachfolgeplanung und -auswahl sowie in der Assistentenausbildung zum Einsatz. Ähnlich der Übertragung von begrenzter Verantwortung können sich Nachfolger und Assistenten als Vertreter in bestimmte Positionen einarbeiten und erhalten durch Stelleninhaber und Führungskräfte ein direktes Feedback. Den Mitarbeitern wird die Gelegenheit gegeben, sich in ihrem zukünftigen Tätigkeitsfeld praktisch zu erproben und erste Verantwortung zu übernehmen.

Milkrounds unter den englischen Personalmanagern

Personalmanager britischer Unternehmen interviewen im Rahmen von „Campus Visits" potentielle Mitarbeiter vor Ort in der Universität. Diese Rekrutierungsart wird im umgangssprachlichen Sprachgebrauch „Milkrounds" genannt, in Anspielung an die Tradition britischer Milchmänner, die jeden Morgen auf ihrem Rundgang Milchflaschen in die Hauseingänge stellen. Nach einem zweiten Auswahlgespräch im Unternehmen winkt den auserwählten Kandidaten statt Milch ein Arbeitsvertrag.

Aus: *Kammerer, Till*, Milkrounds: Rekrutierung auf britisch, in: Personalwirtschaft 23 (1/1996), 28.

Fallstudien. Bei dieser Personalentwicklungsmethode wird die Realität anhand eines Praxisbeispiels simuliert. Die Mitarbeiter werden veranlaßt, aus Informationen über eine bestimmte Betriebssituation Entscheidungen beziehungsweise Entscheidungsalternativen abzuleiten (vgl. *Mentzel* 1997, 192). Das Problem wird häufig im Team gelöst. Die Fallstudienmethode eignet sich generell für die Schulung aller Mitarbeiterkategorien. Konkrete Lernziele sind neben der Problemerkennung und -analyse die Verbesserung der Urteilsfähigkeit und des Entscheidungsvermögens, die Schulung des kritisch konstruktiven Denkens und die Einübung sozialer Interaktion.

Rollenspiele. Ein weiteres wichtiges Personalentwicklungsinstrument, das insbesondere auf eine Verhaltensänderung der Mitarbeiter abzielt, ist das Rollenspiel. Hier können Mitarbeiter Verhalten in konkreten Situationen (häufig Konfliktsituationen) „einüben". Verstärkt wird diese Form der Personalentwicklung in der Führungskräfteentwicklung und Verhandlungsschulung angewandt. Duch die Übernahme verschiedener (zum Teil auch „unliebsamer") Rollen werden Mitarbeiter hier aufgefordert, sich in andere Erfahrungsbereiche hinein zu versetzen. Oft werden diese Rollenspiele per Tonband oder Video aufgezeichnet, um die Spielsituation gemeinsam zu reflektieren. Das Rollenspiel ist eine relativ aufwendige Methode (gründliche Vorbereitung, genaue Rollenbeschreibungen) und stellt hohe Anforderungen an den Spielleiter und ebenso an die Teilnehmer (vgl. *Birkenbihl* 1992, 11): So

- sollten die Teilnehmer die Aufgabe, die in einer Rolle steckt, klar erkennen,
- sie sollten in der Lage sein, die Bedürfnisse und Probleme ihrer Spielpartner exakt zu erkennen, und
- jeder Teilnehmer, der eine spezifische Aufgabe übernommen hat, sollte versuchen, seinen Gegenübern eine sachliche, aber auch emotional zufriedenstellende Problemlösung anzubieten,

um das Rollenspiel erfolgreich durchzuführen.

Bildungsurlaub. In einigen Bundesländern steht den Mitarbeitern per Gesetz ein bezahlter Bildungsurlaub zu. Bildungsurlaub bezeichnet dabei einen gesetzlichen Freistellungsanspruch der Mitarbeiter zur Teilnahme an behördlich anerkannten Bildungsmaßnahmen und dient in erster Linie der beruflichen oder staatsbürgerrechtlichen politischen Bildung. Er dauert nach den meisten Gesetzen zehn Arbeitstage innerhalb von zwei Kalenderjahren. Bildungsurlaub kann in ein betriebliches Personalentwicklungskonzept integriert werden.

Corporate Universities. Ein in den vergangenen Jahren aufgekommenes, mittlerweile von vielen Unternehmen als zentral angesehenes Instrument des Trainings near the job ist die Einrichtung von Corporate Universities und Firmenakademien (vgl. *Meister* 1998).

Corporate Universities als unternehmenseigene Qualifizierungseinrichtungen bestehen in der Regel aus einem Netzwerk aus internen und externen Experten und Business Schools. Sie entwickeln und vermitteln maßgeschneiderte Weiterbildungsprogramme, die die Unternehmensziele und Strategien unterstützen.

Demnach fungieren Corporate Universities als Kompetenzcenter hinsichtlich des Wissensmanagements zur strategischen Weiterentwicklung von Unternehmen. Sie müssen sich nicht zwingend eine umfangreiche Infrastruktur aufbauen, so daß auch größere mittelständische Unternehmen Corporate Universities einrichten. Die gegebenenfalls beteiligten Universitäten und Business Schools stellen unter anderem Hilfe bei der Konzeption, Lehrpersonal, aktuelle Forschungsinhalte sowie Lehrmaterial wie Fallstudien und Unternehmensplanspiele bereit. Für sie ergeben sich neben neuen Einnahmequellen dann auch Zugangsmöglichkeiten zu empirischen Daten und Praxisinformationen.

Als zentrale **Gründe** für den Aufbau unternehmenseigener Universitäten werden in der Literatur (vgl. *Steinhäuser* 1999; *Töpfer* 1999, 32-33) hauptsächlich folgende genannt:

- Corporate Universities können eine exakt auf die *Bedürfnisse* des Unternehmens zugeschnittene Ausbildung zur Verfügung stellen. Die Programme, die oft zusammen mit Hochschulpartnern entwikkelt werden, sollen sich möglichst schnell in den Ergebnissen der Arbeit niederschlagen. Es wird daher angestrebt, daß Lernergebnis im Unternehmen direkt umzusetzen; gleichzeitig sind die im Unternehmen eingesetzten Instrumente Inhalt der Programme.
- Sie lassen sich zu einem Kompetenzzentrum zur Weiterentwicklung des *Wissensmanagements* ausbauen. Durch die Verknüpfung von internem und externem Know-how lassen sich die unternehmerischen Qualifikationen konsequent an den aktuellen Entwicklungen der Managementforschung und -praxis orientieren und im Idealfall in einen marktfähigen Wissensvorsprung transformieren. Interessant ist in Wirtschaft und Politik.
- Corporate Universities dienen der Vermittlung der *Unternehmenskultur*. Ein gemeinsam getragenes Grundverständnis für Werte, Unternehmensziele und deren Umsetzung in Strategien, das die Corporate Universities kommunizieren, ist grundlegend für die Verankerung der Unternehmenskultur und die Integration aller Unternehmensbereiche.
- Sie *substituieren* die Ausbildung an traditionellen Universitäten, die als zu zeitaufwendig, kostspielig, rigide, praxisfern, bürokratisch und veraltet kritisiert werden.

Die Corporate University ist damit sehr viel mehr als ein Teilbereich der Personalentwicklung. Sie stellt ein Instrument zur Verbesserung der Wettbewerbsposition durch effizientes Wissensmanagement im unternehmensspezifischen Kontext dar. Inwieweit sie die theoretische Ausbildung an Universitäten tatsächlich ersetzen können und wollen, ist häufig jedoch kaum spezifiziert. Übersicht 6.43 stellt einige Beispiele von Corporate Universities zusammen.

Corporate Universities entwickeln sich in drei **Phasen**, in denen die Integration von Lernen und organisationsspezifischem Handeln steigt (vgl. *Fresina* 1997; *Töpfer* 1999, 35-36):

- In einer ersten Stufe wird insbesondere die Erhöhung *individueller Fertigkeiten und Fähigkeiten* angestrebt, um im Ergebnis eine Konformität zu erzeugen oder eine vorgegebene Qualität der Produktion zu gewährleisten. Hierzu werden vor allem Seminare eingesetzt; der Lerntransfer wird in der Regel den Teilnehmern überlassen.
- In einer zweiten Stufe zielen Corporate Universities auf *organisatorischen Wandel* im Unternehmen. Die Lerninhalte mit systematischem Organisationsbezug werden mit dem Change-Management im Unternehmen verzahnt.

	Andersen Consulting	McDonalds	Motorola	Bertelsmann	DaimlerChrysler	General Electric
Ziele	Standardisierung der Projektabläufe und -bearbeitung	globale Standardisierung der Produkte und Dienstleistungen Erzielung von Skaleneffekten	seit 1981 weltweite Implementierung des Qualitätsprogramms Institutionalisierung eines Qualitätszentrums	Vermittlung der Unternehmenskultur Verbindung der Organisations-, Unternehmens- und Persönlichkeitsentwicklung	Internationalisierung Vernetzung Vermittlung der Konzernstrategie an die Führungsnachwuchskräfte	seit den 50er Jahren Qualifikation von Mitarbeitern und Führungskräften heiliger Anspruch für Business Excellence
Philosophie	„Androids" gewährleisten eine gleichbleibende Beratungsqualität	Core Practices	globale Implementierung eines Qualitätsprogramms „Agent of Change" alle Mitarbeiter müssen weitergebildet werden „Constant respect for people"	Kombination Wissenschaft und Praxis Vermittlung von Unternehmensphilosophie und Wissen für Führungskräfte	Instrument zur strategischen Weiterentwicklung des Konzerns Unternehmenswertsteigerung Wissensmanagement	Kosteneinsparung durch Prozeßoptimierung Entbürokratisierung „Tool to implement and spread that change throughout GE" „Agent of cultural change"
Konzept	Standardisierung und Erhöhung der Verläßlichkeit	Erzielen von Kosteneinsparungen zu Verkauf und Prozeßmanagement	regionale Orientierung/ regionale Colleges „The right training at the right time, and in the right environment"	Verknüpfung europäischer und amerikanischer Perspektiven weltweite Zusammenarbeit Fallstudien, Online-Konferenzen	Management Development Innovations- und Wissenstransfer Strategie-Dialoge	Begegnungsstätte Boundaryless organization Programme wie Leadership Devlopment, Management Development

Übersicht 6.43: Internationale Beispiele von Corporate Universities (ausgewählt nach *Töpfer* 1999, 34)

- Die dritte Stufe fokussiert zusätzlich auf die projektorientierte Unterstützung des strategischen, strukturellen und kulturellen Wandels. Hierzu werden unternehmensinterne und -externe *Netzwerke* geknüpft und konkrete aktuelle Unternehmensprobleme als zu bearbeitendes Lernmaterial genutzt.

Insbesondere in der dritten Stufe werden die Bemühungen intensiviert, die Corporate Universities noch zu **virtualisieren**: Durch die Einbindung von Multimedia-Anwendungen ist es auch möglich, räumlich verteilte Lehrstukturen einzurichten und eine Vielzahl von Wissenslieferanten an der Erstellung der Lehrleistung zu beteiligen. **Bildungsbroker** unterstützen hierbei die sich intensivierende Koordination bei der Zusammenstellung geeigneter und gewünschter Angebots-Portfolios.

Situative Faktoren für die Einrichtung von Corporate Universities liegen (vgl. *Maier/Westermann* 1999)

- in der Rechtsform und der damit zusammenhängenden Autonomie vom Mutterunternehmen,
- in der Unterstützung durch die Unternehmensleitung,
- in der Langfristigkeit eines Lehrangebotes mit der damit zusammenhängenden Verfügbarkeit und Professionalität von Lehrenden aus Wissenschaft und Praxis, sowie
- in der Möglichkeit zur Imagebildung durch ein ansprechendes Ambiente.

Sie beeinflussen den Erfolg einer Corporate University, der insbesondere dann gefährdet ist, wenn Dumping-Angebote externer Lehranbieter drohen, die Corporate University lediglich ein Hobby der Unternehmensführung ist, Konkurrenzsituationen zu internen Abteilungen aufgebaut werden oder die unternehmenseigene Hochschule unternehmensintern nicht ernstgenommen wird.

Neben der **Kritik**, Corporate Universities seien ein modisches Etikett für eine interne oder outgesourcte Personalentwicklung, gibt es einige inhaltliche Herausforderungen, die bewußt überdacht werden können:

- Die formale Einrichtung von Corporate Universities bedeutet häufig noch nicht die innovative Redefinition des Wissensmanagements im Unternehmen. Wenn hier eine Weiterentwicklung der unternehmerischen Personalentwicklung erfolgen soll, ist eine Verzahnung mit der Organisationsentwicklung notwendig.
- Die verwendeten Lehrmethoden passen sich dem Ziel an, praktisch einsetzbares Wissen in kurzer Zeit zu vermitteln. Das in diesem Zusammenhang beliebte best-practice-Lernen mittels erfolgreicher Fälle führt jedoch gegebenenfalls dazu, daß sich Standardrezepte des Managements verbreiten, jedoch die Kompetenz ihrer situativen Anpassung vernachlässigt wird.

Corporate Universities sind auch ambivalent für die universitären Partner: Trotz der Vorteile bestehen die Gefahren einer Einschränkung der Forschung auf vordefinierte Gebiete und die Reduzierung der Universitäten auf Zulieferer. Hinzu kommt die Verschärfung der Konkurrenz im Bildungsmarkt, wo es zu einem Wettbewerb um die schnellste Ausbildung kommt.

Als **Fazit** kann festgehalten werden, daß mehrere Formen von Corporate Universities für verschieden intensive Zielsetzungen unternehmerischer Weiterbildung near the job eingesetzt werden können. Dabei gibt insbesondere das Investitionsvolumen die Ausgestaltung vor. Allein eine virtuelle Form der Corporate University einzurichten empfiehlt sich nicht, da der direkte Kontakt zu den Teilnehmern konstitutiv für den Lernerfolg ist – geht es doch nicht nur um ein Assimilieren an den unternehmerischen Managementtechniken, sondern gleichzeitig um ein Enkulturieren an der Unternehmenskultur.

6.4.3.5 Personalentwicklung out of the job

Viele Unternehmen bauen Stellen ab, um auf die Umwälzungen in ihrer Umwelt zu reagieren. Gleichzeitig beabsichtigen sie jedoch nicht, die Mitarbeiter einfach zu entlassen, sondern ihnen eine alternative Beschäftigung zu sichern. Eine Möglichkeit, die Interessen des Unternehmens mit denen des Mitarbeiters zu verbinden, ist die Personalentwicklung out of the job.

Hierbei bestehen mehrere **Möglichkeiten**:

- Das Unternehmen hat *Tochterunternehmen*, in denen ein Personalbedarf besteht. Die zur Verfügung stehenden Arbeitsplätze sind dann in der Regel mit Zugeständnissen seitens des Mitarbeiters verbunden, etwa hinsichtlich seiner zeitlichen Flexibilität oder lokalen Mobilität. Dafür wird er jedoch durch das Mutterunternehmen durch Entwicklungsmaßnahmen in die Lage versetzt, die ebenfalls mit dem neuen Arbeitsplatz verbundenen Qualifikationsanforderungen erfüllen zu können. Ein Beispiel bietet das Bankgewerbe, in dem traditionelle Arbeitsplätze wegfallen, gleichzeitig aber neue Arbeitsplätze bei verbundenen Direktbanken entstehen.
- Das Unternehmen qualifiziert seine Mitarbeiter dafür, als *Zeitarbeitnehmer* in derselben Branche arbeiten zu können. Auch dieses Vorgehen verhindert betriebsbedingte Kündigungen ohne Auffangmöglichkeit für die Mitarbeiter. Für Führungskräfte kann diese Variante auf die Bereitstellung von *Interims-Managern* ausgerichtet werden.
- Eine weitere Möglichkeit ist die Qualifikation der Mitarbeiter mit dem Ziel, diese in die Selbständigkeit zu entlassen. Eine Anschubqualifikation zur *Existenzgründung* kann durch eine unternehmensseitige Beteiligung an der Anschubfinanzierung ergänzt werden.

Schwierigkeiten bestehen bei solchen Lösungen in der Einbindung des Betriebsrates, der eher an der Weiterbeschäftigung der Mitarbeiter in bestehenden Strukturen interessiert sein könnte, und in der Bereitschaft der Mitarbeiter, sich auf eine riskantere und unter Umständen weniger gut dotierte Zukunft einzulassen. Die Alternative für die Mitarbeiter ist jedoch dann bestenfalls die Annahme einer Abfindung.

Employability-Entwicklung. Die jüngsten umfangreichen Personalfreisetzungsbewegungen in Deutschland haben umfangreiche Diskussionen über die permanente und frühzeitige Verantwortung der Unternehmen für die Beschäftigungsfähigkeit der ihnen anvertrauten Mitarbeiter ausgelöst. Da lebenslange Beschäftigungen im gleichen Unternehmen immer seltener werden, fördert ein bewußtes individuelles Karrieremanagement im Idealfall das planmäßige Herbeiführen und Ergreifen individueller Karrierechancen (vgl. *Kern* 1998, 13). In diesem Zusammenhang kommen all jene Qualifizierungsmaßnahmen zum Einsatz, die den Mitarbeitern den Schritt in andere Beschäftigungsverhältnisse oder in die Selbständigkeit ermöglichen würden und Arbeitslosigkeit gar nicht erst entstehen lassen. Dabei können diese Mitarbeiter häufig später wieder als Subunternehmer an das Unternehmen gebunden werden.

Aus einer explorativen Fallstudienuntersuchung dreier Unternehmen liegen hierzu **empirische Befunde** vor: Vor allem durch eine Kosten-Nutzen-Analyse (vgl. *Berthel/Kneerich* 1998, 250-255) konnte gezeigt werden, daß sich die Maßnahmen zur beruflichen Neuorientierung bei Personalabbau tatsächlich betriebswirtschaftlich „rechnen", indem sie Fluktuations-, Fehlzeiten- und Qualitätskosten reduzieren und die Arbeitsproduktivität steigern. Die Schlußfolgerungen der Studie empfehlen daher für diese Art der Personalentwicklung (vgl. *Berthel/Kneerich* 1998, 273-275):

- Präventive Maßnahmen vor Eintritt der Arbeitslosigkeit unterliegen dem *Zielkonflikt* zwischen sozialer Verantwortung und ökonomischem Erfolg; dieser Zielkonflikt muß erkannt und gehandhabt werden.
- Ein *breites Spektrum an Maßnahmen* stellt die Aufrechterhaltung der Produktion, die Qualifikation, Arbeitssuche und Existenzgründung sicher.
- *Kapazitätseinbußen* durch präventive Maßnahmen können durch Anpassungsmaßnahmen aufgefangen werden, etwa durch die Einrichtung von Arbeitszeitkonten.
- Gerade in *Krisensituationen*, selbst bei einem Stillegungsbeschluß oder massivem Personalabbau, sind solche Maßnahmen sowohl für den ökonomischen Erfolg als auch zur Motivation der verbleibenden Mitarbeiter und der Verbesserung der Arbeitsmarktchancen der ausscheidenden Mitarbeiter angemessen. Bei einer größeren Krise sind regionale Verankerungen empfehlenswert.
- Die intensive *Zusammenarbeit* zwischen den Outplacement-Beratern und der Personalabteilung erhöht die Erfolgschancen.
- Bei einem *Gruppen-Outplacement* ist die Bildung homogener Gruppen und die Einrichtung eines Kommunikationsnetzwerks hilfreich.
- *Schnupperpraktika* bei anderen Unternehmen sind sowohl für Berufswechsler als auch für Nicht-Berufswechsler nutzbringend, besonders dann, wenn sie durch einen intensiven Informationsaus-

tausch zwischen altem und neuem Unternehmen und den übrigen Beteiligten unterstützt werden. Eine Alternative ist das *Personalleasing*.

- Die Förderung von *Existenzgründungen* durch Auftragsvergabe vermeidet einen vorzeitigen Know-how-Abfluß, benötigt jedoch einen relativ großen zeitlichen Vorlauf.
- Personalentwicklungsmaßnahmen mit betriebsfremden Inhalten (Fortbildung und Umschulung, Schnupperpraktika, Arbeitnehmerüberlassung) resultieren in *Arbeitsausfällen* und damit Effizienzeinbußen, die jedoch durch eine kompensierende Gestaltung der Sozialpläne oder duch die Akquisition öffentlicher Mittel ausgeglichen werden können.

Obwohl die Maßnahmen hohe Anforderungen an das Personalmanagement stellen, bilden sie einen innovativen Beitrag zur Integration wirtschaftlicher und sozialer Belange.

6.4.3.6 Computer Based Training

Grundidee. Auf der Suche nach effizienteren Wegen der Personalentwicklung setzen Unternehmen Computer in Aus- und Weiterbildung ein. Traditionelle Fernkurse oder Fernsehseminare wandeln sich im Informationszeitalter zu komplexen neuen Systemen, die multimediale und interaktive Anwendungen integrieren. Langfristig verspricht der Multimediaeinsatz **einige Vorteile** (vgl. *Schwuchow* 1998, 52):

- *Kostensenkung* in der Personalentwicklung aufgrund einer effizienten und kostengünstigeren Verbreitung von Informationen (beispielsweise gegenüber kostenaufwendigen Seminaren oder Arbeitstagungen),
- unternehmensweite *Verfügbarkeit von Expertenwissen* beispielsweise über ein firmeneigenes Intranet, was zu einer schnelleren Wissensverbreitung ohne zusätzlichen Ressourcenaufwand führt, und
- Erhöhung von *Individualität und Flexibilität* von Weiterbildungsprogrammen.

Insbesondere den ersten Aspekt bestätigen die Erfahrungen verschiedener Großunternehmen in der Bundesrepublik (vgl. *Schwuchow* 1998, 52): So ergaben sich bei der Deutschen Post AG zwischen 1991 und 1994 durch den Einsatz von Computer Based Training (CBT) in der Personalentwicklung Einsparungen von rund 100 Mio. DM, weil Ausfallkosten, Reisekosten und direkte Tagungs- und Seminarkosten reduziert wurden. Hewlett-Packard senkte durch Mulimediaeinsatz den Tagessatz für die Führungskräfteentwicklung von 4 250 DM auf rund 3 000 DM, was bei anspruchsvolleren Konzepten aber eine Mindestzielgruppe von 1 000 Teilnehmern voraussetzt.

Schulung über Intranet bei SGI

Vor dem Verkaufsstart ihrer Rechnerfamilien O2 und Octane sollten die Mitarbeiter des amerikanischen Computerkonzerns Silicon Graphics (SGI) in einem zweiwöchigen Schulungskurs an mehreren Orten weltweit ausführlich über technische Details, Handhabung und Preise der neuen Geräte informiert werden. Weil jedoch die Kosten von 7,2 Mio. Dollar das Budget sprengten, entschloß sich die Konzernleitung für eine zentrale Poduktschulung über das SGI-Intranet. Somit mußte kein Mitarbeiter zu entfernt stattfindenden Veranstaltungen reisen. Das Training fand am eigenen Computer statt. Im Ergebnis sparte Silicon Graphics durch die Online-Schulung 4,7 Mio. Dollar ein.

Aus: Lernen ohne Limit, in: Manager Magazin (3/1998), 230-242.

Typologisierung. Durch die Kombinationsmöglichkeiten der neuen Medien lassen sich deutlich bessere Inhalte in der betrieblichen Personalentwicklung erzielen (vgl. *Krcmar/Koppenhöfer* 1998, 240): Komplexe Lerninhalte können anschaulicher vermittelt werden, wobei unterschiedlichste Wahrnehmungskanäle angesprochen werden. Über den Computer können Lerninhalte als Texte, Graphiken, Audiodateien und Videosequenzen präsentiert werden. Interaktive Hilfe- und Feedbackfunktionen, Simulationen sowie Kopplungen mit dem Internet ermöglichen verstärkt das selbständige Lernen. Ergänzt durch Diskussionsforen, Videokonferenzen und durch andere Medien wie Business-TV entstehen hieraus tragfähige Telelearning-Konzepte. Die Differezierung der zur Verfügung stehenden computerbasierten Lernlösungen nach zeitlicher und räumlicher Verteilung stellt Übersicht 6.44 dar.

Ort/Zeit	**Synchron**	**Asynchron**
am gleichen Ort	– elektronische Wandtafel – Beamer – CBT	– CBT – Living Books
an verteilten Orten	– Telelearning/-teaching – Telekonferenzen (Audio/Video) – Application Sharing – Screensharing – Joint Viewing/Editing	– Telelearning/-teaching – CBT – E-Mail (Trainer-Lerner; Lerner-Trainer) – Diskussionsforen – Newsgroups

Übersicht 6.44: Nutzungsmöglichkeiten multimedialer Lernlösungen (nach *Krcmar/Koppenhöfer* 1998, 241)

Mit steigendem Angebot multimedialer Personalentwicklungsinstrumente geraten Personalmanager insbesondere bei mangelnder Marktkenntnis in Entscheidungsprobleme. Als Entscheidungshilfe dient eine Typologisierung (Abbildung 6.29) multimedialer Informations- und Lernsysteme anhand der Kriterien Systemflexibilität und Lerninitiative (vgl. *Bodendorf* 1993, 64).

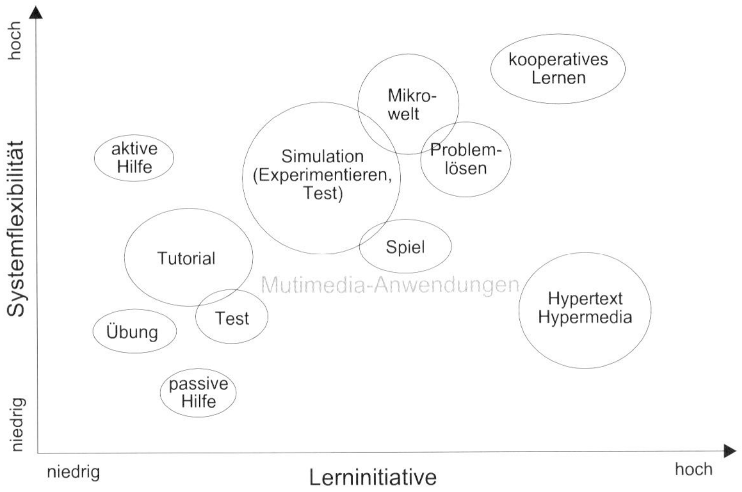

Abbildung 6.29: Typologie von Multimediaanwendungen
(nach *Bodendorf* 1993, 64)

Diese Typologisierung führt gleichzeitig zu drei unterschiedlichen **Interaktionsstilen** im computerbasierten Training:

- Beim *sytemgesteuerten Dialog* werden die Dialogschritte im wesentlichen vom technologischen System vorgegeben, und der Lernende übernimmt eine passive und reaktive Rolle. Hierzu zählen beispielsweise Übungs- und Textsysteme sowie konventionelle Tutorien.
- Im umgekehrten *lernergesteuerten Dialog* agiert der Lernende. Er bedient und steuert das System, während der Computer auf seine Eingaben und Befehle reagiert, Funktionen ausübt und Feedback-Informationen gibt. In diese Kategorie fallen Simulationsprogramme, Cyberwelten, multimediale Planspiele und Hypermediasysteme.
- Bei dem *gemischt-initiativen Dialog* übernehmen Lernender und System gleichzeitig aktive und reaktive Rollen: So folgt beispielsweise einer Lernerinitiative ein systemgesteuerter Dialog, der zur weiteren Reaktion auf seiten des Nutzers führt. Hierunter fallen fortgeschrittene Simulations- und Spielprogramme sowie tutorielle Systeme.

Anwendungsbeispiel. Ein Beispiel für computerbasierte Kommunikations- und Weiterbildungsstrukturen im Personalmanagement stellt die seit 1997 angebotene Lehrveranstaltung „zeitgemäßes Personalmanagement" (zPMG) des Lehrstuhls für Betriebswirtschaftslehre, insbesondere Organisation, Personal- und Informationsmanagement an der Universität des Saarlandes dar (vgl. *Scholz/Hoecker/Scholz* 1998). In einem begrenzten Kreis aus interessierten Praktikern und Studenten werden im Rahmen dieser Veranstaltung aktuelle Themen eines innovativen und zeitgemäßen Personalmanagements diskutiert. Die Veranstaltung ist komplett in das Internet verlagert: Hier steht das „zPMG-Haus" zur Verfügung, eine Internet-Oberfläche, die vielfältige Interaktionen zuläßt und durch ihre Strukturierung eine Orientierung in der komplexen Materie ermöglicht (Abbildung 6.30).

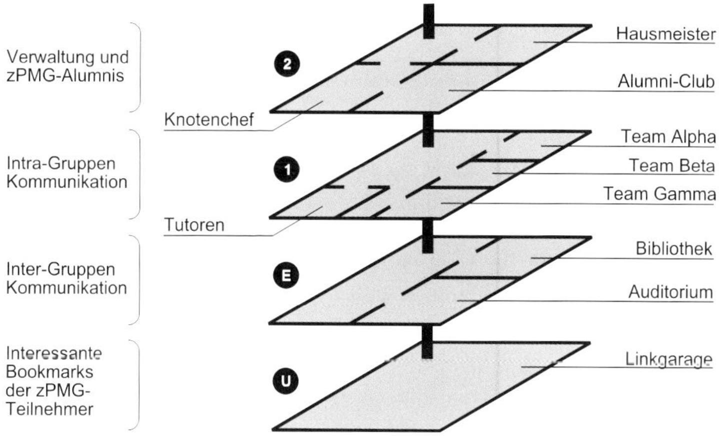

Abbildung 6.30: Das zPMG-Haus (*http://www.orga.uni-sb.de/zPMG*)

Die Teilnehmer finden hier wöchentlich thematisch in sich abgeschlossene „Personalmanagement-Letter" im Internet vor. Ergänzt werden sie durch Diskussionsforen und Chat-Konferenzen, in denen die Teilnehmer ihre Fragen und Anregungen online diskutieren. In virtuellen Arbeitsgruppen werden Fallstudien bearbeitet. Die Teilnehmer können sich auf diesem Wege aus dem Büro oder von zu Hause aus über den aktuellsten Stand der Forschung informieren und einen regen Gedankenaustausch mit Dozenten, Gastreferenten, Tutoren und „Mitstudenten" praktizieren.

Chancen und Risiken. Zunächst verschaffen computerbasierte Bildungssysteme eine wesentlich schnellere Informationssuche und -beschaffung insbesondere über Online-Zugriffe auf externes und internes Expertenwissen. Die räumliche und zeitliche Unabhängigkeit von Lernenden und Lehrenden spiegelt sich in verkürzten Lernzeiten und positiven Motivationseffekten wider. Dabei wird der lernende Mitarbeiter zunehmend selbstverantwortlich für den Personalentwicklungsprozeß im Unternehmen, was zu einer Individualisierung des Lernprozesses beiträgt.

Computerbasierte Lehrmethoden eröffnen der Personalentwicklung neue Wege (vgl. *Winand/Kortzfleisch/Pohl* 1996, 22): So können sie aufgrund der einfachen Überschreitung von Institutionengrenzen und verstärkter Kooperation von Unternehmen und Ausbildungsinstitutionen zu einer quantitativen Ausdehnung des Weiterbildungsangebotes führen. Gleichzeitig ist von einer Qualitätssteigerung des Angebots auszugehen aufgrund

- des ständigen Bemühens um die Korrektheit des Angebots,
- der Aktualisierbarkeit,
- der Anmutung der Aufmachung sowie
- des transparenten Wettbewerbs der verschiedenen Bildungsträger.

Darüber hinaus ist eine Mehrfachnutzung der qualitativ hochwertigen Lernmaterialen in unterschiedlichen Einsatzfeldern gegeben und einfach realisierbar, was zu „economies of scale"-Effekten, etwa in einer effizienteren Bildungslogistik, kürzeren Schulungszeiten und einer potentiell höheren Bedarfsorientierung durch breitere Auswahl („development on demand", „just-in-time"-Training), führen kann. Hier besteht eine positive Wirkung gerade für kleine und mittlere Unternehmen und für bislang im Personalentwicklungsprozeß benachteiligte Gruppen wie Behinderte oder Teilzeitkräfte.

Bei aller Euphorie bleibt jedoch kritisch anzumerken, daß es einer hohen Anwendungskompetenz sowie einer grundsätzlichen Akzeptanz im Umgang mit computerbasierten Bildungssystemen sowohl von seiten der Ausbilder als auch der Zielpersonen bedarf. Hinzu kommt der insbesondere bei Eigenentwicklung relativ hohe Anfangsinvestitionsaufwand. Des weiteren lassen sich nicht alle Themen aus dem Personalbereich modular gestalten, so daß sie nicht online abgerufen werden können (vgl. *Wolter* 1997, 22): Dies ist insbesondere der Fall, wenn Inhalte in eine Erzählhandlung eingebunden werden oder die Lernenden sich dem Thema bewußt mit individuellen Ansätzen nähern sollen. Schließlich besteht die Gefahr der Informationsüberlastung durch das vielseitige Angebot. Hier wird die stimmige Integration multimedialer Bildungssysteme in das betriebliche Personalentwicklungskonzept zur zentralen Aufgabe zeitgemäßen Personalmanagements.

6.4.3.7 Internationale Personalentwicklung

Die primäre Aufgabe einer international ausgerichteten Personalentwicklung liegt in der Vermittlung der für einen erfolgreichen internationalen Einsatz notwendigen Kompetenzen (Übersicht 6.45). Dabei werden integrative und übergreifende Kompetenzen um so wichtiger, je höher eine Position im Unternehmen angesiedelt ist.

Kompetenz	**Beschreibung**
interkulturelle Kompetenz	Wissen über sozio-kulturelle Unterschiede und Gegebenheiten sowie Fähigkeit einer adäquaten Berücksichtigung (kosmopolitische Sensibilität)
global-strategische Unternehmens-kompetenz	Wissen über das Gesamtunternehmen und seine Teilbereiche, seine Einbindung in die Unternehmensumwelt sowie Fähigkeit, unternehmenspolitische Entscheidungen zu treffen, strategische Ziele zu setzen und strategisch zu denken
Lernkompetenz	Fähigkeit des Lernens vom Lernen
politische Kompetenz	Fähigkeit und Verhandlungsgeschick zur Teilnahme am Managementprozeß im Unternehmen
Informationskompetenz	Erarbeitung und Bereitstellung von Informationen für wichtige personalwirtschaftliche Fragen
Planungs-, Steuerungs- und Kontrollkompetenz	Wissen über Controllingkonzepte
konzeptionelle Kompetenz	Erarbeitung von Konzeptionen des Personalmanagements mit Blick auf die anderen Managementfelder des Unternehmens
Verbundkompetenz	Berücksichtigung von (un-)erwünschten Nebenwirkungen personalwirtschaftlicher Maßnahmen
personale Kompetenz	Entwicklung der eigenen Persönlichkeit und persönlichen Eigenschaften
Interaktionskompetenz	Fähigkeit zum Handeln und Einbringen in soziale Situationen auf Unternehmens- und Funktionsebene
Methodenkompetenz	Beherrschung der personalwirtschaftlichen Arbeitsmethoden und -werkzeuge (Tools)
Fachkompetenz	Wissen über das personalwirtschaftliche Fachgebiet und das fachliche Umfeld
kritische Kompetenz	Überprüfung und Reflexion des eigenen Rollenverständnisses

Übersicht 6.45: Kompetenzen und ihre Beschreibung
(nach *Wagner/Domnik/Seisreiner* 1995, 122)

Der Rahmen. Originäres Ziel aller Trainingsmaßnahmen, die sich speziell aus den internationalen Aktivitäten von Unternehmen ergeben, ist die Vorbereitung auf den Auslandsaufenthalt: Sie umfaßt alle Aktivitäten, die Menschen befähigen, unter fremdkulturellen Bedingungen erfolgreich zu agieren. Dieses **interkulturelle Handlungstraining** basiert auf einer Vielzahl von theoretischen und praktischen Konzepten, überwiegend aus psychologischen Studien des amerikanischen Sprachraums (vgl. z.B. *Landis/Brislin* 1983a; *Thomas* 1989; *Bergemann/Sourisseaux* 1996). Übersicht 6.46 zeigt den aus diesen Quellen ableitbaren Rahmen für ein interkulturelles Handlungstraining.

Wissenschaftliche und praktische Grundlagen	– allgemeine Trainingsforschung – Trainingsziele und -methoden – Trainingspraxis – kulturvergleichende Forschung – interkulturelle Austauschforschung – interkulturelle Trainingsforschung – interkulturelle Trainingspraxis
Allgemeine Rahmenbedingungen	– Landeskulturunterschiede Heimat- zu Gastland – Systemunterschiede Heimat- zu Gastland
Konkrete (unternehmensspezifische) Rahmenbedingungen	– Unternehmenskultur im Heimatland – Unternehmenskultur im Gastland – Zielgruppe des Trainings – Arbeitsauftrag

Übersicht 6.46: Bedingungsrahmen für ein interkulturelles Handlungstraining (modifiziert nach *Thomas* 1989, 283)

Auch hier zeigt sich die doppelte Zielsetzung einer internationalen Personalentwicklung (vgl. *Huber/Lange* 1998, 108): Einerseits werden von dem zu entsendenden Mitarbeiter interkulturelle beziehungsweise global-strategische Fähigkeiten verlangt, andererseits dient der Auslandseinsatz in vielen Fällen selbst als Maßnahme der Personalentwicklung zum Erreichen dieser Kompetenzen.

Die Methoden. Die Literatur kennt inzwischen eine ganze Reihe unterschiedlicher Ansätze zum interkulturellen Training. Sie lassen sich nach *Landis* und *Brislin* (1983b, 8-19) zu folgenden sechs **Trainingsformen** zusammenfassen:

- *Faktenorientierte Trainingsmaßnahmen* versorgen die Trainingsteilnehmer mit umfassenden Informationen über das entsprechende Land. Diese Vermittlung kann in Form von Lektüren, Vorträgen oder Video erfolgen.
- Das *attributionsorientierte Training* fokussiert auf die Erklärung von Verhaltensmustern aus der Sicht der Menschen des Gastlandes.

Fremdkulturelle Verhaltensgewohnheiten sollen verstanden werden, indem man sie aus dem landeskulturellen Gesamtzusammenhang heraus zu interpretieren lernt. Als Lehrmethode bietet sich hier die Einzelfallanalyse an, in der kritische Ereignisse vom Trainee analysiert und letztlich richtig eingeordnet werden.

- Ziel des *Kulturbewußtseinstrainings* ist es, Grundannahmen, Werte und Verhaltensweisen der eigenen Kultur zu analysieren, um die Sensibilität für kulturelle Differenzen und kulturelle Einflußfaktoren zu entwickeln. Bei diesem Training geht es nicht um die Kultur des Gastlandes. Im Mittelpunkt steht vielmehr das Bewußtmachen der eigenen Landeskultur und ihrer Komponenten. Dieser an der eigenen Landeskultur erlernte Analysevorgang soll dann im Gastland auf die dortige Kultur übertragen werden.
- Die Methode der *kognitiven Verhaltensmodifikation* will dem Trainingsteilnehmer helfen, seine Einstellungen und Verhaltensweisen entsprechend den Gegebenheiten im Gastland zu verändern. Diese Trainingsform geht überwiegend individuell vor: Persönliche Vorlieben und Antipathien werden ermittelt, Erklärungen durchdiskutiert und Änderungsstrategien evaluiert.
- Beim *experimentellen Lernen* werden die Trainingsteilnehmer über das Rollenspiel oder über Kultursimulationen in eine realitätsnahe Begegnung mit anderen Kulturen versetzt. Der Trainer schafft bei diesem Konzept zunächst eine kontrollierte Experimentalsituation, beispielsweise hinsichtlich des Konfliktes zwischen zwei Kulturen. Anschließend hilft er dem Lernenden, optimal mit dem interkulturellen Konflikt umzugehen.
- Beim *Interaktionstraining* informieren erfahrene Auslandsmanager oder idealerweise Personen aus dem Gastland aus erster Hand die Auszubildenden über die Situation und Probleme in der für sie fremden Umgebung. Im Mittelpunkt stehen dabei nicht konkrete Empfehlungen und Leitlinien, sondern ausschließlich eine vorbereitende Kontaktaufnahme mit der Kultur des Gastlandes.

Alle Methoden zielen letztlich auf unterschiedliche Vermittlungsinhalte und verwenden unterschiedliche Vermittlungsformen. Jede der sechs Trainingsformen hat dabei ihre Berechtigung und Notwendigkeit, wobei sich in der praktischen Umsetzung vor allem Kombinationen aus verschiedenen Ansätzen anbieten. Übersicht 6.47 positioniert die angebotenen Maßnahmen im Hinblick auf generelle und spezifische sowie experimentelle und didaktische Vermittlung. Dazu gehören sowohl allgemeine Ansätze (wie „traditionelle" akademische Kurse) als auch spezifische Techniken einzelner Autoren: Ein Beispiel dafür ist die Albatros-Übung, bei der über ein Rollenspiel eine spezifische Situation interpretiert werden soll, was bei Zugrundelegung des amerikanischen Wertesystems unweigerlich mißlingt.

	Generelle Kulturvermittlung	**Spezifische Kulturermittlung**
Experimentelle Kulturvermittlung	traditionelles Human-Relations-Training interkultureller Workshop generelle Kultursimulation Contrast American Simulation Selbsterfahrungstechniken Albatros-Übung	bikulturelles Relations-Training bikultureller Workshop Verhaltensmusteransatz
Didaktische Kulturvermittlung	„traditionelle" akademische Kurse kulturelle Selbsterfahrung über Video	Landeskunde und Sprachtraining Kultur-Assimilator

Übersicht 6.47: Methoden der Kulturvermittlung
(zusammengestellt aus *Gudykunst/Hammer* 1983, 125-139)

Ein Verfahren zur didaktisch/spezifischen Kulturvermittlung ist der **Kultur-Assimilator** (vgl. *Fiedler/Mitchell/Triandis* 1971). Der Teilnehmer wird hierbei mit typischen Situationen des Gastlandes konfrontiert, die er interpretieren muß. Dazu werden ihm mögliche *Alternativen* vorgegeben, die alle plausibel sind und aus denen er eine auswählen muß. Nachdem eine *Wahl* für eine Alternative getroffen wurde, bekommt er als Feedback Erläuterungen dazu, wieso nur eine bestimmte Entscheidung richtig ist und warum die anderen Alternativen unangebracht sind. Bei der Erstellung eines Kultur-Assimilators besteht die Hauptaufgabe darin, repräsentative interkulturelle Interaktionssituationen zu generieren; deshalb sollte die im Schulungsmaterial bearbeitete Situation drei Bedingungen erfüllen (*Thomas* 1989, 284):

- Sie soll ein alltägliches Interaktionsereignis in einer fremden Kultur darstellen.
- Sie soll konfliktgeladen sein und auch eine Fehlinterpretation ermöglichen.
- Sie soll Elemente enthalten, die auch im Handlungsumfeld des Lernenden im Gastland vorkommen.

Nur bei einer konkret auf die spezifische Landeskultur zugeschnittenen Realisation stellt der Kultur-Assimilator ein vielversprechendes Instrument dar; ansonsten besteht die Gefahr, daß auf diese Weise lediglich vorurteilsbeladene Stereotypen des Entwicklers oder des Anwenders dieses Verfahrens transportiert werden.

„Globalpreneur Executive Program" an der Universität St. Gallen

Seit 1998 bietet die Universität St. Gallen ein internationales Unternehmer-Seminar „Globalpreneur Executive Program" an. Es vermittelt die Kompetenzdimensionen Multikulturelle Kompetenz, Management-Kompetenz, Leadership-Kompetenz sowie Unternehmer-Kompetenz. Dazu werden Unternehmer kleiner Firmen und Manager aus internationalen Mittel- und Großfirmen aus Amerika, Europa und Asien zu mehreren Triaden-Teams zusammengefaßt. Diese Teams nehmen an drei Blockwochen jeweils in Ländern der Triade teil und stellen dort die zwischen den Blockwochen in virtuellen Teamstrukturen erarbeiteten Lösungen zu globalen Unternehmensstrategien und multikulturellen Problemsituationen vor. Leitbild ist in Abgrenzung zum brutalen Unternehmer („a cool heart, a hot head and active knifes") für den Globalpreneur die Maxime „a cool head, a warm heart and active hands".

Aus: *Hilb, Martin*, Der Weg zum Globalpreneur, in: Personalwirtschaft 25 (2/1998), 23-25.

Die Methodenwahl. Zur Auswahl aus dem oben beschriebenen Spektrum schlägt *Tung* (1981) eine relativ **einfache Entscheidungshilfe** vor, die sich an der Kontaktintensität orientiert: Wenn sowohl der erwartete Kontakt zwischen dem Individuum und den Mitgliedern der anderen Kultur als auch der Unterschied zwischen den Kulturen gering ist, dann sollte der Inhalt der Trainingsmaßnahmen auf aufgabenbezogene Fragestellungen gerichtet sein, und die Intensität der Ausbildungsaktivitäten kann gering bleiben. Wenn der erwartete Kontakt und die Unterschiede in den Kulturen ein hohes Niveau erreichen, sollten die Trainingsmaßnahmen die Anpassungsfähigkeit an die neue Kultur genauso berücksichtigen wie die aufgabenbezogenen Fähigkeiten. Die Intensität der Maßnahmen sollte wesentlich stärker als im ersten Fall sein.

Ein weiter **ausdifferenziertes Modell** (Abbildung 6.31) entwickelten *Mendenhall/Dunbar/Oddou* (1987). Auch sie gehen davon aus, daß die Intensität des Kontaktes und die Übereinstimmung der Kulturen den Erfolg der interkulturellen Trainingsmethoden determinieren. Darüber hinaus berücksichtigen sie in ihrem Modell auch die Ausbildung selbst, also Ausbildungsmethoden, Ausbildungsintensität sowie das Verhältnis der Ausbildungsdauer als Maß für die Integration in die Gastkultur. Die Autoren unterscheiden ferner zwischen drei Gruppen des interkulturellen Trainings:

- der Informationsvermittlung (Informationsansatz),
- der Empfindungsvermittlung (affektiver Ansatz) und
- der Tiefenvermittlung (vertiefender Ansatz).

Der erzielbare *Lerneffekt* steigt dabei ausgehend vom Informationsansatz über den affektiven Ansatz bis zum vertiefenden Ansatz an. Mit zunehmender Integration und Interaktion mit der Gastkultur sowie mit wachsender Aufenthaltsdauer steigt die zu empfehlende Intensität und Dauer des Trainings. Das Ausmaß der notwendigen Integration ist dabei abhängig von dem erforderlichen Niveau der Anpassungsfähigkeit an die fremde Kultur. Kurze Auslandsaufenthalte beispielsweise in Japan oder Korea können deshalb für einen deutschen Manager eine größere Anpassungsfähigkeit erfordern als ein dauerhafter Aufenthalt in einem europäischen Nachbarstaat.

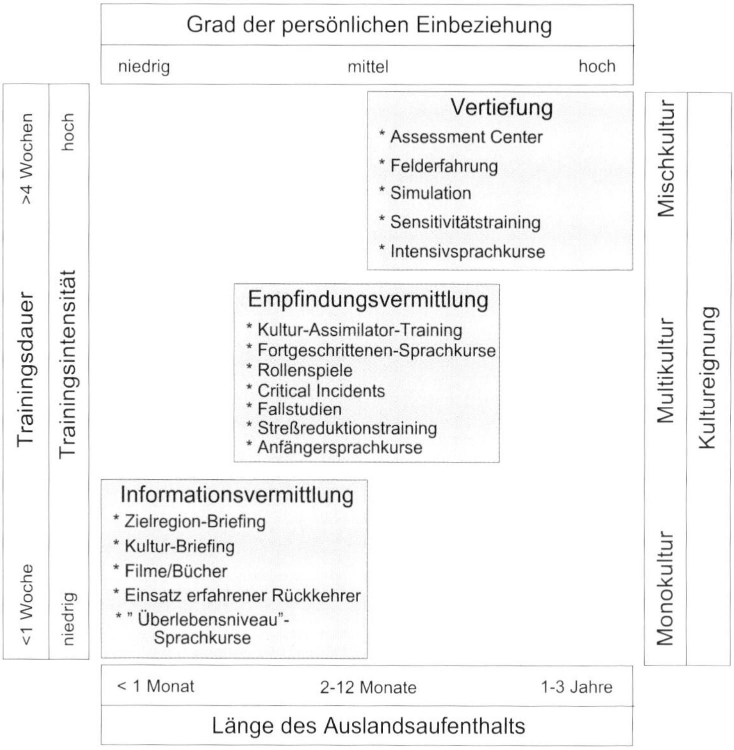

Abbildung 6.31: Entscheidungsmodell über Trainingsmaßnahmen zur Vorbereitung eines Auslandsaufenthalts (modifiziert nach *Mendenhall/Dunbar/Oddou* 1987, 340)

Laufbahnplanung. Wenn Auslandseinsätze Teil der langfristigen personenbezogenen Personalentwicklung sind, spielen zwangsläufig die Unterschiede zwischen den landesspezifischen Entwicklungssystemen eine wichtige Rolle. Hierzu identifizierten *Evans*, *Lank* und *Farquhar* (1989, 123-130) **vier kulturspezifische** Formen, die sie jeweils angelehnt an nationale Stereotypen benennen (vgl. Abbildung 6.32):

- Das „*japanische*“ Modell rekrutiert potentielle Manager immer nur aus den Besten eines Jahrgangs. Auf Langzeitkarrieren ausgelegt, werden für die Berufseinsteiger in einer bis zu acht Jahren dauernden Test- und Sozialisationsphase intensive Trainings- und Betreuungsprogramme und regelmäßige Leistungsbeurteilungen in kurzen Abständen durchgeführt. Es folgt intensiver Wettbewerb: Die Bestbeurteilten bekommen die anspruchsvollsten Stellen im Management. Nach etwa sieben Jahren systematischen multifunktionellen Einsatzes hat sich nach dem Motto „up or out“ entschieden, ob ein Manager innerhalb oder außerhalb des Unternehmens seine Karriere fortsetzen sollte.
- Das „romanische“ Modell, das beispielsweise in Frankreich häufig anzutreffen ist, steht dem japanischen Modell nahe. Die Potentialidentifikation ist über die Personalauswahl an Eliteschulen direkt am Eintritt ins Unternehmen positioniert. Es wird nicht nach Geburtsjahrgängen selektiert, sondern über alle Abgänger höherer Schulen hinweg. Die Potentialentwicklung ist ein politischer Prozeß ohne systematische Norm, bei dem der Aufstieg neben der Bewährung in unterschiedlichen Funktionen auch von der erfolgreichen Etablierung von Beziehungen und von Selbstmarketing abhängt.

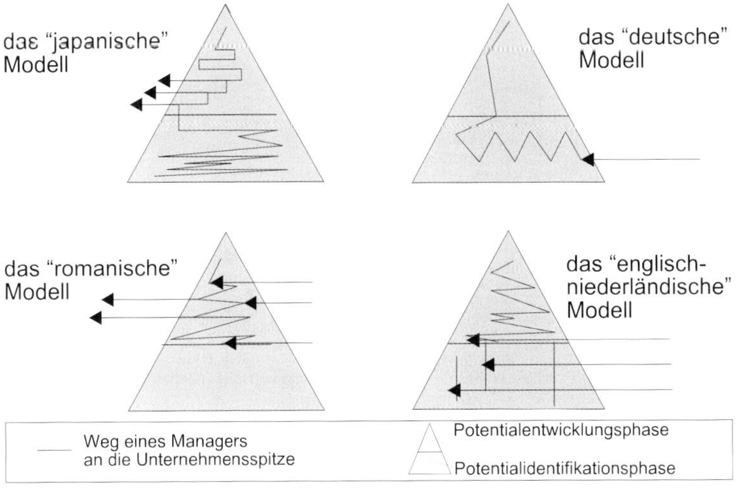

Abbildung 6.32: Alternative Entwicklungsmöglichkeiten des Managements nach *Evans*, *Lank* und *Farquhar* (1989, 126-127)

- Im „*deutschen*" Modell ist das Trainee-Programm für die Potentialidentifikation typisch. Auf die jährliche Rekrutierung von Universitäts- und Fachhochschulabsolventen folgt mittels eines intensiven Trainings in allen Funktionsbereichen die Ermittlung der individuellen funktionalen Potentiale und Talente. Der Aufstieg in die oberste Managementebene basiert auf Expertenwissen in einem abgegrenzten funktionalen Bereich. Dabei stehen die Kandidaten im Wettbewerb zu ihren Kollegen desselben Wissensgebiets, nutzen aber die Möglichkeit zur Etablierung von informellen Beziehungen.
- Im „*englisch-niederländischen*" Modell erfolgt die Rekrutierung generalistisch. Ohne die Konzentration auf spezielle Eliten werden dezentral spezielle technische und funktionale Stellen besetzt, deren Inhaber in einer etwa sechsjährigen Phase in ihrer Hierarchie aufsteigen. Diese Testphase ist durch das Problem gekennzeichnet, bei fehlender ständiger Potentialbeobachtung die fähigsten Nachwuchsmanager, also Generalisten, zu identifizieren; dies wird über interne Assessment Center oder die Anwendung von Erfahrungswerten und Indikatoren versucht. Während der Potentialentwicklung beschäftigt sich nun eine gesonderte Managemententwicklungs-Abteilung mit der Auswahl, Überwachung und dem Einsatz der Manager für kurz- und langfristige Einsätze.

Anwendungsdefizit. Für internationale Unternehmen ist internationale Personalentwicklung zwingende Notwendigkeit. Trotzdem läßt sich aber gerade in diesem Bereich ein Defizit konstatieren: Obwohl eine intensive Vorbereitung für den Kontakt mit anderen Kulturen unabdingbar ist, ist nicht selten eine mangelnde Vorbereitung zu beobachten (vgl. *Tung* 1982; 1988): Basierend auf einer Befragung von rund 150 Unternehmen in den USA, in Europa und Japan stellte sie fest, daß nur ein Drittel der befragten amerikanischen Unternehmen über eine spezifische Personalentwicklung für den internationalen Einsatz verfügt. In Europa setzen hingegen immerhin zwei Drittel der befragten Unternehmen derartige Instrumente zumindestens rudimentär ein.

Auch wenn sich in der internationalen Personalentwicklung einiges verbessert hat, ist eine gewisse Zurückhaltung noch immer spürbar, die sich auf vier klassische Gründe zurückführen läßt (vgl. *Mendenhall/Dunbar/Oddou* 1987, 334-335):

- die Annahme, daß interkulturelle Entwicklungsmaßnahmen nicht effektivitätssteigernd seien,
- die Unzufriedenheit mit den angebotenen Schulungen,
- die zu geringe Zeitspanne zwischen der Selektion für den Auslandseinsatz und der Entsendung sowie
- die Annahme, daß die kurze Dauer eines Auslandaufenthaltes die hohen Kosten für die Trainingsmaßnahmen nicht rechtfertige.

Eine weitere Erklärung liegt darin, daß einige Unternehmen noch nicht die Breite der existierenden Entwicklungsmaßnahmen überblicken und daher noch nicht die damit verbundenen Chancen erkennen.

Insgesamt bleibt festzuhalten, daß gerade wegen der Kluft zwischen Notwendigkeit und Realisationsgrad die internationale Personalentwicklung ein wichtiges Aktionsfeld für ein zukunftsorientiertes Personalmanagement darstellt, das strategiekonform durchgeführte Karriereplanungen mit globaler Versetzung von Führungskräften genauso erfordert wie die Ausgestaltung weitreichender und auf die internationale Karriereproblematik spezifizierter Informationssysteme (vgl. *Berthel* 1998, 329).

6.4.3.8 Bildungscontrolling

Die betrieblichen Kostenaufwendungen für die wissensintensiven Dienstleistungen in den Unternehmen sind in den letzten Jahren stark angestiegen (vgl. *Schumacher, D.* 1997, 15): So beliefen sich die Kosten für F&E sowie Bildung, Ausbildung und Weiterbildung in Deutschland bereits 1993 auf rund 280 Mrd. DM, das waren etwa 9% des BIP und rund 40% der Bruttoanlageinvestitionen. In Relation zum BIP wird in den USA und den skandinavischen Ländern mehr für F&E und (Erst-)Ausbildung ausgegeben als in Deutschland. Nach dem Humankapitalbestand – gemessen an den durchschnittlichen Ausbildungskosten der Erwerbspersonen – befindet sich Deutschland hinter der Schweiz und den USA in der Spitzengruppe der OECD-Länder. Die Weiterbildungskosten beliefen sich damals auf rund 34 Mrd. DM, 754 von 1 000 Beschäftigten nahmen 1995 an mindestens einer betrieblichen Weiterbildungsmaßnahme teil (vgl. *Schwuchow* 1998, 49).

Angesichts dieser hohen Ausgabensumme gewinnen Bildungscontrollingaufgaben zunehmend an Bedeutung. Bildungscontrolling umfaßt dabei alle drei Managementebenen. Auf der strategischen Ebene geht es um die Einbindung der Personalentwicklungsplanung in die allgemeine Unternehmensstrategie (vgl. *Stahl* 1989, 383), indem quantitativ und qualitativ das erforderliche Mitarbeiterpotential zur Verfügung gestellt wird. Während auf der taktischen Ebene Ausbildungsprogramme geplant, kontrolliert und bewertet werden, interessiert auf der operativen Ebene in erster Linie der Lernerfolg einer speziellen Bildungsmaßnahme bei einzelnen Mitarbeitern.

Die **Hauptziele** des Bildungscontrollings sind die Koordinationsfunktion, die Informationsfunktion sowie die Wirtschaftlichkeitssteigerung.

- Die *Koordinationsfunktion* zielt darauf ab, die einzelnen bildungsspezifischen Maßnahmen untereinander und im Hinblick auf die Unternehmensstrategie abzustimmen. Darunter fällt die Koordination der Planung, der Analyse und der Steuerung der Bildungsmaßnahmen. Sie beinhaltet die Abstimmung der Unternehmensziele mit den Zielen der Mitarbeiter, denn ohne Einbeziehung der Mitarbeiterinteressen wird deren Motivation im Regelfall sinken. Außerdem läßt sich durch eine koordinierte Planung auch eine langfristige Laufbahnplanung realisieren, die sich motivierend auf den Mitarbeiter auswirken kann, wenn er die für ihn vorgesehenen Entwicklungsperspektiven sieht.

- Die *Informationsfunktion* besteht darin, die Unternehmensleitung und die Personalentwicklungsabteilung kontinuierlich mit den für ihre Planung relevanten Informationen zu versorgen. Kosten und Nutzen der Personalentwicklung sollen transparenter werden. Zudem berücksichtigt das Bildungscontrolling rechtzeitig Informationen über zu erwartende Veränderungen und relevante wirtschaftliche Trends, um frühzeitig Abhilfemaßnahmen einleiten zu können.
- Im Hinblick auf die *Wirtschaftlichkeitssteigerung* soll das Bildungscontrolling eine zieladäquate Qualifizierung der Mitarbeiter sicherstellen, indem systematisch Ausbildungslücken gesucht und diese dann kostenoptimal geschlossen werden. Dies bedeutet eine Steigerung der Effektivität der Bildungsarbeit.

Die **Aufgaben** des Bildungscontrollings lassen sich in die Bereiche *Kostencontrolling* (Art und Umfang entstandener Kosten, verursachende Kostenstellen, Kostenvergleiche alternativer Personalentwicklungsmaßnahmen), *Rentabilitätscontrolling* (Kosten-Nutzen-Vergleich, Investitionsrechnung, Rentabilitätsschätzungen) sowie *Controlling des Lernerfolgs* (Umfang übertragener Lernerfolge, Qualifikations- und Verhaltensänderungen, quantitative und qualitative Beurteilungen) zusammenfassen (vgl. *Wilkening* 1997, 254).

Das Ziel des **aufwandsorientierten Kostencontrollings** ist die genaue Erfassung, Analyse und Überwachung der Höhe, der Zusammensetzung und der Veränderung der Personalentwicklungskosten (vgl. *Grünefeld* 1989, 56). Um dieses Ziel erreichen zu können, müssen verschiedene Voraussetzungen erfüllt sein:

- Kenntnis der Kostenbestandteile,
- Abgrenzung zu anderen Personalkostenblöcken,
- sinnvolle Gliederung,
- Steuerung und Überwachung der Kosten.

Zunächst empfiehlt sich eine Abgrenzung der Kosten nach mitarbeiterorientierter Personalentwicklung und nach Personalentwicklung für Betriebsfremde.

Der Bildungsaufwand für *Betriebsfremde* umfaßt Ausbildungskosten, die nicht durch produktive Leistungen gedeckt sind, also Praktikantenbetreuung, Stipendien, Sach- und Geldspenden an Forschungs- und Bildungseinrichtungen sowie die Weiterbildung Betriebsfremder, etwa Kunden. Diese Kosten sind strikt von denen für Mitarbeiter abzugrenzen, da auch ihr Nutzen anders gesehen werden muß.

Die Kosten für die *eigene Mitarbeiterentwicklung* lassen sich in Kosten für Ausbildung und Kosten für Weiterbildung gliedern:

Unter Ausbildung ist die Vermittlung von Fertigkeiten und Kenntnissen zu verstehen, bei der der Auszubildende nach bestimmten Ausbildungsplänen auf einen anerkannten Ausbildungsberuf vorbereitet wird und in der Regel eine Abschlußprüfung absolviert.

Hier sind die Kosten getrennt nach Auszubildenden, Ausbildern und Sachmitteln zu ermitteln. Dies ermöglicht anschließend eine Analyse der einzelnen Kostenentwicklungen. Die Personalkosten entstehen sowohl durch den Arbeitsausfall der Auszubildenden als auch durch den der ausbildenden Führungskräfte. Dieser Kostenblock berechnet sich aus den Abwesenheitsstunden multipliziert mit dem Personalkostensatz der jeweiligen Mitarbeitergruppe. Hinzu kommen zum anderen die Honorare der Lehrpersonen. Die Sachkosten entstehen neben Raummieten beispielsweise aus dem Kauf von Fortbildungsmitteln sowie Fachbüchern und -zeitschriften.

Zur Berechnung des Netto-Ausbildungsaufwandes müssen die Erträge, die durch produktive Tätigkeiten der Auszubildenden anfallen, von den Kosten subtrahiert werden. Sie berechnen sich aus den Anwesenheitsstunden im Betrieb, die produktiv genutzt werden, multipliziert mit einem Zeitfaktor, der berücksichtigt, daß Auszubildende langsamer arbeiten als geschultes Personal. Diese Zeitkomponente wird mit einem Personalkostenfaktor eines vergleichbaren Mitarbeiters multipliziert, um den Ertrag des Auszubildenden auszurechnen.

Weiterbildung umfaßt das organisierte Einarbeiten in angrenzende oder neue Aufgabengebiete am Arbeitsplatz sowie Förderungsmaßnahmen, die der Vermittlung neuer Fachkenntnisse, der Entwicklung der Persönlichkeit sowie der Schulung von Führungskräften und des Führungsnachwuchses dienen.

Die Schulungen können für eine differenzierte Kostenbetrachtung nach Lehrinhalten, etwa Technik und Naturwissenschaften, Betriebswirtschaft, Informatik, Führungstechniken, Sprachen sowie sonstige Inhalte, gegeliedert werden. Sie sind die Summe aus

- *Personalkosten* als Produkt aus einem Zeitfaktor, der die vorübergehende Produktivitätsminderung (ausgelöst durch das Einarbeiten) berücksichtigt, und dem durchschnittlichen Personalkostensatz eines Mitarbeiters. In Analogie dazu berechnen sich bei Lehrgängen die Personalkosten aus ihrer Dauer, multipliziert mit der Teilnehmer-

zahl, gewichtet mit dem durchschnittlichen Personalkostensatz der Teilnehmer;
- *Referentenkosten* als Honorare zuzüglich Vor- und Nachbereitungszeit, gewichtet mit einem Personalkostensatz; und
- *Sachkosten* unter anderem für Unterrichtsmaterial und Raummiete.

Die Daten für das Kostencontrolling stammen aus dem internen Rechnungswesen sowie der Gewinn- und Verlustrechnung, die Personalentwicklungskosten als sonstigen Personalaufwand ausweisen. Hinzu kommen Statistiken von externen Quellen wie dem Statistischen Bundesamt. Für das Kostencontrolling stehen verschiedene Instrumente von der Budgetierung über Bildungskostenerfassungsbogen bis zu Kennzahlensystemen zur Verfügung.

Beim **nutzenorientierten Rentabilitätscontrolling** im Bildungsbereich wird nach der Wirtschaftlichkeit einer Bildungsmaßnahme gefragt, wobei aber auch hier die Bestimmung des exakten Ertrags einer Maßnahme wesentlich schwieriger ist als die Erfassung ihres Aufwands. Ebenso läßt sich der kausale Zusammenhang zwischen individueller Tätigkeit und Gesamtergebnis nur bedingt ermitteln. Deshalb ist das Ausweichen auf Indikatoren notwendig, beispielsweise die gestiegene Produktivität des Mitarbeiters oder die Umsatzsteigerung einer Abteilung. Die Differenz zum Ergebnis vor der Bildungsmaßnahme wird dann zu den entstandenen Kosten ins Verhältnis gesetzt. Interessant, aber nur bei vorsichtiger Interpretation sinnvoll, ist auch ein Vergleich der eigenen Kennzahlen mit denen von Konkurrenzunternehmen.

Ein interessanterer Ansatz, die Effizienz zu kontrollieren, ist das Postulat: „Bildung darf nichts kosten". Dies bedeutet, daß nur das Geld, das durch Bildungsmaßnahmen eingespart wird, auch wieder in Bildung investiert werden kann. Diesen Ansatz kann man auch zu einem *Opportunitätskostenansatz* ausbauen. Dieser mißt die Effizienz einer Bildungsmaßnahme an dem Nichteintreten von Nachteilen, die ohne Durchführen der Bildungsmaßnahmen entstanden wären. Wird dieser Nachteil höher bewertet als die Kosten der Bildung, so war die Maßnahme rentabel. Zu diesen Nachteilen zählen beispielsweise eine erhöhte Absensquote aufgrund von Krankheit, eine erhöhte Fluktuationsrate oder eine erhöhte Ausschußrate in der Produktion. Die Kalkulation setzt dann die Kosten der Bildungsmaßnahme ins Verhältnis mit der bewerteten Differenz zwischen heutigem Ist-Wert der Kontrollgröße und demjenigen vor der Bildungsmaßnahme.

Im Hinblick auf im Rentabilitätscontrolling einzusetzende Techniken gibt es zunächst die **quantitativen Verfahren**:

- Beim *Deckungsbeitragsansatz* ermittelt man die Differenz der Leistungen nach und vor der Bildungsmaßnahme. Dabei handelt es sich aber nur um grobe Schätzungen, da die Leistungssteigerung auch aus anderen Faktoren als der Bildung resultieren könnte. Diese Bildungsrendite, in der man die durch Bildung erzielten Deckungsbeiträge ins Verhältnis zum eingesetzten Kapital für die Bildung setzt (vgl. *Wilkening* 1997, 263), ist somit lediglich ein erster Versuch, Bildungsmaßnahmen quantifizierbar zu machen.

- Beim *Einzelvergleich mit Kontrollgruppen* sollen zentrale Erfolgseinflüsse isoliert werden. Dafür werden verschiedene Mitarbeitergruppen mit den gleichen Aufgaben beauftragt. Nur eine von ihnen hat die Schulung durchlaufen. Die anderen Gruppen weisen jeweils andere Ausprägungen weiterer Lernerfolgskriterien auf, etwa Familienstand, Alter und Betriebszugehörigkeit. Da dieses Verfahren sehr aufwendig ist, ist es – wenn überhaupt – nur stichprobenartig durchführbar.
- Die *Nutzwertanalyse* hat den Zweck, eine Menge von Handlungsalternativen in eine Rangfolge zu bringen. Voraussetzung für die Anwendung der Nutzwertanalyse ist, daß der Nutzen der Alternativen kardinal meßbar ist. Aufbauend auf ein hierarchisch geordnetes, gewichtetes Zielsystem werden anhand eines Kriterienkataloges die Nutzwerte der Handlungsalternativen bestimmt und letztere dann in eine Rangfolge gebracht. Nachteil dieser Methode ist, daß die Kostenseite unberücksichtigt bleibt.
- Die *Kosten-Wirksamkeitsanalyse* erfaßt dagegen einerseits die direkt ermittelbaren Kosten; die Erfassung des Nutzens andererseits erfolgt analog zur Nutzwertanalyse. Die nicht direkt ermittelbaren Kostenanteile wirken sich negativ auf diesen Kostenwert der Handlungsalternative aus und werden auf diese Art erfaßt. Anschließend wird ein Kosten-Nutzen-Quotient ermittelt, der eine Rangfolgenbildung ermöglicht (vgl. *Hoss* 1989, 213).
- Im Rahmen der *Humanvermögensrechnung* wird der Versuch unternommen, Investitionskalküle auf den Personalbereich zu übertragen. Die Ausgaben für Weiterbildung werden als Vermögenswert des Unternehmens aktiviert und innerhalb einer geschätzten „Nutzungsdauer" abgeschrieben. Im Gegensatz zu einer Investition in das Anlagevermögen führen Investitionen in das Humankapital jedoch nicht zwingend zu dauerhaften Verfügungsrechten des Unternehmens.

Quantitative Verfahren sind bei Bildungsmaßnahmen, die psychomotorische Fähigkeiten vermitteln, anwendbar. Bei affektiven Inhalten stoßen sie schnell an ihre Grenzen, weil sich der Erfolg in diesem Falle nicht in Geldeinheiten ausdrücken läßt.

Ein **konkretes Vorgehen** einer ergebnisorientierten Messung der Weiterbildungsaktivitäten stellen *Schmidt*, *Hunter* und *Pearlman* (1982, 335-340) vor: Bei Einsetzen von Werten in die Formel

$$\Delta U = T \times N \times d_t \times SD_y - N \times C$$

mit
- T als Anzahl der Jahre, die das Training Auswirkungen auf den Erfolg hat,
- N als Anzahl der trainierten Personen,
- d_t als die Differenz in der Arbeitsleistung zwischen durchschnittlich trainierten und untrainierten Mitarbeitern,
- SD_y als Standardabweichung der Arbeitsleistung in Geldeinheiten der untrainierten Gruppe sowie
- C als Trainingskosten pro Person (dies sind bei Trainings während der Arbeitszeit Trainingskosten und Leistungsausfallkosten, bei Trainings außerhalb der Arbeitszeit lediglich die Trainingskosten)

ergibt sich als Ergebnis ΔU , der Wert des Trainingsprogramms ausgedrückt in Geldeinheiten. Dabei berechnet sich d_t nach der Schätzformel

$$d_t = \frac{\overline{X}_e - \overline{X}_c}{SD}$$

mit
- $\overline{X}_e$ als durchschnittliche Arbeitsleistung der trainierten Mitarbeiter (in der Experimentalgruppe),
- $\overline{X}_c$ als durchschnittliche Arbeitsleistung der untrainierten Mitarbeiter (in der Kontrollgruppe) sowie
- SD als Standardabweichung des Arbeitsleistungsmaßes in der untrainierten Gruppe.

Einschränkungen des ermittelten Trainingsnutzens ergeben sich daraus, daß weder Verzinsungseffekte berücksichtigt sind noch variable Kosten und Steuern. Zudem wird lediglich eine Ausbildungsgruppe (Kohorte) betrachtet, nicht aber mehrere, und auch können nachlassende Trainingseffekte nicht modelliert werden. Dennoch stellt das Ergebnis einen konkreten Anhaltspunkt für den monetär bewerteten Nutzen von Trainingsmaßnahmen bereit.

Qualitative Verfahren sehen im Gegensatz zu den quantitativen Verfahren den Nutzen der Bildungsmaßnahme in der Zielerreichung, beispielsweise in Verhaltensänderungen wie die Erhöhung der Führungsqualität:

- *Seminarbeurteilungsbogen* werden am Ende des Seminars von den Teilnehmern selbst ausgefüllt und vermitteln dem Verantwortlichen des Bildungscontrollings einen Eindruck über den Erfolg der Veranstaltung. Sie erhalten eine persönliche Beurteilung des Seminarteilnehmers bezüglich der Lerninhalte sowie ihrer Anwendbarkeit.

- *Gespräche* zwischen Mitarbeiter und Führungskraft beziehungsweise Personalcontroller vor und nach einer Bildungsmaßnahme können ein subjektives Bild des Nutzens einer Veranstaltung übermitteln.
- *Eingangs-* und *Ausgangstests*, also Prüfung zu Beginn sowie im Anschluß an die Schulung, ermöglichen die Erfassung des Wissenszuwachses der Teilnehmer; sie beschränken sich auf die durch die Schulung vermittelten Inhalte.
- Eine Seminarbeurteilung durch den *Referenten* fragt auf einem standardisierten Fragebogen die Lernerfolge der Teilnehmer aus dessen Sicht ab, auch um Gründe für eventuell verbleibende Schwächen aufdecken zu können. Dadurch kann ermittelt werden, ob für einen Mitarbeiter die richtige Maßnahme gewählt wurde. Der Vorteil der Befragung externer Experten liegt in der höheren Akzeptanz ihrer Urteile, da man ihnen mehr Beurteilungskompetenz beimißt.
- Im *Personal-Portfolio* kann der Grad der Zielerreichung der Personalentwicklung daran abgelesen werden, inwieweit sich der Mitarbeiter seiner Soll-Position im Portfolio genähert hat.

Aufgrund der Multidimensionalität von Lernerfolgskriterien empfiehlt sich eine Methodenkombination auf Basis eines konkreten Controllingdesigns.

Empirischer Befund (GPP): Einsatz von Maßnahmen zur Evaluation der Effektivität von Trainings (in Prozent)

Ob Trainingsmaßnahmen erfolgreich waren, wird in Unternehmen zumeist durch formale Bewertungen unmittelbar nach dem Training erfaßt; zudem sind die Meinung des Trainees sowie seiner fachlichen Führungskräfte gefragt. Wenige Unternehmen verlassen sich auf Tests; eher noch wiederholen sie ihre Evaluation einige Monate nach dem Training.

	D	Ö	USA	F	Sp	Rest	Σ
Tests	13	15	13	17	40	19	21
Formale Bewertung unmittelbar nach dem Training	64	76	38	60	63	75	67
Formale Bewertung einige Monate später	24	31	22	18	22	30	25
Formloses Feedback durch den Linienmanager	49	50	89	62	54	51	54
Formloses Feedback durch den Trainee	53	50	100	64	46	61	55
Andere	25	-	-	27	25	43	28

Erfolgreiches Abschließen der Weiterbildungsmaßnahme bedeutet noch nicht, das Gelernte auch am Arbeitsplatz anwenden zu können. Unter Lerntransfer wird daher die Fähigkeit verstanden, Kenntnisse, Erfahrungen und Verhaltensweisen in Situationen anzuwenden, die von der Lernsituation verschieden sind (vgl. *Berthel* 1997, 320). Im Hinblick auf das ergebnisorientierte **Transfercontrolling** können Nachgespräche mit dem Ziel geführt werden, was an neuem Wissen und Fertigkeiten vermittelt wurde, insbesondere nach einigen Monaten, wo dann die Teilnehmer über die tatsächliche Umsetzung des Gelernten berichten. Regelmäßige, standardisierte Beurteilungen der Seminarteilnehmer, aber auch der zur Verfügung stehenden Betriebsmittel geben darüber hinaus ein Abbild des Lerntransfers im Zeitablauf.

6.4.3.9 Rechtliche Aspekte

Relativ wenig Rechtsvorschriften bestehen für die Personalentwicklung. Allein die **Berufsausbildung** ist in einem separaten Berufsbildungsgesetz geregelt. Bei der Berufsausbildung überlagert der Ausbildungszweck den normalen Vertragszweck eines Dienstverhältnisses: Ausbildungsverhältnisse sind Arbeitsverhältnisse, auf die das Arbeitsrecht anzuwenden ist.

Ein Anspruch auf Freistellung zu Bildungszwecken erwächst den Arbeitnehmern lediglich in einigen Bundesländern und aufgrund von Tarifverträgen. Diese Möglichkeit des **Bildungsurlaubs** wird jedoch in der Regel von Arbeitnehmern nur beschränkt in Anspruch genommen.

Eine Besonderheit hinsichtlich der Schulung und Bildung von **Betriebsratsmitgliedern** besteht im Betriebsverfassungsgesetz: Gemäß § 37 VI BetrVG können Betriebsratsmitglieder für betriebsratsbezogene Schulungs- und Bildungsveranstaltungen eine Freistellung in erforderlichem Umfang verlangen; die Erforderlichkeit ist dabei – außer bei der Aneignung von Grundkenntnissen für die Betriebsratsarbeit für erstmals gewählte Betriebsratsmitglieder – durch einen konkreten betrieblichen Anlaß zu belegen. Für andersartige Schulungs- und Bildungsveranstaltungen mit Bezug zur Betriebsratsarbeit besteht für Betriebsratsmitglieder gemäß § 37 VII BetrVG während einer regelmäßigen Amtszeit (4 Jahre) ein Anspruch auf Freistellung für drei Wochen, bei erstmaliger Wahl vier Wochen.

6.4.4 Personalfreisetzung

6.4.4.1 Systematik

Personal wird freigesetzt, wenn Stellenaufgaben wegfallen, wobei die Gründe sowohl in einem Beschäftigungsrückgang wegen Absatzverlusten als auch in Rationalisierungs-„Erfolgen“ liegen können.

Personalfreisetzung ist nicht identisch mit Kündigung, sondern besagt nur, daß ein weiteres Verbleiben des Stelleninhabers auf seiner jetzigen Stelle auszuschließen ist. Ausgangsinformation für die Personalfreisetzung ist der negative Personalnettobedarf als Differenz aus Personalbestand und -bedarf: Er bestimmt das Freisetzungsvolumen quantitativ (Zahl der Mitarbeiter) und qualitativ (betroffene Qualifikationsgruppe).

Empirischer Befund (GPP): Hauptgründe für das Verlassen des Unternehmens (1994, in Prozent der Verteilung)

Die Gründe, das Unternehmen zu verlassen, liegen vor allem in der mitarbeiterseitigen Kündigung sowie in verschiedenen Formen des Ruhestands. Frühpensionierung ist hierabei insbesondere in Deutschland relevant, kaum dagegen in den USA.

	D	Ö	USA	F	Sp	Rest	Σ
Eigene Kündigung	24	23	42	23	18	35	25
Versetzung zu Firmen innerhalb der Gruppe	8	8	8	27	9	10	10
Regulärer Ruhestand	20	26	29	21	19	18	21
Frühpensionierung	31	27	5	19	25	17	24
Entlassung	14	16	12	20	17	26	18
Tod	1	1	1	2	3	3	2

Der **Ablauf** einer Personalfreisetzung läßt sich ausgehend von einem vorgegebenen Freisetzungsvolumen in vier Schritte gliedern:
- Wahl der Freisetzungsform,
- Selektion der freizusetzenden Personen,
- Durchführung der Freisetzung und
- Kontrolle der Personalfreisetzung und ihrer Planung.

Eine wichtige Differenzierung ergibt sich aus dem zu realisierenden **Volumen** der Freisetzung im Sinne der Unterscheidung zwischen einer gruppenbezogenen („kollektiven") Personalfreisetzung und einer einzelfallbezogenen Freisetzung.

6.4.4.2 *Einzelfallbezogene Freisetzung*

Bei einer einzelfallbezogenen Personalfreisetzung geht es konkret um einen oder mehrere Mitarbeiter, dessen oder deren Verbleiben auf dem gegenwärtig besetzten Arbeitsplatz problematisch ist.

Gründe dafür können organisatorische und „betriebsbedingte" Veränderungen sein, aber auch sich wandelnde Umweltbedingungen, technologischer Fortschritt und persönliche Lebenskrisen. Diese Faktoren schlagen sich nieder in einer als nicht schließbar angesehenen Lücke zwischen Fähigkeitsprofil des Mitarbeiters und Anforderungsprofil der Aufgabe.

Empirischer Befund (GPP): Auf die Gesamtbelegschaften bezogene Raten der ausgeschiedenen Mitarbeiter pro Jahr (1994)

Die Werte implizieren, daß es durchaus relevant sein kann, sich mit den verschiedenen Maßnahmen der Personalfreisetzung zu befassen. Daß sich hier konjunkturelle Rahmenbedingungen widerspiegeln, überrascht nicht.

D	Ö	USA	F	Sp	Rest	Σ
0,09	0,04	0,01	0,06	0,04	0,05	0,06

Empirischer Befund (GPP): Auf die Gesamtbelegschaften bezogene Raten entlassener Mitarbeiter pro Jahr (1994)

Die Entlassungsraten reflektieren einerseits die konjunkturelle Situation, andererseits die Einstellung gegenüber „Hire & Fire". Der amerikanische Vergleichswert paßt hier – ohne vertiefte Analyse – zumindest in das gängige Klischee.

D	Ö	USA	F	Sp	Rest	Σ
0,01	0,02	0,03	0,01	0,01	0,02	0,01

Für die zu wählende Maßnahme mit ausschlaggebend ist die auslösende **Ursache** für die Fähigkeitslücke oder das Leistungsdefizit:

- Bei einer *personenbedingten* Freisetzung liegt der Freisetzungsgrund im Mitarbeiter beziehungsweise in seinen Fähigkeiten zur Erbringung der Arbeitsleistung. Der Mitarbeiter ist also trotz Konstanz der Anforderungsstruktur nicht mehr in der Lage, die an ihn gestellten Aufgaben zu erfüllen.
- Der *betriebsbedingten* Personalfreisetzung liegt im Gegensatz dazu keine Verringerung des Leistungspotentials des Mitarbeiters zugrunde. Vielmehr führten Änderungen in der Personalbedarfsstruktur dazu, daß der betreffende Mitarbeiter nicht mehr den Anforderungen gerecht wird.
- Eine *verhaltensbedingte* Personalfreisetzung ist dann gegeben, wenn das Verhalten des Mitarbeiters eine Weiterbeschäftigung im Unternehmen auszuschließen droht oder bereits unabänderlich ausschließt.

Im Gegensatz zu der personen- oder verhaltensbedingten Kündigung steht der zu kündigende Arbeitnehmer bei der betriebsbedingten Kündigung nicht vorher fest; es bedarf erst einer personellen Konkretisierung. Durchsetzung und Durchführung der Personalfreisetzung auf der operativen Ebene impliziert die frühzeitige Information der Arbeitnehmervertretung, betrifft aber (natürlich) primär den freizusetzenden Arbeitnehmer, speziell wenn es sich um Freisetzungen in Form von Entlassungen handelt.

Abgangsinterview. Kommt es tatsächlich zu einer Freisetzung in Form einer Entlassung oder kündigt der Mitarbeiter von sich aus, so sind Personalverwaltungsmaßnahmen zu ergreifen: Hierzu gehört unter anderem die Erstellung eines Arbeitszeugnisses. Vorrangig aus Sicht des informationsorientierten Personalmanagements ist aber das Bestreben, **Informationen** vom ausscheidenden Mitarbeiter zu erhalten. Dazu dient das Abgangsinterview, mit dem mehrere Absichten verfolgt werden, etwa (vgl. *Olfert/Steinbruch* 1998, 488)

- die Ermittlung der tatsächlichen Kündigungsgründe,
- die Erarbeitung eines Kataloges der Kündigungsgründe,
- das Erkennen von betrieblichen Schwachstellen, die zu Kündigungen führen,
- der Versuch des Abbaus von Aversionen gegenüber dem Unternehmen sowie
- die Danksagung und die Verabschiedung des Mitarbeiters.

Geht die Initiative zur Kündigung vom betreffenden Mitarbeiter aus, so bietet das Abgangsinterview eine gute Gelegenheit, den Mitarbeiter möglicherweise zu einer Rücknahme der Kündigung zu bewegen.

Die besondere Situation des Ausscheidens eines Mitarbeiters aus dem Unternehmen birgt allerdings die Gefahr einer **Informationsverfälschung**: Kündigt der Mitarbeiter, so kann er versuchen, sich durch „harmlose" Antworten einer unbequemen und langwierigen (Nach-)Frageprozedur zu entziehen; kündigt dagegen der Arbeitgeber, so können die Antworten ein „Rache-Element" enthalten. Diese Probleme dürften mit ein Grund für den geringen Stellenwert von Abgangsinterviews in der betrieblichen Praxis sein.

Zur Reduktion dieser Schwierigkeiten trägt allerdings eine prozedurale **Standardisierung** der Interviews bei: Sie stellt die Vollständigkeit der behandelten Fragen sicher und verhindert, daß der Mitarbeiter nur selektiv zu von ihm als wichtig wahrgenommenen Themen Stellung nimmt. Dazu gehört auch die Vereinheitlichung der Frageformulierung. Ein nahezu klassisches Instrument hierfür sind **Imagekarten** (vgl. *Hilb* 1977, 308): Der ausscheidende Mitarbeiter erhält einen Stapel von Karten mit Imagefaktoren und soll diese einordnen, ob diese

- in der Firma verwirklicht,
- zum Teil verwirklicht oder
- noch nicht verwirklicht

sind. Die so gewonnene Charakterisierung des Unternehmens wird mit dem ausscheidenden Mitarbeiter kurz durchgesprochen. Beispiele für Imagefaktoren sind

- guter Eindruck des Unternehmens in der Öffentlichkeit,
- angenehme Arbeitsplatzgestaltung,
- gutes Verhältnis zu den Kollegen und zur Führungskraft,
- gutes Betriebsklima,

- gute Sozialleistungen,
- gute Aufstiegschancen sowie
- sicherer Arbeitsplatz.

Dennoch bleiben Bedenken bezüglich der Validität solcher Informationen. *Zarandona* und *Camuso* (1985) stellten in einer Studie über die Erhebung von Austrittsgründen fest, daß sich das Schwergewicht der Begründung im Zeitablauf deutlich verschiebt: Unmittelbar nach dem Ausscheiden geben Mitarbeiter zu 38% monetäre Gründe an, nur zu 4% dagegen die Führungssituation. 18 Monate später antworten die gleichen Mitarbeiter auf die gleiche Frage zu 24% mit Unzufriedenheit über die Führungssituation und nur noch zu 12% mit monetären Unzulänglichkeiten. *Zarandona* und *Camuso* fordern daher für das Abgangsinterview den Einsatz standardisierter Interviewformen, die anonyme Durchführung der Interviews durch externe Berater und die spätere Wiederholung des Interviews (**Diagnosefunktion**); ferner soll betont werden, daß die Informationen in einer konstruktiven, nicht benachteiligenden Art eingesetzt und in eine Diskussion mit der Führungskraft des ausscheidenden Mitarbeiters münden (**Therapiefunktion**).

Outplacement. Das Ausscheiden von Mitarbeitern aus dem Unternehmen galt bis in die 80er Jahre in der deutschen Personalwirtschaftslehre allenfalls unter arbeitsrechtlichen und finanziellen Aspekten als problematisch (vgl. *Heymann* 1984, 308). In den USA wurden dagegen seit Ende der 60er Jahre unter dem Begriff „Outplacement-Counseling"

Outplacement am Beispiel des KSB-Konzerns

Der KSB-Konzern, weltweit der drittgrößte Hersteller von Pumpen und Armaturen, mußte bei der Schließung der Gießerei am Standort Frankenthal 140 Mitarbeiter entlassen. Um sie bei der Suche nach einem neuen Arbeitsplatz zu unterstützen, engagierte die KSB eine Outplacementberatung. Mit Ausnahme der zu erwartenden Vorruheständler kamen 114 Personen für ein Beratungsprojekt in Frage. Der Schwerpunkt des Projekts lag auf einem Gruppenoutplacement, bei dem mehrere Mitarbeiter jeweils gleichzeitig betreut wurden. Zielsetzung war es, die Mitarbeiter nach erfolgter Kündigung „aufzufangen", sie bei der Suche nach einem neuen Arbeitsplatz zu motivieren, die Perspektiven für den Einzelnen herauszuarbeiten und ihnen einen Überblick über alternative Berufsfelder zu bieten. Gemessen an einem Sozialplan, stellen die Kosten eines solchen Outplacements, dessen Erfolg bei 70 bis 80% liegt, eine untergeordnete Rolle dar.

Aus: *Siemann, Christiane*, Beratung und berufliche Neuorientierung, in: Personalwirtschaft, 25 (Sonderheft 6/1998), 44-48.

---

weiterführende Aspekte der Trennung von Mitarbeitern von Unternehmen analysiert (vgl. *Cuddihy* 1974; *Stybel/Cooper/Peabody* 1982). Outplacement beinhaltet die aktive Unterstützung eines ausscheidenden Mitarbeiters durch das Unternehmen und reicht von psychologischen Schulungsmaßnahmen bis hin zur Unterstützung des Bewerbungsvorganges des Mitarbeiters. Vergleichbar mit der Idee des Coaching übernimmt das Unternehmen hier eine Betreuungsfunktion, die dem scheidenden Mitarbeiter eine einvernehmliche und sozial vertretbare Trennung möglich macht.

Ein gezieltes Outplacement soll individuelle und unternehmensbezogene Probleme einer Personalfreisetzung verringern (vgl. *Mayrhofer* 1987, 154-159), also

– die materiellen Lebensbedingungen durch Ausnutzung der rechtlichen Rahmenbedingungen und der unternehmensspezifischen Möglichkeiten absichern,
– bei der Bewältigung psychisch-sozialer Spannungen beim Betroffenen helfen, um seinen phasenspezifisch unterschiedlichen Problemdruck beim Stellenwechsel zu reduzieren,
– die berufliche Weiterentwicklung durch Trainingsveranstaltungen fördern und
– die Arbeitsplatzsuche noch in der ungekündigten Stellung durch systematische Karriereplanung fördern.

Dem **Unternehmen** bietet das Outplacement die Möglichkeit zu einer einvernehmlichen Trennung ohne Rechtsstreit. Durch die mit Outplacement verbundene Informationsverbesserung erfolgt gleichzeitig eine Schwachstellenanalyse im Hinblick auf Positionsneubesetzungen. Outplacement als Bemühung um den ausscheidenden Mitarbeiter soll zudem in der externen Umwelt als Zeichen für die soziale Verantwortlichkeit des Unternehmens interpretiert, den relevanten Interessengruppen (Stakeholdern) sollen keine Signale bestehender Probleme gegeben werden. Für den Arbeitsmarkt ist Outplacement ein Beleg für die Gegenseitigkeit von Loyalität im betreffenden Unternehmen. Unternehmensintern werden durch den Outplacement-Prozeß die Gefahr von Unruhe in der informellen Organisation und im individuellen Sicherheitsgefühl gemindert und Motvationssignale gesendet.

Hier spielt die **Unternehmenskultur** eine wichtige Rolle: Wie die „Rites de Passage“ beim Eintritt neuer Mitarbeiter zur zielgerichteten Sozialisation dieser neuen Organisationsmitglieder führen, laufen beim Austritt von Mitarbeitern bei Outplacement-Prozessen Desozialisationsvorgänge ab. In welcher Weise sie ablaufen, wird von der Unternehmenskultur geprägt; diese besitzt als implizites Bewußtsein die Verhaltensmaximen über erfolgreiches, daß heißt für beide Seiten akzeptables Ausscheiden von Mitarbeitern.

Empirischer Befund (GPP): Existierende Maßnahmen zur Unterstützung freigesetzter Mitarbeiter (in Prozent)

Freigesetzte Mitarbeiter werden als Informationsquelle durchaus genutzt. Besondere Fürsorge in Form einer externen oder internen Outplacementberatung erfahren sie vor allem in Frankreich und den USA.

	D	Ö	USA	F	Sp	Rest	Σ
Abgangsinterview	83	62	100	85	56	79	73
Interne Outplacementberater	25	6	10	31	7	43	21
Externe Outplacementberater	21	9	50	76	12	33	26
Andere	6	26	20	17	9	15	15

Auch das Outplacement erfordert eine gründliche **Planung**. Dazu gehört zunächst die Überzeugung des Top-Managements von der Notwendigkeit des Einsatzes dieses Instrumentes. Anschließend werden in der Personalabteilung Outplacement-Fähigkeiten entwickelt oder externe Berater akquiriert. Ihre Arbeit beginnt, wenn das Unternehmen den Betroffenen die Nachricht einer Trennung und das Angebot eines Outplacements übermittelt hat. Sie leisten psychologische Beratung und bereiten den Betroffenen auf eine neue Arbeit vor, indem sie ihn während der Suche eines neuen Arbeitgebers und während der Bewerbungsphase unterstützen: Erfahrungen zeigen nämlich, daß das Netzwerk bestehender persönlicher Kontakte des Mitarbeiters häufig nicht tragfähig genug ist, um schnell eine neue Beschäftigung zu finden (vgl. *Kern* 1998, 13). Schließlich wird der Betroffene aus dem Unternehmen zurückgezogen. Der gesamte Prozeß unterliegt der rückgekoppelten Kontrolle.

Empirie. Insbesondere aufgrund der organisationsstrukturellen Anpassungsproblematik, der die deutschen Unternehmen seit Mitte der 80er Jahre gegenüberstehen, ist festzustellen, daß der Personalkostenabbau durch Kündigungen in den letzten Jahren erheblich zugenommen hat. Eine Studie des Instituts für Personal- und Organisationswissenschaften der Universität der Bundeswehr München (vgl. *Marr* 1994) zur **Kündigungspraxis** von insgesamt 48 Unternehmen zwischen 1993 und 1994 zeigt, daß der Hauptgrund für den Personalabbau in der Personalkostenreduzierung gesehen wird (Übersicht 6.48): Die befragten Unternehmen begründen dies in erster Linie durch die allgemeine konjunkturelle Lage. Es zeigt sich bei der Auswahl der betroffenen Mitarbeiter, daß – entgegen der rechtlichen Vorschriften – soziale Kriterien zugunsten leistungsbezogener Argumente eher nachrangig berücksichtigt werden. Die Rechtfertigung hierfür läuft darauf hinaus, daß nach dem Gesetz die Sozialauswahl lediglich zwischen gleichartigen Arbeitsstellen stattzufinden hat. Gelingt es nun, diese Gleichartigkeit zu widerlegen, ergeben sich erweiterte Spielräume für die Unternehmen.

Ergebnisse zur deutschen Kündigungspraxis

1. Die Ebene der organisatorischen Aufhängung der Personalabteilung bei den Unternehmen, die nicht entlassen haben, ist eine höhere als bei jenen, die betriebsbedingte Kündigungen durchführten.
2. Trotz der gesetzlichen Lage wurde von den Unternehmen das Kriterium der Leistungsbeurteilung (zusammen mit der Betriebszugehörigkeit) als das für die Auswahl der zu entlassenden Mitarbeiter am bedeutsamste beurteilt.
3. Fast drei Viertel der entlassenden Unternehmen sehen Gestaltungsspielräume, die Problematik, bessere Mitarbeiter aufgrund der Sozialauswahl entlassen zu müssen, zu umgehen.
4. Während bereits mehrere Unternehmen, die keine Entlassungen durchführten, Arbeitszeitflexibilisierungsmaßnahmen zum Ausgleich konjunktureller Schwankungen durchführen, ist dies bei keinem der befragten entlassenden Unternehmen feststellbar.
5. Trotz der gesunkenen Motivation und Arbeitszufriedenheit stieg die Gesamtproduktivität der entlassenden Unternehmen.

Übersicht 6.48: Zusammenfassung der zentralen Ergebnisse der Studie von *Marr* (1994, 29-30)

6.4.4.3 Gruppenbezogene Freisetzung

Bei gruppenbezogener Personalfreisetzung steht nicht mehr der konkrete Einzelfall als Auslöser im Mittelpunkt; aufgrund der größeren Zahl (zukünftig) betroffener Mitarbeiter sind deshalb generelle Überlegungen zu Freisetzungsformen und Freisetzungsabwicklung nötig.

Bei der Personalfreisetzung geben zwei Betrachtungsdimensionen Auskunft über die möglichen Freisetzungsformen:

- Zum einen kann Personalfreisetzung **mit** oder ohne Bestandsreduktion erfolgen. Personalfreisetzung mit Bestandsreduktion ist die Entlassung von Mitarbeitern (gegebenenfalls über Aufhebungsverträge) oder die Anwendung eines der zahlreichen Modelle zur Vorruhestandsregelung. **Ohne** Bestandsreduktion läßt sich eine Personalfreisetzung realisieren über zeitliche Anpassung (Kurzarbeit), intensitätsmäßige Anpassung oder Abbau von Überstunden.
- Zum anderen kann die Freisetzungsaktion zeitlich vor oder nach dem Eintreten des Freisetzungszwangs eingeleitet werden. Bei einer **reaktiven** Freisetzung werden die Maßnahmen erst nach dem Auftreten eines aktuellen Anlasses ergriffen. Dagegen leitet ein **antizipatives** Personalfreisetzungsmanagement bereits vor dem Entstehen von Personalüberhängen gegenläufige Maßnahmen ein. Als konkrete Maßnahmen stehen
  - Förderung der Fluktuation,
  - vorzeitige Pensionierungen,

- Nichtverlängerung zeitlich befristeter Arbeitsverträge,
- selektive Kündigungen im Vorfeld einer Beschäftigungskrise,
- Kurzarbeit und
- Aufhebungsvertrag

zur Auswahl. Aus den im Einzelfall zur Verfügung stehenden Alternativen wird nun diejenige gewählt, die nicht nur praktisch durchsetzbar ist, sondern auch eine, die möglichst frühzeitig und möglichst ohne arbeitgeberseitige Kündigungen zu realisieren ist.

Kurzarbeit. Eine spezielle Form der Personalfreisetzung, die nur bei temporärem Personalüberhang zum Zuge kommt, ist die Kurzarbeit: Sie stellt eine vorübergehende Verkürzung der „betriebsüblichen" normalen Arbeitszeit dar und ist in der Regel auf wirtschaftliche Ursachen zurückzuführen wie beispielsweise auf einen Mangel an Aufträgen oder Rohstoffen.

Aus Sicht des Unternehmens verhindert Kurzarbeit den Verlust der eingearbeiteten Belegschaft. Kurzarbeitergeld dient dem Erhalt von Arbeitsplätzen, impliziert Zahlungen der Bundesanstalt für Arbeit und ist im Arbeitsförderungsgesetz geregelt: Sofern die entsprechenden Voraussetzungen erfüllt sind (§ 19 KSchG; § 68 AFG), beträgt bei vorübergehendem Arbeitsausfall die Höhe der Geldleistung maximal 68% des regulären Netto-Arbeitsentgelts und wird für einen Zeitraum bis zu 6 Monaten, in Ausnahmefällen 24 Monate gezahlt.

Frühzeitige Pensionierung. Die Breite des Instrumentariums der frühzeitigen Pensionierung hat sich in den letzten Jahren ausgeweitet. Sie reicht von persönlichen (arbeitnehmerseitigen) Entscheidungen zu tarifvertraglichen und gesetzlichen Regelungen. Diese setzen jedoch dem Gestaltungsspielraum für Arbeitgeber und Arbeitnehmer, wegen der hohen individuellen, aber auch gesellschaftlichen Bedeutung des Übertrittes vom Arbeitsleben in den Ruhestand, feste Grenzen. Für den betroffenen Arbeitnehmer wird ein neuer Lebensabschnitt mit den damit verbundenen sozialen und psychischen Belastungen eingeläutet: Unternehmen, Staat und Sozialversicherungsträger werden in der Regel finanziell in Anspruch genommen.

Gerade in Zeiten überlasteter Arbeitsmärkte entwickeln allerdings Gesetzgeber und Tarifvertragsparteien, wegen des erwarteten Entlastungseffektes, eine Reihe neuer Vorschläge. Stichworte dazu sind beispielsweise flexible Altersgrenze, Vorruhestand sowie gleitender Übergang in den Ruhestand.

Aufhebungsvertrag. Bei (Dienst-)Aufhebungsverträgen verständigen sich Arbeitgeber und Arbeitnehmer darüber, in gegenseitigem Einvernehmen den Arbeitsvertrag zu einem vereinbarten Zeitpunkt zu lösen. Bei „offenen" Aufhebungsverträgen hat jeder Arbeitnehmer die Möglichkeit, sein Arbeitsverhältnis aufzulösen; bei „zustimmungsbedürftigen" Verträgen ist die Arbeitsvertragslösung von der Zustimmung des Arbeitgebers abhängig.

Aufhebungsverträge haben den **Vorteil** der guten Planbarkeit (vgl. *RKW* 1990, 231):

- Sie können gezielt auf bestimmte Arbeitnehmergruppen beschränkt werden, wodurch sich gezielte Veränderungen realisieren lassen.
- Sie sind zeitlich limitierbar.
- Personalfreisetzung über Aufhebungsverträge ist nicht an gesetzliche Fristen gebunden und nicht anzeigepflichtig.
- Aufhebungsverträge lassen sich günstiger realisieren als Massenentlassungen.

Die Höhe der Abfindung setzt sich aus pauschalisierten Bestandteilen und nach Lebensalter oder Betriebszugehörigkeit gestaffelten Zahlungen zusammen. Mögliche **Nachteile** für die Arbeitnehmer können allerdings im Hinblick auf das Arbeitslosengeld (§§ 117, 119 AFG) entstehen und sind deshalb in der Abfindungshöhe zu berücksichtigen.

6.4.4.4 Freisetzungscontrolling

Das Controlling der Personalfreisetzung bezieht sich nicht nur prozedural auf den („erfolgreichen") Ablauf der Freisetzung, sondern umfaßt durch Analyse der Freisetzungsgründe weitergehend eine Beurteilung anderer unternehmensinterner und -externer Aspekte. Die Datenbasis besteht in diesem Fall aus den (internen) Entscheidungsgrundlagen für die Freisetzung sowie aus Angaben des freigesetzten Mitarbeiters (z.B. Abgangsinterview). Diese Datenbasis bietet bei systematischer Erstellung eine Übersicht über unternehmens- oder bereichsspezifische Freisetzungsgründe als Anknupfungspunkte für entsprechende Maßnahmen des betrieblichen Personalmanagements.

Eine solche Informationsbasis hilft bei der Analyse von Veränderungen im Zeitablauf und bei der Lokalisation von Schwachstellen eines betrieblichen Personalmanagements in allen funktionalen Bereichen, beginnend bei der Bedarfsanalyse über Beschaffung (einschließlich Auswahl!), Entwicklung (einschließlich mitarbeitspezifischer Förderung und Betreuung) und Freisetzungsrealisation, bis hin zur übergreifenden Evaluierung von Betriebsklima und Unternehmenskultur.

6.4.4.5 Rechtliche Aspekte

Kündigungen als Spezialfall der Freisetzung bringen für den betroffenen Arbeitnehmer im Regelfall einschneidende Veränderungen seiner Lebensumstände mit sich. Daher hat der Gesetzgeber mit dem Kündigungsschutzgesetz ein Regelwerk geschaffen, um soziale Härten zu vermeiden und ungerechtfertigte Kündigungen zu verhindern (Abbildung 6.33).

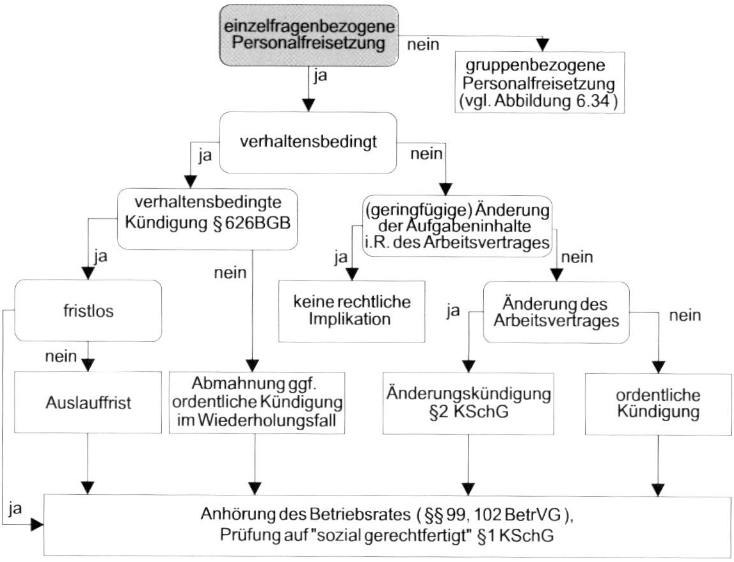

Abbildung 6.33: Einzelfallbezogene Freisetzung

Grundsätzlich sind Entlassungen von Arbeitnehmern, die mindestens sechs Monate im selben Unternehmen beschäftigt waren, nur möglich, wenn die **Gründe** in der Person beziehungsweise im Verhalten des Arbeitnehmers liegen oder dringende betriebliche Erfordernisse einer Weiterbeschäftigung entgegenstehen (§ 1 KSchG; vgl. *Herschel/Löwisch/Steinmann* 1984, § 1 RZ 1-207):

- Kann durch (geringfügige) Änderung der Aufgabeninhalte im Rahmen des bestehenden Arbeitsvertrages eine Stimmigkeit zwischen Anforderungsprofil und Fähigkeitsprofil hergestellt werden, so führt dies zu keinen weiteren rechtlichen Implikationen. Hier ist allenfalls die betriebliche *Personalentwicklung* angesprochen.
- Weichen Fähigkeitsprofil und Anforderungsprofil so stark voneinander ab, daß auf der bestehenden Stelle eine Weiterbeschäftigung nicht mehr möglich ist, ist zu prüfen, ob eine Weiterbeschäftigung des Mitarbeiters auf einer anderen Stelle im Unternehmen möglich ist (vgl. *Joost* 1988, 351-357). In diesem Fall kommt es zu einer Änderungskündigung (§ 2 KSchG). Falls eine Änderungskündigung vom Mitarbeiter nicht akzeptiert wird beziehungsweise nicht möglich ist, kommt es zu einer ordentlichen Kündigung.

- Bei einer *verhaltensorientierten* Freisetzung kann der Arbeitgeber zunächst prüfen, ob ein Verbleiben im Betrieb bei verändertem Verhalten des Arbeitnehmers möglich wäre. Ist dies der Fall, erfolgt eine Abmahnung, im Wiederholungsfall gegebenenfalls eine ordentliche Kündigung. Ist ein Verbleiben im Betrieb nicht möglich, da eine derartig gravierende Störung des Arbeitsverhältnisses vorliegt, ist eine außerordentliche Kündigung nach § 626 BGB „aus wichtigem Grund" auszusprechen. Sie kann fristlos oder unter Berücksichtigung einer Auslauffrist erfolgen.

In allen Fällen einer einzelfallbezogenen Freisetzung, die auf eine Umsetzung oder eine Änderungskündigung hinauslaufen, ist eine Anhörung des **Betriebsrats** nach § 102 BetrVG erforderlich. Über seine Mitbestimmung bei personellen Einzelmaßnahmen (§ 99 BetrVG) hinausgehend sind ihm die ausschlaggebenden Gründe mitzuteilen. Ohne Anhörung des Betriebsrats ausgesprochene Kündigungen sind unwirksam (§ 102 I BetrVG). Der Betriebsrat kann einer ordentlichen Kündigung widersprechen, wenn soziale Gesichtspunkte (vgl. § 1 KSchG) nicht ausreichend berücksichtigt wurden oder wenn gegen die betriebliche Auswahlrichtlinie (vgl. § 95 BetrVG) verstoßen wurde. Auch wenn der Arbeitnehmer (gegebenenfalls nach Umschulung und/oder mit Vertragsänderung) an einem anderen Arbeitsplatz im Unternehmen weiterbeschäftigt wird, ist ein Widerspruch möglich (§ 102 III BetrVG).

Soziale Aspekte. Mit der Entscheidung zwischen den oben angesprochenen Alternativen wurde festgelegt, *wie* die Personalfreisetzung realisiert werden soll: Dies läßt noch offen, nach welchen Kriterien die betroffenen Personen auszuwählen sind. Gängige Praxis besonders bei „harten" Maßnahmen und umfangreichen Entlassungen ist die mit dem Betriebsrat abgestimmte Fixierung eines entsprechenden Kriterienkataloges. Mögliche **Auswahlkriterien** sind Alter, Betriebszugehörigkeit, Familienstand oder Verstöße gegen die Unternehmensordnung.

Sicherlich läge es im Einzelfall aus Sicht des Unternehmens auch nahe, diskutierbare Kriterien wie Krankheit, Lohnaufwand, Absenzen oder Sozialaufwand zur Auswahl freizusetzender Mitarbeiter heranzuziehen. Nicht zuletzt aufgrund der Mitbestimmungspflicht des Betriebsrates scheiden derartige Auswahlkataloge aber aus.

Realistischer sind dagegen Kriterienkataloge, die sich primär am Grundsatz der **sozialen Angemessenheit** (§ 1 KSchG) orientieren. Ein Beispiel für eine derartige Sozialauswahl, die auf einem Punktesystem basiert, zeigt Übersicht 6.49: Danach ergibt sich die Auswahl der freizusetzenden Personen anhand der erreichten Punktzahl, wobei mit zunehmender Punktzahl Freisetzung (aus sozialen Gesichtspunkten) ausscheidet. Der Gesetzgeber hat jedoch im arbeitsrechtlichen Beschäftigungsförderungsgesetz von 1996 die sozialen Auswahlkriterien auf drei

Gesichtspunkte beschränkt: Dauer der Betriebszugehörigkeit, Lebensalter und Unterhaltspflichten des Arbeitnehmers. Andere Bewertungsregelungen sind in der Rechtsprechung nur eingechränkt anerkannt worden. Die 1998 gewählte Bundesregierung plant hier, die Neuregelung wieder an die bis zum 30.09.1996 gültige Fassung des § 1 Abs. 3 KschG anzugleichen, die eine klare Abgrenzung der Kriterien nicht vorsah.

Auswahlkriterien	**Bewertung**						
1. Alter bis ...	20	30	40	50	57	über 57	
Punkte	**0**	**1**	**3**	**6**	**8**	**10**	
2. Betriebszugehörigkeit ...	unter 10 Jahre			ab 10 Jahre			
Punkte pro Jahr	**0,5**			**1**			
3. Unterhaltsverpflichtung ...	Ehegatte			je Kind			
Punkte	**5**			**3**			
4. Berufsaussichten	gut		mittel		schlecht		
Punkte	**0**		**2**		**4**		
5. Doppelverdiener	Verhältnis: Ehegatteneinkommen/Arbeitnehmereinkommen						
	4:1	3:1	2:1	1:1	1:2	1:3	weniger
Punkte	**– 10**	**– 8**	**– 7**	**– 5**	**– 3**	**– 2**	**0**

Übersicht 6.49: Kriterienbeispiel für Sozialauswahl
(nach *Berkowsky* 1983, 1296)

Gesetzliche Aspekte. Sobald das Problem der Personalfreisetzung ansteht (Abbildung 6.34), ist die Dauer des Personalüberhangs zu antizipieren und bei nur vorübergehender Unterbeschäftigung der Übergang zu Kurzarbeit zu prüfen (§ 19 KSchG). Ansonsten stellt sich die Frage nach dem Vorliegen einer Betriebsänderung nach § 111 BetrVG. Als **Betriebsänderungen** gelten nach diesem Gesetz

- Einschränkung und Stillegung des ganzen Betriebes oder von wesentlichen Betriebsteilen,
- Zusammenschluß mit anderen Betrieben,
- grundlegende Änderungen der Betriebsorganisation, des Betriebszwecks oder der Betriebsanlagen und
- Einführung grundlegend neuer Arbeitsmethoden und Fertigungsverfahren.

Liegt **keine** Betriebsänderung nach § 111 BetrVG vor und sind die Größenmerkmale nach § 17 KSchG nicht erfüllt, so wird eine Personalfreisetzung wie eine einzelfallbezogene/betriebsbedingte Personalfreisetzung behandelt. Ansonsten gibt es eine Anzeigepflicht des Arbeitgebers

(§ 17 KSchG), gegebenenfalls verbunden mit einer einmonatigen Entlassungssperre (§ 18 KSchG).

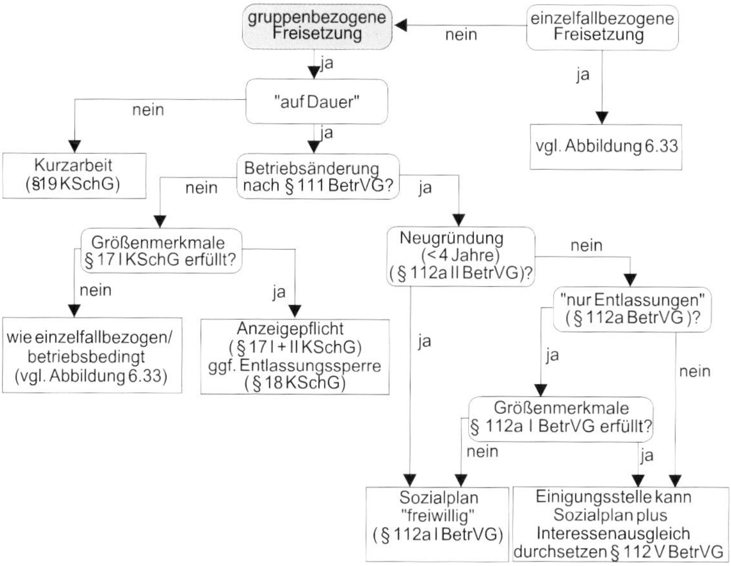

Abbildung 6.34: Gruppenbezogene Freisetzung

6.5 Resümee und Vorschau

Die Breite der Palette möglicher Maßnahmen zur Personalveränderung bietet nicht nur die Möglichkeit zur gezielten Verwendung, sondern auch die Gefahr ungeplanter Improvisation. Gerade dies führt zur Forderung nach einem systematischen Personalveränderungsmanagement auf allen drei **Managementebenen**:

- Auf der *strategischen Ebene* ist die integrative Verknüpfung von Beschaffung, Entwicklung und Freisetzung zu realisieren. Basierend auf Grundlagen wie Personalmarketing und dem auch institutionenökonomisch zu betrachtenden internen Arbeitsmarkt bietet sich die Formulierung einer unternehmensinduzierten Arbeitsstrategie an: Sie verlangt vom planenden Unternehmen eine Analyse und eine auf die Unternehmensstrategie abgestimmte Gestaltung der
  - strategischen Potentiale,
  - strategischen Barrieren und
  - strategischen Bewegungen

im externen/internen Arbeitsmarkt. Dabei liegt der strategische Fokus sowohl auf den vorhandenen und angestrebten Potentialen als auch auf den sachlogischen Erfordernissen, die sich aus den Zukunftstrends der Arbeitswelt ergeben.

- Die *taktische Ebene* betrifft vor allem das Personalmarketing. Die Einstellung, daß Personalveränderungsmaßnahmen einen direkten Einfluß auf das Image der Personalarbeit und des gesamten Unternehmens nach innen und nach außen aufweisen, ist den Beteiligten an Personalveränderungsmaßnahmen zu vermitteln. Dazu dienen sowohl theoretische Konzepte wie das LAMBDA-Modell als auch Einzeltechniken, die auf der Idee der wechselseitigen Kommunikation über die Arbeits- und Führungssituation beruhen.
- Auf der *operativen Ebene* erfolgt die personelle Einzelmaßnahme als Beschaffung (gegebenenfalls Einstellung), Entwicklung und Freisetzung (gegebenenfalls Entlassung):
  - Bei der Personalbeschaffung geht es zum einen um die Verbesserung der informatorischen Basis. Neben dem Aufbau einer Datenbasis über erfolgreiche/erfolglose Beschaffungsaktivitäten ist auch hier das Flexibilitätspotential zu erhöhen und auf das differenziert zu diskutierende Instrument des Personalleasings hinzuweisen.
  - Bei der Personalentwicklung müssen zum einen generalisierende Vorschriften für die Festlegung der Entwicklungsadressaten definiert, zum anderen erfolgversprechende Entwicklungsrichtungen ausgewählt werden.
  - Bei der Personalfreisetzung ist neben der Wahl der Freisetzungsform (sie reicht von Kurzarbeit bis zur frühzeitigen Pensionierung) auch auf die gesetzlich festgeschriebenen Regelungen zur Freisetzungsabwicklung hinzuweisen.

  Hier kommen neben prozeduralen Problemen primär rechtliche Aspekte zum Tragen. Gravierende methodische Schwierigkeiten ergeben sich dabei
  - im Hinblick auf eine effektive und effiziente Personalauswahl bei der Suche nach validen Mechanismen zur Bewerberselektion sowie
  - im Hinblick auf eine effektive und effiziente Personalentwicklung beim Versuch der Bestimmung von Entwicklungspotential und Entwicklungsmaßnahmen.

Ein systematisches Personalveränderungsmanagement benötigt neben einer verhaltensorientierten Fundierung (speziell bei Beschaffung und Freisetzung) eine umfangreiche Informationsbasis, die sich nicht nur auf Mitarbeiter und Stellen, sondern auch auf geplante und historische Veränderungsmaßnahmen bezieht. In Zukunft wird sich hier vor allem bei der Personalbeschaffung und der Personalentwicklung eine qualitative

Verbesserung durch anforderungsspezifische Technologieunterstützung realisieren lassen.

Nach Herstellung der Kongruenz zwischen Personalbestand und Personalbedarf erfolgt der Personaleinsatz, der im nächsten Kapitel behandelt wird.

6.6 Testfragen

(1) Entwickeln Sie ein Phasen-Schema für die Formulierung, Implementation und Kontrolle einer betrieblichen Bildungsstrategie.

(2) Im Jahr 2005 werden Unternehmen vollständig auf sämtliche Konzepte der Personalentwicklung verzichten. Unter welchem Bedingungsrahmen ist diese Aussage sachlich logisch?

(3) Welche gesetzlichen Vorschriften sind bei einem strategischen Personalentwicklungsmanagement zu beachten?

(4) Erläutern Sie den Unterschied zwischen Aus-, Fort- und Weiterbildung. Wie unterscheidet sich die Weiterbildung auf der strategischen Ebene von der taktischen sowie der operativen Ebene?

(5) Welche Vor- und Nachteile hat ein genereller Einstellungsstopp im Vergleich zu denkbaren Alternativen?

(6) „Soweit auf dem internen oder dem externen Arbeitsmarkt potentielle Mitarbeiter vorhanden sind, deren Fähigkeitsprofil dem gewünschten Anforderungsprofil genau entspricht, wird eine Personalentwicklungsplanung überflüssig". Diskutieren Sie diese These!

(7) Mit welcher generellen Entscheidungsregel läßt sich der Einsatz alternativer Selektionsverfahren regeln?

(8) Gegeben sind folgende fünf Fähigkeitsprofile:
$f_1 = (3,7,6,5,7,3,8)$
$f_2 = (6,3,5,3,6,4,5)$
$f_3 = (2,5,3,5,8,7,6)$
$f_4 = (5,8,2,1,2,5,8)$
$f_5 = (1,2,4,3,3,3,2)$
und folgende drei Anforderungsprofile:
$a_1 = (6,6,6,5,4,3,2)$
$a_2 = (3,8,5,1,2,7,4)$
$a_3 = (1,3,2,3,8,3,8)$.
Zeigen Sie grafisch die neun alternativen Deckungslücken, an denen eine taktische Veränderungsplanung ansetzen kann.

(9) An einem neu eingerichteten Lehrstuhl ist die Stelle einer Lehrstuhlsekretärin zu besetzen. Neben den „normalen" Stellenaufgaben (Administration, Budgetüberwachung, Umgang mit den Studenten) sind gute Kenntnisse in Englisch sowie Grundkenntnisse

in Französisch erforderlich. Gewünscht sind ferner Kenntnisse im Umgang mit Textverarbeitungssystemen; zumindest aber sind Bereitschaft und Fähigkeit im Umgang mit einer computergestützten Textverarbeitung Grundbedingung. Entwerfen Sie ein umfassendes Testdesign für die Personalselektion und gehen Sie dabei auch auf „operative“ Details ein. Erläutern Sie ferner, wie Sie sich den Ablauf (also die organisatorische Umsetzung) ihres Vorschlags vorstellen.

(10) „Auf Anweisung unseres Leiters der Führungskräfteentwicklung erhalten alle externen Referenten den gleichen Honorarsatz.“ Welche Rückschlüsse könnte man aus dieser (fiktiven) Aussage auf den Entwicklungsstand der Personalarbeit dieses Unternehmens zielen? Welches Entwicklungsprogramm würden Sie für diesen Personalplan entwerfen?

(11) 100 Personen werden zwei Jahre lang betrieblich weitergebildet; die Trainingskosten pro Person betragen DM 500. Das Rechnungswesen schätzt folgende Parameter: SD_y = DM 10 000, d_t = 0,31. Welcher Payoff des Trainingsprogramms ergibt sich mit diesen Informationen?

(12) Wie würden Sie organisatorisch den Ablauf einer Personalfreisetzung beziehungsweise einer Personalfreisetzungsplanung regeln?

(13) Diskutieren Sie alternative Maßnahmen der Personalfreisetzung unter Berücksichtigung ökonomischer und sozialer Ziele.

(14) Nehmen Sie zu der Aussage Stellung, daß im Zuge der Personalselektion bei niedriger Selektionsrate auch Prädiktoren mit niedriger Validität eingesetzt werden können, ohne daß sich dadurch das Ergebnis der Auswahlentscheidung verschlechtert.

(15) Entwickeln Sie einen Vorschlag für eine Kosten/Nutzen-Analyse bei der Personalbeschaffung! Welche Konsequenzen leiten sich aus Ihrem Vorschlag ab?

(16) BASF wirbt mit dem Slogan „Die Heimspiele gewinnen und auswärts Punkte sammeln. Nach dieser Taktik spielen wir weltweit.“ Was bedeutet dies für die internationale Personalveränderungsstrategie?

... für Fortgeschrittene:

John P. Kotter stellt in seinem Buch „The New Rules“ (1995, 135) folgende Regel auf: „In a rapidly changing and competitive environment, formal K-12-university education is very important, but insufficient. Success at work demands huge growth after a terminal degree to learn new approaches, skills, techniques, and more. A turbulent environment offers many opportunities for growth for those willing to take some risks and to reflect honestly on their experiences.“ Diskutieren Sie diese Aussage vor dem

Hintergrund, daß Unternehmen sich verstärkt eigene Corporate Universities einrichten.

Inzwischen gibt es nicht nur „Computerkurse für Mädchen". Die Fachhochschule Wilhelmshaven bietet einen eigenen Frauenstudiengang „Wirtschaftsingenieurwesen" an (http://www.fh-wilhelmshaven.de\fbwi\frauen). Halten Sie eine derartige Vorgehensweise für innerbetriebliche Entwicklungsmaßnahmen für sinnvoll?

Personalmanagement in der Starfleet: Im Delta-Quadranten trifft die Crew der U.S.S. Voyager unter der Leitung von *Kathryn Janeway* auf die gegnerischen Truppen des *Marquis*. Da sie aber Tausende Lichtjahre vom Gebiet der Föderation entfernt sind, werden die Meinungsverschiedenheiten als begraben erklärt und die Truppen zu einer Mannschaft unter der Leitung von *Janeway* auf der Voyager verbunden. Wie sollte *Janeway* das Problem der interkulturellen Diskongruenz lösen?

Diskutieren Sie folgende Aussage von *Peter Drucker* (1998): „It has never been proven that management can be taught or can be learned."

6.7 Praxisbeispiele

6.7.1 Die Advance Bank

Die 1995 gegründete Direktbank ist seit Anfang 1998 ein hundertprozentiges Tochterunternehmen der Dresdner Bank und beschäftigt zur Zeit 440 Mitarbeiter, die über 90 000 Kunden bedienen. Die besondere Serviceleistung der Advance Bank besteht darin, das komplette Beratungsangebot inklusive Vermögensberatung an sieben Tagen der Woche rund um die Uhr anzubieten.

Obwohl die Advance Bank bei ihren Kunden in Punkten wie Freundlichkeit, Weiterempfehlung, Wiederwahl und Globalzufriedenheit im Vergleich zur Konkurrenz überdurchschnittliche Werte erzielt und zudem ihren Kundenstamm erheblich erweitern konnte, kann die Bank, wie auch alle anderen Direktbanken seit ihrer Gründung, noch keine ausreichend hohen Gewinne verbuchen. Damit sich das Unternehmen weiterhin positiv in die Gewinnzone entwickelt, soll die Kundenorientierung optimiert und der Unternehmenskultur angepaßt werden. Zu diesem Zweck wurde ein entsprechendes Personalentwicklungsprogramm initiiert.

Um diesen Prozeß gezielt zu katalysieren, wurden sieben *Permanent Principles* entwickelt. **Basis** der Personalentwicklung sind

- Selbstverantwortung,
- Service-Orientierung,
- Teamfähigkeit,
- kontinuierliches Lernen,
- Innovation,
- Ergebnisoptimierung und
- Führen als Fördern und Fordern.

Auf die „Living Principle-Tafel" wird jeden Monat jeweils eine mit einem Leitmotiv verbundene Spielregel geschrieben, die jeder Mitarbeiter anonym mit Kommentaren versehen kann und die anschließend systematisch ausgewertet wird. Der Mitarbeiter, den die Kollegen als besonders vorbildlich im Sinne der Leitmotive eingestuft haben, erhält am Ende des Jahres den Principle Award.

Eine ganz besondere Trainingsmaßnahme zum lebendigen Umgang mit der Firmenphilosophie stellen die **Culture-Jingles** dar. Der Begriff Jingle steht anstelle der Erkennungsmelodie einer Radio- oder Fernsehsendung für das „Einläuten" einer bestimmten Erfahrung, welche aus dem Training in den Unternehmensalltag übertragen werden soll. Innerhalb eines Jingles wird jeweils eines der sieben Leitmotive erfahren und erlebt.

Was die zweitägigen Erlebniswochenenden von herkömmlichen Management-Trainings unterscheidet, ist das ungewöhnliche Ambiente, in dem die Manager ungewohnte Rollen innerhalb realistischer Szenarien übernehmen müssen (Übersicht 6.50). So erfahren die Teilnehmer beispielsweise Kunden- und Serviceorientierung, indem sie einen Tag als Zimmermädchen, Chauffeur oder Küchenhilfe in einem Luxushotel mit höchsten Ansprüchen arbeiten. Oder sie erleben den Klosteralltag als Klosterschüler.

Anders als in herkömmlichen Rollenspielen werden dabei Arbeitssituationen nicht künstlich nachgestellt, sondern in reeller und direkter Erfahrung erlebt. Solche Realszenarien dienen der emotionalen Verankerung des erlebten Rollenwechsels, anhand dessen bisherige Verhaltensmuster nachhaltig hinterfragt, verändert und das Erlernte soweit wie möglich in den Unternehmensalltag übertragen werden soll, nachdem es gemeinsam aufbereitet wurde.

Das Culture-Jingle-Modul zum Themenkomplex „Führen als Fördern und Fordern" fand in einem Filmstudio statt und sollte das Gefühl des Geführt-Werdens in einem unbekannten Metier vermitteln. Hier findet sich eine Führungskraft plötzlich in der Rolle einer Selbstmörderin zwischen Gangstern und Waffenschiebern. Dazu gibt es ein „richtiges"

Permanent Principle	**Erlebnisworkshop**
Selbstverantwortung: Handlungsspielräume unter Abwägung von Chancen und Risiken eigeninitiativ ausfüllen	Meditation im Kloster Frauenchiemsee
Service-Orientierung: den Nutzen aus Sicht des Kunden optimieren unter Berücksichtigung der Bankziele	Service und Dienstleistung im Schloßhotel Bühler Höhe
Teamfähigkeit: durch konstruktives Miteinander bessere Lösungen und höhere Zufriedenheit schaffen	Selbstversorgung in einer einsamen Berghütte
Kontinuierliches Lernen: jeden Tag erfolgreicher werden	Lernen mit und über moderne Medien im Zentrum für Kunst- und Medientechnologie
Innovation: Kunden und Konkurrenten immer einen Schritt voraus sein	handwerkliches Wochenende in einer Waldorfschule
Ergebnisoptimierung: keine Leistung ohne Ergebnis	in Planung: Erlebnisworkshop in einer Tanzschule
Führen: Fördern und Fordern	Schauspielern in einem Filmstudio

Übersicht 6.50: Culture-Jingles zur Vermittlung der Permanent Principles

Drehbuch, das die Teilnehmer eine Woche vor Seminarbeginn erhalten (Übersicht 6.51).

Nach einer kurzen Sprechprobe geht es sofort auf die Studiobühne, wo unter Anleitung des Regisseurs und des Kamerateams die einzelnen Szenen so lange wiederholt werden, bis sie aufnahmereif sind. Filmreif sind die Szenen erst dann, wenn jede Kleinigkeit, Stimm- und Tonlage, Mimik und Gestik, den hundertprozentigen Vorstellungen des Regisseurs entsprechen und keine Zweifel daran aufkommen lassen, daß es sich in den Filmszenen tatsächlich um eine Selbstmörderin handelt.

Ganz dem Perfektionismus des Regisseurs ausgeliefert, werden die Darsteller nach und nach an ihre Höchstleistung herangeführt: Sie erfahren am eigenen Leib, was es heißt, als Nichtfachmann durch das permanent kritische, aber geduldige Feedback einer Führungskraft, hier des Regisseurs, zu ungeahnten schauspielerischen Fähigkeiten bewegt zu werden. Dabei wird die Geduld und das Durchhaltevermögen der Teilnehmer auf eine harte Probe gestellt: Oft dauert es einen ganzen Tag, bis eine drei-Minuten-Szene „im Kasten" ist. Die Führungskräfte erleben auch, was es heißt, wenn Szenen immer wieder durch unzählige Expertendebatten zwischen Kamerateam und Regisseur unterbrochen werden. Diese diskutieren dann wichtige Details im Fachjargon, denen die Laienschauspieler während des permanenten Wartens auf den eigenen Einsatz nur schwer folgen können, so daß sie oftmals Konzentration und Überblick verloren haben, wenn endlich weitergedreht werden kann.

LUCI kommt in ein Waffengeschäft. Sie ist völlig durchnäßt. Es bildet sich eine Wasserpfütze auf dem Boden. Sogar Schuhe quietschen.

Der Verkäufer (DICKER) steht hinter dem Tresen. Sie fängt an, sich in dem Geschäft umzuschauen. Sie ist wie besessen, mit starrem Blick. In den Vitrinen sind jede Menge Waffen ausgestellt. Sie schaut den Dicken nicht an.

DICKER: Suchst du nen Fön?!

Er setzt an zu lachen. Über ihnen geht ein Deckenventilator. Auf einem Schild steht „ANGLERBEDARF UNTEN", sie schaut kurz hin.

DICKER: Oder brauchst du ne Angel!?

Er zeigt nach unten

LUCI: Die da!!

Sie zeigt auf eine Kanone hinter dem Dicken, in seiner Vitrine.

DICKER: So ne Große!?

Sie schaut ihn genervt an und zittert.

LUCI: Hauptsache in Schuß!

Er schaut anzüglich. Dann zieht er die Handschuhe an und dreht sich um. Er holt die Knarre aus der Vitrine. Sie ist wohl ein besonderes Model ... Sie will sie schon anfassen, da hält er sie zurück.

DICKER: Kannst es wohl nicht mehr erwarten, Meerjungfrau ...

Sie schaut ihn gelangweilt an.

Luci steht da. Um sie herum die drei Leichen am Boden. Polizeisirenen sind zu hören. Sie nimmt die Waffe in die Hand und will sich schon wieder erschießen. In diesem Augenblick kommt ein Kripobeamter hereingestürzt. Mit der Waffe auf Luci gerichtet! Luci schaut ihn entgeistert an. Der Kripobeamte nimmt die Waffe wieder runter. Sein Mund steht ihm offen.

KRIPOBEAMTER: Unvorstellbar!? Da haben sie Schwein gehabt. Das waren die Härstesten!! Die galten als unfaßbar.

Luci schaut auf den Talisman.

ABBLENDE

TITEL ...

E N D E

Übersicht 6.51: Zwei Ausschnitte aus dem Drehbuch zur Culture-Jingle-Sequenz „Führung" (Quelle: Advance Bank)

Eindrucksvolle Erfahrungen und neue Einsichten gewinnen die Teilnehmer der Culture-Jingles, wie aus den Seminarbeurteilungen hervorgeht, auf jeden Fall. So berichtet eine Teilnehmerin des Film-Jingles, daß sie sich durch die angeleitete Wiederholung einzelner Einstellungen immer besser mit der ihr zugewiesenen Rolle identifizieren konnte und diese Erfahrung für wöchentliche Coaching-Sitzungen mir ihren Mitarbeitern nutzt. Auch die Erkenntnisse zur Bedeutung des Zusammenspiels von Text, Tonlage und Stimmung überträgt sie inzwischen auf die Analyse von Kundengesprächen.

Obwohl nicht immer alle Jingle-Erfahrungen hundertprozentig in den Bankenalltag übertragbar sind, erfreuen sich die Culture-Jingles einer ständig wachsenden Beliebtheit bei den Mitarbeitern: Inzwischen haben rund 200 Mitarbeiter an den 14 Veranstaltungen teilgenommen. Durch die Jingles soll gleichzeitig die gemeinsame Identität gestärkt werden. Daher nehmen an den Culture-Jingle-Trainings immer Führungskräfte verschiedener Hierarchieebenen teil, vom Teamchef bis zum Vorstand.

Um weitere Aussagen zur Wirksamkeit der Culture-Jingles treffen zu können, müßte allerdings geklärt werden, ob und inwiefern diese einen Beitrag zur langfristigen Veränderung von Verhaltensstrukturen leisten können. Dabei sollte beachtet werden, daß die positive Resonanz bei den Mitarbeitern sicherlich auch zu einigen Teilen dem Erlebnis- und Abenteuercharakter der Trainingsmaßnahme zuzuschreiben ist.

6.7.2 Commerzbank AG

Die Commerzbank, zurückblickend auf eine über 100jährige Geschichte, erreichte konzernweit 1991 mit rund 27 000 Mitarbeitern im Inland und 1 000 Mitarbeitern im Ausland eine Bilanzsumme von 226 Milliarden DM. Gerade in einer Zeit der starken Veränderung im Markt und im Unternehmen wird dabei eine Identifikation mit Unternehmenszielen als besonders wichtig angesehen:

„Ein Unternehmen braucht Mitarbeiter, die das Unternehmen als sinnvolle Organisation begreifen, als Teil des differenzierten Versorgungsnetzes, das dem Wohl vieler Menschen dient. Mitarbeiter, die dazu beitragen, daß dieses Netzwerk funktioniert, die ihren Auftrag kennen und in eigener Verantwortung ausführen." (*Klaus Müller-Gebel*, als für das Personalressort zuständige Mitglied des Vorstandes)

Eine besondere Rolle bei dieser externen und internen Kommunikation spielt das Personalmarketing. Dies wird bei der Commerzbank als ein umfassendes Kommunikationskonzept gesehen, das extern und intern operiert, dabei gleichzeitig einen Teil der generellen Unternehmenskommunikation darstellt.

Dieses Personalmarketing bei der Commerzbank beinhaltet auf der einen Seite diverse Aufgabenfelder (wie Marktforschung, Personalwerbung, Mitarbeiterkommunikation), soll aber ebenso der Grundhaltung einer mitarbeiterorientierten Personalpolitik entsprechen. Personalmarketing soll also zu einem wichtigen Bestandteil der Unternehmensphilosophie der Commerzbank und gleichzeitig zum durchgängigen Bestandteil der Personalarbeit der Commerzbank werden. Sie reicht damit bis hin zur Arbeitsplatzgestaltung.

Im einzelnen werden dabei folgende sieben **Aufgabenfelder** als zentral angesehen:

Interne Marktforschung. Eine wichtige Grundlage für das Personalmarketing bei der Commerzbank ist die Ende 1987 durchgeführte **Mitarbeiterbefragung**. In einem 18 Seiten umfassenden Fragebogen wurden rund 80 Fragen an die Mitarbeiter gestellt, wobei alle der damals 25 000 Mitarbeiter angesprochen wurden. Basierend auf der Auswertung wurden primär drei Aktivitäten initiiert: Gebietsstellen und Zentralabteilungen begannen, in eigenen Gesprächskreisen Maßnahmen zu entwickeln, um im jeweiligen Verantwortungsbereich möglichst viele Erkenntnisse aus der Befragung konkret umzusetzen. Parallel dazu wurde ein Koordinierungsausschuß gebildet, dem 18 Mitarbeiterinnen und Mitarbeiter aus Filialen und Zentralabteilungen angehören. Ferner wurden die Mitarbeiter der Commerzbank mit Hilfe einer entsprechenden Broschüre über das Ergebnis informiert.

Externe Marktforschung. Die Aufbereitung einer Vielzahl externer Arbeitsmarktdaten bildet die Grundlage für diverse Aktivitäten im Bereich der Werbung, der Öffentlichkeitsarbeit und der Mitarbeiterkommunikation. Über Marktforschungsergebnisse soll eine Sensibilisierung für Veränderungen am Arbeitsmarkt, den Einstellungen, Werten und Anforderungen potentieller Mitarbeiter herbeigeführt werden. Gleichzeitig soll auf diese Weise das erforderliche Umdenken hinsichtlich einer mitarbeiterorientierten Personalpolitik unterstützt werden.

Konkrete Grundlagen sind hierbei neben **Life-Style-Analysen** (z.B. der Freizeitforschung) auch verschiedene **Personal-Imagestudien**, die Trends auf dem Arbeitsmarkt auswerten. Dies soll helfen, personalpolitische Trends frühzeitig zu erkennen (Frühwarnsystem) und Veränderungen durch Untersuchungen im Vorfeld zu untermauern. Dies ist letztlich auch gerade im Hinblick auf die Evaluation von „Kundeninteresse“ von entscheidender Bedeutung.

Mitarbeiterkommunikation. Ziel ist es, eine stärkere Identifikationsmöglichkeit für die Mitarbeiter anzubieten und Inhalte des Leitbildes mit Leben zu füllen. Hierzu gehört auch das Schaffen einer Transparenz bezüglich der Leistungen und Angebote der Commerzbank als Arbeitgeber.

Wichtig in diesem Zusammenhang ist auch die Entwicklung und Vermittlung vom **Leitbild** des Commerzbank-Konzerns (Übersicht 6.52):

In der weltoffenen Tradition unserer Bank fühlen wir uns unseren Kunden partnerschaftlich verpflichtet. Wir bekennen uns zu den Prinzipien des fairen Wettbewerbs auf Basis der sozialen Marktwirtschaft und einer freiheitlichen Gesellschaftsordnung. Im Mittelpunkt unserer unternehmerischen Strategien und Konzepte steht der Kunde. Auf allen Ebenen der Bank steht unternehmerisches Denken und Handeln im Vordergrund. Unsere Mitarbeiter bestimmen durch ihre Leistung entscheidend den Unternehmenserfolg. Alle Mitarbeiter sind sich bewußt, daß sie dazu beitragen, das Bild der Bank in der Öffentlichkeit zu prägen. Die Kommunikation in der Commerzbank vollzieht sich offen und vermittelt Zielsetzungen, Grundsätze und Wertmaßstäbe nach innen und außen.

Übersicht 6.52: Leitbild der Commerzbank

In der Umsetzung bedeutet dies beispielsweise im Hinblick auf Führung und Zusammenarbeit das Betonen von dezentraler Führung und Verantwortung sowie von Führen durch Vorbild.

Frauen in der Bank: Qualität statt Quote. Im Mai 1991 wurden von über 800 Interessentinnen 60 Mitarbeiterinnen der Bank eingeladen, um gemeinsam mit dem Koordinierungsteam „Frauen im modernen Banking" künftige Aktivitäten im Bereich der beruflichen Entwicklung von Mitarbeiterinnen zu diskutieren.

Dazu wurden fünf Workshops zur Rolle der Frau
- in Führungspositionen,
- als Kundin der Bank,
- in Beruf und Familie,
- in der Weiterbildung und
- in Werbung und Öffentlichkeitsarbeit

gebildet. Besonderes Interesse galt dem **Selbstverständnis** als Führungskraft und der Vereinbarkeit von Beruf und Familie. Wenn es um Chancengleichheit geht, sollen Frauen nicht gesondert gefördert, sondern als gleichberechtigte Partner behandelt werden.

Personalimagewerbung. Ziel der Personalimagewerbung ist die Positionierung der Commerzbank als attraktiver und moderner Arbeitgeber. Zielgruppen sind dabei neben potentiellen Mitarbeitern (Hochschulabsolventen und Mitarbeiter anderer Unternehmen) auch Meinungsbildner (Eltern, Lehrer, Professoren) sowie Kunden.

Die Image-Kampagne wurde mit folgenden vier Phasen gestartet:

1986/1987 wurde mit ganzseitigen Anzeigen und Einzelportraits gearbeitet. Hierbei ging es im wesentlichen darum, personalpolitische

Grundlagen anhand geschäftspolitischer Trends des Filialbereiches und der zentralen Ressorts als Teil der Strategiefindung zu kommunizieren.

1989/1990 stand vor allem die Entwicklung des Leitbildes der Commerzbank im Vordergrund, wozu ganzseitige Anzeigen mit Gruppenphotos verwendet wurden.

1991 sollte zudem das Konzept der Geschäftsstellen-Strukturreform kommuniziert werden, wozu (neben kleineren Photos) vor allem eine Grafik im abstrakten Stil zum Einsatz kam.

1992 geht es um die Umsetzung der Strukturreform im Hinblick auf eine Markt- und Dienstleistungsorientierung. Die Commerzbank sollte dadurch als Arbeitgeber verstärkt ins Gespräch kommen, wobei besonders die Mitarbeiter das Soll-Image der Bank (sympathisch/kompetent) nach außen tragen und so die Glaubwürdigkeit der Anzeigen verstärken. Die aktuelle Personal-Image-Kampagne stellt wiederum eine Weiterentwicklung des bewährten Konzeptes dar. Short-Stories beziehungsweise Interviews vermitteln allerdings Philosophie und Arbeitsatmosphäre in erlebnisorientierter Form. Die „fehlenden" Informationen beziehungsweise Fakten zum Arbeitgeber Commerzbank können angefordert werden. Eine eigens auf die Kampagne abgestimmte Broschüre „Arbeitsplatz Commerzbank" wird allen Interessenten zugeschickt. Damit gibt es erstmalig eine konkrete Resonanzüberprüfung zu den Anzeigen. Für die neuen Bundesländer wurde 1992 – wohl letztmalig – ein variiertes Anzeigenkonzept gestaltet: Hier geht es – anders als in der Stamm-Kampagne – um die Vorbereitung von Stellenanzeigen. Die Anzeigeninhalte sind entsprechend näher an konkreten Angeboten als in der parallel laufenden West-Kampagne.

Abgestimmt auf den Bank-Auftritt in Tageszeitungen sind seit 1992 nicht nur Personalimage-, sondern auch Stellenanzeigen. Synergien aus Aufmerksamkeits- und Wiedererkennungseffekten werden daraus erwartet. Das Personalanzeigenkonzept wird zudem als „Baukasten" gestaltet, um den einheitlichen Auftritt in der gesamten Bundesrepublik zu sichern: Der Bereich Personalmarketing als organisatorische Einheit entwickelt dazu den Leitfaden und die Mustertexte; zudem stehen die Mitarbeiter des Bereichs den für die einzelnen Anzeigen Verantwortlichen als Berater zur Verfügung.

Öffentlichkeitsarbeit. Ziel dieses Aufgabenfeldes ist es, qualifizierte Nachwuchskräfte für die Aufgaben in der Commerzbank zu interessieren. Zielgruppen sind dabei Schüler und Hochschulabsolventen als potentielle Mitarbeiter im Nachwuchskräftebereich. Über die Öffentlichkeitsarbeit soll vor allem die Aussage „wir fördern gezielt Talente" kommuniziert und Nachwuchsprogramme vorgestellt werden. Seit 1991 folgt auch dies dem Prinzip der Dezentralisierung von Aufgaben, um so stabile Ansprechpartner zu schaffen. Zentral werden dabei nur noch wenige Großveranstaltungen betreut.

Presse/redaktionelle Arbeiten. Angestrebt wird eine aktuelle Berichterstattung über Trends in der Personalarbeit bei der Commerzbank, um so die Kompetenz in diesem Bereich intern sowie extern zu belegen. Dies betrifft vor allem Aspekte des strategischen Personalmanagements sowie diverse aktuelle Themen aus dem Personalressort. Aus diesem Grund beteiligt sich das Personalmarketing auch an der Firmenzeitschrift (Commerzielles) und wird in Hochschulmedien sowie Printmedien und Rundfunk/TV auf Anfrage tätig. Im übrigen werden aber die von der Commerzbank initiierten Presseaktivitäten primär über das zentrale Dezernat Presse abgewickelt.

Personalmarketing ist somit ein zentraler Aspekt der Unternehmenskommunikation der Commerzbank. Zielsetzung ist die zielgruppenorientierte Akquisition nach außen und die mitarbeitergruppenspezifische Motivation nach innen. Dies bedeutet auch, den Brückenschlag zum Führungskonzept der Commerzbank nach dem Grundprinzip „Führen heißt anderen helfen, erfolgreich zu sein" zu vollziehen.

6.7.3 Nokia

Das ursprünglich 1865 von dem Ingenieur *Frederik Idestam* gegründete holzverarbeitende Unternehmen entwickelte sich durch verschiedene Unternehmenszusammenschlüsse zur Nokia Gruppe, die bereits Ende der 60er Jahre stark in den Elektronikbereich investierte. Heute ist Nokia eines der erfolgreichsten internationalen Unternehmen der Telekommunikation mit Hauptsitz in Finnland und beschäftigt derzeit weltweit mehr als 44 000 Mitarbeiter. Seit 1992 konzentriert sich das Hauptgeschäft in den beiden Bereichen Telekommunikation (Nokia Telecommunications) und Mobiltelefone (Nokia Mobile Phones) sowie in zwei separaten Divisionen, Nokia Multimedia Network Terminals und Nokia Industrial Electronics. Die einzelnen Einheiten werden dabei vom Nokia Research Center, dem Forschungs- und Entwicklungszentrum, unterstützt.

In einem Unternehmen der Telekommunikationsbranche spielt die Personalentwicklung zwangsläufig eine wichtige Rolle. Sie ist einerseits das Ergebnis unternehmensbedingter Anpassungserfordernisse, kann andererseits aber auch aufgrund individueller Entwicklungswünsche von Mitarbeitern ausgelöst werden. Um Mitarbeitern die Möglichkeit zu geben, ihren Entwicklungspfad selbst gestalten und gezielt planen zu können, stellt Nokia den Mitarbeitern eine sogenannte Career Map zur Verfügung. Diese ist allen Mitarbeitern via Intranet jederzeit zugänglich.

Die Career Map läßt sich im Rahmen der Personalauswahl, der Personaleinsatzplanung, der lang- und kurzfristigen Personalentwicklung, sowie als Grundlage für Job Rotation einsetzen.

Auf der obersten Ebene der Career Map befinden sich die unterschiedlichen Funktionsbereiche mit den einzelnen Teilfunktionen, die für Karrierewege offenstehen. Entwicklungsmöglichkeiten zwischen den Funktionen werden durch Pfeile markiert (Abbildung 6.35).

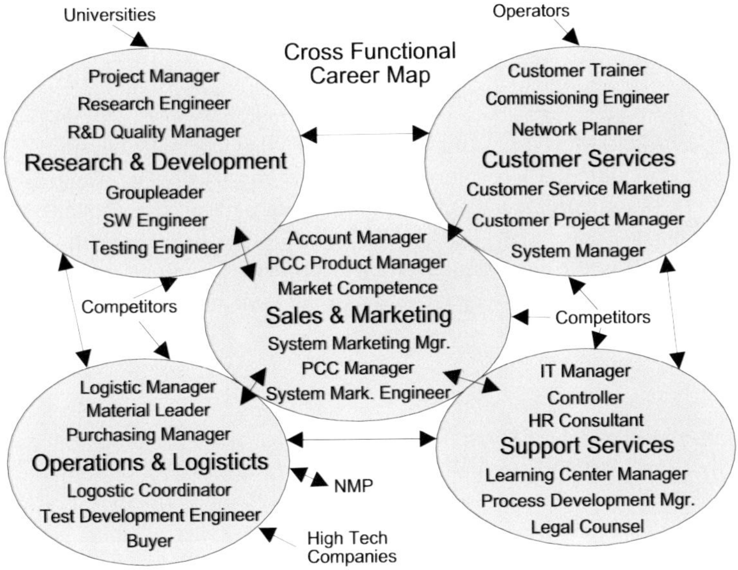

Abbildung 6.35: Cross-functional Career Map (Quelle: Nokia)

Per Mausklick können detaillierte Beschreibungen der Funktionsbereiche bei Nokia aufgerufen werden. Auf dieser Funktionskarte stellen einzelne Kästchen jeweils unterschiedliche Arbeitsplätze dar (Abbildung 6.36). Die Pfeile zwischen den Arbeitsplätzen zeigen die Entwicklungsmöglichkeiten auf. Eine solche Entwicklung bezieht sich auf die Verbesserung vorhandener Fähigkeiten, deren Erweiterung um bestimmte Spezialgebiete (horizontal) oder auf die Übernahme zusätzlicher Führungsaufgaben (vertikal). Um den Karrierepfad von und zu einem ganz bestimmten Arbeitsplatz zu visualisieren, kann dieser wiederum per Mausklick in den Vordergrund gerückt werden.

Von dieser **Arbeitsplatzkarte** können für jede spezifische Position die Stellenbeschreibung, die notwendigen Fähigkeiten und Kenntnisse sowie Entwicklungsmöglichkeiten aufgerufen werden. Die Stellenbeschreibung enthält zunächst einige Angaben dazu, welche Bedeutung

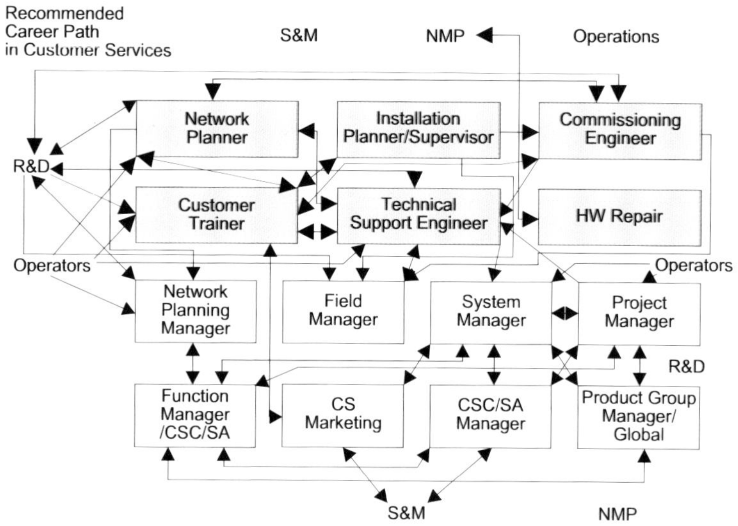

Abbildung 6.36: Recommended Career Paths in Customer Services (Quelle: Nokia)

der Stelle innerhalb des Gesamtunternehmens und den damit verbundenen Aufgaben zukommt. Außerdem erscheinen vier Kategorien A, B, C und D mit weiteren Links zu einzelnen Dokumenten, die zusätzlich Beschreibungen von

- unterschiedlichen Entwicklungsstufen,
- notwendigen prozeß- und berufsbezogenen sowie kommunikativen Fähigkeiten,
- Aufgabenschwerpunkten und schließlich
- möglichen Entwicklungsmaßnahmen, um die Stellenanforderungen erfüllen zu können,

enthalten.

Diese Informationen können sowohl für einen Wechsel aus einer anderen Funktion zum betreffenden Arbeitsplatz nützlich sein als auch für Mitarbeiter, die sich innerhalb der betreffenden Funktion oder des konkreten Arbeitsplatzes weiterentwickeln möchten.

Die **Vorteile** des Career Pathing kommen sowohl den Mitarbeitern als auch dem Unternehmen zugute: Aufgrund der Offenlegung aller mit einer bestimmten Stelle verbundenen Anforderungen bietet sich Mitarbeitern die Möglichkeit eines eigenständigen Karrieremanagements. Denn durch die Transparenz der konkreten Entwicklungspfade werden vielseitige und unterschiedliche Perspektiven eröffnet, anhand derer jeder Mitarbeiter erkennen kann, welche Entwicklungsmaßnahmen er durchlaufen muß, um den mit der Wunschposition verbundenen Anforderungen zu entsprechen. Damit ist der Karrierepfad gemäß den eigenen Interessen und Fähigkeiten gestaltbar und langfristig planbar. Durch die unternehmensweit einheitlichen Vorgaben zu horizontalen und vertikalen Positionsverbindungen wird außerdem die Vergleichbarkeit von Karrierepfaden gewährleistet.

Nachteile liegen in möglicherweise unrealistischen Vorstellungen der Mitarbeiter. Vertikal verlaufenden Änderungen innerhalb des Career Paths hängen sicherlich nicht nur von den dargestellten fachlichen Qualifikationen, sondern darüber hinaus von fachübergreifenden und Führungsqualitäten ab. Zudem werden zwar der Karriereverlauf, nicht jedoch die konkreten Karrierekriterien offengelegt.

7 Personaleinsatz

7.1 Charakterisierung

Das Personaleinsatzmanagement führt Mitarbeiter und Stellen unter Berücksichtigung von Arbeitssituation und Arbeitsablauf zusammen.

Der Objektbereich des Personaleinsatzmanagements ergibt sich aus seinen vier **Teilaufgaben**:

- Auf der *organisatorischen* Dimension interessiert, wie die Zuordnung von Arbeitsplatz und Mitarbeiter erfolgt. Ein Ansatzpunkt dafür ist die Virtualisierung.
- Auf der *zeitlichen* Dimension geht es um die Fragestellung, wann und wie lange der Arbeitseinsatz stattfindet. Dies beantwortet die Diskussion der Arbeitszeitflexibilisierung.
- Auf der *globalen* Dimension sind Voraussetzungen zu schaffen, die sich auf den Einsatzort des Mitarbeiters beziehen.
- Auf der *sozialen* Dimension ist festzulegen, wie der Arbeitseinsatz an die Mitarbeitererfordernisse und -interessen angepaßt wird. Diese Diskussion entstand aus der „Humanisierung der Arbeit".

Im Gegensatz beispielsweise zu der Personalbedarfsbestimmung sind beim Personaleinsatzmanagement alle drei Ebenen auch mit originären Planungsinhalten befaßt:

- **Strategische** Überlegungen betreffen die Entscheidung, welches Gewicht der Virtualisierung, der Internationalisierung, der Arbeitszeitflexibilisierung und der Humanisierung bei nachgelagerten Personaleinsatzentscheidungen zukommt (Abschnitt 7.2). Die strategische Ebene dient also der generellen *Leistungsoptimierung*.
- Die **taktischen** Überlegungen befassen sich gruppenbezogen mit Einsatzprinzipien, die vom konkreten Einzelfall abstrahierend Aussagen zur Gestaltung des Arbeitssystems machen. Sie betreffen im Hinblick auf die *Gruppenoptimierung* wiederum die organisatorische, globale, zeitliche und soziale Dimension (Abschnitt 7.3).
- Die *Umgebungsoptimierung* der **operativen** Ebene berücksichtigt Belastungs-Beanspruchungs-Strukturen einzelner Arbeitsplätze beziehungsweise einzelner Mitarbeiter (Abschnitt 7.4). Ergonomie ist daher ebenso Inhalt dieser Ebene wie die Spezifizierung von Arbeitszeitmodellen und die Konkretisierung des internationalen Personaleinsatzes. Unmittelbar wirksam werden auch die Marktdynamik

und die Technologiedynamik, die laufend die Gestaltung der Mitarbeiter-Arbeitsaufgabe-Zuordnung beeinflussen.

Damit greifen beim Personaleinsatz, angestoßen durch die Umweltherausforderungen, die Aktionskomponenten und Betrachtungsfelder simultan ineinander: Dies ist in Abbildung 7.1 durch die Anordnung der organisatorischen, globalen, zeitlichen und sozialen Dimension in der Nähe ihrer entsprechenden Herausforderungen symbolisiert.

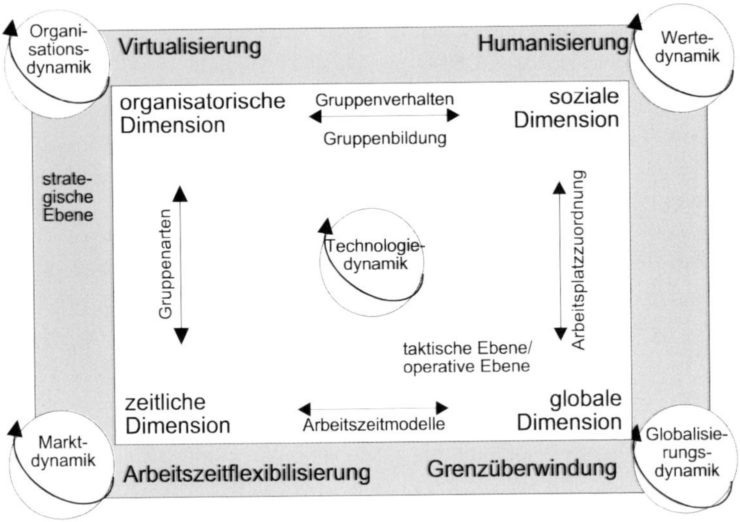

Abbildung 7.1: Ebenensystematik des Personaleinsatzes

Arbeitssystem. Die Arbeitsaufgabe ist in ein soziotechnisches Input-Output-System eingeordnet (Abbildung 7.2): Faktoren wie Arbeitsgegenstände, Material, Energie und Information werden in einen Output transformiert. Der Transformationsmechanismus ergibt sich als Kombination von einem Mitarbeiter mit seinen arbeitsplatzbezogenen Arbeitsmitteln. Dieses System unterliegt Umwelteinflüssen physikalischer, chemischer, biologischer, sozialer und organisatorischer Natur.

Den gemeinsamen Rahmen für die Ausgestaltung des Arbeitssystems liefert die **Arbeitswissenschaft** (vgl. z.B. *Kaminsky* 1980): Ihre Aufgabe besteht aus der Analyse und Gestaltung von Arbeitssystemen unter Berücksichtigung der menschlichen Komponente. Die *Analysefunktion* der Arbeitswissenschaft umfaßt dabei

– die Analyse der Voraussetzungen und Bedingungen der Arbeit,
– die Analyse der Wirkungen und Folgen der Arbeit auf den Menschen, sein Verhalten und seine Leistungsfähigkeit sowie

– die Analyse der menschlichen Arbeit hinsichtlich des Zusammenwirkens von Mensch, Arbeitsmittel und Arbeitsablauf.

Die *Gestaltungsfunktion* impliziert im Anschluß an die Analyse den unternehmensstrategiegerechten Aufbau des Arbeitssystems mit dem Ziel, die Optimierung des Abgleichs zwischen Mitarbeitern und Stellen in eine Gesamtleistung des Unternehmens, in Gruppenleistungen sowie in individuelle Leistungen im jeweiligen Umfeld umzusetzen.

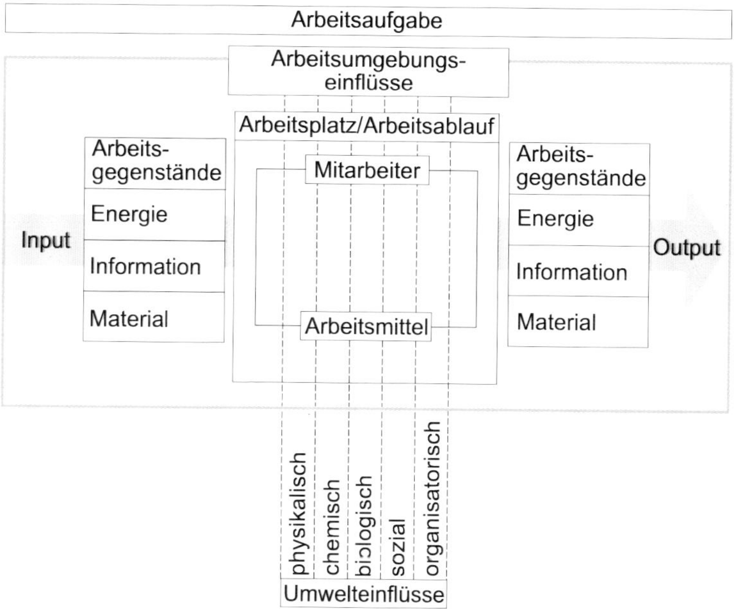

Abbildung 7.2: Das Arbeitssystem

In den §§ 90-91 BetrVG wird dem Betriebsrat bei der Ausgestaltung dieser Arbeitssysteme ein Mitbestimmungsrecht zugesprochen (Abschnitt 3.2.3): Er hat auf die Einhaltung von „gesicherten arbeitswissenschaftlichen Erkenntnissen über die menschengerechte Gestaltung der Arbeit" zu achten. Die praktische Auslegung dieser Gesetzesnorm ist jedoch schwierig. Als gesichert gelten nicht nur wissenschaftlich fundierte Zusammenhänge, sondern auch die Tatsachen, die in Rechtsnormen verankert sind, sich praktisch bewährt haben oder durch die Mehrheit der Fachleute bestätigt wurden. Dies führt zu

– *Erkenntnissen*, die durch naturwissenschaftliche Meßmethoden abgesichert sind
– *Meinungen*, die innerhalb der Fachwelt eindeutig überwiegen

- *Aussagen*, die kollektiv vereinbart und arbeitswissenschaftlich begründbar sind
- *(DIN-)Normen* sowie
- *Gesetzen, Verordnungen und Tarifverträgen.*

Die Anerkennung innerhalb der Fachwelt ist notwendige Bedingung, hinreichend ist aber erst wissenschaftlich abgesichertes Wissen.

Die Arbeitswissenschaft ist eine interdisziplinäre Wissenschaft (vgl. *Luczak/Rohmert* 1985): Sie erfaßt (Teil-)Erkenntnisse aus sozialen, rechtlichen, wirtschaftlichen, technischen sowie medizinischen Disziplinen und versucht, diese in widerspruchsfreien Gestaltungslösungen zusammenzusetzen (Übersicht 7.1).

Schicht	Inhalt	Wissenschaftsdisziplinen
1 Zufriedenheit	Realisierung eines psychischen und physischen Wohlbefindens unter Abwägung von Wirtschaftlichkeitskriterien	Wirtschaftswissenschaften Sozial- und Individualpsychologie
2 Zumutbarkeit	Zumutbarkeit der Arbeit hinsichtlich des Standes von Wissenschaft und Technik sowie soziale Angemessenheit unter effizienten Arbeitsbedingungen	Gesellschaftswissenschaften Rechtswissenschaften Rationalisierungsforschung
3 Erträglichkeit	Ausführbarkeit der Arbeit für ein ganzes Arbeitsleben (Dauerleistungsgrenze)	Arbeitsphysiologie Arbeitspsychologie Arbeitssoziologie Arbeitsmedizin Arbeitstechnik
4 Ausführbarkeit	Ausführbarkeit der Arbeit hinsichtlich kurzfristiger Spitzenbelastungen (Höchstleistungsgrenze)	Sportwissenschaften Sportmedizin

Übersicht 7.1: Bewertungsebenen und Inhalte der Arbeitswissenschaft (modifiziert nach *Rohmert* 1983)

Das Unternehmen versucht, eine Situation zu schaffen, in der die Leistungserstellung möglichst friktionslos abgewickelt werden kann. Je weniger kollektive und individuelle Störfaktoren wirken, desto produktiver wird ein System. Für das Unternehmen ist das betriebsinterne Umfeld von entscheidender Bedeutung, das sich aus Gruppennormen, Rollenerwartungen und dem Betriebsklima ergibt.

Voraussetzung für ergonomisch vertretbaren Personaleinsatz ist die möglichst objektive Erfassung der auf Mitarbeiter einwirkenden Faktoren. Diesen Beurteilungsmaßstab für die Ausführbarkeit und Erträglichkeit der Arbeit will das **Belastungs-Beanspruchungskonzept** (Abbildung 7.3) liefern (vgl. *Rohmert* 1973; *Schönpflug* 1987). Es ergibt sich integrativ aus verschiedenen Ansätzen, die in ihrer Erklärung zumeist psychologisch-individuell, aber auch soziologisch-gesellschaftlich orientiert sind. Ansatzpunkt ist aber immer das Individuum.

Die Arbeitsbelastung ergibt sich aus der Gesamtheit der aufgaben- und situationsspezifischen Teilbelastungen. Diese Teilbelastungen können auf eine Kombination von Belastungsgrößen und Belastungsfaktoren zurückgeführt werden: Belastungsgrößen sind mittels naturwissenschaftlich-technischer Methoden quantifizierbar; hierunter fallen Strahlungsenergien, mechanische Energien, Schwingungen sowie chemische Stoffe. Im Gegensatz dazu sind Belastungsfaktoren wie Zeitdruck und Gruppendruck nicht eindeutig quantifizierbare Größen (vgl. *Schmidke/ Bubb* 1981). Jede Teilbelastung läßt sich ferner charakterisieren durch die Belastungsintensität und die Belastungsdauer.

Belastung = f (Dauer und Intensität der Belastungsgrößen und Belastungsfaktoren einer Arbeitsaufgabe)

Mit Beanspruchung bezeichnet man die individuelle Wirkung der Belastung auf den Menschen. Während die Belastung sachbezogen ermittelt wird, hängt die Beanspruchung darüber hinaus von individuellen Faktoren (Eigenschaften, Fähigkeiten, Fertigkeiten sowie Bedürfnissen) ab.

Beanspruchung = f (Belastung, Leistungsvoraussetzungen, Bewältigung)

Daraus ergeben sich interpersonelle Beanspruchungsunterschiede bei gleichen Belastungen. Analog dazu führt eine Veränderung individueller Faktoren zu intrapersonellen Beanspruchungsveränderungen.

Wichtig ist bei der **Beanspruchungsevaluation** der Unterschied in der Herangehensweise einer Bewertung (vgl. *Kuhmann* 1994, 19): In den meisten Belastungs-Beanspruchungskonzepten wird die Inputvariable Arbeitsanforderung als unabhängige Variable konstant gehalten und in der Folge die Beanspruchung anhand von *Indikatorvariablen* wie physiologische und subjektive Variablen, Kennwerte des Arbeitsergebnisses und -verhaltens bewertet. Damit sind diese Outputvariablen aber neben Indikatoren der Beanspruchung gleichzeitig auch Indikatoren der Prozesse zur Modulation der Beanspruchung, etwa des Copings (Bewältigung) durch veränderte Arbeitsweisen und Anforderungsumdefinitionen. Die Alternative besteht darin, eine *Outputvariable* wie die Leistungsgüte konstant zu halten und zu evaluieren, wie sich die individu-

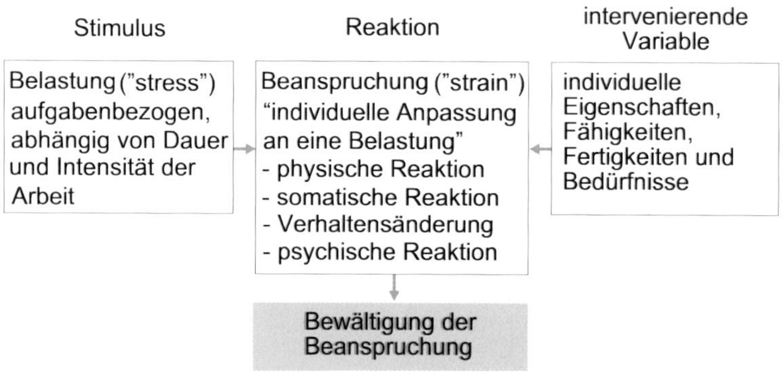

Abbildung 7.3: Belastungs-Beanspruchungskonzept

elle Auseinandersetzung mit den Arbeitsanforderungen gestaltet, um dadurch differenzierte Informationen über Wirkungsrichtungen und Wirkungsausmaße zu erschließen.

Nach der **Aktivierungstheorie** (vgl. *Haider* 1969) führt jede Arbeit zu einer verhaltensbezogenen Äußerung und damit zu einer Gesamtregung des Organismus in Form einer psychischen Beanspruchung. Bei der Entstehung einer psychischen Ermüdung, die sich als Monotoniezustand, herabgesetzte Wachheit oder psychische Sättigung manifestiert, spielt das Zentralnervensystem die entscheidende Rolle. An diesen Regelkreissystemen setzen streßauslösende Faktoren (Stressoren) an: mentale Faktoren (Großhirnrinde), psychische Faktoren (limbisches System), vegetative Faktoren (Hypothalamus), physische Faktoren (Retikularformation) sowie Umweltfaktoren.

Stressoren bewirken im Organismus eine **Streßreaktion** (Beanspruchung), indem sie das Hormonsystem und das vegetative Nervensystem aktivieren; dies führt zu vielfältigen Folgereaktionen im Organismus wie eine Erhöhung der Glucose- und Fettkonzentration im Blut oder Steigung der Herzfrequenz. Die physiologischen Körperreaktionen sind zum einen die Voraussetzung für die Arbeit, da sie das nötige Aktivierungsniveau des Organismus bewirken, zum anderen liefern sie Grundlagen für die Messung der Beanspruchung.

Wie sich Mitarbeiter mit psychischen Beanspruchungen auseinandersetzen, zeigt das **handlungstheoretische** Modell (vgl. *Richter/Hacker* 1998): Hier spielen neben dem Grad der Selbstbeanspruchung, also wie man sich für eine übernommene Aufgabe einsetzt, auch das Profil der beanspruchten psychischen Vorgänge, die Beanspruchungsintensität beim Ausführen einer Tätigkeit sowie die subjektiv erlebte Schwierigkeit der Tätigkeitsausführung eine Rolle. Muskuläre und psychische Tä-

	Energetische Arbeit		Informatorische Arbeit		
Formen	muskulär	senso-motorisch	reaktiv	kombinato-risch	kreativ
Teilbe-lastungen	statische Muskelbelastung allseitig dynamische Muskelbelastung einseitig dynamische Belastung	einseitige dynamische Muskelbelastung Aufmerksamkeits- und Konzentrationsbelastung	Aufmerksamkeits- und Konzentrationsbelastung		
	Umgebungsbelastung				
Überwiegend beanspruchte Fähigkeiten	Ausdauer, Kraft	Kraft, Beweglichkeit, Wahrnehmung, Geschicklichkeit	Wahrnehmung, Reaktion	Sensibilität, Engagement	Kreativität, Ratio, Engagement
Teilbe-anspruchung	Herz, Kreislauf, Muskeln, Lunge	Sinnesorgane, Nerven, Sehnen, Bänder, Skelett	Sinnesorgane, Nerven, Muskeln	emotional	mental, emotional
	physische Beanspruchung ⟷ psychische Beanspruchung				

Übersicht 7.2: Zusammenhänge zwischen Arbeitsbelastung, Teilbelastungen und Teilbeanspruchungen (nach *Laurig* 1982, 25)

tigkeiten werden hier in einem unmittelbaren und untrennbaren Zusammenhang gesehen, wobei die Hauptbeanspruchungen aus über- und unterfordernden Tätigkeiten resultieren. Die psychische Ermüdung wird in diesem Ansatz allerdings nicht nur als Reaktion auf eine Beanspruchung im Sinne einer Outputvariablen angesehen, sondern beeinträchtigt zudem direkt die jeweils in Anspruch genommenen psychischen tätigkeitssteuernden Funktionen. Daher kommt der Analyse der psychischen Regulationsvorgänge und ihrer Rückkopplungen zu Anforderungsbedingungen, Tätigkeitsabsichten und Selbstveränderungen der handelnden Person hier eine besondere Bedeutung zu.

Generell ist zwischen überwiegend physischer Beanspruchung durch energetische Arbeit und überwiegend psychischer Beanspruchung durch informatorische Arbeit zu unterscheiden (Übersicht 7.2):

- **Energetische Arbeit** hat zwei Formen:
  - *Muskuläre* Arbeit dient der Krafterzeugung. Sie führt als mögliche Teilbelastung zur statischen (isometrischen) Muskelkontraktion bei der Haltearbeit oder zur dynamischen (isotonischen) Muskelkontraktion bei Anspannung/Entspannung. Diese Belastungen bedingen aufgrund ihrer spezifisch beanspruchten Fähigkeit der Kraft und Ausdauer entsprechende Teilbeanspruchungen von Herz, Kreislauf, Atemsystem und Muskulatur.
  - *Sensomotorische* Arbeit verlangt exakte Koordination von Hand und/oder Armbewegungen. Als Teilbelastungen leiten sich daher

eine einseitig dynamische Muskelbelastung, aber auch Aufmerksamkeits- und Konzentrationsbelastung ab: Verlangt werden Beweglichkeit, Kraft, Geschicklichkeit und Wahrnehmung.

Energetische Arbeit führt zu Teilbeanspruchungen der Muskeln, Sehnen, Bänder, Sinnesorgane und Nerven, also zur überwiegend physischen Beanspruchung.

- **Informatorische Arbeit** erfolgt in drei Formen:
  - *Reaktive* Arbeit basiert auf Informationsaufnahme und -verarbeitung; sie verlangt entsprechendes Wahrnehmungs- und Reaktionsvermögen.
  - *Kombinatorische* Arbeit beinhaltet Aufnahme, Verarbeitung (speziell Zusammenführung) und Abgabe von Informationen. Als Folge ergeben sich Aufmerksamkeits- und Konzentrationsbelastungen.
  - *Kreative* Arbeit ist primär charakterisiert durch Erzeugung von Information; dies führt zu mental-emotionalen Teilbeanspruchungen.

  Informatorische Arbeit bewirkt somit im Organismus überwiegend eine psychische Beanspruchung.

Beanspruchung durch energetische Arbeit. Die Messung der Beanspruchung bei überwiegend energetischer Arbeit setzt bei der muskulären Belastung an. Diese kann mit Hilfe von zwei Verfahren bestimmt werden, nämlich Energieumsatzmessung und Analyse der Herzschlagfrequenz (vgl. *Hettinger/Kaminsky/Schmale* 1980, 44-89).

Bei dem **Energieumsatz**, der Umwandlung der in Form von Nahrung aufgenommenen chemischen Energie (Eiweiß, Fett, Kohlehydrate) in

		Richtwerte KJ	
		Männer	**Frauen**
	Energieumsatz durch die Nahrungsaufnahme		
–	Energieverlust bei der Umwandlung von chemischer in mechanische Energie		
=	**Netto-Energieumsatz**	**18 000**	**13 500**
–	zur Aufrechterhaltung der normalen Körperfunktionen notwendige Energie	7 000	6 000
=	**Grundumsatz** (abhängig von den individuellen Merkmalen Alter, Größe, Gewicht, Geschlecht)	**11 000**	**7 500**
–	Freizeit-Energieumsatz	2 500	2 500
=	**maximaler Arbeits-Energieumsatz**	**8 500**	**5 000**

Übersicht 7.3: Berechnungsschema für den Arbeits-Energieumsatz

Wärme und mechanische Energie, besteht eine relativ konstante Beziehung zum Sauerstoffverbrauch: Ein Liter Sauerstoff entspricht dem Energieverbrauch von 20,4 Kilo Joule (KJ). Durch Messung des Sauerstoffverbrauchs läßt sich somit der Energieverbrauch einer Tätigkeit ermitteln (Übersicht 7.3).

Entscheidend für die Beanspruchungsbestimmung bei energetischer Arbeit ist der Arbeits-Energieumsatz als die während der Arbeitszeit verbrauchte Energie (Abbildung 7.4): Sie ergibt sich aus dem Grundumsatz, reduziert um einen beschäftigungsinvarianten Umsatzanteil („durchschnittlicher Freizeit-Energieumsatz"). Eine tägliche Arbeitsbelastung von 8 500 KJ für Männer und 5 000 KJ für Frauen an einem 8-Stunden-Arbeitstag gilt nach REFA bei einem Leistungspensum von 100% als das auf Dauer zumutbare Maximum; dieser aus der Dauerleistungsgrenze abgeleitete Wert ist aufgrund individueller Unterschiede mit einer Schwankungsbreite von ± 10% anzusetzen und bei Männern um eine kurzfristige Energiereserve von 2 500 KJ zu vergrößern (vgl. *Kaminsky* 1980, 342).

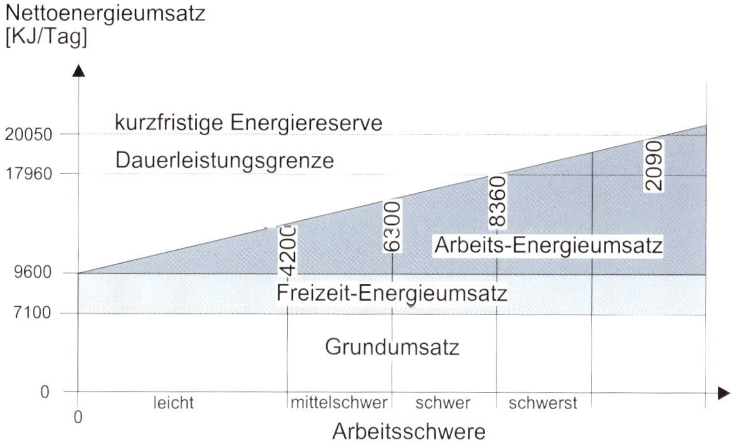

Abbildung 7.4: Täglicher Energieverbrauch in Abhängigkeit von der Arbeitsschwere (nach *Hettinger/Kaminsky/Schmale* 1980, 77)

Zur Bestimmung des Energieumsatzes bieten sich zwei **Methoden** an, die beide auf der Atemluftmenge basieren (vgl. *Hettinger/Kaminsky/Schmale* 1980, 44-77; *Kaminsky* 1980, 346-365):

- Zu Arbeitsbeginn kann der Organismus nicht unmittelbar den nötigen Initial-Energiemehrbedarf decken (Sauerstoffdefizit). Nach drei bis fünf Minuten kommt es dann zu einem Gleichgewicht zwischen Sauerstoffaufnahme und -verbrauch. Während diesem „steady-state"

(Abbildung 7.5 oben) erfolgt bei der *Partialmethode* die Messung des Sauerstoffverbrauchs und damit des Energiebedarfs. Das bis zur Erreichung des steady-state-Bereiches bereits eingetretene Sauerstoffdefizit wird nach der Arbeit ausgeglichen.

- Bei schwerer energetischer Arbeit (Abbildung 7.5 unten) steigt der Sauerstoffbedarf exponentiell bis zur Erschöpfung an, da der Sauerstoffbedarf das physiologisch bedingte maximale Sauerstoffaufnahmevermögen übersteigt. Nach Arbeitsende müssen das Sauerstoffdefizit (des Initial-Energiebedarfs) sowie die Sauerstoffschuld (während der Arbeit) ausgeglichen werden. Wegen des Fehlens eines Gleichgewichtsbereiches werden bei dieser sogenannten *Integralmethode* Arbeitsdauer und Erholungszeit zur Grundlage der Energieumsatzbestimmung gemacht.

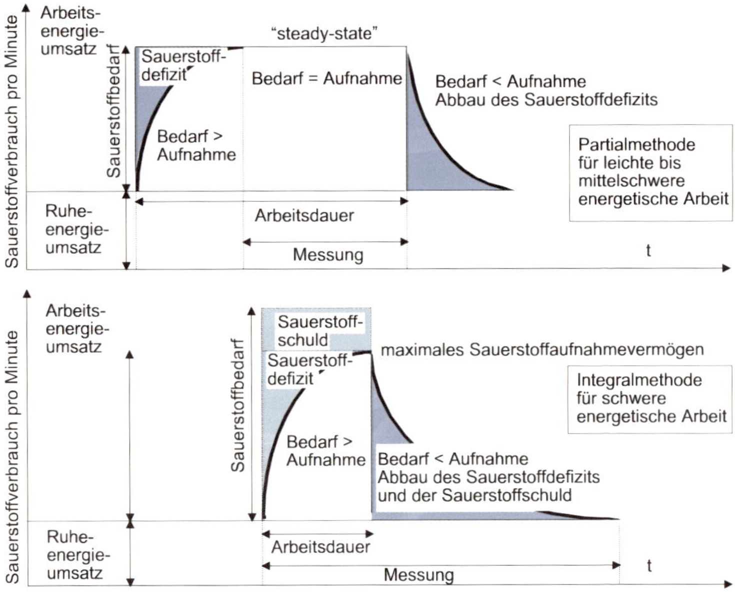

Abbildung 7.5: Bestimmung des Energieverbrauchs
(nach *Hettinger/Kaminsky/Schmale* 1980, 44-46; *Kaminsky* 1980, 346-347)

Die Durchführung einzelfallspezifischer Energieverbrauchsmessungen ist allerdings nicht immer erforderlich, da für viele Grundtätigkeiten in Verbindung mit „normalen" Arbeitsbedingungen und „normalem" Arbeitstempo die Energiewerte in standardisierter Form tabellarisch (ähnlich wie bei SvZ und MTM) vorliegen. Auf interpersonelle Beanspruchungsunterschiede wird dabei nicht eingegangen.

Die Messung der **Herzschlagfrequenz** als Methode zur Beanspruchungsermittlung funktioniert analog zur Energieumsatzbestimmung. Bezugsbasis ist die Arbeitspulsfrequenz als gemessene Ist-Frequenz minus Ruhepulsfrequenz (Abbildung 7.6). Die Dauerleistungsgrenze liegt etwa bei einem Arbeitspuls von 30 pro Minute (im Stehen gemessen). Nach etwa drei bis fünf Minuten kommt es zu einer konstanten Pulsfrequenz. Bei schwersten energetischen Arbeiten steigt die Pulsfrequenz bis zur Ermüdung oder Erschöpfung kontinuierlich an. Die Erholungsdauer nach Arbeitsende hängt von der Belastungsintensität und der körperlichen Konstitution der betroffenen Person ab.

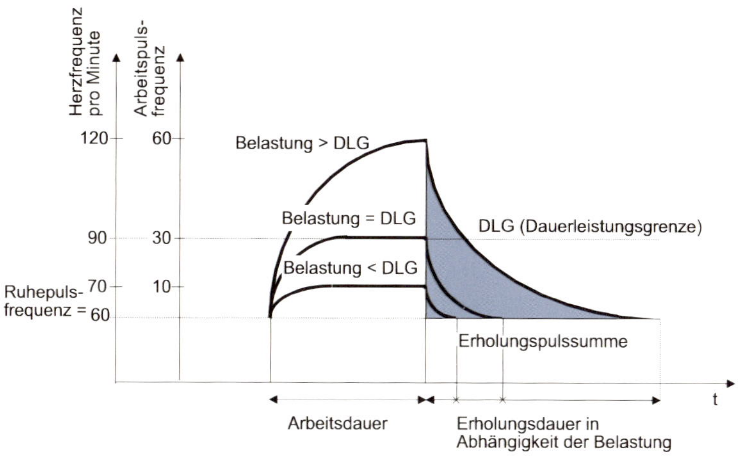

Abbildung 7.6: Herzschlagfrequenz und Erholungsdauer in Abhängigkeit der Belastung (nach *Rohmert* 1981, 124)

Beanspruchung durch informatorische Arbeit. Informatorische Arbeitsaufgaben führen primär zu psychischer, aber auch physischer Beanspruchung. Die psychophysische Beanspruchungsbestimmung erfordert andere Bestimmungsmethoden als bei überwiegend energetischem Arbeitsvollzug. Neben der Beobachtung und Befragung subjektiv empfundener Beanspruchungen lassen sich auch **Meßmethoden** der Leistungsphysiologie einsetzen (vgl. *Fahrenberg* 1983; *Luczak* 1987):

- Ein Ansatzpunkt für die Bestimmung der psychophysischen Beanspruchung ist die *neuronale Aktivität*. Hier ermöglichen die mit Hilfe der Elektroenzephalographie aufgezeichneten Alpha-, Beta-, Delta- und Theta-Wellen Aussagen über den psychischen Zustand des Menschen. Hinzu kommt die Möglichkeit, „die Antwort" des Gehirns auf sensorische Reize zu analysieren (evozierte Potentiale).
- Die *Flimmerverschmelzungsfrequenz* ist als diejenige Frequenz definiert, ab der man nicht mehr angeben kann, ob eine Lichtquelle kon-

tinuierlich leuchtet oder abwechselnd ein- und ausgeschaltet wird. Dabei ist eine Abnahme der Flimmerverschmelzungsfrequenz bei pausenloser, hoher mentaler Beanspruchung, bei Augenarbeiten mit hohen Anforderungen und reizarmer, monotoner Arbeitssituation festzustellen. In ähnlicher Weise signalisiert auch die Erhöhung der *Lidschlußfrequenz* zunehmende Beanspruchung und Ermüdung.

- Messungen der *elektrodermalen Reaktion der Hautoberfläche* (Hautleitfähigkeit) dienen dazu, durch Analyse ihrer Veränderungen emotionale und mentale Beanspruchungssituationen zu beschreiben. Dabei steigt der Hautwiderstand mit zunehmender Emotionalität.
- Die Herzschlagfrequenz ist nicht nur – wie oben skizziert – eine Determinante der körperlichen Beanspruchung. Insbesondere bei mentaler oder emotionaler Beanspruchung werden über das vegetative Nervensystem Herz-Kreislauf-Reaktionen ausgelöst. Hierzu zählen als *kardiovaskuläre Parameter* die Erhöhung der Herzschlagfrequenz, Variabilität der Herzschlagfrequenz (Arrhythmie) und Blutdruckerhöhung.
- Die unwillkürliche Bewegung von Körperteilen („Tremoraktivitäten") nimmt bei starker psychophysischer Beanspruchung zu. *Tremormessungen* lassen daher auf die psychophysische Beanspruchung schließen.
- Beim Vorliegen von Streß oder angstauslösenden Situationen sind durch *Elektro-Myogramme* elektrische Spannungszustände von Muskelgruppen feststellbar.
- Ferner läßt sich die psychophysische Beanspruchung mit Hilfe einer *Katecholamin-Clearance* nachweisen. Die Konzentration der Streß-

Untersuchungsmethode	**Zielgrößen**	**Meßobjekte**
physiologisch/ elektrophysiologisch	Energieumsatz, Gehirnstromkurven, Muskelfunktionen, Hautwiderstand, Augenaktivität, Körpertemperatur, Atmung, Tremor	Sauerstoffverbrauch, Pulsfrequenzmessungen, Elektro-Enzephalogramm (EEG), Elektro-Myogramm (EMG), Elektromoderale Aktivität (EDA), Elektro-Okulographie (EOG)
biochemisch	Körperflüssigkeiten, insbesondere im Hinblick auf den Hormonhaushalt	allgemeine chemische Analysen, insbesondere Katecholamin-Clearance
psychologisch	psychologische Veränderungen oder Problemfelder	Interview, Befragung, Tiefeninterview

Übersicht 7.4: Wichtige Methoden der Beanspruchungsevaluierung

hormone Adrenalin und Noradrenalin (Katecholamine) im Blut ist im Ruhezustand ziemlich gering und steigt mit zunehmender Belastungshöhe und -dauer an. Beanspruchung durch informatorische Arbeit führt primär zur erhöhten Adrenalinproduktion. Bei Tätigkeiten mit energetischer Belastung kommt es dagegen zu einer erhöhten Noradrenalinproduktion.

Die vielfältigen Kopplungen der physiologischen Reaktionen im Organismus verlangen zu einer exakten Bestimmung der psychophysischen Beanspruchung als „polygraphisches Meßkonzept" jeweils mehrere der angebotenen Verfahren (Übersicht 7.4).

Beanspruchung durch Umgebungseinflüsse. Neben den organisatorischen und sozialen Einflüssen zählen Umgebungseinflüsse zu den Umwelteinflüssen, die auf das Arbeitssystem wirken: Es handelt sich dabei um physikalische, chemische sowie biologische Belastungsfaktoren, die zu Beanspruchungen des menschlichen Organismus führen. Als mögliche Einflußfaktoren aus der Arbeitsumgebung lassen sich

- Schall,
- Klima,
- mechanische Schwingungen,
- Beleuchtung,
- Farbe,
- chemische und biologische Stoffe sowie
- ionisierende Strahlung

identifizieren und entsprechend bestimmen (Übersicht 7.5).

Illustration. Der seit den 80er Jahren sprunghaft steigende Einsatz numerisch gesteuerter Werkzeugmaschinen (CNC, Computer Numeric Control) führt zu einer Substitution herkömmlicher Werkzeugmaschinen und damit einhergehend zu einer sich änderndcn Arbeitsorganisation: Weniger manuellen Tätigkeiten stehen ein erhöhter Grad der Arbeitsteilung und stärkere psychische Belastungen entgegen.

Vollmer (1995, 209-218) folgert aufgrund von Fallstudien in drei Produktionsunternehmen mit zwölf untersuchten CNC-Arbeitsplätzen, daß die Mitarbeiter nicht unbedingt vom technischen Fortschritt profitieren: CNC-Maschinen werden weniger zur Verminderung von Beanspruchungen und Belastungen als vielmehr zur betriebswirtschaftlichen Optimierung des Fertigungsprozesses eingesetzt. Neben maschinentypischen Einsatzmängeln fiel auf, daß die Beleuchtungs-, Schall- und Emissionsbedingungen nicht optimal gestaltet waren. Psychische Belastungen treten nach wie vor auf, vor allem in der direkten Umgebung der Maschinen, während gerade bei Arbeitsplätzen mit eingeschränkten Tätigkeitsspektren eine psychische Beanspruchung durch Monotonie und Übermüdung erfolgte.

Umgebungseinfluß	Ursache	Messung	Wirkung
Schall	Belastungshöhe – Schalldruck (N/qm) – Schalldruckpegel (dB) – Frequenz (Hz) Belastungsdauer – zeitlicher Verlauf – Einwirkungsdauer	Schalldruckpegel = f (Schalldruck, Frequenz), gemessen in dB (A) Beurteilungspegel = f (Schalldruck, Frequenz, Dauer), gemessen in dB (A)	vegetative Wirkungen mit – Verengung der Blutgefäße – Pupillenerweiterung – Blutbild- sowie – Blutdruckveränderungen psychische Wirkungen Gehörschäden somatische Wirkungen
Klima	Lufttemperatur (°C) relative Luftfeuchtigkeit (%) Luftgeschwindigkeit (m/s) Strahlungstemperatur der Umgebung (°C)	Normal-Effektiv-Temperatur (NET) = f (Lufttemperatur, relative Luftfeuchtigkeit, Luftgeschwindigkeit) Klimasummenmaße	Veränderung der Körpertemperatur, Schweißabgabe, Veränderung der Herzfrequenz, Veränderung des Blutdruckes
Mechanische Schwingungen	Schwingwegamplitude s (m) Schwinggeschwindigkeit v Schwingbeschleunigung a Schwingrichtung in bezug zum menschlichen Organismus Schwingperiodendauer T (s) Schwingfrequenz 1/T (Hz)	Messung der Schwingparameter an der Einleitungsstelle in den menschlichen Körper	akute Wirkung durch biomechanisches Schwingverhalten, physiologische Reaktionen, vegetative Wirkungen, Störungen des peripheren Nervensystems (Tastempfindung), Leistungsbeeinflussung durch – erschwerte feinmotorische Koordination – verminderte visuelle Wahrnehmung – chronische Wirkungen (Berufskrankheiten)
Beleuchtung	Lichtstrom ϕ (Lumen, Lm) Beleuchtungsstärke E (Lux, Lx) Lichtstärke I (Candela, Cd) Leuchtdichte L (Cd/m^2) Reflexionsgrad p (%) Kontrast (K)	Zusammenspiel der Beleuchtungsparameter	bei schlechten Beleuchtungsvoraussetzungen: – vegetative Wirkungen – Ermüdung – Sehschwäche – psychische Wirkungen
Farbe	Wellenlänge (nm)	Spektrometer	psychische Farbwirkungen
Chemische und biologische Stoffe	Staub, Rauch, Gase, Dämpfe, Aerosole Krankheitserreger, Bakterien, gentechnische Mutanten	maximale Arbeitsplatzkonzentration (MAK) maximale Immissionskonzentration (MIK) maximale Organkonzentration (MOK) technische Richtkonzentration (TRK)	Vergiftung Verätzung Krebs Asbestose und Silikose (Berufskrankheiten)
Ionisierende Strahlung	Energiedosis D (Gray, Gy) Energiedosisleistung (Gy/s) Aktivität (Becquerel, Bq) Äquivalentdosis H	$H = q \times D$ q: Maßstab für biologische Wirksamkeit der Strahlenart bei Alphastrahlen, schnellen Neutronen und Protonen q = 10; bei Beta-, Gamma- und Röntgenstrahlen q = 1; bei Spaltprodukten q = 20	molekulare Veränderung der Zellen (Krebs) biochemische Veränderungen im Körper

Übersicht 7.5: Ursache, Messung und Wirkung von Umgebungseinflüssen

Zusammenfassend lassen sich die Ausführungen in ein erweitertes Belastungs-Beanspruchungskonzept integrieren (Abbildung 7.7): Danach lösen die Teilbelastungen ihre Bestimmungsfaktoren aus. Intervenierende Einflußgrößen des Individuums steuern diese Reaktion. Die Summe der Teilbeanspruchungen führt zur Gesamtbeanspruchung, diese wiederum im Organismus zur Anpassung: als positive Anpassung zur Verbesserung der Leistungsfähigkeit, als negative zur Ermüdung und im Extremfall zur Schädigung des Organismus.

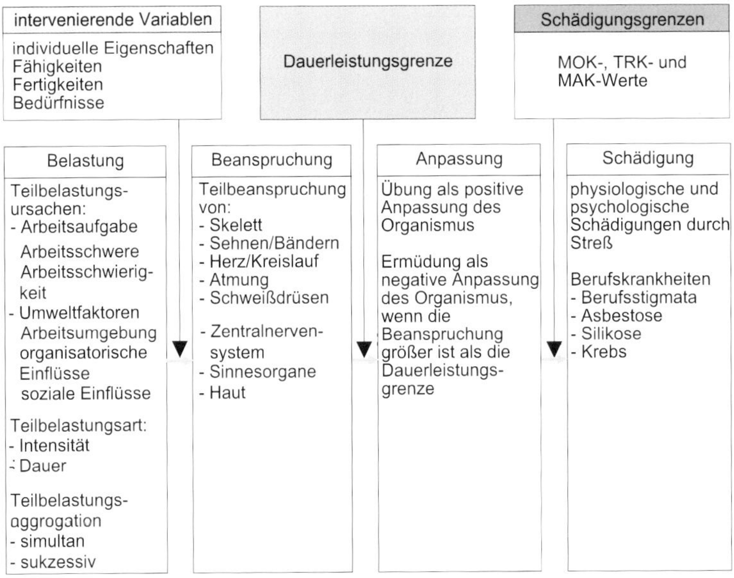

Abbildung 7.7: Erweitertes Belastungs-Beanspruchungskonzept
(modifiziert nach *Rohmert* 1984)

Aus den Ergebnissen der ergonomischen Analysen von Belastungen und Beanspruchungen leiten sich für den Objektbereich des Personaleinsatzmanagements mit der Gestaltung der organisatorischen, globalen, zeitlichen und sozialen Dimension vielfältige Empfehlungen ab.

Dr. h.c. Peter Hartz
Arbeitsdirektor und
Mitglied des Konzernvorstands
bei der Volkswagen AG

In den letzten Jahren hat sich das Umfeld für die Personalarbeit geändert. Was sind die gravierendsten Veränderungen für VW?

Durch den unternehmerischen Erfolg am Markt sind die Betätigungsfelder für unsere Personalarbeit gewachsen. Die Krise beflügelte die Kreativität, die gute Konjunktur birgt wieder Gefahren, sich erneut auszuruhen. Dies wäre verhängnisvoll, denn der Arbeitsmarkt und die Globalisierung verlangen, noch einmal einen Zahn zuzulegen.

Wo sehen Sie in dieser Hinsicht ihre größten persönlichen Erfolge bzw. Enttäuschungen?

Wir konnten weltweit im Konzern das „atmende Unternehmen" als ein neues Personalmanagement einführen. Mit dem Gedanken, daß ein globales Unternehmen sich nicht nur am Shareholder Value orientieren kann, sondern ebenso den Workholder Value, nämlich die Zukunfts-, Problemlöse- und Wertschöpfungskompetenz der Mitarbeiter beachten muß, haben wir Neuland in unserer Personalphilosophie betreten. Eine der größten Beteiligungsoffensiven hat begonnen. Flächendeckende Teamarbeit, Zehntausende von Verbesserungsworkshops und neue Instrumente wie das Zeit-Wertpapier und der Aktienoptionsplan zählen auch dazu. Enttäuschungen auf diesem Weg dauern nie lange. Es sind Anläufe zu neuen Beschäftigungskonzepten, die nicht enden dürfen.

Welche aktuellen Entwicklungen gibt es hinsichtlich des Personaleinsatzmanagements bei VW?

Das Management unserer Personaleinsätze befindet sich im Umbruch. Alle Ausgebildeten und externen Einstellungen kommen über eine Phase des mobilen Personaleinsatzes ins Unternehmen. Dafür haben wir einen Personaleinsatzbetrieb gegründet, der den internen Arbeitsmarkt und die Umsetzung persönlicher Entwicklungspläne organisiert. Außerhalb von Volkswagen sind wir dabei, an den deutschen Standorten Personal-Service-Agenturen einzurichten, die zusammen mit Existenzgründern, Zulieferern, regionalen Arbeitgebern und den Arbeitsämtern neue Beschäftigungsmöglichkeiten generieren und über Zeitarbeit zu ganzen Arbeitsverträgen für Arbeitslose werden sollen. Wenn dies erfolgreich ist, bahnt sich ein vorbildlicher Weg in der regionalen Umsetzung von Bündnissen für Arbeit an.

Sie haben in den letzten Jahren eine interessante Palette von Arbeits(zeit)modellen entwickelt. Was wäre darüber hinausgehend Ihr Wunschmodell?

Wir möchten unser bereits eingeführtes VW-Zeit-Wertpapier noch ausbauen zu einem Instrument mit voller Fungibilität. Morgen sollte es einmal möglich sein, im Huckepack von Arbeitgeber zu Arbeitgeber, von Branche zu Branche und von einer Lebensphase in die nächste ein Kapital zur Beschäftigungssicherung mitzunehmen. Durch Fondsmodelle ließen sich aus einer Stunde heute noch notwendiger Arbeit zwei Stunden morgen garantierter Beschäftigungssicherung gewinnen. Ein solches Steuerungsinstrument könnte bei voller Fungibilität die Arbeitswelt revolutionieren. Dies wäre unsere Antwort auf Rationalisierung, Strukturwandel und Vorruhestand.

Durch die neuen Unternehmensübernahmen mit allen ihren Konsequenzen verändert sich die Struktur des VW-Konzerns. Wie stellen Sie sich in Ihrer Personalstrategie darauf ein?

Wir können heute die Welt nicht länger einteilen – zum Beispiel in die erste und die dritte Welt, in „high tech" und „low tech" oder in Spitzenstandorte und „Rumpelbuden". Deswegen gelten unsere Standards und Lösungen grundsätzlich überall. Wir sichern nicht Arbeitsplätze in Deutschland und entlassen in Übersee. So haben wir die 4-Tage-Woche auch in Brasilien eingeführt.

Was bedeutet dies für die VW-Kultur?

Volkswagen beinhaltet mehr, als nur die besten Autos produzieren zu wollen. Wir fühlen uns auch sozial verantwortlich und engagieren uns über den Werkszaun hinaus. Daran ändert sich durch Fusionen nichts.

Wie sehen Sie die Arbeitssituation in Unternehmen in zehn Jahren? Wie wird ein „typisches" Arbeitsverhältnis aussehen?

Das typische Arbeitsverhältnis wird sich immer mehr einem „Werkauftrag" annähern. Für guten Willen zahlt der Markt bekanntlich nichts. Die abgenommene Leistung zählt, und dafür müssen wir die Kundenorientierung noch mehr an jeden Arbeitsplatz tragen. Mit der Verantwortung für Produkt und Ergebnis muß die Arbeitssouveränität wachsen, die Leistung vor Ort selbständig zu organisieren.

Welche konkreten Herausforderungen und Aktionsprogramme ergeben sich daraus in den nächsten drei Jahren für VW?

Unsere Aktionsprogramme laufen bereits: Ausbau der Zeitsouveränität, Einführung des Ideenmanagements und Umsetzung neuer Beteiligungskonzepte bis hin zu Aktienoptionsplänen für alle Mitarbeiter. Manche Entwicklungen müssen bereits im Kindergarten beginnen, nämlich Teamarbeit zu lernen, die zukünftig im Mittelpunkt neuer Berufsbilder und Mitarbeiterprofile stehen wird.

7.2 Strategische Ebene: Leistungsoptimierung

7.2.1 Überblick

Für das strategische Personaleinsatzmanagement steht die Diskussion der Determinanten des Personaleinsatzes mit dem Ziel der **Leistungsoptimierung** im Vordergrund:

- Aus *struktureller Perspektive* ist die zentrale Zielgröße die Steigerung von Effizienz und Effektivität. Die Mitarbeiter sind aus dieser Sicht nach dem ökonomischen Prinzip so einzusetzen, daß sie unter den gegebenen Arbeitsbedingungen (Strukturen) die bestmögliche Leistung erbringen beziehungsweise einen definierten Output mit möglichst geringem Ressourcenverbrauch erreichen.
- Aus einer *internationalen Perspektive* ergibt sich die Notwendigkeit, mittels Personaleinsatz die Globalisierungsstrategien vor Ort umzusetzen und trotz weiter räumlicher Entfernungen unter identitätssichernden geteilten Visionen zusammenzuarbeiten.
- Aus einer *innovationsorientierten Perspektive* geht es um die Antizipation marktbezogener und organisationaler Entwicklungen. In diesem Zusammenhang werden sich Unternehmen verstärkt mit dem Konzept der virtuellen Organisation sowie den neuen Chancen und Risiken von Medialisierung und Technologisierung und deren Auswirkungen auf den Personaleinsatz beschäftigen müssen.
- Aus *sozialer Perspektive* geben die umfangreichen Personalfreisetzungen der 90er Jahre hinreichend Anlaß, die Verantwortung der Unternehmer für ihre Mitarbeiter kritisch zu hinterfragen. Hier sind „Humanisierung der Arbeit“, „Quality of Working Life“, „Work Democracy“ oder „Arbeitsqualität“ relevante Zielgrößen.

Das strategische Zielsystem des Personaleinsatzmanagements betrifft damit die langfristige Minimierung der Differenz zwischen Anforderungen und Fähigkeiten, um so zur Optimierung des bewerteten Mengenoutputs der eingesetzten Humanressourcen beizutragen. Operationalisierte Postulate in Form genereller Einsatzprinzipien (Übersicht 7.6) verdeutlichen den Beitrag des strategischen Personaleinsatzes für Effektivität und Akzeptanz der Maßnahmen.

Generelles Vorgehen. Zur Leistungsoptimierung durch strategischen Personaleinsatz ist die Vorgehensweise der strategischen Planung auf die spezifische Zielsetzung anzupassen: Auf Basis weitreichender Ana-

Personaleinsatzprinzipien
1. Strategisches Personaleinsatzmanagement folgt dem Prinzip der wirtschaftlichen Rentabilität.
2. Strategisches Personaleinsatzmanagement unterstützt ein über einen längerfristigen Zeitraum stabiles und verläßliches Betriebsergebnis.
3. Strategisches Personaleinsatzmanagement strebt nach einer Erhöhung der Flexibilität.
4. Strategisches Personaleinsatzmanagement muß rechtzeitig mit der Planung beginnen.
5. Strategisches Personaleinsatzmanagement wirkt transparent, akzeptanzschaffend und integrativ.

Übersicht 7.6: Personaleinsatzprinzipien (nach *Bröckermann* 1997, 119)

lyseinformationen über Einsatzerfordernisse, Stärken und Schwächen der Mitarbeiter sowie ihre Einsatzchancen lassen sich die internen (ressourcenorientierten) mit den externen (marktorientierten) Anforderungen verbinden. Beispielhaft illustriert dies das „**Workplace Assessment**" (vgl. *Mossink/de Gier* 1996, 14+32-33): Es handelt sich dabei um eine systematische Betrachtung der Arbeitssituationen und des Mitarbeiterverhaltens, das partizipativ Verbesserungspotentiale im Personaleinsatz aufdecken soll. Ein Workplace Assessment vollzieht sich in drei Schritten (Abbildung 7.8):

- In der Vorbereitungsphase (*preparation*) wird ein Assessmentteam zusammengestellt, welches neben Vertretern des Managements auch Sicherheits- und Gesundheitsexperten mit einschließt. Nachfolgend wird die Extensität des Assessments definiert und über die Vorgehensweise entschieden.
- Die Erhebungsphase (*execution*) beginnt mit einer generellen Betrachtung der Ausgangssituation. Hier wird der konkrete Handlungsbedarf definiert und daraufhin im Detail analysiert.
- In der Kontroll- und Implementationsphase (*evaluation*) schließlich wird der konkrete Maßnahmenkatalog erstellt und implementiert. Darüber hinaus wird ein Erfolgscontrolling-Plan aufgestellt, nach dem in bestimmten Zeitabständen der Erfolg des Assessments überwacht wird.

Dieses Vorgehen stellt mit seiner informationalen Verzahnung zu Personalbedarfsermittlung und Personalbestandsanalyse sicher, daß der vorangegangene strategische Planungsaufwand nicht versickert und sich nachfolgend auch in taktischen und strategischen Maßnahmen niederschlagen kann.

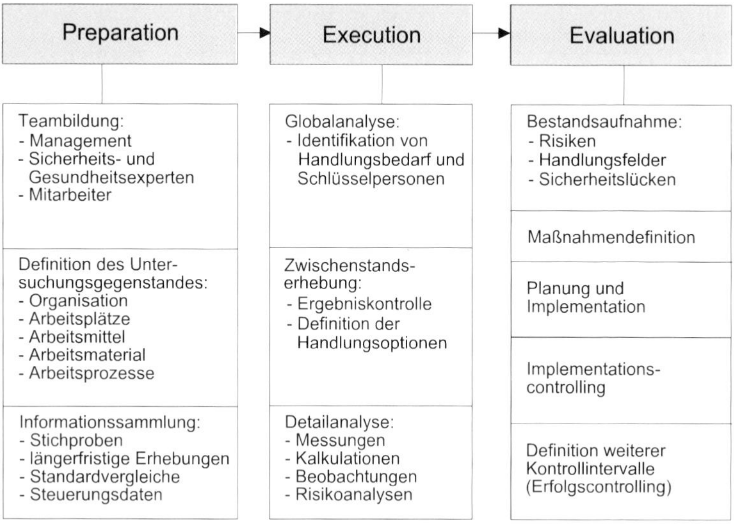

Abbildung 7.8: Workplace Assessment (nach *Mossink/de Gier* 1996, 33)

7.2.2 Organisatorische Dimension: Virtualisierung

7.2.2.1 Erfordernisse: Entkopplung

Die organisatorische Virtualisierung hat in allen ihren Facetten direkte Auswirkungen auf das Personaleinsatzmanagement: Vor allem

– die neuen Formen des multimedialen Vertriebs,
– die temporäre Kopplung von Einheiten durch informatorische Vernetzung sowie
– Virtual Reality als Simulationsmöglichkeit ganzer Bürokomplexe, Abteilungen und Konferenzen im Computer

führen zu neuen Personaleinsatzformen. Gleichzeitig verändert sich die Wertschöpfungskette der Unternehmen und impliziert eine zunehmende Verteilung auf mehrere Standorte. Während sich im klassischen Produktionsmodell Raum und Zeit als die stabilisierenden Barrieren arbeitsteiliger Prozeßkoordination erwiesen haben, ermöglicht die zunehmende räumliche und zeitliche Flexibilität durch Multimedialisierung neue Formen der Aufgabenbewältigung.

Dem strategischen Personaleinsatzmanagement stehen hier, je nachdem, ob an gleichem Ort oder an verschiedenen Standorten, zur gleichen Zeit (synchron) oder zu verschiedenen Zeitpunkten (asynchron) zusammengearbeitet wird, unterschiedliche Optionen zur Verfügung. Aus der daraus entstehenden „Anytime/Anyplace"-Matrix (Abbildung 7.9) ergeben sich für Unternehmen und Märkte ökomomische, technische und soziale Innovationspotentiale. Diese sind jedoch nicht leicht zu realisieren: So bilden Mitarbeiter, Organisation und Technik erst im stimmigen Zusammenspiel ein strategisches Potential, aus dem heraus ein Wettbewerbsvorteil erwachsen kann. Die Personaleinsatzstrategie bildet damit die wichtige Grundlage zur Neugestaltung der wertschöpfenden Leistungsprozesse im Unternehmen.

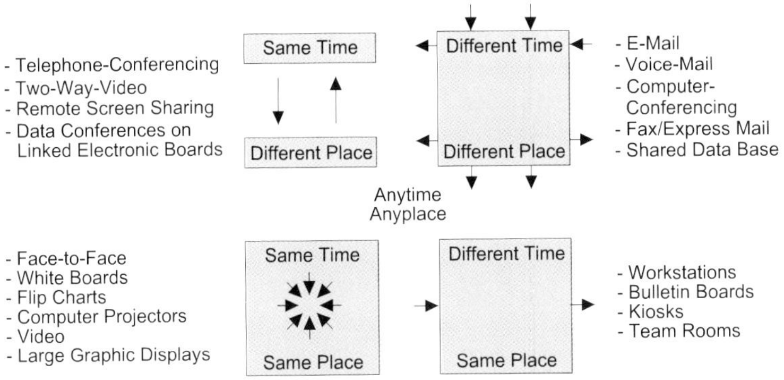

Abbildung 7.9: „Anytime/Anyplace"-Matrix
(nach *O'Hara-Devereaux/Johansen* 1994, 199)

Die entscheidende Herausforderung für Unternehmer liegt angesichts der vielen emergent entstehenden Virtualisierungsbewegungen, die zusätzlich zu den intendierten Entwicklungen entstehen, in einer bewußten Thematisierung und strategischen Fixierung: Gerade weil sich wegen der Virtualisierung der Alternativenraum vergrößert, brauchen Unternehmen und Mitarbeiter eine klar kommunizierte Strategie: Ansonsten ergeben sich nicht nur Ablaufprobleme, sondern vor allem wegen Unsicherheit und Angst der Mitarbeiter auch gefährliche Motivationslücken.

7.2.2.2 Inhalte: Verteilte Arbeitsstrukturen

Flexible Arbeitssysteme funktionieren dann, wenn die Mitarbeiter so eingesetzt sind, daß sie auch von dezentralen Einheiten aus zusammenarbeiten. Das strategische Personaleinsatzmanagement verfügt hier über ein vielseitiges **Instrumentarium**, insbesondere im Rahmen von Netzinfrastrukturen (vgl. *Picot/Reichwald/Wigand* 1998, 416-420):

- Die *Telebeobachtung* ermöglicht die Steuerung, Regelung und Kontrolle von Prozessen, ohne daß eine Führungskraft vor Ort anwesend sein muß. Anwendungsbeispiele finden sich beispielsweise im After-

Sales-Service, in der Reklamationsbearbeitung oder in der Bereitstellung technischer Hotlines.

- *Telepräsentation* und *Teleschulung* beinhalten die multimediale Informationsübermittlung von einem Informations-Center an diverse Kommunikationspartner. Zum Einsatz kommen solche Systeme in wissensintensiven Branchen (zum Beispiel Luft- und Raumfahrt) oder bei Produktpräsentationen mit zielgerichtetem Einsatz.
- *Teleberatung* und *Teleabstimmung* ermöglichen eine standortunabhängige Kommunikation zwischen Gesprächspartnern, wie beispielsweise in der Kundenberatung von Direktbanken und -versicherern.
- *Teleteamwork* eröffnet Möglichkeiten der Zusammenarbeit von Arbeitsgruppen. Zum Einsatz kommen diese Strukturen häufig bei unternehmensübergreifenden Kooperationen, beispielsweise bei interdisziplinären Entwicklerteams.
- Im Mittelpunkt des *Fernzugriffs auf Informationsdatenbanken* stehen gemeinsame Informationsbasen (beispielsweise Expertenpanels).
- Die Herausbildung standortübergreifender *Rechnerverbünde* erlaubt den Zugriff auf das eigene Unternehmen übersteigende Rechnerkapazitäten.

Die verschiedenen Kategorien (Abbildung 7.10) bilden in ihrer Kombination die Basis innovativer Telekooperationskonzepte. In ihnen sind die Mitarbeiter so einzusetzen, daß sie ausreichend qualifiziert ihre spezifischen Rollen ausfüllen, insbesondere an den Schnittstellen.

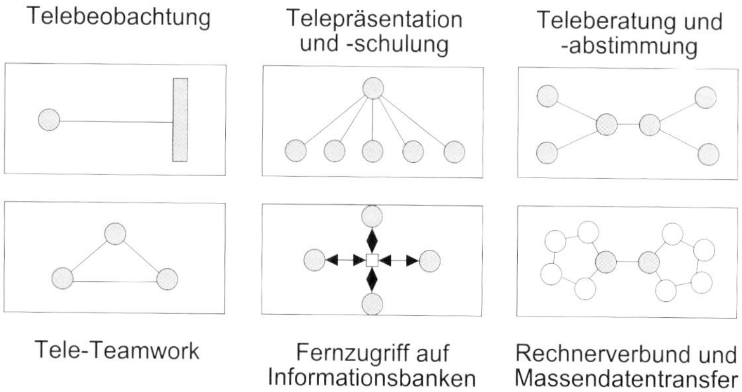

Abbildung 7.10: Grundtypen des Einsatzes von Netzinfrastrukturen (*Picot/Reichwald/Wigand* 1998, 416)

Das strategische Personaleinsatzmanagement entwickelt aus Wertschöpfungs- und Motivationsgesichtspunkten neue Modelle der Arbeitsstrukturierung und entscheidet grundsätzlich hinsichtlich des Entscheidungs-

und Kontrollspielraums sowie des Tätigkeitsspielraums der Mitarbeiter. Hierzu bieten sich in Abhängigkeit von Strukturiertheit und Veränderlichkeit der Aufgabe vier **grundsätzliche Modelle der Arbeitsstrukturierung** an (Übersicht 7.7):

- Beim *Teamkonzept mit hoher Regelung* weisen die Aufgaben im allgemeinen einen eher niedrigen Strukturiertheitsgrad auf, sind gleichzeitig jedoch wenig veränderbar, so daß ein geringer Grad an Autonomie notwendig ist.
- *Teamkonzepte mit geringer Regelung* für stark veränderbare aber niedrig strukturierte Aufgaben bieten sich insbesondere dort an, wo die Aufgabenstellung Interpretations- und Gestaltungsspielräume erfordert, wie beispielsweise im Bereich F&E oder der strategischen Unternehmensplanung.
- Die *teilautarke Sachbearbeitung* ist vor allem für gut strukturierte und wenig veränderliche Aufgaben geeignet, die im voraus gut planbar sind.
- Die *autarke Sachbearbeitung* kommt in der Regel bei Einzelfällen oder Projektaufgaben, beispielsweise Tätigkeiten von Vertriebsbeauftragten, zum Einsatz.

In der Praxis finden sich diese Idealtypen meist in kombinierter Form.

Strukturiertheit der Aufgabe	**Veränderlichkeit der Aufgabe**	
	niedrig	hoch
niedrig	I Teamkonzept mit hoher Regelung (geringe Autonomie)	II Teamkonzept mit wenig Regelung (hohe Autonomie)
hoch	III teilautarker Sachbearbeiter mit wenig Handlungsspielraum	IV autarker Sachbarbeiter mit viel Handlungsspielraum

Übersicht 7.7: Autonomiegestaltung „neuer" Arbeitsformen
(*Picot/Reichwald/Wigand* 1998, 448)

7.2.2.3 Strategie: Innovationsbezug

Eine wichtige Zielsetzung des strategischen Personaleinsatzmanagements liegt in der Zuordnung anforderungsgerechter Qualifikation, Motivation und Team-Rolle zur strategieorientiert eingeordneten Position zur richtigen Zeit am richtigen Ort und zu nutzungsgerechten Kosten. Die Herausforderung besteht darin, den Personaleinsatz mit weiteren strategischen Personalmanagementaufgaben zu verzahnen, also anspruchsgruppenorientierte Flexibilisierungsmaßnahmen zu ergreifen und gemeinsam mit aktuellen und potentiellen Mitarbeitern interne wie externe Beschäftigungsfähigkeit zu steigern.

Für die Mitarbeiter vermindert sich die Sicherheit, mit der sie einem Arbeitsplatz zugeordnet sind. Gerade in dieser unscharfen Übergangszone zwischen „intern“ und „extern“ wird die höchste Innovationskraft von Unternehmen erreicht (Abbildung 7.11), allerdings nur unter der Annahme, daß sich dieser Druck der Arbeitsplatzsicherheit bei den Mitarbeitern – abhängig von den Innovationsresultaten – auch auf die Vergütung oder andere motivierende Faktoren auswirkt.

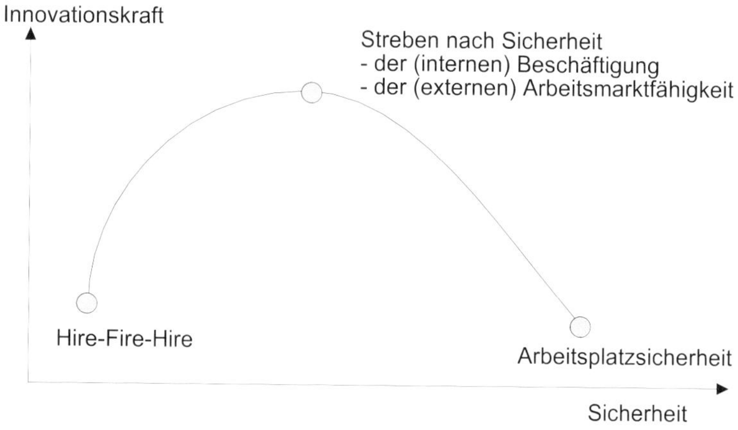

Abbildung 7.11: Balance zwischen Innovation und Sicherheit
(*Hilb* 1998, 62)

Dabei pendelt die Diskussion um das Arbeiten und den Einsatz in virtuellen Strukturen zwischen der Betonung von Individualität und Zusammenführung der Individuen zu sozialen Gebilden (vgl. *Scholz* 1997b, 275). Hieraus leitet sich die Frage ab, welche **Form** der sozialen Gruppe am Ende dieser Entwicklung steht:

- Optimisten gehen von einer „*Virtual Community*“ (vgl. *Rheingold* 1993) aus und erwarten ein Ausleben hyper-individualistischer Bedürfnisse,
- Pessimisten sehen in neuen Arbeitsformen eine *Abkehr von der Sozialgesellschaft, Entfremdung und Vereinsamung* (vgl. *Johnson* 1997).

Die einzelnen Mitarbeiter stehen damit vor der Frage, welchen Anteil ihrer persönlichen Individualisierung sie innerhalb ihrer Arbeit finden und welchen sie in ihrer Freizeit realisieren.

Die Diskussion um virtuelle Arbeitsstrukturen und neue Arbeitsformen im Zuge der Virtualisierung offenbart eine Reihe von Problemfeldern

(Abbildung 7.12): So ergeben sich neben rein technischen Problemen potentielle soziale Ängste, juristische Restriktionen und die betriebswirtschaftlichen Anforderungen, die durch organisationsstrategische Entscheidungen im Personaleinsatzmanagement zu begleiten sind.

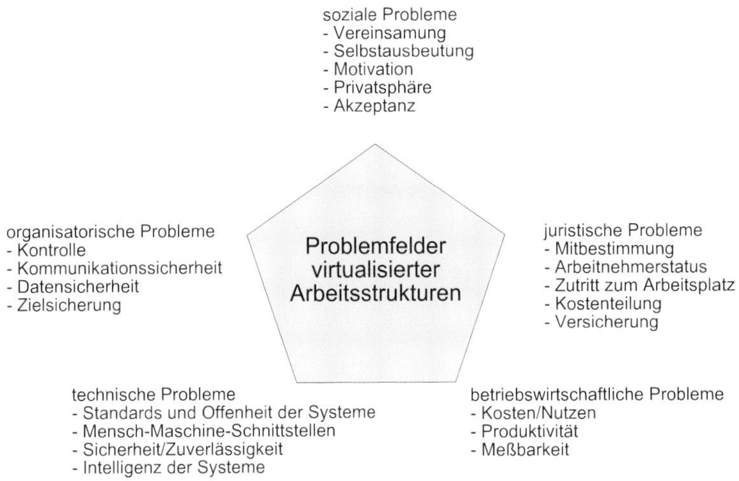

Abbildung 7.12: Problemfelder virtualisierter Arbeitsstrukturen (modifiziert nach *ZVEI/VDMA* 1995, 5)

7.2.3 Globale Dimension: Grenzüberwindung

7.2.3.1 Erfordernisse: Internationale Koordination

Das strategische Personaleinsatzmanagement beschäftigt sich in der globalen Dimension mit dem Einsatzort der Mitarbeiter. Die Zieldimension besteht in der Sicherstellung eines globalen Leistungserstellungsprozesses, der hinsichtlich der Entscheidungsstrategie sowie der Kulturstrategie den intendierten Strategievorgaben folgt.

Abgeleitet aus einem spezifizierten Personalbedarf und im Zusammenhang mit einer Internationalisierungsstrategie werden unterschiedliche Managertypen in unterschiedlichen Formen entsandt. Für sie sind, wenn möglich, neben den Erfordernissen des Unternehmens individuelle Bedürfnisse wie Karriereplanung oder geographische Wunsch-Einsatzgebiete zu berücksichtigen.

Damit bestehen insgesamt drei personalpolitische **Zielrichtungen** für den internationalen Personaleinsatz:

- das *Ausfüllen* vakanter Positionen,
- die *Personalentwicklung* von Managern und
- die *Entwicklung* der gesamten Organisation.

Während die ersten beiden Ziele unmittelbare Inhalte der feldspezifischen Umsetzung von Personalstrategien darstellen, rekurriert das dritte Ziel auf die Gestaltung der gesamten Organisation. Die Idee ist die Schaffung internationaler Informationsnetzwerke durch Managertransfers, die ein größeres Ausmaß föderativer Strukturen der Organisation erlauben als bürokratisch orientierte Koordinationsformen.

7.2.3.2 Inhalte: Auslandsentsendungsstrukturen

Unter dem Gesichtspunkt der eigenen Persönlichkeits- und Karriereentwicklung sind vor allem Hochschulabsolventen als Führungsnachwuchskräfte an einer (zeitweiligen) Entsendung ins Ausland interessiert. Unterschiedliche Modelle müssen dabei einen Interessenausgleich zwischen Unternehmens- und Mitarbeiterzielen realisieren. Dieser Ausgleich ist bei Auslandsentsendungen möglich, wenn

- das Unternehmen auf dem Arbeitsmarkt seine internationale Kompetenz darstellt und
- seine nutzbaren Modelle des Auslandseinsatzes nach außen kommuniziert,

um langfristig diejenigen Mitarbeiter an das Unternehmen zu binden, die an solchen Auslandseinsätzen interessiert sind.

Empirischer Befund (GPP): Auslandserfahrenes Top-Management (in Prozent)

Deutschland und Österreich weisen das Top-Management mit der vergleichsweise höchsten Auslandserfahrung auf, die USA das mit der geringsten Auslandserfahrung. Bei den USA ist allerdings die Größe ihres Landes zu berücksichtigen. Trotzdem liegen die Werte generell äußerst niedrig: So haben in Deutschland nur 27% der Unternehmen ein Top-Management, bei dem mehr als 30% nach eigener Einschätzung auf Auslandserfahrungen zurückgreifen kann. In Spanien ist dies nur für 5% der Unternehmen der Fall.

	D	Ö	USA	F	Sp	Rest	Σ
Unter 10% des Top-Managements	44	43	90	68	74	56	57
10% bis 30%	29	35	10	24	21	14	24
Mehr als 30%	27	22	-	9	5	30	19

Der **Anlaß** für die Auslandsentsendung hat unmittelbaren Einfluß auf die Form und den Zeitrahmen der Entsendung (Übersicht 7.8):

- Bei einer *Mischkulturstrategie* genügt meist ein kurzer Gastaufenthalt, der im Extremfall sogar in ganz anderen Unternehmensbereichen zu realisieren ist. Sinnvoll sind auch Konzepte von Job Rotation, in deren Rahmen Führungsnachwuchskräfte über mehrere Jahre Hilfsfunktionen in ausländischen Töchtern übernehmen. Diese Programme können gegebenenfalls ausgeweitet werden, indem mehrere Auslandstöchter gleichzeitig einbezogen werden.
- Bei der *Multikulturstrategie* geht es weniger um eine bewußte Kulturvermischung. Daher kommen eher kürzere Vorschläge in Frage, wie mehrwöchige Hospitanzprogramme für Kaufleute und Sachbearbeiter zur Ausweitung des Fremdsprachenniveaus oder der Kenntnisse für die Sachbearbeiterposition und Auslands-Traineeprogramme für Hochschulabsolventen, die neu ins Unternehmen einsteigen.
- Bei der *Monokulturstrategie* steht die Anpassung an die Kultur der Muttergesellschaft im Vordergrund. Dies bedeutet eine Vergabe internationaler Projekte für Führungsnachwuchskräfte, die sich bereits im Unternehmen bewährt haben, oder Langzeitprogramme für Führungskräfte, die in Auslandstöchtern für mindestens ein Jahr Führungsverantwortung übernehmen.

Hinzu kommt die speziell im multikulturellen Umfeld sinnvolle „Entsendung auf Dauer". Sie kann Mitarbeiter auf unterschiedlichen Ebenen für Auslandstätigkeiten bis hin zu der Übernahme wichtiger Schlüsselfunktionen qualifizieren.

Entsendungsform	**Dauer**	**Eignung für Kulturstrategie**		
		Monokultur	**Multikultur**	**Mischkultur**
Hospitanz	2-5 Wochen	teilweise	unbedingt	teilweise
Auslands-Trainee	2-4 Monate	teilweise	unbedingt	teilweise
Internationaler Einsatz (unterstützende Tätigkeit)	3-5 Monate	nein	teilweise	unbedingt
Internationale Job Rotation	6-18 Monate	nein	teilweise	unbedingt
Internationale Führungsaufgabe auf Zeit	mehr als 1 Jahr	unbedingt	nein	teilweise
Internationale Führungsaufgabe auf Dauer	zunächst unbegrenzt	teilweise	unbedingt	teilweise

Übersicht 7.8: Formen des strategiekonformen Auslandseinsatzes

7.2.3.3 Strategie: Autonomiebezug

Zur internationalen Personaleinsatzplanung gehört es, die Einsatzmöglichkeiten zu stringenten Programmen zu kombinieren und organisatorisch zu regeln. Dies kann über eine *Clearing-Stelle* geschehen, die für die angebotenen Systeme Potentiallisten führt und den Austausch konkret vollzieht; oder aber es werden Interessenten innerhalb der Auslandstöchter angesprochen beziehungsweise bei regelmäßig stattfindenden Treffen konzernweit getauscht. Welches der beiden Modelle vorgezogen wird, hängt von der Größe der ausländischen Tochtergesellschaften ab, vor allem aber von der **Entscheidungsstrategie**:

- Im *zentralen* System besteht zwangsläufig die Clearing-Stelle in der Muttergesellschaft. Hier erfolgt dann durch Abgleich zur Bestandsanalyse und Bedarfsbestimmung in Verbindung mit den individuellen Entwicklungswünschen der Mitarbeiter die Festlegung des konkreten Auslandseinsatzes.
- Im *dezentralen* System wird unabhängig voneinander in den Auslandseinheiten geplant, gegebenenfalls im Rahmen einer Globalvorgabe der Muttergesellschaft.
- Im *föderalen* System sind beide Modelle angebracht, denkbar sind also eine verteilte Planung ebenso wie temporäre Clearing-Stellen.

In diesem Zusammenhang stellt sich die grundsätzliche Frage nach der Rolle der Personalabteilung beim internationalen Personalmanagement: Sie nimmt primär Servicefunktionen wahr. Ihre konkrete Ausgestaltung hängt von der gewählten Entscheidungsstrategie ab. Vor allem im zentralen Modell hat die Personalabteilung der Muttergesellschaft (in Zusammenarbeit mit den Tochtergesellschaften) sicherzustellen, daß der erforderliche Personalbestand weltweit quantitativ und qualitativ zum vorgesehenen Zeitpunkt bereitsteht. Dies verlangt aber wegen der langen Vorlaufzeiten auch Einbindung in die strategische Gesamtplanung.

7.2.4 Zeitliche Dimension: Arbeitszeitflexibilisierung

7.2.4.1 Erfordernisse: Permanente Leistungsbereitschaft

Durch die Möglichkeiten einer räumlich verteilten Wertschöpfungskette im Zuge der Globalisierung und Medialisierung lösen sich örtliche und zeitliche Restriktionen auf. Hierdurch werden eine 24-stündige Auslastung von Leistungskapazitäten und eine Erreichbarkeit rund um die Uhr realisierbar. Die **Arbeitszeit** ist vor diesem Hintergrund ein zentraler Flexibilisierungsparameter. Wegen dem wettbewerbspolitischen Druck zielen insbesondere anlageintensive Unternehmen auf eine Flexibilisierung der Arbeitszeiten, beispielsweise über eine kapazitätsorientierte variable Arbeitszeit (KAPOVAZ). Ähnliche Entwicklungen finden sich in den serviceorientierten Branchen hinsichtlich der zeitlichen Erwartungen der Kunden (beispielsweise 24h-Banking).

Teilzeitarbeit ist eines der am häufigsten eingesetzten Flexibilisierungsinstrumente: Zwischen 1960 und 1990 hat sich die Zahl der Teilzeitbeschäftigten auf europäischer Ebene versiebenfacht. Dabei beschränkt sich Teilzeitarbeit meist noch auf weibliche Arbeitnehmer (vgl. *IW* 1998): 1995 arbeiteten 37% der weiblichen deutschen Arbeitnehmer in Teilzeitverhältnissen, aber nur 6% der männlichen Arbeitnehmer. Bei beiden Geschlechtern sind es darüber hinaus eher die einfachen Arbeiten, die Teilzeitarbeitnehmer anziehen (Abbildung 7.13). Nur jeder zwanzigste Abteilungsleiter hat einen Teilzeitjob. Dies liegt unter anderem in der (falschen) Auffassung, Führungsaufgaben seien nicht teilzeitgeeignet.

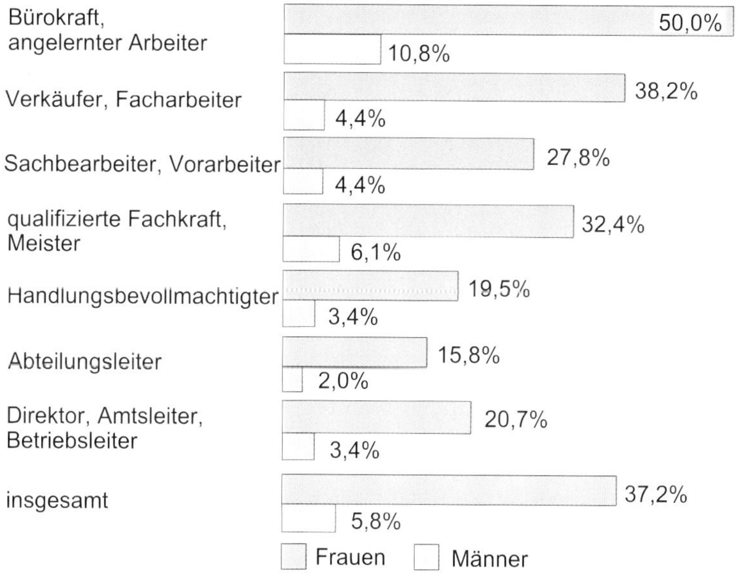

Abbildung 7.13: Teilzeitbeschäftigte in Deutschland nach Beschäftigungsgruppen 1995 (*IW* 1998)

Eine innovative Aufgabe eines flexiblen Einsatzmanagements liegt in einem Paradigmenwechsel von der Zeitorientierung zur Leistungsorientierung (vgl. *Krieg/Ehrlich* 1998, 262-268): So läßt sich beobachten, daß die Flexibilitätsbereitschaft der Mitarbeiter mit steigender Freiheit bei der Einsatzplanung zunimmt.

7.2.4.2 *Inhalte: Arbeitszeitstrukturen*

Grundsätzlich sind flexible Arbeitszeitmodelle in nahezu allen Bereichen und Positionen denkbar. Hierzu sind für jeden Mitarbeiter folgende Fragestellungen zu beantworten (vgl. *Hilb* 1998, 65):

- Welcher Teil der bisherigen Tätigkeit ist in Zukunft für das Unternehmen wichtig und für den Mitarbeiter interessant?
- Welcher Teil seiner bisherigen Tätigkeit ist für das Unternehmen in Zukunft zwar wichtig, ist für ihn jedoch monoton beziehungsweise für das Unternehmen unrentabel und kann automatisiert werden?
- Welcher Teil seiner bisherigen Tätigkeit wird in Zukunft für das Unternehmen nicht mehr wichtig sein?

In Abhängigkeit des Beschäftigungsgrades und Zeithorizontes lassen sich dann verschiedene flexible **Arbeitszeitformen** unterscheiden (Abbildung 7.14):

- *Wochenprogramme* wie die 4-Tage-Woche mit einem 80%-Arbeitspensum oder Bandbreitenmodellen mit wahlweisen individuellen Arbeitszeiten innerhalb fixer Bandbreiten,
- *Monatsprogramme* wie aufgabengesteuerter Personaleinsatz, bei denen „*Patchworker*" zum Teil als Selbständige für mehrere Arbeitgeber tätig werden oder flexible Tele-Heimarbeiter,
- Jahresprogramme wie flexible Jahresarbeitszeit oder Job Sharing-Programme, sowie
- *Lebenszeitprogramme* wie Zeitsparmodelle oder Stafettenmodelle, in denen der gleitende Berufseinstieg junger Mitarbeiter mit dem gleitenden Ausstieg älterer Mitarbeiter koordiniert wird.

In Abstimmung mit den Mitarbeitern wirkt der persönlichkeitsabgestimmte Einsatz dieser Gestaltungsformen motivationsfördernd.

Eine Anforderung der Leistungserstellung, die sich direkt auf den Personaleinsatz auswirkt, ist die Bereitstellung eines konstanten Services. Die 24-stündige Erreichbarkeit oder Handlungsfähigkeit ist Voraussetzung für viele Einrichtungen der Grundversorgung, etwa in Krankenhäusern oder im Polizeidienst. Aber auch Unternehmen gehen immer stärker dazu über, selbst oder durch Outsourcing eine permanente Erreichbarkeit als Kundennutzen-Charakteristikum zu gewährleisten, beispielsweise durch Call Center. In der Vergangenheit war Schichtarbeit vor allem im produzierenden Gewerbe eingesetzt worden; in Zukunft sind immer häufiger auch Dienstleister gezwungen, zeitliche Mobilität zu zeigen. Dies verschärft sich noch mit der Zunahme globaler Interaktionen, die rund um den Erdball rund um die Uhr stattfinden.

Illustration. Personaleinsatz im Luftverkehrsbereich (vgl. *Pauly* 1997, 62-66) ist eine komplexe Aufgabe, bei der die Bereitstellung von Trans-

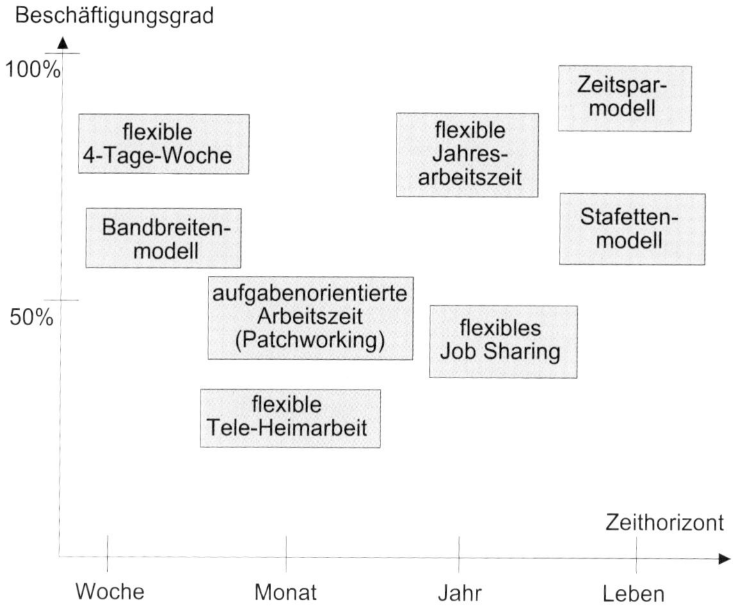

Abbildung 7.14: Flexible Arbeitszeitformen für verschiedene Anspruchsgruppen (*Hilb* 1998, 66)

portleistungen von der Vorkombination interner Ressourcen abhängt. Die Leistung entsteht während des Aufeinandertreffens interner Leistungsbereitschaft mit der externen Nachfrage, die durch langfristige Flugpläne festgelegt ist. Um die Antizipation bedarfsgerecht zu gestalten, ist eine leerkostenvermeidende Kombination der Ressourcen Flugzeuge, Flugbenzin, Besatzung, Start- und Landerechte sowie Abfertigungslogistik vorzunehmen.

Die Crew-Bereitstellungsplanung für sich ist bereits ein komplexer Unterprozeß der gesamten Personaleinsatzplanung: Bereits aufgrund unterschiedlicher Ausbildungszeiten besteht für Cockpitmitarbeiter ein Planungsvorlauf von mindestens drei Jahren vor der Planungsperiode, bei Kabinenmitarbeitern von mindestens zwei Jahren. Als Kennzahlen der Personalproduktivität fließen die Flugstunden pro Monat, die freien Tage pro Monat sowie die Flugstunden pro Einsatztag in die Planungsrechnungen ein. Dabei werden auch tarifvertragliche Regelungen relevant, die den maximal leistbaren Flugstundenwert limitieren. Aus den individuellen Leistungswerten einer Planungsgruppe ergibt sich eine durchschnittliche Arbeitsstundenleistung, die in der Mengenplanung genutzt wird.

In einem sequentiellen, hierarchischen Planungsablauf sind die Planungsstufen durch vorwärts und rückwärts gerichtete Kopplungen verbunden (Abbildung 7.15). Aus einem gegebenen Flugplan leiten sich die Crew-Einsatztage und Crew-Einsatzstunden ab. Für künftige Planungsperioden muß die Personalproduktivität bekannt sein, um den Personalbedarf berechnen zu können, wobei sich allerdings die tatsächlich erreichbare Produktivität unter Berücksichtigung der Einflußfaktoren wie

- hoher Erfüllungsgrad tarifvertraglicher und arbeitsrechtlicher Kannregeln,
- Nutzung von Reservediensten,
- unausgewogenen Verfügbarkeitszeiträumen des Personals einer Planungsgruppe,
- schlecht zu verplanenden Besatzungstouren,
- Planungsqualität der einzelnen Planungsstufen sowie
- Instabilität des Produktionsprogramms

erst nach der Crew-Einsatzplanung und -Einsatzsteuerung ergibt. Die benötigten Reservedienste zum Auffangen von Störungen wirken sich auf die Produktivität ebenso aus wie die Struktur der Besatzungstouren (als benötigte Crew-Einsatztage mit spezifischer Arbeitsintensität und verbindlicher Ruhezeit an der Homebase), die beide erst nach der Einsatzplanung bekannt sind, aber bereits in der Planungsphase benötigt werden. Neben der Heranziehung von Vergangenheitswerten kommt insbesondere die Simulation als Methode zur Erhöhung der Transparenz in den Planungsprozessen zum Einsatz.

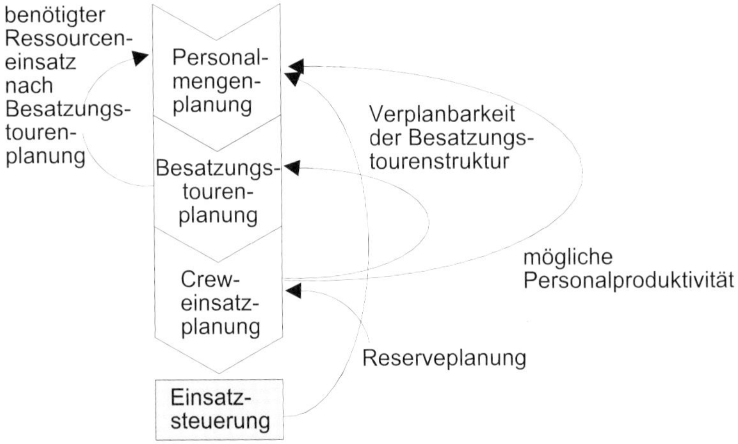

Abbildung 7.15: Feedbackschleifen in der Bereitstellungsplanung der Ressource Crew (*Pauly* 1997, 65)

Man erkennt die Bedeutung, die einer strategischen Personaleinsatzplanung zur Komplexitätsreduktion während des Planungsvorganges und der Sicherstellung der Planungsdurchführung zukommt.

7.2.4.3 Strategie: Flexibler Wandel

Zur Aufgabe des Personaleinsatzmanagements gehört in bezug auf die zeitliche Dimension die professionelle Gestaltung organisationalen Wandels, um in Unsicherheitssituationen die Arbeitsbeziehung stabil zu halten und Motivation und Leistungsbereitschaft der Mitarbeiter weiterzuentwickeln (vgl. *Freimuth* 1995, 179). Flexibilität wird hierdurch zu einem meßbaren Benchmark der Leistungsfähigkeit von Unternehmen.

Für das strategische Personaleinsatzmanagement ergeben sich in der Arbeitszeit wichtige Fragestellungen zur Strategieformulierung:

- Inwieweit erfordert der technologische Leistungserstellungsprozeß die Bereitstellung von Arbeitszeitflexibilisierungsmaßnahmen?
- Inwieweit ist es aus Gründen der Mitarbeitermotivation sinnvoll, zeitliche Flexibilisierungsmöglichkeiten zur Verfügung zu stellen?
- Wie stark ist die Machtbasis der Mitarbeiter, daß sie gegebenenfalls Arbeitszeitflexibilisierungsmaßnahmen erzwingen können?

Bei der Formulierung einer Flexibilisierungsstrategie wird ein strategisches Personalmanagement die entsprechenden Flexibilisierungsparameter definieren. Diese sind neben der Arbeitszeit insbesondere die Mitarbeiterqualifizierung, die Gestaltung des Arbeitssystems (Arbeitsorganisation) sowie die Entwicklung entsprechender Anreizsysteme. Je nach unternehmerischem Zielsystem kann entschieden werden, welche Priorität den Bereichen bei der taktischen und operativen Umsetzung zukommen soll.

7.2.5 Soziale Dimension: Humanisierung

7.2.5.1 Erfordernisse: Individualisierung

Unter Humanisierung der Arbeit versteht man im weitesten Sinn die menschengerechte Gestaltung der Arbeitsweise: „Human" ist Arbeit demnach dann, wenn sie Merkmale wie ausführbar, erträglich, schädigungslos, fähigkeitserweiternd und persönlichkeitsfördernd aufweist.

Humanisierungsziele sind in der Literatur seit langem bekannt (vgl. z.B. *Kubicek* 1979) und erfahren jeweils aktuelle Konkretisierungen (vgl. z.B. *Regalia* 1995; *Mossink/de Gier* 1996). Trotzdem erscheint das Thema „Humanisierung der Arbeit" leicht als ein Relikt der 70er Jahre, dem die Aktualität für die heutige Arbeitswelt fehlt. Allerdings ist dies von den Inhalten her nicht der Fall: Die klassischen Humanisierungsideen nehmen die heutigen Individualisierungsideen vorweg. Gerade für den Personaleinsatz in globalisierenden und virtualisierenden Strukturen, die sich dem Vorwurf des Neotaylorismus und Darwinismus ausgesetzt sehen, sind gegenläufige Argumente als Korrektive erforderlich. Insofern ist eine Revitalisierung der Humanisierungsdiskussion nicht nur beobachtbar, sondern auch durchaus angebracht.

7.2.5.2 Inhalte: Erlebnisstrukturen

Bereits vor über zehn Jahren identifizierten *Altmann, Düll* und *Lutz* (1987) als konkrete Inhalte einer überbetrieblichen Humanisierungsforschung zwei wichtige **Themenkomplexe**, die bis heute nichts an Aktualität eingebüßt haben:

Die erste Gruppe befaßt sich mit akuten *Problemfeldern* der Humanisierungsforschung, vor allem
- den Arbeitsbedingungen an Computerarbeitsplätzen aufgrund von neuen Informations- und Steuertechnologien, Industrierobotern und automatisierten Montagesystemen,
- Gesundheitsgefährdungen durch Technologien und Werkstoffe,
- staatlicher Arbeitsschutzpolitik im Hinblick auf psychosoziale streß- und arbeitsbedingte Erkrankungen,
- Langfristwirkungen karzinogener Stoffe,
- Durchsetzung bestehender Arbeitsschutzvorschriften und
- veränderten Qualifikationsstrukturen durch computergestütztes Arbeiten.

Das Personaleinsatzmanagement muß hier die Voraussetzungen schaffen, die eine Implementierung operativer Vorschriften sicherstellen.

Die zweite Gruppe befaßt sich mit *Humanisierungsinhalten* als Zusammenhang zwischen technologischem Wandel und personalwirtschaftlichen Implikationen. Dies bezieht sich auf
- die technologische Vernetzung betrieblicher Funktionen und technologischer Insellösungen,
- die Rückwirkungen der Vernetzung auf das Verhältnis von Arbeits- und Funktionsteilung,
- den Zusammenhang zwischen Rationalisierungsstrategien und betrieblichen Belegschaftsstrukturen bei datentechnischer Vernetzung, bei flexiblen Fertigungssystemen sowie bei Bürokommunikationssystemen,
- die Hersteller/Anwender-Beziehungen bei Einsatz und Verbreitung neuer Technologien,
- die Entstehung und Durchsetzung veränderter Management-Konzeptionen vor dem Hintergrund der Diskussion um eine „Deprofessionalisierung“ sowie

– die Probleme der Akzeptanz des Technikeinsatzes durch die Betroffenen, insbesondere an technologisierten Arbeitsplätzen.

Das strategische Personaleinsatzmanagement ist hier gefordert, eine bewußte Position zwischen unternehmerischen Arbeits- und individuellen Persönlichkeitsanforderungen zu beziehen.

Da der Mensch sich letztlich nicht auf die Rolle des Arbeitsfaktors reduzieren läßt, sondern seine eigenen Vorstellungen und Bedingungen in die betriebliche Lebenssphäre einbringt (vgl. *Kropp* 1997, 369-370), entfalten sich soziale Phänomene wie Freundschaft, Haß, Gleichgültigkeit, Sympathie und Antipathie in Unternehmen. Aus ihrem Zusammenspiel heraus sind Aspekte wie Arbeitszufriedenheit, informelle Kommunikation, informelle Gruppen, Betriebsklima und Organisationsklima als **sozialer Output** des Unternehmens ableitbar (Übersicht 7.9).

Beobachtungen aus der Praxis zeigen, daß ein als schlecht empfundener Sozialoutput zu Streßsymptomen auf seiten der Mitarbeiter führt. Es entstehen Kosten beispielsweise durch Minderleistung aufgrund von Fehlzeiten und unproduktiven Konfliktsituationen (z.B. Mobbing) zwischen den Mitarbeitern. Nach einer Praktikerschätzung belaufen sich beispielsweise die Kosten von psychologischen Kleinkriegen am Arbeitsplatz auf Beträge zwischen 30 000 und 100 000 DM pro Person und Jahr (vgl. *Walter* 1993, 12-13).

7.2.5.3 Strategie: Wertebezogene Stimmigkeit

Ebenso wie ein Unternehmen eine langfristige Unternehmensstrategie formuliert, muß es zur Verbesserung der Wettbewerbsposition eine unternehmensspezifische Humanisierungsstrategie entwickeln, die Aussagen über die langfristige Perspektive des Personaleinsatzes und die dazu erforderlichen Schritte macht. Die Humanisierungsstrategie erfolgt zum einen aus der Unternehmensstrategie. Zum anderen manifestiert sich eine originäre Humanisierungsstrategie in Zielvorgaben dazu, wo aus personalwirtschaftlicher Sicht Schwerpunkte einer Humanisierung zu setzen sind.

Aufgabe eines strategischen Personaleinsatzmanagements ist es, ein stabiles Arbeitsumfeld für den einzelnen Mitarbeiter und für Gruppen von Mitarbeitern aufzubauen, um dadurch proaktiv einer Verschlechterung des Sozialoutputs entgegenzuwirken. Detaillierte **Humanisierungsziele** sind vor allem (vgl. *Neuberger* 1980)

– *Würde* (im Sinne von Selbstachtung sowie Identität) und *Ästhetik*,
– *Aufgabensinn* als Nutzen und Ganzheitlichkeit,
– *Gerechtigkeit und Konfliktregelung*,
– *Sicherheit* als Planbarkeit und Kontinuität,

- *Orientierung des Mitarbeiters* über Position und Perspektive,
- *Gesundheit* (Unfallschutz, Pausenregelung, Sportmöglichkeit),
- *Autonomie* (als Selbst- und Mitbestimmung),
- *Kontakt* (kleinere Arbeitsgruppen, informelle Kontakte) und *Anerkennung* sowie
- *Entfaltung, Abwechslung, Aktivität und Leistung.*

Begriffe	Charakter	Inhalt	Einfluß
Arbeitszufriedenheit	subjektive Bewertungsgröße	sachliche und soziale Arbeitsverhältnisse im Urteil der Arbeitenden	indirekt über die Gestaltung des Personalinputs
Informelle Kommunikation	objektive Ergebnisgröße	Kommunikationsprozesse informeller Art	
Informelle Gruppe	objektive Ergebnisgröße	Zusammenleben eines festen Kreises von Arbeitskollegen mit gemeinsamen privaten Interessen nach eigenen Vorstellungen	
Betriebsklima	Aggregation subjektiver Bewertungsgrößen	überindividuelle, relativ überdauernde Bewertung von sachlichen und sozialen Verhältnissen	
Unternehmenskultur	objektive wie subjektive Input- wie Ergebnisgrößen	in der Unternehmung von den Menschen gelebte Werte und Verhaltensformen sowie die sachlichen und organisatorischen Arbeitsplatzbedingungen	
Organisationsklima	objektive Inputgröße	beschreibende Daten (z.B. Zahl der Hierarchieebenen, Stand der ergonomischen Ausstattung)	direkt über den Personalinput

Übersicht 7.9: Sozialoutput der Humanisierung (*Kropp* 1997, 377-378)

flexiblen Anreizsystemen und begleitet durch Maßnahmen der Personal- und Organisationsentwicklung.

Weitere Einsatzprinzipien gründen sich auf eine **arbeitspsychologische** Sichtweise. So können aus psychologischer Perspektive drei verschiedene Strategietypen eines ganzheitlichen Personaleinsatzmanagements unterschieden werden (vgl. *Richter* 1997, 64):

- *Korrektive Strategien* sind immer dann erforderlich, wenn im bestehenden Arbeitssystem Widersprüche zwischen einzelnen Komponenten auftreten.
- *Präventive Strategien* werden zur Vorbeugung möglicher Unfälle oder Gesundheitsbeeinträchtigungen ergriffen.
- *Prospektive Strategien* setzten sich zum Ziel, Möglichkeiten für eine Persönlichkeitsentwicklung der Mitarbeiter im Stadium der Neustrukturierung oder Planung von Arbeitssystemen zu eröffnen.

Personaleinsatzmanagement integriert nach dieser Sicht notwendigerweise Humankriterien wie Schädigungslosigkeit, Ausführbarkeit sowie Gesundheitsschutz und postuliert die zentrale Bedeutung der partizipativen Arbeitssystemgestaltung.

Die Ausgestaltung einer Humanisierungsstrategie folgt den gleichen **Konstruktionsprinzipien** wie die übrigen funktionalen Unternehmensstrategien (vgl. *Scholz* 1987a; 1997a):

- Gemäß dem *Prinzip des strategischen Verhaltens* hat ein strategisches Humanisierungsmanagement holistisch das gesamte Unternehmen und seine Umwelt zu umfassen. Dies bedeutet Zusammenführung der einzelnen Teilaspekte eines Personaleinsatzmanagements und Integration in eine konsistente Gesamtstrategie. Entscheidend für sinnvolle Inhalte und erfolgversprechende Umsetzungen ist dabei die strikte Überzeugung aller Betroffenen, in der menschengerechten Arbeitsgestaltung ein mögliches Erfolgspotential des Unternehmens zu sehen (Potentialkonzentration). Zwingend ist auch ein (initiativaktives) frühzeitiges Festlegen auf intendierte Humanisierungsmaßnahmen, speziell auch im Hinblick auf technologischen Wandel sowie gesellschaftlichen Wertewandel.
- Ausgehend vom *Prinzip strategischer Effektivität* sind die Ziele im Bereich des Einsatzmanagements zu bestimmen. Hiernach handelt ein Unternehmen effektiv, wenn es bei der Ableitung der originären Ziele (gemäß dem Postulat der Systemerhaltung) auch die Ziele der Interessengruppen berücksichtigt. Im Falle eines Humanisierungsmanagements sind dies primär die Ziele der Mitarbeiter und ihrer Interessenvertretung.
- Auf das strategische Humanisierungsmanagement übertragen bedeutet *strategische Stimmigkeit*,

- zwischen den Zielen des Humanisierungsmanagements und den restlichen Strategiekomponenten sowie den aus den Unternehmenszielen und Humanisierungszielen abgeleiteten Maßnahmen,
- zwischen den Zielen und Maßnahmen der Humanisierung und den Komponenten des Unternehmenssystems sowie
- zwischen landes- sowie unternehmenskulturellen Werten und den durch die Einsatzstrategie vermittelten Werten

eine Verträglichkeit sicherzustellen.
- Nach dem *Prinzip strategischer Kräfte* sind Humanisierungsmaßnahmen eines Unternehmens strategische Bewegungen, die strategische Potentiale aufbauen. Dadurch können Wettbewerbsvorteile gewonnen werden, aber auch strategische Signale für Konkurrenten, Kunden, Lieferanten, Gewerkschaften und Mitarbeiter gesetzt werden. Dies kann eine erhöhte Akzeptanz technologischer Neuerungen sowie ein erhöhtes Motivations- und Akquisitionspotential bedeuten.

In einem strategischen Humanisierungsmanagement stellen somit Humanisierung und Wirtschaftlichkeit langfristig keinen Gegensatz dar.

7.3 Taktische Ebene: Gruppenoptimierung

7.3.1 Überblick

Die auf der taktischen Ebene zu realisierende Gruppenoptimierung verbindet zwei Perspektiven: Zum einen bedeutet Gruppenoptimierung, daß *Gruppen* in Unternehmen eine zentrale Position einnehmen. Sie bilden häufig für Mitarbeiter den Bezugspunkt zum interaktiven Ausrichten ihrer Kernkompetenzen; durch Gruppen erfahren die Mitarbeiter Unternehmen als unmittelbare Realität. Zum anderen bedeutet Gruppenoptimierung eine spezifische Vorstellung von *Effektivität*: Ziel ist es, Wertschöpfung in einem koordinierten Prozeß zu erzeugen, der möglichst flexibel sowie autonom erfolgt und möglichst marktfähige Leistungen hervorbringt. Damit wird den Mitarbeitern Gelegenheit – mitsamt der Verantwortung – zu unternehmensinternem Unternehmertum gegeben.

Unter Handlungsgesichtspunkten bezeichnet man das taktische Personaleinsatzmanagement auch als **Personallogistik**: Sie subsumiert alle unternehmerischen Aktivitäten, die zur Einbindung von Mitarbeitern in bestehende und neue Gruppenkonstellationen dienen.

Wie vielfältig die zu einer Gruppenoptimierung notwendigen **Gruppenaufgaben** sind, verdeutlicht eine Typologie von *McGrath* und *Hollingshead* (1993). Hier sind ähnliche Aufgaben einer Gruppe kreisförmig benachbart angeordnet. Abhängig vom *Produkt* ergeben sich konzeptuelle und verhaltensorientierte Aufgaben, abhängig von der *Stellung der Mitarbeiter* zueinander ergeben sich konfliktäre und kooperative Aufgaben. Hinsichtlich des *Arbeitsprozesses* lassen sich die Aufgaben schließlich vier Quadranten zuordnen: Aufgaben zur Generierung von Ideen, zur Ausführung von Tätigkeiten, zum Verhandeln sowie zur Auswahl von Alternativen (Abbildung 7.16).

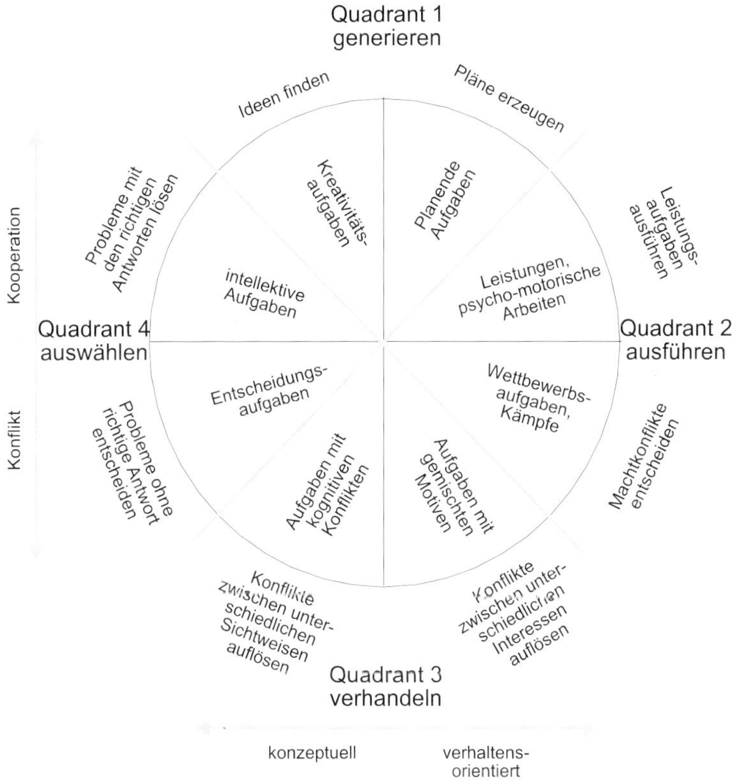

Abbildung 7.16: Typologie der Gruppenaufgaben
(*McGrath/Hollingshead* 1993, 91)

Die Größe von Gruppen ist eines ihrer wichtigsten organisatorischen Kriterien. Ausgehend von der Annahme, daß keine völlig hierarchiefreien Gruppen existieren, gilt dabei im allgemeinen, daß die Interaktionsverteilung einer Gruppe mit zunehmender Gruppengröße ungleichgewichtiger wird (vgl. *Grunwald* 1996, 742). Wie in Abbildung 7.17 dargestellt, nimmt die Dominanz einzelner Personen zu, wenn die Mitgliederzahl in der Gruppe steigt. Hier wird dann ein Moderator wichtig, um Ungleichgewichte auszugleichen.

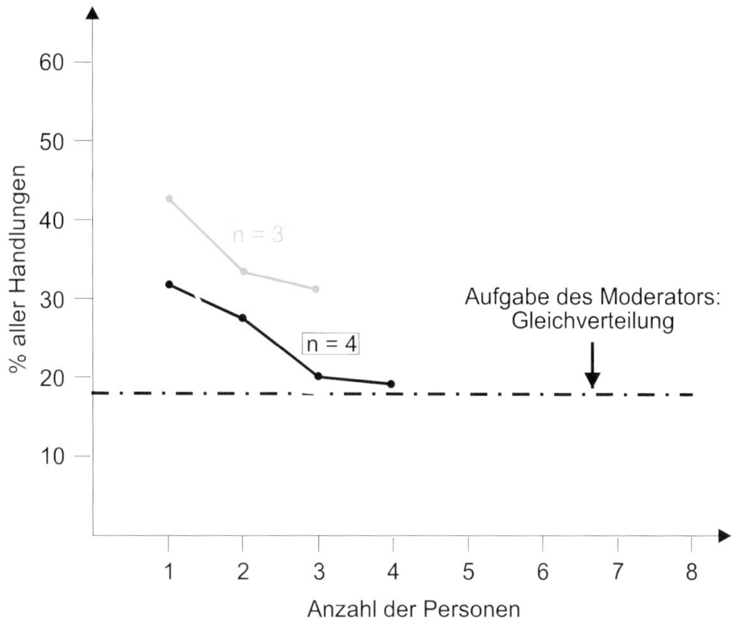

Abbildung 7.17: Aktivitäts-Verteilung von Gruppen (*Grunwald* 1996, 741)

Die optimale **Gruppengröße** basiert psychologisch betrachtet auf dem Ausgleich „psychischer" Kosten, die durch Informationsaufnahme und -verarbeitung entstehen, und dem Nutzen, der sich aus den Synergieeffekten der Gruppe ergibt. 90% aller Gruppen bestehen aus fünf oder weniger Mitgliedern. Diese Anzahl wird von den Gruppenmitgliedern als ideal empfunden, weil die Interaktionsbeziehungen überschaubar bleiben: So liegt die Anzahl der Interaktionshäufigkeiten bei fünf Personen noch bei n = 10, bei sieben Gruppenmitgliedern schon bei n = 21.

Die sich ergebenden Gruppenvorteile verdeutlicht Abbildung 7.18. Die Kreativität nimmt danach bei größeren Gruppen stark ab, weil der Kreativitätszuwachs durch jedes zusätzliche Mitglied durch steigende Komplexität und Reibungsverluste kompensiert wird. Für die Fehlerrate macht sich dagegen das „Gesetz des Fehlerausgleichs" bemerkbar, das mit größerer Mitgliederzahl wirksam wird. Für den Organisationsaufwand bestehen zwei Schwellenwerte: Bei einer Gruppengröße von fünf Personen ist der Organisationsaufwand verhältnismäßig gering, steigt dann aber sprunghaft auf das Doppelte an. Für die Koordination ab vierzig Personen ist schon ein professionelles Management erforderlich, das – gegebenenfalls auch über eine formale Aufbau- und Ablauforganisation – eine Unterteilung in fünf bis sieben Untergruppen organisiert.

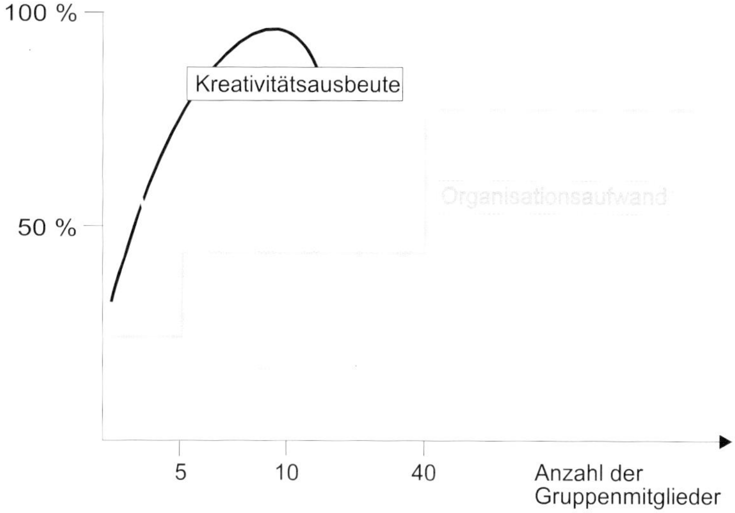

Abbildung 7.18: Gruppenvorteil hinsichtlich Fehlerrate, Organisationsaufwand und Kreativität (nach *Grunwald* 1996, 742)

Um in Gruppen Aufgaben zu bewältigen, ist die organisatorische Kompetenz des Unternehmens gefordert, die inhaltliche Aufgabenverteilung so vorzunehmen, daß trotz klarer Verantwortlichkeiten möglichst autonom und kreativ Arbeiten durchgeführt werden.

Die **Operationalisierung** (Abbildung 7.19) der Gruppenoptimierung leitet sich von den Notwendigkeiten eines wertschöpfungsorienterten Handelns ab: Die Gruppen sehen sich zunehmend

- *organisatorisch* einem unstrukturierten und autonomen Arbeiten,
- *räumlich* einem zunehmend globalen Arbeiten sowie
- *zeitlich* einem zunehmend asynchronen Arbeiten

gegenüber. Erst die Bewältigung dieser Arbeitsanforderungen ermöglicht es der Gruppe als Gesamtheit, unternehmerisch zu agieren. Voraussetzung ist dafür, daß *soziale* Implementationsbarrieren abgebaut werden müssen, die sich aus Streß und Konflikten ergeben. Eingebettet ist die Gruppenoptimierung zwischen strategischer und operativer Ebene. Zudem ist seine Realisierung unmittelbar abhängig von den Vorgaben der Personalbedarfsbestimmung, Personalbestandsanalyse und Personalveränderung. Als Ergebnis des Optimierungsprozesses sind Kostenimplikationen genauso zu erwarten wie spezifische Anforderungen an eine gruppenorientierte Personalführung.

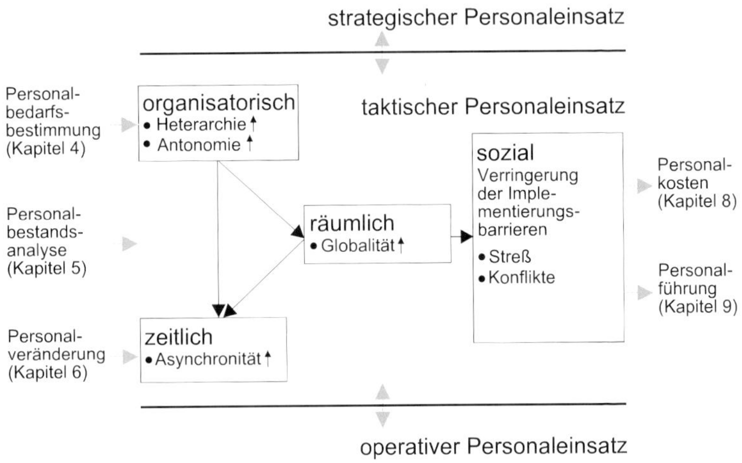

Abbildung 7.19: Operationalisierte Gruppenoptimierung

7.3.2 Organisatorische Dimension: Gruppenformen

Die traditionelle Gruppenform ist die permanente Arbeitsgruppe. Daneben entwickelten sich Gruppenformen, die sich hinsichtlich ihrer organisatorischen Verankerung sowie ihrer Stabilität differenzieren (Übersicht 7.10):

- Integriert in die gegebene Arbeitsorganisation und kontinuierlich errichtet sind die *teilautonomen Arbeitsgruppen*;
- integrierte, aber flexible Bestandteile der Organisation mit explizit temporärem Charakter sind *virtuelle Büros* und *Abteilungen*;
- parallel angelegter Bestandteil der formalen Aufbauorganisation sind zeitlich terminierte, aber dennoch zunächst auf Dauer angelegte *Projektgruppen*;
- ebenfalls parallel zur Primärorganisation errichtet sind *Qualitätszirkel* und *Lernstatt*, die allerdings nur temporär stattfinden.

Die Gruppenformen zu implementieren, arbeitsfähig zu erhalten und ihre Effektivität zu erhöhen, ist Aufgabe des taktischen Personaleinsatzes.

Bezug zur Arbeitsorganisation	**Stabilität des Bestandes**	
	kontinuierlich-terminiert	temporär-flexibel
integrierter Bestandteil	Teilautonome Arbeitsgruppen	virtuelle Büros und Abteilungen
parallel	Projektgruppen	Qualitätszirkel Lernstatt

Übersicht 7.10: Gruppenformen im Unternehmen

Empirischer Befund (GPP): Verwendung ausgewählter Personalmanagementprogramme (in Prozent, Mehrfachnennungen)

Einige Personalmanagementprogramme basieren auf der Gruppe als Bezugsgröße. Amerikanische Unternehmen verwenden häufig Computergestütztes Training und Coaching, französische Teilzeitarbeit und Befristungen, österreichische interne Seminare. Deutsche Unternehmen unterscheiden sich international durch Einsatz von Qualitätszirkeln, Job Sharing und Unternehmensplanspielen.

	D	Ö	USA	F	Sp	Rest	Σ
Teilzeitarbeit	98	84	50	94	27	60	72
Interne Seminare	98	92	67	48	76	81	81
Flexible Arbeitszeit	92	84	50	74	37	60	69
Job Rotation	73	67	42	29	41	53	54
Befristete Verträge	88	45	-	91	41	42	57
Trainee-Programme	80	55	67	85	66	70	70
CBT	61	27	83	50	56	60	52
Planspiele	59	37	25	26	20	35	36
Individuelle Unterstützungssysteme	60	41	36	18	37	26	38
Qualitätszirkel	69	37	27	15	32	55	42
Job Sharing	49	16	30	15	5	40	26
Coaching	67	47	75	39	41	65	54
Gruppe für selbststrukturiertes Lernen	24	10	25	12	10	15	15
Sabbatical	24	35	50	21	-	10	20
Doppel-Karriere-System für Paare	2	2	17	3	2	2	3

7.3.2.1 *Teilautonome Arbeitsgruppen*

Darstellung. Das Konzept der teilautonomen Arbeitsgruppen (vgl. *Bihl* 1973; *Ulich* 1998, 193-207) wurde in Skandinavien entwickelt: Teilautonome Arbeitsgruppen bestehen aus einer Arbeitsgruppe von drei bis zehn Personen und sollen selbstregulierend ohne Intervention einer formellen Führungskraft eine abgeschlossene Aufgabe bearbeiten. Neben einer in Grenzen freien Einteilung der Arbeitszeiten und Pausen regelt die Gruppe partizipativ auch die Vergabe der Aufgaben an die einzelnen Gruppenmitglieder. Dabei wird ein flexibler Arbeitseinsatz in Form einer Job Rotation angestrebt, was eine entsprechende Qualifizierung der Mitarbeiter voraussetzt (vgl. *Antoni* 1996, 25). Eingeschränkt wird die Gestaltungsautonomie lediglich durch Produktionsnormen sowie die ökonomischen Rahmenbedingungen des Unternehmens.

Bewertung. Das Ziel teilautonomer Arbeitsgruppen ist es, die Qualität der Arbeit zu steigern, die Abwesenheitsraten zu verringern und die Motivation der Mitarbeiter zu heben; dabei lassen sich die Produktivitätssteigerungen empirisch stabiler nachweisen als die Fehlzeitenreduktionen (vgl. *Antoni* 1996, 200-203). Ihr Einsatz ist nicht auf bestimmte Branchen beschränkt, wie beispielhaft Konzepte aus der Fahrzeugmontage, der Teilefertigung und Dienstleistungsunternehmen belegen (vgl. *Ulich* 1998, 207-232).

Ein Problem liegt allerdings in der unterstellten Fähigkeit zur Selbststeuerung und Selbstkontrolle der Gruppe, die nicht von vornherein vorausgesetzt werden kann. Im Laufe der Einführung teilautonomer Arbeitsgruppen verändern sich jedoch die Rollenerwartungen insbesondere an die Führungskräfte, die auf gewohnte Formen der Ausnutzung ihrer Machtpotentiale verzichten müssen: Es erfolgt eine Substitution von hierarchischer Macht durch Expertenmacht, die sich in einem veränderten Machtgefüge etabliert.

7.3.2.2 Qualitätszirkel

Darstellung. Qualitätszirkel werden als organisationsstrukturelle Alternative etabliert, um etwa qualitätsorientierte Konzepte wie Total Quality Management in der Praxis zu realisieren (vgl. *Bungard* 1991, 6-8). Sie unterscheiden sich von teilautonomen Arbeitsgruppen durch die Freiwilligkeit der Teilnahme: Die Mitarbeiter treffen sich alle zwei bis vier Wochen zu gemeinsamen Sitzungen, womit die negativen Folgen eines permanenten Gruppendrucks wegfallen sollen. Hinzu kommt die ausgeprägte Qualitätsorientierung (Übersicht 7.11): Sie umfaßt neben der Qualität des Arbeitsergebnisses auch die technische, verfahrensbezogene und soziale Qualität. **Hauptziel** von Qualitätszirkeln ist die Verbesserung der Leistungsfähigkeit des Unternehmens durch verstärkte Einbeziehung der Mitarbeiter mit ihren jeweiligen Qualifikationen aus ihren unmittelbaren Arbeitsbereichen (vgl. *Antoni* 1994, 28-29); daraus leiten sich Einzelziele ab, die sich

- unternehmensbezogen unter anderem auf Wettbewerbsposition und Produktivität,
- gruppenbezogen unter anderem auf Teamfähigkeit und Kommunikation sowie
- mitarbeiterbezogen unter anderem auf Zufriedenheit und Identifikation

beziehen (vgl. *Domsch* 1985, 429-431). Neben ursprünglichen Fragestellungen wie Verringerung der Abfallanteile, Fehlerquoten und Lackdefekten werden heute auch Probleme der Bearbeitungsgeschwindigkeit, Irrläuferzahl und erforderliche Rückfragen als Auslöser beziehungsweise als Objekte für Qualitätszirkel angesehen.

Charakteristisch für Qualitätszirkel ist zum einen die Zusammensetzung aus bis zu zehn Mitgliedern, die aus einem gemeinsamen betrieblichen Erfahrungsbereich stammen: Die in diesem Bereich entstehenden Qua-

	Technische Qualität	Verfahrensqualität	Soziale Qualität
Qualität des Abeits-ergebnisses	Gefertigtes Produkt	Planungsergebnis erstellter Bericht	Dienstleistung
	Einrichtungen Rohlinge Werkzeuge Maschinen Zulieferteile Meßeinrichtungen Material	Methoden Abläufe Organisations-struktur Kontrollverfahren Genehmigungs-verfahren Dienstanweisungen Layout	Einstellung zur Arbeit Kenntnisse Motivation Kooperation Führungsverhalten Arbeits-bedingungen

Übersicht 7.11: Qualitätsbegriff der Qualitätszirkel (nach *Domsch* 1985, 431)

litätsfragen (im weitesten Sinne) werden dann nicht nur durch die Nennung möglicher Lösungen beantwortet, sondern induzieren auch eine unmittelbare Umsetzung der Vorschläge. Charakteristisch ist auch die Organisationsform: „Qualitätszirkel"-Mitglieder sollen gemeinsam Produktqualität identifizieren, analysieren und lösen. Der moderierende Zirkelleiter steht in der Regel im Unternehmen eine Hierarchiestufe höher als die sonstigen Zirkelmitglieder. Ein Koordinator betreut die verschiedenen Qualitätszirkel in einem Unternehmen.

Aus den Zielen und der Gruppenzusammensetzung leitet sich dann ein auf den Einzelfall abzustimmender **Ablaufplan** für die Tätigkeit der Qualitätszirkel ab, der von der Vorbereitung der Qualitätszirkelarbeit bis hin zur Kontrolle ihrer Resultate reicht (Übersicht 7.12). Dieser Ablauf ist noch in das oben angesprochene hierarchische System der Qualitätszirkelarbeit

- Zirkelleiter,
- Koordinator und
- Steuerungskomitee

einzubauen.

Bewertung. Verschiedene Anwendungsberichte und Forschungsarbeiten (vgl. z.B. *Heeg* 1985; *Brandmeier* 1993; *Cuhls* 1993; *Zink* 1995) zeigen eine starke Verbreitung von Qualitätszirkeln. Vergleiche von Qualitätszirkeln konstatieren überwiegend positive Befunde (vgl. *Barrick/Alexander* 1987; *Bungard* 1991, 50-54) sowohl für die Mitarbeiter als auch für Unternehmen. Als wichtig erwies sich auch die Dauer des Bestehens von Qualitätszirkeln, welche offenbar erst im Laufe der Zeit ihre Wirksamkeit erfüllten. Daneben fanden sich jedoch auch Probleme, speziell

Phase		Aktivitäten
1	**Vorbereiten** der Qualitätszirkelarbeit	Willenserklärung der Unternehmensführung Gespräche der Unternehmensleitung mit Führungskräften und Betriebsrat Bildung eines Steuerungskomitees und Auswahl von Koordinatoren und Information Erstellung eines firmenspezifischen Konzeptes Information und Motivation aller Mitarbeiter Detailplanung der Qualitätszirkelarbeit Auswahl/Schulung/Information von Zirkelleitern, Führungskräften, Fachabteilungen
2	**Durchführen** von Qualitätszirkeln	Schulung der Zirkelmitarbeiter Probleminventur durch die Qualitäts-Gruppe Problemrangfolge und -auswahl Abstimmung mit Koordinator Problem-Detailanalyse Entscheidung über weiteres Vorgehen (Abbruch, Problemteilung etc.) Entwicklung von Lösungsvorschlägen Bewertung und Bericht an Koordinator Präsentation der Ergebnisse Auswahl von Umsetzungsalternativen
3	**Umsetzen** der Qualitätszirkelempfehlungen	Entwicklung eines Detail-Aktivitätenplans für die Vorschlagsumsetzung Berichterstattung an Koordinator Abstimmung mit Steuerungskomitee Vorbereitung der Umsetzung (Information, Budget) Tatsächliche und schrittweise Umsetzung
4	**Kontrolle** der Qualitätszirkelarbeit	Erfolgskontrolle durch die Q-Gruppe Überlegungen zur Übertragbarkeit der Ergebnisse auf andere Bereiche Präsentation des Ergebnisberichtes Anerkennung des Einsatzes und der Ergebnisse Entscheidung über das weitere Vorgehen Information aller Mitarbeiter

Übersicht 7.12: Ablauf der Qualitätszirkelarbeit (nach *Domsch* 1985, 432)

- die geringe Anzahl von wissenschaftlich nachprüfbaren Resultaten,
- die häufigen (zwangsläufig positiven) Berichte durch Qualitätszirkelverantwortliche und
- die methodischen Schwächen in bezug auf die Validität der Effektivitätskriterien.

Qualitätszirkel sind aufgrund des lediglich begrenzten Grades an Empowerment de facto Beratungsteams, teilautonome Arbeitsgruppen im

Gegensatz dazu aufgrund der Aufgabendelegation bereits Projekt- und Handlungsteams (vgl. *Weinert* 1998, 401). Bei Qualitätszirkeln besteht zudem die Gefahr, daß viele der positiven Befunde mit Qualitätszirkeln auf einen Hawthorne-Effekt (trotz konstanter Arbeitsbedingungen verbessert sich die Leistung von Mitarbeitern bereits, wenn Forscher anwesend sind und Interesse an den Mitarbeitern zeigen) zurückführbar sein könnten: Danach sind nicht die Qualitätszirkel selbst für das positive Ergebnis verantwortlich, sondern vielmehr die Involvierung der Betroffenen unabhängig von den Inhalten.

Überlappende Innovationszirkel als Erweiterung. Ein erweitertes Konzept zu Qualitätszirkeln sind die überlappenden Innovationszirkel (Abbildung 7.20). Ausgangspunkt dieser Überlegung ist, daß (vgl. *Hilb* 1995, 167-170)

- Tätigkeiten, die persönlichen und gesellschaftlichen Sinn, Befriedigung und Freiraum bieten, sowie
- Beziehungen zu Führungskräften, Kollegen und Mitarbeitern, die von Vertrauen und gegenseitiger Achtung geprägt sind,

die entscheidenden Faktoren sind, die Leistung und Arbeitszufriedenheit positiv beeinflussen. Daher treffen sich die Mitglieder der Organisationseinheiten in regelmäßigen Abständen und unter Leitung einer Führungskraft als Moderator zu Gesprächsrunden. Diese Gruppen wählen und analysieren selbständig Themen aus dem eigenen Arbeitsbereich und erarbeiten dazu anhand vorher erlernter Problemlösungs-, Kreativitäts- und Präsentationstechniken selbständig Lösungsvorschläge und kontrollieren ihre Ergebnisse.

Abbildung 7.20: Konzept der überlappenden Innovationszirkel (*Hilb* 1995, 168)

Im Unterschied zu Qualitätszirkeln werden überlappende Innovationszirkel nicht nur durch einzelne Bereiche der unteren Führungsebenen, sondern durch alle Abteilungen aus der gesamten Hierarchie veranstaltet – und zwar obligatorisch und unter Leitung einer Führungskraft anstelle eines gesondert geschulten Moderators (vgl. *Hilb* 1995, 169). Die überlappenden Innovationszirkel kommen damit der Forderung einer vertikalen und horizontalen Kooperation zur Sicherung der Wettbewerbsfähigkeit entgegen.

7.3.2.3 Lernstatt

Darstellung. Die Lernstatt wurde zu Beginn der 70er Jahre als „deutsche Alternative" zum Qualitätszirkel entwickelt (vgl. *Einsiedler/Knura* 1984; *Kunstek* 1986; *Deppe* 1990, 82-120; *Wahren* 1994, 52-56): Ihr Kern ist eine autonom arbeitende Kleingruppe, die Inhalt und Ablauf der Gruppenarbeit frei bestimmt. Im Unternehmen werden mehrere solche Lernstattgruppen aus den Reihen der Mitarbeiter gebildet. Die Lernstattgruppen bestehen aus 8 bis 12 freiwilligen Teilnehmern. Ihre Sitzungen finden in der Regel wöchentlich für die Dauer von circa vier Monaten statt. Jeder Lernstattgruppe sind ein bis zwei Moderatoren als Gruppenberater zugeordnet, die Gruppenprozesse in Gang bringen und gegebenenfalls steuern. Die Moderatoren rekrutieren sich aus den Reihen der Meister oder Gruppenführer und sind wiederum in einer Supervisionsgruppe zusammengefaßt.

Lernziele von Lernstattaktivitäten liegen im weiten Feld von Personal- und Organisationsentwicklung: Individuelle Lernprozesse sind danach genauso anstrebbar wie kollektives oder prozeßbezogenes Lernen. Die Ergebnisse der Lernstatt haben Vorschlagscharakter, ein Entscheidungsrecht zur Umsetzung der entwickelten Lösungen besitzt die Lernstattgruppe nicht.

Bewertung. Die Einführung der Lernstatt hängt ab vom Willen der Unternehmensleitung, den Mitarbeitern Selbständigkeit, Partizipation und auch Provokationsfreiräume einzuräumen, sowie dem Engagement und der Bereitschaft zur Gruppenarbeit bei den Mitarbeitern. Als **Rahmenbedingung** kommt auch bei der Lernstatt der spezifischen Unternehmenskultur erhebliche Bedeutung zu: Sie steuert

- die Bereitschaft zur Implementation von Lernstattaktivitäten (Promotoren in allen Hierarchieebenen),
- die Themenwahl sowie
- den Gruppenprozeß,

ist also letztlich (mit-)ausschlaggebend für den Erfolg. Die Lernstatt läßt sich umgekehrt auch zur Kulturverstärkung einsetzen: Im Hinblick auf Enkulturation wird neuen Mitarbeitern durch intensiven Kontakt zu Kulturträgern die „typische" Unternehmenskultur vermittelt.

7.3.2.4 Projektgruppen

Darstellung. Projektgruppen werden zusätzlich zu einer bestehenden hierarchischen Struktur für die Bewältigung von innovativen oder komplexen Nicht-Routineaufgaben eingerichtet, und zwar als temporäre Arbeitsgruppen mit begrenzter Weisungsbefugnis. Die Mitarbeiter in diesen Projektteams stammen aus allen für die Projektaufgabe relevanten Bereichen der Organisation und kehren nach der Bewältigung der Aufgabe in ihre ursprüngliche oder eine neue Position der Hierarchie zurück (vgl. *Staehle* 1999, 769-772).

Der Projektablauf läßt sich in Planung, Realisierung sowie Kontrolle der Teilprozesse und Zusammenführung unterteilen. Hierfür gibt es mehrere **Varianten** (vgl. *Krüger* 1994, 384-390):

- *Lineare* Modelle sehen den einmaligen Durchlauf von Phasen wie Analyse, Erstellung des funktionalen und technischen Entwurfs und Realisierung vor.
- *Zyklische* Modelle treten meist in teilzyklischer Form auf, bei der zumindest die Planungsphasen mehrfach durchlaufen und zunehmend konkretisiert beziehungsweise detailliert werden.
- Das *Prototyping* impliziert ebenfalls einen bewußt mehrfachen Durchlauf der Projektphasen, bei dem zunächst Beispielsysteme entworfen werden, die bereits alle wesentlichen Merkmale des späteren Endproduktes aufweisen.
- *Versionenkonzepte* gehen davon aus, daß besonders bei hochkomplexen Projekten Totalansätze des linearen und zyklischen Modells nicht zum Ziel führen. Stattdessen werden sukzessiv verbesserte Versionen erstellt und in einen evolutorischen Systementwicklungsprozeß eingebettet.

Für die jeweiligen Phasenkonzepte sind Konkretisierungen erforderlich, die angesichts der zunehmend erfolgskritischen Bedeutung der Geschwindigkeit von Projektentwicklungen häufig die Parallelität von Abläufen vorsehen (Simultaneous Engineering). Der Verzicht auf ein streng serielles Vorgehen durch Simultaneous Engineering bringt zwar den *Nachteil* eines verstärkten Planungsaufwandes mit sich, hat aber zwei entscheidende *Vorteile*: Zum einen wird die Entwicklungszeit verkürzt, zum anderen erfolgen informatorische Querbeziehungen zwischen den einzelnen Phasen mit dem Ergebnis, daß Modifikationen eher durchgeführt werden können.

7.3.2.5 Virtuelle Büros und Abteilungen

Die Besonderheit von virtuellen Büros und Abteilungen besteht im Gegensatz zur Projektbildung in der höheren Flexibilität, dem Verzicht auf räumliche Verbindung und dem Inszenieren einer integrativen Gesamtwirkung quer über alle Kernkompetenzträger.

	Virtuelles Büro	Virtuelle Abteilung
Konstituierende Charakteristika	– sequentielle, aber teilweise auch zeitgleiche Bearbeitung von Dokumenten durch mehrere Personen in einem virtuellen arbeitsteiligen Prozeß – informelle „face-to-face"-Kommunikation zwischen den im virtuellen Büro Tätigen	– Existenz einer Leitungsebene – langfristige Konstanz bezogen auf Existenz und personelle Besetzung
Fehlende physikalische Attribute	– räumliche Verbundenheit der Akteure	– räumliche Verbundenheit – exklusive Zuordnung der Mitglieder der Abteilung zu einer einzigen Führungskraft
Spezielle Zusatzspezifikationen	– multimediale Kommunikationsstruktur – Existenz oder Schaffung einer Vertrauenskultur – hohe Professionalität bei den Betroffenen	– auf Kernkompetenzen basierende Unternehmensleitung höchster Professionalität, deren Teile sich aufgaben- und fallspezifisch zur virtuellen Abteilung aktivieren – breite Vertrauenskultur – hoch entwickelte multimediale Informationstechnologie
Nutzeneffekte	– effiziente Nutzung von Räumen und Ressourcen – Einsparung von Büroflächen – größere Flexibilität und Anpassungsfähigkeit	– Reduktion der für (nichtvirtuelle) Abteilungen typischen Intra-Abteilungsprobleme – effiziente Nutzung von Kernkompetenzen – größere Flexibilität und Anpassungsfähigkeit

Übersicht 7.13: Virtuelle Büros und Abteilungen im Vier-Merkmal-Schema (nach *Scholz* 1997a, 352+363)

Darstellung. Zur Bewältigung komplexer Managementaufgaben finden in Büros und Abteilungen vermehrt integrierte, prozeßorientierte Informations- und Steuerungssysteme Anwendung. Diese lassen sich auch nach dem Prinzip der virtuellen Organisation strukturieren. Bezogen auf das Vier-Merkmal-Schema der Virtualität (Übersicht 7.13) ist dazu die Realisierung der speziellen Zusatzspezifikationen erforderlich, um die Nutzeneffekte zu erschließen: Während es beim virtuellen Büro tendenziell um die Bewältigung einer räumlich-strukturierten Aufgabenstellung geht, fokussiert die virtuelle Abteilung auf eine sachlogische Frage.

In unternehmensinternen virtuellen Strukturen arbeiten sich selbst steuernde Teams von Mitarbeitern. Diese kennen definitionsgemäß kein „Führungskraft-Mitarbeiter-Verhältnis". Deshalb stellt der Leiter der virtuellen Abteilung eher einen Moderator dar, der informiert, Aktivitäten koordiniert und für optimale Arbeitsbedingungen sorgt. Er schafft eine gemeinsame Vision, entwickelt eine Strategie und hält das Team zusammen. Er gewährleistet nicht zuletzt auch Sicherheitsgefühle durch klare organisatorische Verantwortung.

Bewertung. Der Leiter der virtuellen Abteilung hat in bezug auf den Personaleinsatz allenfalls zeitanteilsmäßigen Zugriff auf Mitarbeiter, die ihm im Rahmen definierter Zeitkontingente zur Verfügung stehen und zudem noch selber über ihren Einsatz mitentscheiden. Dies macht eine entsprechende Auseinandersetzung mit dem informellen Beziehungsnetz einer solchen Abteilung nötig. Hinzu kommt als Voraussetzung für einen Personaleinsatz die Notwendigkeit, den Wertschöpfungsbeitrag der in virtuellen Strukturen bearbeiteten Aufgaben zu kommunizieren, denn dieser ist das hauptsächliche Entscheidungskriterium für die Allokation von Arbeitskraft.

7.3.2.6 Zusammenführung

Die dargestellten Gruppenformen lassen sich aufgabenbezogen im Unternehmen einsetzen. Trotz ihrer ähnlichen Grundausrichtung sind inhaltliche und prozedurale Unterschiede festzuhalten (Übersicht 7.14): Sie erzwingen im konkreten Einzelfall eine präzise Formulierung der mit der jeweiligen Gruppenform verfolgten Ziele.

7.3.3 Globale Dimension: Gruppeninternationalisierung

Die zunehmende Internationalisierung der Unternehmen stellt den Personaleinsatz auf taktischer Ebene vor zusätzliche Herausforderungen, die sich aus den heterogenen Kulturen für Gruppen ergeben. Bereits die Übertragung von Gruppenformen wie Qualitätszirkel, die in Japan entwickelt wurden, auf andere Länder ist beispielsweise kritisch, wenn man etwa die landeskulturell unterschiedliche Wertigkeit von Individuum und Kollektiv berücksichtigt. Demzufolge sind Schwierigkeiten zwischen Kulturen auch innerhalb von globalen Teams und in international zusammengesetzten Gruppen ein besonders sensibler Bereich.

	Teilautonome Arbeitsgruppe	Qualitätszirkel	Lernstatt	Projektgruppe	Virtuelle Büros und Abteilungen
Aufgabenstellung	exakt vorgegeben, arbeitsablaufbezogen	vorgegeben, zum Teil selbst gestellt	frei gewählt	durch konkrete Probleme vorgegeben	durch existenten Bedarf von (internen) Kunden gegeben
Inhalt	aufgabenbedingt	problembezogen	frei wählbar	problem- und qualifikationsbezogen	problembezogen
Strukturierung	mittlerer Strukturierungsgrad	stark strukturiert	schwach strukturiert	stark strukturiert	schwach strukturiert
Zeitbezug	zeitlich unbegrenzt selbständige Einrichtung	zeitlich begrenzt unselbständige Einrichtung	zeitlich begrenzt selbständige Einrichtung	zeitlich begrenzt selbständige Einrichtung	temporäre Existenz selbständige Einrichtung
Gruppenzusammensetzung	homogen, entsprechend dem Aufgabenzusammenhang	homogen, entsprechend der Aufgabenstellung	identische oder bewußt differierende Arbeitserfahrungen	heterogen, entsprechend der Projektaufgabe	heterogen aus Kernkompetenzträgern, entsprechend der Aufgabe
Ergebnisbewertung	kurzfristige Ergebnisbewertung möglich mittelfristige Abstimmungsprobleme in der Gruppe	Ergebnisse kurzfristig bestimmbar kurzfristig Anfangserfolge, mittelfristig Ernüchterung bei komplexen Problemen	mittelfristige Ergebnisbewertung möglich und sinnvoll Zurechnung zu Lernstattaktivitäten schwierig	Ergebnisse problembezogen bestimmbar abhängig vom Planungserfolg	Ergebnisse problembezogen bestimmbar abhängig von Evaluation durch (interne) Kunden
Zielhierarchie	Motivationsgewinne und damit Verbesserung des Arbeitsergebnisses Flexibilitätssteigerung Qualifikationsgewinne	Verbesserung des Arbeitsergebnisses Verbesserung der Zusammenarbeit Mitarbeiterqualifikation und -motivation Lernaspekt	Mitarbeiterqualifikation (Lernaspekt) Verbesserung der Zusammenarbeit Verbesserung des Arbeitsergebnisses Enkulturation	Problemlösung Verbesserung abteilungsübergreifender Zusammenarbeit Lernerfolge hinsichtlich weiterer Projekte	Problemlösung Verbesserung individueller Kernkompetenzen Flexibilitätssteigerung

Übersicht 7.14: Vergleich von Gruppenformen

Gruppeneffektivität. *Hambrick et al.* (1998) schlagen einen konzeptionellen Rahmen zur Untersuchung des Einflusses kultureller Werte auf die Zusammenarbeit in kulturell heterogenen, multinationalen Arbeitsgruppen vor. Dieser Forschungsansatz basiert auf drei grundlegenden **Überlegungen**:

- Die *Nationalität* beeinflußt eine Person in einer Vielzahl miteinander verbundener Aspekte, beginnend bei tiefliegenden Werten bis hin zu offensichtlichen Unterschieden wie der Sprache. Dies betrifft sowohl das Verhalten dieser Person als auch die Art und Weise, wie sie in einer multinationalen Arbeitsgruppe wahrgenommen wird.

- Der Erfolg einer multinationalen Arbeitsgruppe hängt von zahlreichen Faktoren ab. Besonders wichtig ist hierbei die Kombination aus *Art und Umfang* der nationalen Unterschiede zwischen den Gruppenmitgliedern und der Art der zu erfüllenden Aufgabe.
- Multinationale Gruppen nehmen gegenwärtig neben ihrer eigentlichen Aufgabe häufig noch weitere wichtige *Funktionen* wahr: Im Rahmen eines globalen Personalmanagements dienen sie der Suche, der Motivation und Entwicklung hochqualifizierter und -talentierter Mitarbeiter.

Die Autoren beziehen diese Überlegungen auf verschiedene Analyseobjekte: die individuellen Charakteristika der Gruppenmitglieder, die Auswirkungen nationaler Unterschiede auf die Funktionsfähigkeit und den Erfolg der Gruppe sowie schließlich auf den Zusammenhang zwischen der Unternehmenspolitik und dem Nutzen der multinationalen Arbeitsgruppe. Dabei identifizieren *Hambrick et al.* in Anlehnung an *Jackson* (1992) drei **Aufgabentypen**, die berücksichtigt werden müssen, wenn Aussagen über die Gruppeneffektivität getroffen werden sollen:

- *Kreative* Aufgaben können auf vielerlei höchst unterschiedliche Art gelöst werden, indem unterschiedliche Stimuli oder Informationen genutzt werden. Es gibt keinen one-best-way der Problemlösung.
- *Rechnungsorientierte* Aufgaben verlangen klare Informationen, die gesammelt und analysiert werden müssen. Hier existieren häufig eindeutige Standards über die richtige und überlegene Lösung.
- *Koordinierende* Aufgaben verlangen eine gut abgestimmte Interaktion zwischen den Gruppenmitgliedern. Gefragt ist also weniger Kreativität, sondern vielmehr Verläßlichkeit, Geschwindigkeit und Kompromißfähigkeit.

Um die verschiedenen Aufgabentypen jeweils effektiv durchzuführen, sind spezielle Gruppenzusammensetzungen erforderlich. Sie hängen von vier Faktoren ab (Abbildung 7.21): von unterschiedlichen Werte-, Kognitions-, Verhaltens- und Sprachschwierigkeitsstrukturen innerhalb der Gruppen.

Kulturwiderstand. Einen anderen Ansatz verfolgen *Kirkman* und *Shapiro* (1997), die Kultur als erklärende Variable für Effektivität von selbstgesteuerten Gruppen in ausländischen Niederlassungen heranziehen. Sie schlagen ein Modell vor, das die Untersuchung des Einflusses kultureller Werte auf den **Widerstand** von Mitarbeitern gegen Teams ermöglicht. Ihre Überlegungen gehen von der Situation US-amerikanischer Firmen aus, die über Niederlassungen im Ausland verfügen. Danach wird die Errichtung von selbststeuernden Teams („self-managing work teams“) vielfach als effektive Lösung betrachtet, um die internationale

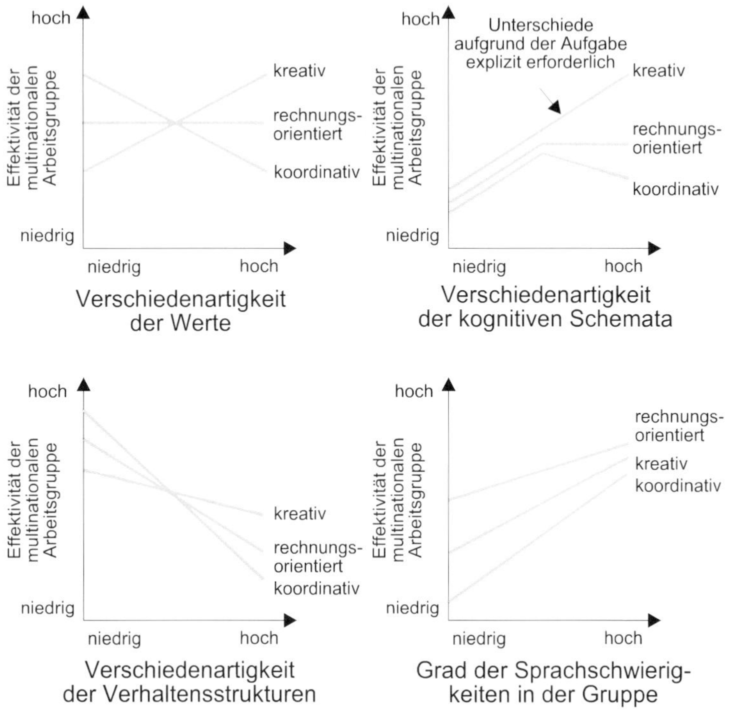

Abbildung 7.21: Vermutete Zusammenhänge zwischen dem Ausmaß der nationalen Unterschiede und der Gruppeneffektivität (*Hambrick et al.* 1998, 196)

Wettbewerbsfähigkeit zu sichern. Diese Teams basieren im wesentlichen auf zwei dynamischen Komponenten, dem Prozeß des Selbstmanagements und einer durch Zusammenarbeit gekennzeichneten Teamarbeit. Dabei werden selbstgesteuerte Teams durch verschiedene Charakteristika gekennzeichnet:

- das Team kontrolliert die individuelle Aufgabenzuordnung;
- es existiert eine identifizierbare oder ganzheitliche Aufgabe;
- die Verantwortung für Qualitätskontrolle, Vertrieb, Fehlzeiten und Training liegt beim Team;
- das Team erhält eine gruppenbezogene Vergütung sowie Erfolgsfeedback.

Die kulturellen Werte und Wahrnehmungen, die Einfluß auf die Teameffektivität besitzen, resultieren in Widerständen gegenüber dem Selbstmanagement als auch gegenüber der Arbeit in Teams (Abbildung 7.22).

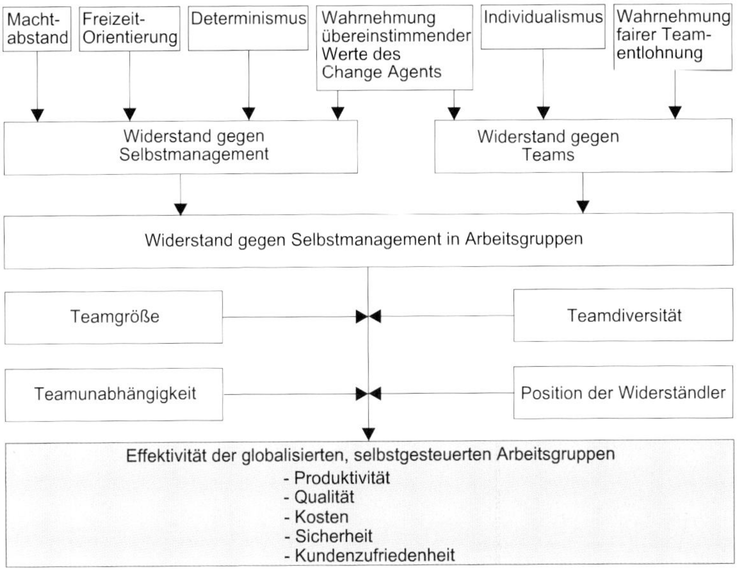

Abbildung 7.22: Modell zur Effektivität in globalisierten, selbstgesteuerten Arbeitsgruppen (nach *Kirkman/Shapiro* 1997)

Ausgehend von den vier kulturellen Werten Machtabstand, Freizeitorientierung, Determinismus und Individualismus entwerfen *Kirkman* und *Shapiro* eine „diagnostic map", die Praktikern eine Hilfestellung bei der Problemidentifikation gibt (Übersicht 7.15).

7.3.4 Zeitliche Dimension: Gruppenabstimmung

Das zentrale Problem ist allerdings die **Asynchronität der Arbeit**, die nicht nur in globalen Teams gegeben ist. Wenn Menschen zu unterschiedlichen Zeiten arbeiten, ist es eine schwierige Aufgabe, sicherzustellen, daß ein konstanter Leistungserstellungsprozeß mit wechselnden Akteuren erfolgen kann.

Gerade in bezug auf gegenseitige Abstimmungen zur Kooperation in Teams sind daher neben der Auswahl des geeigneten Kommunikationsmittels auch spezifische *Kommunikationserfordernisse* mit internen und externen Personen relevant (Übersicht 7.16). Sie hängen dabei von der zugestandenen Autonomie und dem im Abstimmungsprozeß geforderten Ausmaß an Innovation ab; zudem sind sie dadurch beeinflußt, ob Entscheidungen allein getroffen werden können oder gemeinsam getroffen werden müssen.

Szenario	Kulturelle Werte				Voraussichtlicher Widerstandsgrad	
	Machtabstand	Freizeitorientierung	Determinismus	Individualismus	Selbstmanagement	Teams
1	hoch	hoch	hoch	hoch	4	2
2	hoch	hoch	hoch	niedrig	4	1
3	hoch	hoch	niedrig	hoch	3	2
4	hoch	niedrig	hoch	hoch	3	2
5	niedrig	hoch	hoch	hoch	3	2
6	niedrig	niedrig	hoch	hoch	2	2
7	niedrig	hoch	niedrig	hoch	2	2
8	hoch	niedrig	hoch	niedrig	3	1
9	hoch	hoch	niedrig	niedrig	3	1
10	niedrig	niedrig	niedrig	hoch	2	2
11	niedrig	hoch	hoch	niedrig	3	1
12	niedrig	niedrig	niedrig	hoch	1	2
13	niedrig	niedrig	hoch	niedrig	2	1
14	hoch	hoch	niedrig	niedrig	2	1
15	hoch	niedrig	niedrig	niedrig	2	1
16	niedrig	niedrig	niedrig	niedrig	1	1
1 = niedrig; 2 = hoch; 3 = sehr hoch; 4 = extrem hoch						

Übersicht 7.15: „diagnostic map" zur Problemidentifikation (nach *Kirkman/Shapiro* 1997, 748)

Kriterien zur Bewertung der Kommunikation ergeben sich aus der Wirtschaftlichkeit, der technischen Funktionalität, den Ansprüchen der Mitarbeiter im Sinne einer Humanisierung der Arbeit, den Ansprüchen der Kooperationspartner etwa in virtuellen Verbünden sowie den Ansprüchen und Informationsbedürfnissen externer Gruppen wie Kunden.

Multimediale Gruppenabstimmung. Die Einbindung von Personen in ein Arbeitssystem läßt sich multimedial unterstützen. Ein Beispiel ist die Software **ICQ** („I seek you"). Sie ermöglicht Internetnutzern die Bildung dezentraler, aber simultaner Zusammenarbeit an derselben Aufgabe. Das Programm funktioniert dabei wie ein Internet-Pager: Sobald sich der Nutzer mit seiner individuellen UIN (Uniform Internet Number) ins Netz einloggt, meldet sich das Programm bei einem ICQ-Server an. Dieser Server teilt dann zum einen vorher definierten Personen mit, daß der Nutzer gerade am PC arbeitet. Zum anderen sendet er Informationen über bereits eingeloggte, ebenfalls vorher zu bestimmende Benutzer an ihn zurück. Auf diese Weise ist es möglich, den Teambildungsprozeß von räumlich getrennten Personen zu organisieren: In dem Moment, in dem eine Person am PC erreichbar ist, kann sie nahezu verzögerungsfrei

Intern	Extern
Stufe 1: Kommunikation über die Ausführung vorgegebener Vorgehensweisen. Die Kommunikation bezieht sich auf gelegentliche Variationen im Arbeitsablauf, z.B. auf das Entgegennehmen oder die Weitergabe von Informationen, die bei der Bearbeitung eines Arbeitsauftrages berücksichtigt werden müssen.	**Stufe 1: Kommunikation zur Übertragung von Informationen.** Die Kommunikation bezieht sich auf die Übermittlung relevanter Informationen.
Stufe 2: Kommunikation über die Bestimmung einer Vorgehensweise. Die Kommunikation bezieht sich auf die gemeinsame Abstimmung, welche der vorgegebenen und bekannten Vorgehensweisen bei der Bearbeitung des jeweiligen Arbeitsauftrages anzuwenden ist.	**Stufe 2: Kommunikation über die Bereitstellung oder Auswahl von Informationen.** Die Kommunikation bezieht sich auf die Auswahl und Bereitstellung je nach Situation unterschiedlicher Informationen.
Stufe 3: Kommunikation über das Vergegenwärtigen einer Vorgehensweise. Die Kommunikation bezieht sich auf das gemeinsame Vergegenwärtigen der Vorgehensweise vor oder während der Bearbeitung eines Arbeitsauftrags. Das Vorgehen wird gemeinsam durchgesprochen.	**Stufe 3: Kommunikation zur Festlegung geeigneter Handlungsmöglichkeiten durch die externe Person.** Die Kommunikation bezieht sich auf einen Informationsaustausch hinsichtlich verschiedener Handlungsmöglichkeiten der externen Person, aus denen diese anschließend die geeignete Möglichkeit auswählt.
Stufe 4: Kommunikation über eine Entscheidung. Die Kommunikation bezieht sich auf eine gemeinsam zu treffende Entscheidung, die unterschiedliche Alternativen des Arbeitsablaufs zur Folge hat; diese müssen hinsichtlich ihrer Angemessenheit gemeinsam überprüft werden.	**Stufe 4: Kommunikation zur Festlegung geeigneter Handlungsmöglichkeiten durch den Arbeitenden.** Die Kommunikation bezieht sich auf einen Informationsaustausch hinsichtlich verschiedener Handlungsmöglichkeiten der externen Person, aus denen der Arbeitende anschließend die geeignete auswählt.
Stufe 5: Kommunikation über mehrere Entscheidungen. Die Kommunikation bezieht sich auf mehrere gemeinsam zu treffende Entscheidungen, die unterschiedliche Alternativen des Arbeitsablaufs zur Folge haben; diese müssen mindestens zweimal im Verlauf eines Arbeitsauftrages hinsichtlich ihrer Angemessenheit gemeinsam überprüft werden.	**Stufe 5: Kommunikation zur Abstimmung einer gemeinsamen Zielstellung.** Die Kommunikation bezieht sich auf ein gemeinsames, vorgegebenes Ziel, für dessen Erreichung unterschiedliche Handlungsmöglichkeiten durchzuspielen und aufeinander abzustimmen sind.
Stufe 6: Kommunikation über Entscheidungen für mehrere Teilprozesse. Die Kommunikation bezieht sich auf gemeinsame Entscheidungen für mehrere Teilprozesse, wobei gemeinsam darauf geachtet werden muß, daß sich die geplanten Realisierungen nicht gefährden, sondern ergänzen.	**Stufe 6: Kommunikation zur Erarbeitung einer gemeinsamen Zielstellung.** Die Kommunikation bezieht sich auf die Erarbeitung einer gemeinsamen Zielstellung, wobei die Handlungsmöglichkeiten der externen Person und des Arbeitenden durchzuspielen und im Hinblick auf die angestrebte Zielstellung abzustimmen sind.
Stufe 7: Kommunikation über die Entwicklung neuartiger Vorgehensweisen. Die Kommunikation bezieht sich auf die gemeinsame Überlegung und Erprobung neuer Vorgehensweisen, um einen neuen Lösungsansatz zu entwickeln.	

Übersicht 7.16: Interne und externe Kommunikationserfordernisse
(nach *Dunckel* 1996, 142-143)

in den Arbeitsprozeß eingebunden werden. Der Vorteil des Systems besteht darin, daß die nun folgende Kommunikation nicht über den ICQ-Server abläuft, sondern direkt zwischen den verbundenen Rechnern.

Über ICQ ist es möglich, Nachrichten und Dateien zu versenden oder einen Chat zu organisieren. Des weiteren arbeitet ICQ mit Anwendungen wie beispielsweise Internet-Telefonen und Videokonferenzen zusammen. Die Zeitspanne, um ein Team multimedial zusammenzusetzen, verkürzt sich. Ebenso kann man auf diesem Weg zur Problemlösung benötigte Experten kontaktieren, unabhängig davon, wo sie sich gerade aufhalten. Einzige Vorraussetzung ist, daß sie sich ebenfalls im Internet befinden und ihre UIN-Nummern bekannt sind.

Interessant ist es ICQ auch mit **Documentsharings** über das Internet zu kombinieren. Beim Documentsharing werden Dateien dezentral durch mehrere Benutzer online bearbeitet. Die Dokumente sind auf einem bestimmten Server gespeichert und von dort aus abruf- und editierbar. Hierzu brauchen die Nutzer keinerlei Kenntnisse von Internet-Programmiersprachen, sondern bearbeiten die Texte ähnlich wie in einem Textverarbeitungsprogramm.

So und ähnlich lassen sich über das Internet selbst komplexeste Arbeitsaufgaben teamorientiert lösen, ohne daß die Mitglieder räumlich zusammentreffen müssen: Konkret geht es bei der multimedialen Kommunikationsunterstützung um (vgl. *Mertens/Griese/Ehrenberg* 1998, 124)

- *Message-Handling* zur Unterstützung asynchroner, verteilter Kommunikation,
- *Tele- und Videoconferencing* zur synchronen Audio- und Videokommunikation sowie
- *Electronic Meetings* zur variablen, orts- und zeitunabhängigen Koordination.

Diese Instrumentarien substituieren immer stärker die traditionellen Telefon-, Fax- und Mailsysteme.

7.3.5 Soziale Dimension: Gruppenverhalten

Aus wertebezogener und sozialer Perspektive zielt das Personaleinsatzmanagement darauf ab, den Mitarbeitern Spielräume bei der Ausgestaltung und Erfüllung ihrer Arbeit zu gewähren, um so komplexe Aufgabenstellungen besser bewältigen zu können.

Ziel des Personaleinsatzmanagements auf taktischer Ebene ist es daher, in enger Zusammenarbeit mit der Personalentwicklung die Gruppenzusammensetzung so zu gestalten, daß deren Mitglieder

- durchsetzungsfähig und überzeugend,
- einfühlsam,

- konfliktfähig,
- verantwortungsbereit,
- diversitätsfähig sowie
- selbstkritisch

sind (vgl. *Caudron* 1994, 43), um so die positiven Effekte sich selbststeuernder Teams zu gewährleisten. Je mehr Selbstorganisationsfreiräume einer Gruppe zur Verfügung stehen, desto stärker ist sie jedoch auch für die Bewältigung von gruppendynamischen Friktionen verantwortlich, die sich als Implementationsbarrieren von Teamstrukturen ergeben. Die Gruppe ist dabei aber nicht auf sich alleine gestellt: Bei der Verminderung von Streß und der Bewältigung von Konflikten leistet das taktische Personaleinsatzmanagement wichtige Beiträge.

7.3.5.1 Gruppenzusammensetzung

***Gurnee* (1962)**	Lernprozesse werden mit steigender Intelligenz der Probanden von diesen alleine besser als in Gruppen bewältigt, wobei weniger intelligente Personen stärker als hoch intelligente Personen von der Gruppensituation profitieren.
***Lorge/Tuckmann* (1962)**	Gruppenentscheidungen werden weniger durch Interaktion in der Gruppe als stärker durch die Einwirkung höher qualifizierter Gruppenmitglieder verbessert.
***Toman* (1976)**	Erstgeborene haben eine durch Sozialisation erworbene Fähigkeit zum Führen, können selbständig arbeiten und streben nach Macht. Nachgeborene besitzen die Fähigkeit zur Einordnung und Unterordnung.
***Goldmann* (1965)**	Ergebnis des Laborexperiments ist, daß hoch- und geringqualifizierte, nicht aber mittelqualifizierte Personen in homogenen Gruppen zu besseren Ergebnissen kommen, in gemischten Gruppen die hochqualifizierten Gruppenmitglieder das Ergebnis prägen und der Gruppeneffekt mit fallender Qualifikation der Mitglieder zunimmt.
***Laughlin/Johnson* (1966); *Laughlin et al.* 1975; 1976)**	Homogene Gruppen hochqualifizierter Personen erzielen bessere Ergebnisse als gemischt qualifizierte Gruppen.
***Liebe-Harkort* (1976, 121-135)**	Heterogen zusammengesetzte Gruppen erzielen bei der Lösung schwieriger Probleme bessere Ergebnisse als homogene Gruppen.
***Yetton/Bottger* (1983, 148-152)**	Die Gruppenleistung steigt unter relativ realitätsnahen Bedingungen mit den Fähigkeiten der Mitglieder.

Übersicht 7.17: Frühe Studien zum Einfluß von Gruppenmerkmalen auf Gruppenentscheidungsprozesse

Die Kombination von Mitarbeitern in Arbeitsgruppen ist ein Prozeß, der einerseits von der Aufgabenstellung, andererseits von den Eigenschaften der zur Verfügung stehenden Mitarbeiter abhängt. Um das Ziel einer „optimalen Gruppenzusammensetzung" zu erreichen, werden Entscheidungskriterien sowie Methoden zur Unterstützung der Gruppenbildung benötigt. Eine derartige Gruppenbildung ist zunächst eine **psychologische Koordination**, bei der unterschiedliche Gruppenmerkmale so aufeinander abgestimmt werden können, daß im Zeitablauf eine Parallelisierung der Gruppen eintreten kann.

Theoretische Erklärungsversuche und experimentelle Untersuchungen von Gruppenentscheidungsprozessen bleiben in empirischen Studien (Übersicht 7.17) relativ unbefriedigend. Ein Grund dafür liegt in der Komplexität **situativer** Variablen, die sich nur schwer reduzieren beziehungsweise kontrollieren läßt. Wie aber Laborexperimente (z.B. *Scholz* 1989a, 282-290) zeigen, lassen sich empirisch überprüfbare Aussagen treffen, die Persönlichkeitsmerkmale und Aufgabenstellungen in Verbindung setzen und ihre Wirkungen auf die Effizienz von Gruppenprozessen erkennbar machen.

7.3.5.2 Streßverminderung

Streßverminderung als Aufgabe des taktischen Personaleinsatzmanagements zielt zum einen auf die personale Gruppenzusammensetzung, zum anderen auf die allgemein ursachenbezogene Streßvermeidung.

In diesem Zusammenhang präsentieren *Dempcy* und *Tihista* (1996) einen anschaulichen Ansatz, um das Phänomen Streß begreifbar zu machen. Sie definieren „**Streß-Facetten**" als Einstellungen, Überzeugungen und Antwortmuster von Personen, durch die Streß entsteht und verstärkt wird:

- Der *Gefaller* (pleaser) ist der Teil der Persönlichkeit, der gefallen möchte, entgegenkommend, kooperativ, hilfsbereit und nett sein will. In einer streßfreien Umgebung ist der Gefaller eine Freude. Aber bei zu vielen Anforderungen vergrößert sich der Streß, und Freude kehrt sich in Verstimmung um. Streß entsteht, wenn man sich gleichzeitig um sich selbst und um andere kümmern will. Nach Meinung des Gefallers muß immer jemand geopfert werden, und er selbst ist immer das Opferlamm.
- Der *Streber* (striver) will erfolgreich sein. Er will die Leistungsleiter hochklettern, koste es, was es wolle. Der Streber setzt sich hohe Maßstäbe, Perfektion wird gefordert selbst unter widrigsten Umständen. Unnachgiebig setzt er sich unter Druck, um besser zu werden.
- Der *Kritische Richter* (critical judge) ist der innere „Steuerberater". Sein Job ist es, die Bedeutung und den Wert der Aktionen zu be-

stimmen. Normalerweise ist die Bewertung objektiv und nicht streßfördernd. Unter Druck jedoch werden die Einschätzungen durchwegs negativ. Der Kritische Richter glaubt, daß Selbstverbesserung nur durch Konzentration auf die eigenen Fehler geschehen kann – unter der Annahme, Selbstanklage motiviere besser. Doch der gegenteilige Effekt kann eintreten. Motivation und Glaube an die eigenen Fähigkeiten gehen verloren.

- Der *Innere Zeithüter* (internal timekeeper) ist eine gute Energiequelle. Er bringt auf Touren und hält in Bewegung. Diese Streßpersönlichkeits-Facette drängt nach Beschäftigung und bleibt ständig beschäftigt, denn eine beschäftigte Person ist erfolgreich. Unausweichlich steht am Schluß zu vielen Aufgaben zu wenig Zeit gegenüber. Effizienz und Produktivität lassen nach. Aus Angst, als faul zu gelten, gelingt es nicht einmal, zuhause zu entspannen.
- Ein *Giftzwerg* (sabertooth) verkörpert alle Formen von Wut und Zorn, die während eines streßerfüllten Tages entstehen. Wütend zu werden, wenn man von zuviel Arbeit oder ständigen Unterbrechungen erdrückt wird, ist nicht ungewöhnlich. Unter normalen Umständen reagiert der Giftzwerg auf seine Kollegen humorvoll sarkastisch. Unter Stress richtet sich der Zorn auf die falschen Personen mit offen gezeigter Feindseligkeit und unkontrollierten Wutausbrüchen. Da man sich selbst nur schwer eine „Giftzwerg"-Persönlichkeit eingesteht, entwickelt sich eine selektive Wahrnehmung, um das Zerstörerische dieses Verhaltensmusters selbst nicht erkennen zu müssen.
- Der *Sorger* (worrier) ist der selbsternannte Wächter der eigenen Sicherheit. Der Sorger haßt unklare Anweisungen und vage oder sich widersprechende Ziele, er reagiert mit Angst vor dem Unbekannten und befürchtet stets das Schlimmste. Wenn diese Furcht die Problemlösung verhindert, weil die Angst vor einer Entscheidung überwiegt, entsteht Streß.
- Der *Selbstbetrüger* (inner con artist) achtet immer darauf, daß er nicht zuviel arbeitet. Diese Streßpersönlichkeits-Facette kann auch oft als Burnout-Symptom auftreten. Wenn die Selbstbetrüger-Facette die Kontrolle übernimmt, dann steht eine ausgiebige Selbstnachsicht im Vordergrund. Es wird nur Arbeit erledigt, mit der man sehr leicht zurechtkommt.

Alle Streß-Facetten entstehen aus individuellen Anschauungs- und Ordnungssystemen und sind psychologisch erklärbar. Jede dieser Streß-Facetten hat charakteristische Eigenschaften, die identifiziert und bewertet werden können. Das Streßpersönlichkeits-Facetten-Modell gibt diesen Mustern Namen und bringt sie so ins Bewußtsein, wodurch sie dann abgeschwächt werden können. Fatal erscheint eine Gruppenzusammensetzung aus sehr ähnlichen Typen, die sich über ihr Streßverhalten gegenseitig verstärken.

Die **Konsequenzen** von Streß sind vielfältig: Neben individuellen biologisch-physiologische Reaktionen sind ebenso Veränderungen im Denken, Verhalten und in der Persönlichkeit möglich; in Gruppen können sich sogar neue Entscheidungsstrukturen ergeben. Dabei hemmt Streß nicht in jedem Fall Leistung und Zufriedenheit von Mitarbeitern und Gruppen; bei zu viel oder zu wenig Streß kann es jedoch zu negativen organisatorischen Wirkungen mit hohen Kosten kommen.

Um gerade deshalb sich und andere vor Streß zu schützen, gibt es drei Gruppen von **Mechanismen** (vgl. *Cooper/Liukkonen/Cartwright* 1996):

- Der erste Schutzmechanismus versucht, Streßquellen, die in der Arbeitsumgebung liegen, zu *modifizieren* oder zu *beseitigen*, um die negativen Wirkungen auf das Individuum zu reduzieren. Streß gilt als die Konsequenz aus dem Nicht-Zusammenpassen von Bedürfnissen sowie Aufgaben des Individuums und der Umgebung: Die Umgebung muß daher für das Individuum passend gemacht werden. Mögliche Strategien sind beispielsweise die Neugestaltung von Aufgaben und Arbeitsumfeld, flexible Arbeitspläne oder die Beteiligung der Mitarbeiter am Management und bei der Karriereplanung.
- Der zweite Schutzmechanismus besteht in der raschen *Entdeckung* und dem *Management* von Streßerfahrungen. Das Bewußtsein für und die Fähigkeit zum Streßmanagement werden durch individuelles Training und Erziehungsmaßnahmen verbessert. Jeder Mitarbeiter nimmt Stressoren anders wahr und reagiert anders darauf. Schlüsselfaktoren, die eine Anfälligkeit für Streß implizieren, sind zum Beispiel die Persönlichkeit, das Alter, das Geschlecht sowie Anschauungen und Erfahrungen. Streßerziehung und Streßmanagement-Kurse helfen dem Individuum, Streßsymptome zu erkennen und mit Streß umzugehen. Es geht in erster Linie um die Anpassungsfähigkeit des Individuums an das Umfeld.
- Der dritte Schutzmechanismus betrifft den *Umgang mit* jenen *Individuen*, die durch Streß krank wurden oder krank sind. Eingriffe auf dieser dritten Ebene beziehen externe Berater oder Beratungsinstitutionen mit ein, was zwar mit hohen Kosten verbunden ist; bei den einzelnen betroffenen Mitarbeitern zeigen sich aber nach solchen Beratungsmaßnahmen eindeutige Verbesserungen bei der geistigen Stabilität und beim Selbstvertrauen.

Das taktische Personaleinsatzmanagement nimmt hier eine Verbindungsfunktion zwischen strategischer und operativer Ebene ein: Während auf individueller Ebene Streßsymptome zu vermeiden beziehungsweise zu verarbeiten sind und die strategische Ebene den Handlungsspielraum hierfür beispielsweise über Humanisierungsbemühungen vorgibt, adressiert die taktische Ebene die nähere Arbeitsumgebung in Form von Gruppenstrukturen.

7.3.5.3 Konfliktbewältigung

Konflikte können überall dort entstehen, wo mindestens zwei Personen oder Gruppen miteinander interagieren, die Ziele und Mittel der beiden Parteien sich ausschließen und die Interaktion darauf abzielt, die jeweils anderen zu beeinflussen, zu unterdrücken oder zu besiegen, um die eigenen Interessen besser durchzusetzen (vgl. *Staehle* 1999, 389-391). Gruppenkonflikte können sich dabei sowohl innerhalb einer Gruppe (Intra-Gruppenkonflikt) als auch zwischen Gruppen (Inter-Gruppenkonflikt) abspielen (vgl. *de Dreu/van de Vliert* 1997).

Grundsätzlich sind Konflikte nicht a priori als negativ zu bewerten. Sie schaffen und erhalten die Identitiät und Grenzen von Gruppen, wirken für den einzelnen entlastend und können sogar eine schöpferische Kraft darstellen. Schwierigkeiten können sich jedoch entwickeln, wenn kleinere Konflikte nicht eingedämmt oder geregelt werden. So können ungelöste Konflikte

- sich in Disputen wie Streitgesprächen, Beschwerden oder Streiks äußern,
- zu unproduktivem, innerorganisatorischem Wettbewerb führen,
- Sabotageakte nach sich ziehen,
- Ineffizienz oder Produktivitätseinbrüche zur Folge haben,
- die (Arbeits-)Moral senken oder
- die Zurückhaltung von Informationen und Wissen forcieren.

Inhalt der Konflikte können unterschiedliche Meinungen über Werte, Ziele, Macht- oder Verteilungsverhältnisse sein. **Konfliktarten** werden wie folgt systematisiert (vgl. *Koeppel/Heberer* 1995, 42-44):

- *Dialektische Konflikte* liegen vor, wenn zwei Parteien konträre Interessen haben, dies wissen, aber langfristig voneinander abhängig sind.
- *Bewertungskonflikte* resultieren aus unterschiedlichen Wertorientierungen, Einstellungen und Normen.
- *Kommunikationskonflikte* sind das Ergebnis ungeschickter oder unüberlegter Äußerungen, Gesten oder Handlungen.
- *Beurteilungskonflikte* ergeben sich aus unterschiedlichen Erfahrungen und/oder Informationen, so daß die Mitarbeiter verschiedene Auffassungen über Ziele, Mitteleinsatz und Methoden entwickeln.
- *Rollenkonflikte* beschreiben ein differenzierendes Verständnis von Aufgaben und Rollen bestimmter Personen sowie von den Erwartungen, die an die Rollen geknüpft sind.
- *Verteilungskonflikte* beziehen sich auf einen gleichzeitigen Anspruch auf dasselbe Gut, das aber nur von einer Partei genutzt werden kann.

Die **Eskalation** von Konflikten ist ein dynamischer Prozeß und erfolgt in drei Phasen (vgl. *Wahren* 1994, 173-175):

- Zunächst spielt sich der Konflikt in einer objektiven Sphäre ab, in der eine *Win-Win-Situation* geschaffen wird. Beide Parteien können aus der wettbewerbsgeprägten Situation noch Nutzen ziehen.
- In der zweiten Stufe verlagert sich der Konflikt in eine subjektive Sphäre. Verzerrende Stereotypen führen dazu, daß nach einer *Win-*

Eskalations-stufen	**Schwellen**	**Verhaltensaspekte**	**Konfliktbe-handlungs-strategien**
1 Verhärtung	win-win	Standpunkte verhärten sich zuweilen und prallen aufeinander; es sind noch keine starren Lager und Meinungen vorhanden.	Moderation
2 Debatte		Polarisation in Denken, Fühlen und Handeln; ermüdende Debatten, taktische Finessen; es bilden sich Subgruppen und verhärtende Standpunkte.	Moderation
3 Taten		Reden hilft nicht mehr – es müssen Taten folgen; keine Partei will mehr nachgeben; Kontrahenten sollen die jeweils eigene Auffassung übernehmen.	Moderation Prozeßbegleitung
4 Koalitionen	win-lose	Es bildet sich ein Schwarz-Weiß-Denken, der Gegner wird zum Feind; Anhänger werden geworben, und es bilden sich symbiotische Koalitionen.	Prozeßbegleitung
5 Gesichtsverlust		Wahnhaft überstiegenes Selbstbild benötigt ein Feindbild; offentliche Bloßstellung, Diffamierung des anderen.	Prozeßbegleitung Vermittlung
6 Drohstrategien		Es bleibt nur noch die Flucht nach vorn; Drohungen und Gegendrohungen eskalieren und erzeugen eine verhängnisvolle Abhängigkeit.	Vermittlung Schiedsverfahren
7 Schlacht	lose-lose	Der Feind muß skrupellos manipuliert und unschädlich gemacht werden; eine Niederlage wird akzeptiert, wenn der Schaden für den Gegner größer ist.	Vermittlung Schiedsverfahren Machteingriff
8 Vernichtungsfeldzug		Der Feind muß nun völlig vernichtet werden; die Opferbereitschaft wächst – nur das eigene Überleben sichern.	Schiedsverfahren Machteingriff
9 Gemeinsam in den Abgrund		Totaler Krieg gegen jeden, ob Sympathisant, Neutraler oder Gegner; Vernichtung des Feindes als einziges Lebensziel.	Machteingriff

Übersicht 7.18: Phasen und Behandlungsstrategien von Konflikten (*Wahren* 1994, 174-175)

Lose-Situation gesucht wird, bei der einer der Beteiligten sein Gesicht verlieren muß.

- Im dritten Bereich eskaliert die Situation schließlich derart, daß die Konfliktgegner zum entpersönlichten, dinghaften Objekt werden, auf das sich der Haß konzentriert. Der „Feind" soll mit allen Mitteln unschädlich gemacht werden. Konsequenz ist eine *Lose-Lose-Situation*, bei der beide Parteien nur verlieren.

Zur Auflösung dieser Konflikte im Rahmen des taktischen Personaleinsatzmanagements existieren eine Reihe von **Konfliktbehandlungsmechanismen** (Übersicht 7.18):

- Bei der *Moderation* versucht ein interner oder externer *Moderator*, die Probleme durch inhaltliche und prozedurale „Selbstheilungseingriffe" zu korrigieren.
- In der *Prozeßbegleitung* werden gefestigte Rollen und Beziehungen durch einen psychologisch erfahrenen *Gesprächsleiter* aufgetaut und Fixierungen gelockert.
- Bei der *Vermittlung* bemüht sich ein von beiden Seiten anerkannter *Mediator* um einen Kompromiß, der alle Interessen berücksichtigt.
- Im Rahmen des Schiedsverfahrens löst ein *Arbiter* das Problem nach eigener Lageeinschätzung.
- Der *Machteingriff* als radikalste Lösung schließlich löst den Konflikt, indem eine befugte *Autorität* Maßnahmen gegen den Willen der Streitenden durchführt.

Eine konstruktive Lösung ist allerdings nur in der ersten Phase möglich.

7.4 Operative Ebene: Umgebungsoptimierung

7.4.1 Überblick

Aufgabe des Personaleinsatzmangements auf der operativen Ebene ist die individuelle Zuordnung von Mitarbeitern auf Arbeitsplätze. Hier rücken ergonomische Gesichtspunkte für den Personaleinsatz in den Vordergrund.

Die **Ergonomie** schafft die Voraussetzungen für eine Anpassung der Arbeit an den Menschen sowie (begrenzt) des Menschen an die Arbeit.

Ihre primären Ansatzpunkte sind Arbeitsplatz, Arbeitsmethode und Arbeitsumgebung. Untersucht und gestaltet werden physische, psychische und psycho-physische Belastungsursachen. Durch Verbindung dieser Grunddeterminanten ergeben sich die zentralen Problembereiche für ergonomische Studien (Übersicht 7.19).

	Physische Belastung	**Psychophysische Belastung**	**Psychische Belastung**
Arbeits-platz	Form, Funktion und Anordnung der Arbeitsmittel	Farbe, Form, Helligkeit, Anordnung, Geräusche von Arbeitsmitteln, Kontrollinstrumenten und Arbeitsobjekten	Zeitdruck (z.B. Akkord)
Arbeits-methode	Arbeitshaltung, Form und Gewicht von Arbeitsmitteln	Arbeitsrhythmus, Pausengestaltung	Anforderungen an Konzentrationsvermögen, Genauigkeit, Informationsermittlung und -verarbeitung, Unfallgefahr
Arbeits-umgebung	Strahlung, Gase, Staub, Hitze/Kälte	Lärm, Klima	persönliche und organisatorische Konflikte am Arbeitsplatz

Übersicht 7.19: Ansatzpunkte für ergonomische Studien
(modifiziert nach *Drumm* 1976, 315-316)

Das Personaleinsatzmanagement darf das Thema „Konfliktbewältigung" weder bagatellisieren noch ignorieren, um die Effektivität von Gruppenarbeit nicht zu gefährden. Gleichzeitig muß es sich aber auch über die möglichen positiven Konsequenzen im klaren sein, die zu einem produktivitätsfördernden Wettbewerb führen können. Die zentrale Herausforderung besteht daher darin, bereits bei der Zusammensetzung von Gruppen mögliche Konfliktpotentiale zu identifizieren und zu minimieren, um so eine Eskalation entstehender Konflikte zu verhindern.

Die Ergonomie liefert unter Verwendung anatomischer, physiologischer, psychologischer, soziologischer und technischer Erkenntnisse **Methoden** zur Bestimmung der Ausführbarkeits- und Erträglichkeitsgrenzen für menschliche Arbeit (vgl. *REFA* 1984, 125-270):

- Die *Arbeitsphysiologie* untersucht als (eigenständiger) Teilbereich die Funktionen des menschlichen Körpers während der Arbeit. Mit Abnahme des Anteils schwerer körperlicher Tätigkeiten an den Aufgaben der Mitarbeiter verlagerte sich der Schwerpunkt der Arbeitsphysiologie auf die Beanspruchung von Nerven und Sinnen.
- Die *Arbeitspsychologie* befaßt sich mit den psychischen Anforderungen der Arbeit an den Menschen und mit dem Verhältnis des Menschen zu seiner Arbeit. Erforscht werden auch die bereits im Zusammenhang mit der Personalbestandsanalyse angesprochenen Ursachen der Leistungsbereitschaft des Mitarbeiters, soweit sie sich aus der Gestaltung der Arbeitsbedingungen ableiten.

- Die *Arbeitssoziologie* konzentriert sich auf die soziale Bedeutung der menschlichen Arbeit. Dies beinhaltet zum einen die Bestimmung der Auswirkungen der Arbeit auf das soziale Leben des Menschen, zum anderen die Bestimmung des Einflusses des sozialen Lebens auf die Arbeit. Ein Schwerpunkt der Arbeitssoziologie ist die Frage der Gruppenbildung, also das Aufdecken von Abhängigkeiten in einem Arbeitskollektiv.
- Die *Arbeitspädagogik* beantwortet Fragen der beruflichen Bildung und speziell der Arbeitsunterweisung als Teil der Personalführung.
- Die *Arbeitstechnologie* zielt auf die bestmögliche Anwendung und Gestaltung der Arbeitsverfahren im Hinblick auf Sicherheit und Wirtschaftlichkeit.
- Die *Arbeitsmedizin* umfaßt die Analyse arbeitsbezogener Faktoren, die Krankheiten, Verletzungen oder Gesundheitsschäden verursachen. Dazu gehört auch der präventive Gesundheitsschutz:
  - Arbeitspathologie untersucht die Auswirkungen chemischer, toxischer, physikalischer und biologischer Arbeitsplatzbelastungen im Hinblick auf „typische" Berufskrankheiten.
  - Arbeitshygiene hat den vorbeugenden Gesundheitsschutz am Arbeitsplatz zur Aufgabe.
  - Arbeitstoxikologie beschäftigt sich mit Vergiftungen durch Arbeitsstoffe und mit Umgebungsstoffen des Arbeitsplatzes. Hierzu zählen die Festlegung von maximal zulässigen Arbeitsplatzkonzentrationen für Arbeitsstoffe (MAK-Werte) und die Beurteilung der tatsächlich vom Körper aufgenommenen Schadstoffmenge als „biologische" Arbeitsstoff-Toleranzen (BAT-Werte).
- Die *Anthropometrie* als Lehre von den Maßen des menschlichen Körpers ermittelt Durchschnittswerte für die Länge der Extremitäten in Abhängigkeit von Lebensalter, Geschlecht und Rasse.

Der Schwerpunkt der nachfolgenden Betrachtung liegt auf dem integrierten Belastungs-Beanspruchungskonzept. Aus diesen Überlegungen leiten sich dann Konsequenzen für die Gestaltung des Arbeitsplatzes, der Arbeitszeit, der Arbeitsaufgabe sowie den internationalen Personaleinsatz ab.

7.4.2 Organisatorische Gestaltung: Arbeitsplatz und -aufgabe

7.4.2.1 Systematik

Übersicht 7.20 weist zu verschiedenen Umgebungseinflüssen entsprechende Gestaltungshinweise auf. Hinzu kommen Empfehlungen, um die Arbeitsorganisation durch sinnvolle Anordnung der Arbeitsmittel zu unterstützen. So müssen

– häufig benötigte Arbeitsmittel von der Sitzposition aus leicht erreichbar sein,
– Arbeitsmittel, mit denen der häufigste Blickkontakt besteht, zentral angeordnet werden, und
– Sehabstände zu Arbeitsmitteln, die oft vergleichend beobachtet werden müssen, aneinander angeglichen werden.

Für solche Gestaltungen von Arbeitsplätzen existieren eine Vielzahl von Normierungsvorschriften, Richtlinien und Empfehlungen (beispielsweise DIN 66 234).

	Bauliche Maßnahmen	**Maschinenbezogene Maßnahmen**	**Arbeitsorganisatorische Maßnahmen**	**Mitarbeiterbezogene Maßnahmen**
Schall	Gebäudeform Lärmschutzwände Schallschutzkabinen schallschluckende Stoffe	Schalldämpfung Abschirmungen	Lärmpausen	persönlicher Gehörschutz Weckung des Eigenschutzinteresses
Klima	Raumklimatisierung Sonnenschutz	Schutzanstrich Schutzverkleidung Verwendung von Geräten mit geringer Wärmeabgabe	Kurzpausen Räume mit günstigem Klima während der Arbeitspausen	Klimaschutzkleidung
Mechanische Schwingungen	Abschirmung	Schwingabschirmung durch entsprechende Lagerung	entsprechend der Belastung angemessene Erholungspausen	
Beleuchtung	abhängig von Arbeitsaufgabe, Arbeitsplatz sowie individueller Dispostion Allgemeine Anforderungen: – ausreichende Lichtstärke – gleichmäßige Beleuchtung – passende Leuchtfarbe – zweckmäßiger Lichteinfall – Blendungsfreiheit			
Farbe	Sicherheitsfarben (rot, grün, gelb) Ordnungsfarben (blau) Farbkombinationen			
Chemische und biologische Stoffe	Sauglüftung hermetische Abriegelung Alarmsysteme	Abzugsvorrichtungen Abschirmung	Belastungsmessungen	Schutzkleidung Gesundheitsvorsorge
Ionisierende Strahlung	Abschirmung Belüftung	Abschirmung Manipulatoren Entlüftung	Verringerung der Dauer der Strahlenbelastung durch Aufsplitterung der Arbeitszeit	Schutzkleidung Ionendosimeter Verhaltensregeln beim Umgang mit strahlendem Material

Übersicht 7.20: Gestaltungsmöglichkeiten zur Reduzierung von Umgebungseinflüssen

Primäres Ziel des Personaleinsatzmangements ist die wechselseitige Zuordnung von Mitarbeitern und Arbeitsaufgaben. Eine derartige Zuordnung auf der operativen Ebene erfolgt kurz- und mittelfristig.

Kurzfristig geht das Personaleinsatzmanagement von einer vorgegebenen Stellenstruktur und einer konstanten Stellenzuordnung aus. Den einzelnen Mitarbeitern, die bereits einer Abteilung oder einem bestimmten Stellentyp zugewiesen sind, werden entsprechend ihrer (zum Beispiel durch Krankheit oder Urlaub beeinträchtigten) Verfügbarkeit Aufträge zugeordnet. Ergebnis dieser **Aufgabenzuordnung** sind Tageseinsatzpläne, Schichtpläne und Urlaubspläne. Kurzfristiges Personaleinsatzmanagement umfaßt damit (abgesehen von der Urlaubsplanung) einen Dispositionszeitraum von Tagen oder einigen Wochen.

Mittelfristig geht das Personaleinsatzmanagement von einer vorgegebenen Stellenstruktur und einem vorhandenen Mitarbeiterbestand aus. Bei dieser **Stellenzuordnung** werden die im Planungszeitraum voraussichtlich verfügbaren Mitarbeiter eines Planungsbereiches Stellen(typen) zugewiesen, mit Konsequenzen für Entlohnung sowie fachliche und disziplinarische Unterordnung. Der Planungszeitraum hat hierbei eine Länge von wenigen Monaten bis zu einigen Jahren. Konsequenzen dieser Stellenzuordnung sind Umsetzungen (hierarchieneutral-horizontal oder hierarchieverändernd-vertikal). Eine Mitbestimmungsmöglichkeit des Betriebsrates nach § 99 BetrVG ist dabei gegeben.

Zur **Realisation** der Aufgaben- und Stellenzuordnung gibt es zwei grundsätzliche Möglichkeiten: Bei der *intuitiv-heuristischen* Methode erfolgt die Lösung des Zuordnungsproblems durch „Intuition und Erfahrung" des jeweiligen Planers. Charakteristisch für diese Vorgehensweise ist der Verzicht auf eine explizite Festlegung von Eignungswerten. Statt dessen hat der Planer ein „Gefühl" dafür, welcher Mitarbeiter sich für welchen Arbeitsplatz oder für welche Aufgabe eignet. Bei einer *formalisiert-algorithmischen* Lösung des Zuordnungsproblems wird dagegen explizit auf Eignungswerte sowie Eignungsprofile abgestellt und zur Lösung des Zuordnungsproblems meist ein mathematisch optimierender Algorithmus wie beispielsweise die lineare Programmierung angewandt.

7.4.2.2 Einbindung in das Arbeitssystem

Während in einer Minimaldefinition bereits Teile eines Arbeitsplatzes als **Arbeitssystem** bezeichnet werden, charakterisiert man es in der Regel durch die Bestandteile der Arbeitsaufgabe, des Arbeitsprozesses, der Person, den Betriebs- und Arbeitsmitteln, den Input, den Output sowie die Umwelteinflüsse. Ziel einer solchen Gesamtsicht ist die systemische Analyse der Arbeitsaufgabe als Schnittstelle zwischen Mensch, Organisation und Technik (Abbildung 7.23).

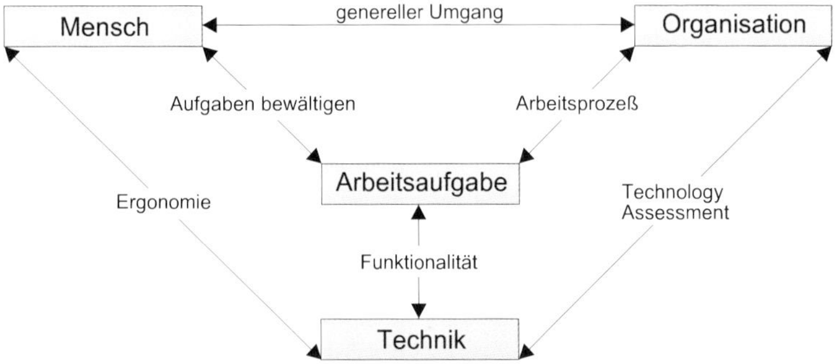

Abbildung 7.23: Minimalmodell eines Arbeitssystems
(erweitert nach *Heinrich/Burgholzer* 1991, 10)

Im Zentrum der Betrachtung steht die Arbeitsaufgabe, die als zentrale Schnittstelle jedoch im Zusammenhang mit den Teilsystemen Person, Organisation und Technik zu analysieren ist. Hierbei sind die folgenden **Beziehungen** relevant (vgl. *Dunckel* 1996, 23):

- Die Beziehung zwischen Technik und Arbeitsaufgabe rückt die Frage nach der *Funktionalität* der Technik für die Durchführung der Arbeitsaufgabe in den Vordergrund.
- Die Beziehung zwischen Mensch und Technik thematisiert die *Benutzbarkeit* eines technischen Systems, also die Ergonomie von Hardware und Software sowie die gegenseitige Veränderung von Mensch und Technik.
- Die Beziehung zwischen Mensch und Arbeitsaufgabe kümmert sich um die *menschengerechte Aufgabenbewältigung*.
- Die Beziehung zwischen Organisation und Technik konzentriert sich auf die Schnittstelle zwischen einem *Technology Assessment* und der *Organisationsentwicklung*.
- Die Beziehung zwischen Organisation und Aufgabe fragt nach der *prozessualen Systemeinbindung* von Aufgaben.
- Die Beziehung zwischen Mensch und Organisation reflektiert den *generellen Umgang* der Organisation mit den Individuen sowie deren Arbeitsrollen; dies wird beispielsweise in Menschenbildern, Führungsstilen, Kompetenzen und anderen organisatorisch relevanten Fragestellungen offenbar.

Von diesen Verbindungen werden vor allem die ersten drei im Rahmen einer ergonomischen Arbeitsgestaltung berücksichtigt.

Betrachtet man die Beziehung zwischen Mensch und Arbeitsaufgabe, so ist ein wichtiger Aspekt die **Kommunikation**, die zur Erledigung der Arbeitsaufgabe erforderlich ist. Sie kann hinsichtlich der *Direktheit* im

Sinne einer Einsetzbarkeit verbaler und nonverbaler Kommunikationsmittel in Verbindung mit der *Schnelligkeit* einer Reaktion in

- face-to-face-Kommunikation (verschiedene Kommunikationsebenen, direkte Reaktion),
- Telefonat (nur Sprache, direkte Reaktion),
- Nutzung von Anrufbeantworter oder Mailbox (Sprache, verzögerte Reaktion) sowie
- Briefpost, Kurzmitteilung, Telex, Fax, E-Mail (Schriftsprache, verzögerte Reaktion)

unterschieden werden.

7.4.2.3 Telearbeit

Unter der Bezeichnung Telearbeit lassen sich alle Formen verteilter Aufgabenbewältigung unter Nutzung raum- und zeitüberbrückender Telemedien zwischen dezentral verteilten Aufgabenträgern, Organisationseinheiten und/oder Organisationen zusammenfassen (vgl. *Büssing/Aumann* 1996, 225-226), was zu vier **Grundformen der Telearbeit** führt (vgl. *Reichwald/Möslein* 1997):

- *Home-Based Telework* schließt alle Formen der Telearbeit vom häuslichen Arbeitsplatz ein.
- *Center-Based Telework* beschreibt die Varianten der Telearbeit, die an dafür eingerichteten Telezentren (Teleservicezentralen oder Online-Labors) verrichtet wird.
- *On-Site Telework* bezeichnet Telearbeit am Standort von Kunden oder Lieferanten, wobei die Telearbeiter via Telemedien mit dem eigenen Unternehmen verbunden sind.
- *Mobile Telework* umfaßt alle ortsunabhängigen Arbeiten ebenso wie Außendiensttätigkeiten, die durch den Einsatz mobiler Informations- und Kommunikationstechnologien unterstützt werden.

Darüber hinaus gibt es weitere Formen der Telearbeit mit entsprechender Differenzierung nach Arbeitszeit, Art der vertraglichen Regelung oder technischer Infrastruktur (Übersicht 7.21).

Kriterium	Arbeitsort	Arbeitszeit	Vertragliche Regelung	Technische Infrastruktur
Arten der Telearbeit	1. home-based 2. center-based 3. on-site 4. mobile	1. Vollzeit/ Teilzeit 2. festgelegt/ variabel 3. synchron/ asynchron	1. Tele-arbeit-nehmer 2. Tele-unter-nehmer	1. Offline-Telearbeit 2. Online-Telearbeit

Übersicht 7.21: Formen der Telearbeit
(in Anlehnung an *Reichwald/Möslein* 1997)

1996 antworteten rund 60% von 243 Mitgliedern der Geschäftsleitung deutscher Unternehmen auf die Frage „Können Sie sich persönlich Telearbeit in Ihrem Unternehmen vorstellen?“ mit ja; die Zustimmung innerhalb des mittleren Managements lag sogar bei 67% (vgl. *Welsch* 1996, 9). Demgegenüber zeigen Erhebungen, daß die Verbreitung der Telearbeit noch weit hinter dem geäußerten Interesse zurücksteht: So belief sich die Zahl der Telearbeitsplätze in Deutschland 1994 auf rund 150 000 Arbeitsplätze. Dies sind nicht einmal 0,5% der Erwerbspersonen (vgl. *empirica* 1994), wobei sich viele Tätigkeiten mit entsprechender Abstufung als telearbeitsfähig erweisen (Abbildung 7.24).

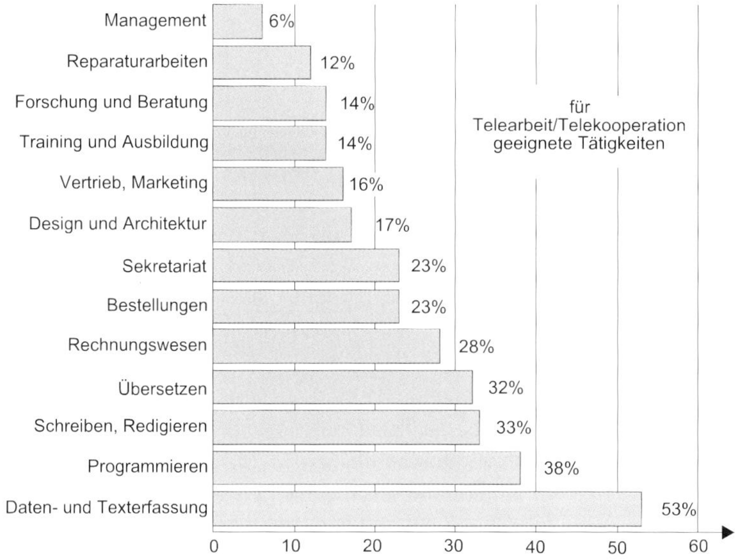

Abbildung 7.24: Telearbeitsfähige Tätigkeiten
(vgl. *BMWi/BMA* 1996, 29)

Gesamtwirtschaftlich zeigt eine Untersuchung, daß Telearbeit sich gegenüber traditionellen Arbeitsformen als kostengünstigere Alternative darstellen kann (Übersicht 7.22).

Teleunternehmer und Freelancer. Telearbeiter müssen nicht zwingend auf der Vertragsgrundlage eines festen Arbeitsvertrages beschäftigt sein. Aus Flexibilisierungsüberlegungen greifen Unternehmen heute vermehrt auch auf freie Unternehmer zurück, die spezifische Kernkompetenzen am Markt anbieten.

Kritiker sehen diese Entwicklung als bedenklich an und vermuten darin eine Aushebelung bestehender Tarifvereinbarungen. Für Mitarbeiter

Aspekt	Potential
Telearbeitspotential	5 - 10% der rund 35 Millionen Arbeitsplätze in Deutschland: 1,75 - 3,5 Mio. Arbeitsplätze
Investitionen durch Telearbeit	bei 10 000 DM je Telearbeitsplatz und Ausschöpfung des Gesamtpotentials: bei 3,5 Mio. Arbeitsplätzen 35 Mrd. DM
Telekommunikationskosten durch Telearbeit	bei durchschnittlich 300 DM/Monat und 1,75 bzw. 3,5 Mio. Arbeitsplätzen: zwischen 4,25 und 8,5 Mrd. DM
Entlastung von Verkehr und Umwelt durch Telearbeit	bei durchschnittlicher Entfernung zum Betrieb von 15 km und drei Telearbeitstagen in der Woche können pro Mitarbeiter pro Jahr rund 4 000 km an Fahrleistung gespart werden, bei 1 Mio. Telearbeitsplätzen würde dies eine Gesamtersparnis von 4 Mrd. km pro Jahr ergeben

Übersicht 7.22: Gesamtwirtschaftliche Eckdaten der Telearbeit (vgl. *VDMA/ZVEI* 1995; *VDMA/ZVEI* 1996)

kann eine solche Tätigkeit jedoch auch zu einer „neuen Selbständigkeit im Netz" führen. Insbesondere hochgradige Spezialisten, deren permanente vertragliche Bindung für den Großteil der Unternehmen zu teuer ist, können auf diese Weise temporär projektbezogen in das Unternehmen integriert werden. So kann ein Unternehmen flexibel ein das eigene Unternehmen weit übersteigendes Mitarbeiterpotential einsetzen.

In den USA gab es 1995 bereits rund 12 Millionen Vollzeit-Selbstangestellte und eine ähnliche Anzahl an Teilzeit Selbständigen (vgl. *Fischer* 1995, 146). Sie verteilen sich auf zwei **Arten von Teleunternehmern**:

- Die *Telecommuter* nutzen als Freiberufler die neuen Informations- und Kommunikationstechnologien (Telemedien). Telecommuting meint damit eine neuartige Anwendung der Telemedien, die sich erst entwickeln konnte, als
  - der verstärkte Wunsch der Arbeitnehmer nach flexibleren Arbeitszeiten und Arbeitsplätzen aufkam,
  - ein neuer Trend in der Managementphilosophie entstand, nach dem insbesondere Knowledge-Worker auch ohne direkte Überwachung produktiv arbeiten, und
  - Telefonschaltungen den momentanen Standort des Empfängers unwichtig werden ließen.
- *Selbstangestellte* (self-employed) sind Selbständige, die sich selbst angestellt haben und ein Ein-Personen-Unternehmen betreiben (home-based business).

Verschiedene Untersuchungen in den USA haben ergeben, daß die zwei Gruppen im Schnitt lediglich zwei Tage in der Woche in ihrer Wohnung direkt am Arbeitsplatz verbringen, was zumindest der Horrorvision des abgeschotteten Cyberworkers ohne soziale Kontakte widerspricht.

7.4.2.4 Bildschirmarbeitsplatz als Spezialfall

Im Dienstleistungssektor sind Bildschirmarbeitsplätze heute Standardausstattung. Für sie gibt es dezidierte Gestaltungsvorschläge und Checklisten zur **Ergonomie-Prüfung** (vgl. *Richenhagen* 1997). Sie betreffen Hardware, Software, sonstige Arbeitsmittel sowie die Arbeitsumgebung:

- Beim *Bildschirm* sind folgende Faktoren von ergonomischer Bedeutung:
  - adäquate Größe (z.B. 21-Zoll-Monitore, für CAD-Anwendungen größer),
  - hohe Auflösung,
  - hohe Bildwiederholungsfrequenz,
  - leichte Zugänglichkeit der Einstellregler,
  - geringe Bildschirmkrümmung (flat screen) sowie
  - adäquates Bildschirmformat (z.B. bei Desktop Publishing DIN-A4-Monitor).
- *Tastaturen* sind im wesentlichen genormt, werden aber auch der unterschiedlichen Handhaltung entsprechend in achsenversetzt unterteilter Form sowie mit Handauflage-Bereichen angeboten.
- Der *Rechner* selber muß über einen der Problemstellung angemessenen Arbeitsspeicher und eine schnelle Festplatte, entsprechende Permanentspeicher sowie einen ausreichenden Prozessor verfügen; Ziel ist dabei die Realisierung von konstanten und psychologisch vertretbaren Antwortzeiten.
- Bei der *Aufstellung* des Gerätes sind zu beachten:
  - Höhe und Neigung,
  - Sehabstand zum Bildschirm,
  - Lichteinfall-Reflexionen sowie
  - Funktionalität der Büromöbel,

  wobei speziell auf die die Körpermaße des Menschen betreffenden Normierungen wie DIN 66 234 Teil 1 bis 7 (Bildschirmarbeitsplatz) und DIN 4549 (Büromöbel) zu verweisen ist.
- Zu diesen auf Hardware-Ergonomie hinauslaufenden Überlegungen gewinnen zunehmend auch die Gestaltungsvorschläge für *Software* an Bedeutung. Hierzu zählen
  - standardisierte Bildschirmaufteilungen,
  - Hervorhebungen von Schlüsselwörtern,
  - am Kurzzeitgedächtnis ausgerichtete Merknotwendigkeiten,
  - Hilfefunktionen in Abhängigkeit vom akuten Problem (Kontextsensitivität),

- Angebot der zum aktuellen Analyseschritt sinnvollen Befehle,
- Symbolisierung der Befehle durch selbsterklärende Icons,
- weitgehender Verzicht auf das Eintippen von Befehlen durch Verwendung von (Pull-down-)Menüs und durch multifunktionalen Einsatz der Maus-Steuerung,
- Übereinstimmung von Bildschirminhalt und Druckausgabe nach dem WYSIWYG-Konzept („what you see is what you get").

Generell erfolgen auch hier zunehmend Normungen (wie beispielsweise DIN 66 234 Teil 8), um auf diese Weise die psychophysischen Belastungen gering halten.

Die gesetzlichen Regelungen des Arbeitsschutzgesetzes (ArbSchG) von 1996 regeln umfassend den Arbeitsschutz zur Gewährleistung von Sicherheit und Gesundheitsschutz von Beschäftigten. Im Zuge der Umsetzung diverser EG-Richtlinien in nationales Recht hat die Bundesregierung unter anderem die Bildschirmarbeitsverordnung (BildscharbV) in Kraft gesetzt, die Mindestvorschriften zu den obengenannten Merkmalen in ihrem Anhang (Übersicht 7.23) auflistet.

Bildschirmgerät und Tastatur
1. Die auf dem Bildschirm dargestellten Zeichen müssen scharf, deutlich und ausreichend groß sein sowie einen angemessenen Zeichen- und Zeilenabstand haben.
2. Das auf dem Bildschirm dargestellte Bild muß stabil und frei von Flimmern sein; es darf keine Verzerrungen aufweisen.
Sonstige Arbeitsmittel
10. Der Arbeitstisch beziehungsweise die Arbeitsfläche muß eine ausreichend große und reflexionsarme Oberfläche besitzen und eine flexible Anordnung des Bildschirmgeräts, der Tastatur, des Schriftguts und der sonstigen Arbeitsmittel ermöglichen. Ausreichender Raum für eine ergonomisch günstige Arbeitshaltung muß vorhanden sein. Ein separater Ständer für das Bildschirmgerät kann verwendet werden.
Arbeitsumgebung
14. Am Bildschirmarbeitsplatz muß ausreichender Raum für wechselnde Arbeitshaltungen und -bewegungen vorhanden sein.
Zusammenwirken Mensch - Arbeitsmittel
21. Bei Entwicklung, Auswahl, Erwerb und Änderung von Software sowie bei der Gestaltung der Tätigkeit an Bildschirmgeräten hat der Arbeitgeber den folgenden Grundsätzen insbesondere im Hinblick auf die Benutzerfreundlichkeit Rechnung zu tragen:
22. Die Software muß an die auszuführende Aufgabe angepaßt sein.
23. Die Systeme müssen den Benutzern Angaben über die jeweiligen Dialogabläufe unmittelbar oder auf Verlangen machen.

Übersicht 7.23: Auszug aus dem Anhang zur BildscharbV vom 04.12.1996 über an Bildschirmarbeitsplätze zu stellende Anforderungen

Technology Related Anxiety (TRA)

„Technology Related Anxiety (TRA) ist als Krankheit ernst zu nehmen", sagt der US-Arbeitspsychologe Robert Edelmann. Durch Maschinen erfahrener Stress und Frust führt zu Aggressionen, die oft am Arbeitsgerät abreagiert werden. Ein Viertel aller, die mit einem PC arbeiten, sind gemäß einer US-Studie von TRA betroffen.

Aus: *o.V.*, TRA, in: Facts (25/1999), 91.

7.4.2.5 *Das Zuordnungsproblem*

Das Zuordnungsproblem bezieht sich auf wechselseitige Zuordnung von Mitarbeitern und Arbeitsplätzen.

Eignungswerte. Voraussetzung hierfür sind Aussagen über die Eignung eines Mitarbeiters für die jeweiligen Tätigkeiten. Man benötigt also einen Eignungswert e_{ij}, der Auskunft darüber gibt, wie geeignet ein Mitarbeiter i für die Stelle j ist. Eine Möglichkeit dazu besteht in der Verwendung von Nutzenwerten, die sich aus der jeweiligen Zuordnung ergeben. „Traditionelle" Vorschläge dazu beziehen sich beispielsweise auf benötigte Arbeitszeit, Einarbeitungskosten, Gewinnbeiträge oder Arbeitsergebnis. Es fehlen aber zumeist konkrete Vorschläge dazu, **wie** diese (direkten) Eignungwerte ermittelbar sind. Aus diesem Grund haben sich diese **direkten** Eignungswerte in der Praxis kaum durchgesetzt.

Wesentlich interessanter sind dagegen die abgeleiteten Eignungswerte:

Vor allem aus dem Vergleich von Fähigkeits- und Anforderungsprofil lassen sich sinnvolle Eignungswerte ableiten.

Die einfachste Form dieses Profilabgleichs besteht aus der Bestimmung der Profildifferenz als Summe der über der (absoluten) Differenz zwischen den **m** Merkmalen des Fähigkeitsprofils f_i und des Anforderungsprofils a_j. Das Ergebnis gibt dann an, wie geeignet der Mitarbeiter i für die Stelle j ist:

$$e_{ij} = \sum_{k=1}^{m} \left| f_{ik} - a_{jk} \right| \quad \text{für alle } i, j$$

Die Bestimmung der Eignungswerte basiert auf Überlegungen zur Ähnlichkeit zwischen Profilen, wobei im Normalfall aus größerer Ähnlichkeit von Anforderungs- und Fähigkeitsprofil auf höhere Eignung geschlossen wird. Werden die Eignungswerte eines Mitarbeiters für mehrere Stellen ermittelt, so führt dies zum **Eignungsprofil** (e): Die Zusammenstellung von n Eignungswerten eines Mitarbeiters (für n Stellen) ergibt als Eignungsvektor dann ein n-elementiges Eignungsprofil.

Für die Bestimmung dieser Eignungswerte gibt es in der Literatur eine Vielzahl von Vorschlägen (vgl. *Meiritz* 1984, 151-172):

(1) Abstandsmaße basieren jeweils auf der Profildistanz, also auf der Differenz zwischen Anforderungs- und Fähigkeitsprofil. Dazu wird die Differenz zwischen dem Anforderungsmerkmal und dem korrespondierenden Fähigkeitsmerkmal ermittelt und in einen Abstandswert aggregiert; ein bekanntes Maß ist die „euklidische Distanz":

$$e_{ij} = \sqrt{\sum_{k=1}^{m} (f_{ik} - a_{jk})^2}$$

Dabei geben $\mathbf{f}_{ik}$ die Ausprägung des Fähigkeitsmerkmals **k** beim Mitarbeiter **i** und $\mathbf{a}_{jk}$ die in der Stelle **j** geforderte Ausprägung dieses Merkmals an. Die Abstandsmaße unterscheiden sich unter anderem in ihrer Behandlung von Über- und Unterdeckung: Beim euklidischen Distanzmaß ist es letztlich gleichgültig, ob ein Mitarbeiter mit seinem Fähigkeitsprofil im Durchschnitt um z Einheiten über dem Anforderungsprofil oder um z Einheiten unter dem Anforderungsprofil liegt. Das gleiche gilt für alle Abstandsmaße, die die Differenz aus den beiden Merkmalen in einen absoluten Betrag transformieren. Wird dagegen explizit ausschließlich eine **Minimierung der Unterdeckung** angestrebt, so läßt sich der Eignungskoeffizient als

$$e_{ij} = \sum_{k=1}^{m} [\, \text{Minimum}\ (0;\ a_{jk} - f_{ik})\,]$$

realisieren.

(2) Bei Verlaufsmaßen interessiert nicht die Differenz zwischen Anforderungs- und Fähigkeitsprofil, sondern ausschließlich ihr „ähnlicher" Verlauf. Weist also das Merkmal **x** im Anforderungsprofil einen doppelt so hohen Wert auf wie das Merkmal **y**, so wird dasjenige Fähigkeitsprofil als adäquat angesehen, bei dem (unabhängig von der absoluten Höhe der Ausprägung) das Merkmal **x** ebenfalls doppelt so hoch ausgeprägt ist wie das Merkmal **y**.

Aus diesem Grund sind Korrelationskoeffizienten immer Verlaufsmaße. Die Funktion hängt allerdings vom Typ des Korrelationskoeffizienten ab: Ein Korrelationskoeffizient, der ausschließlich auf ordinalskalierten Daten aufbaut (z.B. *Spearman*), stellt lediglich auf die transitive Ordnung zwischen den Merkmalen ab. Ein Korrelationskoeffizient der auf kardinalskalierten Daten basiert (z.B. *Pear-*

son) berücksichtigt darüber hinaus die absoluten Werte für die Steigungen der Anforderungs- und Fähigkeitsprofile: Hier wird die maximale Ähnlichkeit (+1) nur dann erreicht, wenn beide Profile identische Verläufe aufweisen.

(3) Binärmaße zeigen an, ob sich ein Mitarbeiter für eine spezifische Stelle eignet oder nicht, nehmen daher als Ausprägung lediglich die Werte 0 und 1 an. Ein einfaches Binärmaß läßt sich wie folgt definieren:

$$e_{if} = \begin{cases} 1, \text{ wenn } f_{ik} > a_{jk} \text{ (geeignet)} \\ 0, \text{ sonst (ungeeignet)} \end{cases}$$

Binärmaße werden immer dann verwendet, wenn bestimmte Anforderungsausprägungen für den Stelleninhaber **zwingende** Voraussetzung sind: Beispiele dafür sind: Prädikatsexamen, Führerschein Klasse 3, Nicht-Brillenträger, jünger als 40 Jahre, mindestens 1,75 m groß oder mindestens Fachhochschulabschluß.

Kombinierte Maße: Beispiel „duale Ähnlichkeit". Die duale Ähnlichkeit (*Scholz* 1980) verbindet ein Abstandsmaß mit einem Verlaufsmaß und basiert auf

- dem Vergleich der beiden (relativen) Kurvenverläufe sowie
- dem Vergleich der beiden (absoluten) Durchschnittshöhen.

Als Maß für die Steigung dient dabei der Tangens; da die Abstände auf der Merkmalsachse Einheitsabstände mit der Länge 1 sind, ergibt sich der Tangens jeweils aus der Differenz zweier aufeinanderfolgender Merkmalsausprägungen. Damit gilt für den Steigungsverlauf zweier Profile i und j bei m Merkmalen:

$$a_{ij} = \frac{\sum_{k=1}^{m} \left| (i_k - i_{k-1}) - (j_k - j_{k-1}) \right|}{m-1}$$

Für die Differenz der beiden Signalhöhen gilt:

$$d_{ij} = \frac{\left| \left(\sum_{k=1}^{m} i_k - \sum_{k=1}^{m} j_k \right) \right|}{m}$$

Wegen der unterschiedlichen Schwankungsbreiten von a_{ij} sowie d_{ij} und um mit einem Ähnlichkeitswert von 1 vollständige Identität sowie mit einem von 0 maximale Unähnlichkeit (bezogen auf die jeweilige Untersuchungsgesamtheit) auszudrücken, gilt für den Ähnlichkeitswert:

$$S_{ij} = g \cdot \frac{1 - a_{ij}}{a_{max}} + (1 - g) \cdot \frac{1 - d_{ij}}{d_{max}}$$

Die Auswahl von g mit $0 < g < 1$ hängt dabei vom konkreten Problem ab.

Kombinierte Maße: Grundform. Bei dualem Ähnlichkeitsmaß wurden Steigungsmaß und Verlaufsmaß miteinander verknüpft. Grundsätzlich ist es auch möglich, Maße aus allen drei Gruppen miteinander zu verbinden. Als allgemeine Grundform für ein derartiges Maß gilt:

[Gewicht · Abstandsmaß + (1 – Gewicht) · Verlaufsmaß] · Binärmaß

Das Binärmaß wird bei obiger Formel lediglich dann wirksam, wenn es den Wert Null erreicht, wenn also bei mindestens einem Merkmal, das als zwingende Grundvoraussetzung gilt, das Fähigkeitsprofil unter dem Anforderungsprofil liegt. Ansonsten hat das Binärmaß den Wert 1 und damit keinen Einfluß auf das Ergebnis.

Mit der allgemeinen Grundform der Ähnlichkeit läßt sich beispielsweise die euklidische Distanz als Abstandsmaß, ein Korrelationskoeffizient als Verlaufsmaß und ein Binärmaß (für einige zentrale Merkmale) verknüpfen. Zur Vermeidung von Ergebnisverzerrungen muß allerdings immer darauf geachtet werden, daß die Schwankungsbreiten für die verwendeten Abstands- und Verlaufsmaße übereinstimmen: So müßte in obigem Beispiel die euklidische Distanz genauso wie der Korrelationskoeffizient durch Skalentransformation in den Bereich [-1, +1] transformiert werden.

Problematik. Ein derartiger Profilvergleich auf Grundlage von korrespondierenden Anforderungs- und Fähigkeitsprofilen ist allerdings nicht unproblematisch; die Schwierigkeiten lassen sich speziell auf vier zentrale Planungsprobleme zurückführen (vgl. *Scholz* 1981b, 162):

- Die **algorithmische Durchführung** wird als schwierig eingestuft; wichtig erscheinen dabei – neben grundsätzlichen Problemen wie der Indikatorenauswahl, der Meßmethode und der Auswertungsverfahren – vor allem folgende **Einwände**:
  - Der Profilvergleich „vergißt" die konkrete Situation, in der die Merkmale erhoben wurden. Dies bedeutet für die Interpretationsphase dann einen entscheidenden *Informationsverlust*, wenn Aussagen über die Datengewinnung (zumindest das Erhebungsdatum) bei der Analyse nicht berücksichtigt werden.
  - Bei der Interpretation ist die jeweilige Merkmalsausprägung losgelöst von den anderen Merkmalsausprägungen (also unter Vernachlässigung des *Kontextes*) wenig aussagefähig: So ist beispielsweise eine geringe verbale Ausdrucksfähigkeit in Deutsch

bei einem Deutschen anders zu bewerten als bei einem Arbeitnehmer, der eben erst aus einem nicht-deutschsprachigen Ausland zugezogen ist.

- Die Notwendigkeit, die Ausprägungen eines Fähigkeitsmerkmals oft durch andere Personen (Abteilungen) ermitteln zu lassen als die Ausprägung des korrespondierenden Anforderungsmerkmales, schafft *Vergleichbarkeitsprobleme*.
- Eine fehlende *Strukturgleichheit* von Fähigkeits- und Anforderungsprofilen erschwert die algorithmische Verknüpfbarkeit.
- Ein „Planungsidealzustand", bei dem sämtliche Mitarbeiter eines Stellentyps *identische* und dem Anforderungsprofil entsprechende Fähigkeitsprofile aufweisen, kann sich negativ auf die in einer Fähigkeitsvielfalt liegende Flexibilität des auf einem Stellentyp eingesetzten Personals auswirken.
- Eine lediglich *rechnerische* Über- oder Unterdeckung, die aus der Differenz zweier Profile ermittelt wurde, kann auch unter ceteris-paribus-Bedingungen nicht unbedingt Indikator für fehlende Eignung eines Mitarbeiters sein, weshalb eine pauschale Abweichungsminimierung falsch sein kann.
- Der Abbau derartiger oft nur durch den Einsatz der Profilsubtraktionsmethode verursachten „künstlichen" Eignungsdefizite kann *unnötigen Aufwand* für Fort- und Weiterbildungsmaßnahmen erfordern.

Diese algorithmischen Probleme implizieren keinen pauschalen Verzicht auf derartige Ansätze, erzwingen aber eine theoretisch durchdachte und auf den Einzelfall abgestimmte Lösung. Speziell in der Interpretationsphase sind dabei **Beschränkungen** des jeweils verwendeten Eignungsmaßes zu berücksichtigen:

- Die algorithmische Durchführung einer mehrdimensionalen Personalplanung wird zum Teil als inhuman betrachtet. Vor allem Gewerkschaftsvertreter drängen darauf, Profil„abgleiche" durch Betriebsvereinbarungen auszuschließen (vgl. *Mülder* 1984). Allerdings wurde die algorithmengestützte Profilsubtraktionsmethode unter anderem zu Humanisierungszwecken entwickelt.
- Ein zusätzliches Problem ist die *Komplexität* einer derartigen algorithmischen Eignungswertfeststellung: Geht man von einer grundsätzlich geringen Akzeptanz von formalen Planungsmethoden aus, so erfordert die algorithmische Eignungswertfeststellung zwangsläufig aufwendigere Verfahren als die simple Profilsubtraktionsmethode; gerade komplexe Ansätze sind aber selten transparent, weshalb sich hierbei noch mehr das Akzeptanzproblem stellt.

Hinzu kommen *rechtliche Probleme*, auf die bereits in Kapitel 3 hingewiesen wurde.

Lineare Optimierung als Zuordnungsansatz. Hat man das Eignungsproblem definiert, so läßt sich die Stellenzuordnung vornehmen. Die computergestützte Realisierung basiert in ihrer formalen Struktur auf dem aus dem Operations Research bekannten Assignment-Problem. Im Kern besteht dieses Zuordnungsproblem darin, die **n** Elemente einer bestimmten Menge **I** (z.B. Mitarbeiter) auf die **m** Elemente einer anderen Menge **J** (z.B. Stellen) so zuzuordnen, daß die Zielfunktion einen Maximal- oder Minimalwert annimmt. Die einfachste Form des Zuordnungsproblems lautet wie folgt:

(1) $$\sum_{i=1}^{n} \sum_{j=1}^{m} e_{ij} \cdot x_{ij} \Rightarrow \min \text{ (bzw. max)!}$$

(2) $$\sum_{i=1}^{n} x_{ij} = 1$$

(3) $$\sum_{j=1}^{m} x_{ij} = 1$$

(4) $x_{ij} = 1$ oder $x_{ij} = 0$ für $i = 1 \dots n$ und $j = 1 \dots m$

(5) $n = m$

Die Variable x_{ij} gibt an, ob das Element **i** dem Element **j** zugeordnet wurde ($x_{ij} = 1$) oder nicht ($x_{ij} = 0$). Jede mögliche Zuordnung hat einen spezifischen Zielbeitragswert e_{ij}. Ob dieser in die doppelte Summation von Zeile (1) eingeht, hängt damit von der Ausprägung der Variablen x_{ij} ab. Die Nebenbedingung (2) stellt sicher, daß pro Stelle (j) nur ein Mitarbeiter zugeordnet wird, also die Variable x_{ij} fur alle **j** nur einmal den Wert **1** annimmt. Aufgrund von Nebenbedingung (3) wird jedem Mitarbeiter nur eine Stelle zugewiesen. Die Nebenbedingung (4) gewährleistet die Beschränkung des Wertevorrats von x_{ij} auf 0 und 1 sowie die Ganzzahligkeit und Nichtnegativität der Lösung. Die Bedingung (5) signalisiert in diesem Fall eine Übereinstimmung zwischen Stellenzahl und Mitarbeiterzahl.

Mit Hilfe dieses Modells läßt sich nun das generelle Zuordnungsproblem lösen: Verwendet wird dazu für jeden Mitarbeiter ein Eignungsprofil, also Aussagen darüber, welchen Zielfunktionsbeitrag der Mitarbeiter auf einer bestimmten Stelle erbringen kann. Die Zusammenfassung der Eignungswerte e_{ij} ergibt dann die Eignungsmatrix E. Ausgehend von ihr wird die Zuordnungsmatrix X erstellt: Sie gibt an, welche Mitarbeiter auf welchen Stellen eingesetzt werden.

Übersicht 7.24 zeigt ein Beispiel für eine derartige Zuordnung, wobei fünf Stellen und fünf Mitarbeiter verwendet werden. Ausgewiesen ist links die Eignungsmatrix **E** und rechts die Zuordnungsmatrix **X** (Zielfunktionswert = 21). Bei Lösung des Zuordnungsproblems bleibt (naheliegenderweise) die Eignungsmatrix **E** konstant: Variabel sind lediglich die Zuordnungen in der Matrix **X**.

Stellen	**1**	**2**	**3**	**4**	**5**
Personen					
1	4	2	3	7	0
2	2	3	3	3	2
3	3	2	1	3	0
4	0	1	2	3	4
5	1	4	3	5	3

Eignungsmatrix

Stellen	**1**	**2**	**3**	**4**	**5**
Personen					
1	0	0	0	1	0
2	0	0	1	0	0
3	1	0	0	0	0
4	0	0	0	0	1
5	0	1	0	0	0

Zuordnungsmatrix

Übersicht 7.24: Beispiel für ein einfaches Zuordnungsmodell

Das modifizierte LP-Modell von Kossbiel. Als ein konkretes lineares Personalplanungsmodell soll das Modell von *Kossbiel* (1988, 1045-1068) in einer etwas modifizierten Form vorgestellt werden. Es berührt neben dem Personaleinsatzmanagement auch die Bereiche Personalbestand, -bedarf, -beschaffung und -freisetzung. Folgende Komponenten sind in diesem LP-Modell enthalten:

Variablen:

x^L_{et}	Lagermenge	w^h_{it}	Personaleinstellung
$v_{ijt_h t}$	Personaleinsatz	$w^f_{it_h t}$	Personalfreisetzung
x_{et}	Produktionsmenge	$B_{it_h t}$	Personalbestand
C_e	Lagerkosten	δ	Fluktuationsrate
k^H_{it}	Einstellkosten	σ	Absentismusrate
k^E_{it}	Entlassungskosten	β	Einarbeitungsgrad
k^F_{it}	Fluktuationskosten	α	Personalbedarfskoeffizient
k_{it}	Lohnkosten		

Indizes:

e	Produkte	i	Ausstattungskategorie
t	Perioden ($1 \leq t \leq T$)	j	(Stellen-)Bedarfskategorie
t_h	Einstellperioden	I_j	auf Stelle j zuordenbare Personen
τ	Periodenhilfsindex	J_i	von Personen i besetzbare Stellen

Konstanten:

$\max w^h_{it}$	Einstellobergrenze	T	Planungsendzeitpunkt
$\max w^f_{it}$	Entlassungsobergrenze	A	„historischer Planungsbeginn"
x^L_{e0}	Lageranfangsbestand	R_i	Einarbeitungsdauer
x^A_{et}	Absatzmenge		

$$\sum_{e=1}^{E} \sum_{t=1}^{T} C_e \, x^L{}_{et} + \sum_{t=1}^{T} \sum_{i=1}^{N} \left(k^H{}_{it} + \sum_{\tau=t}^{T} k_{i\tau} \right) \cdot w^h{}_{it}$$

Produktlagerkosten + einstellungsbedingte Lohnkosten

$$+ \sum_{t=1}^{T} \sum_{i=1}^{N} \sum_{t_h=1-R_i}^{t-1} \left(k^E{}_{it_h t} - \sum_{\tau=t}^{T} k_{i\tau} \right) \cdot w^f{}_{it_h t}$$

+ entlassungsbedingte Lohnkosten

$$- \sum_{t=1}^{T} \sum_{i=t}^{N} \sum_{t_h=A}^{t-1} \delta_{i,\, t-t_h} \cdot B_{it_h t} k^F{}_{it_h t} \rightarrow \min!$$

+ fluktuationsbedingte Lohnkosten

(1) $x^L{}_{et} = x^L{}_{e0} + \sum_{\tau-1}^{t-1} x_{e\tau} - \sum_{\tau-1}^{t-1} x^A{}_{e\tau} + 0{,}5 \left(x_{et} - x^A{}_{et} \right)$ *für alle e, t*

mittlerer Lagerbestand = Anfangsbestand + Zugang - Abgang (umformuliert)

(2) $\sum_{e=1}^{E} x_{et} \cdot \alpha_{ej} - \sum_{i \varepsilon I_j} \left(\sum_{t_a = t-R_i+1}^{t} \beta_{it_h t} \, v_{ijt_h t} \right)$

Personalbedarf - Einsatz an nicht voll eingearbeiteten Arbeitskräften

$- \sum_{i \varepsilon I_j} \left(\sum_{t_h \le t-R_i} v_{ijt_h t} \right) = 0$ *für alle j, t*

- Einsatz an voll eingearbeiteten Arbeitskräften

(3) $\sum_{j \varepsilon J_i} v_{ijt_h t} - \left(1 - \sigma_{it}\right) \cdot B_{it_h t} \le 0$

eingesetzte Personen – vorhandene Personen

(4) $B_{it_h t} = w^h{}_{it}$ *für $t = t_h$*

Bestand = neu eingestellte Personen

(5) $B_{it_h t} = \left(1 - \delta_{i,t-t_h}\right) \cdot B_{it_h,\, t-1} - w^f{}_{it_h t}$ *für $t > t_h$*

Bestandsdefinitionsgleichung

(6) $w^h{}_{it} \le \max \, w^h{}_{it}$

Einstellungsbedingung

(7) $w^f{}_{it_h t} \le \max \, w^f{}_{it_h t}$

Entlassungsbedingung

(Bedingungen (3) bis (7): *für alle i, t, t_h*)

(8) $x^L{}_{et},\ x_{et},\ w^h{}_{it},\ w^f{}_{it_h t},\ v_{ijt_h t},\ B_{it_h t} \ \ge \ 0$

für alle i, j, e, t, t_h
Nichtnegativitätsbedingungen

Nicht erfaßte Größen in diesem Modell sind Kapazitäts- oder Ressourcenbeschränkungen, Schichtbetrieb, Überstunden, Kurzarbeit, Arbeitszeitrestriktionen, Intensitätsschwankungen, Kündigungsschutzbedingungen für w^f_i, Beschaffungs- und Absatzrestriktionen sowie mehrere Produktionsstufen.

Das für einen kurzfristigen Planungshorizont ausgelegte Modell beabsichtigt, den Gewinn in den Planungsperioden zu maximieren und dabei den mit der Durchführung des Fertigungsprogramms verbundenen Personalbedarf zu decken. Dazu stehen sowohl voll eingearbeitete als auch für die Dauer der Einarbeitungszeit (noch) leistungsverminderte Mitarbeiter zur Verfügung. Die Personalausstattung läßt sich unternehmensseitig durch Einstellungen und Entlassungen verändern; allerdings ist ebenfalls die mitarbeiterseitige Fluktuation zu berücksichtigen.

Da das Auslieferungsprogramm für die Planungsperiode festgelegt ist und sich sonstige Parameter wie Produktpreise oder variable Durchschnittskosten nicht ändern, verzichtet der Ansatz auf den Einbezug von Erlösen und variablen Durchschnittskosten (außer den Löhnen) in die Zielfunktion. Hierdurch kann diese als Kostenminimierungsmodell formuliert werden.

Vorteilhaft an solchen linearen Planungsmodellen ist, daß sich Personalbedarf, Personalbestand und Personaleinsatz in gegenseitiger Abstimmung aufeinander einregeln lassen. Zudem lassen sich die Funktionen und Restriktionen flexibel an die jeweilige Unternehmenssituation anpassen.

Mustererkennung. Eine Zuordnungsmethode im Personaleinsatzmanagement ist die Mustererkennung (vgl. *Scholz* 1981b; 1987a, 77-78). Unter einem **Muster** wird dabei eine für eine begrenzte Menge von **Profilen** charakteristische Ausprägungskombination der Merkmale verstanden. In diesem Sinne stellen beispielsweise Menschentypologien spezifische „Muster“ dar.

Ähnlich wie in der Umgangsprache hat „Muster“ eine zweifache Bedeutung, die auch bei der Mustererkennung deutlich wird: Auf der einen Seite impliziert „Muster“ eine bestimmte Anzahl von charakteristischen Merkmalen, die bei bestimmten Objekten in ähnlicher Form beobachtet werden; auf der anderen Seite dient „Muster“ als Standardvorgabe für andere Objekte.

Für die Mustererkennung gibt es im Bereich des Personaleinsatzmanagements eine Vielzahl von **Einsatzmöglichkeiten**. Hierzu zählt neben der Ermittlung eines Anforderungsmusters für eine Gruppe von Arbeitsplätzen vor allem die Bestimmung von Fähigkeitsmustern der Mitarbeiter, um letztlich die Zusammenführung von Gruppen zu ermöglichen.

Zu den Möglichkeiten der Mustererkennung im Bereich des Personaleinsatzes zählt die **situative Eignungsprognose**. Entsprechend der Kritik (vgl. *Scholz* 1981b) an traditionellen Profilsubtraktionen wird hierbei darauf verzichtet, aus Über- und Unterdeckungen zwischen Anforderungsprofil und Fähigkeitsprofil Eignungswerte abzuleiten; vielmehr soll geprüft werden, ob aufgrund bisheriger Resultate (Erfolgsprofil) von Mitarbeitern aus dem entsprechenden Tätigkeitsbereich auf die vom Bewerber zu erwartenden Erfolgswerte geschlossen werden kann. Dazu ist wie folgt vorzugehen (vgl. *Scholz* 1981b):

- Zunächst sind *Tätigkeitsfelder* als Mengen anforderungsähnlicher Arbeitsplätze abzugrenzen. Hierzu werden die Arbeitsplatzprofile einer Clusteranalyse unterzogen, was zur Gruppierung der Arbeitsplätze führt: Es lassen sich in sich homogene Gruppen von Arbeitsplätzen (Cluster) zusammenfassen, die jedoch zu anderen Gruppen von Arbeitsplätzen hinsichtlich der Anforderungen heterogen sind. Für jede dieser Gruppen läßt sich dann als Clusterschwerpunkt ein Durchschnittsmuster definieren. Falls das zu untersuchende Tätigkeitsfeld zu klein ist, wird durch Zusammenfassung mehrerer Tätigkeitsfelder eine aussagefähige Untersuchungsbasis geschaffen.
- Dann erfolgt ein Wechsel der Bezugsbasis: Die Anforderungsprofile waren stellenbezogen, jetzt wird über *Erfolgsprofile* von Mitarbeitern operiert. Erfolgsprofile sind in diesem Fall die bisher von Mitarbeitern realisierten Leistungswerte. Es wird also in diesem Fall nicht mehr über Merkmale von Stellen geclustert, sondern über Merkmale von allen Personen, die eine der Stellen aus dem zu untersuchenden Tätigkeitsbereich besetzen. Das Ergebnis besteht jetzt aus (mindestens) einem Cluster von Personen mit extrem niedrigen und (min destens) einem Cluster mit extrem hohen Erfolgswerten.
- Aus dem Ergebnis werden jetzt explizit zwei Mengen von Personen definiert, die als *charakteristisch* für niedrigen sowie für hohen Erfolg gelten können.
- Schließlich wird explizit auf die Fähigkeitsprofile der Mitarbeiter mit niedrigen beziehungsweise hohen Erfolgswerten abgestellt. Für diesen Schritt kann auf einen Grundgedanken von *Cattell* (1957, 772-775) zurückgegriffen werden, bei dem als „Anforderungsprofil" jeweils das Fähigkeitsprofil eines erfolgreichen Mitarbeiters auf einer derartigen Stelle verwendet wird. Aus diesem Grund wird jetzt über die Fähigkeitsprofile der erfolgreichen Mitarbeiter geclustert. Das Ergebnis ist dann (mindestens) eine *Musterhüllkurve*, die das charakteristische Muster für (Miß-)Erfolg umschließt.

Abbildung 7.25 zeigt ein Beispiel für derartige Musterhüllkurven; in diesem Fall haben sich jeweils nur die Merkmale 28 bis 39 als aussagefähig erwiesen.

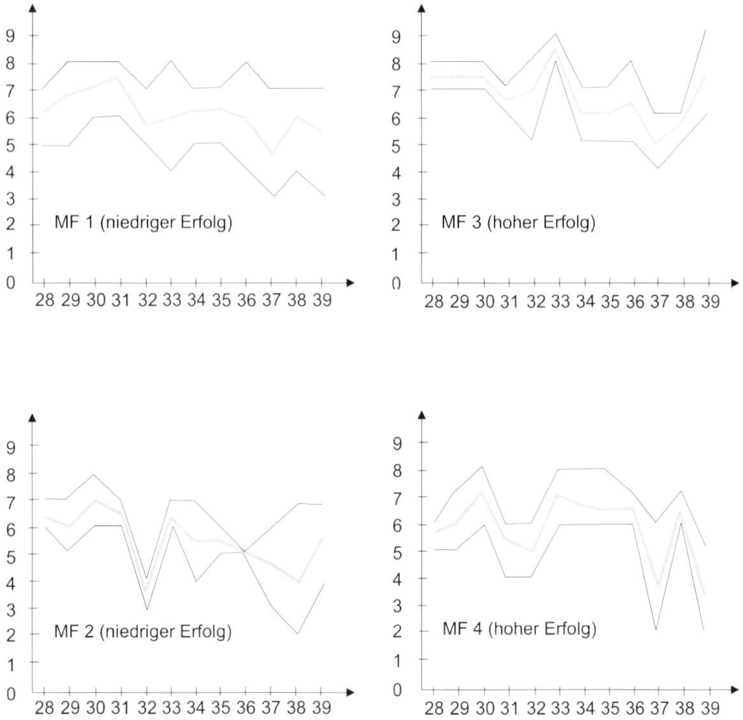

Abbildung 7.25: Fiktive Beispiele für (Miß-)Erfolgsmuster
(*Scholz* 1981b, 173)

In Abbildung 7.25 werden jeweils zwei Mengen gebildet: Dabei gibt es zwei Grundmuster von Fähigkeiten (MF1, MF2), die mit relativ niedrigem Erfolg verbunden waren, und zwei Erfolgsmuster (MF_3, MF_4), die mit relativ hohen Erfolgswerten korrespondierten. Als Anwendung für Personalentscheidungen folgt aus dieser Beschreibung folgende situative Eignungsprognose:

Wenn ein Mitarbeiter bei den Merkmalen 28 bis 39 einem der vier Durchschnittsmuster (zumindest aber einem der vier Hüllkurvenbereiche) entspricht, besteht Grund zur Annahme, daß er im betreffenden Tätigkeitsbereich (bei MF_1, MF_2) relativ niedrige beziehungsweise (bei MF_3, MF_4) relativ hohe Erfolgswerte erzielen wird.

Die Mustererkennung ist im Gegensatz zur zuvor präsentierten linearen Programmierung **kein** optimierendes Verfahren: Zuordnungsentscheidungen werden somit allenfalls unterstützt. Der oben skizzierte Ansatz ist im Gegensatz zur linearen Programmierung auch kein scharfes Vorgehen: Die „Anforderungsprofile“ (besser: charakteristische Fähigkeitsprofile von erfolgreichen Mitarbeitern) werden in Form der Musterhüllkurve auch nur unscharf angegeben.

Charakteristisch für den vorangegangenen Ansatz und für seine interaktive Heuristik ist das Wechseln von Bezugsbasen für die Mustererkennung im Hinblick auf

- verwendete Merkmale (Anforderungsprofil, Erfolgsprofil, Fähigkeitsprofil) und
- untersuchte Arbeitsplätze beziehungsweise Mitarbeiter.

Das Erfolgsprofil darf in diesem Falle **nicht** mit einem generellen Eignungsprofil verwechselt werden: Ein Eignungsprofil gibt jeweils mehrere einwertige Kennzahlen an, die einwertige Aussagen zur Eignung von Mitarbeitern auf einem bestimmten Arbeitsplatz machen. Ein Erfolgsprofil dagegen ist eine mehrdimensionale Aussage über die erzielten Leistungen eines Mitarbeiters auf einem Arbeitsplatz.

Bewertung. Die formalisierte beziehungsweise computergestützt-automatisierte Zuordnung zwischen Mitarbeiter und Arbeitsplatz hat zweifelsohne eine hohe intellektuelle Faszination. Sie verband sich in den 70er Jahren mit einer großen Euphorie zu Machbarkeit und Chancenhorizont. Der große Durchbruch blieb jedoch aus, wenngleich die explodierende Leistungsfähigkeit der Computer erhebliche Möglichkeiten eröffnet. Paradoxerweise dürfte gerade dies den Einsatz derartiger Modelle reduziert haben, da solche Entscheidungen im Versuchs-Irrtum-Ansatz jetzt direkt am Bildschirm erfolgen. Dies gilt um so mehr, als das eigentliche Planungsproblem in einer relativ **stabilen** Umwelt mit klaren Organisationsgrenzen (abgesehen vom Fall der Unternehmensgroßgründung) nicht extrem schwer und vor allem inkremental lösbar ist.

Diese Situation könnte sich aber sehr schnell und sehr radikal ändern: Akzeptiert man die Thesen der sich auflösenden Organisationsgrenzen, der graduell abgestuften Beschäftigungsverhältnisse (und erst Recht der virtuellen Unternehmen), so wächst die Herausforderung für das Personaleinsatzmanagement exponentiell an: Hier dürfte wegen der „**flatterhaften Dynamik**" der Umwelt eine baldige Renaissance (auch) der formalisiert-computergestützten Personaleinsatzplanung zu erwarten sein, mit Chancen gerade für unscharfe Verfahren wie die Mustererkennung.

7.4.3 Globale Gestaltung: Auslandseinsatz

7.4.3.1 Systematik

Bevor es zu einem Auslandseinsatz kommt, ist es die Aufgabe eines operativen Personaleinsatzmanagements, die personellen und organisatorischen Rahmenbedingungen zu schaffen.

Hinsichtlich des *Arbeitseinsatzes* als der Gestaltung von Arbeitsplatz, Arbeitszeit und Arbeitsaufgaben sind Rahmenbedingungen erforderlich, die eine erfolgreiche Wahrnehmung des Auslandsaufenthaltes ermöglichen. Dies bedeutet hinsichtlich des Arbeitsplatzes, daß

- im Rahmen der Arbeitssicherheit mindestens die gleichen Anforderungen gelten wie im Mutterland,
- die Umgebungseinflüsse auf das im Mutterland gewohnte Maß angepaßt werden und
- möglichst vergleichbare Arbeitsmittel zur Verfügung stehen; der Mitarbeiter ist also nicht unnötig gezwungen, auf primitivere Arbeitsmittel zurückzugreifen.

Bezüglich der Arbeitszeit ist die Länge und Verteilung während des Auslandsaufenthaltes zu klären. Flexible Arbeitszeit- oder Schichtmodelle des Heimatlandes können in aller Regel aufgrund der divergierenden nationalen Rahmenbedingungen kaum aufrechterhalten werden.

Zur *Vorbereitung* des zukünftigen Expatriates gehören entsprechende Vorbereitungskurse, auf die bereits im Zusammenhang mit der Personalentwicklung eingegangen wurde, ebenso wie die Modalitäten der Vertragsgestaltung.

Ein besonderes Problem beim Auslandseinsatz ist dem familiären Umfeld zuzurechnen: So ist nach der Untersuchung von *Wirth* (1992) die ablehnende Haltung des Ehepartners für den Kandidaten ein zentraler Grund, einen Auslandsaufenthalt abzulehnen (Übersicht 7.25). Und nur zu leicht dient die Familie als Sündenbock, wenn eine Auslandsentsendung auch aus ganz anderen Gründen scheitert.

Angegebener Grund für Ablehnung	**Häufigkeit**
ablehnende Haltung des Ehepartners	71%
Nachteile für die Entwicklung der Kinder	64%
Trennung von Verwandten und Freunden	49%
Karrierenachteile	41%
Umstellung der Lebensgewohnheiten	37%
Sprachschwierigkeiten	29%

Übersicht 7.25: Ablehnungsgründe (mit Mehrfachnennung) für Auslandsentsendungen in der Untersuchung von *Wirth* (1992, 133)

Zur Organisation und Planung eines Auslandseinsatzes gehört daher auch die Vorbereitung der *Familie*. Auch hier ist ein frühzeitiges Vertrautmachen mit der fremden Umgebung und Hilfestellung bei administrativen sowie sozialen Aspekten angebracht. Unternehmen bemühen sich teilweise darum, Auslandseinsätze mit Rücksicht auf doppelte Karrieren von Paaren und friktionsarme Schulkarrieren der Kinder auf die frühen und späten Phasen der Karriere des Entsandten zu legen (vgl. *Hendry* 1994, 92-93). Dennoch ist eine Abstimmung der Mobilität der Familie mit der Mobilität des Expatriates zusätzlich zur Berufsplanung eine Frage der Lebensplanung.

Schließlich verlangt ein sinnvoller Auslandseinsatz auch die meist übersehene Vorbereitung der Mitarbeiter in der betreffenden *Auslandseinheit* auf den Entsandten (vgl. *Vance* 1992). Hier kommen gleichfalls interkulturelle Trainingsmaßnahmen zum Einsatz, die helfen, Probleme in der Zusammenarbeit zu reduzieren.

7.4.3.2 Auslandsentsendung

Mitarbeiter sind während ihres Auslandsaufenthaltes teilweise erheblichen Belastungen ausgesetzt. Für deren Bewältigung existieren keine gesetzlichen Regelungen, sieht man von dem Spezialfall des Arbeitnehmerentsendegesetzes (AEntG) von 1996 ab: Dies betrifft allerdings lediglich die Entsendung von Bauarbeitnehmern aus dem Ausland nach Deutschland und gilt als Konsequenz der Arbeitsmarktsituation im Bausektor, in dem – auch aufgrund der EU-Freizügigkeit – über 100 000 deutschen arbeitslosen Bauarbeitnehmern circa 150 000 ausländische Arbeitnehmer auf deutschen Baustellen entgegenstehen (vgl. *Zöllner/Loritz* 1998, 420). Das Gesetz überträgt die Gültigkeit bestimmter, in allgemeinverbindlichen Tarifverträgen des Baugewerbes enthaltener Arbeitsbedingungen auf ausländische Arbeitgeber und ihre in Deutschland beschäftigten Arbeitnehmer.

Internationales Personaleinsatzmanagement verlangt daher nach einem durchgängigen und klaren Konzept für die Betreuung der Expatriates.

Verhaltensmaximen wie „aus den Augen, aus dem Sinn" sind typisch für weniger erfolgreiche Firmen, während sich umgekehrt erfolgreiche Unternehmen durch organisatorische Regelungen wie Mentoren oder Berater („counselor") auszeichnen (vgl. *Derr/Oddou* 1991, 12). Damit aus dem Auslandseinsatz ein maximaler Effekt erzielt wird, ist die im Ausland erlebte Arbeitszufriedenheit speziell hinsichtlich des Bedürfnisses nach Selbstverwirklichung herzustellen. Untersuchungen zeigen, daß der Gesamterfolg des Auslandseinsatzes stark mit der Zufriedenheit des Entsandten korreliert (vgl. *Kumar/Karlshaus* 1992).

Die **Betreuung** der Expatriates durch die Muttergesellschaft hängt von der Internationalisierungsstrategie ab: Während beispielsweise die Monokulturstrategie eine Betreuung während des Auslandseinsatzes verlangt, gehört bei der Multikulturstrategie die Abnabelung (und damit der Verzicht auf Betreuung) zu den strategieimmanenten Charakteristika.

Für eine befristete Entsendung empfiehlt sich die Vereinbarung eines **Entsendevertrages** zwischen Arbeitgeber und Entsandten. Er genügt den Anforderungen des Nachweisgesetzes (NachweisG) von 1995, das für annähernd alle Arbeitsverhältnisse die schriftliche Niederlegung der wesentlichen Vertragsbedingungen verlangt. Inhalt ist hier die Festlegung von Dauer des Aufenthaltes, Währung des gezahlten Arbeitsentgeltes, Höhe eines eventuell mit dem Auslandseinsatz zusammenhängenden Zusatzentgeltes, Umfang von Sachleistungen und Rückkehrbedingungen.

Weitere Punkte, die als freiwillige Vereinbarungen in den Vertrag aufgenommen werden können, betreffen

- die Art des arbeitsrechtlichen Schutzes im Ausland, der sich nach den Gesetzen des Entsendungslandes oder Ziellandes richten kann,
- den Gerichtsstand für eventuelle Streitigkeiten,
- eventuelle Kostenübernahmen für freiwillige Sozialversicherungen für den Fall, daß im Zielland keine Sozialversicherungspflicht besteht, sowie für weitere freiwillige Leistungen des Arbeitgebers, die etwa zusätzliche Versicherungen, anfallende Ausbildungskosten für Kinder und Umzugskosten betreffen,
- die Anrechnung der im Ausland verbrachten Zeit auf die Betriebszugehörigkeit, was Auswirkungen auf eine betriebliche Altersvorsorge haben kann, sowie
- die arbeitsvertragliche Situation nach der Rückkehr, die sich in der Position, den weiteren Karrierechancen und dem Entgelt zeigt.

Vor dem Antritt der Entsendung sollten die Expatriates ihre steuerliche, sozialversicherungsrechtliche, privatversicherungsrechtliche und arbeitsvertragliche Situation klären, gegebenenfalls mit Unterstützung des Arbeitgebers, um unliebsame Überraschungen zu vermeiden.

Im Zusammenhang mit Entsendungen ins Ausland fällt auf, daß der **Frauenanteil** unter den Expatriates sehr gering ist – in einer 1984 in Nordamerika durchgeführten Studie nur 3% (vgl. *Adler* 1984), in einer in Deutschland durchgeführten Studie in der Mehrzahl der befragten Unternehmen unter 5% (vgl. *Horsch* 1995). *Domsch* und *Lichtenberger* (1992) stellten in ihrer Untersuchung bei 13 Unternehmen (von denen drei überhaupt keine weiblichen Führungskräfte im Ausland beschäftigten) fest, daß der Anteil der weiblichen Führungskräfte im Auslandseinsatz durchschnittlich nur knapp 3% beträgt. Das Ergebnis zeigt, daß lediglich die Immobilität von Frauen etwas häufiger genannt wurde als die von Männern; bei allen übrigen Aspekten sind die Ablehnungen von männlichen Führungskräften stärker ausgeprägt als die von weiblichen Führungskräften (Abbildung 7.26).

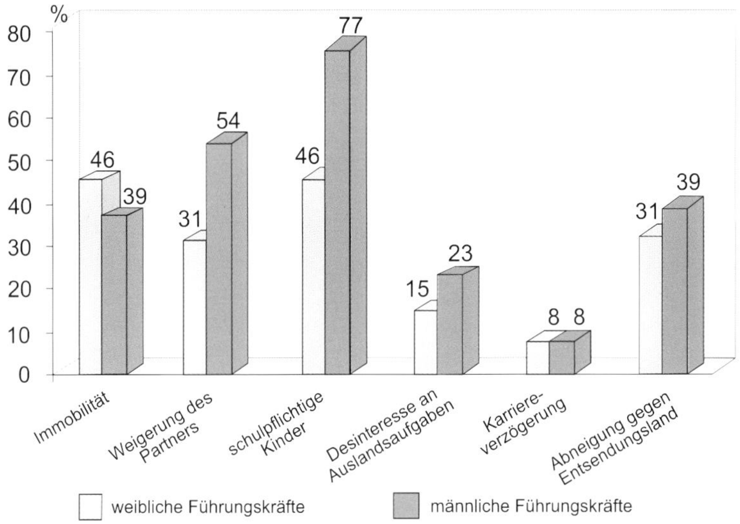

Abbildung 7.26: Ablehnungsgründe von potentiellen Expatriates in der Untersuchung von *Domsch/Lichtenberger* (1992, 98)

Die Befunde belegen ein klares Handlungsdefizit, wobei es sich offenbar weniger um tatsächliche Entsendungsprobleme bei den Frauen als bei den über die Entsendung Entscheidenden handeln dürfte: Auch die häufig als gering eingestufte Akzeptanz von weiblichen Expatriates bei ausländischen Mitarbeitern und Kunden ist, soweit erkennbar, empirisch nicht gestützt.

7.4.3.3 Reintegration

Internationales Personaleinsatzmanagement befaßte sich primär mit der Auslandsentsendung. Erst später wurde klar, daß gerade auch die **Rückkehr** mit sichtbaren Folgen (wie Karriereknick oder familiäre Probleme) ein ernstes Problem darstellt. Kommt es hierbei zu Fehlern, so hat dies Abstrahlungseffekte auf das gesamte Internationalisierungsprogramm.

Die Probleme, die in der Rückkehrphase entstehen, sind abhängig von Faktoren wie Dauer des Auslandseinsatzes, Ort des Auslandseinsatzes und Alter des Entsandten. Trotzdem gibt es einige typische **Problemfelder** (vgl. *Harvey* 1982; *Kenter/Welge* 1983):

- Entsandte werden oft damit konfrontiert, daß für sie keine spezielle Einsatzplanung für die Zeit nach ihrem Auslandseinsatz existiert. Die Befürchtung, durch die Entsendung einen *Karriereknick* hinnehmen zu müssen, kann daher die Bereitschaft für einen Auslandseinsatz erheblich senken.

- Veränderungen in der Muttergesellschaft wie beispielsweise Umstrukturierungsmaßnahmen oder Stellenumbesetzungen erschweren es dem Mitarbeiter, sich nach seiner Rückkehr schnell wieder zu *integrieren*.
- Entsandte Führungskräfte genießen im Ausland nicht selten gewisse Privilegien wie beispielsweise die Bereitstellung von Haushaltshilfen. Diese Annehmlichkeiten können oft im Stammland dem Rückkehrer nicht mehr gewährt werden. Die *Einbuße des Lebensstandards* kann bei der ganzen Familie zu Unzufriedenheit führen und erschwert die Reintegration in das Unternehmen.

Die Auswirkungen einer nicht gelungenen Reintegration sind sehr weitreichend: Sie können zum einen dazu führen, daß Motivation und Arbeitsleistung bei dem Betroffenen drastisch nachlassen und infolge dessen die Entsendungsbereitschaft auch unter den anderen Mitarbeitern zurückgeht.

Durch diverse **Mechanismen** lassen sich die Probleme entschärfen. *Wirth* (1992, 152+205-208) nennt in diesem Zusammenhang in seiner Studie Vorschläge wie
- Stammhauspaten,
- Eingliederungsseminare,
- Wohnungssuchhilfen sowie
- Familienhilfe (z.B. Schulen der Kinder),

wobei sich die Unterstützung in den von ihm befragten Unternehmen primär auf Wohnungssuchhilfen beschränkte; meist wurde sogar auf Rückkehrgespräche zur Übertragung des im Ausland erworbenen Wissens verzichtet.

7.4.4 Zeitliche Gestaltungskonsequenzen: Arbeitszeit

Anhaltende Arbeitslosigkeit, gesellschaftlicher Wertewandel und (internationaler) Konkurrenzdruck verschaffen der Arbeitszeitgestaltung verstärkte Beachtung.

7.4.4.1 Systematik

Es ist somit die Aufgabe des unternehmerischen Arbeitszeitmanagements, bedarfs- und interessenorientierte Arbeitsmodelle zu entwerfen sowie zu implementieren.

Der **Rahmen** für ein betriebliches Arbeitszeitmanagement besteht aus
- *gesetzlichen Bestimmungen*
  - Arbeitszeitordnung (AZO),
  - Gewerbeordnung (§ 105 GewO),

- Ladenschlußgesetz (§ 17 LadschlG),
- Jugendarbeitsschutzgesetz (§§ 8-21 JArbSchG),
- Mutterschutzgesetz (§§ 7, 8 MuSchG),
- Arbeitsförderungsgesetz (§ 68 AFG),
- Kündigungsschutzgesetz (§ 19 KSchG),

• *tarifvertraglichen Regelungen* zur durchschnittlichen Wochenarbeitszeit und zu Überstunden sowie

• dem *Mitbestimmungsrecht des Betriebsrates* hinsichtlich Beginn und Ende der täglichen Arbeitszeit, Pausenregelungen, Verteilung der Arbeitszeit und vorübergehende Verkürzungen beziehungsweise Verlängerungen der betrieblichen Regelarbeitszeit (§ 87 I Nr. 2+3 BetrVG).

Die Arbeitszeitordnung (AZO) sieht eine **werktägliche Höchstarbeitszeit** von acht Stunden vor (§ 3 AZO). Eine Verteilung der Wochenarbeitszeit, die vom 8-Stunden-Tag abweicht, ist allerdings zulässig, wenn eine tägliche Arbeitszeit von 10 Stunden nicht überschritten wird (§ 4 III AZO). Ausnahmeregelungen bei vollkontinuierlichem Arbeitsvollzug sind auf Antrag vom Gewerbeaufsichtsamt (§ 8 I AZO) zu genehmigen, wenn in die Arbeitszeit regelmäßig und in erheblichem Umfang Arbeitsbereitschaft fällt oder aus Gründen des Gemeinwohls erforderlich ist (§ 8 II AZO). Darüber hinaus darf die Arbeitszeit täglich um 2 Stunden für Vor- und Abschlußarbeiten verlängert werden (§§ 5 I, 6, 7, 11 AZO). Weitere Verlängerungen sind für Notarbeiten und Zeiten mit Arbeitsbereitschaft vorgesehen. Für Jugendliche und Frauen gelten gesonderte eingeschränkte Bestimmungen.

Spezielle Fragen, die ein betriebliches Arbeitszeitmanagement beantworten muß, betreffen Schichtarbeit und Pausenregelung sowie Konzepte zur Arbeitszeitflexibilisierung. Gerade im Rahmen des Personaleinsatzmanagements ergeben sich Probleme, wenn Lage und Dauer der notwendigen Betriebszeit nicht mit Lage und Dauer der zur Verfügung gestellten Arbeitszeit der Mitarbeiter übereinstimmen (vgl. *Weber* 1997, 29): Zur Lösung solcher Probleme definiert das Personaleinsatzmanagement (Übersicht 7.26) komplette Arbeitszeitmuster (Modelle) und Arbeitszeitkomponenten (Module).

7.4.4.2 Schichtarbeit

Die Schichtarbeit (vgl. *Knauth/Hornberger* 1997) stellt eine Abweichung vom „normalen“ 8-Stunden-Tag dar, die in der Verteilung der Wochenarbeitszeit zum Ausdruck kommt: Als **Schichtarbeit** wird eine Arbeit bezeichnet, die zu „konstant ungewöhnlicher“ Arbeitszeit (permanentes Schichtsystem) oder zu wechselnder Tageszeit (Wechselschichtsystem) an einem konstanten Betriebsmittelpotential vollzogen

Problemrelevante Regelungen des Arbeitszeitgesetzes (ArbZG)
1. Die werktägliche Arbeitszeit der Arbeitnehmer darf acht Stunden nicht überschreiten (§ 3 S. 1 ArbZG). Sie kann auf bis zu zehn Stunden verlängert werden (§ 3 S. 2 1. Halbsatz ArbZG). 2. Länger als sechs Stunden dürfen Arbeitnehmer nicht ohne Ruhepause beschäftigt werden (§ 4 S. 3 ArbZG). 3. Bei einer Arbeitszeit von mehr als sechs bis neun Stunden ist die Arbeit durch im voraus feststehende Ruhepausen von mindestens 30 Minuten zu unterbrechen (§ 4 S. 1 1. Halbsatz ArbZG). 4. Bei einer Arbeitszeit von mehr als neun Stunden erhöht sich die Pausendauer auf mindestens eine ¾ Stunde (§ 4 S.1 2. Halbsatz ArbZG). 5. Die Ruhepausen können in Zeitabschnitte von jeweils 15 Minuten aufgeteilt werden (§ 4 S. 2 ArbZG).

Übersicht 7.26: Problemrelevante Regelungen des Arbeitszeitgesetzes (*Weber* 1997, 32)

wird. Dabei kommt es zu konzentrierter Arbeitszeit in Form von komprimierten Arbeitswochen, die im Ergebnis auch zu konzentrierter Freizeit führen.

Schichtsysteme lassen sich durch folgende **Merkmale** beschreiben (vgl. *Knauth/Rutenfranz* 1987, 550-552):

- Die *Schichtkontinuität* macht Aussagen über den durch das Schichtsystem abgedeckten Bereich: diskontinuierliche Systeme schließen die Sonn- und Feiertagsarbeit aus, bei kontinuierlichen Systemen wird auch an diesen Tagen gearbeitet.
- Die *Schichtlänge* ist die Dauer der Schicht in Zeiteinheiten; am häufigsten in der Industrie mit 8- oder 12-Stunden-Schichten.
- die *Schichtwechselzeitpunkte* beziehen sich auf die Anfangs- und Endzeiten der Schichten.
- Die *Schichtrotation* gibt an, in welcher Reihenfolge Früh-, Spät- und Nachtschichten aufeinanderfolgen. Bei einem Dreischichtbetrieb sind Vorwärtswechsel und Rückwärtswechsel zu unterscheiden. Bei der Vorwärtsrotation erfolgt der Wechsel in der Reihenfolge Früh-, Spät-, Nachtschicht, bei der Rückwärtsrotation in umgekehrter Reihenfolge.
- Die *Schichtwechselperiodik* beschreibt die Anzahl der gleichartigen nacheinander zu absolvierenden Schichten.
- Durch den *Schichtwechselrhythmus* wird die Abfolge der Schichtwechselperioden bestimmt.
- Der *Schichtzyklus* ist die Dauer vom Beginn des Schichtplans bis zu dem Tag, an dem sich das Schichtsystem auf den Wochentag bezogen wiederholt.
- Hinzu kommt die Verteilung von *Freizeit* im Schichtsystem.

Potentielle Vorteile	Potentielle Nachteile
– bessere Möglichkeiten für mehrtägige Ruhezeiten und Betreuungsaufgaben – Verringerung der Probleme und Kosten im Hinblick auf die Fahrt von und zu der Arbeit – weniger Arbeitstage ohne Lohneinbuße – eine regelmäßige feste Arbeitswoche – leichtere fristgemäße Erledigung aller Aufgaben – mehr Zeit zur Planung von Zusammenkünften oder Schulungen – Verbesserung der innerbetrieblichen Kommunikationsmöglichkeiten – Verbesserung der zwischenbetrieblichen Kommunikationsmöglichkeiten – Senkung der Anlaufkosten – möglicherweise geringerer Bedarf an Aufsichtspersonal – effektiverer Durchlauf bei der Fließbandfertigung – weniger Nachtarbeit – höhere Ausstoßraten – quantitative bzw. qualitative Verbesserung des Leistungsangebots für die Allgemeinheit – bessere Möglichkeiten zur Einstellung von Facharbeitern auf angespannten Arbeitsmärkten	– Verringerung der Arbeitsleistung aufgrund von Nebentätigkeiten – erhöhte Fahrtkosten – gesetzlich vorgeschriebene Überstundenvergütung – stärkere Ermüdungserscheinungen bei den Arbeitnehmern – mangelnde Berücksichtigung der individuellen Eigenheiten der Arbeitnehmer – Zunahme der Verspätungen – Anstieg der Fehlzeitenquote – Zunahme der Fluktuation – Zunahme der Unfälle am Arbeitsplatz und außerhalb des Betriebs – Rückgang der Produktionsleistung – verstärkte Gefährdung durch toxische Substanzen und/oder physische Risikofaktoren – Probleme bei der Zeitplanung, falls die betrieblichen Arbeitsgänge länger dauern als die Arbeitswoche – Schwierigkeiten bei der terminlichen Planung der Kinderbetreuung und des Familienlebens während der Arbeitswoche – Widerspruch zu den traditionellen Zielen der Gewerkschaften – erhöhter Energie- und Wartungsaufwand

Übersicht 7.27: Potentielle Vor- und Nachteile der komprimierten Arbeitswoche (nach *Tepas* 1985, 158)

Permanente Schichtsysteme zu konstanten Tageszeiten kommen hauptsächlich in den USA vor. In Europa sind Wechselschichtsysteme vorherrschend (vgl. *Knauth* 1983, 11). Einen Überblick über relevante Variablen bei der Einsatzentscheidung von komprimierten Arbeitswochen und Schichtsystemen ermöglicht Übersicht 7.27.

Aufgrund der Belastung durch die Verschiebung von Arbeits- und Schlafzeiten, die der „Circadianperiodik" als biologischem Rhythmus des Organismus entgegenläuft, treten bei Schichtarbeit als Beanspruchungsfolgen hauptsächlich Schlafstörungen, Appetitstörungen, Leistungsbeeinträchtigungen sowie soziale Probleme auf. Sie führen zu einer schichtarbeitsspezifischen Belastung-Beanspruchungs-Problematik.

Das Ausmaß der tatsächlichen Beanspruchung hängt von intervenierenden Variablen (Person, Familie, Umwelt) ab. Trotzdem lassen sich einige generelle **Empfehlungen** für Schichtsysteme wie kleine Anzahl an hintereinanderliegenden Nachtschichten, Schichtlänge in Abhängigkeit der Arbeitsschwere, flexible Gestaltung der Schichtwechselzeiten, geblockte Freischichten und keine kurzen arbeitsfreien Zeiten zwischen den Schichten, zwei zusammenhängende arbeitsfreie Tage an Wochenenden und Bevorzugung des Vorwärtswechsels postulieren (vgl. *Müller-Seitz* 1991; *Europäische Stiftung zur Verbesserung der Lebens- und Arbeitsbedingungen* 1997). Abbildung 7.27 zeigt drei **exemplarische Schichtsysteme**, die diese Empfehlungen weitgehend berücksichtigen:

- Der *(obere) kontinuierliche Schichtplan* basiert auf einer durchschnittlichen Wochenarbeitszeit von 42 Stunden und vier Schichtbelegschaften. Dies ergibt sich aus einer maximal möglichen Arbeitszeit von 168 Stunden pro Woche, die bei Division durch 42 ganzzahlig ist und vier Schichtbelegschaften zur Folge hat. Der Aus-

Wochentag		Mo	Di	Mi	Do	Fr	Sa	So
Schicht	1	N		F	S	N	N	N
	2		F	S	N			
	3	F	S	N		S	S	S
	4	S	N		F	F	F	F

F = Frühschicht
S = Spätschicht
N = Nachtschicht
■ = Freischicht

Wochentag		Mo	Di	Mi	Do	Fr	Sa	So	Mo	Di	Mi	Do	Fr	Sa	So
Schicht	1	F	F	S	S	N	N					F	F	S	S
	2	N	N					F	F	S	S	N	N		
	3			F	F	S	S	N	N					F	F
	4	S	S	N	N					F	F	S	S	N	N
	5					F	F	S	S	N	N				

Wochentag		Mo	Di	Mi	Do	Fr	Sa	So
Schicht	1	F	F	F	F	F		
	2	N	N		S	S		
	3	N	N	N			F	
	4	S	S	N	N	N		
	5	S	S	S	N	N		
	6		F	S	F	F	F	
	7	F		F	S	S		

Abbildung 7.27: Empfehlenswerte Schichtsysteme
(nach *Knauth* 1983, 219-220; *Knauth/Rutenfranz* 1987, 569)

gleich für kürzere Wochenarbeitszeiten erfolgt über zusätzliche Freischichten. In der Zyklusdauer von vier Wochen ergibt sich daher bei einer 40-Stunden-Woche eine zusätzliche Freischicht.

- Der *(mittlere) kontinuierliche Schichtplan* ist für fünf Schichtbelegschaften und eine Zyklusdauer von zehn Wochen ausgelegt. Eine Anpassung an verschiedene Wochenarbeitszeiten ist durch Zusatzschichten erreichbar.
- Der *(untere) diskontinuierliche Schichtplan* ist für sieben Schichtbelegschaften ausgelegt. Die Gesamtarbeitszeit pro Woche der sieben Schichten beträgt 256 Stunden. Daraus ergibt sich bei sieben Schichtbelegschaften eine durchschnittliche Arbeitszeit von rund 36,6 Stunden. Eine Anpassung an abweichende Wochenarbeitszeiten erfolgt entsprechend durch Mehr- oder Minderarbeit.

Die Durchführung der **Schichtplanung** wird um so schwieriger, je mehr sich die benötigten Kapazitäten den maximal zur Verfügung stehenden Kapazitäten nähern. Eine vollständige Ausnutzung von Engpaßmaschinen ist häufig nicht möglich, zumal die Optimierung der konfliktären Ziele „Minimierung der Durchlaufzeiten" und „Maximierung der Maschinenauslastung" kaum durchführbar ist (vgl. *Hohendorf* 1997, 81). Neben der Vorhaltung von Slack in Form von zusätzlichen Kapazitätsreserven ist eine möglichst genaue Planung der Schichtzeiten und -reihenfolgen nützlich, um einen effektiven Schichtplan zu erhalten. Das Verfahren der *vollständigen Enumeration* aller maximal $(n!)^m$ Kombinationsmöglichkeiten von n Aufträgen oder Schichten an m Maschinen ist zwar einfach, jedoch zu zeitaufwendig. Computerunterstützt erzeugen geeignete *Algorithmen* Untermengen aller zulässigen Ablaufpläne.

7.4.4.3 Arbeitspausen

Neben der reinen Arbeitszeit stellen Arbeitspausen einen wichtigen ergonomischen Gestaltungsparameter dar: Pausen sollen primär der durch die Arbeitsbelastung verursachten Ermüdung mit Hilfe von Erholungsphasen entgegenwirken. Während der Erholung werden zentrale Ermüdungszustände (Herz-Kreislaufsystem, Zentralnervensystem) oder periphere Ermüdungszustände (Muskelgruppen) auf den Ruhewert hin abgebaut. Durch den degressiven Verlauf der Erholungskurve erfolgt eine überproportionale Erholung im ersten Teil, wie das Integral des Erholungsfortschritts über der Pausenzeit zeigt (Abbildung 7.28).

Pausen dienen als Prophylaxe von Ermüdungssymptomen wie Wahrnehmungsstörungen, Koordinationsstörungen, Konzentrationsmängel und Störung mentaler Prozesse. Sie tragen zu einer Motivationssteigerung und einer Verminderung des Unfallrisikos bei (vgl. *REFA* 1985c, 202). „Lohnende Pausen" überkompensieren die durch die Arbeitsunter-

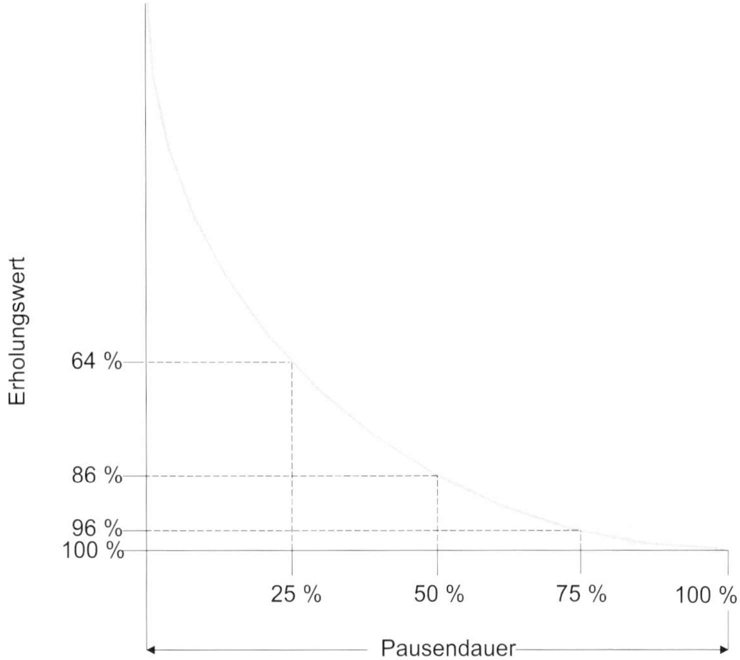

Abbildung 7.28: Pausenlänge und Erholungswirkung
(nach *Lehmann* 1962, 53)

brechung aufgetretene Leistungsminderung durch Verbesserung der Organfunktionen. Bei monotonen Beobachtungs- und Kontrolltätigkeiten kommt den Pausen wichtige Bedeutung zur Erhaltung eines ausreichenden Wachsamkeitsniveaus zu.

Zusätzlich kommt die Verlängerung der Mittagspause als (umstrittenes) Instrument zur Umsetzung von Arbeitszeitverkürzungen zum Einsatz.

7.4.4.4 Arbeitszeitflexibilisierung

Eine Variation der Arbeitszeit bezieht sich auf die tägliche Arbeitszeit, die wöchentliche Arbeitszeit, die Jahresarbeitszeit oder die Lebensarbeitszeit. Bezogen auf diese Ansatzpunkte impliziert Flexibilisierung der Arbeitszeit eine Variation der Dauer der Arbeitszeit (Chronometrie) und/oder eine Variation der Lage der Arbeitszeit (Chronologie): Eine Variation der **Dauer der Arbeitszeit** bedeutet, Eckwerte des meist tarifvertraglich festgelegten Arbeitszeitgefüges zu über- oder unterschreiten. So ist eine Forderung nach der 32-Stunden-Woche eine Variation der wöchentlichen Arbeitszeit. Auch Teilzeitarbeit stellt eine chronometri-

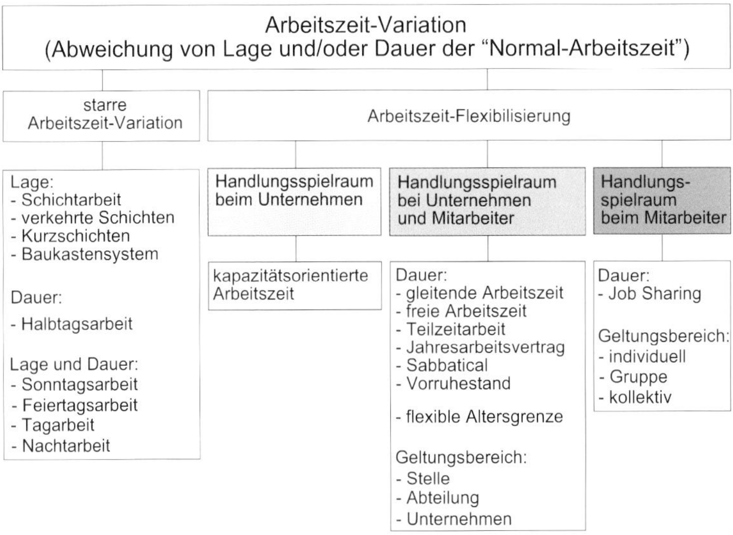

Abbildung 7.29: Formen der Arbeitszeitvariation (modifiziert und erweitert nach *Schuh/Schultes-Jaskolla/Stitzel* 1993, 141)

sche Variation der Arbeitszeit dar. Eine Variation der **Lage der Arbeitszeit** ermöglicht die Dispositionsmöglichkeit innerhalb eines gegebenen Bezugsrahmens. Hierzu zählen die Regelungen der Gleitzeit.

In den letzten Jahren wurden eine Reihe zum Teil auch neuer Ansätze zur Flexibilisierung der Arbeitszeit propagiert (vgl. *Marr* 1993; *Fiedler-Winter* 1995). Abbildung 7.29 gibt einen Überblick über die Möglichkeiten der Arbeitszeit-Variation. Die wichtigsten dieser Flexibilisierungsformen werden nachfolgend skizziert:

Bei der **Gleitzeit** kann der Arbeitnehmer seine Wochenarbeitszeit auf mehrere Tage mit beliebiger Stundenzahl (abgesehen von Kernzeiten) weitgehend frei verteilen. Die Abrechnung der gleitenden Arbeitszeit erfolgt über ein Gleitzeitkonto, wobei bei einigen Modellen auch der Ausgleich über Urlaubstage möglich ist.

Beim **Job Sharing** (vgl. *Heymann/Seiwert* 1982b) arbeiten die Mitarbeiter weniger als die gesetzlich vorgeschriebene Regelarbeitszeit. Das Job Sharing unterscheidet sich von der Teilzeitarbeit dadurch, daß der Mitarbeiter innerhalb gewisser Grenzen über seinen Tagesablauf frei bestimmen darf: Das „Teilen" eines Arbeitsplatzes beim Job Sharing bezieht sich also nicht nur auf die Stündigkeit, sondern auch auf die konkreten Arbeitsinhalte sowie (in Grenzen) auf den Ausgleich von Ausfallzeiten (Krankheit, Urlaub).

Flexibilisierung bei der Trumpf GmbH & Co.

Bei der Trumpf-Gruppe, einem international tätigen schwäbischen Maschinenbauunternehmen mit 3 800 Mitarbeitern in 17 Ländern, kommt man immer wieder auf die internationale Wettbewerbssitutation und die hohen Arbeitskosten in Deutschland zu sprechen. In Abstimmung mit dem Betriebsrat des Standortes Ditzingen vereinbarte man ein firmeninternes „Bündnis für Arbeit". Im Gegenzug für einen befristeten Verzicht von betriebsbedingten Kündigungen und Neueinstellungen wurden die Arbeitszeiten flexibilisiert. Durch ein Arbeitszeitkonto von 600 Stunden kann Trumpf jetzt konjunkturelle Schwankungen ausgleichen. Zudem wurde die Arbeitszeit neu definiert, indem für Wegezeiten, Workshops und andere Weiterbildungsmaßnahmen ein Eigenbeitrag der Mitarbeiter geleistet wird. Den Mitarbeitern werden pauschal am Jahresende 70 Stunden von ihrem Arbeitszeitkonto abgezogen.

Aus: *o.V.*, Change-Agent im Betrieb, in: Personalwirtschaft 25 (6/1998), 65.

Für die Führungskraft hat ein derartiges Modell (verglichen mit der Teilzeitarbeit) Vorteile im Hinblick auf die wechselseitige Vertretung und den geringeren Koordinationsaufwand; dazu können im Einzelfall Motivationsgewinne kommen. Für den Arbeitnehmer bedeutet das Job Sharing insofern eine Erhöhung der Flexibilität, als für den einzelnen keine festen Einsatzzeiten vorgeschrieben sind (wohl aber für das Team als Ganzes). Verglichen mit einer Vollarbeitskraft ergibt sich für den Arbeitgeber der Vorteil einer ausfallzeitlosen Besetzung (gegenseitige Vertretung), als Nachteil ein höherer Verwaltungsaufwand und höhere Lohnkosten: Ob diese aber tatsächlich höher sind, hängt nicht zuletzt davon ab, ob die Mitarbeiter aufgrund ihrer Stündigkeit sozialversicherungspflichtig sind.

Bei Job Sharing ist hinsichtlich der rechtlichen Konsequenzen zwischen zwei Formen zu unterscheiden (vgl. *Löwisch/Schüren* 1984, 929): Beim **Job Pairing** wird ein Arbeitsvertrag mit zwei (oder mehr) Mitarbeitern gemeinsam abgeschlossen, wodurch ein einheitliches (und damit auch nur gemeinsam kündbares) Arbeitsverhältnis besteht; beim **Job Splitting** bekommt jeder Arbeitnehmer einen unabhängigen Arbeitsvertrag, der die Verantwortung des Arbeitnehmers letztlich auf seine eigene Tätigkeit reduziert.

Bei der **kapazitätsorientierten variablen Arbeitszeit** („KAPOVAZ") wird mit dem Arbeitnehmer ein Monats- und Jahreskontingent an Stunden festgelegt, nicht aber, wann diese Arbeit konkret zu leisten ist. Im Gegensatz zu den diversen Gleitzeitmodellen bestimmt hierbei der Ar-

Vertrauensarbeitszeit statt Zeiterfassung

Immer mehr Unternehmen gehen dazu über, die Zeiterfassung und das Führen von Arbeitszeitkonten abzuschaffen. Höchstens die Mitarbeiter kontrollieren dann noch ihre Arbeitszeiten. Sie wählen ihre Arbeitszeit individuell, angepaßt an ihre eigenen Arbeitsziele oder die ihrer Arbeitsgruppe, und orientieren sich zudem an einem Arbeitszeitrahmen. Abweichungen von der Sollarbeitszeit eines längeren Zeitraumes gleichen die Mitarbeiter selbständig aus. Einige Unternehmen koppeln ihre Arbeitszeitflexibilisierung mit der Mitarbeiterbeteiligung, indem sie nicht genutzte Zeitgutschriften am Ende des Arbeitslebens bargeldlos in Form von Anteilen am Unternehmenskapital vergüten. Gewerkschaften wie die Deutsche Angestellten Gewerkschaft stimmen der Verankerung solcher Systeme in Haustarifverträgen zu, da es im Laufe von Pilotprojekten infolge der Neuorganisation der Arbeit zu Neueinstellungen sowie zur Verbesserung der Motivation der Belegschaften gekommen ist.

Aus: (rowi): Die Vertrauenszeit löst die Zeiterfassung ab, in: FAZ, 04.01. 1999, 29.

beitgeber den Personaleinsatz, der damit ausschließlich von Betriebserfordernissen abhängt. Zur Vorbeugung gegen den Mißbrauch dieser „Arbeit auf Abruf" schränkt das Beschäftigungsförderungsgesetz die Arbeitsvertragsgestaltung entsprechend ein (§ 4 BeschFG).

Grundsätzlich kann ein Mitarbeiter auch mit dem Arbeitgeber in seinem Arbeitsvertrag eine Arbeitszeit aushandeln, die von der üblichen Regelung der Branche abweicht. Durch solche **Jahresarbeitsverträge** kann der Mitarbeiter (beziehungsweise der Arbeitgeber) seine jährliche Arbeitszeit entsprechend der jeweiligen Interessenlage steuern.

Eine Möglichkeit zur zumindest begrenzten Flexibilisierung der Lebensarbeitszeit ist das **Sabbatical**: Bei dieser Lösung (vgl. *Löwisch/Schüren* 1984, 928) bekommt der Arbeitnehmer die Möglichkeit, ein Jahr lang aus dem Berufsleben auszuscheiden, wobei der Arbeitgeber (gegebenenfalls eingeschränkt) die Kosten dieser Beschäftigungspause trägt. Diese „Auszeiten", die Mitarbeiter in Absprache mit ihrem Unternehmen fehlen können, ohne ihren Arbeitsplatz zu verlieren, geben der Personalbedarfsermittlung die Flexibilität, temporäre Überdeckungen für eine bestimmte Zeit ignorieren zu können. Sinnvoll ist dies auch zur langfristigen Anpassung des qualitativen Personalbedarfs in eine vorgegebene qualitative Richtung: Häufig werden Sabbaticals als systematische Karrierebausteine zum Auffrischen des individuellen Wissens genutzt und dienen damit dem unternehmerischen Aufbau neuer Qualifikationspotentiale.

Lebensarbeitszeitmodelle werden zur Aufrechterhaltung einer längeren Betriebsnutzungszeit und gleichzeitiger individueller Arbeitszeitverkürzung genutzt. Dabei arbeiten die Mitarbeiter in der Regel mehr Stunden als die vereinbarten, also z.B. 39,5 statt 35 Wochenstunden. Die Differenz wird dann auf persönlichen Zeitkonten erfaßt, die die vorgeholte Arbeitszeit für eine spätere Inanspruchnahme ansparen. Zeitguthaben werden nicht verzinst, sondern um aktuelle Entgeltveränderungen wertmäßig angepaßt. Während der Inanspruchnahme des Zeitguthabens in Form des Ausscheidens vor Erreichen des (Vor-)Ruhestandsalters oder längeren Freistellungen bleiben die Beschäftigungsverhältnisse bis auf die entfallende Leistungserbringungspflicht des Mitarbeiters unverändert bestehen, was Sonderzahlungen, Urlaubsgeld und sonstige Leistun-

Formen beschränkt flexibler und flexibler Arbeitszeit	**Arbeitnehmer-orientiert**	**Arbeitgeber-orientiert**	**Neutral**	**Rechtliche Zulässigkeit**
	aus Sicht der Praxis			
Teilzeit	+			+ (TV, BV, AV)
Überstunden		+		+ (TV, BV, AV)
Mehrarbeit (aufgrund TV) und Kurzarbeit		+		+ (TV, BV, AV)
Schichtarbeit		+		+ (ArbZG, TV, BV, AV)
Umverteilung der Arbeitszeit	+	++		+ (ArbZG, TV, BV, AV)
Freischicht	+	++		+ (TV, BV, AV)
GAZ	++	+		+ (ArbZG, TV, BV, AV)
KAPOVAZ		+		+ (BeschFG, TV, BV, AV)
Job Sharing	+			+ (BeschFG, TV, BV, AV)
flexible Altersgrenze	++			+ (TV, BV, AV)
JAZ, Sabbatical			+	+ (TV, BV, AV)

ArbZG = Arbeitszeitgesetz
AV = Arbeitsvertrag
AZO = Arbeitszeitordnung
BV = Betriebsvereinbarung
GAZ = Gleitende Arbeitszeit (Gleitzeit)
JAZ = Jahresarbeitszeit
TV = Tarifvertrag

Übersicht 7.28: Bewertung der Grundmuster der Arbeitszeitflexibilisierung (nach *Linnenkohl/Rauschenberg* 1996, 23) gen des Arbeitgebers einschließt. Als Verbindlichkeit des Unternehmens ist das Zeitguthaben durch die Bildung von Rückstellungen absicherbar, was gleichzeitig den Erhalt von Liquidität im Unternehmen und das Einsparen von Fremdkapitalzinsen bedeutet. Das Insolvenzrisiko des Unternehmens kann – bei einem entsprechenden Angebot – durch Versicherungen oder aber durch Bürgschaften Dritter abgesichert werden.

Ebenfalls auf Flexibilisierung der Lebensarbeitszeit zielen diverse Vorschläge zur **Vorruhestandsregelung** ab. Sie sehen in Abhängigkeit von arbeitgeber- und arbeitnehmerseitigen Interessen in verschiedenen Modellen variable Grenzen für die Pensionierung vor.

Übersicht 7.28 bewertet die Grundmuster von Modellen der Arbeitszeitflexibilisierung. Insbesondere stellt sie die Verbindung zu verschiedenen gesetzlichen Grundlagen her.

Eine Untersuchung von 905 überwiegend kleiner und mittlerer Schweizer Unternehmen aller Branchen ergab für rund 76%, daß flexible Arbeitszeitsysteme bereits vorhanden beziehungsweise geplant sind (*Thom/Blum/Zaugg* 1998). Übersicht 7.29 zeigt die Ergebnisse der Befragung.

Arbeitszeitmodell	**Angaben in % (n = 691)**
gleitende Arbeitszeit	73,4 %
Teilzeitarbeit 50% bis 90% (fix)	66,1 %
traditionelle Normalarbeitszeit	62,4 %
Teilzeitarbeit bis 50% (fix)	56,2 %
KAPOVAZ	45,7 %
Schichtarbeit	44,7 %
fexible/gleitende Pensionierung	25,6 %
Jahresarbeitszeit	24,5 %
Verlängerung der Lebensarbeitszeit	21,3 %
Job Sharing	20,4 %
variable Arbeitszeit	20,0 %
Sabbaticals	8,7 %
Bandbreitenmodelle	16,2 %
Telearbeit/Heimarbeit	13,9 %
andere Modelle	6,2 %
zeitautonome Arbeitsgruppen	5,9 %

Übersicht 7.29: Arbeitszeitmodelle in Schweizer Unternehmen (*Thom/Blum/Zaugg* 1998, 306)

Der **Betriebsrat** ist bei Arbeitszeitflexibilisierungsmaßnahmen zwingend mitbestimmungspflichtig (§ 87 I 2+3 BetrVG), selbst dann, wenn die Arbeitszeit nur für einzelne Mitarbeiter verändert wird. Dazu muß er den Antrag auf Arbeitszeitflexibilisierung beraten, also entscheiden, ob der Antrag sachlich gerechtfertigt ist, eventuell die Tarifvertragsparteien einbinden, wenn seine Regelungskompetenz überschritten wird, mit der Unternehmensleitung verhandeln und den Meinungsbildungsprozeß der Belegschaft organisieren.

Empirischer Befund (GPP): Formen der Arbeitszeitflexibilisierung (in Prozent, Mehrfachnennungen)

Arbeitszeitflexibilisierung gehört – bis auf Spanien – international zum Standardrepertoire der unternehmerischen Personalarbeit. Am verbreitetsten sind Überstunden und Teilzeitarbeit. Französische und deutsche Unternehmen bieten die weitgehendsten langfristigen Flexibilisierungsmöglichkeiten an.

	D	Ö	USA	F	Sp	Rest	Σ
keine	-	4	-	-	27	7	7
Überstunden	90	69	89	76	37	74	71
Wochenendarbeit	60	33	78	45	7	40	39
Schichtarbeit	88	51	67	30	37	71	58
Teilzeitarbeit	96	80	78	91	27	69	73
Heimarbeit	28	8	44	12	5	12	15
Tägliche Flexibilität	90	84	44	64	44	62	69
Wöchentliche Flexibilität	80	47	11	55	29	48	51
Jahresflexibilität	58	29	11	39	20	24	33
Lebensarbeitszeit	10	-	-	13	-	2	5

7.4.5 Soziale Gestaltungskonsequenzen: Befindlichkeit

7.4.5.1 Systematik

Der operative Personaleinsatz deckt mit seinen Tätigkeiten die längerfristige Überprüfung der Eignung von Mitarbeitern für bestimmte Stellen ab. Hierunter fallen die Verfahren, die Eignungswerte und Eignungsprofile für Mitarbeiter entwickeln, um eine Zuordnung auf Stellen und deren Anforderungsprofile zu erleichtern. Durch diese Tätigkeit wird den Mitarbeitern und ihren Präferenzen im Idealfall individuell entsprochen.

Die Entsprechung aktueller Mitarbeiterbedürfnisse könnte bis hin zur Berücksichtigung der täglichen Befindlichkeiten (etwa über Biorhythmen erfaßt) gehen. Wirtschaftlichkeitsüberlegungen werden die Definition des unternehmerischen Aufwandes hier bestimmen. Nach § 3 ArbSichG („Gesetz über Betriebsärzte, Sicherheitsingenieure und andere Fachkräfte für Arbeitssicherheit" von 1973) ist jedoch eine betriebsärztliche Betreuung für Unternehmen vorgesehen: **Betriebsärzte** haben die Aufgabe, arbeitsbezogene Faktoren, die Krankheiten und Gesundheitsschädigungen auslösen können, zu überwachen. Darüber hinaus unterstützen sie das Unternehmen im Bereich des präventiven Gesundheitsschutzes und der Unfallverhütung. Gerade auch in bezug auf soziale Mitarbeiterbelange sind Betriebsärzte sowohl für die Mitarbeiter selbst als auch für das Personaleinsatzmanagement Ansprechpartner mit beratender Stimme.

7.4.5.2 Biorhythmus als Denkanstoß

Eignungswerte und -profile führen Fähigkeitsprofile der Mitarbeiter und Anforderungsprofile der Stelle zusammen, woraus sich dann die Zuordnung Mitarbeiter und Aufgabe ergibt. Bei einem solchen Vorgehen wird allerdings im Regelfall die aktuelle (körperliche) Disposition des Mitarbeiters außer acht gelassen. In einigen Unternehmen werden deshalb zusätzliche biorhythmische Gesichtspunkte berücksichtigt: So senkte die ehemalig staatliche japanische Eisenbahngesellschaft auf diesem Wege ihre Unfallrate um rund 58% (vgl. *Jantzen* 1983, 53-54); auch in anderen Unternehmen verschiedener Branchen konnten Unfallzahlen drastisch verringert werden (vgl. *Mallardi* 1978, 62-63).

Die **Biorhythmik-Forschung** begann Anfang des 19. Jahrhunderts durch den Arzt *Fliess* und den Psychologen *Swoboda*. Nach Untersuchungen von Schwankungen in der Anfälligkeit für Krankheiten beziehungsweise von Schwankungen im Gefühlsleben wurden ein 23- und 28-Tage-Rhythmus entdeckt. Diese Rhythmen ergänzte der Ingenieur *Teltscher* durch den 33-tägigen Intellekt-Rhythmus (Abbildung 7.30). Diese drei Rhythmen werden wie folgt charakterisiert (vgl. *Genuit* 1977; *Mallardi* 1978):

- Der 23-Tage-Rhythmus, auch männlicher Rhythmus oder *Körperkurve* genannt, beeinflußt primär die körperliche Leistungsfähigkeit und die Organtätigkeit.
- Der 28-tägige weibliche Rhythmus oder die *Seelenkurve* ist verantwortlich für Gemüt, Einfühlungsvermögen, Launen, Gefühle und soziale Sensibilität.
- Der 33-Tage-Intellekt-Rhythmus oder die *Geistkurve* bestimmt unter anderem Kreativität, Lebenskraft und Gedächtnisleistung.

Diese sinusförmigen Kurven beginnen am Tage der Geburt auf der Nullinie und leiten zunächst eine Hochphase ein. Die Tage, an denen dann eine Kurve die Mittellinie schneidet, werden als **kritische Tage** bezeichnet: Sie bedeuten eine Instabilität, da ein Umschwung zwischen positiver und negativer Phase stattfindet. Biorhythmiker sehen an diesen Tagen eine größere Tendenz zu Fehlverhalten, Unlust oder Erkrankung als an anderen Tagen; dies gilt speziell dann, wenn mehrere Risikofaktoren zusammenkommen.

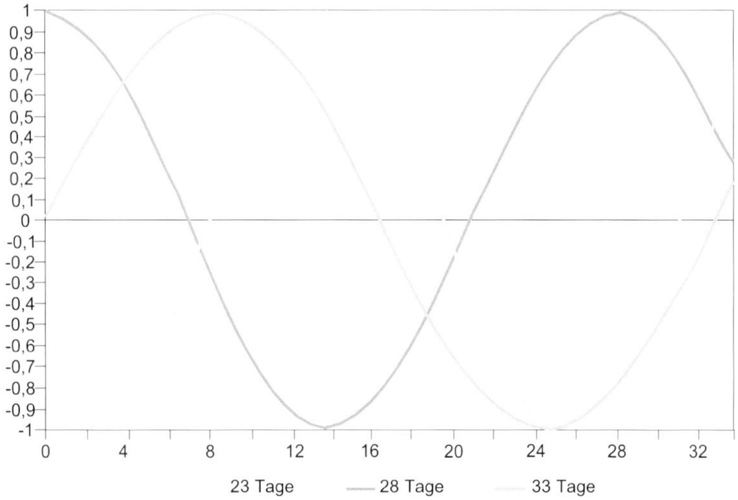

Abbildung 7.30: Beispiel für eine Kurvenkonstellation

Bei fallender Seelen- und Körperkurve bestehen verstärkte Erkrankungsgefahren und depressive Tendenzen, während steigende Seelen- und Geistkurven Schaffenskraft und Eingebungen begünstigen sollen; belegt werden diese Erkenntnisse durch eine Vielzahl verschiedener Untersuchungen mit Daten von Unfällen, Krankheiten, Todesfällen, Prüfungen, Erfindern und Politikern (vgl. *Genuit* 1977). Wie stark ein Mensch auf die Kurvenverläufe reagiert, hängt jedoch – nach Aussagen der Biorhythmiker – stark von der persönlichen Sensibilität ab. Äußere Einflüße können die Kurvenausprägungen allerdings nur geringfügig verschieben; die Kurven pendeln sich wieder sehr schnell homöostatisch im alten Rhythmus ein (vgl. *Mallardi* 1978; *Jantzen* 1983).

Andere Unfallanalysen stellten jedoch keine Signifikanz der kritischen Tage als Unfalltage fest (vgl. *Brown, F. M./Graeber* 1982). Hier setzt die Kritik der **Chronobiologie** von *Dietziker* (1987) an: Sie akzeptiert zwar die drei Rhythmen als Grundlage, sieht aber deren Wirkungen lediglich in ihrem Zusammenspiel. Trotz einer Einteilung in Kräfteabgabe- und Regenerationsphasen können Belastungen aufgrund des Zusammenwirkens der Rhythmen in beiden Phasen auftreten: Auslöser von Belastungsphasen sind verschiedene Rhythmenkonstellationen, die *Dietziker* bei den Untersuchungen gefunden hat. Das spezifische Zusammenspiel der Rhythmen beziehungsweise bestimmte Rhythmenkonstellationen stimmen zeitlich mit der Aktivität in einem ganz bestimmten Körperbereich überein. Je nach Kombination der Rhythmen können Wirkungen auf Blut und Kreislauf, Kopf und Atmung oder das Herz festgestellt werden (vgl. *Christopher* 1983). In einer Unfallanalyse mit *Dietzikers* Diagnosesystem wurden zum Beispiel in 63,5% der Fälle chronobiologisch existente „Kopfbelastungen" registriert (vgl. *Spira* 1987).

Akzeptiert man Existenz und Deutung von Biorhythmus beziehungsweise Chronobiologie, so führt dies bei der Personaleinsatzplanung nicht nur zur Reduktion des Unfallrisikos durch biorhythmische Vorwarnung; auch Arbeitsgruppen können unter dem Aspekt größtmöglicher Rhythmenverwandtschaft oder (je nach Aufgabenstellung) weitgehender Rhythmendivergenz zusammengesetzt werden. Außerdem bietet sich eine Differenzierung der Aufgaben in Abhängigkeit von der individuellen Disponiertheit an (vgl. *Dietziker* 1987).

Die **Kritik** an solchen Überlegungen liegt auf der Hand: Auch wenn spekulative Erklärungen über Hormonsysteme möglich sind, stellt sich trotzdem die Frage nach der Naturgesetzlichkeit der Biorhythmen als periodische Wiederkehr von bestimmten Funktionsabläufen im Organismus. Die Biorhythmik stützt sich somit primär auf eine Fülle von Erfahrungswerten und beobachteten Phänomenen. Kritisierbar ist auch die Ausrichtung auf einen „homo biologicus".

Selbst wenn die Aussagekraft biorhythmischer Analysen und die Art der Auswertung der Rhythmus-Kurven-Daten sehr umstritten ist, *könnte* die Biorhythmik möglicherweise eine Entscheidungshilfe für das operative Personaleinsatzmanagement im „Personaldispatching" darstellen, beispielsweise beim kurzfristig-flexiblen Personaleinsatz in Zeitarbeitsfirmen oder in Taxizentralen. Derartige Umsetzungen bedürfen allerdings noch weitergehender empirischer Forschung.

7.4.5.3 Feng Shui als Kulturimport

Aus dem chinesischen Kulturraum wird Feng Shui (vgl. *Lip* 1995; *Meyer/Sator* 1997) als Methode der individuumsorientierten Arbeitsplatzgestaltung übernommen. Feng Shui bedeutet wörtlich Wind und Wasser. Es wird als eine universelle Lebenskraft angesehen, die alles Belebte und Unbelebte durchdringt, und sich in diesen Dingen ausdrückt. Zielsetzung ist das Harmonisieren der Energiemuster der physischen Umgebung; ihm wird ein erfolgserhöhender Einfluß auf private und berufliche Situationen zugeschrieben.

Es ist chinesische Tradition, mit Hilfe von Feng Shui Arbeitsplätze zu gestalten, Immobilien für Unternehmen auszuwählen, die Corporate Identity auf der sichtbaren Ebene zu gestalten und selbst Hochhäuser zu bauen. Einige Beispiele verdeutlichen die angewandten **Prinzipien**:

- *Räume*, die direkt am Lift liegen, sind zu vermeiden, um der störenden Sogwirkung zu entgehen; ebenfalls sind Arbeitsräume am Ende eines langen Korridors ungünstig, da schnellfließende Energieströme dann in den Raum einströmen können. Aggressive Energien langer, enger und linearer Strukturen können durch Barrieren neutralisiert werden, die für eine Energiezirkulation sorgen.

- *Türen* als Münder eines Gebäudes und als Schleusen der Chi-Energie sind so zu positionieren, daß sie keine direkten Sicht- und Energiebeziehungen zulassen, die stören können; *Fenster* als Augen eines Gebäudes ermöglichen einen stimulierenden Umweltbezug. *Dachschrägen* und Balken erdrücken die Arbeitskraft.
- Gegenüberliegende *Schreibtische* erzeugen bei den Mitarbeitern wechselseitig Streß, da die indivduellen Strukturen den Gegenüber prägend beeinflussen; eine bewußte Abschirmung zum Erhalt der Privatsphäre wird empfohlen.
- Für alle Mitarbeiter, die mit fehlender Rückendeckung arbeiten müssen, sind *Stühle* mit sehr hoher Rückenlehne anzuraten.
- Nicht mehr benötigte *Akten* und Unterlagen sollten zumindest jährlich aussortiert werden, da zu viele Akten die Raumenergie stumpf werden lassen.

Einige europäische Unternehmen gestalten ihre Neubauten und Inneneinrichtungen bereits nach Feng Shui-Prinzipien; generell herrscht jedoch eine **Skeptik** vor, inwieweit es sich bei sich einstellenden Effektivitätserhöhungen um Aberglauben und um damit zusammenhängende Placebo-Effekte und selbsterfüllende Prophezeiungen handelt.

7.5 Resümee und Vorschau

Im Personaleinsatzmanagement laufen eine Fülle von Informationen aus anderen Personalmanagementfeldern zusammen; gleichzeitig werden eine Vielzahl von gesetzlichen Restriktionen wirksam. Beides erzwingt eine ebenenspezifische Betrachtungsweise:

- Auf der *strategischen* Ebene ergibt sich die Notwendigkeit, eine auf die Umweltherausforderungen bezogene Personaleinsatzstrategie zu definieren, die langfristig Aussagen zum Einsatz von Mitarbeitern und zu ihren Arbeitsbedingungen im Hinblick auf die Wertschöpfungsoptimierung macht. Der gedankliche Rahmen wird durch das Belastungs-Beanspruchungskonzept markiert.
- Während sich auf der strategischen Ebene im Personaleinsatzmanagement noch relativ klare Zielvorstellungen entwickeln lassen, wirft die *taktische* Ebene schwierigere Probleme auf. Hier müssen Gruppeneinsatzprinzipien formuliert werden, die losgelöst von einzelfallspezifischen Problemen eine für Gruppenstrukturen sinnvolle Zuordnung von Mitarbeiter und Aufgabe erlauben. Gruppenkonzepte

wie Qualitätszirkel, Lernstatt, virtuelle Abteilungen und Büros, Gruppenbildung, -verhalten und -internationalisierung tragen zur Gruppeneffektivität bei.
- Die *operative* Ebene des Personaleinsatzmanagements orientiert sich schließlich an der konkreten Zuordnung von Mitarbeitern und Aufgaben. Insbesondere aus ergonomischen Überlegungen leiten sich dann Gestaltungsvorschläge ab, die sich auf Arbeitsplatz, Arbeitszeit und Arbeitsaufgabe beziehen.

Die formale Zuweisung eines Mitarbeiters auf einen Arbeitsplatz beziehungsweise einer Aufgabenstellung auf einen Mitarbeiter und die „menschengerechte“ Ausgestaltung des Arbeitsplatzes liefern den äußeren Rahmen für die in Kapitel 9 zu behandelnde Personalführung: Sie regelt – im Prinzip losgelöst von konkreten Aufgabeninhalten – die Beziehung zwischen Führungskraft und Mitarbeiter.

7.6 Testfragen

(1) Welche Beziehungen bestehen zwischen dem Personaleinsatzmanagement und den übrigen Bereichen des Personalmanagements?

(2) Inwieweit sehen Sie Chancen und Risiken im Personaleinsatz eines Großunternehmens bei initiativaktiver Durchführung einer Virtualisierungsstrategie? Wo liegen die Unterschiede zu einem kleinen oder mittelständischen Unternehmen?

(3) Würde eine über das normale Maß hinausgehende Humanisierungsstrategie negative Folgen haben? Wenn ja, welche könnten das sein?

(4) Wie würde konkret Ihre Strategie für die Auslandsentsendung von Mitarbeitern eines großen Industrieunternehmens mit Standorten in Deutschland, Kanada, Frankreich und Brasilien bei einer Mischkulturstrategie aussehen? Welche Fragen sind zu klären?

(5) Wie könnte sich eine fehlende Nachfolgeplanung auf taktischer Ebene auswirken? Sehen Sie einen Zusammenhang zur individuellen Laufbahnplanung?

(6) Diskutieren Sie kritisch, welche Mechanismen extremer Fremdkontrolle und extremer Eigenverantwortung durch das Internet angestoßen und in ihm realisiert werden.

(7) Fünf Mitarbeiter, die auf fünf Stellen zuzuordnen sind, haben folgende Eignungsprofile:
$e1 = (3, 3, 3, 1, 3)$
$e2 = (6, 3, 5, 2, 3)$
$e3 = (3, 5, 3, 4, 1)$
$e4 = (4, 4, 4, 1, 1)$
$e5 = (2, 4, 4, 1, 1)$

Lösen Sie das Zuordnungsproblem durch die trial-and-error-Methode.

(8) Begründen Sie folgende Überlegung für den Aufbau von Schichtsystemen:
- 33,6 Stunden pro Woche ohne Zusatzschicht (168 Wochenarbeitsstunden: 5 Schichtbelegschaften = 33,6),
- 35,2 Stunden pro Woche mit 2 Zusatzschichten in 10 Wochen ($33{,}6 + 2 \cdot 8 : 10 = 35{,}2$),
- 36,8 Stunden pro Woche mit 4 Zusatzschichten in 10 Wochen ($33{,}6 + 4 \cdot 8 : 10 = 36{,}8$) beziehungsweise
- 38,4 Stunden pro Woche mit 6 Zusatzschichten in 10 Wochen ($33{,}6 + 6 \cdot 8 : 10 = 38{,}4$).

(9) Betrachten Sie Ihren „Arbeitsplatz" im Hörsaal. Wie schneidet er aus ergonomischer Sicht ab?

(10) Wie müßte ein Studenten-Arbeitsplatz in der Bibliothek unter ergonomischen Gesichtspunkten gestaltet sein?

... für Fortgeschrittene:

John P. Kotter zieht in seinem Buch „The New Rules" (1995, 185) folgendes Resümee: „Perhaps the most fundamental issue is this: anyone who is in an environment that is not helping prepare him or her for an even tougher (...) future should move out of that environment as fast as possible. AS FAST AS POSSIBLE." Diskutieren Sie diese Aussage vor dem Hintergrund der Humanisierung der Arbeit und deren Konsequenzen für den Personaleinsatz.

Suchen Sie im Internet nach innovativen Arbeitszeitmodellen, die von Unternehmen angeboten werden. Systematisieren Sie deren Charakteristika und identifizieren Sie den Bezug zur Branche. Stellen Sie zusätzlich den Kontakt zu einem Teleworker her und bringen Sie in Erfahrung, welche persönliche Einstellung die Person zu ihrer Arbeitsform hat.

Wie verläuft im Film „Im Namen der Rose" die klösterliche Personaleinsatzplanung?

Diskutieren Sie folgende Aussage von *Peter Drucker* (1998): „Do not speak of empowerment. It does not matter where the power is. It all depends on the responsibility."

7.7 Praxisbeispiel: Hewlett-Packard

Hewlett-Packard (HP) ist ein weltweit tätiges Unternehmen, mit Firmensitz in Palo Alto, Kalifornien. Die 1959 in Deutschland gegründete Hewlett-Packard GmbH, mit ihrem Hauptsitz in Böblingen, ist die größte Tochtergesellschaft der Hewlett-Packard Company. Mit ca. 6 300 Mitarbeitern in Entwicklung, Produktion, Verwaltung, Marketing und Vertrieb wurde im Geschäftsjahr 1993 ein Umsatz von ca. 6,5 Mrd. DM erzielt.

Die Geschäftsaktivitäten decken ein breites Feld von Produkten und Dienstleistungen auf dem Gebiet der Meß- und Datentechnik ab. Mit weitem Abstand der größte Unternehmensbereich ist die Informationstechnologie.

Schon bevor sich im Frühjahr 1984 die Vertreter der Gewerkschaften und die Arbeitgeber der Metallindustrie auf eine Flexibilisierung der Wochenarbeitszeit einigten, begannen bei HP Überlegungen zur Entwicklung eines eigenen, „auffallend anderen" Arbeitszeitmodells: Bei HP bestanden bereits Regelungen über Gleitzeit, Swingtime, Job-Sharing und Urlaubsübertragung. Das HP-Arbeitszeitmodell sollte darauf aufbauend ein Modell zur Flexibilisierung der Arbeitszeit unter Einbeziehung der Zielsetzungen und Grundsätze von HP werden.

Eine HP-interne **Umfrage** nach den Wünschen der Mitarbeiter bezüglich der Arbeitszeitregelung ergab, daß jüngere Mitarbeiter tendenziell an flexiblen Wochenarbeitszeiten interessiert sind, Mitarbeiter mittleren Alters eine Verlängerung des Urlaubs und ältere Beschäftigte eine Verkürzung der Lebensarbeitszeit vorziehen. Die neue Arbeitszeitregel sollte deshalb allen Mitarbeitergruppen die Möglichkeit geben, ihre spezifischen Wünsche zu erfüllen.

In das aus diesen Überlegungen resultierende Arbeitszeitmodell werden alle in Vollzeit beschäftigten Mitarbeiter einbezogen. Jeder Mitarbeiter arbeitet weiterhin im Rhythmus der 40-Stunden-Woche. Diese 40 Stunden gliedern sich in 37 Stunden vertragliche Regelarbeitszeit und 3 Stunden Vorarbeit. Jeweils jährlich können die Mitarbeiter wählen, ob die Vorarbeitszeit dem persönlichen Freizeitkonto gutgeschrieben oder monatlich ausbezahlt werden soll.

Der angewachsene Freizeitanspruch kann mit freien Stunden beziehungsweise freien Tagen, die man aus dem Freizeitkonto entnimmt, abgebaut werden. Ziel ist der Abbau des Freizeitkontos im Vierstundenblock als kleinste Einheit. Ein Zwang dazu besteht allerdings nicht. Es ist auch möglich, einzelne freie Stunden zu nehmen. Aus Gründen der Arbeitsorganisation muß jeder Mitarbeiter die Nutzung seiner Freizeit innerhalb der Abteilung mit der Führungskraft absprechen. In der hohen Flexibilität und im Freiraum, den der Mitarbeiter für die Verwendung seiner Freizeit erhält, liegt dann auch die Besonderheit dieses Modells.

Das Modell betrachtet die verschiedenen Einheiten, in die sich die Arbeitszeit der Mitarbeiter aufgliedert, als ein System von Tages-, Wochen-, Monats-, Jahres- und Lebensarbeitszeit. Vorarbeit muß nicht etwa in der Periode, in der sie geleistet wurde, durch freie Zeit ausgeglichen werden, sie kann auch auf die Jahres- oder sogar Lebensarbeitszeit übertragen werden (Abbildung 7.31).

Arbeitszeitmodell im HP-Stil

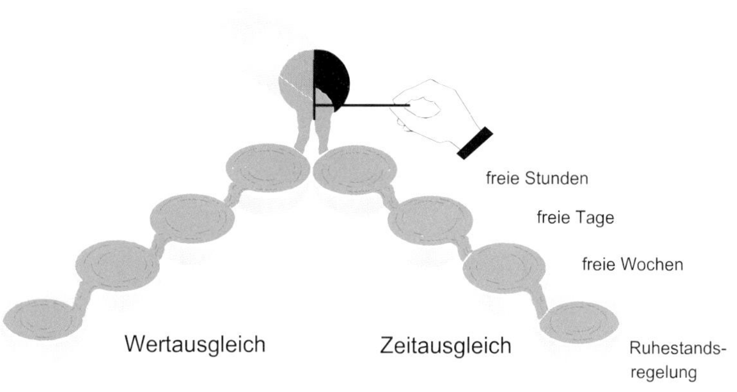

Grundlage für das Arbeitszeitmodell bei Hewlett-Packard ist der mitarbeiterorientierte Führungsstil:

- Mitarbeiter sind unser größtes Vermögen
- Vertrauen zu den Mitarbeitern
- Gleichbehandlung aller Mitarbeiter
- Verantwortung liegt bei Vorgesetzten und Mitarbeitern
- keine Zeiterfassungs- bzw. Zeitkontrollsysteme wie z.B. Stechuhren

Abbildung 7.31: Das Arbeitszeitmodell von HP (Quelle: Hewlett-Packard)

Der Mitarbeiter gewinnt durch Vorarbeit Entscheidungsspielraum über den Tag, die Woche oder den Monat, in dem er seine Freizeit nutzen möchte. Bestände im Freizeitkonto, die am Monatsende 3 Tage übersteigen, werden in das persönliche Langzeitkonto übertragen. In das Langzeitkonto wird auch nichtgenommener Urlaub übertragen, allerdings ist der gesetzliche Mindesturlaub zu nutzen. Aus dem Langzeitkonto sollen ganze freie Wochen entnommen werden.

Im Rahmen der oben bereits erwähnten Swingtime-Regelung haben HP-Mitarbeiter auch die Möglichkeit, die tägliche Arbeitszeit zwischen sechs und neun Stunden zu variieren. Ein Ausgleich muß jeweils in derselben Woche erfolgen.

Arbeitnehmern ist mit diesem Modell auch die Möglichkeit geboten, über ein langfristiges Ansparen im Langzeitkonto die Lebensarbeitszeit zu verkürzen. Im Falle einer Kündigung wird der Freizeitanspruch finanziell abgegolten.

8 Personalkostenmanagement

8.1 Charakterisierung

Die Bedeutung der Personalkosten für den Unternehmenserfolg ist unbestritten. Besonders verkürzte Reaktionszeiten in Verbindung mit angespannter Budgetsituation machen rasche und exakte Personalkostenplanungen zur überlebenskritischen Herausforderung.

Anders als bei Rohstoffen, Betriebsmitteln oder Zwischenprodukten wird bei Personalkosten nicht der Faktorverbrauch, sondern vorrangig die Anwesenheit der Arbeitnehmer bewertet.

Abgesehen von reinen Verwaltungsaufgaben beschäftigt sich die Betriebswirtschaftslehre im allgemeinen und die Personalwirtschaftslehre im speziellen mit Personalkosten primär unter **vier Gesichtspunkten**:

- Hinsichtlich der Entlohnung stellt sich die Frage nach *Lohngerechtigkeit*. Bereits *Kosiol* (1962) befaßte sich mit dieser Frage und postulierte das Äquivalenzprinzip, nach dem die Entlohnung
  - den Anforderungen einer Stelle und/oder
  - der tatsächlich erbrachten Leistung eines Stelleninhabers

  zu entsprechen hat, wobei allerdings die Problematik in der Konkretisierung des Zusatzes „und/oder" liegt.
- Zur Ausnutzung von Motivationswirkungen wird versucht, über *Lohnanreizsysteme* das Interesse der Mitarbeiter am Unternehmen und die individuelle Produktivität zu steigern. Während der überwiegende Teil der Autoren hier durchaus einen relevanten Zusammenhang sieht, sind einige prominente deutsche Autoren eher skeptisch (*Sprenger* 1998).
- In der betrieblichen Realität befaßt sich Personalmanagement primär mit *Personalkostenbudgets* und der damit verbundenen Problematik der Personalkostenkontrolle. Hieraus leitet sich dann auch der gesamte Komplex des organisatorischen Downsizings (oder besser „Rightsizings") ab.
- Im Zusammenhang mit Wachstums- und Strukturproblemen wird Personal als einzelwirtschaftlicher „*Kostenverursachungsfaktor*" diskutiert (vgl. *Albach/Clemens/Friede* 1985; *Stebut* 1997).

Aus diesen Gründen wird im Personalmanagement explizit von einem *Kostenmanagement* gesprochen, zu verstehen als personalwirtschaftlich orientierte Planung, Steuerung und Kontrolle der mit dem „Produktionsfaktor Arbeit" verbundenen Kosten.

Als Personalkosten gelten alle Kosten, die für die Bereitstellung und den Einsatz der menschlichen Arbeitskraft im Unternehmen anfallen

Personalkosten untergliedern sich in die tätigkeitsbezogenen Entgeltkomponenten (Lohn, Gehalt) und in die Personalnebenkosten (Abbildung 8.1). Personalnebenkosten ergeben sich aufgrund von gesetzlichen beziehungsweise tarifvertraglichen Vorschriften wie Urlaubsgeld oder Arbeitgeberbeitrag zur Krankenversicherung und aufgrund von freiwilligen Leistungen wie Altersversorgung und Wohnungsbeihilfen. Personalnebenkosten wie Weihnachtszuwendungen können konkreten Mitarbeitern zugeordnet werden, andere Personalnebenkosten – speziell aus dem unternehmensübergreifenden Sozialbereich – sind nur auf Mitarbeitergruppen oder aber auf die Gesamtbelegschaft zurechenbar.

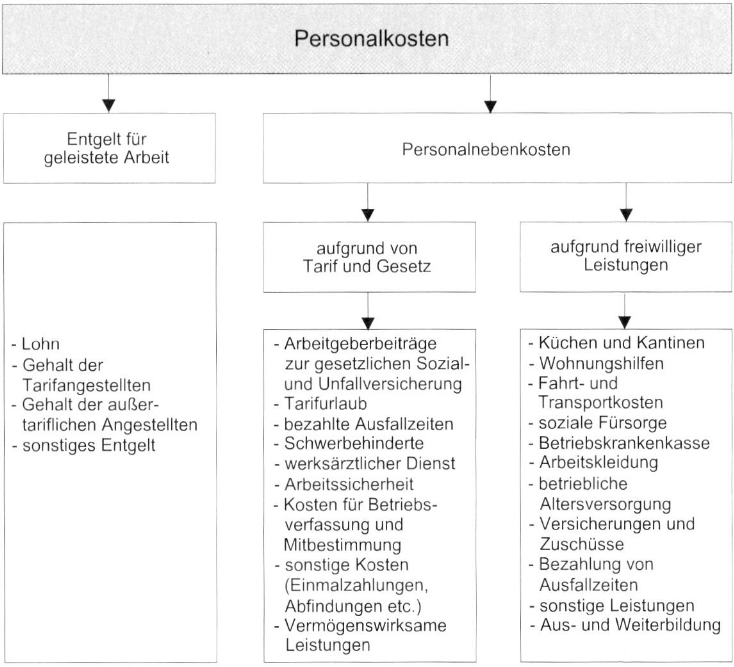

Abbildung 8.1: Systematik der Personalkosten
(vgl. *RKW* 1996, VII 498-501)

Wie bei den übrigen Managementfeldern bietet sich eine Verteilung der Aufgaben auf die drei **Managementebenen** an:

- Auf der *strategischen* Ebene steht die Entwicklung der Personalkostenstrategie im Vordergrund. Hierzu gehört die Analyse der Personalkostenstruktur: Neben einer Prüfung der internen und externen

Bestimmungsfaktoren für die Personalkosten wird auf die Kostenstruktur und ihre Veränderungen beziehungsweise ihre Veränderbarkeit eingegangen. Auf dieser Ebene sind die Fragen bezüglich einer überbetrieblichen (sektoralen) Lohnpolitik zu beantworten.

- Die Allokation des von der Finanzplanung festgeschriebenen Personalkostenbudgets fällt in den Aufgabenbereich der *taktischen* Ebene des Personalkostenmanagements. Hier kann ein gegebenes Personalkostenbudget restriktiv auf Aktivitäten im Personalbereich wirken und Modifikationen in der Entgeltstruktur sowie Beschränkungen bei Entwicklungs- und Beschaffungsmaßnahmen hervorrufen. Auf der taktischen Ebene als Personalkostenbudgetierung wird abteilungs-, projekt- oder kostenstellenbezogen geplant.
- Auf der *operativen* Ebene steht die Personalentlohnung als mitarbeiterspezifischer Aspekt im Vordergrund. Unter Beachtung von Äquivalenz-, Anreiz- und Wirtschaftlichkeitsprinzip geht es hier um die Festlegung von (individuellen) Vergütungssystemen.

Beim Personalkostenmanagement zeigt sich eine Dominanz der Top-down-Ableitung, wonach sich aus der Strategie das Budget und daraus schließlich die Entlohnung ergibt. Betrachtet man allerdings die Zusatzrestriktion der nur geringen Variierbarkeit der Entlohnung, so wird deutlich, daß die Top-down-Komponente durch eine vorgeschaltete Bottom-up-Phase zu ergänzen ist. Hierbei müssen die nicht variierbaren Anteile der Entlohnung als „Fixkosten" im Budget Berücksichtigung finden, was wiederum Einfluß auf die Strategie hat. Das Personalmanagement erfüllt auf allen drei Ebenen in mehrfacher Hinsicht Verbindungsfunktionen (Abbildung 8.2): Innerhalb des Personalbereiches werden die Kostenverursachungsfaktoren Bestand, Veränderung (Beschaffung, Entwicklung, Freisetzung) und Einsatz aufeinander abgestimmt; hinzu kommt die Verbindung zur übergeordneten Unternehmensplanung.

Personalkostenentscheidungen erfordern eine genaue Analyse von Kostenstruktur und Verursachungsfaktoren. Als **Datenlieferanten** für Personalkostenanalysen kommen das betriebliche Rechnungswesen sowie externe Statistiken in Frage (vgl. *RKW* 1996, VII 502-504):

- Aus der *Lohn- und Gehaltsabrechnung* stammen Daten, die im Zuge der Entgeltermittlung für Lohn- und Gehaltszahlungen erhoben werden, sowie weitere regelmäßige oder einzelfallspezifische Zahlungen an Mitarbeiter und die daran gekoppelten Sozialversicherungsbeiträge des Unternehmens.
- Die handelsrechtlichen Bestimmungen für die *Bilanz und die Gewinn- und Verlustrechnung (GuV)* verlangen nach der Anpassung durch das Bilanzrichtliniengesetz geschäftsjahrbezogene Personalkostendaten: So sind in der GuV in Position 6a die Löhne und Gehälter aufzuführen, in Position 6b die sozialen Abgaben und Aufwendun-

gen für die Altersversorgung. Rückstellungen für Pensionen sind nach § 249 HGB grundsätzlich bilanzierungspflichtig. Problematisch ist die Zurechnung einzelner Personalaufwandsarten zur GuV-Position 8 „sonstige betriebliche Aufwendungen" sowie Aufwendungen im Zusammenhang mit der Errichtung und dem Betrieb von Sozialeinrichtungen, da die relevanten Aufwandsarten in mehrere GuV-Positionen (7,9,13) eingehen. Weitere Zurechnungsprobleme werden durch periodenfremde Personalkosten ausgelöst.

- Das *interne Rechnungswesen* liefert Entgelt und Personalnebenkosten als Einzelkosten sowie als Gemeinkosten, beispielsweise Kosten des Betriebsrates oder von Sozial- und Bildungseinrichtungen. Diese regelmäßigen oder ereignisbezogenen Personalkosten werden in der Regel nach Kostenstellen und Kostenträgern aufgeschlüsselt.
- Ergänzt werden diese Informationen durch *externe Erhebungen* beispielsweise der Wirtschaftsverbände, der Kammern, der Bundesanstalt für Arbeit oder der Statistischen Ämter. Dazu zählen auch Untersuchungen der Deutschen Gesellschaft für Personalführung im Hinblick auf Beschäftigtenzahl und Personalbasisaufwand.

Mit Hilfe dieser Daten lassen sich wichtige und notwendige Erkenntnisse für die Personalkostenplanung gewinnen.

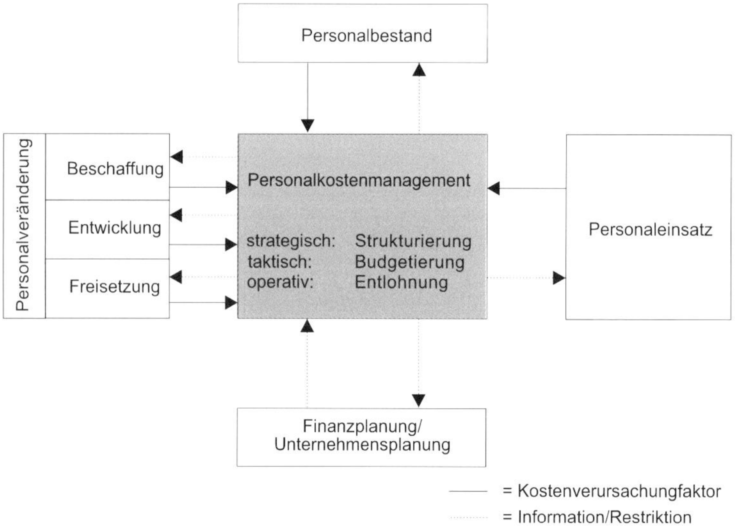

Abbildung 8.2: Stellung des Personalkostenmanagements

Dr. Matthias Schulze
Direktor Personal/Verwaltung
bei der ProSieben Media AG

In den letzten Jahren hat sich das Umfeld für die Personalarbeit geändert. Was sind die gravierendsten Veränderungen für den Konzern?

Der Börsengang der ProSieben Media AG in 1997 hat sich maßgeblich auf die Personalarbeit im Konzern ausgewirkt. Personalkennziffern, insbesondere die Planstellenentwicklung, sind in den Blickwinkel der interessierten Kapitalanleger gerückt. Insgesamt werden die Human Resources einer stärkeren Effizienzkontrolle unterworfen.

Die Flexibilisierung der Arbeitsverhältnisse (Arbeitszeit und Vergütung) schreitet trotz eines immer komplexer werdenden Regelungsumfeldes voran.

Wo sehen Sie in dieser Hinsicht Ihre größten persönlichen Erfolge bzw. Enttäuschungen?

Der ProSieben-Gruppe ist es gelungen, den konkret individuellen Interessen von Arbeitgeber und Arbeitnehmer im Dickicht der tariflichen, arbeits-, sozial- und steuerrechtlichen Regelungen Durchsetzung zu verschaffen.

Leistungsbezogene Elemente in der Unternehmenspolitik sollen unternehmerisches Denken und Handeln fördern. Welche Komponenten sind Ihrer Erfahrung nach besonders wirksam und wie bestimmen Sie deren Wirksamkeit?

Gute Erfahrungen hat die ProSieben-Gruppe mit der Einführung eines MbO-Systemes gewonnen. Hierbei ist nach unserer Erfahrung für die erfolgreiche Einführung ausschlaggebend zum einen die konsequente Ableitung der Mitarbeiterziele von den Unternehmenszielen wie zum anderen die Verknüpfung von Zielerreichung und Vergütung, bei ProSieben über eine Jahreszielprämie.

Wie stellen Sie sicher, daß das unternehmerische Denken auch auf die unteren Ebenen im Unternehmen transportiert wird?

Unternehmerisches Denken soll auf die unteren Ebenen zum einen durch das MbO-System transportiert werden, zum anderen werden alle Kommunikationsmittel (Mitarbeiterversammlungen genauso wie das Intranet) dazu genutzt, die Stellung des Unternehmens am Markt wie die zukünftigen Herausforderungen allen zu vermitteln.

Viele Unternehmen sehen die Personalkosten zunehmend als kritischen Faktor an. Wie sieht dies bei ProSieben aus und welche Konsequenzen ergeben sich daraus?

Als börsennotiertem Unternehmen werden insbesondere die Zahlen zur Stellen- und Mitarbeiterentwicklung einer kritischen Betrachtung unterzogen. Das Unternehmen ist sich bewußt, daß eine schlanke Organisationsstruktur Voraussetzung für ein erfolgreiches Auftreten am sich dynamisch und schnell entwickelnden Medienmarkt ist. Personalkosten werden daher primär über die Stellenplanung gesteuert. Daneben wird der Ausbau variabler Vergütungsbestandteile in der Leitungs- und Mitarbeiterebene vorangetrieben.

Entlohnt ProSieben eher die Ausbildung (Vergangenheit), die Produktivität und Leistung (Gegenwart) oder das Leistungspotential (Zukunft)?

Produktivität und Leistung stehen im Mittelpunkt der Entlohnung bei ProSieben. Klassische Ausbildungsberufe spielen in der Fernsehbranche keine ausgeprägte Rolle. Das Leistungspotential wird insoweit berücksichtigt, als in dem schnell wachsenden Unternehmen viele Karrieremöglichkeiten für Mitarbeiter mit Zukunftspotential bestehen.

Wie sehen Sie die Arbeitssituation in Ihrem Unternehmen in zehn Jahren? Wie wird ein „typisches" Arbeitsverhältnis aussehen?

Die Arbeitszeit und Arbeitsplatzflexibilität wird vorangetrieben werden. Die Individualität der verschiedenen Arbeitsverhältnisse wird ausgeprägter sein als heute. Arbeitserfolg und -leistung werden sich auch in der Vergütung stärker ausdrücken. Die Professionalität und Ausbildung des einzelnen Mitarbeiters wird immens wichtig sein.

Welche konkreten Herausforderungen und Aktionsprogramme ergeben sich daraus in den nächsten drei Jahren für ProSieben?

Pro Sieben wird in den nächsten drei Jahren das bereits eingeführte Zielführungssystem ausbauen und um ein Mitarbeiterentwicklungssystem ergänzen. Die genaue Analyse und Definition von Aufgaben und Zielen soll von einer die Zielerreichung und Aufgabenerfüllung fördernden Kompetenzanalyse und Mitarbeiterförderung begleitet werden.

8.2 Strategische Ebene: Personalkostenstrukturierung

8.2.1 Überblick

Ein strategisch orientiertes Personalkostenmanagement versetzt das Unternehmen in die Lage, im Hinblick auf die Personalkosten eine insgesamt günstige Wettbewerbsposition zu realisieren. Es reicht also nicht, mit einseitiger Fokussierung auf eine Personalkostenreduktion Wettbewerbsfähigkeit zu erhalten.

Um diese Personalkosten einer strategischen Handhabung zugänglich zu machen, soll auf die **vier Grundprinzipien** des strategischen Managements (vgl. *Scholz* 1997a, 44-133) zurückgegriffen werden und daraus Implikationen für eine Personalkostenstrategie abgeleitet werden:

- Nach dem Prinzip des *strategischen Verhaltens* baut ein strategisches Personalkostenmanagement durch eine geeignete Personalkostenstruktur hinsichtlich Bestands-, Aktions- und Reaktionskosten ein strategisches Erfolgspotential im Unternehmen auf. Dies geht einher mit einer methodischen Beschränkung auf das als relevant Erachtete sowie Merkmale der Aktionsorientierung, beispielsweise gezieltes Benchmarking hinsichtlich der Personalkostenstruktur.
- Das Prinzip der *strategischen Effektivität* verlangt eine klare Zielformulierung im Hinblick auf die Bestands-, Aktions- und Reaktionskosten unter Berücksichtigung der Stakeholderinteressen. Im Falle des Personalkostenmanagements sind das primär die Mitarbeiter und Führungskräfte, der Betriebsrat, die Gewerkschaften und die Anteilseigner.
- Personalkosten werden zum *strategischen Potential*, wenn es gelingt, durch entsprechende Entlohnungssysteme eine (im Vergleich zur Konkurrenz) herausragende Qualitätsorientierung der Mitarbeiter oder aber einen belastungsarmen Personalkostenumfang zu erreichen. *Strategische Bewegungen* im Umfeld des Personalkostenmanagements, etwa die „Verteuerung" der Arbeit in Deutschland bei gleichzeitiger Personalkostenreduktion im Ausland, wirken sich auf die Wettbewerbsfähigkeit aus. *Strategische Barrieren* sind vor allem in tarifvertraglichen Regelungen, Betriebsvereinbarungen und Mindestlöhnen zu finden.
- *Strategische Stimmigkeit* bedeutet die konsistente Ausrichtung der Personalkostenkomponenten untereinander sowie zum unternehmerischen Gesamtsystem. Wenn beispielsweise über die Unternehmenskultur Qualitätsorientierung kommuniziert werden soll, muß auch das Entlohnungssystemen darauf abgestimmt sein.

Erst die stringente Ausrichtung des Personalkostenmanagements an den vier strategischen Prinzipien kann zu langfristig sinnvollen Lösungen führen. Hierbei spielt gerade die Personalkostenstrukturierung eine wichtige Rolle.

Eine Analyse der Personalkostenstruktur setzt an den zwei Ausgangsgrößen der Personalkosten an, nämlich der Mengen- und der Preiskomponente (Übersicht 8.1). Das Unternehmen hat dabei – und dies ist die besondere Herausforderung bei der Personalkostenstrukturierung – nur zu einem geringen Umfang Dispositionsfreiheit hinsichtlich der Preiskomponente. Es kann in vielen Fällen lediglich über die Mengenkomponente steuern, allerdings auch hier nur im Rahmen von engen strukturellen Grenzen.

Zentrale Eingriffsmöglichkeiten für ein strategisches Personalkostenmanagement bietet daher die Mengenkomponente: Sie zeigt sich in der (bewerteten) Personalqualifikationsstruktur, also der Verteilung der Belegschaft auf mehrere Qualifikationsgruppen, die im Unterschied zur Personalbestandsanalyse entsprechend ihrer Kostenwirksamkeit gebildet werden. Auch diese Personalqualifikationsstruktur dient wieder zunächst als Analyseinstrument, danach erfolgt eine Positionierung in Relation zur Konkurrenz. Dabei geben nicht nur relative Verteilungswerte den Ausschlag, sondern auch outputbezogene Kenngrößen. Der vorzugebende Sollwert folgt aus der Personalkostenstrategie.

	Grad der Disponierbarkeit		
	niedrig	mittel	hoch
Preis	– Lohnsätze – Beitragsbemessungsgrenzen der Sozialversicherung – Altersversorgung	– Zulagen für Schicht-, Akkord-, Sonn- und Feiertagsarbeit (tarifvertragliche Untergrenze!) – Zusatzleistungen – Bemessungsgrundlagen	– ad hoc-Prämien
Menge	– Zusatzleistungen – Arbeitstage – personalbedingte Ereignisse (z.B. Krankheit, Umzug)	– Belegschaftsstruktur – Alter, Geschlecht – arbeitsrechtlicher Status – Personaleinsatz – Arbeitszeit – Schichtarbeit – Mehrarbeit – Kurzarbeit	– Mehrarbeit

Übersicht 8.1: Beeinflußbarkeit der Personalkosten

8.2.2 Unternehmen: Kostengruppen

Zur Beantwortung der weiterführenden Frage, worin strategisch relevante Personalkosten bestehen, bietet sich eine Gliederung in drei **Personalkostengruppen** an:
- *Bestandskosten* als Bereitstellungskosten,
- *Aktionskosten* für Beschaffung, Entwicklung, Einsatz und Freisetzung sowie
- *Reaktionskosten* als Folge von Umweltentwicklungen im weitesten Sinne.

Diese drei Kostengruppen werden in den nächsten Abschnitten näher behandelt.

8.2.2.1 Bestandskosten

Der Vorgabewert für die Personalbestandskosten ergibt sich aus der Personalbestandsprojektion sowie der Personalbedarfsprojektion, also dem geplanten Leistungsprogramm. Während die Kontrolle der einzelnen Budgets Aufgabe der taktischen Ebene ist, kontrolliert das Personalkostenmanagement auf der strategischen Ebene die Kostenstruktur auf Einhaltung der vorgegebenen Strukturparameter: Dabei ist allerdings zu beachten, daß Kostenstrukturen weniger durch die Preiskomponente als vielmehr durch die Mengenkomponente aktiv beeinflußbar sind.

Bestandskosten im Personalbereich sind Kosten, die unmittelbar durch die Bereitstellung des „Potentialfaktors Personal" entstehen.

Aus diesem Grund besteht zwangsläufig eine enge Kopplung zwischen der strategischen Personalbestandsanalyse und der strategischen Betrachtung der Personalkosten. Die Aufgaben des strategischen Kostenmanagements ergeben sich dabei speziell
- aus der Definition einer aus strategischer Perspektive als sinnvoll angenommenen individuellen Bestandskostenstruktur (Analysephase),
- aus dem Vergleich dieser Kostenstruktur mit Konkurrenzunternehmen (Positionierungsphase) und
- aus dem Einleiten möglicher Kostenveränderungsmaßnahmen.

Die Berücksichtigung dieser drei Aspekte führt im Ergebnis zur gewünschten Soll-Personalkostenstruktur.

Die **allgemeine Kostenstruktur** drückt den Anteil der Personalkosten an den Gesamtkosten oder im Verhältnis zum Umsatz aus. Neben Entwicklungen im Zeitablauf sind hier vor allem Differenzierungen nach Unternehmensbereichen sinnvoll und möglich. Für Unternehmen, die eine Wettbewerbsstrategie der Preisführerschaft und die damit im Regelfall verbundene Zielsetzung einer auf der Kostenseite verbesserten Wettbewerbsposition anstreben, impliziert dies den unmittelbaren Vergleich der eigenen Personalkostenstruktur mit denen der Konkurrenzunternehmen. Auch wenn es im Einzelfall nicht möglich ist, die konkrete Kostenstruktur direkter Konkurrenzunternehmen zu ermitteln, läßt sich zumindest durch publizierte Informationen über die jeweiligen Unternehmen beziehungsweise anhand des statistisch errechneten Branchendurchschnitts ermitteln, wo das eigene Unternehmen zu positionieren ist. Aus einer solchen Personalkostenanalyse und einer entsprechenden Kostenpositionierung leiten sich dann als strategische Vorgaben Kostensenkungsmaßnahmen ab.

Während die allgemeine Kostenstruktur lediglich den Anteil der Personalkosten an den Gesamtkosten beziehungsweise am Umsatz ausweist, operiert die **Personalkostenstruktur** differenzierter: Sie unterscheidet zwischen den verschiedenen Anteilen der Entgeltbestandteile. Auch dies kann absolut (in DM) oder relativ (in Prozent) erfolgen. Mögliche Bezugsbasen sind dabei Unternehmensbereiche und/oder die Entwicklung im Zeitablauf. Die Personalkostenstruktur ergibt sich im wesentlichen aus den Tarifabschlüssen, die durch Branche und Region determiniert sind, sowie durch Veränderungen der Sozialversicherung.

Eine darüber hinausgehende Einflußmöglichkeit gibt es im Bereich von den „Aufwendungen für die betriebliche Altersversorgung", was in Deutschland allerdings nur rund 3% bezogen auf Entgelte für tatsächlich geleistete Arbeit ausmacht. Einen relativ höheren Anteil haben die „sonstigen Personalzusatzkosten" (5%) und Sonderzahlungen (9%) wie Gratifikationen oder 13. Monatsgehälter (vgl. *IW* 1997, 54). Der Entscheidungsspielraum der Unternehmensleitung hinsichtlich dieser „freiwilligen Leistungen" ist weitgehend durch Betriebsvereinbarungen und Tarifverträge eingeschränkt. Verschiebungen sind darüber hinaus allenfalls im außertariflichen Bereich möglich.

Bei zunehmendem Wettbewerbsdruck versuchen Großunternehmen verstärkt, über Betriebsvereinbarungen eine Verschiebung der Mengenkomponente zu erreichen, wenn der Wettbewerbsdruck dies erzwingt: Voraussetzung für das Erreichen wirksamer Veränderungen ist allerdings die frühzeitige und transparente Einbindung der Betroffenen über die gesetzlichen Mindestbestimmungen hinaus. Hilfreich ist hierfür eine Unternehmenskultur, deren Inhalt auch kollektive Interessen in den Vordergrund stellt.

Auch die **Aktionsorientierung** weist Verhaltenskonsequenzen auf, und zwar in drei Richtungen:

- Im Hinblick auf eine *reaktive* Strategie ist eine Struktur zu wählen, die sich bewußt am stärksten Wettbewerber ausrichtet.
- Im Hinblick auf eine *kontingenzaktive* Strategie ist eine Belegschaftsstruktur zu wählen, die aufgrund ihrer Flexibilitätspotentiale unterschiedlichen Umweltzuständen gerecht werden kann.
- Im Hinblick auf eine *initiativaktive* Strategie ist dagegen eine Personalstruktur zu wählen, die sich ausschließlich an dem beabsichtigten Wettbewerbsvorteil ausrichtet, der sich durch die realisierte Personalkostenstrategie ergibt.

Damit ist für ein strategisches Personalkostenmanagement neben der Analyse- und Positionierungsphase auch die Implementierung handlungsleitend.

Computergestützte Kostenanalyse. In der Literatur werden computergestützte Personalkostenplanungssysteme beschrieben (vgl. *Scholz/Eckert/Müller* 1996, 57-140), die selbst mit einfacher Hardwareausstattung umfangreiche Analysen und Simulationen der Personalkostenentwicklung

Konzept des atmenden Unternehmens bei Volkswagen

Volkswagen hat 1993 begonnen, sich der Globalisierungsherausforderung durch eine weitgehende Flexibilisierung der Produktionsstrukturen zu stellen: Durch das Konzept des „atmenden Unternehmens" leitet sich die Personalstrategie direkt aus der Unternehmensstrategie ab, die sich wiederum primär dem Markt mit allen seinen Aufträgen, Nischen und Nachfrageschwankungen anpaßt. Die im Zusammenhang mit der Flexibilisierung der Arbeitszeitsysteme durch Betriebsrat und Sozialpartner ausgehandelte „Volkswagen-Woche" ist die 4-Tage-Woche mit einem Korridor zwischen 28,8 und 38,8 Stunden. Sie weist neben ihrer beschäftigungssichernden Wirkung für 30 000 Arbeitsplätze auch eine betriebswirksame Mengenkomponente auf: Die Arbeitszeitreduktion um wöchentlich einen Arbeitstag ermöglicht in Zeiten geringer Automobilnachfrage die entsprechende Reduktion des Personalaufwandes.

Dabei wurde dieses System bei den Mitarbeitern, dem Betriebsrat und der Gewerkschaft IG-Metall auch vor allem deshalb akzeptiert, weil auch bei nur 28,8-stündiger Wochenarbeitszeit keine Kürzung der monatlichen Nettoauszahlungen erfolgte: Durch Umlage von jährlich einmaligen tariflichen und betrieblichen Zusatzleistungen auf die zwölf Monate des Jahres konnte die sichtbare Entgeltreduktion des Lohnverzichts weitgehend abgefangen werden. Bei guter Konjunktur wird Mehrarbeit in Geld oder Freizeit abgegolten oder auf dem VW-Zeitwertpapier für eine Verkürzung der Lebensarbeitszeit angespart. Ein wesentlicher Faktor für die Implementierung des Konzepts war die unternehmenskulturelle Unterstützung dieses Wandels: Es wurde der Begriff der „Zumutbarkeit" neu definiert, indem statt absoluter Besitzstandswahrung das Erreichen komparativer Vorteile thematisiert wurde. Nach dem Slogan „Kosten statt Köpfe" tauschte so jeder Mitarbeiter die Option des Totalverlustes seines Arbeitsplatzes gegen einen zwar zeitlich reduzierten, aber mit neuen Individualisierungschancen gekoppelten Arbeitsplatz „mit Gesicht" ein. Diese unternehmenskulturelle Begleitung im Sinne einer Humanisierungsidee verursachte zwar auch neue Personalkosten, allerdings in einem zur Kostenreduktion vergleichsweise geringen Ausmaß.

Aus: *Hartz, Peter*, Jeder Arbeitsplatz hat ein Gesicht. Die Volkswagen-Lösung, Frankfurt - New York (Campus) 1994; *Hartz, Peter*, Das atmende Unternehmen. Jeder Arbeitsplatz hat einen Kunden, Frankfurt - New York (Campus) 1996; *Hartz, Peter*, Jeder Arbeitsplatz hat ein Gesicht - auch international!, in: *Scholz, Christian/ Zentes, Joachim* (Hrsg.), Strategisches Euro-Management, Band 2, Stuttgart (Schäffer-Poeschel) 1998, 231-242.

erlauben; gleichzeitig gibt es aber zunehmend auch spezialisierte Modelle, die Branchenspezifika berücksichtigen oder aber auf methodisch anspruchsvollen Grundlagen basieren.

	Anzahl der Mitarbeiter							
Berufsjahr	1. - 2.	3. - 4.	5. - 6.	7. - 8.	9.	10.	11.	Summe
Tarifgruppe 1	4	3	3	2	1			13
Tarifgruppe 2	9	6	7	3	3			28
Tarifgruppe 3	14	16	14	19	20	14		97
Tarifgruppe 4	97	124	154	192	182	165		914
Tarifgruppe 5	74	83	98	105	96	83	71	610
Tarifgruppe 6	25	37	99	107	125	98	90	581
Tarifgruppe 7	19	28	44	69	77	81	69	387
Tarifgruppe 8	7	9	15	19	29	44	33	156
Tarifgruppe 9	2	7	18	19	27	44	39	156
Abteilungs-leiter	5	14	26	44	52	69	59	269
Hauptabtei-lungsleiter	2	8	14	19	25	37	21	126
Abteilungs-direktor		2	2	7	3	10	6	30
General-direktor	1			3	2	5	3	14

	Gehalt pro Mitarbeiter in DM								
Berufsjahr	1. - 2.	3. - 4.	5. - 6.	7. - 8.	9.	10.	11.	Durch-schnitt	Vertei-lung
Tarifgruppe 1	2 067	2 159	2 247	2 339	2 428			2 248	2 199
Tarifgruppe 2	2 143	2 246	2 349	2 453	2 553			2 349	2 294
Tarifgruppe 3	2 256	2 347	2 439	2 531	2 622	2 715		2 485	2 493
Tarifgruppe 4	2 358	2 482	2 604	2 728	2 851	2 973		2 666	2 703
Tarifgruppe 5	2 456	2 594	2 733	2 874	3 014	3 153	3 297	2 874	2 872
Tarifgruppe 6	2 738	2 738	2 913	3 088	3 263	3 437	3 612	3 113	3 199
Tarifgruppe 7	3 120	3 120	3 120	3 327	3 530	3 737	3 956	3 414	3 515
Tarifgruppe 8	3 597	3 597	3 597	3 597	3 828	4 058	4 290	3 795	3 917
Tarifgruppe 9	4 123	4 123	4 123	4 123	4 123	4 382	4 638	4 234	4 325
Abteilungs-leiter	3 254	3 981	4 398	5 104	5 819	6 199	6 963	5 074	5 759
Hauptabtei-lungsleiter	4 125	4 958	5 919	7 162	8 619	9 462	10 499	7 249	8 356
Abteilungs-direktor	5 099	6 288	7 704	9 391	11 204	12 265	14 013	9 423	11 135
General-direktor	7 211	8 853	11 028	14 875	17 992	19 334	22 189	14 497	17 933

Übersicht 8.2: Mitarbeitermatrix für IPKA

Personalkostensimulation mit System Dynamics. Diese Simulationsmethode bildet unternehmerische Kostenstrukturen in ihrer vernetzten Komplexität ab: Personalkosten sind darin vom Personalbestand und den jeweiligen Kosten der Arbeit abhängige Variablen. Diese wiederum sind durch betriebsinterne und -externe Faktoren wie Produktivität, Absatz, Produktionstechnik, Wirtschaftswachstum, Lebenshaltungskosten, Konkurrenzsituation, Verhandlungsmacht der jeweiligen Interessenvertreter sowie eine Reihe weiterer sich rückgekoppelt beeinflussender Faktoren determiniert. Ein Anwendungsbeispiel von *Laukin* und *Merten* (1983) bildet mit Hilfe von System Dynamics die Personalbestandskosten in ihrer gegenseitigen Beeinflussung ab. Unter verschiedenen mög-

Parameter	Ist		Soll	
Urlaub	30		30 Tage	
Gehaltsänderung	0		3,1%	
Grenze Rentenversicherung für 50% AG/50% AN	10		10%	
Rentenfaktor	0		0,7%	
Kindergeldzulage	75		75 DM	
Urlaubsgeld	17		17%	
Vermögenswirksame Leistungen	2		2%	
Abschlußvergütung	2,2		2,2%	
Fahrtkosten	830		850 DM	
Essensgeld	270		280 DM	
Anzahl Gehälter	13		13	
	Beitragsbemessungsgrenze (BBG)		Beitrag in %	
Beiträge zur gesetzlichen	Ist	Plan	Ist	Plan
Krankenversicherung	6 375	6 375	13,6	14,0
Rentenversicherung	8 500	8 500	20,3	19,5
Arbeitslosenversicherung	8 500	8 500	6,5	6,5
Pflegegeldversicherung	6 375	6 375	1,7	1,7

Übersicht 8.3: Parameterstruktur für IPKA

lichen Bedingungen für die Entwicklung des Personalbestandes und der Arbeitszeit werden die Personalkosten eines Unternehmens in die Zukunft projiziert.

Interaktive Personalkostenanalyse (IPKA). Dieses Modell basiert auf Bestands- und Gehaltsdaten von Mitarbeitern, also auf Mengen- und Preiskomponenten: Für die **Analysefunktion** werden die Personalbestandsdaten in einer Mitarbeitermatrix zusammengefaßt, die Informationen über die Anzahl der nach Tarifgruppen und Betriebszugehörigkeit gegliederten Mitarbeiter und ihres Entgelts enthält (Übersicht 8.2).

Ausgehend von als relevant anzusehenden allgemeinen Parametern (Übersicht 8.3) ergeben sich dann als Ergebnis der interaktiven Personalkostenanalyse Aussagen über den geplanten Personalaufwand im Vergleich zum Ist-Aufwand in Form einer leicht erstellbaren Tabellenkalkulation (Übersicht 8.4). Als Ergebnisse sind die aktuellen und geplanten Gesamtaufwendungen für betriebliche Gehälter, Kindergeldzulagen, Fahrtkostenzuschüsse oder Sozialversicherungsbeiträge denkbar.

Die **Planungsfunktion** setzt an der Mitarbeitermatrix an, in der die geplante Anzahl der Beschäftigten für die nächste Periode eingetragen wird; Analoges erfolgt in der Parameterstruktur, wo die geplanten Werte der Einflußgrößen auf die Personalkosten anzugeben sind.

Personalaufwendungen	Ist	Plan
1. Gehälter/Löhne	146 983 200	151 539 679
13. Monatsgehalt	12 248 600	13 019 784
Vermögenswirksame Leistungen	3 184 636	3 283 360
Kindergeldzulage	253 575	253 575
Urlaubsgeld	2 082 262	2 146 812
Abschlußvergütung	3 503 100	3 611 696
Fahrtkostenzuschuß	2 806 230	2 873 850
Essensgeldzuschuß	912 870	946 680
2. Gesetzliche Sozialabgaben	32 128 676	32 686 780
Krankenversicherung	10 179 005	10 749 977
Rentenversicherung	15 662 280	15 473 587
Arbeitslosenversicherung	5 015 016	5 157 882
Pflegegeldversicherung	1 272 376	1 305 354
3. Altersversorgung		
Rentenzahlungen	4 100 568	4 129 272
Pensionszuführung	8 125 006	8 206 256

Übersicht 8.4: IPKA-Ausgabetableau

Eine solche interaktive Personalkostenanalyse bietet nicht nur die Möglichkeit des direkten Vergleiches der Ergebnisse von Ist- und Planwerten der Personalaufwendungen. Sie ermöglicht auch eine interaktive Sensitivitätsanalyse hinsichtlich der zukünftigen Gestaltung der Personalkosten eines Unternehmens.

Der Personalleitstand. Auf der Basis eines auf die Unternehmensbedürfnisse zugeschnittenen Kommunikationssystems kann ein über eine Vielzahl von Schnittstellen vernetzter Datenleitstand aufgebaut werden, der zum einen den direkten Zugriff auf alle Personalstamm-, Abrechnungs-, Zeit-, Arbeitsplatz- und Personalkostendaten sowie den Personalstatistik- und die Personalplanungsdaten gestattet und zum anderen die Simulations- und Projektergebnisse des strategischen Personalplanungsprozesses enthält (vgl. *Maasch* 1996). Ein Übersichtsmodell solcher Art wird als Personalleitstand bezeichnet und bietet gerade der Unternehmensleitung die Möglichkeit, eine aktuelle und komprimierte Übersicht über den Kostenstatus und weitere Informationen zu erhalten.

Eine Möglichkeit zur Umsetzung dieses Ansatzes bietet das Softwaresystem **Lotus Notes**, das es erlaubt, in einem Netzwerk von PCs und Servern verteilte Daten und Informationen aus unterschiedlichen Quellen zu erfassen, zu organisieren, zu verteilen und abzufragen. Über das entsprechende Softwarepaket wird eine Gesamtoberfläche bereitgestellt, in der die Benutzer Informationen in zugriffstechnisch optimierter Form präsentieren können. Auch das **Internet** läßt sich als Datenquelle in ei-

Abbildung 8.3: Aktionskosten

nen Personalleitstand übernehmen, insbesondere für relevante Umfelddaten und zum Zweck eines Benchmarkings.

8.2.2.2 Aktionskosten

Auch wenn die Interdependenz zwischen den verschiedenen Einflußfaktoren auf die Personalkosten eine exakt verursachungsgerechte Zuordnung von Kosten auf Verursacher erschwert, müssen dennoch die Aktionskosten zum Planungsobjekt gemacht werden. Aktionskosten im Personalbereich fallen auf den folgenden **Managementfeldern** an:

- Kosten der *Personalbeschaffung* entstehen im Bereich des Personalmarketings, der Personalauswahl, der Einstellung und Einarbeitung. Höhe und Struktur dieser Kosten hängen von Zahl und Qualifikation des zu beschaffenden Personals sowie des anvisierten Beschaffungszeitraumes ab.
- Zur *Personalentwicklung* gehören alle Kosten für Ausbildung, Fortbildung und Weiterbildung sowie generell für Mitarbeiterbeförderung. Exemplarisch zu nennen sind Kosten für Seminare, Fortbildungsmittel, Trainee-Programme und Umschulungen.
- Falls Stellenaufgaben wegfallen, entstehen durch die *Personalfreisetzung* Kosten unterschiedlicher Art und Höhe, die aufgewendet werden müssen, um nachteilige Folgen für das betroffene Personal zu vermeiden oder zu mindern.

Abbildung 8.3 faßt die drei Gruppen von Aktionskosten zusammen.

Zwischen Beschaffung, Entwicklung und Freisetzung besteht eine begrenzte Substitutionsmöglichkeit. Daraus folgt als **erste Teilaufgabe** der

Kostenstrukturierung für die Aktionskosten die Entscheidung über die Schwerpunktsetzung *zwischen* diesen drei Managementfeldern. So bedeutet eine Abnahme der Personalentwicklungskosten dann eine Zunahme von Beschaffungs- und Freisetzungskosten, wenn Veränderungen in der Personalbedarfsstruktur nicht durch qualitative Veränderungen der eigenen Belegschaft aufgefangen werden können. Solche Kostenüberlegungen sind zwar nur eine Facette der Entscheidung zwischen alternativen Strategien der Personalveränderung, tragen aber dennoch zur Problemstrukturierung bei: Dies gilt speziell in Verbindung mit der unternehmensinduzierten Arbeitsmarktstrategie (UAMS).

Die **zweite Teilaufgabe** der Strukturierung von Aktionskosten betrifft kostenbasierte Entscheidungsregeln *innerhalb* der Aktionsfelder Beschaffung, Entwicklung und Freisetzung: Während bei Beschaffung und Freisetzung im Regelfall hinsichtlich der Kosten nur ein geringer Spielraum bestehen dürfte, sind im Bereich der Personalentwicklung erhebliche Wahlmöglichkeiten gegeben.

8.2.2.3 Reaktionskosten

Als Reaktionskosten gelten alle Personalkosten, die dem Unternehmen ohne unmittelbar eigene Entscheidungen entstehen; dazu zählen vor allem die Fluktuationskosten und die Fehlzeitenkosten.

Fluktuation. Hierunter versteht man den dauerhaften Personalabgang als Folge fehlender arbeitnehmerseitiger Austrittsbarrieren, nicht ausschließlich organisationsinitiierter Faktoren und anderer Gründe wie Invalidität und Tod des Arbeitnehmers. Aufgrund des Kriteriums, daß Fluktuation nicht einseitig betrieblich bedingt ist, zählen zu ihr zwar die Kündigung durch den Arbeitnehmer, nicht jedoch Austritte infolge einer Arbeitgeberkündigung.

Fluktuation hat nicht nur Konsequenzen hinsichtlich der Personalbestandsveränderung, sondern auch gravierende Kostenimplikationen: Fluktuation ist gleichzusetzen mit einer **Desinvestition** von Humanvermögen. Dieses durch Anwerbung, Information, Aus- und Weiterbildung im Arbeitnehmer angehäufte Kapital scheidet aus dem Unternehmen aus. Die in den Mitarbeiter investierten und daher auch kostenwirksamen Vorleistungen kommen somit nicht in vollem Umfang wieder dem Unternehmen zugute.

Kostenwirkungen ergeben sich als

- *Separations-* und *Entlassungskosten* für die administrative Abwicklung der nötigen Formalitäten einschließlich des Abgangsinterviews,
- *Minderleistungsnebenkosten* vor, während und nach der Fluktuationsentscheidung (hier vor allem wegen Kündigung durch den Ar-

beitnehmer; zum Beispiel als Kosten für erhöhten Absentismus oder Ausschuß) sowie

- *Stellenbesetzungskosten* in Form von Anwerbungskosten, Auswahl- und Einstellungskosten, unter Umständen auch Trennungsentschädigungen sowie Anlern- und Einarbeitungskosten.

Hinzu kommen wichtige indirekte Kosten, die sich durch unternehmenskulturelle Implikationen ergeben können.

Empirischer Befund (GPP): Absentismus (in Tagen pro Jahr)

Der durchschnittliche Absentismus von Mitarbeitern ist in Deutschland, Österreich und Spanien relativ hoch. Die Vergleichswerte von Frankreich und den USA reflektieren sowohl den Wettbewerbsdruck auf dem Arbeitsmarkt als auch das Ausmaß der existentiellen Notwendigkeit, seine Arbeit zu behalten.

	D	Ö	USA	F	Sp	Rest	Σ
1992	12	15	3	6	11	17	13
1994	13	14	4	6	10	15	12

Fehlzeiten. Hierunter versteht man die aus Arbeitgebersicht ungeplanten Abwesenheiten des Arbeitnehmers vom Arbeitsplatz. Eine wichtige Ursache für Fehlzeiten ist der betriebliche Krankenstand; ein Teil davon ist der Absentismus, bei dem der Arbeitnehmer sich zwar offiziell krank erklärt, in Wahrheit aber nur „keine Lust" hat (vgl. z.B. *Nieder* 1998).

Generell lassen sich Fehlzeiten auf **vier Ursachen** zurückführen:

- *unfallbedingte* Fehlzeiten infolge von Arbeits- oder Freizeitunfällen,
- *gesetzliche oder vertragliche* Fehlzeiten wie Urlaub, Mutterschutz, Zivil- beziehungsweise Wehrdienst oder auch Kuren,
- „*medizinisch-biologisch*" bedingte Fehlzeiten, die einerseits durch das Individuum, aber auch auf Grund von arbeitsplatzspezifischen Verhältnissen (und somit durch das Unternehmen) verursacht sein können, sowie
- *motivationale* Fehlzeiten, die unter anderem auf Unzufriedenheit der Mitarbeiter zurückzuführen sind.

Selbst die 1998 vorübergehend existente gesetzliche Möglichkeit, die Lohnfortzahlung im Krankheitsfall unter bestimmten Bedingungen auf bis zu 80% des Normallohns zu kürzen, hat sich, da durch tarifvertragliche Regelungen weitgehend außer Kraft gesetzt, nur bedingt kostenreduzierend ausgewirkt.

Aufgrund der Höhe der durch Fehlzeiten verursachten Kosten überrascht es nicht, daß sich eine Vielzahl weiterer empirischer Untersuchungen mit dieser Materie auseinandersetzen (vgl. z.B. *Schnabel* 1997; *Redmann/Rehbein/Vetter* 1998). Solche Untersuchungen sind sehr interessant, wenngleich die Übertragbarkeit ihrer Ergebnisse im Einzelfall geprüft werden muß. Für ein betriebliches Personalmanagement ist jedoch die Tatsache bedeutsam, daß derartige Untersuchungen auf Basis von Fragebogen durchführbar sind und statistisch signifikante Ergebnisse liefern können. Dies bedeutet für ein strategisches Personalmanagement die Notwendigkeit (und die Chance), mit Hilfe eines differenzierten Analyseinstrumentariums detaillierte Auskünfte über Verursachungsfaktoren für Fehlzeiten im eigenen Unternehmen zu erhalten. Unabhängig von der verfolgten Grundstrategie läßt sich durch daraus abgeleitete Maßnahmen versuchen, über das Senken der Fehlzeiten eine Kostenreduktion herbeizuführen.

Für die strategische Analyse ist eine differenzierte **Beschreibung** der Fehlzeiten notwendig. Die Gruppe der Mitarbeiter mit Fehlzeiten kann etwa dahingehend analysiert werden, inwieweit sich das Alter oder das Geschlecht als Bestimmungsfaktoren auf unterschiedliche Fehlzeitendauern auswirken (Übersicht 8.5). Weitere Beschreibungsmöglichkeiten betreffen die Schwankungen der Fehlzeiten im Jahresverlauf und deren zusätzlche Aufschlüsselung nach Persönlichkeitskriterien.

	Fehltage			
Alter	bis 30	30 - 60	61 - 90	über 90
20 - 29	37	45	28	-
30 - 39	29	20	11	25
40 - 49	22	15	22	50
50 - 63	12	20	39	25
	100	100	100	100
Geschlecht				
männlich	51	25	67	75
weiblich	49	75	33	25
	100	100	100	100

Übersicht 8.5: Relative Häufigkeit von Fehlzeiten nach Alter und Geschlecht am Beispiel der Deutschen Telekom AG Niederlassung 2 Bremen, September 1993 - August 1994 (nach *Hemmelskamp/Krause* 1998, 127)

Eine Analyse von Fehlzeiten basiert auf zwei **Grundlagen**:

- *Objektive* Fakten wie Familienstand, Alter, Abteilung, Tätigkeit, Betriebszugehörigkeit oder Ausbildung lassen sich unmittelbar aus den Mitarbeiterdaten ableiten.
- *Subjektive* Daten wie Arbeitszufriedenheit, Arbeitsorganisation, Arbeitsplatzanordnung, Selbständigkeit, Schwierigkeit oder Strukturiertheit der Arbeit lassen sich beispielsweise mit Hilfe von Likert-Skalen erheben.

Dabei ist es keine zwingende Voraussetzung, daß Arbeitsabläufe tatsächlich schwierig oder unstrukturiert sind; wichtiger ist die subjektive Einstufung der entsprechenden Tätigkeiten durch die Beschäftigten selbst. Eine solche Analyse von Fehlzeiten muß allerdings organisatorisch strikt von personenbezogenen Auswertungen getrennt werden: Dies bedeutet, daß auf keinen Fall Rückschlüsse auf das Fehlzeitverhalten einzelner Personen möglich sein dürfen, was für den Einsatz unternehmensexterner Forscher und Berater spricht.

Bei der **Beurteilung** von Fehlzeiten als strategischem Kostenfaktor sind neben ihrer absoluten Höhe drei Differenzierungen wichtig:

- *Innerhalb eines Unternehmens* lassen unterschiedliche Fehlzeiten bei vergleichbaren Abteilungen oder Betrieben wichtige Rückschlüsse auf spezielle Einflußfaktoren in diesen Bereichen zu. Hier können Fehlzeitenstatistiken als vergleichendes Kontrollinstrument zu einem wichtigen Steuerungsfaktor im Unternehmen werden.
- Ferner ist die relative Höhe der Fehlzeiten *im Vergleich zu unmittelbaren Konkurrenzunternehmen* entscheidend. Sind Unternehmen in der Lage, aufgrund von geringen Fehlzeiten kostengünstig zu produzieren, so hat dies einen unmittelbaren Einfluß auf die strategische

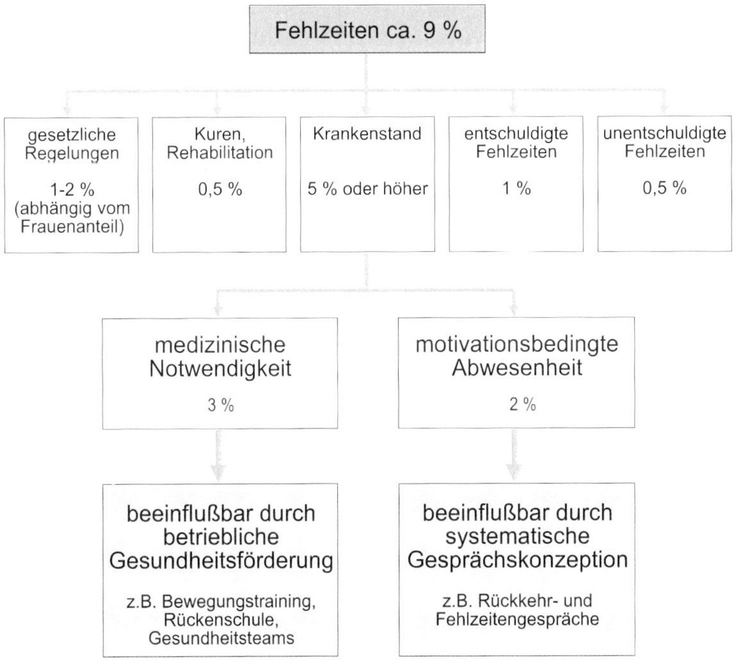

Abbildung 8.4: Fehlzeiten und ihre Beeinflußbarkeit (*Nieder* 1998, 13)

Erfolgsposition des Unternehmens, was die Bedeutung derartiger Fehlzeitenvergleiche rechtfertigt.

- Wichtig darüber hinaus ist die relative Höhe der Fehlzeiten *im internationalen Vergleich*. Hier schneiden Deutschland mit einer Fehlzeitenquote von 5,6% und Österreich mit 4,1% relativ gut ab, während die Fehlzeitenwerte in Italien mit 7,3% im öffentlichen Dienst und 6,9% in der Industrie sowie in Portugal mit 8% weitaus höher liegen. Die besten Werte erreichen Großbritannien mit 3,6% und Luxemburg mit Werten von 3,5% (vgl. *Doukmak* 1998, 28).

Nicht zuletzt aufgrund der Kostenwirkungen stellt damit die Fehlzeitenanalyse ein wichtiges Instrumentarium für das strategische Personalkostenmanagement dar. Sie entschlüsselt die Fülle an Einflußfaktoren und impliziert, daß Aktionen zur Beseitigung isolierter Verursachungsfaktoren nur äußerst selten von Erfolg gekrönt sein dürften. Abbildung 8.4 zeigt zusammenfassend die verschiedenen Formen der Fehlzeiten sowie das Ausmaß, in dem sie direkt oder indirekt zu beeinflussen sind.

8.2.3 Umfeld: Lohnpolitik

8.2.3.1 Tarifvertragliche Entgeltstrukturen

Tarifverträge stellen nicht nur Rahmenbedingungen für das betriebliche Personalkostenmanagement dar, auf die ein Unternehmen reagiert, sondern dienen auch als Ausgangspunkt für strategische Überlegungen: Abhängig von den festgelegten Vereinbarungen können Flexibilisierungs- und Motivationspotentiale unterschiedlich genutzt werden.

In Deutschland herrschen bislang **Flächentarifverträge** vor, die zwischen den Tarifparteien abgeschlossen werden und in der Regel durch die Bundesregierung als allgemeinverbindlich erklärt werden. Diese Praxis wird derzeit kritisch hinterfragt, da sie die betriebliche Flexibilität einschränken kann, die infolge von Rezession, Globalisierung und Technisierung stark beansprucht ist: Flächentarifverträge führen in der Tendenz Lohnerhöhungen für alle tarifgebundenen Arbeitnehmer und Arbeitgeber einer Region ohne Berücksichtigung des Produktivitätszuwachses des einzelnen Unternehmens, seiner Rentabilität und Leistungsfähigkeit in gleicher Weise herbei.

Gerade in Ostdeutschland zeigt sich als Reaktion eine Tarif- und Verbandsflucht oder die Nichtanwendung von Tarifverträgen im Konsens mit dem Betriebsrat (vgl. *Ettl/Heikenroth* 1996). Durch die Einführung solcher Härtefallklauseln in den Tarifverträgen in den Neuen Bundesländern können die Betriebsparteien aber auch unter bestimmten Vorraussetzungen Ausnahmen von tarifvertraglichen Löhnen vereinbaren.

Tarifverträge stellen strategische Barrieren einer unternehmerischen Entgeltpolitik dar, da sie unternehmensextern Leistungsnormen, Kostenstrukturen und Flexibilitätsrestriktionen vorgeben. Gleichzeitig wirken sie aber auch komplexitätsreduzierend, weil viele Einzelfälle generalisiert werden.

Betrachtet man exemplarisch die aktuelle Situation im Bereich der Metallindustrie, so kommt man gegenwärtig zu folgenden **Befunden** (vgl. *Auer/Baumgartner/Salzgeber* 1997, 77-87):

- Die Geltung von Tarifverträgen ergibt sich aus der *Tarifgebundenheit*, die wiederum von der Mitgliedschaft in dem vertragschließenden Arbeitgeberverband abhängt, die in Deutschland – im Gegensatz zu Österreich – freiwillig ist. In der Metallindustrie gelten Tarifverträge jedoch durch einen hohen Organisierungsgrad und eine Orientierungsfunktion für Nicht-Mitgliedsunternehmen weitgehend für die gesamte Branche.
- In Deutschland werden Erhöhungen der *Mindestentgelte* vereinbart, in Österreich der *Istentgelte*. Erhöhungen müssen dort auch in vollem Umfang weitergegeben werden, wohingegen in Deutschland die Anrechenbarkeit von übertariflichen Bezügen möglich ist. Dadurch ist in Deutschland eine höhere Flexibilität durch die Rücknahmemöglichkeit von Überzahlungen gegeben.
- *Entgeltgruppen* definieren sich anforderungsorientiert. In ihnen sind automatische Zeitvorrückungen vorgesehen („Regelaufstieg"). Betrachtet man Gehaltsentwicklungen tarifvertraglich bezahlter Arbeitnehmer im Zeitverlauf, so sind allein aus Einstufungs- und Vorrükkungsgründen bereits auffällige länderspezifische Unterschiede festzustellen.
- *Leistungsorientierte Entgeltgestaltung* ist gemäß deutscher Tarifverträge für Arbeiter (zumeist Akkord und Prämie) und Angestellte (zumeist Leistungszulagen) geregelt; de facto stellt sie aber in der Metallindustrie einen nahezu fixen Entgeltbestandteil dar.
- *Zulagen und Zuschläge* werden für Überstunden, Schicht- und Nachtarbeit gewährt, wobei aufgrund ihrer relativ geringen Höhe die Durchsetzung von Überstunden in Deutschland häufig gegenüber den Arbeitnehmern schwierig ist.

Als **Konsequenz** dieser Regelungen ist es für das Personalkostenmanagement eine mögliche strategische Option, auf die Individualisierung und „Verbetrieblichung" der Entlohnungsgestaltung hinzuwirken, um somit die Restriktionen der Tarifverträge spezifisch anpassen zu können. Aktuelle Ideen zielen darauf ab, viele personalkostenträchtige Elemente wie die Übernahme befristet Beschäftigter, die Einstellung arbeitsloser Jugendlicher, Beschäftigungssicherung, Bonussysteme oder Arbeitsteilzeit neben der Einkommenserhöhung im Gesamtzusammenhang in Tarifrunden zu verhandeln. Dies ist jedoch vor dem Hintergrund der gesellschaftlichen Akzeptanz der vorherrschenden kollektiven Lohnfindungsinstrumentarien zu diskutieren.

8.2.3.2 Entgeltentwicklung

Die Entwicklung der Beschäftigungsentgelte ist ein wichtiger Wettbewerbsfaktor, der sich direkt im Personalaufwand niederschlägt. Übersicht 8.6 bringt einen Vergleich der Kennzahlen ausgewählter Branchen des produzierenden Gewerbes der Jahre 1995 und 1996. Man erkennt deutlich die Abnahme von Beschäftigtenzahl, Entgelthöhe und Arbeitszeit, aber verbunden mit einer sektoral unterschiedlichen Umsatzentwicklung.

	Beschäftigte (in 1 000)		**Umsatz (in Mrd DM)**		**Bruttolohn- und Gehaltssumme (in Mrd DM)**		**Geleistete Arbeitsstunden (je Arbeitnehmer)**	
	1995	**1996**	**1995**	**1996**	**1995**	**1996**	**1995**	**1996**
Verarbeitendes Gewerbe	46 384	45 800	2 035	2 051	403	401	6 689	6 315
Ernährung	5 079	5 037	220,8	223,6	24,8	25,1	587	574
Textil- und Bekleidung	2 686	2 494	55,4	54,0	11,0	10,3	260	235
Papier, Verlag und Druck	4 013	3 928	122,6	121,9	25,9	26,5	376	359
Chemische Industrie	1 716	1 716	234,6	216,0	40,1	39,6	406	382
Glas und Keramik	3 730	3 792	73,0	70,1	15,7	15,3	345	321
Metallerzeugnisse und -bearbeitung	7 601	7 640	226,4	216,1	51,5	50,2	1 027	960
Maschinenbau	6 753	6 597	253,3	257,8	69,1	68,2	1 015	944

Übersicht 8.6: Kennzahlen ausgewählter Wirtschaftszweige von 1995 und 1996 (vgl. *IW* 1996, 66; *IW* 1997, 67)

Die letzte Erhebung des statistischen Bundesamtes zur Entwicklung der Personalkosten stammt aus dem Jahre 1992 (*Statistisches Bundesamt* 1997, 344-346). In Übersicht 8.7 ist diese Entwicklung der Personalkosten für das produzierende Gewerbe getrennt nach direktem Entgelt und Personalnebenkosten dargestellt.

Die Personalnebenkosten für das produzierende Gewerbe sind von 1972 bis 1992 weit stärker gestiegen als die Entgelte für geleistete Arbeit. Der Anteil der Personalnebenkosten an den Personalkosten hat sich von 35,8% im Jahr 1972 auf 44,5% im Jahr 1992 erhöht. Der Anteil gesetzlich verursachter Lohnnebenkosten stieg von 17,4% auf 19,6% der gesamten Personalkosten.

	1972 (in DM)	1992 (in DM)	1972 (in %)	1992 (in %)
Entgelt für geleistete Arbeit	14 700	41 700	64,2	55,5
Personalnebenkosten	8 200	33 500	35,8	44,5

Übersicht 8.7: Personalkosten je Arbeitnehmer im produzierenden Gewerbe im früheren Bundesgebiet (vgl. *Statistisches Bundesamt* 1997, 345-346)

Im Jahr 1992 wurden erstmals die Personalkosten in den Neuen Bundesländern und Berlin-Ost ermittelt (Übersicht 8.8). Dabei ergaben sich wie erwartet zwischen Ost- und Westdeutschland erhebliche Niveauunterschiede bei den Personalkosten insgesamt, besonders aber bei den Personalnebenkosten (vgl. *Statistisches Bundesamt* 1997, 345-346).

Wirtschafts-bereich	Insgesamt	Entgelt für geleistete Arbeit	Personalneben-kosten	
	DM	DM	DM	%
		Alte Bundesländer		
Produzierendes Gewerbe	75 200	41 700	33 500	44,5
Großhandel	69 600	41 900	27 700	39,8
Einzelhandel	53 500	32 200	21 300	39,8
Kreditgewerbe	89 700	45 300	44 400	49,5
Versicherungs-gewerbe	95 400	49 100	46 300	48,5
		Neue Bundesländer und Berlin-Ost		
Produzierendes Gewerbe	41 500	25 000	16 500	39,8
Großhandel	40 400	24 900	15 500	38,4
Einzelhandel	37 900	22 800	15 100	39,8
Kreditgewerbe	53 700	28 900	24 800	46,2
Versicherungs-gewerbe	49 400	27 500	21 900	44,3

Übersicht 8.8: Personalkosten je Arbeitnehmer nach ausgewählten Wirtschaftsbereichen 1992 (vgl. *Statistisches Bundesamt* 1997, 345)

8.2.3.3 Kooperationsmuster

In einer explorativen Studie lokalisierte *Eckardstein* (1997) drei **Kooperationsmuster** zwischen Betriebsrat und Management zur Entwicklung betrieblicher Entlohnungssysteme:

- Das Co-Management basiert auf gegenseitigem Verständnis für die Ziele und Konsens darüber, daß unternehmerische Effizienz die Voraussetzung der Realisierung der Ziele ist. Vorteile liegen darin, daß

Ungewöhnliche Zusatzleistungen verursachen ebenfalls Personalnebenkosten

- Benutzung des Firmenflugzeugs bei Familienangehörigen (BE&K)
- Abendessen mit dem Vorstandsvorsitzenden nach zehn Jahren Firmenzugehörigkeit (Cerner)
- freier Aufenthalt in jedem unternehmenseigenen Hotel (Four Seasons)
- unbeschränkte Ansammlung ungenutzter Freizeit (Qualcomm)
- Haustierversicherung (Timberland)
- 24-Stunden-Fitneßcenter für Mitarbeiter und ihre Familien (3 COM)
- jährliches dreitägiges Kickoff-Ereignis in einem Vergnügungspark für alle Angestellten (Scitor)
- Haarschnitt im Unternehmen für drei Dollar (Worthington Industries)
- Erstattung der Beiträge für Gesundheitscenter, wenn man dieses dreimal pro Woche besucht (Synovus Financial)
- kostenlose Mitnahme auf den Klappsitzen im Firmenflugzeug (FedEx)

Aus: *Branch, Shelly*, The 100 best companies to work for in America, in: Fortune, 11.01.1999, 58-72.

Vertrauen die Lösungsfindung erleichtert, durch das Einbringen der Lösungskompetenz beider Seiten die informatorische Basis verbreitert und die kollektivvertraglichen Spielräume voll genutzt werden können. Eine Gefahr für diesen Typ besteht für den Fall des Vertrauensbruchs in der Gefährdung des gesamten Verhandlungsprozesses sowie in dem Risiko, daß die Verhandlungspartner ihren Bezugsgruppen als illoyal und schwach erscheinen. Aus Sicht der kollektiven Ebene steht der Chance einer Erprobung innovativer Einzellösungen das Risiko der Schwächung der Verbandspolitik gegenüber.

- Das *Expertenmodell* basiert auf der Auffassung, daß sich am ehesten spezialisierte Fachleute auf betriebliche Entlohnungsmodelle einigen können, welche dann im Handlungsrahmen des Tarifvertrages durch ein paritätisch besetztes Gremium ausführlich ausgearbeitet wird. Ziel ist der Interessenausgleich zwischen Effizienzsteigerung und Verteilungsinteressen. Vorteil diese Typs ist die Versachlichung von Verteilungskonflikten; er setzt aber die Gewährung fachlicher Eigenständigkeit und daraus abgeleiteter Entscheidungsautonomie sowie die Verfügbarkeit von Experten voraus. Damit ergeben sich als mögliche Nachteile eine tendenziell geringe Innovationsrate über die fachliche Entlohnung hinaus und die Vernachlässigung von Akzeptanzüberlegungen.

- Das *Zwei-Parteien-Modell* basiert auf der eindeutigen Rollentrennung in Arbeitgeber als Initiatoren und Betriebsrat als Begutachter neuer Entlohnumgsmodelle. Der Betriebsrat läßt sich kaum in die Konzeptionierung von Vorschlägen einbinden und verfolgt andere Interessen als die betriebliche Effizienzerhöhung. Gefundene Lösungen orientieren sich eng an dem tarifvertraglich vorgegebenen Rahmen und werden mit geringem Verhandlungsaufwand erreicht. Vorteile und Nachteile sind denen des Comanagements entgegengesetzt: Stabile Rollengefüge und Machstrukturen ermöglichen die Realisierung tarifvertraglicher Vereinbarungen auf Unternehmensebene, allerdings fließen spezifische betriebliche Belange kaum in die Entlohnungssysteme ein.

Da diese Kooperationsmuster nicht rechtlich vorgegeben sind, sondern Verhandlungsspielräume abbilden, können sie Gegenstand strategischer Entscheidungen für das Personalkostenmanagement werden: Ein Kooperationsmuster muß keine emergente Strategie darstellen, sondern kann proaktiv gewählt und von beiden Verhandlungspartnern zur Erreichung ihrer Ziele verantwortet werden.

8.2.4 International: Entlohnungsstrategie

8.2.4.1 Entlohnungsunterschiede

Die international sehr verschiedenen Lohn- und Lohnnebenkosten (Übersicht 8.9) sind nicht nur Argumente in der politischen und tariflichen Auseinandersetzung, sie sind zwingend auch Grundlage etwaiger Produktions-Standortentscheidungen. Bei der Diskussion der absoluten Höhe der Entgelte sind allerdings die unterschiedliche Kaufkraft sowie auch Produktivität, Qualitätsstandard und Infrastruktur in den einzelnen Ländern zu berücksichtigen. Personalkosten sind damit eine zentrale Basis für Entscheidungen der internationalen Unternehmensführung.

Das Personalmanagement ist vor der Unterschiedlichkeit der Arbeitskosten insofern betroffen, als sie den Auslandseinsatz von Mitarbeitern betrifft. Aufgrund der länderspezifischen Besonderheiten wirft gerade diese Entlohnung von Mitarbeitern im Auslandseinsatz besondere Schwierigkeiten auf: Unterschiedliche Währungssysteme und damit verbundene Kaufkraftdifferenzen, abweichende Steuerbelastungen und gesetzlich festgelegte Sozialleistungen sind einige Beispiele für Schwierigkeiten, ein angemessenes Entlohnungssystem für die im Auslandseinsatz tätigen Mitarbeiter zu entwickeln.

Aus diesem Grund gelten die allgemeinen **Anforderungen** an Vergütungssysteme in besonderem Maße für die Entlohnung der im Ausland

eingesetzten Mitarbeiter (vgl. *Macharzina* 1992b, 540; *Kammel/Teichelmann* 1994, 90):
- Anforderungs- und Leistungsgerechtigkeit,
- Einfachheit und Transparenz,
- Flexibilität und Universalität,
- Marktgerechtigkeit,
- Wirtschaftlichkeit sowie
- Strategiebezogenheit.

Darüber hinaus sollten zusätzlich auslandsspezifische Kriterien Berücksichtigung finden, was allerdings Schwierigkeiten aufwirft.

Die Regelung des Entgelts bei Auslandsentsendung ist besonders wegen der systemimmanenten **Zielkonflikte** äußerst problematisch: Erstens sollte die Vergleichbarkeit des Gesamteinkommens von Mitarbeitern, die in unterschiedlichen Ländern in gleichwertigen Positionen tätig sind, gewährleistet sein. Zweitens sollte eine Gleichstellung von Angehörigen des Stammhauses unabhängig vom jeweiligen Einsatzort hinsichtlich der Gesamtentwicklung des Gehaltsniveaus und der sozialen Absicherung erfolgen. Drittens sollte die Entlohnung von Mitarbeitern des Stammhauses und von Landesangehörigen nach gleichen Grundsätzen erfolgen.

Land	**Arbeitskosten je Stunde**	**davon**		**Personalnebenkostenquote**
		Direktentgelte	**Personalnebenkosten**	
	in DM			in % der Arbeitskosten
Deutschland (West)	45,52	25,08	20,44	45
Schweiz	42,69	28,03	14,66	34
Dänemark	36,48	29,21	7,27	20
Japan	35,48	20,92	14,56	41
Deutschland (Ost)	29,85	16,97	12,88	43
Frankreich	29,04	16,06	13,98	48
USA	25,18	17,76	7,42	29
Italien	24,67	12,27	12,39	50
Kanada	23,42	16,91	6,51	28
Spanien	22,33	12,17	10,16	45
Großbritannien	20,96	14,96	6,00	29

Übersicht 8.9: Arbeitskosten ausgewählter Länder 1995
(nach *IW* 1997, 146)

8.2.4.2 Variantenvielfalt

Aufgrund der in ihren Konsequenzen sehr weitreichenden Problematik der Entlohnung von Mitarbeitern im Ausland überrascht es nicht, daß zu diesem Thema eine wahre Flut von unterschiedlichsten Antworten entwickelt wurde. Sie lassen sich jedoch auf folgende vier **Varianten** zurückführen (vgl. *Wirth* 1992, 226-228; *Mayrhofer* 1996, 356-358):

Stammlandbezogen. Bei dieser Variante erfolgt die Vergütung durch die Orientierung am Gehaltsniveau des Stammlandes (*home country based*). Ziel dieses Ansatzes ist es, dem entsandten Mitarbeiter ein Gehalt zu zahlen, das er für eine vergleichbare Tätigkeit im Heimatland erhalten würde. Der Vorteil dieses Ansatzes liegt darin, daß der Mitarbeiter auf keinen Fall schlechter gestellt wird als Mitarbeiter auf vergleichbaren Positionen im Stammland, da finanzielle Nachteile durch entsprechende Zulagen ausgeglichen werden. Die Problematik dieser Vorgehensweise besteht darin, daß Mitarbeiter gleicher Qualifikation, aber unterschiedlicher Herkunft, unterschiedlich entlohnt werden. Zudem können Mitarbeiter im Auslandseinsatz durch Zulagen eine höhere Vergütung erhalten als Mitarbeiter auf vergleichbaren Positionen im Heimatland, ohne notwendigerweise besonderen Belastungen ausgesetzt zu sein.

Eine Möglichkeit zur Umsetzung dieses Ansatzes ist der „**Balance Sheet Approach**". Hier wird davon ausgegangen, daß sich das Grundgehalt an dem Gehaltsniveau des Heimatlandes orientiert und dann um ausländische Gehaltskomponenten ergänzt wird (Übersicht 8.10).

Inländisches Bruttogrundgehalt (Basislohn)	
-	inländische Steuern
-	inländische Sozialabgaben
-	inländische Wohnkosten
=	verfügbares inländisches Nettogrundgehalt
+	Kaufkraftausgleich
+	allgemeine Auslandszulage
+	ausländischer Mieteigenanteil
=	ausländisches Nettosollgehalt in Landeswährung
+	ausländische Sozialabgaben
+	ausländische Steuern
=	ausländisches Bruttosollgehalt

Übersicht 8.10: Berechnung des ausländischen Bruttosollgehalts (vgl. *Wirth* 1996, 385-387)

Mit dem Grundgehalt sollen die Anforderungen der Stelle unabhängig von dem jeweiligen Einsatzort abgegolten werden. Der getrennte Ausweis erleichtert dabei die Entsendung und Rotation von Mitarbeitern im Auslandseinsatz: Denn zum einen dient das Grundgehalt als Bemessungsgrundlage für die variablen Auslandszulagen sowie von Pensionszuwendungen und Gewinnbeteiligungen. Zum anderen können Unterschiede im Bruttogehalt dem Entsandten leichter verständlich gemacht werden. Weiterhin wird die Rückgliederung ins Heimatland erleichtert, da das Grundgehalt der Gehaltsentwicklung im Heimatland angeglichen werden kann. Vom inländischen Bruttogrundgehalt werden inländische Steuern und Sozialabgaben abgezogen.

Gastlandbezogen. Eine vollkommen andere Philosophie liegt dieser Variante zugrunde. Hier erfolgt die Vergütung durch Orientierung am Gehaltsniveau des Gastlandes (*host country based*): Ziel dieses Ansatzes ist eine einheitliche Gehaltsstruktur für alle Mitarbeiter eines Standortes. Hier stellt sich allerdings das Problem, Mitarbeiter für den Auslandseinsatz zu motivieren, wenn das Gehalt im Gastland deutlich unter dem des Heimatlandes liegt. Die gastlandbezogene Vergütung ist sicherlich ein relativ extremer Ansatz, der – soweit erkennbar – nur selten zum Einsatz kommt.

Gemischte Ansätze. Diese versuchen, eine gastlandbezogene Vergütung zu realisieren, gleichzeitig aber auch die hierdurch entstehenden Härten zu reduzieren. Dabei orientiert sich das Grundgehalt des Mitarbeiters am Einkommensniveau des Gastlandes. Der Mitarbeiter erhält aber Zulagen, um Differenzen zu seinem ursprünglichen Einkommensniveau auszugleichen. Das Entgelt im Auslandseinsatz setzt sich somit aus verschiedenen Bestandteilen zusammen: Zu dem Grundgehalt des Mitarbeiters kommen Vergütungsbestandteile, die den jeweiligen länderspezifischen Gegebenheiten und Erfordernissen Rechnung tragen.

Internationaler Referenzansatz. Eine besondere Form des gemischten Ansatzes ergibt sich, wenn der Basislohn laut Übersicht 8.10 standardisiert für das gesamte Unternehmen gilt. Ein europäischer Konzern hätte bei diesem Modell ein beispielsweise in Euro ausgearbeitetes Gehaltsschema, auf das dann die länderspezifischen Zulagen kommen würden. Dieser Referenzansatz bietet den Vorteil der Vergleichbarkeit und erfüllt auch sonst die oben genannten Anforderungen weitgehend. Er könnte aber auf Akzeptanzprobleme stoßen, wenn er entsendete Mitarbeiter der Muttergesellschaft schlechter stellt als das reine stammlandbezogene System.

8.2.4.3 Entscheidungsregel

Sucht man nach einer Entscheidungsregel für die Wahl des anzuwendenden Gehaltssystems, so wird man bei der „pragmatischen Machbarkeit“ fündig: Danach dürfte das im Normalfall für die Entsandten günstigste System die höchste Präferenz genießen. Expatriates aus Deutschland werden daher meist für die stammlandbezogene Vergütung votieren, sofern sie das deutsche Gehaltsniveau dem Gastland gegenüber als höher einstufen.

Aus strategischer Sicht stellt sich die Sachlage jedoch völlig anders dar: Danach ergibt sich das Entgeltsysstem zwingend aus der Internationalisierungsstrategie und ist gleichzeitig auch ein wichtiges Mittel, um die internationale Personalstrategie zu kommunizieren. Das Unternehmen entscheidet also über das Entlohnungssystem in Abhängigkeit von der gewählten **Internationalisierungsstrategie** (Übersicht 8.11):

- Danach ist das *stammlandbezogene System* ausschließlich für eine zentralistische Monokulturstrategie angebracht, da nur hier die extreme Dominanz des Stammhauses systemimmanent zwingend ist.
- Das *gastlandbezogene System* ist zwingend für die dezentrale Multikulturstrategie, aber auch bei allen anderen multikulturellen oder dezentralen Ansätzen wählbar.
- Das *Mischsystem* bietet sich als zulässige Option bei nicht-zentraler Monokulturstrategie an.
- Der *internationale Referenzansatz* ist bei föderalistischer Mischkultur zwingend, ansonsten bei allen multi- oder mischkulturellen Strategien wählbar. Ausgenommen ist die „reine Form“ der polyzentrischen Strategie, also die dezentrale Multikulturstrategie.

Diese Überlegungen sind beim gegenwärtigen Erkenntnisstand jedoch allenfalls als plausibilitätsgestützte Tendenzaussagen zu bewerten und bedürfen dringend der weiteren empirischen Erforschung.

Entscheidungs-strategie	**Kulturstrategie**		
	Monokultur	Multikultur	Mischkultur
zentral	zwingend stammlandbezogen	gastlandbezogen oder internationaler Referenzansatz	gastlandbezogen oder internationaler Referenzansatz
dezentral	gastlandbezogen oder gemischter Ansatz	zwingend gastlandbezogen	gastlandbezogen oder internationaler Referenzansatz
föderalistisch	gemischter Ansatz oder internationaler Referenzansatz	gastlandbezogen oder internationaler Referenzansatz	zwingend internationaler Referenzansatz

Übersicht 8.11: Tendenzaussagen zu internationalen Entlohnungssystemen

8.3 Taktische Ebene: Personalkostenbudgetierung

8.3.1 Überblick

Die Aufgabe der taktischen Ebene liegt auch beim Personalmanagement in der Verbindungsfunktion zwischen strategischer und operativer Ebene: Auf der einen Seite disaggregiert sie zentrale Rahmendaten in bereichs- oder abteilungsbezogene Vorgaben, auf der anderen Seite aggregiert sie Planwerte, aber vor allem Istwerte.

Diese Personalkostenbudgetierung entspricht somit den Grundcharakteristika der taktischen Planungsebene, indem sie Informationen aus der strategischen Ebene entsprechend dem Planungszusammenhang zerlegt und umgekehrt – vom einzelnen Mitarbeiter und vom einzelnen Arbeitsplatz abstrahierend – aus der operativen Ebene verdichtet. Zur Konkretisierung der Personalkostenbudgetierung ist zunächst auf die Budgetgrundlagen einzugehen, um dann die Methoden der Budgeterstellung zu diskutieren, gefolgt von Vorschlägen zur Budgetkontrolle.

8.3.2 Budgetgrundlagen

Ein **Budget** ist ein formalzielorientierter und in wertmäßige Größen formulierter Plan, der einer Entscheidungseinheit für eine bestimmte Zeitperiode mit einem genau festgelegten Verbindlichkeitsgrad vorgegeben wird (*Horváth* 1994, 255). Ein **Personalbudget** ist daher ein auf konkrete Leistungsziele abstellender Plan, der die Obergrenze des Personalaufwandes eines Bereiches oder einer Abteilung in der Regel für den Zeitraum eines (Abrechnungs-)Jahres festlegt. Überwiegend ist dabei von starren, also nicht leistungsbezogen-flexiblen Budgets auszugehen. Diese Personalbudgets lassen sich über „genehmigte Stellen" mit entsprechender Entgeltbewertung oder als DM-Budget formulieren.

Budgetfunktionen. Budgets liefern der untergeordneten Einheit als Führungsgröße Vorgaben über den bewerteten Plan-Personalbestand, der übergeordneten Einheit durch den Budgetauslastungsgrad korrespondierende Kontrollinformationen. Hinzu kommt eine Motivationsfunktion, wenn die Budgetzuteilung die Bedeutung der Abteilung signalisiert.

Der Budgetierungsprozeß birgt jedoch auch **Gefahren** in sich (vgl. *Wunderer/Arx* 1998, 210-211):

- Treten am Ende der Budgetperiode Abweichungen zwischen den Ist-Aufwendungen des Personalbereichs und den am Anfang der Periode aufgestellten Budgets auf, so ist ihre *Ursache nicht feststellbar*, weil nicht verfolgt werden kann, inwieweit Ineffizienzen die Abweichungen verursacht haben.

- Werden Kostenbudgets aus Erfahrungswerten abgeleitet, so werden auch unentdeckte *Ineffizienten* aus der Vergangenheit übernommen.
- Der *negative Einfluß auf das Verhalten* der Kostenstellenleiter äußert sich in der Tendenz, Budgets von vornherein zu hoch anzusetzen, um Kürzungen zu antizipieren, sowie in einer vollständigen Budgetausnutzung, um Budgetstreichungen im Folgejahr zu vermeiden.
- Es *fehlen objektive Leistungskriterien*, da eine exakte Budgeteinhaltung noch keinen Beleg für effiziente Leistungserstellung liefert.
- Durch die fehlende Kostentransparenz kommt es oft zu *pauschalen Budgetkürzungen*, ohne die strategische Bedeutung solcher Maßnahmen zu beachten.

Insgesamt ist die Steuerung des Personalbereichs über fixe Kostenbudgets eine suboptimale Lösung, weil sie nicht dazu geeignet ist, die Wirtschaftlichkeit der Leistungserbringung zu überprüfen.

Personalkosten als Informationsbasis. Eine Möglichkeit der Unternehmensanalyse stellen die seit langem bekannten Personalkennzahlen dar.

Strukturkennzahlen der Personalkosten

$$\frac{\textit{Personalkostenart n}}{\textit{Gesamtpersonalkosten}} \qquad \frac{\text{Personalkosten Angestellte}}{\text{Gesamtpersonalkosten}}$$

$$\frac{\text{Urlaubsgeldkosten}}{\text{Gesamtpersonalkosten}}$$

Strukturkennzahlen der Personalzusatzkosten

$$\frac{\textit{Personalzusatzkostenart n}}{\textit{Gesamtpersonalzusatzkosten}} \qquad \frac{\text{betriebl. Personalzusatzkosten}}{\text{Gesamtpersonalzusatzkosten}}$$

$$\frac{\text{Kosten vermögenswirksamer Leistungen}}{\text{Gesamtpersonalzusatzkosten}}$$

Vergleichskennzahlen zu anderen betrieblichen Größen

$$\frac{\textit{Personalkosten}}{\textit{betriebl. Mengen- und Wertgrößen}} \qquad \frac{\text{Personalkosten}}{\text{durchschnittlicher Personalbestand}}$$

$$\frac{\text{Personalzusatzkosten}}{\text{Entgelt für geleistete Arbeit}}$$

$$\frac{\text{Personalkosten}}{\text{Gesamtkosten}}$$

Übersicht 8.12: Personalkostenkennzahlen (nach *Vogt* 1984, 866-867)

Personalkennzahlen sind Verhältniszahlen, die absolute Personalkostenwerte relativieren (Übersicht 8.12). Die Informationsbasis für solche Personalkostenkennzahlen sind Lohn- und Gehaltsabrechnung, externes und internes Rechnungswesen sowie spezielle Personalkostenstatistiken.

Mit Hilfe der Personalkostenkennzahlen lassen sich die Zusammensetzung der Personalkosten und Anteile einzelner Personalkostenarten an den Gesamtpersonalkosten sowie Relationen zu anderen betrieblichen Größen bestimmen. Im innerbetrieblichen Vergleich läßt sich die Entwicklung im Zeitablauf analysieren. Zwischenbetriebliche Vergleiche benutzen als weitere Informationsbasis Arbeitskostenerhebungen und ermöglichen ein Benchmarking zur Personalkostenstruktur und somit eine Beurteilung der Wettbewerbssituation.

Alle Kennzahlen sind jedoch in ihrer Aussagekraft beschränkt: So ergibt sich keine Veränderung der Kennzahl, wenn sich Zähler und Nenner entsprechend gleichgerichtet verändern.

8.3.3 Budgeterstellung

8.3.3.1 Systematik

Die Erstellung von Personalkostenbudgets folgt den Überlegungen, die im Zusammenhang mit der Personalbedarfsbestimmung angestellt wurden. Danach lassen sich zwei grundsätzlich verschiedene Methoden unterscheiden, nämlich Budgetierung auf Fortführungsbasis und auf Nullbasis (Abbildung 8.5).

Budgetierung auf Fortführungsbasis. Dieses Verfahren geht vom Budget der Vorperiode aus und ermittelt als **Mengenkomponente** die erwartete Veränderung des Personalbedarfs. Es läßt sich dort realisieren, wo eine direkte Beziehung zwischen Personalbedarf und Ausbringungsmenge besteht. Allerdings tradiert eine derartige Vorgehensweise zwangsläufig den „Organizational Slack" aus der Vergangenheit, da es Fehler in Form von zu üppigen Personalausstattungen nicht korrigiert, sondern über Analogieschluß immer wiederkehrend zur Planungsgrundlage für die Zukunft macht.

Als **Preiskomponente** sind bei der Planung auf Fortführungsbasis die Veränderungen der erwarteten Lohnkosten zu berücksichtigen. Auch sie führen zur Veränderung des Personalbudgets. Hinzu kommen die Finanzrestriktionen als Beziehung zu anderen Budgets. Aus dem Personalbudget leitet sich der Plan-Personalbestand ab, der nach Gegenüberstellung mit dem Ist-Personalbestand in entsprechende Personalveränderungsmaßnahmen mündet. Auch sie können kostenintensiv sein: Deshalb sind Kosten der Personalbeschaffung, -entwicklung und -freisetzung ebenfalls über das Personalbudget zu decken.

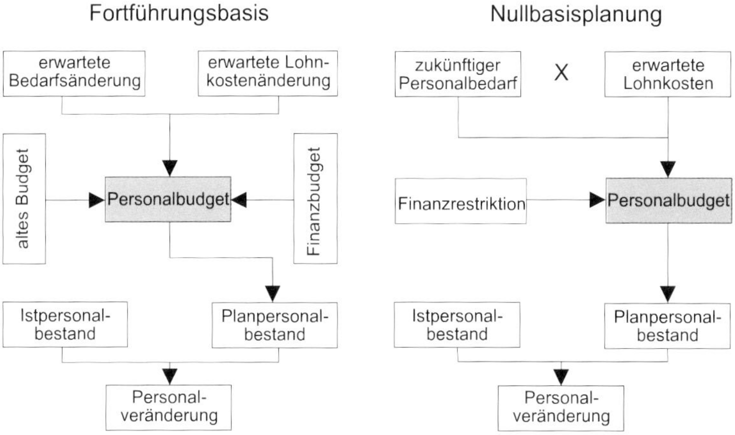

Abbildung 8.5: Grundformen der Personalbudget-Erstellung

Nullbasisplanung. Im Gegensatz zur Budgetierung auf Fortführungsbasis baut die Nullbasisplanung nicht auf Vergangenheitsdaten auf: Sie verwendet vielmehr den quantitativ und qualitativ spezifizierten Personalbedarf der Zukunft und multipliziert dann die Zahl der Beschäftigten je Gruppe mit den entsprechenden (erwarteten) Lohnkosten.

Eine Nullbasisplanung kann aufgrund ihres großen Aufwandes nur in Ausnahmefällen durchgeführt werden, verlangt sie doch eine vollständige analytische Durchleuchtung der Bedarfs- und Kostenstrukturen des Personals. Aus diesem Grund ist in der Regel von einer Planung auf Fortführungsbasis auszugehen, die aber wegen ihrer inhärenten Schwächen durch diverse Kontrollmechanismen zu unterstützen ist.

Eine solche Korrekturmöglichkeit liefert das **Vakanzmodell** (vgl. *Drumm/Scholz* 1988, 119+152), bei dem jede freigewordene Stelle vor einer erneuten Besetzung hinsichtlich ihrer Notwendigkeit substanziell zu begründen ist. Bei sinnvoller Handhabung stellt das Vakanzmodell eine effizient einsetzbare Methode zur Anpassung des Personalbestandes an den tatsächlichen Personalbedarf dar. Das Vakanzmodell entspricht der im Öffentlichen Dienst verbreiteten Methode der zu beantragenden Stellenfreigabe; auch sie kann bei sinnvoller Anwendung zu einem weitgehenden Überdenken von Personalstrukturen führen.

Eine wesentlich ungünstigere, weil auf Pauschalität abstellende Methode, ist der Ansatz einer automatischen **Stellensperre**: Danach darf jede freigewordene Stelle erst nach einer starr festgelegten Frist erneut besetzt werden. Hat eine organisatorische Einheit beispielsweise 100 nach Stellenplan ausgewiesene Stellen und eine Fluktuationsrate von 10% (bezogen auf das Jahr), so führt eine Stellensperre von sechs Monaten zu einer de facto Einsparung von fünf Stellen. Diese linearisierte Anpassung des als zu hoch angesehenen Personalbestandes an den Personalbedarf trifft allerdings alle Stellen in gleichem Ausmaß, unabhängig von der tatsächlichen Unter- beziehungsweise Überbelastung. Gleichzeitig verringert das Modell der Stellensperre die Bereitschaft zur Personalveränderung.

Vakanzmodell und Stellensperre sind nur begrenzt in der Lage, die Schwächen einer Personalbudgetierung auf Fortführungsbasis auszugleichen. Dies wirft die Frage nach weitergehenden Instrumenten zur Budgetkorrektur auf: Hierfür kann zum einen auf das Zero Base Budgeting verwiesen werden, der als spezielle Form der Nullbasisplanung prozedurale Vorschriften zur Stellenüberprüfung macht; hinzu kommt die Gemeinkostenwertanalyse, die besonders im Verwaltungsbereich Einsparungspotentiale aufzeigen kann. Eine dritte Alternative bietet das Target Costing, das durch seine konsequente Marktorientierung Budgetvorgaben liefert.

8.3.3.2 Zero Base Budgeting

Das Zero Base Budgeting (ZBB) wurde Anfang der 60er Jahre von Texas Instruments entwickelt, um Entwicklungsprojekte auf ihre Kosten-Nutzen-Relationen zu untersuchen, dann von *Pyhrr* (1970) im Harvard Business Review vorgestellt und anschließend von *Jimmy Carter* in Georgia beziehungsweise Washington eingeführt (vgl. *Horváth* 1994, 477-484): Ziel des Ansatzes ist es, Budgets über Kosten-Nutzen-Relationen von den jeweiligen Entscheidungszentren begründen zu lassen. Zu diesem Zweck werden zielrelevante Alternativen aufgezeigt, als „Entscheidungspakete" formuliert und dann evaluiert, um optimale Mischungen von Entscheidungspaketen definieren zu können. Mit Hilfe des Zero Base Budgeting sollen aber nicht nur Gemeinkosten gesenkt, sondern primär Budgets im Hinblick auf aktuelle und zukünftige Schwerpunktsetzungen des Unternehmens umverteilt werden.

Die diversen Vorschläge zur **Prozeduralisierung** des Zero Base Budgeting lassen sich zu neun Schritten zusammenfassen (vgl. *Horváth* 1994, 477-484):

- Schritt 1 beinhaltet die *Formulierung* der strategischen und operativen Ziele. Da letztlich eine Konvergenz bei der Zielstruktur angestrebt wird, bietet sich für diese Aufgabe speziell die taktische Planungsebene an. Ebenfalls zu Schritt 1 gehört die Abgrenzung der zu analysierenden Gemeinkostenbereiche und die Festlegung der entsprechenden Projekt-Teams.

- In Schritt 2 erfolgt die *Definition* der Entscheidungseinheiten als Summe von Aktivitäten, die jeweils im Rahmen von Zero Base Budgeting-Prozessen zu analysieren sind. Dies setzt voraus, daß die Leiter der zielformulierenden Abteilungen die wesentlichen Aktivitäten beschreiben und diesen Aktivitäten Personal- und Sachkosten zuordnen. Ferner ist anzugeben, wer der Empfänger der in der Entscheidungseinheit produzierten Leistung ist.
- In Schritt 3 werden für jede der Entscheidungseinheiten „*Leistungsniveaus*" bestimmt. Üblicherweise werden dazu drei Leistungsniveaus verwendet, wobei
  - Leistungsniveau 3 wünschenswerte Leistungen im Hinblick auf Zukunftssicherung umfaßt,
  - Leistungsniveau 2 die durch Arbeitsanweisung geregelten Arbeitsabläufe beschreibt und
  - Leistungsniveau 1 ein Minimalniveau repräsentiert.
- In Schritt 4 werden die *Alternativen* gesucht, die für jedes Leistungsniveau das wirtschaftlichste Verfahren darstellen.
- Schritt 5 determiniert die *Entscheidungspakete*; ein Entscheidungspaket ist dabei definiert als die Konkretisierung eines spezifischen Leistungsniveaus einer Entscheidungseinheit.
- In Schritt 6 folgt eine *Rangordnung* der Entscheidungspakete und eine Abwägung von Kosten und Nutzen im Hinblick auf die Unternehmensziele.
- Schritt 7 schließlich bringt die *verfügbaren Mittel* ins Spiel und bestimmt das realisierbare Leistungsniveau. Entscheidungspakete unterhalb der Budget-Schnittlinie werden auf einen späteren Zeitpunkt verschoben beziehungsweise vollkommen aufgegeben.
- In Schritt 8 erfolgt die Festlegung der *Maßnahmen* zur Realisierung der beschlossenen Entscheidungspakete.
- In Schritt 9 werden die einzelnen Budgets *konkretisiert*, zur Verfügung gestellt und ihre Realisierungsbemühungen überwacht.

Wie aus dem Beispiel in Übersicht 8.13 erkennbar, betrifft das Zero Base Budgeting auch die Personalkosten. Der besondere Vorteil liegt darin, daß mit Hilfe dieser Methode konkret aufgezeigt werden kann, welche **zusätzliche** Leistung durch Erhöhung des Leistungsniveaus (also durch zusätzliche Mitarbeiter) erbracht werden soll.

Besonderes Merkmal vom Zero Base Budgeting ist sein kumulativer Charakter: So stellen die drei Entscheidungspakete aus Übersicht 8.13 aufeinander aufbauende Alternativen dar. A2 repräsentiert also (lediglich) eine Erhöhung des Leistungsniveaus von A1, weshalb von kumulierten Kostenniveaus auszugehen ist. Dies wird auch in der zusammen-

Leistungsniveau: 1 von 3	Notwendige Ressourcen	Geschätztes Ist 1998		Budget 1999 Dieses Niveau		Budget 1999 Kumuliertes Niveau	
1. Ausgabe/Zweck: Erstellen von Angebots-, Entwurfs- und Fertigungszeichnungen und Stücklisten sowie von Funktionsschemata und Beschreibungen nach Vorgaben des Auftrags, mit dem Ziel, die Unterlagen innerhalb von 6 Wochen mit eindeutigem Zeichnungs- und Stücklisten-Inhalt zu erstellen.		Ltg.	Mitarb.	Ltg.	Mitarb.	Ltg.	Mitarb.
	Personenzahl	1	14	1	9	1	9
	Personalkosten	623 200,-		430 500,-		430 500,-	
	Sachkosten	10 200,-		9 300,-		9 300,-	
	kalkulatorische Kosten	21 070,-		19 500,-		19 500,-	
	Summe Kosten	654 470,-		459 300,-		459 300,-	
	Investitionen	--		--		--	

Leistungsniveau: 2 von 3	Notwendige Ressourcen	Geschätztes Ist 1998		Budget 1999 Dieses Niveau		Budget 1999 Kumuliertes Niveau	
1. Ausgabe/Zweck: Erstellen von Angebots-, Entwurfs- und Fertigungszeichnungen und Stücklisten sowie von Funktionsschemata und Beschreibungen nach Vorgaben des Auftrags, mit dem Ziel, die Unterlagen innerhalb von 4 Wochen mit eindeutigem Zeichnungs- und Stücklisten-Inhalt zu erstellen und eine weitgehende Normung der verwendeten Teile zu gewährleisten.		Ltg.	Mitarb.	Ltg.	Mitarb.	Ltg.	Mitarb.
	Personenzahl	1	14	0	4	1	13
	Personalkosten	623 200,-		172 200,-		602 700,-	
	Sachkosten	10 200,-		1 500,-		10 800,-	
	kalkulatorische Kosten	21 070,-		2 700,-		22 200,-	
	Summe Kosten	654 470,-		176 400,-		635 700,-	
	Investitionen	--		--		--	

Leistungsniveau: 3 von 3	Notwendige Ressourcen	Geschätztes Ist 1998		Budget 1999 Dieses Niveau		Budget 1999 Kumuliertes Niveau	
1. Ausgabe/Zweck: Erstellen von Angebots-, Entwurfs- und Fertigungszeichnungen und Stücklisten sowie von Funktionsschemata und Beschreibungen nach Vorgaben des Auftrags, mit dem Ziel, die Unterlagen innerhalb von 3 Wochen mit eindeutigem Zeichnungs- und Stücklisten-Inhalt zu erstellen und eine vollständige Verwendung der genormten Bauteile und -gruppen zu gewährleisten.		Ltg.	Mitarb.	Ltg.	Mitarb.	Ltg.	Mitarb.
	Personenzahl	1	14	0	2	1	15
	Personalkosten	623 200,-		86 100,-		688 800,-	
	Sachkosten	10 200,-		20 300,-		31 100,-	
	kalkulatorische Kosten	21 070,-		35 200,-		57 400,-	
	Summe Kosten	654 470,-		141 600,-		777 300,-	
2. Beschreibung ... 3. Alternativen ... 4. Vorteile ... 5. Konsequenzen ...	Investitionen	--		85 000,-		85 000,-	

Übersicht 8.13: Beispiel für Zero Base Budgeting-Entscheidungseinheiten (nach *Meyer-Piening* 1980, 1278)

fassenden Abbildung 8.6 deutlich: Danach können die Entscheidungspakete B1 und B2 durchaus gleichzeitig im Bereich des genehmigten Budgets liegen, da B2 lediglich ein Anheben des Leistungsniveaus im Projekt B repräsentiert.

Zero Base Budgeting (Abbildung 8.6) erlaubt, in einem Zyklus von bis zu fünf Jahren, sinnvolle Durchleuchtungen der Kostenstrukturen, indem Personalaktivitäten im Hinblick auf ihre Kosten-Nutzen-Relation durchleuchtet werden. Zudem kann bereits die Analyse der eigenen Aktivitäten der Entscheidungseinheiten zu einer Verbesserung ihrer Leistungsfähigkeit führen.

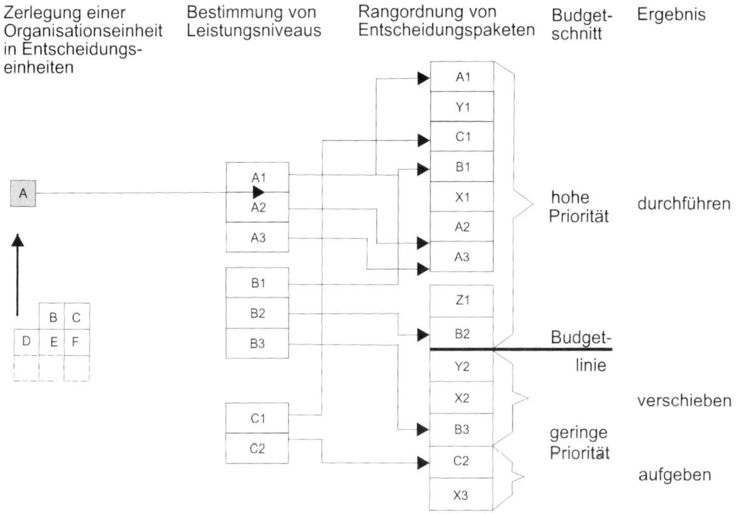

Abbildung 8.6: Zero Base Budgeting-Entscheidungspakete (zusammengestellt nach *Meyer-Piening* 1980, 1280).

Voraussetzung für den sinnvollen Einsatz des Zero Base Budgeting ist eine positive Atmosphäre als Kombination von partizipativem Führungsstil und hoher Motivation der Gruppenteilnehmer. Zudem muß der zu budgetierbare Tatbestand eine ausreichende Strukturiertheit aufweisen.

8.3.3.3 Gemeinkostenwertanalyse

Während das Zero Base Budgeting primär auf eine Ressourcenverschiebung zielt, wird mit Hilfe der Gemeinkostenwertanalyse explizit eine generelle Kostenreduktion angestrebt: Ausgehend von einer Analyse vorhandener Arbeitsstrukturen werden ihre Kosten ermittelt und geprüft, ob sie zwingend erforderlich oder aber durch kostengünstigere Alternativen ersetzbar sind.

Die Gemeinkostenwertanalyse läßt sich als Abfolge von **acht Schritten** charakterisieren (vgl. *Groß* 1985, 50-54; *Horváth* 1994, 274-279):

- In Schritt 1 erfolgt eine *Ist-Analyse* der aktuellen Situation. Hierzu gehört eine Sammlung von Fakten zur Leistung der jeweiligen Stellen.
- In Schritt 2 wird die Situation im Hinblick auf ihre Kosten-Nutzen-Relation sowie ihre Stärken und Schwächen untersucht. Dazu gehört die *Evaluierung* der Gemeinkostenentwicklung.
- Diese Beurteilung führt in Schritt 3 zu konkreten *Kostensenkungszielen* für die jeweiligen Bereiche in Form von quantitativen und qualitativen Zielvorgaben.
- Um diese Vorgaben umzusetzen, werden in Schritt 4 *alternative Möglichkeiten* zur Gemeinkostensenkung gesucht. Dazu wird jede Leistung daraufhin überprüft, ob sie
  - vollständig abschaffbar ist,
  - sich schrittweise abbauen läßt,
  - sich in ihrer Qualität reduzieren läßt,
  - sich in ihrer Quantität reduzieren läßt,
  - sich in ihrer Häufigkeit reduzieren läßt oder
  - durch eine andere Leistung ersetzbar ist.
- In Schritt 5 werden die Alternativen entsprechend Wirksamkeit und Realisierbarkeit in eine *Rangfolge* gebracht.
- In Schritt 6 erfolgt die endgültige *Entscheidung* über die zu realisierenden Maßnahmen sowie die verbindliche Terminierung.
- Daran schließt sich als Schritt 7 die *Realisationsphase* an, bei der die vorgesehenen Einsparungen in die Tat umgesetzt werden.
- Als Schritt 8 folgt eine *Kontrollphase*, um das Erreichen der Gemeinkostensenkungsziele sicherzustellen.

Der Ablauf einer Gemeinkostenwertanalyse ist in Übersicht 8.14 zusammenfassend dargestellt.

Wie das Instrument der Stellensperre geht auch die Gemeinkostenwertanalyse von einem unnötig hohen Personalbestand im Unternehmen aus. Ebenso wird auch hier ein Kostensenkungsziel (z.B. 30%) vorgegeben, das aber – anders als bei der Stellensperre – differenziert nach Leistungsträgern umzusetzen ist.

Der **Vorteil** einer Gemeinkostenwertanalyse ist die gut strukturierte Vorgehensweise; hinzu kommt die hohe Wirksamkeit dieser Methode, die vorrangig aus dem damit verbundenen Personalabbau resultiert. Daran knüpft aber auch der zentrale Kritikpunkt an: Die rigiden Kosteneinsparungsziele der Gemeinkostenwertanalyse bewirken erhebliche

Akzeptanzprobleme (vgl. *Horváth* 1994, 278), die in der Praxis offenbar nur über externe Beraterfirmen ausgeschaltet werden können.

Obwohl die Gemeinkostenwertanalyse kurzfristig zweifelsohne Kostensenkungen realisieren hilft, bleibt ihre Einführung dennoch an die Prämisse eines extensiven Personalüberhanges gekoppelt: Die Gemeinkostenwertanalyse unterstellt somit letztlich ein unzureichendes System der Personalbedarfsbestimmung.

Schritt	Aufgabenstellung
0	Bewußtsein der zu hohen Kostensituation (im Top-Management)
1	Ist-Analyse der Unternehmensgesamtsituation
2	Kosten-Nutzen- sowie Stärken-Schwächen-Analyse hinsichtlich der Gemeinkostenentwicklung und externen Kostendeterminanten
3	Formulierung von Kostensenkungszielen (Soll-Kosten-Ziele)
4	Evaluierung von Alternativen zur Umsetzung der Soll-Kostenziele
5 a b	Bewertung der Alternativen hinsichtlich ihrer Wirksamkeit sowie Ordnen der Alternativen hinsichtlich ihrer Realisierbarkeit
6	Auswahl der erfolgversprechenden Alternativen zur Kostensenkung durch das Top-Management
7	Realisierung der gewählten Alternativen
8	Kontrolle der Umsetzung der Alternative(n) hinsichtlich der Soll-Kostenvorgaben

Übersicht 8.14: Ablauf einer Gemeinkostenwertanalyse

8.3.3.4 Target Costing

Das in den 70er Jahren in Japan entwickelte Target Costing gelangte mit Beginn der 90er Jahre über den amerikanischen in den deutschen Sprachraum. Kern des Ansatzes ist seine umfassende Marktorientierung. Er entstand als Reaktion auf das Bedürfnis, hinsichtlich des Lebenszyklus eines Produktes möglichst frühzeitig Kosteninformationen für Planungs-, Steuerungs- und Kontrollzwecke zu erhalten, die aus den Absatzmarktstrukturen und den verfolgten Unternehmensstrategien abzuleiten sind (vgl. *Seidenschwarz* 1991). Das Target Costing geht dabei von der Annahme aus, daß die Unternehmen immer weniger Spielräume bei Kosten, Zeit und Qualität besitzen, gleichzeitig nimmt die Marktdominanz zu.

Beim Target Costing wird nicht berechnet, was ein Produkt kostet, wichtig ist, was ein Produkt kosten darf.

Ziel des Ansatzes ist es, durch einen Vergleich der vom Markt erlaubten Kosten – sie ergeben sich aus dem am Markt erzielbaren Preis abzüglich Gewinnmarge – mit den erreichbaren Plankosten die Kostenvorgaben für einzelne Bereiche zu treffen. Auf diese Weise betrifft das Target Costing auch die Personalkosten (Abbildung 8.7).

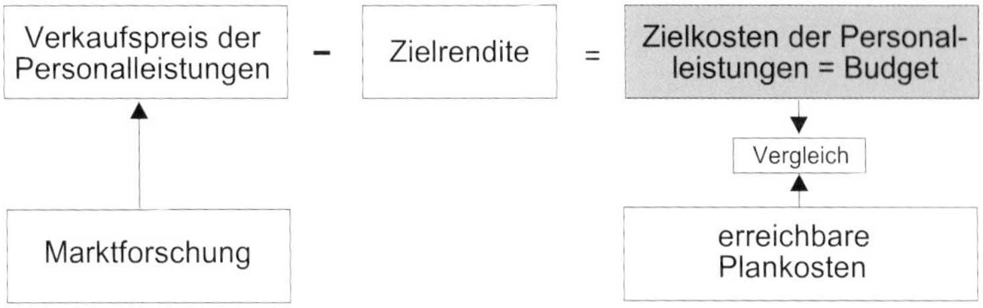

Abbildung 8.7: Bestimmung der Zielkosten

Mit dem Target Costing wird ausgehend von den vom Markt gestellten Anforderungen festgelegt, wieviel das Personal beziehungsweise eine bestimmte Personalmaßnahme kosten darf, um die aus der Personalstrategie abgeleiteten Ziele erreichen zu können. Dazu werden zunächst die Personalcharakteristika und ihre Gewichtung aus Sicht der Kunden – das sind diejenigen, die Personalleistungen in Anspruch nehmen – ermittelt. Im nächsten Schritt werden die erreichbaren Plankosten definiert, die dann mit den erlaubten Kosten verglichen werden. Sind die erlaubten Kosten auch tatsächlich zu realisieren, so kann das entsprechende Personal bereitgestellt werden. Andernfalls sind Entscheidungen hinsichtlich der **Alternativensuche** zu treffen. Dazu gibt es folgende Möglichkeiten:

- Alternativensuche in bezug auf den quantitativen und qualitativen Personalbedarf bei Beibehaltung der beabsichtigten Leistungen (Kostensenkung bei gleichem Kundenwert),
- Alternativensuche in bezug auf eine Wertverbesserung einzelner Leistungen (gleiche Kosten bei verbessertem Kundenwert) oder
- Reduktion der Personalleistungen.

Voraussetzung für die Anwendung des Target Costing-Konzeptes auf das Personalkostenmanagement ist eine konsequente Ausrichtung auf die Wünsche der Kunden einer Personalleistung.

8.3.3.5 Budgetabstimmung

Die Erstellung des Personalkostenbudgets ist im Zusammenhang mit der übrigen Unternehmensplanung und ihren Teilbudgets zu sehen. Dies betrifft nicht nur den derivativen Charakter von Personalkostenbudgets; vielmehr impliziert ein solches Vorgehen auch eine Abstimmung zwischen den einzelnen Budgets. Dies leitet über zur Grundsatzentscheidung, ob die Budgetierung primär in einem aggregierenden oder in einem disaggregierenden Ansatz stattfinden soll. Eine solche Entscheidung entspricht in Analogie der Wahl eines **Informationsflußmodells** (vgl. *Scholz* 1984c):

- Bei der *Bottom-up-Planung* werden die Budgets dezentral erstellt und anschließend sukzessive über Hierarchieebenen aggregiert.
- Bei der *Top-down-Planung* stellen strategische Ziele für das Unternehmen die Ausgangsinformation dar, die sich in strategischen Budgets niederschlagen und dann sukzessive bis hin zu operativen Einzelbudgets zerlegt werden.
- Beim *Komiteeprinzip* erfolgten Aggregation und Disaggregation in einem dazwischen liegenden Gremium mit persönlicher Interaktion der Betroffenen.
- Beim *Pufferprinzip* kommen sukzessive durch „linking pins" verbundene Ebenen zum Einsatz.
- Beim (reinen) *Gegenstromprinzip* erfolgen Aggregation und Disaggregation quasi durch Weiterreichen und Bearbeiten von Budgetunterlagen, wobei nicht notwendigerweise eine persönliche Interaktion zwischen den Ebenen erforderlich wird.

Für die Wahl zwischen den einzelnen Modellen gibt es keine generell gültige Antwort: Es läßt sich lediglich feststellen, daß eine hohe Variabilität der Umwelt und damit ein hoher Komplexitätsgrad der Planung tendenziell für eine Planung „vor Ort" und damit das Bottom-up-Prinzip spricht, während insbesondere Einsparungsprogramme aufgrund ihrer möglichen Rigidität eher über Top-down-Ansätze realisierbar sind.

8.3.3.6 Zusammenführung

Vergleicht man die oben beschriebenen Methoden zur Erstellung des Personalbudgets, so ergeben sich deutliche Unterschiede hinsichtlich des primären Ansatzpunktes (Abbildung 8.8):

- Die Planung auf **Fortführungsbasis** beginnt beim aktuellen Personalbestand und korrigiert diesen im Hinblick auf einen neuen Plan-Personalbestand um die antizipierten oder bereits eingetretenen Veränderungen auf der Personalbedarfsseite. Diese in der Regel auf eine Ausweitung der Personalbudgetwünsche hinauslaufende Vorgehensweise findet ihre Obergrenze in der summenmäßigen Budgetrestriktion. Die Personalkostenbudgetierung auf Fortführungsbasis ergibt sich wie die Nullbasisplanung primär als Bottom-up-Ansatz.
- Die (reine) **Nullbasisplanung** beginnt mit der Personalbedarfsplanung, unabhängig vom aktuellen Personalbestand und unabhängig

von Budgetvorgaben. Ausgangspunkt ist dabei das angestrebte beziehungsweise das zu erwartende Leistungsprogramm der jeweiligen organisatorischen Einheit. Die (reine) Nullbasisplanung muß nicht notwendigerweise streng analytisch vorgehen: Sie läßt sich auch summarisch oder global auf der taktischen beziehungsweise strategischen Ebene realisieren, sofern aktuelle Planbezugsgrößen vorliegen. Wichtig ist allerdings der Verzicht auf Budgetbezug bei der Formulierung der Bedarfswerte: Bei der (reinen) Nullbasisplanung kommen Budgetrestriktionen allenfalls in der Zusammenfassungsphase zum Zuge. Offen bleibt hier, wie auf ein Überschreiten des Finanzrahmens durch die Summe der Einzelanforderungen zu reagieren ist. Nicht zuletzt aus diesem Grund ist die (reine) Nullbasisplanung primär eine Bottom-up-Budgetierung.

- Das **Zero Base Budgeting** als spezielle Ausgestaltungsform der Nullbasisplanung geht streng analytisch vor, indem es die zu erfüllenden Aufgaben in einzelne Entscheidungspakete unter zusätzlicher Differenzierung nach Leistungsgraden zerlegt. Die Basis für die Definition der Entscheidungspakete liegt in den aktuellen Tätigkeiten (Personaleinsatz), erweitert um (aus Sicht der Leiter der Entscheidungszentren) „wünschenswerte“ Verbesserungen der Leistungsgrade. Die konkreten, zukünftigen Anforderungen beeinflussen allerdings dann die Reihung der Entscheidungspakete. Das vorgegebene Budget schließlich bestimmt dann über die Budgetschnittlinie die zu akzeptierenden Entscheidungspakete und führt zu den entsprechenden Budgets für die Entscheidungseinheiten. Für dieses Budgetierungsverfahren empfiehlt sich wegen der iterativen Involvierung mehrerer Ebenen das Gegenstromverfahren oder die Pufferplanung.
- Die **Gemeinkostenwertanalyse** orientiert sich wie die Planung auf Fortführungsbasis am aktuellen (mit Entgeltsätzen bewerteten) Personalbestand und zielt auf Festlegung eines neuen Plan-Personalbestandes. Die Gemeinkostenwertanalyse operiert allerdings vollkommen losgelöst von aktuellen oder zukünftigen Bedarfsstrukturen, sondern strebt ausschließlich nach Reduktion des Personalbestandes: Der Umfang der Reduktion folgt aus der globalen Zielvorgabe für die Gemeinkostenwertanalyse. Aus diesem Grund liegt der Gemeinkostenwertanalyse im Kern ein reiner Top-down-Ansatz zugrunde, bei dem eine globale Vorgabe sukzessive disaggregiert wird.
- Das **Target Costing** ist gekennzeichnet durch die Ausrichtung an den Markt- und Kundenwünschen. Anhand verbindlicher Zielkostenvorgaben für den Budgetierungsprozeß erfolgt die Bindung des Personalbedarfs an den Markt: Die vom Markt erlaubten Personalkosten liegen üblicherweise deutlich unterhalb der Kosten, die das Unternehmen zum Planungszeitpunkt erreichen kann. Es sind also Maßnahmen zu ergreifen, die die Zielkostenerreichung sicherstellen.

Die Verfahren lassen insgesamt eine antizipative Personalkostenkalkulation zu. Ihre Ergebnisse gehen auch in die gesamtunternehmerische Kosten- und Finanzplanung ein.

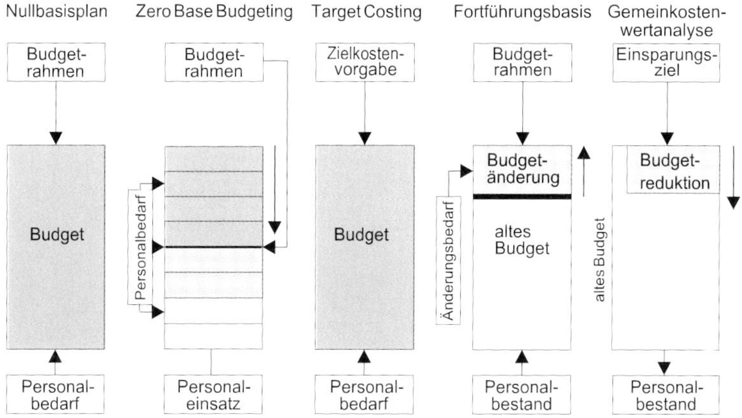

Abbildung 8.8: Verfahren zur Erstellung von Personalkostenbudgets im Vergleich

8.3.4 Budgetkontrolle

8.3.4.1 Soll-Ist-Vergleich

Die einfachste Kontrollmöglichkeit für Budgets ist die ex post Kontrolle vorgegebener Budgets und tatsächlich realisierter Ausgaben. Diese Form der Budgetüberwachung läßt allerdings außer acht, daß bereits während der laufenden Budgetperiode Abweichungen erkannt und gegebenenfalls durch Gegensteuern korrigiert werden müssen.

Zu diesem Zweck sind die tatsächlichen Ausgaben über eine Prognosefunktion auf das Ende der Budgetperiode hin hochzurechnen: Übersicht 8.15 demonstriert dieses Vorgehen einer Personalbudgetüberwachung anhand von zwei Unternehmensbereichen mit drei beziehungsweise acht Beschäftigtengruppen. Aktueller Überwachungszeitpunkt ist das Ende des sechsten Budgetmonats. Die Jahresvorgabe von 7 000 TDM wird auf die Unternehmensbereiche A und B in Personalbudgets von 4 200 TDM und 2 800 TDM aufgeteilt. Im Anschluß daran erfolgt innerhalb der Bereiche eine Aufteilung auf die verschiedenen Beschäftigtengruppen. Die realisierten Ist-Kosten in den Bereichen werden über eine

Trendfunktion zum Ende des Jahres hochgerechnet: Auf diese Weise wird der **Soll-Ist-Vergleich** ergänzt durch einen **Trend-Soll-Vergleich**.

Übersicht 8.15 weist zusätzlich die prozentuale Abweichung des Trendwertes vom Sollwert aus, wobei positive Abweichungen eine Budgetüberschreitung, negative eine Budgetunterschreitung signalisieren (ABW). In diesem Fall wird offenbar der Unternehmensbereich A eine Budgetüberschreitung von insgesamt 4% realisieren, die sich allerdings durch die Aufhebung von Unter- und Überdeckungen ergibt: Die Summe über die absoluten Abweichungen beträgt (als zusätzliche Kennzahl) 12%. Noch stärker kommt ein solcher Effekt in Unternehmensbereichen B zum Tragen, wo Budgetunterschreitungen bei den Beschäftigtengruppen 5, 6 und 8 durch Einsparungen bei der Beschäftigtengruppe 7 kompensiert werden.

Leitungsebene	**Ist**	**Trend**	**Soll**	**ABW**	**Absolutabweichung**
Bereich A	2 193	4 386	4 200	4%	12%
Bereich B	1 400	2 800	2 800	0%	10%
Summen	3 593	7 186	7 000	3%	
				(Absolutabweichung = 11%)	

Bereich A	Ist	Trend	Soll	ABW	**Bereich B**	Ist	Trend	Soll	ABW
Gruppe 1	700	1 400	1 260	11%	**Gruppe 4**	297	594	560	6%
Gruppe 2	520	1 040	840	24%	**Gruppe 5**	199	398	420	- 5%
Gruppe 3	973	1 946	2 100	- 7%	**Gruppe 6**	328	656	700	- 6%
					Gruppe 7	196	392	280	40%
					Gruppe 8	380	760	840	- 10%
Summen	2 193	4 386	4 200	4%	**Summen**	1 400	2 800	2 800	0%
	(Absolutabweichung = 12%)					(Absolutabweichung = 10%)			

Stichtag = 30. Juni
alle Angaben in TDM

Übersicht 8.15: Ist-Trend-Soll-Vergleich

Die **Aggregation** dieser Werte auf die obere Leitungsebene kann zum einen in Form der Summenwerte erfolgen: Dies läßt erkennen, ob und inwieweit die Budgetvorgaben im laufenden Budgetjahr (wahrscheinlich) eingehalten werden dürften. Zusätzlich sind aber als Informationen neben der prozentualen Abweichung auch die Informationen darüber sinnvoll, inwieweit die Bereiche A und B ihre Budgets tatsächlich entsprechend der vorgegebenen Sollvorgaben bezogen auf die Einzelgruppen realisieren: Relevanter Indikator hierfür ist wieder die Absolutabweichung.

8.3.4.2 Abweichungsanalyse

Grundsätzlich bietet es sich auch an, auf der taktischen Ebene zur Personalkostenkontrolle auf das aus der Kostenrechnung bekannte Instrumentarium der Abweichungsanalyse zurückzugreifen (vgl. *Kilger* 1981, 169-174). Analog zur Materialkostenabweichung lassen sich dabei primär zwei Abweichungsarten unterscheiden: Die Verbrauchsabweichung (Mengenabweichung) berechnet sich als mit dem Standardlohnsatz bewertete Differenz aus geplanten und tatsächlichen Arbeitszeiten. Die Preisabweichung ergibt sich aus einer Nichteinhaltung der geplanten Lohnkosten eines Fertigungsbereiches. Damit gilt:

Preisabweichung = Istzeit • (Standardlohnkosten – Istlohnkosten)

Verbrauchsabweichung = (Planzeit – Istzeit) • Standardlohnsatz

Übersicht 8.16 bringt ein Rechenbeispiel für die Preisabweichung und die Verbrauchsabweichung (Mengenabweichung).

Gruppe	**Plan**			**Ist**			**Gesamtabweichung**	**Teilabweichungen**	
	Std.	DM/h	DM	Std.	DM/h	DM		Menge $(x_p-x_i)*l_p$	Preis $x_i*(l_p-l_i)$
11	1 000	10	10 000	1 010	10	10 100	- 100	-100	0
12	400	20	8 000	400	21	8 400	- 400	0	- 400
13	1 100	50	55 000	1 000	55	55 000	0	5 000	- 5 000
14	40	40	1 600	45	35	1 575	25	-200	225
15	1 000	10	10 000	900	11	9 900	100	1 000	- 900
Summe			84 600			84 975	- 375	5 700	- 6 075

Übersicht 8.16: Abweichungsanalyse bei Personalkosten

Die Preisabweichung als „Lohnsatzmischungsabweichung" (vgl. *Kilger* 1981, 284) entsteht vor allem, wenn bei Planung der Standardlohnfaktoren zu geringe Sätze angegeben wurden oder aber für bestimmte Tätigkeiten letztlich doch Arbeitnehmer anderer Lohngruppen eingesetzt wurden. Aus diesem Grund ist hier im Einzelfall genau zu prüfen, wer diese Preisabweichung verantworten muß. Die Verbrauchsabweichung berührt noch stärker die betriebliche Personalplanung. So resultieren Verbrauchsabweichungen bei Einzellöhnen aus fehlerhaften Vorgabezeitermittlungen und Störungen im Fertigungsablauf.

8.4 Operative Ebene: Personalentlohnung

8.4.1 Überblick

Die operative Ebene des Personalmanagements befaßt sich mit Formen und Methoden zur individuellen Entgeltbestimmung. Für die zu diskutierenden Entgeltformen soll dabei auf die (tarifrechtliche) Differenzierung zwischen Lohn und Gehalt verzichtet werden, also generell (wie auch in der Literatur in diesem Zusammenhang üblich) von „**Lohn**" als Oberbegriff aller Formen des Arbeitsentgeltes gesprochen werden.

Für die Entgeltdifferenzierung ergeben sich **zwei Fragestellungen**:

- Welche *Lohnform* soll für den einzelnen Mitarbeiter beziehungsweise für eine bestimmte Gruppe von Mitarbeitern angewendet werden?
- Wie soll (im Rahmen eines gegebenen Entlohnungssystems) der *individuelle Arbeitslohn* festgesetzt werden?

Rahmenbedingung für die Beantwortung dieser Fragen ist, den Arbeitslohn so festzusetzen, daß er zum einen die individuellen Bedürfnisse des Mitarbeiters berücksichtigt und zum anderen die Unternehmensziele unterstützt. Insofern haben sowohl die Mitarbeiter als auch das Unternehmen Einfluß auf das Entlohnungssystem. Das Arbeitsentgelt und damit die Entgeltdifferenzierung basiert auf fünf Komponenten (Übersicht 8.17): den Anforderungen der Stelle, den erbrachten Leistungen, dem Sozialstatus des Betreffenden, seinem Lebensabschnitt sowie seiner Hierarchiestufe.

Kriterium	**Ausprägungen**
anforderungsabhängig	analytisch versus summarisch Reihung versus Stufung
leistungsabhängig	Zeitlohn Prämienlohn Akkordlohn Pensumlohn
sozialstatusabhängig	nach Familienstand nach Betriebszugehörigkeit
lebensabschnittsabhängig	in frühen/späten Lebensabschnitten in mittleren Lebensabschnitten
hierarchieabhängig	Führungskräfteentlohnung

Übersicht 8.17: Entgeltdifferenzierung

Die Gewichtung der Komponenten hat sich in der Zwischenzeit geändert: Während in der Vergangenheit die Schwerpunktsetzung auf dem Zeitlohn lag, gefolgt vom Soziallohn und einem sehr geringen Anteil des Leistungslohns, ist in der Zwischenzeit eine Umkehrung dieser Gewichtung und ihre Ergänzung um Lebensabschnitts- und Hierarchiebezug erfolgt, um dem Trend der Flexibilisierung und Individualisierung des Arbeitsentgelts gerecht werden zu können.

8.4.2 Anforderungsabhängigkeit

8.4.2.1 Systematik

Die anforderungsabhängige Entgeltdifferenzierung orientiert sich an der vom Stelleninhaber zu erfüllenden Aufgabe. Diese Arbeitsschwierigkeit schlägt sich nieder im **Arbeitswert** als der Summe der Anforderungen einer zu erledigenden Aufgabe. Im Sinne einer gerechten Entlohnung dienen diese Arbeitswerte als Grundlage für die Lohnabstufung. Individuelle Anstrengungen der Mitarbeiter bleiben unberücksichtigt. Der Lohnsatz hängt daher ausschließlich vom Arbeitswert ab.

Die Bestimmung dieses Arbeitswertes über die **Arbeitsbewertung** kann analytisch oder summarisch erfolgen.

- Beim analytischen Vorgehen wird die Arbeitsplatzschwierigkeit durch einzelne Anforderungsmerkmale explizit beschrieben, die – gegebenenfalls gewichtet – zum Arbeitswert führen.
- Bei der *summarischen* Arbeitsbewertung wird eine globale Beurteilung der Schwierigkeit des Arbeitsplatzes vorgenommen. Diese qualitative Analyse der Aufgaben wird ergänzt durch eine quantitative Komponente: Hier können zum einen als Reihung verschiedene Arbeitsplätze in Abhängigkeit von der Schwierigkeit der dort zu realisierenden Aufgabe in eine Rangordnung gebracht werden; zum an-

Methode der Quantifizierung	**Methode der qualitativen Analyse**	
	Analytisch Zerlegung der Aufgabe in einzelne Anforderungen gebundene Gewichtung / offene Gewichtung	**Summarisch** Erfassung der an den Arbeitnehmer gestellten Anforderungen als Ganzes
Reihung Quantifizierung durch skalenunabhängige Reihenfolge	Rangreihenverfahren	Rangfolgeverfahren
Stufung Quantifizierung durch Zuordnung auf eine Skala	Stufenwertzahlverfahren	Lohngruppenverfahren

Übersicht 8.18: Verfahren der Arbeitsbewertung nach *Wibbe* (1966, 30)

deren können die Aufgaben auf vorher definierte Stufen einer Skala zugeordnet werden.

Aus diesen 2 × 2 Alternativen ergeben sich die vier klassischen Verfahren für die Arbeitsbewertung (Übersicht 8.18).

8.4.2.2 Analytische Arbeitsbewertung

Analytische Verfahren der Arbeitsbewertung verlangen Antworten auf die Fragen nach Merkmalskatalog, Gewichtung, Zuordnungs- und Einordnungsvorschrift.

Hinsichtlich der zu verwendenden **Anforderungsmerkmale** kann auf die bei der qualitativen Personalbedarfsbestimmung diskutierten Anforderungsprofile verwiesen werden. So stellt beispielsweise das **Genfer Schema** mit seinen Differenzierungsvorschlägen wie

- Fachkönnen,
- geistige Beanspruchung,
- Umgebungseinflüsse und
- Verantwortung

einen sinnvoll nutzbaren Vorschlag zur Konstruktion eines solchen Kataloges von Anforderungen dar.

Hinsichtlich der **Gewichtung** werden zwei Vorgehensweisen unterschieden: Bei der *gebundenen* Gewichtung wird die Gewichtung durch die Anzahl der Punkte berücksichtigt, die pro Stufe vergeben werden. Höhere Punkte für ein Merkmal bedeuten dann auch eine stärkere Gewichtung. Bei der *offenen* Gewichtung werden dagegen zunächst die tatsächlichen (ungewichteten) Merkmalsausprägungen erhoben und anschließend mit den entsprechenden Gewichten multipliziert. Die offene Gewichtung bringt zwar die Ergebnisse erst in einem zweiten Rechengang, führt aber zu einer höheren Transparenz.

Die konkrete **Einstufung** der Arbeitsplätze entsprechend ihrer Arbeitsschwierigkeit erfolgt nach dem Prinzip der Reihung (Rangreihenverfahren) oder dem der Stufung (Stufenwertzahlverfahren).

Rangreihenverfahren. Beim Rangreihenverfahren werden alle Arbeitsplätze bezüglich aller verwendeten Anforderungsmerkmale gereiht: Bei n Anforderungsmerkmalen führt dies zu n Rangreihen. Den Rangplätzen werden bei der *gebundenen* Gewichtung direkt Punktwerte zugeordnet, wobei die maximal erreichbare Punktzahl eines Merkmals Auskunft gibt über seine Bedeutung. Bei der *offenen* Gewichtung wird zunächst der Rangplatz umgerechnet in die Position der Rangreihe: Der höchste Rangplatz erhält hier den Wert 100%. Dieser Rangprozentsatz führt dann nach Multiplikation mit dem jeweiligen Gewicht zum Einzelwert des Merkmals im betreffenden Arbeitsplatz.

Gebundene Gewichtung		**Arbeitsplatz**							
		1		**2**		**3**		**4**	
Anforderungs-merkmal	Wertzahl-bereich	Rang	Wert	Rang	Wert	Rang	Wert	Rang	Wert
Fachkönnen	von 80 bis 8	1	80	10	8	5	48	3	64
körperliche Belastung	von 40 bis 4	7	16	6	20	1	40	3	32
geistige Beanspruchung	von 60 bis 6	4	42	8	18	6	30	1	60
Umwelteinflüsse	von 20 bis 2	3	16	4	14	6	10	2	18
Arbeitswert			154		60		128		87
Offene Gewichtung		**Arbeitsplatz**							
(Skalierung: 1/2/3/4/5)		**1**		**2**		**3**		**4**	
Anforderungs-merkmal	Gewicht	Rang %	Wert	Rang %	Wert	Rang %	Wert	Rang %	Wert
Fachkönnen	0.4	100	40	10	4	60	24	80	32
körperliche Leistung	0.2	40	8	50	10	100	20	80	16
geistige Beanspruchung	0.3	70	21	30	9	50	15	100	30
Umwelteinflüsse	0.1	80	8	70	7	50	5	90	9
Arbeitswert			77		30		64		87

Übersicht 8.19: Beispiele zur analytischen Berechnung des Arbeitswertes nach dem Rangreihenverfahren mit gebundener und offener Gewichtung

Bei beiden Verfahren werden diese Einzelwerte summiert, woraus sich dann der Arbeitswert des jeweiligen Arbeitsplatzes ergibt.

Illustration. Übersicht 8.19 bringt einen Ausschnitt (4 Arbeitsplätze) aus dem Vergleich von zehn Arbeitsplätzen im Hinblick auf vier Anforderungen. Um den unmittelbaren Linearzusammenhang der beiden Rangreihenverfahren aufzuzeigen, wird dem niedrigsten Rangplatz bei der offenen Gewichtung der Wert 10% zugemessen (= 100/n). Wenn die Summe der maximalen Wertzahlen der mit 100 multiplizierten Summe der Gewichte entspricht, führen beide Verfahren zum gleichen Ergebnis; ansonsten sind die Arbeitswerte linear transformierbar.

Eine Weiterentwicklung des Rangreihenverfahrens stellt die Hay-Stellenwert-Profil-Methode dar (vgl. *Hay*, o.J.). Sie basiert auf der Überlegung, daß jede Stelle eines Unternehmens zur Erzielung einer Wertschöpfung dient. Dazu ist Wissen in bestimmter Form, Art und Abstufung notwendig, das zu ergebnisorientiertem Handeln führt. Die Analyse aller Stellen erfolgt anhand der drei Dimensionen „Wissen", „Denkleistung" und „Verantwortung", für die differenzierte Bewertungstafeln erstellt wurden. Mit ihnen lassen sich abgestuft die Anforderungen jeder

Stelle festlegen: Die Dimensionen werden durch Aufspaltung in einzelne Bewertungskriterien, die wiederum in maximal acht Stufen unterteilt sind, konkretisiert. Dabei wird jede Stufe mit Punktwerten belegt, aus denen die Gesamtsumme der jeweiligen Stelle ermittelt wird. Abbildung 8.9 gibt einen Überblick über die Hay-Bewertungsmethode.

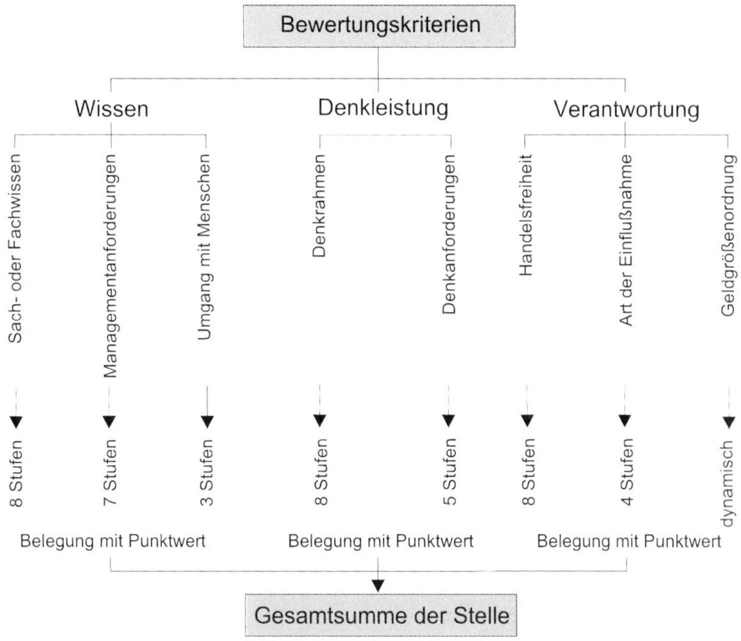

Abbildung 8.9: Bewertungskriterien (nach *Hay*, o.J.)

Stufenwertzahlverfahren. Dieses Verfahren verwendet für jedes Anforderungsmerkmal verschiedene Bewertungsstufen, die jeweils unterschiedliche Höhen der Beanspruchung ausdrücken. Neben rein arithmetischen Wertzahlfolgen (1/2/3/4/5) sind auch progressive Wertzahlfolgen denkbar: Bei ihnen wird die steigende Belastung bei höheren Anforderungsausprägungen berücksichtigt. Ein Beispiel für eine derartig progressive Wertzahlreihe ist die Skala 0/2/4/8/16.

Auch das Stufenwertzahlverfahren kennt gebundene und offene unabhängige **Gewichtung** (Übersicht 8.20): Bei der gebundenen Gewichtung drückt sich die Bedeutung des Anforderungsmerkmals in der Höhe der zu vergebenden Punkte aus. Bei der unabhängigen Gewichtung haben alle Merkmale die gleiche Punktspanne; die Merkmalsausprägungen werden dann wieder mit implizierten Gewichten multipliziert und ergeben die Arbeitswerte.

Unter Verwendung der oben aufgeführten progressiven Wertzahlen ergibt sich das in Übersicht 8.22 dargestellte Beispiel des Stufenwertzahlverfahrens zur Arbeitsbewertung mit unabhängiger Gewichtung.

Gebundene Gewichtung		**Arbeitsplatz**			
		1	**2**	**3**	**4**
Anforderungsmerkmal	Skalierung	Ausprägung	Ausprägung	Ausprägung	Ausprägung
Fachkönnen	3/6/9/12/15	15	9	6	3
körperliche Belastung	1/2/3/4/5	3	3	1	2
geistige Beanspruchung	2/4/6/8/10	8	6	6	8
Umwelteinflüsse	1/2/3/4/5	1	4	2	3
Arbeitswert		27	22	15	16

Offene Gewichtung (Skalierung:1/2/3/4/5)		**Arbeitsplatz**							
		1		**2**		**3**		**4**	
Anforderungsmerkmal	Gewicht	Auspr.	Wert	Auspr.	Wert	Auspr.	Wert	Auspr.	Wert
Fachkönnen	3	5	15	3	9	2	6	1	3
körperliche Leistung	1	3	3	3	3	1	1	2	2
geistige Beanspruchung	2	4	8	3	6	3	6	4	8
Umwelteinflüsse	1	1	1	4	4	2	2	3	3
Arbeitswert			27		22		15		16

Übersicht 8.20: Beispiel zur analytischen Berechnung des Arbeitswertes nach dem Stufenwertzahlverfahren bei gebundener und offener Gewichtung

Grundlohnberechnung. Die durch das Rangreihenverfahren oder das Stufenwertzahlverfahren bestimmten Arbeitswerte dienen zur Entgeltfestsetzung, wobei Zuordnung und Verfahren vom jeweiligen Tarifvertrag abhängen. Im einfachsten Fall besteht eine lineare Beziehung zwischen dem Arbeitswert und dem Entgelt. Unter den Voraussetzungen, daß die untere und obere Lohngrenze (l_u, l_o) sowie die einzelnen Wertzahlen pro Arbeitsplatz (w_i, w_u, w_o) bekannt sind, ergibt sich die arbeitsplatzspezifische Entlohnung (l_i) nach der durch die Extremwerte bestimmten Gleichung (vgl. *Kilger* 1986, 265):

$$l_i = l_u + \frac{(l_o - l_u)}{(w_o - w_u)} \cdot (w_i - w_u)$$

Daraus ergibt sich beispielsweise bei den Werten

$l_u = 10,\text{- DM}$ $w_u = 14{,}8$

$l_o = 22,\text{- DM}$ $w_o = 21{,}6$

der Lohn für einen Arbeitsplatz mit dem Arbeitswert $w_i = 19{,}4$

$$l_i = 10 + \frac{(22-10)}{(21{,}6-14{,}8)} \cdot (19{,}4-14{,}8) = 18{,}12$$

In der Praxis werden Verfahren verwendet, die erst die Arbeitswerte zu Arbeitswertgruppen zusammenfassen oder die Bestimmungsgleichungen mit unterschiedlichen Steigungen verwenden. Übersicht 8.21 zeigt ein Beispiel aus dem Tarifbezirk Nordwürttemberg/Nordbaden für die Beschäftigten in der Metallindustrie. Hierbei ergibt sich eine annähernd proportionale Beziehung zwischen Arbeitswerten und Grundlöhnen (außer in Gruppe I), die für Arbeitswerte über 35 in eine streng lineare Beziehung übergeht. Dieses Vorgehen stellt allerdings keine direkte Verbindung von analytischer und summarischer Arbeitsbewertung dar, da für beide Systeme im betrachteten Tarifbezirk etwas unterschiedliche Prozentsätze und damit Grundlöhne für jede Lohngruppe vereinbart sind (vgl. *Lohnabkommen* 1987).

Summe der Arbeitswerte	**Lohngruppe**	**Monatsgrundlohn gültig ab 01.04.1988**
0 – 3,5	I	2 120,-
über 3,5 – 6,0	II	2 120,-
über 6,0 – 8,5	III	2 220,-
über 8,5 – 11,5	IV	2 319,-
über 11,5 – 14,5	V	2 416,-
über 14,5 – 17,5	VI	2 540,-
über 17,5 – 21,0	VII	2 686,-
über 21,0 – 24,5	VIII	2 830,-
über 24,5 – 28,0	IX	2 973,-
über 28,0 – 31,5	X	3 120,-
über 31,5 – 35,0	XI	3 262,-
über 35,0 *	XII	

* Bei Arbeitswerten über 35 wird für jeden Punkt ein Betrag in Höhe von 1,7% des Grundlohnes der Lohngruppe VI vergütet.

Übersicht 8.21: Beispiel einer Zuordnung von Lohngruppen zu Grundgehältern für Montagearbeiter der Metall- und Elektroindustrie des Saarlandes in DM pro Monat (*Lohnabkommen* 1987)

Analytische Bewertungsverfahren weisen eine hohe **Beurteilungsschärfe** auf und können damit einen Beitrag zur Lohngerechtigkeit leisten. Werden sie von paritätisch mit Vertretern von Arbeitgebern und Arbeitnehmern besetzten Beurteilungskommissionen angewendet, finden sie im Regelfall auch breite Akzeptanz. Dies gilt besonders dann, wenn die Bewertungskriterien transparent dargestellt werden und nachvollziehbar sind. Lohneinsparungen können allerdings auf diesem Wege wegen der in Tarifverträgen und Betriebsvereinbarungen festgeschriebenen Lohnstruktur in der Regel nicht kurzfristig erreicht werden.

8.4.2.3 Summarische Arbeitsbewertung

Unter summarischer Arbeitsbewertung versteht man solche Verfahren zur anforderungsabhängigen Entgeltdifferenzierung, bei denen die Anforderungen des Arbeitssystems an den Menschen als Ganzes erfaßt werden; das Ergebnis wird meist als Lohngruppe für gewerbliche Arbeitnehmer oder als Gehaltsgruppe für Angestellte ausgewiesen. Dies bedeutet, daß jeder Arbeitsplatz nur mehr durch einen summarischen Aufgabenwert repräsentiert wird (vgl. *REFA* 1985b, 17).

Auch die summarische Arbeitsbewertung folgt alternativ dem Prinzip der Reihung oder dem Prinzip der Stufung: Bei der (summarischen) Reihung im Rangfolgeverfahren werden alle Arbeitsplätze eines Unternehmens (beziehungsweise eines Analysebereichs) entsprechend der Arbeitsschwierigkeit in eine Rangfolge gebracht. Dies bedeutet, daß bei n Arbeitsplätzen insgesamt $n \cdot (n-1)/2$ Vergleiche vorgenommen werden müssen. Das **Lohngruppenverfahren** als (summarische) Stufung verwendet festgelegte Lohngruppen, die unterschiedliche Schwierigkeitsgrade der Arbeiten zum Ausdruck bringen sollen. Die eigentliche Arbeitsbewertung besteht dann in der Zuordnung von Tätigkeiten auf Lohngruppen, also in einer Katalogisierung (daher auch: Katalogverfahren). Dieses Verfahren wird häufig durch ein System von Richtbeispielen ergänzt und dadurch operationalisiert.

Das Lohngruppenverfahren ist üblicherweise tarifvertraglich geregelt und in der Praxis äußerst beliebt, wobei die Regelungen nach Tarifgebiet und Branche unterschiedlich ausfallen (vgl. *Theis* 1983, 46-137). Zur Verdeutlichung des dabei realisierten Vorgehens bringt Übersicht 8.22 als Beispiel die Lohngruppeneinteilung für die Arbeiter der Eisen-, Metall- und Elektroindustrie des Saarlandes und die entsprechenden Stundenlohnsätze. Vergleichbare Einstufungen werden für Angestellte in sogenannten Gehaltsrahmentarifverträgen geregelt, wobei beispielsweise in der Metallindustrie die Gehaltsgruppenmerkmale für technische und kaufmännische Angestellte sowie Meister getrennt beschrieben werden.

Lohn-gruppe	**Beschreibung der Arbeit**	**Prozent-satz**	**Grundlöhne für Zeit-, Akkord- und Prämienlohnarbeiter ab 01.04.1998**
1	körperlich leichte Arbeiten, die ohne vorherige Arbeitskenntnis nach einer Zweckausbildung oder einer Anlernzeit von mindestens 4 Wochen ausgeführt werden können	84,00	DM 16,89
oder	körperlich leichte Arbeiten, die nach einer Anlernzeit von 3 Monaten und nach Erwerb von beruflicher Fertigkeit, Übung und Erfahrung ausgeführt werden können	84,00	DM 16,89
oder	einfache Arbeiten mit körperlicher Belastung, die ohne vorherige Arbeitskenntnisse nach einer kurzen Einweisung ausgeführt werden können	84,00	DM 16,89
2	Arbeiten mit erhöhter körperlicher Belastung, die ohne vorherige Arbeitskenntnisse nach einer kurzen Einweisung ausgeführt werden können	86,25	DM 17,34
3	...	83,50	DM 17,80
4	...	93,50	DM 18,80
5	...	100,00	DM 20,11
6	...	110,00	DM 22,12
7	...	120,00	DM 24,13
8	hochwertigste Facharbeiten, die überragendes Können, große Selbständigkeit, Dispositionsvermögen, umfassende Verantwortung und entsprechende theoretische Kenntnisse erfordern	133,00	DM 26,75

Übersicht 8.22: Beispiel zum Lohngruppenverfahren in der Metall- und Elektroindustrie des Saarlandes (nach dem *Lohnrahmentarifvertrag* 1990 in Verbindung mit dem *Lohnabkommen* 1996)

8.4.3 Leistungsabhängigkeit

8.4.3.1 Traditionelle Modelle

Unter Leistung versteht man das tatsächlich vom Mitarbeiter erbrachte **Arbeitsergebnis pro Zeiteinheit**: Sie hängt unter anderem ab vom Leistungspotential und der Anforderungsstruktur, aber auch von der Leistungsbereitschaft. Anforderungsstruktur und (begrenzt) Leistungspotential finden ihren Niederschlag in den anforderungsabhängigen Komponenten des Entlohnungssystems. Sie sind zu ergänzen um eine leistungsabhängige Komponente, die auf die gezeigte Leistung und damit auf die Leistungsbereitschaft abstellt.

Empirischer Befund (GPP): Leistungsabhängige Vergütung (in Prozent)

Leistungsabhängige Vergütung ist mittlerweile durchgängiger Standard in den Unternehmen. In Frankreich, Deutschland und den USA ist der Anteil der Mitarbeiter, die leistungsabhängige Vergütungsbestandteile aufweisen, geringfügig größer als die Hälfte der Belegschaft. In Österreich und Spanien dagegen betrifft diese Vergütungsvariante erst gut ein Drittel der Mitarbeiter. Interessant ist allerdings, daß in Österreich der leistungsabhängige Anteil an der Gesamtvergütung, wenn er gezahlt wird, durchschnittlich ein Drittel der Vergütung umfaßt.

	D	Ö	USA	F	Sp	Rest	Σ
Existenz solcher Systeme	94	92	91	88	70	86	87
Betroffene Mitarbeiter	54	38	52	58	39	46	48
Maximaler Anteil an Gesamtvergütung	24	35	27	24	6	15	22

Für diese Leistungskomponente der Entlohnung hat sich in Theorie und Praxis eine Systematisierung durchgesetzt (vgl. z.B. *REFA* 1985b, 25), die in Übersicht 8.23 zusammengefaßt ist. Die in den nachfolgenden Abschnitten diskutierten traditionellen, aktualisierten und innovativen Entlohnungsformen leiten sich hieraus ab.

Im Regelfall stellt der Leistungslohn lediglich eine Ergänzung zum Zeitlohn dar. Bis zu einer gewissen Leistungsgrenze kommt daher eine konstante Untergrenze zum Tragen. Nach oben ist der Leistungslohn insofern begrenzt, als – zum Schutz gegen Überbelastung – üblicherweise ein maximales Entgelt fixiert wird. Zwischen Unter- und Obergrenze sind verschiedene **Verläufe der Entgeltlinien** möglich:

- *Lineare* Verläufe machen den Zusammenhang zwischen Leistung sowie Entlohnung unmittelbar deutlich. Sie sind zudem vom Arbeiter leicht nachvollziehbar.
- Bei *progressivem* Verlauf liegt das angestrebte Optimum bei hohen Werten.
- *Degressive* Verläufe sollen das Erreichen hoher Werte weniger attraktiv machen.

Diese Grundformen führen zu diversen Kombinationsmöglichkeiten.

Grundform	**Ausgestaltungsmöglichkeiten**	**Bemessungsgrundlagen**
Zeitlohn plus Leistungszulage	Beurteilungsmerkmale Verhaltensorientierte Beurteilungsskalen	Leistungsbewertung, Beurteilungsgespräch
Prämienlohn	Einzelprämie Gruppenprämie Qualitätsprämie Nutzungsprämie	Betriebsdatenerfassung
	Zeitersparnisprämie	Planzeiten, Vergleichen und Schätzen (u.U. BDE, Multimomentaufnahmen, Selbstaufschreibung)
	Kostenersparnisprämie Innovationsprämie Kombinierte Prämien	komponentenabhängige Datenermittlung (je nach Ausgestaltung)
Akkordlohn	Mengenprämie	Zeitaufnahmen, System vorbestimmter Zeiten, Planzeiten, Vergleichen und Schätzen (u.U. BDE, Multimomentaufnahmen)
	Einzelakkord Geldakkord	
	Gruppenakkord Zeitakkord Kombinationsformen	
Pensumlohn	Einzelpensum Programmlohn	
	Gruppenpensum Vertragslohn	
	Festlohn mit vorgeplanter Tagesleistung	Vergleichen und Schätzen (u.U. BDE, Multimomentaufnahmen)

Übersicht 8.23: Leistungsabhängige Entgeltdifferenzierung

Zeitlohn plus Leistungsbewertung. Bei dieser Entgeltfestsetzung wird zusätzlich zur anforderungsabhängigen Komponente eine leistungsbezogene Beurteilung vorgenommen. Sie führt zu einer Leistungszulage, die in aggregierter Form (vgl. *Gaugler et al.* 1978, 151-152)

– Leistungsergebnismerkmale,

- Führungsmerkmale,
- Verhaltensmerkmale,
- Merkmale der angewandten Qualifikation, also der eingesetzten Fähigkeiten und Fertigkeiten,
- Potentialmerkmale im Sinne sonstiger Fähigkeiten und Fertigkeiten oder
- Persönlichkeitsmerkmale

verwendet. Anders als beim reinen Leistungslohn operiert die Leistungsbewertung weniger mit strikt objektiven Maßgrößen: Diese Eigenschaft grenzt die Leistungszulage vom Akkordlohn und vom Prämienlohn ab, die beide in der Regel auf eindeutig quantifizierbare Bezugsgrößen abstellen.

Für diese Leistungszulage können insbesondere die in Kapitel 5 formulierten Verhaltensmerkmale dienen. Diese verhaltensorientierten Beurteilungsskalen eignen sich zur Bewertung von Führungs-, Planungs- und Forschungsaufgaben mit kreativen Arbeitsinhalten, aber auch zur Beurteilung von Mitarbeitern hinsichtlich ihres Verhaltens in kritischen Situationen.

Win-Win-Reward-System bei Bahlsen

Top-Manager bei Bahlsen sollen mit dem Win-Win-Reward-System zu noch mehr Leistung angespornt werden. Dabei gilt für jeden zu Beginn die gleiche Struktur des Jahreseinkommens: 80% des Gehalts sind fix, 20% sind variabel. Das Einkommen einer Führungskraft am Jahresende ist abhängig vom Zielerreichungsgrad der gemeinsam mit der Unternehmensleitung festgelegten Ziele. Wichtigstes Ziel ist mit einem Anteil von 40% der Return-on-Net-Assets, das Verhältnis von Gewinn zu eingesetztem Kapital. Der Zielerreichungsgrad bestimmt die Höhe des Faktors, mit dem der individuelle Einsatz multipliziert wird. Werden die Ziele zu 100% erreicht, verdoppelt sich der individuelle Einsatz, bei einer Zielerreichung von 120% verdreifacht sich der variable Anteil. Allerdings liegt in dem Gehaltsystem auch eine Risikokomponente, denn der variable Anteil wird erst bei einem Zielerreichungsgrad von 60% ausgezahlt.

Aus: *Fischer, Gabriele/Gronwald, Silke/Sommer, Christiane*, Balance-Akt, in: Manager Magazin (9/1997), 172.

Das **Beurteilungsgespräch** ist zwingender Bestandteil einer solchen Leistungsbewertung (§ 82 II BetrVG). Hier sind die Ergebnisse der Beurteilung dem Mitarbeiter darzulegen und zu erörtern. Das Beurteilungsgespräch dient im einzelnen (vgl. *Eckardstein/Schnellinger* 1978, 290-291; *Selbach/Pullig* 1992; *Scholz/Scholz* 1995)

- dazu, dem Mitarbeiter seine Schwachstellen aufzuzeigen, ihm Anregungen für Lernaktivitäten zu geben,
- als positive Rückkopplung mit Verstärkungseffekt bei positiven Ergebnissen beziehungsweise vollzogenen Lernprozessen,
- zur Kontrolle des Beurteilungsverfahrens durch den Beurteilten sowie
- der Kommunikation über Aufgaben und Anforderungen im Unternehmen.

Die Ausgestaltung einer Leistungsbeurteilung erfolgt analog zur Arbeitsbewertung: Bei **analytischen** Ansätzen wird die Leistung des Mitarbeiters anhand mehrerer Merkmale nach dem Prinzip der Reihung oder Stufung beurteilt und gebunden oder offen gewichtet; bei **summarischen** Vorgehensweisen kommt dagegen nur ein globales Kriterium zum Einsatz, das wiederum gereiht oder gestuft werden kann.

In der Praxis hat sich das analytische Verfahren, verbunden mit dem Prinzip der Stufung und mit offener Gewichtung, durchgesetzt, wobei üblicherweise drei bis sechs Leistungsmerkmale zum Einsatz kommen (vgl. *REFA* 1985b, 66). Dies zeigt sich auch an der Gegenüberstellung der zehn Tarifgebiete der Metallindustrie, die 1983 spezielle Leistungsbeurteilungsverfahren tarifiert hatten (Übersicht 8.24).

Tarifgebiet	**Merkmalszahl**	**Merkmalsart und Gewichtung**						**Skalenstufen**	**Beurteilungen pro Jahr**
		Quantität	Qualität	Einsatz	Sorgfalt	Sicherheit	Zusammenarbeit		
Bayern	5	2	2	1	1	-	1	5	≥1
Bremen	4	2	1,5	1	1	-	-	7	≥1
Hamburg	4	2	1,5	1	1	-	-	7	≥1
Hessen	4	2	1	1	1	-	-	4	ca. 1
Nordrhein-Westfalen	4	1	1	1	1	-	-	5	1
Nordwürtt./Nordbaden	5	2	2	1	1	1	-	5	≥1
Pfalz	4	2	1	1	1	-	-	4	ca. 1
Rh./Rheinhessen	4	2	1	1	1	-	-	4	ca. 1
Südbaden	5	2	2	1	1	1	-	5	≥1
Südwürtt./Hohenzollern	5	2	2	1	1	1	-	5	≥2

Übersicht 8.24: Tarifliche Regelungen zum Leistungsbeurteilungsverfahren in der Metallindustrie (zusammengestellt aus *Theis* 1983, 351-360)

Prämienlohn. Als besonderes differenziertes und flexibles Instrumentarium im Rahmen eines Entgeltanreizsystems gilt der Prämienlohn, der gerade angesichts der Notwendigkeit zur operativen Anpassung der Entgeltsysteme auf strategische Ziele hin bedeutsam ist.

Aus den Leistungszielen leiten sich mehrere **Prämiengruppen** ab (vgl. *Baierl* 1974, 171-173):

- *Mengenleistungsprämien* dienen der Steigerung der Mengenleistungen, vorzugsweise wenn die Tätigkeiten wegen eines zu geringen Anteils der beeinflußbaren Zeit nicht akkordfähig sind. Dies gilt auch für nicht-körperliche Arbeiten wie Tätigkeiten in der Verwaltung, im Handel und speziell im Außendienst.
- *Qualitätsprämien* sollen Verluste wie durch Ausschuß oder Bruch senken. Sie werden in der Regel mit Stichprobenkontrollen des jeweiligen Erzeugnisses verbunden, sofern nicht bereits die automatisierte Betriebsdatenerfassung die Qualitätskennzahlen liefert. Ist Qualität nicht auf den einzelnen Arbeitnehmer zuordenbar, so läßt sie sich als Gruppenprämie realisieren.
- *Ersparnisprämien* werden eingesetzt, um speziell den Verbrauch von Roh-, Hilfs- und Betriebsstoffen (Energie) sparsam ausfallen zu lassen. Auch das Einhalten von Wartungsvorschriften soll auf diese Weise gesichert werden, was allerdings nur bei sinnvoller Ausgestaltung der Ersparnisprämie (nicht zulasten von vorbeugenden Maßnahmen) möglich ist.
- *Nutzungsgradprämien* kommen bei kapitalintensiven Anlagen zum Zuge und sollen eine optimale Kapazitätsnutzung herbeiführen.

Diese vier Prämiengrundformen finden ihre Ergänzung in Sonderformen wie Terminprämien und Unfallverhütungsprämien. Hinzu kommen additive und funktionale Kombinationen aus den einzelnen Prämiengrundformen.

Anders als bei der Leistungszulage orientiert sich die Prämienfestsetzung an objektiven (operablen) **Bezugsgrößen**: Neben Stückzahlen sind dies vor allem Zeitwerte. Ihre Umrechnung in Geldwerte kann prinzipiell den vorgestellten Grundformen folgen, wobei grundsätzlich negative Prämien auszuschließen und daher die Basisentgelte als Untergrenze anzusehen sind. Das Argument der Nachvollziehbarkeit spricht allerdings auch hier für lineare, das der Gefahr von Überbelastung für degressive Verläufe.

Prämienlöhne werden in der Literatur seit langem propagiert (z.B. *Kosiol* 1962, 94-193), wobei über die einfache Grundidee hinausgehend in einigen Fällen äußerst komplexe Vorschläge zur Bezugsgrößenermittlung für den Zusammenhang zwischen Bezugsgröße und Prämienhöhe entwickelt werden.

Als markante **Beispiele** für „klassische“ Prämiensysteme gelten Berechnungsmethoden nach *Halsey, Rowan* und *Bedaux*:

- Der „*Halsey-Lohn*“ stellt ein Verbindungsglied zwischen Stück- und Zeitlohn dar. Ausgehend von der Annahme, daß bei Normalleistung nach beiden Entlohnungsformen derselbe Lohn bezahlt wird, errechnet sich die Prämie für Mehrleistung anhand des Verhältnisses der erzielten Zeitersparnis zur tatsächlich aufgewandten Zeit. Die auszuzahlende Prämie wird durch Multiplikation mit einem Prämienfaktor (p) bestimmt. Dieser gibt den Anteil der Mehrleistung an, die dem Arbeitnehmer bei der Entlohnung zugerechnet wird. Der Prämienfaktor liegt in der Regel zwischen 0,33 und 0,67. Bei p = 0 würde ein reiner Zeitlohn, bei p = 1 Stücklohn vorliegen.
- Im Unterschied zu *Halsey* wählte *Rowan* das Verhältnis von ersparter zu vorgegebener Zeit zur Berechnung der Mehrleistungsprämie.
- Das *Bedaux*-System (vgl. *Rochau* 1952; *Böhrs* 1980, 194-203) basiert auf einer eigenen Maßeinheit für die Leistung: Ein „B“ bezeichnet danach die Arbeitsmenge, die ein geübter und geeigneter Arbeitnehmer pro Minute bei normaler Arbeitsgeschwindigkeit erbringt, wobei dieser Wert auch Verteilzeiten und Erholungszeiten berücksichtigt. Aus dieser Definition folgt dann eine Normalleistung pro Stunde von 60 B. Bei Unterschreiten wird wieder der Mindestlohn, ansonsten eine entsprechende Prämie gezahlt. Leistungen von über 80 B pro Stunde gelten langfristig als problematisch, da hier die Gefahr besteht, daß der Arbeitnehmer die Dauergrenze überschreitet und/oder Quantität zulasten der Qualität geht.

Übersicht 8.25 faßt die wichtigsten Vorschläge zu Prämienlohnsystemen zusammen.

System	**Berechnungsformel**
Halsey	$\text{Prämienfaktor} * \frac{\text{Vorgabezeit} - \text{Istzeit}}{\text{Istzeit}} * \text{Grundentgelt pro Stunde}$
Rowan	$\text{Prämienfaktor} * \frac{\text{Vorgabezeit} - \text{Istzeit}}{\text{Vorgabezeit}} * \text{Grundentgelt pro Stunde}$
Bedaux	$\text{Prämienfaktor} * \frac{\text{Ist B(edaux)} - 60}{60} * \text{Grundentgelt pro Stunde}$

Übersicht 8.25: Systeme zur Prämienberechnung im Vergleich

Der charakteristische Unterschied dieser Systeme liegt primär in ihrem Verhältnis zwischen der Mehrleistung und der daraus resultierenden Prämienhöhe: Beim Verfahren von *Rowan* entsteht bei der Prämienhöhe ein degressiver Verlauf, der ab einer Mehrleistung von 50% sogar zu einem absoluten Absinken der Gesamtprämie führen würde, sofern nicht eine entsprechende Maximalprämie eingeführt wird. Die Verfahren von *Halsey* und *Bedaux* führen zu linear steigenden Prämien. Oberhalb einer Leistung von 80 B können bei *Bedaux* zur Vermeidung von Überlastungen auch degressive Prämienverläufe gewählt werden. Das *Halsey*- und das *Bedaux*-System unterscheiden sich vor allem im Bestimmungsverfahren für Ist- und Vorgabewert. Grundsätzlich lassen sich jedoch alle vorgestellten Prämiensysteme betrieblichen Erfordernissen gemäß modifizieren.

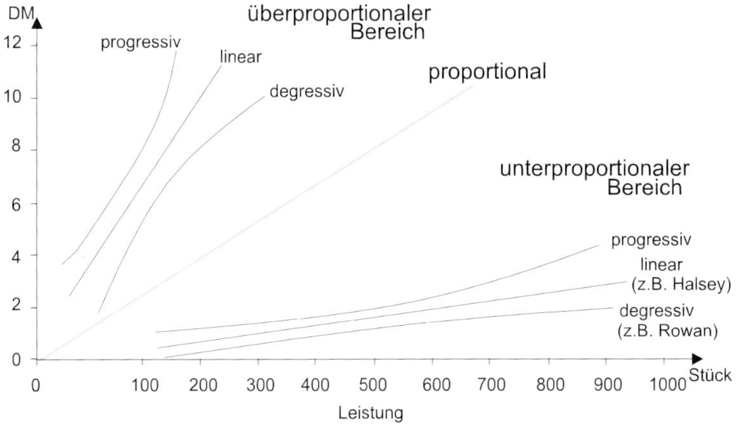

Abbildung 8.10: Prämienverläufe im grafischen Vergleich (nach *Baierl* 1974, 183)

Abbildung 8.10 zeigt eine Auswahl möglicher Verläufe von Prämienlohnlinien. Darüber hinaus lassen sich allerdings auch eine Vielzahl andersartiger Verläufe, beispielsweise abschnittsweise Kombination von verschiedenen Berechnungsmethoden, wie dies im *Bedaux*-System die Regel ist, vorstellen. In der Praxis finden vor allem Prämien im unterproportionalen Bereich ($p < 1$) Anwendung, zu denen alle drei dargestellten Systeme zählen. Diese werden auch als Teilungslöhne bezeichnet, da lediglich ein Teil der Mehrleistung direkt an den Arbeitnehmer in Form einer Prämie fällt, die Restersparnis beim Unternehmen verbleibt.

Akkordlohn. Der Akkordlohn (vgl. *REFA* 1985b, 32-42) unterstellt einen unmittelbaren Zusammenhang zwischen der Arbeitsintensität (Leistungsgrad) und dem erzielten Mengenergebnis pro Zeiteinheit; daraus leitet sich dann eine (üblicherweise) proportionale Beziehung zwischen Mengenergebnis und Entgelt ab: Jede prozentuale Verbesserung des Mengenergebnisses pro Zeiteinheit bedeutet danach eine Erhöhung des Entgelts um diesen Prozentsatz.

Leistungs- und Prämiensystem der Scholze Ingenieurgesellschaft

Zur Effizienzsteigerung führte die Scholze Ingenieurgesellschaft ein leistungsbezogenes Prämiensystem ein, das auf der Bewergung von Individual-, Projekt- und Unternehmenserfolg basiert. Der Individualerfolg wird auf Grundlage einer Punkteinstufung in Mitarbeitergesprächen bemessen, der Projekterfolg auf Basis von Angaben zu Projektdeckungsbeiträgen aus dem Projektcontrolling, und der Unternehmenserfolg wird am Gewinn nach Steuern bestimmt. Die Einführung des Systems brachte spürbare Effizienzsteigerungen mit sich. Gründe werden in erster Linie darin gesehen, daß ein solches System die Mitarbeiter im Hinblick auf die Wirtschaftlichkeit der Projektarbeit sensibilisiert.

Aus: *Zimmermann, Klaus/Campana, Christophe/Schott, Erich,* Leistungs- und Prämiensystem für Projektteams, in: Personalwirtschaft 25 (5/1998), 51-54.

Beim Akkordlohn sind zwei (ineinander transformierbare) **Formen** zu unterscheiden. Der Zeitakkord basiert explizit auf Vorgabezeiten; die Unterschreitung dieser Vorgabezeit führt zur Entgeltsteigerung. Beim weniger verbreiteten Geldakkord wird ein Geldbetrag für eine Arbeitsleistung vorgegeben und mit der Zahl der Leistungen multipliziert.

Der Akkordlohn besteht im allgemeinen aus einem garantierten (tariflichen) Mindestlohn und einem Akkordzuschlag, der 15% bis 25% des Mindestlohnes beträgt. Beides zusammen bildet den **Akkordrichtsatz**, der dem Stundenverdienst eines im Akkord arbeitenden Arbeitnehmers bei Normalleistung entspricht. Teilt man diesen Akkordrichtsatz durch 60, so ergibt sich der **Minutenfaktor**.

Der Stundenverdienst bestimmt sich danach als

Stundenverdienst = Stückzahl · Minutenfaktor · Vorgabezeit je Stückzahl in Minuten

Auch beim **Geldakkord** ist letztlich die Anzahl der hergestellten Teile Bezugsbasis; der Geldsatz je Stück (Stücklohn) entspricht dem Minutenfaktor multipliziert mit der Vorgabezeit je Stück.

Zur Ermittlung der Vorgabezeit wird bei beiden Akkordformen von einer Normalzeit ausgegangen: Es wird also letztlich immer explizit beim Zeitakkord) beziehungsweise implizit (beim Geldakkord) eine Vorgabezeit pro Stück festgelegt und mit dem Minutenfaktor multipliziert. Übersicht 8.26 bringt ein zusammenfassenden Rechenbeispiel zum Akkordlohn.

Tariflicher Mindestlohn/Stunde		12,00 DM		
+ 25% Akkordzuschlag		3,00 DM		
Akkordrichtsatz		15,00 DM		
Minutenfaktor	$\frac{15{,}00\ \text{DM}}{60\ \text{Min.}}$	= 0,25 DM/Min.		
Vorgabe (Normalleistung)				
Stückzeit		= 15 Min.		
Stückzahl pro Stunde		= 4 Stück		
Stücklohn 15 Min. · 0,25 DM/Min		= 3,75 DM		
Ergebnis bei Normalleistung				
Zeitakkord: Stundenverdienst		=	4 · 0,25 · 15	= 15,00 DM
Geldakkord: Stundenverdienst		=	4 · 3,75	= 15,00 DM
Ergebnis bei 6 Stück (entspricht 90 Minuten)				
Zeitakkord: Stundenverdienst		=	6 · 0,25 · 15	= 22,50 DM
Geldakkord: Stundenverdienst		=	6 · 3,75	= 22,50 DM

Übersicht 8.26: Rechenbeispiel zum Akkordlohn

Sinkt die Akkordleistung unter die Normalleistung, so erhält der Arbeitnehmer den Grundlohn (plus Akkordzuschlag). Der Stundenverdienst ist somit nach unten abgesichert. Analoges kann für eine obere Schranke gelten, ab der sich Mehrleistung nicht in einer Erhöhung des Stundenverdienstes niederschlägt. Eine weitere Modifikation der Akkordlinie ergibt sich bei Aufgabe des linearen Zusammenhangs zwischen Ausbringung und Entlohnung durch die Verwendung von progressiven und/oder degressiven Kurvenelementen. Anders als beim Prämienlohn kommen die Einsparungen voll dem Arbeitnehmer zugute, allerdings nur bei Leistungswerten zwischen Unter- und Oberschranke. Abbildung 8.11 zeigt den Zusammenhang zwischen Stundenlohn und Stückkosten bei Zeitlohn und Akkordlohn.

Die Anwendung eines Akkordsystems ist an eine Fülle von Voraussetzungen gebunden. Sie fallen wesentlich restriktiver aus als die Bedingungen für den Einsatz von Prämiensystemen. Die erste Voraussetzung für die Akkord-Einführung ist die **Akkordfähigkeit** der zu erbringenden Leistung (vgl. *Baierl* 1974, 97-98): Der Ablauf der Arbeit und der Zeitbedarf müssen in ihrer Grundstruktur beziehungsweise in ihren Determinanten konstant bleiben. Abläufe mit einem hohen Anteil an Verteilzeiten, die auf Störungen zurückzuführen sind, eignen sich im Regelfall nicht für eine Akkordentlohnung: Ausnahmen sind nur solche Abläufe, bei denen auch das Ausmaß der Störungen direkt vom Arbeitsverhalten des einzelnen Mitarbeiters abhängt. Ferner muß der Arbeitsablauf von allen Mängeln befreit sein (**Akkordreife**), damit er von einem Mitarbei-

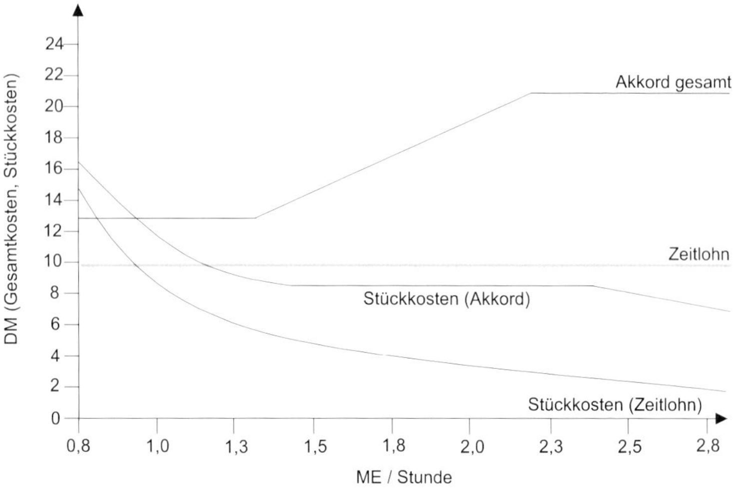

Abbildung 8.11: Akkordbasierte Entgeltbestimmung

ter nach entsprechender Übung und Einarbeitung beherrscht wird. Erforderlich ist schließlich als dritte Voraussetzung eine vom Mitarbeiter beeinflußbare **Arbeitsgeschwindigkeit**.

Der Vorteil des Akkordlohnes (Anreiz zu erhöhter Leistung) kann zugleich auch als *Nachteil* angesehen werden: Da sich hier die Leistung des Mitarbeiters unmittelbar auf sein Entgelt auswirkt, ist die Gefahr einer Überforderung gegeben. Liegt die erbrachte Leistung grundsätzlich über der Normalleistung, kann dies zu einem permanenten Anstieg der Normalleistung und damit der Entlohnungsgrundlage führen. Nicht zuletzt aus diesem Grund werden die oben angesprochenen Unter- und Obergrenzen für den Akkordverdienst eingeführt. Ein weiterer Nachteil besteht in der Gefahr von Qualitätsverlusten: Es bietet sich daher an, den Akkordlohn mit einer Qualitätsprämie zu koppeln.

Läßt sich die Leistungserstellung nicht einem einzelnen Mitarbeiter zuordnen, so bietet sich – sofern ansonsten die Voraussetzungen für Akkord gegeben sind – **Gruppenakkord** an: Hier werden Vorgabezeit, Minutenfaktor und Stücklohn für eine Gruppe von Arbeitnehmern ermittelt. Probleme können bei der Verteilung des Akkordverdienstes auf die Gruppenmitglieder auftreten. Hier bietet sich eine Umverteilung nach Äquivalenzziffern an, die mit Hilfe der Arbeitsbewertung (Abschnitt 8.4.2) ermittelt werden. Um weitere mögliche Konflikte zu vermeiden, sollte bei der Zusammensetzung der Gruppe auf eine ausgewogene und aufeinander abgestimmte Leistungsfähigkeit der einzelnen Gruppenmitglieder geachtet werden.

Eine weitere spezielle Form des Akkordlohns ist der **Pauschallohn**. Hierbei wird für eine zu verrichtende Tätigkeit ein konstanter Geldbetrag gezahlt, unabhängig von dem Zeitbedarf, den der entsprechende Mitarbeiter für die Erbringung der Leistung benötigt. Der Pauschallohn läßt sich über **Werkverträge** realisieren: Der Arbeitnehmer verpflichtet sich darin, gegen ein vorgegebenes Entgelt eine bestimmte Leistung zu erbringen. Es muß sich vorwiegend um arbeitszeitabhängige Mengenleistungen handeln, die sich auch durch den Leistungsgrad des Arbeitnehmers beeinflussen lassen.

Pensumlohn. Der Pensumlohn wird im Gegensatz zum Akkordlohn für eine *erwartete Leistung* gezahlt. Aufgrund einer Leistungsabsprache, die Leistungen der Vergangenheit berücksichtigt, ergibt sich das *Pensum* als Vorgabe. Die Basis für die Berechnung des Pensumlohnes ist ein garantierter Grundlohn (Zeitlohn), zu dem nach Vereinbarung bis zu 30% als Zuschlag bei Erfüllung des Pensums zugerechnet werden. *Bezugsgrößen* des Pensums können unter anderem – wie bei der Prämie – Menge, Qualität oder Ersparnis sein. Wird das Pensum nicht eingehalten, wird der Lohn der geringeren Leistung angepaßt. Eine höhere Leistung als im Pensum vorgegeben führt direkt zu einem höheren Lohn. Kurzfristige Leistungsschwankungen haben keine unmittelbaren Lohnauswirkungen.

8.4.3.2 Individualisierungsmodelle: Cafeteria-Systeme

Die Cafeteria-Idee gründet in der Annahme, daß jeder einzelne Mitarbeiter die Möglichkeit hat, innerhalb eines vorgegebenen Budgets zwischen verschiedenen Entgeltbestandteilen analog der Menüwahl in einer Cafeteria auszuwählen.

Ziel des Cafeteria-Ansatzes ist zum einen, ein auf die individuellen Bedürfnisse des Mitarbeiters zugeschnittenes Entgeltsystem bereitzustellen, und zum anderen, angesichts abnehmender Spielräume bei Entgelterhöhungen die optimale Aufteilung des Personalkostenbudgets zu erreichen. Zu beachten bleibt allerdings, daß ein Cafeteria-Plan nur dann attraktiv für den einzelnen Mitarbeiter ist, wenn entweder sein bisheriges Netto-Einkommen steigt oder sich der bisher wahrgenommene Nutzen erhöht.

Die **Gestaltungsparameter** eines Cafeteria-Systems sind im wesentlichen das Leistungsangebot, der Verrechnungsmodus, die Wahlmöglichkeiten, der Wahlturnus, die Periodenfixierung und die Restsummen bzw. der Zusatzbedarf (vgl. *Dycke/Schulte* 1986, 579-583).

Zunächst ist zu bestimmen, aus welchen Entgeltkomponenten der Mitarbeiter auswählen kann. Hier sind neben materiellen *Leistungen* wie Versicherungen, Beteiligungen und Sachleistungen vor allem Zeitleistungen wie Modifikationen der Perioden- und Lebensarbeitszeit zu nennen. Bei der Auswahl sind die Zielgruppen des Cafeteria-Systems, die Kosten (auch die Verwaltungskosten) und die rechtliche Lage zu beachten. Der **Verrechnungsmodus** legt die Austauschrelationen der einzelnen Leistungen fest (vgl. *Dycke/Schulte* 1986, 581).

Die individuellen *Wahlmöglichkeiten* können hinsichtlich ihrer Freiheitsgrade in drei Gruppen unterteilt werden. Bei der ersten Gruppe der Auswahlpläne hat der Mitarbeiter die freie Wahl zwischen den einzelnen Leistungsangeboten. Bei den Kernplänen wird die Wahlfreiheit insofern beschränkt, als bestimmte Leistungen zu einem Kernblock zusammengefaßt und als Pflichtbaustein für alle Mitarbeiter festgelegt sind. Beim alternativen Menüplan wird die Auswahlmöglichkeit auf die Selektion eines Standardpakets eingeengt, das auf die Bedürfnisse bestimmter Mitarbeitergruppen zugeschnitten ist.

Beim *Wahlturnus* werden die Zeiträume festgelegt, für die die Auswahlentscheidungen der Mitarbeiter gelten. Dabei ist zu beachten, daß sich die Bedürfnisse der Mitarbeiter im Zeitablauf ändern, weshalb eine regelmäßige Revision der Wahlentscheidung eingeräumt werden muß.

Die **Periodenfixierung** legt fest, ob das zur Verfügung stehende Budget durch die Einrichtung von Leistungskonten übertragen werden kann oder ob es periodenbezogen abgerechnet werden soll.

Wird das dem Mitarbeiter zur Verfügung stehende Budget in einer Periode nicht ausgeschöpft oder überzogen (im Falle der Nicht-Übertragbarkeit auf spätere Perioden), so sind Regelungen in bezug auf die *Restsummen* und Zusatzbedarfe zu finden.

8.4.3.3 Beteiligungsmodelle

Erfolgsbeteiligung. Unter Erfolgsbeteiligung versteht man eine Zahlung des Unternehmens an den Mitarbeiter, die über die reine Entlohnung hinausgeht und die auf längerfristiger Basis (jährlich) an den wirtschaftlichen Erfolg einer „größeren Betriebseinheit" (*Berthel* 1997, 402-403) gekoppelt ist: **Bezugsbasis** ist damit die Leistung einer Abteilung, eines Werkes oder des gesamten Unternehmens.

Erfolgsbeteiligungen dienen in unterschiedlicher Intensität drei **Zielen** (vgl. *Berthel* 1997, 402-403):

- Als *wirtschaftspolitisches* Ziel kann mit Hilfe einer Erfolgsbeteiligung das Arbeitseinkommen an konjunkturelle Schwankungen angeglichen werden, ohne daß Tariflöhne verändert werden.
- Als *sozialpolitisches* Ziel ist das Sozialisierungsargument zu nennen, bei dem (bei einigen Formen der Erfolgsbeteiligung) ein Miteigentum des Arbeiternehmers an den Produktionsmitteln realisiert wird.

- Als *betriebliche* Ziele sind neben Motivationswirkungen auch Finanzierungseffekte für den Betrieb zu nennen, die dann eintreten, wenn die Erfolgsbeteiligung mit einer betrieblichen Vermögensbildung gekoppelt wird.

Betrachtet man empirisch die Ziele, die Unternehmen mit der Einführung von Erfolgsbeteiligungssystemen verknüpfen, so läßt sich (allerdings ausschließlich bezogen auf Vermögensbildungsmodelle) folgende **Rangordnung** der Ziele aufstellen (vgl. *Guski/Schneider* 1983, 111):

(1) Primäres Ziel ist die *Motivation* der Mitarbeiter. Man versucht durch Erfolgsbeteiligungssysteme das Interesse der Mitarbeiter am Unternehmen zu erhöhen, um auf diese Weise Arbeitsleistung, Produktivität, Einsatzbereitschaft, Kostenbewußtsein und eine Identifikation mit dem Unternehmen zu erreichen.

(2) Im Hinblick auf das *Finanzierungsziel* kommen mehrere Faktoren zum Tragen: der Abfluß an Liquidität wird verringert, und statt gewerbesteuerpflichtigem Gewinn fallen Betriebsausgaben an (die dann allerdings in diesem Fall der Einkommensteuer des Erfolgsbeteiligten unterliegen). Zusätzlich erfolgt eine Liquiditätserhöhung dadurch, daß die Mitarbeiter eigene Mittel in das Unternehmen einbringen.

(3) Als Teil der *Personalpolitik* dient eine betriebliche Vermögensbildung der Abrundung des Sozialleistungspakets des Unternehmens, der generellen materiellen Verbesserung sowie der zusätzlichen Altersversorgung.

(4) Durch den Abbau der Konfrontation zwischen „Kapital und Arbeit", durch verstärkte Mitverantwortung, Mitsprache und Mitwirkung soll eine *Partnerschaft* entstehen, die eine (Mit-)Eigentümermentalität hervorruft.

(5) Betriebliche Vermögensbildung steht im Gegensatz zu einer überbetrieblichen Vermögensbildung in Arbeitnehmerhand, wie sie beispielsweise von gewerkschaftlichen Fondslösungen propagiert wird. Mit einer betrieblichen Vermögensbildung wird dabei – durchaus im Einklang mit den Betriebsräten – eine *gesellschaftspolitische Zielsetzung* verfolgt.

Ansatzpunkt bei dieser von *Guski* und *Schneider* 1983 durchgeführten Erhebung waren 1 000 in der Bundesrepublik existierende Beteiligungsunternehmen. Nur 10,8% dieser befragten Unternehmen streben mit der Erfolgsbeteiligung als primäre Ziele Vermögensbildung und Verbesserung des Mitarbeiterpotentials an (vgl. *Guski/Schneider* 1983, 111). Dies ist insoweit nicht überraschend, als Vermögensbildung in Arbeitnehmerhand primär kein Ziel des Unternehmens darstellt; auch dürfte sich die Verbesserung des Mitarbeiterpotentials nur langfristig und nur in einem schwer quantifizierbaren Umfang positiv auf das Unternehmen auswirken.

Bei der Erfolgsbeteiligung ist zwischen der Beteiligungsbasis als verwendete Erfolgsgröße, der Beteiligungsquote als Höhe der Erfolgsbeteiligung und der Form der Beteiligungsverwendung zu differenzieren (vgl. *Berthel* 1997, 404-406):

- Die **Beteiligungsbasis** ist definiert als
  - die *erwirtschafteten Leistungen* in Form von Verbesserungen bei Gestaltung oder Durchführung von Arbeitsprozessen,
  - *Produktions- oder Verarbeitungsvolumen* als mengenmäßiger Güterausstoß,
  - *Umsatz* der betreffenden Abrechnungseinheit,
  - *Wertschöpfung* als Leistung, die den eingesetzten Materialien durch Bearbeitung, Verarbeitung oder Veredelung hinzugefügt wird, sowie
  - (korrigierter) *Gewinn*.
- Neben der Bestimmung des Anteils an der Beteiligungsbasis, der auf die Mitarbeiter verteilt werden soll, ist das **Verteilungsprinzip** festzulegen. Hierzu gibt es im wesentlichen drei Möglichkeiten:
  - *Gleichheitsprinzip* (alle Mitarbeiter erhalten gleichen Betrag),
  - *Sozialprinzip* (z.B. Kinderzahl, Dienstalter) und
  - *Leistungsprinzip* (in Abhängigkeit vom regulären Entgelt).
- Für die **Anteilsverwendung** gibt es wiederum drei Formen, nämlich
  - *Ausschüttung* als direkte Auszahlung an den Mitarbeiter,
  - *Einbehaltung* in Form von Eigenkapital (Aktien) oder
  - *Umwandlung* in Fremdkapital (Darlehen).

In Abhängigkeit von der konkreten Ausgestaltung des Erfolgsbeteiligungssystems lassen sich unterschiedliche **Ziele** der Erfolgsbeteiligung realisieren:

- Aus *wirtschaftspolitischer* Sicht können Erfolgsbeteiligungen zur konjunkturellen Anpassung genutzt werden. Dadurch steigen in Boomphasen die Einkommen bei gleichbleibendem Tariflohn, während in Rezessionsphasen die negativen Wirkungen von Fixlöhnen vermieden werden können.
- Aus *sozialpolitischer* Sicht kann durch Erfolgsbeteiligungssysteme die Vermögensbildung der Arbeitnehmer gefördert werden, was eine höhere Verteilungsgerechtigkeit bewirkt und soziale Spannungen abbaut.
- Als zentrale Unternehmensziele können die Steigerung der Leistungsbereitschaft, die Förderung der Betreibsverbundenheit und des ökonomischen Denkens und Einkommensverbesserung genannt werden.

Die meisten Ziele einer Erfolgsbeteiligung werden erfüllt bei der **Kombination** der Beteiligungsbasis „Gewinn" (Jahresüberschuß), der Quotenbestimmung entsprechend dem Leistungsprinzip mit dem Einbehalten der Erfolgsanteile und der Überprüfung in Eigenkapital. Dies läßt sich (begrenzt) auch aus den in der Praxis üblichen Formen von Erfolgsbeteiligungssystemen ablesen (vgl. *Berthel* 1997, 402-409).

Kapitalbeteiligung. Unternehmen, die ihre Mitarbeiter beteiligen, lassen sich von ihnen Eigenkapital oder Fremdkapital zur Verfügung stellen. Im Gegenzug geben sie Belegschaftsaktien (oder mit nur geringfügiger Bedeutung) Genußscheine aus, ermöglichen stille Beteiligungen oder gewähren Mitarbeiterdarlehen und Mitarbeiterschuldverschreibungen. Die Mittel zur Beteiligung am Unternehmenskapital bringen entweder die Mitarbeiter durch Eigenleistung oder das Unternehmen durch Zuwendungen, Erfolgsbeteiligungen oder kollektivvertraglich festgelegte vermögenswirksame Leistungen auf. **Ziele** sind (vgl. *Drumm* 1995, 512)

- die private Vermögensbildung und breite Vermögensstreuung,
- die Förderung von unternehmerischer Orientierung und Verantwortungsbewußtsein bei den Mitarbeitern,
- die Erhöhung der Unternehmensloyalität,
- die Verbesserung des Images als Arbeitgeber sowie
- die Verbreiterung der unternehmerischen Kapitalbasis.

Für Erfolgsbeteiligungen ist die betriebliche **Mitbestimmung** über die Generalklausel des § 87 Abs. 1 (10) BetrVG abgedeckt, für Vermögensbeteiligungen darüber hinausgehend über § 88 (3) BetrVG.

Leveraged Employee Stock Ownership Plan bei der Continental AG

Die Continental AG bietet ihren Mitarbeitern seit 1995 das Beteiligungsmodell „Leveraged Employee Stock Ownership Plan", das den Mitarbeitern ermöglicht, Aktien des Unternehmens zu erwerben, die sie ratenweise bezahlen können. Dabei stehen den Belegschaftsaktionären von Beginn an die Dividenden aller Wertpapiere zu, obwohl erst ein Teil bezahlt ist. Somit ergibt sich ein sehr viel stärkerer Hebeleffekt sowohl in bezug auf Gewinnausschüttungen als auch bei Kurssteigerungen im Vergleich zu herkömmlichen verbilligten Belegschaftsaktien. Ziel des Konzerns ist es, den Anteil der Mitarbeiter am Unternehmenskapital auf 5 Prozent anzuheben.

Aus: *Palass, Brigitta*, Ein starkes Stück Werk, in: Manager Magazin (5/1997), 122.

Zur **Fremdkapitalbeteiligung** ist das *Mitarbeiterdarlehen* am weitesten verbreitet: Mitarbeiter stellen dem Unternehmen einen Geldbetrag für eine vereinbarte Laufzeit zur Verfügung und erhalten dafür einen meist über den Marktzinsen liegenden Zinssatz. Wenn die Unternehmen festverzinsliche Wertpapiere emittieren und an ihre Mitarbeiter verkaufen, dann handelt es sich um *Mitarbeiterschuldverschreibungen*, die mit einer Gewinnbeteiligungskomponente (Gewinnschuldverschreibungen) oder mit einer Wandlungsmöglichkeit in Aktien des Unternehmens (Wandelschuldverschreibung) ausgestattet werden können.

Zur **Eigenkapitalbeteiligung** dominiert die *Belegschaftsaktie*, die von Aktiengesellschaften und Kommanditgesellschaften auf Aktien begeben werden kann: entweder durch Kauf eigener Aktien an der Börse, durch eine ordentliche Kapitalerhöhung, durch eine bedingte Kapitalerhöhung oder durch genehmigtes Kapital. Da der Kurs, zu dem die Aktie erworben werden kann, häufig unter dem jeweils aktuellen Börsenkurs liegt, ist die Gewinnchance, die nach Ablauf einer Veräußerungssperrfrist realisiert werden kann, gegenüber einer regulär erworbenen Aktie höher. Zudem räumt die Aktie den Inhabern die üblichen Beteiligungsrechte ein. Die Alternative einer *stillen Beteiligung* als vertraglich vereinbarte Einlage in das Vermögen des Inhabers eines Handelsgeschäfts impliziert, daß der Mitarbeiter als stiller Gesellschafter zwar keine Mitwirkungsrechte erlangt, aber neben Informationsrechten zwingend eine Gewinnbeteiligung erwirbt; die Verlustbeteiligung kann ausgeschlossen werden.

8.4.3.4 Die Zukunft?

Um dem dramatischen Wandel der Arbeitswelt zu entsprechen, müssen innovative Entlohnungsformen gefunden werden. Da moderne Unternehmen flache und fließende Hierarchien besitzen und prozeßorientiert sind, werden sich die Anforderungen an die Mitarbeiter verändern und in deren Folge auch die Entlohnungssysteme. Die traditionellen und aktualisierten Entlohnungsmethoden lösen das Problem allenfalls partiell: Ein verändertes Entlohnungssystem wird sich verstärkt am jeweiligen Beitrag eines Mitarbeiters zur Wertschöpfung orientieren und nicht mehr an der geleisteten Arbeitszeit.

Individual Contractor. Da in Zukunft ausgeprägte Kernkompetenzen und die Fähigkeit zum vernetzten Denken gefragt sind, benötigen die Unternehmen Mitarbeiter, die als Spezialisten ihre Kernkompetenzen über das gesamte Unternehmen hinweg verzahnen. Diese Mitarbeiter sind nicht mehr notwendigerweise unbefristet bei einem einzigen Arbeitgeber beschäftigt. Unter Umständen werden sie einen unbefristeten Teilzeitvertrag haben und sich die übrige Zeit als Individual Contractor selbst vermarkten.

Die neuartige Arbeitssituation hat weitreichende **Konsequenzen** für das Leistungsbeurteilungs- und Entlohnungssystem. Weil *Arbeitsbewertungsverfahren* herkömmlicherweise auf einzelne Stellen beziehungsweise Arbeitsplätze ausgerichtet sind, sind sie nicht mehr geeignet, den zukünftigen Gegebenheiten gerecht zu werden. Die eng definierten Anforderungskriterien des Genfer Schemas werden ersetzt durch Kriterien, die sich an den jeweiligen Kernkompetenzen und ihrer Integration in den unternehmerischen Gesamtzusammenhang orientieren.

Auch die *Entgeltfindung* gestaltet sich schwieriger, als das in der Vergangenheit der Fall war. Beispielsweise ist eine eindeutige Zuordnung auf die Rolle des Geführten und die der Führungskraft nicht mehr möglich. In Abhängigkeit von dem jeweiligen Projekt, bei dem ein Mitarbeiter gerade tätig ist, kann er gleichzeitig als Kernkompetenzträger und Führungskraft für mehrere Mitarbeiter verantwortlich sein und als Geführter anderen Projektleitern zugeordnet sein. Demzufolge ist eine Orientierung des Entlohnungssystems an hierarchischen Kriterien nicht mehr sinnvoll. Denkbar wäre eine projektbezogene Entlohnung, die individuell die Rolle, die der einzelne Mitarbeiter in dem Projekt ausfüllt, berücksichtigt.

Virtualisierung. Die organisatorische Virtualisierung hat in mehrfacher Hinsicht Konsequenzen für zukünftige Entlohnungssysteme. Diese sind noch weitreichender als im Falle des Individual Contractors, wo eine projektbezogene und unterschiedliche Rollen (vom Geführten bis zur Führungskraft) berücksichtigende Entlohnung denkbar ist, die sich überdies an den jeweiligen Kernkompetenzen orientiert.

Während der Individual Contractor selbst entscheidet, in welchen Projekten und Unternehmen er sich einbringt, und damit seine Entlohnung im wesentlichen selbst bestimmt, hat der Mitarbeiter eines virtuellen Unternehmens beschränkte Wahlfreiheit insofern, daß er lediglich hinsichtlich verschiedener Projekte innerhalb des virtuellen Unternehmens auswählen kann. Demzufolge muß ein Entlohnungssystem in virtuellen Unternehmen noch mehr leisten als beim Individual Contractor: Es muß verstärkt motivationstheoretische Überlegungen wie die Gerechtigkeitstheorie von *Adams* (Kapitel 9) integrieren, da für den Mitarbeiter im Hinblick auf Lohngerechtigkeit mit dem virtuellen Unternehmen ein konstanter Bezugsrahmen existiert, in dem Vergleiche mit anderen Mitarbeitern stattfinden.

Denkbar sind dabei Entlohnungssysteme, die Gehaltskomponenten enthalten, die vom Mitarbeiter mitbeeinflußbar sind, um so das individuelle Gerechtigkeitsgefühl zu erhöhen. Jedoch sind die heute zur Verfügung stehenden Entlohnungsformen wie etwa Lohn-Cafeteria-Systeme meist mit einem zu großen Verwaltungsaufwand verbunden, der im virtuellen Unternehmen möglichst wegfallen sollte.

Im Falle des *virtuellen Verbundunternehmens* stellt sich zudem die Frage, wer der rechtliche Arbeitgeber und somit für die Entlohnung zuständig ist: Wer entscheidet letztlich über die Gewinnverwendung und damit über die Höhe der Entlohnung (denn es kann nur das verteilt werden, was auch tatsächlich erwirtschaftet wurde)?

Ein möglicher **Lösungsansatz** dieses Problembereiches ist ein faktisches Ignorieren der rechtlichen Regelungen mit dem Hinweis auf die im virtuellen Unternehmen notwendige (und überlebenskritische) Vertrauenskultur, die keine rechtlichen Regularien benötigt, und eine sich daran anschließende, in etwa gleichverteilte Belastung der Virtualisierungspartner mit Personalkosten. Die dazu notwendigen Regelungen werden über ähnliche Verteilungsstandards geregelt wie die Gewinnverwendung.

8.4.4 Sozialstatusabhängigkeit

Eine vergleichsweise eher untergeordnete Rolle nimmt die sozialstatusabhängige Entgeltdifferenzierung ein: Sie ist zwar existent, betrifft jedoch nur einen relativ geringen Anteil der Personalkostenaufwendungen. Differenziert wird beispielsweise nach Familienstand und Dauer der Betriebszugehörigkeit.

Die Differenzierung nach dem **Familienstand** ist vor allem durch politische Entscheidungen bestimmt: Sie ergibt sich über die Wirkung der Steuerklassen und Steuerfreibeträge. Doch auch Unternehmen können

Empirischer Befund (GPP): Ausgewählte freiwillige Sozialleistungen für die Mitarbeiter (in Prozent, Mehrfachnennungen)

Nur einige freiwillige Sozialleistungen aus einer großen Anzahl – der Phantasie der Unternehmen sind hier keine Grenzen gesetzt. Generell beliebt sind Pensionen und Firmendarlehen, ebenso Versicherungen, die zudem dann gefragt sind, wenn die staatlichen Systeme ergänzungsbedürftig sind. Überdurchschnittlich kommen auch Rabatte und Betriebssport in Frage.

	D	Ö	USA	F	Sp	Rest	Σ
Betriebssport	57	63	36	50	12	74	51
Mitarbeitereinkauf	67	41	36	35	14	37	40
Rabatte	69	67	27	56	33	60	57
Versicherungen	88	59	91	65	83	74	75
Pensionen	84	69	100	65	67	79	75
Firmendarlehen	82	65	27	65	79	70	70
Private Krankenversicherung	31	57	91	59	40	49	49
Belegschaftsaktien	35	16	40	44	12	26	27
Betriebskindergarten	18	2	-	12	-	17	9
Kindergartenzuschuß	18	4	10	26	10	-	11
Karriereunterbrechungsmöglichkeiten	29	10	30	38	24	26	25

freiwillige soziale Leistungen vom Familienstand abhängig machen, etwa Familienzulagen. Auch die Differenzierung nach **Betriebszugehörigkeit** wird als freiwillige soziale Leistung gewährt: von einmaligen Sonderzahlungen aus Anlaß bestimmter Zugehörigkeitsdauern („Firmengeburtstag“) bis hin zu monatlichen Zahlungen ab bestimmten Daten. Häufig sind solche Zahlungen Bestandteil von Betriebsvereinbarungen. Steuerliche Freibeträge für Jubiläumszuwendungen bei Arbeitnehmer- und Geschäftsjubiläen werden nach neuester Gesetzeslage nicht mehr gewährt.

8.4.5 Lebensabschnittsabhängigkeit

Die leistungsabhängigen Vergütungsmodelle gehen davon aus, daß sich bezogen auf einen meßbaren Erfolg von kurz- und/oder langfristigen Projekten ein variabler Vergütungsanteil ergibt. Sie berücksichtigen allerdings nicht die Tatsache, daß sich die tatsächliche individuelle Leistung im Zeitablauf ändert und vom individuellen Lebenszyklus der Führungskraft abhängt. Notwendig ist daher ein Überdenken der gegenwärtigen Vergütungssysteme, die – nicht nur bei Führungskräften – zu einem Verlauf führen, der nicht lebensabschnittsadäquat erscheint.

Ansatzpunkte zur Realisierung einer lebensabschnittsabhängigen Entgeltdifferenzierung ergeben sich aus der dynamischen Variabilisierung von leistungsbezogenen Vergütungen. In frühen und späten Lebensabschnittsphasen können die variablen Vergütungsbestandteile eine geringere Elastizität aufweisen als in der mittleren Lebensabschnittsphase. Abbildung 8.12 verdeutlicht erfolgsabhängige Vergütungsverläufe für die verschiedenen Phasen.

Durch einen solchen Konzeptionsvorschlag kann eine **zeitliche Synchronisierung** von Leistung und Vergütung realisiert werden. Diese ist nicht unproblematisch, etwa im Fall eines Arbeitsplatzwechsels zu Unternehmen mit traditionellen Vergütungssystemen. Dennoch ist eine Veränderung von Vergütungssystemen in eine lebensabschnittsbezogene Richtung durchaus überlegenswert, da sich hierdurch Entsprechungen zu individuellen Arbeits-, Freizeit- und Konsumwerten sowie zu der sich in die Verantwortung der Mitarbeiter verlagernde Altersvorsorge herstellen lassen und letztlich auch deutliche Individualisierungspotentiale eröffnet werden.

In den **bestehenden Vergütungsmodellen** wird im Regelfall zu Beginn und zum Ende eines Arbeitslebens eine Überbezahlung vorgenommen, die sich daraus ergibt, daß aufgrund noch fehlender Qualifikationen und Erfahrungen die individuelle Wertschöpfung noch relativ gering sein kann. In der Mitte des Arbeitslebens jedoch, wenn die maximale Lei-

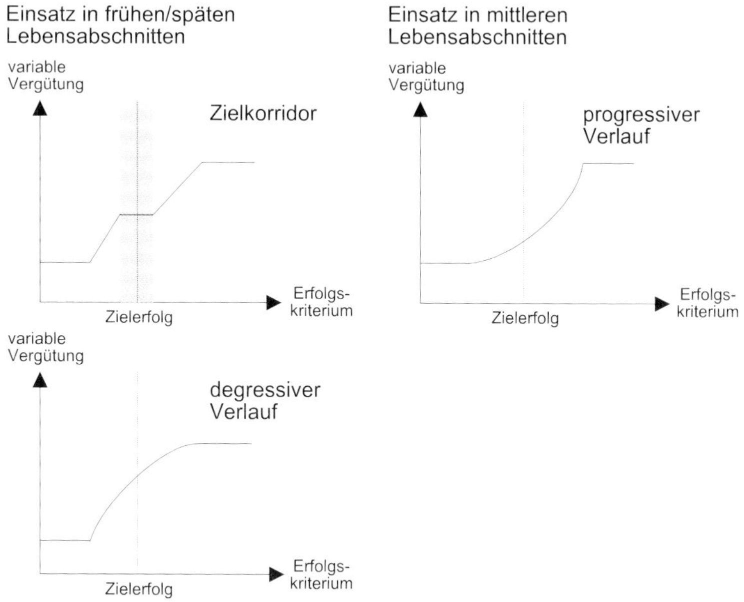

Abbildung 8.12: Lebensabschnittsbezogene variable Vergütung (modifziert nach *Klein* 1998)

stung erzielt wird, erfolgt eine unterproportionale Vergütung. Im Alter kann die Leistung wieder nachlassen – die Vergütung steigt jedoch weiter. Sie entspricht also nicht in jedem Fall der tatsächlichen Leistung, wird aber durch den Einfluß der Vergangenheits- und Zukunftsbewertung erklärbar: Zu Anfang der Karriere bezahlt man für das erwartete Potential eines Mitarbeiters, zu Ende der Karriere verstärkt für die bereits in der Vergangenheit erworbenen Verdienste. Im übrigen entsprechen diese Modelle auch nicht den individuellen Präferenzen der Führungskräfte: Während sie ihre (familiäre) Existenz aufbauen und ausweiten, hätten sie gerne mehr finanzielle Mittel, könnten dafür aber im Alter auf einen Teil des Geldes verzichten.

Zukunftsweisende Vergütungsmodelle basieren auf der Idee, einen Angleich der Vergütungsfunktion an die tatsächliche Leistungsfunktion zu realisieren (Abbildung 8.13). Hierzu ist es notwendig, die Bewertung vergangener und zukünftiger Leistungen in immer realistischerem Maße in die Vergütung einfließen zu lassen, jedoch die Leistungskomponente genauer zu erfassen und zu bewerten. Dies führt dazu, daß sich statt eines traditionell steigenden Leistungsausgleichsbeitrages ein konstanter Leistungsausgleichsbeitrag ergibt, der – gekoppelt mit dem realen Leistungsverlauf – zu einem diesem Leistungsverlauf entsprechenden Vergütungsverlauf führt.

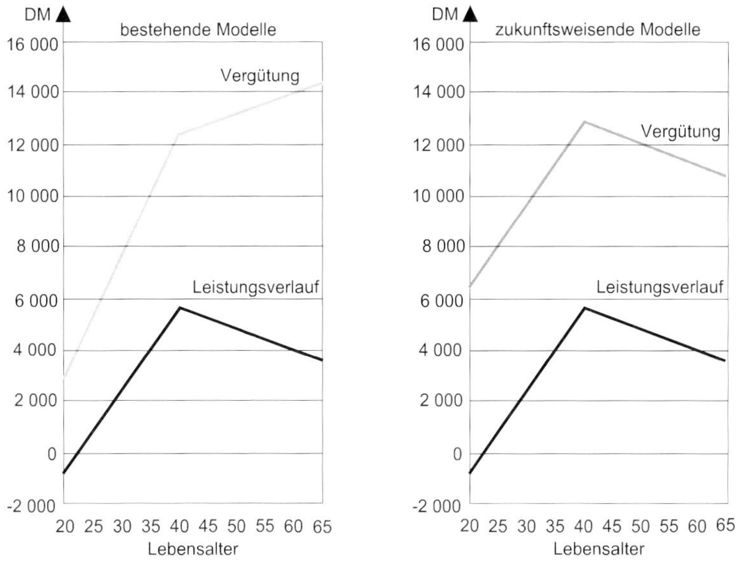

Abbildung 8.13: Leistungsabhängige Vergütungsmodelle

8.4.6 Hierarchieabhängigkeit

8.4.6.1 Realisierung

Die Entlohnung von Führungskräften stellt einen gesonderten Bereich im Personalkostenmanagement dar. Dies ergibt sich zwangsläufig nicht nur aus der exponierten Stellung der Führungskräfte, sondern auch durch die zu „entlohnende“ Leistung selbst: Leistungsanreize sind dabei in der Regel auf langfristigen Erfolg hin ausgerichtet. Zudem können sie weitgehend frei gestaltet werden, da sie keinen tarifvertraglichen Bindungen unterliegen.

Das Ergebnis sind diverse Kombinationen aus festem Grundlohn, einer leistungs- beziehungsweise erfolgsabhängigen Komponente (Prämie, Tantieme oder Provision) sowie diversen Zusatzleistungen wie beispielsweise Altersversorgung, Firmenwagen, Versicherungen oder Weiterbildungsmöglichkeiten; hinzu kommen prestigehaltige Anreize wie aufwendige Büroausstattung oder Chauffeur. Die Gestaltung der Top-Management-Entlohnung hängt nicht nur von Alter, Anforderung und Leistung ab. Mit ausschlaggebend sind vor allem drei **Faktoren** (vgl. *Barkema/Gomez-Mejia* 1998, 140):

- Die Entlohnung von Top-Managern ergibt sich oft nicht nur aus dem Erfolg des Unternehmens, sondern auch aus anderen Kriterien, die indirekt oder direkt qualitative Aussagen über die Führungskraft zulassen in Abhängigkeit von Unternehmensgröße und Branche.

- Die Entlohnung hängt ab von der Eigentümerstruktur des Unternehmens, von der Unternehmensverfassung samt seiner Mitbestimmungsregelungen, von der demographischen Zusammensetzung der in Frage kommenden Führungskräfte, eventuell von einem Entlohnungskomitee, von den Kontrollinstanzen und -instrumentarien sowie von dem Einfluß der allgemeinen Öffentlichkeit.
- Weitere Einflüsse auf die Top-Management-Entlohnung ergeben sich aus der Unternehmensstrategie, aber auch aus dem Niveau an Forschung und Entwicklung, dem Marktwachstum, der Nachfragestabilität, der Branchenregulation, der Nationalkultur sowie dem Steuersystem und den Kapitalmarktbedingungen.

Das resultierende Vergütungssystem erstreckt sich auf die Regelung des Gehaltsniveaus, der Langfristorientierung der Maßnahmen sowie der Ausgestaltung der Beziehung zwischen Entlohnung und Leistung. Mit diesen Faktoren wird ein genereller Rahmen für die Führungskräfteentlohnung abgesteckt, in dem eine fallbezogene Ausgestaltung von Vergütungsinstrumenten und ihrer Bezugsgrößen erfolgt.

8.4.6.2 „Gerechtigkeit" als Ziel

Gerechtigkeit (Abbildung 8.14) ist ein vielschichtiger **Begriff**, der in mehreren Sinnzusammenhängen gebraucht wird (vgl. *Folger/Cropanzano* 1998, xiii-xxiv):

- Eine Bedeutung des Begriffs liegt sehr nah an seinem *philosophischen* Ursprung. Dabei wird eine Handlung als gerecht angesehen, die im normativen Sinne „gut" oder „richtig" ist.
- Im sozialwissenschaftlichen Sinn wird eine Handlung als gerecht angesehen, die subjektiv als gerecht wahrgenommen und kognitiv verarbeitet wird. Dabei kann der sozialwissenschaftliche Gerechtigkeitsbegriff unterteilt werden in
  - Verteilungsgerechtigkeit als wahrgenommene Fairneß der Verteilung von Ergebnissen auf ein Individuum. Im Falle einer als ungerecht empfundenen Verteilung kann das dazu führen, daß Arbeitnehmer ihre Arbeitsleistung oder ihre Arbeitsqualität reduzieren.;
  - prozedurale Gerechtigkeit als Bewertung des Prozesses einer Allokationsentscheidung. Dabei wird dieser Prozeß auf Konsistenz, Verzerrungsfreiheit, Genauigkeit, Korrigierbarkeit, Repräsentativität sowie basierend auf ethischen Standards bewertet;
  - interaktionale Gerechtigkeit als Qualität der interpersonalen Behandlung. Sie kann als fair oder unfair empfunden werden.

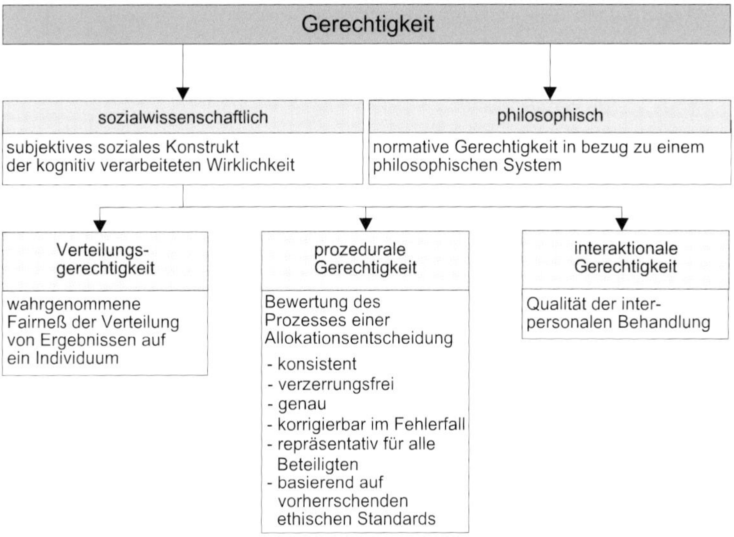

Abbildung 8.14: Definitionen von Gerechtigkeit
(nach *Folger/Cropanzano* 1998, xiii-xxiv)

Die Konsequenzen einer Nichtbeachtung von Gerechtigkeit sind ein Abfall der Arbeitsleistung, der Arbeitsqualität und der Motivation, was bis zur Kündigung führen kann.

Führungskräfte verdienen nicht Geld, sondern wollen Gerechtigkeit!

Basierend auf der Gerechtigkeitstheorie von *Adams* (Kapitel 9) ziehen gerade Führungskräfte permanent und unbewußt einen Vergleich zwischen dem eigenen Input-Output-Verhältnis und dem von Vergleichspersonen. Dabei haben sie ein genaues Bild davon, wer diese Vergleichspersonen sind: ihnen bekannte Führungskräfte des eigenen oder vergleichbarer Unternehmen, bei denen ein gewisser Einblick in die Lebensumstände vorliegt. Dieser ständige Vergleich kann im Extremfall zur Paralyse der Führungskräfte führen.

Bei Abweichungen – vor allem zu ihren Ungunsten – verfügen Führungskräfte über drei **Reaktionsstrategien**:
– den eigenen Output vergrößern,
– das Verhältnis der Referenzperson zu beeinflussen und/oder
– den eigenen Input zu minimieren.

Diese Strategien werden solange verfolgt, bis ein subjektiv vertretbares Gleichgewicht geschaffen ist. Da aber das Geld nicht allein die relevante Größe ist, ist für eine Führungskräfteentlohnung zu hinterfragen:
- Gibt es andere relevante Output-Faktoren?

- Was sind die anderen Input-Faktoren?
- Was ist die Varianz des herangezogenen Input-/Output-Betrages?

Unbestritten ist, daß hier beispielsweise Machtpotentiale einen wichtigen Faktor darstellen.

8.4.6.3 Stock Options

In den USA werden Stock Options gemäß der Philosophie des Shareholder Value-Ansatzes zur leistungsabhängigen Vergütung von Führungskräften eingesetzt. **Ziel** ist es, Anreizstrukturen zu setzen und den am Börsenkurs gemessenen Unternehmenswert zu steigern. In Deutschland stehen gleichlaufende Bestrebungen noch am Anfang, denn hier spielen Besitzstandsargumente eine große Rolle, weniger die Spielregeln der Wertschöpfung.

Unternehmen teilen Top-Managern kostenlos Aktienoptionen zu, die sie dazu berechtigen, innerhalb eines bestimmten Zeitraumes zu einem festgelegten Bezugskurs eine bestimmte Zahl von Aktien des Unternehmens zu erwerben. Dazu müssen die Unternehmen entweder selbst Aktien am Aktienmarkt erwerben oder eine bedingte Kapitalerhöhung etwa in Form einer Wandelschuldverschreibung durchführen, durch die eine Ausübung der Aktienoptionen bedient wird. Für das Unternehmen entstehen dadurch entweder direkte Kosten oder Opportunitätskosten in Höhe der Differenz zwischen dem Bezugspreis und dem Börsenkurs, zu dem das Unternehmen eigene Aktien kauft oder emittiert. Letztlich sind auch die Aktionäre durch den eintretenden Verwässerungseffekt an der Finanzierung dieser Entlohnungsform beteiligt: Durch die unter Marktpreis abgegebenen Aktien sinkt der Wert der übrigen Anteile.

Steigt der Börsenkurs des Unternehmens während des Ausübungszeitraumes über den Bezugskurs (üblicherweise der Aktienkurs am Ausgabetag der Option plus einen bestimmten Prozentsatz), dann lohnt sich die **Ausübung**, da die Aktien billiger als auf dem Kapitalmarkt erworben werden können. Lohnt sich eine Ausübung nicht, so verfallen die Aktienoptionen nach Ablauf ihrer Laufzeit. Durch einen sofortigen Wiederverkauf der erworbenen Aktien läßt sich der Buchgewinn realisieren. Je stärker der Börsenkurs steigt, desto größer ist der Gewinn, was die Anreizwirkung begründet. Voraussetzung ist die Effizienz des Kapitalmarktes: Die Manager müssen den Unternehmenswert beeinflussen können, und Wertschwankungen müssen sich auch in den Börsenkursen niederschlagen. Hierbei ist die Kapitalmarkteffizienz in Deutschland bereits aufgrund der geringeren Börsenumsätze niedriger als in den USA (vgl. *Bernhardt/Witt* 1997, 94-96).

Aktienoptionen für Top-Manager haben den **Vorteil**, persönliche Gewinninteressen mit den Erfolgsinteressen des Unternehmens und letztlich der Aktionäre zu koppeln. Einer Erfolgsabhängigkeit wird allgemein eine höhere Gerechtigkeit zugesprochen als alternativen Vergütungs-systemen für Top-Manager. **Nachteile** sind jedoch darin zu sehen, daß von generellen Kurssteigerungen an der Börse auch schlechtes Management profitiert und daß bei allgemeinen Kursverlusten an der Börse auch *„gut führende"* Führungskräfte betroffen sind. Zudem gehen die Top-Manager keine persönlichen Risiken ein, solange die Aktienoptionen lediglich als Zusatzleistung gewährt werden. Fehlen Ausübungssperren und sind die Laufzeiten der Aktienoptionen zu kurz, so verkehrt sich der Anreiz zur langfristigen Unternehmenswerterhöhung in einen Anreiz, auch kurzfristige Börsenschwankungen zur individuellen Gewinnerzielung zu nutzen.

Aktienoptionsprogramm der Daimler-Benz AG

Die Daimler-Benz AG hat im Mai 1996 für 170 Top-Manager ein Aktienoptionsprogramm aufgelegt: Konzernvorstände konnten bis zum Wert von 100 000 DM, Vorstände der Unternehmensbereiche bis zum Wert von 60 000 DM, Direktoriumsmitglieder noch bis zum Wert von 40 000 DM Wandelanleihen zeichnen. In diesem Rahmen wurden jedoch Ende 1996 bereits 75% der Optionen ausgeübt und kapitalisiert. In der Folge wurde im Frühjahr 1997 ein neues und wieder kurzfristig ausübbares Aktienoptionsprogramm für einen erweiterten Begünstigtenkreis von 1 600 Top-Managern aufgelegt, allerdings mit einem Ausübungsrecht frühestens zwei Jahre nach Optionserwerb. Lohnend ist die Ausübung ab einer Kurssteigerung von 15%. Im Zuge der Fusion mit Chrysler ergibt sich gerade in bezug auf diese leistungsabhängige Entlohnung ein Ungleichgewicht der Führungskräfteentlohnung, da die amerikanischen Manager bereits seit längerem ein Vielfaches der regulären deutschen Spitzengehälter allein durch Stock Options verdienen.

Aus: *Bernhardt, Wolfgang/Witt, Peter*, Stock Options und Shareholder Value, in: ZfB 67 (1997), 85-101.

Um Aktienoptionen als **effektives Anreizinstrument** einzusetzen, schlagen *Bernhardt* und *Witt* (1998, 14-15) acht Regeln vor:

- Der Bezugskurs der Aktienoptionen ist an die Entwicklung eines Kapitalmarktindex wie den DAX zu koppeln.
- Der Bezugskurs muß oberhalb des Marktindex liegen, um nur überdurchschnittliche Leistungen zu honorieren.
- Sinnvoll ist eine Substitution traditioneller Formen leistungsabhängiger Vergütung durch Aktienoptionen, nicht ihre Ergänzung.
- Die Ausübung der Aktienoptionen darf frühestens einige Jahre nach Ausgabe der Option erfolgen, um Anreize zu langfristiger Wertsteigerung zu setzen.

- Der Wiederverkauf von durch Ausübung erworbenen Aktien sollte erst nach einer Sperrfrist von zwei Jahren ermöglicht werden, um nicht nur kurzfristige Kursschwankungen zu belohnen.
- Der (in den USA übliche) Ausweis der fixen und variablen Vergütungsbestandteile für die einzelnen Top-Manager, zumindest für den Vorstand, erhöht die Transparenz des Anreizsystems für die Shareholder.
- Die Erhöhung der *Kapitalmarkteffizienz* durch Förderung privaten Aktienbesitzes, Marktausweitung, Internationalisierung der Rechnungslegungsvorschriften und Stärkung institutioneller Investoren erhöht die potentielle Effektivität von Aktienoptionen.
- Der Aktienoptionsplan ist in allen wesentlichen Vertragsbestandteilen von der *Hauptversammlung* zu verabschieden.

Bei Befolgung dieser Regeln werden das Unternehmensinteresse und auch das Aktionärsinteresse gewahrt. Vor allem aber ist im Bereich der strategischen Personalkosten sichergestellt, daß es nicht zu einer Kostensteigerung kommt, aus der unternehmensstrategisch unerwünschte Wirkungen resultieren.

Stock Options lassen sich in **ganzheitliche Vergütungsstrukturen** für Führungskräfte insofern gut einbinden (Abbildung 8.15), als sie zu langfristigen strategischen Zielvorstellungen des Unternehmens passen. Kurzfristige Zielvorstellungen werden über andere Bemessungsgrundlagen erfaßt. Generell ist mit dem Steigen der Beeinflußbarkeit einer Entscheidung und deren Erfolg auch eine Risikozunahme verbunden, mit dem Sinken der Beeinflußbarkeit eine Chancenzunahme.

Für die Zukunft ist eine noch stärkere Verzahnung von Stock Options mit dem Erfolg denkbar, der unmittelbar auf individuelle Kernkompetenzen zurückzuführen ist. Dies setzt allerdings die Operationalisierung des individuellen Wertschöpfungsbeitrages voraus.

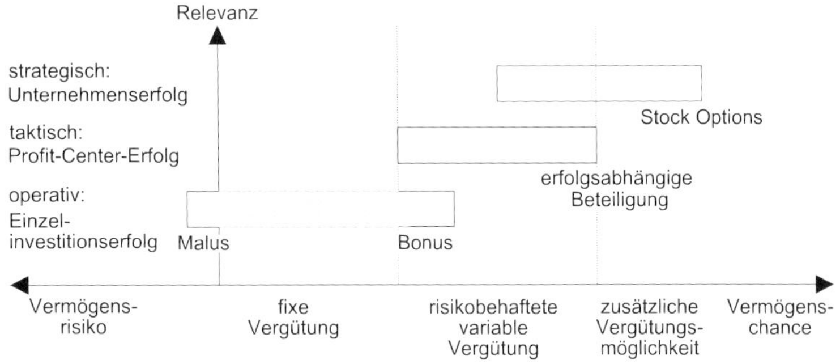

Abbildung 8.15: Ganzheitliche Führungskräfte-Vergütung (nach *Klein* 1998)

8.4.6.4 Internationaler Vergleich

Die Diskussion um eine international vergleichbare Führungskräfte-Vergütung wird vehement geführt (vgl. *Mundheim* 1993); allerdings wird dabei häufig außer acht gelassen, daß es sich hier um eine **Vermischung** der irrational-emotionalen Diskussion auf Basis subjektiven Gerechtigkeitsempfindens mit einer scheinrationalen Marktdiskussion handelt.

Durch die Globalisierung verändert sich die Vergleichsbasis des Gerechtigkeitskalküls der Führungskräfte entscheidend: Neue Vergleichspersonen mit teilweise fundamental höheren Gehältern treten hinzu. Dadurch bekommt der Input-Faktor Geld eine höhere Bedeutung als zuvor. Was allerdings weniger ins Kalkül einbezogen wird, ist der unterschiedliche nationale Kontext: Zu den zehn Top-Managern in Deutschland zu gehören, ist bei der gegebenen Bevölkerungszahl aus Konkurrenzerwägungen noch immer keine so hoch einzustufende Leistung wie in den USA.

Die Marktdiskussion wird mit dem Argument geführt, daß in Deutschland hohe Vergütungen für die Unternehmensleitung gezahlt werden müßten, damit die „guten Leute hierbehalten werden können". Diese Argumentationskette hat allerdings Lücken:

- Wenn auf der Basis der marktlichen Transaktion argumentiert wird, dann würde sich die *internationale Allokation* der Führungskräfte auch durch den Markt von selbst lösen. Wenn also die deutschen Führungskräfte wirklich so exzellent wären und Mut hätten, ihren Einsatzbereich zu wechseln, dann wären sie bereits in den USA oder an anderen Orten, wo für sie eine Nachfrage besteht. Wenn sie in Deutschland sind, dann ist das ebenfalls das Resultat einer marktlichen Koordination, die offensichtlich Gleichgewichtspreise gefunden hat.
- Eine marktliche Vergütung setzt *Transparenz* des eigenen Handelns voraus. Während in den USA die Chief Executive Officers (CEO) als exponierte Vertreter ihrer Unternehmen permanent einer breiten Öffentlichkeit ausgesetzt sind, verstecken sich deutsche Vorstände hinter der Undurchschaubarkeit ihres Kollektivs. Unternehmenskulturell und landeskulturell bestehen in Deutschland Strukturen, die eine marktliche Vergütung von Top-Führungskräften gar nicht zulassen: Vorstände verfügen weder über Feedback in Form von Mitarbeitergesprächen noch über kurzfristige Kontrollstrukturen in Form einer funktionierenden Analysten-Struktur. Dagegen entwickelt sich aufgrund einer relativen Abgegrenztheit eine homogene Führung mit der Gefahr des group thinks.
- Die Güte der Führungskräfte müßte nach einem *Kriterium* beurteilt werden. Hier bietet sich der geschaffene Firmenwert an. Allerdings

besteht kein empirisch nachweisbarer Zusammenhang zwischen bilanziellem Erfolg und steigender Vergütung. Zudem nimmt der Grenznutzen der steigenden Vergütung ab.

- Gegen eine marktliche Vergütung in Deutschland spricht auch, daß, wenn tatsächlich jemand als Turnaround-Manager einen Wert schafft und dann erfolgsabhängig mit einem großen Wert entlohnt werden soll, trotz der geschaffenen Leistung der *Neid* aus der Umgebung diese Vergütung erschwert oder verhindert. Die deutsche Landeskultur ist eher auf Ausgleich und Gleichheit als auf Unterschiedlichkeiten ausgelegt.

Selbst wenn Top-Manager in Deutschland für sich eine amerikanische Vergütung durchsetzen könnten und daraus Vorteile hätten, so würde sich für die **nachgeordneten Hierarchieebenen** die Vorteilhaftigkeit umkehren: Hier sind deutsche Führungskräfte in der Regel besser bezahlt als amerikanische. Gerade bei Fusionen zwischen diesen beiden Ländern liegt hier ein Konfliktpotential.

Top-Manager der ersten Ebene, die eine Variabilisierung der Vergütung nach amerikanischem Muster auch in der zweiten und dritten Hierarchieebene durchsetzen, „verdienen" ihre „amerikanische" Vergütung im wahrsten Sinne des Wortes.

Eine Studie zu internationalen Vergütungstrends (vgl. *Watson Wyatt* 1998) verdeutlicht die unterschiedliche Führungskräftevergütung in Großunternehmen zwischen den USA und Deutschland. In den USA besteht ein starkes Gefälle bei der Gesamtvergütung zwischen der ersten und den nachgelagerten Führungsebenen für alle Vergütungselemente. Mit steigender Hierarchiestufe kommt es zu einer deutlichen Zunahme des variablen Anteils an der Gesamtvergütung. Insgesamt liegt hier die absolute Höhe der Gesamtvergütung der ersten Führungsebene im internationalen Vergleich deutlich an der Spitze. Dagegen liegt Deutschland in der absoluten Höhe der Gesamtvergütung für die zweite und dritte Führungsebene im internationalen Vergleich vorn (Übersicht 8.27).

Innerhalb der deutschen Top-Führungskräfte besteht der – auch durch eine lange Praxis der Auslandsentsendungen gewachsene – Wunsch, die Vorteile des heimischen Systems mit den Vorteilen des ausländischen Systems zu kombinieren. Diesem Wunsch ist jedoch schwer zu entsprechen, wenn international unterschiedliche Randbedingungen herrschen. Daher ergeben sich zwei sinnvolle **Alternativen**:

- Eine Vergütungsstruktur wie beispielsweise in den USA ist mit der entsprechenden Wertschöpfungsorientierung und dem Ausmaß an persönlicher Verantwortung wie in den USA zu koppeln. Bei gegebener Transparenz des Erfolgsbeitrages und einer hohen Erfolgsverantwortung ist eine hohe Vergütung als *Risikoprämie* vertretbar.

	Vergütung in DM					
	USA			Deutschland		
Führungsebene	**1. Ebene**	**2. Ebene**	**3. Ebene**	**1. Ebene**	**2. Ebene**	**3. Ebene**
rabattierter Aktienkauf	5 867,-	3 439,-	–	5 008,-	3 537,-	2 606,-
Firmenwagen	13 300,-	10 500,-	2 193,-	14 735,-	14 440,-	14 400,-
Altersversorgung	31 681,-	15 589,-	7 161,-	16 694,-	11 790,-	8 688,-
Leistungsbonus/ Erfolgsbeteiligung	136 894,-	57 313,-	29 225,-	92 151,-	41 264,-	30 408,-
Grundbarvergütung	391 125,-	229 250,-	146 125,-	333 881,-	235 792,-	173 760,-
Gesamtvergütung	**578 867,-**	**316 091,-**	**184 704,-**	**462 469,-**	**306 783,-**	**229 862,-**

Übersicht 8.27: Vergütungsstrukturen der USA und Deutschland im Vergleich (nach *Watson Wyatt* 1998)

- Bei der Bewahrung einer relativ hohen *Arbeitsplatzsicherheit* und *kollektiven Entscheidungsstrukturen* ist das deutsche Vergütungssystem mit geringerem Gehaltsniveau zu akzeptieren.

Die Aufgabe ist es daher, ein **landeskulturell stimmiges System** einzuführen und sich zudem zu vergegenwärtigen, daß es landeskulturell unterschiedliche Ideen von Gerechtigkeit gibt. Daher ist vor der unkontrollierten Adaption beispielsweise von US-amerikanischen Artefakten zu warnen.

8.5 Resümee und Vorschau

Personalkosten stellen einen zentralen Kostenverursachungsfaktor im Unternehmen dar. Die Planbarkeit von Personalkosten ist, sofern von einem konstanten Personalbestand ausgegangen werden kann, relativ hoch, ihre Beeinflußbarkeit dagegen relativ gering. Differenziert man wieder nach den drei **Managementebenen**, ergibt sich folgendes Bild:

- Die *strategische* Ebene beschäftigt sich mit der Personalkonfiguration als grundlegendem Planungs- und Gestaltungsobjekt. Sie liefert damit das mit Personalkosten bewertete Gegenstück zur strategischen Ebene der Bestandsanalyse mit ihrer (unbewerteten) Personalkonfiguration. Zentrale Kostendifferenzierungen auf der strategischen Ebene des Personalkostenmanagements sind Bestands-, Aktions- und Reaktionskosten mit ihren unterschiedlichen Beeinflussungsgraden. Des weiteren steht die Personalkostenstrategie im Mittelpunkt der Überlegungen, die sich aus zentralen Prinzipien des strategischen Managements ableitet und sich auf kollektivvertragliche sowie internationale Belange konzentriert.
- Die *taktische* Ebene mit der Personalkostenbudgetierung fokussiert auf die Erstellung von abteilungs- und bereichsbezogenen Personal-

kostenbudgets. Spezielle Formen der Budgeterstellung sind hier das Zero Base Budgeting, die Gemeinkostenwertanalyse und das Target Costing. Die Budgeterstellung wird ergänzt durch den Vorgang der Budgetkontrolle als Soll-Ist-Vergleich und der Abweichungsanalyse.

- Auf der *operativen* Ebene steht die individuumsbezogene Personalentlohnung im Mittelpunkt. Hier unterstützen diverse Verfahren der analytischen und der summarischen Arbeitsbewertung eine anforderungsabhängige Entgeltdifferenzierung. Innovative Ansätze sind insbesondere bei der leistungsabhängigen Entgeltdifferenzierung gefragt. Auch lebensabschnittsbezogene Entlohnung sowie die Vergütung von Führungskräften erfordern situative Konzepte.

Gerade die Motivationswirkungen, die aus dem Personalkostenmanagement resultieren, leiten über zu der Aufgabe des Personalmanagements, die sich am schwierigsten durch monetäre Größen erfassen läßt: der Personalführung.

8.6 Testfragen

(1) Inwieweit schließen sich in einem strategischen Personalkostenmanagement initiativ- und kontingenzaktives Verhalten aus?

(2) Diskutieren Sie die Leiharbeit (Personalleasing) als Form des Personalkostenmanagements unter strategischen Gesichtspunkten.

(3) Empirische Untersuchungen zeigen, daß der Anteil an Personalnebenkosten bei großen Unternehmen wesentlich höher ausfällt als bei kleineren Unternehmen. Worauf führen Sie dieses Ergebnis zurück?

(4) Mit welchen Argumenten würden Sie, bezogen auf Möglichkeiten zur Aushandlung von innovativen Entgeltsystemen für das Unternehmen, das Management von einem Verbleib im tariflichen Arbeitgeberverband überzeugen?

(5) Welche Auswirkung hätte eine Virtualisierung aus der Sicht des Personalkostenmanagements? Berücksichtigen Sie bei Ihrer Antwort die Phasen „beginnende Virtualisierung“ und „virtueller Geschäftsbetrieb“.

(6) Diskutieren Sie Abbildung 8.16 zur Ableitung von Personalkosten.

(7) Wie lassen sich die Auswirkungen einer x-prozentigen (linearen) Lohnerhöhung auf den Personalaufwand bestimmen?

(8) Wie müßte – in Grundzügen – eine flexible Plankostenrechnung für den Personalbereich aussehen? Differenzieren Sie in Ihrer Antwort zwischen operativer, taktischer und strategischer Ebene. Welche Voraussetzungen müßten für Ihren Vorschlag gegeben sein?

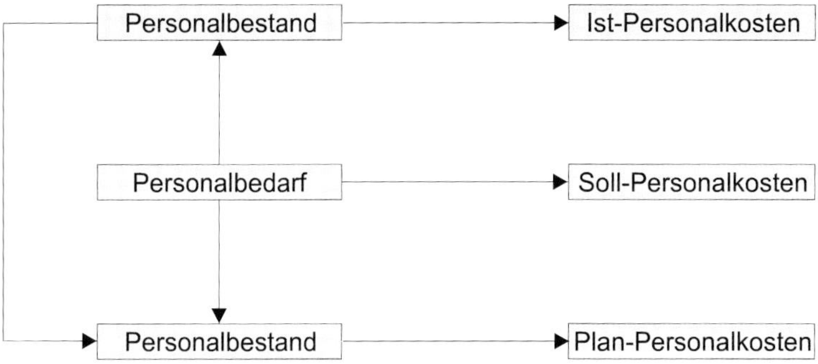

Abbildung 8.16: Personalkostenableitung

(9) Welche Zusammenhänge bestehen zwischen der Personalführung und der Entgeltfestsetzung? Gehen Sie bei Ihrer Antwort auch auf die diversen Menschenbilder (Kapitel 9) ein, die unterschiedlichen Entlohnungssystemen zugrunde liegen.

(10) Stellen Sie tabellarisch die Voraussetzungen und die Wirkungen der verschiedenen Entlohnungssysteme gegenüber.

(11) Das Gehalt eines Universitätsassistenten ergibt sich im wesentlichen in Form eines Zeitlohns. Wie würde eine Ausgestaltung als Akkord- oder Prämienlohn aussehen? Wann wären derartige Erweiterungsformen sinnvoll?

(12) Gesetzt den Fall, man würde die Gehälter von Universitätsassistenten mit Hilfe einer analytischen Arbeitsbewertung festlegen: Wie würde man bei den vier verschiedenen Methoden der Arbeitsbewertung vorgehen?

(13) Welche Zusammenhänge können zwischen einer Leistungsbeurteilung und der Personalentwicklungsplanung bestehen? Welche Probleme und Konsequenzen ergeben sich daraus?

(14) Vergleichen Sie die Auswirkungen einer Mehrleistung in Form einer Zeitersparnis von 0, 2, 4 und 6 Stunden bei einer Vorgabezeit von 8 Stunden auf die absolute Höhe einer Leistungsprämie sowie auf den erzielten durchschnittlichen Stundenlohn in den Berechnungssystemen von *Rowan* und *Halsey*. Gehen Sie von einem Grundlohn von 12,- DM/Std. und einem Prämienfaktor von $p = 0{,}75$ aus.

(15) Wie lassen sich die Ausgestaltung von Vergütungssystemen im internationalen Kontext und ihre Motivationswirkung abgleichen?

... für Fortgeschrittene:

John P. Kotter stellt in seinem Buch „The New Rules“ (1995, 135) folgende Regel auf: „Today´s global business environment offers huge opportunities for financially oriented deal makers. The new rule is: deal if you can, but be careful. Some of those opportunities are not in anyone´s best interests except the deal maker´s. Because some people are capitalizing on those socially questionable possibilities, the public is increasingly looking at all financial deal makers (and, to a lesser degree, all business people) with suspicion and contempt.“ Diskutieren Sie diese Aussage vor dem Hintergrund der Personalkostenbelastung deutscher Unternehmen.

Suchen Sie im Internet nach Möglichkeiten, Zuschüsse für Personalkosten von der öffentlichen Hand zu erhalten. An welche Kriterien ist eine Bezuschussung gekoppelt?

Diskutieren Sie anforderungsabhängige und leistungsabhängige Entgeltdifferenzierung am Beispiel von *Homer Simpson*.

Diskutieren Sie folgende Aussage von *Peter Drucker* (1998): „Many companies are going back to a semi-functional structure – where they at least know who is the boss.“

9 Personalführung

9.1 Charakterisierung

In nahezu jeder Befragung zu den aktuellen Herausforderungen von Unternehmen und Verwaltungen steht „Personalführung" an oberster Stelle. Diese Herausforderung nimmt immer neue Formen an, gewinnt laufend an Aktualität und bleibt trotzdem weitgehend ungelöst.

Personalführung ist die Optimierung des Verhältnisses zwischen Führungskraft und Mitarbeiter im Hinblick auf eine weitgehende Integration von Unternehmens- und Individualzielen.

Mitarbeiterzeitungen und Vorstandsreden suggerieren Bilder einer hochmotivierten Belegschaft, von charismatischen Führungskräften und autonom-selbstorganisierten Mitarbeitern. Dementgegen steht jedoch manchmal eine andere Realität: Mitarbeiter, die sich nicht mit „ihrem" Unternehmen identifizieren können oder wollen, Führungskräfte (bis hin zur obersten Ebene mit TV-Präsenz) ohne Charisma und ein Betriebsklima geprägt von Darwinismus und Opportunismus.

Dies alles ist nicht verwunderlich: Unternehmen, die mehr durch Entlassungszahlen als durch marktbezogene Leistungen von sich reden machen, die den Shareholder Value über den Workholder Value stellen, Produktsparten ausschlachten sowie den Mitarbeiter als zu teuren Produktionsfaktor etikettieren und zu Lasten der externen Gemeinschaft „entsorgen", müssen die geringere Unternehmensbindung der Belegschaft in Kauf nehmen.

Auch wenn dies nicht für sämtliche Unternehmen gilt, ist die Verschärfung unverkennbar, die auf folgenden **Entwicklungstendenzen** basiert:

- Technologie- und Marktdynamik fördern – verstärkt über die Organisationsdynamik – virtuelle Organisationen; damit ergibt sich als Herausforderung die *Führung in virtuellen Organisationen*
- Globalisierungund Technologiedynamik verschärfen das Führungsklima durch die Zunahme des *Wettbewerbsdruckes*.
- Marktdynamik plus Globalisierung erhöhen die *Geschwindigkeit*, mit der Unternehmen reagieren müssen.
- Die veränderten Strukturen führen zu einer Umbewertung des *Karrierebegriffes*. „Karriere" ist danach nicht länger betrieblicher Aufstieg durch Hierarchien, sondern individuelle Entwicklung von Kernkompetenzen.

- Die Marktdynamik führt in Verbindung mit der Organisationsdynamik zu einer Situation, in der sich der Objektbereich der Führung durch die Variabilisierung der Organisationsgrenzen laufend ändert.
- Globalisierung und Technologiedynamik forcieren ein weltumspannendes *Reengineering* der Geschäftsprozesse; kommt noch der Abbau der Hierarchieebenen aus dem Lean Management hinzu, so steigen zwangsläufig die Anforderungen an Führungskräfte.
- Die Diskussion um Wertesysteme manifestiert sich in einem globalen Umfeld als Herausforderung einer *interkulturellen Führung*.

Abbildung 9.1 faßt diese Überlegungen zusammen.

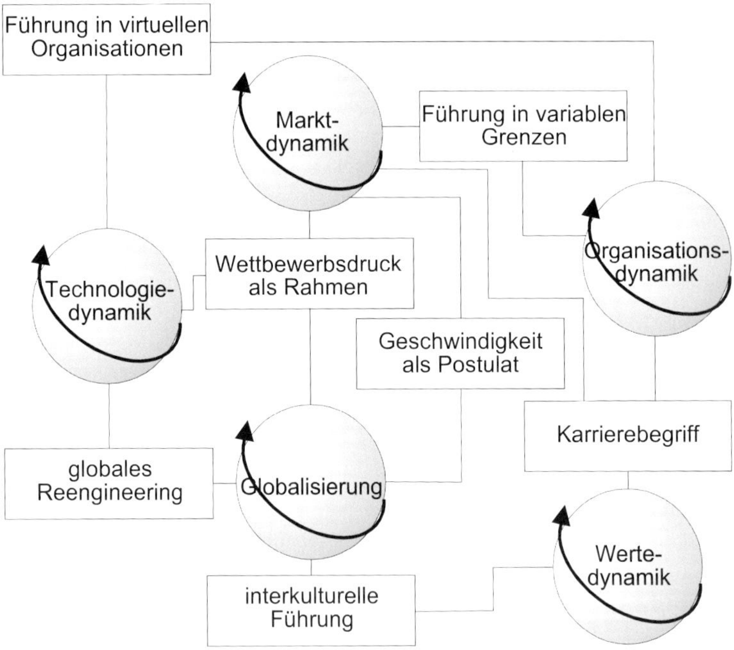

Abbildung 9.1: Aktuelle Herausforderungen der Personalführung

Gerade die Personalführung entwickelt sich zunehmend zu einem Engpaßfaktor: Zwar ist auf der einen Seite die Erfolgswirksamkeit einer „richtigen" Führung unumstritten, auf der anderen Seite aber auch ein nicht unbegründeter Zweifel an der gezielten Verbesserungsfähigkeit von „Führung" durchaus üblich. Dies führt dazu, daß letztlich immer noch mehr Firmen regelmäßig ihr Heil in Reorganisationen suchen und Unternehmenskultur sowie Personalführung zur marginalen Randgröße degradieren – ein Verhalten, das aber gerade sehr erfolgreiche Unternehmen schon länger als falsch erkannt haben.

Heinz Fischer
Bereichsvorstand Personal
Deutsche Bank AG

In den letzten Jahren hat sich das Umfeld für die Personalarbeit geändert. Was sind die gravierendsten Veränderungen für die Deutsche Bank?

Die Forderung nach „added value" der Personalfunktion ist unüberhörbar geworden. Ineffektive, ineffiziente Personalarbeit wird nicht mehr toleriert. Die Personalarbeit muß sich messen lassen und sich einem internen und externen Benchmarking stellen. Das alles hat zu erkennbar größerer Professionalität und Expertise in der Personalarbeit der Deutschen Bank geführt. Deswegen stellen wir entsprechende Qualitätsanforderungen im Personalbereich: Wenn früher eventuell Bankmitarbeiter in den Personalbereich „abgeschoben" wurden, haben heute eindeutig die Fachleute mit professionellem Hintergrund die Oberhand.

Wo sehen Sie in dieser Hinsicht Ihre größten Erfolge beziehungsweise Enttäuschungen?

Ich kam im November 1996 zur Deutschen Bank, und zwar aus einem Unternehmen, dessen Kultur zu der Deutschen Bank kaum konträrer sein kann. Meine Absicht und meine Hoffnung waren, daß ich meinen Auftrag und meine Ziele mit den vorhandenen Mitarbeitern würde erfüllen können. Dies – und das kann ich sagen, nachdem wir ein gutes Stück Weges miteinander gegangen sind – werden wir schaffen! Bis auf wenige Ausnahmen waren alle bereit, sich auf etwas Neues einzulassen. Die Menschen, die ich hier getroffen habe, sind begeisterungsfähig und haben meine Sache zu ihrer gemacht und wollen alle einen Beitrag dazu leisten, daß die Deutsche Bank zu einem Vorzeigemodell für das produktive, fortschrittliche und humane System Arbeit wird.

Enttäuscht bin ich über jeden, den ich auf die lange Reise nicht schaffe mitzunehmen bzw. durch Über- oder Unterforderung verliere. Enttäuscht bin ich auch von der Veränderungsgeschwindigkeit; ich würde den Prozeß gern beschleunigen.

Die Auseinandersetzung mit der Unternehmenskultur ist in vielen – nicht nur deutschen – Unternehmen primär ein Schönwetterkonzept: Man redet darüber in guten Zeiten und vernachlässigt sie in schlechten Zeiten. Sie selber sind dagegen von der Wirksamkeit der Unternehmenskultur überzeugt. Wie aber würden Sie eine eher technisch orientierte Führungskraft, die Unternehmenskultur für Sozialromantik hält, von der Sinnhaftigkeit dieser Idee überzeugen?

Ich würde so argumentieren, wie ich es immer tue und würde mich nicht scheuen, dies auch mit missionarischem Eifer zu tun. Für mich ist Unternehmenskultur gerade in nicht so sonnigen Zeiten der „Kitt", der ein sehr diversifiziertes Unternehmen zusammenhält, der ein „Wir-Gefühl" ermöglicht, Identifikation zuläßt und fördert, und – in meinem Verständnis der wesentliche Punkt – der eine positive Differenzierung von anderen Unternehmen erreicht, zum Beispiel im Hinblick auf eine tief verwurzelte Kundenorientierung, Mitarbeitermotivation, Aktionärszufriedenheit oder gesellschaftliche Verantwortung: Einstellungen und Verhaltensweisen, die die ganze Organisation durchdringen.

Wie löst eine Großbank das Dilemma, das entsteht, wenn man auf der einen Seite Personal abbauen muß, auf der anderen Seite aber geschäftlich erfolgreich ist?

Zu unseren strategischen Zielen gehört auch – wie bereits erwähnt – Shareholder Value. Der Anspruch unserer Aktionäre auf Sicherheit Ihrer Beteiligung an unserer Bank und auf einen nachhaltig angemessenen Ertrag, der auf lange Sicht die Grundlage für Beschäftigung darstellt, zwingt uns zum stringenten Kostenmanagement, das auch Stellenabbau beinhaltet. Nur wenn die Deutsche Bank attraktiv für unsere Aktionäre ist, haben wir die Möglichkeit, in neue Marktsegmente zu investieren und Stellen zu schaffen.

Wegen dieses Zusammenhangs haben wir bis zum Jahr 2001 eine Verringerung des Personals um mehrere tausend Mitarbeiter – bei derzeit 75 000 weltweit – vorgesehen. Natürlich steht wie bisher das Ausnutzen der natürlichen Fluktuation im Vordergrund; betriebsbedingte Kündigungen sollen möglichst vermieden werden. Da eine Arbeitsplatzsicherheit von keinem wirtschaftlich operierenden Unternehmen mehr garantiert werden kann, engagieren wir uns, unseren Mitarbeitern Beschäftigungssicherheit bzw. jedenfalls Beschäftigungsfähigkeit zu ermöglichen. Voraussetzungen von seiten der Mitarbeiter sind lebenslanges Lernen, örtliche Mobilität, Vergütungs- und Zeitflexibilität.

In diesem Kontext haben wir das „Deutsche Bank Mosaik für Beschäftigung" entwickelt. Beispiele für einzelne Bausteine sind eine interne Jobbörse, ein externes und ein internes Zeitarbeitsunternehmen oder Consultingmöglichkeiten für erfahrene, ältere Manager. Wir sind dabei, immer mehr Instrumente und Angebote zu entwickeln, die für den einzelnen individuell zugeschnittene Lösungsmöglichkeiten erlauben.

9.2 Strategische Ebene: Kulturorientiertes Personalmanagement

Die Berücksichtigung der Unternehmenskultur auf der strategischen Führungsebene ist eine Notwendigkeit, da gerade im strategischen Management ganzheitliche Führung als holistischer Steuermechanismus nicht nur von Wissenschaftlern gefordert, sondern auch von erfolgreichen Managern praktiziert wird.

9.2.1 Überblick

Unternehmenskultur ist das implizite Bewußtsein eines Unternehmens, das sich aus dem Verhalten der Unternehmensmitglieder ergibt und das im Gegenzug das Verhalten der Individuen steuert.

In seinem Werk „Das Unbehagen in der Kultur" setzte sich bereits *Freud* (1930/97, 108) mit dieser Thematik auseinander: „Die Schicksalsfrage der Menschenart scheint mir zu sein, ob und in welchem Maße es ihrer Kulturentwicklung gelingen wird, der Störung des Zusammenlebens durch den menschlichen Aggressions- und Selbstvernichtungstrieb Herr zu werden". Kultur ist danach vor allem ein geeignetes Mittel zur Triebabwehr, damit der Todes- und Destruktionstrieb der Menschen nicht ausgelebt wird." Entsprechend hat Unternehmenskultur vor allem die Funktion eines „Kultur-Über-Ichs", das die triebhaften Absichten der Unternehmensmitglieder überwacht, gegebenenfalls sanktioniert und ein (harmonisches) Zusammenleben ermöglicht.

Obgleich es – wie in Abschnitt 9.2.2 zu zeigen ist – in anderen Disziplinen seit langem Hinweise auf die Bedeutung von Wert- und Denkmustern gibt, dauerte es relativ lange, bis sich ein derartiges Denken auch in der Betriebswirtschaftslehre durchsetzen konnte. Hier lassen sich sechs Phasen unterscheiden (Übersicht 9.1).

Diese erste Phase der Kulturforschung läßt sich mit (betriebswirtschaftlicher) **Kulturignoranz** bezeichnen. So gab es zwar vor 40 Jahren bereits in der Anthropologie bereits mehr als 150 verschiedene Kulturdefinitionen (vgl. *Kroeber/Kluckhohn* 1952). Dennoch wurden in der Betriebswirtschaftslehre kulturelle Phänomene als irrelevant angesehen.

Mit Beginn der 60er Jahre erweiterte sich die betriebswirtschaftliche Forschung auf länderübergreifende Vergleiche. Das **Cross Cultural Management** postulierte zunächst einen kulturfreien Ansatz („culture free thesis"), bei dem etwaige Unterschiede zwischen festgestellten Managementformen auf nicht-kulturellen Situationsfaktoren beruhen. Es folgte der kulturbezogene Managementansatz („culture bound thesis"), der in der Landeskultur eine wichtige Variable zur Erklärung von Managementverhalten in unterschiedlichen Ländern sieht.

In einer nächsten Stufe befaßte sich das **Comparative Management** mit wechselseitigen Einflüssen von Landeskultur und Managementverhalten. In diese Forschungslinie gehören auch die Arbeiten zur japanischen Kultur und Unternehmensführung.

Die Auseinandersetzung mit wechselseitigen Einflüssen von Kultur und Managementverhalten führte zur Betrachtung der Mikroebene, also der Unternehmenskultur als intern bedingter und beeinflußbarer Variable. In dieser **Unternehmenskulturforschung** sind vor allem drei Linien von Bedeutung, nämlich die Verhaltensforschung, die Organisationstheorie und das strategische Management.

Mit Beginn der 90er Jahre begann die **Kulturintegration**. Hierbei werden nicht nur individuelle Verhaltensweisen der Organisationsmitglieder im landeskulturellen Kontext untersucht, sondern auch die Beziehung zwischen Unternehmens- und Landeskultur hergestellt.

<table>
<tr><th>Zeit</th><th>Ausgangsebene</th><th>Stadium</th><th>Betrachtungsweise</th></tr>
<tr><td>bis 1960</td><td rowspan="3">Makroebene</td><td>betriebswirt-schaftliche Kulturignoranz</td><td></td></tr>
<tr><td>ab 1960</td><td>Cross Cultural Management</td><td>a) kulturfreier Management-ansatz
b) kulturgebundener Managementansatz (Landeskultur als unabhängige Variable)</td></tr>
<tr><td>ab 1970</td><td>Comparative Management</td><td>Wechselbeziehungen zwischen Landeskultur und Management-verhalten</td></tr>
<tr><td>ab 1980</td><td>Mikroebene</td><td>Unternehmens-kulturforschung</td><td>Untersuchung/Beeinflussung der Unternehmenskultur weitgehend ohne landeskulturellen Kontext:
a) Ansatz der (individuellen) Verhaltensforschung
b) organisationstheoretischer Ansatz
c) Ansatz des strategischen Managements</td></tr>
<tr><td>ab 1990</td><td>Makro- und Mikroebene</td><td>Kultur-integration</td><td>Wechselbeziehungen zwischen Unternehmens- und Landes-kultur</td></tr>
<tr><td>ab 2000</td><td>Globalebene</td><td>Kultur-pointillismus</td><td>kleinste Kultureinheiten in einem grenzenlosen Raum, die je nach Perspektive zu unterschiedlichen Kulturansichten führen</td></tr>
</table>

Übersicht 9.1: Entwicklungspfad der betriebswirtschaftlichen Kulturforschung

Führt man die betriebswirtschaftliche Kulturforschung in Zehn-Jahres-Epochen weiter, so stellt sich zwangsläufig die Frage nach dem Kulturansatz zu Beginn des neuen Jahrtausends. Angesichts der zunehmenden Globalisierungstendenzen und dem Trend zu grenzenlosen Unternehmen könnte sich in Zukunft ein **pointillistischer Kulturansatz** durchsetzen. Danach entwickeln unternehmerische Einheiten, die nicht dauerhaft, sondern lediglich über einen gewissen Zeitraum in konstanter Besetzung miteinander arbeiten, ebenfalls eine eigenständige Kultur. Die Gesamtkultur setzt sich punktuell aus zahlreichen unterschiedlichen „Kleinstkulturen" zusammen. Zu diesen zählt auch die Kultur des Kunden, der in einen Prozeß eingebunden wird.

Unternehmenskultur stellt einen Handlungsrahmen für Führungskräfte dar, auch wenn dieser, was Wirkungsweise und Ausprägung betrifft, durchaus unterschiedlich diskutiert wird (Übersicht 9.2).

Fast alle Formen menschlichen Verhaltens sind teilweise kulturell bestimmt, individuelles sowie soziales. Um so mehr umfaßt das kollektive Verhalten von Menschen in Organisationen eine starke kulturelle Bedingtheit: Bestimmte Verhaltensformen unterscheiden die Mitglieder einer Organisation von denjenigen anderer Organisationen (*Hofstede* 1980b, 1169).
The culture of a group can now be defined as A pattern of shared basic assumptions that the group learned as it solved its problems of external adaptation and internal integration, that has worked well enough to be considered valid and, therefore, to be taught to new members as the correct way to perceive, think, and feel in relations to those problems (*Schein* 1992, 12).
... culture is basically holographic. It's a system of attitudes, inclinations, capacities, values, beliefs, and social practices where characteristics of „the whole" are latent within the parts. Culture is something that unfolds: It emerges and „comes alive" as people enact its chracteristics (*Morgan* 1993, 10).
Worum handelt es sich bei diesem Phänomen, das wir als Kultur bezeichnen? Bildlich gesehen ist dieser Begriff aus der Idee der Kultivierung entstanden, zunächst verstanden als der Prozeß, Land urbar zu machen und zu bestellen. Wenn wir von Kultur reden, dann meinen wir damit gewöhnlich Entwicklungsmuster, die sich im Wissenssystem einer Gesellschaft, in ihren Glaubensvorstellungen, ihren Werten, ihrer Rechtsprechung und in den alltäglichen Ritualen niederschlagen ... Wenn wir über die Gesellschaft als Kultur reden, übertragen wir eine alte Metapher aus dem Agrarbereich auf ganz bestimmte Aspekte der gesellschaftlichen Entwicklung. Und diese Metapher wird sehr wichtig, wenn wir Organisationen besser verstehen wollen (*Morgan* 1997, 156-157).

Übersicht 9.2: Beispiele für Aussagen zur Unternehmenskultur

Kulturwirkungen. Unternehmenskultur erfüllt, nach Ansicht der Verfechter eines unternehmenskulturellen Funktionalismus (vgl. *Deal/Kennedy* 1982; *Dill/Hügler* 1987, 146-159) folgende vier **Funktionen**:

(1) Sie wirkt verhaltenssteuernd und vermittelt Richtlinien für das „tägliche Verhalten“ der Mitarbeiter, indem sie Handlungsabläufe festlegt sowie Handlungsfreiräume definiert (*Koordinationsfunktion*).
(2) Sie vermittelt Mitarbeitern den Sinn der Arbeit und steigert dadurch deren Leistungsbereitschaft (*Motivationsfunktion*).
(3) Sie schafft ein Potential für das Zugehörigkeitsgefühl der Mitarbeiter zum Unternehmen (*Identifikationsfunktion*).
(4) Sie erlaubt die Abgrenzung zu anderen Unternehmen (*Profilierungsfunktion*).

Neben diesen primären Funktionen hat Unternehmenskultur sekundäre Auswirkungen. So trägt sie zu einer Erhöhung der wirtschaftlichen Effektivität bei und führt durch geringere Abwesenheitsquoten zu einer Steigerung der Verhaltenseffektivität (vgl. *Albert/Silverman* 1984, 13).

Vor allem die Kulturstärke stellt einen wichtigen Aspekt beim Umgang mit der Unternehmenskultur dar: Denn je stärker die Kultur ist, desto eher prägt sie das Verhalten. Ob es aber tatsächlich zu einer starken Kultur kommt, hängt von mehreren, größtenteils noch unerforschten Faktoren ab: Zu vermuten ist, daß sich eine starke Unternehmenskultur mit einer **höheren Wahrscheinlichkeit** entwickelt, wenn

- die *Wertvorstellungen* der Mitarbeiter nicht gegenläufig sind,
- die Wertemuster für die Unternehmensmitglieder *transparent* sind,
- die Organisation *alt genug* ist, damit alle Mitarbeiter die Kultur internalisieren konnten,
- die sichtbaren Objekte *stimmig* zu den Kulturwerten sind und
- die grundlegenden *Landeskulturwerte* nicht konträr zu den Wertemustern der Organisation verlaufen.

Die Kulturstärke, als quantitative Ausprägung der Unternehmenskultur, ist eine Funktion der Verbundenheit (Konnektivität), Interaktionsdichte, Werttransparenz sowie der Ereignisdynamik.

Neben diesen theoretisch-abstrakten Determinanten der Kulturstärke gibt es drei pragmatisch-konkrete **Indikatoren** für starke Kulturen:

- *Geschichten* sind Spiegel einer Kultur. Ihr permanentes Weitererzählen läßt auf eine Kongruenz zur Unternehmung schließen. Geschichten spielen eine prägende Rolle, da sich aktuelles und zukünftiges Verhalten an ihren Pointen orientiert.
- *Symbolik* liegt in vielen organisierten oder gewachsenen Handlungsmechanismen. Dies gilt für Zeremonien genauso wie für Kommunikationsformen. Je intensiver die Symbolik, um so stärker dürfte auch die Unternehmenskultur ausfallen.
- *Clans* sind dominante und innerlich stark verbundene Personengruppen. Ihr Auftreten erhöht die Wahrscheinlichkeit einer starken Organisationskultur.

Starke Kulturen vermitteln, wirken koordinierend und fördern die notwendige Stimmigkeit (Übersicht 9.3).

Die Unternehmenskultur begründet Identität!

Sie konstituiert die kulturelle Identität einer Unternehmung und stützt damit das „Wir-Gefühl" der Unternehmungsangehörigen sowie das personale Selbstbewußtsein jedes einzelnen, soweit er dieses aus seiner Berufsrolle bezieht.

Die Unternehmenskultur vermittelt Sinn und Motivation!

Sie vermittelt den Unternehmungsangehörigen sowie Außenstehenden einen glaubwürdigen Sinnzusammenhang des unternehmerischen Handelns: Motivation nach innen und Legitimation nach außen.

Die Unternehmenskultur stiftet Konsens!

Sie sichert ein Grundverständnis über fundamentale Grundfragen sowie ein kommunikatives Verständigungspotential, auf dessen Boden auch in unternehmerisch schwierigen Zeiten produktive wie befriedigende Formen der Zusammenarbeit bestehen und wachsen können.

Die Unternehmenskultur ermöglicht Orientierung und Koordination!

Sie entlastet die Mitarbeiter aller Ebenen von fundamentalen Problemen der Handlungsorientierung und -koordination und gibt ihnen Sicherheit; die vorhandene Sinngemeinschaft unter den Beteiligten beseitigt einen erheblichen Teil potentieller Organisations-, Führungs- und Kontrollprobleme und verringert so den administrativen Aufwand an formalen Regelungen und Weisungen im Ansatz.

Die Unternehmenskultur eröffnet Lernpotentiale!

Sie bleibt stets „weltoffen" und birgt in sich ein fast unerschöpfliches Lern- und Entwicklungspotential zur Mobilisierung der notwendigen Fähigkeiten und psychischen Energien, um auf veränderte Existenzanforderungen innovativ und „progressiv" reagieren zu können.

Übersicht 9.3: Positive Effekte der Unternehmenskultur
(nach *Ulrich* 1984, 312-313)

Starke Kulturen weisen häufig jedoch auch problematische Auswirkungen auf. Sie bringen die Tendenz zur Abschottung mit sich und produzieren emotionale Barrieren, die bis hin zur kollektiven Vermeidungshaltung führen können. Insbesondere können folgende **negative Kultureffekte** auftreten:

- Es besteht die Gefahr, daß das unternehmenskulturell verankerte Wertesystem zu einer *alles beherrschenden Kraft* wird. Änderungen in der Umwelt werden ignoriert.
- Starke Unternehmenskulturen *wehren sich* gegen Veränderungen im Wertesystem und sind nur schwer zu beeinflussen.

Starke Unternehmenskulturen haben daher einen ambivalenten Charakter: Einerseits bieten sie Handlungsorientierung durch Stabilität und Zuverlässigkeit. Andererseits ist dies gleichzeitig ihre größte Schwäche, da die Fixierung auf historische Erfolgsmuster zu Inflexibilität führen kann und keinen Raum für Kreativität läßt.

Kulturelemente. Jeder, der ein Unternehmen betritt, wird sofort mit einer Fülle von markanten **Objekten** und **Verhaltensweisen** konfrontiert: Dies beginnt mit dem Empfangsritual und reicht bis zum (mehr oder weniger) devoten Verhalten der Mitarbeiter gegenüber ihrem Chef (Übersicht 9.4). So ist die *Architektur* ein wichtiges Kulturelement: Sie strahlt kulturelle Botschaften auf die Unternehmensmitglieder aus und erzeugt einen kulturtragenden Rahmen im Unternehmen. Sachbezogenheit, Extravaganz oder Unauffälligkeit lassen sich bereits an der Struktur der Gebäude ablesen. Ähnliches gilt auch für *Logos* oder *Kleiderordnungen* als Kennzeichen von Unternehmen.

Objekt	**Beispiele**
Architektur	Baustil, Vorplatz, Parkanlagen, Trennung von Verwaltung und Produktion
Inneneinrichtung	Entrée, Farbgestaltung, Kunstgegenstände, Vorzimmer, Möbel, Casino, Pausenräume
Arbeitsplätze	Teppiche, Vorhänge, Wandschmuck, Pflanzen, Türschilder, ergonomische Gestaltung
Arbeitsorganisation	Größe des Arbeitsplatzes, Großraumbüro, Einzelzimmer, Gruppenzimmer, Lagereinrichtungen
Arbeitsmittel	Telefonanlage, EDV, PCs, Maschinen, Anlagen
Bekleidung	Freizeitkleidung, Business Dress, Uniform
Art der Überwachung	Zeitkontrolle, Stechuhren, Kontrollpersonal
Sonstiges	Titelhierarchie, Logos, Embleme, Fahnen, Visitenkarten, Ausweise, Freistempler, Briefpapier, Firmenwagen, Jahresbericht, Führungsgrundsätze, Organigramme, Incentives, Veranstaltungen

Übersicht 9.4: Sichtbare Objekte als potentielle Indikatoren der Unternehmenskultur

Es geht aber nicht nur um physikalische Objekte; es gibt eine ganze Reihe weiterer **Medien**, über die Aussagen der Unternehmenskultur transportiert werden. Ein derartiges und vor allem in der amerikanischen Managementliteratur häufig genanntes Kulturmedium sind „*Helden*": Als exponierte Persönlichkeiten stehen sie für spezifische Leistungen des Unternehmens, symbolisieren also bevorzugte Werte und Erfolge. Ebenso vermittelt *Sprache* Unternehmenskultur: So deuten Form, Ort und Zeit von bestimmten Redewendungen auf konkrete Bedeutungsinhalte hin. Insbesondere Slogans können Unternehmenskultur vermitteln, sofern sie nicht nur als Werbebotschaft nach außen dienen, sondern tatsächlich auf kulturellen Werten beruhen.

9.2.2 Kulturbasis

Die forschungsmethodische Basis der Unternehmenskultur erstreckt sich – auch wenn die teilweise eher trivialen Beraterkonzepte einen anderen Eindruck suggerieren – auf eine ganze Reihe ausgereifter und inhaltsreicher Wissenschaftsdisziplinen. Als wichtigste Vertreter zu nennen sind die Anthropologie, der Konstruktivismus sowie der Symbolismus.

9.2.2.1 Anthropologie

Die Anthropologie ist die Wissenschaft vom prähistorischen und vom modernen Menschen in seiner generalisierenden Lebensweise sowie seiner kollektiven Entwicklung. Ein Schwerpunkt liegt dabei auf dem kommunikativen Handeln.

Die Anthropologie, die über die Völkerkunde (Ethnologie) und die Volkskunde hinausgeht, strebt nach einem ganzheitlichen Bild vom Menschen, wobei gerade die Kommunikation beziehungsweise (weitergefaßt) das kommunikative Handeln im Mittelpunkt des Erkenntnisinteresses steht. Hierdurch ergeben sich komplexe und kontinuierliche Verhaltensmuster, die überliefert werden und letztlich zu Tradition sowie Kultur führen.

Vor diesem Hintergrund befaßt sich die Anthropologie mit mehreren höchst unterschiedlichen Themenstellungen. Dabei stehen im Regelfall **drei Fragen** im Vordergrund (*Bargatzky* 1985, 21):

- Welche Rollen spielen *biogenetische* Faktoren für das kulturelle Verhalten?
- Welches Verhältnis besteht zwischen menschlichen *Systemen* und ihrer *Umwelt*?
- Welche Beziehungen bestehen zwischen *Geist*, *Verhalten* und *Umwelt*?

Die treibende Kraft ist dabei die generalisierende Suche nach allgemeinen Verhaltensmustern und nach Strukturgleichheiten (Isomorphien).

Um diese Fragen zu beantworten, bedient sich die Anthropologie mehrerer **Einzeldisziplinen** (vgl. *Vivelo* 1995, 42-44):

- Die *physische Anthropologie* befaßt sich mit der menschlichen Evolution, wie sie sich in fossilen Belegen manifestiert, mit menschlicher Bevölkerung, mit Biologie, Genetik sowie mit der Primatologie, zu verstehen als tierische und menschliche Entwicklungslehre.

- Die *Linguistik* analysiert Sprachen im allgemeinen sowie Einzelsprachen im besonderen. Der Schwerpunkt aus anthropologischer Sicht liegt dabei auf der Funktion der Sprache als kulturelles Phänomen.
- Die *Ethnographie* beschreibt Kulturen, die *Ethnologie* vergleicht sie. Interessant sind dabei vor allem Technologien und Institutionen, aber auch Verhaltensmuster, Ideologien, Werte und Symbole.

Dazwischen liegt als Bindeglied die *Archäologie*.

Interessant für die Diskussion der Unternehmenskultur ist vor allem die Kulturanthropologie als Zusammenführung von Ethnographie und Ethnologie (vgl. *Harris* 1989, 20-25; *Vivelo* 1995, 44-49): Hier sieht man Kultur als erlernte und sozial angeeignete Tradition, die es zu analysieren gilt. Wichtig ist dabei die Trennung zwischen Datensammlung (meist Feldforschung) und Datengebrauch. Hier kann sich der Forscher entweder selbst einbringen (*Ethnozentrismus*) oder andere Kulturen bewußt nicht nach Standards der eigenen Kultur beurteilen (*Kulturrelativismus*). Erkenntnistheoretisch besonders interessant ist dabei die Kontinuität von Kulturen (*Enkulturation*) sowie ihre Übertragung auf andere Kulturkreise (*Kulturdiffusion*).

Die Unternehmenskulturforschung hat somit eine ganze Reihe von Ideen aus der Anthropologie übernommen, darunter auch die später noch zu diskutierenden Konzepte „Symbol" und „Artefakt" (Abbildung 9.2).

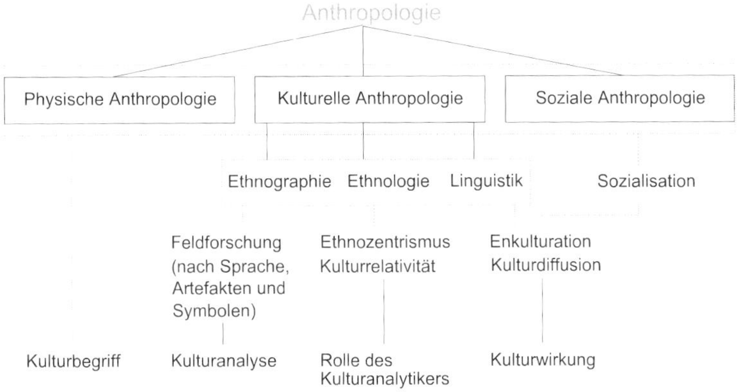

Abbildung 9.2: Anthropologie und Unternehmenskulturforschung

9.2.2.2 *Konstruktivismus*

Im Konstruktivismus ergibt sich Realität nicht durch physische Existenz sondern durch sinnschaffende Interaktion und soziale Übereinkunft.

Schon in Kapitel 2 wurde auf den zentralen Stellenwert der konstruktivistischen Perspektive für das Personalmanagement hingewiesen. Dies gilt insbesondere auch für die Diskussion der Unternehmenskultur, wenngleich im Konstruktivismus das Konzept „Kultur" zumindest explizit nur eine untergeordnete Rolle spielt: Vielmehr geht es vorrangig um das Entstehen von „Gesellschaften", und zwar objektiv sowie subjektiv.

In der Gesellschaft als **„objektive Wirklichkeit"** (vgl. *Berger/Luckmann* 1980, 49-138) liegt der Schwerpunkt auf der Frage nach einer spezifischen Umwelt, die sich der Mensch selbst schafft. Hier spielen die *Habitualisierung* als Gewöhnung, die *Institutionalisierung* als zwingende Äußerlichkeit und die *Legitimierung* durch (teilweise symbolische) Schutzmechanismen eine wichtige Rolle.

Aber auch im **subjektiven Schaffen** von Wirklichkeit liegt eine wichtige Querbeziehung zur Unternehmenskultur, wie ein Rückgriff auf die Basisquelle von *Berger* und *Luckmann* (1980) deutlich macht: Dort geht es (1980, 139-196) unter anderem um *Subwelten*, die durch Interaktion entstehen und deren Sinngehalt sukzessive durch sekundäre Sozialisation internalisiert wird. Auf diese Weise wird Identität geschaffen, gleichzeitig aber auch Abgrenzung.

Dies bedeutet zusammengefaßt: Während sich Ansätze zur Unternehmenskultur damit befassen, wie man die „wirkliche" Unternehmenskultur entdecken kann, ist im Konstruktivismus Unternehmenskultur nichts, was gefunden werden kann, sondern etwas, das erfunden wird. Die Unternehmenskultur wird also erst durch den Prozeß ihrer Bestimmung konstruiert und verwirklicht.

9.2.2.3 Symbolismus

Symbolismus ist eine Denkrichtung, die Objekten und Handlungen nicht nur eine physisch-funktionale Bedeutung beimißt: Vielmehr erhalten sie zum einen eine Stellvertreterfunktion („ ... steht für"), zum anderen eine tiefere und nur aus dem komplexen Kontext entschlüsselbare Sinngebungsfunktion („ ... soll ausdrücken").

Der Symbolismus stellt eine zentrale Grundlage der modernen Unternehmensforschung dar, weil er eine breite wissenschaftstheoretische Basis beinhaltet, gleichzeitig aber auch einen pragmatischen Handlungsbezug impliziert. Beides leitet sich – mit etwas unterschiedlicher Akzentsetzung – aus mehreren Wurzeln ab, von denen sich die älteste im Bereich der Literaturgeschichte lokalisieren läßt. Zusätzlich zu den nachfolgend behandelten Bereichen ist auf die schon diskutierten Impulse aus der Anthropologie und dem Konstruktivismus hinzuweisen, die sich ebenfalls mit Bedeutung und Funktion von Symbolen beschäftigen.

Literaturgeschichte. Der Symbolismus entstand als literarische Kunstrichtung zwischen 1880 und 1920 (vgl. *Fritz* 1994, 413-415). Als gegenläufige Strömung zu Realismus und Naturalismus betont der Symbolismus, daß sich der sinnlichen Wahrnehmung einzelner Individuen lediglich Bilder der Realität erschließen. Darzustellende Objekte werden im Zuge subtiler, metaphorischer Prozesse entrealisiert und symbolisch interpretiert. Sie bergen also einen tieferen Bedeutungszusammenhang in sich, als dem Menschen durch eine einfache Sinneswahrnehmung zugänglich ist: Die tiefere Bedeutung zeigt sich in Form eines komplexen Chiffres, der durch die reine Beschreibung äußerer Wirklichkeit nicht entschlüsselt werden kann.

Soziologie. Auch in dieser Forschungsrichtung spielen Symbole an verschiedenen Stellen eine wichtige Rolle. Wegen der unmittelbaren Nähe zur Unternehmenskultur ist dabei der *Symbolische Interaktionismus* von besonderer Bedeutung, der auf *George Herbert Mead* zurückgeht. Sein Gedankengut läßt sich zu folgenden Hauptaussagen verdichten (vgl. *Preglau* 1997):

(1) Der Mensch ist insofern ein sehr spezielles Tier, als nur er in der Lage ist, überhaupt Symbole zu verwenden.

(2) Anhand „signifikanter Symbole" (vgl. *Mead* 1998), wie beispielsweise typische Gesten oder Gebärden, können eigene und fremde Handlungen antizipiert werden, ohne daß sie tatsächlich ausgeführt werden müssen.

(3) Symbolisch vermittelnde Interaktion erfolgt primär über die Sprache, in der sich kulturell inventarisierte Werte, Normen und Bedeutungen widergespiegeln.

(4) Das Ergebnis ist Identität als die kognitive Fähigkeit, sich selbst zum Objekt zu machen und ein Bewußtsein für die eigene Bedeutung zu schaffen.

(5) Dies führt dann zur Schaffung einer Gesellschaft als Summe der Personen, mit denen das Individuum Interaktionsbeziehungen unterhält.

Eine wichtige Konsequenz auch für das Schaffen von Unternehmenskultur ist damit die sich wechselseitig bedingende Rekonstruktion von Individuum und Gruppe. Vor diesem Hintergrund vermitteln Symbole und symbolische Handlungen Sinnzusammenhänge. Ferner stellen sie ein Bindeglied zwischen Handlungsauslösung und -reaktion dar.

Organisationstheorie. Bereits seit über 20 Jahren befassen sich Autoren aus der Organisations- und Managementlehre mit Symbolen und ihren Wirkungen. Beginnend bei einigen Aufsätzen (vgl. *Peters* 1978; *Dandridge/Mitroff/Joyce* 1980) und zentralen Sammelbänden (vgl. *Pondy et al.* 1983; *Gagliardi* 1990) entwickelte sich eine beeindruckend lange Forschungstradition (vgl. *Czarniawska-Joerges* 1997). Die Vertreter dieser Forschungsrichtung gehen davon aus, daß Symbolbildungen eine

Grundstruktur menschlicher Existenz darstellen, die das zwischenmenschliche Sozialgefüge beeinflussen. Damit entsprechen organisationale ebenso wie dramatische oder literarische Symbolbildungen bestimmten Mustern menschlicher Bedürfnisse. So lassen sich in Organisationen Heldenverehrungen oder Verhaltensmuster festmachen, die mit Symbolen oder symbolischen Handlungen verknüpft sind.

Vor allem um die von Mitarbeitern und Führungskräften erwarteten Verhaltensanforderungen zu verdeutlichen, müssen Symbole in ihrer gesamten Variantenvielfalt betrachtet und eingesetzt werden (vgl. *Dandridge/Mitroff/Joyce* 1980, 79; *Frost/Morgan* 1983, 203). Hierzu gehört zum einen die Differenzierung nach **Typen** von Symbolen: Sie können sich
- *kommunikationsorientiert* über das Medium des geschriebenen oder gesprochenen Wortes artikulieren,
- *handlungsorientiert* an Aktionen festmachen oder
- *objektbezogen* auf physische Artefakte beziehen.

Symbole spiegeln auf diese Weise in einer mitunter überspitzten, stark pointierten Weise wider, was als wichtig im betreffenden Unternehmen gilt und erfüllen dabei folgende **Funktionen**:
- *Sinnvermittlung* (deskriptive Funktion),
- *Sinnverstärkung* (stabilisierende Funktion) und
- *Sinnveränderung* (aktivierende Funktion).

Symbole besitzen danach nicht nur erklärenden Charakter im Hinblick auf die Kultur, sondern auch instrumentelle Wirkung (Abbildung 9.3).

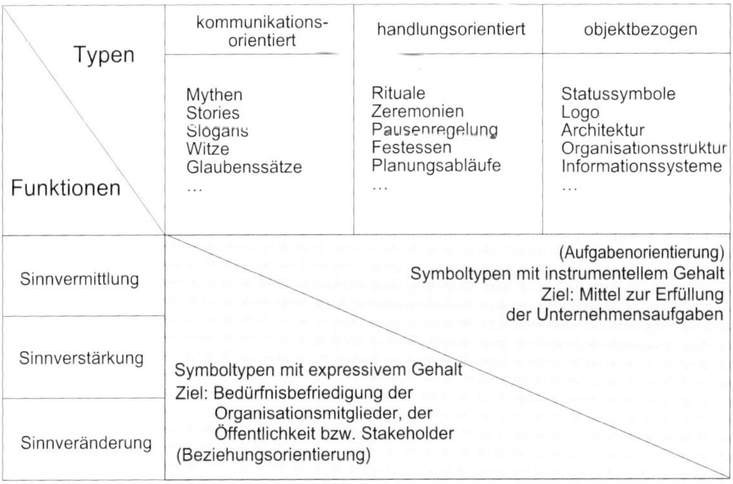

Abbildung 9.3: Symboltypen und Symbolfunktionen (modifiziert nach *Dandridge/Mitroff/Joyce* 1980, 79; *Frost/Morgan* 1983, 211)

9.2.3 Kulturmodelle

Um „Kultur" für den Objektbereich des Unternehmens zu optimieren, haben sich mehrere deskriptiv-erklärende sowie präskriptiv-gestaltende Modelle herauskristallisiert.

9.2.3.1 Die drei Kulturebenen von Schein

Aus der individuellen Verhaltensforschung resultiert die Betrachtung der Unternehmenskultur als eine der zentralen Einfluß- und Steuergrößen des Verhaltens von Mitarbeitern. Ein einflußreicher Vertreter dieser Forschungsrichtung ist der Organisationspsychologe *Schein* (1992), der die Unternehmenskultur als Zusammenspiel von **drei Kulturschichten** erklärt (Abbildung 9.4):

- Auf der obersten Ebene zeigt sich die Kultur in künstlich geschaffenen Objekten und Verhaltensweisen *(Artefakten)* wie der Architektur und Zeremonien, die sichtbar und/oder hörbar direkt zu erfassen sind. Obwohl diese Ebene einfach zu beobachten ist, liegt die Schwierigkeit in ihrer eindeutigen Entschlüsselung.
- Auf der zweiten Ebene liegen die kollektiven *Werte*. Sie beziehen sich auf das im Laufe der Zeit entstandene Werte-Kompositum und steuern (mehr noch als die Artefakte der ersten Ebene) das Verhalten der Organisationsmitglieder. Bei „angenommenen" Werten, wie sie durch Unternehmens- oder Führungsgrundsätze vermittelt werden, ist dabei der Einfluß auf das Verhalten allerdings geringer als bei „internalisierten" Wertvorstellungen.
- Die kontinuierliche Bestätigung eines Wertes führt zur Aufnahme in die *Grundannahmen*, die sich auf der dritten und tiefsten Kulturebene befinden. Sie stellen kaum noch diskutierte und langfristig konstante Auffassungen über Umwelt, Realität, menschliches Wesen, menschliche Handlungen und menschliche Beziehungen dar. Das Infragestellen dieser Grundannahmen widerspricht dem menschlichen Bedürfnis nach kognitiver Stabilität. Grundannahmen lassen sich somit als psychologische Verteidigungsmechanismen begreifen, die Kontinuität und Funktionalität sichern. Diese kulturtragenden Annahmen haben den größten Einfluß auf das Verhalten der Organisationsmitglieder, lassen sich aber nur schwer ermitteln.

Das Verständnis dieser Kulturschichten ist erfolgskritisch für das Unternehmen, da dysfunktionale Kulturelemente die gesamte Leistungserstellung des Unternehmens beeinträchtigen können. Durch die Berücksichtigung einer kulturellen Gesamtperspektive dagegen werden Anomalien und Widerstände gegen Veränderung sowie Konflikte besser verstehbar.

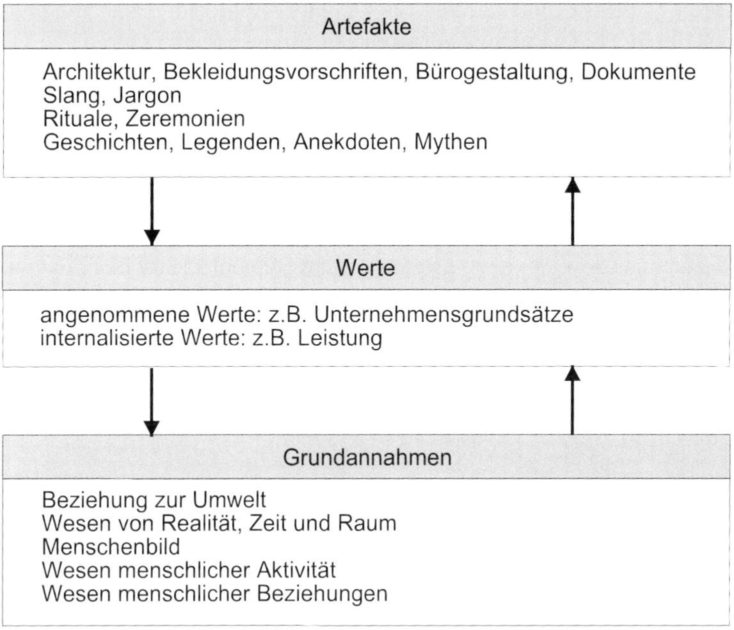

Abbildung 9.4: Ebenen der Unternehmenskultur nach *Schein* (1992, 17)

Für *Schein* ist besonders die Entschlüsselung der Grundannahmen wichtig. In diesem Zusammenhang stellt er die Validität und Reliabilität von Kulturfragebogen in Frage (vgl. *Schein* 1999, 60-63):

- Die Komplexität der Unternehmenskultur in der unternehmerischen Realität übersteigt die Kapazität eines Fragebogens: Man weiß nicht, was man überhaupt fragen soll. Häufig wird das Betriebsklima erfaßt; die Grundannahmen werden aber vernachlässigt, unter anderem deshalb, weil vor der Befragung noch gar nicht klar sein kann, auf welche unternehmensspezifischen Grundannahmen der Fragebogen fokussieren könnte.
- Zur Eruierung eines geteilten Gruppenphänomens Inidividuen einzeln zu befragen erscheint in sich widersprüchlich und damit inadäquat und ineffektiv.
- Selbst wenn die Befragten Daten bereitstellen, können die von ihnen gewünschten Änderungen unabänderlich sein, weil sie fester Bestandteil der existierenden Kultur sind. Es müßte also nicht nur abgefragt werden, ob eine Sollkultur erreicht ist oder nicht, sondern auch, warum dies geschieht, wo also Grundannahmen Veränderungen auf der Ebene der Artefakte blockieren.

In Einzel- und in Gruppeninterviews versucht der Kulturforscher/Kulturberater daher, tieferliegende Schichten der Unternehmenskultur zu erfassen. *Schein* ist ein Vertreter des „Clinical Approach“: Nur professionell Geschulte, vor allem Außenstehende, können Kultur „richtig“ erfassen (vgl. *Schein* 1999, 68).

9.2.3.2 Das Cultural Dynamics Modell von Hatch

Auf den Kulturebenen von *Schein* aufbauend entwickelte *Hatch* (1993) ihr Cultural Dynamics Modell. Sie interessiert, wie sich Kultur aus Grundannahmen, Werten, Artefakten und Symbolen in einem dynamischen Prozeß konstituiert (Abbildung 9.5).

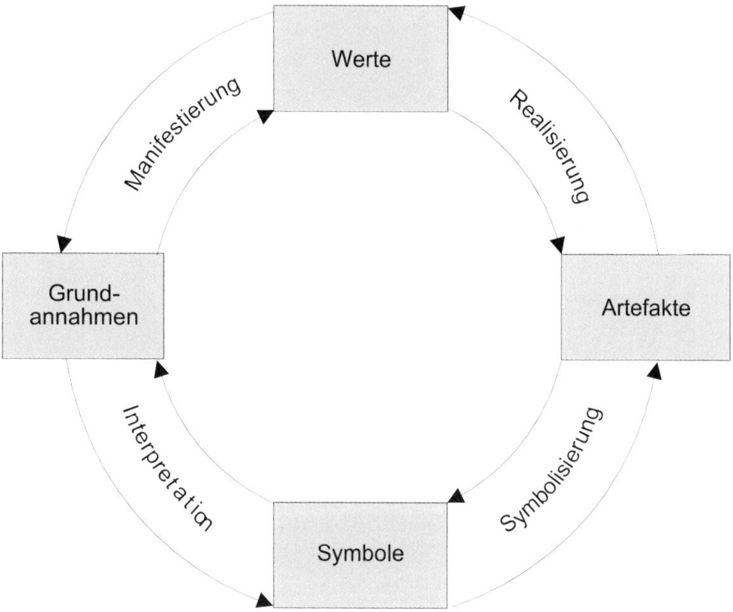

Abbildung 9.5: Das Cultural Dynamics Modell von *Hatch* (1997, 363)

Das Modell erklärt Kultur **prospektiv** über die Prozesse, durch die Artefakte und Symbole kreiert werden; **retroaktiv** werden die Werte und Grundannahmen durch Symbole und Artefakte erhalten:

- *Manifestierung* bezieht sich in prospektiver Hinsicht auf die Bildung von Werten, indem die Grundannahmen bestimmte Erwartungen wecken. Die retroaktive Manifestierung beschreibt den Transformationsprozeß von Werten in Grundannahmen, vor allem wenn neue Werte zu alten Grundannahmen in Widerspruch stehen.

- *Realisierung* beschreibt prospektive die Transformation von Werten in Handlungen, die sich dann in Artefakten widerspiegeln. Die retroaktive Perspektive bezieht sich auf die Veränderungen von Werten, wenn Handlungsergebnisse sich nicht mit dem Wertesystem decken. Darüber hinaus können „importierte" Artefakte einen Einfluß auf die Werte im Unternehmen besitzen.
- *Symbolisierung* bedeutet prospektiv, daß bewußt oder unbewußt Artefakte mit einer abstrakten Sinngebung assoziiert werden. Umgekehrt wird retrospektiv eine Ent-Symbolisierung beschrieben, nach der ein Artefakt wieder seine generelle Bedeutung erlangt.
- *Interpretation* ist möglich aufgrund von Erfahrungen und versieht Wahrnehmung mit Bedeutung. Prospektiv werden die Grundannahmen durch neue Informationen verändert. Retrospektiv spiegelt die Interpretation das bereits Gewußte als Kultur in Form der Grundannahmen wider.

Im Cultural Dynamics Modell steht der Manager inmitten der Kultur; Kontrolle oder bewußte Veränderungen sind daher weder möglich noch erwünscht. Vielmehr liegt die Anforderung an die Führungskraft darin, eine **Sensibilität** gegenüber den eigenen interpretativen Vorgängen, aber auch gegenüber denen der Mitarbeiter aufzuweisen.

9.2.3.3 Das Spiralmodell von Gagliardi

Gagliardi (1986) betrachtet die kulturelle Identität eines Unternehmens als wesentlichen Erfolgsfaktor. Durch sie entsteht eine Kettenraktion, die er als **Virtuositätszyklus** bezeichnet (Abbildung 9.6): Der Unternehmensgründer startet mit einer *Vision*, mit der er im Wettbewerb bestehen will (1). Die Mitarbeiter können zu dieser Zeit unterschiedliche Werteysteme besitzen; diese nähern sich jedoch aneinander an, wenn *gemeinsame Erfolge* auftreten (2). Der Erfolg wird auf das kollektive Wertesystem zurückgeführt, wodurch eine *Idealisierung* erfolgt (3). Die Mitarbeiter fühlen sich als ein Teil einer kulturellen *Gemeinschaft* (4). Dies ermöglicht Komplexitätsreduktion und Motivation, letztlich also eine verbesserte *Effizienz* (5).

Den Erhalt der kulturellen Identität bezeichnet Gagliardi als primäre Strategie, die durch instrumentelle sekundäre Strategien unterstützt wird. Diese sekundären Strategien äußern sich im Wettbewerbsauftritt sowie in der Durchführung bestimmter Verfahren.

Solange das Unternehmen mit seiner kulturellen Identität und seinen Strategien erfolgreich ist, besteht keine Notwendigkeit einer kulturellen Änderung. Läßt allerdings der Erfolg nach und erweisen sich die traditionellen Methoden als nicht länger praktikabel, erweitert sich der Virtuositätszirkel zum **Spiralmodell** (Abbildung 9.7): Das Unternehmen

Abbildung 9.6: Der Virtuositätszyklus von *Gagliardi* (1986, 125)

muß sich *neue Kompetenzen* suchen (6) und neue kollektive *Erfolgserfahrungen* erleben (7). Dies führt zu einer neuerlichen *Idealisierung* (8) und dem Angleich der neuen Werte an die alten über die *Mythisierung* (9). Schließlich erfolgt eine *Integration* der neuen Werte in das bestehende Wertesystem (10), was wiederum den Zusammenhalt und die organisatorische *Effizienz* verbessert (11).

Dieser Kulturwandel setzt eine regelmäßige Abstimmung zwischen den Mitarbeitern voraus, damit ein gemeinsames Strategieverständnis entwickelt werden kann. Diese Interaktion wird zur Hauptdeterminante für die Kulturentwicklung eines Unternehmens. Offen bleiben jedoch Gestaltungsformen und konkrete Wirkungen dieser Interaktionen.

9.2.3.4 Kulturtypologien von Ansoff bis Wüthrich

Eine spezielle Form der Kulturmodelle sind Kulturtypologien. Sie machen weniger Aussagen über Entstehung und Wirkung von Unternehmenskultur. Stattdessen beschreiben sie inhaltliche Konkretisierungsformen von Unternehmenskultur.

Zeitbezug nach Ansoff. Ein traditionelles Modell zur Unternehmenskultur stammt von *Ansoff* (1979), der anhand der Dimensionen „Zeitbe-

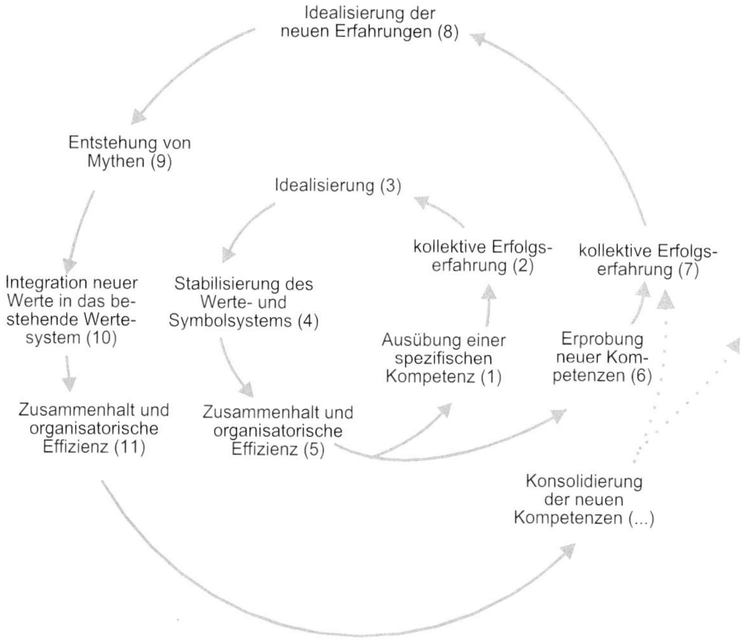

Abbildung 9.7: Das Spiralmodell von *Gagliardi* (1986, 132)

zug“ und „Risikoeinstellung“ fünf Arten von Unternehmenskultur unterscheidet. Das Spektrum reicht hier von der auf Stabilität ausgerichteten Vergangenheitsorientierung bis hin zu einem kreativen Erfinden neuer Spielregeln für die Zukunft.

Kulturtypen nach Deal und Kennedy. Die Beziehung des Unternehmens zur Umwelt prägt die Unternehmenskultur. Dieser Überlegung folgend untersuchten *Deal* und *Kennedy* (1982) Kultur und Umwelt von annähernd 80 Unternehmen und konnten zwei **Faktoren** identifizieren, von denen die Unternehmenskultur entscheidend geprägt wird:

- Zum einen prägt das mit einer Entscheidung verbundene *Risiko*.
- Zum anderen prägt das *Feedback*, das auf eine Aktion eintritt.

Anhand dieser beiden Faktoren extrahierten die Autoren vier Typen von Unternehmenskulturen (Übersicht 9.5).

Zwar sind nach dieser Typologie relativ gut voneinander abgrenzbare Kulturnormen unterscheidbar. Jedoch wird das Modell dem komplexen Phänomen „Unternehmenskultur“ durch die ausschließliche Konzentration auf externe Faktoren nicht gerecht. Dies reflektieren *Deal* und *Kennedy* auch in der **aktuellen** Fortsetzung ihrer Arbeit: Ihrer Meinung nach lassen sich Unternehmenskulturen vor dem Hintergrund externer und interner Veränderungen nur noch schwer in klaren, charakteristischen Formen bewahren; die meisten Unternehmen trachten danach, die für sie besten Elemente der Kulturtypen in eine Gesamtkonfiguration zu bringen, die trotz des ständigen Wandels hohen Erfolg begünstigt (vgl. *Deal/Kennedy* 1999, 14-16). Damit ist die Typologie zwar noch für einen Einstieg in die Analyse des Unternehmenskulturprofils nützlich; wesentlicher erscheint jedoch die Wiedererrichtung eines sozialen Kontexts, der den unternehmenskulturellen Folgen der Arbeitswelt der 90er Jahre wie Mißtrauen, Angst, Zynismus und Eigennutz die Arbeitsfreude, die Identifikation mit dem Unternehmen und die Loylität entgegensetzt (vgl. *Deal/Kennedy* 1999, 18). Es hat damit den Anschein, daß *Deal* und *Kennedy* ein Primat von nur noch einer ihrer Kulturdimensionen – nämlich der work-hard/play-hard-Kultur – festschreiben.

Feedback	**Risiko**	
	niedrig	hoch
rasch	**work-hard/play-hard** („Harte Arbeit/Viel Spaß“) Teamkult Kundenorientierung Spielrituale Wert = Umsatz (Sport = Basketball)	**tough-guy/macho** („Macho-Kultur“) Starkult, Spielertypen „Alles oder nichts“ Schutzrituale Wert = Risiko (Sport = Squash)
langsam	**process** („Verfahrenskultur“) Bürokratiekult Dienstwegorientierung Hierarchierituale Wert = Kontinuität (Sport = Jogging)	**bet-your-company** („Risikokultur“) Techniker/Tüftler-Kult Technologieorientierung Konferenzrituale Wert = Erfahrung (Sport = Golf)

Übersicht 9.5: Externe Kulturdimension
(*Deal/Kennedy* 1982, 107-123)

Erfolgsfaktoren von Peters und Waterman. Die beiden (damaligen) McKinsey-Berater *Peters* und *Waterman* (1982) suchten in „führenden“ US-amerikanischen Unternehmen nach Gründen für deren Erfolg. Ausgehend von 62 im Zeitablauf als erfolgreich eingestuften Unternehmen verblieben nach einer Expertenbefragung zur Innovationsorientierung 43 „exzellente“ Unternehmen; in 21 davon wurden zusätzlich Interviews durchgeführt. Sie führten zu den **acht Erfolgsmerkmalen**

- Primat des Handelns,
- Kundennähe,
- unternehmerischer Freiraum,

Empirischer Befund (GPP): Ausgewählte unternehmenskulturelle Indikatoren (in Prozent)

In allen Ländern läßt sich ein relativ großer Einsatz der Führungskräfte für ihr Unternehmen konstatieren (Systemorientierung). Die Mitarbeiter sind überwiegend stolz auf ihr Unternehmen. In den meisten Ländern finden eine Vielzahl sozialer Aktivitäten auch im Rahmen des Unternehmens statt (Mitarbeiterorientierung). In knapp zwei Dritteln der befragten Unternehmen wird eine offene, ehrliche und vertrauensvolle Atmosphäre wahrgenommen, die Mitarbeiter praktizieren dies auch in der Beziehung zu den Führungskräften. Die Selbstkontrolle der Mitarbeiter ist in Österreich am weitesten verbreitet (Vertrauensorientierung). In den USA und in Frankreich sind in fast allen Unternehmen Überstunden üblich (Leistungsorientierung). Schwierigkeiten werden am ehesten in französischen Unternehmen als Herausforderung angenommen (Risikoorientierung).

	D	Ö	USA	F	Sp	Rest	Σ
Führungskräfte verlegen bei dringlichen Problemen Urlaub	94	96	100	92	98	82	93
Stolz auf Unternehmen	80	90	85	97	79	89	86
Vielzahl sozialer Aktivitäten	50	52	62	70	40	44	51
Atmosphäre von Ehrlichkeit, Offenheit und Vertrauen	52	60	69	77	51	60	60
Mitarbeiter wenden sich auch mit persönlichen Problemen an Führungskraft	78	83	67	75	55	82	74
Selbstkontrolle der Mitarbeiter	31	44	25	3	14	29	26
Überstunden als Regelfall	56	69	92	92	42	60	64
Schwierige Aufgaben als attraktive Herausforderung	50	52	46	70	43	62	54

- Produktivität durch Menschen,
- sichtbar gelebtes Wertesystem,
- Fokussierung auf das angestammte Geschäft,
- flexible, überschaubare Aufbauorganisation und
- straff/lockere Unternehmensführung.

Aus dieser Untersuchung ergibt sich eine klare Handlungskonsequenz: Wenn sich ein Unternehmen eine Kultur „schafft“, die genau diese Merkmale aufweist, ergibt sich aus ihr unmittelbar ein positiver Erfolgsbeitrag. Die Problematik der von *Peters* und *Waterman* eingesetzten Forschungsmethodik ist seit langem bekannt (vgl. *Hitt/Ireland* 1987).

Grundsätzlich ist die Kausalitätsrichtung unbestimmt und etwa ein gutes Betriebsklima nicht Ursache für Erfolg, sondern dessen Effekt. Auch sind einige dieser „exzellenten" Unternehmen (wie PanAm) bereits kurze Zeit nach der Studie in ernsthafte Schwierigkeiten geraten.

Die werteorientierten Kulturen von Pümpin, Kobi und Wüthrich. Bei dieser Typologie wird das Unternehmen durch Basisannahmen beschrieben, die sich an betriebswirtschaftlichen **Kerngrößen** orientieren (vgl. *Pümpin/Kobi/Wüthrich* 1985), nämlich:

- *Kundenorientierung* als Kenntnis und Wertschätzung von Kunden sowie Orientierung an Kundenproblemen,
- *Mitarbeiterorientierung* als Ausdruck von Wertschätzung, Vertrauen, Partizipation und Kommunikation,
- *Ergebnis- und Leistungsorientierung* als Zielbewußtsein, Einsatzbereitschaft und Arbeitsintensität,
- *Innovationsorientierung* als Ergebnis von Risikoneigung, Lernbereitschaft, Innovationshäufigkeit und Flexibilität,
- *Kostenorientierung* als Kostenbewußtsein und Sparsamkeit,
- *Unternehmensorientierung* als Ausdruck von Identifikation, Teamwork, Toleranz und Konfliktverhalten sowie
- *Technologieorientierung* als Ergebnis des Technologiebewußtseins, der verwendeten Technologie und aufgeschlossener Denkhaltung.

Zur Ermittlung der Kultur schlagen *Kobi* und *Wüthrich* (1986) einen Fragebogen vor, über den Ist-Situation und Soll-Situation ermittelt werden können (Übersicht 9.6). Problematisch bei dieser Form von Fragebogenerhebung ist allerdings, daß subjektive Einschätzungen erfaßt werden, die unter Umständen eher Wunschvorstellungen als tatsächliche Wertorientierungen wiedergeben.

	un-wichtig	**mittel wichtig**	**sehr wichtig**
Kundenorientierung			
– überdurchschnittliche Wertschätzung des Kunden	☐	☐	☐
– profunde Kunden- und Kundenproblemkenntnisse	☐	☐	☐
– regelmäßige Kundenkontakte	☐	☐	☐
– enge Kundenbeziehungen	☐	☐	☐
– intensive Kundenpflege	☐	☐	☐

Übersicht 9.6: Kundenorientierung bei *Kobi* und *Wüthrich* 1986 (138-140)

9.2.4 Kulturprinzipien

9.2.4.1 Das Dualitätsprinzip

Das Dualitätsprinzip verlangt die explizite Berücksichtigung der wechselseitigen Beeinflussung von kulturellen Vorgaben (Grundannahmen, Werte, Normen und Einstellungen) und gelebtem Verhalten.

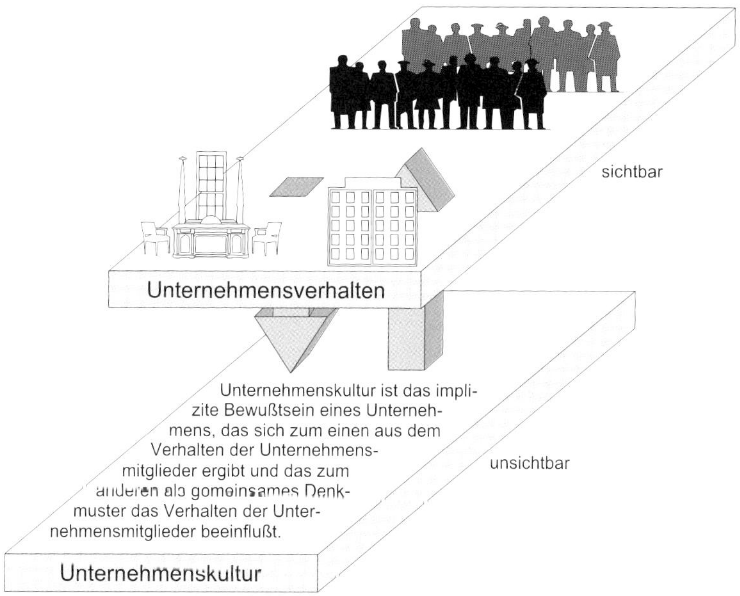

Abbildung 9.8: Das Dualitätsprinzip

Für einen sinnvollen Umgang mit Unternehmenskultur ist die Frage nach ihrem Entstehen zu klären: Unternehmenskultur ist immer Verhaltensergebnis einerseits und Orientierungssystem andererseits. Dieses Kulturverständnis (Abbildung 9.8) betont zwei **Richtungen**:

- Auf der einen Seite *entsteht* Unternehmenskultur aus dem laufenden Verhalten der Mitarbeiter. Unternehmenskultur als Ansammlung von gemeinsam geteilten Werten und Normen im Unternehmen ist in dieser Hinsicht eine Ergebnisgröße.
- Auf der anderen Seite wirkt die Unternehmenskultur als „kollektive Programmierung" (*Hofstede* 1980b, 1169). Sie *prägt* Verhalten und ist aus diesem Grund eine Inputgröße.

Durch diese wechselseitige Beeinflussung kommt es zu einer sukzessiven Annäherung von Unternehmenskultur und Unternehmensverhalten. Natürlich gibt es auch Fälle, in denen Mitarbeiter sich nicht an die Spielregeln der Kultur halten. Dieser Kulturkonflikt führt langfristig zur (gegebenenfalls inneren) Kündigung von Mitarbeitern oder aber zu einer graduellen Veränderung der Unternehmenskultur, sofern viele Mitarbeiter in einheitlicher Form neue Spielregeln favorisieren.

Die **zwei Schichten** im Dualitätsprinzip entsprechen der aus der Anthropologie kommenden Unterscheidung zwischen *Konzeptas* und *Perzeptas*: Kulturelle Perzeptas befinden sich als Unternehmensverhalten auf der sichtbaren Ebene, kulturelle Konzeptas im unsichtbaren Bereich, also der Unternehmenskultur. Streng genommen gibt es damit keine „sichtbare Schicht" der Unternehmenskultur, sondern vielmehr nur Indikatoren, die als markante Objekte und Verhaltensweisen ansatzweise (ähnlich wie die Spitze eines Eisbergs) Rückschlüsse auf die Unternehmenskultur zulassen.

9.2.4.2 Das Pathologieprinzip

Das Pathologieprinzip verlangt die explizite Auseinandersetzung mit dem Irrationalen, Unbewußten und Pathologischen im Unternehmen: Erst durch eine solche Sensibilisierung kann das Etablieren einer „kranken Organisationskultur" verhindert beziehungsweise die Notwendigkeit für Therapiemaßnahmen erkannt werden.

Affektive, emotionale oder irrationale Verhaltensweisen wie Intrigen, Korruption und Günstlingswirtschaft bleiben in der Sichtweise des rationalen Betriebswirtes meist unberücksichtigt. Sie gelten als vernachlässigbare Umweltfaktoren oder Störgrößen. Langsam faßt jedoch eine Überlegung Fuß, wonach gerade diese üblicherweise als negativ oder krankhaft einzustufenden **Charakteristika** zentrale Faktoren bei der Personalführung darstellen:

- *Neurosen* als psychische Störungen kennzeichnen ein auffallendes Verhalten, das mit einem als unangenehm erlebten Symptom oder einer Leistungsbeschränkung in einem oder mehreren wichtigen Funktionsbereichen einhergeht.
- Pathologisches Verhalten geht über diese Neurosen hinaus und entsteht, wenn einzelne neurotische Züge die Oberhand gewinnen. *Kennzeichnend sind* das exzessive und situationsunspezifische Auftreten eines bestimmten neurotischen Stils, was zu Leistungsbeeinflussungen führt.

Als dominanter Ausgangspunkt zur Analyse von Pathologien dient die von *Freud* geprägte **Psychoanalyse**: Danach liegen die Gründe für viele unbewußte Vorgänge in der Kindheit (vgl. *Freud* 1924, 42-54). Derartige Schlüsselepisoden wirken auch auf das Verhalten in der Phase des Erwachsenseins nach: Denn um die Kindheitserlebnisse zu verarbeiten, tritt man später anderen Personen so gegenüber, als wären sie Bezugspersonen aus der Vergangenheit. Diese *Übertragungen* werden als Mechanismus verstanden, konfliktäre Situationen aufzuarbeiten, indem man sie als Erwachsener erneut durchspielt.

Pathologien lassen sich auf **drei Ebenen** lokalisieren, nämlich auf der Ebene des Individuums, der Gruppe und des gesamten Unternehmens (Abbildung 9.9). Wie Menschen zeigen also auch Organisationen verschiedene Formen von Persönlichkeits- und Verhaltensstörungen.

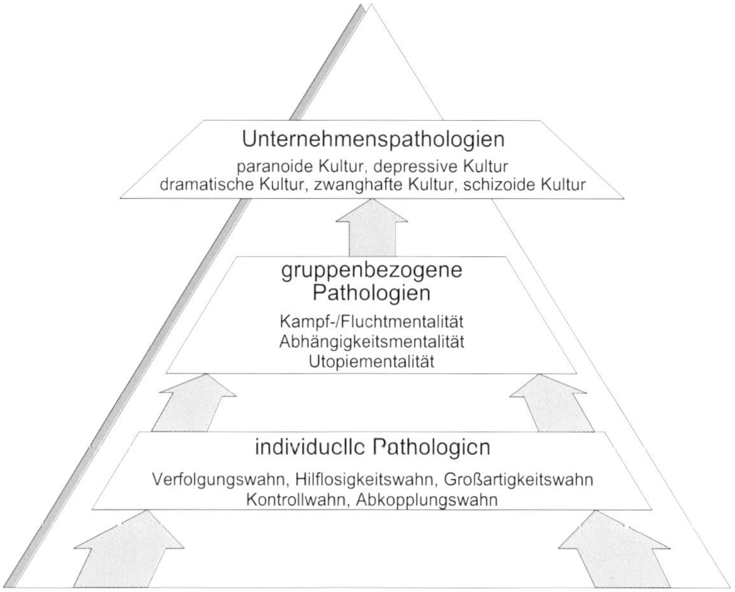

Abbildung 9.9: Das Pathologieprinzip

Neurotische Stile auf der Ebene des Individuums. *Kets de Vries* und *Miller* (1984) untersuchten bei US-amerikanischen Top-Managern den Zusammenhang zwischen psychischer Verfassung und Konsequenzen für die Organisation. Sie fanden fünf Wahnvorstellungen („fantasies") als Prädispositionen für neurotische Stile und pathologische **Verhaltensweisen** (vgl. *Kets de Vries/Miller* 1986, 268-277):

Verfolgungswahn bedeutet, niemandem vertrauen zu können und jederzeit bereit zu sein, auf imaginäre oder reale Angriffe reagieren zu können. Konsequenz ist der neurotische Stil des Mißtrauens, verbunden mit

Übererregbarkeit und Überempfindlichkeit. Handlungen anderer werden mißverstanden und gestört, da man von anderen immer betrügerische und irreführende Handlungen erwartet. Manager dieses Zuschnittes besitzen (nur) eine extrem eingeengte Problemsicht und neigen zur Geheimnistuerei.

Hilflosigkeitswahn basiert auf der Selbsteinschätzung, dem Lauf der Dinge hoffnungslos gegenüberzustehen und für die Welt nicht tauglich zu sein. Hier dominiert der neurotische Stil der Depression. Depressiven Managern fehlt Selbstbewußtsein und Initiative; sie streben nach Vermeidung und Abhängigkeit: Um sich beliebt zu machen, passen sie sich an und geben Verantwortung ab. Ärger über die eigene Machtlosigkeit führt zur Vorsicht im Umgang mit anderen: Die daraus abgeleitete Feindseligkeit projizieren sie in sich hinein („moralischer Masochismus") und sehen psychischen Schmerz als Mittel, Schuldgefühl wegen unerreichter Ziele zu mildern. Gleichzeitig suchen diese Manager einen Erlöser, der sie vor vermeintlichen Gefahren beschützt. Daraus leitet sich das Bestreben ab, andere Personen zu idealisieren, vor allem Unternehmensberater.

Großartigkeitswahn beinhaltet die Überbetonung der eigenen Person und das permanente Bedürfnis, Aufmerksamkeit auf sich zu lenken. Dies manifestiert sich in der zentralen Neurose der Dramatik. Manager mit dramatischen Zügen wollen ständig andere beeindrucken, übertreiben eigene Leistungen und sind emotionsgeladen. Ihre Selbstdiziplin ist minimal. Oft geben sich solche Manager warmherzig und charmant, sind aber in Wirklichkeit rücksichtslos. Ihre interpersonellen Beziehungen neigen daher zur Instabilitat: Sie pendeln zwischen euphorischer Überidealisierung und brutaler Abwertung.

Manager mit *Kontrollwahn* wollen perfektionistisch alle Details durch Regeln festlegen. Das Ergebnis ist Zwanghaftigkeit. Solche Manager sehen Beziehungen zu anderen immer als Dominanz und Unterordnung: Sie bestehen darauf, daß ihre Mitarbeiter ihre Handlungs- und Denkmuster übernehmen. Gleichzeitig treten sie ihrer Führungskraft achtungsvoll und einschmeichelnd gegenüber. Diese Unpersönlichkeit führt zu Übergenauigkeit und Dogmatismus. Zwanghafte Manager besitzen weder Spontaneität noch die Fähigkeit zur Entspannung. Zur Kaschierung ihrer Probleme stürzen sie sich in (repetitive) Routinetätigkeiten.

Abkopplungswahn basiert auf der Annahme, die Umwelt könne keinerlei Befriedigung (mehr) bieten. Persönliche Beziehungen werden als problematisch angesehen und verursachen persönlichen Schmerz. Dies führt zur Neurose der Distanzierung. Manager mit diesem neurotischen Stil vermeiden persönliche Kontakte und „emotionales Involvement". Sie erscheinen daher leicht sanftmütig und reserviert, ohne Möglichkeit,

Freude oder Enthusiasmus ausdrücken zu können. Diese Manager gehen auch keine Beziehung nach dem Prinzip „Geben und Nehmen" ein.

Diese Betrachtungsweise von Führungskräften als Auslöser von Pathologien ist sicherlich faszinierend und deckt sich offenkundig mit unzähligen Alltagserlebnissen. Gleichzeitg liegt aber auch die **Kritik** an dieser Klassifikation auf der Hand: Die Beschreibungen bleiben relativ oberflächlich, ohne daß Aussagen darüber getroffen werden, wie die konkrete Führungsstileinordnung und -analyse erfolgt. Trotzdem liefern die Autoren eine Reihe von wichtigen Denkanstößen: Vor allem läßt sich mit Hilfe dieser Typologisierung die Pathologisierung von Organisationen zumindest ansatzweise erklären. Zudem lassen sich Stabilitätshypothesen ableiten: So stellt die Kombination einer „dramatischen" Führungskraft mit einem „depressiven" Mitarbeiter eine stabilere Konstellation dar, als es mit einem „Mißtrauer" der Fall wäre.

Auch wenn beim gegenwärtigen Entwicklungsstand dieses Astes der Führungsforschung operable Konzepte weitgehend fehlen, wird – unabhängig von einer normativen Wertung – ein neues Menschenbild verstärkt an Relevanz und Beachtung gewinnen: der „**homo pathologicus**".

Gruppenbezogene Pathologien. Die Ausbreitung neurotischer Tendenzen bleibt nicht nur auf die Beziehung zwischen Führungskraft und Mitarbeiter beschränkt; vielmehr kommt es auch zu Übertragungen von Pathologien auf Gruppenebene: Wie einzelne Individuen können auch ganze Gruppen regressive Denk- und Verhaltensmuster entwickeln. Von besonderer empirischer Relevanz sind dabei folgende drei Kulturmuster, die sich jeweils durch eine spezifische **Denk- und Verhaltensmentalität** charakterisieren lassen (vgl. *Bion* 1959; *Kets de Vries/Miller* 1984, 48-70):

Kampf-/Flucht-Mentalität („Fight/Flight Fantasy") ist dadurch gekennzeichnet, daß das Umfeld konsequent nach Freunden und Feinden unterteilt wird. Der Kampf gegen den imaginären Feind bestimmt das Verhalten und verstärkt den Gruppenzusammenhalt. Der Zeithorizont dieser aus der Verfolgungs-Übertragung entstehenden Kultur ist kurz, das Weltbild undifferenziert und von Verfolgungsangst geprägt. Indem Gruppenmitglieder während des Arbeitsgeschehens laufend unterschwellig mit Feindbildern konfrontiert werden, übernehmen sie die Fight/Flight-Mentalität. Sind einzelne Gruppenmitglieder in diesem Sinne nicht programmierbar, werden sie zu Feinden.

Abhängigkeitsmentalität („Dependency-Fantasy") wird durch eine charismatische Führungspersönlichkeit geprägt, der man sich blind unterordnet. Konkurrenz und Konfrontation werden beim Wettbewerb um die Gunst der Führungskraft spürbar. Diese hat alle Möglichkeiten der Beeinflussung ihrer Anhänger, die nur eine passive Rolle spielen und sich dem Bann der Führungskraft nicht mehr entziehen können. Diese ist in ihrer Omnipotenz durch eine fast schon biblisch anmutende Moral legitimiert und bemüht, die Gruppenmitglieder mit ständigem Aktivismus in Atem zu halten.

Utopie-Mentalität („Pairing-Fantasy") zeichnet sich durch Zukunftsorientierung, Sendungsbewußtsein und Enthusiasmus aus. Man hat sich einer großen Idee verschrieben, die innerhalb der Gruppe verwirklicht werden soll. Die mitreißende Idee der Führungspersönlichkeit hält die Gruppenmitglieder zusammen und fördert ihren Tatendrang. Trotzdem steht im Unterbewußtsein eines fest: Der ersehnte Messias, der alle anstehenden Probleme löst, wird nie kommen.

Alle diese Mentalitäten resultieren darin, daß sich in der Gruppe starke Konformitäten etablieren, die zu verzerrter Wahrnehmung, irrealen Weltbildern und falschen Entscheidungen führen können. Dieses **pathologische Gruppendenken** ist den einzelnen Gruppenmitgliedern nicht einmal bewußt.

Kulturpathologien auf der Ebene des Unternehmens. Aufgrund ihrer Verbreitung in der Praxis und ihrer fatalen Konsequenzen sind hier vor allem folgende fünf **pathologische Kulturen** hervorzuheben (vgl. *Kets de Vries/Miller* 1984, 22-42):

Die *paranoide Kultur* ist durch Mißtrauen und einen repressiven, autoritären Führungsstil geprägt. Die Suche nach Sündenböcken und Strategien für deren Ausschaltung gehört zu den vorrangigen Maßnahmen. Die Arbeitsatmosphäre ist betont rational. Die Unternehmensumwelt wird intensiv im Hinblick auf eine mögliche Bedrohung analysiert. Paranoide Kulturen besitzen einen differenzierten Kontrollapparat, um potentielle Gefahrenquellen schon im Ansatz zu vernichten. Die Entscheidungskompetenz liegt in den Händen weniger Personen, die eine restriktive Informationspolitik betreiben. Das Aktionspotential des einzelnen ist stark eingegrenzt, Kreativität unerwünscht.

Die *depressive Kultur* entsteht aus einer hilf- und hoffnungslosen Grundeinstellung der Schlüsselfiguren. Unangenehme Ereignisse, die als unkontrollierbar empfunden werden, behindern Lernfähigkeit und Effizienz des Handelns. Die Motivation zum initiativ-aktiven Handeln läßt nach, da die Beeinflußbarkeit der eigenen Situation angezweifelt wird. Somit ist das Weltbild von Fatalismus geprägt, der mit einem Mangel an Selbstbewußtsein, mit Schuldgefühlen, Machtlosigkeit und Apathie einhergeht. Die depressive Kultur besitzt keine Führungspersönlichkeiten, allenfalls Verwaltungsfiguren. Der Mangel an Initiative und neuen Ideen läßt die Kultur in einem bequemen, passiven Konservativismus verharren. Die Atmosphäre ist unpersönlich: Kommunikation und Interaktion bleiben an der Oberfläche. Strategien und Ziele sind vage beziehungsweise nicht vorhanden. Die depressive Kultur zeigt starke Hierarchisierung und Formalisierung. Rigidität, Bürokratisierung und Mechanisierung bestimmen den Arbeitsablauf. Der Umwelt wird wenig Bedeutung geschenkt.

Die *dramatische Kultur* basiert auf dem Bedürfnis einzelner Vertreter des oberen Managements, permanent die Aufmerksamkeit auf sich zu ziehen und ständig im Mittelpunkt des Interesses zu stehen. Solche Manager zeigen Tendenzen zu oberflächlichem Aktivismus und suchen durch spektakuläre Aktionen zu beeindrucken. Unter diesem Deckmantel mangelt es jedoch an Durchhaltevermögen und Substanz. Statt dessen dominieren Selbstüberschätzung, Narzißmus und Exzentrik. Innerhalb der dramatischen Kultur besteht eine starke Idealisierung der Führungskraft, deren Selbstinszenierung für diese Rolle prädestiniert ist. Dementsprechend mangelt es den Anhängern an Eigeninitiative und kritischer Distanz, nicht jedoch an Motivation und Enthusiasmus. Die Atmosphäre ist gefühlsgeladen, impulsiv und hyperaktiv. Dramatische Kulturen sind zentralisiert, Koordination und Information erfolgen nach dem Zufallsprinzip. Das unternehmerische Umfeld wird in die ohnehin seltene Planung kaum miteinbezogen, was zu einer überzogenen Risikofreudigkeit führt.

Die *zwanghafte Kultur* schenkt dem Detail krampfhafte Beachtung, verliert aber den Blick für das Wesentliche. Die Kontrolle aller Eventualitäten durch überzogenen Perfektionismus steht im Vordergrund: Den Zufall, das unvorhergesehene Moment, gilt es zu bekämpfen. Vom Mitarbeiter wird sklavische Ergebenheit gefordert und mit umfangreichen Kontrollmechanismen sichergestellt. Spontaneitätsfördernder Handlungspielraum fehlt. Planung und Kontrolle sind nach innen gerichtet. Zwanghafte Kulturen weisen einen umfangreichen Strukturapparat auf, der durch Formalismen, Ritualisicrung sowie exzessive hierarchische und funktionale Differenzierung geprägt ist. Innovation und Wandlung sind innerhalb des schwerfälligen Rahmens kaum zu realisieren.

Die *schizoide Kultur* entsteht meist aus einem Führungsvakuum. Manager zeigen eine völlig emotionslose und gleichgültige Haltung. Enthusiasmus und Engagement fehlen. Das Risiko eines emotionalen Kontaktes wird um jeden Preis vermieden: Distanz und Kälte sind die einzigen Mechanismen, mit denen sich schizoide Führungspersönlichkeiten zurechtfinden. Die schizoide Kultur entwickelt häufig eine zweite Garde der „Second-Tier-Manager“. Von ihnen werden Führungsaufgaben übernommen ohne Befugnisse und ohne Befähigung. So müssen sie fallweise versuchen, Anhänger um sich zu scharen, die sie in ihren Interessen unterstützen. Koordinations- und Kooperationsprobleme bleiben aber letztlich ungelöst, da die eigentlichen Spielmacher angesichts des Führungsvakuums um Macht und Positionen ringen.

Grundsätzlich stellen pathologische Kulturen auf Systemebene eine ernste **Gefahr** für jedes Unternehmen dar. Allerdings haben neurotische Stile bei Führungskräften in begrenzter Form durchaus ihre Existenzberechtigung, da sie systembedingt und bei kontrollierter Realisation auch erfolgssteigernd wirken können. Letztlich ist es notwendig, Störungen auf den verschiedenen Ebenen zu erkennen und kollektiv-pathologische Kultureinflüsse zu reduzieren. Die Auseinandersetzung mit dem Pathologieprinzip reicht dabei bis zur Metakommunikation als Versuch einer Kommunikation über Kommunikation (vgl. *Watzlawick/Beavin/Jackson* 1985). Einen weiteren möglichen Ansatzpunkt stellt auch das Modell von *Perls* dar, das in Kapitel 2 geschildert wurde.

Als **Konsequenz** aus dem Pathologieprinzip leitet sich die Forderung nach expliziter Beschäftigung mit dem Irrationalen, Unbewußten und Pathologischen in Organisationen ab: Durch die Sensibilisierung und rechtzeitige Auseinandersetzung mit diesen Vorgängen kann die Entstehung einer krankhaften Organisation verhindert werden. Ist dies nicht der Fall, sind Therapiemaßnahmen unumgänglich, will man fatale Auswirkungen auf die Organisation und ihren Erfolg verhindern.

9.2.4.3 Das Hierarchieprinzip

Das Hierarchieprinzip verlangt die Berücksichtigung der Tatsache, daß es nicht eine Unternehmenskultur als konsistente Einheit gibt, wohl aber unterschiedlichste horizontale und vertikale Subkulturen.

Unternehmenskultur setzt sich aus funktions- und ebenenbezogenen *Subkulturen* zusammen. Gleichzeitig ist sie Teil eines übergreifenden Systems, in dem diverse Unternehmenskulturen untereinander sowie mit einer Vielzahl von anderen Organisationskulturen (Vereine, Politik, Kunst) interagieren. Das Ergebnis dieser Interaktion ist dann die *Landeskultur*: Sie nimmt Werte der einzelnen Kulturen in sich auf, gleichzeitig prägt sie die Einzelkulturen (vgl. Abbildung 9.10).

Aus den Interaktionen der Landeskulturen ergibt sich schließlich die *Globalkultur*, die im weitesten Sinne mit der „Kultur vom Menschen" gleichgesetzt werden kann. In ihr spiegelt sich das historisch-evolutionäre Geschehen „der Menschheit" wider.

Die Herausforderungen, die sich aus dem Hierarchieprinzip für das betriebliche Personalmanagement ergeben, liegen in der Bewältigung des **Antagonismus-Paradoxons**: Antagonismus ist das kybernetische Konzept der gegenläufigen Kräfte, das zur Stabilisierung von Systemen erforderlich ist. Übertragen auf das Hierarchieprinzip bedeutet dies die Notwendigkeit einer Auseinandersetzung mit der potentiellen Gegenläufigkeit zwischen der Kultur des Gesamtunternehmens und der Kultur

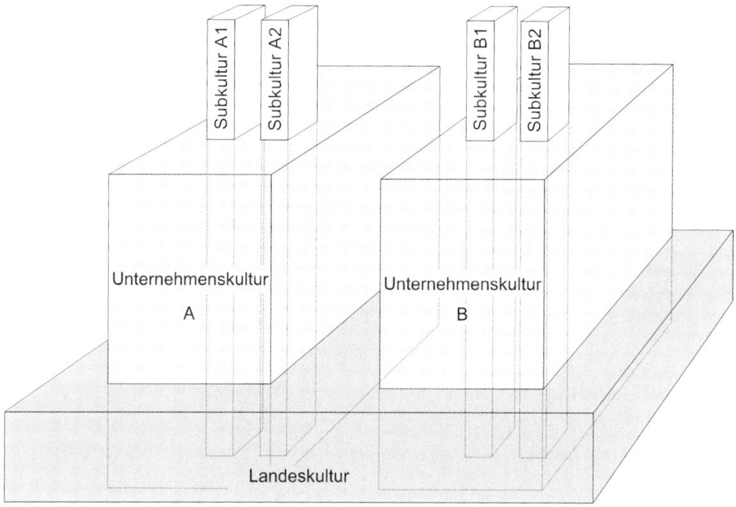

Abbildung 9.10: Das Hierarchieprinzip

einzelner organisatorischer Subsysteme. Widersprüche können sich auf den verschiedenen hierarchischen Ebenen, aber auch zwischen unterschiedlichen Funktionsbereichen (Marketingkultur, F&E-Kultur, Controlling-Kultur) herausbilden. Da sich die Kultur einer Gruppe immer nur in Abgrenzung zu anderen Kulturen definiert, sind die positiven Effekte der Unternehmenskultur (wie die Motivationsfunktion) immer dann besonders stark, wenn es eindeutig abgrenzbare und somit relativ kleine Einheiten gibt. Umgekehrt ist aber zur Koordinationsfunktion gerade die Kompatibilität zum Gesamtverbund wichtig. Dieses permanente Konfliktpotential zwischen Koordination und Differenzierung stellt zwar ein Problem dar, fördert aber als Teil eines evolutionären Gesamtkonzeptes die Lernfähigkeit von Organisationen.

Die sich aus dem Hierarchieprinzip ableitenden **Konsequenzen** für das betriebliche Personalmanagement ergeben sich in drei Bereichen:

- Erstens sind im Rahmen der *Diagnostik* die zentralen Subkulturen und ihre Ausprägungen zu bestimmen; bei international tätigen Unternehmen gehört dazu auch die Evaluierung von nationalen Unterschieden. Ein Teil dieser Diagnose betrifft die Bestimmung von neurotischen und pathologischen Tendenzen, wie sie im Pathologieprinzip erläutert wurden.
- Zweitens ist eine *Entscheidung* darüber zu fällen, welche Subkulturen aus Sicht der Unternehmenskultur sinnvoll sind und wo kritische Unstimmigkeiten vorliegen (Stimmigkeitsprinzip), vor allem wo Subkulturen eindeutig gegenläufig sind.

- Drittens ist gegebenenfalls eine *Anpassung* der personalwirtschaftlichen Instrumente an die gewünschte Konfiguration der Subkulturen vorzunehmen, also beispielsweise Führungsrichtlinien oder Anreizsysteme entsprechend der jeweiligen Subkultur zu differenzieren.

Insgesamt erhöht die Umsetzung des Hierarchieprinzips durch die Berücksichtigung der Realität vielschichtiger Subkulturen die Erfolgswahrscheinlichkeit von unternehmenskulturellen Maßnahmen.

9.2.4.4 Das FOSI-Prinzip

Das FOSI-Prinzip verlangt die Verbindung der funktional-objektiven mit der subjektiv-interpretativen Vorgehensweise.

In diesem Zusammenhang eignet sich die Systematik von *Burrell* und *Morgan* (1979) als zentraler Bezugsrahmen für die Unternehmenskultur: Sie ergibt sich aus der Soziologie der Regulation und führt in Verbindung mit den zwei polaren „Grundannahmen zur Natur“ (objektiv/subjektiv) zur funktional-objektivistischen und subjektiv-interpretativen Perspektive (Abbildung 9.11).

Kulturperspektive	soziologisch orientierte Kulturansätze	anthropologisch orientierte Kulturansätze		
funktional-objektivistische Perspektive	funktionale Soziologie: die Organisation hat eine Kultur (Variable)	kulturelle Perzeptas deskriptives Konzept	Kultur als integrierter Bestandteil des sozio-kulturellen Systems	funktionalistischer Ansatz strukturalistisch-funktionalistischer Ansatz ökologisch-adaptionistischer Ansatz historisch-diffusionistischer Ansatz
interpretativ-subjektivistische Perspektive	interpretative Soziologie: die Organisation ist eine Kultur (Basismetapher)	kulturelle Konzeptas explikatives Konzept	Kultur als Ideen-system	kognitiver Ansatz Äquivalenzansatz strukturalistischer Ansatz symbolischer Ansatz

Abbildung 9.11: Einordnung der Unternehmenskulturforschung und ihre Zusammenhänge

Diese Differenzierung leitet über zu den beiden zentralen **Kulturparadigmen** der Organisationstheorie (vgl. *Morgan/Smircich* 1980; *Smircich* 1983):

- In einem Fall ist die *Kultur als Variable* zu konzeptionalisieren; demnach haben Organisationen eine Kultur. Diese ist integrierter Bestandteil des soziokulturellen Systems. Hierunter fallen der funktionalistische, der strukturalistisch-funktionalistische, der ökologisch-adaptionistische sowie der historisch-diffusionistische Kulturansatz.
- Im anderen Fall gilt die *Kultur als Basismetapher* („Root-Metaphor"); Organisationen sind Kulturen. Die Kultur stellt hier eine allumfassende organisatorische Erklärungsvariable dar. Demnach ist Kultur dann als eigenständiges Bedeutungssystem zu konzipieren. Hierzu zählen der kognitive, der strukturalistische, der Äquivalenz- sowie der symbolische Ansatz.

Beide Paradigmen sind gleichrangig und gleichbedeutend.

Aus Abbildung 9.11 können zwei **Richtungen** der Unternehmenskulturforschung abgeleitet werden, die sich auf unterschiedliche Weise zum Zwecke der Personalführung umsetzen lassen (Abbildung 9.12):

- In der *funktional-objektivistischen* Kulturforschung ist zu untersuchen, wie Unternehmenskultur durch Personalführung vermittelbar ist und/oder Funktionen der Personalführung übernehmen kann;
- In der *interpretativ-subjektivistischen* Kulturforschung ist die Personalführung ein Teil im vernetzten System organisatorischer Variablen, dem hinsichtlich des Aufbaus eines organisatorischen Realitätssystems wichtige Bedeutung zukommt.

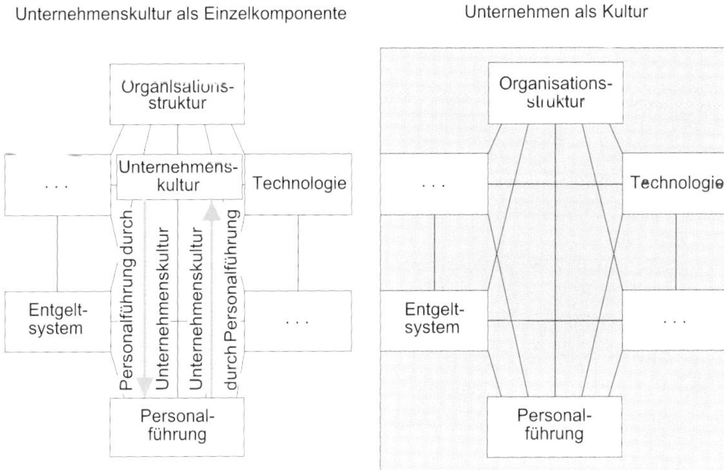

Abbildung 9.12: Personalführung in den zwei zentralen Kulturparadigmen

Die relevanten Spielarten eines Umgangs mit Unternehmenskultur ergeben sich unmittelbar aus diesen beiden allgemeinen Kulturparadigmen:

Objektive Kulturerfassung. Voraussetzung für die Annäherung einer bestehenden Istkultur an eine geplante Sollkultur ist die zuverlässige Erfassung und Beschreibung der bestehenden Kultur. Bei der objektiven Erforschung von Organisationen und speziell der Unternehmenskultur ist der Kulturanalytiker ausschließlich **Beobachter**: Er sucht Regelmäßigkeiten in den sozialen Verhaltensweisen der Organisationsmitglieder und sieht sich selbst außerhalb der von ihm beobachteten sozialen Welt: Das darin enthaltene positivistische Wissenschaftsverständnis basiert auf der Grundannahme, daß auf diese Weise Befunde objektiv erhebbar und mit anderen Ergebnissen vergleichbar sind.

Zur Erfassung dieser Regelmäßigkeiten und Kausalgesetze bedient sich der Kulturanalytiker der Methoden klassischer Sozialforschung. Hierzu gehören Fragebogen (zum Beispiel für die Mitarbeiterbefragung), Beobachtungen und/oder Interviews sowie die daran ansetzenden statistischen Auswertungsmethoden wie Häufigkeitstabellen, Korrelationsanalysen und Faktorenanalysen. Diese standardisierten Meßmethoden sollen Validität und Reliabilität der Forschungsergebnisse garantieren, so daß man von intersubjektiv nachprüfbaren und in ausreichendem Ausmaß objektivierbaren Erkenntnissen sprechen kann.

Empirischer Befund (GPP): Existenz einer Klimastudie und Mitarbeiter, die sich wieder bei ihrem Unternehmen bewerben würden (in Prozent)

International sind Klimastudien zur Erfassung von Aspekten der Mitarbeiterzufriedenheit und Unternehmenskultur weit verbreitet: Abgesehen von Spanien, das sich traditionell eher an den „hard facts“ orientiert, findet man diese Studien in über der Hälfte der Unternehmen. Die Resultate der Klimastudien zeichnen ein positives Bild: Rund 80% der Mitarbeiter würden wieder in ihrem Unternehmen anfangen zu arbeiten.

	D	Ö	USA	F	Sp	Rest	Σ
Existenz	65	63	75	81	45	58	63
Erneute Bewerbung	80	79	78	88	87	78	81

Subjektive Kulturerfassung. Vollkommen anders verläuft die Kulturerfassung nach dem subjektivistischen Paradigma: Wirklichkeit existiert nicht an sich, sondern ist sozial konstruiert. Bestehende Ordnungen sind ausgehandelt und vereinbart. Sie sind nicht objektiv, sondern objektiviert: Was (objektive) Realität ist, muß erst entschlüsselt und interpretiert (also objektiviert) werden (vgl. *Berger/Luckmann* 1980, 21-26).

Die Organisationsmitglieder kreieren ihre eigenen und daher subjektiven Auffassungen der organisatorischen Realität. Ähnliches gilt auch für den Kulturanalytiker, der dem subjektivistischen Paradigma folgt: Er sucht überhaupt nicht erst eine intersubjektiv nachprüfbare Objektivität. Statt dessen setzt er sein konkretes Erleben und Erfühlen des Unternehmens in sein eigenes Weltbild um, um auf diese Weise zu einer **individuellen**

Kulturperzeption zu gelangen: Subjektive Kulturanalytiker bauen also auf ihren Erfahrungsschatz, weshalb die Qualität und Gültigkeit ihrer Analyse letztlich von der Substanz dieses Erfahrungsschatzes abhängt.

Funktionale Kulturnutzung. Aus funktionaler Sicht ist Unternehmenskultur eine **instrumentelle Größe** zur Erhöhung des Zielerreichungsgrades. Auch wenn diese Absicht selten explizit im Vordergrund der Diskussion steht, stellt sie doch ein wichtiges Motiv zur Auseinandersetzung mit Unternehmenskultur dar.

Trotz der Problematik simplifizierender Ansätze zum Kulturmanagement entspricht die funktionalistische Kulturperspektive dem gängigen betriebswirtschaftlichen Verständnis. Organisationen sind demnach offene Systeme, in denen interne und externe Faktoren möglichst kontrolliert zusammenwirken. Soziale Phänomene werden analog zu naturwissenschaftlichen Gesetzmäßigkeiten behandelt und Kulturaspekte ähnlich wie Strategie, Struktur und Planungssystem als Gestaltungsvariable aufgefaßt.

Interpretative Situationsdefinition. Die Organisationen sind Miniaturgesellschaften mit eigenen Gesetzmäßigkeiten, die erst durch die interpretative Perspektive der Organisationsmitglieder Bedeutung erlangen (vgl. *Putnam* 1983, 44-45). Der Begriff der **Interpretation** hat hier eine Doppelbedeutung: Einerseits bezieht er sich organisationsintern auf die Verstehensleistung der Mitarbeiter, andererseits organisationsextern auf die Rekonstruktion dieser Bedeutungen durch den Analytiker (vgl. *Habermas* 1985, 128). Dem interpretativen Paradigma folgend, entstehen die eigentlichen Kulturwirkungen ausschließlich durch individuelle Deutungen, die dann in ein spezifisches Sinnverständnis münden (vgl. *Berger/Luckmann* 1980). Letztlich wird Wirklichkeit dadurch geschaffen, daß sich innerhalb des Unternehmens sozialer Konsens darüber einstellt, was „wirklich" ist.

Ohne Berücksichtigung der **Eigenperspektive** der Organisationsmitglieder kann daher vom Kulturanalytiker nicht hinreichend erklärt werden, warum Personen auf ganz bestimmte Art und Weise handeln. Sichtbare Kulturphänomene sind demnach immer interpretationsbedürftig: Deshalb kann auch nicht aus sichtbaren Objekten (kulturellen Perzeptas) in generalisierender Form auf Grundannahmen, Werte, Normen und Einstellungen (kulturelle Konzeptas) geschlossen werden.

Zusammenfassend sind alle vier oben beschriebenen Aspekte sinnvolle Strategien der Kulturerfassung, führen aber bei unprofessioneller Umsetzung zu fatalen **Konsequenzen** (Übersicht 9.7):

- Seriöse Vertreter, die dem *funktionalen Paradigma* folgen, verstehen Kulturmanagement als zeitintensiven Prozeß, der ernsthaft vorbereitet und gründlich durchgeführt werden muß (Ingenieur-Strategie). Im Gegensatz dazu suggeriert der „24-Stunden-Service", bereits durch geringfügige Kosmetik eine essentielle Verbesserung der Unternehmenskultur erzielen zu können.

- Das *objektive Paradigma* impliziert entweder eine Reporter-Strategie, bei der das wertneutrale Erhebungsinteresse im Mittelpunkt steht, oder einen Ferndiagnostiker, der das Unternehmen im Extremfall nicht wirklich kennt.
- Analoges gilt für das *subjektive Paradigma*, wo der Mystiker (als positive Ausprägung) tatsächlich aus seiner Erfahrung heraus operiert und dem Unternehmen dadurch helfen kann, während der Allround-Guru (als negative Ausprägung) mit extremem Subjektivismus allenfalls wohlklingende Trivialitäten von sich gibt.
- Dem *interpretativen Paradigma* folgend, landet das Unternehmen mit seinen Neurosen und Pathologien bei der Psychiater-Strategie quasi auf der Couch des Analytikers, der – anders als ein simpler Kaffeesatzleser – ernsthaft vermittelnd Probleme des Unternehmens angeht und diese bereits durch deren Analyse leichter lösbar macht.

Nicht die Paradigmen selbst sind daher sinnvoll oder unsinnig, sondern ausschließlich die jeweilige Umsetzung.

Paradigma	**Positive Ausprägung**	**Negative Ausprägung**
funktional	Ingenieur-Strategie	24-Stunden-Service
objektiv	Reporter-Strategie	Ferndiagnostiker
subjektiv	Mystiker	Allround-Guru
interpretativ	Psychiater	Kaffeesatzleser

Übersicht 9.7: Positive und negative Umsetzung der Kulturparadigmen im FOSI-Prinzip

Gleichzeitig zeigt sich die Notwendigkeit zur Kombination der unterschiedlichen Vorgehensweisen (Abbildung 9.13). Die funktional-objektivistische Kulturperspektive kann nicht alle in einer Organisation vorhandenen Tatbestände erfassen. Wesentliche Punkte wie Entstehung, Aufbau und Wirkung eines organisatorischen Sinnsystems und eines systemsubjektiven Realitätsbegriffes können nicht erklärt werden. Die subjektiv-interpretative Kulturperspektive dagegen liefert zwar eine Beschreibung der organisatorischen Realität bis zur Sinnebene, jedoch fehlt ihr eine pragmatisch-operable Gestaltungsbasis: Ohne Referenzsystem sind ihre Ergebnisse nicht objektivierbar und kaum übertragbar.

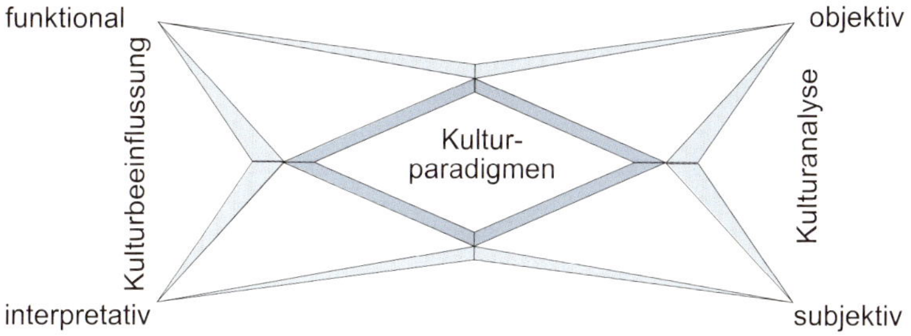

Abbildung 9.13: Das FOSI-Prinzip

9.2.4.5 Das Stimmigkeitsprinzip

Im Personalmanagement bezieht sich das Stimmigkeitsprinzip auf die Abstimmung zwischen Unternehmenskultur sowie Unternehmensstrategie, Personalmanagementsystem und Unternehmensumwelt.

Die Abstimmungsnotwendigkeiten betreffen die Elemente innerhalb der Komponenten in gleicher Weise wie die Beziehungen zwischen den Komponenten (Abbildung 9.14).

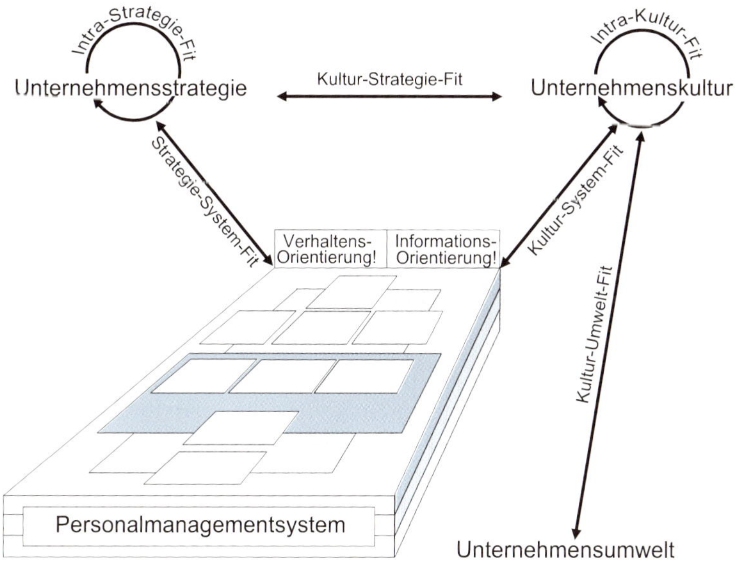

Abbildung 9.14: Das Stimmigkeitsprinzip

Intra-Kultur-Fit. Das Stimmigkeitsprinzip verlangt Stimmigkeit *innerhalb* der Unternehmenskultur: Diese Stimmigkeit gilt als relativ unproblematisch, da ex definitione nur konsistente Verhaltensmuster in eine Unternehmenskultur eingehen können. Eine Ausnahme ist die Existenz von Subkulturen innerhalb des Unternehmens, da sie nicht zwingend stimmig sein müssen. Eine weitere Situation, die zu mangelnder Stimmigkeit führen kann, besteht bei Kulturänderungen im Zeitablauf, da sich Kulturaspekte meist nur langsam ändern.

Kultur-Strategie-Fit. Im Gegensatz zum Intra-Kultur-Fit stellt die Stimmigkeit der Strategie mit der Unternehmenskultur ein Problem dar. Hier sind dezidierte Analysen der Unternehmenskultur und der expliziten sowie impliziten Unternehmensstrategie erforderlich, um fatale Konsequenzen einer fehlenden Strategie-Kultur-Abstimmung zu verhindern. Bei Unstimmigkeiten zwischen Unternehmenskultur und Unternehmensstrategie gibt es **drei Handlungsmöglichkeiten**:

- Die *Anpassung der Strategie an die Kultur* stellt nach dem Dualitätsprinzip insofern eine wichtige Alternative dar, als die Kultur sich aus dem Verhalten und damit auch aus der impliziten Strategie ergibt. Eine Diskrepanz zwischen Kultur und Strategie bedeutet damit automatisch eine Abweichung zwischen impliziter und expliziter Strategie. Deshalb bietet es sich an, von vorneherein die Strategie innerhalb des vorgegebenen Kulturkorridors zu positionieren.
- Die *Anpassung der Kultur an die Strategie* ist bei geringer Unstimmigkeit zwischen Unternehmenskultur und Unternehmensstrategie vielversprechend. Das Ergebnis ist in eine behutsame Veränderung der Kultur in Richtung Strategie. Bei einem grundlegenden Strategiewechsel stellt eine starke Kultur jedoch ein schwerwiegendes Hindernis dar, das sich nur durch massive und bewußte Beeinflussungsmechanismen aus dem Weg räumen läßt.
- „*Managing around the culture*“ (vgl. *Schwartz/Davis* 1981) bedeutet ein teilweises Umgehen „strategischer Kulturbarrieren“. Es werden aber weder Kultur noch Strategie geändert, sondern vielmehr durch Detailänderungen im Rahmen der Strategie-Implementation die negativen Konsequenzen einer Unstimmigkeit abgemildert.

Neben diesen reinen Formen existieren als pragmatische Alternativen auch situationsspezifische Kombinationen, beispielsweise aus einer Teilanpassung der Strategie und einer Teilveränderung der Kultur.

Kultur-System-Fit. Von der Unternehmenskultur gehen (implizite) *Steuerungsimpulse* für Führungskraft und Mitarbeiter aus: Diese spüren den Einfluß der Unternehmenskultur und fühlen sich dementsprechend verunsichert, wenn personalpolitische Instrumente (explizit) in eine andere Richtung deuten. Deshalb sind Maßnahmen des betrieblichen Personalmanagements immer dann auf die bestehende Unternehmenskultur

Zelle	Artefakte	Werte	Grundannahmen
Question Mark	„born heroes" entstehen, Management-Rituale als Substitute rationaler Techniken	Technologieorientierung, Innovationsorientierung	Machbarkeitsideal, Zukunftsorientierung, hohe Toleranz für Ambiguität, Initiative und aktive Gestaltung, Risikofreude, Autonomie nach außen, Personenorientierung nach innen
Star	„born heroes" als Vorbild, „heroes who are made", gemeinsame Sprache, Management-Rituale und rationale Techniken	Technologieorientierung, Kundenorientierung	Dominanzstreben, eingeschränkte Toleranz für Ambiguität, Aktion und Risikofreude, Autonomie nach außen, Gruppenbewußtsein
Cash Cow	„managers but no heroes", Verfahrensrituale, rationale Verfahren und Techniken ersetzen typische Artefakte	Kundenorientierung, Produktionsorientierung, Leistungsorientierung, Kostenorientierung	Dominanz, Gegenwartsorientierung, keine Toleranz für Ambiguität, Sachzwänge, Reaktion, geringe Autonomie, Zweckbestimmtheit
Dog	keine Helden, Routinerituale	Produktionsorientierung, Kostenorientierung	Unterordnung, Vergangenheitsorientierung, gefangen in einer Situation, Verlust der Gruppenadhäsion

Übersicht 9.8: Kulturprofile in der BCG-Matrix
(nach *Scholz/Hofbauer* 1990, 129)

auszurichten, wenn die vorhandene Istkultur weitgehend der angestrebten Sollkultur entspricht, damit eine Stabilisierung (freezing) eintritt. Ist letzteres nicht der Fall und soll die Unternehmenskultur eine Änderung erfahren, so kann ein bewußtes Verletzen des Kultur-System-Fits als erster Schritt in Richtung einer Kulturmodifikation wirken.

Kultur-Umwelt-Fit. Die Unternehmenskultur spiegelt die *Wertvorstellungen* der Mitarbeiter sowie die umfassende Landeskultur mit den Wertvorstellungen der Bevölkerung wider: Wie aber bereits im Zusammenhang mit dem Phänomen des Wertewandels diskutiert, kann daraus aber nicht auf eine unmittelbare Deckungsgleichheit von Unternehmenskultur und Landeskultur geschlossen werden.

Beispiel Portfolio-Matrix. Jede Geschäftseinheit entwickelt nach dem Dualitätsprinzip im Laufe der Zeit aus dem gezeigten Verhalten eine spezifische (Sub-)Kultur, die ihrerseits verhaltensprägend wirkt. Diese Entwicklung der Istkultur muß aber nicht mit der Sollkultur der jeweiligen Portfolio-Zelle übereinstimmen: Vielmehr weist jede Zelle ihre eigenen charakteristischen Kulturerfordernisse auf, die sich somit beim „Wandern" durch die Matrix ändern, wodurch Stimmigkeitsprobleme vorprogrammiert sind. Portfolio-Management ist, wie Übersicht 9.8 belegt, immer zumindest implizites Kulturmanagement; erfolgreiches Portfolio-Management verlangt sogar ein *explizites* Kulturmanagement.

9.2.5 Kulturumsetzung

Um das Konzept der Unternehmenskultur auf der strategischen Ebene der Personalführung sinnvoll umzusetzen, gilt es, Unternehmenskultur und Personalführung in einen sachlogischen Zusammenhang zu bringen. Hierfür gibt es zwei Möglichkeiten: Auf der einen Seite wird die Personalführung durch die Unternehmenskultur unterstützt, auf der anderen Seite wirkt die Personalführung auf die Unternehmenskultur.

9.2.5.1 Kulturwirkung: Personalführung durch Kultur

„Personalführung durch Kultur" bedeutet, Elemente der vorhandenen Unternehmenskultur im Rahmen der Personalführung gezielt als Mittel der Verhaltenssteuerung einzusetzen.

Unternehmenskultur als Lenkungsinstanz. Eine wichtige Führungsinformation für Mitarbeiter geht von den grundlegenden Werten und Normen aus, die das jeweilige Unternehmen prägen. Im Gegensatz zu schriftlich fixierten Unternehmens- oder Führungsgrundsätzen, die oft nur Absichtserklärungen sind, steuern diese unternehmenskulturellen Grundannahmen tatsächlich das tägliche Verhalten der Organisationsmitglieder.

Die **Führungswirkung** der Unternehmenskultur hängt ab von Kulturstärke und Kulturart: Die Stärke der Unternehmenskultur beeinflußt die Führungsintensität, die Art der Unternehmenskultur die Führungsrichtung. Jede starke Unternehmenskultur übt also eine Führungsfunktion aus, unabhängig davon, ob die Kulturart im Einzelfall den Unternehmens- beziehungsweise den Mitarbeiterzielen entspricht.

Hier stellt sich allerdings die bereits im Stimmigkeitsprinzip angesprochene Frage nach der Verträglichkeit (Übersicht 9.9): Ist die Unternehmenskultur nur schwach ausgeprägt, so ist die Stimmigkeit zum übrigen

Führungsinstrumentarium und zum Zielsystem des Unternehmens kein ernstes Problem (Fall 1 und Fall 3). Analoges gilt für die Existenz von vagen Zielen bei einer starken Unternehmenskultur (Fall 2). Bei einer präziseren Zielsetzung, gut ausgebauten Führungsinstrumenten und einer starken Unternehmenskultur (Fall 4) besteht dagegen die Gefahr von Dysfunktionalitäten. Andererseits ist nur eine starke Unternehmenskultur in der Lage, eine entsprechende Führungsfunktion zu realisieren.

Fall 4 bedeutet damit doppelte Gefahr und doppelte Chance: Hier üben Unternehmenskultur und Führungsinstrumentarium Führungsfunktionen aus, wodurch das Risiko unterschiedlicher Führungsrichtungen entsteht. Sofern aber die Führungsinformationen der Unternehmenskultur in die gleiche Richtung weisen und sich die Unternehmenskultur funktional zum strategischen Zielsystem des Unternehmens verhält, führt diese Konstellation nicht nur zu einer umfassenden Personalführung, sondern berücksichtigt zudem langfristig-strategische Ziele genauso wie kurzfristige Detailziele.

	Schwache Unternehmenskultur	**Starke Unternehmenskultur**
Operatives und taktisches Führungsinstrumentarium kaum ausgeprägt	**Fall 1** wenig Führungsimpulse keine Zielkonflikte	**Fall 2** Führung durch Unternehmenskultur geringe Zielkonflikte
Operatives und taktisches Führungsinstrumentarium umfassend ausgeprägt	**Fall 3** Führung durch (formales) Führungssystem geringe Zielkonflikte	**Fall 4** starke Führung durch Unternehmenskultur und durch das (formale) Führungssystem hohe Wahrscheinlichkeit für widersprüchliche Führungssignale

Übersicht 9.9: Konsequenzen einer Personalführung durch Unternehmenskultur

Die ungeschriebenen Regeln mit Steuerungswirkung. Vor allem die „ungeschriebenen Regeln“ der Unternehmenskultur haben eine erhebliche verhaltensprägende Wirkung. Sie geht teilweise weit über das hinaus, was basierend auf der offiziellen Unternehmenspolitik als Impuls generiert wird.

Um die verhaltensprägenden Aspekte der Unternehmenskultur zu erkennen, ist das System der ungeschriebenen und unausgesprochenen Regeln zu dechiffrieren, zu verstehen und zu nutzen.

In diesem Zusammenhang kritisiert besonders pointiert *Scott-Morgan* (1994) in seinem Bestseller „The Unwritten Rules of The Game", daß Manager und Berater in ihren Konzepten viel zu häufig geschriebene Regeln wie Organisatiosstrukturen, Visionen und Unternehmenspolitik berücksichtigen, die ungeschriebenen Regeln, welche die tatsächlich gelebte Kultur ausmachen jedoch außer Acht lassen. So verbirgt sich hinter der offiziellen Regel „Karriere durch breite und tiefe Erfahrung" oft die ungeschriebene Regel „wechsle möglichst noch als Job-Hopper den Arbeitsplatz aufwärts". In ähnlicher Form steht hinter dem Leistungsprinzip oft die Idee des „Herausragers". Es ist unmittelbar ersichtlich, daß vor allem diese unsichtbaren Regeln leicht zu äußerst kontraproduktiven Effekten führen (vgl. Abbildung 9.15).

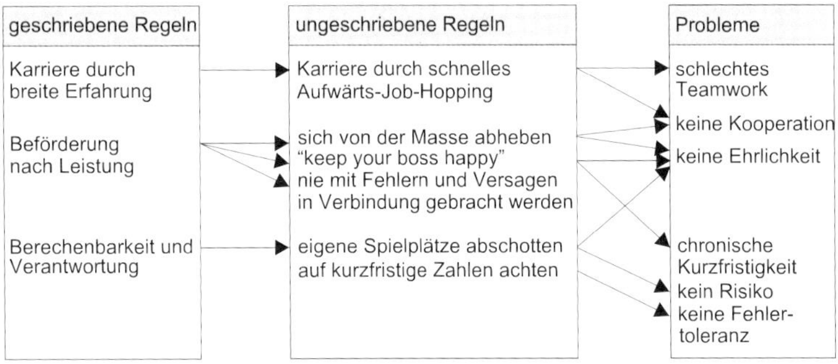

Abbildung 9.15: Beispiel für ein Regelsystem
(modifiziert nach *Scott-Morgan* 1994, 25+27)

Diese Beispielliste läßt sich für deutsche Unternehmen leicht ergänzen, speziell im Hinblick auf Innovation, Kritikfähigkeit und Internationalisierung: So steckt hinter der offiziellen Regel „Karriere bedingt Auslandsaufenthalt" häufig die ungeschriebene Regel „Auslandsaufenthalt = Umweg", was man prägnant an den Karrierewegen derjenigen ablesen kann, die eine derartige Internationalisierung postulieren.

Um organisatorischen Wandel zu ermöglichen, müssen die „ungeschriebenen Regeln" **dekodiert** und **verändert** werden. Dies gelingt nach *Scott-Morgan* nur, wenn Blockaden, die sich aus dem Konflikt zwischen den Veränderungsbemühungen und den bestehenden

- Motivatoren der Mitarbeiter,
- Enablern als Personen oder Gruppen, die wichtige Dinge ermöglichen können, sowie
- dinglichen Auslösern wie beispielsweise Verfahren oder Anweisungen

bewußt aufgebrochen werden.

Personalführung durch Unternehmenskultur bei dem österreichischen Radiosender Ö3

Als Stimmungsbarometer dienen in den Ö3-Studios in Wien-Heiligenstadt zwei Besprechungszimmer. Das eine ist ganz normal mit einem ovalen Tisch und vielen Stühlen ausgestattet, während sich im anderen lediglich Stehpulte befinden. Ist der Chef guter Laune, finden die Termine im ersten Zimmer statt, ist er schlechter Laune, bittet er seine Mitarbeiter in Besprechungsraum zwei. Da der Popsender zur Zeit Österreichs Marktführer ist, finden die Besprechungen in Zimmer eins statt, das heißt, die Stimmung in Wien-Heiligenstadt ist bestens, der Chef ist guter Dinge!

Aus: *Huber, Markus*, Der Religionsstifter, in: Profil 29 (31/1998), 28-29.

Gelingt dies nicht, sind fatale Konsequenzen vorprogrammiert. *Scott-Morgan* (1994, 42-50) faßt diese neun möglichen **Eskalationsformen** zusammen:

- „*From rebellion to anarchy*" beschreibt einen Zustand, bei dem eine leichte Unzufriedenheit so ausufert, daß es zu einer Rebellion kommt. Ursache kann beispielsweise ein neues Formular sein, das in einer Abteilung eingesetzt werden soll, aber nicht akzeptiert wird.
- „*From camouflage to gridlock*" kennzeichnet eine Situation, in der Mitarbeiter als Reaktion auf Veränderungen zu selbsternannten Experten werden und obskure Anforderungen definieren, die letztlich keiner mehr versteht.
- „*From paranoia to panic*" ergibt sich, wenn neue Verfahren oder Ziele widersprüchlich zu den alten formuliert werden. Nehmen die Bemühungen, sich gegen die Widersprüchlichkeit abzusichern, exponentiell zu, kann es zu einer panikartigen Lähmung des gesamten Unternehmens kommen.
- „*From isolation to impotence*" stellt sich dann ein, wenn eine größere Anzahl von Enablern zwar wichtige Entscheidungen zu verantworten hat, diese mangels Macht aber nicht realisieren kann. Nimmt deren Anzahl überhand, so führt dies zu einer totalen Blockade und Entscheidungsunfähigkeit des Unternehmens.
- „*From power play to civil war*" ist die Eskalation eines gesunden Konkurrenzdenkens, beispielsweise zwischen Abteilungen. Wird dieses „Power Play" zu extrem, weil die Rollen oder der Führungsstil unklar sind, wendet das Unternehmen letztlich mehr Energien für interne Kämpfe auf als für die Unternehmensziele.
- „*From conspiracy to treachery*" beginnt, wenn beispielsweise gegen eine unbeliebte Person oder Gruppe intrigiert wird, die über soviel

Macht verfügt, daß keine offene Konfliktaustragung möglich ist. Dies kann sich soweit auf das gesamte Unternehmen ausbreiten, daß Verrat und Intrigen an der Tagesordnung sind.

- „*From lipservice to cynism*“ stellt eine Entwicklung dar, die durch Veränderungen auf der motivatorischen Ebene ausgelöst wird. Stimmen die Betroffenen zunächst nach außen hin zu, kann sich im Extremfall eine zynische Grundstimmung entwickeln, wenn Unternehmensmitglieder tagtäglich mit Dingen konfrontiert werden, die sie nicht wichtig finden.
- „*From subversion to torture*“ ist die Folge, wenn Visionen forciert werden, die letztlich nicht realisierbar sind, weil sie den persönlichen Zielen entgegenlaufen. Die Mitarbeiter fühlen sich dann zwischen den widersprüchlichen Wertesystemen hin- und hergerissen.
- „*From sabotage to suicide*“ stellt die problematischste Situation dar. Hier werden die Bemühungen des Unternehmens von den Mitarbeitern sabotiert, weil diese sich in ihrem moralischen Kontrakt mit dem Unternehmen verletzt fühlen. Dauert dieser Zustand an, ist das Unternehmen nicht mehr wettbewerbs- und überlebensfähig.

Die Kenntnis dieser „neun Fenster zur Realität“ – wie *Scott-Morgan* sie nennt – ist eine erste wichtige Voraussetzung, um die darin beschriebenen Konflikte zu vermeiden und Regelveränderungen in Gang zu setzen.

Denkt man die Thesen von *Scott-Morgan* weiter, so führen sie zu einer völlig neuen und in Deutschland untypischen Form der Unternehmensberatung als Bewußtseinsmacher für organisationskulturelle Grundan-

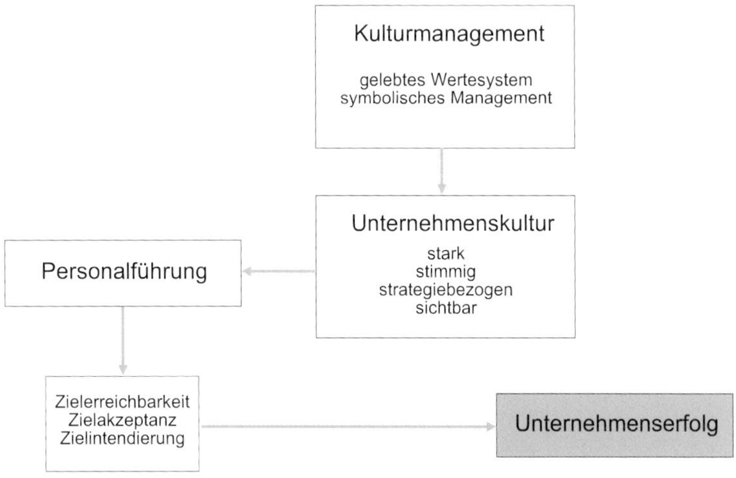

Abbildung 9.16: Personalführung durch Unternehmenskultur

nahmen. Oder im FOSI-Prinzip ausgedrückt: Der dominante objektive Funktionalismus wird ersetzt (zumindest aber ergänzt) durch einen subjektivistischen Interpretationsvorgang. Dieser entzieht sich aber einer tayloristischen Ablaufoptimierung und geht damit über den Erfahrungsschatz der meisten Unternehmensberater ebenso weit hinaus wie über die Anspruchshaltung der Klienten.

Ergebnis. Eine Personalführung durch Unternehmenskultur braucht weder schriftlich noch „bewußt" zu erfolgen. Es geht also nicht darum, wie eine Führungskraft ihr Verhalten zu ihren Mitarbeitern gestalten möchte. Die Unternehmenskultur legt vielmehr fest, wie man üblicherweise im betreffenden Unternehmen führt – unabhängig davon, ob dieses Führungsverhalten im konkreten Einzelfall zieladäquat ist (Abbildung 9.16).

9.2.5.2 Kulturgestaltung: Kultur durch Personalführung

„Unternehmenskultur durch Personalführung" bedeutet, im Rahmen der Führung Kultursignale zu setzen, was unabhängig von ihrer konkreten Intention zwangsläufig und meist unbewußt passiert.

Anders als im obigen Abschnitt geht es hier darum, durch Führungsimpulse die Unternehmenskultur zu verändern. Für eine solche Kulturbeeinflussung durch Personalführung existiert eine Vielzahl von fallspezifischen Notwendigkeiten. Ein Anlaß ist die *Neugründung* eines Unternehmens. Ein junges Unternehmen hat allenfalls eine in schwachen Konturen ausgeprägte Kultur. Hier ist den Mitarbeitern durch die Personalführung der angestrebte – zumeist durch den Firmengründer verkörperte – Grundcharakter der Unternehmenskultur zu vermitteln. Stellt dagegen das zu gründende Unternehmen eine Tochter beziehungsweise eine Niederlassung dar, kann es sinnvoll sein, die Kultur des Stammunternehmens auf den neuen Betrieb zu übertragen.

Ein weiterer Anlaß ist die Existenz einer *dysfunktionalen Subkultur*, deren Grundannahmen und Grundwerte von der Unternehmenskultur abweichen, was zu Inter-Gruppenkonflikten führen kann. Treten *neue Mitarbeiter* in das Unternehmen ein, so müssen diese erst die spezifische Kultur des Unternehmens kennenlernen. Eine „Kulturvermittlung bei Neueinstellungen" dient auch dazu, den Einfluß des Neueingestellten auf die Unternehmenskultur zu reduzieren. Eine Ausnahme ist die Absicht, durch Neueinstellung gezielt die Kultur des Unternehmens zu verändern.

Voraussetzung. Um Kultur erfolgreich gestalten zu können, bedarf es einer entsprechenden **Akzeptanz**. In Analogie zum Akzeptanztheorem steigt die Akzeptanz der zu vermittelnden Unternehmenskultur,

- wenn die Führungskräfte von der Existenz konkreter Führungsprobleme *überzeugt* sind,

- wenn sie von der (neuen) Unternehmenskultur eine *Reduktion* ihrer Führungsprobleme erwarten,
- wenn *Fachpromotor* (Personalabteilung) und *Machtpromotor* (Vorstand) die Unternehmenskultur als wichtiges Managementinstrumentarium sehen,
- wenn durch die neue Kultur bei keinem relevanten Organisationsmitglied *Kompetenzangst* ausgelöst wird und
- wenn alle Instanzen bei der Kulturdiskussion und -implementation *involviert* wurden.

Gefährlich und unrealistisch wäre es aber, von einer vollständigen „Gestaltbarkeit" der Unternehmenskultur auszugehen, wie es extreme Vertreter der funktionalen Richtung unterstellen.

Gestaltungsmaßnahmen. Im einzelnen gibt es drei **Formen** der Kulturvermittlung, die sich in Art und Intensität unterscheiden:
- Decken sich Ist- und Sollkultur in Stärke und Art, so entspricht die von der Unternehmenskultur ausgehende Führungsinformation der gewünschten Richtung. Dieser Fall erfordert eine *Kulturpflege* in Form des Erhaltens kulturell stimmiger Verhaltensweisen.
- Entspricht die Istkultur in ihrer qualitativen Ausprägung der Sollkultur, muß die notwendige Intensität über eine *Kulturverstärkung* hergestellt werden.
- Ein Wechsel der Unternehmensstrategie kann eine Veränderung der Sollkultur erfordern, was eine entsprechende Anpassung der Istkultur erforderlich macht. In günstigen Ausnahmefällen vollzieht sich dieser Prozeß selbständig und ohne eine gezielte Einflußnahme. Meistens ist es jedoch erforderlich, über das gesamte Spektrum unternehmenskultureller Phänomene und Artefakte eine *Kulturänderung* herbeizuführen, um so die notwendige Anpassung der Istkultur an die (neue) Sollkultur herbeizuführen.

Jede dieser drei Formen stellt damit besondere Anforderungen an das Personalmanagement.

Zur eigentlichen Gestaltung der Unternehmenskultur bieten sich mehrere Vermittlungsformen an: (allgemeine) Kommunikation, (gezielte) Beeinflussung einschließlich der Nutzung von Artefakten und Symptomen sowie diverse anlaßspezifische **Maßnahmen**:
- Bei der *Überzeugungsstrategie* übermittelt der Informationssender Informationen, die deutlich erkennbar den Zweck der Kommunikation offenlegen, nämlich eine freiwillige Veränderung beim Informationsempfänger herbeizuführen.
- Bei der *Manipulationsstrategie* sollen die Werte und Grundannahmen des Informationsempfängers verändert werden, ohne daß sich dieser dessen bewußt wird. Dabei kann absichtlich irreführende Information vermittelt werden. Um von den tatsächlichen Zielen des

Informationssenders abzulenken, kann dieser auf Sekundärbotschaften, emotionale Appelle oder Vergleiche mit anderen Organisationsmitgliedern sowie Hinweise zur Gruppensolidarität zurückgreifen.

Die Frage, ob Manipulation grundsätzlich als Instrument zur Kulturvermittlung abzulehnen ist, hängt vom normativen Werterahmen ab. Zudem ist zu fragen, ob nicht eine durch Manipulation herbeigeführte Kulturänderung lediglich an der Kulturoberfläche stecken bleibt.

Oben wurde bereits darauf hingewiesen, daß jede Kommunikation kulturprägend ist, eine gezielte Beeinflussung aber auch über bewußt geschaffene Kulturträger erfolgen kann. Solche Artefakte als sichtbare Manifestation einer Unternehmenskultur vermitteln den Organisationsmitgliedern die spezifischen Grundannahmen und Werte. Im Führungsprozeß geschieht dies durch das Erzählen charakteristischer Geschichten, Hervorhebung von Helden oder die Ausgestaltung von Belohnungsritualen und -zeremonien. Ähnliches gilt für Entgelt- und Arbeitszeitregelungen (Übersicht 9.10).

Eine besondere Problemstellung ergibt sich bei einer intendierten Kulturänderung, die über marginale Anpassungen hinausgeht und eine **generelle Neuausrichtung** zum Ziel hat. Nach dem Dualitätsprinzip besitzt eine Unternehmenskultur stabilisierende Kräfte, die jeglicher Änderung massiv entgegenwirken. Daher ist eine aktivierende Energie nötig, um das Unternehmen auf Änderungen vorzubereiten. Dem Paradigma von *Lewin* (1947) folgend, benötigt man daher **drei Phasen**:

- In der *Auftauphase* wird das Unternehmen für die Kulturänderung vorbereitet. Für diese Auftauphase gibt es zwei grundlegend unterschiedliche Ansatzpunkte: zum einen ein extremes Angstgefühl bei Mitarbeitern, zum anderen eine angstfreie, dem Wert „Vertrauen“ Rechnung tragende Situation.
- Nach der Auftauphase sind *Veränderungen* durchzuführen. Sie zielen auf einen Wechsel des Wertesystems im Unternehmen, gegebenenfalls auch der Grundannahmen.
- Schließlich ist das neue Wertesystem im Unternehmen zu verankern. Spätestens bei dieser *Stabilisierungsphase* ist wieder eine angstfreie Grundatmosphäre im Unternehmen herzustellen.

Damit zeigt sich, daß „Unternehmenskultur durch Personalführung“ ein interessantes, aber nur schwer realisierbares Ziel darstellt.

Zusammengefaßt gilt: Personalführung prägt die Unternehmenskultur (Abbildung 9.17) und trägt im günstigsten Fall zu einer starken, stimmigen und strategiebezogenen Kultur bei, deren Indikatoren für alle Mitarbeiter erkennbar sind, so daß sie sich ihr nur schwerlich entziehen können. Nur wenn eine solche Kultur vorliegt, sind positive Kultureffekte (Koordination, Integration, Identifikation und Motivation) zu erwarten.

Instrument	Beispiel	Aussage
Artefakte		
Geschichten	AT&T installierte innerhalb von nur 22 Tagen mit 4 000 Mitarbeitern rund 3 000 Tonnen technische Ausrüstung, um eine durch Feuer vernichtete Schaltzentrale für 170 000 Telefonanschlüsse wiederherzustellen.	universeller Service rund um die Uhr
Riten/Rituale	„rites de passage" Paten-Prinzip	Zugehörigkeitsgefühl neuer Mitarbeiter stärken
Slogans	„Wir machen den Weg frei" „Nichts ist unmöglich" „Vorsprung durch Technik" „Ich bin doch nicht blöd" „Weil ich's mir wert bin"	Kundenorientierung Innovationsorientierung Technologieorientierung Preisorientierung Qualitätsorientierung
Anreizsysteme		
Lohn/Gehalt	Provisionen Qualitätsprämien Nutzungsprämien	Leistungsorientierung Qualitätsorientierung Kostenorientierung
Arbeitszeit	flexible Arbeitszeit	eigenverantwortliches Handeln
Belohnungen	Orden, Pokale, Aufkleber, Plaketten, T-Shirts, Incentive-Reisen, Firmenwagen	soziale Anerkennung Wir-Gefühl stärken Statussymbole Macht
Personalentwicklung		
Beförderung	Inhouse-Recruiting	Mitarbeiterorientierung
Weiterbildung	Fremdsprachen-Kurse	Internationalität
Personalbetreuung		
Sportangebot	Teamsportarten Einzeldisziplinen	Teamgeist Wettbewerbsdenken

Übersicht 9.10: Ansatzpunkte zur Kulturvermittlung durch Personalführung

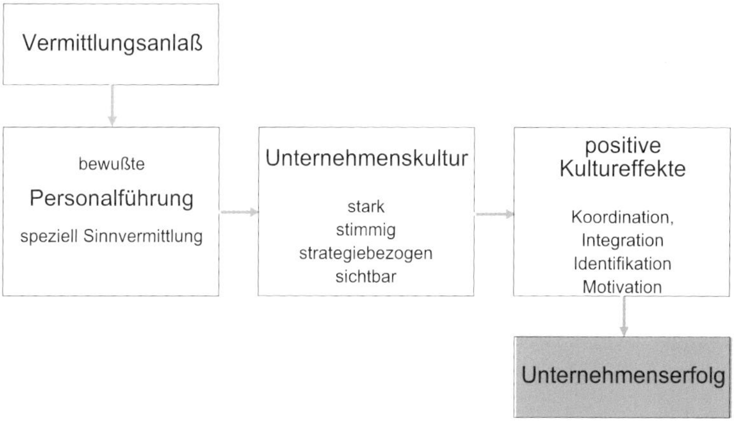

Abbildung 9.17: Unternehmenskultur durch Personalführung

9.2.6 Interkulturelle Führung

9.2.6.1 Kulturforschung

Die internationale Kulturforschung blickt mittlerweile auf eine lange Tradition zurück und liefert Handlungsimpulse aus drei Forschungsrichtungen (vgl. *Sackmann et al.* 1997, 14-30):

Forschung mit Fokus auf cross-nationale Vergleiche. Untersuchungsgegenstand solcher Studien ist der **Nationalstaat**. Kulturelle und nationale Grenzen werden dabei weitgehend synonym betrachtet, so daß der Vergleich des typischen Managementverhaltens anderer Staaten relativ einfach zu handhaben ist. Eine der bekanntesten Studien aus diesem Bereich ist die Untersuchung von *Hofstede*, auf die später eingegangen wird (Abschnitt 9.2.6.3). Die diesem Ansatz verpflichteten Forschungsarbeiten stellen einen wichtigen Ausgangspunkt für die Entwicklung von Kulturtypologien dar, da sie erstmals die Bedeutung kultureller **Sensibilisierung** in den Mittelpunkt rückten.

Forschung mit Fokus auf interkultureller Interaktion. Die Weiterentwicklung der cross-nationalen Kulturforschung beruht auf der Idee, daß nicht die Unterschiede, sondern vor allem die Interaktionen wesentlich sind. In diese Forschungsrichtung fließen Annahmen, Methoden und Ergebnisse aus vier **Forschungsperspektiven** ein:

- Aus *interpretativer* Perspektive wird der Zusammenhang zwischen organisationaler Realität und der subjektiven Wahrnehmung von Mitarbeitern untersucht.

- Die *Organisationskulturforschung* betont den Einfluß der Unternehmenskultur auf die Interaktionen.
- Die *interkulturelle Kommunikation* sieht zunächst eine landeskulturelle Beeinflussung der Erwartungen der Mitarbeiter, die sich dann in der Begegnung zwischen Menschen unterschiedlicher kultureller Herkunft niederschlägt.
- Ziel *anthropologischer Methoden* ist die Erklärung von Bedeutungszuweisung während der grenzüberschreitenden sozialen Interaktion.

Diese Methodenvielfalt ermöglicht Fortschritt in der internationalen Kulturforschung und eine problembewußte Aktivierung der Praxis.

Forschung aus multikultureller Pespektive. Mit Beginn der 90er Jahre rückte das Interesse auf die Betrachtung von **kulturellen Identitäten**, die sich aus dem Zusammenspiel parallel existierender Subkulturen ergeben. Kultur ist danach nicht faktischer Sachverhalt, sondern wird von ihren Trägern kreiert und ist deshalb nicht unabhängig von diesen zu betrachten.

Gerade diese Forschungsrichtung belegt den **Paradigmenwechsel**: In Zukunft wird es bei der Kulturinternationalisierung weniger um die Bedeutung von Landes- oder Unternehmenskulturen gehen. Vielmehr kommt es im Zuge wachsender Globalisierung und Virtualisierung auf das Zusammenspiel unterschiedlichster Kultureinflüsse an. Um diese verstehen und sinnvoll gestalten zu können, sind Konzepte gefragt, die zumindest eine gewisse Komplexitätsreduktion mit Richtungsinformation realisieren.

9.2.6.2 Kulturkorridor

Landeskulturelle Unterschiede im Managementverhalten lassen sich anhand vieler empirischer Studien belegen. Es stellt sich allerdings die Frage, ob diese Unterschiede in Zukunft größer oder kleiner werden, was damit zusammenhängt ob – zumindest in Europa – eher eine Angleichung oder eine verstärkte Individualisierung der Landeskulturen zu erwarten ist (vgl. *Scholz* 1991).

Kulturkonvergenz-These. Die europäischen Bemühungen hinsichtlich einer Angleichung der Steuergesetzgebung, die Einführung des EURO und vieles andere belegen den Wunsch nach europaweiter Standardisierung. Ziel ist eine gemeinsame europäische Identität.

Gerade westeuropäische Manager vertreten oft die These der zwangsläufigen Kulturkonvergenz: „Vereintes Europa" impliziert danach ein kulturelles **Zusammenwachsen der Landeskulturen** als Folge der zunehmenden Harmonisierung von Gesetzen und Wirtschaftssystemen. Auch *Pascale* und *Athos* (1981) argumentieren beim Vergleich japanischer und amerikanischer Unternehmenskulturen mit der These der Kulturkonvergenz: So wurden Führungsverhalten und Unternehmensstrategien in den USA und Japan bei erfolgreichen Unternehmen als teilweise erstaunlich ähnlich diagnostiziert.

In analoger Form befaßt sich ein Teil der Marketingliteratur (vgl. *Meissner* 1990, 147-148; *Paitra* 1993) seit langem mit *„Euro-Konsumenten"*, die wegen einheitlicher Präferenzstruktur auf dieselben standardisierten Marketingstrategien ansprechen. Diese These hat sicherlich für bestimmte Marktsegmente (wie „Euro-Yuppies") Gültigkeit, wenngleich sie für die Breite der Konsumenten in Europa eher zu bezweifeln ist.

Ähnliche Überlegungen gibt es in bezug auf den *„Euro-Manager"*, der unabhängig von seiner landeskulturellen Herkunft „europäisch" denkt und handelt. Er beherrscht mehrere Sprachen, sieht im Zimmer der austauschbaren Hotelketten sein standardmäßiges Kabelfernsehen und ernährt sich vom typischen Euro-Standard-Food. In letzter Konsequenz führt dies zu *„Euro-Mitarbeitern"* mit relativ homogenen Motivationsstrukturen, aus denen sich eine entsprechend europäische Arbeits- und Anreizgestaltung ableiten läßt.

Kulturdivergenz-These. In die genau umgekehrte Richtung argumentiert die Divergenz-These: Die Vereinheitlichung auf Ebene der Verwaltung und Kommunikation wird akzeptiert, nicht aber die Folgerung, daß aus dieser Oberflächenharmonisierung eine kulturelle Konvergenz der Werte und Grundannahmen resultiert. Das Wiedererstarken einzelner nationaler und ethnischer Identitäten, das Auseinanderfallen der ehemaligen sowjetischen, jugoslawischen und tschechoslowakischen Staaten sowie die Schwierigkeiten im europäischen Einigungsprozeß sind offensichtliche Indikatoren, die zur Zeit gegen die Konvergenz-These sprechen. Dies bedeutet notwendigerweise, daß das internationale Personalmanagement zunehmend auf landeskulturelle Unterschiede eingehen muß, da mit einer **Divergenz auf der Werteebene** zu rechnen ist. Die Schlußfolgerung, daß Länder, die gleiche Systeme auf der Ebene der Artefakte haben, langfristig auch eine Einheitskultur entwickeln, ist daher falsch.

Der Kulturkorridor als realistischer Kompromiß. Eine dritte Position schließlich, die einen durchaus realistischen Kompromiß zwischen den beiden Extrempositionen der Divergenz und der Konvergenz darstellt, ist die These eines mittelfristig durchaus stabilen Kulturkorridors (vgl. *Scholz* 1991): Dieser beginnt mit einem Basiskonsens auf der Ebene der *Grundannahmen*; gleichzeitig gibt es gewisse Ähnlichkeiten auf der *Werteebene* und bei den Artefakten.

Der Kulturkorridor erlaubt die Verbindung von Konvergenz und Divergenz, indem nicht alle Ebenen „automatisch" in die gleiche Richtung tendieren müssen.

Für einen solchen Kulturkorridor gibt es **zwei Varianten**:

- In einem Fall ist von einer sehr schmalen Basis bei den Grundannahmen auszugehen; gleichzeitig von einer starken Standardisierung im sichtbaren Bereich. Dies ist insofern gefährlich, weil Kulturen gleich „scheinen", tatsächlich aber ganz andere Basiswerte haben.
- Im anderen Fall weisen die Grundannahmen klare Ähnlichkeiten auf, ihre Interpretation und Transformation auf der Werteebene und bei den Artefakten erfolgt aber länderspezifisch. Beispielsweise führt eine starke Religionsausübung in Portugal oder Irland zum Abtreibungs- beziehungsweise Scheidungsverbot, was innerhalb der meisten übrigen EU-Länder in dieser Strenge nicht durchsetzbar ist.

Im erstgenannten Fall wird der „Kulturkorridor" für Westeuropa durch ähnliche Grundannahmen, beispielsweise hinsichtlich Religion, Menschenbilder, politische und wirtschaftliche Systeme gebildet, wobei diese Basisvariablen jedoch auf der Werteebene und teilweise auch auf der sichtbaren Ebene der Artefakte nationenspezifisch interpretiert werden. Im anderen (etwas realistischer erscheinenden) Fall kommt es zu einer Angleichung auf der Artefakte-Ebene, bei gleichzeitiger Wahrung der deutlichen Unterschiede bei Grundannahmen (Abbildung 9.18).

Mit der Identifizierung eines Kulturkorridors ist es möglich, einen Rahmen internationalen Kulturverständnisses abzustecken, in dessen Grenzen die Grundannahmen, Werte und Artefakte konvergieren.

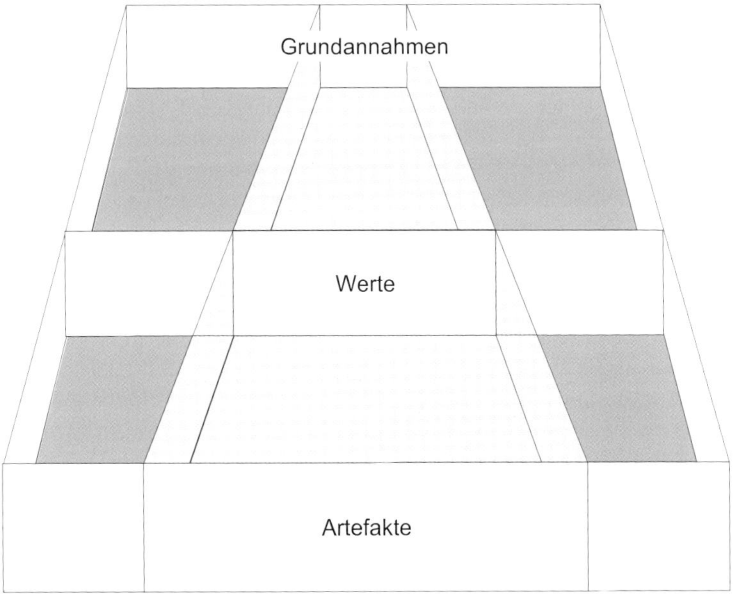

Abbildung 9.18: Kulturkorridor Westeuropa mit schmalem Basiskonsens

Aus dem Konzept des Kulturkorridors lassen sich unmittelbare **Implikationen** für das Personalmanagement ableiten: Ein Unternehmen, das sich in mehreren Ländern engagiert, muß je nach Standort der Aktivitäten verschiedene Kulturkorridore berücksichtigen. Will ein Unternehmen in Harmonie zu seiner externen Umwelt existieren, so muß es eine *Mindestanpassung bezüglich des Minimalkorridors* vornehmen.

Die Anpassung an die höhere Aggregation des Kulturkorridors – wie sie beispielsweise durch die einzelnen Landes- und Regionalkulturen vorgegeben wird – kann in zwei Formen erfolgen. Die *Kulturdifferenzierung* beinhaltet ein Abwenden von der Forderung nach einer Einheitskultur des Unternehmens. Hierbei findet entweder eine Berücksichtigung der Spezifika anderer Kulturen statt und die eigene Kultur wird als dominant erachtet, oder die Gleichwertigkeit aller Kulturen wird zugrundegelegt und die Unternehmenspolitik der Tochterunternehmen explizit auf die kulturspezifischen Bedürfnisse der Mitarbeiter und der Umwelt abgestimmt. *Kulturkoexistenz* indessen bedeutet, daß der Einheitskultur des Unternehmens ein höherer Wert beigemessen wird als der Ausrichtung der Unternehmenskultur an der entsprechenden Landeskultur. „Fremdkulturen" sind zwar nicht zu adaptieren, wohl aber zu akzeptieren. Dies erfordert ein Kulturmanagement, das an der angesprochenen Mindestanpassung am Minimalkorridor ansetzt.

9.2.6.3 Kulturdimension

Im internationalen Kontext wird „Kulturdimension" zurecht meist mit der Studie von *Hofstede* (1980a) in Verbindung gebracht.

Forschungsansatz. *Hofstede* (1980a; 1993) wählte **methodisch** einen äußerst anspruchsvollen Ansatz: Seiner Untersuchung liegen rund 117 000 Fragebogen mit jeweils über 60 Items zugrunde. Sie stammen von IBM-Mitarbeitern unterschiedlicher hierarchischer Ebenen, die in den Jahren 1967-1969 und 1971-1973 in ihrer Landessprache nach arbeitsbezogenen Wertehaltungen befragt wurden. In die erste Auswertung gingen die Daten von 40 Ländern ein. Später wurde die Auswertung auf 50 Länder und drei Regionen ausgeweitet. Insgesamt erhielt *Hofstede* Fragebogen aus 67 Ländern. Neben demographischen Merkmalen wurden auch Zielvorstellungen, Arbeitszufriedenheit sowie individuelle Kognitionen und Perzeptionen hinsichtlich Arbeit und Umwelt über semantische Differentiale erfaßt. Die gesammelten Daten wurden statistisch mit Hilfe von Faktoren- und Varianzanalysen sowie Korrelationsrechnungen ausgewertet. Hinzu kamen qualitative Interpretationen.

Die **Basishypothese** seiner Arbeit stellt die Annahme einer in bezug auf die Unternehmenskultur homogenen Grundgesamtheit dar. Da ausschließlich IBM-Mitarbeiter befragt wurden, kann der Einfluß der Unternehmenskultur der Muttergesellschaft in allen IBM-Austauscheinheiten als gleich stark angenommen werden, so daß sämtliche abweichenden Ansichten und Einstellungen der (einheimischen) Befragten einzig und allein von einer unterschiedlichen Landeskultur herrühren.

Als **Ergebnis** stellte *Hofstede* fest, daß sich Landeskulturen über
- Machtabstandstoleranz,
- Maskulinität,
- Unsicherheitsvermeidung sowie
- Individualismus

beschreiben lassen. Ergänzt wurden diese vier Basisdimensionen später durch eine fünfte, nämlich die Langfristorientierung.

Übersicht 9.11 zeigt die Ausprägungen der Dimensionen für einzelne Länder: Die Dimensionen wurden dabei auf einer ursrpünglich für den Bereich 0 bis 100 normierten Skala ausgedrückt; einige Länder (z.B. Griechenland) lieferten jedoch Aggregationswerte, die über dieses Intervall hinausreichten, weshalb bei der Dimension „Unsicherheitsvermeidung" Werte von bis zu 112 auftreten.

Diese Basisdimensionen von *Hofstede* bilden einen zumindest heuristisch interessanten Rahmen für eine international ausgerichtete Personalarbeit.

Individualismus. Diese Dimension (Übersicht 9.12) beschreibt das Verhältnis zwischen Individuum und Gruppe in einer Gesellschaft: *Individualistisch* orientierte Länder erwarten eine emotionale Unabhängigkeit des Individuums von einer Organisation. Eine *kollektive* Orientierung drückt sich dagegen in einer hohen Bedeutung inner- und außerorganisatorischer Beziehungen aus. Vom Organisationsmitglied wird moralisches Engagement in der Organisation sowie Wertschätzung von Gruppenentscheidungen erwartet.

Individualistische Länder haben meist eine hohe Arbeitsmobilität, ein hohes Ich-Bewußtsein und eine Präferenz für Individualentscheidungen. Genau das Gegenstück ist bei kollektivistischen Ländern der Fall, die durch eher geringe Arbeitsmobilität, ausgeprägtes Wir-Bewußtsein und Präferenz für Gruppenentscheidungen charakterisiert sind.

Ein kollektivistisch orientiertes Land, wie beispielsweise Griechenland, sieht sich daher nach *Hofstede* als eine „Gemeinschaft", die auf gegenseitiger Sympathie und Verständnis aufbaut und bereit ist, die Bedürfnisse ihrer Mitglieder zu erfüllen. Hingegen gelten die USA als Inbegriff einer individualistisch orientierten Gesellschaft.

Romanische Länder wie Belgien und Frankreich besitzen ein starkes Bedürfnis nach Autorität und Hierarchie; gleichzeitig wollen aber die

Individuen ihre Unabhängigkeit bewahren. *Hofstede* (1980a, 214-221) bezeichnet sie daher als „abhängige Individualisten". Gänzlich andere Verhaltensmuster gelten beispielsweise für Österreich: Hier herrscht keine starke Autorität, aber eine große persönliche Abhängigkeit von der Gemeinschaft, so daß er die Österreicher zutreffend als „unabhängige Kollektivisten" bezeichnet (vgl. *Hofstede* 1980a, 222).

Land	**Individualität**	**Maskulinität**	**Unsicherheitsvermeidung**	**Machtabstand**	**Langzeitorientierung**
	(IND)	**(MAS)**	**(UAI)**	**(PDI)**	**(LTO)**
Argentinien	46	56	86	49	--
Australien	90	61	51	36	31
Belgien	75	54	94	65	--
Dänemark	74	16	23	18	--
Deutschland	67	66	65	35	31
Finnland	63	26	59	33	--
Frankreich	71	43	86	68	--
Griechenland	35	57	112	60	--
Großbritannien	89	66	35	35	25
Indien	48	56	40	77	61
Israel	54	47	81	13	--
Italien	76	70	75	50	--
Japan	46	95	92	54	80
Jugoslawien	27	21	88	76	--
Kanada	80	52	48	39	23
Mexiko	30	69	82	81	--
Niederlande	80	14	53	38	44
Norwegen	69	8	50	31	--
Österreich	55	79	70	11	--
Portugal	27	31	104	63	--
Schweden	71	5	29	31	33
Schweiz	68	70	58	34	--
Spanien	51	42	86	57	--
Südafrika	65	63	49	49	--
USA	91	62	46	40	29

Übersicht 9.11: Kulturindizes ausgewählter Länder
(zusammengeführt aus *Hofstede* 1980a, 315; 1993, 191)

Individualismus	
Niedrige Ausprägung	Hohe Ausprägung
emotionale Abhängigkeit vom Unternehmen, moralisches Involvement, Streben nach Konformität und Ordnung, Sicherheit in der Position bei den Managern im Vordergrund, Präferenz für Gruppenentscheidungen, partikuläres Denken	emotionale Unabhängigkeit vom Unternehmen, berechnendes Involvement, Streben nach Führung und Abwechslung, Autonomie bei den Managern im Vordergrund, Präferenz für Individualentscheidungen, universalistisches Denken
Gesellschaftliche Norm	
Wir-Bewußtsein, Gemeinschaftsorientierung, soziales System als Basis für Identität	Ich-Bewußtsein, Selbstorientierung, Individuum als Basis für Identität
Konsequenzen für das Personalmanagement	
Erwartung der Mitarbeiter, daß die Organisation ihre Interessen vertritt, Beförderung nach Seniorität, Unternehmenspolitik sollte sich an der Loyalität und dem Aufgabenbewußtsein der Mitarbeiter orientieren	Erwartung gegenüber den Mitarbeitern, daß sie selbst ihre Interessen vertreten, Beförderung nach Leistung, Unternehmenspolitik sollte Eigeninitiative der Mitarbeiter fördern

Übersicht 9.12: Aussagen zum Individualismus

Die Individualismusdimension wird in einem hohen Maße von wirtschaftlichen, geographischen und demographischen Faktoren beeinflußt. Eine starke positive Korrelation besteht zwischen dem Individualismusindex und dem Wohlstand einer Nation. Reiche Länder sind demnach deutlich individualistischer orientiert als arme Länder. Dasselbe trifft für Länder in gemäßigten beziehungsweise kälteren Klimazonen zu (vgl. *Hofstede* 1980a, 231-256).

Auf die **Organisation** bezogen bedeutet niedrige Individualität, also eine starke *kollektive* Denkhaltung, ein familiäres Organisationsbewußtsein. Interessen der Mitarbeiter werden ernst genommen und erfüllt. Eine Förderung des Mitarbeiters kommt nur von innen und richtet sich nach dem Senioritätsprinzip. Vor allem aber sind die Mitarbeiter ganz bewußt ein Teil „ihres" Unternehmens, in dem sie langfristig aufgehen und das sie als ihre (prägende und schützende) Familie ansehen.

In *individualistisch* orientierten Ländern entscheidet man sich für ein Unternehmen, weil der „Job" dort gerade interessant erscheint, sieht aber auch gar kein Problem darin, den Arbeitsplatz bei erstbester Gelegenheit wieder zu wechseln.

Die eigentliche Herausforderung für das betriebliche **Personalmanagement** beginnt, wenn man die Personalarbeit im Unternehmen explizit

Maskulinität	
Niedrige Ausprägung	Hohe Ausprägung
Kontakte mit Führungskräften, Kooperation, angenehme Arbeitsatmosphäre, Arbeitssicherheit, geringes Interesse von Managern an Führung, Gruppenentscheidungen, geringere Leistungsmotivation	Verdienst, Anerkennung, Herausforderung, Vorankommen, Führungs-, Unabhängigkeits- und Selbstverwirklichungsideal, individuelle Entscheidungsfindung, höhere Leistungsmotivation
Gesellschaftliche Norm	
Beziehungsorientierung, Lebensqualität ist wichtig: „Arbeiten um zu leben", Intuition, Geschlechterrolle fließend	Sach- und Geldorientierung, Leistung und Wachstum sind wichtig: „Leben um zu arbeiten", Entschiedenheit, klare Trennung der Geschlechterrolle
Konsequenzen für das Personalmanagement	
wenig karrierebewußte Jugend, strikte Trennung von Beruf und Privatleben, geringerer Einfluß auf die Privatsphäre, geringerer Arbeitsstreß, Gruppenintegration bei Reorganisation, mehr Frauen in qualifizierten Jobs	karrierebewußte Jugend, berufsbedingter Einfluß auf die Privatsphäre höherer Arbeitsstreß, individuelle Leistungsorientierung bei Reorganisation, weniger Frauen in qualifizierten Jobs

Übersicht 9.13: Aussagen zur Maskulinität

auf diese Kulturdimension ausrichtet. In einer eher individualistischen Kultur, ist beispielsweise von einer höheren Fluktuation auszugehen: Kann ein Mitarbeiter seine individuellen Ziele nicht verwirklichen, verläßt er das Unternehmen. Daher sind alle Personalmanagementsysteme unmittelbar auf die Basisnorm „Individualismus" auszurichten: So durften bei individualistischen Kulturen Teamprämien auf wenig Gegenliebe stoßen, während Wettbewerb über personenbezogene „Rennlisten" für Umsatzwerte oder die Wahl eines „Verkäufers des Monats" durchaus akzeptiert werden.

Maskulinität. Der Maskulinitätsindex (Übersicht 9.13) drückt aus, wie stark in einer Gesellschaft die als „maskulin" bezeichneten Werte wie Selbstbehauptung, Leistung, Ehrgeiz, Wettbewerb und materieller Erfolg im Vordergrund stehen. Bei einem niedrigen Maskulinitätsindex richtet man sich dagegen mehr an Werten aus, die – zumindest nach *Hofstede* – als „feminin" gelten, wie zum Beispiel die Präferenz für berufliche Sicherheit, Aufrechterhaltung von sozialen Kontakten und Lebensqualität.

Äquatornahe Länder zeigen tendenziell höhere Maskulinitätswerte. Länder mit überwiegend katholischer Bevölkerung sind nach *Hofstede* (1980a, 293) maskuliner als protestantische Länder. Deutschsprachige

Unsicherheitsvermeidung	
Niedrige Ausprägung	Hohe Ausprägung
Bereitschaft, in den Tag hineinzuleben, geringer Arbeitsstreß, Mobilität, Leistungsprinzip, größere Leistungsmotivation, höhere Risikobereitschaft, Umgehen von hierarchischen Organisationsstrukturen möglich, Verstoß gegen Regeln tolerierbar	größere Furcht vor der Zukunft, höherer Arbeitsstreß, eingeschränkte Mobilität, Senioritätsprinzip, geringe Leistungsmotivation, geringere Risikobereitschaft, Einhalten von klar erkennbaren hierarchischen Organisationsstrukturen, kein Verstoß gegen Regeln
Gesellschaftliche Norm	
harte Arbeit ist keine Tugend per se, Ablehnen von aggressivem Verhalten, Verdecken von Emotionen, Austragen und konstruktives Nutzen von Konflikten und Wettbewerb, höhere Akzeptanz von Meinungsverschiedenheiten, Glaube an Generalisten und mehrheitliche Meinung	innerer Zwang zur harten Arbeit, Dulden von eigenem und fremdem aggressiven Verhalten, Ausleben von Emotionen und Aggressionen durch Konflikte und Wettbewerb, starkes Konsensbedürfnis, Glaube an Experten und ihr Spezialwissen
Konsequenzen für das Personalmanagement	
weniger geschriebene Regeln, geringere Standardisierung, strategisches Denken bei Managern, eher beziehungsorientierte und flexible Manager, individuelle und risikoreiche Entscheidungsfindung, höhere Fluktuation, Verhalten wenig ritualisiert	mehr geschriebene Regeln, größere Standardisierung, Detaildenken bei Managern, eher aufgabenorientierte und führungsstiltreue Manager, kollektive und weniger risikoreiche Entscheidungsfindung, niedrigere Fluktuation, Verhalten stark ritualisiert

Übersicht 9.14: Aussagen zur Unsicherheitsvermeidung

Länder haben hohe, angloamerikanische Länder sehr hohe Werte in der Maskulinitätsdimension. Romanische Länder weisen niedrige, die nordischen Länder sehr niedrige Werte in dieser Dimension auf.

Typisch für maskuline Kulturkreise ist eine starke Karriereorientierung sowie der berufsbedingte Einfluß auf die Privatsphäre. Als typisch für feminine Kulturkreise gilt der Wunsch nach Ausgeglichenheit, der Verzicht auf Wettbewerb sowie die Abneigung gegen Streß und Hektik. Dies äußert sich in einer größeren Ruhe und Gelassenheit während der Arbeit, Förderung der Gruppenintegration bei Reorganisationen sowie einem höheren Anteil von Frauen auf qualifizierten Arbeitsplätzen.

Dies bedeutet für die **Personalarbeit** in maskulinen Ländern eine Betonung von Hierarchie, Wettbewerb, Leistungsmotivation und Herausforderung. Im Gegensatz dazu legt eine eher feminin ausgerichtete Personalarbeit nach *Hofstede* mehr Wert auf eine angenehme Arbeitsatmosphäre, den Kontakt zwischen Führungskräften und Mitarbeitern sowie generell die Beziehungsorientierung.

Unsicherheitsvermeidung. Die Zukunftssicherung ist ein Grundbedürfnis menschlichen Lebens. Unsicherheit dagegen erzeugt Angst. Beispielsweise dienen gesellschaftliche Regelungen, Verordnungen und Verhaltensregeln sowie diverse Managementtechniken in Unternehmen dazu, diese Unsicherheit zu reduzieren. Unsicherheitsvermeidung (Übersicht 9.14) beschreibt daher das Ausmaß, mit dem eine Gesellschaft versucht, die Unsicherheit aus dem täglichen Leben zu nehmen.

Länder wie Österreich, Deutschland und Japan, die erst nach dem Ersten beziehungsweise Zweiten Weltkrieg zu demokratischen Regierungsformen fanden, zeigten in der von *Hofstede* durchgeführten Studie tendenziell ein stärkeres Streben nach Unsicherheitsvermeidung als alte Demokratien wie England, die USA oder die Schweiz. Romanische Länder sind dagegen als „Erben" des Römischen Reiches, das ein effektives System formeller Kontrolle etablierte, durch ein deutliches Streben nach Unsicherheitsvermeidung gekennzeichnet.

Für die **Personalarbeit** bedeutet ein geringes Maß an Unsicherheitsvermeidung auch ein geringes Maß an geschriebenen Regeln, an Standardisierung und Spezialisierung. Im Gegensatz dazu verlangt eine hohe Unsicherheitsvermeidung nach größerer Standardisierung und Absicherung im Detail (Stellenbeschreibungen, Zielvereinbarungen).

Machtabstandstoleranz. Diese von *Hofstede* (1980a, 99) als Power Distance Index bezeichnete Dimension gibt an, in welchem Ausmaß eine Gesellschaft ungleiche Machtverteilungen akzeptiert (Übersicht 9.15). Auf Organisationen übertragen entspricht dies beispielsweise der Toleranz hinsichtlich starker Hierarchieunterschiede. Die Machtabstandstoleranz spiegelt sich daher sowohl in Werten und Verhaltensmustern von Organisationsmitgliedern mit geringem Machtpotential als auch in den Werten und Verhaltensmustern von Organisationsmitgliedern mit hohem Machtpotential wider.

Die Machtabstandstoleranz weist Zusammenhänge zur *geographischen* Lage, zur Bevölkerungsdichte und zum Wohlstand eines Landes auf: Sie ist in südlichen beziehungsweise tropischen Ländern höher als in gemäßigten oder kalten Klimazonen. Länder mit hoher Bevölkerungsdichte weisen eine höhere Machtabstandstoleranz auf. Der *Wohlstand* eines Landes und die Machtabstandstoleranz sind negativ korreliert, wobei (als Ausnahme) Frankreich und Belgien trotz einer relativ hohen Machtabstandstoleranz hohe Wohlstandswerte aufweisen.

Flache Hierarchien, Abbau von Statusunterschieden, hierarchiefreie Räume zum alternativ-kreativen Denken und flexible Projektorganisationen sind nur einige der sich bietenden Perspektiven für den Rahmen

Machtabstandstoleranz	
Niedrige Ausprägung	Hohe Ausprägung
antiautoritäre Erziehung, Entscheidungsfindung nach Beratung mit Mitarbeitern, strenge Überwachung aus Sicht der Mitarbeiter negativ, Manager eher zufrieden mit partizipativen Führungskräften, geringe Angst der Angestellten vor Meinungsdifferenzen mit Führungskräften	autoritäre Erziehung, autokratische oder paternalistische Entscheidungsfindung, strenge Überwachung aus Sicht der Mitarbeiter positiv, Manager eher zufrieden mit autokratischen Führungskräften, Angst der Angestellten, ihren Führungskräften zu widersprechen
Gesellschaftliche Norm	
Minimierung der gesellschaftlichen Ungleichheit, Hierarchie als Rollenungleichheit aufgrund funktioneller Angemessenheit, Mitarbeiter und Führungskraft als Menschen wie Du und Ich, gleiche Rechte für alle, Streben nach Belohnung, Expertenmacht	gesellschaftliche Ungleichheit ist Basis gesellschaftlicher Ordnung, Hierarchie als existenzielle Ungleichheit, Mitarbeiter und Führungskräfte als Menschen unterschiedlicher Art, Privilegien für die Mächtigen, Streben nach Macht, um Zwang auszuüben
Konsequenzen für das Personalmanagement	
Dezentralisation, flacher hierarchischer Aufbau, geringer Anteil an Führungskräften, geringe Lohnunterschiede, hohe Qualifikation auch bei niedrigen Hierarchiestufen, keine Statusunterschiede zwischen White-Collar- und Blue-Collar-Jobs	Zentralisation, steiler hierarchischer Aufbau, hoher Anteil an Führungskräften, große Lohnunterschiede, niedrige Qualifikation bei niedrigen Hierarchiestufen, größerer Status der White-Collar-Jobs

Übersicht 9.15: Aussagen zur Machtabstandstoleranz

der **Personalarbeit** in Ländern mit niedriger Machtabstandstoleranz. Ebenso deutlich ist aber auch eine Tendenz zur Instabilität, Desorganisation und Verunsicherung. Im Gegensatz dazu führt eine große Machtabstandstoleranz zu zentralistisch koordinierten Systemen mit hoher Stabilität, in denen akzeptierte Status-, Qualifikations- und Entlohnungsunterschiede anzutreffen sind.

Langfristorientierung. Länder, in denen eine langfristige Orientierung vorherrscht, sind eher auf die Sachzwänge ausgerichtet, die ihnen in der Zukunft einen konstanten Nutzen versprechen. In weniger langfristig ausgerichteten Ländern ist es dagegen wichtiger, in jedem Augenblick seinen Status zu wahren und seine Nutzenerwartungen erfüllt zu bekommen. Respekt für die die eigene Bedeutung unterstreichenden Traditionen spielt – im Gegensatz zu den langfristig ausgerichteten Ländern – eine stärkere Rolle. Dominierend sind Ausdauer, Beharrlichkeit, Ordnung, Sparsamkeit und Tugend (Übersicht 9.16).

Langfristorientierung	
Niedrige Ausprägung	Hohe Ausprägung
persönliche Standhaftigkeit und Festigkeit, Wahrung des Gesichts, Respekt vor der Tradition, Erwiderung von Gruß, Gefälligkeiten und Geschenken	Ausdauer, Beharrlichkeit, Ordnung der Beziehungen nach dem Status, Einhaltung dieser Ordnung, Sparsamkeit, Schamgefühl
Gesellschaftliche Norm	
Respekt für Traditionen, Respekt für soziale und Statusverpfllichtungen ungeachtet der Kosten, sozialer Druck, mit dem Nachbarn mitzuhalten, auch um den Preis der Verschuldung, geringe Sparquote, wenig Geld für Investitionen, Erwartung rascher Ergebnisse, „Gesicht" ist wichtig, Besitz der Wahrheit ist wichtig	Anpassung von Traditionen an moderne Gegebenheiten, Respekt für soziale und Statusverpflichtungen innerhalb bestimmter Grenzen, Sparsamkeit beim Umgang mit Ressourcen, hohe Sparquote, Mittel für Investitionen verfügbar, Beharrlichkeit beim langsamen Erreichen von Ergebnissen, Bereitschaft, sich einem Zweck unterzuordnen, Beachtung der Gebote der Tugend ist wichtig
Konsequenzen für das Personalmanagement	
Hemmung von Initiative, Flexibilität und Risikobereitschaft, Ablenkung von laufenden Geschäften, Behinderung der Innovation, Konsumorientierung, Leistungsdruck	Hartnäckigkeit beim Verfolgen von Zielen, Schwerpunkt ungleicher Beziehungspaare, harmonische und stabile Hierarchie, hohes Reinvestitionsvolumen, Sensibilität für soziale Kontakte, hoher Stellenwert der Einhaltung von Verpflichtungen, Gewerkschaften eher schwach und unternehmensorientiert

Übersicht 9.16: Aussagen zur Langfristorientierung

In eher kurzfristig orientierten Ländern muß sich die **Personalarbeit** auf Mitarbeiter und Führungskräfte einstellen, die sich vor allem ihren eigenen Status erarbeiten wollen, wohingegen in langfristig orientierten Kulturen das Verfolgen langfristiger Unternehmensziele den Einstellungen der Mitarbeiter entspricht.

Zusammenführung. Obwohl grundsätzlich alle Landeskulturen ihre individuellen Eigenheiten besitzen, stehen sich doch jeweils bestimmte Länder näher. Aus diesem Grund kann über eine Clusteranalyse eine Zusammenfassung ähnlicher Länder in **Ländergruppen** vorgenommen werden. Eine hierarchische Clusteranalyse bietet zudem die Möglichkeit, über unterschiedliche Aggregationsniveaus die Zahl der zu bildenden Cluster und damit die Homogenität innerhalb der Cluster selbst zu steuern. *Hofstede* bildet, wie aus dem Dendrogramm in Abbildung 9.19 ersichtlich, in einer hierarchischen Clusteranalyse bei einer quadrierten Fehlersumme von 12% insgesamt 11 Cluster: Einige davon (wie Kolumbien, Mexiko und Venezuela) sind unmittelbar plausibel, andere (wie Österreich und Israel) etwas überraschend.

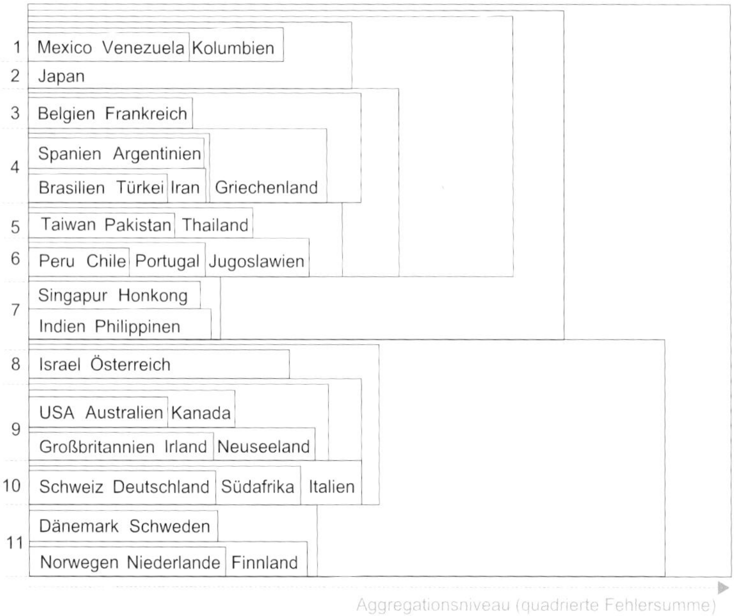

Abbildung 9.19: Ländergruppen nach *Hofstede* (1980a, 334)

Berwertung. Der Verdienst von *Hofstede* besteht darin, daß international tätige Unternehmen auf die notwendige „Kultursensibilisierung statt Kulturignoranz" hingewiesen werden. International agierende Unternehmen erhalten mit den vier beziehungsweise fünf Landeskulturdimensionen sowie den Ländergruppen-Systematiken konkrete Kriterien für ihre organisationsspezifische Kulturstimmigkeitsanalyse.

Hofstede (1980a) selbst verglich die Ergebnisse seiner Studie jeweils mit denen einer Vielzahl anderer kulturvergleichender Studien und erhielt dabei durchweg signifikant hohe Korrelationen zwischen seinen Kulturdimensionen und den Variablen der zum Vergleich herangezogenen Studien; zusätzlich stellte er länder-, alters- und berufsspezifische Vergleiche mit ökonomischen, geographischen und demographischen Indikatoren an und erkannte deutliche Zusammenhänge. Aber auch eine Reihe weiterer Replikationsstudien belegt die Existenz und Bedeutung von Kulturunterschieden (vgl. *Hoppe* 1990).

9.2.6.4 Kulturpole

Einen weiteren interessanten Ansatz zur Beschreibung unterschiedlicher Kulturen verfolgen *Hampden-Turner* und *Trompenaars* (1993). Sie identifizieren verschiedene Kulturpole, die ein **Spannungsfeld** aus jeweils zwei diametral entgegengesetzter Werte ergeben.

- *Universalismus vs. Partikularismus* charakterisiert die Befolgung von Regeln: Wird eine unerwartete Situation mit Hilfe einer bestehenden, aber kaum passenden Vorschrift gelöst oder als einmaliger Fall betrachtet?
- *Analyse vs. Integration* beschäftigt sich mit der Effektivität des Handelns: Ist diese höher, wenn schwerpunktmäßig eine detaillierte Analyse stattfindet oder wenn Beziehungen integrativ zusammengeführt werden?
- *Individualismus vs. Kollektivismus* fokussiert auf folgende Frage: Wird eher dem Wohlergehen der Individuen oder der gesamten Organisation Aufmerksamkeit geschenkt?
- *Innengerichtete vs. außengerichtete Orientierung* bezieht sich auf die Ausrichtung von Handlungsrichtlinien: Sind die intraorganisatorischen Urteile, Entscheidungen und Verpflichtungen relevant oder die Signale und Trends der organisatorischen Umwelt?
- *Zeitablauf vs. Zeitsynchronisation* kennzeichnet folgende Fragestellung: Sollen Aufgaben in einer möglichst kurzen Zeit(-folge) erledigt werden, oder ist es besser, die Anstrengungen zu synchronisieren, um damit eine höhere Gesamtkoordination zu erreichen?
- *Erworbener Status vs. festgelegter Status* bezeichnet die Handhabung der Mitarbeiterstellung: Kommt es eher auf die erzielten Ergebnisse an, oder wird das Senioritätsprinzip präferiert?
- *Gleichheit vs. Hierarchie* stellt das Führungsverhalten in den Mittelpunkt der Betrachtung: Wird eine Gleichstellung bevorzugt, um das Beste aus den Mitarbeitern herauszuholen, oder wird eine hierarchische Führung und Bewertung installiert?

Zwischen einzelnen Nationen variieren die relativen Bedeutungen dieser Werte erheblich. In den USA dominieren beispielsweise Universalismus und Individualismus, während in Japan das Wohlergehen der Gesamtheit und eine partikularistische Sichtweise im Vordergrund stehen. Die jeweils vorherrschende Wertekombination ist für ein Land so spezifisch wie ein Fingerabdruck: Manager – und damit ihre Organisation – werden durch diesen Fingerabdruck geprägt; sie können dieser Kultur auch niemals wirklich entrinnen.

Der ökonomische Erfolg wird sich nach Ansicht dieser Forscher nur dort einstellen, wo eine Ausbalancierung der Kulturdimensionen gelingt und konträre Ausprägungen in Einklang gebracht sind.

Hofstede (1996; 1997) setzt sich kritisch mit dieser Studie auseinander, indem er die statistische Analyse auf ihre Stichhaltigkeit überpüft. Die entstehenden Zweifel an *Trompenaars* Methodologie und (teilweise präskriptiven) Schlußfolgerungen resultieren in dem Vorwürfen des „riding the waves of commerce" und „fast food approach to intercultural diversity and communications". *Hampden-Turner* und *Trompenaars* (1997) verweisen in ihrer Entgegnung darauf, daß kulturelle Kategorien nicht linear verlaufen und statistische Verfahren bei weitem nicht die einzigen Forschungsmethoden darstellen. Zudem berücksichtigen sie im Gegensatz zu *Hofstede* den so wichtigen Bezug zum Geschäftserfolg. Diese (fast schon feindschaftlich wirkende) „Fach"-Diskussion zeigt, daß kulturelle Polarisierungen nicht nur zwischen Landeskulturen, sondern auch zwischen Wissenschaftskulturen entstehen.

9.2.6.5 *Kulturcharting*

Ein Hilfsmittel zur Visualisierung von Kulturen ist das **Radar-Chart**. Der nachfolgende Vorschlag dazu enthält auf den Hauptachsen die vier ursprünglichen Dimensionen nach *Hofstede*. Auf den übrigen Strahlen stehen weitere wichtige Merkmale der Unternehmenskultur, die in den vorangegangenen Abschnitten hergeleitet wurden.

Unternehmenskulturprofil. In Abbildung 9.20 wurde exemplarisch das Kulturprofil einer fiktiven, amerikanischen Softdrink-Firma eingezeich-

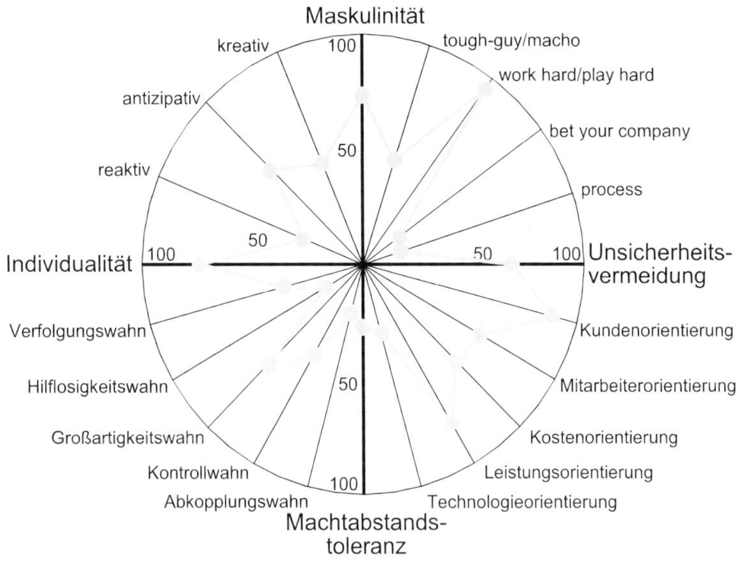

Abbildung 9.20: Kulturprofil für die XYZ-Softdrink Inc.

net. In dieser Kultur der XYZ-Softdrink Inc. sieht man deutliche Ausprägungen im Bereich der work-hard/play-hard culture, der Kundenorientierung, der Leistungsorientierung sowie der Maskulinität. Niedrige Ausprägungen finden sich im Bereich von reaktivem Verhalten, der process culture und Ansätzen zum Hilflosigkeitswahn.

Landeskulturkorridor. Kultur-Radar-Charts lassen sich aber auch zur Visualisierung der Landeskultur verwenden, um auf diese Weise eine mögliche Übereinstimmung zwischen Landes- und Unternehmenskultur zu erkennen. In Abbildung 9.21 sind die vier Grunddimensionen nach *Hofstede* an den Hauptachsen exemplarisch für die USA eingetragen: Die unscharfe Positionierung beim Fahnensymbol soll dabei signalisieren, daß es sich hier um einen **Kulturkorridor** handelt. Abbildung 9.21 enthält ansonsten lediglich einige anhand von Plausibilitätsüberlegungen abgeleitete Tendenzaussagen: So hängt eine hohe Maskulinität nach *Hofstede* eher mit Großartigkeitswahn und Leistungsorientierung zusammen als mit Hilflosigkeitswahn und process culture.

Auch wenn wenig zuverlässige Quellen zu den Korridoren der Landeskulturen vorliegen, müssen sich Unternehmen doch darüber klar werden, in welchen Ziel-Korridoren sie eigentlich operieren sollten: Denn die Wahrscheinlichkeit ist hoch, daß Unternehmen, die mit ihrer Unternehmenskultur den Kulturkorridor verlassen, in Schwierigkeiten geraten.

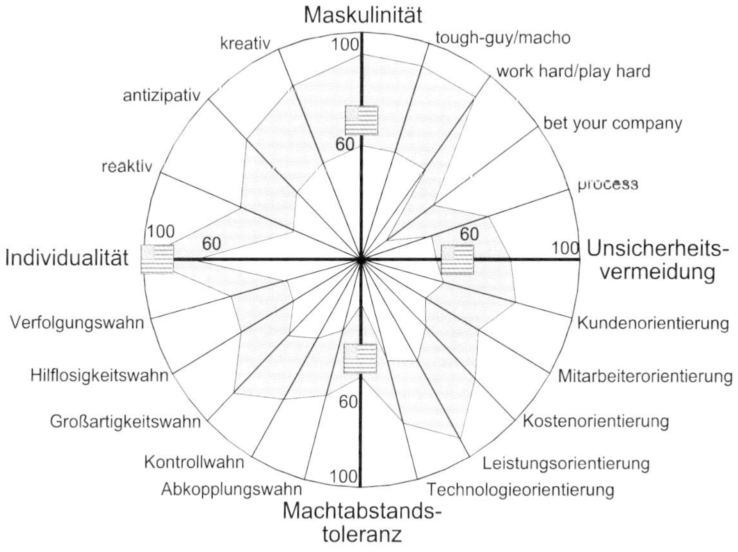

Abbildung 9.21: Hypothetischer Kulturkorridor USA

Abbildung 9.22 zeigt das Kulturprofil der XYZ-Softdrink Inc. und den vermuteten Kulturkorridor der USA in *einem* Kultur-Radar-Chart. Man erkennt, daß sich die XYZ-Softdrink Inc. weitgehend im Kulturkorridor bewegt. Ein vollkommen anderes Ergebnis wäre entstanden, wenn man statt der Landeskulturwerte der USA beispielsweise die Werte für Dänemark oder Portugal eingezeichnet hätte.

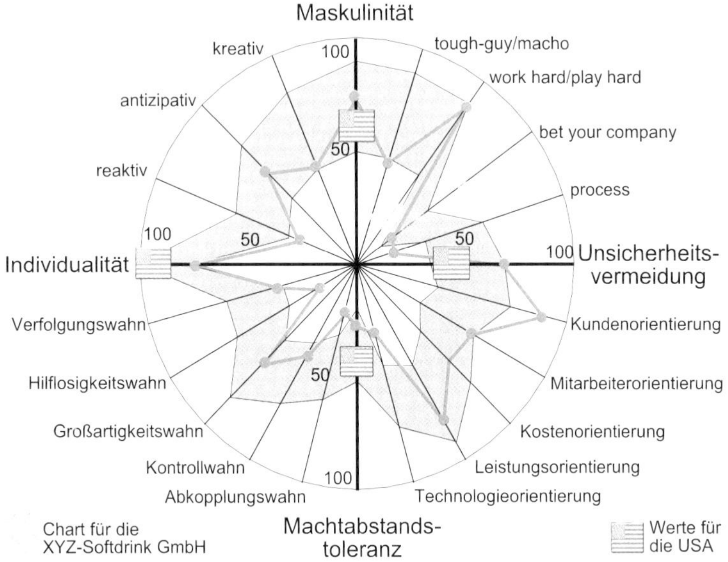

Abbildung 9.22: Landeskultur und Unternehmenskultur im Kultur-Radar-Chart

Da eine Stimmigkeit zwischen Landes- und Unternehmenskultur nicht zwangsläufig vorliegt, sind Gefahren vorprogrammiert, wenn sich Unternehmen ohne substantielle Kenntnis der eigenen Unternehmenskultur in eine unbekannte Landeskultur vorwagen.

Interkulturmanagement. Die Problematik gilt um so mehr für den Fall, wenn ein Unternehmen seine Unternehmenskultur in ein anderes Land exportieren will, die nicht oder nur sehr schlecht mit der dortigen Landeskultur zu vereinbaren ist.

Abbildung 9.23 zeigt die daraus resultierende Problematik am Beispiel des potentiellen Konfliktes zwischen einer französischen Muttergesellschaft und ihrer Tochtergesellschaft in Dänemark: Während die geringe Ausprägung der Machtabstandsdimension in der dänischen Landeskultur einen flachen hierarchischen Aufbau impliziert, führt die hohe Ausprägung dieser Dimension bei den Franzosen zu einem stark hierarchischen

Aufbau. Konflikte sind dann zu erwarten, wenn eine nach Dänemark entsandte Führungskraft der französischen Muttergesellschaft denselben autoritären Führungsstil wie im Stammland anwendet, ohne dabei die Partizipationserwartungen der dänischen Mitarbeiter zu berücksichtigen.

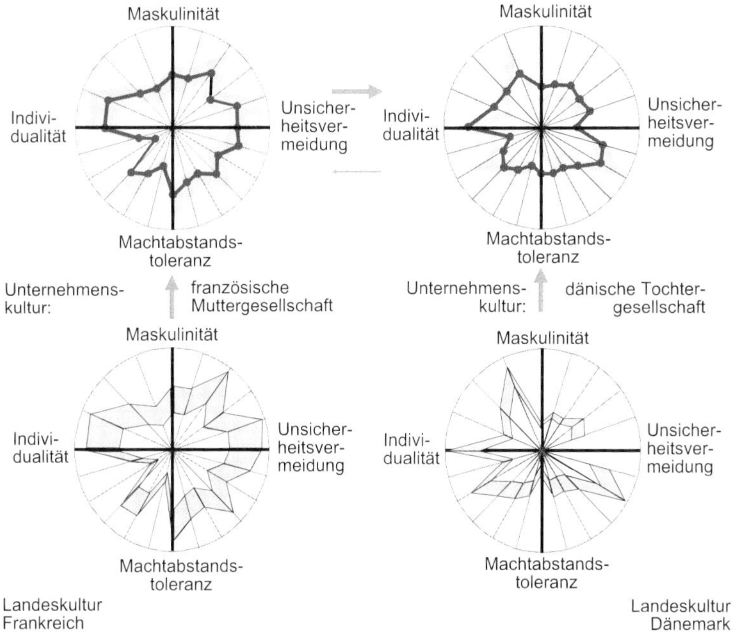

Abbildung 9.23: Kulturanalyse im internationalen Personalmanagement

Obwohl der bewußte Umgang mit Unternehmens- und Landeskultur ein aufwendiger Prozeß ist, dem sich nur wenige Unternehmen unterziehen, stellt gerade dies eine notwendige Bedingung zur Realisation strategischer Erfolgspotentiale im internationalen Management dar.

9.2.6.6 Kulturkompatibilität

Besonders dramatisch stellt sich die Frage der Kulturkompatibilität bei internationalen Allianzen und Unternehmenszusammenschlüssen. Erfolgskritische **Problemfelder** (vgl. *Stüdlein* 1997) liegen hierbei

- auf der *individuell-personellen* Ebene, was sich in Enttäuschungen, Irritationen, Unzufriedenheit, Unsicherheit, Frustration, Streß oder der Verstärkung/Ablehnung von Stereotypen äußert, und in der
- *Interaktion*, die Kommunikationsprobleme und -störungen sowie Konflikte betrifft.

Will man trotz oder gerade aufgrund der Kulturunterschiede Synergieeffekte erzielen, ist auf einen Fit zwischen Strategie, Personalmanagement und Unternehmenskultur zu achten. Derartige Überlegungen beginnen sinnvollerweise bereits während der Phase der „Partnerwahl". Gerade diese Kulturanalyse ist daher ein wichtiges Entscheidungskriterium für die Auswahl des richtigen Partners (Abbildung 9.24).

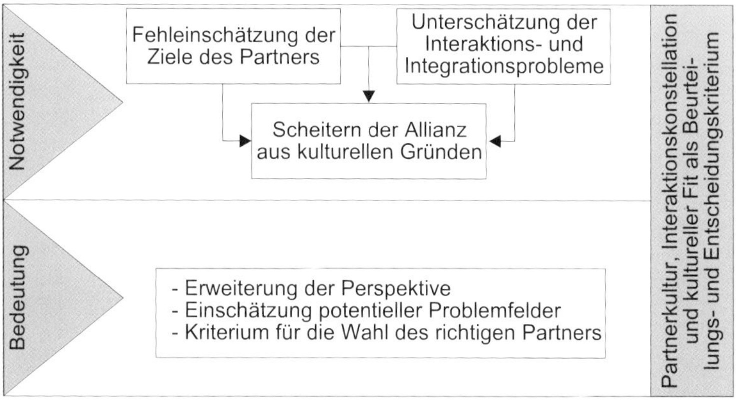

Abbildung 9.24: Notwendigkeit und Bedeutung der kulturbezogenen Partnerevaluation (*Stüdlein* 1997, 229)

Ob das Kulturprofil des potentiellen Partners im Hinblick auf das gemeinsam geplante Unternehmen paßt beziehungsweise überhaupt passen muß, ist situationsspezifisch zu bewerten (vgl. *Stüdlein* 1997, 254):

- *Ähnliche* Kulturen zeichnen sich durch geringe landes- und unternehmenskulturelle Unterschiede aus. Sie gelten deshalb als besonders geeignet, wenn kulturelle Unterschiede zum Erreichen des Allianzzieles hinderlich sind.
- Eine *Kompatibilität* der Kulturen besteht dann, wenn die Landes- und Unternehmenskulturen miteinander vereinbar beziehungsweise verträglich sind. Dies kann auch der Fall sein, wenn die Distanz zwischen den Kulturen groß ist.
- Die *Komplementarität* von Kulturen stellt die gegenseitige Ergänzung dar. Vor dem Hintergrund des Zieles, Synergiepotentiale zu nutzen, sind die kulturellen Unterschiede zum Erreichen des Allianzzieles zweckdienlich und deshalb erwünscht.
- Ein *Misfit* besteht, wenn die Kulturen weder als ähnlich noch als vereinbar noch als sich ergänzend bewertet werden können.

Häufig bedarf es dabei mehrerer Durchgänge, um alle kooperationsrelevanten Bereiche angemessen zu berücksichtigen (Abbildung 9.25).

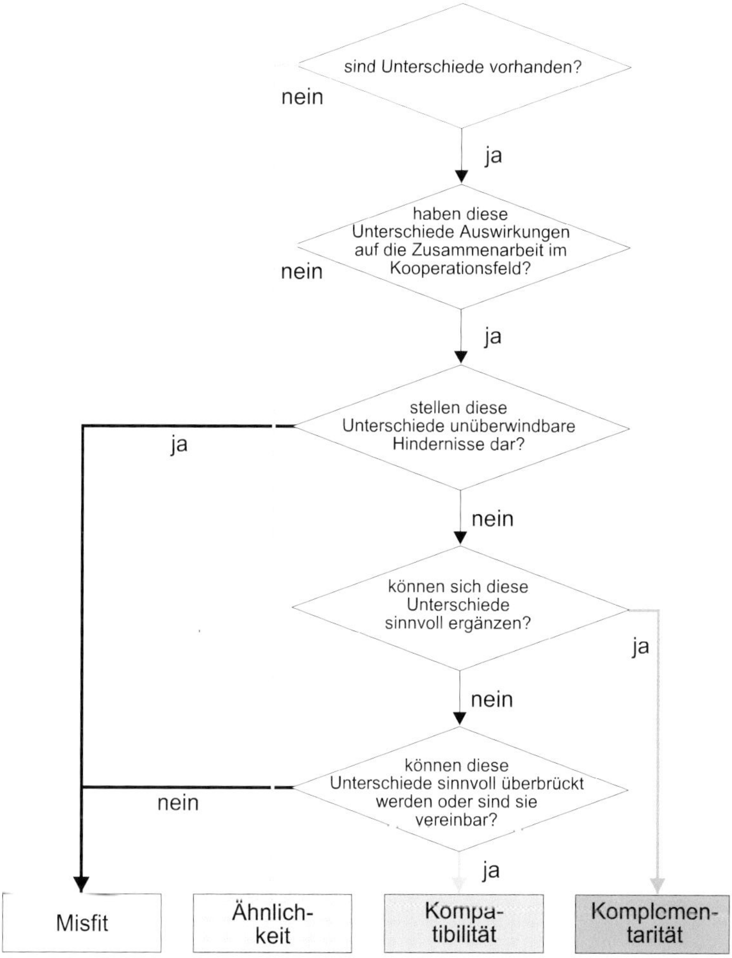

Abbildung 9.25: Vorgehen zur Ermittlung des kulturellen Fits oder Misfits (*Stüdlein* 1997, 254)

Das Management der Kulturunterschiede verlangt in der Phase der Verhandlung beziehungsweise der Vorbereitung auf die Kooperation ein sequentielles Vorgehen, wie es in Abbildung 9.26 dargestellt ist. Auf diese Weise wird ein gewisses Maß an Vollständigkeit sichergestellt, ebenso die Berücksichtigung zumindest der zentralen Kulturdivergenzen, die eine interkulturell kompetente Verhandlungsführung auf diese Weise berücksichtigen und überbrücken kann.

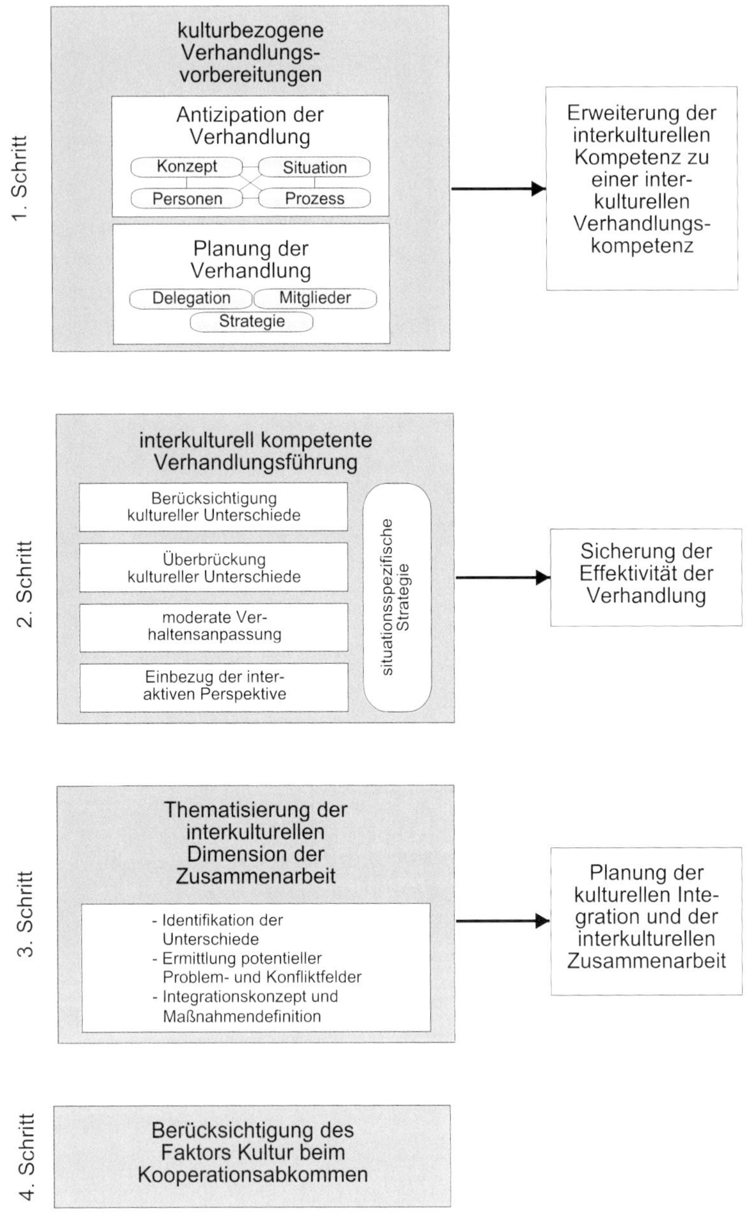

Abbildung 9.26: Management von Kulturunterschieden in der Phase der Verhandlung und des Kooperationsabkommens (*Stüdlein* 1997, 316)

9.2.7 Konsequenz

Unternehmenskulturen fördern erst durch Stimmigkeit langfristigen Erfolg, allerdings in einer dynamisch-variablen Form. Unternehmen sind dabei zu einem gewissen Grad immer neurotisch: Das macht ihren Reiz und ihren Erfolg aus, erhöht aber die Schwierigkeiten im zielgerichteten Umgang mit der Unternehmenskultur.

Gestaltungsmittel einer kulturbewußten Personalführung sind primär Kulturartefakte und Kultursymptome. Der erfolgreiche Einsatz erfordert jedoch deren Interpretation vor dem Hintergrund der organisatorischen Grundannahmen und des Wertesystems der Unternehmensmitglieder. Hierzu erfährt man

- aus dem *Dualitätsprinzip* die komplizierte Entstehung von Kultur,
- aus dem *FOSI-Prinzip* die zentralen Wege zum Verständnis von Kultur,
- aus dem *Hierarchieprinzip* das Zusammenwirken von Inter- und Subkulturen,
- aus dem *Stimmigkeitsprinzip* die kulturbedingten Abstimmungsnotwendigkeiten und
- aus dem *Pathologieprinzip* die mögliche Gefahr „kranker" Unternehmenskulturen.

Die Kenntnis dieser Prinzipien sowie der daran ansetzenden Gestaltungsvorschläge hilft, Unternehmenskultur in Organisationen jeglicher Art zu analysieren und zu nutzen.

Im Ergebnis ist eine Beschäftigung mit unternehmenskulturellen Phänomenen unabdingbar. Auch wenn nicht bewußt versucht wird, die Unternehmenskultur als strategisches Instrument zu nutzen, kommt die Unternehmenskultur voll zum Tragen (Abbildung 9.27).

Gerade weil neben den funktionalen Aspekten immer auch interpretative Effekte auftreten, ist von einer technokratischen „Nutzung" der Unternehmenskultur abzuraten. Die Unternehmenskultur uneingeschränkt instrumentell nutzen und statt Kulturentwicklung totalitären Wertedrill einführen zu wollen, hieße letztlich, eine neue Form der Manipulation zu schaffen. Nach interpretativ-subjektiver Sichtweise sind Organisationen das gedankliche Bild real existierender Phänomene: Durch die Interaktionen der Organisationsmitglieder entstehen (identische) kognitive Schemata. Dieser Prozeß führt dazu, daß sich die Organisationsmitglieder ihre „Realität schaffen" und ihr Sinn beimessen.

Kulturbewußte Personalführung bedeutet dabei, daß die Führungskraft Situationen bewußt herausstellt und interpretiert, um auf diese Weise den Perzeptionen und Interpretationsvorgängen der Mitarbeiter einen möglichst einheitlichen Rahmen zu geben. Diese kollektiv geschaffenen Wirklichkeitsvorstellungen stecken dann den Verhaltensrahmen ab, in dem die Mitarbeiter ihr Unternehmen als ein System gemeinsam geteilter und sozial geschaffener Wirklichkeitsvorstellungen begreifen.

Als Konsequenz im internationalen Kontext ist festzuhalten, daß Landeskulturen in ihrer spezifischen Einmaligkeit erfaßt und verstanden werden müssen: Dies impliziert die Notwendigkeit zur Entwicklung eines *kultursensiblen Managements*. Es bedeutet auch das bewußte Abschiednehmen von der Ähnlichkeitsprämisse zwischen Ländern, über die Manager gerne ihre eigene Unfähigkeit verdecken, kulturinduzierte Konfliktfelder zu erkennen und konstruktiv zu bewältigen.

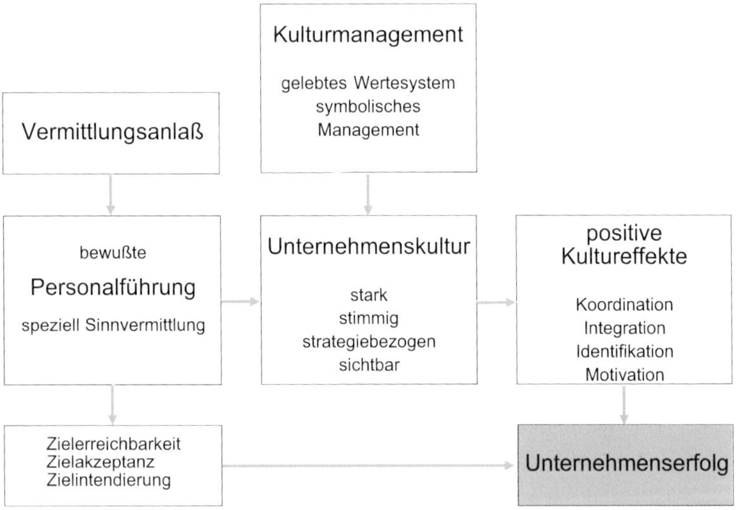

Abbildung 9.27: Personalführung und Unternehmenskultur

9.3 Taktische Ebene: Gruppenbezogene Führungsansätze

Unternehmenskultur ist ein wirkungsvoller Lenkungsmechanismus, aber schwer steuerbar. Deshalb ist es verständlich, wenn die Praxis auf zusätzliche Instrumente angewiesen ist, die sich auf der taktischen Ebene speziell auf Gruppen von Mitarbeitern konzentrieren.

9.3.1 Überblick

Ziel der Gruppenführung ist die Steigerung der Teamleistung und das Ausnutzen von Synergien. Hier steht vor allem der Zusammenhalt innerhalb der Gruppe in klarem Zusammenhang mit dem Gruppenerfolg. Bestimmt wird diese Kohäsion unter anderem von der gegenseitigen Sympathie der Gruppenmitglieder und ihrer Motivation, in der Gruppe zu verbleiben.

Werner (1997) untersuchte in diesem Zusammenhang die Leistung von 79 studentischen Fallstudiengruppen, um Erfolgsfaktoren für Teamarbeit zu evaluieren. Die 319 Teilnehmer aus der Studienrichtung Personalmanagement wurden zu Beginn eines Semesters aufgefordert, Teams zu bilden. 58% der Teams bestanden aus vier Mitgliedern, insgesamt lag die Teamgröße zwischen drei und sechs Studierenden. Die Aufgabe bestand in einer schriftlichen und mündlichen Analyse einer Fallstudie sowie der Ergebnispräsentation im jeweiligen Kurs. Zur Evaluation wurden mittels Fragebogen als **Merkmale** die unabhängigen Variablen

- *Teamaufgabe* (team mission) als das Ausmaß, inwiefern die Studierenden die Ziele verstanden und umgesetzt hatten,
- *Teamgrundlagen* (team basics) wie Größe und Fähigkeiten,
- *Teamgeist* (team spirit) als Ergebnis kollektiver Überzeugungen und Kohäsion sowie
- *Teamprozesse* (team processes) als Ausdruck der gegenseitigen Unterstützung, der Koordinations- und Kommunikationswege,

erhoben. Im Ergebnis waren vor allem Teamaufgaben und Teamgeist für den Erfolg der Gruppe entscheidend.

Diese und ähnliche Studien belegen deutlich, daß die Führung von Gruppen vor allem eine Herausforderung an die „weichen" Managementfaktoren darstellt. Hierzu gehört speziell das Schaffen einer **sozio-emotionalen** Kohäsion, zu verstehen als (vgl. *Wahren* 1994, 164-165)

- Förderung eines *offenen, vetrauensbasierten* und *respektvollen* Klimas,
- *Bewußtmachung* und *Abbau von Spannungen*, die durch echte oder sachlich verschleierte soziale Konflikte entstehen,
- *Schutz* der Gruppenmitglieder vor persönlichen Angriffen,
- *Förderung* einer ausgewogenen *Kommunikation*,
- *Überwachung* der Einhaltung von Verhaltens- und Kommunikationsregeln sowie
- der *Einbezug* von Außenseitern.

Eine weitere wichtige Führungsaufgabe liegt darin, dafür zu sorgen, daß die positiven Effekte der Gruppenkohäsion nicht ins Negative umschlagen. *Morgan* (1997, 293-297) umschreibt Organisationen als psychische Gefängnisse und erläutert die „Falle der Gruppenprozesse“: Danach können gerade unter Einfluß einer charismatischen Führungskraft die kritische Denkfähigkeit und die erforderliche Realitätsüberprüfung derart beeinflußt werden, daß die Mitglieder einer Gruppe in „kognitive Fallen“ verstrickt werden. Falsche Voraussetzungen werden dann als selbstverständlich betrachtet und Handlungsregeln nicht hinterfragt.

Eine Führungskraft sollte sich daher bezüglich der Gruppenproblematik mit verschiedenen **Gruppenmerkmalen** auseinandersetzen:
- *Rollen* prägen als strukturgebendes Gefüge das grundlegende Verhalten der Gruppe,
- die *Machtverteilung* betrifft das Verhältnis der Gruppenmitglieder zueinander sowie das erforderliche Ausmaß an Führung,
- die *Motivation* und *Zielsetzung* einzelner Gruppenmitglieder stellt einen der wichtigsten Erfolgsfaktoren für Gruppenarbeit dar,
- der *Zusammenhalt* innerhalb der Gruppe wird durch verschiedene kohäsive Kräfte erreicht, und
- *Pathologien* charakterisieren die möglichen negativen Auswirkungen, die sich innerhalb einer Gruppe ergeben können.

Die erfolgreiche Wahrnehmung dieser Führungsaufgaben dient dann nicht nur als Grundlage für den Arbeitserfolg einer Gruppe; darüber hinaus wird auch eine Steigerung der Arbeitszufriedenheit erzielt.

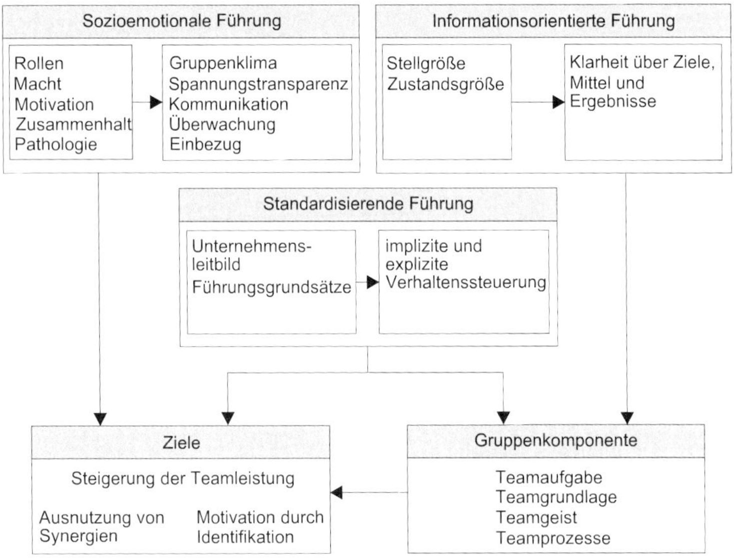

Abbildung 9.28: Grundsystematik der gruppenorientierten Führung

Im Ergebnis lassen sich gruppenbezogene Führungsansätze somit in **drei Bereichen** positionieren (Abbildung 9.28):
- In der *sozioemotionalen* Führung,
- in der *informationsorientierten* Führung und
- als Teilmenge davon in der *standardisierten* Führung.

Sie gemeinsam realisieren dann erfolgsversprechende Gruppenmerkmale als Vorstufe zum Gruppenerfolg.

9.3.2 Sozioemotionale Führung

9.3.2.1 Rollengefüge als Gruppenstruktur

Da das Rollengefüge einer Gruppe einen wesentlichen Faktor gruppendynamischer Prozesse darstellt, ist dessen Verständnis Voraussetzung für eine effektive Gruppenführung.

Zur Analyse von **Rollen** in Gruppen, sind drei Aspekte wichtig:
- das von den anderen Gruppenmitgliedern *erwartete* Rollenverhalten,
- die eigene *Rollenwahrnehmung* sowie
- die tatsächliche *Realisierung* dieser Rolle.

Schwer zu unterscheiden ist oft zwischen Rollenwahrnehmung und Rollenerwartung: Die Wahrnehmung bezieht sich auf die Meinung einer Person, wie sie ihre Rolle ausfüllen sollte, die Erwartung darauf, was andere über das erforderliche Verhalten in einer Rolle denken.

Führungskräfte müssen demnach ein differenziertes Verständnis für Gruppenrollen aufbringen. Hilfreich ist dabei eine Unterscheidung in acht verschiedene **Rollentypen** (vgl. *Belbin* 1996, 88-103):
- Der *Vorsitzende* (chairman) kontrolliert die Art und Weise, in der sich die Gruppe ihren Zielen nähert, indem er die Ressourcen der Gruppe optimal nutzt. Er beobachtet, wo die Stärken und Schwächen der Gruppe liegen, und stellt sicher, daß aus jeder Rolle der Mitglieder der bestmögliche Nutzen gezogen wird.
- Der *Umsetzer* (shaper) spezifiziert die Wege, die von der Gruppe eingeschlagen werden sollen. Er richtet die Aufmerksamkeit auf die Zielsetzungen und Prioritäten und versucht, den Diskussionen und Ergebnissen seinen Stempel aufzudrücken.
- Der *Macher* (company worker) überträgt Konzepte und Pläne in praktikable Arbeitsverfahren und sorgt dafür, daß eine systematische und effiziente Umsetzung erfolgt.
- *Erfinder* (plants) setzen neue Ideen und Strategien um, wobei ein besonderes Augenmerk auf die wichtigen Probleme gerichtet wird. Vor allem werden mögliche Inkonsistenzen im Lösungsprozeß fokussiert, die das Team an der Erfüllung seiner Aufgabe hindern könnten.

- Der *Weichensteller* (resource investigator) sucht Ideen, Entwicklungen und Ressourcen außerhalb der Gruppe und berichtet darüber. Er knüpft Kontakte und führt daraus resultierende Verhandlungen.
- Der *Beobachter* (monitor evaluator) analysiert Probleme und bewertet Ideen und Vorschläge, mit dem Ziel, die Entscheidungsfindung der Gruppe zu optimieren.
- Der *Mitspieler* (team worker) unterstützt die Gruppenmitglieder in ihren Stärken, hilft bei ihren Schwächen und verbessert die Kommunikation im Team. Besonders der Teamgeist liegt ihm am Herzen.
- Der *Perfektionist* (completer-finisher) schützt die Gruppe vor Fehlern. Er sucht nach besonderen Herausforderungen und bewahrt ein gewisses Gefühl für die Dringlichkeit der Aufgabe in der Gruppe.

Belbin weist darauf hin, daß die meisten Personen – obwohl sie sich in einer dieser Rollen wiederfinden lassen – zusätzlich eine alternative „backup-Rolle“ bereithalten, in die sie bei Bedarf schlüpfen. Hieraus resultieren die **Rollenkonflikte** in der Form, daß Mitarbeiter mehrere, sich in ihren Anforderungen widersprechende Rollen wahrnehmen müssen (Inter-Rollenkonflikt) oder innerhalb einer Rolle konfliktäre Erwartungen an den Rolleninhaber (Intra-Rollenkonflikt) bestehen.

9.3.2.2 Machtverteilung als Balanceakt

Eine wichtige Aufgabe von Führungskräften besteht in der Sicherstellung einer ausgewogenen Machtverteilung in Teams.

Macht im Unternehmen basiert zunächst auf einer legal zustandegekommenen Ordnung. Aus der Unternehmensverfassung sowie den gesetzlichen Rahmenbedingungen leiten sich Machtstrukturen ab. In ihnen verfügt eine mit Macht ausgestattete Person über Ressourcen zur Machtdurchsetzung; zudem unterwerfen sich andere Personen dieser Macht, weil sie sich in einer Abhängigkeitsposition vom Machthaber befinden oder über keine eigenen Gegenmachtpotentiale verfügen. Traditionell wird hinsichtlich der **Machtgrundlagen** zwischen der formalen Positionsmacht und der personalen Macht differenziert (vgl. z.B. *Krüger* 1994, 315-321):

- Die aus der *Position* entstehende formale Macht bezieht sich auf die Autorität und/oder das Recht, auf andere Personen Einfluß zu nehmen sowie auf die Kontrolle über Informationen, Aufgabenverteilung und -ort sowie Belohnungen und Sanktionen.
- Die *personale Macht* bezieht sich dagegen auf persönliche Eigenschaften wie Kompetenz und Erfahrung, Zwang- und/oder Gewaltausübung sowie Charisma.

Die Anwendung dieser Machtgrundlagen, die sich in der Stabilisierung individueller Positionen und der Ausnutzung von Machtdifferenzen auf der Bildung von Koalitionen zum Aufbau, Erhalt und Verteidigen von

Empirischer Befund (GPP): Durchschnittliche Kontrollspanne der unteren Führungskräfte-Ebene und „optimale" Gruppengröße (in Personen)

Die Größe von Arbeitsgruppen ist bei den untersuchten Großunternehmen durchschnittlich recht hoch, vergleicht man die Werte mit den als Idealwerten genannten neun bis zwölf Mitarbeitern. Die Abweichungen können einerseits aus wirtschaftlichen Gründen bestehen, andererseits aber auch, weil Teamwork in verschiedenen Ländern eine unterschiedliche Relevanz zukommt: Eher kollektivistisch orientierte Länder wie Deutschland und Österreich realisieren größere Leitungsspannen als eher individualistische wie die USA und Frankreich.

	D	Ö	USA	F	Sp	Rest	Σ
Kontrollspanne	30	23	16	10	17	12	19
„Optimale" Gruppengröße	9	10	12	10	9	9	9

Macht zeigen, wird als **Mikropolitik** bezeichnet (vgl. *Neuberger* 1995b; *Bone-Winkel* 1997). Gerade in Gruppen bewegt sich eine erfolgreiche Machtausübung zwischen Akzeptanz und Widerstand der übrigen Gruppenmitglieder.

Vor diesem Hintergrund ergeben sich unterschiedliche **Reifestufen** einer Gruppe im Umgang mit machtbezogenen Führungsstrukturen (vgl. *Wahren* 1994):

(1) In der ersten Reifestufe befindet sich die Gruppe in einer hohen *Abhängigkeit* von der Führungskraft. Sie erwartet, daß ein aktiver, bestimmender Eingriff erfolgt und der Gruppe bei der Entwicklung von Zielen sowie Vorgehensweisen geholfen wird.

(2) Die zweite Reifestufe wird von *Konflikten* geprägt; die Gruppe lehnt sich gegen interne und externe „Feinde" und/oder die Autorität der Führungskraft auf. An die Führungskraft wird gleichzeitig aber die Erwartung gestellt, die Konflikte zu überwinden.

(3) Eine *Klärung der Interdependenzen* erfolgt in der dritten Reifestufe. Die Gruppe formuliert Ziele, Vorgehensweisen, Rollen- und Arbeitsteilungen oder vereinbart diese neu. Widerstände und Konflikte werden durch offene Kommunikation geregelt; es erfolgt eine starke gegenseitige Unterstützung. Die Führungskraft wird lediglich zur Klärung der noch auszutragenden Konflikte benötigt.

(4) Ihre *volle Arbeitsleistung* erreicht die Gruppe in der vierten Reifestufe. Sie hat sich vollständig von der Führungskraft „befreit" und will gemeinsam Neues schaffen. Über die Ziele, Vorgehensweisen, Arbeits- und Rolleneinteilungen herrscht weitgehende Einigkeit. Die Führungskraft übernimmt die Rolle eines Moderators, der die aufgabenzentrierten kommunikativen Prozesse lenkt.

Eine Führungskraft kann danach ihre Autorität nur in dem Maße auf die Gruppe übertragen, wie die Gruppe in ihrem Reifegrad wächst. Zu **Störungen** kommt es dann, wenn

- die Führungskraft ihre Autorität in einer Gruppe mit geringer Reife nicht wahrnimmt beziehungsweise
- die Gruppe einen hohen Reifegrad aufweist, die Führungskraft aber nicht bereit ist, ihre Autorität abzugeben.

Auf einem Kontinuum dargestellt, läßt sich die Autorität von Führungskräften damit entweder als lenkend oder als zurückgezogen betrachten (Abbildung 9.29).

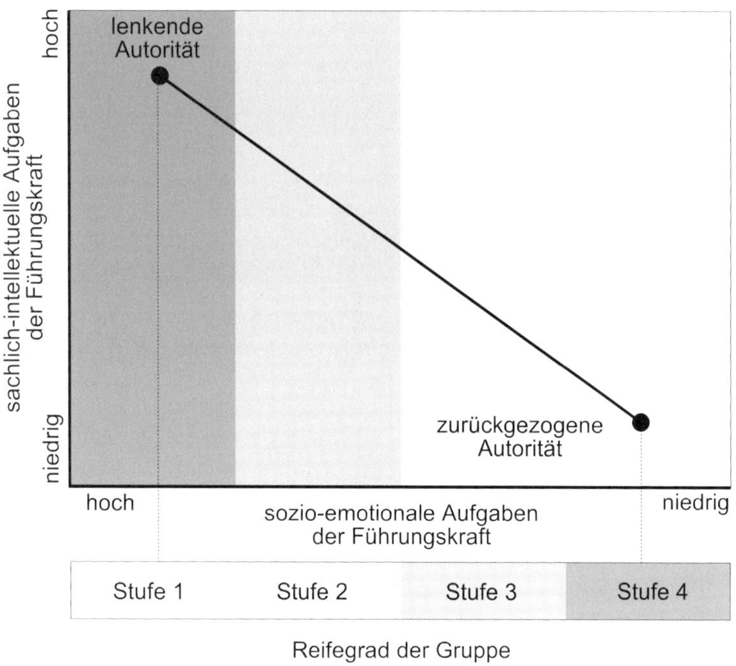

Abbildung 9.29: Reifegradorientierte Führung in Gruppen (*Wahren* 1994, 170)

9.3.2.3 Diversität als Gruppeneigenschaft

Diversität (Unterschiedlichkeit) bezieht sich auf Landeskulturen, Geschlechter, Religionen, also auf alle Eigenschaften, die im weitesten Sinne Mitarbeiter in Gruppen voneinander unterscheiden und auf die Erreichung gemeinsamer Ziele ausgerichtet werden müssen.

Die Basis der Schwierigkeiten von Gruppen, mit Diversität umzugehen, sind **Stereotypen**. Diese sind ein Phänomen aus der sozialen Wahrnehmung und bedeuten – als wörtliche Übersetzung aus dem Griechischen –

Empirischer Befund (GPP): Koordinationsinstrumente zwischen Abteilungen (in Prozent)

Die formalisierte Koordination zwischen Abteilungen spielt im Vergleich zu persönlicher Koordination eine untergeordnete Rolle. Vorherrschend sind in allen Ländern regelmäßige Meetings. Insbesondere Deutschland und Österreich setzen auch Task Forces ein; Frankreich vertraut vergleichsweise stark auf Koordination.

	D	Ö	USA	F	Sp	Rest	Σ
Organisationshandbücher	31	43	17	6	30	30	29
Ad hoc-Meetings	56	55	58	77	67	67	63
Regelmäßige Meetings (monatlich/ wöchentl.)	77	82	54	78	74	82	77
Task Forces	69	67	46	44	33	70	57
Koordinatoren	50	63	38	65	21	51	49

„starre Muster" (vgl. *Tholey/Hoeth* 1983, 2). Ihre Hauptaufgabe ist die Komplexitätsreduktion, indem grundsätzlich eine bestimmte Gruppe von Eigenschaften einer Personengruppe fest zugeschrieben wird. Dies bedeutet gleichzeitig, daß Informationen über einzelne Personen, die einer beurteilten Gruppe angehören, verlorengehen.

Unabhängig davon, ob Stereotypen tatsächlich der Realität entsprechen, spielt bei dem Umgang mit ihnen der wertende Einfluß eine wichtige Rolle. Während die Stereotypen generell die Zuschreibung von Attributen zu einer bestimmten Gruppe sind, versteht man unter Vorurteilen (vgl. *Barres* 1978, 65; *Stroebe* 1985, 8) die Existenz von positiven und negativen Einstellungen gegenüber dieser Gruppe, die auf derartigen Attributen beruht. Stereotypen sind somit zumindest vom Grundansatz her wertfrei, Vorurteile werthaltig. Die **Funktion** von Stereotypen und Vorurteilen sind vielfältig (vgl. *Thomas* 1993, 215):

- Sie ermöglichen eine kognitive Orientierung in der komplexen Umwelt über die Kategorisierung, Einordnung und Interpretation (*Wissensfunktion*).
- Sie dienen der Anpassung an jeweils vorherrschende Lebensbedingungen durch Einstellung des gelebten Verhaltens auf die Umwelt (*Anpassungsfunktion*).
- Sie schützen vor einem negativen Selbstbild und wehren Schuldgefühle sowie innerpsychische Konflikte und Selbstkritik ab, indem sie Andersartiges tendenziell diskriminieren (*Abwehrfunktion*).
- Sie verhelfen über die Identifikation mit sozial Erwünschtem zur Bildung eines positiven Images gegenüber dem sozialen Umfeld (*Selbstdarstellungsfunktion*).
- Sie fördern das Gefühl der Solidarität und des gegenseitigen Wohlgefallens und grenzen negativ belastete Außengruppen ab (*Abgrenzungsfunktion*).

- Sie gewährleisten ein nachträgliches Rechtfertigen eigener Verhaltensweisen (*Steuerungs- und Rechtfertigungsfunktion*).

Relevant für die Gruppenführung ist zum einen, ob und inwieweit über eine bestimmte Gruppe von Personen entsprechende komplexitätsreduzierende Stereotypen vorhanden sind, zum anderen, wie die genaue Beziehungskonstellation hinsichtlich dieses Stereotyps in der Gruppe ausgeprägt ist.

Um eine **Integration** der Diversität vorzunehmen, müssen Autostereotypen (Stereotypen hinsichtlich sich selbst) und Heterostereotypen (Stereotypen hinsichtlich anderen) in ihrem Zusammenhang analysiert werden. Konstellationen können ergeben, daß die Mitarbeiter in einer Gruppe von sich selbst und voneinander inhaltlich das gleiche denken oder aber daß ihre Eigen- und Fremdbilder voneinander abweichen oder sich sogar widersprechen. Im einzelnen ist folgendes **Schrittmodell** möglich:

(1) Stimmen Autostereotype und Heterostereotype inhaltlich überein? Wenn ja, kann eine Integration der unterschiedlichen Personen in einer Gruppe relativ problemlos gelingen.

(2) Stimmen Autostereotype und Heterostereotype nicht inhaltlich überein, so ist zu fragen, ob sie sich gleichgerichtet in ihrer Intensität unterscheiden oder ob sie gegeneinandergerichtet ausgeprägt sind. Im ersten Fall erscheint eine intensitätsmäßige Angleichung über Sensitivitätstrainings noch relativ gut erreichbar.

(3) Sind Autostereotype und Heterostereotype gegeneinandergerichtet ausgeprägt, so ist zu fragen, ob die inhaltlichen Gegensätze unproblematisch für eine Zusammenarbeit im Unternehmenskontext sind oder problematisch. Im ersten Fall ist diese Stereotypenkonstellation kein ernstes Hindernis für die Zielerreichung der Gruppe, im anderen Fall ein schwierigeres Problem.

(4) Sind Autostereotype und Heterostereotype gegeneinandergerichtet ausgeprägt und problematisch für eine Zusammenarbeit, so ist zu fragen, ob diese Stereotypenkonstellation der Realität entspricht oder ob dies ein Ergebnis normativer Beeinflussung ist. Im ersten Fall erscheint eine intensive Auseinandersetzung über die spezifische Problematik angebracht, was in Gruppenkonflikttrainings münden kann. Im zweiten Fall erscheint ein Hinterfragen der Ursachen der Normativität zwingend, wobei eine aktive unternehmensseitige Beeinflussung der Unternehmenskultur in Richtung einer Parallelisierung der Einstellungen erwogen werden kann.

Gruppenführung wird damit mehr zum Ausbalancieren von Zielkonflikten und sich widersprechenden Anforderungen als zum eindimensionalen Maximieren einer Zielgröße. Dieser Trend verstärkt sich, je mehr den individuellen und kollektiven Verunsicherungen durch stabilitätssichernde Stereotypen begegnet wird. Gerade im internationalen Bereich spielen Stereotype eine wichtige Rolle.

Deutsch-Britische Stereotypen. Um konkrete Informationen zu Stereotypen zu präsentieren, soll im Rahmen dieses Aufsatzes auf die Studie „British-German Business Collaboration" (BGBC) zurückgegriffen werden (vgl. *Scholz* 1993b), bei der Niederlassungen deutscher Unternehmen in Großbritannien sowie britische Niederlassungen in Deutschland analysiert wurden. **Ziel** des Projektes war es,

- Probleme kulturübergreifender Zusammenarbeit im Management zu lokalisieren,
- typische Erfolgsmuster im spezifischen (situativen) Umfeld zu evaluieren,
- Unterschiede in der Unternehmenskultur, Organisationsstruktur und Unternehmensstrategie in beiden Ländern zu analysieren sowie
- Vorschläge zur Verbesserung der deutsch-britischen Zusammenarbeit auf Unternehmensebene zu generieren.

Insgesamt wurden – gemeinsam mit einem von *Derek Pugh* geleiteten britischen Forscherteam – 101 Unternehmen über Fragebogen und Interviews analysiert. Davon waren 92 Unternehmen Tochtergesellschaften in Großbritannien beziehungsweise in Deutschland, acht Unternehmen waren Muttergesellschaften und eines ein deutsch-britisches Joint Venture. Letzteres diente im Rahmen der hier vorliegenden Untersuchung lediglich zur globalen Abrundung des Gesamtbildes.

Zur Suche nach Stereotypen wurden **Polaritätsprofile** verwendet und den Interviewten in schriftlicher Form vorgelegt, wobei ein englischsprachiges oder ein deutschssprachiges Instrumentarium verwendet wurde. Dieses wurde dann jeweils einmal bezogen auf Briten und einmal bezogen auf Deutsche ausgefüllt, wobei jeweils bewußt generalisierend „wie würden Sie die Briten/Deutschen einschätzen" gefragt wurde. In der Auswertung galten nur solche Aussagen als „stereotyp", die zwei Anforderungen erfüllten:

(1) Bezogen auf die Gruppe, die Aussagen über eine andere Gruppe macht, dürfen die jeweiligen Aussagen nur gering streuen. Nur eine geringe Varianz erlaubt es, von einem einheitlichen Stereotyp und von einer adäquaten Komplexitätsreduktion zu sprechen. Nachfolgend soll daher eine Grenze dort gezogen werden, wo die Standardabweichung einen Wert von größer 1,5 annimmt. Dieser Wert ergibt sich aus der halben maximal erzielbaren Standardabweichung, die in diesem Fall wegen einer Skalenbreite von insgesamt 6 (auf einer bipolaren Rating-Skala im Intervall [-3;3]) bei dem Wert 3 liegt.

(2) Die Stereotypen müssen insofern einen Informationsgehalt haben, als unterschiedliche Bewertungsprozesse von Gruppen über Gruppen auch zu unterschiedlichen Ergebnissen führen. Bei der hier vorliegenden Untersuchung bedeutet dies (a) die Existenz von Unterschieden in den Stereotypen über Briten und über Deutsche beziehungs-

weise (b) die Existenz von Unterschieden zwischen Auto- und Heterostereotypen.

Beide Kriterien wurden herangezogen. Im Hinblick auf die Festlegung von Signifikanzniveaus kam dabei die in Übersicht 9.17 getroffene Konvention zum Einsatz.

Signifikanzbereich	**Kennzeichnung**
s ≤ 0,001	****
0,001 < s ≤ 0,01	***
0,01 < s ≤ 0,05	**
0,05 < s ≤ 0,1	*

Übersicht 9.17: Signifikanzniveaus in der BGBC-Studie

Betrachet man zunächst die Stereotypen über Briten und Deutsche **un**differenziert, das heißt losgelöst von der Frage, ob es sich um Urteile von Briten oder von Deutschen handelt, so kommt man zu dem in Übersicht 9.18 dargestellten Ergebnis. Neben Mittelwert und Standardabwei-

	Meinungen über Briten			**Meinungen über Deutsche**			**Signifikanz des Unterschiedes**	
	Mw.	Std.	n	Mw.	Std.	n	z-Wert	sign
fleißig - faul	**- 0,46**	**1,2**	**39**	**- 1,59**	**1,0**	**39**	**- 3,5**	****
ausgeglichen - unruhig	**- 0,92**	**1,2**	**39**	**- 0,03**	**1,3**	**38**	**- 2,3**	**
großzügig - kleinlich	**- 0,49**	**1,1**	**39**	**0,18**	**1,2**	**39**	**- 2,2**	**
Teamworker - Einzelkämpfer	*- 0,51*	*1,6*	*39*	*- 0,49*	*1,7*	*39*	- 0,1	
fortschrittlich - rückständig	0,36	1,4	39	*- 0,41*	*1,6*	*39*	- 1,9	*
intelligent - unbegabt	**- 0,97**	**1,1**	**38**	**- 1,37**	**0,8**	**38**	**- 2,0**	**
friedliebend - streitsüchtig	- 0,21	1,3	39	0,00	1,5	38	- 0,6	
humorvoll - ernsthaft	**- 1,54**	**0,9**	**39**	**1,10**	**1,1**	**39**	**- 5,3**	****
extrovertiert - introvertiert	- 0,28	1,1	39	- 0,13	1,0	39	- 0,6	
arrogant - naiv	- 0,51	1,2	39	- 0,74	1,1	39	0,8	
dynamisch - träge	**0,10**	**1,1**	**39**	**- 0,85**	**1,1**	**39**	**- 3,1**	***
schlau - dumm	- 0,87	0,9	38	- 0,95	0,9	38	- 0,4	
hilfsbereit - rücksichtslos	**- 1,15**	**1,3**	**39**	**- 0,51**	**1,2**	**39**	**- 2,5**	**
risikofreudig - risikoavers	*- 0,38*	*1,6*	*39*	*0,23*	*1,6*	*39*	- 1,7	*
uneigennützig - egoistisch	- 0,03	1,1	39	0,28	1,1	39	- 1,2	

Übersicht 9.18: „Typisch deutsch" und „typisch britisch"

chung ist auch der direkte Vergleich der Ergebnisse ausgewiesen, wie er sich über die paarweise verglichenen Antworten jedes Interviewpartners ergibt, in diesem Fall berechnet über den Wilcoxon-Test. Um festzustellen, bei welchen semantischen Differentialen

- sowohl die Bedingung Standardabweichung ≤ 1,5
- als auch die Bedingung eines statistisch signifikanten Unterschiedes gegeben sind,

wurden die Ergebnisse, die die erste Bedingung nicht erfüllen, jeweils *kursiv* gesetzt. Aus der verbleibenden Menge wurden dann die Begriffspaare ermittelt, die einen signifikanten Unterschied aufweisen, und durch *Fett-Setzung* gekennzeichnet. Gefunden wurden sieben Stereotypenpaare, bei denen sich die Stereotypen über Briten und Deutsche signifikant unterscheiden: So gelten Briten unter allen Befragten beispielsweise als ausgegelichener, großzügiger, humorvoller und hilfsbereiter als die Deutschen, diese dagegen als fleißiger, intelligenter und dynamischer als die Briten.

Zusätzlich wurden die 15 Stereotypenpaare danach **differenziert**, ob es sich um die Meinungen von Briten oder um die Meinungen von Deutschen handelt, jeweils bezogen auf die Auto- und Heterostereotypen (Übersicht 9.19). Übersicht 9.19 hat damit eine vollkommen andere Bezugsbasis als Übersicht 9.18: Jetzt geht es nicht mehr darum, ob „Briten anders gesehen werden als Deutsche", sondern ausschließlich darum, ob „Briten anders klassifizieren als Deutsche". Da es als Zielobjekt für die Stereotypen aber wieder Briten und Deutsche gibt, bedeutet dies somit Vergleich von Auto- und Heterostereotypen. Verwendet man zum Mittelwertvergleich den t-Test und wieder die beiden oben eingeführten Nebenbedingungen, so ergeben sich aus dieser Perspektive vier relevante Wertepaare mit signifikanten Unterschieden:

- Die Briten werden von den Deutschen intelligenter und friedliebender eingeschätzt als durch sich selbst: Sie sehen sich tendenziell als weniger intelligent und eher streitsüchtig an.
- Die Deutschen erscheinen den Briten ausgeglichen und arrogant, sich selbst jedoch unruhig und vergleichsweise weniger arrogant.

Von diesen Wertepaaren erscheint das Thema der Arroganz der Deutschen noch als das problematischste, weil es – in konfliktären Interaktionen für Schuldzuweisungen instrumentalisiert – auf einer unterschiedlichen Sicht der Welt beruht und daher eine Konsensfindung erschwert. Die Befunde machen jedoch auch deutlich, daß sich bei vielen Eigenschaften Auto- und Heterostereotypen zwischen Briten und Deutschen ähneln, also eine grundsätzliche Einigkeit über die Fremd- und Selbstcharakterisierung besteht.

In der **Konsequenz** begründet die Existenz von gemeinschaftlich geteilten Stereotypen hinsichtlich der Zusammenarbeit von Briten und

Urteile über Briten	Meinungen von Briten			Meinungen von Deutschen			Signifikanz des Unterschiedes	
	Mw.	Std.	n	Mw.	Std.	n	T-Wert	sign
fleißig - faul	- 0,68	0,9	19	- 0,25	1,3	20	- 1,2	
ausgeglichen - unruhig	- 0,73	1,0	19	- 1,10	1,3	20	1,0	
großzügig - kleinlich	- 0,58	1,0	19	- 0,40	1,3	20	- 0,5	
Teamworker - Einzelkämpfer	- 0,42	1,4	19	*- 0,60*	*1,8*	*20*	0,4	
fortschrittlich - rückständig	0,05	1,4	19	0,65	1,5	20	- 1,3	
intelligent- unbegabt	**- 0,47**	**0,8**	**19**	**- 1,47**	**1,2**	**19**	**3,0**	***
friedliebend - streitsüchtig	**0,32**	**0,9**	**19**	**- 0,70**	**1,5**	**20**	**2,6**	**
humorvoll - ernsthaft	- 1,32	0,9	19	- 1,75	0,9	20	1,5	
extrovertiert - introvertiert	- 0,05	0,8	19	- 0,20	1,2	20	0,5	
arrogant - naiv	- 0,21	0,7	19	- 0,80	1,5	20	1,6	
dynamisch - träge	- 0,11	1,0	19	0,30	1,1	20	- 1,2	
schlau - dumm	- 0,89	0,8	19	- 0,84	1,1	19	- 0,2	
hilfsbereit - rücksichtslos	- 1,05	1,3	19	- 1,25	1,3	20	0,5	
risikofreudig - risikoavers	- 0,84	1,2	19	*0,05*	*1,8*	*20*	- 1,8	*
uneigennützig - egoistisch	- 0,16	1,0	19	0,10	1,2	20	- 0,7	
Urteile über Deutsche								
fleißig - faul	- 1,63	1,1	19	- 1,55	1,1	20	- 0,2	
ausgeglichen - unruhig	**- 0,74**	**1,1**	**19**	**0,68**	**1,1**	**19**	**- 4,1**	****
großzügig - kleinlich	0,00	1,2	19	0,35	1,2	20	- 0,9	
Teamworker - Einzelkämpfer	*- 0,42*	*1,9*	*19*	*- 0,55*	*1,6*	*20*	0,2	
fortschrittlich - rückständig	*0,53*	*1,6*	*19*	- 1,30	1,0	20	4,3	****
intelligent- unbegabt	- 1,32	0,7	19	- 1,42	0,8	19	0,4	
friedliebend - streitsüchtig	0,22	1,4	18	- 0,20	1,5	20	0,9	
humorvoll - ernsthaft	1,05	1,1	19	1,15	1,2	20	- 0,3	
extrovertiert - introvertiert	- 0,05	0,8	19	- 0,20	1,2	20	0,5	
arrogant - naiv	**- 1,11**	**1,0**	**19**	**- 0,40**	**1,1**	**20**	**- 2,1**	**
dynamisch - träge	- 0,84	1,0	19	- 0,85	1,2	20	0,0	
schlau - dumm	- 1,00	0,8	19	- 0,89	0,9	19	- 0,4	
hilfsbereit - rücksichtslos	- 0,58	1,2	19	- 0,45	1,3	20	- 0,3	
risikofreudig - risikoavers	0,63	1,3	19	*- 0,15*	*1,8*	*20*	1,6	
uneigennützig - egoistisch	0,11	0,9	19	0,45	1,2	20	- 1,0	

Übersicht 9.19: Auto- und Heterostereotypen

Deutschen Sicherheit im gemeinsamen Umgang. Wichtig ist es jedoch auch, nicht zu vergessen, daß die Existenz eines Stereotyps noch nicht die Existenz von Unterschieden auf der Realebene bedeutet. So gesehen ist kritisch zu hinterfragen, ob zum Beispiel die Briten tatsächlich großzügiger sind als die Deutschen, wie die Befragten aus beiden Ländern übereinstimmend angeben. Erste interessante Indikatoren sind hochaggregierte Realgrößen wie das Beitragsvolumen an die Vereinten Nationen oder Unterstützungszahlungen für Krisengebiete.

Unabhängig von der gewählten Erklärungshypothese ist es Aufgabe eines inner- und überbetrieblichen **Management Development**, für eine entsprechende Vorbereitung der Betroffenen zu sorgen. Ist dies schon schwer, wenn es sich um die Vertreter eines Landes handelt (also: wie lernen Deutsche damit umzugehen, daß Briten sie grundsätzlich für arrogant halten), wird es noch schwieriger, wenn es sich um internationale Teams handelt: Hier kann es nur darum gehen, den Betroffenen durch Rollenspiele die Existenz dieser problematischen Stereotypen aufzuzeigen, um daraus dann kooperationsunterstützende Interaktionsmuster abzuleiten.

9.3.2.4 Mobbing als Pathologie

Mobbing bezeichnet – vom englischen Verb „to mob" (anpöbeln, über jemanden herfallen) abgeleitet – eine sozialpsychologische Beanspruchungssituation, die durch arbeitsorganisatorische oder zwischenmenschliche Gegebenheiten ausgelöst wird.

Konkrete **Definitionen** beschreiben Mobbing als einen Zustand, bei dem eine Person mindestens einmal wöchentlich, über einen Zeitraum von einem halben Jahr, durch eine oder mehrere von 45 speziellen Handlungen belästigt wird (vgl. *Leymann* 1993). Diese Handlungen umfassen solche, die die Kommunikation mit der angegriffenen Person manipulieren (z.B. ständiges Unterbrechen), gezielte Angriffe auf das soziale Ansehen einer Person (z.B. Verbreitung von Gerüchten) sowie Angriffe, die darauf abzielen, den Arbeitseinsatz einer Person zu beeinträchtigen (z.B. Zuteilung sinnloser Arbeitsaufgaben). Allgemeiner fallen unter Mobbing vielfältige, am Arbeitsplatz auf einzelne Personen fokussierte Aktionen, die in nachhaltigen psychischen, sozialen und gesundheitlichen Schädigungen der betroffenen Person resultieren (vgl. *Neuberger* 1999, 2-24). Auswirkungen des Mobbing auf das betroffene Individuum reichen von einfachen Streßsymptomen wie Schlafproblemen über psychiatrische Erkrankungen hin bis zum Selbstmord.

Neben der generellen Diskussion um das Phänomen Mobbing hinsichtlich individueller Beeinträchtigung gewinnt der **ökonomische Aspekt** als Folgeerscheinung zunehmend an Bedeutung: Mobbing verhindert den optimalen Einsatz von Arbeitskräften und verursacht somit Kosten. Wie stark sich Mobbing wirtschaftlich auf ein Unternehmen auswirken kann, belegen einige Zahlen, die *Neuberger* zusammenstellt (1999, 94-101): Ein Mobbing-Opfer kann den Betrieb jährlich bis zu 150 000,- DM kosten, Fehlzeiten können Unternehmen um bis zu 35 Milliarden DM/Jahr belasten, wobei sich diese Summe aufgrund der durch Mobbing bedingten Leistungsverminderung bis zu 50% verdoppelt.

Angesichts dieser dramatischen Konsequenzen von Mobbing-Vorfällen und der anschließend noch zu diskutierenden Schwierigkeiten, ein konkretes Mobbing-Ereignis zu beenden, ist vor allem die Erforschung der Initialgründung für Mobbing interessant. In diesem Zusammenhang werden drei Gruppen von **Auslösern** unterschieden (vgl. *Hupprecht/ Schieffers* 1996, 81-87):

- *Organisationsbedingte Faktoren* rufen Streßsituationen hervor, wenn die Arbeitsorganisation sich nicht an der Qualifikation des einzelnen Mitarbeiters orientiert. Der Mitarbeiter wird über- oder unterfordert. Solange keine organisatorischen Ausweichmöglichkeiten zur Flexibilisierung bestehen, nehmen Unzufriedenheit und Konflikte zu. Eine quantitative Überforderung ist etwa die Vorgabe nicht erreichbarer Mengen, eine qualitative Unterforderung tritt bei Tätigkeiten wie Stempeln oder Eintüten ein, die eine hochqualifizierte Arbeitskraft auf Dauer unterfordern.
- *Gestaltungsbedingte Faktoren* beinhalten eine extrem eintönige Gestaltung der Arbeitsabläufe ohne Freiraum für Kreativität und Innovationsgeist der Mitarbeiter – was eine Orientierung an der Qualifikation des Mitarbeiters nicht ausschließt. Werden solche Arbeitsformen nicht durch Zusatztätigkeiten aufgelockert, bleibt dem Mitarbeiter keine andere Wahl, als stur seiner Arbeit nachzugehen, was dann Mobbing durch Langeweile hervorruft.
- *Leitungsbedingte Faktoren* resultieren aus unprofessioneller Führung gegenüber den Mitarbeitern. Anstatt mit organisatorischen und arbeitsgestaltenden Maßnahmen Konflikte zu bekämpfen, reagieren Führungskräfte mit Leistungsdruck und fördern somit Konflikte.

Mobbing findet dabei nicht nur zwischen gleichrangigen Mitarbeitern statt: Auch Führungskräfte können als Opfer betroffen sein oder aber selbst Psychoterror ausüben.

Der **Verlauf** des Mobbingprozesses läßt sich anhand eines Phasenmodells darstellen, wobei aber nicht jede einzelne der vier Phasen notwendigerweise durchlaufen wird (vgl. *Leymann* 1993; *Niedl* 1995, 58-59; *Kratz* 1998, 18-29):

- In *Phase 1* bahnt sich ein Konflikt an, der durch unethische Kommunikation und/oder einzelne Unverschämtheiten gegenüber der angegriffenen Person ausgelöst und unterstützt wird (z.B. Klatsch).

- *Phase 2* umfaßt den eigentlichen Übergang zu Mobbing und ist durch eine zunehmend deutlichere Abgrenzung der betroffenen Person von der Gruppe gekennzeichnet (z.B. durch Lächerlichmachen der Person während ihrer Abwesenheit). Diese Phase tritt gewöhnlich erst nach frühestens einem halben Jahr ein und kann bis zu zwei Jahren andauern, bevor Führungskräfte ernsthafte Schritte einleiten.
- *Phase 3* beschreibt den Übergang von einem privaten beziehungsweise abteilungsinternen Problem zu einer offiziellen Auseinandersetzung mit dem Management, da sich wirtschaftliche Konsequenzen für das Unternehmen abzeichnen, die im Leistungsabfall des gemobbten Mitarbeiters begründet sind. Das entkräftete Opfer bringt dem Betrieb keinen Nutzen mehr, sondern verursacht zunehmend Kosten. Personalwirtschaftliche Handlungen wie ständige Versetzungen des betroffenen Mitarbeiters kennzeichnen diese Phase, in der das Opfer gestraft wird, anstatt den Täter zu bekämpfen.
- *Phase 4* beinhaltet arbeitsrechtliche Auseinandersetzungen, denen der endgültige Ausschluß aus der Arbeitswelt folgt. Um arbeitsrechtliche Schutzbestimmungen zu umgehen, bieten Unternehmen dem betroffenen Mitarbeiter oft monetäre Anreize (z.B. eine hohe Abfindung), welche diesen zur selbständigen Kündigung bewegen sollen. Beim Austritt aus dem Unternehmen befindet sich der angegriffene Mitarbeiter körperlich und seelisch in einer kritischen Verfassung; eine Rückkehr in die Arbeitswelt ist nur schwer denkbar.

Insbesondere für das Management stellt eine solche Entwicklung eine massive Herausforderung dar.

Vorbeugende Maßnahmen wirken auf die Vermeidung von Mobbing hin, indem Mitarbeiter frühzeitig, möglichst zum Zeitpunkt der Einstellung, auf mögliche auftretende Problemkomplexe hingewiesen werden. Vereinbarungen wie offizielle Schlichtungsverfahren und Beschwerdeordnungen geben Verhaltensweisen bei auftretenden Schwierigkeiten vor. Vorbeugung ist uneingeschränkt die Aufgabe der Führungskraft, welche sich als integre Führungspersönlichkeit ihrer Verantwortung gegenüber den Mitarbeitern und dem Unternehmen bewußt ist und für ein angemessenes konfliktbegrenzendes Betriebsklima sorgt. Dies bedeutet jedoch nicht, eine kumpelhafte Führungssituation herzustellen oder gegenseitige Sympathie zur obersten Maxime im Unternehmen zu machen.

Bei bestehenden Konflikten sind Gegenmaßnahmen (Rüge, Ermahnung, Abmahnung, Versetzung, Kündigung) zu ergreifen, um damit eventuell schon entstandenen Schaden einzudämmen und weiteren zu verhindern. Der Betriebsrat ist gemäß § 75 BetrVG gehalten, gegen Mobbing vorzugehen. Regelmäßige Mitarbeiterbefragungen dienen dazu, bestehende Konflikte zu lokalisieren und die wichtigsten Problemfelder zu identifizieren, um darauf aufbauend effektives Veränderungsmanagement aus-

Eine Mobbing-Entstehung

Person H arbeitet nach langer Arbeitslosigkeit in der Hauswerkstatt und -meisterei eines Krankenhauses, wobei das Arbeitsamt seine Anstellung mit Lohnzuschüssen unterstützt. Durch seine Abwesenheit von der Berufswelt weist Person H eindeutige Defizite hinsichtlich der Anforderungen auf, die sein neuer Arbeitsplatz mit sich bringt, welche sich insbesondere in seiner Unfähigkeit mit Kollegen umzugehen widerspiegeln. Besagte Kollegen drängen Person H zunehmend in die Rolle des Sonderlings, da sie sowohl seine Sonderbehandlung in puncto Bezahlung als auch seine Kommunikationsschwäche nicht tolerieren. Person H zieht sich daraufhin immer mehr zurück und beschränkt sich auf Arbeiten, die er auch in Abwesenheit der Kollegen verrichten kann. Die Kollegen deuten diese Geste nicht als Notwehr der Person H, sondern als einen weiteren Beweis für sein Unvermögen, im Team zu arbeiten und seiner Neigung, zuviel Arbeit zu vermeiden. Gerüchte über seine Person nehmen zu, und durch das ständige Gerede über Person H entsteht bald das Bild eines faulen, unfähigen und minderwertigen Mitarbeiters, dem darüber hinaus eine Alkoholsucht nachgesagt wird, nur weil er eine markante rote Nase hat. Diese Vorstellung von Person H wird von den Führungskräften übernommen, welche mit Kündigung des Mitarbeiters H reagieren, anstatt der Ursache für den entstandenen Eindruck auf den Grund zu gehen. Eine bessere Betriebskommunikation hätte es ermöglicht, die Kollegen über die Vorgeschichte der Person H zu unterrichten und somit seinen Ausschluß zu vermeiden. Dies wäre Aufgabe der für Person H zuständigen Führungskraft gewesen, welche in diesem Fall versagt hat.

Aus: *Vogel, Heinz-Wilhelm* (Hrsg.), Mobbing – Psychoterror am Arbeitsplatz. Ursachen-Folgen-Auswege, Bergisch Gladbach (Bastei), 1998, 18-20.

zuüben. Gegenmaßnahmen können sich an allen vier Phasen des Mobbingprozesses orientieren.

Abwehrende Maßnahmen sind eine gezielte Verbesserung der Betriebskommunikation (z.B. aktives Zuhören) und pädagogische Maßnahmen (z.B. Schulungsveranstaltungen zum Thema Mobbing), wobei Mitarbeiter über Gruppendiskussionen in den Entwicklungsprozeß miteinbezogen werden sollten. Zur Bewältigung gruppendynamischer Effekte empfiehlt sich die Moderation durch professionelle Fachkräfte. Eine Verbesserung der Informationstransparenz ermöglicht es Führungskräften frühzeitig, Intrigen und sich anbahnende Konflikte zu erkennen. Der Führungsstil sollte darauf ausgerichtet sein, Vertrauen bei den Mitarbeitern zu erzeugen („der Chef hat ein offenes Ohr für die Probleme und nimmt diese auch ernst") und zugleich Autorität ausstrahlen („wenn der Chef sich dem Konflikt annimmt, dann passiert auch etwas").

Mobbing-Opfern werden **rehabilitierende Maßnahmen** in erster Linie durch professionelle Einrichtungen, etwa Sanatorien und psychologisch begleitete Selbsthilfegruppen, geboten. Ansprechpartner sind der Betriebsrat, Führungskräfte, der Hausarzt, Kollegen und Freunde. Ansprechpartner finden sich außerdem über Krankenkassen, Kirchen oder das Internet. Auch die Führungskräfte selbst können sich, je nach Ausmaß des erfolgten Schadens, auf die betroffenen Mitarbeiter einstellen. Hierbei ist es notwendig, das Vertrauen des Mitarbeiters in das Arbeitsumfeld neu zu wecken, indem die Führungskraft eine Kontaktperson für das Opfer verkörpert und aufkommende Konflikte rechtzeitig erkennt.

9.3.3 Informationsorientierte Führung

9.3.3.1 Grundlagen

Im Zeitalter der Computer-Durchdringung ist von einer zunehmenden informatorischen Vernetzung zwischen Führungskraft und Mitarbeiter auszugehen: Gefragt ist daher eine Führungskonzeption, die diesen Sachverhalt angemessen berücksichtigt.

Zu diesem Zweck soll auf das an anderer Stelle (vgl. *Scholz* 1981a; 1987a, 145-148) diskutierte Konzept des **Regelkreises** zurückgegriffen werden: Danach – und dieser Gedanke ist sicherlich nicht neu (vgl. *Wild* 1973, 45-51) – wird Personalführung in strenger Analogie als Regelkreisprinzip interpretiert. Der Regelkreis berücksichtigt Materie- und/oder Informationsbeziehungen zwischen menschlichen und/oder maschinellen Komponenten. Ein Regelkreis besteht aus

- der Regelstrecke RS (betrachtetes Regelungsobjekt),
- der Zustandsgröße x (gemeldete Ist-Information),
- der Führungsgröße w (vorgegebener Sollwert),
- dem Regler R (Aktionseinheit, die x an w annähert),
- der Stellgröße y (konkrete Maßnahme),
- der Störgröße z (systemexterner Einfluß) und
- dem Entscheidungsvektor e (Verhaltensnorm für den Regler).

Die informationsflußbezogene Führung ergibt sich aus der Kombination verschiedener **Partialmodelle** (Übersicht 9.20): Die **diskreten** Partialmodelle decken eindeutig voneinander abgrenzbare Formen des Informationsaustausches ab; die **stetigen** Partialmodelle berücksichtigen auch graduelle Abstufungen, wie sie für den Partizipationsgrad typisch sind. Bei den diskreten Partialmodellen ist zu unterscheiden zwischen den Partialmodellen der **Zustandsgrößenseite**, die Informationen von der Regelstrecke zum Regler senden, und zwischen den Partialmodellen der **Stellgrößenseite**, die Aussagen über die vom Regler zur Regelstrecke gesendeten Informationen machen.

Partialmodelle	
diskret	**stetig**
Stellgrößenseite Management by Objectives (**MbO**) Management by Decision Rules (**MbR**) Direkter Eingriff (**DirE**) Partizipatives Management by Objectives (**PMbO**) **Zustandsgrößenseite** Management by Exception (**MbE**) Management by Results (**MbR**)	Management by Motivation (**MbM**) Management by Participation (**MbP**) Management by Delegation (**MbD**) Management by Systems (**MbS**)

Übersicht 9.20: Partialmodelle der Führungsbeziehung

Die (kybernetischen) Partialmodelle der Stell- und Zustandsgrößenseite differenzieren nicht danach, ob Regler beziehungsweise Regelstrecke durch eine Person oder durch einen Computer repräsentiert sind; ebenfalls ist es zunächst unerheblich, wie der Informationsaustausch erfolgt: Hier ist verbale Kommunikation genauso möglich wie die Informationsweiterleitung über einen maschinellen Informationskanal.

9.3.3.2 Diskrete Partialmodelle

Nach der **Zustandsgrößenüberwachung** durch den hierarchisch höchsten Regler R1 unterscheidet man Management by Exception und Management by Results:

- Beim *Management by Exception* (MbE) findet eine Meldung über die Zustandsvariable nur dann statt, wenn diese eine definierte Bandbreite verläßt; solange sich die Zustandsvariable innerhalb dieses Bereiches bewegt, unterbleibt jegliche Nachricht an übergeordnete Regler. Es erfolgt somit eine fallweise Berichterstattung, die ereignisorientiert von (vorher zu definierenden) Vorfällen gesteuert wird.
- Als Alternative zum MbE bietet sich das *Management by Results* (MbR) an, welches eine regelmäßige Berichterstattung über den aktuellen Wert der zu kontrollierenden Variable fordert. Aufgrund der Regelmäßigkeit erfolgen beim MbR die Meldungen an die Führungskraft jeweils zeitabhängig von zuvor definierten Zeitintervallen. Eine Extremform ist die Realzeit-Überwachung (real time), bei dem die Führungskraft laufend (beispielsweise auf einem Monitor) Verhalten oder Leistung des Mitarbeiters kontrollieren kann.

Die beiden Partialmodelle der Zustandsgrößenseite finden ihre komplementäre **Ergänzung** in vier Partialmodellen der Stellgrößenseite:

- *Management by Objectives* (MbO) verändert die Führungsgröße des hierarchisch auf der nächst tieferen Stufe angeordneten Reglers. MbO beinhaltet also ausschließlich den Vorgang der Zielfestsetzung und der Zielgrößenverteilung (Führung durch Zielvorgabe).
- Beim *Management by Decision Rules* (MbDR) gibt die obere Führungsebene ihren untergebenen Stellen (alternativ oder zusätzlich zu den Zielen) Entscheidungsregeln vor, nach denen diese sich zu verhalten haben; der untere Regler erhält also (explizit oder implizit) eine Entscheidungstabelle, die Aussagen darüber macht, welches Verhalten in welcher Situation angebracht ist.
- Eine Modifikation des MbO ist das sogenannte *Partizipative Management by Objectives* (PMbO). Dieses sieht eine Mitwirkung des untergeordneten Reglers an der Gestaltung seiner ihm vorzugebenden Führungsgröße vor. R1 und R2 legen also die für den Regler R2 zu geltende Zielgröße (w2) gemeinsam fest. Nach dieser Phase der Zielfestlegung gilt diese Vorgabe allerdings als fest vereinbart (Führung durch Zielvereinbarung).
- Schließlich kann die Führungskraft auch direkt in den Aufgabenbereich des Mitarbeiters eingreifen. Bei diesem *Direkten Eingriff* (DirE) übt der Regler R1 zur Unterstützung von Regler R2 direkt einen Stelleingriff auf die Regelstrecke RS2 aus.

Die Partialmodelle der Zustandsgrößenseite sowie der Stellgrößenseite lassen sich durch Blockschaltbilder darstellen (Abbildung 9.30).

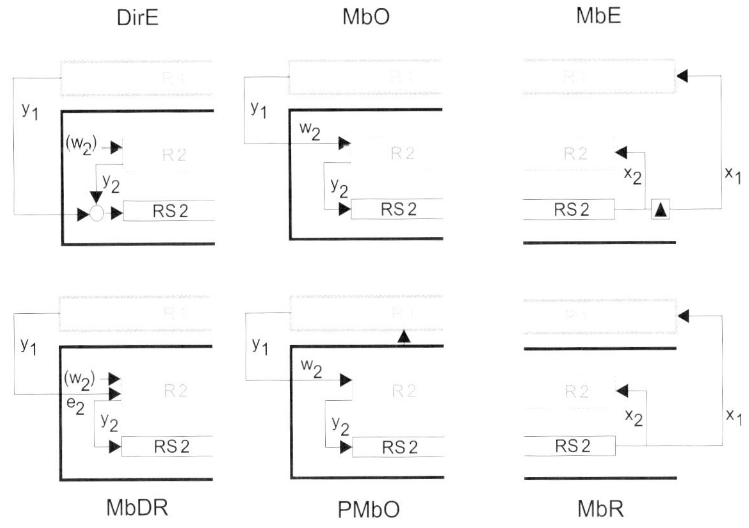

Abbildung 9.30: Kybernetische Partialmodelle der Stell- und Zustandsgrößenseite (vgl. *Scholz* 1987a, 146)

Beschränkt man sich zunächst lediglich auf zwei Hierarchieebenen und verzichtet darauf, mehrere Modelle der Stellgrößenseite beziehungsweise mehrere Modelle der Zustandsgrößenseite miteinander zu verbinden, so ergeben sich acht „reine" Führungsmodelle (Übersicht 9.21).

Typ	Stellgrößenseite	Zustandsgrößenseite
A	PMbO	MbE
B	PMbO	MbR
C	MbO	MbE
D	MbO	MbR
E	DirE	MbE
F	DirE	MbR
G	MbDR	MbE
H	MbDR	MbR

Übersicht 9.21: Diskrete Führungsmodelle

Exemplarisch sollen mit den Typen E und D zwei dieser Führungsmodelle näher betrachtet werden (Abbildung 9.31):

- *Typ D* ist eine Verbindung von MbO und MbR. Die Führungskraft (zum Beispiel Meister) gibt klare Zielvorgaben an den Mitarbeiter (zum Beispiel Vorarbeiter), die das von der Arbeitsgruppe (Regelstrecke RS2) zu realisierende Aufgabenpensum konkretisieren. In regelmäßigen Abständen erhält die Führungskraft Informationen darüber, inwieweit diese Werte realisiert wurden.
- *Typ E* verbindet eine Information an die Führungskraft nach dem Prinzip des Management by Exception mit dem Führungsverhalten des direkten Eingriffs. Dies bedeutet, daß (nur!) dann, wenn auf der Regelstrecke RS2 eine als außergewöhnlich einzustufende Entwicklung eintritt, der obere Regler selber eingreift.

Das Führungsmodell Typ D entspricht in dieser Form dem in der Literatur üblicherweise verwendeten „Management by Objectives", Typ E

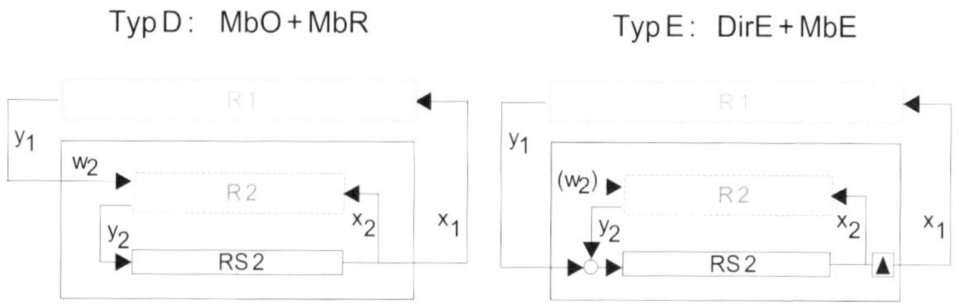

Abbildung 9.31: Führungsmodelle Typ D und Typ E im Vergleich

dem in der Literatur verwendeten „Management by Exception". Das Schwergewicht bei „Management by Objectives" liegt dabei auf der Zielvorgabe, beim „Management by Exception" dagegen auf der in Ausnahmefällen zu aktivierenden Ergebniskontrolle.

Empirischer Befund (GPP): Feedback-Gespräche zwischen Mitarbeitern und ihren direkten Führungskräften (in Prozent)

Die Intensität, mit der Führungskräfte mit den ihnen zugeordneten Mitarbeitern Feedback-Gespräche führen, ist bei neuen Mitarbeitern höher als bei denen, die länger im Unternehmen beschäftigt sind. Besonders deutlich wird diese Verschiebung bei den amerikanischen und österreichischen Werten.

	D	Ö	USA	F	Sp	Rest	Σ
Neue Mitarbeiter							
täglich	18	12	27	11	15	19	16
wöchentlich	28	37	27	56	32	43	37
monatlich	25	34	27	26	29	30	29
länger	30	17	18	7	24	8	18
Übrige Mitarbeiter							
täglich	11	-	11	4	-	4	4
wöchentlich	8	13	11	33	29	30	20
monatlich	16	13	22	33	35	26	23
länger	65	74	56	29	35	39	52

Empirischer Befund (GPP): Haupteffekt von Feedback-Gesprächen (in Prozent, offene Frage)

Feedback-Gespräche dienen im allgemeinen in der Praxis der Identifikation gleicher Ziele, der Motivation der Mitarbeiter sowie der Unterstützung der Personalarbeit. Allerdings bestehen länderspezifische Schwerpunktbesetzungen: Während in Deutschland die Identifikation gemeinsamer Ziele im Vordergrund steht, ist dies in Österreich die Verbesserung der Kommunikation. In den USA und Frankreich soll durch Feedback-Gespräche die Personalarbeit in Richtung einer Personalentwicklung unterstützt werden, in Spanien ist der Haupteffekt die Motivation der Mitarbeiter.

	D	Ö	USA	F	Sp	Rest	Σ
Identifikation gemeinsamer Ziele	53	18	13	27	27	47	35
Vertrauen	14	6	25	42	17	18	16
Motivation	21	29	13	38	54	40	35
Unterstützung der Personalarbeit/-entwicklung	21	12	50	75	43	33	32
Mitarbeiterzufriedenheit	9	15	-	27	27	13	16
Verbesserung der Kommunikation	14	32	38	45	41	27	30

9.3.3.3 Stetige Partialmodelle

Während die zuvor diskutierten Partialmodelle strukturelle Führungszusammenhänge erfassen, dienen die vier nachfolgenden Modelle zur Charakterisierung der **situationsspezifischen Ausgestaltung** der Führung:

- *Management by Systems* (MbS) drückt den Anteil maschineller Komponenten in der Reglerstruktur aus. Das MbS bedeutet grundsätzlich nicht, den Menschen aus dem System zu eliminieren und durch computergestützte Steuerungs- oder Regelungssysteme zu substituieren; MbS beschreibt lediglich den Technisierungsgrad.
- Management by Delegation (MbD) impliziert die Übertragung von Entscheidungskompetenzen an untergeordnete Regler, wobei allerdings die Gesamtverantwortung eines Reglers für alle untergeordneten Reglerebenen voll erhalten bleibt.
- *Management by Participation* (MbP) strebt eine Leistungssteigerung des Gesamtprozesses durch Teilnahme unterer Hierarchieebenen an der Zielfindung an. Das MbP ist an die spezielle Informationsflußrichtung des PMbO gebunden.
- *Management by Motivation* (MbM) impliziert Aufbau und Nutzung eines Motivationspotentials. Während MbD und MbP nicht zwischen maschinellen Regelungselementen und Menschen als Regelkreiskomponenten unterscheiden, kann sich MbM definitionsgemäß nur auf Menschen beziehen. Das Motivationspotential einer Führungsstruktur ergibt sich unter anderem aus dem Technisierungsgrad (MbS) und dem Delegationsgrad (MbD).

Die stetigen Führungsmodelle konkretisieren somit die diskreten Modelle. So sagt beispielsweise das MbS in Verbindung mit dem MbO und dem MbE aus, inwieweit Zielvorgabe beziehungsweise Ergebniskontrolle mit Hilfe maschineller Komponenten erfolgt.

9.3.3.4 Zusammenführung

Verbindet man die diskreten Führungsmodelle in Form der „reinen" Führungsmodelle (Typ A bis Typ H) mit den stetigen Modellen, so läßt sich als erstes das **MbP** positionieren: Wie bereits oben angesprochen, ist MbP als Mitwirkung bei der Zielfestlegung ex definitione nur bei der Bestimmung der Führungsgrößen mit PMbO möglich. Der Delegationsgrad (**MbD**) ist beim PMbO (Typ A,B) am höchsten; er erreicht dann seinen niedrigsten Wert, wenn dem Mitarbeiter (sogar) die Regeln vorgegeben werden, nach denen er vorzugehen hat. Unter der zusätzlichen Annahme, daß MbE einen höheren Delegationsgrad impliziert als MbR, ergibt sich eine eindeutige Reihung der acht „reinen" Führungsmodelle im Hinblick auf den damit verbundenen Delegationsgrad.

Empirischer Befund (GPP): Maßnahmen zur Kommunikation von Managemententscheidungen an die Beschäftigten (in Prozent)

Innerhalb der Unternehmen wird parallel intensiv über eine Vielzahl von Kanälen kommuniziert. Dabei lassen sich landeskulturell bekannte Grundmuster wiederfinden: In Frankreich, Deutschland und auch Spanien überwiegt die mündliche Kommunikation die schriftliche, in Österreich ist es eher ausgeglichen. Deutsche Unternehmen setzen auf mündliche Kommunikation, was auf ein Bestreben nach Konsens hindeutet. Interessant sind die USA, wo sowohl schriftliche Bekanntmachungen als auch Besprechungen Standard sind; hier findet sich neben der höchsten Verwendungsrate für elektronische Medien auch die intensivste Gerüchteküche.

	D	Ö	USA	F	Sp	Rest	Σ
Persönliche Bekanntmachung der Führungskraft	90	85	70	94	77	89	86
Schriftliche Bekanntmachung der Führungskraft	55	81	100	63	35	73	64
Persönliche Kommunikation durch Kollegen	70	81	70	75	28	33	58
Besprechungen	96	94	100	84	79	78	87
Schwarzes Brett	57	46	50	32	23	72	47
Gerüchteküche	24	45	60	45	12	32	32
Firmenzeitung/ Newsletter	74	77	70	81	49	75	71
Öffentliche Presse	33	33	33	21	9	33	27
Telefax, Telefon	40	41	70	55	35	36	42
E-Mail, Internet	28	30	70	38	21	42	33

Abbildung 9.32 folgt dieser Überlegung und enthält daher – als **vertikale** Achse – die Beziehungen zwischen den „reinen“ Führungsmodellen und den stetigen Modellen MbP beziehungsweise MbD. Die horizontale Achse spiegelt die Ausprägungsbreite des MbS wider. Diese ist zumindest vom Prinzip her unabhängig vom gewählten Führungsmodell. Lediglich ein hohes MbS im Zusammenhang mit den partizipativen Typen A und B bereitet Interpretationsschwierigkeiten, sofern nicht von der Möglichkeit sich gegenseitig beeinflussender Computer ausgegangen wird.

Problematisch und beim gegenwärtigen Ausbaustand dieses Konzeptes allenfalls mit Plausibilitätsüberlegungen realisierbar ist die Einbeziehung des **MbM**: Unter den Prämissen, daß

- MbP und MbD die Motivation erhöhen,
- MbS die Motivation tendenziell reduziert und
- alle Beziehungen linear sind,

ergibt sich der in Abbildung 9.32 links oben ausgewiesene Zusammenhang. Grundsätzlich sind – vor allem in Abhängigkeit von der Unternehmensebene – verschiedene Verläufe der **Motivations-Indifferenzkurven** möglich. Abbildung 9.32 zeigt als Beispiel dafür vier Führungssysteme mit unterschiedlichen Indifferenzkurven. Die oberste Führungsebene wird hierbei durch eine eingipflige Motivations-Indifferenzkurve beschrieben, während in der untersten Führungsebene eine linear verlaufende Kurvenschar vorliegt.

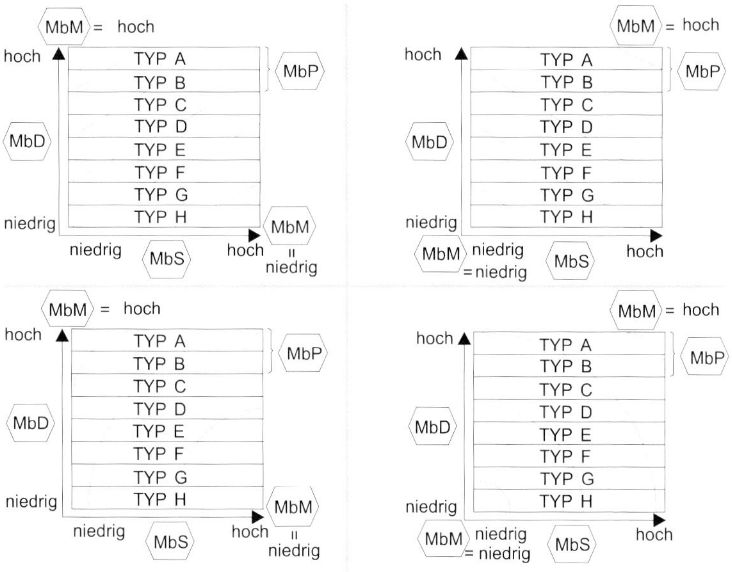

Abbildung 9.32: Diskrete und stetige Führungsmodelle im Verbund

Hervorzuheben ist aber auch hier die Erfassungsproblematik. Abbildung 9.32 bleibt primär ein deskriptives Instrument, mit dessen Hilfe der Ist-Zustand erfaßt werden soll. Nur beschränkt sind aus dieser Darstellung präskriptive Überlegungen direkt ableitbar: So stellt nicht zwingend die Konstellation mit dem höchsten Motivationspotential auch tatsächlich die effizienteste Führungsform dar.

9.3.4 Standardisierende Führung

Unternehmensgrundsätze sind an Mitarbeiter, Eigentümer und Geschäftspartner gerichtete Aussagen, die in schriftlich fixierter Form Auskunft über Ziele und Potentiale des Unternehmens sowie über die zur Erreichung der Ziele erforderlichen Verhaltensweisen geben.

Zentrale Komponenten der Unternehmensgrundsätze sind Hinweise dazu, wie Kommunikationsprozesse im weitesten Sinne, speziell aber Führungsbeziehungen zwischen Führungskraft und Mitarbeiter zu gestalten sind. Führungsgrundsätze sind damit eine Teilmenge der Unternehmensgrundsätze und gelten in allen Situationen für alle Mitglieder des Unternehmens in gleicher Weise: Sie sind also weder individuell noch situativ differenziert. Aufgrund des Verzichts auf eine individuelle Differenzierung eignen sie sich als Führungsmechanismen auf der taktischen Ebene, bei der – entsprechend der grundsätzlichen Definition dieser Ebene – immer eine individuumsbezogene Gestaltung ausgeklammert wird.

Führungsgrundsätze als Instrument zur Verhaltensstandardisierung dienen in dreifacher Weise der **Komplexitätsreduktion**:

- Sie *charakterisieren* die grundsätzliche Führungssituation. Dazu gehören sowohl Feststellungen zum spezifischen Zweck der Personalführung, als auch die Charakterisierung der vorgesehenen Aufgabenteilung.
- Sie machen in vereinfachter Form die *Rolle* der Führungskraft deutlich. Dazu gehört nicht nur die sachbezogene, sondern auch die personenbezogene Komponente. So muß die Führungskraft gleichzeitig den Mitarbeiter motivieren, ihm aber auch Ziele vorgeben und seine Leistungen kontrollieren.
- Drittens beschreiben Führungsgrundsätze die *Aufgaben und Pflichten* der Mitarbeiter. Hier sind speziell Aussagen über den vorgesehenen Autonomiegrad der Mitarbeiter zu machen.

Übersicht 9.22 enthält eine Synopse über verschiedene **Bestandteile** von Führungsgrundsätzen.

Führungsgrundsätze sind in der Praxis seit langem beliebt (vgl. *Wunderer* 1983). Wegen der Schwierigkeiten, individuell differenziertes und situativ abgestimmtes einzelfallbezogenes Führungsverhalten zu spezifizieren, erscheinen Führungsgrundsätze als ein sinnvoller Weg. *Gabele* und *Kretschmer* untersuchten 51 Unternehmens- beziehungsweise Führungsgrundsätze (Abbildung 9.33): Im Vergleich zu älteren Führungsmodellen wie dem Harzburger Modell sind diese (neueren) Führungsgrundsätze eher allgemein und situationsoffen; dies zeigt sich auch an der Dominanz von „Soll"- und „Kann"-Formulierungen.

Kritik. Führungsgrundsätze lassen sich aus der theoretischen Perspektive relativ leicht kritisieren (vgl. *Gabele* 1992, 46-51). Dies gilt besonders für die systemimmanente Grundproblematik von Führungsgrundsätzen: Allgemein und vage formuliert liefern sie kaum Hinweise auf anzustrebendes Führungsverhalten; exakt und eindeutig ausgeführt produzieren sie einen starren Handlungsrahmen, der allenfalls zufällig einer Führungssituation gerecht wird.

Präambel

Leitbild und Zielsetzung der Führung, Grundsätze der Kooperation

Befugnisse und Verpflichtungen der Führungskraft

Stellenbesetzung mit qualifizierten Mitarbeitern, richtige Einweisung, Zielvereinbarung, Aufgaben- und Kompetenzfestlegung, Koordination und Information, Einräumen von Autonomie bei Mitarbeitern, Kontrolle und Kritik sowie Anerkennung, Förderung und Motivation des Mitarbeiters, fachliche Beratung durch den Mitarbeiter

Befugnisse und Verpflichtungen des Mitarbeiters

Eigeninitiative im Rahmen des Kompetenzbereiches, Information nach oben, nach unten und zur Seite, Koordination mit Kollegen, Eigenentwicklung, Beratung des Mitarbeiters

Führungsinstrumente und -organisation

Struktur der Führung (Fach- und Spezialistenlaufbahn), Besetzung von Führungspositionen, Grundsätze für Stellvertretung, Delegation, Kommunikator, Dienstweg, Beschwerden, Gruppenarbeit

Übersicht 9.22: Inhalte von Führungsgrundsätzen
(verkürzt nach *Knebel/Schneider* 1994, 28-41)

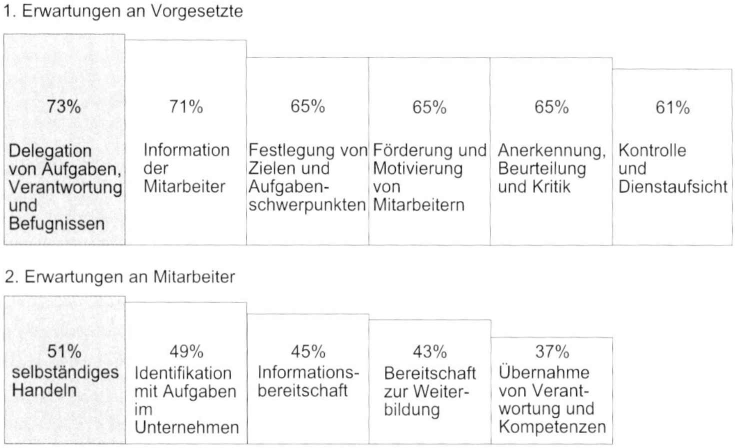

Abbildung 9.33: Inhalte von Führungsgrundsätzen bei 51 Unternehmen
(verkürzt nach *Gabele/Kretschmer* 1986, 58-61)

Insgesamt drängt sich der Eindruck auf, daß Führungsgrundsätze im Kern kaum voneinander abweichen. Sie haben allenfalls eine **Alibifunktion**, indem sie auf eigentlich Selbstverständliches hinweisen: daß sowohl die Führungskraft als auch der Mitarbeiter bestimmte Rechte und Pflichten haben, die aus der jeweiligen Führungssituation erwachsen. Wenn aber Führungsgrundsätze sowieso nur Führungsverhalten widerspiegeln, das als „normal und selbstverständlich“ bezeichnet werden kann, so muß bezweifelt werden, ob mit Hilfe von Führungsgrundsätzen tatsächlich das Führungsverhalten beeinflußbar ist. Führungsgrundsätze enthalten darüber hinaus teilweise originelle Formulierungen, die ironische Zusammenstellungen geradezu provozieren (Übersicht 9.23).

Landauf, landab definieren und regeln Grundordnungen, Statuten, Manifeste, Verfassungen, Prinzipien, Chartas und Kodizes als „verbindliche Richtlinien der Unternehmensleitung“ (so beim Kaufhof) „die Grundlagen einer erfolgversprechenden Führung“ (BBC). Auf Hochglanzpapier gedruckt, dienen sie als „ethischer Pfeiler“ (BMW), als „Richtschnur des Handelns“ (Esso), „die nicht dem Buchstaben, sondern dem Geiste nach“ (Audi) zu verwirklichen seien, um dem Unternehmen „die langfristige Ertragskraft und Wettbewerbsfähigkeit“ (Voith) zu erhalten. Sie tragen „dem Prinzip der Gleichbehandlung von Mann und Frau Rechnung“ (3M) und sind Ausdruck „der besonderen Verpflichtung gegenüber Kapitalgebern, Kunden, Mitarbeitern, Staat und Gesellschaft“ (Allianz). Du Pont verfolgt nur „höchste ethische Grundsätze“. Unilever will sich „an die Gesetze eines jeden Landes“ halten und die Coca-Cola Company ihr „Geschäft mit Anstand und Sauberkeit“ betreiben.

Esso unterstützt auch einen Mitarbeiter, „wenn er einen geschäftlichen Vorteil ungenützt läßt, weil er ihn nur unter Verletzung unserer geschäftspolitischen Grundsätze hätte erlangen können“. Ciba-Geigy betont, „die private Sphäre unserer Mitarbeiter zu respektieren“, Henkel läßt „keine Arbeitsbedingungen zu, aus denen Mitarbeitern vermeidbare physische Schäden entstehen können“.

Die Leitlinien „sollen Mitarbeitern und Führungskräften dabei helfen, veränderten Anforderungen gerecht zu werden“ (Reemtsma), „geben die Richtung an, in die eine Weiterentwicklung eingeleitet werden soll“ (Ruhrkohle), werfen einen „kurzen Blick zurück“ und einen „konsequenten Blick nach vorn“ (Dortmunder Union-Schultheiss Brauerei-Gruppe), sind also „Teil unserer zielorientierten, mitarbeiterbezogenen und situationsbestimmten Führungskonzeption“ (Dresdner Bank).

Die Führungskraft hat dabei die Aufgabe, „schädlichen Einflüssen wie Bummelei, Leerlauf, Unzuverlässigkeit, Reibung und Ordnungswidrigkeit energisch entgegenzutreten“ (BBC) und ahndet sie notfalls mit „Verweis, Verwarnung, Buße“ oder „Strafversetzung“ (Agfa-Gevaert). Nie darf sie jedoch darüber vergessen, „ihren Mitarbeitern mindestens dieselbe Achtung und Höflichkeit entgegenzubringen, die diese selbst von ihrer Führungskraft erwartet“ (Henkel), und „die Verpflichtung außer acht lassen, um das persönliche Wohlergehen ihrer Mitarbeiter besorgt zu sein“ (Karstadt). Stets hat sie „ihre menschliche Haltung zu vervollkommnen“ (Boehringer Mannheim).

All dies führt zu einem euphorischen Gesamtziel: „Laßt uns zu einer Gruppe von positiven Fanatikern zusammenwachsen, die sich mit unerschütterlicher Hartnäckigkeit weigern, das Unmögliche zu akzeptieren. Was wir wollen, können wir, und das werden wir auch gemeinsam tun – Wunderbare Zukunft“ (Ikea).

Übersicht 9.23: Zusammenstellung von Führungsgrundsätzen
(nach *Gottschall* 1986, 15-18)

Sicherlich scheint die große Akzeptanz von Führungsgrundsätzen in der Praxis weniger aus ihren Qualitäten als aus den nachgewiesenen Mängeln anderer Führungskonzeptionen begründet. Dennoch gibt es zwei Möglichkeiten, in denen Führungsgrundsätze **sinnvoll** sind:

- Als Inhalt einer systematischen Organisationsentwicklung eignet sich der Prozeß der Entwicklung der Grundsätze dazu, Meinungen und Werthaltung von Mitarbeitern und Führungskräften zu diskutieren, zu kommunizieren und letztlich teilweise zu modifizieren. Hier geht es also weniger um das Ergebnis, als vielmehr um das Ziel.
- Als klare Richtschnur für „einklagbares" Verhalten kann es Unternehmen, die bereits über ein relativ offenes Kommunikationsklima verfügen, durch eine Institutionalisierung von „gelben und roten Karten" weiter verbessern.

In diesen beiden Fällen sind Führungsgrundsätze durchaus als Instrumente auf der taktischen Ebene angebracht.

9.3.5 Bewertung

Die kollektiven Führungsansätze sollen primär das Arbeitsklima in der Gruppe verbessern und inhaltlich die Arbeit der Gruppe in Richtung auf die Unternehmensziele weiterentwickeln. Hier dürfte vor allem den **Führungsgrundsätzen** zunehmende Bedeutung zukommen: Sie stellen nicht nur globale Vorgaben dar, sondern lassen sich auch abteilungsspezifisch instrumentalisieren und mit konkreten Inhalten füllen.

Die Ausgestaltung der Führung in **Gruppen** stellt dann als konkrete Aufgabe neue Herausforderungen an die Führungskraft hinsichtlich der Rollen- und Machtverteilung, der Kohäsion und möglicher pathologischer Tendenzen. Hinzu kommen die komplexen Anforderungen, die aus einer **Internationalisierung** resultieren.

Wie bei den Führungsgrundsätzen geht es auch bei der **informationsorientierten Führung** um Führungsverhalten, das nicht an eine spezifische Person gekoppelt ist. Im Unterschied zu den Führungsgrundsätzen liegt aber der Schwerpunkt auf der analytischen Funktion (Ist-Analyse): Erst eine systematische Erfassung des praktizierten Führungsverhaltens – das sich besonders in den Informationsbeziehungen äußert – läßt die Vorgabe eines Soll-Verhaltens zu.

Auch bei Führungsüberlegungen, die an der Gruppe ansetzen, ist der Mythos des streng rationalen Menschenbildes aufzugeben. Gerade Gruppen neigen zur Entwicklung von pathologischen Denkstrukturen: Von der Ausdehnung individueller Neurosen über die Beziehung zwischen Führungskraft und Mitarbeiter und gruppenbezogenen regressiven Verhaltensweisen zur Pathologisierung einer ganzen Organisation und ihrer Kultur bleibt nur noch ein kleiner Schritt: Diese ausgeprägten „shared fantasies" werden die Organisation durchdringen und ihre Kultur bestimmen. Die jeweiligen Arbeitsgruppen sind hier eine wichtige Schaltstelle, über die Entstehung und Verbreitung derartiger Pathologien verhindert werden kann, was die Bedeutung von Führungsansätzen auf der taktischen Ebene unterstreicht.

9.4 Operative Ebene: Individualführung

9.4.1 Überblick

Auf der operativen Ebene der Personalführung steht das Individuum im Mittelpunkt, also

- die Führungskraft, die unmittelbar Unternehmensziele sowie mittelbar ihre eigenen Ziele realisieren möchte und deshalb auf das Verhalten der Mitarbeiter Einfluß zu nehmen versucht, sowie
- der Mitarbeiter, der je nach Betrachtungsweise ebenfalls Unternehmensziele, sicherlich aber eigene Zielvorstellungen erfüllen möchte und der gleichzeitig auch Führungskraft sein kann.

Hinzu kommt die Führungssituation, wie sie durch die Unternehmensziele sowie Führungsbedingungen und -restriktionen gekennzeichnet ist.

Um die Zusammenhänge zwischen Führungskräften, Mitarbeitern und konkreten Führungssituationen zu analysieren und zu gestalten, sind **Hilfsmittel** mit unterschiedlichster Aussagekraft entwickelt worden:

- *Führungsinstrumente* liefern konkrete (aber nicht unbedingt fundiert begründete) Vorschläge zur Personalführung. Spezielle Formen von Führungsinstrumenten sind Führungstechniken (wie Aufgabenbeschreibungen) und Führungsstile.
- *Führungsmodelle* systematisieren und verbinden mehrere Komponenten der Personalführung. Sie enthalten mindestens ein Führungsinstrument.
- *Führungstheorien* entstehen aus Führungsmodellen und bringen (je nach Form der Theorie) beschreibende oder erklärende Aussagen zum Verhältnis zwischen Führungskraft und Mitarbeiter.

Viele in der Literatur diskutierte Vorschläge sind dabei – unabhängig von ihrer teilweise hochtrabenden Bezeichnung als „Führungstheorie" – allenfalls als auf Teilaspekte reduzierte Führungsmodelle anzusehen.

Auf einige Grundlagen der Personalführung, wie beispielsweise Menschenbilder und Interaktionsmodelle (wie die Anreiz-Beitrags-Theorie), wurde schon in Kapitel 2 eingegangen. Eine weitere – hier in Kapitel 9 –

zu diskutierende Basis der Führung sind Motivationstheorien: Diese beziehen sich statisch auf Inhalte von Motivstrukturen („*Inhaltstheorien*") oder dynamisch auf ihre Entwicklung („*Prozeßtheorien*" sowie „*Aktionstheorien*"). Mit der Mitarbeiterführung im engeren Sinne beschäftigen sich die (klassischen) Führungsstilmodelle der transaktionalen Führung. Zusätzliche (teilweise neuere) Hinweise kommen aus dem Bereich der transformationalen Führung (vgl. Abbildung 9.34).

9.4.2 Inhaltstheorien der Motivation

9.4.2.1 Die Bedürfnishierarchie von Maslow

Inhaltstheorien der Führung machen Aussagen über die qualitative Ausprägung der Antriebsstruktur. Ein klassisches Modell in diesem Zusammenhang ist der Ansatz von *Maslow* (1943; 1970; 1971), der – trotz seines unbestreitbaren Kritikpotentials – wie kein anderer die Führungsforschung geprägt hat. *Maslow* wollte, basierend auf seiner „klinischen Erfahrung", eine umfassende Motivationstheorie schaffen: Ihr inzwischen hinlänglich bekannter Kern ist die Betonung von fünf hierarchisch geschichteten Motiven (Übersicht 9.24).

Selbstverwirklichungsbedürfnisse
Bedürfnis nach Entfaltung der eigenen Persönlichkeit (*self-actualization needs*)
Wertschätzungsbedürfnisse
auf der einen Seite Anerkennung durch andere Personen im Sinne von Bedürfnis nach Status, Aufmerksamkeit, Anerkennung (*ego needs*); auf der anderen Seite Wertschätzung im Sinne von Selbsteinschätzung, also Bedürfnis nach Selbstvertrauen, Selbständigkeit, Können und Wissen (*self-esteem needs*)
Zugehörigkeitsbedürfnisse
Bedürfnis nach gefühlsbetonten Kontakten mit anderen Personen (*love needs*) sowie nach einem akzeptierten Platz innerhalb einer Gruppe (*social needs*)
Sicherheitsbedürfnisse
Absicherung gegen Verlust des Arbeitsplatzes, Schutz vor Krankheit sowie generell Sicherung des Erreichten (*safety needs*)
Physiologische Bedürfnisse
Bedürfnisse hinsichtlich der unmittelbaren Selbst- und Arterhaltung, wie Hunger, Durst, Sexualität, Ruhe, Bewegung (*physiological needs*)

Übersicht 9.24: Die Bedürfnisschichten nach *Maslow*

Maslow postuliert eine im Zeitverlauf erfolgende Umschichtung dieser Bedürfnisse: Zunächst dominiert die Befriedigung der physiologischen Bedürfnisse. Erst wenn das Individuum hinsichtlich dieser Bedürfnis-

Menschenbilder als Grundlage		
Extremtheorien	Grundtypen	Managertypen
McGregor	*Schein*	*Maccoby*

verhaltenstheoretische Grundlagen		
Anreiz-Beitrags-Theorie	Stimulus-Response-Modell	kognitive Dissonanz
March/Simon	*Atkinson*	*Festinger*

Motivationstheorien

Inhaltstheorien			
Bedürfnishierarchie	Bedürfnisstufen	Grundfaktoren	Bedürfnisarten
Maslow	*Alderfer*	*Herzberg*	*McClelland*

Prozeßtheorien				
Zielsetzungstheorie	Gerechtigkeitstheorie	Erwartungstheorie	Weg-Ziel Modell	Rückkopplungsmodell
Locke	*Adams*	*Vroom* *Heckhausen*	*House/ Evans*	*Porter/ Lawler*

Aktionstheorien					
Situation	Emotion	Intuition	Volition	Attribution	Modifikation
Comelli/ Rosenstiel	*Izard u.a.*	*Agor u.a.*	*Ach* *Heckhausen*	*Heider* *Weiner*	*Gabarro/ Kotter* *Weibler* *Csikszentmihalyi*

Transaktionale Führung							
Grundformen			Ohio-State-Forschung				
klassifikatorisch	situative Kontingenztheorie	entscheidungsorientiert	Basisforschung	Anwendungsmodelle			
				Verhaltensgitter	3-D-Ansatz	Reifegradmodell	Coach-Modell
Tannenbaum/ Schmidt	*Fiedler*	*Vroom/ Yetton*		*Blake/ Mouton*	*Reddin*	*Hersey/ Blanchard*	*Shula/ Blecham*

Transformationale Führung				
Basisforschung	Anwendungsmodelle			
	Charismatische Führung	Visionäre Führung	Fordernde Führung	Fördernde Führung
Burns *Bennis* *Bass*	Personenzentrierte Aktivierung	Inspirierende Motivierung	Intellektuelle Stimulierung	Coaching Mentoring Supervision

Abbildung 9.34: Führungsbausteine auf der operativen Ebene

klasse keine Defizite mehr verspürt, will es Zugehörigkeitsbedürfnisse, Wertschätzungsbedürfnisse und zuletzt Selbstverwirklichungsbedürfnisse befriedigen. Nach *Maslow* kommt einer Ebene mit befriedigten Motiven keine Motivationswirkung und damit kein verhaltenssteuernder Einfluß mehr zu. Der Mensch wird also zu jedem Zeitpunkt primär von einem – dem gerade aktuellen – Grundmotiv geleitet.

Empirischer Befund (GPP): Mitarbeiterbedürfnisse (in Prozent)

Ein generelles, international geteiltes Mitarbeiterbedürfnis ist Anerkennung. Daneben ist für die USA charakteristisch, daß Erfahrung und Wissen, Selbständigkeit und Akzeptanz angestrebt wird, die Sicherung des Status quo jedoch keine Rolle spielt. Hierin unterscheidet sich die USA zu allen anderen Ländern, insbesondere zu Frankreich.

	D	Ö	USA	F	Sp	Rest	Σ
Selbstverwirklichung	52	57	67	33	62	45	51
Status	27	43	50	31	7	16	26
Selbstvertrauen	44	39	33	22	33	50	38
Anerkennung	81	87	100	61	67	89	78
Erfahrung/Wissen	58	59	100	64	43	59	58
Akzeptanz	65	65	67	31	48	55	54
Sicherung des Status quo	60	54	-	67	36	36	49
Selbständigkeit	48	41	83	14	12	43	34

Empirischer Befund (GPP): Bedürfnisse des Top-Managements (in Prozent)

Top-Manager zeigen in unterschiedlichen Ländern differenzierte Bedürfnisprofile: Selbstverwirklichung steht in Frankreich, Österreich und Spanien an erster Stelle, Selbständigkeit in Deutschland, Akzeptanz und Sicherung des Status quo in den USA. Für Wissensgesellschaften wichtig: Das Bedürfnis nach Erfahrung und Wissen ist in Deutschland am höchsten ausgeprägt.

	D	Ö	USA	F	Sp	Rest	Σ
Selbstverwirklichung	71	80	57	86	55	64	70
Status	52	70	43	54	31	36	49
Selbstvertrauen	46	46	14	29	36	27	36
Anerkennung	63	59	57	66	45	66	59
Erfahrung/Wissen	60	52	43	23	33	39	43
Akzeptanz	56	57	71	21	21	41	42
Sicherung des Status quo	23	46	71	21	14	25	28
Selbständigkeit	81	70	50	29	50	61	60

Modellbewertung. Genauso häufig wie Hinweise auf die Bedürfnishierarchie von *Maslow* finden sich Auflistungen potentieller **Kritikpunkte** (vgl. *Conrad* 1983, 260-264; *Gebert/Rosenstiel* 1996, 42-43):

- In empirischen Untersuchungen konnte weder die *Bedürfnisschichtung* noch die *Reihenfolge* der Bedürfnisbefriedigung gestützt werden.
- Viele Aussagen von *Maslow* sind *nicht zwingend*, da einfache Gegenbeispiele konstruierbar sind.
- Der Einfluß von schichtspezifischen *Sozialisationsprozessen* wird nicht berücksichtigt.

Die Leistung von *Maslow* besteht weniger im Entwurf einer Theorie mit empirischem Bezug, als vielmehr im Aufzeigen einer sich zeitlich verschiebenden Motivstruktur, wobei befriedigte Bedürfnisse sukzessive als Handlungsantrieb ausscheiden.

9.4.2.2 Die ERG-Theorie von Alderfer

Die Grundidee eines klassifikatorischen Vorschlages zu Existenz von Bedürfnissen findet sich in der Nachfolge von *Maslow* inzwischen bei einer Vielzahl von Autoren. Exemplarisch – weil in zwei zentralen Aspekten abweichend – ist der Vorschlag von *Alderfer* (1969): Dieser verwendet eine **andere Systematik**, nämlich
- *Existenzsicherungsbedürfnisse* (Existence Needs),
- *Beziehungsbedürfnisse* (Relatedness Needs) und
- *Wachstumsbedürfnisse* (Growth Needs).

Gleichzeitig gibt er Prämissen von *Maslow* auf, postuliert also weder eine hierarchische Schichtung noch eine Beendigung der Aktivierung durch Bedürfnisbefriedigung.

Statt dessen unterstellt er eine **multidirektionale Beziehung** zwischen den Bedürfnissen (*Alderfer* 1969, 148):
(1) Je weniger die Existenzsicherungsbedürfnisse befriedigt sind, um so mehr wird in ihre Richtung gestrebt.
(2) Je weniger die Beziehungsbedürfnisse befriedigt sind, um so mehr wird in Richtung Existenzsicherungsbedürfnisse gestrebt.
(3) Je mehr die Existenzsicherungsbedürfnisse befriedigt sind, um so mehr wird in Richtung Beziehungsbedürfnisse gestrebt.
(4) Je weniger die Beziehungsbedürfnisse befriedigt sind, um so mehr wird in ihre Richtung gestrebt.
(5) Je weniger Wachstumsbedürfnisse befriedigt sind, um so mehr wird in Richtung Beziehungsbedürfnis gestrebt.
(6) Je mehr Beziehungsbedürfnisse befriedigt sind, um so mehr wird nach Wachstumsbedürfnissen gestrebt.
(7) Je mehr Wachstumsbedürfnisse befriedigt sind, um so mehr wird in ihre Richtung gestrebt.

Diese Synthese dieser Beziehungen ist in Abbildung 9.35 zusammenfaßt, wobei sich die Zahlen an den Pfeilen auf obige Thesen beziehen.

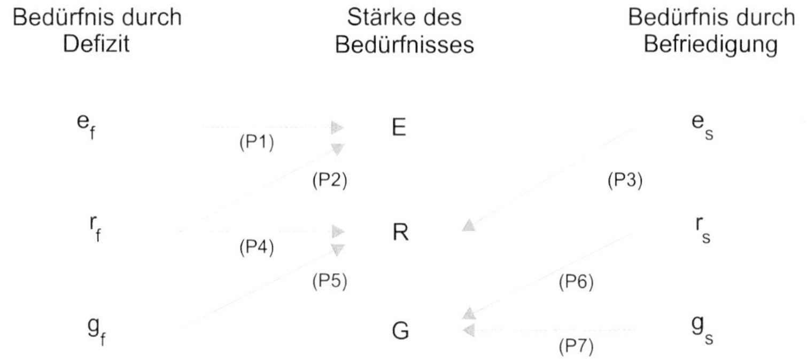

Abbildung 9.35: Die ERG-Theorie von *Alderfer* (1969, 149)

Bereits in seinem ursprünglichen Aufsatz (1969) und noch mehr in seiner nachfolgenden Monographie (1972) bringt *Alderfer* umfangreiches empirisches Material aus unterschiedlichsten Quellen: Vor allem seine ursprüngliche Untersuchung bei 110 Bankangestellten belegte eine Überlegenheit der ERG-Theorie gegenüber der *Maslow*-Pyramide.

Kritik. Anders als *Maslow* hat sich *Alderfer* massiv um eine empirische Unterstützung seiner These bemüht, wenngleich die Flut seiner empirischen Ergebnisse in der resümierenden Substanz nicht ganz überzeugt: Speziell das Defizit der fehlenden Kausalität bei Korrelationen ist hier zu nennen, wie der Autor selber feststellt (vgl. *Alderfer* 1969, 100). Trotzdem bleiben eine interessante These und eine umfassende Methodik bestehen. Positiv festzuhalten bleibt auch, daß die Dreiteilung der Bedürfnisse dieses Modell leichter greifbar macht. Ohne konsequente Hierarchiesierungs- und Defizitprämisse (vgl. *Weinert* 1998, 148) wirkt es aber in seiner Grundaussage nahezu beliebig, dürfte deshalb eher heuristischen Wert haben und erklären, warum *Alderfer* in der Rezeption überwiegend im Schatten von *Maslow* verblieb.

9.4.2.3 Die zwei Faktorengruppen von Herzberg

Herzberg (1966) geht in seinem Ansatz zur Arbeitszufriedenheit und Arbeitsmotivation von der Existenz zweier unterschiedlicher **Gruppen** von Faktoren aus.

Satisfaktoren (Motivatoren) können die Zufriedenheit erhöhen, Dissatisfaktoren (Hygienefaktoren) allenfalls Unzufriedenheit abbauen.

Aus diesem Grund lassen sich Hygienefaktoren nur begrenzt als Anreiz zur Leistungssteigerung verwenden (Übersicht 9.25).

Satisfaktoren (Motivatoren)
Leistung
Anerkennung der Leistung durch andere
Arbeit selbst
Verantwortung
Aufstieg
Möglichkeit zur Selbstverwirklichung
Dissatisfaktoren (Hygienefaktoren)
Überwachung
Unternehmenspolitik und -verwaltung
Arbeitsbedingungen
Beziehungen zu Führungskräften
Beziehungen zu Mitarbeitern
Beziehungen zu Gleichgestellten
Status
Arbeitsplatzsicherheit
Gehalt
familiäre Implikationen

Übersicht 9.25: Motivatoren und Hygienefaktoren nach *Herzberg* (1966, 95-129; 193-198)

Die Gültigkeit der These von *Herzberg* unterstellt, daß sich **Hygienefaktoren** ausschließlich zur Schaffung von notwendigen Rahmenbedingungen für die Leistungserbringung eignen. So sind gute Beziehungen zwischen Führungskraft und Mitarbeiter zwar eine Grundbedingung für Leistungserbringung, ab einer gewissen Grenze läßt sich aber auch durch eine Verbesserung dieser Beziehungen kein weiterer Leistungsanreiz schaffen. Im Gegensatz dazu sind Motivatoren im Sinne von Leistungsanreizen als Führungsgrundlage verwertbar.

Modellüberprüfung. Ende der 50er Jahre ließen sich *Herzberg* und sein Team Arbeitserlebnisse von 203 Pittsburger Ingenieuren und Buchhaltern schildern, die von ihnen als möglichst angenehm oder aber als möglichst unangenehm empfunden wurden. Die resultierenden Arbeitsepisoden wurden auslösenden Faktoren zugeordnet: Faktoren wie Leistung oder Anerkennung tauchten überwiegend im Zusammenhang mit positiven Erlebnissen auf, während Faktoren wie Unternehmenspolitik oder Überwachung mehr mit negativen Erlebnissen verknüpft waren (vgl. *Herzberg/Mausner/Snydermann* 1959, 101).

In der Folgezeit fand eine Vielzahl von unterschiedlichsten Versuchen statt, um die Aussage von *Herzberg* **empirisch** zu überprüfen. Diese Studien sind in Übersicht 9.26 dargestellt. Die erste Spalte listet die Faktoren auf, die als Quelle für gute und schlechte Gefühle der Arbeit gegenüber dienen, die Spalten A bis Q beziehen sich auf die untersuchten Probandengruppen. Die Werte geben jeweils an, zu wieviel Prozent die Faktoren positive (Motivatoren) oder negative (Frustatoren) Gefühle ausgelöst haben. Man erkennt, daß Unterschiede zwischen diesen Probandengruppen existieren, also Faktoren situationsspezifisch und in Abhängigkeit von der betreffenden Person wirken. Allerdings ähneln die Ergebnisse der Replikationsstudien C bis Q den Ergebnissen der ursprünglichen Studie A und B von *Herzberg*, so daß nicht von einer generellen Falisifizierung von *Herzbergs* These gesprochen werden kann.

In der Aggregation der Ergebnisse dieser Studien, die insgesamt Daten von 1 685 Mitarbeitern umfaßt, wurden letztlich 1 844 frustrierende und 1 753 motivierende Episoden berücksichtigt (Abbildung 9.36). Von allen Faktoren, die zu Arbeitszufriedenheit führten, waren 81% auch Motivatoren; von allen Faktoren, die zu Arbeitsunzufriedenheit führten, waren 69% auch Hygienefaktoren.

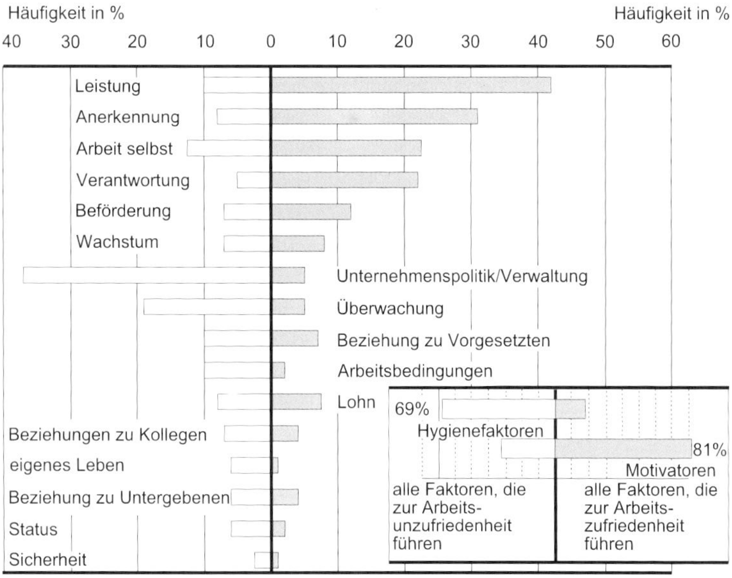

Abbildung 9.36: Hygienefaktoren und Motivatoren aus 12 Studien (*Herzberg* 1968, 57)

Modellbewertung. Auch an der Kritik am Ansatz von *Herzberg* zeigt sich, daß es offenbar leichter fällt, Konzepte zu kritisieren als neue (bessere) zu entwickeln. So publizierten *House* und *Wigdor* bereits 1967 in ihrer vernichtenden Kritik an *Herzberg* eine Zusammenstellung von 31 (!) Studien, die überwiegend als Falsifikation des Ansatzes von

Studien	A	B	C	D	E	F	G	H	I	J	K	L	M	N	O	P	Q
Motivatoren:																	
Leistung	43	38	55	29	66	70	39	53	52	32	37	54	26	19			11
Anerkennung	33	34	44	16	39	28				14	18	25	43	35	69	37	15
Arbeit selbst	33			27	48		30										45
Verantwortung	28	17	23	30	42		10				12				12	6	6
Beförderung		27	20	18			24									14	
Wachstum				9										19			
U-politik	3	2	7	0	13	0	5	3	4	12	4		3	4	6	10	2
Überwachung	3	2	1	6		0	0	1	1		4			0	0	1	2
Führungskraft	5	3				0	4						14				
Arbeitsbedg.	2	0	0	2	6	2							0			9	
Lohn																9	
Kollegen	2			1	27		5								6	2	
eigenes Leben		0			3	0											
Mitarbeiter			23		15	0	0										
Status																	
Sicherheit			0														
Frustratoren:																	
Leistung	10	4	19	5	21	6	7	17	27	15	15	28	4	0			1
Anerkennung	19	17	22	2	11	15				0	4	6	23	3	27	4	4
Arbeit selbst	14			10	15		12										18
Verantwortung	4	7	5	2	18		1				4				0	1	0
Beförderung		15	8	4			11									2	
Wachstum			1											4			
U-politik	28	37	25	21	64	17	23	34	27	32	21		35	32	40	26	35
Überwachung	22	18	14	22		8	7	17	20		23			29	30	21	18
Führungskraft	13	18				8	17						31				
Arbeitsbedg.	9	13	12	17	37	14							15			16	
Lohn																21	
Kollegen	10			13	7		15								17	8	
eigenes Leben		7			16	8											
Mitarbeiter			15		4	12	5										
Status																	
Sicherheit			5														

A =	Pittsburgher Ingenieure
B =	Pittsburgher Buchhalter
C =	Führungskräfte des unteren Managements in der Energieversorgung
D =	finnische Vorarbeiter
E =	Frauen in Führungspositionen in akademischen Berufen
F =	Angestellte im Bereich Landwirtschaftsförderung auf Country-Ebene
G =	Führungskräfte im Vorruhestand
H =	Wissenschaftler
I =	Ingenieure
J =	Aufsichtspersonal im gewerblichen Bereich
K =	auf Stundenbasis bezahlte Techniker
L =	weibliches Personal in der Fließbandmontage
M =	Krankenschwestern
N =	Krankenhausfachpersonal
O =	Krankenhaushilfskräfte
P =	Haushaltskräfte
Q =	ungarische Ingenieure

Übersicht 9.26: Prozentuale Verteilung der Faktoren von *Herzberg* in unterschiedlichen Probandengruppen (nach *Herzberg* 1966, 97-121)

Herzberg aufzufassen sind; hinzu kommen vier generelle Kritikpunkte:

- Die Ergebnisse von *Herzberg* sind *methodenbedingt*, da erst das gezielte Abfragen nach zwei Erlebnis-Kategorien zum Zwei-Faktoren-Ergebnis führt.
- Die *Meßmethodik* weist substantielle Schwächen auf, da beispielsweise „Zufriedenheit" nicht operationalisiert wurde.
- Der Umgang mit der eigenen Datenbasis ist eher *unwissenschaftlich*, da sich beispielsweise spätere Beschreibungen nicht mit den ursprünglichen Charakterisierungen der Grundgesamtheit decken (dies wurde auch bei der Zusammenstellung von Übersicht 9.26 deutlich).
- Die Resultate *widersprechen* dem vorher gesammelten empirischen Wissen anderer Experten vor allem darin, daß Erinnerungen über Stimuli nicht mit tatsächlicher Motivation gleichzusetzen sind.

House und *Wigdor* betonten darüber hinaus den situativen Charakter von *Herzbergs* These: Ein Faktor kann danach für eine Person als Motivator, für eine andere Person als Frustrator wirken, wobei diese Wirkung von situativen Variablen wie Beruf, Hierarchieniveau, Alter, Geschlecht, Erziehung, Kultur (Landeskultur, Unternehmenskultur), Zeitbezug und Position in der Gruppe abhängt.

Genau hier liegt aber eine vor zwei Jahrzehnten genauso wie heute gültige **Nutzanwendung** des Modells von *Herzberg*, nämlich die Betonung der Wirkungsvielfalt, mit der Motivationspotentiale aktivierbar sein können. *Herzbergs* These der nicht-situativen, generellen Zuordnung von Faktoren zur Gruppe der Motivatoren beziehungsweise der Frustratoren hat sich dagegen nicht gehalten.

Insgesamt liegt die zentrale Leistung von Herzberg in der Betonung von unterschiedlichen Konsequenzen unterschiedlicher Motive. Danach lassen sich bestimmte Anreize nur bis zu einer gewissen Grenze hin als Motivatoren einsetzen, darüber hinaus wirken sie aber nicht mehr.

9.4.2.4 Die Bedürfnisarten von McClelland

Nach *McClelland* (1951; 1975; 1985) erklärt sich menschliches Verhalten aus dem Zusammenspiel des Strebens nach Leistung, Macht, Zugehörigkeit und Vermeidung (Übersicht 9.27).

Wichtig und interessant ist auch bei *McClelland* seine Forschungsmethodik. Sie basiert auf dem Thematischen Apperzeptionstest (TAT): Hierbei werden den Versuchspersonen Bilder präsentiert, die sie in Form einer kurzen Geschichte (spekulativ) kommentieren müssen. Schlüsselwörter aus diesen Geschichten werden interpretiert und in Codierungsschemata eingetragen. Mit Hilfe dieser Kriterien lassen sich die schriftlich festgehaltenen Geschichten auswerten, also beispielsweise die Intensität von Vermeidungs- und Leistungsstreben festhalten.

Leistungsmotiv (*McClelland et al.* **1953)**
Das Bedürfnis nach Leistung zeigt sich im Setzen von Zielen, in Befriedigung durch Zielerreichung, in Begeisterung an der Arbeit selbst sowie an der Bedeutung von Effizienz und Effektivitätskriterien. Typisch ist ein Streben nach innovativen Aufgaben, die ein kalkuliertes Risiko von Eigenverantwortung und schnellem Feedback mit sich bringen.
Machtstreben (*McClelland* **1975; 1985, 304)**
Das Machtstreben äußert sich im Versuch, eine Position der Überlegenheit gegenüber anderen Personen zu realisieren. Analog zur psychosexuellen Entwicklung wird zwischen vier Reifestadien des Menschen unterschieden, die beim unreifen Urzustand beginnen (orale Phase) und eine Fortentwicklung bis hin zum Reifestadium erfahren (genitale Phase). Diese Phasen gelten nicht nur für die menschliche Entwicklung, sondern werden nach McClelland mehrfach, auf verschiedenen Positionen in einem Unternehmen, immer wieder neu durchlaufen.
Bedürfnis nach Zugehörigkeit (*McClelland* **1985, 333-370)**
Zugehörigkeitsgefühle äußern sich nach McClelland im Wunsch, Bestandteil einer Gruppe zu sein und dort Sicherheit zu finden. Personen mit hohem Zugehörigkeitsstreben präferieren konfliktfreie Situationen und Interaktionen mit geringem Wettbewerb.
Vermeidungsstreben (*McClelland* **1985, 373-410)**
Das Vermeidungsmotiv ist bis jetzt noch am wenigsten erforscht und wird auch üblicherweise (noch) nicht zu den Grundmotiven gezählt. Das Vermeidungsmotiv ist gerichtet auf die Reduktion der Eintrittswahrscheinlichkeiten für – Versagen, – Ablehnung, – Mißerfolg und – Machtverlust. Vermeidungsstreben folgt aus der Erfüllung eines Grundmotivs (so ergibt sich die Furcht vor Zurückweisung aus dem Zugehörigkeitsmotiv) oder aus einer gegengerichteten Größe zu einem Grundmotiv (zum Beispiel Furcht vor Macht).

Übersicht 9.27: Die vier Grundmotive nach *McClelland*

Ein typisches – und häufig reproduziertes – Bild zeigt einen sitzenden Studenten (offenbar in einer Bibliothek), den Kopf aufgestützt, vor einigen aufgeschlagenen Büchern. Mit diesem Bild werden unterschiedlichste Geschichten assoziiert. Übersicht 9.28 zeigt zwei Beispiele. Zur Analyse dieser Geschichten dient eine **formal-logische** Sequenz, die von der handelnden Person in Abhängigkeit von Hindernissen zu einem Ziel führt. Gemessen werden einzelne Elemente dieser Kette: Sie beginnt mit dem Entstehen eines Bedürfnisses (**N** = need) und mit Erwartungen darüber, ob das Ziel erreicht wird (**Ga +** = positive anticipatery goal state) oder nicht (**Ga –**). Hinzu kommen positive oder negative Gefühlsäußerungen im Zusammenhang mit der Zielerreichung (**G +/G –** affective states).

Beispielsgeschichte A (Subjekt 1, Bild 2)

„Student is contemplating the value of study. Something ponderous has presented itself in the reading. The question of values is bewildering the student. Is it likely that he can comprehend the material and successfully pass the teacher's examination? Reading will continue after the moment's diversion."

Beispielsgeschichte B (Subjekt 2, Bild 2)

„This chap is doing some heavy meditating. He is a sophomore and has reached an intellectual crisis. He cannot make up his mind. He is troubled, worried. He is trying to reconcile the philosophies of Descartes and Thomas Aquinas – and at his tender age of 18. He has read several books on philosophy and feels the weight of the world on his shoulders. He wants to present a clear-cut synthesis of these two conflicting philosophies, to satisfy his own ego and to gain academic recognition from his professor. He will screw himself up royally. Too inexperienced and uninformed, he has tackled too great a problem. He will give up in despair, go down to the Goodyear and drown his sorrows in a bucket of Piel's."

Übersicht 9.28: Zwei exemplarische Geschichten zum Bild „sitzender Student" (*McClelland et al.* 1953, 335-336)

Mögliche Blockaden, die einer Zielerreichung entgegenstehen, können entweder globaler Natur sein (**Bw** = environmental obstacle) oder aber in der Person selbst begründet sein (**Bp** = personal obstacle). Hinzu kommen Aktivitäten der Person, die eine Zielerreichung fördern, sie unwahrscheinlicher machen oder deren Wirkung noch unbekannt ist (**I** = instrumental activity). Schließlich wird auch geprüft, welche Bedeutung dem eigentlichen Ziel der Anstrengung als „Achievement Theme" (**Ach th**) zukommt.

Als weiterer Faktor wird darauf geachtet, ob Hilfe von außen erwähnt wird (**Nup** = Nutorant press). Vorgelagert sind noch drei weitere Kriterien, nämlich:
- **UI** (= Unrelated Imagery); das Bild läßt keinen Bezug zu einem Leistungsziel erkennen.
- **TI** (= Doubtful Achievement Imagery); das Bild enthält einen schwachen Bezug zu einem Leistungsziel.
- **AI** (= Achievement Imagery); das Bild enthält einen eindeutigen Bezug zu einem Leistungsziel.

Das **Auswertungsschema** in Übersicht 9.29 zeigt in der Kopfzeile die Beurteilungskriterien, darunter ihre Gewichte. Die Sterne geben an, welche Kriterien in der betreffenden Geschichte als erfüllt gelten: Subjekt 1/Geschichte 2 und Subjekt 2/Geschichte 2 beziehen sich dabei auf die in Übersicht 9.28 abgedruckten Texte. Für jede der beiden Personen werden die Spaltenwerte über die vier Geschichten zu den vier Standard-Vorlagen aufsummiert: Person 1 kommt danach für das Leistungsstreben auf den Wert - 2, Person 2 auf den Wert + 21.

Subjekt Nr.	Geschichte Nr.	UI	TI	AI	N	I			Ga+	Ga-	G+	G-	Nup	Bp	Bw	Ach Th	Ach Score
						+	?	-									
		-1	0	+1	+1	+1			+1	+1	+1	+1	+1	+1	+1	+1	
1	1		*														0
	2		*														0
	3	*															-1
	4	*															-1
Σ		-2	0														-2
2	1			*	*			*	*			*				*	+6
	2			*	*			*	*			*			*	*	+7
	3			*	*	*				*	*					*	+6
	4			*	*												+2
Σ				+4	**+4**	**+1**		**+2**	**+2**	**+1**	**+1**	**+2**			**+1**	**+3**	**+21**

Übersicht 9.29: Auswertungsschema für TAT (*McClelland et al.* 1953, 371)

Modellbewertung. Abgesehen vom Hinweis auf die Existenz der vier Grundbedürfnisse liegt die **Bedeutung** des Ansatzes von *McClelland* in folgenden Feststellungen:

- Es existiert eine Vielzahl von möglichen *Kombinationen* aus Streben nach Leistung, Zugehörigkeit, Macht und Vermeidung. Diese Mischung ergibt sich als Funktion aus Situation, persönlicher Erfahrung und Kultur (Landeskultur, Unternehmenskultur).
- Die Grundmotive sind in ihrer Ausprägung kurzfristigen *Schwankungen* unterworfen. So konnten die Experimente von *McClelland* deutlich zeigen, daß das Machtstreben mit zunehmendem Alkoholisierungsgrad zunimmt (vgl. *McClelland* 1985, 296-302).
- Die Grundmotive verändern sich langfristig im *Zeitablauf*. Hierbei ist auch auf die vier Stadien hinzuweisen, die oben im Zusammenhang mit dem Machtstreben bereits diskutiert wurden.

Die Führungskraft muß sich deshalb sowohl ihrer eigenen Motivstruktur klar werden, als auch die ihrer Mitarbeiter erfassen. Während ersteres durchaus noch als möglich erscheinen kann, ist letzteres zwangsläufig mehr als problematisch: Abgesehen von generellen juristischen Problemen ist wieder auf die ethischen Probleme im Zusammenhang mit derartigen Tests hinzuweisen. Die von *McClelland* (implizit) angesprochene Möglichkeit einer Personalauswahl in Abhängigkeit von der Motivstruktur dürfte daher eine unrealistische Utopie bleiben.

Eine interessante Weiterentwicklung seines Ansatzes liefert *McClelland* (1992): Hier diskutiert er die Frage nach **Konfiguration** von Motiven, zu verstehen als spezifisches Zusammenspiel von Motivatoren. Danach

– gibt es besonders *enge Zusammenhänge* zwischen Leistungsstreben und Zufriedenheitsstreben, Macht und Zugehörigkeitsstreben sowie Leistungsstreben und Vermeidungsstreben,
– wird die jeweilige Wirkung der Motivatoren stark geprägt von *Moderatorvariablen* wie Unsicherheitsvermeidung,

- hängt die Motivkombination in allerdings nicht einheitlicher Form zusammen mit *gesundheitlichen* Ergebnisgrößen und
- ergibt sich kombinierte Motivwirkung weniger als Linearkombination, als vielmehr über *„echte" Konfiguration.*

Gerade der letztgenannte Zusammenhang ist besonders interessant, da er die Bedeutung von Mustern betont, wie sie bereits in Abschnitt 7.3.4.4 erläutert wurde.

Neben der neuen Testmethodik für die Motive nach *McClelland*, die inzwischen bereits weit ausgereift vorliegen, liefern gerade derartige Verbundwirkungen zwischen Motiven interessante Forschungsfelder für die Zukunft, erklären jedoch gleichzeitig bereits jetzt, warum „Motivation" noch immer für die Praxis ein schwer verstehbares und noch schwer gestaltbares Phänomen darstellt.

9.4.2.5 Zusammenführung

Alle vier beschriebenen Inhaltstheorien stehen in klarem Zusammenhang zueinander (Übersicht 9.30). Abgesehen von den konkreten Definitionen der einzelnen Motive unterscheiden sich die Ansätze aber in der Erhebungsmethodik und vor allem in der zugrundeliegenden Hypothese des Auftretens der Bedürfnisse: Nach Maslow werden die Bedürfnisse sukzessive abgearbeitet, nach *Herzberg* gleichzeitig berücksichtigt und nach *Alderfer* und *McClelland* ergibt sich ein ständig wechselndes Zusammenspiel der vier Grundbedürfnisse.

Maslow	***Alderfer***	***Herzberg***	***McClelland***
Selbstverwirklichung	Wachstumsbedürfnisse	Arbeit selbst, Verantwortung, Beförderung	Leistungsstreben
Anerkennungsbedürfnis			Machtstreben
soziale Bedürfnisse	Beziehungsbedürfnisse	Beziehungen zu Führungskräften und Mitarbeitern	Zugehörigkeitsstreben
Sicherheitsbedürfnisse	Existenzsicherungsbedürfnisse	Sicherheit	Vermeidungsstreben
physiologische Bedürfnisse	-	Arbeitsbedingungen, Gehalt	-

Übersicht 9.30: Gegenüberstellung von *Maslow*, *Alderfer*, *Herzberg* und *McClelland*

9.4.3 Prozeßtheorien der Motivation

In ihrer Kernaussage befassen sich alle Inhaltstheorien primär damit, die Existenz unterschiedlicher Motivstrukturen aufzuzeigen. Im Gegensatz dazu gehen die nachfolgend zu diskutierenden Prozeßtheorien auf das Zusammenspiel der Faktoren ein, die Motivation und damit Leistungserbringung hervorrufen.

9.4.3.1 Die Zielsetzungstheorie von Locke

Locke sieht als das gesetzte **Ziel** den zentralen Impuls, der das komplexe System aus Motivations- und Aktionsvariablen in Bewegung bringt (vgl. *Locke* 1968; *Smith/Locke* 1990). Danach operieren Menschen intentional und versuchen, in einer gegebenen Situation ein bestimmtes Ziel zu erreichen, das weitgehend mit der Umfeldbedingung und mit der Motivstruktur kompatibel ist:

- Die biologische Basis jeglichen Handelns ist das Streben, durch gezielte Aktionen sein eigenes Überleben planvoll zu sichern.
- Ziele werden definiert durch ihren Inhalt und durch die Anstrengung, die man mit dem Ziel verknüpft.
- Die Zielsetzung wird beeinflußt durch das Ergebnis der aus der Zielsetzung resultierenden Handlung.

Auch wenn es fälschlicherweise den Anschein haben mag: Die Zielsetzungstheorie selbst unterstellt nicht etwa das mechanistische Menschenbild der Maschine: Vielmehr sieht sie den Menschen als ein bewußt Ziele und Aktivitäten setzendes Individuum. Vor diesem Hintergrund liefert *Lockes* Theorie zum einen den sinnvollen Einstieg in die Prozeßtheorien, zum anderen die Basis für deren Weiterentwicklung zu den Aktionstheorien.

9.4.3.2 Die Gerechtigkeitstheorie von Adams

Basierend auf der Anreiz-Beitrags-Theorie und in Einklang mit der Zielsetzungstheorie unterscheidet *Adams* (1963; 1965) zwei Faktoren einer (Arbeits-)Beziehung: Input sind die von einer Person eingebrachten Faktoren wie Erfahrung, Ausbildung, Intelligenz, Erziehung, Alter, Geschlecht, sozialer Status und Arbeitsanstrengung. Output sind die Konsequenzen für die betrachtete Person, wie Entlohnung, Prestige, Sozialleistung und Status. Aus diesen Faktoren leitet sich ein subjektives Gefühl für Gerechtigkeit ab.

Da unterschiedlich dimensionierte Größen miteinander verglichen werden, kann sich das (Un-)Gerechtigkeitsgefühl nicht durch einen direkten Vergleich von Input und Output ergeben. Erforderlich sind vielmehr Input und Output einer Vergleichsperson. Die Austauschrelationen für beide Personen, also für die beurteilende Person P und die Vergleichsperson V, werden dann miteinander verglichen:

$$\frac{O_P}{I_P} < \frac{O_V}{I_V} = \text{„ungerecht", weil P benachteiligt}$$

$$\frac{O_P}{I_P} > \frac{O_V}{I_V} = \text{„ungerecht", weil V benachteiligt}$$

$$\frac{O_P}{I_P} = \frac{O_V}{I_V} = \text{„gerecht" für P und V}$$

Entspricht der Wert des eigenen Austauschverhältnisses dem des Austauschverhältnisses der Vergleichsperson, so entsteht ein Gefühl der Gerechtigkeit. Umgekehrt fühlt sich die vergleichende Person ungerecht behandelt, wenn sich die Relationen nicht entsprechen.

Befindet sich das Austauschverhältnis im Ungleichgewicht, setzt ein sukzessiver Prozeß ein, bei dem die beurteilende Person einen als gerecht empfundenen Zustand herbeizuführen versucht. Hierzu stehen folgende **Alternativen** zur Verfügung (vgl. *Adams* 1965, 283-295):

(1) Sie kann ihren *Input verändern*, also die Beiträge zum Tauschverhältnis vergrößern oder vermindern. Als Ansatzpunkt bieten sich Produktivität und Qualität an, da bei deren Variation die Wirkung sofort ersichtlich wird. Dagegen lassen sich Inputvariablen wie Alter, Erfahrung, Ausbildung nur schwer oder gar nicht verändern.

(2) Ein Gleichgewicht kann auch durch *Output-Veränderung* herbeigeführt werden. Realistisch sind im Regelfall aber nur Verbesserungen im Output (Gehaltserhöhung), kaum aber ein Herbeiführen von Verschlechterungen im eigenen Output (Gehaltsreduktion).

(3) Eine *psychologische Verzerrung* von Input und Output kann zu einem Gleichgewichtszustand führen, ohne daß reale Größen verändert werden. Diese subjektive Umbewertung erfolgt durch Modifikation einzelner Nutzenbeiträge (Höherbewertung von Freizeit oder von sicherem Arbeitsplatz gegenüber hohem Einkommen).

(4) Eine Veränderung der *Austauschrelation* der Vergleichsperson tritt ein, wenn die Vergleichsperson dazu gebracht wird, ihren Input oder Output zu modifizieren. Diese nur begrenzt als realistisch einzustufende Veränderung kann freiwillig oder durch Druck erfolgen.

(5) Realistischer ist ein *Wechsel der Vergleichsperson*. Dies ist möglich, wenn beide Personen nicht in einem direkten Austauschverhältnis stehen und daher alternative Austauschrelationen zum Vergleich herangezogen werden können. Man ist dann in der Lage, ein Vergleichsobjekt zu suchen, dessen Austauschrelation der eigenen tendenziell entspricht.

(6) Der *Ausstieg* aus dem Austauschverhältnis („leave the field") ist die radikalste Lösung und bewirkt letztlich Gerechtigkeit nur mehr durch den grundsätzlichen Verzicht auf Vergleich.

Zur Auswahl zwischen diesen sechs Alternativen schlägt *Adams* (1965, 295-296) als **Entscheidungsregeln** vor, zunächst positive Outputwerte zu maximieren. Dagegen sind teure Inputwerte zu minimieren und Änderungen, die das Selbstwertgefühl angreifen, zu vermeiden. Psychologische Manipulationen im Austauschverhältnis sollen allenfalls bei der Vergleichsperson stattfinden, weil sie dort leichter realisierbar sind. Ein Wechsel der Vergleichspersonen ist weitgehend zu vermeiden, und ein Ausstieg aus dem Austauschverhältnis ist nur dann zu wählen, wenn keine andere Alternative zur Auswahl steht.

Modellüberprüfung. Da die Gerechtigkeitstheorie von *Adams* auf den ersten Blick relativ operabel wirkt, fehlt es nicht an Versuchen zu ihrer empirischen Überprüfung. Im klassischen **Experiment** von *Adams* und *Rosenbaum* (1962) wurden 36 studentische Hilfskräfte eingestellt, deren Aufgabe es war, Interviews durchzuführen. Bei Einstellungsgesprächen wurden ihnen unterschiedliche Auskünfte über ihre Qualifikation gegeben. Zwei Gruppen wurden pro Stunde bezahlt, zwei andere pro Stück (Übersicht 9.31). Dabei sollten folgende aus der Dissonanztheorie (vgl. *Festinger* 1978) abgeleitete Hypothesen getestet werden:

- Wird eine Person pro Stunde bezahlt, wird ihre Produktivität bei dem Gefühl der zu hohen Bezahlung größer sein als bei dem Gefühl der gerechten Bezahlung.
- Wird eine Person im Stücklohn bezahlt, wird ihre Produktivität bei dem Gefühl der zu hohen Bezahlung pro Einheit geringer sein als bei dem Gefühl der gerechten Bezahlung.

Die Produktivität wurde aus der Anzahl der geführten Interviews im Vergleich mit den anderen Testpersonen ermittelt

Vergleicht man die **Gruppen A und C**, so realisiert die als unterqualifiziert bezeichnete Gruppe A einen höheren Produktivitätswert als die „ausreichend qualifizierte" Gruppe C, ein mit der These von *Adams* konformes Ergebnis: Die Studenten, die sich aufgrund mangelnder Qualifikation gegenüber ausreichend qualifizierten Personen zu gut bezahlt fühlten, versuchten das „unausgeglichene Verhältnis" durch erhöhte Leistungserbringung (= höhere Produktivität) in eine als gerecht empfundene Relation zu bringen. Mangelnder Input (= mangelnde Qualifikation) soll durch höheren Output (= Produktivität) kompensiert werden. Offen bleibt aber die Frage, **warum** die Versuchspersonen tatsächlich ihre Produktivität erhöhten. Die oben aufgeführte Erklärung ist nur eine von vielen Möglichkeiten. So ist es durchaus auch denkbar, daß die „unterqualifizierten" Studenten durch Produktivitätssteigerung lediglich ihr angegriffenes Selbstwertgefühl aufbessern wollten.

	Studenten wurden für einen Teilzeitjob eingestellt mit dem Hinweis ...			
	„... Qualifikation entspricht überhaupt **nicht** den Anforderungen, aber trotzdem Einstellung bei normaler Bezahlung wegen betriebsinterner Umstände."		„... Qualifikation entspricht exakt den Anforderungen."	
Bezahlung pro	Stunde	Stück	Stunde	Stück
Gruppe	**A**	**B**	**C**	**D**
Produktivitäts-durchschnitt	.27	.15	.23	.20

Übersicht 9.31: Realisierte Produktivitätswerte im Experiment von *Adams* und *Rosenbaum* (1962, 163)

Gruppe B hatte im Vergleich zu **Gruppe D** nicht die Möglichkeit, über die Produktivität „Ungerechtigkeit" abzubauen: Bei der Bezahlung pro Stück hätte eine Erhöhung der Produktivität (Output) auch eine Einkommenssteigerung bewirkt, wodurch die Dissonanz zwischen erreichtem Einkommen und gerechtem Einkommen zusätzlich verstärkt worden wäre. Als einzig wirksame Maßnahme, eine gerechte Beziehung zu den Vergleichspersonen herzustellen, kommt in diesem Fall daher die Verringerung der Produktivität (Verringerung der Stückzahl) in Betracht. Der Vergleich der Ergebnisse von Gruppe B mit Gruppe D stützt also ebenfalls die Behauptung von *Adams*.

Die meisten Autoren (vgl. *Adams/Jacobsen* 1964; *Goodman/Friedman* 1971; *Trautwein-Kalms* 1986) attestieren der Theorie von *Adams* hohen Erklärungswert; Widersprüchlichkeit wurde selten festgestellt.

Modellbewertung. Zwei Erkenntnisse sind bei der Arbeit von *Adams* wichtig: Erstens ist das Gerechtigkeitsgefühl relativ, hängt also von der jeweils gewählten Vergleichsperson ab; zweitens ist das Gerechtigkeitsgefühl **subjektiv**, kann sich also bei jeder Person anders entwickeln.

Für die Personalführung ergeben sich **Konsequenzen** in mehrfacher Hinsicht: Vorsicht ist angebracht bei direkten Vergleichen, weil hier die Wahrscheinlichkeit hoch ist, daß bei einem der Betroffenen ein Ungerechtigkeitsgefühl aufkommt. Dies spricht dafür, Gehaltsstrukturen grundsätzlich nicht offen zu legen und beispielsweise Zimmergrößen (bei Mitarbeitern gleicher Hierarchiestufe) zu standardisieren.

Gefährlich – wenn nicht sogar aus ethischen Gründen abzulehnen – ist der Versuch, eine gezielte Ungerechtigkeitssituation (wie zwischen Gruppe A und C im obigen Experiment) herbeizuführen, um damit Mitarbeiter zu mehr Leistung anzuspornen. Es ist höchst unwahrscheinlich, daß Ungerechtigkeitsgefühle über einen längeren Zeitraum arbeitsmotivierend wirken können: Hier ist vielmehr mit *Adams* zu argumentieren, daß der betreffende Mitarbeiter ab einem gewissen Zeitpunkt keine realistische Chance zur Verbesserung der Austauschrelation sieht und das Unternehmen verläßt.

Allerdings ist zu prüfen, ob durch eine vom Mitarbeiter **mitbeeinflußbare** Komponente im Output das Gerechtigkeitsgefühl erhöht werden kann: Exemplarisch ist hier auf das „Cafeteria-System" zur Wahl von Sozialleistungen hinzuweisen. Bei diesem System haben die Mitarbeiter die Möglichkeit, zwischen verschiedenen Entgeltbestandteilen innerhalb eines bestimmten Budgets selbst auszuwählen. Die so möglich werdende Übereinstimmung der betrieblichen Zusatzleistungen mit den Bedürfnissen der Mitarbeiter kann dann entsprechend dem Ansatz von *Adams* mit einer hohen Motivationswirkung verbunden sein und damit zur Effektivitätsverbesserung im Personalbereich und zu einer steigenden Wirtschaftlichkeit der Personalkosten beitragen.

9.4.3.3 Die Erwartungstheorie von Vroom

Die ersten Ausführungen des Ansatzes von *Vroom* finden sich in seiner 1960 publizierten Dissertation „Some personality determinants of the effects of participation". Ursprünglich stand die Bestimmung von möglichen Erklärungsmustern im Mittelpunkt, warum Arbeitnehmer in bestimmten Situationen eine positive (aktive) Haltung gegenüber ihrem Beruf einnehmen, in anderen Situationen dagegen eine negative (passive) bevorzugen.

Das Motivationsmodell von *Vroom* will klären, wie Leistung zustande kommt, warum Individuen bestimmte Handlungsalternativen wählen und inwiefern Vorhersagen zum Leistungsverhalten möglich sind.

Basierend auf empirischen Untersuchungen (vgl. *Vroom* 1964/67, 184-185) kam *Vroom* zu dem Ergebnis, daß sich die **Anstrengungsbereitschaft** aus der Wertigkeit des Ziels und dessen Realisierbarkeit zusammensetzt (Abbildung 9.37): Eine Person strebt das Endziel (Ergebnis zweiter Ebene = E2) an und macht sich zunächst ein Urteil darüber, wie wünschenswert dieses Ziel ist („Valenz") . Danach wird geprüft, inwieweit E2 anhand der zur Verfügung stehenden Mittel (hier Ergebnis erster Ebene = E1) herbeigeführt werden kann: Hierbei geht es um eine Abschätzung der **Instrumentalität** von El für E2. Zu prüfen bleibt, ob und inwieweit die zur Verfügung stehende Handlung (H) tatsächlich das Ergebnis E2 herbeiführen kann. Die Person bildet sich dazu ein Urteil über die Wahrscheinlichkeit dafür, daß die Handlung H zum Ergebnis El führt. Dieses Urteil beeinflußt dann die Anstrengungsbereitschaft.

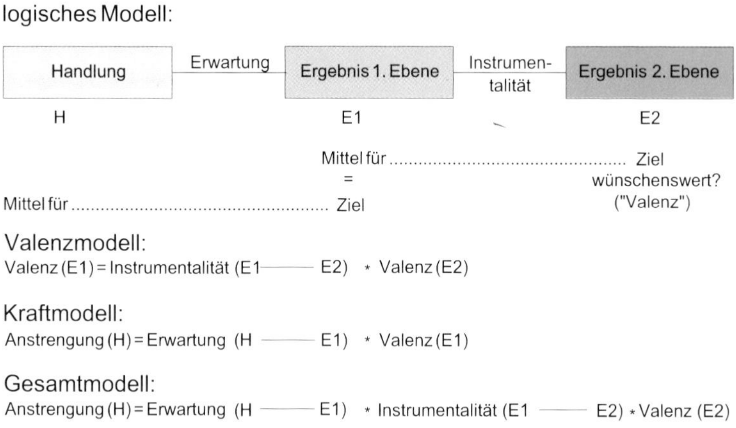

Abbildung 9.37: Vereinfachte Zusammenfassung des Modells von *Vroom* (nach *Vroom* 1964/67)

Wie bei einer Ziel-Mittel-Analyse ist dieses Modell retrograd zu lesen, also ausgehend vom angestrebten Endziel:

- Dazu definiert *Vroom* zunächst sein *Valenzmodell*. Danach ergibt sich der Wert des Ergebnisses der ersten Ebene aus der Valenz des Ergebnisses der zweiten Ebene multipliziert mit der Instrumentalität von El für E2. Letztere ist (wie ein Korrelationskoeffizient) definiert in der Bandbreite zwischen - 1 und + 1.
- An diesem Valenzmodell setzt das *Kraftmodell* an. Es beschreibt die Anstrengung, die ein Individuum in die Handlung H investiert, als eine Verknüpfung der Wertigkeit des Ergebnisses der ersten Ebene (hier Valenz von El) multipliziert mit der Erwartung (definiert in der Bandbreite zwischen 0 und 1), daß H tatsächlich zum Ergebnis El führt.
- Ersetzt man die Valenz von El im Kraftmodell durch das Valenzmodell, so erhält man das Gesamtmodell. Dieses erklärt die Anstrengung als Verknüpfung aus Erwartung, Instrumentalität und Valenz.

Vroom selber argumentiert überwiegend mathematisch und läßt zudem mehrere Endziele und unterschiedliche Teilziele als Mittel zur Endzielerreichung pro Ebene zu (Übersicht 9.32).

Grundlage des Modells ist die Auffassung, daß die mit bestimmten Handlungen und Verhaltensweisen verknüpfte Leistungsanstrengung gemäß der individuellen Zielgewichtung variiert wird. Ist beispielsweise eine Gehaltserhöhung für einen Mitarbeiter sehr erstrebenswert und hängt diese in seinen Augen von seinem Beitrag zu einer Umsatzsteigerung ab, so wird er solche Handlungen realisieren, von denen er über-

Valenzmodell:

$$V_j = f_j\left[\sum_{k=1}^{n}\left(V_k \cdot I_{jk}\right)\right]$$

$$\left(j = 1 \ldots n\right) \; ; \; f_j' > 0 \; ; \; iI_{jj} = 0$$

V_j = Valenz des Mittels j (= H)
V_k = Valenz des Ziels k (= E1)
I_{jk} = Instrumentalität des Mittels j für das Ziel k ($-1 \leq I_{jk} \leq 1$)

Kraftmodell:

$$K_i = f_i\left[\sum_{j=1}^{n}\left(E_{ij} \cdot V_j\right)\right]$$

$$\left(i = n+1 \ldots m\right); \; f_i' > 0 \; ; \; i \cap j = \{\}$$

V_j = Valenz des Mittels (= E1)
E_{ij} = Erwartung (Wahrscheinlichkeit), daß die Handlung (= E2) zum Ergebnis j führt
K_i = Kraft (Anstrengung), die ein Individuum für die Handlung i aufwendet

Gesamtmodell:

$$K_i = g_i\left[\sum_{j=1}^{n}\left(E_{ij} \cdot \left(\sum_{k=1}^{n}\left(V_k \cdot I_{jk}\right)\right)\right)\right]$$

mit $0 \leq E_{ij} \leq 1$; $-1 \leq I_{jk} \leq 1$; $g_i > 0$

Übersicht 9.32: Das Modell von *Vroom* (vgl. *Vroom* 1964/67, 17-18)

zeugt ist, daß sie zu einer Umsatzsteigerung führen. Umgekehrt wird ein Mitarbeiter eine geringe Leistungsanstrengung realisieren oder eine Handlung sogar völlig unterlassen, wenn er dem Ziel keine individuelle Bedeutung beimißt oder subjektiv kein Zusammenhang zwischen Handlung und Ziel hergestellt werden kann.

Modellüberprüfung. *Vroom* stützt sich unter anderem auf die Untersuchung von *Rosen* (1961), die äußerst prägnant die Grundüberlegung dieses Ansatzes erkennen läßt. Amerikanische High School-Schüler sollten zunächst den für sie jeweils interessantesten Beruf beurteilen. Auf diese Weise wurde (in der Terminologie von *Vroom*) die **Valenz** der verschiedenen Berufe aus Sicht der Versuchspersonen bestimmt. Danach wurden scheinbare Berufseignungstests durchgeführt. Im Anschluß daran erhielten die Versuchspersonen Informationen darüber, inwieweit sie für den betreffenden Beruf als geeignet beurteilt wurden („**Instrumentalität**"). Alle Schüler wurden danach zu erneuten „Berufseignungstests" eingeladen. Die „Quote des Erscheinens" wurde als Indikator für die Leistungsanstrengung gesehen (Übersicht 9.33). Das erwartete Ergebnis: In der Gruppe mit hoher Instrumentalität und mit hoher Valenz erschienen mit 86% der größte Teil der Schüler, bei niedriger Valenz und niedriger Instrumentalität die wenigsten (35%).

Bewertung des Berufs	**Wahrscheinlichkeit, das Berufsziel zu erreichen („Instrumentalität")**		
	hoch	**mittel**	**niedrig**
hohe Valenz (= Beruf wünschenswert)	**86%** (n = 22)	83% (n = 23)	70% (n = 23)
niedrige Valenz (= Beruf weniger wünschenswert)	68% (n = 22)	52% (n = 25)	**35%** (n = 23)

Übersicht 9.33: Prozentsatz der erschienenen Teilnehmer für die zweite Stufe beim Experiment von *Rosen* (1961)

Die Leistungsanstrengung als Produkt aus Valenz und Instrumentalität wurde in weiteren Untersuchungen bestätigt (vgl. *Reeve* 1997, 192-194). Andere Studien kommen jedoch zu Ergebnissen, die die Modellannahmen durchaus in Frage stellen (*Campbell/Pritchard* 1976; *Weinert* 1998).

Modellbewertung. Der entscheidende **Beitrag** von *Vroom* zur Motivation und damit zur Personalführungstheorie besteht darin, daß nicht nur Ziele mit individuellen Wertigkeiten, sondern darüber hinaus die subjektive Wahrnehmung instrumenteller Relationen und Wahrscheinlichkeiten in den Mittelpunkt gerückt werden. Es genügt daher nicht, Mitarbeitern individuell einen interessanten Anreiz zu bieten. Auch müssen die Mittel zur Erreichung bestimmter Ziele zur Verfügung gestellt werden (Instrumentalität), die im Bereich des Möglichen für den Mitarbeiter liegen (Erwartung).

9.4.3.4 Das Weg-Ziel-Modell von House und Evans

Die Grundaussage des Weg-Ziel-Modells entspricht der Erwartungstheorie, differenziert aber in seiner verbalisierten Basisidee zwischen **drei Teilaspekten** (vgl. *House* 1971; *Evans* 1970):

- Die Motivation ergibt sich aus Valenz und Instrumentalität.
- Das Verhalten ergibt sich aus Motivation, Fähigkeit und Aufgabe.
- Die Zielerreichung ergibt sich aus Verhalten und Instrumentalität.

Bei diesem Modell wird damit ähnlich wie bei *Vroom* vorgegangen, allerdings diskutiert es auf der eine Seite eine generelle Akzeptierbarkeit des Verhaltens der Führungskraft beim Mitarbeiter, auf der anderen Seite eine generelle Motivationsfunktion der Führungskraft.

In der **mathematischen Version** – deren Nähe zum Modell von *Vroom* unverkennbar ist – entsteht Motivation dann durch die Verknüpfung von intrinsischer Valenz der Aktivität verbunden mit den positiven Effekten der Zielerreichung (Übersicht 9.34).

$$M = IV_A + P_1 \left[IV_Z + \sum_{i=1}^{n} P_{2i} \cdot EV_i \right]$$	M = Motivation IV_A = Intrinsische Valenz der Aktivität („Weg")
	P_1 = Instrumentalität der Aktivität für Zielerreichung
	IV_Z = Intrinsische Valenz der Zielerreichung
	P_{2i} = Instrumentalität der Zielerreichung für extrinsische Belohnungen
i = 1 ... n als extrinsische Belohnungen	EV_i = Extrinsische Valenzen für Zielerreichung

Übersicht 9.34: Das Weg-Ziel-Modell in der Originalfassung von *House* (1971, 322-323)

Auch wenn es in der Literatur eine ganze Reihe von mathematisch-tiefgehenden Spezifizierungen dieses Grundmodells gibt (vgl. z.B. *Galbraith/Cummings* 1967), liegt der eigentliche Wert des Modells in der Berücksichtigung der Motivation über die drei Valenzen und die zwei Instrumentalitäten. Auf diese lassen sich dann Maßnahmen der Führungskraft konkret zuordnen und wie bei einem Werkzeugkasten gezielt einsetzen (Übersicht 9.35).

Modellüberprüfung. In seinem ursprünglichen Aufsatz stellt *House* (1971) bereits detailliertes empirisches Material dar, mit dem er die Relevanz seiner Modellkomponenten zumindest in der Grundtendenz belegt. *Evans* selbst liefert – auch über eine Metaanalyse – ebenfalls Informationen zur empirischen Überprüfung der Theorie (1987, 959-960) und kommt zu einem aus seiner Sicht insgesamt enttäuschenden Ergebnis: Er sieht es selbst als schwer an, „zu behaupten, daß die Theorie eine hinreichende Überprüfung gefunden hat. Sie hat es nicht." (*Evans* 1987, 960).

Modellbewertung. Die Grundstruktur des Modells ist einsichtig und (heuristisch) in instrumentelle Hinweise transformierbar. Das Schicksal der fehlenden Verifizierung teilt sie mit den meisten anderen Modellen, was aber an methodischen Problemen liegt – denen man im übrigen zunehmend durch Empirieverzicht (leider) aus dem Weg geht. Dennoch bleibt der instrumentelle Wert, der sich auch zur innerbetrieblichen Diskussion von praktiziertem Führungsverhalten eignet.

	IV_A	P_1	IV_Z	P_{2i}	EV_i
Belohnungsvielfalt		I		I	+
Feststellung von Unterschieden in bezug auf erwünschte Belohnungen		p		p	+
Einfluß nach Oben					+
charismatisch					
– artikulierte Ziele	+		+		+
– Kompetenz	+		+		+
– Unterstützung	+		+		+
– Vertrauenswürdigkeit	+		+		+
akkurates Feedback					
– zeitgerecht, klar, spezifisch				+	
– unterschieden nach gut und schlecht				+	
– Kraft zur Mitteilung				+	
– akkurate Attribution über die Ursachen des Verhaltens der Untergebenen				+	
Partizipation beim Zielsetzen und Erfolgmessen				+	
Kommunikation der Kontingenzen				+	
Belohnungs- und Bestrafungskontingenzen in bezug zur Leistung				+	
Empfehlung kontingenter organisationaler Belohnungen				+	
Stimulation kontingenter Belohnungen durch die Gruppe und Außenstehende					
– unterstützendes Klima				+	
– Sichtbarmachen von Leistungen				+	
– Gruppenbelohnungen				+	
– Erfolge sich nicht alleine zuschreiben				+	
– Kontakte fördern				+	
Verdeutlichen der Ziele der Organisation			+		
Setzen schwieriger Ziele					
– partizipativ			+		
– direktiv			+		
Vertrauen zeigen		+			
Unterstützung und Ausbildung		+			
Klären von Wegen					
– partizipativ		+			
– direktiv		+			
Planen und Organisieren		+			
Helfen	+	+			
Auswählen und Einsetzen von Mitarbeitern	+	+			

IV_A = Intrinsische Valenz der Aktivität („Weg")
P_1 = Instrumentalität der Aktivität für Zielerreichung
IV_Z = Intrinsische Valenz der Zielerreichung
P_{2i} = Instrumentalität der Zielerreichung für extrinsische Belohnungen
EV_i = Extrinsische Valenzen für Zielerreichung

Übersicht 9.35: Instrumentelle Vorhersagen des Weg-Ziel-Modells (*Evans* 1987, 955)

9.4.3.5 Das Rückkopplungsmodell von Porter und Lawler

Das Prozeßmodell von *Porter* und *Lawler* (1968) will plausibilitätsgestützte Beziehungen zwischen allen relevanten Komponenten aufzeigen, die zur Leistungserstellung führen.

Im Gegensatz zu den von ihrer Struktur her sehr einfachen Modellen von *Adams* und *Vroom* ist dieses Modell umfangreich und daher empirisch schwierig überprüfbar.

Porter und *Lawler* erklären Leistung und Zufriedenheit als ein mehrfach **rückgekoppeltes** System (Abbildung 9.38). Deswegen sind Kausalitäten kaum aufdeckbar. Trotzdem sind alle Bestandteile dieses Systems mögliche Ansatzpunkte zur Veränderung von Motivation und Leistung.

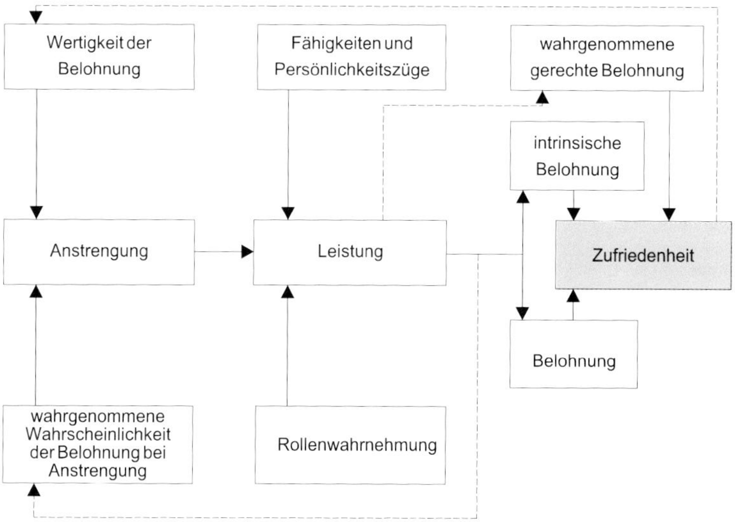

Abbildung 9.38: Das Modell von *Porter* und *Lawler* (nach *Porter/Lawler* 1968, 165)

Porter und *Lawler* nehmen eine Aufteilung in intrinsische und extrinsische Belohnung vor; mit intrinsisch werden personeninterne Faktoren wie die Empfindung eines Erfolgserlebnisses, mit extrinsisch von außen kommende Faktoren wie Bezahlung bezeichnet. Durch die Zahl der Komponenten erhält das Modell einen hohen Komplexitätsgrad und zeigt die vielfältigen Interdependenzen menschlicher Motivation.

9.4.3.6 Zusammenführung

Die Prozeßtheorien befassen sich mit der Frage, welcher Prozeß zu durchlaufen ist, damit eine Aktion gestartet wird. Die Intensität dieser Aktion wird dann mit der Motivation gleichgesetzt. Sie steht auch im Mittelpunkt des **Integrationsmodells** (Abbildung 9.39):

- *Locke* beginnt mit der bewußten Zielsetzung, aus ihr folgt eine Aktion und ein Ergebnis, das sich mit der neuen Zielsetzung rückkoppelt.

- *Adams* bezieht sich auf die das Gerechtigkeitsgefühl bestimmende Perzeption von Aktion (Input) und Ergebnis (Output), beides zusätzlich bezogen auf ein konkretes Vergleichsobjekt.
- *Vroom* sieht Motivation als Ergebnis aus Valenz des Zieles und Instrumentalität der Aktion.
- *House* und *Evans* setzen Aktionsvalenz und -instrumentalität in Verbindung mit der Bewertung der Zielerreichung, wobei hier zusätzliche Belohnungen bewertet werden.
- *Porter* und *Lawler* operieren über die Kausalkette Anstrengung, Leistung und Zufriedenheit, woraus sich wiederum die (erneute) Aktion ergibt.

Letztlich sind es damit gerade die Prozeßtheorien, die das Einleiten von konkreten Handlungen beschreiben. Sie stellen damit die Vorstufe der Aktionstheorien dar.

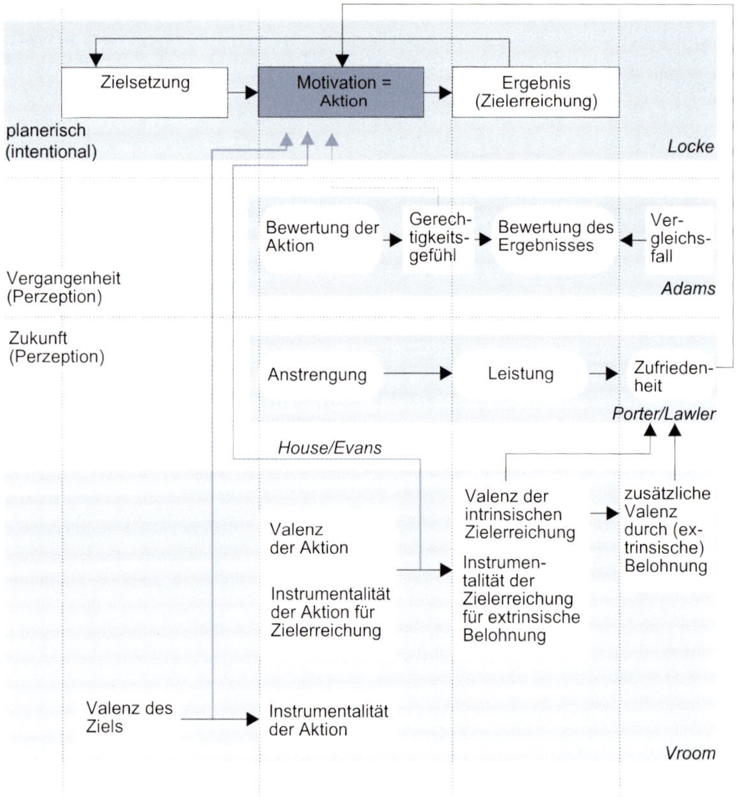

Abbildung 9.39: Prozeßtheorien der Motivation

9.4.4 Aktionstheorien der Motivation

Die Prozeßtheorien der Führung bauen insofern auf den Inhaltstheorien auf, als sie die dort postulierten Motivationsstrukturen in einen dynamischen Zusammenhang setzen. Der Theoriekomplex, der hier „Aktionstheorie" bezeichnet werden soll, geht noch einen Schritt weiter: Er fokussiert in seinen Überlegungen strikt auf den Handlungsbezug, wie er in der Situation beginnt und in Überlegungen zur Volition endet.

9.4.4.1 Situation: Comelli und Rosenstiel

Comelli und *Rosenstiel* (1995) orientieren sich mit ihren Überlegungen zur individuumsbezogenen Führung an drei Fragen:

- Was soll überhaupt erreicht werden?
- Wie hängen Leistungsbereitschaft und Arbeitszufriedenheit zusammen?
- Welche Maßnahmen erhöhen Leistungsbereitschaft und Arbeitszufriedenheit?

Es liegt auf der Hand, daß diese Fragen nie generell, sondern ausschließlich mit Bezug auf die konkrete Situation beantwortet werden können. Alle Aktionen folgen daher aus der situativ-differenzierten Motivationsstruktur.

Die Motivationsquellen. Interessant ist zunächst die Analyse der Faktoren, die gemeinsam die Situation als Ausgangsbasis für die Motivation ergeben. Insgesamt postulieren *Comelli* und *Rosenstiel* (1995) **sechs Quellen** für die Motivation:

- Häufig übersehen wird die *Motivation aus dem Ich*. Diese Selbstmotivation beginnt mit „Phantasien über den gemeinsam zu feiernden Erfolg" und geht bis zu einer klaren Definition des eigenen Selbstanspruchs.
- Die *Motivation aus der Führung* bezieht sich auf die Interaktion der Führungskraft mit seinen Mitarbeitern, vor allem auf die Fähigkeit, durch Kommunikation Autorität und Akzeptanz zu schaffen.
- Die *Motivation aus der Aufgabe* betrifft das bereits bei *Herzberg* diskutierte Verhältnis aus Hygienefaktoren und Motivatoren.
- Wie auf der taktischen Ebene in Abschnitt 9.3 ausgeführt, ist die Gruppenoptimierung ein wichtiges Führungsziel, dies unter anderem deshalb, weil die *Motivation aus der Gruppe* im günstigen Fall zu positiven Teamerlebnissen und damit zur Leistungssteigerung führt.
- Die *Motivation durch die Organisation* entsteht zum einen aus organisationsstrukturellen Gegebenheiten, vor allem aber aus der Unternehmenskultur (vgl. Abschnitt 9.2).

- Schließlich gibt es – mit Querverweis zum Wertewandel (vgl. Abschnitt 1.2.4) – eine *Motivation aus der Gesellschaft*. Danach liefern gesellschaftliche Denkmuster Richtungsinformationen für leichtere beziehungsweise schwere Motivierbarkeit.

Insgesamt wirken nach Ansicht der Autoren die sechs Motivationsquellen in gleicher Intensität, was auch aus der graphischen Darstellung (Abbildung 9.40) deutlich wird.

Abbildung 9.40: Motivationsquellen nach *Comelli* und *Rosenstiel* (1995, X)

Modellbewertung. Interessant an diesem Konzept ist die Überlegung, wonach weniger die Motive selber im Mittelpunkt der Betrachtung zu stehen haben, als vielmehr die Quellen aus denen die Motivation gespeist wird. Diese Analyse der Situation dürfte vor allem für Praktiker eine interessante Ausgangsbasis für pragmatisches Handeln sein. Auf der anderen Seite fehlen jedoch Aussagen zur Bedeutung der einzelnen Quellen, ihrer Verbundeffekte und teilweise ihrer Beeinflußbarkeit.

9.4.4.2 Emotion: Izard und andere

In den meisten Führungsbüchern spielt „Emotion" überhaupt keine Rolle: Dies gilt für die führenden amerikanischen Lehrbücher (z.B. *Steers/Porter/Bigley* 1996) ebenso wie für die deutsche Führungslehre (z.B. *Berthel* 1997; *Bühner* 1997; *Hentze/Kammel/Lindert* 1997). Dennoch sprechen – wie noch zu zeigen sein wird – durchaus Argumente dafür, die Emotion gerade im Zusammenhang mit aktionstheoretischen Aspekten der Motivation zu diskutieren. So betonte gerade *Herbert A. Simon* (1994, 18) die spezifische Bedeutung der Emotion, wenngleich sie (noch) schlechter greif- und operationalisierbar ist als Motivation.

Unter Emotion versteht man den aktuellen Gefühlszustand einer Person, die bewußt und unbewußt Verhalten steuert.

Emotionalität ist ein mehrdimensionales Konstrukt, das sich vorrangig auf vier Dimensionen erstreckt (*Reeve* 1997, 260-262): Emotionen erstrecken sich auf subjektive, biologische, funktionale und expressive Bereiche. Sie reichen vom kognitiven Selbstbezug bis hin zur sozialen Kommunikation über Körperhaltung (vgl. Übersicht 9.36). Schon allein aus diesem Grund fällt es nicht immer leicht, klar-konturierte Konzepte zum Thema „Emotion" zu entwickeln, die deskriptiv die Realität erklären und gleichzeitig präskriptiv Vorschläge dazu machen, wie Emotionen in den Führungsprozeß zu integrieren sind.

Dimension	**Komponente**	**Beitrag zur Emotion**	**Manifestation**
Subjektiv	Kognition	Gefühle	Selbsterkenntnis („self-report")
		Phänomenologische Wahrnehmung	Gehirnaktivität
		Aufregung	Autonomes Nervensystem
Biologisch	Physiologie	Physikalische Vorbereitung	Hormonsystem
		Motorische Reaktion	Auswahl angemessener Aktionen
Funktional	Zielsystem	Motivation	Gesichtsausdruck
		Zielverhalten	Körpersprache
Expressiv	Sozial	Kommunikation	Sprachtönung

Übersicht 9.36: Die Multidimensionalität der Emotion (nach *Reeve* 1997, 261)

Selbst wenn man sich nur auf den unmittelbaren Zusammenhang zwischen Motivation und Emotion konzentriert, führt dies zu einer eher unübersichtlichen Theorieaggregation (vgl. *Mook* 1996, 445-490): So sind für manche Autoren Emotionen spezielle Motive, für andere sind es eigenständige Komponenten, die Situation (und Motivation) prägen, gleichzeitig aber von der Situation gesteuert werden. Zudem herrscht

Einigkeit darüber, daß man zwar teilweise Emotionen steuern kann, sie aber dennoch als autonome Akteure wirken.

Die Schwierigkeiten einer theoretischen Durchdringung ändern aber nichts an der empirisch-realen Existenz von Emotionen.

Empirie. Interessant ist vor allem die Frage, inwieweit Emotionen auf der Kausalkette über die Motivation einen Einfluß auf die Leistung haben. Eine Antwort hierfür liefern *Kleine* und *Schmitz* (1999) mit ihrer Untersuchung bei 2 401 Gymnasiasten. Dort wurde die Emotion der positiven und der negativen Stimmung jeweils durch zwei Subskalen ausgedrückt. Die (latente) Variable der Motivation ergab sich aus drei Komponenten, die Ergebnisgröße Mathematikleistung aus zwei Komponenten. Gearbeitet wurde mit einem LISREL-Modell: Es zeigt, daß Emotion über Motivation auf Leistung wirkt (Abbildung 9.41).

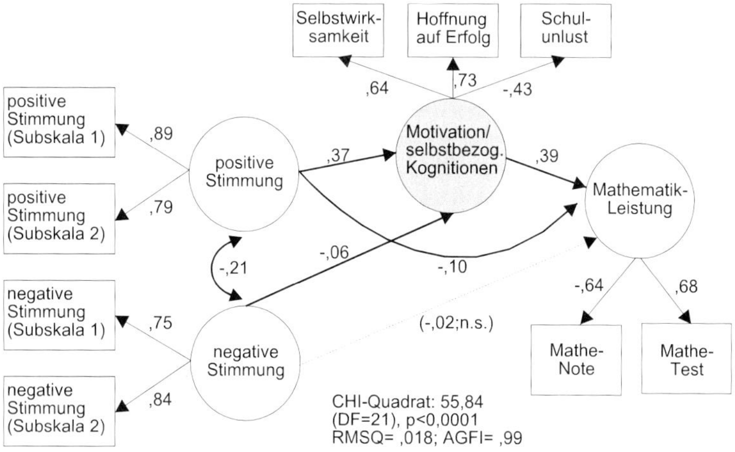

Abbildung 9.41: Das Pfadmodell von *Kleine* und *Schmitz* (1999, 217)

Auch wenn diese Befunde nicht generalisierbar sind, belegen sie die praktische Relevanz von Emotionen als Ausgangsgröße für Leistung.

Differentielle Emotionstheorie als Grundlage. Gerade im Hinblick auf Führungsfragen dürfte die von *Izard* (1971, 182-205; 1991, 40-45) vorgelegte „differential emotions theory" eine sinnvolle Ausgangsbasis sein. In diesem Ansatz wird versucht, die Unterschiedlichkeit der Gefühle in den Vordergrund zu rücken. Ihre Theorie basiert auf **fünf Kernaussagen** (vgl. *Izard* 1991, 40-41):

- Das Motivationssystem des Menschen setzt sich zusammen aus *zehn diskreten* (abgrenzbaren) Emotionen.

- Jede dieser diskreten Emotionen hat eine klare phänomenologische *Qualität*: Zwei gelten als positiv (Interesse, Freude), sieben als negativ (Angst, Ärger, Abscheu, Schmerz, Verachtung, Scham, Schuld), und eine als neutral (Überraschung).
- Jede dieser diskreten Emotionen ist mit einem spezifischen *Gesichtsausdruck* verbunden.
- Jede dieser diskreten Emotionen generiert eine spezifische Rate an „neuronalen Feuerstößen", die Emotionen im *Bewußtsein* erkennbar machen.
- Jede dieser diskreten Emotionen produziert unterschiedliche *Verhaltensmuster.*

Alle anderen Emotionen (wie Depression oder Liebe) sieht *Izard* als Vermischung dieser (diskreten Grund-)Emotionen.

9.4.4.3 Intuition: Agor und andere

Intuitive Führung erfolgt, wenn eine Führungskraft „aus dem Bauch heraus" Entscheidungen ohne vorherige formale Analyse trifft.

Intuition ist eine Fähigkeit, die aus den unterbewußten Regionen des Gehirns entstammt: Aus diesem Grund erscheint es sinnvoll, Intuition als Erweiterung der rationalen Logik anzusehen und als Phänomen im Management und in der Personalführung zu untersuchen (vgl. *Agor* 1986, 5). Die intuitive Führung basiert dabei auf einer Realitätssicht, die die Komplexität und kollektive Vernetztheit von Unternehmenssystemen reflektiert (vgl. *Cappon* 1994, 2-5; *Schettgen* 1997, 90). Die zu treffende Führungsentscheidung mitsamt ihrem Erfolg ist nicht programmierbar und basiert auch auf Heuristiken.

Gemäß *Nalcadzjan* (1975) setzt sich Intuition aus drei **Bestandteilen** zusammen:

- Die *sinnliche* Intuition bezieht sich auf das körperliche und emotionale Empfinden und Wahrnehmen von Realität.
- Die *intellektuelle* Intuition umfaßt die Verstandesleistungen, die zu Ideen führen; hierzu zählen intuitive Entdeckungen, kreative Intuition und intuitive Wertung.
- Die *mystische* Intuition umfaßt Phänomene wie Erleuchtung und überrationales Begreifen und findet in einem ganzheitlichen Wahrnehmungserleben statt.

Für das Management hat die Intuition im Zusammenhang mit der Erforschung des menschlichen Gehirns an **Relevanz** gewonnen (vgl. *Agor* 1989; *Mintzberg* 1994, 303-316): Die Gehirnforschung beschäftigt sich mit der Frage, ob sich verändernde Denk- und Lernstrukturen in einer vernetzten Welt eine Verschiebung von analytischen Managertypen hin zu intuitiven Managertypen zur Folge haben. Den empirischen Befunden zufolge gilt die linke Gehirnhälfte als Sitz des linearen, analytischen Denkens, die rechte Gehirnhälfte ist zuständig für Emotionen und Kreativität. Sie ist auch Sitz des simultanen, holistischen und relationalen Denkens. Bei den meisten Menschen überwiegt die Tätigkeit einer Hälfte die der anderen, wobei die jeweils dominierende Gehirnhälfte sogar Aufgaben der anderen Hälfte mit übernimmt, wie empirische Tests etwa auf Basis des Myers-Briggs Type Indicator zur Messung von Denkstilen zeigen (Abbildung 9.42).

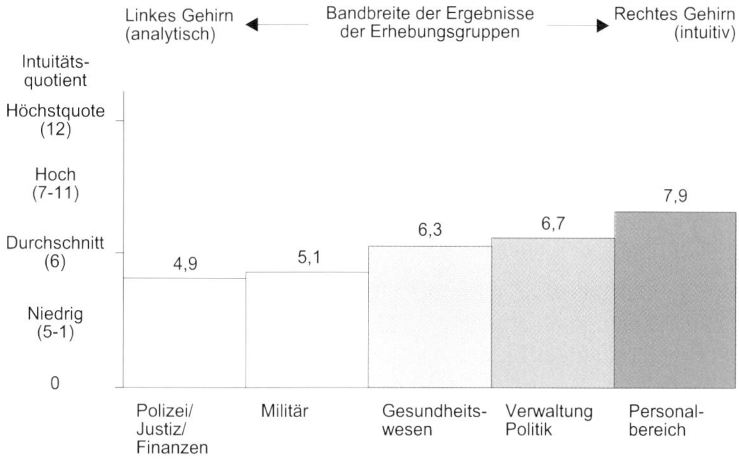

Abbildung 9.42: Am häufigsten praktizierter Führungsstil nach Beruf; n = 2 291 Manager (nach *Agor* 1989, 47)

Intuition weist eine große Nähe zu **Improvisation** auf. Hierbei kann Improvisation als Oberbegriff gesehen werden, da kollektive Improvisation auch ihne individuell intuitives Handeln erfolgen kann. Beide Begriffe beziehen sich nicht nur darauf, was geschieht, sondern auch auf die zeitliche Reihenfolge – bei der sich die Konzeptionalisierung einer Handlung ihrer Ausführung annähert. Dies führt zu drei Verhaltensebenen (vgl. *Moorman/Miner* 1998, 703):

- Auf einer ersten Ebene werden nicht gravierende Variationen eines bereits existierenden Grundmusters der Handlung vorgenommen.
- Die zweite Ebene beinhaltet bereits weitere Entfernungen von einer vorgegebenen Struktur; mindestens eines ihrer charakteristischen Elemente bleibt jedoch noch erkennbar.
- Die dritte Ebene verzichtet auf klare Verbindungen zum Grundmuster und entwirft neue Muster.

Diese Ebenen lassen sich auch auf die **Personalführung** anwenden, die im ersten Fall ihren Führungskräften Freiheitsgrade für Variationen läßt, im zweiten Fall lediglich noch einige – zumeist kulturelle – Rahmenbedingungen vorgibt und im dritten Fall dazu ermuntert, experimentell individuelle Führungsstile zu entwickeln und auszuprobieren.

Da Intuition als Möglichkeit zum Erkennen ohne bewußtes Reflektieren die Funktion eines Warnsignals übernehmen kann (vgl. *Schanz* 1997, 650-652), bietet sich die intuitive Führung dann an, wenn bewußtes Reflektieren nicht so einfach möglich ist: in Startphasen des Unternehmens sowie in Krisenphasen. Allgemein ergänzt die intuitive Führung die rationale; sie aktiviert unbewußtes Wissen, das ansonsten nicht systematisch genutzt wird.

9.4.4.4 Volition: Ach und Heckhausen

Unter Volition versteht man die tatsächliche reale Handlung, die das entsprechend der Motivation intendierte Ziel ereichen soll.

Die Berücksichtigung der Volition in der Motivation entspricht nicht dem üblichen Standardrepertoire der Führung: Sie basiert vielmehr auf der Idee, daß Menschen intentionale Wesen mit einem mehr oder weniger freien Willen sind – ein Wort, das durchaus in der psychologischen Tabu-Zone steht (vgl. *Kuhl* 1987, 280). Trotzdem gibt es interessante Wurzeln und aussagefähige Konzepte, die diese Idee zu einem wichtigen Beitrag zur Personalführung machen (vgl. *Halisch/Kuhl* 1987; *Heckhausen* 1989, 189-218).

Die Willenspsychologie. *Ach* (1910; 1935) beschäftigt sich mit dem energischen Wollen (Vorsatz) als stärkste Ausprägung eines Willensaktes: Dieser Willensakt ist der Selbstbeobachtung zugänglich und gilt als Mittel der Überwindung von bewußt gewordenen Schwierigkeiten innerer oder äußerer Art, die das Handeln behindern. Energetisches Wollen beinhaltet damit sowohl ein Mittel zur Zielerreichung als auch ein Wissen über bestehende Barrieren. Im einzelnen wird es durch vier **phänomenologische Momente** charakterisiert (vgl. *Ach* 1935, 201-202):

- Das *gegenständliche Moment* verbindet sachlich die Zielvorstellung mit den inhaltlichen Schritten, die zur Zielerreichung notwendig sind.
- Das *aktuelle Moment* umfaßt die bewußte Übernahme der Aufgabe, nämlich, selber die Handlung ausführen zu wollen, sie mit dem konkreten Ziel zu verbinden und Handlung plus Objekt als Gesamtszenario zu begreifen.
- Das *anschauliche Moment* beinhaltet die auftretenden Spannungsempfindungen.
- Das *zusätzliche Moment* verweist auf die Bewußtseinslage der Anstrengung.

Insgesamt ergibt sich ein seelisches Gebilde, bei dem der Willensakt nach dem Leitsatz „ich will wirklich" zu einer Konzentration der vorhandenen Energie auf die Erreichung des Zieles führt.

Vier Handlungsphasen. *Heckhausen* (z.B. 1989) setzte sich mit dem Prozeßaspekt der Volition auseinander und lokalisierte **vier Phasen** (vgl. *Heckhausen* 1989, 212-218):

(1) In der *prädezisionalen* Phase der Motivation erfolgt die Intentionsbildung. Die handelnde Person schließt den Prozeß des reinen Abwägens mit einer klaren Entscheidung für eine bestimmte Aktion ab. Die Fazit-Tendenz verhindert ein Verharren im Unentschlossensein: Je vollständiger das Abwägen der Vor- und Nachteile der Handlungsalternativen ist, desto eher wird der Schwellenwert der Fazit-Tendenz erreicht, ab dem das Abwägen abgebrochen wird.

(2) Die Denkprozesse, die zur Auswahl der handlungsbestimmenden Zielintention führen, finden in der *präaktionalen* Phase der Volition statt. Sie sind abhängig von der Fazit-Tendenz, die neben der Stärke der Zielintention, auch die Günstigkeit der Gelegenheit, die Dringlichkeit, die Anzahl verpaßter Gelegenheiten und Fehlversuche bei der Realisierung der Zielintention umfaßt. Die Phase schließt ab mit dem konkreten Einleiten der Handlung.

(3) In der *aktionalen* Volitionsphase findet die konkrete Aktion statt. Der Entscheidungsträger hat aber nicht nur den Willen zur Handlung, sondern auch die Kraft dazu, und setzt beides auch tatsächlich ein.

(4) In der *postaktionalen* Motivationsphase schließlich erfolgt eine Bewertung des Ergebnisses, beispielsweise des Prozesses.

Zwischen Phase 1 und 2 wird nach *Heckhausen* „der Rubikon" überschritten, also nach der (teilweise unbewußten Motivation) die (überwiegend intentionale) Volition ausgeführt (Abbildung 9.43).

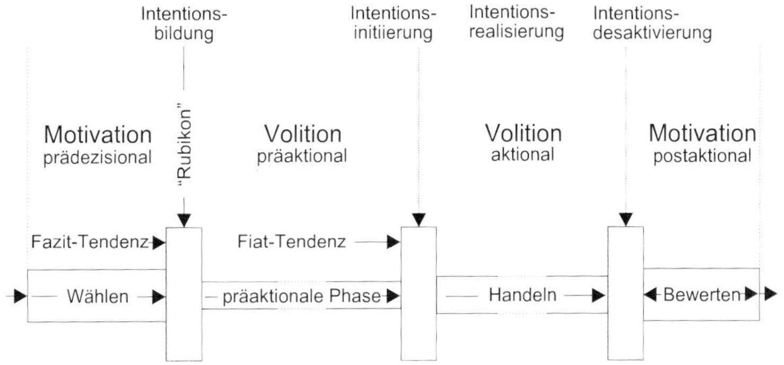

Abbildung 9.43: Handlungsphasen plus Rubikon nach *Heckhausen* (1989, 212)

Bewertung. Vor allem das Konzept des Rubikons hat in der wissenschaftlichen Forschung starkes Interesse hervorgerufen, etwa im Hinblick auf die Rolle der Motivation in den eigentlichen Handlungsphasen (vgl. z.B. *Puca* 1996). Es hat jedoch auch **Kritik** provoziert (vgl. *Kornadt* 1988; *Puca* 1996, 52-55): Bezweifelt wird zunächst (neben den definitorischen Unschärfen) die Sequentialität des Modells im Sinne einer Einbahnstraße ohne Umkehrmöglichkeit. Ferner wird die Unterscheidung von motivationaler und volitionaler Phase als willkürlich kritisiert. Schließlich ist es denkbar, daß sich motivationale und volitionale Phasen für verschiedene unabhängige Handlungsziele überlagern.

Die Umsetzung des Volitions-Ansatzes mündet in eine anzustrebende Professionalisierung der Linienmanager (vgl. *Kniehl* 1998, 240-245): Je erfolgreicher sie in der Lage sind, die individuellen Bedürfnisse und Präferenzen der Mitarbeiter sowohl in der Motivations- als auch in der Volitionsphase zu untertützen, desto größer wird ihre Einsatzbereitschaft (Abbildung 9.44): Angestoßen durch das neue Wissen kommen sowohl „Motivationsprofessionals" als auch Linienmanager mit Personalverantwortung dazu, ihre eigenen Rollen zu reflektieren und ihr gemeinsames Wissen zu vermehren.

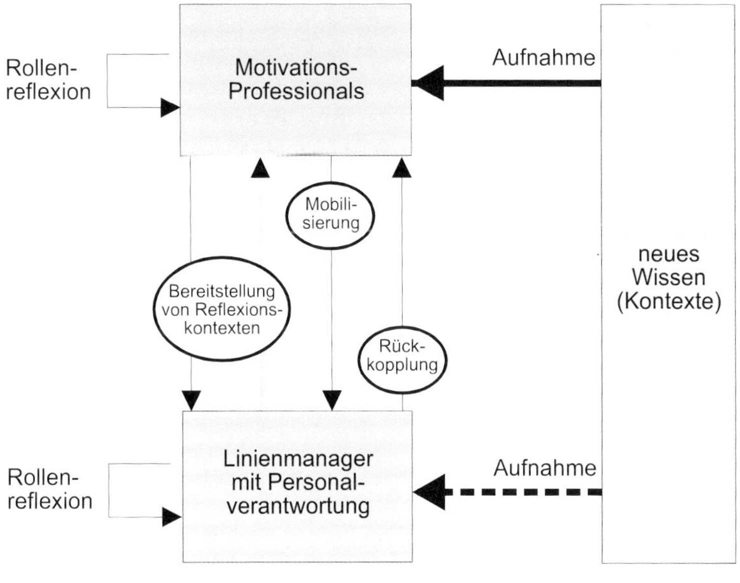

Abbildung 9.44: Volitionsbezogene Professionalisierung von Linienmanagern (*Kniehl* 1998, 242)

9.4.4.5 Attribution: Heider und Weiner

Aus der kognitiven Psychologie stammt die Attributionstheorie. Sie setzt zu dem Zeitpunkt ein, wo die eigene (oder fremde) Aktion durchgeführt wurde und jetzt quasi informationstechnisch in der eigenen Kognition aufgearbeitet somit abgespeichert wird.

Die Attributionstheorie erklärt, wie Personen das eigene Verhalten und das anderer Personen rückblickend begründen, worin sie also die tieferliegenden Ursachen sehen. Die „Attribution" ist dann verhaltenssteuernd für die eigene Zukunft.

Eine wichtige Basis für die Attributionstheorie lieferte der österreichische Psychologe *Fritz Heider* (z.B. 1958), der sich dabei auf das systemtheoretische Gestalt-Denken stützt. In einer derartigen **Gestaltpsychologie** werden komplexe Phänomene aus der Wahrnehmungsoberfläche aufgenommen und dann durch Lokalisation der auslösenden Faktoren in einen ganzheitlichen Begründungszusammenhang gebracht („Kausalattribution"). Dominierend gehen also *nicht* einzelne *Folgen* von Aktionen in das Gedächtnis ein, sondern es wird vielmehr komplexitätsreduzierend das gesamte Ereignis auf (wenige, aber) konkrete Voraussetzungen zurückgeführt.

Die einfache Handlungsanalyse. Um die abgelaufenen Handlungen zu analysieren, differenziert *Heider* (1958) zwischen der Personenseite und der Umweltseite. Ersteres bezeichnet er mit Personenkraft, letzteres mit Umweltkraft. Aus ihr ergibt sich das Bemühen und letztlich das Handlungsergebnis (Abbildung 9.45). Nach *Heider* attribuieren Personen somit Ergebnisse auf Bemühen und Können beziehungsweise noch differenzierter auf Intention, Anstrengung, Fähigkeit, Schwierigkeit und (immer auch) Zufall.

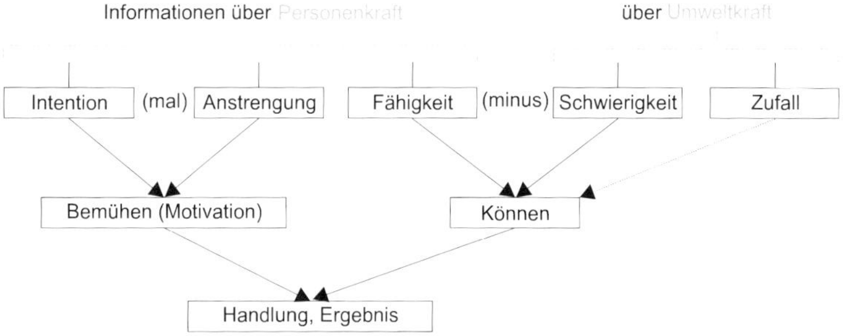

Abbildung 9.45: *Heiders* Handlungsanalyse in der Darstellung von *Heckhausen* (1989, 398)

Auch wenn andere derartige Überlegungen heuristisch interessant und der Plausibilität folgend nachvollziehbar sind, fehlen doch die interpersonell vergleichbaren und in ihrer Kausalattribution zuordenbaren Mechanismen. Dieses Defizit weckte zwangsläufig das Interesse der Forscher, die zu einer ganzen Reihe von Konzeptvorschlägen kamen, darunter unter anderem das statistisch ausgelegte Kovariationsmodell von *Kelley* (1967): Hier wird über den Zeitablauf analysiert, auf welche Ursachen ein Verhalten zurückgeführt werden kann. Tritt ein Verhalten systematisch zusammen mit bestimmten Bedingungen auf, die

- im Handlungsgegenstand,
- in anderen Personen,
- in der Zeit und Dauer der Handlung oder
- in der Art der Interaktion mit dem Handlungsgegenstand

liegen können, liegt also eine Kovariation zwischen Verhaltenswirkung und bestimmten Verhaltensursachen vor, so lassen diese Beobachtungen eine Kausalattribution zu: Bei der *externen* Attribution sind die Ursachen des Verhaltens außerhalb der Person zu finden, bei der *internen* Attribution innerhalb der handelnden Person (Abbildung 9.46).

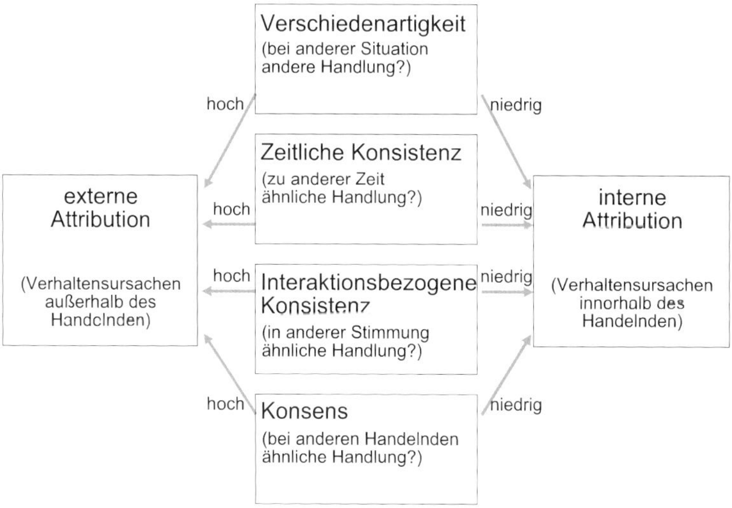

Abbildung 9.46: Kausalattribution (nach *Kelley* 1967, 193-213)

Attributionsmatrizen. Trotz der Vielzahl an diversen Weiterentwicklungen hat sich speziell die Attributionsmatrix von *Weiner* (1971) durchgesetzt, die zwei Gruppen von Auslösern unterscheidet: Das eine ist die *Lokation*, zu verstehen als Attribution auf den eher internen beziehungsweise eher externen Bereich; das andere ist die *Stabilität*. Jemand, der eher intern und in stabilen Strukturen denkt, wird dann Erfolg und

Mißerfolg auf (seine) Fähigkeiten zurückführen, sein Gegenüber mit den anderen Polarausprägungen dagegen auf Zufall. Diese Kombination „Stabilität“ und „Lokation“ wurde von *Weiner* später (1979) noch ergänzt um die Klassifikation aus „Stabilität“ und „Kontrollierbarkeit“ (Übersicht 9.37).

Stabilität	**Lokation**		**Kontrollierbarkeit**	
	internal	external	kontrollierbar	nicht kontrollierbar
stabil	Fähigkeit	Aufgaben-schwierigkeit	Arbeitshaltung, (Fleiß, Faulheit)	Fähigkeit
variabel	Anstrengung	Zufall	Anstrengung (momentan)	leibseelische Verfassung (Stimmung, Müdigkeit)

Übersicht 9.37: Zwei Klassifikationsschemata von *Weiner* in der Darstellung von *Heckhausen* (1989, 424)

Personen führen aber Erfolg und Mißerfolg nicht immer auf die gleichen Ursachen zurück. Vielmehr gehen sie – wie sich empirisch zeigen läßt (vgl. *Heckhausen* 1989, 430-431) – **typbezogen** unterschiedlich vor:

- *Erfolggesteuerte* Personen sehen Erfolg in eigener Fähigkeit, Mißerfolg dagegen in mangelhafter Anstrengung begründet.
- *Mißerfolgsgesteuerte* Personen führen Erfolg auf geringe Aufgabenschwierigkeit, Mißerfolg dagegen auf zu geringe Fähigkeiten zurück.

Daraus ergeben sich für erfolgsgesteuerte Personen positive Verstärkungseffekte (Erfolg = „ich war gut“, Mißerfolg = „ich war faul, kann aber fleißig sein“). Bei mißerfolggesteuerten Personen führt die Kausalattribution zu dem fatalen Ergebnis der Entmutigung (Erfolg = „Zufall“, Mißerfolg = „ich bin und bleibe dumm“). In letzter Konsequenz folgt daraus die „erlernte Hilflosigkeit“ in Form pathologischer Inaktivität.

Modellüberprüfung. *Weiner* selber hat bereits 1974 einen Sammelband mit verschiedenartigsten Belegen und Erläuterungen vorgelegt. Sein eigenes Gesamturteil (vor allem zu den drei Grunddimensionen) fällt dementsprechend positiv aus (1992, 253): Danach belegen die Studien, daß die drei Dimensionen mehr sind als pure Klassifikationsschemata der Attributionstheoretiker; vielmehr drücken sie trotz (oder besser wegen) ihrer Einfachheit tieferliegende Denkstrukturen beim Menschen aus. Die empirische Forschung hat zudem gezeigt, daß die Disposition zu bestimmtem Attributionsverhalten kulturkreis- und (vor allem) gesellschaftsspezifisch ist (vgl. z.B. Überblick bei *Stipek* 1998, 62-65): Danach führen Frauen Erfolg viel seltener auf eigene Fähigkeiten zurück als Männer, sehen aber umgekehrt ihren Mißerfolg stärker in der eigenen mangelhaften Fähigkeit begründet.

Modellbewertung. Neuere und eher organisationspsychologisch ausgerichtete Arbeiten sehen zunehmend in der Attributionstheorie ein wichtiges Hilfsmittel zum Verständnis von langfristig rückgekoppelten Aktionsprozessen. Hierbei helfen die breite empirische Basis und ausgeprägte Diagnosetechniken. Auf der anderen Seite stehen aber Defizite bei der instrumentellen (funktionalen) Nutzung. So gibt es deutlich erkennbare Hinweise auf Veränderungsstrategien von Attributionsverhalten.

9.4.4.6 Modifikationen: Gabarro/Kotter, Weibler und Csikszentmihalyi

Umgedrehte Führung. Angesichts flacher werdender Hierarchien und der zunehmenden Strukturdynamik gewinnen auch alternative Führungsrichtungen an Bedeutung. Nicht nur Führungskräfte führen ihre Mitarbeiter; die Dualität von Führung impliziert auch, daß die Mitarbeiter ihre Führungskräfte führen. Ein bereits seit den 80er Jahren diskutiertes Thema könnte daher wieder an Relevanz gewinnen: die umgedrehte Führung.

Zunehmende Autonomiespielräume führen dazu, daß sich die Aufgabe von Führungskräften wegbewegt von klassischen „Vorgesetzten-Aufgaben"; sie werden vielmehr in der „umgedrehten Führung" als alternierende Partner im Leistungserstellungsprozeß wahrgenommen.

Die gegenseitige Abhängigkeit in einer Führungsbeziehung impliziert, daß nicht nur eine Eltern-Kind-Beziehung zwischen den Führungskräften und den Mitarbeitern besteht, sondern daß diese ebenfalls die Beziehung weiterentwickeln. Dies kann zu einer fallspezifischen Umkehrung der Führungsbeziehung führen, bei der der Mitarbeiter beginnt, steuernden Einfluß auf die „Führungskraft" zu nehmen. Hierfür stehen ihm gemäß *Gabarro* und *Kotter* (1980, 99) mehrere **Mechanismen** zur Verfügung, darunter,

- die Führungskraft und ihren Kontext zu verstehen, was Ziele, Stärken und Schwächen, den präferierten Arbeitsstil und den Druck auf ihn umfaßt,
- die eigenen Bedürfnisse zu verstehen, was neben den Stärken und Schwächen und dem persönlichen Stil auch die Einstellung zur Abhängigkeit von Autoritäten einschließt, und
- die Beziehung zu entwickeln und bewahren, was zur Abstimmung von Bedürfnissen und Stilen, Entwicklung gemeinsamer Erwartungen, Information der Führungskraft, Fairneß und selektiver Nutzung der Ressourcen der Führungskraft führt.

Im Idealfall sehen beide Seiten, daß dieses Beziehungsmanagement ein notwendiger Bestandteil der Arbeit ist.

Auch in der umgedrehten Führung lassen sich verschiedene **Führungsstile** praktizieren (vgl. *Kipnis/Schmidt* 1988, 528-532):

- Der *Draufgänger* (shotgun) beeinflußt die Führungskraft am stärksten und „verkauft" seine eigenen Ideen zum persönlichen Nutzen.
- Der *Taktiker* (tactician) übt einen durchschnittlichen Einfluß auf die Führungskraft aus. Er verfügt über Einflußmöglichkeiten im Unternehmen, etwa auf Budgets, die Zielfindung und das Personal. Der Taktiker verläßt sich zumeist auf Begründungen und Logik.
- Der *Beziehungsspezialist* (ingratiator) setzt Freundlichkeit und Verhandlungsgeschick ein, um die Führungskraft zu beeinflussen.
- Der *unbeteiligte Zuschauer* (bystander) nutzt kaum einen Einfluß auf die Führungskraft. Er versieht Routine-Tätigkeiten im Unternehmen und hat kaum Macht.

In mehreren empirischen Untersuchungen kommen die Autoren zu dem Schluß, daß (gerade männliche) Taktiker bei Leistungsbeurteilungen günstiger abschneiden, mehr verdienen und weniger unter Arbeitsstreß leiden als die jeweils umgekehrt eingestuften Draufgänger; bei Frauen ist dieser Trend abgeschwächt. Das Geschlecht hat demnach einen Einfluß auf den umgekehrten Führungsstil und die Leistungsevaluation.

Der **Erfolg** einer umgedrehten Führung scheint generell dann gegeben, wenn sie auf Vorschläge und Ergebnisse im Sinne einer optimierten Stabsfunktion des Mitarbeiters gestützt ist und gleichzeitig die formale hierarchische Distanz über informelle emotional-sozialisierende Einflußnahme zu substituieren versucht (vgl. *Wunderer* 1992b, 298). Die sich hieraus ergebende Sichtweise, daß Führung kein Nullsummenspiel ist und der wechselseitigen Erfüllung gemeinsamer Aufgaben dient, führt zu einer Koevolution der Führung von oben und von unten. Diese Sichtweise ist kompatibel mit den aktuellen flexibilisierungsbetonenden Führungs- und Organisationskonzepten.

Führung durch die nächsthöhere Führungskraft. In der Literatur über Personalführung dominiert die Interaktionsbeziehung zwischen Mitarbeiter und der direkten Führungskraft. Allerdings kann diese wiederum beeinflußt werden – durch die nächsthöhere Führungskraft –, so daß sich eine Verkettung von Führungsbeziehungen ergibt mit dem Resultat einer weiteren, indirekten Beeinflussung des Mitarbeiters (Abbildung 9.47).

In einer umfangreichen Studie untersucht *Weibler* die führungsbezogenen Aspekte der Position einer nächsthöheren Führungkraft; er kommt zu folgenden **Befunden** (vgl. *Weibler* 1994, 294-309):

- Im Kern stimmen die *Zuständigkeits- und Verhaltenserwartungen* beim Mitarbeiter, der Führungskraft und der nächsthöheren Führungskraft selbst überein. Abweichungen von einer positionstypischen Erwartung treten dennoch auf: Tendenziell schätzt die Füh-

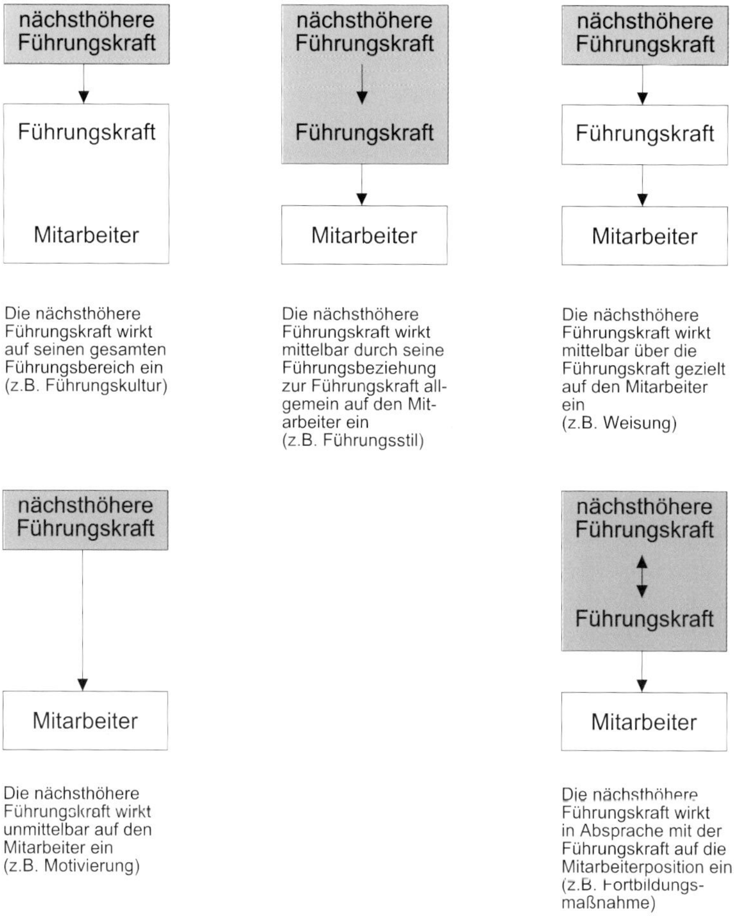

Abbildung 9.47: Einwirkungsmöglichkeiten der nächsthöheren Führungskraft auf die Ebene des geführten Mitarbeiters (nach *Weibler* 1994, 298)

rungskraft die Einflußchancen der nächsthöheren Führungskraft geringer ein; umgekehrt neigen die nächsthöheren Führungskräfte teilweise zu einer Selbstüberschätzung ihrer Einflußchancen.

- Die nächsthöhere Führungskraft kann die Mitarbeiter *mittelbar* über die Beeinflussung der Führungskraft sowie *unmittelbar* über die Rahmenbedingungen (z.B. Mitgestaltung von Arbeitssituation, Prägung der Führungskultur) oder über Verantwortlichkeiten für mitarbeiterbezogene Maßnahmen (z.B. personalpolitische Entscheidungen, Motivation) führen.

- Es besteht ein großer *Überschneidungsbereich* bei mitarbeiterbezogenen Führungsaufgaben; eine enge Zusammenarbeit zwischen nächsthöherer Führungskraft und Führungskraft wird erwartet.
- Die Führungsaktivitäten der nächsthöheren Führungskraft sind vom *Stellenwert* für den Mitarbeiter wichtiger: Vor allem werden stärker normative und strategische Aufgaben mit langfristigen Auswirkungen (z.B. Entlohnung, Karriereplanung) wahrgenommen, ohne daß eine regelmäßige Interaktion mit dem Mitarbeiter stattfinden muß.
- Hinsichtlich des *Detaillierungsgrades* sind die Führungsaufgaben der nächsthöheren Führungskraft eher allgemein, vor allem im Bereich von Arbeitsmotivation, Arbeitssituation und Qualifikation.
- Die *Interaktionsintensität* zwischen nächsthöherer Führungskraft und Mitarbeiter steigt bei Krisen und in komplexen, neuartigen Situationen und bei Abwesenheit der Führungskraft.
- Die Rollenbilder der nächsthöheren Führungskraft sind vielfältig: Ihr wird das eine Machtposition symbolisierende *Letztentscheidungsrecht* eingeräumt. Ein weiteres Rollenbild ist das des *Repäsentanten* seines Verantwortungsbereiches. Auch die Rollen eines *Unternehmers*, *Controllers*, *Durchsetzers eines einheitlichen Führungsverhaltens*, *interpersonalen Konfliktlösers*, *Impulsgebers*, *Vorbilds* und *Ansprechpartners* werden als typisch genannt.
- Da der nächsthöheren Führungskraft eine *Positionsmacht* zugestanden wird, kann sie innerhalb der Logik machtbasierter Führungstheorien operieren.
- Die nächsthöheren Führungskräfte sehen die *Führungskultur* als das für sie wichtigste Führungsinstrument an.
- Die Chance zur *umgedrehten Führung* der nächsthöheren Führungskraft durch den Mitarbeiter sind sehr begrenzt. Überdurchschnittliche Leistungen des Mitarbeiters sind ein Einflußpotential, das bei Bedarf für die Verfolgung eigener fachlicher und persönlicher Anliegen eingesetzt werden kann.

In der **Konsequenz** ist es sinnvoll, die Führungsbeziehungen im Unternehmen nicht allein als Zweierbeziehung zwischen Mitarbeiter und Führungskraft zu begreifen, sondern als Beziehungsgeflecht, das zudem meist nur unterschwellig wirkt. Eine abgestimmte Führung zwischen Führungskraft und nächsthöherer Führungskraft mit zentralen Anweisungen dem Mitarbeiter gegenüber hat inhaltlich-funktionale und führungskulturelle Wirkungen.

Führungsemergenz. Was zunächst paradox erscheint, bedeutet, die Mitarbeiter bewußt sich selbst zu überlassen, so daß sie sich eigene intrinsische Motivationspotentiale erschließen. Dieses Führungskonzept nimmt sowohl Abstand von der Wichtigkeit der Fremdmotivation als auch von der Wichtigkeit zukunftsorientierter Zielsysteme. Statt dessen geht es davon aus, daß Mitarbeiter in einem Unternehmen schlicht deshalb handeln, weil sie dies in der Gegenwart genießen (vgl. *Csikszentmihalyi/Rathunde* 1993, 57).

Eine provozierende Alternative zu den Führungsansätzen besteht darin, Führung durch Nicht-Führung zu praktizieren.

Führung taucht damit simultan zur Arbeit aus den verborgenen Strukturen des Unternehmens und des Mitarbeiters auf, emergiert also gleichzeitig mit dem Fluß des Arbeitens. Charakteristische Dimensionen, die die Erfahrung eines Arbeitsflusses auszeichnen, sind dabei klare Zielstrukturen, sofortiges Feedback im Arbeitsprozeß, das Zusammenfallen von Handeln und Aufmerksamkeit, Verminderung der Selbstwahrnehmung, Beschleunigung der Zeiterfahrung sowie Steigung der Eigenbedeutung von Erfahrung.

Ein Modell für die Analyse von Erfahrung und ihrer Auswirkungen auf die Führungsrealität basiert auf einer **Erhebungsmethodik**, die akkurate Einschätzungen sozialer und psychologischer Alltagserfahrungen, Gedanken, Verhaltensweisen und subjektiver Zustände zuläßt. Hierzu wur-

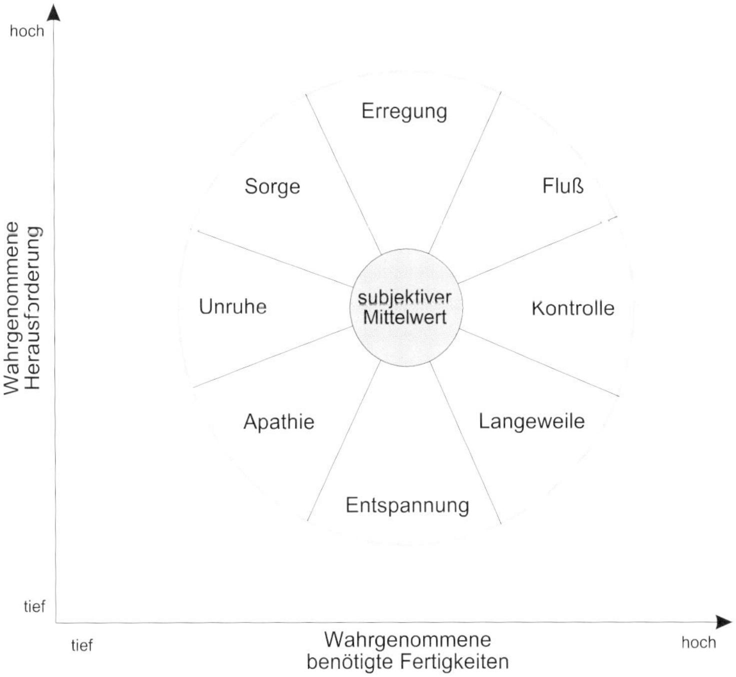

Abbildung 9.48: Modell zur Analyse von Erfahrungszuständen (nach *Csikszentmihalyi/Rathunde* 1993, 69)

Aktivität		**ungefähre Anzahl ESM-Signale**	**Fluß**	**Langeweile**	**Sorge**	**Apathie**
produktiv	Klassenarbeit	1 729	30,5	13,7	40,9	14,9
	Hausarbeit	758	39,8	9,1	43,1	7,9
	Examensvorbereitung	90	33,3	4,4	52,2	10,0
	außerplanmäßige Schulaktivitäten (z.B. Theater, Band)	146	50,7	8,9	31,5	8,9
	Arbeit	99	38,4	26,3	20,2	15,2
Freizeit	Sport/Spiele	80	48,8	2,5	41,3	7,5
	Fernsehen	686	7,7	50,6	3,6	38,0
	Musikhören	102	11,8	44,1	8,8	35,3
	Nachdenken	262	21,8	35,1	17,6	25,6
	Hobbies	172	41,9	16,3	28,5	13,4
tägliches Leben	Essen	364	9,3	49,7	8,2	32,7
	Körperpflege	517	13,9	41,2	12,0	32,9
	Entspannen	232	4,7	53,4	8,2	33,6
	etwas suchen	128	10,9	29,7	20,3	35,2

Übersicht 9.38: Prozentualer Anteil von Jugendlichen in spezifischen Erfahrungszuständen bei verschiedenen Tätigkeiten (nach *Csikszentmihalyi/Rathunde* 1993, 70)

de das ESM-Verfahren (experience sampling method) entwickelt (vgl. *Csikszentmihalyi/Larson* 1987), bei dem Personen mit einem elektronischen Pager und einem kleinen Buch mit Selbsteinschätzungsbogen ausgestattet werden. Sobald der Pager das tägliche, zufallsgesteuerte Signal gibt, nehmen die Personen eine Selbstbeschreibung anhand ihrer Erhebungsbogen vor. Die Ergebnisse lassen sich in einem Modell abtragen, das Erfahrungszustände in die Dimensionen der subjektiven Wahrnehmung der Herausforderung sowie der benötigten Fertigkeiten einordnet (Abbildung 9.48).

Empirische Untersuchungen wie die in Übersicht 9.38 unter 210 Jugendlichen geben an, in welchen Erfahrungszuständen sich Personen bei verschiedenen Aktivitäten befinden. Dabei ist der „Fluß"-Zustand gerade in außerplanmäßigen schulischen Aktivitäten sowie in der Arbeitswelt verbreitet. Tätigkeiten des täglichen Lebens sind eher durch Langeweile und Apathie gekennzeichnet und lösen potentiell Sorge aus.

Eine Selbsteinschätzung hinsichtlich verschiedener Zufriedenheitsniveaus zeigt, daß zwei der drei Dimensionen im Erfahrungszustand des Flusses am höchsten sind (Abbildung 9.49).

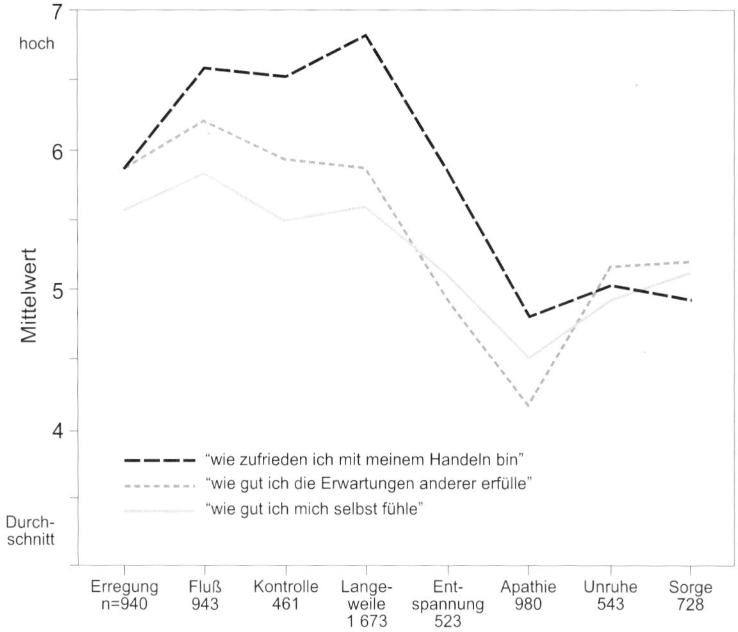

Abbildung 9.49: Selbsteinschätzung in Erfahrungszuständen auf Basis von 6 791 Selbstbeschreibungen von 210 Jugendlichen (*Csikszentmihalyi/Rathunde* 1993, 74)

Emergente Führung, die darauf basiert, daß Mitarbeiter autonom in den Erfahrungszustand des Flusses gelangen, strebt an, daß hiermit eine **autonome Persönlichkeitsentwicklung** verbunden ist. Sie kann nach dem folgenden Schema einer sich gegenseitig verstärkenden Feedbackschleife verlaufen (Abbildung 9.50):

(1) Beim ersten Ausführen einer Aktivität ist sie aufgrund ihrer Neuheit spannend und regt dazu an, sich in sie zu vertiefen (A1).

(2) Ausgehend von diesem instabilen Zufriedenheitszustand nimmt man mit der Zeit entweder eine ähnliche, aber spannendere Aktivität als größere Herausforderung wahr (C1), oder man übt die urspüngliche Aktivität so lange, bis sie langweilig ist (B1).

(3) Um wieder in den Bereich einer befriedigenden Aktivität zu gelangen, ist es notwendig, entweder größere Fertigkeiten zu erlangen (C1 zu A2) oder sich neue Herausforderungen zu suchen (B1 zu A2). Dies geht mit der Erhöhung von Komplexität einher. A1 ist im Vergleich zu A2 mittlerweile ein Apathie-Zustand.

Dieses Schema wiederholt sich, so daß das Verhalten um eine Bandbreite des Flusses herum oszilliert. Erfahrungen mit diesem Zustand verstärken den Wunsch, ihn wieder zu erfahren.

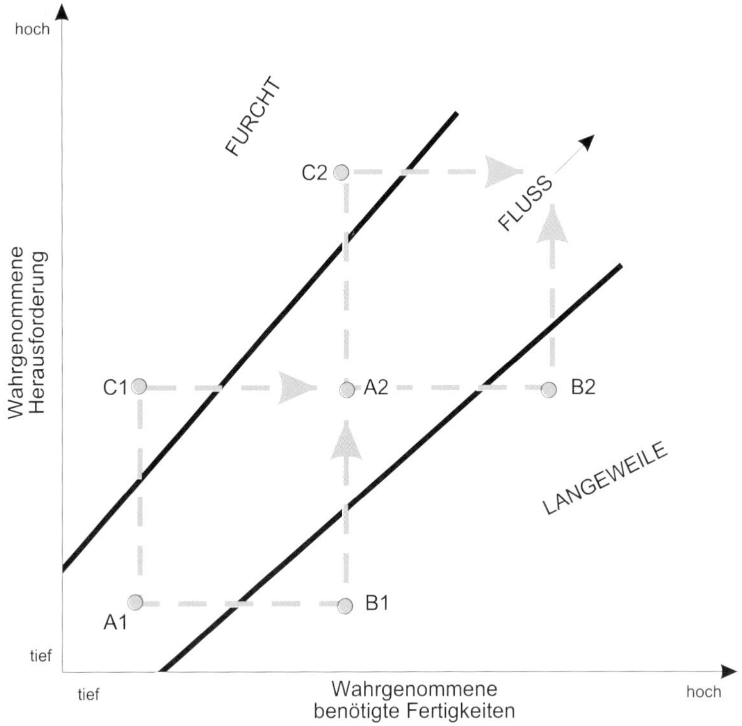

Abbildung 9.50: Dynamik des Fluß-Zustands
(*Csikszentmihalyi/Rathunde* 1993, 75)

Von der emergenten Führung gehen trotz ihrer potentiellen Faszination **Probleme** aus. Es ist zu beachten, daß diese Art von Führung und Führungsverhalten nicht zwingend erwünschte ethische und soziale Resultate hervorbringt, da es auch möglich ist, den Zustand des Flusses im Verfolgen destruktiver Aktivitäten zu finden. Außerdem unterstellt sie die Notwendigkeit einer ständigen Innovation unabhängig von den Konsequenzen für das Unternehmen als ganzes. Der **Vorteil** dieses Ansatzes liegt darin, daß die befriedigendsten Erfahrungen aus Bereichen stammen, die man als Quellen stimulierender Erfahrungen häufig ausblendet.

9.4.4.7 Zusammenführung

Die in diesem Abschnitt präsentierten Bausteine stellen zumindest ansatzweise in Theorie und Praxis akzeptierte Vorschläge zur individuellen Führung dar. Ihr gemeinsamer Nenner ist die Handlungserweiterung, ihre logische Verbindung folgt aus

– dem Startpunkt der Situation,

- der Weiterführung ihrer Emotion, Intuition und Volition und
- der abschließenden Zuordnung (Attribution).

Hinzu kommt die Modifikation in der Richtung der Führungsbeziehung.

9.4.5 Grundformen von Führungsstilmodellen

Führungsstile sind vereinfachte Modelle, mit deren Hilfe die Realität beschreibbar und konkretes Verhalten gestaltbar ist.

9.4.5.1 Das Kontinuum von Tannenbaum und Schmidt

Die einfachste Klassifikation, die sich in fast allen Personallehrbüchern findet, ist das Kontinuum von *Tannenbaum* und *Schmidt* (1958), mit den in Übersicht 9.39 beschriebenen **Grundformen** von Führungsstilen.

1. Die Führungskraft entscheidet und gibt ihre Entscheidung bekannt.	**Führerzentriert** („autoritär")
2. Die Führungskraft entscheidet, „verkauft" ihre Entscheidung sehr diplomatisch.	↕
3. Die Führungskraft präsentiert ihre Ideen und bittet um weitere Vorschläge.	
4. Die Führungskraft präsentiert vage Vorschläge und ermuntert zu Veränderungsvorschlägen.	
5. Die Führungskraft präsentiert Probleme, sucht Vorschläge, trifft dann aber trotzdem die Entscheidung.	
6. Die Führungskraft setzt Rahmenbedingungen, die Gruppe löst das (vorgegebene) Problem.	
7. Die Führungskraft ist Koordinator für Problemdefinition, Alternativensuche und Entscheidung.	(„partizipativ") **Gruppenzentriert**

Übersicht 9.39: Führungsstil-Grundformen im Kontinuum nach *Tannenbaum* und *Schmidt* (1958, 96)

Diese Systematik ist als **Heuristik** anzusehen, die mögliche Führungsstile beschreibt. Die verschiedenen Stile werden durch mehrere Merkmale beschrieben, stellen aber zwangsläufig eine Vereinfachung der Realität und somit eher idealtypische Formen von Führungsstilen dar.

Die Leistung von *Tannenbaum* und *Schmidt* liegt im klassifikatorischen Bereich: Alternative Führungsstile werden aufgezeigt und in eine logische Ordnung gebracht. Im Hinblick auf einen deskriptiv-empirischen Ansatz fehlen Aussagen, welche Führungstile tatsächlich praktiziert werden, beziehungsweise (exakter:) damals verwendet wurden. Gleiches gilt für die präskriptive Komponente: Danach wäre zu prüfen, welcher Führungsstil in welchen Situationen angemessen ist.

9.4.5.2 Die Kontingenztheorie von Fiedler

Bereits 1964 legte *Fiedler* (1964; 1965; 1967) seine Kontingenztheorie vor, die im wesentlichen bis heute von ihm nicht mehr verändert wurde und primär auf dem LPC-Score basiert.

Der LPC-Score entspricht der Wertschätzung, die eine Führungskraft demjenigen Mitarbeiter entgegenbringt, mit dem sie am wenigsten gern zusammenarbeitet („least preferred co-worker").

Die Idee. Der LPC-Score gilt bei *Fiedler* als Indikator für das **Führungsverhalten**: Dabei drückt ein *hoher* LPC-Wert aus, daß eine Führungskraft selbst den am wenigsten geschätzten Mitarbeiter noch immer wohlwollend beschreibt, also beziehungsorientiert führt. Bei niedrigem LPC-Score orientiert sich die Führungskraft dagegen ausschließlich an der zu lösenden Aufgabe, ist also aufgabenorientiert (Übersicht 9.40).

LPC-SKALA		
angenehm	-8- -7- -6- -5- -4- -3- -2- -1-	unangenehm
freundlich	-8- -7- -6- -5- -4- -3- -2- -1-	unfreundlich
zurückweisend	-1- -2- -3- -4- -5- -6- -7- -8-	entgegenkommend
gespannt	-1- -2- -3- -4- -5- -6- -7- -8-	entspannt
distanziert	-1- -2- -3- -4- -5- -6- -7- -8-	persönlich
kalt	-1- -2- -3- -4- -5- -6- -7- -8-	warm
unterstützend	-8- -7- -6- -5- -4- -3- -2- -1-	feindselig
langweilig	-1- -2- -3- -4- -5- -6- -7- -8-	interessant
streitsüchtig	-1- -2- -3- -4- -5- -6- -7- -8-	ausgleichend
verdrießlich	-1- -2- -3- -4- -5- -6- -7- -8-	heiter
offen	-8- -7- -6- -5- -4- -3- -2- -1-	verschlossen
verleumderisch	-1- -2- -3- -4- -5- -6- -7- -8-	loyal
unzuverlässig	-1- -2- -3- -4- -5- -6- -7- -8-	zuverlässig
rücksichtsvoll	-8- -7- -6- -5- -4- -3- -2- -1-	rücksichtslos
widerlich	-1- -2- -3- -4- -5- -6- -7- -8-	nett
akzeptabel	-8- -7- -6- -5- -4- -3- -2- -1-	nicht akzeptabel
unaufrichtig	-1- -2- -3- -4- -5- -6- -7- -8-	aufrichtig
gefällig	-8- -7- -6- -5- -4- -3- -2- -1-	nicht gefällig

Übersicht 9.40: LPC-Skala (*Fiedler/Chemers/Mahar* 1979, 16)

Die **Führungssituation** wird in diesem Ansatz über drei jeweils bipolar abbildbare Dimensionen erfaßt:

- Die *Führungskraft-Mitarbeiter-Beziehung* betrifft das Vertrauen der Gruppe in die Führungskraft und ihre Bereitschaft, den Anweisungen der Führungskraft zu folgen.

- Die *Aufgabenstruktur* bezieht sich auf den Grad, mit dem die zu realisierende Tätigkeit genau vorgegeben ist. Die Aufgabenstruktur kann damit wohl strukturiert oder aber vage und unspezifiziert sein.
- Die *Positionsmacht* entsteht durch Befugnisse, die die Führungskraft im Hinblick auf Belohnung oder Bestrafung eingeräumt bekommt.

Daraus ergeben sich acht verschiedene Führungssituationen. Je besser die Führungskraft-Mitarbeiter-Beziehung, je klarer die Aufgabenstruktur und je stärker ausgeprägt die Positionsmacht der Führungskraft, desto günstiger ist die Führungssituation für die Führungskraft laut Kontingenztheorie der Führung.

Für den **Führungserfolg** als dritte Komponente schlägt *Fiedler* keine einheitliche Meßvorschrift vor. Vielmehr greift er auf die ganze Unterschiedlichkeit der Basisstudien zurück, die er für sich nutzt: Hieraus folgt eine Bandbreite, die von subjektiver Perzeption bis hin zu objektiv-betriebswirtschaftlichen Kennzahlen reicht.

Die Erhebung. Für dieses Testdesign nutzte *Fiedler* (1967, 134-146) unterschiedlichste Erhebungen, die jeweils als „+“ in Abbildung 9.51 eingezeichnet sind: Jeder Eintrag stellt dabei die in einer spezifischen

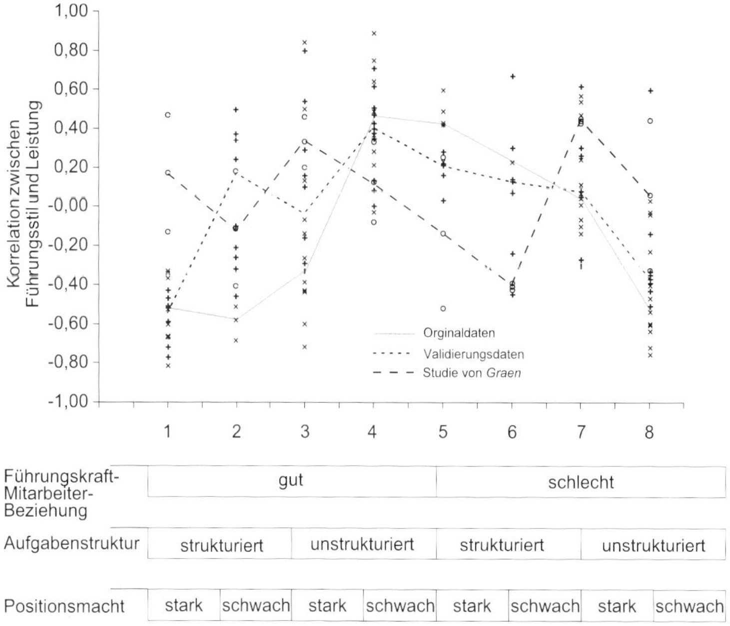

Abbildung 9.51: Das Modell von *Fiedler* (nach *Fiedler* 1967, 134-146; 1971, 138; *Fiedler/Chemers* 1974, 82)

Situation realisierte Korrelation zwischen Führungsstil und Leistung dar. Die durchgezogene Linie drückt den Mittelwert über diese Korrelationen aus und führt zum typischen Verlauf der „Kurve von *Fiedler*". Zusätzlich sind die Ergebnisse derjenigen Studien eingetragen, die von *Fiedler/Chemers* (1974, 82) als Validierung akzeptiert wurden. Hinzukommen einige Werte, die *Fiedler* (1971, 138) zur Validierung ablehnt.

Die Grundaussage. Ursprünglich wollte *Fiedler* einen positiven Zusammenhang zwischen LPC-Score und Gruppeneffektivität – erfaßt über den Grad der Aufgabenerfüllung – nachweisen. Statt dessen ergaben sich jedoch positive und negative Korrelationen. Daraus schloß *Fiedler*, daß bestimmte Führungssituationen einen beziehungsorientierten (hohe Gruppeneffektivität bei hohem LPC-Wert), andere wiederum einen aufgabenorientierten Führungsstil (hohe Gruppeneffektivität bei niedrigem LPC-Wert) erfordern.

Ein wesentlicher Unterschied zu anderen Führungsansätzen besteht darin, daß nicht der Führungsstil, sondern die Führungssituation als zu verändernde Größe betrachtet wird (*Fiedler* 1965). Manager müssen daher in ihren diagnostischen Fähigkeiten geschult werden, damit sie die für ihren Führungsstil geeignete Führungssituation ermitteln und schaffen (!) können.

Modellbewertung. *Fiedlers* Ergebnisse sind aufgrund fehlender statistischer Signifikanz höchst angreifbar. Auch sonst fällt die **Kritik** an *Fiedler* umfassend und teilweise vehement aus (vgl. *Graen et al.* 1970; *Schreyögg* 1973; *Neuberger* 1995a, 180-181):

- ungeklärt ist der eigentliche Inhalt des LPC-Werts,
- methodisch unsauber der Effektivitätsbegriff,
- unfundiert die Verknüpfung der Situationsmerkmale zur Günstigkeit,
- oft werden sehr kleine Stichproben (wie n = 6) verwendet,
- die Beziehungen zwischen Führungskraft und Mitarbeiter können nicht als unabhängige situative Variable angesehen werden, da die Führungskraft in Kenntnis der Gruppenleistung ein Urteil über die Gruppenatmosphäre abgibt,
- die Rolle der Mitarbeiter bleibt unberücksichtigt,
- offen bleibt, wieso Feldstudien *Fiedler* eher stützen, während ihn Laborexperimente eher falsifizieren,
- problematisch ist die Konsequenz, zum Beispiel durch Verschlechterung der Beziehungen eine Stimmigkeit zwischen Führungsstil und Situation herstellen zu wollen,
- ungeklärt bleiben die aus den Korrelationen zwischen LPC, Gruppenerfolg und bestimmten Situationsmerkmalen abgeleiteten Führungsstilempfehlungen, wobei (implizit) nicht näher analysierte Kausalzusammenhänge unterstellt werden.

Die Liste der Kritikpunkte läßt sich nahezu beliebig verlängern: Sie reicht bis zum Vorwurf, *Fiedler* habe im nachhinein die Zuordnung der Gruppen zu seinen Oktanten gewechselt, um das Falsifikationsrisiko zu verringern (*Neuberger/Roth* 1974, 140). Auch sonst regt gerade das Modell von *Fiedler* zu durchaus pointierten Formulierungen an. Abschließend zeigt Übersicht 9.41 exemplarische Beurteilungen des Vorschlags von *Fiedler*.

Insgesamt liegt der Verdienst von *Fiedler* im Betonen des situativen Charakters der Führung und in der Abkehr von der Fiktion eines „(immer) optimalen" Führungsstils.

***Neuberger* (1972, 211)**

Mit diesem Modell hat *Fiedler* einen Weg gewiesen, den die empirische Forschung einschlagen kann. Dahinter steht die Hoffnung, daß sich durch systematische Bedingungsvariation letzten Endes die wichtigsten Zusammenhänge offenbaren werden.

***Neuberger* (1976, 231-232)**

Die praktische Bedeutung der Aussagen, der klare Aufbau der Theorie und die unaufwendige Ermittlung der Prädiktoren und Kriterien haben *Fiedlers* Ansatz zu der – ... – wohl meist untersuchten Hypothese der Organisationspsychologie werden lassen. ... Abschließend ist festzuhalten, daß *Fiedlers* großer Verdienst darin besteht, als erster eine Interaktionstheorie der Führung operational und falsifizierbar formuliert zu haben.

***Neuberger* (1985, 160+162)**

Fiedler hat sich gegenüber Falsifikationsversuchen seiner Theorie äußerst uneinsichtig gezeigt. *Fiedlers* Theorie ist ein wertvolles Anschauungsbeispiel für Tendenzen, die in anderen Ansätzen der technologisch und instrumentell orientierten Führungsforschung zu finden sind. Ein sehr dürftiges Grundkonzept wird durch einfache Instrumente, die eine leichte Anwendung zulassen, operationalsiert. Die verwirrende Datenmenge wird durch eine vorläufige Hypothese geordnet, die aber plötzlich als „Theorie" ausgegeben und uneinsichtig gegenüber jeder Kritik verteidigt wird. Statt den Ansatz aufzugeben oder weiter zu entwikkeln, erschöpft sich die Energie Fiedlers in hartnäckiger Verteidigung eines Phantoms, so daß er langsam zum „least preferred co-worker" vieler seiner Kollegen wird.

***Neuberger* (1995b, 181)**

Fiedler hat mit seiner Kontingenztheorie viele empirische und methodologische Arbeiten angeregt, war aber nicht bereit, die differenzierte Kritik an Meßverfahren und Theorie für Revisionen seines Ansatzes zu nutzen. Seine Arbeit ist ein gutes Beispiel dafür, daß Theorien erst grundlegend geändert oder aufgegeben werden, wenn ihr Begründer gestorben ist. *Fiedlers* Ausgangspunkt waren (fragwürdige) Meßverfahren; die Ergebnisse, die er mit ihnen erhielt, hat er zur „Theorie" generalisiert.

Übersicht 9.41: Urteile über *Fiedler* „im Laufe der Zeit"

9.4.5.3 Das Entscheidungsmodell von Vroom und Yetton

Wie *Fiedler* gehen auch *Vroom* und *Yetton* (1973) davon aus, daß es keinen in allen Situationen gleichermaßen günstigen Führungsstil gibt.

Im Zentrum des Modells steht eine Klassifikation von Führungsstilen, die sich primär im Partizipationsgrad unterscheiden.

Die Autoren stützen sich dabei auf in der Literatur propagierte Führungsstile, darunter die zuvor angesprochene Systematik von *Tannenbaum* und *Schmidt*. Im einzelnen unterscheiden *Vroom* und *Yetton* – neben der Individualführung (1:1-Führung) – fünf **Führungsstile** (Entscheidungsstrategien) für Gruppenentscheidungen (Übersicht 9.42).

AI	Die Führungskraft löst das Problem oder trifft die Entscheidung alleine, wobei sie lediglich die ihr zur Zeit verfügbare Information verwendet.
AII	Die Führungskraft holt die notwendige Information von ihren Mitarbeitern ein und entscheidet dann (alleine!). Ihr ist dabei freigestellt, ob sie die Mitarbeiter darüber informiert, wozu die Information erforderlich ist: Die Mitarbeiter sind ausschließlich Informationsbeschaffer, nicht aber Alternativengenerierer oder Alternativenbewerter.
CI	Die Führungskraft diskutiert das Problem mit einzelnen Mitarbeitern individuell, holt deren Meinung ein und trifft dann aber die Entscheidung alleine. Die Entscheidung kann, muß aber nicht den Einfluß der Mitarbeiter widerspiegeln.
CII	Die Führungskraft diskutiert das Problem mit der Gruppe der Mitarbeiter, wobei Informationsbeschaffung und Alternativengenerierung kollektiv erfolgen. Die nachfolgende Entscheidung wird ausschließlich von der Führungskraft getroffen.
G	Die Führungskraft diskutiert das Problem mit ihren Mitarbeitern in einer Gruppe aus nahezu gleichrangigen Mitgliedern. Gemeinsam werden Informationen gesucht, Alternativen generiert und bewertet. Die Rolle der Führungskraft ist mehr die eines Gruppenleiters, der sich mit der organisatorischen Abwicklung befaßt, nicht aber mit der Beeinflussung der Gruppenmitglieder.

Übersicht 9.42: Führungsstile nach *Vroom* und *Yetton* (1973, 13)

Anzumerken ist zunächst, daß in den nachfolgenden Ausführungen die sachlich und historisch im Zeitablauf divergierenden Bezeichnungen im Modell leicht modifiziert wurden, damit die Aussagen zueinander kompatibel sind. Die Bezeichnungen in den Übersichten und Abbildungen stimmen daher nicht immer mit den zitierten Originalquellen überein.

Fiedler charakterisierte die Führungssituation anhand von drei situativen Variablen mit jeweils zwei Ausprägungen und erhielt deshalb acht alternative Führungssituationen (2^3). *Vroom* und *Yetton* verwenden ein wesentlich **differenzierteres** Klassifikationsschema: Dieses berücksichtigt nicht nur die Informationsverfügbarkeit, sondern auch die Entscheidungsakzeptanz durch die Gruppe. Die **sieben** Situationsattribute führen – aufgefaßt als binär zu beurteilende Variablen – zu **128** unterschiedlichen Führungssituationen (2^7). Sie sind in Übersicht 9.43 ausgewiesen und mit **a** bis **g** gekennzeichnet; hinzu kommen drei „zusätzliche" Situationsattribute für Unterfälle.

a	Die „objektive" Qualität der Entscheidung ist wichtig.
b	Die Führungskraft verfügt über genug Informationen, um alleine eine qualitativ hochwertige Entscheidung zu treffen.
c	Das Problem ist aus Sicht der Führungskraft insoweit ausreichend strukturiert, da sie sowohl weiß, wer über die notwendigen Informationen verfügt, als auch wie sie eingeholt werden können.
d	Das Ausmaß an Akzeptanz oder Engagement auf seiten der Mitarbeiter hat einen deutlichen Einfluß auf eine sinnvolle Entscheidungsdurchführung.
e	Die Wahrscheinlichkeit ist hoch, daß eine autokratische Entscheidung der Führungskraft von den Mitarbeitern akzeptiert wird.
f	Die Führungskraft kann davon ausgehen, daß die Mitarbeiter im Hinblick auf die in der Problemstellung angesprochenen Organisationsziele hochmotiviert sind.
g	Die Wahrscheinlichkeit ist groß, daß es zwischen den Mitarbeitern zu deutlichen Meinungsunterschieden im Hinblick auf die bevorzugte Lösung kommt.
x	Die Mitarbeiter haben (als Kollektiv) die notwendigen Informationen, um eine hochwertige Entscheidung alleine zu treffen.
y	Notwendige Zusatzinformationen können im Kreise der Mitarbeiter gefunden werden.
z	Es ist zulässig, weitere Informationen außerhalb der Gruppe (Führungskraft plus Mitarbeiter) zu sammeln, bevor eine Entscheidung getroffen wird.

Übersicht 9.43: Situationsattribute nach *Vroom* und *Yetton* (1973, 13 + 21-30 + 39)

Nicht alle 128 Situationen sind logisch sinnvoll. *Vroom* und *Yetton* gehen daher von einem **Entscheidungsbaum** aus, bei dem sukzessive bestimmte Äste abgearbeitet und unzulässige Situationsattribute übergangen werden. So sind die Aussagen zu den Situationsattributen **b** und **c** immer dann bedeutungslos, wenn die Entscheidungsqualität **a** unwichtig ist, die Frage also mit „nein" beantwortet wird.

Als nächstes definieren die Autoren Unzulässigkeitsregeln, um Qualität und Akzeptanz der Entscheidung zu sichern: Das Schnittmengensymbol

$\cap$ charakterisiert in Übersicht 9.44, daß beide Situationsattribute zutreffen. Ein Strich oberhalb des Situationsattributes bedeutet Verneinung der entsprechenden Frage, ein Strich oberhalb eines Führungsstils, daß dieser Führungsstil nicht Bestandteil der zulässigen Lösungsmenge ist.

„Qualitätsregeln"			
Informationsregel:	$a \cap \overline{b}$	$\rightarrow$	$\overline{AI}$
Vertrauensregel:	$a \cap \overline{f}$	$\rightarrow$	$\overline{G}$
Strukturregel:	$a \cap \overline{b} \cap \overline{c}$	$\rightarrow$	$\overline{AI}$, $\overline{AII}$, $\overline{CI}$
„Akzeptanzregeln"			
Akzeptanzregel:	$d \cap \overline{e}$	$\rightarrow$	$\overline{AI}$, $\overline{AII}$
Konfliktregel:	$d \cap \overline{e} \cap g$	$\rightarrow$	$\overline{AI}$, $\overline{AII}$, $\overline{CI}$
Fairneßregel:	$\overline{a} \cap d \cap \overline{e}$	$\rightarrow$	$\overline{AI}$, $\overline{AII}$, $\overline{CI}$, $\overline{CII}$
Prioritätsregel:	$d \cap \overline{e} \cap f$	$\rightarrow$	$\overline{AI}$, $\overline{AII}$, $\overline{CI}$, $\overline{CII}$

Übersicht 9.44: Unzulässigkeitsregeln von *Vroom* und *Yetton* (1973, 32-34)

Wendet man diese Unzulässigkeitsregeln an, so erhält man in einigen Fällen eine eindeutige **Lösung**: So führt die Verneinung der Situationsattribute **a** und **e**, verbunden mit der Bejahung des Situationsattributes **d**, zur Wahl des Führungsstils **G**. In anderen Fällen dagegen bleiben alle **fünf** Führungsstile zulässig: Dies gilt beispielsweise bei Verneinung der Situationsattribute **a** und **d**. Abbildung 9.52 zeigt dieses **„mehrdeutige"** Modell, das auch bei den abschießend zu diskutierenden empirischen Überprüfungen als Test-Hypothese Verwendung fand.

Um in allen Situationen zu einer eindeutigen Lösung zu gelangen, wurde eine weitere Einschränkung des Lösungsraums im Hinblick auf eine optimale Lösung notwendig: Zur Auswahl stand erstens ein Vorschlag, nach dem grundsätzlich immer der Führungsstil mit dem höchsten Partizipationsgrad zu wählen war; dies hätte aber nahezu immer den Führungsstil **G** ergeben. Eine andere Auswahlregel besagte, immer den Führungsstil zu verwenden, der mit dem **geringsten Aufwand** für die Lösungsfindung verbunden ist: Unter Berücksichtigung dieser zweiten Zusatzregel konnte für jede Führungssituation exakt ein Führungsstil festgelegt werden (Abbildung 9.53).

Modellüberprüfung. Das Modell von *Vroom* und *Yetton* wurde einer Reihe von **empirischen Überprüfungen** unterzogen (vgl. *Vroom/Jago* 1978, 151-462; *Yetton/Vroom* 1978, 133-149; *Margerison/Glube* 1979). Keiner dieser Tests falsifizierte das Modell von *Vroom* und *Yetton*, wenngleich auch die Stützung der Thesen häufig schwach ausfiel.

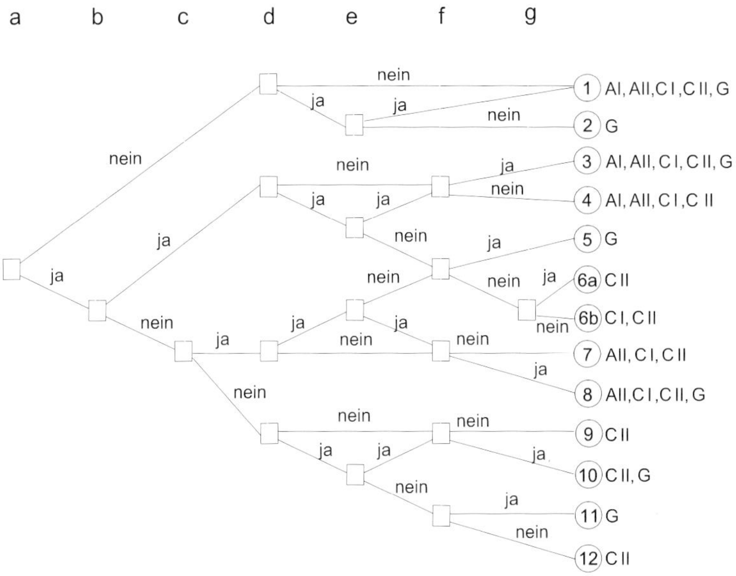

Abbildung 9.52: Führungsstil-Auswahl im „mehrdeutigen" Modell von *Vroom* und *Yetton* (nach *Jago* 1987, 938)

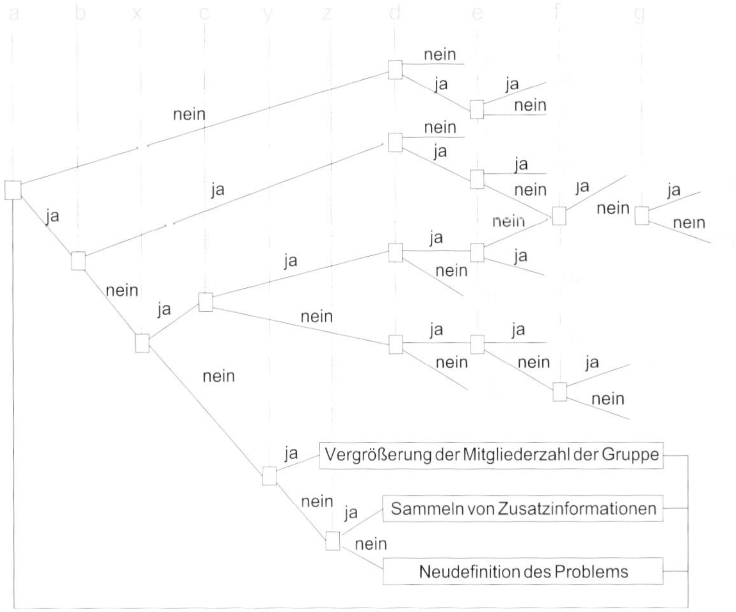

Abbildung 9.53: Führungsstil-Auswahl im „eindeutigen" Modell von *Vroom* und *Yetton* (nach *Vroom*/*Yetton* 1973, 39)

Eine der überzeugendsten Untersuchungen des Vorschlags von *Vroom* und *Yetton* ist die Studie von *Field* (1982): Sie basiert nicht wie andere Studien auf der Selbsteinschätzung von Managern, sondern analysiert im Laborexperiment das Entscheidungsverhalten von 276 MBA-Studenten. Für **23** Führungssituationen wurde eine Fallstudie geschrieben und fünf Kleingruppen zur Lösung übertragen: In jeder der fünf Parallelgruppen wurde dem Gruppenleiter ein anderer Führungsstil vorgeschrieben, weshalb letztlich jede der 23 Fallstudien (Situationen) mit jedem Führungsstil „bearbeitet" wurde.

Folgende **Hypothesen** sollten getestet werden (vgl. *Field* 1982, 525):
(1) Ergebnisse, die mit einer zulässigen Kombination von Führungsstil und Führungssituation erreicht werden, sind effektiver als „unzulässige" Kombinationen.
(2) Die Qualität der Entscheidung sinkt, sobald eine Qualitätsregel verletzt wird.
(3) Ceteris paribus führt die Verletzung jeder Qualitätsregel zur Reduktion der Entscheidungsqualität.
(4) Verletzung bereits einer Akzeptanzregel verringert die Entscheidungsakzeptanz.
(5) Ceteris paribus verringert die Verletzung jeder Akzeptanzregel die Entscheidungsakzeptanz.

Die rechte Spalte in Übersicht 9.45 zeigt, daß fünf der sieben Zulässigkeitsregeln auf die Gesamtlösungseffektivität durchschlagen. Hypothese 1 fand sich gestützt. Hypothese 2 und 3 konnten nicht gestützt werden, da die Erfüllung der Vertrauensregel zu keiner signifikanten Qualitätsverbesserung führt. Hypothese 4 konnte gestützt werden, wie die Werte

	Regel befolgt	**Regel verletzt**	**t**	**Regel befolgt**	**Regel verletzt**	**t**
	Qualität			Gesamteffektivität		
Qualitätsregeln						
(1) Information	3.13	2.73	1.02	3.35	2.59	2.19*
(2) Vertrauen	2.68	3.05	- 0.84	2.81	3.48	- 1.60
(3) Struktur	3.91	3.43	1.69*	4.05	3.32	2.76**
	Akzeptanz			Gesamteffektivität		
Akzeptanzregeln						
(4) Grundakzeptanz	4.48	3.36	3.10**	3.69	3.15	1.69*
(5) Konflikt	4.56	3.63	1.50	3.79	2.70	2.29*
(6) Fairneß	5.33	3.58	2.11*	5.33	3.58	2.11*
(7) Priorität	5.06	4.26	2.30*	3.64	3.36	0.67
* $p < 0.05$, ** $p < 0.01$						

Übersicht 9.45: Das Experiment von *Field* (1982, 529)

im linken unteren Quadranten anzeigen. Im Hinblick auf Hypothese 5 ist von einer teilweisen Stützung zu sprechen, da bei der Konfliktregel das notwendige Signifikanzniveau nicht erreicht wurde.

Eine weitere Überprüfung dieses Modells wurde in **Österreich** vorgenommen (*Böhnisch/Jago/Reber* 1987): 381 Führungskräfte beschrieben 675 konkrete Problemlösungssituationen. Auch hier sollte wieder geprüft werden, inwieweit Regelverletzungen zu Effektivitätsverlusten führten. Es zeigte sich eindeutig, daß die (allerdings wieder subjektive) Einschätzung der Gesamteffektivität mit der Anzahl verletzter Regeln signifikant negativ korreliert (r = - 0,22, p < 0.01), also abnimmt.

Übersicht 9.46 enthält die Mittelwerte der jeweils relevanten Effektivitätskriterien, aufgeteilt in Fälle, wo die entsprechende Regel verletzt beziehungsweise befolgt wurde. Drei Regeln erreichten signifikante Unterschiede, für die übrigen Regeln war die Belegungszahl möglicherweise zu gering.

	Regel befolgt (69%)	**Regel verletzt (21%)**	**t**
Qualitätsregeln			
(1) Information	1.37 (122)	- 0.58 (12)	2.57**
(2) Vertrauen	1.25 (100)	0.39 (23)	1.38
(3) Struktur	0.95 (37)	0.04 (26)	1.31
Akzeptanzregeln			
(4) Grundakzeptanz	0.69 (148)	- 1.47 (47)	4.64**
(5) Konflikt	0.42 (66)	- 0.86 (58)	2.58**
(6) Fairneß	1.43 (7)	- 0.29 (14)	1.22
(7) Priorität	1.85 (26)	1.16 (56)	1.13
** p < 0.01			

Übersicht 9.46: Die Konsequenzen von Regelbefolgung und Regelverletzung für Qualität (oben) beziehungsweise Akzeptanz (unten) in der Studie von *Böhnisch*, *Jago* und *Reber* (1987, 91)

Abgesehen von der durchwegs guten Stützung der Überlegungen von *Vroom* und *Yetton* deutet diese Studie zumindest für diesen Führungsansatz auf eine **interkulturelle Validität** hin. Dies belegt auch die in Übersicht 9.47 wiedergegebene Zusammenfassung der sechs wichtigsten Studien zu diesem Modell.

Modellbewertung. Zusammenfassend kann als entscheidender **Vorteil** des Modells von *Vroom* und *Yetton* festgestellt werden, daß es eine hohe Zahl von Situationsvariablen verwendet und plausible, im empirischen Test (tendenziell) stützbare Empfehlungen zur Führungsstilwahl gibt.

	Studie	Effektiv	Nicht-Effektiv
Führungsstil in Übereinstimmung mit dem Modell	(a)	68%	32%
	(b)	67%	33%
	(c)	61%	39%
	(d)	49%	51%
	(e)	54%	46%
	(f)	67%	33%
		62%	**38%**
Führungsstil **nicht** in Übereinstimmung mit dem Modell	(a)	22%	78%
	(b)	41%	59%
	(c)	38%	62%
	(d)	36%	64%
	(e)	29%	71%
	(f)	44%	56%
		37%	**63%**

(a) *Vroom/Jago* 1978
(b) *Zimmer* 1978
(c) *Tjosvold/Wedley/Field* 1986
(d) *Field* 1982
(e) *Liddell et al.* 1986
(f) *Böhnisch/Jago/Reber* 1987

Übersicht 9.47: Untersuchungen zum *Vroom/Yetton*-Modell
(erweitert nach *Vroom/Jago* 1988, 80)

Der Ansatz von *Vroom* und *Yetton* läuft unter der Bezeichnung „ein **normatives** Modell". Dies deutet auf spezifische Wertvorstellungen seiner Entwickler hin, wonach partizipative Führung grundsätzlich als anstrebenswert gilt – sofern von der Situation her möglich. Allerdings ist das Modell von *Vroom* und *Yetton* ein nahezu deterministisches Modell. Diese technokratische Modellstruktur scheint dabei dem „humanen" Grundansatz dieses Modells zu widersprechen. So spricht *Neuberger* (1985, 153-154) in diesem Zusammenhang von „Horrorvision" und einer als Trugbild entlarvten „technizistischen Fassade", die von der zugrundeliegenden „normativen Irrationalität" ablenkt.

Trotzdem: Gerade dieser Ansatz stellt an Führungskräfte besonders hinsichtlich der differenzierten Analyse der aktuellen Führungssituation hohe Anforderungen. Dieser Vorschlag ist sicherlich weit von einer Automatisierbarkeit entfernt. Auch die (implizite) Forderung von *Vroom* und *Yetton*, in jeder Führungssituation einen anderen Führungsstil zu praktizieren, stellt hohe Anforderungen an die Führungskräfte.

Nicht zuletzt aus diesen Gründen dürfte – trotz aller Kritik – das Modell von *Vroom* und *Yetton* ein wichtiger Denkanstoß zu einem Ansatz sein, wonach in Abhängigkeit

- vom aktuellen Problem,
- vom Informationsstand der Führungskraft,
- vom Informationsstand der Mitarbeiter,

- von diversen Akzeptanzüberlegungen,
- von diversen Qualitätsüberlegungen und
- von Effizienzüberlegungen

einzelfallspezifisch über den Führungsstil entschieden wird.

9.4.5.4 Zusammenführung

Das Kontinuum von *Tannenbaum* und *Schmidt* ist rein **deskriptiv**: Es zeigt, welche unterschiedlichen Formen von Führungsstilen existieren und durch welche Charakteristika sie sich auszeichnen. Das Modell von *Fiedler* macht **präskriptiv** Aussagen darüber, wie in Abhängigkeit vom Führungsstil die Führungssituation zu gestalten ist. *Vroom* und *Yetton* gehen ebenfalls präskriptiv vor: Sie definieren den effektiven Führungsstil aber als situationsspezifisch wählbar; hinzu kommt die „**normative**" Grundausrichtung auf einen Kompromiß zwischen Aufwandsminimierung und Partizipation.

Vergleicht man die **Methodik**, die zur Generierung der drei zuvor diskutierten Ansätze geführt hat, so gehen *Tannenbaum* und *Schmidt* ausschließlich klassifikatorisch vor. *Fiedler* operiert induktiv, indem er generalisierend aus empirischen Befunden auf eine allgemeingültige „Theorie" schließt. Dagegen operieren *Vroom* und *Yetton* deduktiv: Sie entwickeln plausibilitätsgestützte und aus Führungstheorien abgeleitete Aussagen, die sie dann empirischen Prüfungen unterziehen.

9.4.6 Führungsstilmodelle der Ohio-State-Forschung

9.4.6.1 Die Ohio-State-Forschung

Unter der Bezeichnung „Ohio-State-Forschung" oder „Ohio-Schule" faßt man die Studien zum Führungsstil zusammen, die zwischen 1945 und 1960 an der Ohio State University durchgeführt wurden: Ziel dieser bei *Stogdill* und *Coons* (1957) dokumentierten Studien war es, einen Zusammenhang zwischen dem Führungsverhalten und den Gruppencharakteristika aufzudecken. Aus den zunächst deskriptiven Ansätzen sollten dann „gute Führungsqualitäten" bestimmt werden.

Das Schwergewicht der Ohio-State-Studien lag auf der Beschreibung des Führungsverhaltens.

Die Basis der Ohio-State-Studien besteht aus **neun** plausibilitätsmäßig abgeleiteten „Dimensionen" von Führungsverhalten. Für sie wurden 1 790 Items generiert, von denen über Expertenurteile 150 als aussagekräftig eingestuft und auf Subkategorien zugeordnet wurden. Übersicht 9.48 zeigt die neun Dimensionen der Ohio-State-Forschung, die (zwei bis vier) Subkategorien pro Dimension sowie die Anzahl der Items pro Subkategorie.

1. Initiative

Entwicklung neuer Ideen und Praktiken (7)
Unterstützung neuer Ideen und Praktiken (4)
Widerstand gegen neue Ideen und Praktiken (4)

2. Mitgliedschaft

Fraternisierung des Führers mit der Gruppe (4)
Informale Interaktion (5)
Austausch persönlicher Dienstleistungen (6)

3. Repräsentation

Verteidigung der Gruppe gegen Angriffe (5)
Förderung von Gruppeninteressen (7)
Handlungen im Auftrag der Gruppe (4)

4. Integration

Zurückstellen individuellen Verhaltens (6)
Unterstützung einer angenehmen Gruppenatmosphäre (4)
Reduktion von Konflikten zwischen Gruppenmitgliedern (5)
Förderung der individuellen Anpassung an die Gruppe (2)

5. Organisation

Definition oder Strukturierung der eigenen Arbeit (4)
Definition oder Strukturierung der Arbeit von anderen (9)
Definition oder Strukturierung der Arbeitsbeziehung zwischen Personen (5)

6. Dominanz

Einschränkung der Aktionen (6)
Einschränkung von Entscheidungen (8)
Einschränkung von Meinungen (5)

7. Kommunikation

Informieren von Mitarbeitern (8)
Informationen suchen (4)
Informationsaustausch unterstützen (4)
Erkennen von Gruppenproblemen (6)

8. Anerkennung

Handlungen, die Zustimmung ausdrücken (7)
Handlungen, die Ablehnung ausdrücken (7)

9. Leistungsbetonung

Vorgabe von Leistungszielen (6)
Antreiben von Mitgliedern im Hinblick auf Leistung (6)

Übersicht 9.48: Verhaltensdimensionen und Subkategorien der Ohio-State-Studie nach *Hemphill* und *Coons* (1957, 10-12); die Zahlen in Klammern geben die Anzahl der Items pro Subkategorie an

Modellüberprüfung. Wegen der Redundanzgefahr der Merkmale wurden faktoranalytische Studien durchgeführt. Sie hatten konkret beobachtbares Führungsverhalten zum Inhalt (vgl. *Stogdill/Coons* 1957, 39-51, 52-64, 65-68): Vor allem die Dimensionen Dominanz, Organisation, Leistungsorientierung, Mitgliedschaft und Initiative erwiesen sich als hoch interkorreliert. Damit verstärkte sich der Verdacht einer Reduzierbarkeit auf wenige Grunddimensionen.

Das Ergebnis dieser Faktoranalyse (Übersicht 9.49) zeigt vier lokalisierte Faktoren und gibt für jeden Faktor die durch ihn erklärte Varianz an; zusätzlich ausgewiesen sind alle Items, die eine Faktorladung (Einfluß Item auf Faktorausprägung) von mindestens 0.60 erzielten.

Erster Faktor:	**Beziehungsorientierung („consideration", V = 49,6%)**
(F = .68)	erweist Besatzungsmitgliedern persönliche Gefallen
(F = .70)	kümmert sich um das persönliche Wohlergehen der Besatzungsmitglieder
(F = – .77)	verweigert die Erklärung von Aktionen
(F = .81)	behandelt alle Mitglieder gleich
(F = .81)	ist freundlich und ansprechbar
(F = .81)	findet Zeit zum Zuhören
Zweiter Faktor:	**Aufgabenorientierung („initiating structure", V = 33,6%)**
(F = .60)	verlangt die Einhaltung der standard operation procedures
(F = .75)	hält strikte Leistungsstandards ein
(F = .72)	macht seine Rolle im Flugzeug deutlich
(F = .62)	setzt seine Vorstellungen bei der Besatzung durch
(F = .63)	macht seine Auffassungen der Besatzung deutlich
Dritter Faktor:	**Leistungsorientierung („production emphasis", V = 9,8%)**
(F = .62)	behandelt Besatzungsmitglieder wie Zahnräder einer Maschine
Vierter Faktor:	**Sozialorientierung („sensitivity", V = 7,0%)**
(F = .65)	erkennt Konflikte in der Besatzung
(F = – .60)	trampelt auf einem Besatzungsmitglied herum, das Fehler gemacht hat

Übersicht 9.49: Lokalisierte Faktoren in der Flugkapitän-Studie nach *Halpin/Winer* (1957, 41-44) unter Angabe der Items mit mindestens Faktorladung .60; V = erklärte Varianz, F = Faktorladung

Da die letzten beiden Faktoren nur einen geringen Teil der Varianz erklärten, wurden sie nicht weiter untersucht und sind auch in den nachfolgenden Studien nicht mehr enthalten. Die Dimensionen „**Beziehungsorientierung**" und „**Aufgabenorientierung**" dagegen prägten nicht nur die Ohio-State-Studien, sondern auch deren Nachfolgeprojekte.

In der Ohio-State-Forschung gibt es zwischen der Beziehungsorientierung und der Aufgabenorientierung kein Kontinuum: Eine Führungskraft kann danach durchaus gleichzeitig ein menschliches Verhältnis zu ihren Mitarbeitern haben und eine strikte Aufgabenorientierung im Sinne einer Betonung der Leistung praktizieren.

Eine Ohio-State-Studie prüfte, inwieweit diese beiden zentralen Verhaltensdimensionen in Zusammenhang mit der **Effektivität** stehen. Dazu wurde für Flugzeugbesatzungen ein Gesamteffektivitätswert definiert, der sich aus Urteilen von Führungskräften (beispielsweise im Hinblick auf Streßbeständigkeit oder Motivation) und aus Urteilen der Besatzung (zum Beispiel Vertrauen) ableitete. Hohe Effektivitätswerte ergaben sich vor allem für solche Situationen, in denen hohe Aufgabenorientierung und hohe Beziehungsorientierung vorlag. Dieser Fall ist in Übersicht 9.50 in der rechten oberen Zelle beschrieben; das Umgekehrte ergibt sich in der linken unteren Zelle.

Aufgaben-orientierung	**Beziehungsorientierung**	
	niedrig	hoch
hoch	hoch 4 Effektivität niedrig 2	hoch 8 Effektivität niedrig 2
niedrig	hoch 1 Effektivität niedrig 6	hoch 0 Effektivität niedrig 2

Übersicht 9.50: Effektivität in der Flugkapitän-Studie
(nach *Halpin* 1957, 63)

Modellbewertung. Die Ohio-State-Forschung gilt als prägender **Wegbereiter** einer empirisch fundierten Führungsforschung. Sie setzte wichtige Akzente und machte deutlich, daß es wesentlich mehr gibt als die ansonsten gerne rezipierten Führungsanekdoten „von Praktikern für Praktiker". Zu diesem Zweck operierte sie mit einem umfangreichen statistischen Instrumentarium, das durchaus die Bezeichnung „mehr als anspruchsvoll" verdient. Trotzdem ist einiges diskutierbar: Ein Kritikpunkt beispielsweise bezieht sich auf die ursprünglich unterstellte, letzlich aber doch fehlende implizierte **Unabhängigkeit** der Aufgabenorientierung von der Beziehungsorientierung (vgl. die diversen Befunde bei *Stogdill/Coons* 1957). Diese „mangelnde Orthogonalität" bedeutet, daß mit Zunahme der Beziehungsorientierung auch die Aufgabenorientierung zunimmt und umgekehrt.

9.4.6.2 Das Verhaltensgitter von Blake und Mouton

Blake und *Mouton* (1968; 1980) greifen die beiden zentralen Dimensionen der Ohio-State-Forschung unter der Bezeichnung „Sachorientierung" und „Menschenorientierung" auf (Abbildung 9.54).

Bei der **Sachorientierung** erfolgt eine Ausrichtung auf Produktion, Ergebnisse, Endresultate oder Gewinne; sie läßt sich durch Betonung von Effektivitäts- und Effizienzüberlegungen feststellen. **Menschenorientierung** zeigt sich in Verständnis und Unterstützung sowie im Bemühen von Führungskräften um Zuneigung ihrer Mitarbeiter.

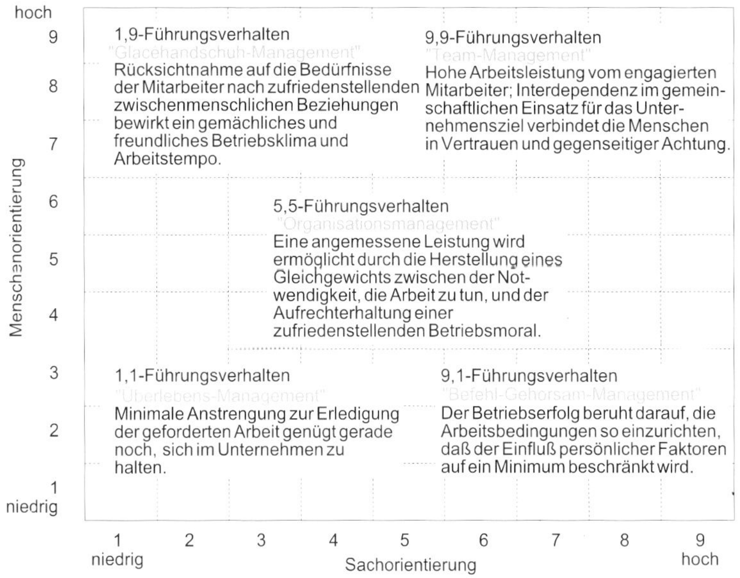

Abbildung 9.54: Das Verhaltensgitter von *Blake* und *Mouton* (1980, 27)

Für beide Dimensionen verwenden *Blake* und *Mouton* neunteilige Skalen, wodurch das „**Verhaltensgitter**" entsteht. Zur Komplexitätsreduktion konzentrieren sich *Blake* und *Mouton* auf **fünf** verschiedene Führungsstile. Für diese fünf Führungsstile liefern die Autoren nicht nur Mechanismen zur Bestimmung des praktizierten Führungsstils, sondern auch zum Teil äußerst umfangreiche Charakterisierungen des Führungsstils und seiner Konsequenzen.

Aus Abbildung 9.54 läßt sich deutlich die Präferenz der Autoren für den **Führungsstil 9,9** ablesen. Gerade damit wird aber dieses Modell angreifbar: Plötzlich hängt der optimale Führungsstil nicht mehr von situativen Variablen ab, sondern läßt sich allgemeingültig festlegen. Dies enthebt Blake und Mouton der Aufgabe, sich tatsächlich mit situativen Variablen auseinanderzusetzen.

Diese Idee, bei hoher Ausprägung auf beiden Dimensionen die Gesamteffektivität als maximiert zu unterstellen, findet sich auch in der ursprünglichen Ohio-State-Studie. Dort wurde allerdings lediglich für eine spezifische Situation die Überlegenheit einer derartigen Ausprägungskombination festgehalten (Übersicht 9.50) und plausibel begründet, daß eine hohe Personen- und Aufgabenorientierung die Gesamteffektivität maximiert: So dürfte bei der „Aufgabenstellung" von Bomber-Besatzungen zweifelsohne sowohl die technische (aufgabenorientierte) als auch die menschenorientierte Dimension eine wichtige Rolle spielen. Generelle und allgemeingültige Aussagen werden daraus von den klassischen Autoren der Ohio-State-Forschung – anders als von *Blake* und *Mouton* – jedoch nicht abgeleitet.

Der Ansatz von *Blake* und *Mouton* ist in der **Praxis** sehr beliebt – darauf deutet die Verbreitung von Grid-Seminaren hin. Auch in den meisten Personallehrbüchern findet er sich wieder, allerdings verbunden mit häufig äußerst kritischen Stellungnahmen: Diese beziehen sich auf die „kuriose Operationalisierung der beiden Dimensionen" (*Neuberger* 1995a, 189) genauso wie auf den normativen Charakter (*Staehle* 1999, 840). Am gravierendsten dürfte aber die Kritik sein, daß *Blake* und *Mouton* in der Anwendung ihrer 9x9-Matrix nicht-situativ vorgehen.

9.4.6.3 Der 3-D-Ansatz von Reddin

Auch *Reddin* (1967; 1981) verwendet die beiden Grunddimensionen der Ohio-State-Forschung, teilt sie aber nur in zwei Stufen. Dadurch entstehen vier verschiedene Grundstile. Bei *Reddin* können in Abhängigkeit von den **situativen Variablen**

- Organisation,
- Arbeitsweise,
- Führungskräfte,
- Arbeitskollegen sowie
- Mitarbeiter

alle vier Grundstile effektiv sein. Für die effektiven und nicht effektiven Ausprägungen seiner vier Grundstile prägte *Reddin* jeweils spezifische Termini (Abbildung 9.55).

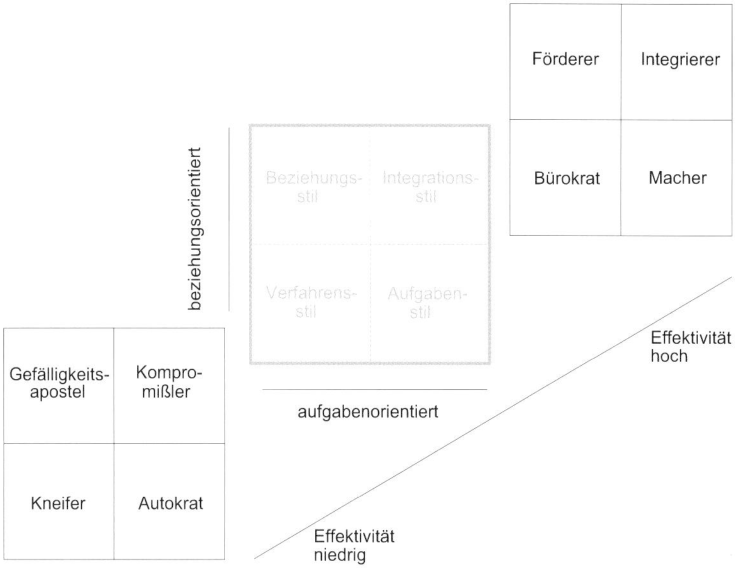

Abbildung 9.55: Die drei Dimensionen des Führungsmodells nach *Reddin* (1981)

Die **vier Grundstile** von *Reddin* manifestieren sich mit ihren zwei Ausprägungen wie folgt:

- Der *Verfahrensstil* ist durch Regeln und Vorschriften geprägt. Dieser Stil ist in einer durch hohe Dynamik gekennzeichneten Situation nicht anwendbar. *Reddin* bezeichnet daher eine Führungskraft, die in einer solchen Situation den Verfahrensstil anwendet, als „*Kneifer*". Dieser beharrt auf Regeln und Vorschriften, obwohl die Situation eine flexible Anpassung erfordern würde. Da er Angst vor der Verantwortung hat, flüchtet er sich in Paragraphen und Dienstvorschriften, womit er andere behindert. Im Gegensatz dazu praktiziert der ebenfalls nach dem Verfahrensstil vorgehende „*Bürokrat*" insofern einen sinnvollen Führungsstil, als er für ein reibungsloses Funktionieren des Unternehmens entsprechend der fixierten Spielregeln sorgt. (Der im Deutschen negativ gefärbte Ausdruck „Bürokrat" ist im Amerikanischen eher als wertneutral einzustufen.)
- Ein Manager, der den Beziehungsstil praktiziert, bemüht sich um ein gutes Verhältnis zu seinen Mitarbeitern. Dies artet allerdings beim „*Gefälligkeitsapostel*" dahingehend aus, daß er selbst kleineren Unstimmigkeiten und Problemen grundsätzlich aus dem Weg geht, jeglichen Konflikt vermeidet und auf diese Weise seine Führungsposition aufgibt. Im Gegensatz dazu ist der „*Förderer*" eine Führungs-

kraft, die diesen Beziehungsstil effektiv einsetzt: Er widmet sich seinen Mitarbeitern, motiviert sie und sorgt – trotz einer existenten Führung – für eine vertrauensvolle Atmosphäre, in der sich seine Mitarbeiter selbst verwirklichen können.

- Beim Aufgabenstil stehen Leistung und Arbeitsergebnis im Vordergrund. Der ineffektive „*Autokrat*“ denkt dabei nur an die Aufgabe, hat keinerlei Vertrauen zu seinen Mitarbeitern und übt unnötig Druck auf sie aus. Dies führt zwangsläufig zu Reibungsverlusten. Im Gegensatz dazu führt der „*Macher*“ seine Mannschaft durch Erfahrung, Fleiß und Initiative zum Erfolg: Er diskutiert zwar einzelne Probleme mit seinen Mitarbeitern, behält sich aber dennoch das Entscheidungsrecht vor. Aufgrund seines Fachwissens wird er von seinen Mitarbeitern akzeptiert.
- *Integrationsstil* bedeutet Berücksichtigung sowohl der Aufgaben- als auch der Beziehungskomponente. Der „*Kompromißler*“ erlaubt extensive Mitsprache seiner Mitarbeiter und sieht in jeder Entscheidung den Zwang zu Kompromissen. Hierdurch steigt die Bearbeitungszeit, während die Mitarbeitermotivation sinkt. Der „*Integrierer*“ dagegen akzeptiert zwar die Persönlichkeit seiner Mitarbeiter, koordiniert dann aber die Aktivitäten seines Teams. Darüber hinaus setzt er hohe Maßstäbe, denen er auch selber gerecht wird.

Die Unterschiede zwischen den ineffektiven und effektiven Dimensionen liegen somit weniger im spezifischen Verhalten der Führerperson begründet, als in der **Kombination** aus Führungssituation und Führungsverhalten.

Als Hauptstärke des Ansatzes von *Reddin* kann man dessen situativen Charakter hervorheben: Führungseffektivität ergibt sich immer nur durch Kombination von Führungssituation und Führungsverhalten.

Reddin will zur Akzeptanzsicherung seines Ansatzes in der Praxis sicherstellen, daß sich die Führungsrealität immer in diesem Ansatz widerspiegeln kann. Daher bleiben viele seiner Aussagen äußerst vage. Nur so kann sich aber jeder Manager im System von *Reddin* (leicht) wiederfinden. Dementsprechend schwierig ist auch die empirische Überprüfbarkeit dieses Modells.

9.4.6.4 Das Reifegradmodell von Hersey und Blanchard

Das Buch von *Hersey* und *Blanchard* „Management of Organizational Behavior“ (erste Auflage 1969, siebte Auflage 1996 gemeinsam mit *Dewey*) ist vor einer zweifachen Zielsetzung zu sehen: Erstens bringt es eine Synthese der verschiedenartigsten Führungsvorschläge, mit denen sich die Autoren im Laufe ihrer Dienstzeit in Theorie und Praxis auseinandersetzten. Zweitens präsentieren die Autoren einen eigenen Führungsansatz. Trotz der höchst lesenswerten Synthese von Managementvorschlägen verbindet sich mit dem Namen *Hersey* und *Blanchard* ausschließlich der zweite Aspekt, also ein spezifisches Nachfolgemodell der Ohio-State-Studien.

Prägende Komponente ihres Modells ist der aufgabenrelevante Reifegrad des Mitarbeiters: Dieser ergibt sich aus der stellenbezogenen Reife als technische Fähigkeit, eine Aufgabe zu erfüllen, und aus der psychologischen Reife, die sich in Selbstvertrauen und Motivation äußert.

Ein höherer aufgabenrelevanter Reifegrad äußert sich dabei in (mentaler) Unabhängigkeit, in ganzheitlicher Betrachtungsweise und in einem hohen Streben nach Leistung. Bei einem Mitarbeiter mit einem niedrigen aufgabenrelevanten Reifegrad dagegen ist das Streben nach Leistung nur sehr gering ausgeprägt („Theorie X").

Die zentrale Überlegung von *Hersey* und *Blanchard* ist in Abbildung 9.56 zusammengefaßt: Sie zeigt im unteren Bereich eine Skala für den aufgabenbezogenen Reifegrad des Mitarbeiters. Darüber befinden sich die vier Zellen aus der Ohio-State-Forschung, hier charakterisiert durch aufgabenorientiertes und beziehungsorientiertes Verhalten. Für jede der vier Zellen definieren die beiden Autoren einen spezifischen Grundstil.

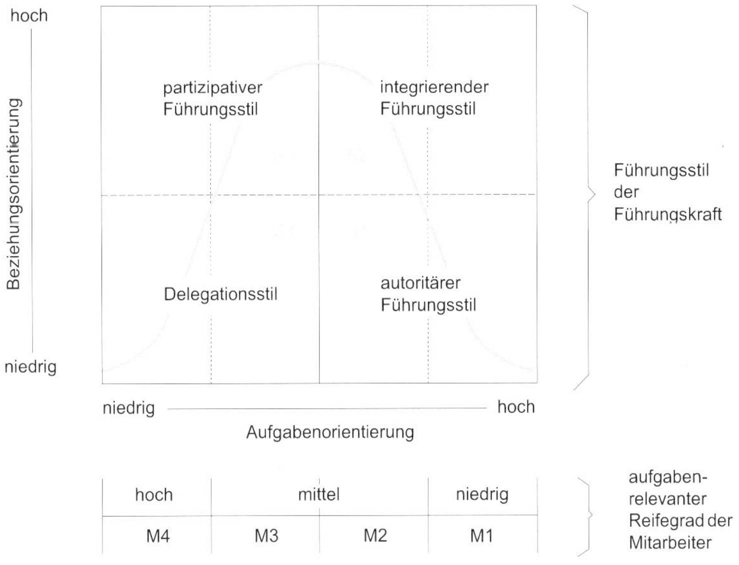

Abbildung 9.56: Das Führungsmodell von *Hersey* und *Blanchard* (nach *Hersey/Blanchard/Dewey* 1996, 208)

Über diese vier Führungsstile legen *Hersey* und *Blanchard* eine **Entwicklungskurve**, die mit zunehmendem Reifegrad des Mitarbeiters einen entsprechenden Wechsel im Führungsstil propagiert:

- Ausgangspunkt ist der *autoritäre* Führungsstil („*telling*"), bei dem die Führungskraft eindeutig die Tätigkeiten der Mitarbeiter fixiert und Zeitpunkte für ihre Erfüllung vorgibt. Dieser Führungsstil entspricht dem militärischen Kommandoton in Krisenzeiten.
- Einem reiferen Mitarbeiter ist mit einem *integrierenden* Führungsstil entgegenzukommen („*selling*"). Hier versucht die Führungskraft auch die Meinungen der Mitarbeiter zu berücksichtigen, behält sich aber die Entscheidungsbefugnisse vor. Darüber hinaus bemüht sie sich, ihre Mitarbeiter von der Richtigkeit ihrer Vorschläge zu überzeugen, also ihre Konzepte zu „verkaufen".
- Mit zunehmender Reife kann der Mitarbeiter bei der Entscheidungsfindung und bei der Durchführung eine wichtigere und aktivere Rolle spielen. Bei diesem *partizipativen* Stil („*participating*") gehen die Ansichten von Führungskraft und Mitarbeiter in die Entscheidungsfindung ein.
- Mitarbeitern mit extrem hohem aufgabenrelevanten Reifegrad ist nach *Hersey* und *Blanchard* mit einem delegierenden Stil („*delegating*") zu begegnen. Im Extremfall bedeutet dieser Führungsstil den Verzicht auf Führung, da nach einer orientierenden Startinformation der Mitarbeiter allein über Mittel und Wege entscheidet.

Alle vier Möglichkeiten werden für angemessen gehalten, letztlich aber doch Entwicklungen in Richtung auf den **Delegationsstil** befürwortet. So liegt die entscheidende Aussage des Ansatzes von *Hersey* und *Blanchard* auch darin, die Mitarbeiter durch **Trainingsprogramme** entlang dieser Kurve von rechts nach links sukzessive weiterzuentwickeln (Untertitel des Buches: „Utilizing human resources").

Bei der Anwendung dieses Modells wird zunächst der aufgabenrelevante Reifegrad des jeweiligen Mitarbeiters bestimmt, wobei das von den Autoren angebotene Instrumentarium eher „rudimentär" wirkt. Dann wird der Mitarbeiter sukzessive in Richtung auf den Delegationsstil weiterentwickelt. Nur in Ausnahmefällen erfolgt als **Regression** eine Rückentwicklung im Führungsstil, bedingt durch eine situationsgebundene Reduktion des Reifegrades des Mitarbeiters. Der Idealfall der Personalführung scheint (für beide Seiten) dann gegeben, wenn die Führungskraft nahezu nicht mehr in Interaktionen mit dem Mitarbeiter tritt und diesen in völliger Autonomie seinen Aufgaben nachgehen läßt.

Die **Anforderungen**, die *Hersey* und *Blanchard* an Führungskräfte stellen, sind weitreichend: So muß eine Führungskraft selbst bei konstanter Führungssituation und einem („konstanten") Mitarbeiter für jede einzelne Tätigkeit bestimmen, wie hoch der aufgabenrelevante Reifegrad dieses Mitarbeiters ist, und muß dann dementsprechend einen Führungsstil festlegen. Darüber hinaus sollte die Führungskraft hinsichtlich aller Aufgaben, bei denen der Mitarbeiter einen niedrigen aufgabenrelevanten Reifegrad aufweist, für dessen Weiterentwicklung sorgen. Dementsprechend ist die zentrale Implikation dieses Ansatzes eine **Führungsstilflexibilität**: Die Führungskraft muß in der Lage sein, das gesamte Spektrum von Führungsstilen abzudecken. Die Autoren konzentrieren sich dabei allerdings weniger auf Mechanismen zur Erweiterung der Führungsstilflexibilität als auf Instrumente zur Bestimmung der eigenen Führungsstilflexibilität.

9.4.6.5 Das Coach-Modell von Shula und Blanchard

Shula und *Blanchard* (1995) gehen in ihrem **Coach-Ansatz** von der Überlegung aus, daß erfolgreiche Führung nicht auf spezifischen Systemen oder Instrumenten beruht. Entscheidend ist vielmehr die Fähigkeit der Führungskraft, die Mitarbeiter derart zu motivieren, daß sie als erfolgreiches Team zusammenarbeiten und ihr volles Leistungspotential ausschöpfen. Die Autoren verknüpfen dabei ihre spezifischen Erfahrungen, um ihren Ansatz zu verdeutlichen: So ist *Don Shula* der langjährige Trainer der Miami Dolphins gewesen; seine (durchaus erfolgreichen) Coach-Konzepte auf dem Football-Feld werden von *Kenneth Blanchard*, der bereits im Zusammenhang mit dem Reifegradmodell Erwähnung fand, auf Führungssituationen in der Praxis übertragen.

Im Mittelpunkt dieses Modells steht die Optimierung des Zusammenspiels zwischen Führungskraft und Team, jeweils konkretisiert durch klar spezifizierte Rollen. Die Autoren konzentrieren sich dabei vor allem auf die Funktion der Führungskraft, für die sie im Zusammenhang mit der angestrebten „Teamarbeit" fünf zentrale **Verhaltenspostulate** aufstellen:

Conviction-driven. Der erste Grundsatz für eine Führungskraft zielt darauf, daß eine Führungskraft niemals von ihren Grundsätzen und Überzeugungen abweichen sollte. Die richtigen Dinge sollten aus den richtigen Gründen getan werden. Dies setzt für die Mitarbeiter die notwendigen Grenzen, die sie für eine hohe Leistung wollen und brauchen. Die Vision der Führungskraft hilft den Mitarbeitern, relevante Dinge leichter zu erkennen; ihren Mitarbeitern wird durch diese „Unerschütterlichkeit" ein klares mentales Bild ihrer Leistungsfähigkeit vermittelt.

Overlearning. Ein weiterer wichtiger Aspekt ist die Aufmerksamkeit, die den Details der Ergebnisorientierung gewidmet wird. Dies bedeutet, Vorgänge bis zur Perfektion ständig zu wiederholen, wobei nur eine überschaubare Anzahl von Zielen verfolgt wird. Fehler müssen reduziert werden; dies geht einher mit der Forderung nach ständiger Verbesserung. Die Forderung nach Overlearning beinhaltet aber auch, daß die Mitarbeiter gesagt bekommen, was von ihnen erwartet wird. Die Führungskraft lebt das gewünschte Verhalten vor, so daß die Mitarbeiter sich daran orientieren können.

Audible-ready. Neben dem Festhalten an den eigenen Überzeugungen ist Anpassungsfähigkeit von hoher Bedeutung. Zeichnet sich ab, daß ein Plan nicht wie gewünscht funktioniert, muß die Führungskraft jederzeit in der Lage sein, eine alternative Vorgehensweise zu propagieren. Dies setzt eine entsprechende Vorbereitung voraus: Den Mitarbeitern wird ins Bewußtsein gebracht, daß es auch andere gangbare Wege als die bekannten gibt.

Consistency. Das Verhalten der Führungskraft sollte dem Coach-Ansatz zufolge vorhersehbar sein. Die Mitarbeiter können sich darauf verlassen, daß das Verhalten der Führungskraft nicht von deren Stimmung, sondern einzig von der eigenen Leistung abhängt. Ist diese zufriedenstellend, können sie mit Lob und positivem Feedback rechnen; auf der anderen Seite wissen die Mitarbeiter aber auch, daß sie negative Konsequenzen zu erwarten haben, wenn sie die Erwartungen nicht erfüllen.

Honesty-based. Vertrauensbasierte Führung stellt die fünfte Forderung des Coach-Ansatzes dar. Effektive Führungskräfte interagieren klar und eindeutig mit ihren Mitarbeitern, um damit eine langfristig stabile Beziehung aufzubauen. Die Aktualität dieses Grundsatzes resultiert nicht zuletzt aus der Tatsache, daß Mitarbeiter zumindest Ehrlichkeit erwarten, wenn sie schon keine Arbeitsplatzsicherheit geboten bekommen.

Der Ansatz von *Shula* und *Blanchard* muß sich trotz seiner Originalität und der gewollt-pragmatischen Ausrichtung **Kritikpunkten** stellen:

- Die Autoren leiten ihre Überlegungen ausschließlich *heuristisch* her. Eine breite empirische Fundierung fehlt.
- Das *Menschenbild*, das die Autoren zugrundelegen, ist durchaus diskutierbar: So erinnern einige Elemente an das Menschenbild X, wonach Menschen klare Handlungsanweisungen brauchen, um die gewünschte Leistung zu erzielen.
- Auch wenn die fünf Grundsätze anhand verschiedener Beispiele mit den Footballerfahrungen von *Shula* illustriert werden, werden die *situativen Aspekte* der (Unternehmens-)Praxis letztlich vernachlässigt, was gerade im Zusammenspiel mit unterschiedlichen Unternehmenskulturen zu Unstimmigkeiten führen kann.

Für den Coach-Ansatz spricht allerdings sein Bemühen um eine **Verbindung** von Führungsverhalten und Motivation sowie seine Verständlichkeit.

9.4.6.6 *Zusammenführung*

Vergleicht man die vier auf den Ohio-State-Studien aufbauenden Ansätze, so lassen sich gemeinsame **Schwächen** feststellen:

- Es fehlen durchwegs Aussagen dazu, was die jeweiligen Forscher unter der *Führungseffektivität* verstehen.
- *Empirisch* fundiert ist keiner der angegebenen Vorschläge, obwohl die Ergebnisse in der Praxis angewendet werden.
- Die präsentierten Instrumente zur Analyse wirken mehr wie das Ergebnis einer Brainstorming-Sitzung denn als Produkt intensiver wissenschaftlicher Tätigkeit. Dies bedeutet jedoch nicht, daß die Instrumente tatsächlich untauglich sind.

Aus diesen und ähnlichen Gründen werden die angegebenen Ansätze in der Literatur heftig kritisiert. Auch wenn diese Kritik in ihren Einzelpunkten durchaus gerechtfertigt erscheint, bleibt aber doch die Frage, wie tatsächlich geführt werden soll.

Es scheint daher sinnvoll, die komparativen **Stärken** der vier vorangegangenen Modelle herauszuarbeiten (Abbildung 9.57):

Blake und *Mouton* orientieren sich an einer generalisierenden Handlungsanweisung, die in allen Situationen eine Entwicklung nach „rechts oben" vorschreibt. Im Gegensatz dazu postulieren *Hersey* und *Blanchard* eine situative Auswahl des Führungsstils, die zu einer Entwicklung nach „links unten" hinführen soll. *Reddin* macht keine Aussagen dazu, welche Führungsform grundsätzlich überlegen ist. *Shula* und *Blanchard* propägieren fünf zentrale Thesen zur Ausbildung eines „optimalen" Führungsverhaltens, das sich auf alle vier Zellen bezieht.

Seiner Beschreibung entsprechend scheint das Modell von *Blake* und *Mouton* überwiegend für innovative und kreative Tätigkeiten einsetzbar zu sein: Hier ist es erforderlich, die mitarbeiter- und die aufgabenorientierte Dimension gleichermaßen zu forcieren. Im Gegensatz dazu dürfte der von *Hersey* und *Blanchard* letztlich angestrebte Führungsstil „Delegating" überwiegend bei Routineaufgaben sinnvoll sein. Folgt man dieser Überlegung, so stellen diese beiden Ansätze jeweils Extrempunkte eines Kontinuums über die Aufgabenstruktur dar, wobei *Reddin* sowie *Shula* und *Blanchard* in der Mitte zu positionieren sind.

Insgesamt dienen die Ohio-State-Forschungen dazu, die Vielfalt der Einflußvariablen auf den Führungserfolg aufzuzeigen. Zudem sind sie insofern vermittelbar, als sie mit umfassenden Trainingsinstrumentarien ausgestattet sind. Ihre wesentlichste Konsequenz besteht in der Forderung nach Diagnosefähigkeiten bei der Führungskraft. Zur eigentlichen Wahl des Führungsstils geben sie zumindest tendenziell Auskunft.

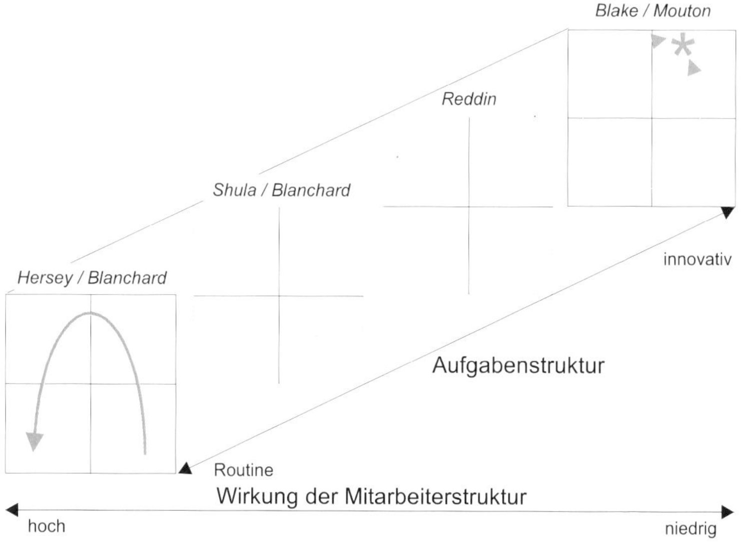

Abbildung 9.57: Synthese der Ohio-State-Nachfolger

9.4.7 Transformationale Führung

Die Führungskonzepte der vorangegangenen Abschnitte basierten im wesentlichen auf einer einfachen Austauschidee: Der Mitarbeiter hat ein spezifisches Zielbündel und wird von der Führungskraft – die ebenfalls ein ausgeprägtes Bündel an Zielen für sich und für das Unternehmen verfolgt – dahingehend motiviert, daß die Mitarbeiterziele durch Befolgen der Führungskraftwünsche erfüllt werden. Es entsteht also im weitesten Sinne ein Austausch, eine Transaktion. In den 80er Jahren wurde diese Idee sukzessive ergänzt durch diverse Arbeiten, die eine neue Form des „Leadership" postulierten – und zwar basierend auf einer transformationalen Basis.

9.4.7.1 Die Basisforschung: Burns, Bennis und Bass

Die Grundbegriffe. Soweit erkennbar, stammt die erste explizite **Differenzierung** in diese beiden Konzepte von *Burns* (1978, 19-20):

- Danach basiert transaktionale Führung auf klaren *Austauschprozessen*. Der Mitarbeiter verfolgt Ziele, wenn ihm dies wichtig und angemessen erscheint. Transaktionale Führung folgt danach dem Prinzip „Geben und Nehmen".
- Im Gegensatz dazu wird bei der transformationalen Führung der Mitarbeiter durch die *Persönlichkeit* der Führungskraft dazu ge-

bracht, seine Anspruchsniveaus radikal zu verändern und sich gegebenfalls für „höhere“ (also auch andere) Ziele einzusetzen. Die transformationale Führung operiert daher nach dem Prinzip „mehr als pures Eigeninteresse“.

Bereits aus dieser Basisdefinition wird klar, daß sich die Führungsrichtungen in den beiden Vorgehensweisen gravierend unterscheiden: Bei der transaktionalen Führung dominieren klare Informationsbeziehungen sowie ein Erforschen plus Instrumentalisieren der Motive des Mitarbeiters. Bei der transformationalen Führung stehen dagegen die Beziehungsstruktur (einschließlich emotionaler und intellektueller Abhängigkeit) in Verbindung mit einer Veränderung der kognitiven Struktur des Mitarbeiters im Vordergrund.

Diese Suche nach der transformationalen Führungskraft ist Teil einer Bewegung in Richtung auf eine völlig neue Form der Führung, wie sie als besonders richtig und typisch für das 21. Jahrhundert sein könnte. Hier hat sich unter anderem Bennis mit einer Reihe von Arbeiten hervorgetan (vgl. *Bennis/Nanus* 1985; *Bennis* 1990). Sein Tenor:

Die neue Generation von Führungskräften sollte weniger „Manager“ als vielmehr „Führer“ sein, der sich mit eigener inspirierender Persönlichkeit durch originäre Innovation an den Grenzen des Machbaren in der Führung bewegt, um diese Grenzen immer weiter hinauszuschieben.

Die sich hieraus ergebende Idee ist es, ausgehend von solchen Führer- oder Leiterpersönlichkeiten Teams so zusammenzustellen und in einem entsprechend gestalteten Umfeld so zu führen, daß sich in ihnen die Genialität von Hochleistungsteams entfalten kann. Dabei sind solche Teams mehr als der verlängerte Arm der starken Führungskraft: Sie ermöglichen es ihr im Gegenzug, ihre eigene Größe zu entwickeln (vgl. *Bennis/Biederman* 1998, 192-195).

Die meßtheoretische Basis. Ähnlich wie die Ohio-State-Forschung stützt sich auch die transformationale Führung auf ein empirisch-fundiertes Meßinstrument, das vor allem von *Bass* (1985) entwickelt wurde: Zunächst wurden 73 Items definiert, diese dann faktoranalytisch zu Skalen reduziert und nachfolgend in diversen Situationen verifiziert. Das Ergebnis ist ein als leicht einsetzbar einzustufender Fragebogen, verbunden mit entsprechenden Manuals (vgl. *Bass/Avolio* 1990). Dieser **Multifactor Leadership Questionnaire** (MLQ) besteht aus vier Skalen für die transformationale und aus drei Skalen für die transaktionale Führung (Übersicht 9.51).

Ähnlich wie bei Mitarbeiterbefragungen, Aufwärts- und 360°-Beurteilungen liegt eine wichtige Funktion dieses Instrumentes neben der reinen Analysefunktion vor allem in der **Gestaltungsfunktion**:

Führungsformen	Skala	Beispielfragen zur Führungskraft
transformational	Charisma	„ich habe volles Vertrauen in ihn/sie" „wird als Symbol für Erfolg und Leistung gesehen" „ich bin stolz darauf, mit ihm/ihr zusammenzuarbeiten"
	inspirierende Motivierung	„hat eine Zukunftsvision, die mich anspornt" „verwendet Symbole und Bilder, um unsere Zielvorstellungen zu verdeutlichen" „führt begeisternde Gespräche mit mir"
	intellektuelle Stimulierung	„ermöglicht es mir, alte Probleme in einem neuen Licht zu sehen" „hat Ideen, die mich dazu gebracht haben, eigene Ideen zu überdenken, die ich zuvor nie in Frage gestellt hatte"
	individuelle Wertschätzung	„behandelt jeden von uns als individuelle Persönlichkeit" „berät, fördert und unterstützt mich, falls es notwendig ist" „ist neuen Mitarbeitern eine große Hilfe"
transaktional	bedingte Belohnung	„erfüllt meine Wünsche im Austausch gegen meine Unterstützung für ihn/sie" „weist mich darauf hin, was ich erhalten werde, wenn ich die Anforderungen erfülle"
	Management by Exception passiv	„vermeidet Eingriffe, außer wenn ich gesteckte Ziele nicht erreiche"
	Laissez-Faire-Führung	„gibt mir das Gefühl, daß er/sie mit allem einverstanden ist, egal was ich mache" „kümmert sich nicht um unsere Arbeit"

Übersicht 9.51: Der MLQ (nach *Bass* 1985; *Bass/Avolio* 1990; *Geyer/Steyrer* 1998, 379)

- Als *individuelles Feedback* erfährt die Führungskraft eigene Stärken und Schwächen. Danch läßt sich ein individueller Entwicklungsplan für die Führungskraft aufstellen und umsetzen.
- Als *gruppenbezogenes* Feedback werden Erwartungen und Meinungen von Mitarbeitern (wieder in anonymisierter Form aggregiert) offen mit der Führungskraft diskutiert. Ein solcher Prozeß erfordert noch mehr als die individuelle Diskussion einen externen Berater, da hier zur Unsicherheit bei den Betroffenen auch gruppendynamische Prozesse kommen.

- Als *organisationsbezogenes* Feedback stehen generelle Trends quer über das gesamte Unternehmen im Vordergrund. Aus einer individuumsbezogenen Personalentwicklung wird somit eine unternehmensbezogene Organisationsentwicklung: Der Bezug zur Unternehmenskultur und speziell zu den pathologischen Kulturmerkmalen (Abschnitt 9.2) liegt auf der Hand.

Insgesamt ist diese Vorgehensweise nicht-situativ, da nicht nach der Führungssituation differenziert wird. Die Sollwerte stammen vielmehr aus dem Vergleich mit Durchschnittswerten sowie aus dem Abgleich Eigenbild zu Fremdbild.

Die Zuwachsthese. Die zuvor genannten Autoren gehen realistischerweise nicht davon aus, daß die transformationale Führung für sich alleine die zentralen Effektivitätsbeiträge gewinnt. Daher liefert bereits die transaktionale Führung – sofern richtig praktiziert – wichtige Resultate. Ein entscheidender Zuwachs erfolgt jedoch über die transformationale Führung („Augmentationsthese" – Abbildung 9.58, vgl. *Bass* 1985).

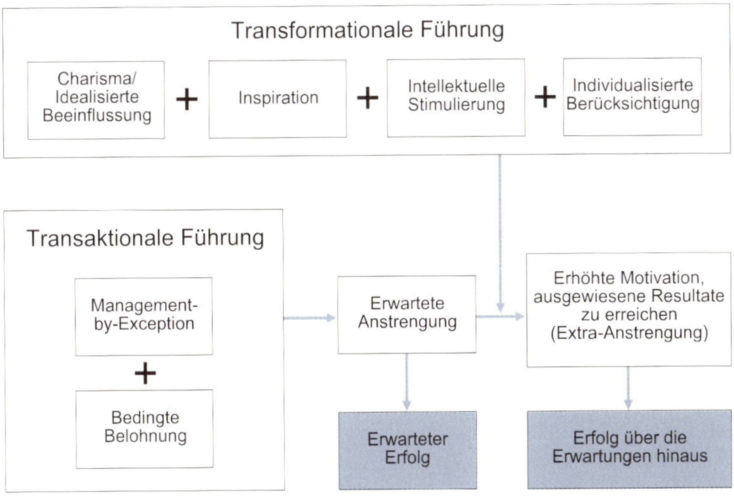

Abbildung 9.58: Die Augmentationsthese (nach *Bass/Avolio* 1990, 12)

Modellüberprüfung. Inzwischen liegt eine Fülle von Studien zur transformationalen Führung vor. So listen *Geyer* und *Steyrer* (1998, 380-381) bereits 27 Studien zu diesem Bereich auf, die von amerikanischen Top-Managern bis zu Oberschwestern im Krankenhaus reichen, kritisieren allerdings auch, daß – wie bei vielen Führungsstudien – die Effektivitätsbeurteilung in 23 der Studien durch den Beurteiler selbst erfolgt: Die gleiche Person beurteilt also Führungsverhalten und Führungserfolg.

Auch die Meta-Studie von *Lowe, Kroeck* und *Sivasubramaniam* (1996) unterstützt – allerdings nur tendenziell – die These, wonach transformationale Führung einen stärkeren Erfolgszusammenhang aufweist als transaktionale Führung.

Die Sparkassenstudie. Eine wichtige empirische Arbeit zur Messung und Erfolgswirksamkeit transformationaler Führung liefern *Geyer* und *Steyrer* (1998). Ihr **Sample** setzt sich aus 1 456 Fragebogen zusammen, die von 215 Führungskräften aus 20 österreichischen Sparkassen ausgefüllt wurden. Als **Erfolgskriterien** kamen zwei objektive Indikatoren zum Einsatz, nämlich

– die *langfristige Erfolgswirksamkeit*, wie sie sich aus den Bestandsdaten ergibt, und
– die *kurzfristige Erfolgswirksamkeit* als Nutzung aktueller Produkte sowie als Cross-Selling.

Zusätzlich wurde der subjektive Erfolgsindikator „Extra-Leistung" verwendet, wie er im MLQ vorgesehen ist.

Als zentrales **Ergebnis** wurden zwar für die Skalen hohe Reliabilitätswerte ausgewiesen, aber auch eine hohe Korrelation zwischen den Skalen. Deshalb ist nicht ganz überraschend: Bei der konformatorischen Faktoranalyse konnten die ursprünglichen sieben Skalen *nicht* mehr abgebildet werden, weshalb neue latente Variablen zu definieren waren. Mit diesen vier (kreuz-validierten) **Skalen** arbeiten dann die Autoren:

(1) Die Core-Transformationale Führung faßt Charisma, Inspiration und intellektuelle Stimuli zusammen.
(2) Die Individuelle Wertschätzung bleibt erhalten.
(3) Die Core-Transaktionale Führung enthält Aspekte wie Belohnung und Kommunikation.
(4) Der Faktor „MbE-passiv" beschreibt Eingriffe, die nur in Ausnahmefällen stattfinden.

Übersicht 9.52 zeigt als Ergebnisse die entsprechenden Korrelationen; Signifikanzwerte fehlen allerdings: Man erkennt vor allem (Spalte 5), daß Core-Transformationale Führung, Individuelle Wertschätzung und Core-Transaktionale Führung positiv mit dem subjektiven Erfolgsfaktor korrelieren, „MbE-passiv" dagegen schwach negativ. Ergebnisse zu den objektiven Kriterien sind dagegen wenig ausgeprägt. Die Zuwachsthese wird voll bestätigt: Die transformationale Führung hat also einen Erfolgseffekt, der über den Effekt transaktionaler Führung hinausgeht.

Interessant an Übersicht 9.52 sind auch zwei weitere Befunde:

- Individuelle Wertschätzung hat nahezu keine Effekte auf den langfristigen Erfolg (Zeile 2).
- „MbE passiv/Laissez-Faire" wirkt sich sogar negativ auf den Erfolg aus.

Als Konsequenz würde dies (bei extensiver Interpretation) bedeuten, daß aus Sicht des Unternehmens zu hohe Freiheitsgrade in Richtung Individualisierung und Autonomie nicht zusätzlich nützlich sind.

	Modifizierter MLQ				**Erfolg**		
	1	2	3	4	5	6	7
1. Core-Transformationale Führung	1.00	.59	.76	-.34	.84	.28	.26
2. Individuelle Wertschätzung	.65	1.00	.72	-.07	.69	.04	.16
3. Core-Transaktionale Führung	.84	.79	1.00	-.32	.82	.17	.21
4. MbE passiv/Laissez-Faire	-.40	-.14	-.41	1.00	-.30	-.13	-.19
5. Extra-Leistung (subjektiv)	.92	.77	.88	-.36	1.00	.19	.22
6. Langfristiger Erfolg (objektiv)	.33	.07	.21	-.19	.24	1.00	.44
7. Kurzfristiger Erfolg (objektiv)	.24	.21	.20	-.22	.25	.40	1.00
Mittelwert	3.15	3.51	3.00	3.16	2.96	.22	.05
Standardabweichung	.97	.89	.96	1.02	1.12	.88	.89
Cronbach's Alpha	.95	.91	.94	.89	.92	.89	.83
Konstrukt-Reliabilität	.95	.90	.94	.90	.92	.90	.87
AVE	.62	.53	.60	.60	.79	.61	.71

Übersicht 9.52: Korrelationen (über der Hauptdiagonale: berechnet aus beobachteten Skalen; unter der Hauptdiagonale: geschätzt mit LISREL) und Reliabilität der modifizierten MLQ-Skalen sowie der Erfolgsindikatoren für die Daten von Geschäftsstellen (*Geyer/Steyrer* 1998, 394)

Modellbewertung. Vom konzeptionellen Ansatz her ist die fehlende Situativität zu **kritisieren**: Aussagen zu kontingenzorientiertem Verhalten fehlen sowohl hinsichtlich der Aufgabencharakteristika als auch hinsichtlich der Führungssituation. Vom Methodischen her liegt eine Problematik in der schwierigen konformatorischen Faktorbestimmung („gibt es diese sieben Faktoren wirklich?"). Daß die Beziehungen zum objektiven Erfolg kaum/nicht nachweisbar sind, ist zwar betrüblich, entspricht aber auch anderen Studien, in denen der isolierte Effekt auch nicht klar lokalisiert wurde. In **positiver** Hinsicht liegt mit diesem Modell ein Ansatz vor, der deskriptiv zur Beschreibung und zur Erklärung von Führungsverhalten beiträgt und zusätzlich präskriptiv eine Erweiterung von Führung in Richtung auf Charisma und Vision propagiert.

Damit läßt sich zusammenfassen:

Die transformationale Führung hat zum einen Bedeutung als ein konkretes Meßinstrument (MLQ). Zum anderen läßt sie sich mit ihren vier Dimensionen als Meta-Modell über Führungsströmungen stellen, die im weiteren Sinne zum „New Leadership Paradigma" gehören.

Der letztgenannten Argumentation folgen die Abschnitte 2 bis 5 dieses Unterkapitels: Dazu wird jeweils eine Dimension auf ihre Grundaussage zurückgeführt und diese dann als heuristischer Zuordnungspunkt für die entsprechenden Führungsansätze verwendet. Da sich hierbei allerdings noch nicht durchgängig ein spezifischer Autor als Leitidee durchgesetzt hat, wird in dem Zusammenhang – anders als in den meisten anderen Überschriften aus Kapitel 9 – auf eine Personenzentrierung verzichtet.

9.4.7.2 Charismatische Führung: Personenzentrierte Aktivierung

Charisma ist die spezifische Ausstrahlungskraft einer Führungsperson, die unabhängig von fachlichen Fähigkeiten eine Akzeptanz und letztlich Werteänderung bei der „geführten" Person bewirkt.

Als einer der ersten Autoren beschäftigte sich *Weber* (1976, 654-655) mit dem Phänomen des Charismas. Für ihn ist Charisma neben rationaler und historisch gewachsener Begründung einer der Auslöser für Autorität. Neben dieser soziologischen Fundierung befassen sich in jüngster Zeit mehr populärwissenschaftliche Arbeiten mit diesem Phänomen.

Auch wenn sich die „charismatische Führung" auf diesem Weg bereits weitgehend umgangssprachlich erschließt, wirft sie doch eine Reihe von interessanten **Fragen** auf:
- Was genau sind die ausschlaggebenden *Persönlichkeitsmerkmale* von charismatischen Führungskräften?
- Welche *situativen Variablen* fördern beziehungsweise behindern charismatische Führung?
- In welchem Zusammenhang stehen Charisma und *Individualität*?
- Welche *Konsequenzen* ergeben sich aus der (mentalen) Transformation beim charismatisch Geführten?

Vor allem stellt sich die Schlüsselfrage, ob die Fähigkeit, charismatisch zu führen eine „angeborene Gabe" oder ein erlernbares Handwerk ist.

Der Ansatz von House. Das Erkenntnisinteresse der „Charismatic Leadership Theory" von *House* (1977) fokussiert auf Verhaltensweisen charismatischer Führungskräfte und ihr Umfeld (Abbildung 9.59):
- *Indikatoren* charismatischer Führung umfassen das Vertrauen des Mitarbeiters in die Führungskraft, eine nicht hinterfragte Akzeptanz der Führungskraft und eine bewußte Zuneigung sowie Loyalität.
- Die *Führungskraft* selbst ist charakterisiert durch einen ungewöhnlich starken Machtwillen, ein ungewöhnlich hohes Selbstbewußtsein und eine hohe Glaubwürdigkeit.
- Charismatisches *Führungsverhalten* beinhaltet „Management durch Beeindruckung", Artikulieren einer handlungsleitenden Vision und das Geben von Beispielen durch eigenes Handeln.

Führungkräfte bauen aber Vertrauen in ihre Visionen und ihre Fähigkeiten bei den Mitarbeitern auf. Kritisch ist zu bemerken, daß der Ansatz noch erweitert werden kann, insbesondere durch weitere Eigenschaften der Führungskraft sowie situative Faktoren. Problematisch an diesem Ansatz ist allerdings, daß er die situativen Faktoren des Arbeitsumfeldes allenfalls implizit berücksichtigt.

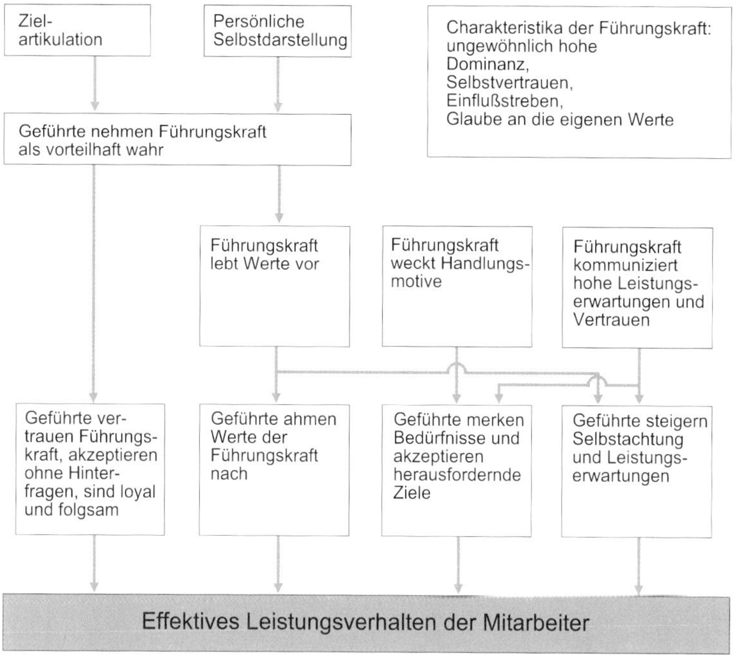

Abbildung 9.59: Charismatische Führung nach *House* (1977, 206)

Der Ansatz von Conger und Kanungo. Die Idee, daß Charisma ein Attributionsphänomen ist, wird noch stärker von *Conger* und *Kanungo* (1987) betont:

- Charismatisches *Führungsverhalten* beinhaltet enthusiastisches Verfolgen einer weitreichenden Vision, die sich deutlich vom Status quo abhebt, Übernehmen des Risikos eines persönlichen Verlustes sowie Unkonventionalität im Verfolgen der Vision.
- *Persönlichkeitseigenschaften*, die eine Attribution von Charisma auslösen, sind Selbstbewußtsein, Fertigkeiten im Management, kognitive Fähigkeiten im Bereich Systemanalyse sowie soziale Sensitivität.

Führungskräfte können demnach bewußt Mitarbeiter durch Praktiken der Artikulation und des Beeindruckens für ihre Vision gewinnen. Allerdings verlieren charismatische Führungskräfte ihre Eigenschaft, wenn sie selber in die Strukturen eintauchen, die sich durch ihr charismatisches Handeln ergeben.

Zusammenfassende Erweiterungen. *Shamir*, *House* und *Arthur* (1996) stellen in ihrem integrativen Ansatz der charismatischen Führung den Zusammenhang zwischen Einflußfaktoren des Selbst-Konzeptes sowie den damit verbundenen Motivationsmechanismen her. Die Autoren gehen dabei von der **motivatorischen Wirkung** charismatischer Führung aus, die sich durch die in Abbildung 9.60 aufgeführten Attribute auszeichnet. Basisannahme des Konzepts ist die Überlegung, daß Individuen nicht nur pragmatisch und zielorientiert handeln, sondern auch das Bedürfnis haben, sich selbst auszudrücken und zu verwirklichen. Sie streben daher auch und vor allem nach dem Erhalt und dem Ausbau des

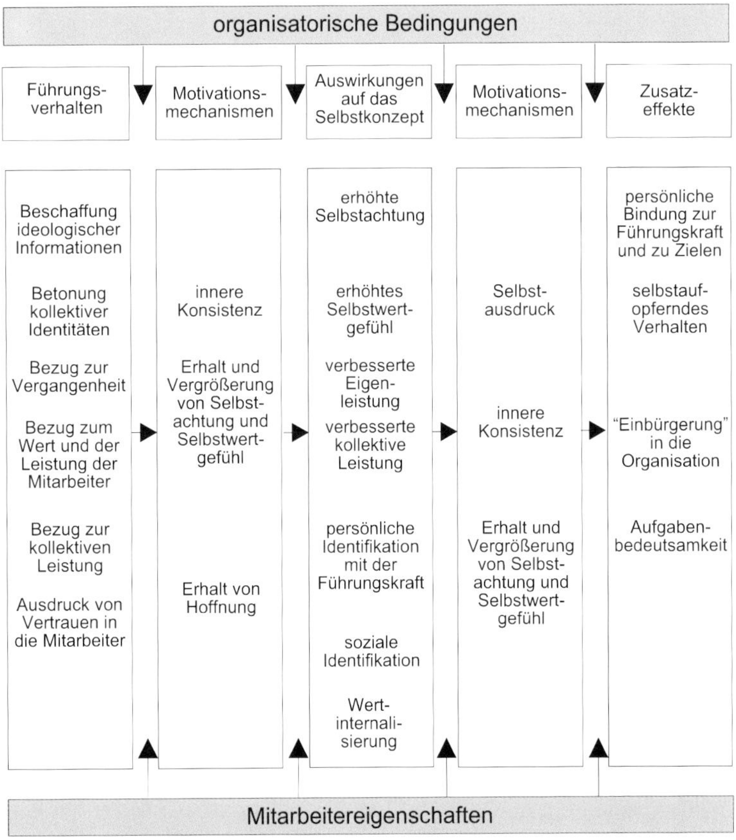

Abbildung 9.60: Effekte charismatischen Führungsverhaltens
(*Shamir/House/Arthur* 1996, 218)

eigenen Selbstwertgefühls und der Selbstachtung. Schafft es die charismatische Führungskraft, die subjektive Wahrnehmung dieser Werte bei den Mitarbeitern zu stärken, entsteht ein hoher Motivationseffekt.

In diesem Ansatz lassen sich zwei **Typen** charismatischen Führungsverhaltens unterscheiden:

- Zum einen kann eine *Rollenmodellierung* erfolgen, bei der die Mitarbeiter das Führungsverhalten, aber auch Lebensstil, emotionale Reaktionen und Präferenzen der Führungskraft beobachten;
- zum anderen schafft die charismatische Führungskraft *Rahmenbedingungen*, die eine kongruente Orientierung der Mitarbeiter an den Werten und Einstellungen ermöglichen.

Kommunikative Prozesse spielen danach eine entscheidende Rolle. Allerdings ist die Kommunikation nicht zwingend aufgabenorientiert: Charismatische Führung zeichnet sich vielmehr generell durch die Vermittlung von Werten, Vertrauen und Visionen aus.

Im Ansatz von *Shamir, House* und *Arthur* fehlen allerdings konkrete Hinweise, wie Führungskräfte ihr charismatisches Potential auf- beziehungsweise ausbauen können. Ebenso ist diskutierbar, ob motivatorische Wirkungen tatsächlich nur auf die Steigerung von Selbstachtung und Selbstwertgefühl bei den Mitarbeitern zurückzuführen sind.

Bewertung. Generell ist allerdings anzumerken, daß charismatische Führung nicht immer ausschließlich positiv zu bewerten ist. Vielmehr sind derartige Führungskräfte oft despotisch, launisch, selbstbedienend, besessen, Meister der Illusion und äußerst destruktiv anderen gegenüber; zudem ergeben sich für ihre Nachfolger Probleme, erfolgreich zu führen und die entstandene Lücke zu füllen (vgl. *Bryman* 1992, 174). Auf der theoretischen Seite ergibt sich – durchgängig in den Konzepten seit *Weber* – die Schwierigkeit, das Außerordentliche der charismatischen Führung gegenüber dem „Üblichen" abzugrenzen. Zumeist ist das Übliche als Referenzmaßstab gar nicht so üblich, wie *Webers* Referenzkonzept der Bürokratie zeigt: Bürokratie findet sich auch in der Forschung zur charismatischen Führung; zudem ist die Literatur zur charismatischen Führung in der Terminologie der Bürokratie verortet (vgl. *Calás* 1993, 322-325). Hier schließt sich das Problem der interkulturellen Übertragbarkeit des Konzeptes an, da häufig in der Diskussion europäische und amerikanische Forschungsansätze vermischt werden, die jedoch auf spezifischen, landeskulturell moderierten Einstellungen und Erwartungen basieren.

9.4.7.3 *Visionäre Führung: Inspirierende Motivierung*

Eine Vision ist ein klares und konsistentes Bild einer positiv belegten Zukunft, aus dem heraus sich Handlungsziele ableiten lassen.

Wie bereits in Abschnitt 9.4.7.1 ausgeführt, unterscheidet die transformationale Führung zwischen Charisma und Visionen. Auch wenn in manchen Publikationen beide Konzepte vermischt werden, weil erfolgreiche Führungskräfte häufig Charisma plus Vision kommunizieren, ist die **Basis** unterschiedlich:

– *Charisma* ist eine Eigenschaft der Führungskraft,
– *Vision* eine Darstellung der Zukunft.

Beides wirkt insofern handlungsleitend, als daß die Ziel- und Wertesysteme des Mitarbeiters beeinflußt werden. Visionen als ideale und einzigartige Zukunftsentwürfe (vgl. *Konzes/Posner* 1987, 85) sind allerdings keine Utopien, da sie zumindest in Grenzen einen Machbarkeitsanspruch erheben.

Visionen als Führungsinstrumente entfalten dann ihre Kraft, wenn sie zum einen eine herausfordernde Marktstrategie mit unternehmensexternem Bezug beinhalten (vgl. *Collins/Porras* 1994, 1-3). Zum anderen ist es notwendig, daß Visionen in den meisten Mitarbeitern eine individuelle und orientierende Bedeutung erlangen. Dies unterstreicht die Rolle der Kommunikation, denn letztlich sind die Mitarbeiter Träger und zunehmend Ursprung von Visionen. Eine empirische Untersuchung belegt dies: Signifikante Ergebnisse der auf 183 paarweisen Führungskraft-Mitarbeiter-Datensätzen basierenden Korrelations- und Kausalanalyse zeigen, daß

– die *Visionsattribute* Kürze, Klarheit, Abstraktheit, herausfordernder Charakter, Zukunftsorientierung, Stabilität und Erwünschtheit,
– ein *Visionsinhalt* mit Bezug auf Wachstum sowie
– die schriftliche und mündliche *Visionskommunikation*

direkte (bei der kommunikativen indirekte) Effekte auf das Unternehmenswachstum aufweisen (vgl. *Baum/Locke/Kirkpatrick* 1998, 48).

Ausgangsbasis für die **Entwicklung** von Visionen ist ein „positives Denken", das sich in optimistischer Form mit der Zukunft und ihren Möglichkeiten auseinandersetzt. Im Zusammenhang mit pathologischen Unternehmenskulturen (vgl. *Kets de Vries/Miller* 1984) ist darauf hinzuweisen, daß gerade kollektive Wahnvorstellungen wie der Abkopplungswahn und der Verfolgungswahn das Entstehen von sinnvoll nutzbaren Visionen verhindern, wohingegen Neurosen wie der Großartigkeitswahn den Prozeß der Visionsfindung fördern. In jedem Fall bedeutet Entstehung und Vermittlung von Visionen die Schaffung von „shared fantasies" (*Kets de Vries/Miller* 1984, 40).

Für den Entwicklungsprozeß von Visionen haben sich **fünf Aspekte** als wichtig erwiesen:

- Anders als beim Brainstorming ist das Schaffen von Visionen auch ein *intrapersoneller Prozeß*. Primär geht es daher darum, sich der unbewußten Visionen im Kopf bewußt zu werden und einen Prozeß der Visionskanalisierung einzuleiten.

- Dazu ist eine Phase der *inneren Ruhe* erforderlich. Visionen entstehen nicht in einem Umfeld der operativen Hektik. Die Bandbreite der Mechanismen zur Schaffung einer solchen inneren Ruhe reicht vom psychologischen Entspannungstraining bis hin zum Aktivurlaub.
- Die dann erfolgende *Bewußtmachung der eigenen Grundwerte* adressiert etwa den Respekt vor dem Menschen, die Verantwortung für die Umwelt oder die Überzeugung, Arbeit müsse Spaß machen.
- Hilfreich ist die *Suche nach Analogien* und bildhaften Umsetzungen. Dies fördert nicht nur das Generieren von Visionen, sondern auch Emotionen und Aktionen bei der anschließenden Visionsumsetzung.
- Besonders wichtig ist auch, bei Entstehung und Vermittlung der Visionen bewußt die Frage nach dem *„wie“ auszuklammern*, um ein frühzeitiges Zerreden der Vision zu verhindern.

Im Personalbereich ergibt sich dadurch die Notwendigkeit, aus den Begrenzungen der Personalarbeit auszubrechen und die Suche nach Visionen auf eine breitere Basis zu stellen (vgl. *Kienbaum* 1994, 4-12). Auch wenn Visionen häufig personenzentriert entstehen, lassen sich doch diverse Gruppentechniken einsetzen, um die visionäre Kraft des Unternehmens in breitem Umfang zu nutzen. Inhaltlich gibt es dazu zwei Ansatzpunkte:

- Die *allgemeine Systemvision* entwirft einen generellen Rahmen für das Personalmanagement. Sie muß nicht zwingend von der Personalmanagement-Funktion selbst entwickelt werden und beinhaltet den allgemeinen Grundgedanken, nach dem im Unternehmen das Personalmanagement-System gestaltet werden soll.
- Die *spezifischen Aktionsvisionen* betreffen einzelne Handlungsfelder im Personalmanagement wie zum Beispiel Arbeitszeitregelungen, Weiterbildungsprogramme oder ethische Kodizes.

Obwohl spezifische Aktionsvisionen unabhängig von einer allgemeinen Systemvision bestehen, ist eine entsprechende Rahmenvorgabe sinnvoll.

Bewertung. Visionäre Führung ist nicht unproblematisch. Trotz positiver Effekte besteht die **Gefahr**, daß visionäre Führungskräfte für ihr Unternehmen fatale Konsequenzen herbeiführen, wenn die Vision aus verschiedenen Gründen scheitert (vgl. *Conger* 1996, 658-665):

- Die anfällige Vision reflektiert die persönlichen Bedürfnisse der Führungskraft stärker als die Bedürfnisse des Marktes oder der Mitarbeiter. Diese *Blindheit* für den Umweltkontext beeinträchtigt die Machbarkeit der Vision.
- Die anfällige Vision setzt sich unter *Erfolgsdruck* und kalkuliert daher unrealistisch mit den kostenintensiven Ressourcen, die zur Um-

setzung benötigt werden. Dies schließt nicht nur den persönlichen Einsatz von Energie und Engagement der Führungskraft ein, sondern auch die Investitionen, die das Unternehmen in bezug auf die Vision tätigt: Beides verstellt die Sicht auf alternative Gestaltungsansätze, die sich als tragfähiger herausstellen könnten. Die Umsetzung der Vision kann sich dadurch in einen Pyrrhussieg verwandeln.
- Die anfällige Vision wird leicht zum Opfer von fundamentalen *Wahrnehmungsfehlern*, *Übertreibungen* und einer unangemessenen *Ungeduld* der Führungskraft. Entsprechende Unfähigkeiten betreffen das Nicht-Wahrnehmen wichtiger wirtschaftlicher und technologischer Änderungen im Umfeld, die Fehlabschätzung der Ressourcenverfügbarkeit sowie das Mißverständnis oder das Übertreiben der Bedürfnisse von Märkten und Mitarbeitern.

Diese Gefahren spiegeln sich auch in der Kommunikation der Vision wider, indem übertriebene Selbstbeschreibungen der Führungskräfte, übertriebene Urheberschaftsansprüche, Manipulationen der Mitarbeiter und die Unterdrückung nicht visionskonformer Informationen die Orientierungskraft der Vision beeinträchtigen.

9.4.7.4 Fordernde Führung: Intellektuelle Stimulierung

Führung ist nicht nur dazu da, Mitarbeiter zu verwöhnen, sondern soll sie auch intellektuell herausfordern.

Während zur charismatischen und visionären Führung bereits eine breite Literaturbasis vorliegt, ist zu dem, was hier als „fordernde Führung" bezeichnet wird, bisher nur wenig Explizites verfaßt worden (vgl. *Cube/Alshuth* 1997). Dies liegt möglicherweise daran, daß „Führen durch Fordern" etwas weniger populär klingt als „Führen durch Verwöhnen".

Die **Basis** einer fordernden Führung liegt in der Verhaltensbiologie, die sich mit dem Einfluß von Trieben und Instinkten auf das Verhalten auseinandersetzt. In der Evolution des Menschen haben sich Trieb- und Aktionspotentiale auf jeweils neue Umweltbedingungen eingestellt. So werden etwa die spontan auftretenden Triebe wie Aggression und andere (selbst-)zerstörerische Kräfte nicht etwa befriedigt, sondern mit Hilfe etablierter sozialer Regeln umgangen, was letztlich jedoch aufgrund ihrer ständigen Nicht-Befriedigung zu ihrer Steigerung führen kann.

Um dem Dilemma einer Steigerung schädlicher Triebpotentiale zu begegnen, schlägt die fordernde Führung vor, die natürlichen Trieb- und Aktionspotentiale selbst zur Begrenzung des aggressiven Triebverhaltens zu nutzen. Zu einer damit verbundenen Akzeptanz von Anstrengung ist eine Kompensation notwendig; hierzu bieten sich **vier Strategien** an, mit denen Mitarbeiter gefordert werden können (vgl. *Volk* 1988, 44-45):

- Die Strategie „*Funktionslust*“ zu erzeugen, zielt darauf ab, spezifische Fertigkeiten so zu perfektionieren, daß die Ausübung der Fertigkeit mehr Lust bereitet als Anstrengung.
- Die Möglichkeit zu geben, Neues zu entdecken (*Exploration*) nutzt den Neugiertrieb aus, um überschüssige Aktionspotentiale abzubauen und ein befriedigtes Gefühl zu erlangen.
- Fairer Wettbewerb (*Konkurrenz*) fordert, indem die aggressionsspezifischen Potentiale durch eine leistungsbezogene Anstrengung substituiert werden.
- Mitarbeiter durch *Kooperation* zu fordern, instrumentalisiert das Gruppenverhalten von Menschen und motiviert sie zur Verbesserung ihrer individuellen Leistung und dadurch ihrer Position in der Gruppe.

Fordern sich Menschen bereits von selbst aus Einsicht und/oder aufgrund der individuellen „Lustgewinne“, so ist es sinnvoll, dieses Verhalten organisatorisch weiter zu unterstützen, etwa durch die konkurrenzbejahende Gestaltung der Arbeitsbedingungen.

In der Personalführung läßt sich die fordernde Führung durch Konzepte umsetzen, die explizit die Leistung der Mitarbeiter in den Vordergrund rücken. Dies ist beim Leitbild des **Intrapreneurship** der Fall, bei dem die Mitarbeiter in die Rolle eines unternehmensinternen Unternehmers gestellt werden (Übersicht 9.53). Durch das Übertragen von Zielerreichungsverantwortung wird eine Situation geschaffen, bei dem die Mitarbeiter ihre Aktionspotentiale auf intellektuelle Herausforderungen richten müssen, wobei der typische Karrierepfad von Intrapreneuren dementsprechend das wiederholte Begleiten von Start-up-Phasen vorsieht (vgl. *Pinchot* 1985, 269-271).

1. Komme jeden Tag zur Arbeit mit der Bereitschaft, gefeuert zu werden.
2. Umgehe alle Anordnungen, die Deinen Traum stoppen sollen.
3. Tue alles, was Dein Projekt voranbringt, ohne Rücksicht auf Deine Stellenbeschreibung.
4. Finde Personen, die Dir helfen.
5. Folge bei der Wahl von Mitarbeitern Deiner Intuition und arbeite nur mit den besten.
6. Arbeite so lange wie möglich im Verborgenen – Öffentlichkeit löst Reaktionen des unternehmerischen Immunsystems aus.
7. Wette niemals auf ein Rennen, in dem Du nicht mitläufst.
8. Bedenke, es ist einfacher, um Vergebung als um Erlaubnis zu bitten.
9. Bleibe Deinen Zielen treu, aber sei realistisch über die Wege, sie zu erreichen.
10. Du sollst Deine Förderer ehren.

Übersicht 9.53: Die zehn Gebote des Intrapreneurs (nach *Pinchot* 1985, 22)

Erlangt das Fordern der Mitarbeiter eine Nachhaltigkeit und wird ihnen gleichzeitig die Möglichkeit eröffnet, wesentliche soziale Ressourcen stärker kontrollieren zu können, so läßt sich von **Empowerment** (vgl. *Stark* 1996, 16-17) sprechen. Es schlägt sich auch in Machtpotentialen nieder, die – in einer verantwortungsvollen Führung eingesetzt – problematisches triebbehaftetes Verhalten funktional in Innovationskraft und zielförderliche unternehmensinterne Konkurrenz umleiten.

Empowerment beinhaltet alle Aktivitäten, die die Mitarbeiter auffordern und ermächtigen, im Unternehmen persönliche Verantwortung für die Zielerreichung des Gesamtunternehmens und die dazu notwendigen organisatorischen und sozialen Prozesse zu übernehmen (vgl. *Conger/Kanungo* 1988; *Clutterbuck/Kernaghan* 1995, 15). Um dies zu realisieren, ist es notwendig, daß die Mitarbeiter sowohl durch Information und Kenntnisse über die Wertschöpfung und mögliche Verbesserungsbeiträge als auch durch leistungsabhängige Belohnungen und den Wertschöpfungsprozeß beeinflussende Machtbefugnisse gefordert werden.

9.4.7.5 Fördernde Führung: Coaching, Mentoring, Supervision

Coaching. Als eine Form der individuellen Beratung und Unterstützung von Mitarbeitern und Führungskräften hat Coaching das Ziel, berufliche Selbstgestaltungspotentiale zu fördern. Es nimmt zwei **Funktionen** wahr (vgl. *Schreyögg* 1995, 47-70): einerseits die fachliche *Personalentwicklung*, andererseits die auf sozio-emotionale Aspekte ausgerichtete *therapeutische Funktion* zur Verminderung beruflichen Leides und zur Förderung von Selbstverwirklichung. In Abgrenzung zur Psychotherapie erreicht Coaching eine geringere Tiefe und setzt den Fokus mehr auf die Entwicklung von Kompetenzen hinsichtlich einer inhaltsbezogenen Arbeit an berufsbedingten Problemen, während die Therapie auf die Korrektur von Fehlentwicklungen abzielt, die sich in gestörtem Erleben und Verhalten manifestieren (vgl. *Roth/Brüning/Edler* 1995, 212).

Coaching bleibt aber nicht auf einzelne Mitarbeiter beschränkt: **Anlässe** ergeben sich aus *individuellen* beruflichen Krisen wie etwa Job-Streß, Burnout, Mobbing, und aus *kollektiven* Krisen in Form ökonomischer und organisationskultureller Krisen, Krisen durch Umstrukturierungen und Fusionen sowie Krisen durch politische Veränderungen (vgl. *Schreyögg* 1995, 72-92). Das hier einsetzbare Systemcoaching betrifft ein ganzes Führungsteam oder eine Gruppe von Mitarbeitern, die von einem oder mehreren Coaches besonders zu Aspekten der unternehmensinternen Vernetzung beraten werden (vgl. *Rückle* 1992, 30-32). Systematisiert man die Anlässe in solche, die Abwärtsbewegungen aufhalten sollen, und solche, die Wachstumsbewegungen verstärken sollen, ergeben sich differenzierte Coaching-Schwerpunkte (Übersicht 9.54).

	Anlaß	
Ziel	Abwärtsbewegung aufhalten	Wachstumgsbewegung verstärken
Person	Krisenbewältigung Rückkehr zu normaler Leistung	Managemententwicklung Klammer zwischen Motivation und unternehmerischer Zielsetzung
Gruppe	Analyse zwischenmenschlicher Konflikte	Ausrichtung der Zusammenarbeitsnetze und Human-Ressourcen auf Wachstum und Veränderung

Übersicht 9.54: Coaching-Schwerpunkte (nach *Kienbaum/Jochmann* 1994, 25)

Ein Coach zeichnet sich sowohl durch seine persönlichen Eigenschaften wie Ausstrahlung und soziale Kompetenz sowie durch fachliche Fähigkeiten hinsichtlich methodischem und praktischem Wissen aus. Vorteile für den Coach ergeben sich insbesondere dann, wenn sich die Führungsleistung für andere mit dem Erringen von eigenen Einfluß- und Freiheitsspielräumen verbinden läßt (vgl. *Kubowitsch* 1995, 31-44).

Mentoring. Ein breiteres Konzept als das Coaching ist das Mentoring. Bei ihm wird in der Regel einem (neuen) Mitarbeiter ein erfahrener Mitarbeiter oder eine Führungskraft zugeordnet, die ihm dann beratende Unterstützung bei der Gewährung beruflicher Ziele zukommen läßt. Der Mentor übernimmt eine Vorbildfunktion für den Mitarbeiter. Mentoring ist strategischer und langfristiger ausgerichtet als das Coaching und setzt statt auf der Prozeßebene auf der Ebene der Visionen an (vgl. *Rückle* 1992, 31). Übersicht 9.55 verdeutlicht die Abgrenzung beider Konzepte.

Auch das Mentoring läßt sich auf die Gruppenführung ausweiten, insbesondere wenn Erfahrungen über das Arbeiten in Gruppen, die Lösung möglicher Rollenkonflikte und die gemeinsame Optimierung individueller und kollektiver Interessen geübt werden müssen.

Supervision. Entstanden aus der amerikanischen Tradition der Sozialarbeit, wo ursprünglich wenige fest Angestellte viele ehrenamtliche Mitarbeiter fachlich zu beraten suchten, entwickelte sich die Supervision als Auseinandersetzung mit Arbeitsbeziehungen und den emotionalen Faktoren von Arbeit in Organisationen (Übersicht 9.56). Ihr Schwerpunkt liegt auf sozio-emotionalen sowie institutionellen Aspekten (vgl. *Schreyögg* 1995, 58-60). Inhalte der Supervision sind Probleme, Konflikte, Szenarien aus dem beruflichen Alltag (*Deutsche Gesellschaft für Supervision* 1996, 11). Dabei verfolgt Supervision eine dreifache Zielsetzung (vgl. *Gigout* 1998, 121):

Coaching

„A coach is someone available for the performer to learn WITH. Coaching is the process whereby one individual helps another: to unlock their natural ability; to perform, learn and achieve; to increase awareness of the factors which determine performance; to increase their sense of self-responsibility and ownership of their performance; to self-coach; to identify and remove internal barriers to achievement."

Mentoring

„A mentor is someone available for the performer to learn FROM. At least that is the theory. In practice a mentor will be the assigned 'teacher' of an individual. There is an enormous variation of expectation in the function and behaviour of people bearing the same title – mentor. Some of the roles lead to the following definitions: Mentoring is the process whereby one senior individual is available to a junior

- to form a non-specified developmental relationship
- to seek informations from
- to regard as a role model for the purposes of emulation
- to pick up what the organization/department/company expects
- to show the performer how the organization works; to ensure cultural compliance
- to guide the performer through a phase of operational, professional or vocational qualification
- to provide feedback and appraisal
- to teach all the relevant facts that will enable the junior individual to perform effectively in an organization."

Übersicht 9.55: Abgrenzung von Coach und Mentor (*MacLennan* 1995, 4+5-6)

- Bearbeitung aktueller Konfliktunterlagen unter/zwischen Mitarbeitern, Führungskräften und Kunden,
- Steigerung der Problemlösungsfähigkeit von Mitarbeitern und Führungskräften sowie
- Weiterbildung von Mitarbeitern und Führungskräften.

In der Umsetzung zielt Einzelsupervision auf die Grenze zwischen Person und Beruf, Gruppen- oder Teamsupervision stellt auf Teamfähigkeit und Kooperationsfähigkeit ab. Supervisoren sind sinnvollerweise frei- oder nebenberuflich tätig; ihre Rolle ist von einer Funktion als Führungskraft getrennt.

Im Gegensatz zum Coaching muß Supervision nicht unter einem so großen Zeitdruck stattfinden (vgl. *Roth/Brüning/Edler* 1995, 213): Sie verzichtet auf die explizite Zielorientierung und den Bezug zur Leistungsoptimierung und soll stattdessen eher zu Einsichten und Erkenntnissen über sich selbst und seine Gruppe verhelfen. Damit ist Coaching eher zielorientiert, Supervision eher prozeßorientiert.

1870 - 1920	Supervision als Erziehung und Kontrolle (Supervisor als Aufseher und Lehrer)
1920 - 1950	Individualisierungs- und Psychologisierungsphase der Supervision (Supervisor als Therapeut und Pädagoge)
1950 - 1960	Pionierphase mit Definition und Methodenentwicklung der Supervision (Supervisor als Methodenlehrer)
1960 - 1970	Expansion und Systematisierung der Supervision (Supervisor auch Gruppensupervisor)
1970 - 1980	Supervision als Veränderungsmedium (Supervisor als „change agent")
1980 - heute	Supervision als pragmatische Profession (Supervisor als Organisationsberater - pendelt zwischen den genannten Berufsrollen)

Übersicht 9.56: Entwicklung der Supervision (nach *Wilker* 1995, 6)

9.4.7.6 Zusammenführung

Einen als Integrationsmodell anwendbaren Ansatz entwickelt *Wild* (1997), wenn er die „**ganzheitliche Führungskraft**" propagiert: Sie stellt idealerweise als „Server" die Funktionen Sinnvermittler, Visionär, Netzwerkbauer, Coach und Katalysator dar und kommt damit der Idealrolle einer Führungskraft in Gruppen sehr nahe (Abbildung 9.61).

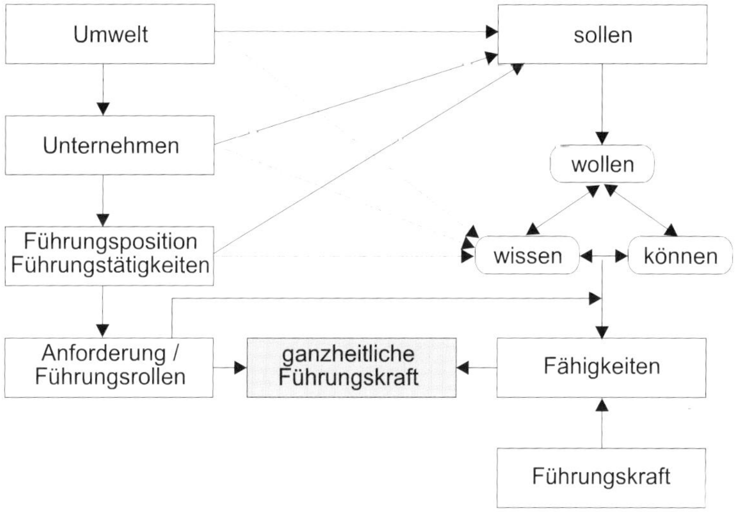

Abbildung 9.61: Bestimmung von Führungsrollen und Fähigkeiten einer ganzheitlichen Führungskraft (*Wild* 1997, 193)

9.5 Resümee

Personalführung als systematische Beeinflussung der Mitarbeiter findet auf allen drei **Managementebenen** statt:

Die Einbeziehung der Unternehmenskultur in das Personalmanagement und ihr Einsatz zur *strategischen* Personalführung stellt eine vielversprechende Möglichkeit dar, personalwirtschaftliche Probleme ganzheitlich zu analysieren und einen neuen Ansatzpunkt zur Personalforschung zu liefern. Dies gilt speziell im Hinblick auf die im Dualitätsprinzip, Pathologieprinzip, Hierarchieprinzip, FOSI-Prinzip und Stimmigkeitsprinzip zusammengefaßten Aussagen: Jede Behandlung unternehmenskultureller Phänomene ist (auch) im Zusammenhang mit der Personalführung vor dem Hintergrund einer breiten Diskussion in der Kulturforschung zu sehen, die gleichermaßen Basis wie Richtschnur für jegliche Kulturbetrachtung darstellt.

- Von besonderer Bedeutung sind die Kulturansätze
  - der individuellen Verhaltensforschung,
  - der Organisationstheorie sowie
  - des strategischen Managements

  die gemeinsam mit den Paradigmen des funktional-objektivistischen und des interpretativ-subjektivistischen Ansatzes in einen spezifischen Ansatz zur (unternehmens-)kulturbewußten Personalführung münden.
- Auf der *taktischen* Ebene werden Mechanismen zur kollektiven Personalführung diskutiert. Hervorzuheben sind hier – bei aller Problematik – Führungsansätze sowie Überlegungen zum Gruppenverhalten. Eine wichtige Rolle spielen gerade für den informationsorientierten Ansatz aber auch die informationsflußbezogenen Führungsmodelle.
- Auf der *operativen* Ebene artikuliert sich schließlich die beeindrukkende Fülle von Führungsmodellen, die – bei dem gegenwärtigen Stand der Forschung mehr oder weniger fundiert – deskriptive oder präskiptive Aussagen zur Individualführung machen. Sie wollen die Führungskraft in die Lage versetzen, ihre aktuelle Führungssituation zu analysieren, zu verstehen und/oder zu verändern. Dieses spezifische Eingehen auf den Einzelfall ist nötig, bleibt aber problematisch: So fehlt den meisten deskriptiven Untersuchungen die präskiptive Konsequenz und umgekehrt den meisten deskriptiven Empfehlungen der empirische Effektivitätsbeweis.

Obwohl das Thema Personalführung eine große Faszination ausübt, muß vor einer leichtfertigen Übernahme wohlklingender Konzepte gewarnt werden: Gerade den großen Hoffnungen in das Leistungspotential der Unternehmenskultur zur Personalführung steht ein nicht zu übersehendes Forschungsdefizit gegenüber. Dies betrifft die Instrumente zur Kulturdiagnose, zur Definition der Sollkultur und besonders die in vielen Aspekten noch spekulativen Überlegungen zur Kulturbeeinflussung.

9.6 Testfragen

(1) Beschreiben Sie den konzeptionellen Zusammenhang zwischen der Unternehmenskultur und einem werteorientierten Human Resource Management. Differenzieren Sie in Ihrer Antwort nach den einzelnen Personalmanagementfeldern.

(2) Das Paradigma von *Lewin* (organisatorischer Wandel) läßt sich auch für eine Veränderung der Unternehmenskultur nutzen. Wie?

(3) „Unternehmensethik ist (lediglich) eine spezifische Facette der Unternehmenskultur". Diskutieren Sie diese Aussage.

(4) Welche Möglichkeiten gibt es zur Kulturerfassung? Welche Probleme treten dabei auf?

(5) Wie läßt sich die Unternehmenskultur gestalten?

(6) Welche Konsequenzen ergeben sich für die Personalführung aus (den unterschiedlichen Sichtweisen) der Unternehmenskultur?

(7) Suchen Sie im Internet die Führungsgrundsätze eines Unternehmens und untersuchen Sie diese hinsichtlich möglicher Kulturwirkungen im Unternehmen. Analysieren Sie die Führungsgrundsätze, auch auf Inhalt, Prägnanz und (explizite/implizite) Handlungsanweisungen. Worin scheint „das Charakteristische" des von Ihnen betrachteten Unternehmens zu liegen? Vergleichen Sie gegebenenfalls Ihr Ergebnis mit der Analyse weiterer Führungsgrundsätze anderer (branchengleicher) Unternehmen!

(8) Welche Möglichkeiten sehen Sie, um zu verhindern, daß bestehende nationale Mißtrauenskulturen auf die Internationalisierungsprozesse übertragen werden?

(9) Erläutern Sie den Einfluß der Menschenbilder auf die Motivationstheorien.

(10) Entwerfen Sie ein Testdesign, mit dem man analog zur Untersuchung von *Weinert* im Einzelfall die zugrundegelegten Menschenbilder erheben kann. Welche Konsequenz hätte es, wenn man tatsächliche reliable und valide Testverfahren für die Existenz von Menschenbildern feststellen könnte?

(11) Rund 120 Studierende wurden während der ersten Personalvorlesung an der Universität des Saarlandes (Sommersemester 1986) danach gefragt, wie sie ihre Kommilitonen und wie sie sich selbst auf die vorher in der Veranstaltung erläuterten Menschenbilder zuordnen würden (Übersicht 9.57). Beurteilen Sie das Ergebnis!

	Fremdeinschätzung (... „die anderen")	**Selbsteinschätzung** (... „ich selber")
Typ X	60%	5%
Typ Y	40%	95%
Rational	33%	30%
Sozial	33%	30%
Selbstverwirklichung	33%	40%
Fachmann	5%	3%
Dschungelkämpfer	5%	0%
Firmenmensch	90%	5%
Spielmacher	0%	1%
keine Angaben	0%	90%

Übersicht 9.57: „Menschenbilder bei Studenten"

(12) Suchen Sie nach Beispielen, mit denen sich die Gerechtigkeitstheorie von *Adams* überprüfen läßt. Wie müßte eine Personalführung aussehen, die sich strikt an *Adams* orientiert?

(13) Bewerten Sie eine Ihnen bekannte Person mit dem LPC-Score von *Fiedler*: Welche Schwierigkeiten ergeben sich dabei für Sie?

(14) In welchem Zusammenhang stehen die Kontingenztheorie und die kognitive Ressourcentheorie von *Fiedler*?

(15) Vergleichen Sie die Ohio-State-Nachfolger im Hinblick auf Anwendbarkeit und Aussagekraft!

... für Fortgeschrittene:

John P. Kotter stellt in seinem Buch „The New Rules" (1995, 135) folgende Regel auf: „Success in managerial jobs increasingly requires leadership, not just good management. Even at lower levels in firms the inability to lead is hurting both corporate performance and individual careers. Organizations that stifle leadership from employees are no longer winning." Diskutieren Sie diese Aussage vor dem Hintergrund einer Verlagerung der Verantwortung für Individualisierung hin zum Individuum.

Suchen Sie im Internet zunächst nach dem Stichwort „leadership" und dann innerhalb der Antworten nach den Stichworten „success" sowie „globalization". Verwenden Sie jeweils die ersten 20 Antworten und bewerten Sie Ihre Ergebnisse.

(a) Untersuchen sie den Film „Apollo 13" als Beispiel für situative Führung!

(b) Diskutieren Sie den Film „Disclosure" unter unternehmenskultureller Perspektive. Verwenden Sie dazu unter anderem

(c) das Schema von *Schein* sowie die Idee der Symbolischen Führung.

(d) Welche Führungsphasen durchlief *Heather Donahue* im Film „The Blair Witch Project“?

Wie verläuft die interkulturelle Kommunikation in der Fernsehserie „Star Trek“?

Diskutieren Sie folgende Aussage von *Peter Drucker* (1998): „One does not manage people. The task is to lead people.“

9.7 Praxisbeispiele

9.7.1 Harald Kayser

H. Kayser, unter anderem erfolgreicher Geschäftsführer der damaligen Firma Agepan (Heusweiler, Saarland) zum Thema **Personalführung**:

„Da gibt es verschiedene Marschrichtungen. Es gibt den Weg, daß man es versucht mit dem normalen, gesunden Menschenverstand. Aber es gibt Leute, die glauben das nicht, aus welchem Grund auch immer. Ich schmeiße dann glatt mal einen raus, als Probe aufs Exempel. Und so ist das dann eben, so eine richtig brutale Situation – ich meine, bei einer solchen Menge Geld, da muß einfach was passieren. Oder aber sie kapieren es gleich von Anfang an.“

Eine außergewöhnliche Vorgehensweise mußte *H. Kayser* für eine frühere Firma in einem südamerikanischen Staat anwenden:

„Und dann haben die da einmal nicht so gemacht wie ich wollte, und da dachte ich mir: Was machst du jetzt, daß die kapieren, daß ich es ernst meine? Ich habe dann folgendes gemacht: Ich habe eines Morgens die gesamte Führungsgruppe zusammengerufen und sie alle ans Fenster geholt. Vor dem Verwaltungsgebäude war an der Straße ein Mäuerchen mit Bäumchen. Ich hatte einen Bulldozer bestellt und ihm aufgetragen, daß er genau um 9.00 Uhr alles abreißen muß, umpflügen und flach machen, inklusive des Mäuerchens von ca. 20-30 Metern Länge. Um 9.00 Uhr habe ich alle kommen lassen und gesagt: So, meine Herren, ich habe so das Gefühl, Sie verstehen nicht, was ich sage. Gehen wir mal ins Pragmatische. Kommen Sie mal her, ich werde jetzt mit Ihnen ein Spiel machen. Dann habe ich Zeichen gegeben, und der ist mit seinem Fahrzeug dahin, hat die Mauer umgerissen, die Bäume raus, alles flachgemacht, alles dem Erdboden gleichgemacht. Dann sagte ich: Der kommt gleich zu Ihnen und legt das Haus auch noch um! Meine Herren, so wie ich Ihnen das gerade vorgeführt habe, das mache ich mit Ihnen auch, wenn nicht innerhalb der nächsten drei Monate passiert, was wir besprochen haben. Dann habe ich meine Koffer gepackt und bin nach Europa zurückgeflogen. Nach drei Monaten bin ich wiedergekommen und es wehte ein ganz anderer Wind. Die ganze Checkliste war erledigt. Die haben gespurt, das war richtig prächtig da drüben, full power, alles wunderschön."

Bei einer Firma (in Deutschland) entließ *H. Kayser* seine Chefsekretärin:

„Insgesamt habe ich dort nur zwei oder drei Leute gefeuert, mehr nicht. Zur Chefsekretärin habe ich gesagt: „Hören Sie mal, wir fangen um 7.30 Uhr an und nicht um 8.00, und auch nicht um 8.15, und auch nicht um 8.30 und um 9.00 schon gleich gar nicht!" „Ja, aber ich bleibe am Abend doch immer so lange." „Das interessiert mich nicht, wir wollen doch eine bestimmte Disziplin einhalten. Die Engste um mich, die muß Vorbild sein.

Das ging vier Wochen gut, dann kam sie wieder nicht. Um 8.30 Uhr habe ich bei ihr angerufen und gesagt: „Frau Soundso, wo ist Ihre Tochter?" – „Die liegt noch im Bett, die hat Migräne", war die Antwort. „Was hat die? Die hat Migräne? Die soll mal schnell mit ihrem Hintern aus dem Bett und soll mal ganz hurtig in die Firma kommen! Und im übrigen – wieso rufen Sie nicht an um 7.15 Uhr? Das geht doch nicht, daß ich Sie anrufen muß!"

Ein Jahr später mußte ich eine wichtige Aufstellung für die Banken machen. Die Sekretärin hatte mir versprochen, bis Samstagnachmittag alles vorzubereiten, so daß ich am Montag sämtliche Zahlen verwenden könnte. Ich komme in die Firma am Samstag: Da wurde es 11.00 Uhr, 15.00 Uhr und schließlich 17.00 Uhr. Sie kam nicht. Und da dachte ich mir: „Die rufst du jetzt nicht an, die feuerst du." Am Montag in der Frühe habe ich dann bei ihr angerufen: „Frau Soundso, wo ist ihre Tochter?" – „Meine Tochter liegt im Bett, die hat Migräne." – „So Migräne hat sie? Sagen Sie Ihrer Tochter, daß sie gar nicht mehr in die Firma zu kommen braucht, sie ist mit sofortiger Wirkung gekündigt. Sie kann sich ihre Papiere in der Personalabteilung abholen."

9.7.2 Rainer Megerle

Die Gewerbe- und Industriefußboden GmbH wurde 1974 von *R. Megerle*, gegründet.

R. Megerle, der eigenlich Hochschullehrer für Betriebs- und Sozialwissenschaft werden wollte, dann aber einsah, daß er als Lehrer „kaum etwas bewirken könnte", machte sich nach einer kaufmännischen Lehre selbständig, um „seine eigene Philosophie zu verwirklichen".

Die in Nürnberg ansässige Firma Megerle hat sich spezialisiert auf Problemlösungen bei Gewerbe und Industrie, nämlich auf die Sanierung alter Bodenflächen und den Neubau von Kunstharzböden, die je nach Kundenwünschen in jeder Farbe eingefärbt werden können. Nach Ansicht von Geschäftsführer *R. Megerle* hat sich das Unternehmen in einer Marktnische zum Qualitätsführer der Branche entwickelt. Mit 30 Mitarbeitern erreichte die Megerle GmbH 1987 einen Umsatz von 13,1 Millionen DM, wovon circa 70% auf die Sanierung alter Bodenflächen entfallen. Mit einem Pro-Kopf-Umsatz von 430 000 DM hebt sich die Nürnberger Firma deutlich vom Durchschnitt ab.

Für *R. Megerle* ist aber nicht nur das Produkt, sondern insbesondere in hohem Maße die Motivation und Leistungsbereitschaft seiner Mitarbeiter für den Erfolg ausschlaggebend:

„Was nützt das beste Produkt, wenn das Unternehmen dessen Nutzen nicht verkaufen oder den Kunden nicht qualifiziert beraten kann. Nur ein optimales Betriebsklima mit bestmöglichen Mitarbeitern macht eine Firma unschlagbar."

Bereits der Grundsatz, der auf einer Plexiglastafel im Eingangsbereich der Firma Megerle festgehalten wurde, weist auf das Verständnis von *R. Megerle* für sein Unternehmen hin, das er als „angenehm-anders-als-alle-anderen" ansieht.

„Heute ist ein neuer Tag. Ich kann ihn verschwenden oder nutzen ... Ich will heute abend mit Genugtuung rückblicken können, damit ich den hohen Preis nicht bereuen muß, den ich bezahlt habe. Denn die Zukunft ist nur eine Kette von „Heute". Und heute ist der erste Tag vom Rest meines Lebens."

Die Geschichte seiner Produktidee und Firmengründung schildert *R. Megerle* als das Resultat eines Aufenthaltes in Florida, wo er am Strand kleine eingefärbte Kunstharzfiguren entdeckte. Um sich gegen die harte Konkurrenz durchzusetzen, wurde die „Qualitätsüberzeugungsidee der Probeflächenverlegung" eingeführt. Nach dem Motto „Wir verkaufen die Katze nicht im Sack" wird eine Probeverlegung von 100 qm Kunstharzboden innerhalb von zwei Stunden ausgeführt.

R. Megerle versucht durch Unternehmensleitbild und Firmenphilosophie die Wir-Komponente hervorzuheben. Daraus leitet sich die Art und Weise ab, wie das Unternehmen die Beziehung zwischen Mitarbeitern und Chef verstanden wissen will: „Bei der Firma *Megerle* wird nicht gegeneinander gearbeitet, sondern alle ziehen am gleichen Strang" (Übersicht 9.58).

„Wir müssen

... allen Mitarbeitern einen ihren Stärken entsprechenden sowie sicheren Arbeitsplatz bieten, ihre Arbeit so anerkennen, daß sie durch ihre wirkungsvolle Leistung Selbstwertgefühl, Bedeutung und Genugtuung gewinnen, und sie am Unternehmenserfolg angemessen beteiligen.

... unseren Mitarbeitern die Unternehmensziele so definieren, damit sie sich mit ihnen identifizieren, ihnen den individuellen Leistungsfreiraum zugestehen, um sich darin initiativ und schöpferisch zum gesamtheitlichen Wohle zu entfalten."

...

Übersicht 9.58: Grundsätze der R. Megerle GmbH
(Quelle: R. Megerle GmbH)

R. Megerle zum Führungsstil:

„Die obersten Grundsätze unserer Mitarbeiterführung sind die Motivation der Mitarbeiter und die Transparenz aller Entscheidungen. Bei uns wird instrumentell durch Vorbild, mit Überzeugung und durch die besseren Argumente geführt. Durch diese Philosophie sind hier Menschen am Werk, die nicht einem Job nachgehen, sondern ihren Beruf als Berufung erfüllen."

Neben der Tatsache, daß die Mitarbeiter am Unternehmenserfolg beteiligt sind, gibt Übersicht 9.59 einen Überblick über weitere betriebliche Leistungen für die drei Firmenbereiche Verwaltung, Außendienst und Verleger.

Auch in die Gehaltsfindung sind die Megerle-Mitarbeiter eingebunden: Am Anfang eines Jahres wird jeder Mitarbeiter über seine Gehaltsvorstellungen befragt. Eine Gehaltserhöhung ist genehmigt, wenn der Mitarbeiter auch die dementsprechende Leistung erbringt. Dazu *R. Megerle*: „In 90% der Fälle stimmt die Selbsteinschätzung mit der Meinung der Geschäftsführung überein."

Darüber hinaus konzidiert *R. Megerle*, nach seinen Aussagen, vom Lehrling bis zum Angestellten jedem Mitarbeiter individuell einen Leistungsfreiraum, Mitsprache und Mitverantwortung. So auch zum Beispiel bei der Besetzung von Abteilungsleiterstellen: Nicht er beurteilt die Qualität des jeweiligen Teamleiters, sondern alle Mitarbeiter aus den drei Bereichen Verwaltung, Handwerk und Außendienst bestimmen jeweils ihre „Team-Master".

Die Transparenz der Entscheidungen ist nach Ansicht von *R. Megerle* ein weiterer wichtiger Grundsatz der Mitarbeiterführung. Grundlage jeder Entscheidung ist die umfassende Information. Dazu *R. Megerle*:

Leistungen	**Verwaltung**	**Außendienst**	**Verleger**
Ausbildungs- und Einarbeitungsprämie	x	x	x
Prämien für Verbesserungsvorschläge	x	x	x
Mitarbeitervermittlungsprämie	x	x	x
Quadratmeterprämien			x
Privatnutzung von Firmenwagen	x	x	x
Kaffee und sonstige Getränke kostenlos	x	x	x
Blumenstrauß je Büro (pro Woche)	x		
Fitneß-Center-Besuche	x	x	x
Sauna, Massagen	x	x	x
Mayr-Kuren	x	x	x
Team-Master-Prämien	x	x	x
Theater- und Konzertangebot	x	x	x
1.FCN-Dauerkarten mit Gästen	x	x	x

Übersicht 9.59: Betriebliche Leistungen der R. Megerle GmbH
(Quelle: R. Megerle GmbH)

„Wir legen großen Wert auf die gründliche Information unserer Mitarbeiter und die Transparenz der Entscheidungen. Nur so können wir erreichen, daß sich alle – vom Verleger bis zum Geschäftsführer – für ihren Arbeitsbereich und auch für das Unternehmen verantwortlich fühlen. Alle Ebenen sollen untereinander selbstbewußt und fachlich fundiert die eigene Meinung vertreten. „Radfahrer“ und „Ja-Sager“ sind bei uns fehl am Platz. Aber auch Mitarbeiter, die durch ihre Position allein und diktatorisch führen wollen. Bei uns soll letztlich nur das bessere Argument entscheiden.“

Einmal pro Woche findet eine Arbeitsbesprechung statt, bei dem alle Mitarbeiter über wesentliche betriebliche Vorgänge informiert werden und über betriebliche Entscheidungen diskutieren. Daß dieses Führungskonzept bei den Mitarbeitern gut ankommt, beweisen auch die jährlich durchgeführten Mitarbeiterbefragungen.

10 Ausblick: Personalmanagement im nächsten Jahrtausend?

In welche Richtung entwickelt sich das Personalmanagement als Funktion und als Institution? Anders als in der Vergangenheit, in der sich häufig recht klare Trends abgezeichnet haben, dürfte die Zukunft durch stark gegenläufige Tendenzen gekennzeichnet sein, die entscheidend von der Welt- und Eigensicht der zentralen Akteure abhängen.

Virtualisierungsverständnis der Organisationsgestalter: inter- oder intraorganisatorisch?

Für *Großunternehmen* wird sich der Trend zu weiteren Zusammenschlüssen fortsetzen: Zu faszinierend sind die scheinbaren Chancen hinsichtlich Marktpotentialen und Kosteneffizienz. Mega-Mergers führen in der Folge aber zu einer starken organisatorischen Virtualisierung innerhalb des Unternehmens. Das permanente Lokalisieren von Kernkompetenzen, ihre flexible Integration zu schlagkräftigen Einheiten und die multimediale Informationstechnologie lösen vormalige Konstanten der Arbeitswelt auf. Die Folge sind unternehmenskulturelle Herausforderungen und die Suche nach Steuerungsmechanismen, die dysfunktionale Konsequenzen eines innerbetrieblichen Darwinismus reduzieren. Traditionelle soziale Mechanismen, die Kommunikation und Entscheidungsfindung erleichtern, existieren immer weniger, so daß für sie Substitutionsmöglichkeiten gefunden werden müssen. Der Aufbau von Führungsbeziehungen braucht Zeit. Je kürzer in fluktuierenden Einheiten die Zeiträume sind, in denen unternehmerische Einheiten in konstanter Besetzung zusammenarbeiten, desto schwerer lassen sich traditionelle Führungsinstrumente einsetzen. Konsequenz: „Ent-Kulturierung" der Führung. Teams müssen folglich lernen, explizit Normen und Rollenerwartungen an neue Mitglieder zu kommunizieren; die wiederum müssen sich schnell in den gegebenen Bedingungen akkulturieren.

Auch wenn die Gründungswelle bei *kleineren Unternehmen* (noch) nicht die erhoffte Größenordnung erreicht hat, sind Perspektiven und Impulse unverkennbar. Gerade diese Unternehmen können dabei durch eine interorganisatorische Virtualisierung zu heterarchischen Verbundunternehmen werden, die als flexible und schlagkräftige Einheiten „virtuelle Größe" erreichen. Die zuvor beschriebenen Herausforderungen vervielfältigen sich dadurch, da jetzt auch noch Führung quer über Unternehmensgrenzen gefragt ist. Aus diesem Grund wird zwangsläufig bei kleineren Unternehmen das Personalmanagement zum überlebenskritischen Erfolgsfaktor.

In *beiden Fällen* aber wird die räumliche, zeitliche sowie sachliche Virtualisierung für die Mitarbeiter in extremem Ausmaß zunehmen. Individuelle Lösungen der Kluft zwischen persönlicher Positionierung und unternehmerischer Wertschöpfungsoptimierung sind gesucht. Die Anforderungen an das Personalmanagement als Funktion steigen daher überproportional, da alleine schon aus Unternehmensinteresse die Mitarbeiter mit dieser Lösungsfindung nicht alleine gelassen werden sollten.

Professionalisierungsverständnis der Linienmanager: Personalmanagement als Trivialität oder Professionalität?

Das Postulat ist nicht neu: Linienmanager müssen sich im Personalmanagement professionalisieren und dieses als Teil des *General Managements* auffassen. In der beobachtbaren Realität hat sich diese Denkhaltung aber nicht in breiter Form durchgesetzt.

Personalmanagement gilt danach für viele als eine *intuitiv erfaßbare Trivialität*, die keinerlei Spezialkenntnisse voraussetzt und quasi „nebenbei" erledigt werden kann. So sieht der Leiter eines Profit Centers zwar die Notwendigkeit, sich vertieft mit Fragen des Rechnungswesen auseinanderzusetzen, glaubt aber, das heikle Thema der Investition in Human Capital ausschließlich mit gesundem Menschenverstand behandeln zu können. Da werden plötzlich innerhalb von wenigen Tagen „neue Unternehmenskulturen eingeführt", in wenigen Stunden Personalentwicklungskonzepte erstellt und in wenigen Minuten Assessment Center entworfen. Abmahnungen sind aus dieser Sichtweise heraus weniger rechtlich sensible Vorgänge – sie sind eine „Frage der Autorität" (was jedem Arbeitsrichter sehr schnell sehr viel Spaß machen wird). Für die EDV scheint das Einholen von Sachverstand naheliegend, die Einführung eines (exotischen) Kommunikationstrainings dagegen überflüssig. Nicht etwa, daß diese Linienmanager nicht in der Lage sind, ein professionelles Personalmanagement zu erlernen: Sie sehen (nur?) nicht die Notwendigkeit dafür.

Zunehmend setzt sich aber (ansatzweise) in Unternehmen eine neue Generation von Führungskräften durch. Für sie ist Personalmanagement ein Teil ihres *professionellen* Werkzeugkastens. Gerade weil immer mehr (zumindest operative) Aspekte der Personalarbeit in die dezentralen Einheiten beziehungsweise auf die Linienmanager übergehen, wollen sie auch diese Aufgabe professionell erledigen – schon aus purem Selbsterhaltungstrieb: Optimierung des Personalmanagements bedeutet Qualifikation und Motivation der Mitarbeiter, Profilierung nach innen und außen sowie verbesserte Akquisition und Stabilisation von Human Capital. Oder anders ausgedrückt: Über (realistische) Mitarbeiterzufriedenheit und Mitarbeiterqualifikation zu zufriedenen Kunden und letztlich zu zufriedenen Anteilseignern. Noch immer werden zwar nicht unbedingt Manager wegen eines „guten" Personalmanagements befördert, aber dies schafft die Grundlage für Unternehmenserfolg – und der ist ohne Zweifel ein Karrierekriterium.

Strategieverständnis der Unternehmensleitung: Personalarbeit als Faktorkostenminimierung oder als Potentialoptimierung?

Eine ähnliche Diskussion läßt sich auch auf der Ebene der Unternehmensleitung führen. Sie steht laufend vor der Aufgabe, den Shareholder Value (und hoffentlich auch den Workholder Value) zu maximieren. Dies bedeutet Steigerung der Wirtschaftlichkeit. Allerdings haben hier bereits *operative* Maßnahmen manchmal äußerst kontraproduktive Effekte:

- So kann dezentrale Autonomie inklusive Budgetverantwortung zu einer erheblichen Faktorkostensteigerung führen, wenn langfristig notwendige Personalentwicklungsmaßnahmen gestrichen oder falsche kurzfristig vielversprechende Aktivitäten „eingekauft" werden.
- So führen Budgeterhöhungen für eine Multimedialisierung der Personalentwicklung nicht zwingend zur einer allgemeinen Kostenreduktion durch Substitution, sondern im ungüngstigen Fall nur zu einer Effizienzreduktion bei der Multimedialisierung.
- So finden Fragen der Organisationskultur bei mechanistisch denkenden Unternehmensberatern kaum offene Ohren, was dann zu entsprechenden Konzeptvorschlägen führt. Daß später plötzlich sogar bei der Personalbeschaffung Schwierigkeiten auftauchen, wird leicht übersehen.
- So ist für den langfristigen Erfolg des Unternehmens eine Stabilisierung des Human Capitals zwingend. Steht dagegen in der Vorstandsdiskussion in diesem Zusammenhang ausschließlich die Kostenreduktion im Mittelpunkt, sind Schwierigkeiten vorprogrammiert.

Dies gilt erst recht für strategische Überlegungen. Hier hängen Entscheidungen zwangsläufig von den situativen Gegebenheiten ab: Ein erfolgreiches High-Tech-Unternehmen steht vor einer völlig anderen Situation als ein Fast-Sanierungsfall. Aber kann es nicht sein, daß der Sanierungsfall erst durch das falsche Personalmanagement entstand, die Faktorkostenminierung also gleichzeitig Ursache *und* Reaktion darstellt? Und ist nicht die Personalfaktorkostenminimierung erst bei einem Personalbestand von Null abgeschlossen?

Statt Personalfaktorkostenminimierung kann es also nur um eine strategisch an Erfolgspotentialen ausgerichtete Personalkostenoptimierung gehen. Letztlich müssen damit die Personalstrategie und ihre Umsetzung auch zum Pflichtbestandteil jeder Sitzung von Aufsichtsrat und Beirat werden – auch wenn manche Betriebswirte noch immer glauben, es genügt für diese Gremien, einmal im Jahr über Führungskräfteentwicklung zu diskutieren.

Rollenverständnis der Personalabteilung: Dienstleister in Verdrängung oder strategischer Partner in Vorwärtsbewegung?

Die Entwicklung begann mit dem Dienstleister und setzte sich fort über das Postulat nach Kundenorientierung. Doch welche Rolle wird die Personalabteilung in der Zukunft spielen, wenn – und dies ist faktische Unausweichlichkeit – zunehmend Personalaufgaben auf die autonomen Einheiten der Dezentralität übergehen? Als Antwort zeichnen sich zwei völlig unterschiedliche Trends ab:

In einem Fall wird die Personalabteilung zu einer *devoten Dienerin in Rufbereitschaft*. Sie kann ihren Kunden (hoffentlich) attraktive Angebote machen, wird vielleicht auch telefonisch zur internen Angebotserstellung aufgefordert, steht aber grundsätzlich in permanentem Konkurrenzdruck mit externen Anbietern. Dies kann durchaus sinnvoll sein, wenn die Linienmanager tatsächlich eine ausgeprägte Personal-Professionalität aufweisen. Dies ist aber mittelfristig für das Unternehmen fatal, wenn bei dem unter Kostendruck stehenden Linienmanagement die Entscheidungskompetenz die Fachkompetenz übertrifft. Die permanent im externen Wettbewerb stehende Personalabteilung hat langfristig kaum eine reelle Chance, sofern sie sich nicht auf eindeutig vorhandene und klar kommunizierbare Kernkompetenzen konzentriert und diese offensiv als eigenständiges Profit Center auch auf dem externen Markt anbietet: Verdient sie dort mehr als beim internen Kunden, wird sich dieser nach anderen Dienerinnen umsehen oder den Preis erhöhen müssen.

Im anderen Fall wird die Personalabteilung zum *strategischen Partner*. Dies ist allerdings kein Attribut, das man bei der Unternehmensleitung über einen Weihnachstwunschzettel einfordern kann: Nötig sind vielmehr massive Vorleistungen und konsistentes Rollenverhalten der gesamten Personalabteilung. „Strategischer Partner“ bedeutet systematische Institutionalisierung der Einbindung der Personalarbeit in die Unternehmensstrategie. Dies setzt strategisches Denken ebenso voraus wie konzeptionelle Ideen. Unverzichtbar ist in diesem Fall als Ergebnis (nicht als Ausgangsbasis!)

- eine klar formulierte und alle Managementfelder abdeckende Personalstrategie
- mit Richtlinienkompetenz und Durchgriffsrecht in die Linie,
- mit professionellen Mitarbeitern in der Personalabteilung und
- mit wirksamen Systemen zur Qualitätssicherung.

Weder sind im Unternehmen Unternehmenskommunikation oder Corporate Identity frei wählbar, noch können etwa EDV-Komponenten in beliebiger Freiwilligkeit eingekauft beziehungsweise implementiert werden. Ähnlich hierzu ist auch Personalmanagement in dieser Denkhaltung eine Aufgabe, die autonome Vielfalt erst innerhalb vorwärtsorientierter Leitplanken entstehen läßt!

Für beide Fälle gibt es inzwischen interessante Beispiele, die den Schluß zulassen, daß beide Möglichkeiten erfolgreich sein können, eine Lösung in der Mitte allerdings langfristig nicht existiert und sich die Organisationen deshalb (bewußt oder unbewußt) für eine der beiden Varianten entscheiden.

Abkürzungsverzeichnis

AG . . . . Die Aktiengesellschaft
AME . . . . Academy of Management Executive
AMJ . . . . Academy of Management Journal
AMR . . . . . . Academy of Management Review
ASQ . . . . Administrative Science Quarterly
AuL . . . . Arbeit und Leistung
BB . . . . Betriebsberater
BFuP . . . . . . Betriebswirtschaftliche Forschung und Praxis
CJWB . . . . . . Columbia Journal of World Business
CMR . . . . California Management Review
CoPers . . . . . Computergestütztes Personalmanagement
DB . . . . Der Betrieb
DBW . . . . . . Die Betriebswirtschaft
DU . . . . Die Unternehmung
FAZ . . . . Frankfurter Allgemeine Zeitung
HBR . . . . Harvard Business Review
HM . . . . Harvard Manager
HR . . . . Human Relations
HdWW . . . . . Handwörterbuch der Wirtschaftswissenschaften
HRM . . . . . . Human Resource Management
HWB . . . . . . Handbuch der Betriebswirtschaftslehre
HWFü . . . . . . Handwörterbuch der Führung
HWO . . . . . . Handwörterbuch der Organisation
HWP . . . . Handwörterbuch des Personalwesens
IJIR . . . . International Journal of Intercultural Relations
IO . . . . Industrielle Organisation/io-Management-Zeitschrift
JASP . . . . Journal of Abnormal and Social Psychology
JBS . . . . Journal of Business Strategy
JoAP . . . . Journal of Applied Psychology
JGM . . . . Journal of General Management
JOB . . . . Journal of Occupational Behavior
JoMS . . . . . . Journal of Management Studies
JPSP . . . . Journal of Personality and Social Psychology
LRP . . . . Long Range Planning
NJW . . . . Neue Juristische Wochenschrift
ODY . . . . Organizational Dynamics
OS . . . . Organizational Studies
PJ . . . . Personnel Journal
SMJ . . . . Strategic Management Journal
SMR . . . . Sloan Management Review
WiSt . . . . Wirtschaftswissenschaftliches Studium
WISU . . . . . . Das Wirtschaftsstudium

ZfA . . . . Zeitschrift für Arbeitswissenschaft
ZfB . . . . Zeitschrift für Betriebswirtschaft
ZfbF . . . . Zeitschrift für betriebswirtschaftliche Forschung
ZfO . . . . Zeitschrift Führung und Organisation/Zeitschrift für Organisation
ZfP . . . . Zeitschrift für Personalforschung

Literaturverzeichnis

Abrahamson, Eric/Rosenkopf, Lori, Institutional and Competitive Bandwagons: Using Mathematical Modeling as a Tool to Explore Innovation Diffusion, in: AMR 18 (1993), 487-517.

Ach, Narziß, Über den Willensakt und das Temperament. Eine experimentelle Untersuchung, Leipzig (Quelle & Meyer) 1910.

Ach, Narziß, Über den Willensakt und die Willenshandlung, in: *Abderhalden, Emil* (Hrsg.), Handbuch der biologischen Arbeitsmethoden, Abt. 6, Teil E, Berlin - Wien (Urban und Schwarzenberg) 1935.

Ackermann, Karl-Friedrich, A Contingency Model of HRM-Strategy. Empirical Research Findings Reconsidered, in: Management Forum 6 (1986), 65-117.

Ackermann, Karl-Friedrich, Konzeptionen des Strategischen Personalmanagements für die Unternehmenspraxis, in: *Glaubrecht, Helmut/Wagner, Dieter* (Hrsg.), Humanität und Rationalität in Personalpolitik und Personalführung. Beiträge zum 60. Geburtstag von *Ernst Zander*, Freiburg/Brsg. (Haufe) 1987, 39-68.

Ackermann, Karl Friedrich (Hrsg.), Reorganisation der Personalabteilung: Dezentralisierung, Divisionierung, Profit-Center-Orientierung der Personalarbeit im Unternehmen, Stuttgart (Poeschel) 1994.

Adams, John S., Toward An Understanding of Inequity, in: JASP 67 (1963), 422-436.

Adams, John S., Inequity in Social Exchange, in: *Berkowitz, Leonard* (Hrsg.), Advances in Experimental Social Psychology, New York - London (Academic Press) 1965, 267-299.

Adams, John S./Jacobsen, Patricia R., Effects of Wage Inequities on Work Quality, in: JASP 69 (1964), 19-25.

Adams, John S./Rosenbaum, William B., The Relationship of Worker Productivity to Cognitive Dissonance about Wage Inequities, in: JoAP 46 (1962), 161-164.

Adizes, Ichak, Corporate Lifecycles: How and Why Corporations Grow and Die and What to Do About It, Englewood Cliffs/N.J. (Prentice-Hall) 1988.

Adler, Nancy J., Expecting International Success. Female Managers Overseas, in: CJWB 19 (3/1984), 79-85.

Agor, Weston H., The Logic of Intuitive Decision Making, A Research-Based Approach for Top-Management, New York - Westport, Connecticut - London (Quorum) 1986.

Agor, Weston H., Intuitives Management. Die richtige Entscheidung zur richtigen Zeit durch integrierten Einsatz der Fähigkeiten des linken und rechten Gehirns, Berlin (Synchron) 1989.

Albach, Horst/Clemens, Reinhard/Friede, Christina, Kosten der Arbeit. Einflußfaktoren der Personalaufwendungen in Abhängigkeit von der Unternehmensgröße, Stuttgart (Poeschel) 1985.

Albert, Michael/Silverman, Murray, Making Management Philosophy a Cultural Reality, Part I: Get Started, in: Personnel 61 (1/1984), 12-21.

Alderfer, Clayton P., An Empirical Test of a New Theory of Human Needs, in: Organizational Behavior and Human Performance 4 (1969), 142-175.

Alderfer, Clayton P., Existence, Relatedness, and Growth. Human Needs in Organizational Settings, New York - London (Free Press) 1972.

Alsdorf, Claudia/Bannwart, Edouard, Virtuelle Realität: Erfahrbare Informationen im Cyberspace, in: *Issing, Ludwig J./Klimsa, Paul* (Hrsg.), Informationen und Lernen mit Multimedia, Weinheim (Beltz Psychologie-Verlags-Union) 1995, 437-450.

Altmann, Norbert/Düll, Klaus/Lutz, Burkart, Zukunftsaufgaben der Humanisierung des Arbeitslebens. Eine Studie zu sozialwissenschaftlichen Forschungsperspektiven, Frankfurt - New York (Campus) 1987.

Amling, Thomask, Ansatzpunkte und Instrumente des Personal-Controlling auf der strategischen und operativen Problemebene im Industriebetrieb, Frankfurt/Main (Lang) 1997.

Ansoff, H. Igor, Corporate Strategy: An Analytic Approach to Business Policy for Growth and Expansion, New York (MacGraw - Hill) 1965.

Ansoff, H. Igor, Strategic Management, London - Basingstoke (MacMillan) 1979.

Antoni, Conny H., Gruppenarbeit – mehr als ein Konzept. Darstellung und Vergleich unterschiedlicher Formen der Gruppenarbeit, in: *Antoni, Conny H.* (Hrsg.), Gruppenarbeit in Unternehmen. Konzepte, Erfahrungen, Perspektiven, Weinheim (Beltz) 1994, 19-48.

Antoni, Conny H., Teilautonome Arbeitsgruppen. Ein Königsweg zu mehr Produktivität und einer menschengerechten Arbeit?, Weinheim (Beltz) 1996.

Arthur, Michael B./Inkson, Kerr/Pringle, Judith K., The New Careers. Individual Action and Economic Change, London-Thousand Oaks-New Delhi (Sage) 1999.

Arvey, Richard D./Campion, James E., The Employment Interview: A Summary and review of Recent Research, in: Personnel Psychology 35 (1982), 281-322.

Aschoff, Christoph, Betriebliches Humanvermögen. Grundlagen einer Humanvermögensrechnung, Wiesbaden (Gabler) 1978.

Ashkenas, Ron et al., The Boundaryless Organization: Breaking the Chains of Organizational Structure, San Francisco (Jossey-Bass) 1995.

Atkinson, John W./Birch, David, The Dynamics of Action, New York (Wiley) 1970.

Atkinson, John W./Reitman, Walter R., Performance as a Function of Motive Strength and Expectancy of Goal-Attainment, in: JASP 53 (1956), 361-366.

Atteslander, Peter, Methoden der empirischen Sozialforschung, Berlin - New York (de Gruyter) 8.Aufl. 1995.

Auer, Manfred/Baumgartner, Gunda/Salzgeber, Stefan, Tarifvertragliche Entgeltstrukturen im Vergleich. Eine Analyse der Entgeltnormen in Tarifverträgen der deutschen, italienischen und österreichischen Industrie, in: ZfP 11 (1997), 73-92.

Aukstakalnis, Steve/Blatner, David, Cyberspace: Die Entdeckung künstlicher Welten, Köln (VGS Verlagsgesellschaften) 1994.

Backes-Gellner, Uschi, Personalwirtschaftslehre – Eine ökonomische Disziplin?!, in: ZfP 7 (1993), 513-525.

Bährle, Ralph Jürgen, Personalkosten senken. Mitarbeiterpotentiale ausnutzen, Personalbudgets vorteilhaft ausschöpfen, Regensburg - Düsseldorf (Metropolitan) 1998.

Baierl, Friedrich, Lohnanreizsysteme – Mittel zur Produktivitätssteigerung, München (Hanser) 5.Aufl. 1974.

Baird, Lloyd/Meshoulam, Ilan, Managing Two Fits of Strategic Human Resource Management, in: AMR 13 (1988), 116-128.

Balzer, Arno, Firmeninterne Arbeitsmärkte, Frankfurt etc. (Lang) 1987.

Bargatzky, Thomas, Einführung in die Ethnologie. Eine Kultur- und Sozialanthropologie, Hamburg (Buske) 1985.

Barkema, Harry G./Gomez-Mejia, Luis R., Managerial Compensation and Firm Performance: A General Research Frame, in: AMJ 41 (1998), 135-145.

Barmeyer, Christoph I./Bolten, Jürgen (Hrsg.), Interkulturelle Personalorganisation, Sternenfels - Berlin (Wissenschaft und Praxis) 1998.

Barmeyer, Christoph I./Stein, Volker, Deutschland denkt's, Frankreich tut's? Die virtuelle Personalabteilung im Kulturvergleich, in: *Barmeyer, Christoph I./Bolten, Jürgen* (Hrsg.), Interkulturelle Personalorganisation, Sternenfels - Berlin (Wissenschaft und Praxis) 1998, 71-105.

Barres, Egon, Vorurteile: Theorie, Forschungsergebnisse, Praxisrelevanz, Opladen (Leske + Budrich) 1978.

Barrick, Murray R./Alexander, Ralph A., A Review of Quality Circle Efficiency and the Existence of Positive-Findings Bias, in: Personnel Psychology 40 (1987), 579-592.

Bartlett, Christopher A./Ghoshal, Sumantra, Tap Your Subsidiaries for Global Reach, in: HBR 64 (6/1986), 87-94.

Bartlett, Cristopher A./Ghoshal, Sumantra, Internationale Unternehmensführung. Innovation, globale Effizienz, differenziertes Marketing, Frankfurt - New York (Campus) 1990.

Bartosch, Dieter, Datenschutz im Personalwesen, in: Personalführung 25 (1992), 802-811.

Baruch, Yehuda/Nicholson, Nigel, Home, Sweet Work: Requirements for Effective Home Working, in: JGM 23 (2/1997), 15-30.

Bass, Bernard M., Leadership and Performance Beyond Expectations, New York (Free Press) 1985.

Bass, Bernard M./Avolio, Bruce J., Transformational Leadership Development: Manual for the Multifactor Leadership Questionnaire, Palo Alto (Consulting Psychologist Press) 1990.

Bauer-Harz, Anja, Ethik in Unternehmen. Ein Konzept für das Innovationsmanagement, Diss. Mannheim 1995.

Baum, Robert J./Locke, Edwin A./Kirkpatrick, Shelley A., A Longitudinal Study of the Relation of Vision and Vision Communication to Venture Growth in Entrepreneurial Firms, in: JoAP 83 (1998), 43-54.

Bea, Franz Xaver/Haas, Jürgen, Strategisches Management, Stuttgart (Lucius & Lucius) 2.Aufl. 1997.

Beardwell, Ian, Human Resource Management. A Contemporary Perspective, London (Pitman) 2.Aufl. 1997.

Becker, Friedrich/Kreikebaum, Hartmut, Zeitarbeit – gewerbsmäßige Arbeitnehmerüberlassung, Wiesbaden - Stuttgart (Forkel) 2.Aufl. 1982.

Beer, Michael et al. (Hrsg.), Human Resource Management. A General Manager's Perspective, New York (Free Press) 1985.

Beer, Stafford, Beyond Dispute. The Invention of Team Syntegrity, Chichester etc. (Wiley) 1994.

Belbin, Meredith R., Managementteams. Erfolg und Mißerfolg, Wörrstadt (Bergander) 1996.

Bennis, Warren G., Führen lernen. Führungskräfte werden gemacht, nicht geboren, München (Heyne) 1990.

Bennis, Warren G./Biederman, Patricia W., Geniale Teams. Das Geheimnis kreativer Zusammenarbeit. Hochleistungsgruppen führen und Spitzenleistungen erzielen, Frankfurt/Main - New York (Campus) 1998.

Bennis, Warren G./Nanus, Burt, Führungskräfte. Die vier Schlüsselstrategien erfolgreichen Führens, München (Heyne) 1985.

Bergemann, Niels/Sourisseaux, Andreas L. J. (Hrsg.), Interkulturelles Management, Heidelberg (Physica) 1996.

Berger, Peter L./Luckmann, Thomas, Die gesellschaftliche Konstruktion der Wirklichkeit. Eine Theorie der Wissenssoziologie, Frankfurt (Fischer) 5.Aufl. 1980.

Berkowsky, Wilfried, Aktuelle Probleme im Recht der betriebsbedingten Kündigung, in: NJW (1983), 1292-1297.

Bernhardt, Wolfgang/Witt, Peter, Stock Options und Shareholder Value, in: ZfB 67 (1997), 85-101.

Bernhardt, Wolfgang/Witt, Peter, Aktienoptionen für Manager. Mehr Effizienz und Anreizverträglichkeit nötig, in: WZB-Mitteilungen 79 (1998), 13-15.

Berthel, Jürgen, PATTERN – eine Technik zur rationalen Entscheidungsfindung, in: ZfO 45 (1976), 89-96.

Berthel, Jürgen, Personal-Management: Grundzüge für Konzeptionen betrieblicher Personalarbeit, Stuttgart (Schäffer-Poeschel) 4.Aufl. 1995.

Berthel, Jürgen, Personal-Management. Grundzüge für Konzeptionen betrieblicher Personalarbeit, Stuttgart (Schäffer-Poeschel) 5.Aufl. 1997.

Berthel, Jürgen, Internationale Karriereplanung für Führungs- und Führungsnachwuchskräfte in multinational tätigen Unternehmungen, in: *Brühl, Rolf/Groenewald, Horst/Weitkamp, Jürgen* (Hrsg.), Betriebswirtschaftliche Ausbildung und internationales Personalmanagement, Wiesbaden (Gabler) 1998, 313-333.

Berthel, Jürgen/Kneerich, Oliver, Förderung der beruflichen Neuorientierung bei Personalabbau. Konzeptionelle Überlegungen und empirische Befunde, Lohmar - Köln (Josef Eul) 1998.

Bickenbach, Frank/Soltwedel, Rüdiger, Ordnung, Anreiz und Moral: Ethik und wirtschaftliches Handeln in der modernen Gesellschaft. Abschlußbericht zum Schwerpunkt „Ethik und Markt“, Gütersloh (Bertelsmann Stiftung) 1996.

Bihl, Gerhard, Von der Mitbestimmung zur Selbstbestimmung: Das skandinavische Modell der selbststeuernden Gruppen, München (Goldmann) 1973.

Bihl, Gerhard, Werteorientierte Personalarbeit: Strategie und Umsetzung in einem neuen Automobilwerk, München (Beck) 1995.

Bion, Wilfred R., Experiences in Groups, London (Tavistock) 1959.

Birkenbihl, Michael, Rollenspiele schnell trainiert, Landsberg/Lech (mvg) 1992.

Bittner, Andreas/Reisch, Bernhard, Interkulturelles Personalmanagement. Internationale Personalentwicklung, Auslandsentsendungen, interkulturelles Training, Gabler (Wiesbaden) 1994.

Blake, Robert R./Mouton, Jane S., Grid Organization Development, Houston 1968.

Blake, Robert R./Mouton, Jane S., Verhaltenspsychologie im Betrieb. Das neue Grid-Managment-Konzept?, Düsseldorf-Wien (Econ) 1980.

Blum, Milton L./Naylor, James C., Industrial Psychology. Its Theoretical and Social Foundations, New York - Evanston - London (Harper & Row) 1968.

Bodendorf, Freimut, Typologie von Systemen für die computergestützte Weiterbildung, in: *Bodendorf Freimut/Hofmann, Jürgen* (Hrsg.), Computer in der betrieblichen Weiterbildung, München - Wien (Oldenbourg) 1993, 63-68.

Böhnisch, Wolf/Jago, Arthur G./Reber, Gerhard, Zur interkulturellen Validität des Vroom/Yetton Modells, in: DBW 47 (1987), 85-93.

Böhrs, Hermann, Leistungslohngestaltung mit Arbeitsbewertung, Persönlicher Bewertung, Akkordlohn, Prämienlohn, Wiesbaden (Gabler) 3.Aufl. 1980.

Bone-Winkel, Marela, Politische Prozesse in der strategischen Unternehmensplanung, Wiesbaden (Deutscher Universitätsverlag) 1997.

Borg, Ingwer, Mitarbeiterbefragungen. Strategisches Auftau- und Einbindungsmanagement, Göttingen (Hogrefe & Huber) 1995.

Bortz, Jürgen, Statistik. Für Sozialwissenschaftler, Berlin etc. (Springer) 4.Aufl. 1993.

Brandmeier, Markus, Einflußfaktoren kontinuierlicher Arbeit in Kleingruppen. Qualitätszirkel in der Reifenindustrie, Diss. Universität Karlsruhe 1993.

Braun, Wolfram, Europäisches Management: Unternehmenspolitische Chancen und Probleme des Binnenmarktes, Wiesbaden (Gabler) 1991.

Braunschweiler, Markus, Probleme einer grundlegenden Werteorientierung für Führungskräfte: eine persönliche Stellungnahme, Diss. St. Gallen 1996.

Brewster, Chris et al. (Hrsg.), The European Human Resource Management Guide, London - San Diego - New York (Academic Press) 1992.

Brickenkamp, Rolf (Hrsg.), Handbuch psychologischer und pädagogischer Tests, Band 1, Göttingen - Toronto - Zürich (Hogrefe) 1975.

Brink, Hans-Josef/Fabry, Peter, Die Planung von Arbeitszeiten, Wiesbaden (Gabler) 1974.

Brislin, Richard W. (Hrsg.), Applied Cross-Cultural Psychology, Newbury Park - London - New Delhi (Sage) 1990.

Bröckermann, Reiner, Personalwirtschaft. Arbeitsbuch für das praxisorientierte Studium, Köln (Wirtschaftsverlag Bachem) 1997.

Brown, Frederick G., Principles of Educational and Psychological Testing, New York (Holt, Rinehart & Winston) 3.Aufl. 1983.

Brown, Frederick M./Graeber, Curtis R., Rhythmic Aspects of Behavior, Hillsdale/N.J. - London (Lawrence Erlbaum Associates) 1982.

Brox, Hans/Rüthers, Bernd, Arbeitsrecht, Stuttgart - Berlin - Köln (Kohlhammer) 13.Aufl. 1997.

Bryman, Alan, Charisma and Leadership in Organizations, London - Newbury - New Delhi (Sage) 1992.

Bühner, Rolf, Personalmanagement, Landsberg/Lech (moderne industrie) 2.Aufl. 1997.

Bundesministerium für Wirtschaft (BMWi)/Bundesministerium für Arbeit und Sozialordnung (BMA), Initiative Telearbeit der Bundesregierung, Bonn 1996.

Bundesministerium für Wirtschaft, Jahreswirtschaftsbericht, Bonn 1997a.

Bundesministerium für Wirtschaft (Hrsg.), Die Informationsgesellschaft, Bonn (BMWi Report) 2.Aufl. 1997b.

Bungard, Walter, Qualitätszirkel. Ein soziotechnisches instrument auf dem Prüfstand, Ludwigshafen (Ehrenhof) 1991.

Bungard, Walter/Fettel, Andrea/Jöns, Ingela, Mitarbeiterbefragungen. Verbreitung, Einsatzformen und Erfahrungen bei den 100 umsatzgrößten Unternehmen in der Bundesrepublik Deutschland, in: *Bungard, Walter/Jöns, Ingela* (Hrsg.), Mitarbeiterbefragung. Ein Instrument des Innovations- und Qualitätsmanagements, Weinheim (Beltz) 1997, 246-263.

Bungard, Walter/Jöns, Ingela (Hrsg.), Mitarbeiterbefragung. Ein Instrument des Innovations- und Qualitätsmanagements, Weinheim (Beltz) 1997.

Burell, Gibson/Morgan, Gareth, Social Paradigms and Organizational Analysis. Elements of the Sociology of Corporate Life, London (Heinemann) 1979.

Burns, James MacGregor, Leadership, New York etc. (Harper & Row) 1978.

Büssing, André/Aumann, Sandra, Telearbeit im Spannungsfeld der Interessen betrieblicher Akteure: Implikationen für das Personalmanagement, in: ZfP 10 (1996), 223-239.

Buttler, Friedrich/Tessaring, Manfred, Arbeitslandschaft 2010 – Folgerungen für die Ausbildung und Beschäftigung von Führungskräften, in: *Kienbaum, Jochen* (Hrsg.), Visionäres Personalmanagement, Stuttgart (Schäffer-Poeschel) 2.Aufl. 1994, 313-332.

Byham, William C., The Use of Assessment Centres in Management Development and Training Handbook, London 1975, 63-68.

Calás, Marta B., Deconstructing Charismatic Leadership: Re-Reading Weber from the Darker Side, in: Leadership Quarterly 4 (1993), 305-328.

Campbell, John P. et al., The Development and Evolution of Behaviorally Based Rating Scales, in: JoAP 57 (1973), 15-22.

Campbell, John P./Pritchard, Robert D., Motivation Theory in Industrial and Organizational Psychology in: *Dunnette, Marvin D.* (Hrsg.), Handbook of Industrial and Organizational Psychology, Chicago (Rand McNally) 1976, 63-130.

Cappon, Daniel, Intuition and Management. Research and Application, Westport, Connecticut - London (Quorum) 1994.

Capuro, Rafael/Wiegerling, Klaus/Brellochs, Andreas (Hrsg.), Informationsethik, Konstanz (Universitätsverlag Konstanz) 1995.

Cascio, Wayne F., Applied Psychology in Personnel Management, Reston/Va (Reston) 1.Aufl. 1978.

Cascio, Wayne F., Applied Psychology in Personnel Management, Reston/Va (Reston) 2.Aufl. 1982.

Cascio, Wayne F., Applied Psychology in Personnel Management, Englewood Cliffs/N. J. (Prentice-Hall) 3.Aufl. 1987.

Cascio, Wayne F., Applied Psychology in Human Resource Management, Upper Saddle River, NJ (Prentice Hall) 5.Aufl. 1998.

Cattell, Raymond B., Personality and Motivation Structure and Measurement, Yonkers (World Book) 1957.

Caudron, Shari, Teamwork Takes Work, in: PJ(2/1994), 41-49.

Chandler, Alfred D. Jr., Strategy and Structure. Chapters in the History of the Industrial Enterprise, Cambridge/Mass. - London (M.I.T. Press) 1962.

Chmielewicz, Klaus et al., Die Mitbestimmung im Aufsichtsrat und Vorstand, in: DBW 37 (1977), 105-145.

Christopher, John, Die genialen Scheiben des Herrn Dietziker, in: Meine Gesundheit (10/1983), 19-31.

Clutterbuck, David/Kernaghan, Susan, Empowerment. So entfesseln Sie die Talente Ihrer Mitarbeiter, Landsberg/Lech (moderne industrie) 1995.

Coenenberg, Adolf G., Jahresabschluss und Jahresabschlussanalyse, Landsberg/Lech (moderne industrie) 9.Aufl. 1997.

Collins, James C./Porras, Jerry I., Built to Last. Successful Habits of Visionary Companies, New York (Harper Business) 1994.

Comelli, Gerhard/Rosenstiel, Lutz von, Führung durch Motivation. Mitarbeiter für Organisationsziele gewinnen, München (C.H. Beck) 1995.

Committee on Human Resource Accounting, Report of the Committee on Human Resource Accounting, in: The Accounting Review, Supplement (1973), 169-185.

Conger, Jay A., The Dark Sinde of Leadership, in: *Steers, Richard M./Porter, Lyman W./Bigley, Gregory A.* (Hrsg.), Motivation and Leadership at Work, New York etc. (McGraw-Hill) 6.Aufl. 1996, 658-671.

Conger, Jay A./Kanungo, Rabindra N., Toward a Behavioral Theory of Charismatic Leadership in Organizational Settings, in: AMR 12 (1987), 637-647.

Conger, Jay A./Kanungo, Rabindra N., The Empowerment Process: Integrating Theory and Practice, in: AMR 13 (1988), 471-482.

Conrad, Peter, Maslow-Modell und Selbsttheorie, in: DU 37 (1983), 258-277.

Conradi, Walter, Personalentwicklung, Stuttgart (Enke) 1983.

Conrads, Michael, Human Resource Accounting, Diss. Köln 1976.

Cooper, Cary L./Liukkonen, Paula/Cartwright, Susan, Stress Prevention in the Workplace. Assessing the Costs and Benefits to Organisations, Dublin (European Foundation for the Improvement of Living and Working Conditions) 1996.

Coupland, Douglas, Microsklaven, Hamburg (Hoffmann und Campe) 1996.

Csikszentmihalyi, Mihalyi/Larson, R., Validity and Reliability of the Experience-Sampling Method, in: Journal of Nervous and Mental Disease 175 (1987), 526-536.

Csikszentmihalyi, Mihalyi/Rathunde, Kevin, The Measurement of Flow in Everyday Life: Toward a Theory of Emergent Motivation, in: *Jacobs, Janis E.* (Hrsg.), Developmental Perspectives on Motivation, Lincoln-London (University of Nebraska Press) 1993, 57-97.

Cube, Felix von/Alshuth, Dietger, Fordern statt Verwöhnen. Die Erkenntnisse der Verhaltensbiologie in Erziehung und Führung, München - Zürich (Piper) 1997.

Cuddihy, Basil R., How to Give Phased-Out Managers a New Start, in: HBR 52 (4/1974), 61-69.

Cuhls, Kerstin, Qualitätszirkel in japanischen und deutschen Unternehmen, Heidelberg (Physica) 1993.

Cyert, Richard M./March, James G., A Behavioral Theory of the Firm, Englewood Cliffs/N.J. (Prentice-Hall) 1963.

Czarniawska-Joerges, Barbara, Symbolism and Organization Studies, in: *Ortmann, Jürgen/Sydow, Jörg/Türk, Klaus* (Hrsg.), Theorien der Organisation. Die Rückkehr der Gesellschaft, Opladen (Westdeutscher Verlag) 1997.

Dandridge, Thomas C./Mitroff, Ian/Joyce, William F., Organizational Symbolism. A Topic to Expand Organizational Analysis, in: AMR 5 (1980), 77-82.

Däubler, Wolfgang, Gläserne Belegschaften? Datenschutz für Arbeiter, Angestellte und Beamte, Köln (Bund) 2.Aufl. 1990.

Däubler, Wolfgang, Arbeitsrecht. Ratgeber für Beruf, Praxis und Studium, Frankfurt/Main (Bund-Verlag), 1998.

Däubler, Wolfgang/Kittner, Michael/Klebe, Thomas (Hrsg.), BetrVG – Kommentar für die Praxis, Köln (Bund-Verlag) 5.Aufl. 1996.

Davidow, William H./Malone, Michael S., The Virtual Corporation, New York (Harper-Collins) 1992.

de Dreu, Carsten K. W./van de Vliert, Evert, Introduction: Using Conflict in Organizations, in: *de Dreu, Carsten K. W./van de Vliert* (Hrsg.), Using Conflict in Organizations, London - Thousand Oaks - New Delhi (Sage) 1997, 1-8.

Deal, Terrence E./Kennedy, Allan A., Corporate Cultures. The Rites and Rituals of Corporate Life, Reading/Mass. etc. (Addison-Wesley) 1982.

Deal, Terrence E./Kennedy, Allan A., The New Corporate Cultures. Revitalizing the Workplace After Downsizing, Mergers, and Reengineering, Reading, Massachusetss (Perseus) 1999.

Dempcy, Mary/Tihista, Rene, Dear Job Stressed. Answers for the Overworked, Overwrought, and Overwhelmed, Palo Alto, California (Davies-Black) 1996.

Deppe, Joachim, Quality Circle und Lernstatt. Ein integrativer Ansatz, Wiesbaden (Gabler) 2.Aufl. 1990.

Deppe, Joachim/Hoffmann, Reiner/Stützel, Wieland (Hrsg.), Europäische Betriebsräte. Wege in ein soziales Europa, Frankfurt (Campus) 1997.

Derr, C. Brooklyn/Oddou, Gary R., Are U.S. Multinationals Adequately Preparing Future American Leaders for Global Competition?, IMD Working Paper, Lausanne 1991.

Deutsche Gesellschaft für Supervision (Hrsg.) Professionelle Beratung am Arbeitsplaz, Köln (DGSv) 1996.

Dietmann, Evelyne, Personalmarketing. Ein Ansatz zielgruppenorientierter Personalpolitik, Wiesbaden (Deutscher Universitäts-Verlag) 1993.

Dietz, Rolf/Richardi, Reinhard, Betriebsverfassungsgesetz, Band 2, München (Beck) 6.Aufl. 1982.

Dietziker, Albert J., Fernkurs für Chronobiologie. Eine Einführung in die neue Biorhythmik, Cham (Institut für Chronobiologie) 1987.

Dill, Peter/Hügler, Gert, Unternehmenskultur und Führung betriebswirtschaftlicher Organisationen. Ansatzpunkte für ein kulturbewußtes Management, in: *Heinen, Edmund* (Hrsg.), Unternehmenskultur. Perspektiven für Wissenschaft und Praxis, München - Wien (Oldenbourg) 1987, 141-209.

Doeringer, Peter/Piore, Michael J., International Labor Markets and Manpower Analysis, Lexington/Mass. (Heath) 1971.

Domsch, Michel, Systemgestützte Personalarbeit, Wiesbaden (Gabler) 1980.

Domsch, Michel, Qualitätszirkel – Baustein einer mitarbeiterorientierten Führung und Zusammenarbeit, in: ZfbF 37 (1985), 428-441.

Domsch, Michel/Gerpott, Torsten J., Verhaltensorientierte Beurteilungsskalen, in: DBW 45 (1985), 666-680.

Domsch, Michel/Hofmann, M./Lattmann, Charles (Hrsg.), Ethik und Unternehmensführung, Heidelberg (Physica) 1988.

Domsch, Michel/Lichtenberger, Bianka, Internationaler Einsatz weiblicher Führungskräfte, in: *Strutz, Hans/Wiedemann, Klaus* (Hrsg.), Internationales Personalmarketing, Wiesbaden (Gabler) 1992, 95-107.

Domsch, Michel/Schneble, Andrea (Hrsg.), Mitarbeiterbefragungen, Heidelberg (Physica) 1991.

Domsch, Michel/Schneble, Andrea, Mitarbeiterbefragungen, in: *Gaugler, Eduard/Weber, Wolfgang* (Hrsg.), HWP, Stuttgart (Poeschel) 2.Aufl. 1992, 1375-1387.

Dostal, Werner, Wandel der Generationen – Alterung der Gesellschaft und die Perspektiven, in: *Kayser, Friedrich/Uepping, Heinz* (Hrsg.), Kompetenz der Erfahrung. Personalmanagement im Zeichen demographischen Wandels, Neuwied - Kriftel - Berlin (Luchterhand) 1997, 15-31.

Doukmak, Bassam, Fehlzeiten – die europäische Dimension, in: *Nieder, Peter* (Hrsg.), Fehlzeiten wirksam reduzieren. Konzepte, Maßnahmen, Praxisbeispiele, Wiesbaden (Gabler), 1998, 23-32.

Dowling, Peter J., International and Domestic Personnel/Human Resource Management: Similarities and Differences, in: *Schuler, Randall S./Youngblood, Stuart A./Huber, Vandra L.* (Hrsg.), Readings in Personnel and Human Resource Management, St. Paul/Minn. (West Publishing) 3.Aufl. 1988, 456-462.

Dreier, Michael, Das neue Datenschutzrecht, in: Personalführung 24 (1991), 340-349.

Drucker, Peter, „What Matters Most: Management's New Paradigm", Eröffnungsvortrag zum Acadamy of Management 1998 Meeting, San Diego 09.08.1998.

Drumm, Hans J., Arbeitsstudien, in: *Albers, Willi et al.* (Hrsg.), HdWW, Stuttgart etc. (Fischer, Mohr, Vandenhoeck & Ruprecht) 1976, 311-318.

Drumm, Hans J. (Hrsg.), Individualisierung der Personalwirtschaft, Bern - Stuttgart (Haupt) 1989.

Drumm, Hans J., Konzeptionelle Personalplanung, in: *Berthel, Jürgen/Groenewald, Horst* (Hrsg.), Personal-Management. Zukunftsorientierte Personalarbeit, Landsberg/Lech (moderne industrie), Loseblatt-Ausgabe, 2. Nachlieferung 5/1991, 1-16.

Drumm, Hans J., Personalwirtschaft – Auf dem Weg zu einer theoretisch-empirischen Personalwirtschaftslehre?, in: *Hauschildt, Jürgen/Grün, Oskar* (Hrsg.), Ergebnisse empirischer betriebswirtschafticher Forschung. Zu einer Realtheorie der Unternehmung, Stuttgart (Schäffer-Poeschel) 1993, 673-712.

Drumm, Hans J., Personalwirtschaftslehre, Berlin etc. (Springer) 3.Aufl. 1995.

Drumm, Hans J./Scholz, Christian, Personalplanung. Planungsmethoden und Methodenakzeptanz, Bern - Stuttgart (Haupt) 2. Aufl. 1988.

Duce, David A. et al., User Interface Management and Design, Berlin etc. (Springer) 1991.

Dülfer, Eberhard, Internationales Management in unterschiedlichen Kulturbereichen, München - Wien (Oldenbourg) 3.Aufl. 1995.

Dunckel, Heiner, Psychologisch orientierte Systemanalyse im Büro, Bern etc. (Huber) 1996.

Dycke, Axel/Schulte, Christoph, Cafeteria-Systeme in: DBW 46 (1986), 577-589.

Dyer, Lee/Holder, Gerald W., A Strategic Perspective of Human Resource Management, in: *Dyer, Lee* (Hrsg.), Human Resource Management. Evolving Roles and Responsibilities, Washington (ASPA/BNA Series) 1988, 1-46.

Ebers, Mark/Gotsch, Wilfried, Institutionenökonomische Theorien der Organisation, in: *Kieser, Alfred* (Hrsg.), Organisationstheorien, Stuttgart (Kohlhammer) 1993, 193-242.

Eckardstein, Dudo von, Wie Manager und Betriebsräte bei der Entwicklung und Einführung betrieblicher Entlohnungssysteme miteinander umgehen, in: ZfP 11 (1997), 114-127.

Eckardstein, Dudo von/Schnellinger, Franz, Personalmarketing, in: *Gaugler, Eduard* (Hrsg.), HWP, Stuttgart (Poeschel) 1975, 1592-1599.

Eckardstein, Dudo von/Schnellinger, Franz, Betriebliche Personalpolitik, München (Vahlen) 3.Aufl. 1978.

Eigler, Joachim, Transaktionskosten und Personalwirtschaft. Ein Beitrag zur Verringerung der Ökonomiearmut in der Personalwirtschaftslehre, in: ZfP 11 (1997), 5-29.

Einsiedler, Herbert E./Knura, Beate, Die „Lernstatt“ – eine Alternative zum Quality Circle?, in: ZfbF 36 (1984), 748-755.

Elschen, Rainer, Gegenstand und Anwendungsmöglichkeiten der Agency-Theorie, in: ZfbF 43 (1991), 1002-1012.

empirica, Pan-europäische Befragung zur Telearbeit, Bevölkerungs- und Unternehmensbefragungen 1994 in Deutschland, Frankreich, Großbritannien, Italien und Spanien. Kurzfassung der Ergebnisse, Bonn 1994.

Ende, Werner, Theorien der Personalarbeit im Unternehmen, Königstein/Ts. (Hanstein) 1982.

Erdenberger, Christoph, Die Personal-Portfolio-Analyse (PPA) als Instrument des strategischen Personal-Managements, in: ZfP 13 (1999), 287-294.

Ettl, Wilfried/Heikenroth, André, Strukturwandel, Verbandsabstinenz, Tarifflucht: Zur Lage der Unternehmen und Arbeitgeberverbände im ostdeutschen verarbeitenden Gewerbe, in: Industrielle Beziehungen 3 (2/1996), 134-153.

Europäische Stiftung zur Verbesserung der Lebens- und Arbeitsbedingungen, Komprimierte Arbeitszeit. Bulletin of European Studies on Time 10, Luxemburg 1997.

European Association for Personnel Management, The Emerging Role of the HR Manager in Europe. An IMD Report, Lausanne (EAPM) 1992.

Evans, Martin G., The Effects of Supervisory Behavior on the Path-Goal Relationship, in: Organizational Behavior and Human Performance 5 (1970), 277-298.

Evans, Martin G., Führungstheorien – Weg-Ziel-Theorie, in: *Kieser Alfred/Reber, Gerhard/Wunderer, Rolf* (Hrsg.), HWFü, Stuttgart (Poeschel) 1987, 948-965.

Evans, Paul/Doz, Yves/Laurent, André (Hrsg.), Human Resource Management in International Firms, London (Macmillan) 1989.

Evans, Paul/Lank, Elisabeth/Farquhar, Alison, Managing Human Resources in the International Firm: Lessons from Practice, in: *Evans, Paul/Doz, Yves/Laurent, André* (Hrsg.), Human Resource Management in International Firms, London (Macmillian) 1989, 113-143.

Fachkommission (Fachkommission für Ausbildungsfragen im Bereich der Personalwirtschaft der Schmalenbach-Gesellschaft – Deutsche Gesellschaft für Betriebswirtschaft e.V.), Anforderungsprofil für die Hochschulausbildung im Bereich der Personalwirtschaft, in: ZfbF 36 (1984), 292-299.

Fahrenberg, Jochen, Psychophysiologische Methodik, in: *Groffmann, Karl-Josef/Michel, Lothar* (Hrsg.), Verhaltensdiagnostik. Enzyklopädie der Psychologie, Band BII4, Göttingen - Toronto - Zürich (Hogrefe) 1983, 1-192.

Festinger, Leon, A Theory of Cognitive Dissonance, Stanford (University Press) 1957.

Festinger, Leon, Theorie der kognitiven Dissonanz, Bern - Stuttgart (Huber) 1978.

Fiedler, Fred E., The Leader's Psychological Distance and Group Effectiveness, in: *Cartwright, Dorwin/Zander, Alvin* (Hrsg.), Group Dynamics. Research and Theory, New York etc. (Harper & Row) 3.Aufl. 1960, 586-606.

Fiedler, Fred E., A Contingency Model in Leader Effectiveness, in: *Berkowitz, Leonard* (Hrsg.), Advances in Experimental Social Psychology, New York - London (Academic Press) 1964, 149-190.

Fiedler, Fred E., Engineer the Job to Fit the Manager, in: HBR 43 (5/1965), 115-122.

Fiedler, Fred E., A Theory of Leader Effectiveness, New York etc. (McGraw - Hill) 1967.

Fiedler, Fred E., Validation and Extension of the Contingency Model of Leadership Effectiveness: A Review of Empirical Findings, in: Psychological Bulletin 76 (2/1971), 128-148.

Fiedler, Fred E./Chemers, Martin M., Leadership and Effective Management, Glenview/Illinois - Brighton/England (Scott, Foresman & Company) 1974.

Fiedler, Fred E./Chemers, Martin M./Mahar, Linda, Der Weg zum Führungserfolg. Ein Selbsthilfeprogramm für Führungskräfte, Stuttgart (Poeschel) 1979.

Fiedler, Fred E./Mitchell, Terence R./Triandis, Harry C., The Culture Assimilator: An Approach to Cross-Cultural Training, in: JoAP 55 (2/1971), 95-102.

Fiedler-Winter, Rosemarie, Flexible Arbeitszeiten. Beispiele aus der Praxis, Landsberg/Lech (moderne industrie) 1995.

Field, George R. H., A Test of the Vroom-Yetton Normative Model of Leadership, in: JoAP 67 (1982), 523-532.

Fischer, Guido, Betriebswirtschaftslehre. Eine Einführung, Heidelberg (Quelle & Meyer) 1935.

Fischer, Guido, Politik der Betriebsführung, Stuttgart (Poeschel) 1962.

Fischer, Hajo, Zur Erfassbarkeit von Personalinvestitionen im internen Rechnungswesen, in: ZfP 13 (1999), 29-66.

Fischer, Peter, Die Selbständigen von morgen. Unternehmer oder Tagelöhner, Frankfurt - New York (Campus) 1995.

Fischer-Winkelmann, Wolf F./Hohl, Eberhard K., Konzepte und Probleme der Humanvermögensrechnung, in: DB 35 (1982), 2636-2644.

Fitting et al., Betriebsverfassungsgesetz – Handkommentar, München (Vahlen) 18.Aufl. 1996.

Flamholtz, Eric, Human Resource Accounting, Encino - Belmont (Dickenson) 1974.

Flarup, Jochen, Personalentwicklung, in: *Maess, Kerstin/Maess, Thomas* (Hrsg.), Das Personal Jahrbuch ´97. Wegweiser für zeitgemäße Personalarbeit, Neuwied - Kriftel/Ts. - Berlin (Luchterhand) 3.Aufl. 1997, 399-425.

Fleckhaus, Hans-Jürgen/Wittmann, Maren, Das Management-Appraisal als Analyse- und Führungsinstrument, in: Personalführung 31 (2/1998), 22-26.

Floriani, Lodovico, Ausbildungsdefizite hemmen Europa 1992, in: HM 14 (1/1992), 127-139.

Folger, Holger/Cropanzano, Russell, Organizational Justice and Human Resource Management, Thousand Oaks - London - New Delhi (Sage) 1998.

Forrester, Jay W., Industrial Dynamics, Cambridge/Mass. (MIT Press) 1961.

Freimuth, Joachim, Implacement. Ein Beitrag zu einer antizyklischen Strategie in betrieblichen Beschäftigungskrisen, in: *Scholz, Christian/Oberschulte, Hans* (Hrsg.), Personalmanagement in Abhängigkeit von der Konjunktur. Sonderband 1994 der ZfP, München - Mering (Hampp) 1994, 75-88.

Freimuth, Joachim, Rollen und Rollenkonflikte des Personalmanagements in flexiblen Organisationen, in: *Wächter, Hartmut/Metz, Thomas* (Hrsg.), Professionalisierte Personalarbeit? Perspektiven der Professionalisierung des Personalwesens, Sonderband 1995 der ZfP, München - Mering (Hampp) 1995, 163-184.

Freimuth, Joachim, Rollenklarheit, Problemlösungs- und Konfliktfähigkeit als Qualifizierungs- und Professionalisierungsziele in der personalwirtschaftlichen Ausbildung, in: *Auer, Manfred/Laske, Stephan* (Hrsg.), Personalwirtschaftliche Ausbildung an Universitäten; Grundfragen, Konzepte und Erfahrungen, Sonderband 1997 der ZfP, München - Mering (Hampp) 1997, 93-115.

Fresina, Anthony, The Three Prototypes of Corporate Universities, in: The Corporate University Review (1/1997), zitiert nach: http://www.ekw-hrd.com/CORPUNIV.html (26.04.1999).

Freud, Sigmund, Über Psychoanalyse. Fünf Vorlesungen, gehalten zur 20jährigen Gründungsfeier der Clark University in Worcester/Mass., Leipzig - Wien (Deuticke) 1924.

Freud, Sigmund, Das Unbehagen in der Kultur und andere kulturtheoretische Schriften, Frankfurt/Main (Fischer) 5.Aufl. 1997.

Frick, Bernd, Mitbestimmung und Personalfluktuation, München - Mering (Hampp) 1997.

Friederichs, Peter, Fach- und Führungskräfte: Auswahl, Integration und Entwicklung, in: *Feix, Wilfried E.* (Hrsg.), Personal 2000. Visionen und Strategien erfolgreicher Personalarbeit, Wiesbaden (Gabler) 1991.

Friedrichs, Jürgen, Methoden empirischer Sozialforschung, Opladen (Westdeutscher Verlag) 14.Aufl. 1990.

Frieling, Ekkehart/Hoyos, Graf Carl, Fragebogen zur Arbeitsanalyse (FAA), Bern - Stuttgart - Wien (Huber) 1978.

Frieling, Ekkehart/Sonntag, Karlheinz, Lehrbuch der Arbeitspsychologie, Bern - Stuttgart - Toronto (Huber) 1987.

Fritsch, Michael, Europäisches Personalmanagement im Hinblick auf den einheitlichen Markt, in: *Berthel, Jürgen/Becker, Fred G.* (Hrsg.), Unternehmerische Herausforderung durch den Europäischen Binnenmarkt 1992, Berlin - Heidelberg - New York (Springer) 1990, 143-161.

Fritz, Horst, Symbolismus, in: *Borchmeyer Dieter/Zmegac, Viktor* (Hrsg.), Moderne Literatur in Grundbegriffen, Tübingen (Niemeyer) 2. Aufl. 1994, 413-419.

Frost, Peter J./Morgan, Gareth, Symbols and Sensemaking. The Realization of a Framework, in: *Pondy, Louis R. et al.* (Hrsg.), Organizational Symbolism, Greenwich/Conn.-London (JAI Press) 1983, 207-236.

Fuchs, Jürgen, Karriere ohne Hierarchie, in: Personal 50 (1998), 594-597.

Fuhr, Reinhars/Gremmler-Fuhr, Martina, Gestalt-Ansatz. Grundkonzepte und -modelle aus neuer Perspektive, Köln (Humanistische Psychologie) 1995.

Gabarro, John J./Kotter, John P., Managing Your Boss, in: HBR (1/1980), 92-100.

Gabele, Eduard, Führungs- und Unternehmensgrundsätze – Ein Spiegelbild innerbetrieblicher und gesellschaftlicher Entwicklungen –, in: *Gabele, Eduard/Liebel, Hermann J./Oechsler, Walter A.* (Hrsg.), Führungsgrundsätze und Mitarbeiterführung, Wiesbaden (Gabler) 1992, 15-58

Gabele, Eduard/Kretschmer, Helmut, Unternehmensgrundsätze, Zürich (Industrielle Organisation) 1986.

Gagliardi, Pasquale, The Creation and Change of Organizational Culture: A Conceptual Framework, in: OS 7 (1986), 117-134.

Gagliardi, Pasquale (Hrsg.), Symbols and Artifacts: Views of the Corporate Landscape, Berlin-New York (de Gruyter) 1990.

Galbraith, Jay/Cummings, L. L., An Empirical Investigation of Motivational Determinants of Task Performance: Interactive Effects between Instrumentality-Valence and Motivation Ability, in: Organizational Behavior and Human Performance 2 (1967), 237-257.

Gaugler, Eduard, Personalwesen, in: *Wittmann, Waldemar et al.* (Hrsg.), Handwörterbuch der Betriebswirtschaft, Teilband 2 (I-Q), Stuttgart (Schäffer-Poeschel) 5.Aufl. 1993, 3140-3158.

Gaugler, Eduard, Individualisierung als Kompetenz eines strategischen Personalmanagements, in: *Scholz, Christian* (Hrsg.) Individualisierung als Paradigma. Festschrift für Hans Jürgen Drumm, Stuttgart - Berlin - Köln (Kohlhammer) 1997, 81-99.

Gaugler, Eduard et al., Leistungsbeurteilung in der Wirtschaft: Verfahren und Anwendung in der Praxis, Baden-Baden (Nomos) 1978.

Gaugler, Eduard/Huber, Karl H./Rummel, Christoph, Betriebliche Personalplanung. Eine Literaturanalyse, Göttingen (Schwarz) 1974.

Gaugler, Eduard/Weber, Armin, Perspektiven des Human Resource Management, in: Personal 47 (1995), 4-9.

Gebert, Dieter/Rosenstiel, Lutz von, Organisationspsychologie, Stuttgart - Berlin - Köln (Kohlhammer) 4.Aufl. 1996.

Gehle, F., Internationale Tagung über Arbeitsbewertung in Genf, in: REFA Nachrichten 3 (2/1950), 32-34.

Gensicke, Thomas, Sozialer Wandel durch Modernisierung, Individualisierung und Wertewandel, in: Aus Politik und Zeitgeschichte (42/1996), 3-17.

Gentz, Manfred, Die personalpolitischen Ziele werden neu definiert. Beitrag zur Analytik 1996 in Hamburg, in: Personal 48 (1996), 190-198.

Genuit, Hans, Praxis der Biorhythmik, Bietigheim (Turm) 1977.

Gerpott, Torsten J., Strategieadäquates Personalmanagement bei der Integration von internationalen Akquisitionen, in: BFuP 42 (1990), 414-432.

Gerpott, Torsten J., Gleichgestelltenbeurteilung. Eine Erweiterung traditioneller Personalbeurteilungsansätze in Unternehmen, in: *Selbach, Ralf/Pullig, Klaus-Karl* (Hrsg.), Handbuch Mitarbeiterbeurteilung, Wiesbaden (Gabler) 1992, 211-254.

Gerpott, Torsten J., Qualitätsmanagement im Personalbereich, in: CoPers 4 (1996), 256-261.

Gerpott, Torsten J., Der Personalbereich als Intelligenz-Center, in: *Scholz, Christian* (Hrsg.), Innovative Personalorganisation. Center-Modelle für Wertschöpfung, Strategie, Intelligenz und Virtualisierung, Neuwied - Kriftel (Luchterhand) 1999, 132-147.

Gerstenecker, Karl Adolf, Personalbedarf und Personaleinsatzplanung im Handel, Frankfurt am Main (Deutscher Fachverlag) 1995.

Geyer, Alois/Steyrer, Johannes, Messung und Erfolgswirksamkeit transformationaler Führung, in: ZfP 12 (1998), 377-401.

Ghiselli, Edwin E./Campbell, John P./Zedeck, Sheldon, Measurement Theory for the Behavioral Sciences, San Francisco (Freeman) 1981.

Ghoshal, Sumantra/Moran, Peter, Bad for Practice: A Critique of the Transaction Cost Theory, in: AMR 21 (1996), 13-47.

Gibson, William, Newromancer, München (Heyne) 1987.

Gigout, Franz, Supervision – eine Chance zur Verbesserung des Betriebsklimas, in: *Krämer, Hans Leo/Roßmanith, Birgit* (Hrsg.), Betriebsklima produktiv gestalten, Saarbrücken (Arbeitskammer) 1998, 120-123.

Glasersfeld, Ernst von, Konstruktion der Wirklichkeit und des Begriffes der Objektivität, in: *Gumin, Heinz/Meier, Heinrich* (Hrsg.), Einführung in den Konstruktivismus, München - Zürich (Piper) 1992, 9-39.

Glatz, Heini, Zeitwirtschaft – Ein Erfolgspotential wieder entdecken!, in: IO 55 (1986), 290-294.

Gloede, Dieter, Strategische Personalplanung in multinationalen Unternehmungen, Wiesbaden (Deutscher Universitätsverlag) 1991.

Gola, Peter/Schomerus, Rudolf, Bundesdatenschutzgesetz, München (Beck) 6. Aufl. 1997.

Goldman, Morton, A Comparison of Individual and Group Performance for Varying Combinations of Initial Ability, in: JPSP 1 (1965), 210-216.

Gollin, David, Die Entwicklung interkultureller Management-Kompetenz, in: *Strutz, Hans/Wiedemann, Klaus* (Hrsg.), Internationales Personalmarketing. Konzepte – Erfahrungen – Perspektiven, Wiesbaden (Gabler) 1992, 125-134.

Gomez-Mejia, Luis R./Balkin, David B./Cardy, Robert L., Managing Human Resources, Upper Saddle River/N.J. (Prentice Hall) 1998.

Goodman, Paul S./Friedman, Abraham, An Examination of Adams Theory of Inequity, in: ASQ 16 (1971), 271-288.

Goodpaster, Kenneth E./Sayre, Kenneth M., Ethics and Problems of the 21st Century, Notre Dame/Indiana (University of Notre Dame Press) 1979.

Goossens, Franz, Personalleiter-Handbuch. Kompendium des betrieblichen Personal- und Sozialwesens, Landsberg/Lech (moderne industrie) 7.Aufl. 1981.

Gordon, T.J./Hayward H., Initial Experiments with the Cross Impact Matrix Method of Forecasting, in: Futures 1 (2/1968), 100-116.

Gottschall, Dietmar, In den Wind geschrieben, in: Management Wissen (9/1986), 14-28.

Götze, Uwe, Szenario-Technik in der strategischen Unternehmensplanung, Wiesbaden (Deutscher Universitäts-Verlag) 2.Aufl. 1993.

Graen, George et al., Contingency Model of Leadership Effectiveness: Antecedent and Evidential Results, in: Psychological Bulletin 74 (4/1970), 285-296.

Grassl, Gerhard, Frage und Lüge im Vorstellungsgespräch, in: Personal 39 (1987), 114-118.

Groß, Günther H., Gemeinkostenwertanalyse, Maßnahmen der mittel- und längerfristigen Planung, in: *Gieffers, Fritz/Müller, Klaus-Dieter/Münsterberg, Rolf G.* (Hrsg.), Reduzierung der Personalkosten, Heidelberg (Sauer) 1985, 43-56.

Grünefeld, Hans-Günther, Personal-Kennzahlensystem. Planung, Kontrolle, Analyse von Personalaufwand und -daten, Wiesbaden (Gabler) 1981.

Grünefeld, Hans-Günther, Bildungsaufwand. Planung, Erfassung und Kontrolle – Teil 1: Ausbildungsaufwand, in: Personalführung 22 (1989), 56-64.

Grunwald, Wolfgang, Psychologische Gesetzmäßigkeiten der Gruppenarbeit. Über die Grundbedingungen erfolgreicher Zusammenarbeit, in: Personalführung 29 (1996), 740-750.

Gudykunst, William B./Hammer, Mitchell R., Basic Training Design: Approaches to Intercultural Training, in: *Landis, Dan/Brislin Richard W.* (Hrsg.), Handbook of Intercultural Training, Band 1, New York - Oxford - Toronto (Pergamon Press) 1983, 118-154.

Guillaume, Bernd/Stolz, Markus, Internationale Mitarbeitersuche und Mitarbeiterauswahl, in: *Strutz, Hans/Wiedemann, Klaus* (Hrsg.), Internationales Personalmarketing. Konzepte – Erfahrungen – Perspektiven, Wiesbaden (Gabler) 1992, 73-83.

Gulliksen, Harold, Theory of Mental Tests, New York (Wiley) 1950.

Gupta, Anil K., Matching Managers to Strategies. Point and Counterpoint, in: HRM 25 (1986), 215-234.

Gurnee, H., Group Learning, in: Psychological Monographs – General and Applied 76 (13/1962), 1-30.

Guski, Hans G./Schneider, Hans J., Betriebliche Vermögensbeteiligung, Teil 2: Ergebnisse, Erfahrungen und Auswirkungen in der Praxis, Köln (Deutscher Institus-Verlag) 1983.

Habermas, Jürgen, Theorie des kommunikativen Handelns, Band 1: Handlungsrationalität und gesellschaftliche Rationalität, Frankfurt (Suhrkamp) 3.Aufl. 1985.

Hackstein, Rolf et al., Ergonomie und Personalplanung, Luxemburg (EG für Kohle und Stahl) 1974.

Häder, Michael, Zur Evaluation der Delphi-Technik. Eine Ergebnisübersicht, Mannheim (ZUMA) 1996.

Haider, Manfred, Elektrophysiologische Indikatoren der Aktiviertheit, in: *Schönpflug, Wolfgang* (Hrsg.), Methoden der Aktivierungsforschung, Bern - Stuttgart - Wien (Huber) 1969, 125-156.

Halisch, Frank/Kuhl, Julius (Hrsg.), Motivation Intention and Volition, Berlin - Heidelberg - New York (Springer) 1987.

Halpin, Andrew W., The Leader Behavior and Effectiveness of Aircraft Commanders, in: *Stogdill, Ralph/Coons, Alvin E.* (Hrsg.), Leader Behavior. Its Description and Measurement, Ohio (Ohio State University) 1957, 52-64.

Halpin, Andrew W./Winer, James B., A Factorial Study of the Leader Behavior Descriptions, in: *Stogdill, Ralph/Coons, Alvin E.* (Hrsg.), Leader Behavior. Its Description and Measurement, Ohio (Ohio State University) 1957, 39-51.

Hambrick, Donald C., Strategic Awareness within Top Management Teams, in: SMJ 2 (1981), 263-279.

Hambrick, Donald C. et al., When Groups Consist of Multiple Nationalities: Towards a New Understanding of the Implications, in: Organization Studies 19 (1998), 181-205.

Hampden-Turner, Charles/Trompenaars, Fons, The Seven Cultures of Capitalism. Value Systems for Creating Wealth in the United States, Japan, Germany, France, Britain, Sweden, and the Netherlands, New York (Doubleday) 1993.

Hampden-Turner, Charles/Trompenaars, Fons, Response to Geert Hofstede, in: IJIR 21 (1997), 149-159.

Hanssmann, Friedrich, Optimierung der Organisationsstruktur. Ein erster Versuch am Beispiel einer Vertriebsorganisation, in: ZfB 40 (1970), 17-30.

Harris, Marvin, Kulturanthropologie. Ein Lehrbuch, Frankfurt/M. - New York (Campus) 1989.

Hartz, Peter, Jeder Arbeitsplatz hat ein Gesicht. Die Volkswagen-Lösung, Frankfurt - New York (Campus) 1994.

Hartz, Peter, Jeder Arbeitsplatz hat ein Gesicht – auch international, in: *Scholz, Christian/Zentes, Joachim* (Hrsg.), Strategisches Euro-Management, Band 2, Stuttgart (Schäffer-Poeschel) 1998, 231-242.

Harvey, Michael C., The Other Side of Foreign Assignments: Dealing with the Repatriation Dilemma, in: CJWB 17 (1/1982), 53-59.

Hasenack, Wilhelm, Mensch im Betrieb. Inwieweit kann oder muß die Betriebswirtschaftslehre den Menschen in ihre Untersuchungen einbeziehen?, in: ZfB 31 (1961), 577-596.

Hatch, Mary Jo, The dynamics of organizational culture, in: AMR 18 (1993), 657-663.

Hatch, Mary Jo, Organization Theory. Modern Symbolic and Postmodern Perspectives, New York (Oxford University Press) 1997.

Hax, Arnoldo C./Majluf, Nicolas S., Strategic Management. An integrative Perspective, Englewood Cliffs, N. J. (Prentice Hall) 1984.

Hax, Herbert, Die Koordination von Entscheidungen. Ein Beitrag der betriebswirtschaftlichen Organisationslehre, Köln etc. (Heymanns) 1965.

Hax, Herbert, Theorie der Unternehmung – Information, Anreize und Vertragsgestaltung, in: *Ordelheide, Dieter et al.* (Hrsg.), Betriebswirtschaftslehre und ökonomische Theorie, Stuttgart (Poeschel) 1991, 51-72.

Hax, Karl, Personalpolitik und Mitbestimmung, Köln (Westdeutscher Verlag) 1969.

Hay Management Consultants, Handbuch der Stellenbewertung, Frankfurt/Main, o.J.

Heckhausen, Heinz, Motivation und Handeln, Berlin - Heidelberg - New York (Springer) 2.Aufl. 1989.

Heeg, Franz Josef, Qualitätszirkel und andere Gruppenaktivitäten. Einsatz in der betrieblichen Praxis und Anwendung, Berlin - Heidelberg - New York (Springer) 1985.

Heeg, Franz Josef/Münch, Joachim (Hrsg.), Handbuch Personal- und Organisationsentwicklung, Stuttgart - Dresden (Klett) 1993.

Heenan, David A./Perlmutter, Howard V., Multinational Organization Development, Reading/Mass. (Addison Wesley) 1979.

Heider, Fritz, The Psychology of Interpersonal Relations, New York (Wiley) 1958.

Heinrich, Lutz J., Informationsmanagement – Planung, Überwachung und Steuerung der Informationssysteme, München - Wien (Oldenbourg) 5.Aufl. 1996.

Heinrich, Lutz J./Burgholzer, Peter, Systemplanung I. Der Prozeß der Systemplanung, der Vorstudie und der Feinstudie, München (Oldenbourg) 5.Aufl. 1991.

Heitmeyer, Klaus/Thom, Norbert, Assessment Center, in: Personalwirtschaft 10 (1982), 19-26.

Hemmelskamp, Jörg/Krause, Katja, Deutsche Telekom AG Niederlassung 2 Bremen, in: *Nieder, Peter* (Hrsg.), Fehlzeiten wirksam reduzieren. Konzepte, Maßnahmen, Praxisbeispiele, Wiesbaden (Gabler), 1998, 123-134.

Hemphill, John K./Coons, Alvin E., Development of the Leader Behavior Description Questionnaire, in: *Stogdill, Ralph/Coons, Alvin E.* (Hrsg.), Leader Behavior: Its Description and Measurement, Ohio (Ohio State University) 1957, 6-38.

Hendry, Chris, Human Resource Strategies for International Growth, London - New York (Routledge) 1994.

Henrichs, Norbert, Menschsein im Informationszeitalter, in: *Capuro, Rafael/ Wiegerling, Klaus/Brellochs, Andreas* (Hrsg.), Informationsethik, Konstanz (Universitätsverlag Konstanz) 1995, 23-36.

Hentze, Joachim, Personalwirtschaftslehre, Band 1, Grundlagen, Personalbedarfsermittlung, -beschaffung, -entwicklung und -einsatz, Bern - Stuttgart (Haupt) 6.Aufl. 1994.

Hentze, Joachim, Personalwirtschaftslehre, Band 2, Personalerhaltung und Leistungsstimulation, Personalfreistellung und Personalinformationswirtschaft, Bern - Stuttgart (Haupt) 6.Aufl. 1995.

Hentze, Joachim/Kammel, Andreas/Lindert, Klaus, Personalführungslehre. Grundlagen, Funktionen und Modelle der Führung, Bern - Stuttgart - Wien (Haupt) 3.Aufl. 1997.

Herschel, Wilhelm/Löwisch, Manfred/Steinmann Georg, Kommentar zum Kündigungsschutzgesetz, Heidelberg (Recht und Wirtschaft) 6.Aufl. 1984.

Hersey, Paul/ Blanchard, Kenneth H., Management of Organizational Behavior. Utilizing Human Resources, Englewood Cliffs, N.J. (Prentice Hall) 1.Aufl. 1969.

Hersey, Paul/Blanchard, Kenneth H./Dewey, E. Johnson, Management of Organizational Behavior. Utilizing Human Resources, Upper Saddle River, NJ (Prentice Hall) 7.Aufl. 1996.

Herzberg, Frederick, Work and Nature of Man, London (Crosby Lockwood Staples) 1966.

Herzberg, Frederick, One more time: How do you motivate employees? in: HBR 46 (1/1968), 53-62.

Herzberg, Frederick/Mausner, Bernard/Snyderman, Barbara B., The Motivation to Work, New York (Wiley) 2.Aufl. 1959.

Hesch, Gerhard, Das Menschenbild neuer Organisationsformen. Mitarbeiter und Manager im Unternehmen der Zukunft, Wiesbaden (Gabler) 1997.

Hettinger, Theodor/Kaminsky, Gerhard/Schmale, Hugo, Ergonomie am Arbeitsplatz, Ludwigshafen (Kiehl) 2.Aufl. 1980.

Heymann, Helmut, Outplacement, in: WiSt 13 (1984), 308-311.

Heymann, Helmut/Seiwert, Lothar (Hrsg.), Job Sharing, Grafenau - Stuttgart (Expert) 1982 b.

Hilb, Martin, Das Austrittsinterview, in: IO 46 (1977), 307-310.

Hilb, Martin, Integriertes Personal-Management. Ziele – Strategien – Instrumente, Neuwied - Kriftel - Berlin (Luchterhand) 3.Aufl. 1995.

Hilb, Martin, Integriertes Personal-Management. Ziele – Strategien – Instrumente, Neuwied - Kriftel - Berlin (Luchterhand) 5.Aufl. 1998.

Hinterhuber, Hans H./Handlbauer, Gernot/Matzler, Kurt, Die Personalabteilung als Strategie-Center, in: *Scholz, Christian* (Hrsg.), Innovative Personalorganisation. Center-Modelle für Wertschöpfung, Strategie, Intelligenz und Virtualisierung, Neuwied - Kriftel (Luchterhand) 1999, 40-54.

Hitt, Michael A./Ireland, R. Duane, Peters and Waterman revisited. The unended Quest for Excellence, in: AME 1 (2/1987), 91-98

Hitt, Michael A./Ireland, R. Duane/Hoskisson, Robert E., Strategic Management. Competitiveness and Globalization, St. Paul/Minn. etc. (West Publishing) 1995.

Hitzig, Andreas, Arbeitsvermittlung Internet, in: Internet World (8/1999), 106-109.

Hofstede, Geert, Culture´s Consequences. International Differences in Work-Related Values, Beverly Hills - London (Sage) 1980a.

Hofstede, Geert, Kultur und Organisation, in: *Grochla, Erwin* (Hrsg.), HWO, Stuttgart (Poeschel) 2.Aufl. 1980b, 1168-1182.

Hofstede, Geert, Interkulturelle Zusammenarbeit. Kulturen, Organisationen, Management, Wiesbaden (Gabler) 1993.

Hofstede, Geert, Riding the Waves of Commerce: A Test of Trompenaars' „Model“ of National Culture Differences, in: IJIR 20 (1996), 189-198.

Hofstede, Geert, Riding the Waves: A Rejoinder, in: IJIR 21 (1997), 287-290.

Hohendorf, Christian, Die auftragsorientierte Schichtplanung. Ein Verfahren zur Integration von Arbeitszeit- und Produktionsplanung, Düsseldorf (VDI) 1997.

Hoppe, Michael H., A Comparative Study of Country Elites: International Differences in Workrelated Values and Learning and their Implications for International Management Training and Development, Diss. University of North Carolina at Chapel Hill 1990.

Hörmann, Hans, Theoretische Grundlagen der projektiven Verfahren, in: *Groffmann, Karl-Josef/Michel, Lothar* (Hrsg.), Grundlagen psychologischer Diagnostik. Enzyklopädie der Psychologie, Band BII1, Göttingen - Toronto - Zürich (Hogrefe) 1982, 173-242.

Horsch, Jürgen, Auslandseinsatz von Stammhaus-Mitarbeitern. Eine Analyse ausgewählter personalwirtschaftlicher Problemfelder multinationaler Unternehmen mit Stammsitz in der Bundesrepublik Deutschland, Frankfurt am Main etc. (Lang) 1995.

Horváth, Peter, Controlling, München (Vahlen) 4.Aufl. 1991.

Horváth, Peter, Controlling, München (Vahlen) 5.Aufl. 1994.

Hoss, Günter, Personalcontrolling im industriellen Unternehmen, Krefeld (M&M Wissenschaftsverlag) 1989.

House, Robert J., A Path Goal Theory of Leader Effectiveness, in: ASQ 16 (1971), 321-339.

House, Robert J., A 1976 Theory of Charismatic Leadership, in: *Hunt, James G./Larson, Lars L.* (Hrsg.), Leadership: The Cutting Edge, Carbondale, IL (Southern Illinois University Press) 1977, 189-207.

House, Robert J./Wigdor, Lawrence A., Herzberg´s Dual-Factor Theory of Job Satisfaction and Motivation: A Review of the Evidence and a Criticism, in: Personnel Psychology 20 (4/1967), 369-389.

Huber, Stefan/Lange, Albrecht, Personalentwicklung für internationale Aufgaben, in: *Kumar, Brij N./Wagner Dieter* (Hrsg.), Handbuch des internationalen Personalmanagements, München (Beck) 1998, 105-126.

Hupprecht, Rolf/Schieffers, Donald, Mobbing: mit neuem Management gegen den psychischen Terror am Arbeitsplatz, Rostock (Hanseatischer Fachverlag für Wirtschaft) 1996.

Huselid, Mark A., The Impact of Human Resource Management Practice on Turnover, Productivity, and Corporate Financial Performance, in: AMJ 38 (1995), 635-672.

ILO (International Labour Office), ISCO-88. International Standard Classification of Occupations, Genf (ILO) 1990.

Inglehart, Ronald, Wertewandel in den westlichen Gesellschaften. Politische Konsequenzen von materialistischen und postmaterialistischen Prioritäten, in: *Klages, Helmut/Kmieciak, Peter* (Hrsg.), Wertewandel und gesellschaftlicher Wandel, Frankfurt - New York (Campus) 1979, 279-316.

Issing, Ludwig J./Klimsa, Paul, Multimedia – Eine Chance für Information und Lernen, in: *Issing, Ludwig J./Klimsa, Paul* (Hrsg.), Informationen und Lernen mit Multimedia, Weinheim (Beltz Psychologie-Verlags-Union) 1995, 1-3.

IW (Institut der Deutschen Wirtschaft), Zahlen zur wirtschaftlichen Entwicklung der Bundesrepublik Deutschland, Köln (Deutscher Instituts-Verlag) 1996.

IW (Institut der Deutschen Wirtschaft), Zahlen zur wirtschaftlichen Entwicklung der Bundesrepublik Deutschland, Köln (Deutscher Instituts-Verlag) 1997.

IW (Institut der Deutschen Wirtschaft), Der Arbeitsmarkt, in: http://iwkoeln.de, 16.07.1998.

Izard, Carroll E., The Face of Emotion, New York (Appleton - Century - Crofts) 1971.

Izard, Carroll E., The Psychology of Emotions, New York - London (Plenum Press) 1991.

Jackson, Susan, Consequences of group composition for the interpersonal dynamics of strategic issue processing, in: *Shrivastava, Paul et al.* (Hrsg.), Advances in Strategic Management, Greenwich, CN (JAI Press) Vol. 8, 1992, 345-382.

Jago, Arthur G., Führungstheorien – Vroom/Yetton Modell, in: *Kieser, Alfred/ Reber, Gerhard/Wunderer, Rolf* (Hrsg.), HWFü, Stuttgart (Poeschel) 1987, 931-948.

Jantzen, Gerhard H., Biorhythmik. So ermitteln Sie den Pulsschlag Ihrer Stimmung und Leistung, Genf (Ariston) 2.Aufl. 1983.

Jeserich, Wolfgang, Mitarbeiter auswählen und fördern. Assessment-Center-Verfahren, München - Wien (Hanser) 1981.

Jobs, Friedhelm/Samland, Jürgen (Hrsg.), Personalinformationssysteme in Recht und Praxis, Stuttgart (Schäffer) 1984.

Jochmann, Walter, Personalmarketing im internationalen Kontext – Suche und Auswahl ausländischer Führungskräfte, in: *Hummel, Thomas R./Wagner, Dieter* (Hrsg.), Differentielles Personalmarketing, Stuttgart (Schäffer-Poeschel) 1996, 187- 231.

Johnson, Jeff, The Information Highway from Hell: A Worst-Case Scenario, www-Dokument 1997, http://www.cpsr.org/cpsr/nii/hell.html (22.05.1999).

Joost, Detlev, Betrieb und Unternehmen als Grundbegriffe im Arbeitsrecht, München (Beck) 1988.

Jung, Hans, Personalwirtschaft, München - Wien (Oldenbourg) 2.Aufl. 1997.

Kaase, Max, Datenzugang und Datenschutz. Konsequenzen für die Forschung, Königstein/Ts. (Athenaeum) 1980.

Kaminsky, Gerhard, Praktikum der Arbeitswissenschaft. Analytische Untersuchungsverfahren beim Studium der menschlichen Arbeit, München - Wien (Hanser) 2.Aufl. 1980.

Kammel, Andreas/Teichelmann, Dirk, Internationaler Personaleinsatz. Konzeptionelle und instrumentelle Grundlagen, München - Wien (Oldenbourg) 1994.

Kaplan, Robert S./Norton, David P., The Balanced Scorecard. Translating Strategy into Action, Boston/Mass. (Harvard Business School Press) 1996.

Keller, Eugen von, Management in fremden Kulturen, Bern - Stuttgart (Haupt) 1982.

Kelley, Harold H., Attribution Theory in Social Psychology, in: Nebraska Symposium on Motivation 15 (1967), 192-238.

Kenter, Michael W./Welge, Martin K., Die Reintegration von Stammhausdeligierten. Ergebnisse einer explorativen empirischen Untersuchung, in: *Dülfer, Eberhard* (Hrsg.), Personelle Aspekte im Internationalen Management, Berlin (E. Schmidt) 1983, 173-200.

Kern, Uwe, Outplacement: Die Trennung als Chance, in: Personalführung 31 (4/1998), 12-13.

Kets de Vries, Manfred F.R./Miller, Danny, The Neurotic Organization. Diagnosing and Changing Counterproductive Styles of Management, San Francisco - London (Jossey-Bass) 1984.

Kets de Vries, Manfred F.R./Miller, Danny, Personality, Culture and Organization, in: AMR 11 (1986), 266-279.

Kienbaum, Jochen, Einführende Gedanken zum visonären Personalmanagement, in: *Kienbaum, Jochen* (Hrsg.), Visionäres Personalmanagement, Stuttgart (Schäffer-Poeschel) 2.Aufl. 1994, 1-13.

Kienbaum, Jochen/Jochmann, Walter, Coaching: Ein Instrumentarium zur Absicherung und Förderung von Karriereentwicklungen, in: *Kienbaum, Jochen* (Hrsg.), Visionäres Personalmanagement, Stuttgart (Schäffer-Poeschel) 2.Aufl. 1994, 17-43.

Kilger, Wolfgang, Flexible Plankostenrechnung und Deckungsbeitragsrechnung, Wiesbaden (Gabler) 8.Aufl. 1981.

Kilger, Wolfgang, Industriebetriebslehre, Band 1, Wiesbaden (Gabler) 1986.

Kipnis, David/Schmidt, Stuart M., Upward-Influence Styles: Relationship with Performance Evaluations, Salary, and Stress, in: ASQ 33 (1988), 528-542.

Kirkman, Bradley L./Shapiro, Debra L., The Impact of Cultural Values in Employee Resistance to Teams: Towards a Model of Globalized Self-Managing Work Team Effectiveness, in: AMR 22 (1997), 730-757.

Klages, Helmut, Wertorientierungen im Wandel. Rückblick, Gegenwartsanalyse, Prognosen, Frankfurt/Main - New York (Campus) 2.Aufl. 1985.

Klages, Helmut, Gesellschaftlicher Wertewandel als Bezugspunkt der Ordnungspolitik, in: *Schlotter, Hans-Günther* (Hrsg.), Ordnungspolitik an der Schwelle des 21. Jahrhunderts, Baden-Baden (Nomos) 1997, 171-198.

Klatt, Lawrence A./Murdick, Robert G./Schuster, Fred E., Human Resources Management. A Behavioral Systems Approach, Homewood/Ill. (Irwin) 1978.

Klein, Hartmut Jürgen, Praxisbericht: Vergütungssysteme am Beispiel Bertelsmann AG, Vortrag auf dem 8. Seminar Strategisches Personalmanagement am Universitätsseminar der Wirtschaft, Schloß Gracht, 19.11.1998.

Kleine, Dietmar/Schmitz, Bernhard, Stimmung im Kontext von Schule: Rahmenbedingungen und Korrelate, in: *Jerusalem, Matthias/Pekrun, Reinhard* (Hrsg.), Emotion, Motivation und Leistung, Göttingen etc. (Hogrefe) 1999, 205-221.

Kleinmann, Martin, Assessment Center. Stand der Forschung – Konsequenzen für die Praxis, Göttingen (Angewandte Psychologie) 1997.

Kleinmann, Martin/Strauß, Bernd, Konstrukt- und Kriteriumsvalidität des Assessment Centers: Ein Spannungsfeld, in: *Sarges, Werner* (Hrsg.), Weiterentwicklungen der Assessment-Center-Methode, Göttingen etc. (Hogrefe) 1996, 1-16.

Klimsa, Paul, Multimedia aus psychologischer und didaktischer Sicht, in: *Issing, Ludwig J./Klimsa, Paul* (Hrsg.), Informationen und Lernen mit Multimedia, Weinheim (Beltz Psychologie-Verlags-Union) 1995, 7-23.

Knapp, Annelie, Interkulturelle Kommunikationsfähigkeit, in: Personalführung 24 (1991), 4-11.

Knauth, Peter, Ergonomische Beiträge zu Sicherheitsaspekten der Arbeitszeitorganisation, Düsseldorf (VDI) 1983.

Knauth, Peter/Hornberger, Sonia, Schichtarbeit und Nachtarbeit. Probleme, Formen, Empfehlungen, München (Bayerisches Staatsministerium für Arbeit und Sozialordnung) 4.Aufl. 1997.

Knauth, Peter/Rutenfranz, Joseph, Arbeitszeitgestaltung, in: *Kleinbeck, Uwe/ Rutenfranz, Joseph* (Hrsg.), Arbeitspsychologie. Enzyklopädie der Psychologie, Band D 3.1, Göttingen - Toronto - Zürich (Hogrefe) 1987, 532-576.

Knebel, Heinz/Schneider, Helmut, Führungsgrundsätze, Heidelberg (Sauer) 2.Aufl. 1994.

Kniehl, Axel T., Motivation und Volition in Organisationen, Wiesbaden (Deutscher Universitäts-Verlag) 1998.

Knowles, Henry P./Saxberg, Borje O., Human Relations and the Nature of Man, in: HBR 45 (2/1967), 22-40 + 172-178.

Kobi, Jean-Marcel/Wüthrich, Hans A., Unternehmenskultur verstehen, erfassen und gestalten, Landsberg/Lech (moderne industrie) 1986.

Koch, Marianne J./McGrath, Rita G., Improving Labor Productivity: Human Resource Management Policies Do Matter, in: SMJ 17 (1996), 335-354.

Köcher, Renate, Der Wandel der Einstellungen, Erwartungen und Verhaltensweisen im Transformationsprozeß in Ostdeutschland und Polen, in: *Spieker, Manfred* (Hrsg.), Nach der Wende: Kirche und Gesellschaft in Polen und in Ostdeutschland. Sozialethische Probleme der Transformationsprozesse, Paderborn etc. (Ferdinand Schöningh) 1995, 251-267.

Koeppe, Gabriele/Heberer, Juliane, Umgang mit Konflikten, in: *Grap, Rolf/ Gebbert, Volker* (Hrsg.), Gruppenarbeit in der Praxis. Neue Arbeitsstrukturen zwischen Anspruch und Realität, Herzogenrath (GOM) 1995, 40-57.

Kolb, Meinulf, Flexibilisierung als konzeptionelle Leitidee strategischen Personalmanagements, in: *Weber, Wolfgang/Weinmann, Joachim* (Hrsg.), Strategisches Personalmanagement, Stuttgart (Poeschel) 1989, 205-221.

Kompa, Ain, Personalbeschaffung und Personalauswahl, Stuttgart (Enke) 1984.

Kontner, Peter, Humanvermögensrechnung. Untersuchungen zu einem personalwirtschaftlichen Führungsinstrument, Göppingen (Kümmerle) 1980.

Konzes, James M./Posner, Barry Z., The Leadership Challenge. How to Get Extraordinary Things Done in Organizations, San Francisco (Jossey-Bass) 1987.

Kornadt, Hans-Joachim, Motivation und Volition, Anmerkungen und Fragen zur wiederbelebten Willenspsychologie, in: Archiv für Psychologie 140 (1988), 209-222.

Kosiol, Erich, Grundlagen und Methoden der Organisationsforschung, Berlin (Drucker & Humblodt) 1959.

Kosiol, Erich, Leistungsgerechte Entlohnung, Wiesbaden (Gabler) 2.Aufl. 1962.

Kossbiel, Hugo (Hrsg.), Personalentwicklung, ZfbF Sonderheft 14 (1982).

Kossbiel, Hugo, Betriebliche Weiterbildung und ihre Wirkung auf Personalstruktur und Personalflexibilität, in: *Gaugler, Eduard* (Hrsg.), Betriebliche Weiterbildung als Führungsaufgabe, Wiesbaden (Gabler) 1987, 85-117.

Kossbiel, Hugo, Personalbereitstellung und Personalführung, in: *Jacob, Herbert* (Hrsg.), Allgemeine Betriebswirtschaftslehre, Handbuch für Studium und Prüfung, Wiesbaden (Gabler) 5.Aufl. 1988, 1045-1257.

Kossbiel, Hugo, Personalbedarfsermittlung, in: *Gaugler, Eduard/Weber, Wolfgang* (Hrsg.), HWP, Stuttgart (Poeschel) 2.Aufl. 1992, 1596-1608.

Kotler, Philip/Armstrong, Gary, Marketing – eine Einführung, Wien (Service-Fachverlag WU Wien) 1997.

Kotler, Philip/Bliemel, Friedhelm, Marketing-Management, Stuttgart (Schäffer-Poeschel) 8.Aufl. 1995.

Kotter, John P., The New Rules. Eight Business Breakthroughs to Career Success in the 21st Century, New York etc. (Free Press) 1995.

Kotter, John P./Schlesinger, Leonard A., Choosing Strategies for Change, in: HBR 57 (2/1979), 106-114.

Kräkel, Matthias, Ökonomische Analyse der betrieblichen Karrierepolitik, München-Mering (Hampp) 1997.

Kratz, Hans-Jürgen, Mobbing: erkennen, ansprechen, vorbeugen, Wien (Ueberreuter), 1998.

Krause, Hans-Ulrich, Gewinnung, Verarbeitung und Aufbereitung von Informationen für die Geschäftsfeldplanung auf der Grundlage der morphologischen Methode der Relevanzbaum-Methode, Gießen (Verlag der Ferber' schen Universitäts-Buchhandlung) 1984.

Krcmar, Helmut, Informationsmanagement, Berlin - Heidelberg (Springer) 1997.

Krcmar, Helmut/Koppenhöfer, Christine, Multimedia in der Weiterbildung, in: *Schwuchow, Karlheinz/Gutmann, Joachim* (Hrsg.), Jahrbuch Personalentwicklung und Weiterbildung, Neuwied - Kriftel - Berlin (Luchterhand) 1998, 240-245.

Krieg, Hans-Jürgen/Ehrlich, Harald, Personal, Stuttgart (Schäffer-Poeschel) 1998.

Kroeber, Alfred L./Kluckhohn, Clyde, Culture. A Critical Review of Concepts and Definitions, New York (Vintage Books) 1952.

Kroeber-Riel, Werner, Strategie und Technik der Werbung, Stuttgart etc. (Kohlhammer) 4.Aufl. 1993.

Kroeber-Riel, Werner/Weinberg, Peter, Konsumentenverhalten, München (Vahlen) 6.Aufl. 1996.

Kropp, Waldemar, Systemische Personalwirtschaft, München - Wien (Oldenbourg) 1997.

Krüger, Wilfried, Organisation der Unternehmung, Stuttgart - Berlin - Köln (Kohlhammer) 3.Aufl. 1994.

Krulis-Randa, Jan S., Strategie und Personalmanagement, in: Management Forum 1 (1986), 3-12.

Kubicek, Herbert, Dimensionen der Humanisierung des Arbeitslebens, in: DBW 39 (1979), 663-679.

Kubowitsch, Karl, Power Coaching. Wie Sie sich besser vermarkten und mehr Einfluß im Unternehmen gewinnen, Wiesbaden (Gabler) 1995.

Kuchler, Martin, Total-Outsourcing, in: Personalwirtschaft 24 (1/1997), 12-15.

Kuhl, Julius, Action Control: The Maintenance of Motivational States, in: *Halisch, Frank/Kuhl, Julius* (Hrsg.), Motivation, Intention and Volition, Berlin etc. (Springer) 1987, 279-291.

Kuhmann, Werner, Leistungsgüte und Beanspruchung bei mentalen Tätigkeiten, Bern (Huber) 1994.

Kumar, Brij N./Neu, André, Internationales Personalmarketing, in: *Hummel, Thomas R./Wagner, Dieter* (Hrsg.), Differentielles Personalmarketing, Stuttgart (Schäffer-Poeschel) 1996, 79-102.

Kumar, Brij N./Karlshaus, M., Auslandseinsatz und Personalentwicklung. Ergebnisse einer empirischen Studie über den Beitrag der Auslandsentsendung zur Karriereperspektive von Stammhausmitarbeitern, in: ZfP 6 (1992), 59-74.

Kunstek, Rolf, Das Konzept der Lernstatt im Industriebetrieb. Kritik eines Ansatzes der Organisationsentwicklung, Spardorf (Wilfer) 1986.

Kupsch, Peter U./Marr, Rainer, Personalwirtschaft, in: *Heinen, Edmund* (Hrsg.), Industriebetriebslehre, Wiesbaden (Gabler) 8.Aufl. 1985, 623-767.

Lafontaine, Oskar/Müller, Christa, Keine Angst vor der Globalisierung. Wohlstand und Arbeit für alle, Bonn (Dietz) 2.Aufl. 1998.

Landau, Kurt/Bokranz, Rainer, Istzustands-Analyse in Arbeitssystemen. Methoden und Erkenntnisse zur Erfassung von Istzuständen an Arbeitsplätzen und in Arbeitsfeldern, In: ZfB 56 (1986), 728-754.

Landis, Dan/Brislin Richard W. (Hrsg.), Handbook of Intercultural Training, Band 1, New York - Oxford - Toronto (Pergamon Press) 1983a.

Landis, Dan/Brislin, Richard W., Conzeptualizations of Intercultural Behaviour and Training, in: *Landis, Dan/Brislin Richard W.* (Hrsg.), Handbook of Intercultural Training, Band 1, New York - Oxford - Toronto (Pergamon Press) 1983b, 1-35.

Lang, Rainhart, Personalwesen im Osten vor und nach der Wende. Politisierte De-Professionalisierung und marktwirtschaftliche Re-Professionalisierung?, in: *Wächter, Hartmut/Metz, Thomas* (Hrsg.), Professionalisierte Personalarbeit? Perspektiven der Professionalisierung des Personalwesens, Sonderband 1995 der ZfP, München - Mering (Hampp) 1995, 85-110.

Lang, Rainhart/Wagner, Dieter/Becker, Manfred (Hrsg.), Sechs Jahre danach: Personalarbeit in den neuen Bundesländern, Sonderband der ZfP 1996, München - Mering (Hampp) 1996.

Laszlo, Ervin/Scholz, Christian/Stein, Volker, Evolutionary Gigatrends and Their Relevance for Europe at The Dawn of The New Millennium, in: *Scholz, Christian/Zentes, Joachim* (Hrsg.), Strategisches Euromanagement, Band 2, Stuttgart (Schäffer-Poeschel) 1998, 323-337.

Laughlin, Patrick R. et al., Group Size, Member Ability and Social Decision Systems on an Intellective Task, in: JPSP 31 (1975), 522-535.

Laughlin, Patrick R. et al., Social Decision Systems of the Same Four-Person Groups on Two Different Intellective Tasks, in: JPSP 33 (1976), 80-88.

Laughlin, Patrick R./Johnson, Homer H., Group and Individual Performance on a Complementary Task as a Function of Initial Ability Level, in: Journal of Experimental Social Psychology 2 (1966), 407-414.

Laukin, Hans-Peter/Merten, Peter, Ein System-Dynamics-Modell zur Unterstützung der Personalplanung in einem innovativen Unternehmen des Maschinenbaus, in: Angewandte Systemanalyse 4 (2/1983), 78-91.

Laurig, Wolfgang, Grundzüge der Ergonomie, Berlin - Köln (Beuth) 2.Aufl. 1982.

Laurig, Wolfgang/Kloke, Wilhelm B./Kühn, Frank M., Ansätze für eine Prognose der Belastung auf der Grundlage von Systemen vorbestimmter Zeiten, in: ZfA 38, 10.NF (1984), 78-83.

Lay, Rupert, Ethik für Manager, Düsseldorf - Wien - New York (Econ) 1989.

Layton, William G./Johnson, Eric J., Break the Mold. Strategies for Productivity, in: PJ66 (5/1987), 74-78.

Legge, Karen, Human Resource Management. Rhetorics and Realities, Basingstoke (Macmillan) 1995.

Lehmann, Günter, Praktische Arbeitsphysiologie, Stuttgart (Thieme) 2.Aufl. 1962.

Leisinger, Klaus M., Unternehmensethik. Globale Verantwortung und modernes Management, München (Beck) 1997.

Leonard, Allenna, Team Syntegrity: A New Methodology for Group Work, in: EMJ 14 (1996), 407-413.

Leontiades, Milton, Choosing the Right Manager to Fit the Strategy, in: JBS 2 (1982), 58-59.

Lewin, Kurt, Frontiers in Group Dynamics. Concept, Method and Reality in Social Science, Social Equilibria and Social Change, in: HR 1 (1947), 5-41.

Leymann, Heinz, Ätiologie und Häufigkeit von Mobbing am Arbeitsplatz – eine Übersicht über die bisherige Forschung, in: ZfP 2 (1993), 271-284.

Liddell, W. W. et al., A Replication and Refinement of „A Test of the Vroom-Yetton Normative Model of Leadership." Manuscript Submitted for Publication 1986, zitiert nach *Vroom, Victor H./Jago, Arthur G.* (Hrsg.), The New Leadership. Managing Participation in Organizations, Englewood Cliffs, NJ. (Prentice Hall) 1988.

Liebe-Harkort, Uwe, Zusammensetzung von Kleingruppen im Unterricht, Diss. Tübingen 1976.

Linnenkohl, Karl/Rauschenberg, Hans-Jürgen, Arbeitszeitflexibilisierung. 140 Unternehmen und ihre Modelle, Heidelberg (Recht und Wirtschaft) 3.Aufl. 1996.

Lip, Evelyn, The Design & Feng Shui of Logos, Trademarks & Signboards, New York etc. (Prentice Hall) 1995.

Locke, Edwin A., Toward a Theory of Task Motivation and Incentives, in: Organizational Behavior and Human Performance 3 (1968), 157-189.

Lohnabkommen, Lohnabkommen für die Metallindustrie Nordwürttemberg/ Nordbaden gültig ab 01.04.1987, Stuttgart 1987.

Lohnabkommen, Lohnabkommen für die Metall- und Elektroindustrie des Saarlandes gültig ab 01.01.1997, Frankfurt 1996.

Lohnrahmentarifvertrag, Lohnrahmentarifvertrag für die Arbeiter der Eisen-, Metall- und Elektroindustrie des Saarlandes vom 10.05.1990, Frankfurt 1990.

Lorge I./Tuckmann, J., Individual Ability as a Determinant of Group Superiority, in: HR 15 (1962) 45-51.

Lowe, Kevin B./Kroeck, K. Galen/Sivasubramaniam, Nagaraj, Effectiveness correlates of transformational and transactional leadership: a meta-analytic review of the MLQ Literature, in: Leadership Quarterly 7 (1996), 265-284.

Löwisch, Manfred/Schüren, Peter, Aktuelle arbeitsrechtliche Fragen von Teilzeitarbeit und kürzerer Arbeitszeit, in: BB 39 (1984), 925-931.

Luczak, Holger, Psychophysiologische Methoden zur Erfassung psychophysischer Beanspruchungszustände, in: *Kleinbeck, Uwe/Rutenfranz, Joseph* (Hrsg.), Arbeitspsychologie. Enzyklopädie der Psychologie, Band DIII1, Göttingen - Toronto - Zürich (Hogrefe) 1987, 185-259.

Luczak, Holger/Rohmert, Walter, Ansätze zu einer anthropologischen Systematik arbeitswissenschaftlicher Erkenntnisse, in: ZfA 39, 11. NF (1985), 129-144.

Lutter, Marcus, Stand und Dynamik des Europäischen Wirtschaftsrechts, Vorträge und Berichte Nr. 1 des Zentrums für Europäisches Wirtschaftsrecht, Bonn (Rheinische Friedrich-Wilhelms-Universität) 1990.

Maasch, Jürgen, Strategische Personalplanung: Instrumente und Praxisbeispiele, Wiesbaden (Gabler) 1996.

Maassen, Oliver, Neue Medien im Personalmarketing, in: Personalführung 30 (1997), 516-518.

Macharzina, Klaus, Internationaler Transfer von Führungskräften, in: ZfP 6 (1992a), 366-384.

Macharzina, Klaus, Auslandseinsatz von Mitarbeitern, in: *Gaugler, Eduard/ Weber, Wolfgang* (Hrsg.), HWP, Stuttgart (Poeschel) 2.Aufl. 1992b, 534-544.

Macharzina, Klaus/Oechsler, Walter A., Personalmanagement, Band I: Mitarbeiterführung und Führungsorganisation, Wiesbaden (Gabler) 1977.

Macharzina, Klaus/Wolf, Joachim, Systemarchitektur für das internationale Personalmanagement. Organisatorische Lösungen im Spannungsfeld zwischen globalen Herausforderungen und lokalen Traditionen, in: *Scholz, Christian* (Hrsg.), Innovative Personalorganisation. Center-Modelle für Wertschöpfung, Strategie, Intelligenz und Virtualisierung, Neuwied - Kriftel (Luchterhand) 1999, 258-268.

Macharzina, Klaus/Wolf, Joachim, Die internationale Personalfunktion und ihre globale Koordination, in: *Kumar, Brij N./Wagner, Dieter* (Hrsg.), Handbuch des internationalen Personalmanagements, München (Beck) 1998, 49-83.

MacLennan, Nigel, Coaching and Mentoring, Aldershot (Gower) 1995.

Mael, Fred A., A Conceptual Rationale for the Domain and Attributes of Biodata Items, in: Personnel Psychology 44 (1991), 763-792.

Maier, Gerald/Westermann, Fritz, Chancen und Risiken bei der Gründung interner Akademien, in: Personalführung 32 (1/1999), 68-70.

Mallardi, Vincent, Biorhythm and Your Behavior, Philadelphia (Running) 3.Aufl. 1978.

Malorny, Christian/Kassebohm, Kristian, Brennpunkt TQM. Rechtliche Anforderungen, Führung und Organisation, Auditierung und Zertifizierung nach DIN ISO 9000ff., Stuttgart (Schaeffer-Poeschel) 1994.

Malzbender, Hildegard, Multimedia, Frankfurt (Ullstein) 1994.

March, James G., The War is Over and the Victors Have Lost, in: Journal of Socio-Economics 21 (1992), 261-267.

March, James G./Simon, Herbert A., Organizations, New York - London - Sydney (Wiley) 1958.

Margerison, Charles/Glube, Richard, Leadership and Decision-Making. An Empirical Test of the Vroom and Yetton-Model, in: JoMS 16 (1979),45-55.

Marr, Rainer (Hrsg.), Arbeitszeitmanagement. Grundlagen und Perspektiven der Gestaltung flexibler Arbeitszeitsysteme, Berlin (E. Schmidt) 2.Aufl. 1993.

Marr, Rainer, Personalfreistellung. Eine Analyse von Einflußgrößen und Gestaltungsansätzen, Kurzversion des Studienprojekts, Universität der Bundeswehr München, München 1994.

Marr, Rainer/Stitzel, Michael, Personalwirtschaft. Ein konfliktorientierter Ansatz, München (moderne industrie) 1979.

Martin, Albert, Personalforschung, München - Wien (Oldenbourg) 1988.

Martin, Hans-Peter/Schumann, Harald, Die Globalisierungsfalle. Der Angriff auf Demokratie und Wohlstand, Reinbek (Rowohlt) 1996.

Marx, August, Die Personalplanung in der modernen Wettbewerbswirtschaft, Baden-Baden (Verlag für Unternehmensführung) 1963.

Maslow, Abraham H., A Theory of Human Motivation, in: Psychological Review 50 (1943), 370-396.

Maslow, Abraham H., Motivation and Personality, New York - Evantson - London (Harper & Row) 2. Aufl. 1970.

Maslow, Abraham H., The Further Reaches of Human Nature, New York (Viking) 1971.

Maturana, Humberto R., Erkennen: Die Organisation und Verkörperung von Wirklichkeit. Ausgewählte Arbeiten zur biologischen Epistemologie, Braunschweig - Wiesbaden (Vieweg) 1982.

Maurice, Marc, The Social Foundations of Technical Innovation: Engineers and the Division of Labour in France and Japan, in: *Littek, Wolfgang/Charles,*

Tony (Hrsg.), The New Division of Labour. Berlin - New York (de Gruyter) 1995, 317-347.

Mayrhofer, Wolfgang, Der gegenwärtige Stand der Outplacement-Diskussion, in: ZfP 1 (1987), 147-180.

Mayrhofer, Wolfgang, Entgeltfindung bei Auslandseinsätzen – Konzepte und Problemlösungen, in: *Macharzina, Klaus/Wolf, Joachim* (Hrsg.), Handbuch Internationales Führungskräftemanagement, Stuttgart etc. (Raabe) 1996, 353-372.

McBer & Company (Hrsg.), LSI (Learning-Styles Inventory), Boston 1976.

McClelland, David C., Personality, New York (The Dryden Press) 1951.

McClelland, David C., Power. The Inner Expierence, New York (Irvington Publishers) 1975.

McClelland, David C., Human Motivation, Glenview (Scott, Foresman & Company) 1985.

McClelland, David C., Motivational configurations, in: *Smith, Charles P.* (Hrsg.), Motivation and Personality: Handbook of thematic content analysis (1992) 87-99.

McClelland, David C. et al., The Achievement Motive, New York (Appleton - Century- Crofts) 1953.

McCormick, Ernest J./Ilgen, Daniel R., Industrial Psychology, London (George Allen & Unwin) 7.Aufl. 1981.

McGrath, Joseph E./Hollingshead, Andrea B., Putting the „Group" Back Into Group Support Systems. Some Theoretical Issues About Dynamic Processes in Groups With Technological Enhancements, in: *Jessup, Leonard M./Valacich, Joseph S.* (Hrsg.), Group Support Systems: New Perspectives, New York (Macmillan) 1993, 78-93.

McGregor, Douglas, The Human Side of Enterprise, New York - Toronto - London (McGraw-Hill) 1960.

Mead, George H., Geist, Identität und Gesellschaft aus Sicht des Sozialbehaviorismus, Frankfurt (Suhrkamp) 11.Aufl. 1998.

Meckl, Reinhard, Personalplanung bei internationalen Kooperationen, in: Personal 48 (1996), 488-495.

Meffert, Heribert, Globalisierungsstrategien und ihre Umsetzung im internationalen Wettbewerb, in: DBW 49 (1989), 445-463.

Meier, Harald, Personalentwicklung. Konzept, Leitfaden und Checklisten für Klein- und Mittelbetriebe, Wiesbaden (Gabler) 1991.

Meiritz, Wolfram, Eignungsorientierte Personaleinsatzplanung, Frankfurt etc. (Lang) 1984.

Meissner, Hans G., Marketing im Gemeinsamen Europäischen Markt, in: *Berg, Hartmut/Meissner, Hans G./Schünemann, Wolfgang B.* (Hrsg.), Märkte in Europa. Strategien für das Marketing, Stuttgart (Poeschel) 1990, 99-162.

Meissner, Hans G., Internationales Marketing, in: *Wittmann, Waldemar et al.* (Hrsg.), HWB, Stuttgart (Schäffer-Poeschel) 5.Aufl. 1993, 1871-1888.

Meister, Jeanne C., Corporate Universities. Lessons in Building a World-Class Work Force, New York (McGraw-Hill) 2.Aufl. 1998.

Mendenhall, Mark E./Dunbar, Edward/Oddou, Gary R., Expatriate Selection, Training and Career-Pathing. A Review and Critique, in: HRM 26 (1987), 331-345.

Mendenhall, Mark E./Oddou, Gary R., The Dimensions of Expatriate Acculturation. A Review, in: AMR 10 (1985), 39-47.

Mentzel, Wolfgang, Unternehmenssicherung durch Personalentwicklung. Mitarbeiter motivieren, fördern und weiterbilden, Freiburg (Haufe) 7.Aufl. 1997.

Mertens, Peter/Griese, Joachim/Ehrenberg, Dieter (Hrsg.), Virtuelle Unternehmen und Informationsverarbeitung, Berlin etc. (Springer) 1998.

Meyer, Hermann/Sator, Günther, Besser leben mit Feng-shui. Wohnen und Arbeiten in Harmonie, München (Hugendubel) 2.Aufl. 1997.

Meyer-Piening, Arnulf, Zero-Base-Budgeting (ZBB) als Planungs- und Führungsinstrument, in: DB 33 (1980), 1277-1281.

Michel, Lothar/Conrad, Wolfgang, Theoretische Grundlagen psychometrischer Tests, in: *Groffmann, Karl-Josef/Michel, Lothar* (Hrsg.), Grundlagen psychologischer Diagnostik. Enzyklopädie der Psychologie, Band II1, Göttingen - Toronto - Zürich (Hogrefe) 1982, 10-28.

Middelhoff, Thomas, Entwicklung einer Multimediastrategie für Medienunternehmen, in: DBW 57 (1997), 411-422.

Miles, Raymond E./Snow, Charles C., Fit, Failure and the Hall of Fame, in: CMR 26 (3/1984), 10-28.

Miles, Raymond E./Snow, Charles C., The Network Firm: A Spherical Structure Built on a Human Investment Philosophy, in: ODY 23 (Spring/1995), 5-18.

Milkovich, George T./Glueck, William F., Personnel-Human Resource Management: A Diagnostic Approach, Plano (Business Publications) 4.Aufl. 1985.

Miller, Danny/Friesen, Peter H., Organizations. A Quantum View, Englewood Cliffs, N.J. (Prentice-Hall) 1984.

Miller, Karen L./Woodruff, David, Lean, Mean, and ... German? Hard-Driving Managers are Forging a New Business Culture, in: Business Week, 17.02.1997, 22-23.

Milliman, John/Glinow, Mary Ann von/Nathan, Maria, Organizational Life Cycles and Strategic International Human Resource Management in Multinational Companies: Implications for Congruence Theory, in: AMR 16 (1991), 318-339.

Mintzberg, Henry, The Manager's Job. Folklore and Fact, in: HBR 68 (2/1990), 163-176.

Mintzberg, Henry, The Rise and Fall of Strategic Planning. Reconceiving Roles for Planning, Plans, Planners, New York etc. (Free Press) 1994.

Molitor, Bruno, Wirtschaftsethik, München (Vahlen) 1989.

Mook, Douglas G., Motivation. The Organization of Action, New York-London (Norton & Company) 2.Aufl. 1996.

Moorman, Christine/Miner, Anne S., Organizational Improvisation and Organizational Memory, in: AMR 23 (1998), 698-723.

Morgan, Gareth, Imaginization. New Mindsets for Seeing, Organizing and Managing, San Francisco/Cal. - Thousand Oaks/Cal. (Sage) 1993.

Morgan, Gareth, Bilder der Organisation, Stuttgart (Klett-Cotta) 1997.

Morgan, Gareth/Smircich, Linda, The Case for Qualitative Research, in: AMR 5 (1980), 491-500.

Mossink, J.C.M./de Gier, H.G., Assessing Working Conditions. The European Practice, Dublin (Shankill) 1996.

Mülder, Wilhelm, Organisatorische Implementierung von computergestützten Personalinformationssystemen, Berlin - Heidelberg - New York (Springer) 1984.

Mülder, Wilhelm, Elektronische Jobmaschinen und Jobbeschaffer, in: CoPers 7 (3/1999), 14-20.

Müller, Reinhold, Banken, Tiere, Sensationen, in: Top Business (11/1992), 174-182.

Müller-Merbach, Heiner, Ethik ökonomischen Verhaltens, in: *Hesse, Helmut* (Hrsg.), Wirtschaftswissenschaft und Ethik, Berlin (Duncker & Humblot) 1988, 306-312.

Müller-Seitz, Peter, Erfolgsfaktor Schichtarbeit? Optimale Gestaltung der Schichtarbeit. Wirtschaftlichkeitsanalyse. Auswirkungen auf Mensch und Betrieb, Köln (TÜV Rheinland) 1991.

Mundheim, Robert H., Vorstandsgehälter in den USA. Zur Diskussion um die Kontrolle der Managementvergütung, in: AG 38 (1993), 563-567.

Musolesi, Frank, Handlungsanalyse – Ein alternativer Ansatz im Assessment Center, in: *Sarges, Werner* (Hrsg.), Weiterentwicklungen der Assessment Center-Methode, Göttingen etc. (Hogrefe) 1996, 41-51.

Nagel, Annette, Personalarbeit in der Rezession. Zur Bedeutung der Mitarbeiterinteressen, München - Mering (Hampp) 1997.

Naisbitt, John, Megatrends: 10 Perspektiven, die unser Leben verändern werden, München (Heyne) 1985.

Nalcadzjan, Albert A., Intuition im wissenschaftlichen Schöpfertum. Psychologische und philosophische Probleme der intuitiven Erkenntnis, Berlin (Akademie) 1975.

Nell-Breuning, Oswald von, Der Mensch im Betrieb, in: ZfB 20 (1950), 257-266.

Neubauer, Rainer/Höfner, Eleonore/Waldschütz, Siegfried, Kompendium über Eignungsfeststellungsverfahren für den öffentlichen Dienst, Baden-Baden (Nomos) 1978.

Neuberger, Oswald, Experimentelle Untersuchungen von Führungsstilen, in: Gruppendynamik 3 (1972), 192-219.

Neuberger, Oswald, Führungsverhalten und Führungserfolg, Berlin (Duncker & Humblot) 1976.

Neuberger, Oswald, Woran wird Humanisierung gemessen? Wann gilt sie als eingelöst?, in: *Rosenstiel, Lutz von/Weinkamm, Max* (Hrsg.), Humanisierung der Arbeitswelt – vergessene Verpflichtung? Stuttgart (Poeschel) 1980, 81-93.

Neuberger, Oswald, Führung. Ideologie, Struktur, Verhalten, Stuttgart (Enke) 2.Aufl. 1985.

Neuberger, Oswald, Personalentwicklung, Stuttgart (Enke) 2.Aufl. 1994.

Neuberger, Oswald, Führen und geführt werden, Stuttgart (Enke) 5.Aufl. 1995a.

Neuberger, Oswald, Mikropolitik, Der alltägliche Aufbau und Einsatz von Macht in Organisationen, Stuttgart (Enke) 1995b.

Neuberger, Oswald, Personalwesen 1. Grundlagen, Entwicklungen, Organisation, Arbeitszeit, Fehlzeiten, Stuttgart (Enke) 1997a.

Neuberger, Oswald, Mitarbeiterbefragungen als symbolische Politik, in: *Bungard, Walter/Jöns, Ingela* (Hrsg.), Mitarbeiterbefragung. Ein Instrument des Innovations- und Qualitätsmanagements, Weinheim (Beltz) 1997b, 423-434.

Neuberger, Oswald, Mobbing. Übel mitspielen in Organisationen, München - Mering (Hampp) 3.Aufl. 1999.

Neuberger, Oswald/Roth, Bernhard, Führungsstil und Gruppenleistung: Eine Überprüfung von Kontingenz-Modell und LPC-Konzept, in: Zeitschrift für Sozialpsychologie 5 (1974), 133-144.

Neunert, Joachim, Zur „synthetischen Validierung" des PAQ, Bericht aus dem Institut für Psychologie und Erziehungswissenschaften an der TU München, München 1977.

Nieder, Peter, Grundlagen zur Reduzierung von Fehlzeiten, in: *Nieder, Peter* (Hrsg.), Fehlzeiten wirksam reduzieren. Konzepte, Maßnahmen, Praxisbeispiele, Wiesbaden (Gabler), 1998, 11-13.

Niedl, Klaus, Mobbing/Bullying am Arbeitsplatz, München - Mering (Hampp) 1995.

Nienhüser, Werner, Die Nutzung personal- und organisationswissenschaftlicher Erkenntnisse in Unternehmen. Eine Analyse der Bestimmungsgründe und Formen auf der Grundlage theoretischer und empirischer Befunde, in: ZfP 12 (1998), 21-49.

Noelle-Neumann, Elisabeth, Werden wir alle Proletarier? Wertewandel in unserer Gesellschaft, Zürich (Edition Interfrom) 1978.

Noelle-Neumann, Elisabeth, Erinnerungen an die Entdeckung des Wertewandels, in: *Kreyer, Volker J./Böhret, Carl* (Hrsg.), Gesellschaft im Übergang. Problemaufrisse und Antizipationen, Baden-Baden (Nomos) 1995a, 23-30.

Noelle-Neumann, Elisabeth, Familie und Schule im Spannungsfeld gesellschaftlicher Umbrüche, in: Pädagogische Welt 40 (4/1995b), 190-194.

Noelle-Neumann, Elisabeth, Rechtsbewußtsein im wiedervereinigten Deutschland, in: Zeitschrift für Rechtssoziologie 16 (1995c), 121-155.

Noelle-Neumann, Elisabeth/Strümpel, Burkhard, Macht Arbeit krank? Macht Arbeit glücklich?, München (Piper) 2.Aufl. 1985.

o.V., Jobbörsen im Internet, in: Personalwirtschaft 24 (9/1997), 33-37.

O'Hara-Devereaux, Mary/Johansen, Robert, Global Work. Bridging Distance, Culture and Time, San Francisco, CA (Jossey-Bass) 1994.

Odiorne, George Stanley, Strategic Management of Human Resources. A Portfolio Approach, San Francisco - London (Jossey-Bass) 1984.

Oechsler, Walter A., Personal und Arbeit. Einführung in die Personalwirtschaft unter Einbeziehung des Arbeitsrechts, München - Wien (Oldenbourg) 6.Aufl. 1997.

Ohmae, Kenichi, The Borderless World. Power and Strategy in the Interlinked Economy, New York (Harper Business) 1990.

Olfert, Klaus/Steinbruch, Pitter, Personalwirtschaft, Ludwigshafen (Kiehl) 7.Aufl. 1998.

Opaschowski, Horst W., Einführung in die Freizeitwissenschaften, Opladen (Leske & Budrich) 2.Aufl. 1994.

Opaschowski, Horst W., Das Erlebniszeitalter, in: *Becker, Ulrich et al.* (Hrsg.), Top Trends. Die wichtigsten Trends für die nächsten Jahre, Düsseldorf - München (Metropolitan) 1995, 9-43.

Paitra, Jacques, The Euro-consumer, Myth or Reality?, in: *Halliburton, Chris/Hünerberg, Reinhard* (Hrsg.), European Marketing. Readings and Cases, Workingham etc. (Addison-Wesley) 1993, 63-70.

Papmehl, André, Personal-Controlling, Heidelberg (Sauer) 1990.

Pascale, Richard T./Athos, Anthony G., The Art of Japanese Management. Applications for American Executives, New York (Warner Books) 1981.

Pauly, Markus, Simulationsgestützte Personalmengenplanung am Beispiel der Ressource Crew einer Luftverkehrsgesellschaft, in: *Kossbiel, Hugo* (Hrsg.), Modellgestützte Personalentscheidungen, München - Mering (Hampp) 1997, 57-76.

Pausenberger, Ehrenfried, Organisation der internationalen Unternehmung, in: *Frese, Erich* (Hrsg.), HWO, Stuttgart (Poeschel) 3.Aufl. 1992, 1052-1066.

Perlmutter, Howard V., L'entreprise internationale. Trois conceptions, in: Revue économique et sociale 23 (1965), 151-165.

Perlmutter, Howard V., The Tortuous Evolution of the Multinational Corporation, in: CJWB 1 (1969), 9-18.

Perls, Frederick S., In and Out the Garbage Pail, Highland, NY (The Gestalt Journal Press) 1992.

Perls, Frederick S./Hefferline, Ralph F./Goodman, Paul, Gestalt Therapy. Excitement and Growth in the Human Personality, New York (Dell) 1951.

Peters, Thomas J., Symbols, Patterns and Settings. An Optimistic Case for Getting Things Done , in: ODY 7 (1/1978), 2-23.

Peters, Thomas J./Waterman, Robert H., In Search of Excellence. Lessons from America's Best-Run Companies, New York etc. (Harper & Row) 1982.

Pfeffer, Jeffrey, Producing Sustainable Competitive Advantage through the Effective Management of People, in: AME 9 (1/1996a), 55-72.

Pfeffer, Jeffrey, The Human Equation. Building Profits by Putting People First, Boston (Harvard Business School Press) 1996b.

Pfeiffer, Werner/Dörrie, Ulrich/Stoll, Edgar, Menschliche Arbeit in der industriellen Produktion, Göttingen (Vandenhoeck & Ruprecht) 1977.

Phillips, Jack J., Accountability in Human Resource Management, Houston (Gulf) 1996.

Picot, Arnold/Reichwald, Ralf/Wigand, Rolf T., Die grenzenlose Unternehmung. Information, Organisation und Management, Wiesbaden (Gabler) 3.Aufl. 1998.

Pinchot, Clifford, Intrapreneuring. Why You Don't Have to Leave the Corporation to Become an Entrepreneur, New York etc. (Perennial) 1985.

Pondy, Louis R. et al. (Hrsg.), Organizational Symbolism, Greenwich/Conn. - London (JAI Press) 1983.

Poole, Michael/Warner, Malcolm, Introducing Human Resource Management, in: *Poole, Michael/Warner, Malcolm* (Hrsg.), The IEBM Handbook of Human Resource Management, London etc. (International Thomson Business Press) 1997, XVI-XVIII.

Popper, Karl R., Objektive Erkenntnis. Ein evolutionärer Entwurf, Hamburg (Hoffmann und Campe) 3.Aufl. 1995.

Porter, Lyman W./Lawler, Edward E., Managerial Attitude and Performance, Hanenwood (Irwin) 1968.

Porter, Michael E., Competitive Strategy. Techniques for Analyzing Industries and Competitors, New York (Free Press) 1980.

Potthoff, Erich, Betriebliches Personalwesen, Berlin - New York (de Gruyter) 1974.

Potthoff, Erich/Trescher, Karl, Controlling in der Personalwirtschaft, Berlin - New York (de Gruyter) 1986.

Preglau, Max, Symbolischer Interaktionismus: George Herbert Mead, in: *Morel, Julius et al.* (Hrsg.), Soziologische Theorie. Abriß der Ansätze ihrer Hauptvertreter, München-Wien (Oldenbourg), 5.Aufl. 1997, 52-66.

Price Waterhouse, The Price Waterhouse Cranfield Project on International Strategic Human Resource Management. Report 1990, London 1990.

PRISMA Prof. Scholz GmbH, Management 2000 Personalstrategien, Ergebnisbericht, Saarbrücken 1991.

Puca, Rosa Maria, Motivation diesseits und jenseits des Rubikon, Diss. Bergische Universität-Gesamthochschule Wuppertal 1996.

Pümpin, Cuno/Kobi, Jean-Marcel/Wüthrich, Hans A., Unternehmenskultur. Basis strategischer Profilierung erfolgreicher Unternehmen, Bern (Schweizerische Volksbank) 1985.

Putnam, Linda L., The Interpretive Perspective, in: *Putnam, Linda L., Pacanowsky, Michael E.* (Hrsg.), Communication and Organizations. An Interpretive Approach, Beverly Hills/Cal. - London - New Delhi (Sage) 1983, 31-54.

Püttner, Ingo, Rechtsfragen beim Einsatz von psychologischen Tests, in: Personalführung 32 (4/1999), 54-57.

Putz, Peter/Nöbauer, Brigitta, Personalleiter in Oberösterreich. Eine empirische Untersuchung zur Professionalisierung der Personalverantwortlichen, in: *Wächter, Hartmut/Metz, Thomas* (Hrsg.), Professionalisierte Personalarbeit? Perspektiven der Professionalisierung des Personalwesens, Sonderband 1995 der ZfP, München - Mering (Hampp) 1995, 55-83.

Pyhrr, Peter A., Zero-Base-Budgeting, in: HBR 48 (6/1970), 111-121.

Reber, Gerhard, Führungsforschung, Inhalte und Methoden, in: *Kieser, Alfred/Reber, Gerhard/Wunderer, Rolf* (Hrsg.), HWFü, Stuttgart (Poeschel) 1987, 397-411.

Reddin, William J., The 3-D Management Style Theory, in: Training and Development Journal 21 (4/1967), 8-17.

Reddin, William J., Das 3-D-Programm zur Leistungssteigerung des Managements, München (moderne industrie) 1981.

Redmann, Alexander/Rehbein, Isabel/Vetter, Christian, Krankheitsbedingte Fehlzeiten in der deutschen Wirtschaft. Branchenreport '97, Bonn (Wissenschaftliches Institut der AOK) 1998.

Reeve, Johnmarshall, Understanding Motivation and Emotion, Fort Worth u.a. (Harcourt Brace) 2.Aufl. 1997.

REFA (Verband für Arbeitsstudien), Methodenlehre des Arbeitsstudiums, Teil 1 Grundlagen, München (Hanser) 7.Aufl. 1984.

REFA (Verband für Arbeitsstudien), Methodenlehre des Arbeitsstudiums, Band 4: Anforderungsermittlung (Arbeitsbewertung), München (Hanser) 5.Aufl. 1985a.

REFA (Verband für Arbeitsstudien), Methodenlehre des Arbeitsstudiums, Band 5: Lohndifferenzierung, München (Hanser) 3.Aufl. 1985b.

REFA (Verband für Arbeitsstudien), Methodenlehre der Organisation für Verwaltung und Dienstleistung, Teil 1: Grundlagen, München (Hanser) 1985c.

REFA (Verband für Arbeitsgestaltung, Betriebsorganisation und Unternehmensentwicklung), Methodenlehre der Betriebsorganisation. Datenermittlung, München (Hanser) 1997.

Regalia, Ida, Humanize Work and Increase Profitability? Direct Participation in Organizational Change Viewed by the Social Partners in Europe, Dublin (Loughlinstown) 1995.

Reichwald, Ralf/Möslein Kathrin, Chancen und Herausforderungen für neue unternehmerische Strukturen und Handlungsspielräume in der Informationsgesellschaft, in: *Picot, Arnold* (Hrsg.), Telekooperation und virtuelle Unternehmen – Auf dem Weg zu neuen Arbeitsformen (Decker) 1997.

Reilly, R. R./Chao, G. T., Validity and Fairness of Some Alternative Employee Selection Procedures, in: Personnel Psychology 35 (1982), 1-62.

Reinecke, Peter, Vorgesetztenbeurteilung. Ein zeitgemäßes Instrument zur Unterstützung partnerschaftlicher Führung, in: *Töpfer, Armin/Zander, Ernst* (Hrsg.), Mitarbeiter-Befragungen. Ein Handbuch, Frankfurt/Main - New York (Campus) 1985, 79-106.

Remer, Andreas, Personalmanagement. Mitarbeiterorientierte Organisation und Führung von Unternehmungen, Berlin - New York (de Gruyter) 1978.

Rheingold, Howard, The Virtual Community. Homesteading on the Electronic Frontier, New York 1993.

Richards, John/Glasersfeld, Ernst von, Die Kontrolle von Wahrnehmung und die Konstruktion von Realität. Erkenntnistheoretische Aspekte des Rückkoppelungs-Kontroll-Systems, in: *Schmidt, Siegfried J.* (Hrsg.), Der Diskurs des radikalen Konstruktivismus, Frankfurt (Suhrkamp) 7.Aufl. 1996, 192-228.

Richenhagen, Gottfried, Bildschirmarbeitsplätze. Mehr Arbeitsschutz am Computer, Neuwied - Kriftel - Berlin (Luchterhand) 3.Aufl. 1997.

Richter, Gabriele, Psychische Belastung und Beanspruchung. Stress, psychische Ermüdung, Monotonie, psychische Sättigung, in: Schriftenreihe der Bundesanstalt für Arbeitsschutz und Arbeitsmedizin, Dortmund - Berlin (Wirtschaftsverlag NW) 1997.

Richter, Peter/Hacker, Winfried, Belastung und Beanspruchung. Streß, Ermüdung und Burnout im Arbeitsleben, Heidelberg (Asanger) 1998.

Richter, Rudolf/Furubotn, Eirik G., Neue Institutionenökonomik. Eine Einführung und kritische Würdigung, Tübingen (Moho) 1996.

Riehm, Rainer/Vogler, Petra, Middleware: Infrastruktur für die Integration, in: *Österle, Hubert/Riehm, Rainer/Vogler, Petra* (Hrsg.), Middleware. Grundlagen, Produkte und Anwendungsbeispiele für die Integration heterogener Welten, Braunschweig - Wiesbaden (Vieweg) 1996, 25-135.

Rittner, Fritz, Wirtschaftsrecht, Heidelberg (C.F. Müller) 2.Aufl. 1987.

RKW (Rationalisierungs-Kuratorium der Deutschen Wirtschaft), RKW-Handbuch: Praxis der Personalplanung, Neuwied - Darmstadt (Luchterhand) 2.Aufl. 1990.

RKW (Rationalisierungs-Kuratorium der Deutschen Wirtschaft), RKW-Handbuch: Praxis der Personalplanung, Neuwied - Darmstadt (Luchterhand) 3.Aufl. 1996.

Rochau, Erwin, Das Bedaux-System. Praktische Anwendung und kritischer Vergleich mit dem REFA-System, Würzburg (Triltsch), 3.Aufl. 1952.

Roethlisberger, Fritz J./Dickson, William J., Management and the Worker. An Account of a Research Program Conducted by the Western Electric Company, Hawthorne Works, Chicago - Cambridge/Mass. (Harvard University Press) 1939.

Rohmert, Walter, Psycho-physische Belastung und Beanspruchung von Fluglotsen, Stuttgart (Gentner) 1973.

Rohmert, Walter, Physische Beanspruchung durch muskuläre Belastungen, in: *Schmidke, Heinz* (Hrsg.), Lehrbuch der Ergonomie, München - Wien (Hanser) 2.Aufl. 1981, 115-131.

Rohmert, Walter, Möglichkeiten und Grenzen menschengerechter Arbeitsgestaltung durch Ergonomie, in: *Fürstenberg, Friedrich et al.* (Hrsg.), Menschengerechte Gestaltung der Arbeit, Mannheim - Wien - Zürich (Bibliographisches Institut) 1983, 39-76.

Rohmert, Walter, Das Belastungs-Beanspruchungskonzept, in: ZfA 38, 10. NF (1984), 193-204.

Rohmert, Walter/Landau, Kurt, Das Arbeitswissenschaftliche Erhebungsverfahren zur Tätigkeitsanalyse (AET), Bern - Stuttgart - Wien (Huber) 1979.

Rosen, M., Valence, Expectancy and Dissonance Reduction in The Prediction of Goal Striving. Paper Presented at The Meeting of The Eastern Psychological Association, Philadelphia, 7.4.1961 (zitiert nach *Vroom* 1964/67, 80).

Rosenkranz, Robert, Die notwendigen und die tatsächlichen Verteilzeit-Zuschlagsfaktoren, in: Das Rationelle Büro 9 (1966), 11-17.

Rosenstiel, Lutz von, Betriebsklima geht jeden an, München (Bayerisches Staatsministerium für Arbeit und Sozialordnung) 2.Aufl. 1985.

Rosenstiel, Lutz von, Wandel in der Karrieremotivation. Verfall oder Neuorientierung?, in: *Rosenstiel, Lutz von/Einsiedler, Herbert E./Streich, Richard K.* (Hrsg.), Wertewandel als Herausforderung für die Unternehmenspolitik, Stuttgart (Schäffer) 1987, 35-52.

Roth, Wolfgang L./Brüning, Marietta/Edler, Joachim, Coaching – Reflexionen und empirische Daten zu einem neuen Personalentwicklungsinstrument, in: *Wilker, Friedrich-W.* (Hrsg.), Supervision und Coaching. Aus der Praxis für die Praxis, Bonn (Deutscher Psychologen-Verlag) 1995, 201-224.

Rother, Gabriele, Personalentwicklung und strategisches Management. Eine systemtheoretische Analyse, Wiesbaden (Gabler) 1996.

Rückle, Horst, Coaching, Düsseldorf etc. (ECON) 1992.

Rühli, Edwin, Grundsätzliche Betrachtungen zu einem integrierten Führungsmodell, in: ZfbF 29 (1977), 729-741.

Rühli, Edwin/Wehrli, Hans Peter, Strategisches Management und Personalmanagement, in: Management Forum 6 (1986), 35-46.

Rumpf, Hartmut, Betriebliche Humanvermögensrechnungen, in: ZfbF 30 (1978), 453-463.

Rumpf, Hartmut, Personalbestandsplanung mit Hilfe von Fähigkeitsvektoren, Frankfurt (Fischer) 1981.

Sackmann, Sonja A. et al., Single and Multiple Cultures in International Cross-Cultural Management Research, in: *Sackmann, Sonja A.* (Hrsg.), Cultural Complexity in Organizations. Inherent Contrasts and Contradictions, Thousand Oaks/Cal. - London - New Delhi (Sage) 1997, 14-48.

Sadowski, Dieter, Humankapital und Organisationskapital – Zwei Grundkategorien einer ökonomischen Theorie der Personalpolitik in Unternehmen, in: *Ordelheide, Dieter et al.* (Hrsg.), Betriebswirtschaftslehre und ökonomische Theorie, Stuttgart (Poeschel) 1991, 127-141.

Sadowski, Dieter/Schröder, Michael, Freiwillige Publizität und personalpolitische Reputation, in: ZfbF 46 (1994), 127-144.

Sarges, Werner (Hrsg.), Weiterentwicklungen der Assessment-Center-Methode, Göttingen etc. (Hogrefe) 1996.

Sattelberger, Thomas, Lebenszyklusorientierte Personalentwicklung, in: *Sattelberger, Thomas* (Hrsg.), Innovative Personalentwicklung. Grundlagen, Konzepte, Erfahrungen, Wiesbaden (Gabler) 3.Aufl. 1995, 287-305.

Schanz, Günther, Intuition als Managementkompetenz, in: DBW 57 (1997), 640-654.

Schaub, Günter, Arbeitsrechts-Handbuch (Beck) 8.Aufl. 1996.

Scheider, Knut, Internationales Wirtschaftsrecht (IWR). Begriff, Inhalt und Methoden, in: *Schoppe, Siegfried* (Hrsg.), Kompendium der internationalen Betriebswirtschaftslehre, München - Wien (Oldenbourg) 1991, 621-646.

Schein, Edgar H., Organizational Psychology, Englewood Cliffs/N.J. (Prentice Hall) 3.Aufl. 1980.

Schein, Edgar H., Organizational Culture and Leadership, A Dynamic View, San Francisco etc. (Jossey-Bass) 1985.

Schein, Edgar, H. Organizational Culture and Leadership. A Dynamic View, San Francisco (Jossey-Bass) 2.Aufl. 1992.

Schein, Edgar H., The Corporate Culture Survival Guide. Sense and Nonsense About Culture Change, San Francisco (Jossey-Bass) 1999.

Scherm, Ewald, Die Virtuelle Personalabteilung, in: Personalführung 28 (1995), 726-727.

Schettgen, Peter, Intuition: Führen mit Kalkül oder mit Gefühl?, in: ZfO 66 (1997), 89-93.

Scheuer, Markus, Zur Leistungsfähigkeit neoklassischer Arbeitsmarkttheorien, Bonn (Neue Gesellschaft) 1987.

Schmidke, Heinz/Bubb, Heiner, Das Belastungs-Beanspruchungs-Konzept, in: *Schmidtke, Heinz* (Hrsg.), Lehrbuch der Ergonomie, München - Wien (Hanser) 2.Aufl. 1981, 111-115.

Schmidt, Frank L./Hunter, John E./Pearlman, Kenneth, Assessing the Economic Impact of Personnel Programs on Workforce Productivity, in: Personnel Psychology 35 (1982), 333-347.

Schmidt, Frank L./Kaplan, Leon B., Composite vs. Multiple Criteria: A Review and Resolution of the Controversy, in: Personnel Psychology 24 (1971), 419-434.

Schmidt, Herbert (Hrsg.), Humanvermögensrechnung. Instrumentarium zur Ergänzung der unternehmerischen Rechnungslegung. Konzepte und Erfahrungen, Berlin - New York (de Gruyter) 1982.

Schmidt, Siegfried J., Der Radikale Konstruktivismus: Ein neues Paradigma im interdisziplinären Diskurs, in: *Schmidt, Siegfried J.* (Hrsg.), Der Diskurs des radikalen Konstruktivismus, Frankfurt (Suhrkamp) 7.Aufl. 1996, 11-88.

Schnabel, Claus, Betriebliche Fehlzeiten. Ausmaß, Bestimmungsgründe und Reduzierungsmöglichkeiten, Beiträge zur Wirtschafts- und Sozialpolitik, Institut der deutschen Wirtschaft, Köln (Deutscher Instituts-Verlag) 1997.

Schneider, Knut, Internationales Wirtschaftsrecht (IWR). Begriff, Inhalt und Methoden, in: *Schoppe, Siegfried* (Hrsg.), Kompendium der internationalen Betriebswirtschaftslehre, München - Wien (Oldenbourg) 1991, 621-646.

Schneider, Wolfgang/Heim, Harald/Wacker, Peter A., Tätigkeitsspezifische Eignungstests. Entwicklungs- und Anwendungsprobleme, Göttingen (Schwartz) 1975.

Schnopp, Max, Veränderung des Führungsverhaltens in der Rezession, in: IO 62 (10/1993), 27-29.

Scholl, Wolfgang/Blumschein, Harro, Personalplanung, Personalpolitik in der Rezession: eine empirische Studie, Frankfurt/Main (Rationalisierungs-Kuratorium der Dt. Wirtschaft) 1979.

Schöllhammer, Hans, Personalwesen in multinationalen Unternehmen, in: *Gaugler, Eduard/Weber, Wolfgang* (Hrsg.), HWP, Stuttgart (Poeschel) 2.Aufl. 1992, 1863-1880.

Scholz, Christian, Vektorbezogene Mustererkennung mit SIMIVEC, Regensburg 2.Aufl. 1980.

Scholz, Christian, Betriebskybernetische Hierarchiemethodik, Frankfurt - Bern (Lang) 1981a.

Scholz, Christian, Bildschirmorientierte Personalplanung mit SIMIPOC, in: OR Spektrum 3 (1981b), 161-174.

Scholz, Christian, Zur Konzeption einer strategischen Personalplanung, in: ZfbF 34 (1982), 979-994.

Scholz, Christian, OR/MS Methodology. A Conceptual Framework, in: Omega 12 (1984a), 53-61.

Scholz, Christian, Strategisches Rezessionsmanagement, in: HM 4 (1/1984b), 16-28.

Scholz, Christian, Planning Procedures in German Companies – Findings and Consequences, in: LRP 17 (6/1984c), 94-103.

Scholz, Christian, Strategische Branchenanalyse durch Mustererkennung, in: ZfB 55 (1985), 120-140.

Scholz, Christian, Strategisches Management. Ein integrativer Ansatz, Berlin - New York (de Gruyter) 1987a.

Scholz, Christian, Corporate Labour Market Strategy? A Growing Opportunity for Human Resource Management, Discussion Paper, University of Saarland B8702, Saarbrücken 1987b.

Scholz, Christian, Corporate Culture and Strategy. The Problem of Strategic Fit, in: LRP 20 (4/1987c), 78-87.

Scholz, Christian, Personalmanagement. Informationsorientierte und verhaltenstheoretische Grundlagen, München (Vahlen) 1.Aufl. 1989a.

Scholz, Christian, Kultur und CI deckungsgleich? Das Lambda-Modell zeigt, wo Ihr Unternehmen steht, in: Absatzwirtschaft, Sondernummer Oktober 1989b, 212-223.

Scholz, Christian, Personalwirtschaftliche Probleme in der DDR – eine einführende Problemskizze, in: Personalwirtschaftliche Probleme in DDR-Betrieben, Sonderband der ZfP 1990, München - Mering (Hampp) 1990a, 7-17.

Scholz, Christian, Modell zur Simulation der Personalbestandsentwicklung der BASF AG Ludwigshafen, unveröffentlichtes Arbeitspapier, Saarbrücken 1990b.

Scholz, Christian, Corporate Culture and Europe 1992, in: Hallinon Tutkimus, The Finnish Journal of Administrative Studies 3 (1991), 222-226.

Scholz, Christian, Personalmarketing. Wenn Mitarbeiter heftig umworben werden, in: HM 14 (1/1992), 94-105.

Scholz, Christian, Die richtige Kulturstrategie schafft Synergien, in: Personalwirtschaft 20 (1/1993a), 31-36.

Scholz, Christian, Deutsch-Britische Zusammenarbeit. Organisation und Erfolg von Auslandniederlassungen, München - Mering (Rainer Hampp) 1993b.

Scholz, Christian, Personalmanagement zwischen Rezession und Restrukturierung, in: *Scholz, Christian/Oberschulte, Hans* (Hrsg.), Personalmanagement in Abhängigkeit von der Konjunktur, Sonderband 1994 der ZfP, München - Mering (Hampp) 1994a, 15-30.

Scholz, Christian, Die virtuelle Organisation als Strukturkonzept der Zukunft?, Diskussionsbeitrag Nr. 30 des Lehrstuhls für Betriebswirtschaftslehre, insbesondere Organisation, Personal- und Informationsmanagement an der Universität des Saarlandes, Saarbrücken 1994b.

Scholz, Christian, Ein Denkmodell für das Jahr 2000? Die Virtuelle Personalabteilung, in: Personalführung 28 (1995), 398-403.

Scholz, Christian, Die virtuelle Personalabteilung – Ein Jahr später, in: Personalführung 29 (1996), 1080-1086.

Scholz, Christian, Strategische Organisation. Prinzipien zur Vitalisierung und Virtualisierung, Landsberg/Lech (moderne industrie) 1997a.

Scholz, Christian, Individualisierung in der Organisation der Zukunft – Reflexionen über ein Leben in der Cyberculture, in: *Scholz, Christian* (Hrsg.), Individualisierung als Paradigma. Festschrift für *Hans Jürgen Drumm*, Stuttgart - Berlin - Köln (Kohlhammer) 1997b, 263-281.

Scholz, Christian, Personalmanagement im Cyberspace – Froschkönig oder Büchse der Pandora, in: Personalwirtschaft 24 (3/1997c), 35-37.

Scholz, Christian, Personalarbeit in virtualisierenden Unternehmen, in: *Klimecki, Rüdiger/Remer, Andreas* (Hrsg.), Personal als Strategie. Mit flexiblen und lernbereiten Human-Ressourcen Kernkompetenzen aufbauen, Neuwied - Kriftel - Berlin (Luchterhand) 1997d, 418-434.

Scholz, Christian, Personalmanagement in virtualisierenden Unternehmen: Paradigmenwechsel plus gradueller Wandel, in: Information Management & Consulting 13 (4/1998), 7-13.

Scholz, Christian (Hrsg.), Innovative Personalorganisation. Center-Modelle für Wertschöpfung, Strategie, Intelligenz und Virtualisierung, Neuwied - Kriftel (Luchterhand) 1999a.

Scholz, Christian, Die Virtuelle Personalabteilung als Zukunftsvision, in: *Scholz, Christian* (Hrsg.), Innovative Personalorganisation. Center-Modelle für Wertschöpfung, Strategie, Intelligenz und Virtualisierung, Neuwied - Kriftel (Luchterhand) 1999b, 233-253.

Scholz, Christian, Darwiportunismus: Das neue Szenario im Berufsleben, in: WISU 28 (1999c), 1182-1184.

Scholz, Christian/Eckert, Thomas/Müller, Markus, PSEARCH – Marktübersicht PC-gestützter Personalsoftware, Arbeitspapier Nr. 47 des Lehrstuhls für Betriebswirtschaftslehre, insbesondere Organisation, Personal- und Informationsmanagement an der Universität des Saarlandes, Saarbrücken 1996.

Scholz, Christian/Hoecker, Gerhard/Scholz, Sebastian, Ein interaktives Seminar im Internet. Zukunftsorientiertes Personalmanagement, in: CoPers (2/1998), 18-20.

Scholz, Christian/Hofbauer, Wolfgang, Organisationskultur. Die vier Erfolgsprinzipien, Wiesbaden (Gabler) 1990.

Scholz, Christian/Oberschulte, Hans (Hrsg.), Personalmanagement in Abhängigkeit von der Konjunktur, Sonderband 1994 der ZfP, München - Mering (Hampp) 1994.

Scholz, Christian/Oberschulte, Hans/Weber, Sandra, Projektbericht PSEARCH, Arbeitspapier Nr. 23 des Lehrstuhls für Betriebswirtschaftslehre, insbesondere Organisation, Personal- und Informationsmanagement an der Universität des Saarlandes, Saarbrücken 1992.

Scholz, Christian/Scholz, Maria, Mitarbeiterbefragungen: Mehr als nur einfach Meinungsumfragen. Instrumente, Konzepte, Durchführung, in: Personalführung 28 (1995), 728-740.

Scholz, Christian/Stein, Volker, The Global Performance Project: Empirical Findings from a European Research Group. Symposium at the 1997 Academy of Management Meeting, Boston, MA. Diskussionsbeitrag Nr. 48 des Lehrstuhls für Betriebswirtschaftslehre, insbesondere Organisation, Personal- und Informationsmanagement an der Universität des Saarlandes, Saarbrükken 1997a.

Scholz, Christian/Stein, Volker, Unternehmensplanspiele in der universitären Personalmanagement-Ausbildung, in: *Auer, Manfred/Laske, Stephan* (Hrsg.), Personalwirtschaftliche Ausbildung an Universitäten. Grundfragen, Konzepte und Erfahrungen, Sonderband 1997 der ZfP, München - Mering (Hampp) 1997b, 257-281.

Scholz, Christian/Stein, Volker, „Competitive Acceptance" in Cross-Cultural Interaction. Findings from an Empirical Study. Interactive Paper Session at the 1998 Academy of Management Meeting, San Diego, CA. Diskussionsbeitrag Nr. 65 des Lehrstuhls für Betriebswirtschaftslehre, insbesondere Organisation, Personal- und Informationsmanagement an der Universität des Saarlandes, Saarbrücken 1998.

Schönpflug, Wolfgang, Beanspruchung und Belastung bei der Arbeit – Konzepte und Theorien, in: *Kleinbeck, Uwe/Rutenfranz, Joseph* (Hrsg.), Arbeitspsychologie. Enzyklopedie der Psychologie, Band DIII1, Göttingen - Toronto - Zürich (Hogrefe) 1987, 130-184.

Schreyögg, Astrid, Coaching. Eine Einführung für Praxis und Ausbildung, Frankfurt/Main - New York (Campus) 1995.

Schreyögg, Georg, Führungsstil, Führungssituation und Effektivität (II), in: AuL 27 (3/1973), 57-61.

Schuh, Sebastian/Schultes-Jaskolla, Gabriele/Stitzel, Michael, Alternative Arbeitszeitstrukturen, in: *Marr, Rainer* (Hrsg.), Arbeitszeitmanagement. Grundlagen und Perspektiven der Gestaltung flexibler Arbeitszeitsysteme, Berlin (E. Schmidt) 2.Aufl. 1993, 133-159.

Schuler, Heinz, Psychologische Personalauswahl. Einführung in die Berufseignungsdiagnostik, Göttingen (Verlag für angewandte Psychologie) 1996.

Schuler, Heinz/Frier, Dörthe/Kauffmann, Monika, Personalauswahl im europäischen Vergleich, Göttingen (Hogrefe & Huber) 1993.

Schuler, Heinz/Moser, Klaus, Die Validität des Multimodalen Interviews, in: Zeitschrift für Arbeits- und Organisationspsychologie 39 (1995), 212.

Schuler, Heinz/Stehle, Willi, Neuere Entwicklungen des Assessment-Center Ansatzes – Beurteilt unter dem Aspekt der sozialen Validität, in: Psychologie und Praxis 27 (1983), 33-44.

Schuler, Randall S., Managing Human Resources, St. Paul etc. (West Publishing) 1.Aufl. 1983.

Schuler, Randall S., World Class HR Departments. Six Critical Issues, Working Paper New York University, 1992.

Schuler, Randall S., Managing Human Resources, St. Paul etc. (West Publishing) 1995.

Schuler, Randall S./Dowling, Peter J./de Cieri, Helen, An Integrative Framework of Strategic International Human Resource Management, in: Journal of Management 19 (1993), 419-459.

Schuler, Randall S./Huber, Vandra L., Personnel and Human Resource Management, St. Paul etc. (West Publ.) 5.Aufl. 1993.

Schuler, Randall S./Jackson, Susan E., Human Resource Management. Positioning for the 21st century, Minneapolis (West Publishing) 6.Aufl. 1996.

Schulte, Christof, Personal-Controlling mit Kennzahlen, München (Vahlen) 1989.

Schumacher, Dieter, Immaterielle Investitionen in Deutschland und im internationalen Vergleich, in: Vierteljahresheft zur Wirtschaftsforschung (2/1997), 12-20.

Schumacher, Werner, Deutschland digital. Wachstumsmarkt Telekommunikation, Neuwied - Kriftel - Berlin (Luchterhand) 1997.

Schuster, Lars, Individualisierung im Personalwesen. Wege zur Selbstverantwortung und Handlungsautonomie der Mitarbeiter, in: ZfO 60 (1991), 22-25.

Schwan, Konrad/Seipel Kurt G., Personalmarketing für Klein- und Mittelbetriebe, München (Beck) 1994.

Schwartz, Howard M./Davis, Stanley M., Matching Corporate Culture and Business Strategy, in: ODY 10 (4/1981), 30-48.

Schwarz, Marianne/Lehrenkrauss, Eberhard, Assessment Center-Varianten für das mittlere und obere Management, in: *Sarges, Werner* (Hrsg.), Weiterentwicklungen der Assessment Center-Methode, Göttingen etc. (Hogrefe) 1996, 179-188.

Schwuchow, Karlheinz, Lernen auf neuen Wegen, in: *Schwuchow, Karlheinz/Gutmann, Joachim* (Hrsg.), Jahrbuch Personalentwicklung und Weiterbildung, Neuwied - Kriftel - Berlin (Luchterhand) 1998, 49-55.

Scott-Morgan, Peter, The Unwritten Rules of the Game. Master Them, Shatter Them, and Break Through the Barriers to Organizational Change, New York etc. (McGraw-Hill) 1994.

Seelig, Dirk, Benchmarking für das Personalmanagement, Vortrag gehalten am USW-Seminar SPM6 (15.04.1996).

Seidenschwarz, W., Target Costing und Prozeßkostenrechnung, in: *IFUA Horváth & Partner GmbH* (Hrsg.), Prozeßkostenmanagement, München (Vahlen) 1991, 49-70.

Selbach, Ralf/Pullig, Karl K. (Hrsg.), Handbuch Mitarbeiterbeurteilung, Wiesbaden (Gabler) 1992.

Shamir, Boas/House, Robert J./Arthur, Michael B., The Motivational Effects of Charismatic Leadership: A Self-Concept Based Theory, in: *Steers, Richard M./Porter, Lyman W./Bigley, Gregory A.* (Hrsg.), Motivation and Leadership at Work, New York etc. (McGraw Hill) 6.Aufl. 1996, 213-233.

Shepard, Jon M./Betz, Michael/O'Connell, Lenahan, The Proactive Corporation: Its Nature and Causes, in: JBE 16 (1997), 1001-1010.

Shula, Don/Blanchard, Ken, Everyone's Coach. You Can Inspire Anyone to Be a Winner, New York (Harper Business) - Grand Rapids (Zondervan Publishing House) 1995.

Siegers, Josef, Verantwortung der Tarifpartner für Arbeitsmarkt und Beschäftigung, in: *Ludwig-Erhard-Stiftung e.V.* (Hrsg.), Arbeitsmarkt und Beschäftigung, Bonn (Sinus) 1997, 31-45.

Simon, Herbert A., The Bottleneck of Attention: Connecting Thought with Motivation, in: *Spaulding, William D.* (Hrsg.), Integrative Views of Motivation, Cognition, and Emotion, Lincoln - London (University of Nebraska Press) 1994, 1-21.

Simon, Hermann et al., Effektives Personalmarketing. Strategien, Instrumente, Fallstudien, Wiesbaden (Gabler) 1995.

Simons, Bernard, Das Multimoment-Zeitmeßverfahren. Grundlagen und Anwendung, Köln (TÜV Rheinland) 1987.

Smircich, Linda, Studying Organizations as Cultures, in: *Morgan, Gareth* (Hrsg.), Beyond Method Strategies for Social Research, Beverly Hills/Cal. etc. (Sage) 1983, 160-172.

Smith, Ken G./Locke, Edwin A., Goal Setting, Planning and Organizational Performance: An Experimental Simulation, in: Organizational Behavior and Human Performance 46 (1990), 118-134.

Smith, Patricia C./Kendall, L. M., Retranslation of Expectations: An Approach to the Construction of Unambiguous Anchors for Rating Scales, in: JoAP 47 (1963), 149-155.

Sorge, Arndt, Strategic Fit and the Societal Effect: Interpreting Cross-National-Comparisons of Technology, Organization and Human Resources, in: OS 12 (1991), 161-190.

Spiegel, Yorick, Wirtschaftsethik und Wirtschaftspraxis – ein wachsender Widerspruch?, Stuttgart etc. (Kohlhammer) 1992.

Spira, Johann-Christoph, Biorhythmische Analyse, in: FAZ, 02.05.1987, 33.

Sprenger, Reinhard K., Mythos Motivation. Wege aus einer Sackgasse, Frankfurt - New York (Campus) 15.Aufl. 1998.

Staehle, Wolfgang H., Management. Eine verhaltenswissenschaftliche Perspektive, München (Vahlen) 1.Aufl. 1980.

Staehle, Wolfgang H., Rezension zu *Storey, John* (Hrsg.), New Perspectives on Human Resource Management, London - New York (Routledge), in: ZfP 5 (1991), 271-272.

Staehle, Wolfgang H., Management. Eine verhaltenswissenschaftliche Perspektive, München (Vahlen) 8.Aufl. 1999.

Staffelbach, Bruno, Strategisches Personalmanagement, Bern - Stuttgart (Haupt) 1986a.

Staffelbach, Bruno, Personal-Marketing, in: *Rühli, Edwin/Wehrli, Hans Peter* (Hrsg.), Strategisches Management und Marketing. Konzeptionen in Theorie und Praxis, Bern - Stuttgart (Haupt) 1986b, 124-143.

Staffelbach, Bruno, Plädoyer für eine Management-Ethik, in: *Domsch, Michel/Hofmann, M./Lattmann, Charles* (Hrsg.), Ethik und Unternehmensführung, Heidelberg (Physica) 1988, 32-58.

Staffelbach, Bruno, Management-Ethik. Ansätze und Konzepte aus betriebswirtschaftlicher Sicht, Bern - Stuttgart - Wien (Haupt) 1994.

Stahl, Hans-Werner, Strategisches und operatives Controlling im Personalwesen, in: Personalführung 22 (1989), 382-384.

Stahlknecht, Peter/Hasenkamp, Ulrich, Einführung in die Wirtschaftsinformatik, Berlin - Heidelberg (Springer) 1997.

Stark, Wolfgang, Empowerment. Neue Handlungskompetenzen in der psychologischen Praxis, Freiburg im Breisgau (Lambertus) 1996.

Statistisches Bundesamt, Schlüsselverzeichnis der Berufsbenennungen für die Berufszählung 1983 und Ergänzungsliste 1987. Arbeitsunterlage, Wiesbaden 1982.

Statistisches Bundesamt, Deutsche Übersetzung des ISCO 88 (COM), Wiesbaden (Statistisches Bundesamt) 1993.

Statistisches Bundesamt (Hrsg.), Datenreport 1997. Zahlen und Fakten über die Bundesrepublik Deutschland, Bonn (Bonn Aktuell) 1997.

Stebut, Dietrich von, Die Kosten des Produktionsfaktors Arbeit, in: Recht der Arbeit 50 (1997), 293-297.

Steers, Richard M., Problems in the Measurement of Organizational Effectiveness, in: ASQ 20 (1975), 546-558.

Steers, Richard M./Porter, Lyman W./Bigley, Gregory A., Motivation and Leadership at Work, New York etc. (McGraw Hill) 1996.

Steger, Ulrich (Hrsg.), Unternehmensethik, Frankfurt - New York (Campus) 1992.

Steger, Ulrich, Einleitende Zusammenfassung: Globalisierung verstehen und gestalten. Ergebnisbericht der Diskurse, in: *Steger, Ulrich* (Hrsg.), Globalisierung der Wirtschaft. Konsequenzen für Arbeit, Technik und Umwelt, Berlin etc. (Springer) 1996, 3-17.

Steger, Ulrich (Hrsg.), Wirkmuster der Globalisierung. Nichts geht mehr, aber alles geht. Bericht des Ladenburger Kollegs „Globalisierung verstehen und gestalten", Ladenburg (Gottlieb Daimler- und Karl Benz-Stiftung) 1998.

Stehle, Willi, Verfahren zur Auswahl von Führungskräften, in: ZfbF 32 (1980), 89-97.

Stein, Volker/Barmeyer, Christoph I., Flexible Gestaltung der Personalarbeit in Frankreich und Deutschland. Konsequenzen für das internationale Personalmanagement, in: Personalführung 29 (1996), 864-868.

Steinhäuser, Stefan, Corporate Universities: Kompetenz-Center des Wissensmanagements, in: Innovation Aktuell; Online-Nachrichten, http://www.innovation-aktuell.de/a99-02-25-5.htm, 25.02.1999.

Steinmann, Horst/Oppenrieder, Bernd, Brauchen wir eine Unternehmensethik?, in: DBW 45 (1985), 170-183.

Steinmetz, Ralf, Multimedia – Technologie: Einführungen und Grundlagen. Berlin etc. (Springer) 1995.

Stengel, Martin, Wertewandel, in: *Domsch, Michel/Regnet, Erika/Rosenstiel, Lutz von* (Hrsg.), Führung von Mitarbeitern. Handbuch für erfolgreiches Personalmanagement, Stuttgart (Schäffer-Poeschel) 4.Aufl. 1999, 833-857.

Stevens, S. S., On The Theory of Scales and Measurement, in: Science 63 (1946), 677-680.

Stipek, Deborah, Motivation to Learn. From Theory to Practice, Boston etc. (Allyn and Bacon) 3.Aufl. 1998.

Stoebe, Fritz, Outplacement als Instrument der strategischen Personalführung, in: Personalführung 23 (1990), 330-335.

Stogdill, Ralph M./Coons, Alvin E., Leader Behavior. Its Description and Measurement, Ohio (Ohio State University) 1957.

Straub, Rainer/Schöninger, Kai, Jobbörsen im Internet. Eine Marktübersicht, in: Personalwirtschaft 24 (9/1997), 33-37.

Stroebe, Wolfgang, Stereotyp, Vorurteil und Diskriminierung, Berichte aus dem psychologischen Institut der Universität Tübingen 1985.

Strutz, Hans, Einleitung, in: *Strutz, Hans* (Hrsg.), Handbuch Personalmarketing, Wiesbaden (Gabler) 1989, 1-14.

Stüdlein, Yvonne, Management von Kulturunterschieden. Phasenkonzept für internationale strategische Allianzen, Wiesbaden (DUV) 1997.

Stybel, Laurence J./Cooper, Robin/Peabody, Maryanne, Planning Executive Dismissals: How to Fire a Friend, in: CMR 24 (3/1982), 73-80.

Süßenguth, Ernst, Erfahrungsbericht über Mitarbeiterbefragungen der BASF, in: *Domsch, Michel/Schneble, Andrea* (Hrsg.), Mitarbeiterbefragungen, Heidelberg (Physica) 1991, 25-32.

Sydow, Jörg, Virtuelle Unternehmung: Erfolg als Vertrauensorganisation?, in: Office Management 44 (7-8/1996), 10-13.

Tannenbaum, Robert/Schmidt, Warren H., How to Choose a Leadership Pattern, in: HBR 36 (2/1958), 95-101.

Tapscott, Don, Die digitale Revolution. Verheißungen einer vernetzten Welt – die Folgen für Wirtschaft, Management und Gesellschaft, Wiesbaden (Gabler) 1996.

Taylor, Frederick W., The Principles of Scientific Management, New York (Harper) 1911.

Tepas, D.I., Flexitime, Compressed Workweeks and Other Alternative Work Schedules, in: *Folkard, Simon/Monk, Timothy H.* (Hrsg.), Hours of Work. Temporal Factors in Work-Scheduling, Chichester etc. (Wiley) 1985, 47-147.

Tessaring, Manfred, Langfristige Tendenzen des Arbeitskräftebedarfs nach Tätigkeiten und Qualifikationen in den alten Bundesländern bis zum Jahre 2010, in: Mitteilungen aus der Arbeitsmarkt- und Berufsforschung 27 (1/1994), 5-19.

Theis, Edgar, Arbeitswissenschaftliche Analyse der Entwicklung der tarifvertraglichen Entgeltbestimmungen in der Metallindustrie, Köln (O. Schmidt) 1983.

Thiele, Anke/Eggers, Bernd (Hrsg.), Innovatives Personalmarketing für High-Potentials, Göttingen etc. (Verlag für Angewandte Psychologie) 1999.

Tholey, Viktoria/Hoeth, Friedrich, Sozialstereotype. Analyse sozialer Wertvorstellungen unter Berücksichtigung ihrer Bedeutung für die psychologische Diagnostik und die empirisch-psychologische Umfrageforschung, Stuttgart (Enke) 1983.

Thom, Norbert, Organisationsentwicklung, in: *Frese, Erich* (Hrsg.), HWO, Stuttgart (Poeschel) 3.Aufl. 1992, 1477-1491.

Thom, Norbert/Blum, Adrian/Zaugg, Robert J., Ausgewählte Trends des Personalmanagements in der Schweiz, in: *Kumar, Brij N./Wagner, Dieter* (Hrsg.), Handbuch des Internationalen Personalmanagements. Konzept, Umfeld, Funktionen, Länderpraxis, München (Beck) 1998, 285-311.

Thomas, Alexander, Interkulturelles Handlungstraining in der Managerausbildung, in: WiSt 18 (1989), 281-287.

Thomas, Alexander, Interkulturelle Begegnung und Vorurteilsbildung, in: Psychologische Beiträge 35 (1993), 210-224.

Thornton, Georg C. et al, Die prädiktive Validität des Assessment Centers – Eine Metaanalyse, in: *Schuler, Heinz/Stehle, Willi* (Hrsg.), Assessment Center als Methode der Personalentwicklung, Stuttgart (Poeschel) 2.Aufl. 1992, 36-60.

Tichy, Noel M./Fombrun, Charles J./Devanna, Mary Anne, Strategic Human Resource Management, in: SMR 23 (Winter/1982), 47-61.

Tinnefeld, Marie-Theres/Ehmann, Eugen, Einführung in das Datenschutzrecht, München - Wien (Oldenbourg) 2.Aufl. 1994.

Tjosvold, D./Wedley, W. C./Field, R. H. G., Constructive Controversy, The Vroom-Yetton Model, and Managerial Decision-Making, in: JOB 7 (1986), 125-138.

Toman, Walter, Family Constellation. Its Effects on Personality and Social Behavior, New York (Springer), 3.Aufl. 1976.

Töpfer, Armin, Corporate Universities als Intellectual Capital, in: Personalwirtschaft 26 (7/1999), 32-37.

Tornow, Walter W./London, Manuel/CCL Associates, Maximizing the Value of 360-Degree Feedback. A Process for Successful Individual and Organizational Development, San Francisco (Jossey-Bass) 1998.

Trautwein-Kalms, Gudrun, Das Sichere ist nicht sicher. So wie es ist, bleibt es nicht, in: WSI-Mitteilungen 39 (1986), 446-452.

Truss, Catherine et al., Soft and Hard Models of Human Resource Management: A Reappraisal, in: JoMS 34 (1997), 53-73.

Truss, Joe, From Prototype to Protocol. Design for Doing, in: *Beer, Stafford* (Hrsg.), Beyond Dispute. The Invention of Team Syntegrity, Chichester etc. (Wiley) 1994, 281-299.

Tung, Rosalie L., Selection and Training of Personnel for Overseas Assignment, in: CJWB 16 (1/1981), 68-78.

Tung, Rosalie L., Selection and Training Procedures of U.S., European and Japanese Multinationals, in: CMR 25 (1/1982), 57-71.

Tung, Rosalie L., The New Expatriates. Managing Human Resources Abroad, Cambridge/Mass. (Ballinger) 1988.

Ulich, Eberhard, Arbeitspsychologie, Stuttgart (Schäffer-Poeschel) 4.Aufl. 1998.

Ulrich, Peter, Systemsteuerung und Kulturentwicklung, in: DU 38 (1984), 303-325.

Vance, Charles M., Preparing the host country workforce for expatriate managers: the neglected other side of the coin, Working Paper No. 142, Business Research Center, Loyola Marymount University 1992.

Verband Deutscher Maschinen- und Anlagenbau e.V. (VDMA)/Zentralverband Elektrotechnik- und Elektronikindustrie (ZVEI) e.V. (Hrsg.), Informationsgesellschaft – Herausforderungen für Politik, Wirtschaft und Gesellschaft, Ergebnisse der ZVEI-VDMA Plattform, Projektgruppenbericht „Telearbeit", Frankfurt 1995.

Verband Deutscher Maschinen- und Anlagenbau e.V. (VDMA)/Zentralverband Elektrotechnik- und Elektronikindustrie (ZVEI) e.V. (Hrsg.), Wege in die Informationsgesellschaft. Status quo und Perspektiven Deutschlands im internationalen Vergleich, Heft 65, Frankfurt 1996.

Vicere, Albert A., Break the Mold. Strategies for Leadership, in: PJ66 (5/1987), 66-73.

Vivelo, Frank Robert (Hrsg.), Handbuch der Kulturanthropologie. Eine grundlegende Einführung, Stuttgart (Klett-Cotta) 2.Aufl. 1995.

Vogel, Burkhard, Personalarbeit aus zentralistischer Denke herausführen, in: Personalführung 28 (1995), 610-611.

Vogt, Alfons, Personalkostenerfassung und -analyse für Planungs- und Kontrollzwecke, in: ZfbF 36 (1984), 861-877.

Volk, Hartmut, Fordern statt Verwöhnen! Revolutionieren verhaltensbiologische Erkenntnisse die Menschenführung?, in: ZfO 57 (1/1988), 43-47.

Vollmer, Thomas, Belastungen und Beanspruchungen an Arbeitsplätzen mit CNC-Werkzeugmaschinen. Ziele, Methoden und Ergebnisse einer Falluntersuchung, Kassel (Institut für Arbeitswissenschaft) 1995.

Voß, Günter/Pongratz, Hans J., Der Arbeitskraftunternehmer. Eine neue Grundform der Ware Arbeitskraft?, in: Kölner Zeitschrift für Soziologie und Sozialpsychologie 50 (1998), 131-158.

Vroom, Victor H., Work and Motivation, New York etc. (Wiley) 1964 (3.Aufl. 1967).

Vroom, Victor H./Jago, Arthur G., On the Validity of the Vroom-Yetton Model, in: JoAP 63 (1978), 151-162.

Vroom, Victor H./Jago, Arthur G., The New Leadership. Managing Participation in Organizations, Englewood Cliffs, NJ. (Prentice Hall) 1988.

Vroom, Victor H./Yetton, Philip W., Leadership and Decision-Making, Pittsburgh (University of Pittsburgh Press) 1973.

Wächter, Hartmut, Grundlagen der langfristigen Personalplanung. Ein soziotechnischer Ansatz, Berlin - Herne (Neue Wirtschaftsbriefe) 1973.

Wächter, Hartmut, Professionalisierung im Personalbereich, in: DBW 47 (1987), 141-150 und 512-514.

Wächter, Hartmut, Forschungsaufgaben der Personalwirtschaftslehre, in: ZfP 4 (1990), 55-60.

Wächter, Hartmut, Vom Personalwesen zum Strategic Human Resource Management. Ein Zustandsbericht anhand der neueren Literatur, in: *Staehle, Wolfgang H./Konrad, Peter* (Hrsg.), Managementforschung 2, Berlin - New York (de Gruyter) 1992, 314-340.

Wächter, Hartmut/Metz, Thomas, Professionelle Personalarbeit in virtuellen Unternehmen, in: *Freimuth, Joachim/Meyer, Anna* (Hrsg.), Fraktal, fuzzy, oder darf es ein wenig virtueller sein? Personalarbeit an der Schwelle zum neuen Jahrtausend, München - Mering (Hampp) 1998, 114-122.

Wagner, Dieter/Domnik, Ekkhard/Seisreiner, Achim, Professionelles Personalmanagement als Erfolgspotential eines holistisch-voluntaristischen Managementkonzepts, in: *Wächter, Hartmut/Metz, Thomas* (Hrsg.), Professionalisierte Personalarbeit? Perspektiven der Professionalisierung des Personalwesens, Sonderband 1995 der ZfP, München - Mering (Hampp) 1995, 111-138.

Wahren, Heinz-Kurt E., Gruppen- und Teamarbeit in Unternehmen, Berlin - New York (de Gruyter) 1994.

Waldman, David A./Bowen, David E., The Acceptability of 360 Degree Appraisals. A Customer-Supplier-Relationship Perspective, in: Human Resource Management 37 (1998) 117-129.

Walter, Hans-Jürgen, Angewandte Gestalttheorie in Psychotherapie und Psychohygiene, Opladen (Westdeutscher Verlag) 1996.

Walter, Henry, Mobbing: Kleinkrieg am Arbeitsplatz. Konflikte erkennen, offenlegen und lösen, Frankfurt - New York (Campus) 1993.

Watson Wyatt, Internationale Vergütungstrends. Steuerung der Personalkosten im Kontext der internationalen Vergütungspolitik, Düsseldorf 1998.

Watzlawick, Paul/Beavin, Janet H./Jackson, Don D., Menschliche Kommunikation. Formen, Störungen, Paradoxien, Bern - Stuttgart (Huber) 7. Aufl. 1985.

Weber, Judith, Arbeitszeitflexibilisierung und ihre Berücksichtigung in optimierenden Personalplanungsmodellen – die implizite Bestimmung der täglichen Arbeits- und Pausenzeit unter expliziter Berücksichtigung der rechtlichen Regelungen des Arbeitszeitgesetzes, in: *Kossbiel, Hugo* (Hrsg.), Modellgestützte Personalentscheidungen, München - Mering (Hampp) 1997, 29-56.

Weber, Max, Wirtschaft und Gesellschaft. Grundriß der verstehenden Soziologie, 2. Halbband. Tübingen (Mohr) 5.Aufl. 1976.

Weber, Wolfgang, Betriebliche Weiterbildung. Empirische Analyse betrieblicher und individueller Entscheidungen über Weiterbildung, Stuttgart (Poeschel) 1985.

Weber, Wolfgang/Kabst, Rüdiger, Personalwesen im Europäischen Vergleich. The Cranfield Project on International Human Resource Management. Arbeitspapier des Lehrstuhls für Betriebswirtschaftslehre, insbesondere Personalwirtschaft an der Universität-Gesamthochschule Paderborn 1996.

Weibler, Jürgen, Führung durch den nächsthöheren Vorgesetzten, Wiesbaden (Deutscher Universitäts-Verlag) 1994.

Weider, Petra C., Das 360° Feedback in einem europäischen Versicherungsunternehmen, in: *Hofmann, Karsten/Köhler, Friedhelm/Steinhoff, Viktoria* (Hrsg.), Vorgesetztenbeurteilung in der Praxis, Göttingen (Beltz) 1995, 159-166.

Weider, Petra C., 360° Feedback zur Optimierung der Unternehmens- und Führungskultur, in: Unternehmensberater 2 (4/1998), 62-65.

Weiner, Bernard et al., Perceiving the Causes of Success and Failure, New York (General Learning Press) 1971.

Weiner, Bernard (Hrsg.), Achievement Motivation and Attribution Theory, Morristown/N.J. (General Learning Press) 1974.

Weiner, Bernard, A Theory of Motivation for Some Classroom Experiences, in: Journal of Educational Psychology 71 (1979), 3-25.

Weiner, Bernard, Human Motivation, Metaphors, Theories and Research, Newbury Park - London - New Delhi (Sage) 1992

Weinert, Ansfried B., Organisationspsychologie. Ein Lehrbuch, Weinheim (Beltz) 4.Aufl. 1998.

Weinmann, Joachim, Strategische Personalplanung: Theoretische Grundlagen und Versuch der Simulation eines integrierten Personalplanungsmodells, Köln (Haustein) 1978.

Welge, Martin K. (Hrsg.), Globales Management. Erfolgreiche Strategien für den Weltmarkt, Stuttgart (Poeschel) 1990.

Welsch, Johann, Das virtuelle Büro, in: Personalwirtschaft 23 (6/1996), 9-18.

Werner, Jon M., Measuring the Performance of Student Case Teams: A Team Audit Instrument, in: Academy of Management Proceedings (1997), 215-219.

Wernimont, Paul F./Campbell, John P., Signs, Samples and Criteria, in: JoAP 52 (1968), 372-376.

Wertheimer, Max, Über Gestalttheorie, in: Philosophische Zeitschrift für Forschung und Aussprache 1 (1925), 39-60 (zitiert nach http://www.geocities.com/HotSprings/8609/gestalttheorie.html).

Wessels, J./Verhoeven, C./Nunen, J. van, Personalbestandsplanung in hierarchischen Systemen, in: Proceedings in Operations Research 9 (1980), 216-220.

Westerwelle, Angelika/Westerwelle, Axel, Die besten Universitäten und Fachhochschulen für Wirtschaftswissenschaftler. Deutschland – Österreich – Schweiz, Wien (Üeberreuter) 1995.

Wibbe, Josef, Arbeitsbewertung, München (Hanser) 3.Aufl. 1966.

Wiegerling, Klaus, Medium und Verhalten. Vom Einfluß des Informationsträgers auf den Umgang mit der Information und das Verhalten des Menschen, in: *Capuro, Rafael/Wiegerling, Klaus/Brellochs, Andreas* (Hrsg.), Informationsethik, Konstanz (Universitätsverlag Konstanz) 1995, 37-72.

Wieland, Josef, Die neue Organisationsökonomik. Entwicklung und Probleme der Theoriebildung, in: *Ortmann, Günther/Sydow, Jörg/Türk, Klaus* (Hrsg.), Theorien der Organisation. Die Rückkehr der Gesellschaft, Opladen (Westdeutscher Verlag) 1997, 35-66.

Wild, Jürgen, Organisation und Hierarchie, in: ZfO 42 (1973), 45-54.

Wild, Walter, Aufgaben und Rollen von Führungskräften – Neue Herausforderungen und ihre Konsequenzen, Diss. St. Gallen 1997.

Wilde, Kurt, Über die Zuverlässigkeit psychologischer Untersuchungsmethoden, Teil 1, in: Psychologische Rundschau 2 (1951), 187-193.

Wilkening, Otto S., Bildungs-Controlling – Erfolgssteuerungssystem für Personalentwicklungsinvestitionen?, in: *Riekhof, Hans-Christian* (Hrsg.), Strategien der Personalentwicklung, Wiesbaden (Gabler) 4.Aufl. 1997, 253-278.

Wilker, Friedrich-W. (Hrsg.), Supervision und Coaching. Aus der Praxis für die Praxis, Bonn (Deutscher Psychologen-Verlag) 1995.

Wimmer, Peter/Neuberger, Oswald, Personalwesen 2. Personalplanung, Beschäftigungssysteme, Personalkosten, Personalcontrolling, Stuttgart (Enke) 1998.

Winand, Udo/Kortzfleisch, Harald von/Pohl, Wilfried, Online Aus- und Weiterbildung: Die Virtualisierung der Wissensvermittlung und des Lernens, in: IM 14 (2/1996), 16-25.

Wirth, Ekkehard, Mitarbeiter im Auslandseinsatz. Planung und Gestaltung, Wiesbaden (Gabler) 1992.

Wirth, Ekkehard, Vergütung von Expatriates, in: *Macharzina, Klaus/Wolf, Joachim* (Hrsg.), Handbuch Internationales Führungskräftemanagement, Stuttgart etc. (Raabe) 1996, 373-398.

Wirth, Ekkehard, Vorbereitung auf internationale Einsätze, in: *Kumar, Brij N./Wagner, Dieter* (Hrsg.), Handbuch des internationalen Personalmanagements, München (Beck) 1998, 153-174.

Witte, Eberhard (Hrsg.), Das Informationsverhalten in Entscheidungsprozessen, Tübingen (J. C. B. Moor) 1972.

Wittlage, Helmut, Personalbedarfsermittlung, München (Oldenbourg) 1995.

Wittmann, Stephan, Ethik im Personalmanagement. Grundlagen und Perspektiven einer verantwortungsbewußten Führung von Mitarbeitern, Diss. St. Gallen 1997.

Wöhe, Günter, Einführung in die allgemeine Betriebswirtschaftslehre, München (Vahlen) 19.Aufl. 1996.

Wojda, Franz, Lernende Organisation durch Projekt-Programm-Management (PPM), in: *Bullinger, Hans-Jörg* (Hrsg.), Lernende Organisationen. Konzepte, Methoden und Erfahrungsberichte, Stuttgart (Schäffer-Poeschel) 1996, 287-303.

Wolf, Joachim, Organisation internationaler Personalarbeit, in: ZfO 65 (1996), 90-96.

Wolter, Ute, Multimedia: Stand der Dinge, in: Personalwirtschaft 23 (12/1996), 14-16.

Wolter, Ute, Vom Nischendasein zur Normalität, in: Personalwirtschaft 24 (12/1997), 20-23.

Wunderer, Rolf (Hrsg.), Führungsgrundsätze in Wirtschaft und öffentlicher Verwaltung, Stuttgart (Poeschel) 1983.

Wunderer, Rolf, Von der Personaladministration zum Wertschöpfungs-Center. Vision, Konzeption und Realisation unternehmerischer Personalarbeit, in: DBW 52 (1992a), 201-215.

Wunderer, Rolf, Managing the Boss – „Führung von unten", in: ZfP 6 (1992b), 287-311.

Wunderer, Rolf, Betriebswirtschaftliche Führungsforschung und Führungslehre, in: *Wunderer, Rolf* (Hrsg.), BWL als Management- und Führungslehre, Stuttgart (Schäffer-Poeschel) 3.Aufl. 1995, 33-49.

Wunderer, Rolf/Arx, Sabina von, Personalmanagement als Wertschöpfungscenter. Integriertes Organisations- und Personalentwicklungskonzept, Wiesbaden (Gabler) 1998.

Wunderer, Rolf/Kuhn, Thomas, Unternehmerisches Personalmangement. Konzepte, Prognosen und Strategien für das Jahr 2000, Frankfurt - New York (Campus) 1993.

Wunderer, Rolf/Sailer, Martin, Die Controlling-Funktion im Personalwesen (I), in: Personalführung 20 (1987), 505-509.

Wunderer, Rolf/Sailer, Martin, Personal-Controlling in der Praxis. Entwicklungsstand, Erwartungen, Aufgaben, in: Personalwirtschaft 15 (1988), 177-182.

Wunderer, Rolf/Schlagenhaufer, Peter, Die Personalabteilung als Wertschöpfungscenter. Ergebnisse einer Umfrage, in: Personal 45 (1993), 280-283.

Wunderer, Rolf/Schlagenhaufer, Peter, Personal-Controlling. Funktionen, Instrumente, Praxisbeispiele, Stuttgart (Schäffer-Poeschel) 1994.

Wysocki, Robert K., OR/MS Implementation. A Bibliography, in: Interfaces 8 (1979), 37-41.

Wyss, Gabriela, Datenschutz im Arbeitsverhältnis, in: *Weber, Rolf H./Thürer, Daniel/Zäch, Roger* (Hrsg.), Datenschutz im europäischen Umfeld, Zürich (Schulthess) 1995, 145-159.

Yetton, Philip W./Bottger, Preston, The Relationships among Group Size, Member Ability, Social Decision Schemes and Performance, in: Organizational Behavior and Human Performance 32 (1983), 145-159.

Yetton, Philip W./Vroom, Victor H., The Vroom-Yetton Model of Leadership: An Overview, in: *King, Bert et al.* (Hrsg.), Managerial Control and Organizational Democracy, New York etc. (Wiley) 1978, 133-149.

Zahn, Erich, Rüsten für den Wettbewerb um die Zukunft, in: *Zahn, Erich/ Foschiani, Stefan* (Hrsg.), Wettbewerb um die Zukunft, Stuttgart (Schäffer-Poeschel) 1997.

Zarandona, Joseph L./Camuso, Michael A., Study of Exit Interviews: Does the Last Word Count?, in: Personnel 62 (3/1985), 47-48.

Zeidler, Klaus, Anforderungen an kaufmännische Führungskräfte. Ergebnisse einer Rollenanalyse, Frankfurt am Main (Akademische Verlagsgesellschaft) 1972.

Zentralverband Elektrotechnik- und Elektronikindustrie (ZVEI) e.V./Verband Deutscher Maschinen- und Anlagenbau e.V. (VDMA) (Hrsg.), Telearbeit. Definition, Potential und Probleme, Frankfurt 1995.

Zimmer, R. J., Validating The Vroom-Yetton Normative Model of Leader Behavior in Field Sales Force Management and Measuring The Training Effects of TELOS on The Leader Behavior of District Managers. Diss. Virginia Polytechnic Institute and State University 1978.

Zimmermann, Dietmar, Personalmarketing im internationalen Unternehmen, in: *Strutz, Hans/Wiedemann, Klaus* (Hrsg.), Internationales Personalmarketing. Konzepte – Erfahrungen – Perspektiven, Wiesbaden (Gabler) 1992, 39-54.

Zink, Klaus J. (Hrsg.), Erfolgreiche Konzepte zur Gruppenarbeit – aus Erfahrung lernen, Neuwied-Kriftel-Berlin (Luchterhand) 1995.

Zöllner, Wolfgang/Loritz, Karl-Georg, Arbeitsrecht. Ein Studienbuch, München (Beck) 5.Aufl. 1998.

Personenverzeichnis

Stichwortverzeichnis